Une autre idée du tourisme...

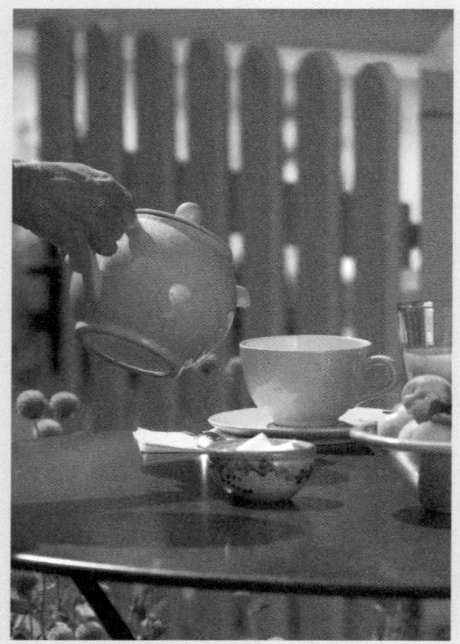

... une envie d'authenticité, un certain art de vivre, le goût de la tradition, le sens de l'accuei

Depuis 50 ans, les Gîtes de Fran contribuent à la rénovation du patrimoine bâti, à l'animation de la vie locale de nos campagnes, et sont devenus l'acteur incontou nable du tourisme vert.

Ensemble, continuons à faire viv notre idée du tourisme.

GITES DE FRANCE

Chambres d'Hôtes de Charme 2006

France's finest B&B
Gästezimmer für gehobene Ansprüche

Chambres d'Hôtes de Charme

2006

Dans ce guide, les Gîtes de France sont heureux de vous proposer une sélection de chambres d'hôtes (ou bed and breakfast à la française) présentant le plus de charme.
A travers ces étapes de qualité, découvrez une nouvelle façon de voyager en goûtant la tradition de l'hospitalité française.

In this guide, Gîtes de France is pleased to offer you a selection of the most charming bed and breakfas accommodation «à la française». This high-qualit accommodation will enable you to discover a whol new way of travelling and give you a taste of traditic nal French hospitality.

Gîtes de France freut sich, Ihnen eine Auswahl de mit sehr viel Charme eingerichteten Gästezimme "Chambres d'Hôtes" überreichen zu können. Dadurc können Sie auf eine neue Art entdecken wie man reise und die französische Gastfreundschaft genießen kanr

MAISON DES GÎTES DE FRANCE ET DU TOURISME VERT

59, rue St-Lazare
75439 PARIS Cédex 09
Métro Trinité
Tél. 01 49 70 75 75
Fax 01 42 81 28 53

www.gites-de-france.com

Sommaire

Une appellation spécifique pour les Chambres d'Hôtes 4

La Chambre d'Hôtes 5
Le petit déjeuner, la table d'hôtes

Le confort 6

Mode d'emploi 8

Glossaire 11

Les Chambres d'Hôtes 16

Bed & Breakfast Accommodation "Charmance" 596
... Breakfast, the table d'hôtes

How to use this guide 598
... How to book, prices

Comfort / Komfort 599

Das Gästezimmer 600
Das Frühstück, Die Gästetafel

Gebrauchsanweisung des Führers 601
Was müssen Sie bezahlen ?
Wie reservieren Sie Ihr Zimmer ?

Index 602

Les relais départementaux Gîtes de France 632

Une appellation spécifique pour les chambres d'hôtes du réseau Gîtes de France

Pour vous aider à mieux repérer les chambres d'hôtes Gîtes de France® parmi l'offre touristique en général et nos autres formules d'hébergements (gîtes ruraux, gîtes d'étape, gîtes de séjour...), celles ci disposent désormais d'un nouveau logo "Charmance, la chambre d'hôtes".

Vous le verrez donc progressivement apparaître, toujours associé au logo Gîtes de France® sur l'ensemble de nos guides, documents, mais aussi sur les routes et chez les propriétaires qui vous accueilleront.

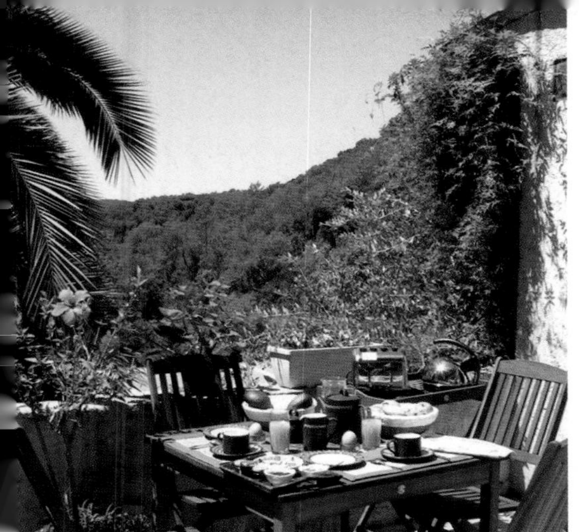

La chambre d'hôtes

Des particuliers ont aménagé leur maison (mas, manoir, château...) afin de vous y accueillir en amis et de vous faire découvrir leur région. Chacune est à l'image de ses propriétaires, avec un mobilier rustique, d'époque ou contemporain, la décoration est personnalisée, les loisirs et les services proposés variés. Votre séjour sera l'occasion d'aller à la rencontre d'histoires ancestrales, d'aventures humaines et de styles de vie différents. Dans un environnement calme, une atmosphère feutrée, raffinée ou conviviale selon le cas, vous pourrez y être reçus pour une ou plusieurs nuits.

Le petit déjeuner

Toujours inclus dans le prix de la nuitée, un petit déjeuner de qualité sera pour vous l'occasion d'apprécier les différentes spécialités locales. Selon les cas et l'inspiration de la maîtresse de maison, vous dégusterez les confitures maison, le pain de campagne frais, mais aussi les viennoiseries ou les pâtisseries maison, les fromages et les laitages ou la charcuterie régionale.

La table d'hôtes...

Certaines maîtresses de maison vous offriront la possibilité de prendre votre repas à leur table d'hôtes. Cette formule très souple (simple repas, 1/2 pension ou pension) vous permettra de partager, selon les cas, un repas familial ou gastronomique. En l'absence de table d'hôtes, les propriétaires sauront aussi vous conseiller les meilleures adresses à proximité pour découvrir la cuisine traditionnelle et régionale.

Le confort

Le label de qualité Gîtes de France vous garantit des normes de confort précises et le respect d'une charte nationale. Toutes les chambres d'hôtes de ce guide sont contrôlées régulièrement par les relais départementaux des Gîtes de France.

Toutes les maisons d'hôtes que nous avons sélectionnées pou vous sont classées 3 ou 4 épis. Situées dans un environnemen privilégié, disposant de jardins fleuris, paysagés ou de parcs vous y trouverez toujours un parking privé et une atmosphère propice à la détente. Chaque chambre dispose de sanitaire privés (salle d'eau ou salle de bains et wc), vous en appré cierez le confort, l'ambiance chaleureuse et personnalisée.

Le classement 4 épis correspond à un environnement excep tionnel, et l'ensemble de la décoration comme du mobilie (pièces de séjour plus nombreuses, chambres et sanitaire plus spacieux, ...) sera particulièrement raffinée et recher chée.

Certains propriétaires proposent en outre des activités su place (tennis, billard, sauna, équitation, ...) : renseignez-vou auprès d'eux. Lorsqu'une piscine est accessible, son accès es gratuit, mais peut être réglementé et son usage est sous l responsabilité des vacanciers (envisager séjourner dans une loca tion équipée d'une piscine suppose pour le locataire d'assurer un vigilance et une surveillance active et constante de la piscine et d toutes les personnes susceptibles d'y accéder en particulier les jeun enfants).

Mode d'emplo

Les chambres d'hôtes sont classées par région, puis par ordre alphabétiq de commune (voir index p. 602).

Quelques conseils...

N'oubliez jamais que vous allez séjourner chez des particuliers qui vous ouvrent leur maison.
Si vous prévoyez un retard par rapport à l'heure d'arrivée annoncée, prévenez les maîtres de maison.

Pensez à toujours leur signaler la présence d'animaux familiers.

Demandez au propriétaire de vous indiquer le meilleur itinéraire selon l'endroit d'où vous venez.

La table d'hôtes n'est pas un restaurant. De nombreuses maisons proposent ce service sur réservation préalable. Indiquez donc si vous souhaitez prendre des repas à cette occasion.

Les prix

En chambre d'hôtes, les tarifs sont généralement indiqu pour 2 personnes (nuit et petit déjeuner), renseignez-vc pour les personnes supplémentaires ou les prix enfants.

Utile...

Les langues étrangères parlées par les propriétaires s signalées par des drapeaux.
Des pictogrammes indiquent si le règlement par CB est possi et si les animaux sont acceptés ou non.
SR : Service Réservation
CM... pli ... : Carte Michelin... pli ...
TH : Table d'hôtes

La réservation

Dans chaque descriptif de ce guide, vous trouverez les coordc nées des propriétaires ou du service réservation. Vous pouvez contacter par téléphone, par fax, par courrier ou par e-mail. U chambre d'hôtes peut être louée pour une ou plusieurs nui Il est toujours préférable de réserver à l'avance car certai propriétaires proposent un nombre restreint de chambres. Pc les longs séjours, demandez à ce qu'un contrat soit établi av mention de l'acompte à verser et des conditions d'annulation.

*e guide propose notre **sélection de 560 adresses coup de cœur** (dont 57 **nouveautés**), parmi 43 000 gîtes ruraux. Toutes allient à la fois onfort intérieur, qualité de l'environnement et charme. Belles demeures, ianoirs, anciennes fermes rénovées, pigeonniers ou encore mas provençaux nt été aménagés et décorés à l'image de leurs propriétaires, pour des week- nds ou des vacances authentiques et chaleureuses, en toute indépendance.*

es Gîtes de charme bénéficient du label gîtes de France® et sont tous clas- 's 3 épis au minimum.
'our un week-end ou un séjour, en couple, en famille ou entre amis, vous urez la garantie du meilleur accueil.

Renvoyez ce bon à découper ou une copie à l'adresse suivante :
Maison des Gîtes de France et du Tourisme Vert 59, rue Saint-Lazare 75439 Paris cedex 9
Tél : 01-49-70-75-75 Fax : 01-42-81-28-53 www.gîtes-de-france.com

oint mon règlement de 22 €: ❑ par chèque bancaire en euros à l'ordre de Gîtes de France Services GN0606

par carte bancaire en euros : ❑ Carte Bleue ❑ carte Visa ❑ Eurocard ❑ Mastercard

de carte Bleue |_|_|_|_|_|_|_|_|_|_|_|_|_|_|_|_| date d'expiration |_|_|_|_|

rniers chiffres du numéro au dos de votre carte bancaire |_|_|_|

Glossaire
Glossary - Inhalt

The French entries for each address include details on the number of rooms, opening dates, bathroom facilities, services and leisures activities on the premises and locally. The glossary will help you understand the most important information.

Bei jeder Adresse werden Ihnen in der französichen Beschreibung Angaben gemacht über die Anzahl der Zimmer, die Öffnungszeiten, die sanitären Einrichtungen, die Speisegelegenheiten, die verschiedenen Dienstleistungen oder Freizeitbeschäftigungsmöglichkeiten.

cartes bancaires acceptées	credit cards accepted	Kreditkarten werden angenommen
chambre	bedroom	Zimmer
charges non comprises	not including charges	Zusatzleistungen nicht inbegriffen
chauffage	heating	Heizung
cheminée	fireplace	Kamin
cuisine - coin cuisine	kitchen - kitchen area	Küche - Küchenecke
étangs - lacs	ponds - lakes	Weiher - Seen
fermé	closed	Geschlossen
gîte - gîte rural	gîte - self-catering gîte	Unterkunft
jardin	garden	Garten
lave-linge	washing machine	Waschmaschine
lave-vaisselle	dishwasher	Geschirrspülmaschine
linge de maison fourni	household linen provided	Tisch-Bettwäsche gestellt
Ouvert toute l'année	open all year round	ganzjährig geöffnet
Ouvert du... au...	open from...to...	geöffnet vom...bis...
parc	park	Park
petit déjeuner	breakfast	Frühstück
piscine	swimming pool	Schwimmbad
restaurant-auberge	restaurant-inn	Restaurant-Gaststätte
salle à manger	dining room	Eßzimmer
salle d'eau - douche	shower-room	Dusche
salle de bains	bathroom	Badezimmer
salon	lounge	Wohnzimmer
sanitaires privés - privatifs	private bathroom	Eigene private sanitäre Einrichtungen
suite	suite	Suite
sur place	on the premises, locally	am Ort
sur réservation	booking required	Auf Reservierung hin
table d'hôtes	meals with owners	Gästetafel
terrasse	terrace	Terrasse
vélos - loc. de vélos	bikes - bike rental	Fahrräder - Verleih von Rädern
VTT	mountain bikes	MTB
wc privés - privatifs	private wc	eigene private Toiletten

CARTE GÉNÉRALE

LÉGENDE KEY - *ZEICHENERKLÄRUNG*

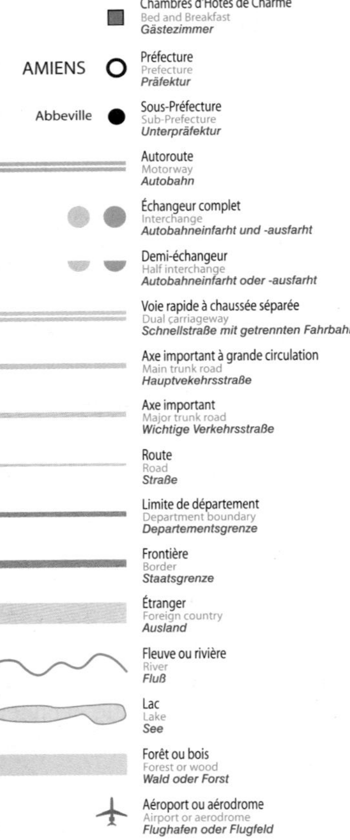

Chambres d'Hôtes de Charme
Bed and Breakfast
Gästezimmer

Préfecture
Prefecture
Präfektur

Sous-Préfecture
Sub-Prefecture
Unterpräfektur

Autoroute
Motorway
Autobahn

Échangeur complet
Interchange
Autobahneinfarht und -ausfarht

Demi-échangeur
Half interchange
Autobahneinfarht oder -ausfarht

Voie rapide à chaussée séparée
Dual carriageway
Schnellstraße mit getrennten Fahrbahnen

Axe important à grande circulation
Main trunk road
Hauptvekehrsstraße

Axe important
Major trunk road
Wichtige Verkehrsstraße

Route
Road
Straße

Limite de département
Department boundary
Departementsgrenze

Frontière
Border
Staatsgrenze

Étranger
Foreign country
Ausland

Fleuve ou rivière
River
Fluß

Lac
Lake
See

Forêt ou bois
Forest or wood
Wald oder Forst

Aéroport ou aérodrome
Airport or aerodrome
Flughafen oder Flugfeld

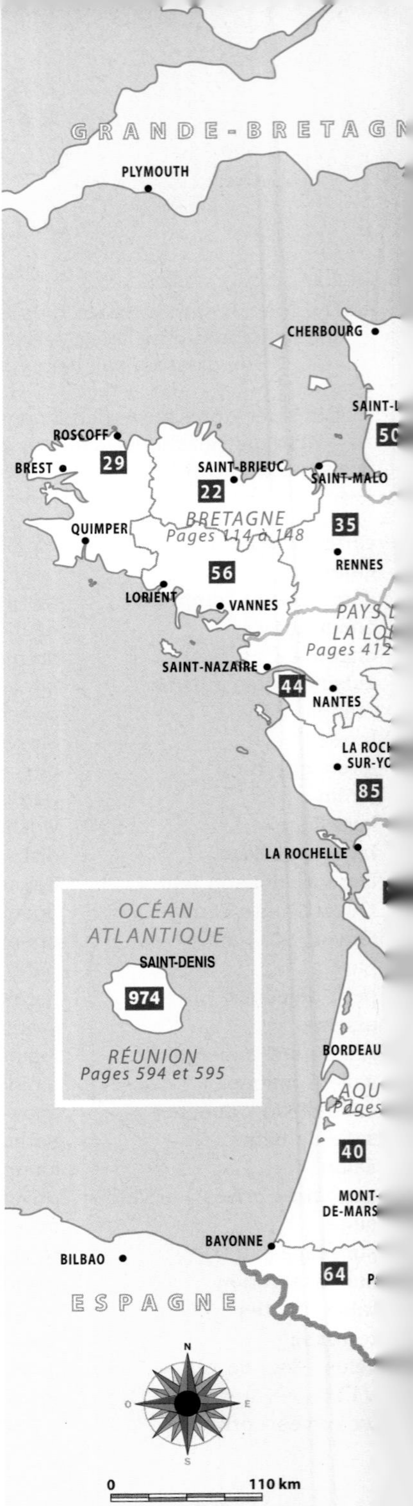

GRANDE-BRETAGN
PLYMOUTH
CHERBOURG
SAINT-L
50
ROSCOFF
BREST
29
SAINT-BRIEUC
22
SAINT-MALO
BRETAGNE
Pages 114 à 148
QUIMPER
35
RENNES
56
LORIENT
VANNES
PAYS D
LA LO
Pages 412
SAINT-NAZAIRE
44
NANTES
LA ROC
SUR-YO
85
LA ROCHELLE
OCÉAN
ATLANTIQUE
SAINT-DENIS
974
RÉUNION
Pages 594 et 595
BORDEAU
AQU
Pages
40
MONT-
DE-MARS
BAYONNE
BILBAO
64
ESPAGNE
N
O
E
S
0
110 km

CARTE GÉNÉRALE

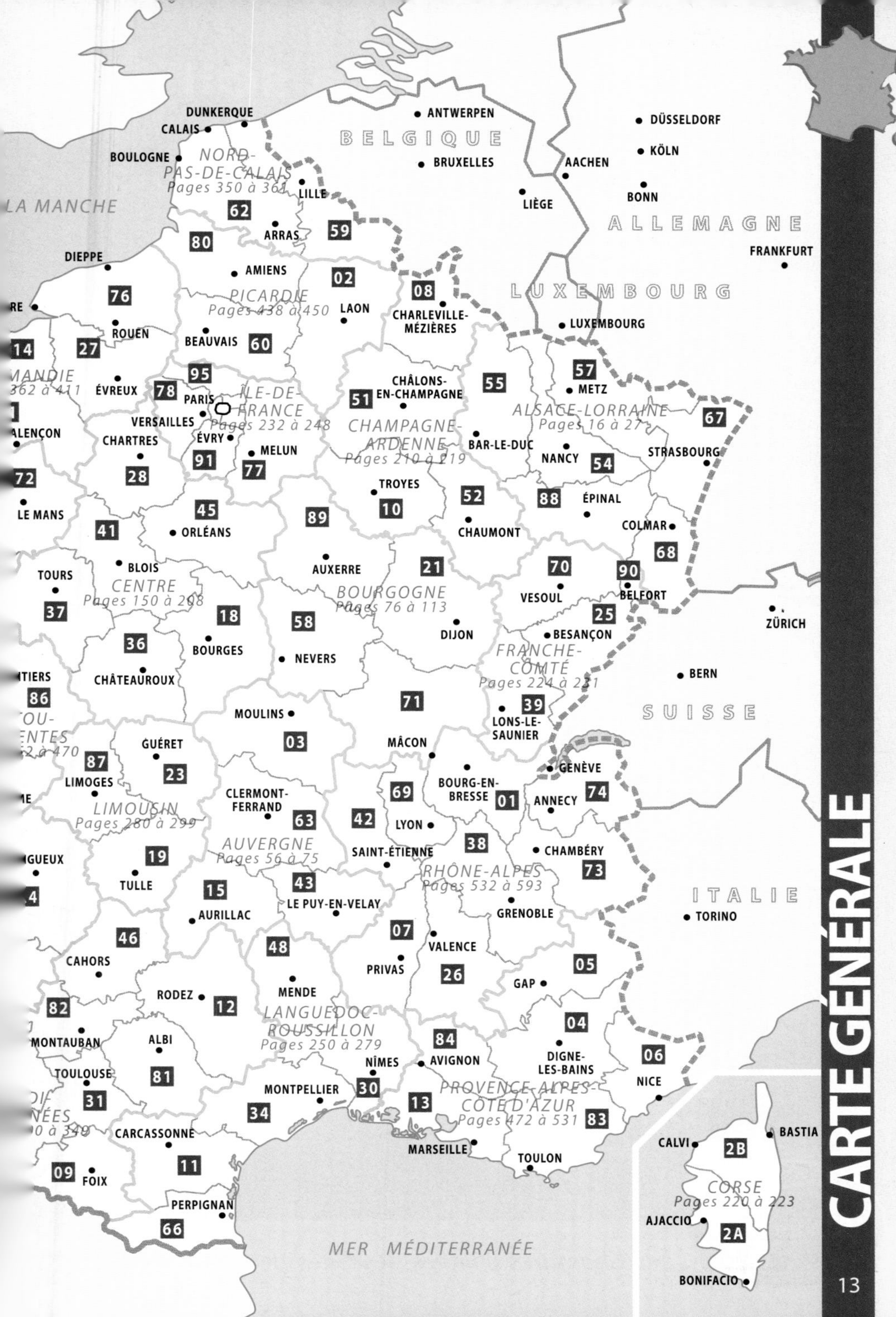

Découvrez le magazine
en passant par la LORRAINE
et laissez-vous transporter au
cœur de cette magnifique région
LORRAINE
en passant par la...
LORRAINE
Champignons en
FORÊT DE LA REINE
Dans les tranchées
de VERDUN
VOSGES
quel avenir
pour le tétras ?
METZ
met la campagne à la ville
Funambules
en forteresse
LORRAINE
en passant par la
LORRAI
PORTIEUX
TROIS SIÈCLES DE CRISTAL
Nos randos
futées
PETITE-ROSSELLE,
musée a bonne mine
NANCY La renaissance
du Muséum
Au travers d'articles passionnants
et d'une iconographie riche et diverse,
l'histoire de la Lorraine,
la diversité de ses paysages,
de son patrimoine et de son terroir
n'auront plus de secrets pour vous.

Bulletin d'abonnement

Envoyez votre demande d'abonnement en complétant ce bulletin ou sur papier libre, avec votre règlement à :
en passant par la LORRAINE • Service abonnements • 14, rue Gabriel Fauré • BP 40 • 54140 Jarville

OUI, je m'abonne à **en passant par la LORRAINE** pour 1 an au tarif de 18 €

Mme, ☐ Mlle, ☐ M.

m :.. Prénom :..

resse :..

de Postal :.................. Ville.................................. Téléphone.................. Pays..................

ALSACE-LORRAINE

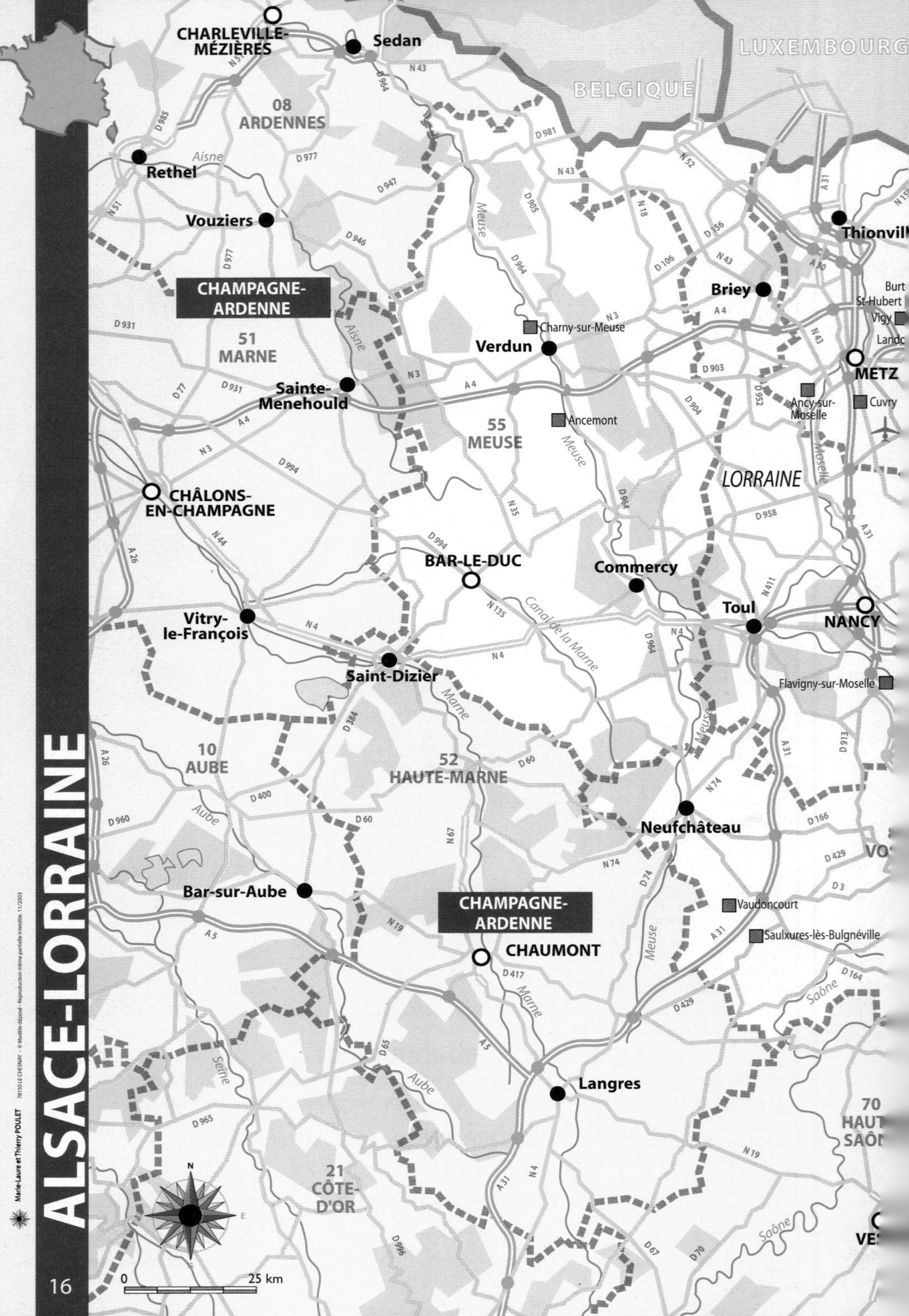

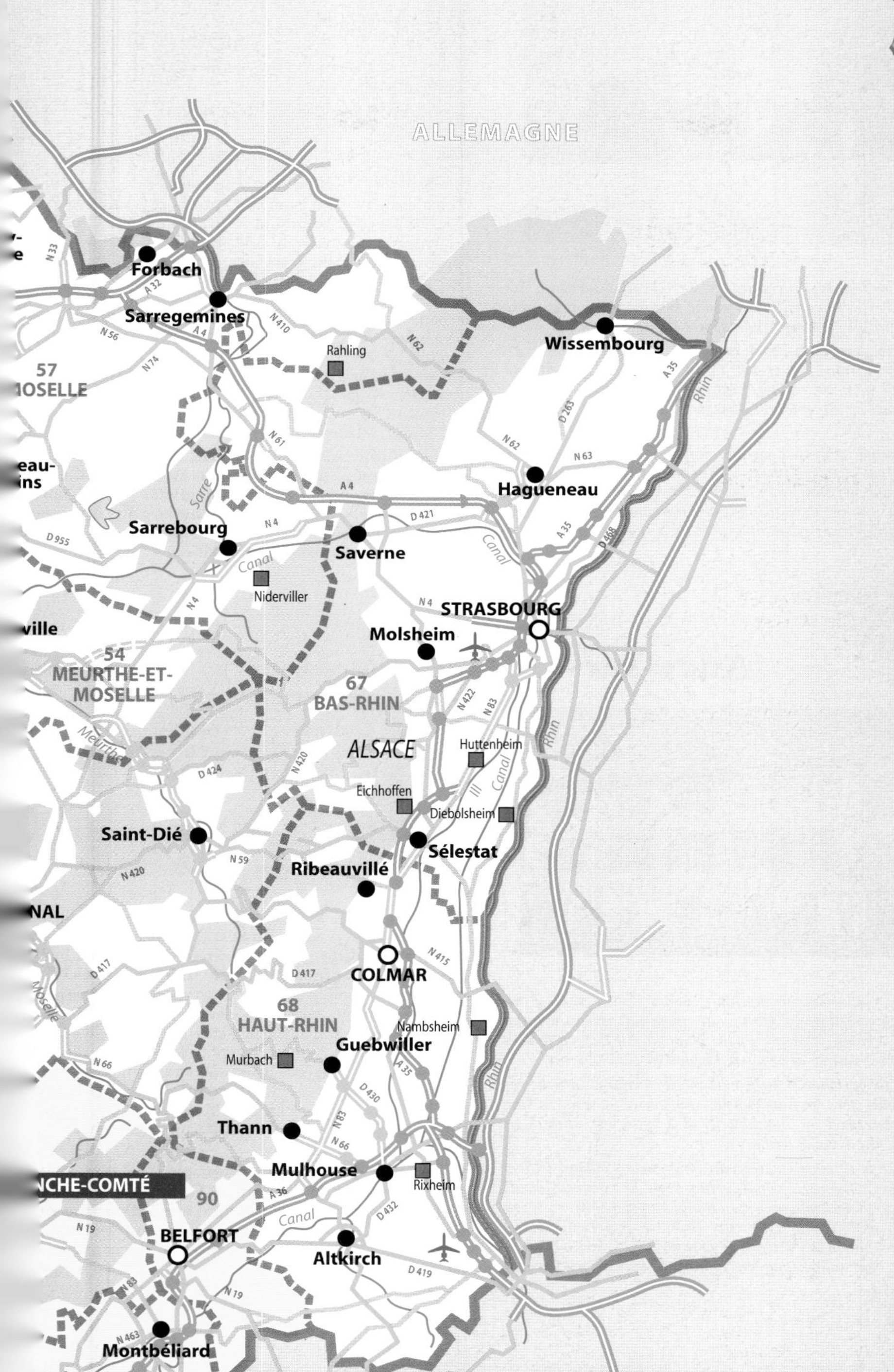
ALLEMAGNE
Forbach
Sarregemines
Rahling
Wissembourg
57
MOSELLE
Hagueneau
Sarrebourg
Saverne
Niderviller
STRASBOURG
Molsheim
54
MEURTHE-ET-MOSELLE
67
BAS-RHIN
ALSACE
Huttenheim
Eichhoffen
Diebolsheim
Saint-Dié
Sélestat
Ribeauvillé
COLMAR
68
HAUT-RHIN
Nambsheim
Guebwiller
Murbach
Thann
Mulhouse
Rixheim
NCHE-COMTÉ
90
BELFORT
Altkirch
Montbéliard
Rhin
Canal
Sarre
Meurthe
Moselle
Ill
A 4
A 32
A 35
A 36
N 33
N 56
N 74
N 410
N 62
N 61
N 4
N 63
D 263
D 421
D 955
D 468
N 422
N 83
N 420
D 424
N 59
D 417
N 415
N 66
D 430
D 432
N 19
D 419
N 463

Ancemont - Meuse (55)

Château de Labessière TH
55320 Ancemont
Tél. 03 29 85 70 21 - Fax 03 29 87 61 60
Email : rene.eichenauer@wanadoo.fr
www.labessiere.com
René et Marie-Josée Eichenauer

1 pers. 64 € - 2 pers. 74 € - 3 pers. 90 € - p. sup. 10 € - repas 28 € - 1/2 p. 65 €

**Meuse 500 m. Near Verdun (1914-18 War). Château is 10 min. from WWI battlefields. Argonne Forest. Swimming pool, tennis court. Fly fishing 6 km. Horse-riding 10 km.*

*★ **How to get there:** From Paris, A4, Verdun exit, for Bar-le-Duc to Lemmes, then left to Senoncourt & Ancemont. Motorway from Strasbourg, Verdun exit, drive for 8 km. At Dieue, head for Ancemont. Château on D159. Michelin map 307.*

This attractive 18th-century château has been tastefully restored by its current owners. Guests are guaranteed a warm welcome. Fine cuisine prepared by the lady of the house is served in the Louis XVI dining room. Guests also have the use of the Louis XV lounge. Private swimming pool with spa.

3 chambres avec s.d'eau et wc privés et 1 suite de 2 ch. avec s.d.b. et wc communs. Ouv. toute l'année. T. d'hôtes : magret à la crème de brie, mousse à la pomme et son coulis au miel, délicatesse aux 3 chocolats. Tél. à dispo., fax gratuit. Parking intérieur couvert (cour). Parc ombragé. Piscine couverte privée. ★ Meuse 500 m. A proximité de Verdun (Histoire 14 - 18). Château à 10 mn des champs de bataille. Forêt d'Argonne. Piscine, tennis. Circuit pêche à la mouche 6 km. Equitation 10 km. **Accès :** de Paris A4 sortie Verdun dir. Bar-le-Duc jusqu'à Lemmes. A gauche vers Senoncourt et Ancemont. Autoroute Strasbourg sortie Verdun + 8 km, à Dieue dir. Ancemont. Château sur D159. CM307.

Dans ce joli château du XVIIIe que les propriétaires ont restauré avec goût, vous serez accueillis très chaleureusement et pourrez déguster les spécialités de la maîtresse de maison dans la salle à manger Louis XVI. Salon Louis XV à disposition. Piscine couverte privée avec banc balnéo.

Ancy-sur-Moselle - Moselle (57)

Haumalet
2, rue des Quarres - 57130 Ancy-sur-Moselle
Tél./Fax 03 87 30 91 54 ou 06 32 20 02 81
Sylvia et Paul-Marie Thomas

1 pers. 45 € - 2 pers. 50/55 € - 3 pers. 65 €

**Locally: Gallo-Roman aqueduct, GR5 hiking path, Ancy wine-tasting. Within a 20 km radius: museums, abbeys, thermal baths, zoo, Walibi amusement park, Mondial Air Ballons (ballon trips), and a variety of festivals. Explore Metz 12 km.*

*★ **How to get there:** A31, exit 31 for Verdun. Turn left at traffic lights for Ars-sur-Moselle and drive 4 km. At the roundabout, head for Novéant for 2.5 km. First turning on right past the Roman arches.*

Haumalet is situated in a small winegrowing village, with a view of the Lorraine Regional Nature Park. The three bedrooms with great character have been arranged in a family mansion and each as a name: Duchesse, Toulouse and Berlioz. The interior decoration is the work of your hostess, Sylvia. There are a variety of restaurants in the vicinity to suit all palates and purses.

3 chambres avec sanitaires privés et TV, kit bébé s[...] demande. Ouvert toute l'année. Petit déjeuner : brioch[...] confitures et pains maison, viennoiseries... Salon, bibli[...]thèque. Cour, jardin, salon de jardin. Jeux d'enfan[...] Barbecue sur demande. Restaurants gastronomiques [...] proximité. ★ Sur place : aqueduc gallo-romain, GR[...] dégustation du vin d'Ancy. Dans un rayon de 20 k[...] musées, abbayes, thermes, zoo, Walibi, Mondial A[...] Ballons, fêtes et festivals divers. Metz 12 km, à découv[...] **Accès :** A31, sortie 31. Dir. Verdun, au feu, à gauche [...] Ars-sur-Moselle sur 4 km. Au rond point, dir. Nové[...] sur 2,5 km puis c'est la 1re à droite après les arches romanes.

Dans son petit village de vignerons, avec vue sur [...] Parc Régional de Lorraine, Haumalet vous of[...] 3 chambres de caractère aménagées dans une m[...]son de maître : Duchesse, Toulouse et Berlioz. [...] maîtresse de maison a réalisé la décoration [...] lieux. Vous trouverez toutes les gastronomies à p[...]ximité, pour toutes bouches et bourses !

Burtoncourt - Moselle (57)

Metz (cathedral and museums) 25 km. Maginot Line 10 km. Amnéville spa 30 km. Luxembourg 60 km. Châteaux and old houses. Hiking and forest nearby.

★ ***How to get there:*** *From Metz, D3 for Bouzonville. Drive 21 km and turn right for D53 to Burtoncourt. The house is on the main road, on the left-hand side.*

This traditional 19th-century Lorraine house has been restored by architect Gérard Cahen. The cosy, inviting interior features a highly personalised décor: 1930s and modern furniture, Polish rugs, patchwork and paintings. You will enjoy the charms of the delightful flower-decked patio and the quiet, relaxing summer dining room. Pleasant garden with lawn.

51, rue de Lorraine - 57220 Burtoncourt TH
Tél./Fax 03 87 35 72 65
Email : ag.cahen@wanadoo.fr
www.maisonlorraine.com
Gérard et Alina Cahen

1 pers. 45 € - 2 pers. 52 € - 3 pers. 63 € - repas 18/21 €

2 chambres avec douche et wc privés. Ouv. toute l'année. Petit déj. : pain et pâtisseries maison, confitures, miel, fromages... T. d'hôtes : selon les saisons (légumes du potager) et spécialités polonaises. Salon. Biblio. Patio arboré. Jardin. (Chambre ayant obtenu en 95, le 1er prix de restauration de Lorraine). ★ Metz (cathédrale, musées...) 25 km. Ligne Maginot 10 km. Centre thermal d'Amneville 30 km. Luxembourg 60 km. Châteaux, vieilles demeures... Randonnées et forêt sur place. **Accès :** de Metz, prendre la D3 direction Bouzonville et faire 21 km puis tourner à droite et prendre la D53 vers Burtoncourt. La maison est à gauche dans la rue principale.

Cette vieille maison lorraine typique du XIXe a été restaurée par Gérard Cahen, architecte. Intérieur chaleureux et confortable avec une décoration très personnelle : mobilier 1930 et contemporain, patchworks, peintures et tapis polonais... Vous apprécierez le charme du patio fleuri et de la salle à manger d'été. Agréable jardin avec pelouse.

Charny-sur-Meuse - Meuse (55)

Historical places of interest. Argonne Forest, Madine Lake. Museums and "Des Flammes à la Lumière" show (Battle of Verdun). Les Dimanches de Mai, traditional trades experience, Azannes. "Le Vent des Forêts" works of art displayed in the region's forests. Fishing, hiking trails locally. Tennis 2 km. Golf 40 km.

★ ***How to get there:*** *Motorway heading for Strasbourg, Verdun exit, or motorway heading for Paris, Voie Sacrée exit. At Verdun, head for Sedan-Charleville (D964). In Bras, head for Charny. Michelin map 307.*

This charming early-20th-century house offers three spacious and pleasant bedrooms, all lovingly decorated. There is a lounge area with library for curling up with a good book. Breakfast and other meals are served on the veranda overlooking an extensive leafy garden.

Les Charmilles TH
12, rue de la Gare - 55100 Charny-sur-Meuse
Tél. 03 29 86 93 49 - Fax 03 29 84 17 08
Email : valerie@les-charmilles.com
www.les-charmilles.com
Valérie Godard

1 pers. 45 € - 2 pers. 55 € - p. sup. 8 € - repas 20 €

3 chambres avec sanitaires privés et TV. Ouvert toute l'année. Petit déjeuner : viennoiseries, pâtisseries maison, fruits, confitures maison... T. d'hôtes sur résa. (pas de table le dimanche soir) : feuilleté de lapin, poularde au champagne, tourte lorraine... Balançoire, basket. Jardin. Véranda. Restaurants 3 et 8 km. ★ Sites historiques, forêt d'Argonne, lac de Madine, musées, spectacles "des Flammes à la Lumière" les dimanches de mai à Azannes - "Le Vent des Forêts"... Pêche, sentiers sur pl. Tennis 2 km. Golf 40 km. **Accès :** autoroute Strasbourg, sortie Verdun ou autoroute Paris, sortie Voie Sacrée. A Verdun, dir. Sedan-Charleville (D964). Arriver à Bras, prendre dir. Charny. CM307.

Belle maison du début du siècle où vous sont réservées 3 chambres spacieuses et agréables, au décor soigné. Vous disposerez, pour votre détente, d'un coin-salon avec bibliothèque. Les petits déjeuners et les repas sont servis dans la véranda qui donne sur un grand jardin verdoyant.

Cuvry - Moselle (57)

Ferme de Haute-Rive
57420 Cuvry
Tél. 03 87 52 50 08 - Fax 03 87 52 60 20
Email : mbm21@wanadoo.fr
Jean-François et Brigitte Morhain

1 pers. 45 € - 2 pers. 55 € - 3 pers. 65 €

★Metz: Gothic cathedral, ramparts. Gorze, Moselle Valley. La Seille new gardens. EU founding-father Robert Schuman's house and garden, Château de Pange gardens.

*★ **How to get there:** From Metz, A31, exit 29. Head for Cuvry and Haute-Rive.*

You will be given a warm welcome by your hosts Brigitte and Jean-François at their pretty, 13th and 17th-century farmhouse, situated in the heart of the Metz Valley. The lovingly appointed buildings are set around a square courtyard. A delightful spot ideal for relaxing and enjoying the fragrances and blaze of colour in the magnificent garden.

3 chambres, avec bains ou douche et wc privés. Ouvert du 1er avril au 1er novembre. Petit déjeuner à base de pâtisseries et confitures maison, fruits... Jus de pomme du verger, pain bio au levain fait maison. Restaurants à Metz et au village voisin avec cuisine du terroir et produits frais. ★ Metz : cathédrale gothique, remparts. Gorze, vallée de la Moselle. Les nouveaux jardins de la Seille. Le jardin de la maison de Robert Schuman, les jardins du château de Pange. **Accès :** depuis Metz, A31 sortie n°29 puis direction Cuvry et suivre dir. Haute Rive.

Au cœur du Val de Metz, Brigitte et J.-François vous recevront chaleureusement dans leur jolie ferme fortifiée des XIIIe et XVIIe. De grands bâtiments aménagés avec passion autour d'une cour carrée. Un endroit charmant idéal pour la détente et le repos, où vous passerez sans doute un agréable moment au milieu des senteurs et des couleurs du magnifique jardin.

Diebolsheim - Bas Rhin (67)

NOUVEAUTÉ

12, rue Abbé Wendling - 67230 Diebolsheim
Tél. 03 88 74 84 85
Email : pierrette@kieny.com
www.ambiance-jardin.com
Pierrette Kieny

2 pers. 70/80 € - p. sup. 15 €

★Diebolsheim is the ideal starting place for walks and sightseeing: an equal distance from Strasbourg, Colmar, the Vosges and the Black Forest. Only an hour from Switzerland and a few kilometres from Germany.

*★ **How to get there:** From Strasbourg, take the A35 towards Colmar, exit Fegersheim-Erstein onto the N83. Get off at Benfeld, direction Rhinau, Herbsheim and then to Diebolsheim. Once in the village, take the first left.*

The barn of this large farmhouse has been converted into four stunning bedrooms. It will come as no surprise to learn that the lady of the house is passionate about gardening as each of these charming rooms is dedicated to her love of flowers. Expect a friendly welcome in this lovely Alsace village that has won prizes for its flower-growing.

4 chambres avec sanitaires privés. Ouvert toute l'anné Petit déjeuner : jus de fruits; viennoiseries, confitures. Cour, jardin. Restaurant au village. ★ Diebolsheim est point de départ idéal pour vos promenades et vistes : égale distance de Strasbourg, Colmar, des Vosges et de Forêt Noire. A 1 h de la Suisse, quelques kilomètres l'Allemagne. **Accès :** de Strasbourg, A35 vers Colm sortie Fegersheim-Erstein par N83. Sortir à Benfeld d Rhinau, Herbsheim puis à Diebolsheim. Dans le villag 1re à gauche.

C'est dans l'ancienne grange de ce grand corps ferme qu'ont été aménagées quatre ravissant chambres de charme à l'atmosphère champêtre, ce n'est pas un hazard si elles sont dédiées a fleurs car la maîtresse de maison est une passio née des jardins. Vous serez accueillis dans charmant petit village alsacien, primé pour s fleurissement.

Eichhoffen - Bas Rhin (67)

On the Wine Route, at the foot of the Vosges. Barr 2 km. Hiking locally. Private pond (no-kill fishing policy, barbecues and picnics) 1 km. Tennis 2 km. Horse-riding 5 km. Swimming pool, lake 10 km.

★ ***How to get there:*** *From Strasbourg, A35 for Colmar, exit 13 Barr-Mittelbergheim. Head for Eichhoffen. In village centre, turn right, by bakery. Feuilles d'Or is the last house at the end of the street.*

"Les Feuilles d'Or" is a large, inviting house, at the foot of the Vosges, overlooking the Wine Route and the nearby forest. Five spacious, quiet, comfortably appointed bedrooms await your arrival. For guests' use, there is an enclosed pond with a no-kill fishing policy, as well as barbecue and picnicking facilities.

Les Feuilles d'Or
50-52 rue du Vignoble - 67140 Eichhoffen
Tél./Fax 03 88 08 49 80
Email : kuss.francis@libertysurf.fr
www.lesfeuillesdor.fr.st
Francis Kuss

1 pers. 65 € - 2 pers. 75 € - 3 pers. 100 € - p. sup. 25 €

5 chambres dont 2 familiales (4 pers.) avec TV et tél. et sanitaires privés. (4 pers. 125 €). Ouvert toute l'année. Copieux petit déjeuner. Salon, salle à manger, esp. détente, mezzanine, coin-lecture. Grande terrasse (salon de jardin et barbecue), pergola. Garage, parking. Animaux admis sur demande. Acces. pers. hand. ★ Sur la route des Vins, au pied des Vosges. Barr 2 km. Randonnées sur place. Etang privé 1 km (pêche no-kill, barbecue, pique-nique). Tennis 2 km. Equitation 5 km. Piscine, plan d'eau 10 km. **Accès :** de Strasbourg, A35 dir. Colmar, sortie n°13 Barr-Mittelbergheim. Suivre Eichhoffen, vers le centre du village, au niveau de la boulangerie, à droite. C'est la dernière maison au bout de la rue.

Située au pied des Vosges, dans le vignoble alsacien, "Les Feuilles d'Or" est une grande maison chaleureuse et conviviale avec vue sur la Route des Vins et la forêt toute proche. Elle propose 5 chambres spacieuses, confortables et très calmes. A la disposition des hôtes, un étang entièrement clos avec possibilité de pêche no-kill, barbecue et pique-nique.

Flavigny-sur-Moselle - Meurthe et Moselle (54)

Haroué and Thorey-Lyautey Châteaux. Nancy: Place Stanislas and Fine-Arts Museum (Art Deco and Art Nouveau). Nancy Jazz Pulsations Festival in October. Tennis, horse-riding 1 km. Hiking and lake on locally.

How to get there: *Nancy-Epinal motorway. A330, exit 7 Flavigny-sur-Moselle. Michelin map 307, fold I7.*

Demeure du Breuil is a delightful spot in the heart of a typical Lorraine village, just ten minutes from Nancy. An entire floor of this late-19th-century mansion is reserved for guests. Winner of the 2003 Prix Mirabelle for hospitality, this elegant, restful address is a must.

La Demeure du Breuil
15, rue de Nancy -
54630 Flavigny-sur-Moselle
Tél./Fax 03 83 26 76 18 ou 06 17 67 35 39
www.demeure-du-breuil.com
Isabelle Frey

1 pers. 46 € - 2 pers. 55 €

2 ch. avec salle de bains et wc privés, salon réservé aux hôtes. Ouv. toute l'année. Petit déjeuner : viennoiseries, laitages, miel du producteur, confitures et pâtisseries maison, dégustation (macarons, madeleines, bergamotes...). Salle lumineuse pour petits déj. Jardin, salon. Réfrigérateur (boissons fraîches). ★ Châteaux d'Haroué et de Thorey-Lyautey. Nancy : place Stanislas et son musée des Beaux Arts (déco et nouveau), Jazz-pulsation en automne (NJP). Tennis, équitation 1 km. Randonnées, plan d'eau sur pl. **Accès :** voie rapide Nancy-Epinal. A330, sortie n°7 Flavigny-sur-Moselle. CM307, pli I7.

Au cœur d'un village typiquement lorrain, la Demeure du Breuil est un endroit plein de charme, à 10 mn de Nancy. Dans un cadre verdoyant, cette maison bourgeoise de la fin du XIXᵉ offre un étage exclusivement réservé aux hôtes. Elue meilleur accueil de l'année 2003 (Prix Mirabelle), cette étape raffinée et reposante est une adresse incontournable en Lorraine.

Huttenheim - Bas Rhin (67)

NOUVEAUTÉ

**Bathing in a developed and supervised lake, 800 m. Popular Alsace art. Explore Ried on bike. Fishing on site. In the summer, picnics in the Vosges are organised by the owner.*

★ ***How to get there:*** *From Strasbourg, A3 (towards Colmar) then follow N83, direction Erstein. 30km on, exit Huttenheim, go past Sud Hôtel and straight on until the crossroads. Turn left, past the town hall and take the 4th right.*

Patrice will warmly welcome you to this beautiful, half-timbered 16th-century house that is typical of the Alsace region. If you want to explore Alsace, a region busy with art and tradition, then Huttenheim is the place to stay. A Christmas Eve here is one of the most magical you will ever experience. A lovely place.

Le Jardin de l'Ill TH
8, rue de l'Arbre - 67230 Huttenheim
Tél. 06 85 57 56 05 - Tél./Fax 03 88 74 59 98
Tél. SR 03 88 75 56 50
lejardindelill.monsite.wanadoo.fr
Patrice L'Hote

1 pers. 45/48 € - 2 pers. 50/53 € - 3 pers. 65 € - repas 18 €

2 chambres avec sanitaires privés. Ouv. toute l'année. Petit déjeuner amélioré et copieux. T. d'hôtes : baeckeoffe, choucroute, coq au riesling avec spätzle maison...Salle à manger et salons au décor alsacien. Cour, jardin, terrasse d'été avec coin-détente. Kayaks, vélos et tennis mis gracieusement à votre dispo. ★ Baignade au plan d'eau aménagé et surveillé à 800 m. Découverte de l'art populaire alsacien. Découverte du Ried à vélo (plat). Pêche sur place. En été, pique-nique dans les Vosges organisé par le prop. **Accès :** de Strasbourg, A3(vers Colmar puis suivre N83 vers Erstein. Après 30 km, prendre sortie Huttenheim, passer devant Sud Hôtel et tout droit jusqu'au croisement. A gauche, passer la mairie et 4e à droite.

Vous serez accueillis chaleureusement par Patrice dans une belle maison à colombages du XVIe siècle, typiquement alsacienne. Si vous désirez vous offrir toute l'Alsace, région d'art et de traditions, c'est sans aucun doute en venant séjourner à Huttenheim. A Noël, venez découvrir toute la magie de cette fête lors du réveillon.

Landonvillers - Moselle (57)

**Near to Metz, 3000 year-old town, cathedral, museums, château with open gardens. Golf and swimming pool 18 km. Horse and pony riding 3 km. Fishing locally.*

★ ***How to get there:*** *A4, exit 38 (Boulay). Head for Courcelles-Chaussy. At Courcelles turn right in the direction of Landonvillers. In Landonvillers it's at the end of the village on the right.*

At this 18th-century mill you will have a truly wonderful holiday in a stunning natural setting among herons, kingfishers and dragonflies. This superb location is an excellent place for watching aquatic and land birds (LPO refuge).

Le Moulin TH
57530 Landonvillers
Tél./Fax 03 87 64 24 81
Email : weber.c2@wanadoo.fr
Clodette Weber

2 pers. 53/63 € - 3 pers. 63/73 € - repas 18 €

4 ch. et 1 suite avec mezzanine, sanitaires privés, T jumelles et longues vues (observation d'oiseaux). O toute l'année. Petit déj. : brioche maison, tarte au froma blanc, jambon... T. d'hôtes : choucroute de poisson, t rine... Galerie d'art, stepper, hifi, biblio. Vélos, équip. g Cour, jardin, parc 3 ha. **Accès :** A4, sortie 38 (Boula Prendre ensuite dir. Courcelles-Chaussy. A Courcelles droite dir. Landonvillers. A Landonvillers, fin du villag droite.

Hérons, martin-pêcheurs et autres libellules, sa ront vous distraire dans ce moulin du XVIIIe siè où vous écrirez une des plus belles pages de vacances. Lieu privilégié pour l'observation oiseaux aquatiques et terrestres (refuge LPO).

Murbach - Haut Rhin (68)

Romanesque Murbach Abbey, wine cellar festival, Christmas markets, peak district 10 km, Music Information Centre at the former Dominican monastery in Guebwiller. Swimming pool 8 km. Golf course 15 km. Horse-riding 2 km. Hiking locally.

*★ **How to get there:** 30 km from Colmar and Mulhouse. Murbach is 3 km from Guebwiller. In Murbach, Le Schaeferhof is the 3rd house on the right after the "Murbach" sign.*

Three extremely attractive, elegant guest rooms have been arranged in a listed, time-honoured sheepfold in the Ballon des Vosges Park, near Murbach Abbey. Le Schaeferhof is the ideal spot for resting and recharging your batteries far from the noisy, polluted city. Sylvie and Roger will do their utmost to make your stay here one to cherish.

Le Schaeferhof TH
6, rue de Guebwiller - 68530 Murbach
Tél. 03 89 74 98 98 - Fax 03 89 74 98 99
Email : schaeferhof@laposte.net
http://monsite.wanadoo.fr/schaeferhof
Sylvie et Robert Rothenflug

1 pers. 100 € - 2 pers. 120 € - 3 pers. 150 € - repas 30 €

2 chambres et 1 suite 4 pers. (dont 1 avec jaccuzi) avec sanitaires privés et tél. (160 €/4 p.). Ouv. toute l'année. Petit déj. : brioche/confitures maison, yaourt... T. d'hôtes sur résa. : gratin, terrines, coq au riesling, choucroute... Biblio., salon (cheminée). Jardin, salons de jardin, parking privé, cour. Parc 2 ha ★ Abbaye romane de Murbach, fête des caves, marchés de Noël, route des crêtes (10 km), maison musicale des Dominicains à Guebwiller... Piscine 8 km. Golf 15 km. Equitation 2 km. Randonnée sur place. **Accès :** à 30 km de Colmar et de Mulhouse. Murbach est à 3 km de Guebwiller. Une fois dans Murbach, c'est la 3ᵉ maison à droite après le panneau 'Murbach". CM315.

Dans le Parc du Ballon des Vosges, à proximité de l'Abbaye de Murbach, 3 belles chambres d'hôtes raffinées ont été aménagées dans une ancienne bergerie inscrite aux monuments historiques. Loin de la pollution et du bruit, c'est un lieu idéal pour se reposer et se ressourcer. Sylvie et Roger feront de leur mieux pour rendre votre séjour inoubliable.

Nambsheim - Haut Rhin (68)

Alsace Regional Museum 15 km. Walks along the Rhine 1 km. Neuf Brisach, town fortified by Vauban 10 km. Tennis at 3 km. Cycling locally. Fishing 2 km. Golf course 15 km.

***How to get there:** A36 for Colmar, Neuf Brisach exit. ...e past Hirtzenfelden-Fessenheim, and between Balgau and ...eren turn right for "Pèlerinage Notre-Dame de la ...erhurst" or D468 between Neuf Brisach and Ottmarsheim.*

... family mansion is set in a hectare of parkland with a ...m running through it, in the Alsace Plain. This charming, ...y residence affords superb views over the Vosges and the ...k Forest. Here you can enjoy peace and quiet as well as a ...tiful swimming pool, open from May to September. A ...uil spot for exploring Alsace.

Domaine Thierhurst TH
68740 Nambsheim
Tél. 03 89 72 56 94 ou 06 07 97 28 22
Fax 03 89 72 90 78
www.kinny.fr.fm
Jean-Jacques Kinny

1 pers. 80 € - 2 pers. 95 € - 3 pers. 140 € - p. sup. 40 € - repas 35 €

1 suite (TV, salon) et 1 ch. (coin-salon, TV) avec sanitaires privés. Ouv. toute l'année. Petit déj. : jus de fruits, viennoiseries, confitures maison... T. d'hôtes : choucroute, pâté en croute chaud, quiche lorraine... Salon, salle à manger. Cour, parc de 1 ha. avec salon de jardin et superbe piscine. Restaurants à 3 km. ★ Ecomusée d'Alsace 15 km. Promenade au bord du Rhin 1 km. Ville de Neuf Brisach (fortifiée par Vauban) 10 km. Tennis 3 km. VTT sur place. Pêche 2 km. Golf 15 km. **Accès :** A36 dir. Colmar, sortie Neuf Brisach. Passer Hirtzfelden-Fessenheim, et entre Balgau et Heiteren, prendre à droite dir. "Pèlerinage Ntre Dame de la Thierhurst ou D468 entre Neuf Brisach et Ottmarsheim.

Au cœur de la plaine d'Alsace, la maison de maître de la famille Kinny est située dans un parc d'1 ha traversé par un cours d'eau. Cette demeure de charme, baignée de lumière, bénéficie d'une superbe vue sur les Vosges et la Forêt Noire. Elle offre à ses hôtes calme et quiétude dans un environnement préservé. Superbe piscine chauffée de mai à septembre.

Niderviller - Moselle (57)

★River port, cycle and hiking paths locally. Niderviller earthenware, yacht charter, Chagall stained-glass window. St-Louis-Arzviller Incline on Marne-Rhine Canal 10 km. Golf course, swimming pool 6 km. Tennis court 2 km. Fishing 8 km.

*★ **How to get there:** RN4, Buhlo Dabo-Niderviller. Drive 6 km and at the filling station, turn left and drive 2 km heading for the yachting harbour. Michelin map 307.*

Once upon a time, nestling in a bosky bower that changed with the seasons, there was a house where the forest came very much alive. The "Tendresse" and "Sous l'Ecorce" rooms gently exude the fragrant tree sap, light and nature. A dream destination, ideal for a variety of blissful walks.

La Noisetière
5, rue d'Arzviller - 57565 Niderviller
Tél./Fax 03 87 03 88 55 ou 06 60 54 49 82
Email : noisetiere.sandra@wanadoo.fr
www.lanoisetiere.com
Sandra et J.F Colin

1 pers. 48 € - 2 pers. 55/90 € - 3 pers. 68/105 €

3 chambres avec sanitaires privés et TV, dont 1 familiale avec sauna et jaccuzi pour 4 pers. (120 €). Ouvert toute l'année. Petit déjeuner : gâteau et confitures maison, ju d'orange... Jardin, parc de 35 ares, étang privé. Restauran 1,5 km. ★ Port fluvial, piste cyclable et randonnée su place. Faïencerie de Niderviller, location bateau de plaisance, vitrail de Chagall, Plan Incliné 10 km. Golf, piscin 6 km. Tennis 2 km. Pêche 8 km. **Accès :** RN4, sorti Buhlo Dabo-Niderviller, faire 6 km, à la station essenc prendre à gauche et ensuite continuer sur 2 km (directio port de plaisance).

Nichée au cœur d'un écrin de verdure qui vit a rythme des saisons, il était une fois une maiso forestière où l'on sentait battre de cœur de la forê Les chambres "Tendresse", "Sous l'Ecorce" "Secret de la Forêt", tout en douceur, vous offre le parfum de la sève des arbres, la lumière et nature .Une étape de rêve au pied de belles ra données.

Rahling - Moselle (57)

★Pays de Bitche region. Fishing, forests, walks locally. Fitness trail. Hiking paths, swimming pool, horse-riding 5 km. Tennis court locally. Golf course 20 km.

*★ **How to get there:** From Metz, motorway for Strasbourg, Sarreguemines exit. Head for Sarreguemines on N61, then for Bitche on N62 to Rohrbach-les-Bitche. At Rohrbach, D35 for Bining, then Rahling.*

This typical Lorraine mill with vane is set in an attractive flower garden. The bedrooms are comfortable and appointed with period-style furniture. Start the day with a hearty breakfast served by your hosts. Friendly hospitality.

2, rue du Vieux Moulin - 57410 Rahling
Tél. 03 87 09 86 85
Louis et Annie Bach

1 pers. 28 € - 2 pers. 38 € - 3 pers. 48 €

3 chambres avec prise TV, douche et wc privés. Ou toute l'année. Copieux petit déjeuner : fromages, char teries, viennoiseries, confitures maison, jus de frui Petite cuisine et salon à disposition. Cour, jardin salon de jardin. ★ Pays de Bitche. Pêche, forêts, bal sur place. Parcours de santé. Sentiers de randonnée, cine et équitation 5 km. Golf 20 km. A 5 km du pay cristal. **Accès :** de Metz, A4 dir. Strasbourg so Sarreguemines, puis dir. Sarreguemines (N61) puis Bitche (N62) jusqu'à Rohrbach. A Rohrbach D35 Bining puis Rahling.

Cet ancien moulin typiquement lorrain ave roue à aube, est entouré d'un joli jardin fleuri. chambres qui vous reçoivent sont confortables un mobilier de style ancien. Vous apprécierez copieux petits déjeuners servis généreusemen l'accueil chaleureux des propriétaires.

Rixheim - Haut Rhin (68)

Le Clos du Mûrier
42 Grand Rue - 68170 Rixheim
Tél. 03 89 54 14 81 - Fax 03 89 64 47 08
www.rixheim.com
Bernard et Rosa Volpatti

1 pers. 62 € - 2 pers. 77 € - 3 pers. 101 € - p. sup. 24 €

5 chambres avec TV (câblée), coin-salon, kitchenette et sanitaires privés. Ouvert toute l'année. Petit déjeuner : kouglof, brioche, yaourts, oranges pressées... Cour, jardin avec salon de jardin, barbecue et vélos. Parking sur la propriété. Carte Amex non acceptée. ★ Musée du Papier Peint. Musées de l'Automobile, du Chemin de Fer, du Textile à Mulhouse (5 km). Ecomusée d'Alsace à 15 km. Forêt 1 km. Piscine 2 km. Equitation 3 km. Pêche 4 km. Golf 10 km. **Accès :** A36 direction aéroport Bâle-Mulhouse, sortie Rixheim. Au 1er feux tricolores, prendre à gauche vers centre-ville (1 km). CM315.

Rosa et Bernard ont fait revivre cette ancienne ferme du XVIe à colombages pour l'ouvrir aux hôtes. Les chambres aux belles proportions sont toutes personnalisées et très chaleureuses. Aux beaux jours les petits déjeuners sont servis dans le jardin entièrement clos. Pour une nuit ou un séjour vous apprécierez l'accueil attentif et discret de vos hôtes.

★Wallpaper Museum. Automobile, Railway and Textile Museums (5 km). Alsace Open-Air Museum 15 km. Forest 1 km. Swimming pool 2 km. Horse-riding 3 km. Fishing 4 km. Golf course 10 km.

*★ **How to get there:** A36 for Basle-Mulhouse Airport, Rixheim exit. At the first set of main traffic lights, turn left for town centre (1 km).*

Rosa and Bernard have given this 16th-century half-timbered farmhouse a new lease of life. The spacious personalised bedrooms are extremely comfortable and cosy. In fine weather breakfast is served in the enclosed garden. An overnight stay or a holiday is always a delight, and you will appreciate your hosts' thoughtful, unassuming hospitality.

St-Hubert - Moselle (57)

Ferme de Godchure
57640 Saint-Hubert
Tél. 03 87 77 03 96 ou 03 87 77 98 10
Email : dominique.flahaut@aol.com
http://membres.lycos.fr/fermedegodchure
Annette et Dominique Flahaut

1 pers. 60 € - 2 pers. 65/82 € - 3 pers. 91 € - p. sup. 16 €

3 chambres et 1 suite avec sanitaires privés et TV. (114 €/4 pers.). Ouvert toute l'année. Petit déjeuner : jus d'orange, pains variés, pains au chocolat, crêpes, yaourts, fruits secs... Tél. téléséjour. Salon avec cheminée. Cour, jardin. Séances de sophrologie : 41 €/pers. Restaurants à proximité. ★ Au cœur de la Moselle : Metz (marché de Noël, fête de la mirabelle) et Amnéville (zoo + station thermale) 20 km. Vélo rail 3 km. Thermapolis (remise en forme) 18 km. Parc d'attractions 20 km. **Accès :** A31, sortie n°36 (Ennery), puis dir. Flévy (D55) et dir. Bettelainville (D2) et enfin St-Hubert (D55A).

Annette et Dominique ont planté du bonheur en restaurant l'ancienne ferme de l'abbaye de Villers-Bettnach pour le cueillir aujourd'hui en ouvrant les portes d'une maison d'hôtes. Conciliant parfaitement l'ancien et le moderne :mise en scène de couleurs aux tons subtils différents, chaque chambre vous invite à passer des nuits de rêve.

In the heart of the Moselle: Metz, Christmas market and ·lum Festival. Amnéville: zoo and thermal spa 20 km. Track-·cling 3 km. Thermapolis fitness centre 18 km. Amusement ·ark 20 km.

*· **How to get there:** A31, exit 36 (Ennery) and head for ·lévy (D55), Bettelainville (D2) and St-Hubert (D55A).*

·rme de Godchare, the old farmhouse of Villers-Bettnach ·bbey, is Annette and Dominique's pride and joy, which they ·ve beautifully restored and opened as guest accommodation. ·he result is a perfect mix of old and new, with subtle use of ·our in the bedrooms, which guarantee blissful nights' sleep.

Saulxures-les-Bulgnéville - Vosges (88)

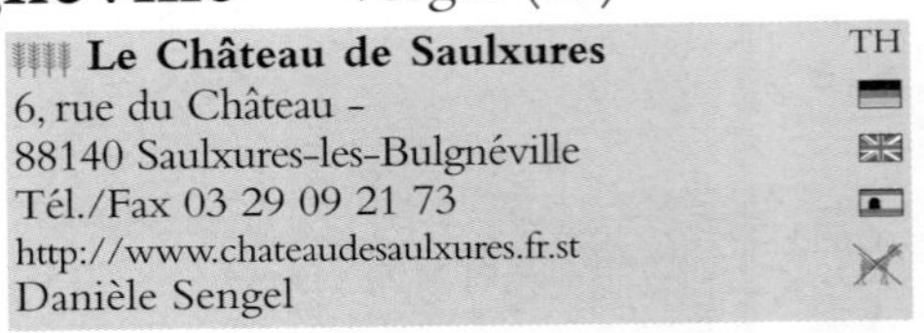

Le Château de Saulxures TH
6, rue du Château -
88140 Saulxures-les-Bulgnéville
Tél./Fax 03 29 09 21 73
http://www.chateaudesaulxures.fr.st
Danièle Sengel

1 pers. 64 € - 2 pers. 84 € - repas 33 €

4 chambres dont 1 suite avec sanitaires privés. Ouvert du 1/02 au 30.11. Petit déjeuner : confitures, jambon, fromages, céréales, viennoiseries... T. d'hôtes : ris de veau, filet de sandre mariné aux herbes... Salles à manger, espace détente, superbe bibliothèque, cheminées anciennes. Parc 2,5 ha. ★ Thermes de Vittel 7 km et Contrexéville 5 km (casino, hippodrome, golf, centre culturel...) Domrémy-la-Pucelle 35 km (maison natale de Jeanne d'Arc)... Piscine, tennis, équitation 7 km. Lac 1 km. Golf 10 km. **Accès :** A31, sortie n°9. A Bulgnéville prendre la 1re à droite direction Saulxures-les-Bulgnéville sur environ 2,5 km.

Entourée d'un parc de 2,5 ha où trône un magnifique tilleul, cette superbe demeure du XVIIe respire le bien-être. Le petit déjeuner et les mets délicats de la table d'hôtes feront de votre séjour une étape gourmande, selon la saison, ils vous seront servis dans la salle à manger ou sur la terrasse... La vaisselle choisie avec soin vous mettra déjà en appétit.

★Vittel and Contrexéville thermal spas, casino, racecourse and arts centre. Domrémy-la-Pucelle, house where Joan of Ark was born 35 km. Swimming pool, horse-riding, thermal baths 7 km. Lake 1 km. Golf 10 km.

★ ***How to get there:*** *A31, exit 9. At Bulgnéville, take first right for Saulxures-lles-Bulgnéville and drive approximately 2.5 km.*

This superb 17th-century residence, set in a magnificent 2.5-hectare park reigned over by a majestic linden tree, exudes well-being. Gourmets will delight in the beautifully prepared breakfasts and table d'hôtes dishes, served either in the dining room or on the terrace, according to season. The carefully selected tableware will give you a foretaste of the mouthwatering specialities to come.

Vaudoncourt - Vosges (88)

Le Château
3, rue Barbazan - 88140 Vaudoncourt
Tél./Fax 03 29 09 23 60 ou 06 81 95 00 31
Email : daniel.pellerin@tiscali.fr
Claudine Pellerin

1 pers. 60 € - 2 pers. 67 € - 3 pers. 87 € - p. sup. 20 €

4 chambres (non fumeur) dont 3 familiales, toutes ave sanitaires privés. (107 €/4 pers.). Ouvert toute l'anné Petit déjeuner : jus de fruits, croissants, 4/4 maison, char cuterie, fromage, œufs, céréales... Salle à manger avec che minée d'époque. P-pong, pétanque. Cour, parc 6 h Piscine sécurisée privative aux hôtes.. ★ Contrexévil (thermes), Vittel 10 km (casino, hyppodrome, centre cu turel...), Domrémy-la-Pucelle (maison natale de Jeann d'Arc)... Piscine, tennis, thermes, lac 10 km. Randonné sur place. **Accès :** A31, sortie n°9. A Bulgnéville, prend dir. Neufchâteau. A 2 km, tourner à gauche d Vaudoncourt. A l'église, à gauche et alors grille du ch teau.

Au travers de meubles et objets anciens, Claudi a su recréer l'ambiance authentique de cette vas demeure de caractère du XIXe s. Vous y trouver le charme de ces immenses pièces joliment déc rées. De grands moments de liberté vous attende en flânant dans le parc, avec sous-bois, forêt étangs.

★Contrexéville and spa. Vittel: spa, casino, hippodrome, arts centre, etc. Domrémy-la-Pucelle, house where Joan of Ark was born. Swimming pool, tennis court, thermal baths, lake 10 km. Hiking and horse-riding locally.

★ ***How to get there:*** *A31, exit 9. In Bulgnéville, head for Neufchâteau. After 2 km, turn left for Vaudoncourt. Turn left at the church for the Château gates.*

Claudine has skilfully recreated the original atmosphere of this vast 19th-century residence, with period furniture and objects. You will discover the charm of the spacious, attractively appointed rooms. Enjoy the freedom of wide open spaces, in the park, which features underwoods, a forest and lakes. Horse-lovers will enjoy riding through the estate.

Vigy - Moselle (57)

12, rue du Val de Metz - 57640 Vigy
Tél. 03 87 77 00 18 ou 06 13 20 33 25
Françoise Petitmangin

1 pers. 70 € - 2 pers. 85 €

Lorraine and local treasures, places of historical and archaeological interest, military history, local tradition museums, culinary traditions. Metz 15 km. Thermal baths 18 km. Cinema 12 km. Sailing 9 km. Forest 3 km.

★ ***How to get there:*** *From Metz, head for St-Julien-les-Metz. Stay on the D1 and, at Malray roundabout, head for Antilly and Vigy. Or, take A31, exit Maizières-les-Metz, direction Ennery then Chailly, Antilly and Vigy.*

This early-20th-century family mansion is set in a scenic village, halfway between Metz and Thionville, has a story to tell. The first-floor bedroom was decorated entirely by the lady of the house and her hard work has created a romantic, inviting setting, where everything is done with guests' comfort in mind.

1 chambre avec sanitaires privés. Ouv. Toute l'année. Petit déjeuner gourmand servi dans la salle à manger, sur la terrasse ou à l'ombre de la tonnelle végétale, dans un parc arboré et fleuri de 26 ares. Biblio., table de jeux de société, piano, bains de soleil, barbecue, réfrig. à dispo. Restaurant et traîteur à 4 km. ★ La Lorraine et ses richesses : sites historiques et archéologiques, passé militaire, écomusées, traditions culinaires... Metz 15 km. Station thermale d'Amnéville 18 km. Luxembourg 60 km. **Accès :** de Metz, dir. St-Julien-les-Metz. Rester sur la D1 jusqu'au rd point de Malroy, dir. Antilly puis Vigy ou A31, sortie Maizières-les-Metz, dir. Ennery puis Chailly, Antilly et Vigy.

Entre Metz et Thionville, dans un village touristique, cette maison de maître début XXe, vous contera son vécu historique. La chambre, au 1er étage, avec vue sur le jardin à la française a été entièrement décorée par la maîtresse de maison. Son investissement personnel en a fait un lieu romantique et chaleureux où tout a été pensé pour votre bien-être.

AQUITAINE

17
CHARENTE-MARITIME
POINTE DE GRAVE
GIRONDE
D 730
Jon
Lesparre-Médoc
N 215
Bla
Étang d'Hourtin
D 6
D 1
Étang de Carcans
BORDEAU
D 106
A 63
Bassin d'Arcachon
N 250
33
GIRON
A 66
N 250
N 10
A 63
Étang de Cazaux
N 134
Étang de Biscarosse
N 10
OCÉAN ATLANTIQUE
GOLFE DE GASCOGNE
Mimizan
N 10
Ousse-Suzan
N 134
MON
DE-MAR
D 924
N 124
Seignosse
A 63
Dax
40
LANDES
Adour
Mimbaste
D 947
Clermont
D 933
N 10
N 117
Adour
Bayonne
Urcuit
La Bastide-Clairence
N 10
A 63
A 64
D 936
St-Pée-sur-Nivelle
Ayherre
Gave
Monein
Gave d'Oloron
Sare
Isturits
St-Palais
Lay-La
Bidasoa
Louhossoa
Nive
La
Sauguis
Oloron-Sainte-Marie
64
PYRÉNÉES-ATLANTIQUES
ESPAGNE
N
O
E
S
0
30 km
Gave D'Aspe

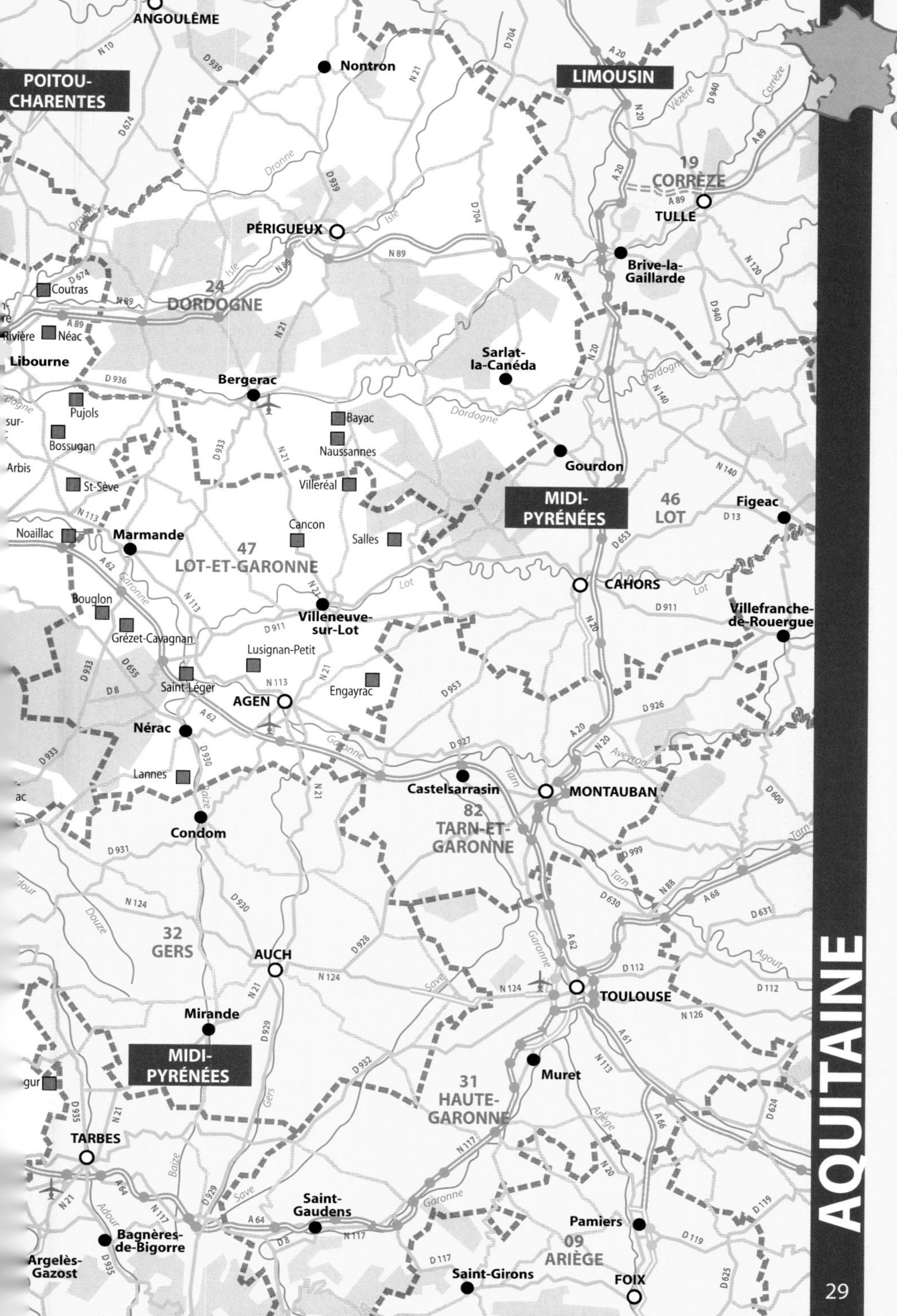
AQUITAINE
POITOU-CHARENTES
LIMOUSIN
MIDI-PYRÉNÉES
MIDI-PYRÉNÉES
ANGOULÊME
Nontron
PÉRIGUEUX
19
CORRÈZE
TULLE
Brive-la-Gaillarde
24
DORDOGNE
Coutras
Néac
Libourne
Bergerac
Sarlat-la-Canéda
Pujols
Bossugan
Arbis
St-Sève
Bayac
Naussannes
Villeréal
Gourdon
Cancon
Salles
46
LOT
Figeac
Noaillac
Marmande
47
LOT-ET-GARONNE
CAHORS
Bouglon
Grézet-Cavagnan
Villeneuve-sur-Lot
Villefranche-de-Rouergue
Lusignan-Petit
Saint-Léger
Engayrac
AGEN
Nérac
Lannes
Castelsarrasin
MONTAUBAN
Condom
82
TARN-ET-GARONNE
32
GERS
AUCH
TOULOUSE
Mirande
Muret
31
HAUTE-GARONNE
TARBES
Saint-Gaudens
Pamiers
Bagnères-de-Bigorre
Argelès-Gazost
09
ARIÈGE
Saint-Girons
FOIX
Dronne
Isle
Dordogne
Lot
Garonne
Tarn
Aveyron
Baïse
Douze
Save
Gers
Adour
Ariège
Agout
Vézère
Corrèze
A 20
A 89
A 62
A 61
A 64
A 66
A 68
N 10
N 20
N 21
N 89
N 113
N 117
N 120
N 124
N 126
N 140
N 88
D 704
D 939
D 674
D 936
D 933
D 930
D 931
D 911
D 653
D 953
D 926
D 927
D 655
D 999
D 630
D 631
D 600
D 112
D 928
D 929
D 932
D 935
D 940
D 119
D 117
D 624
D 625
D 13
D 8

Agnos - Pyrénées Atlantiques (64)

AQUITAINE

**At the bottom of the Pyrenees foothills, 2 km from Oloron-Ste-Marie and 30 km from Pau. The region is famous for its Béarn and Basque cuisine, and Jurançon wines. Horse-riding, ballooning, paragliding and swimming 2 km. Lake 10 km.*

★ ***How to get there:*** *Full details will be supplied at time of booking.*

This 16th-century château, originally a hunting lodge, stands by a stream teeming with trout on a seven-hectare estate. The British owners have decorated and furnished the bedrooms with exquisite taste and great care, and will be happy to give you an insight into the rich history of their residence of outstanding charm. A warm welcome is assured.

Château d'Agnos TH
64400 Agnos
Tél. 05 59 36 12 52 et 06 84 50 12 11
Fax 05 59 36 13 69
Email : chateaudagnos@wanadoo.fr
Desmond et Heather Nears-Crouch

1 pers. 65/120 € - 2 pers. 75/140 € - 3 pers. 110/180 € - repas 25 €

5 chambres (dont 3 suites) avec bains et wc privés. Ouvert toute l'année. Petit déjeuner : viennoiseries, confitures, fruits... Table d'hôtes : cuisine anglaise. Grand salon avec TV. Parc, ruisseau. Badminton. Poss. Vol en montgolfière. Départ de randonnées équestres. Restaurants à 2 km. ★ Au pied des contreforts des Pyrénées. Oloron-Ste-Marie 2 km. Pau 30 km. Région renommée pour sa cuisine béarnaise, basque et ses vins de Jurançon. Equit., montgolfière, parapente, piscine 2 km. Lac 10 km. **Accès :** un plan vous sera communiqué lors de la réservation.

Ancien pavillon de chasse du XVIe siècle, le château est situé sur un domaine de 7 ha, bordé par un ruisseau à truites. Les propriétaires, d'origine anglaise, ont aménagé avec goût et passion de belles chambres et vous conteront, si vous le souhaitez, la riche histoire de leur demeure au charme exceptionnel. Accueil chaleureux assuré.

Arbis - Gironde (33)

**Tours of château wine and spirit storehouses. Between Saint-Emilion and Sauternes. Entre-Deux-Mers fortifications. Châteaux: Cadillac, Malagar, etc. Abbeys, lakes with sporting and bathing facilities, fishing, tennis, microlite flying. Cycling paths.*

★ ***How to get there:*** *Between Targon and Cadillac, on D11, Route d'Escoussans.*

A warm welcome awaits you at Château Le Vert, situated amid vines and meadowland where horses graze, in the heart of Entre-Deux-Mers country, between Targon and Cadillac. This charming, verdant setting is home to three handsomely decorated bedrooms that create a cosy, comfortable atmosphere. Enjoy a quiet stroll in the two-hectare park, and on sunny days, a refreshing swim in the pool.

Château le Vert
Route d'Escoussans - 33760 Arbis
Tél./Fax 05 56 23 91 49
Martine et Claude Imhoff

2 pers. 75/95 €

3 chambres et 1 suite avec sanitaires privés et TV. Ouve toute l'année. Petit déjeuner : jus de fruits, laitages, con tures maison, pain de campagne... Cour, salon de jardi parc, piscine. Restaurants à Targon et Cadillac. ★ Visite chais dans les châteaux. Entre Saint-Emilion et Sautern Bastides de l'Entre-Deux-Mers. Château de Cadillac, Malagar et autres... Abbayes, lacs aménagés, pêche, tenn ULM. Piste cyclable. **Accès :** A 35 km de Bordeau entre Targon et Cadillac, sur la D11, route d'Escoussan

Au cœur de l'Entre-Deux-Mers, entre Targon Cadillac, entouré de vignes et de prairies à ch vaux, le château Le Vert vous accueille. Dans décor de charme et de verdure, les chambres, jo ment décorées ont un confort douillet. Pour détente et le plaisir, parc de 2 ha. pour flaner toute tranquillité et la piscine pour les chau journées d'été.

Ayherre - Pyrénées Atlantiques (64)

Hasparren and La Bastide Clairence 4 km. Biarritz 28 km. Sea and golf course 25 km. Lake 18 km. Swimming pool and tennis court 4 km. Horse-riding 15 km.

★ ***How to get there:*** *At Hasparren, head for La Bastide Clairence. At the Ayherre-Isturitz intersection, turn right and carry on for 300 m. Moulin Urketa is on the left-hand side (the large house with green shutters).*

This charming 17th-century watermill is set in two-hectare grounds bordered by a river, with a small stone bridge across the waterfalls. The comfortable, spacious bedrooms guarantee peaceful nights. Nathalie and Bernard are happy to spend time and share meals with guests. An ideal way to savour and learn about wines produced in the Southwest.

Moulin Urketa TH
route de la Bastide - 64240 Ayherre
Tél./Fax 05 59 70 26 44 ou 06 15 34 04 06
Email : contact@moulin-urketa.com
www.moulin-urketa.com
Bernard Legleye

1 pers. 58/60 € - 2 pers. 70/71 € - 3 pers. 85 € - repas 21 €

2 chambres dont 1 familiale avec sanitaires privés. (85/92 €/4 pers.). Ouv. toute l'année. Petit déj. : yaourt maison, croissants, chocolatine, confitures... T. d'hôtes : salade d'épinards au chèvre chaud, magret au foie gras... Salle de remise en forme. Tir à l'arc, p-pong. Parc 2 ha. Rivière, canal. Restaurants 10 km. ★ Hasparren et la Bastide Clairence 4 km. Biarritz 28 km. Mer et golf 25 km. Lac 18 km. Piscine et tennis 4 km. Equitation 15 km. **Accès :** à Hasparren dir. La Bastide Clairence. Laisser le croisement Ayherre-Isturitz sur la droite et continuer sur 300 m. La maison se trouve sur la gauche (grande maison aux volets verts).

Ce charmant moulin à eau du XVIIe est situé sur un parc de 2 ha délimité par une rivière, avec un petit pont de pierre qui enjambe les chutes d'eau. Les chambres confortables et spacieuses sont propices au sommeil. Nathalie et Bernard partagent leur temps et leur table pour le bien-être de leurs hôtes. Initiation à la dégustation des vins du sud-ouest.

La Bastide-Clairence - Pyrénées Atlantiques (64)

3iarritz 25 km. St-Jean-de-Luz 30 km. Explore the Basque ountry (coast and mountains). Swimming pool, tennis court 5 km. Horse-riding 8 km. Golf 25 km.

How to get there: *Head for Saint-Palais. The house is posite the Ganaderia Darritchon, 3.5 km from the village.*

is handsome, blissful 17th-century Basque farmhouse was ginally a hospital on the Santiago de Compostela pilgrimage te. The antique patinaed furniture, time-honoured floor tiles, xed walls and vast fireplace add to the residence's authenticity. akfast is served on the terrace, which looks onto the garden. will also enjoy the gourmet table d'hôtes specialities pared by your hostess.

Maison la Croisade TH
64240 La Bastide-Clairence
Tél. 05 59 29 68 22 ou 06 74 28 29 65
Fax 05 59 29 62 99
Email : lacroisade@aol.com
Sylvianne Darritchon

1 pers. 53 € - 2 pers. 57/60 € - p. sup. 15 € - repas 23 €

4 chambres à l'étage avec sanitaires privés. Ouvert toute l'année. Petit déjeuner : jus d'orange, brioche, confitures maison... T. d'hôtes sur rés. : salades gourmandes, magret, poulet basquaise, boudin, confits... Salon avec cheminée et TV. Jardin paysager avec terrasse et salon de jardin. Restaurant à Hasparren 10 km. ★ Biarritz 25 km. St.Jean-de-Luz 30 km. Découverte du pays basque (côte et montagne). Piscine, tennis 3,5 km. Equitation 8 km. Golf 25 km. **Accès :** prendre la direction Saint-Palais. La maison est située en face de la Ganaderia Darritchon (à 3,5 km du village).

Cette belle ferme basque du XVIIe est un ancien relais de la route St-Jacques-de-Compostelle. Les vieux meubles patinés, les dallages anciens, les murs cirés et la vaste cheminée contribuent à lui conserver toute son authenticité. Petits déjeuners servis sur la terrasse face au jardin et table d'hôtes gourmande avec les spécialités de la maîtresse de maison.

La Bastide-Clairence - Pyrénées Atlantiques (64)

AQUITAINE

★Biarritz 25 km. Potters' market at Bastide-Clairence (September). Tennis court 3 km. Horse-riding 8 km. Sea, lake, golf course 25 km.

*★ **How to get there:** A64, Urt exit for La Bastide-Clairence. In the village, drive up to the square and turn right for Hasparren. 2 km on, on right, follow house-shaped sign for "Le Clos Gaxen".*

Nathalie and Christophe extend a warm welcome at their genuine 18th-century Basque home. You will appreciate the tranquillity and charm of the countryside by the ocean and mountains. The garden with swimming pool affords breathtaking views over the hilly Basque Country. An ideal spot for both riders and hikers. There are a variety of hiking paths locally.

Le Clos Gaxen TH
64240 La Bastide-Clairence
Tél./Fax 05 59 29 16 44 ou 06 19 62 56 17
Email : gaxen@wanadoo.fr
http://www.leclosgaxen.com
Nathalie Zeller

1 pers. 55/60 € - 2 pers. 60/65 € - repas 25 €

3 chambres avec sanitaires privés. Ouvert toute l'année. Petit déjeuner : jus d'orange ou de pomme, croissants, céréales, yaourts, compote, confitures maison... T. d'hôtes (sur réservation) : poulet basquaise, omelette piment-jambon, confit, pâté maison, fromages de brebis... Jardin, ruisseau. Piscine. ★ Biarritz 25 km. Marché des potiers en septembre à la Bastide-Clairence. Tennis 3 km. Equitation 8 km. Mer, lac 18 km. Golf 25 km. **Accès :** A64 sortie Urt dir. La Bastide-Clairence. Dans le village, monter jusqu'en haut de la place et prendre à droite dir. Hasparren, faire 2 km. Sur la droite, suivre le panneau en forme de maison "Le Clos Gaxen".

Nathalie et Christophe vous accueillent dans leur authentique maison basque du XVIIIe siècle. Vous profiterez de la sérénité et du charme de la campagne aux portes de l'océan et de la montagne. Du jardin et de la piscine, magnifique vue sur les collines basques. Nombreux circuits de randonnées sur place, étape idéale pour les cavaliers et les randonneurs.

Bayac - Dordogne (24)

★Beaumont du Périgord: country houses. Dordogne Valley (châteaux and sites) and Vézère Valley (caves and traditional villages). Lascaux, Cadouin. Fishing 4 km. Tennis court, lake 8 km. Horse-riding 10 km. Canoeing 12 km. Golf course 12 km.

*★ **How to get there:** On D660 from Bergerac. At Port de Couze, turn right for Beaumont. 4 km on, in Bayac, turn right for Monsac and Issigeac. On the plateau 2 km down, La Vergne is on the right. Michelin map 329, fold F7.*

The land of Bergeracois country houses is the setting for this delightful residence in Purple Périgord, a region steeped in history. Enjoy the charms of olden days at this address in the Dordogne Valley where the air is fragrant with strawberry jam and seringa.

La Vergne TH
24150 Bayac
Tél./Fax 05 53 57 83 16
Email : relaisdelavergne@wanadoo.fr
www.resinfrance.com/perigord/
Francine Pillebout

1 pers. 60 € - 2 pers. 65 € - 3 pers. 83 € - repas 23 € - 1/2 pens. 55,50/83 €

4 ch. 2 pers., 1 ch. familiale 4 pers. (2 ch. commun cantes) acces. aux pers. hand., avec sanitaires priv (110 €/4 pers.). Ouv. toute l'année. Petit déj. : viennoise ries, pâtisseries... T. d'hôtes sur résa. : cuisine périgou dine, en saison avec légumes du jardin. Parc 2 ha., piscin p-pong. Visa/chèques vac. acceptés par le S ★ Beaumont du Périgord, Monpazier : circuit bastid Vallée de la Dordogne et de la Vézère (grottes, village Lascaux, Cadouin... Pêche 2 km. Tennis, plan d'eau 8 k Equitation 10 km. Canoë 20 km. Golf 12 km. **Accè** sur la D660 en venant de Bergerac, à Port de Cou tourner à droite vers Beaumont. A 4 km, dans Bayac droite dir. Monsac et Issigeac. A 2 km sur le plateau, Vergne est sur la gauche. CM329, pli F7.

Au cœur des bastides, dans le bergeracois, Périgord Pourpre, sur la Vallée de la Dordogne vous attendent l'Histoire ; vous serez reçus à campagne, dans une demeure qui ressemble à c de nos grands-mères... et qui fleure bon le seri et la confiture de fraises.

Betbezer d'Armagnac - Landes (40)

Domaine de Paguy
40240 Betbezer d'Armagnac
Tél. 05 58 44 81 57 ou 06 86 92 03 82
Fax 05 58 44 68 09
Email : domaine-de-paguy@wanadoo.fr
Albert et Paulette Darzacq

1 pers. 55/63 € - 2 pers. 58/66 € - 3 pers. 79/85 €

4 chambres avec sanitaires privés. Ouvert toute l'année. Petit déjeuner : pain frais, gateaux maison, chocolat, thé, café... Piscine. Vélos. Ferme-auberge (spécialités locales) à proximité. Parc de 66 ha avec domaine viticole. ★ Visite du village, bastide à Labastide d'Armagnac, St-Justin (domaine viticole), fêtes des vendanges en octobre. Production de produits fermiers : foie gras, canards... Golf 25 km. Equitation 15 km. Tennis 5 km. **Accès :** de la D933, prendre la D35, puis la D11. Suivre ensuite le fléchage "Domaine de Paguy".

Vous serez accueillis chaleureusement par Albert et Paulette dans leur joli manoir du XVIe siècle, surplombant des vignes. Vous profiterez d'un site avec une vue exceptionnelle, et de la piscine au milieu d'un immense espace vert. Calme et tranquillité sont les maitre-mots des 4 chambres décorées avec goût qui vous sont proposées.

★Betbezer d'Armagnac village and history. La Bastide d'Armagnac medieval village. St-Justin and vineyards, Grape Harvest Festival in October. Farmhouse products, including foie gras and duck. Golf course 25 km. Horse-riding 15 km. Tennis court 5 km.

*★ **How to get there:** On D933, take D35 and D11. Then follow signs for "Domaine de Paguy".*

A warm welcome awaits you from Paulette and Albert at their pretty, 16th-century manor, overlooking the vineyards. The estate affords outstanding vistas of the surroundings and you will enjoy the swimming pool in the extensive leafy grounds. Peace and quiet are the watchwords for your stay here, in the four tastefully decorated bedrooms.

Bosdarros-Gan - Pyrénées Atlantiques (64)

Maison Trille - Chemin de Labau
Route de Rebenacq - 64290 Bosdarros-Gan
Tél. 05 59 21 79 51 ou 06 83 78 40 67
Fax 05 59 21 57 54
http://membres.lycos.fr/maisontrille/index.htlm
Christiane Bordes

TH

1 pers. 55 € - 2 pers. 67 € - repas 25/35 €

5 chambres, toutes avec bains ou douche et wc privés, entrée indépendante. Ouvert toute l'année. Petit déjeuner à base de laitages, salade de fruits, oeufs, fromage, jambon... Table d'hôtes sur réservation. Près de l'auberge "Le Tucq". Gite rural 6 pers. sur la propriété. ★ Golf de Billère (18 trous) à 10 km. A proximité : piscine, tennis, équitation et promenades en montagne. **Accès :** à 10 km au sud de Pau, par N134 jusqu'à Gan, puis D934.

La "Maison Trille" est une ancienne demeure béarnaise du XVIIIe siècle, située aux portes de Pau et de la vallée d'Ossau. Madame Bordes vous y recevra chaleureusement et vous préparera d'excellents petits déjeuners. Vous y retrouverez l'architecture caractéristique du Béarn, avec sa cour intérieure et son porche particulier.

illère 18-hole golf course 10 km. Swimming pool, tennis rts, horse-riding nearby. Walks in the mountains.

***How to get there:** 10 km south of Pau, on N134 to Gan, n D934.*

ison Trille is a traditional 18th-century Béarn, residence just side Pau, near the Ossau Valley. Christiane Bordes always es her guests a warm welcome and serves excellent breakfasts. e architecture, typical of the Béarn region, features an inner rtyard and porch.

AQUITAINE

Bossugan - Gironde (33)

Bordeaux vineyards: Saint-Emilion 20 km. Re-enactment of the Battle of Castillon in the summer, walled cities, fortified mills. Bathing and tennis 4 km. Swimming and horse-riding 9 km. Golf course 35 km.

★ ***How to get there:*** *Between Castillon-la-Bataille and Sauveterre-de-Guyenne on D17. At the D126 crossroads, turn left; the house is 100 m on. Michelin map 335, fold K6.*

This 19th-century family mansion, set on a hilltop overlooking the Bordeaux vineyards, offers all the charm and authenticity of a family home. You will enjoy the terrace and superb views over the Dordogne Valley, or the shade of centuries-old lime trees. The interior decoration is a joy to behold.

Domaine de Barrouil TH
33350 Bossugan
Tél./Fax 05 57 40 59 12
Email : info@barrouil.com
www.barrouil.com
Annie et Michel Ehrsam

1 pers. 45/70 € - 2 pers. 50/80 € - p. sup. 20 € - repas 23 €

2 chambres et 1 suite, toutes avec sanitaires privés. Ouv. toute l'année. Petit déjeuner : confitures et patisseries maison, yaourts, fruits... T. d'hôtes : cuisine du sud ouest, italienne et d'inspiration méditerranéenne. Salon, bibliothèque. Terrasse. Parc de 0,75 ha. Parking, garage. Auberges 3 km. ★ Vignoble bordelais (St-Emilion 20 km), reconstitution de la bataille de Castillon en été, circuit des bastides, moulins fortifiés... Baignade et tennis 4 km. Piscine et équitation 9 km. Golf 35 km. **Accès :** entre Castillon-la-Bataille et Sauveterre-de-Guyenne (D17). Au carrefour avec la D126, c'est à 100 m à gauche. CM335, pli K6.

Posée sur une colline dominant le vignoble bordelais, entourée d'un parc, cette maison de maître du XIXe siècle vous offre le charme et l'authenticité d'une propriété de famille. Vous profiterez de la terrasse qui propose une superbe vue sur la vallée de la Dordogne, ou de l'ombrage des tilleuls centenaires. Vous serez séduits par la décoration intérieure.

Bouglon - Lot et Garonne (47)

NOUVEAUTÉ

Marmande Festival lyrique, canal du Midi, Monségur Jazz Festival, local markets, Lardes forest. 8 km away: thermal baths, golf course, boat rides, horse-riding centre, water sports centre, quad bike hire.

★ ***How to get there:*** *Head to the town "Le Clavier" located between Marmande and Casteljaloux. Take direction Bouglon. On the way up to Bouglon, the road is signposted on the left. Michelin map 336.*

Overlooking the Garonne Valley, "Le Mas de Campech", an exquisite 18th-century residence that has been recently restored, is bursting with the charm of years gone by. Your hosts' passion for decoration and quality materials has created a charming stop that is not to be missed.

Le Mas de Campech TH
47250 Bouglon
Tél. 05 53 64 14 55
Email : lemasdecampech@hotmail.fr
Isabelle et Richard Andréa

1 pers. 65/70 € - 2 pers. 70/75 € - 3 pers. 85/90 € - repas 23 €

4 chambres avec sanitaires privés et wifi. Ouv. toute l'ar née. Petit déjeuner : pâtisseries, confitures maison, jus c fruits, fruits... T. d'hôtes : tartes salées lègumes, volaille e cocotte, pain perdu... Salle à manger, salon (TV), bibli Parc 2,5 ha. Piscine. Forfait VRP (hors-juil./août) 75 Repas - 10 ans : 12 €. ★ Festival lyrique de Marmanc canal du Midi, festival Jazz de Monségur, marchés locau forêt des Landes. A 8 km : thermes, golf, promena bâteau, centre équestre, complexe nautique. Locati quads. **Accès :** aller jusqu'à la commune "Le Clavie situé entre Marmande et Casteljaloux. Prendre c "Bouglon". En montant vers Bouglon, notre chemin indiqué sur la gauche. CM336.

Dominant la Vallée de la Garonne, "Le Mas Campech", superbe demeure du XVIIIe siècle no vellement restaurée, a retrouvé la douceur temps passé. Notre passion pour les matéria nobles et la décoration en font une étape charme à ne pas manquer.

Cancon - Lot et Garonne (47)

Chanteclair
47290 Cancon
Tél. 05 53 01 63 34 - Fax 05 53 41 13 44
Email : larribeau.chanteclair@wanadoo.fr
Francis et Simone Larribeau

1 pers. 50 € - 2 pers. 65 € - 3 pers. 85 € - p. sup. 20 €

3 chambres doubles avec douche et wc (TV sur demande), et 1 chambre familiale avec douche et wc. Ouvert toute l'année.... Piscine, billard, ping-pong. Tarifs réduits du 1.09 au 30.06. Restaurant 500 m. ★ Bastides et vieux villages, vignobles de Buzet, Duras, Bordeaux, Cahors. Tennis, VTT, piscine, pêche au village. Centre équestre et golf à 7 km. Espace forme à 12 km. **Accès :** à Cancon, prendre la route de Monbahus puis à gauche à 300 m. CM336.

A 500 m du village, caché dans un grand parc aux magnifiques arbres séculaires, "Chanteclair" vous attend. La maison du XIXe siècle, de belle facture, propose de grandes chambres confortables, à la décoration et à l'ameublement recherchés. Belle vue sur le vallon. Il est possible de pique-niquer dans le parc et dans la véranda.

★Fortifications and old villages. Buzet, Duras, Bordeaux, Cahors vineyards. Tennis, mountain bikes, swimming pool, fishing in the village. Horse-riding centre and golf course 7 km. Fitness centre 12 km.

*★ **How to get there:** At Cancon, take the Monbahus road and turn left after 300 m. Michelin map 336.*

Chanteclair lies practically hidden from view in a vast park with centuries-old trees. Half a kilometre from the village, this attractive 19th-century residence has spacious, comfortable guest rooms decorated with taste. Superb view over the valley. Picnics can be arranged on the verandah and in the park.

AQUITAINE

Clermont - Landes (40)

Les Feuilles d'Or
981, route du Luy - 40180 Clermont
Tél./Fax 05 58 89 73 29
Michel et Monie Crisafulli

1 pers. 50 € - 2 pers. 55 € - 3 pers. 70 € - p. sup. 15 €

1 chambre et 1 suite avec TV et sanitaires privés. Ouvert toute l'année. Petit déjeuner : confitures et pâtisseries maison, jus de fruits frais... Cour, jardin arboré et fleuri, parc. Restaurants à Dax (12 km). ★ Musée de la Chalosse à Montfort-en-Chalosse 12 km. Dax, 1re ville thermale de France 12 km. Pêche sur place. Equitation, piscine 15 km. Golf 25 km. Plage 40 km. **Accès :** depuis Dax prendre dir. Orthez (D947), puis à gauche dir. Clermont (D3). Dans Clermont, prendre à gauche dir. Garrey.

Monie et Michel vous accueillent dans une belle maison de maître datant de 1730, restaurée et meublée avec goût. Un petit parc ombragé de platanes, un joli jardin arboré et fleuri vous permettront simplement de profiter de la verdure environnante.

Chalosse Museum at Montfort-en-Chalosse 12 km. Dax, ance's leading spa town 12 km. Fishing locally. Horse-riding, imming 15 km. Golf course 25 km. Beach 40 km.

*★ **How to get there:** From Dax, head for Orthez (D947) d left for Clermont (D3). In Clermont, turn left for Garrey.*

nie and Michel are your hosts at this fine family mansion lt in 1730, which they have tastefully restored and furnished. shaded park graced with plane trees and a leafy flower garden a delightful way to enjoy the verdant surroundings.

Coutras - Gironde (33)

Numerous events around Saint-Emilion, Guîtres abbey-church, Fest'Art in Libourne. Swimming pool and tennis court 1.5 km. Lake 10 km. Hiking 500 m. Double Forest 8 km. Saint-Emilion vineyards 14 km.

★ ***How to get there:*** *Via Coutras, take D10 for Guîtres. Past the bridge over the River Dronne, drive 1.3 km. Le Baudou is the second house on the right.*

This stately 18th-century château nestles in a four-hectare park graced with two-hundred-year-old trees. The residence recreates the refinement of the past, complete with tiling, fireplaces and woodwork, to the delight of visitors. A corridor leads to the music room, library and the dining room featuring period furniture and Oriental rugs as in bygone days.

Château Le Baudou

n°7 le Baudou - 33230 Coutras
Tél./Fax 05 57 49 16 33 ou 06 11 14 73 72
Email : le.baudou@wanadoo.fr
www.chateaulebaudou.com
Marie-Christine Heftre

2 pers. 55/75 € - p. sup. 20 €

4 chambres avec sanitaires privés. Ouvert toute l'année. Petit déjeuner : miel, confitures maison, fruits de saison. Salon de musique (piano Rameau), jeux de société, salon avec bibliothèque. Cour, parc de 4 ha (promenades). Wagon restaurant au train touristique de Guîtres 1,5 km, autres 2,5 km. ★ Nombreuses manisfestations sur St-Emilion, abbatiale de Guîtres, Fest'Art à Libourne. Piscine et tennis 1,5 km. Plan d'eau 10 km. Randonnées 500 m. Forêt Double 8 km. Vignoble de Saint-Emilion 14 km. **Accès :** par Coutras, prendre la D10 dir. Guîtres. Après le pont sur la rivière "La Dronne", faire 1,3 km. C'est la 2e maison à droite.

Beau château du XVIIIe niché dans un parc de 4 ha planté d'arbres bicentenaires. Cette demeure restitue le raffinement d'époque avec ses dallages, ses cheminées, ses boiseries.. qui ravissent les visiteurs. Un corridor dessert un salon de musique, une bibliothèque et une salle à manger où meubles d'époque et tapis d'orient vous projetteront dans le temps.

Créon-Sadirac - Gironde (33)

In the heart of the Bordelais vineyards, close to Bordeaux and St-Emilion, La Sauve vineyards 3 km. Ocean 50 km. Golf course 15 km. Horse-riding 1 km. Cycle paths 500 km.

★ ***How to get there:*** *A10, Toulouse exit 1 and Bergerac exit 24. D671 to Créon. From Bordeaux, head for Bergerac and D671 to Créon.*

Prieuré de Mouquet is a superb 16th-century fortified edifice in the heart of Bordelais country, set amid vineyards and valleys. The five bedrooms, each decorated with a highly personal touch, open out onto an inner courtyard. The pleasant two-hectare park adds to the serenity of the place.

Prieuré de Mouquet

6, chemin de Mouquet - 33670 Créon-Sadirac
Tél./Fax 05 56 23 26 57 ou 06 22 56 48 48
Email : p.marchive@wanadoo.fr
Pierre et Rose-Marie Marchive

2 pers. 58/72 € - 3 pers. 73/87 € - p. sup. 15 €

2 chambres et 3 suites dont 2 avec chambres commun quantes et 1 avec salon, toutes avec sanitaires privés. Ou toute l'année. Petit déjeuner : jus de fruits, confitures pâtisseries maison, croissants, fruits... Salon avec T Biblio. Salle de jeux. Cour, jardin, parc 2 ha. Piscine. Vélc p-pong. Boulodrome. ★ Au cœur du vignoble bordel (proche Bordeaux, St-Emilion), abbaye de la Sauve 3 km Océan 50 km. Golf 15 km. Centre équestre 1 km. Pis cyclable 500 m. **Accès :** A10, sortie n°1 Toulouse pu sortie n°24 Bergerac, puis D671 jusqu'à Créon. I Bordeaux, prendre dir. Bergerac puis D671 jusqu Créon.

Au cœur du pays bordelais, entre vignes et vallor le Prieuré de Mouquet est une bâtisse fortifiée XVIe siècle. Les 5 chambres au décor personnali s'ouvrent sur la cour intérieure. Un agréable pa de 2 ha contribue à la sérénité des lieux.

Engayrac - Lot et Garonne (47)

Le Rhodier - 47470 Engayrac
Tél./Fax 05 53 95 40 48
Tél. SR 05 53 47 80 87
Email : o.aillet@wanadoo.fr
www.lerhodier.com
Hélène et Olivier Aillet

1 pers. 50 € - 2 pers. 63 € - p. sup. 23 €

3 chambres avec sanitaires privés. Ouv. toute l'année. Petit déj. : pain et croissants frais, confitures maison, jus de fruits, fromages (à la demande)... Salle de détente, billard, jeux. Cour et parc 1 ha avec piscine, pool-house, barbecue, m-ondes, plaques chauffantes, réfrigér. Restaurants dans un rayon de 3 à 10 km. ★ Château de Bonaguil (40 km). Musée du Foie Gras, marchés fermiers, bastides... Sentiers de randonnée sur place. Lac, pêche 3 km. Tennis, équitation 4 km. Base de ski nautique 15 km. Golf 27 km. **Accès :** à Beauville, prendre la D122 vers Bourg-de-Visa sur 4 km. A la borne départementale prendre la direction de Saint-Maurin sur 400 m. CM336.

Au cœur de la Guyenne, belle maison de maître du XVIIIe entourée d'un vaste parc avec piscine. A l'étage, 3 vastes chambres d'un grand confort aménagées pour 2 à 4 pers. Décor aux couleurs chatoyantes et mobilier ancien. Dans le parc ombragé et fleuri, la piscine (clôturée) bien orientée avec pool house et barbecue permettra d'agréables moments de détente.

★Bonaguil Château 40 km. Foie Gras Museum, markets selling local produce, walled towns. Hiking paths locally. Lake, fishing 3 km. Tennis, horse-riding 4 km. Golfing 27 km. Water sports centre 15 km.

*★ **How to get there:** From Beauville, take D122 for Bourg-de-Visa for 4 km. At the "départementale" kilometre stone, head for Saint-Maurin. Michelin map 336.*

This handsome 18th-century family mansion, set in an extensive park with swimming pool, welcomes you with open arms to the heart of Guyenne. The three spacious, extremely comfortable upstairs bedrooms provide accommodation for 2 to 4 guests. The décor is a feast of shimmering colours and antique furniture. The shaded park, replete with flowers, contains a south-facing swimming pool (fenced off), pool house and barbecue for enjoying the farniente life.

Grézet-Cavagnan - Lot et Garonne (47)

Château de Malvirade TH
47250 Grézet-Cavagnan
Tél. 05 53 20 61 31 ou 06 11 60 74 59
Fax 05 53 89 25 61
www.malvirade.com
Joël et Françoise Cuvillier

1 pers. 75 € - 2 pers. 80 € - 3 pers. 120 € - p. sup. 45 € - repas 25/40 €

4 chambres et 1 suite avec sanitaires privés (4 pers. 120/165). Ouvert du 15.04 au 30.09. Table d'hôtes sur réservation (la veille). Salon détente. Piscine, practice de golf. Petit étang. ★ Châteaux de Duras, Cazeneuve, Roquetaillade. Forêt des Landes. Bastides pittoresques. Moulins fortifiés. Pigeonniers, palombiers typiques de la région. **Accès :** autoroute A62 Bordeaux, sortie Marmande (N5) puis fléchage. CM336.

Sur un vaste domaine de 23 ha., vous serez accueillis dans un château Renaissance, restauré aux XVe et XVIIe siècles. Françoise et Joël Cuvillier y feront revivre pour vous quelques uns de ces grands moments d'histoire et vous guideront durant votre séjour. Une étape de charme... hors du temps.

Châteaux: Duras, Cazeneuve, Roquetaillade. Landes Forest. Picturesque fortifications. Fortified mills. Dovecots and pigeon ...s typical of the region.

*★ **How to get there:** Motorway A62 Bordeaux, Marmande ...t (N5), and follow signs. Michelin map 336.*

...is Renaissance château, set on a vast 23-hectare estate, was ...ored in the 15th and 17th centuries. Your hosts, Françoise ... Joël Cuvillier, will bring to life some of the great moments ...history and offer guidance throughout your stay. A charming ... where time seems to stand still.

AQUITAINE

Isturitz - Pyrénées Atlantiques (64)

★La Bastide-Clairence and Hasparren 10 km. 20 min. from Cambo-les-Bains and 30 min. from Bayonne, Biarritz and Saint-Jean-Pied-de-Port. Swimming pool, tennis court 10 km. Horse-riding 15 km.

***★ How to get there:** A64, Briscous exit and D21 for Hasparren. Turn left for La Bastide-Clairence (D10). 3 km on, turn right for D251 (Ayherre) and drive 7 km. As you enter Isturitz, first private driveway on the left.*

Marie-Martine and André are your hosts at this authentic, fully restored Basque farmhouse, situated between the sea and the mountains. Enjoy breakfasts of delicious regional specialities made with local produce and served at a large wooden table. The lounge affords breathtaking views over the Basque hills, and provides access to the garden via the old hay path.

Urruti Zaharria TH
Maison Urruti Zaharria - 64240 Isturitz
Tél. 05 59 29 45 98 ou 06 77 93 95 03
Fax 05 59 29 14 53
www.urruti-zaharria.fr
André et Marie-Martine Fillaudeau

2 pers. 50/65 € - 3 pers. 69/79 € - repas 20 €

4 chambres et 1 suite avec sanitaires privés. Petit déjeuner : confitures, œufs, viennoiseries (le dimanche)... T. d'hôtes : poulet basquaise, ragoût de thon, fromage accompagnée de confiture de cerises... Salon, cheminée, bibliothèque, TV. Parc. Parking. Poutres en chêne, pierres apparentes. ★ La Bastide-Clairence et Hasparren 10 km. A 20 mn de Cambo-les-Bains et 30 mn de Bayonne, Biarritz et Saint-Jean-Pied-de-Port. Piscine, tennis 10 km. Equitation 15 km. **Accès :** A64 sortie Briscous puis D21 vers Hasparren et à gauche dir. La Bastide-Clairence (D10). A 3 km à droite, D251 (Ayherre) et faire 7 km. A l'entrée d'Isturitz, 1er chemin privé à gauche.

Marie-Martine et André vous accueillent dans une authentique ferme basque entièrement restaurée, située entre mer et montagne. Sur la grande table en bois où se prend le petit déjeuner, vous seront servis de goûteuses spécialités régionales à base de produits du pays. Salon avec une vue imprenable et accès au jardin par l'ancienne montée à foin.

Lannes - Lot et Garonne (47)

★Agen 40 km. Condom 6 km. Fishing 2 km. Bathing, horse-riding 3 km. Tennis court 6 km. Golf course 25 km.

***★ How to get there:** From Mézin village, head for Condom on D117. Drive approximately 8 km and turn right for D293. "Château Brichot" is 2 km on, on the left. Michelin map 79, fold 3.*

Welcome to this 18th-century château on a wine-growing estate nestling in the Gascony and Armagnac hills. The property is home to one of the region's oldest Armagnac storehouses, which dates from 1720. The customised bedrooms and suite afford great comfort, and feature wallhangings in shimmering colours. There is also a magnificent shaded park and grove with rare essences.

Château Brichot - 47170 Lannes
Tél./Fax 05 53 65 47 82
Tél. SR 05 53 47 80 87
Email : chateaubrichot@free.fr
www.gites-de-france-47.com
Patrick Maurer

2 pers. 117/152 € - 3 pers. 168 €

2 chambres et 1 suite avec sanitaires privés (TV s demande). Ouvert d'avril à fin novembre. Petit déjeun copieux. Salle à manger, salon, bibliothèque, chemin billard. Parc. Piscine. Possibilité dégustation d'Armagn vente produits du terroir. Carte bancaire acceptée par service réservation uniquement. ★ Agen 40 k Condom 6 km. Pêche 2 km. Baignade, équitation 3 k Tennis 6 km. Golf 25 km. **Accès :** depuis le village Mézin prendre dir. Condom par la D117. Faire envir 8 km et prendre à droite la D293 sur 2 km, puis à gauc lieu-dit "Château Brichot".

Château viticole du XVIIIe siècle, situé sur coteaux de Gascogne en Armagnac. Sur domaine l'un des plus anciens chais d'Armagn de la région, datant de 1720. Chambres et suite t confortables personnalisées par des tentures a couleurs chatoyantes. Magnifique parc ombragé bosquet planté d'essences rares.

AQUITAINE

Lasseube - Pyrénées Atlantiques (64)

Jurançon wine estate tours, Lacommande Hospital. Fishing and hiking in the vicinity. Swimming pool and lake 6 km. Golf course 8 km. Horse-riding 10 km.

★ ***How to get there:*** *From Pau, follow signs to Saragosse and Gan, then turn right for Lasseube and right again for Lacommande-Monein. 900 m on, past Lasseube (built-up area), turn left (Dagué Cross) and up the hill.*

Mélina and Jean-Pierre extend a warm welcome at their delightful 18th-century farm, set on a vast estate with traditional square courtyard. The bedrooms, a pleasing blend of wood and stonework, have been decorated with exquisite taste and originality. Breathtaking views of the Pyrenees and the Béarn hills. Enjoy the peace and quiet of this restful setting.

Ferme Dagué
Chemin Croix de Dagué - 64290 Lasseube
Tél./Fax 05 59 04 27 11 ou 06 24 34 33 92
Email : famille.maumus@wanadoo.fr
www.ferme-dague.com
Jean-Pierre et Mélina Maumus

1 pers. 42/60 € - 2 pers. 50/60 €

4 chambres et 1 chambre familiale (80 €) avec sanitaires privés. Ouvert toute l'année. Petit déjeuner : pain de campagne, confitures et pâtisseries maison... Cheminée. Parc 10 ha. Tennis privé à 800 m. ★ Route des vins de Jurançon, hôpital de Lacommande, Oloron-Sainte-Marie, église de Monein, château de Pau. A proximité : pêche, randonnées... Piscine et lac 6 km. Golf 8 km. Equitation 10 km. **Accès :** de Pau suivre Saragosse. De Gan, à droite vers Lasseube et à droite vers Lacommande-Monein. A 900 m, après la fin de l'agglomération de Lasseube, à gauche (Croix de Dagué) et monter la côte.

Sur un vaste domaine, dans leur belle ferme du XVIIIe avec sa traditionnelle cour carrée, Mélina et Jean-Pierre vous accueillent chaleureusement. Les chambres où se mêlent harmonieusement le bois et la pierre ont été décorées avec goût et originalité. Superbe vue sur les Pyrénées et sur les coteaux du Béarn. Vous ferez en ce lieu paisible une étape au calme.

AQUITAINE

Lasseube - Pyrénées Atlantiques (64)

urançon vineyards nearby. Oloron 15 km. Pau 25 km. Tennis km. Horse-riding 8 km. Golf course 10 km.

How to get there: *From Pau, head south on N134. At n, past the pharmacy, take D24 for Lasseube and drive m. Turn left (D324), then right after the white farmhouse. e house is up on left, after the two bridges.*

ndsome 18th-century Béarn farmhouse with inner courtyard l swimming pool. The residence affords breathtaking views he Pyrenees and hills, which you will enjoy from under the ssoming arbour. Isabelle will be delighted to show you round garden fragrant with the aromatic herbs she uses to flavour dishes, and the village wine-growers will give you a taste heir finest vintages. Unmissable.

Maison Rancesamy TH
Quartier Rey - 64290 Lasseube
Tél./Fax 05 59 04 26 37 ou 06 13 55 54 02
Email : missbrowne@wanadoo.fr
www.missbrowne.com
Isabelle Browne

1 pers. 54/69 € - 2 pers. 60/74 € - 3 pers. 74/90 € - p. sup. 15 € - repas 32 €

5 chambres avec sanitaires privés. Ouvert toute l'année. Petit déjeuner : yaourts, confitures maison... Table d'hôtes : spécialités régionales. TV. Téléphone. Cour, jardin paysager à l'italienne, jardin de senteurs. Piscine. Restaurants à Lasseube 2 km. ★ Vignoble de Jurançon à proximité. Oloron 15 km. Pau 25 km. Tennis 2 km. Equitation 8 km. Golf 10 km. **Accès :** de Pau par la N134, vers le sud. A Gan après la pharmacie, prendre D24 dir. Lasseube et faire 9 km. Tourner à gauche (D324) et après la ferme blanche, à droite. Après les 2 ponts, en haut à gauche.

Belle ferme béarnaise du XVIIIe avec cour intérieure et piscine. Vous profiterez d'une vue imprenable sur les Pyrénées et les coteaux à partir de la pergola. Isabelle vous fera découvrir son jardin de senteurs aux plantes aromatiques qui parfument sa cuisine et les vignerons du village vous feront déguster leurs meilleures cuvées...

AQUITAINE

Lay-Lamidou - Pyrénées Atlantiques (64)

l'Aubèle
4, rue de la Hauti - 64190 Lay-Lamidou
Tél. 05 59 66 00 44 ou 06 86 22 02 76
Email : desbonnet.bmf@infonie.fr
www.ifrance.com/chambrehote/
Bernard et Marie-France Desbonnet

1 pers. 55 € - 2 pers. 60 € - p. sup. 20 €

2 chambres avec bains et wc privés. Ouvert toute l'année. Pour votre détente, grand parc ombragé face aux Pyrénées. Restaurants à 5 km. ★ Navarrenx à 5 km et Oloron à 20 km. Randonnées pédestres et équestres au village. Piscine, tennis, parapente et rafting à 5 km. **Accès :** à partir de Navarrenx, prendre la dir. Monein par la D2 puis à Jasses prendre la D27, dir. Oloron-Ste-Marie. Au village tourner à gauche. 1re rue à droite. C'est la 2e maison à droite.

Au cœur du Béarn, Marie-France passionnée de reliure et Bernard, féru d'histoire locale, vous reçoivent dans leur belle maison restaurée, décorée avec goût et raffinement. Les chambres sont spacieuses et confortables, avec de beaux meubles anciens. Accueil chaleureux et sincère, une visite chez des amis !

★Hiking and horse-riding in the village. Swimming pool, tennis, paragliding and rafting 5 km. Navarrenx 5 km and Oloron 20 km.

*★ **How to get there:** From Navarrenx, head for Monein on D2 and take D27 at Jasses for Oloron-Sainte-Marie. In the village, turn left. 1st road on the right. 2nd house on the right.*

Bookbinding enthusiast Marie-France and local-history buff Bernard are your hosts at their handsome, tastefully appointed home, which has been fully restored, in the heart of the Béarn. The bedrooms are spacious and comfortable, featuring fine antique furniture. A warm, hospitable welcome is assured.

Louhossoa - Pyrénées Atlantiques (64)

Domaine de Silencenia
64250 Louhossoa
Tél./Fax 05 59 93 35 60 ou 06 13 23 76 02
Email : domaine.de.silencenia@wanadoo.fr
www.domaine-silencenia.com
Philippe et Krystel Mallor

1 pers. 65 € - 2 pers. 75 € - 3 pers. 90 € - p. sup. 15 € - repas 28 €

5 chambres avec sanitaires privés. Ouv. toute l'année. Pe déj. : fruits, confitures maison, laitages, œufs, compo crêpes, brioche... T.d'hôtes : lapin aux noix, tourte basqu axoa, fondant chocolat... Biblio. Sauna, appareils rem en forme (vélos, rameur...). Détente au bord de la pisci Parc 3 ha, rivière et lac. ★ Fête de la Cerise à Itxass (juin), fête de Louhossa (août), fête des Piments Espelette (octobre), fêtes de Bayonne... Tennis 3 k Piscine 6 km. Mer 25 km. Ski de piste et ski de fo 60 km. **Accès :** Louhossoa est à 6 km après Cambo-l Bains. De la place du village, Silencenia est à 700 m.

Maison de maître du XIXe sur un domaine 3 ha, Silencenia est la maison du silence. Sérén des lieux et charme des jolies chambres avec lit baldaquin... La table d'hôtes gourmande et savoureux petits déjeuners ont fait la réputation Krystel. Philippe, collectionneur et amateur de v vous fera partager sa passion et visiter sa supe cave.

★Cherry Festival in Itxassou (early June), Louhossoa Festival (August), Pepper Festival in Espelette (October), Bayonne festivals... Tennis court 3 km. Swimming pool 6 km. Sea 25 km. Cross-country and on-piste skiing 60 km.

*★ **How to get there:** Louhossoa is 6 km past Cambo-les-Bains. Silencenia is 700 m from the village square.*

Silencenia, a 19th-century family mansion, is the house of silence. The three-hectare estate, by a natural spring water lake, is a haven of peace and quiet and offers enchanting pretty bedrooms with canopied fourposter beds. Savour Krystel's renowned table d'hôtes meals and breakfasts prepared with local produce. Host Philippe, a wine lover and keen collector, will be delighted to share the joys of œnology with you and take you on a visit to his superb cellar.

Lusignan-Petit - Lot et Garonne (47)

★Pays de Serres: fortifications, châteaux, museums, gastronomy, nature, etc. Golf 20 km. Tennis 3 km. Horse-riding 16 km. Microlite flying 10 km.

*★ **How to get there:** N113, Agen exit. At Colayrac, head for Prayssas. After approximately 6 km, turn left for "Vallée du St-Martin". Dantounet is on the right, 500 m on. Michelin map 336.*

A warm welcome awaits you at this 18th-century mansion, set in 12 hectares of woods, meadows and orchards. The four spacious bedrooms feature period furniture and a private garden area or terrace. On sunny days, relax by the pool or go for a swim.

Dantounet
47360 Lusignan-Petit
Tél./Fax 05 53 66 63 98
Tél. SR 05 53 47 80 87
Mm. Marchais et Palhories

1 pers. 65 € - 2 pers. 75 €

4 chambres (lits 180 x 200) avec sanitaires privés. Ouvert toute l'année. Petit déjeuner : jus de fruits, céréales, croissants, confitures et patisseries maison, yaourts... Bibliothèque, jeux de cartes. Jardin, parc de 12 ha. Piscine, étang. Restaurants à 4 km. ★ Pays de Serres : bastides, châteaux, musées, gastronomie, nature etc... Golf 20 km. Tennis 3 km. Equitation 16 km. ULM 10 km. **Accès :** sortie Agen par la N113. A Colayrac prendre la route de Prayssas sur 6 km environ puis à gauche "Vallée du St-Martin", Dantounet est à 500 m à droite. CM336.

Vous serez accueillis chaleureusement dans une maison de maître du XVIIIe siècle, entourée d'un parc de 12 ha de bois, prairies et vergers. Les 4 chambres spacieuses qui vous sont réservées ont toutes un mobilier ancien, un coin-jardin privatif ou une terrasse privée. La piscine permettra à tous ceux qui le souhaitent un moment de détente sous le soleil.

AQUITAINE

Mimbaste - Landes (40)

★Ocean 35 min. Mountains 1 hr. Spain 1 hr. Thermal spa 12 km. Hunting. Fishing. Horse-riding.

*★ **How to get there:** From Dax, take RD947. After 12 km, take CD16 and follow signs.*

This pretty, 17th-century Capcazal house, set in a flowery, wooded park enhanced by an ornamental lake, has been in the family for 14 generations. A rare, authentic edifice that offers extremely attractive bedrooms with fireplaces, canopied fourposter beds and Louis XIII furniture. Hospitable welcome, gourmet dinners and copious breakfasts. A must.

Capcazal de Pachiou TH
40350 Mimbaste
Tél./Fax 05 58 55 30 54
François Dufourcet-Alberca

2 pers. 50/65 € - p. sup. 15 € - repas 20 €

4 chambres avec sanitaires privés. Ouvert toute l'année. Petit déjeuner : yaourts, confitures maison, viennoiseries... Table d'hôtes : foie gras, confits, gastronomie landaise. Bibliothèque régionaliste. Salle de jeux. Cour, parc de 2 ha., lac privé à 1 km, pêche. Dax 12 km. Michel Guérard 50 km. ★ Océan 35 mn. Montagne 1 h. Espagne 1 h. Station thermale 12 km. Chasse. Pêche. Equitation. **Accès :** de Dax, prendre la RD947. A 12 km, prendre CD16 selon fléchage.

Dans un parc arboré et fleuri, agrémenté d'une pièce d'eau, cette belle maison capcazalière du XVIIe, patrimoine familial depuis 14 générations, est un rare témoin d'authenticité. Très belles chambres avec cheminée, lits à baldaquin et mobilier Louis XIII. Accueil chaleureux, dîners gastronomiques et petits déjeuners très copieux. Une étape incontournable.

Mimizan - Landes (40)

★Pine forests, forestry. Horse-riding, sailing and beach 5 km. Golf course 3 km. Swimming pool 100 m. Tennis 4 km.

*★ **How to get there:** From Mimizan church, drive past the town hall (Hôtel de Ville). Rue de Robichon is the second turning on the left. Follow sign for swimming pool.*

A restful break awaits you at Simjan, a magnificent Art Deco house that inspired Jean Cocteau. The residence is conveniently located in Mimizan, a delightful forest village along the Silver Coast, just five kilometres from the sea. Its great prestige is further enhanced by the Louis XV, Louis XVI and Empire furniture. Enjoy evening strolls in the leafy park.

Simjan
6, rue des Robichon - 40200 Mimizan
Tél. 06 81 60 46 76 - Fax 05 58 09 01 47
Tél. SR 05 58 85 44 44
http://simjan.free.fr
Marie Plantier

2 pers. 85/100 € - 3 pers. 100 €

1 chambre et 2 suites (1 familiale et 1 avec salon) avec sanitaires privés. Ouvert du 15 avril au 15 octobre. Petit déjeuner : croissants, pains au lait, canelet, fromage, œufs... Terrasse privée. Parc. Vélos à disposition. Restaurants à Mimizan. ★ Forêts de pins, filières bois... Equitation, voile et plage 5 km. Golf 3 km. Piscine 100 m. Tennis 4 km. **Accès :** à partir de l'église de Mimizan, passer devant l'hôtel de ville. La rue de Robichon est la 2e à gauche, puis panneau direction piscine.

A 5 km de la mer, Mimizan, bourg sylvicole et perle de la Côte d'Argent, vous propose un moment de détente dans cette grande maison Art Déco où Jean Cocteau trouvait son inspiration. Le mobilier de style Louis XV, Louis XVI et Empire donne un certain cachet à cette demeure. Vous pourrez, le soir venu, faire une balade dans le parc arboré.

Monein - Pyrénées Atlantiques (64)

★Jurançon wine-producers' cellar at Gan. Jurançon Festival in early August. St-Girons Gothic church at Monein. Tennis court 3 km. Golf and lake 15 km.

*★ **How to get there:** From Monein, take D34 between Cuqueron and Commande. The house is halfway between the two villages.*

Marie-Jo and Daniel will welcome you as friends of the family at their traditional farmhouse with enclosed courtyard. The residence is set on a five-hectare estate producing "appellation contrôlée" Jurançon wine, in the sunblessed Béarn hills. The five elegantly appointed bedrooms provide peace and quiet and great comfort. The pretty terrace teeming with flowers affords magnificent views over the Pyrenees.

Maison Canterou TH
quartier Laquidée - 64360 Monein
Tél. 05 59 21 41 38 ou 06 32 38 80 98
Fax 05 59 21 28 96
Email : nousty.mariejosee@wanadoo.fr
Marie-Josée Nousty

1 pers. 42/52 € - 2 pers. 52/62 € - 3 pers. 67 € - repas 18 €

5 chambres avec sanitaires privés. Ouv. toute l'année. Peti[t] déjeuner : jus de fruits, viennoiseries, patisseries maison.. T. d'hôtes : garbure, poule au pot, pêches au vin... Sall[e] (dégustation du Jurançon). Cour carrée. Grand jardi[n] Boulodrôme. Piscine. P-pong. Exploit. viticole en acti-vité. Bienvenue à la ferme. ★ Cave des producteurs d[e] Jurançon à Gan, fête du Jurançon début août, charpent[e] de l'église St-Girons à Monein. Tennis 3 km. Golf et la[c] 15 km. **Accès :** de Monein, prendre la D34 ent[re] Cuqueron et la Commande, c'est à mi-chemin des villages.

Sur une exploitation viticole de 5 ha certifi[ée] "Agriculture Raisonnée" (AOC Jurançon), a[u] milieu des coteaux ensoleillés du Béarn, Marie-J[o] et Daniel vous reçoivent en amis dans leur bel[le] ferme à cour fermée, typique de la région. 5 cham-bres au décor choisi offrent calme et confort. Bel[le] terrasse dans un écrin de fleurs, vue magnifique s[ur] les Pyrénées.

Monein - Pyrénées Atlantiques (64)

Maison Sabat
Quartier Trouilh - 64360 Monein
Tél. 05 59 21 43 22
Elisabeth Fontagnères

1 pers. 46 € - 2 pers. 55 € - 3 pers. 65 € - p. sup. 15 €

1 chambre avec salon, salle de bains (baignoire et douche indép.), entrée indépendante. Ouvert toute l'année. Petit déjeuner : brioche, pains variés, confitures maison, jus de fruits...Terrasse, pergola. Parc avec piscine. Restaurants à Monein (1 km) ou Pau (15 km). ★ Tennis 1 km. Equitation 10 km. Lac, golf 20 km. Ski de piste 50 km. Mer 80 km. **Accès :** dans le village prendre la direction de Navarrenx. En haut de la côte, prendre la 1re route à gauche puis encore à gauche et suivre le chemin empierré.

Cette belle demeure de caractère du XVIIIe propose une chambre d'hôtes au décor raffiné et chaleureux. Vous serez séduits par cette jolie maison au charme tranquille et à la vue imprenable. Agréable terrasse à l'ombre des glycines et piscine pour le farniente. La vue sur les Pyrénées est imprenable.

★Tennis 1 km. Horse-riding 10 km. Lake, golf course 20 km. Alpine skiing 50 km. Sea 80 km.

*★ **How to get there:** In the village, head for Navarrenx. At the top of the hill, take first road on left then left again, and follow gravel road.*

This fine 18th-century residence with great character offers an inviting, elegantly appointed bedroom. You will be enchanted by the blissful charm of this pretty house and by the breathtaking view of the Pyrénées. Pleasant terrace in the shade of wisteria, and swimming pool for the farniente life.

AQUITAINE

Monségur - Pyrénées Atlantiques (64)

Maison Cap Blanc TH
64460 Monségur
Tél. 05 59 81 54 52 ou 06 07 65 61 84
Email : Maumy.francine@wanadoo.fr
Francine Maumy

1 pers. 51 € - 2 pers. 57 € - 3 pers. 70 € - p. sup. 15 € - repas 23 €

4 chambres avec sanitaires privés. Petit déj. : viennoiseries, confitures maison, jus de fruits, pain cuit au feu de bois... T.d'hôtes : aiguillettes de canard, pintade aux choux, poulet flambé à l'Armagnac, tarte aux figues... Salon, biblio., jeux société. Parc 1,5 ha. Piscine. Poss. séjour pêche. ★ Festival de Marciac 20 km. Festival de Montaner 7 km. Fêtes locales vignoble de Madiran. Piscine sur place. Tennis 500 m. Lac 10 km. Ski de piste et de fond 70 km. Mer 140 km. **Accès :** en venant de Lembeye, prendre dir. Maubourguet. A l'entrée de Lahitte-Toupière prendre à droite dir. Monségur. Passer le monument aux morts dir. Caixon. C'est la 4e maison à gauche (volets verts).

Cette demeure béarnaise est une ancienne demeure vinicole avec dépendances. Vous serez séduits par les chambres accueillantes et par la décoration chaleureuse avec ses couleurs qui rappellent la Toscane. Un jardin ombragé avec piscine et une terrasse sont à votre disposition. A la table d'hôtes, Francine vous proposera en soirée sa savoureuse cuisine du sud.

Marciac Jazz Festival 20 km. Montaner Festival 7 km. ladiran local wine festivals. Swimming pool on site. Tennis urt 500 m. Lake 10 km. Cross-country and on-piste skiing 0 km. Sea 140 km.

***How to get there:** From Lambeye, head for Maubourguet. s you enter Lahitte-Toupière, head for Monségur. Drive past e memorial for Caixon. Cap Blanc is the fourth house on e left, with green shutters.*

his Béarn residence was originally a wine-growing estate with tbuildings. The bedrooms are cosy and invitingly decorated in e colours of Tuscany. There is a shaded garden with swimming ol and terrace for guests' use. In the evening, savour delicious uthern French table d'hôtes dishes, prepared by your hostess ancine.

Naussannes - Dordogne (24)

NOUVEAUTÉ

★Wine country: Bergerac, Monbazillac... Tours of walled towns: Beaumont-du-Périgord, Molières... Numerous castles and abbeys. Historical sites of Sarlat, Lascaux... Watersports 15 km. Horseriding 7 km. Golf 5 km.

*★ **How to get there:** On D660 from Bergerac, turn right at Port-deCouze, direction Beaumont. At Beaumont, D25, direction Issigeac. 4.5km later, in Naussannes, turn right (St-Léon-d'Issigeac) 150m after the memorial.*

Brigitte and Christian welcome you to their 15th-century Perigord farmhouse that has recently been entirely renovated. Here you can spend lazy afternoons by the pool or in the beautiful parkland. There are many activities to be enjoyed in the surrounding area: hiking, walking, horse-riding, mountain-biking and golf. A superb location to stay for one night or more.

Le Chant des Oiseaux
24440 Naussannes
Tél. 05 53 27 35 09
Email : legros.brigitte@wanadoo.fr
www.resinfrance.com/perigord/
Brigitte et Christian Le Gros

1 pers. 62 € - 2 pers. 62 € - 3 pers. 77 €

2 chambres 2 pers. et 1 chambre familiale 4 pers. (102 €), avec sanitaires privés. Ouv. du 06.01 au 20.12. Petit déjeuner : viennoiseries ou pâtisseries maison, confitures maison (2 sortes chaque matin), jus de fruits... Salon avec cheminée. Jardin. Piscine. Visa acceptée par le SR. Chèques vac. acceptés. ★ Route des vins : Bergerac, Monbazillac... Circuit des bastides : Beaumont-du-Périgord, Molières... Innombrables châteaux et abbayes. Sites de Sarlat, Lascaux... Plan d'eau 15 km. Equitation 7 km. Golf 5 km. **Accès :** sur D660 en venant de Bergerac, à Port-de-Couze, à droite vers Beaumont. A Beaumont, D25 dir. Issigeac. A 4,5 km, dans Naussannes, passer devant le monument aux morts, à 150 m à droite, St-Léon-d'Issigeac.

Brigitte et Christian vous reçoivent dans une belle ferme périgourdine du XVe siècle entièrement rénovée. Vous pourrez faire quelques siestes paresseuses au bord de la piscine ou dans le parc paysager. Vous profiterez des nombreuses activités alentours : randonnées pédestre et équestre, circuits VTT, golf.

Néac - Gironde (33)

★St-Emilion medieval village 6 km. Bastide de Libourne, fortified medieval village 5 km. Guitres Music Festival, Libourne Street Arts Festival. Tennis court 2 km. Swimming pool 4 km. Hiking trail 1 km. Libourne Market 5 km.

*★ **How to get there:** From Libourne, take N89 for Périgueux. After 4 km, turn right (D121-E4) for Néac and follow signs.*

This handsome 18th-century charterhouse, nestling in vineyards, offers three bedrooms arranged in the west wing of the château. The antique furniture and uniquely elegant decoration are a perfect match for the stunning scenery that you will discover as you stroll across the terrace, or "lost" in the maze.

Château Belles-Graves
33500 Néac
Tél. 05 57 51 09 61 - Fax 05 57 51 01 41
Tél. SR 05 56 81 54 23
www.belles-graves.com
Xavier Piton

1 pers. 80 € - 2 pers. 85/95 € - 3 pers. 100/110 €

3 chambres avec sanitaires privés, téléphone et TV. Ouver[t] du 26.12 au 26.10. Petit déjeuner : viennoiseries, laitag[es] compote ou fruits de saison, confitures maison... Salon bibliothèque. Cour, jardin, parc 2 ha, vignoble 17 h[a] (visite, dégustation gratuite). Terrasse. Labyrinthe végéta[l]. Restaurants 5 et 6 km. ★ Village médiéval de St-Emilio[n] 6 km. Bastide de Libourne 5 km. Festival de musique d[e] Guitres, festival des arts de la rue à Libourne. Tennis 2 km. Piscine 4 km. Circuit rando 1 km. Marché de Libour[ne] 5 km. **Accès :** depuis Libourne, prendre N89 di[r.] Périgueux sur 4 km puis à droite (D121-E3) vers Néac [et] suivre le fléchage.

Nichée au cœur de son vignoble, cette très be[lle] chartreuse du XVIII[e] siècle vous accueille dans s[es] chambres aménagées dans l'aile ouest du châtea[u]. Le mobilier ancien, la décoration raffinée et orig[i]nale sont en harmonie avec la beauté du paysa[ge] que vous découvrirez en vous promenant sur [la] terrasse ou "perdu" dans le labyrinthe.

Noaillac - Gironde (33)

★Sauternes, Saint-Emilion. Tours of wine cellars and wine-tasting. Châteaux, fortifications and places of historical interest. Footpaths and cycling paths locally. Horse-riding 500 m. Golf and canoeing 30 km.

★ ***How to get there:*** *5 km from A62 motorway, exit 4, and 10 km from La Réole. Head for Noaillac. Drive through Noaillac and follow signs.*

A warm, friendly welcome awaits you at this magnificent 19th-century Bazas farm, restored by its Franco-British owners, on a five-hectare estate. You will enjoy the peaceful atmosphere of this preserved setting, where forests, lakes, streams and meadows meet.

La Tuilerie TH
33190 Noaillac
Tél./Fax 05 56 71 05 51 ou 06 03 03 16 76
Email : claire.laborde@libertysurf.fr
www.latuilerie33.com
Claire Laborde

1 pers. 50 € - 2 pers. 59 € - p. sup. 19 € - repas 25 €

5 chambres avec bains ou douche et wc privés (acces. pers. hand.). Ouv. toute l'année. Petit déj. : confiture maison, croissants, pains locaux. T. d'hôtes (produits régionaux de saison) : poulet à la ficelle, lapins, sandre à l'oseille. Salon lecture, jeux société. Jardin, parc 5 ha, piscine, jeux, p-pong, étang. ★ Sauternes, Saint-Emilion. Visites de caves et dégustation. Châteaux, bastides et sites historiques. Sentiers pédestres et pistes cyclables sur place. Equitation 0,5 km. Golf et canoë 30 km. **Accès :** à 5 km de la sortie 4 de l'A62 et à 10 km de La Réole. Après le péage, prenez à gauche dir. Bazas. Traversez le pont de l'autoroute et prenez la 1re route à gauche. Suivez les panneaux sur 5 km.

Un accueil chaleureux et convivial vous sera réservé dans cette magnifique ferme bazardaise du XIXe restaurée par ses propriétaires anglo-français et située sur un domaine de 5 ha. Dans ce cadre préservé, vous apprécierez l'atmosphère paisible des lieux où se côtoient la forêt, l'étang, les ruisseaux, et les prairies.

Ousse Suzan - Landes (40)

Landes de Gascogne Regional Nature Park. Marquèze Traditions Museum in Sabres. Mont-de-Marsan Flamenco Festival. Golf and canoeing-kayaking 20 km. Beach 50 km. Horse-riding 10 km.

How to get there: *From Mont-Marsan, D38 to Ygos. Turn left by the church and head for Ousse Suzan. Alternatively, N10 for Mont-de-Marsan and, in Ygos, turn right by the church.*

Domaine d'Agès offers two pretty bedrooms and a delightful suite in the heart of the Landes forest. This time-honoured residence stands in grounds with centuries-old trees, where horses come to graze. The interior decoration and furniture blend a variety of 18th-century and 19th-century styles, ranging from Regency to Louis XIV and Louis Philippe.

Domaine d'Agès TH
40110 Ousse Suzan
Tél. 05 58 51 82 28 - Fax 05 58 51 82 29
Tél. SR 05 58 85 44 44
www.hoteslandes.com
Elisabeth et Patrick Haye

1 pers. 50/70 € - 2 pers. 55/75 € - p. sup. 10 € - repas 20 €

2 chambres et 1 suite (chambre-salon), chacune avec sanitaires privés. Ouvert toute l'année. Petit déjeuner : pain frais, œufs, gateaux maison, confitures variées... T. d'hôtes : quiche à la truite fumée, magret au poivre vert sauce aux cèpes... Piscine. Parc de 5 ha. Restaurant "Chez Maïté" à Rion-des-Landes. ★ PNR des Landes de Gascogne, écomusée de Marquèze à Sabres, festival du flamenco à Mont-de-Marsan, féria de la Madeleine. Golf et canoë-kayak 20 km. Plage 50 km. Equitation 10 km. **Accès :** de Mont-de-Marsan, D38 à Ygos, prendre à gauche de l'église, et dir. Ousse Suzan. De la N10, prendre dir. Mont-de-Marsan, à Ygos, à droite de l'église.

2 chambres d'hôtes et 1 suite, joliment décorées, vous sont réservées dans cette ancienne demeure, au cœur de la forêt landaise, entourée de chevaux et d'arbres centenaires. Le mobilier et la décoration intérieure allient différents styles XVIIIe et XIXe : Régence, Louis XIV, Louis Philippe.

Pujols-sur-Dordogne - Gironde (33)

NOUVEAUTÉ

AQUITAINE

La Provenceta de Touron TH
2 Touron - 33350 Pujols
Tél. 05 57 40 57 57 - Fax : 05 57 40 72 99
Tél. SR 05 56 81 54 23
Email : patrick.dihars@wanadoo.fr
Patrick et Javotte Dihars

1 pers. 65 € - 2 pers. 70 € - repas 30 € - 1/2 p. 130 €

2 chambres spacieuses à l'étage (lits 160 x 200) avec sanitaires privés. Petit déjeuner copieux. T. d'hôtes (apéritif et vin compris). TV, bibliothèque, Hifi, cheminée. Salle à manger. Véranda. Vélos. Piscine. Jardin arboré et fleuri. Le propriétaire est viticulteur. ★ Pomerol, St-Emilion, Sauternes. Château la Tour Gaillet à Génissac. Programme visite sur demande. Mer 90 km. Plage 3 km. Equitation 5 km. Golf 25 km. Tennis 800 m. **Accès :** de Castillon, prendre la D17 dir. Pujols sur 5 km. Ne pas monter au village, suivre panneaux "Chambres d'Hôtes" sur D17 dir. Sauveterre. Vous nous appelez, nous vous guiderons.

Javotte et Patrick vous accueilleront dans leur belle demeure du XVIIIe, aux couleurs de la Provence, dans le hameau de Touron. Vous pourrez vous détendre dans le beau jardin arboré et fleuri, bercés par le chant des oiseaux, et profiter de la piscine. Notre parfaite connaissance de la région est l'assurance de reussir de bonnes vacances.

★Pomerol, St-Emilion, Sauternes. Château de la Tour Gaillet at Génissac. Organised tours on demand. Sea 90 km. Beach 3 km. Horse-riding 5 km. Golf 25 km. Tennis 800 m.

★ ***How to get there:*** *From Castillon take D17 towards Pujols for 5km. Don't go up to the village, follow the "chambre d'hôtes" signs on the D17 direction Sauveterre. Call us & we will give you further directions. Michelin map 335.*

Javotte and Patrick welcome you to their stunning 18th-century residence that is decorated in the colours of La Provence and set in the hamlet of Touron. Enjoy the birdsong in the wooded, flowery garden and make the most of the private swimming pool. Your hosts excellent knowledge of the area guarantees you a wonderful holiday.

Pujols-sur-Dordogne - Gironde (33)

Les Gués Rivières TH
5, pl. du Gal de Gaulle - 33350 Pujols-sur-Dordogne
Tél. 05 57 40 74 73 ou 06 70 52 32 07
Fax 05 57 40 73 26
http://perso.wanadoo.fr/margotte.olivier/
Olivier et Margotte Bernard

2 pers. 52/60 € - p. sup. 18 € - repas 23 €

2 chambres et 1 suites de 2 ch. communiquantes, ave sanitaires privés et literie 160x200. Ouv. toute l'anné Petit déjeuner : patisseries maison, céréales, yaourts... d'hôtes (sur résa.) (sans vins) : salade gourmande au fo gras, carpaccio de magret, truffes glacées... Salon, TV, jeu société. Jardin avec terrasse. ★ St-Emilion 15 kn Château XIIIe et église XIe (sur place). Musée du vi bataille de Castillon. Tennis et randonnées sur place. L aménagé 5 km. Canoë 6 km. Golf 30 km. Piste cyclab 10 km. **Accès :** prendre D17 entre Castillon-la-Batai et Sauveterre-de-Guyenne. La maison est sur la place village.

Demeure girondine du XIXe, au cœur du villa classé, 15 km de St-Emilion et 6 km du site de bataille de 100 ans. Vous serez séduits par le charn des chambres, aux ambiances différentes. U atmosphère chaleureuse règne jusqu'à la terras avec une vue panoramique sur le vignoble et clochers environnants. Dégustation et vente de vi sur place.

★St-Emilion 15 km. 13th-century château and 11th-century church in the square. Wine Museum, Battle of Castillon. Tennis and hiking locally. Lake with amenities 5 km. Canoeing 6 km. Golf course 30 km. Cycle path 10 km. Wine-tasting sessions and wines sold on the premises.

★ ***How to get there:*** *Take D17, from Castillon-la-Bataille to Sauveterre-de-Guyenne. The house is in the village square.*

This 19th-century Gironde residence is situated in a listed village, 15 km from St-Emilion and 6 km from Castillon, site of the Hundred Years War battle. You will be enchanted by the charming bedrooms, each with its own feel. The inviting atmosphere also extends to the terrace, where meals are served, and which affords panoramic views of the local vineyards and church-towers.

Rions - Gironde (33)

★Cadillac Château, tours of local wine-producing estates and wine-tasting all year round. Tennis 500 m. Hiking paths, fortifications and wine-growing country. Lake and fishing 4 km. Horse-riding 8 km.

*★ **How to get there:** Halfway between Lamgoiram and Cadillac (D10), on the right bank of the Garonne.*

This handsome residence, part of a 17th-century wine-producing estate, lies on the edge of a listed medieval village. The bedrooms are spacious and feature imposing fireplaces. A relaxing break is assured in the tranquil park with centuries-old trees, or by the swimming pool in fine weather.

Domaine des Salins
33410 Rions
Tél. 05 56 62 92 09 - Fax 05 56 76 90 75
Email : bgay@wanadoo.fr
Marie-Claude Gay

2 pers. 55 € - p. sup. 17 €

3 chambres avec sanitaires privés. Ouvert du 1.04 au 30.11. Petit déjeuner : jus de fruits, yaourts, confitures et miel maison, pâtisseries... Salon de détente, billard. Cour, jardin, parc de 2 ha. Grande piscine. Visite du domaine et dégustation au chai. Chevaux dans un pré. Restaurants à Langoiran et Cadillac. ★ Château de Cadillac, visites et dégustation dans les châteaux viticoles toute l'année. Tennis 500 m. Chemins de randonnée, route des bastides, route des vins. Lac (pêche) 4 km. Equitation 8 km. **Accès :** entre Langoiran et Cadillac (D10), sur la rive droite de la Garonne.

En bordure d'un village médiéval classé, cette belle demeure d'un domaine viticole du XVIIe siècle propose des chambres spacieuses aux imposantes cheminées. Repos assuré dans le parc calme aux arbres séculaires, ou relax garanti au bord de la piscine aux beaux jours. Découverte de la vinification des Bordeaux, dégustation.

La Rivière - Gironde (33)

NOUVEAUTÉ

?anorama over the Dordogne Valley, Fronsac vineyard, ?ronsadais music festival. Bikes 1 km. Hot air ballooning ?) km. Horse-riding 4 km. Horse-riding 4 km. Golf 20 km.

***How to get there:** From Bordeaux take N89 towards ?bourne. From Libourne take D670 direction St-André-de-?ubzac for 8km.*

? the remains of a defensive stronghold built by Charlemagne, ? château was constructed in 1577 by Gaston de l'Isle. In ? 19th century, the château was fully restored by Viollet-le-?uc. A historical and active AOC Fronsac wine-producing site, ?s property boasts 60 hectares of vineyards, 3.5 hectares of ?derground caves and more than 900 barrels. This is a truly ?axing place with 5 beautifully renovated bedrooms.

Château de la Rivière
33126 La Rivière
Tél. 05 57 55 56 51 - Fax 05 57 55 56 54
Tél. SR 05 56 81 54 23
www.chateau-de-la-riviere.com
Mélanie Mons

1 pers. 130/160 € - 2 pers. 150/190 €

5 chambres avec sanitaires privés, TV et téléphone. Ouvert toute l'année. Petit déjeuner : confitures, viennoiseries, yaourts, céréales, fruits, charcuterie, fromage... Salon/tisanerie. Cour, jardin, parc de 10 ha. Piscine, tennis. Visite de caves souterraines (3,5 ha), dégustation et vente de vins sur place. ★ Panorama sur la Vallée de la Dordogne, découverte du vignoble de Fronsac, festival musique en Fronsadais. Vélos 1 km. Montgolfière 10 km. Equitation 4 km. Golf 20 km. **Accès :** de Bordeaux prendre N89 dir. Libourne. A Libourne, prendre D670 dir. St-André-de-Cubzac sur 8 km.

Sur les vestiges d'un camp défensif élevé par Charlemagne, le château fut construit en 1577 par Gaston de l'Isle. Il fut également restauré par Viollet-le-Duc au XIXe s. Site historique et domaine viticole de l'AOC Fronsac (60 ha de vignes), ses 3, 5 ha de caves souterraines abritent plus de 900 fûts. Lieu de détente avec 5 chambres entièrement restaurées. Tarifs préférentiels entre le 01/11 au 31/03.

St-Gein - Landes (40)

La Meniguère TH
40190 Saint-Gein
Tél./Fax 05 58 03 27 55
Tél. SR 05 58 85 44 44
Email : lameniguere@tiscali.fr
Dominique Majourau-Pouysus

2 pers. 65 € - 3 pers. 81 € - repas 25 €

**Discovery farm: learn how foie gras and Armagnac are made. Tours of country houses, vineyards, places of historical interest. Horse-riding 5 km. Golf course 30 km. Swimming pool and tennis court 8 km. Footpaths surrounding the property.*

★ ***How to get there:*** *From Bordeaux, head for Langon/Pau. Carry on for Villeneuve, drive through St-Gein. Turn right onto D934, 1.3 km on. From Mont-de-Marsan, take D30.*

Dominique and Guy welcome you to their recently restored 18th-century house, on the Landes and Gers borders. The three elegant, comfortable bedrooms are individually decorated with a special touch, blending painted woodwork and period furniture. Peace, quiet and hospitality are assured at La Méniguère, and you will want to come back time and time again.

3 chambres (non fumeur) dont 1 access. aux pers. hand. avec sanitaires privés. Ouv. toute l'année. Petit déj. : toasts grillés, œuf, patisseries maison, fruits secs... T. d'hôtes : cuisine landaise, béarnaise et basque. Salon (TV, cheminée). Terrasse. Parc 1 ha. Plan d'eau (pêche). Jardin. P-pong. Piscine. ★ Ferme de découverte (fabrication foie gras et Armagnac). Circuits bastides, vignobles, sites historiques... Equitation 5 km. Golf 30 km. Piscine et tennis 8 km. Sentiers pédestres autour de la prop. **Accès :** de Bordeaux, prendre direction Langon/Pau. Continuer sur Villeneuve, traverser St-Gein, tout droit, à 1,3 km sur la droite sur la D934. De Mont-de-Marsan, prendre la D30.

Aux confins des Landes et du Gers, Dominique et Guy vous accueilleront dans leur maison du XVIIIe récemment restaurée. Les chambres, confortables et raffinées, à la décoration personnalisée et originale, allie les bois de couleur et les meubles anciens peints. Calme, sérénité et accueil chaleureux sont les atouts de cette maison d'hôtes où vous reviendrez.

St-Germain-la-Rivière - Gironde (33)

Château de l'Escarderie
2, rue Goffre - 33240 St.Germain-la-Rivière
Tél./Fax 05 57 84 46 28
Email : lescarderie@free.fr
http://lescarderie.free.fr
Bénédicte Claverie

1 pers. 60 € - 2 pers. 70 € - p. sup. 20 €

**La Rivière and Branda Châteaux. St-Emilion, Bourg et Blaye Citadel (built by Vauban) Bordeaux, Libourne. Médoc and wine-growing estates.*

★ ***How to get there:*** *35 km north of Bordeaux. A10, St-Andre-de-Cubzac exit, and head for Libourne on D670. As you leave St-Germain-la-Rivière, after the stop sign, take first road on the left and follow signs.*

Château de l'Escarderie, with its handsome 1850 façade, is set in the heart of the Fronsadais vineyards, perched on a hillside, in a vast tree-lined park cut by valleys. The four upstairs bedrooms await your arrival. All feature attractive bathrooms and restored antique furniture. An ideal staging post in legendary wine country.

4 chambres (dont 2 avec balcon, terrasse et salon de jardin privés) avec douche et wc privés. Petit déjeuner traditionnel avec viennoiseries. Séjour à disposition donnant sur une agréable terrasse. Ping-pong. Parc 2 ha. Auberge gastronomique à Lugon. ★ Châteaux La Rivière et Branda. St.Emilion, citadelle Bourg et Blaye (édifiée par Vauban), Bordeaux, Libourne. Médoc, route des vins. **Accès :** à 35 km au nord de Bordeaux. A10 sortie St.André-de-Cubzac puis direction Libourne par la D670. A la sortie de St.Germain-la-Rivière, après le stop prendre la 1re route à gauche et suivre le fléchage.

Au cœur du vignoble du fronsadais, perché sur un coteau et entouré d'un vaste parc boisé et vallonné, le château de l'Escarderie, avec sa belle façade 1850 vous ouvre ses portes. A l'étage, 4 belles chambres sont réservées aux hôtes. Elle sont dotées de meubles anciens restaurés et équipées de salles de bains soignées. Une étape idéale sur la route des vins.

St-Léger - Lot et Garonne (47)

★Country houses and châteaux, boat trips on the Baïse and Lot rivers. Côtes du Buzet vineyards. Mechanical Figure and Miniature Railway Museums. Golf course, Gallo-Roman thermal baths 20 km. Horse-riding 6 km. Tennis 3 km. Walibi amusement park 30 km.

*★ **How to get there:** A62, exit 6 for Aiguillon/Villeneuve-sur-Lot 5 km. Michelin map 336.*

This handsome, recently restored 18th-century residence full of character has retained all the charm of yesteryear. The vast, elegantly decorated bedrooms feature attractive warm-toned fabrics, matching colours and painted furniture. The delicious meals served at the table d'hôtes are a feast of specialities from the South West. An enchanting spot not to be missed.

Château de Grenier TH
47160 Saint-Léger
Tél./Fax 05 53 79 59 06 ou 06 14 08 15 13
Email : chateaudegrenier@wanadoo.fr
http://www.chateaudegrenier.fr.st
Chantal Breton le Grelle

1 pers. 65 € - 2 pers. 80 € - p. sup. 25 € - repas 25 €

4 chambres et 1 suite avec sanitaires privés. Ouv. toute l'année. Petit déj. : croissants, jambon, fromage, fruits, yaourts... T. d'hôtes : noix St-Jacques safranées, magret de canard, tarte Tatin... Salle à manger. Salon, bibliothèque. Cour, jardin, parc 1 ha., terrasse. Vélos. 130 €/4 pers. ★ Circuits bastides et châteaux, balade fluviale (la Baïse, le Lot). Vignobles côtes du Buzet. Musée Automates et Trains miniatures. Tennis 3 km. Equitation 6 km. Golf, thermes gallo-romains 20 km. Walibi 30 km. **Accès :** A62 sortie n°6, puis dir. Aiguillon/Villeneuve-sur-Lot à 5 km. CM336.

Récemment restaurée, cette belle demeure de caractère du XVIIIe a conservé le charme et la douceur du temps passé et propose des chambres très vastes à la décoration raffinée; jolis tissus aux teintes chaleureuses, harmonie des couleurs, mobilier peint... sans oublier les spécialités de la table d'hôtes qui fleurent bon le sud ouest... Une étape de charme.

AQUITAINE

St-Maurice-sur-Adour - Landes (40)

★Mont-de-Marsan Férias, Flamenco Festival. Horse-riding 15 km. Swimming pool and tennis court 4 km. Fishing 1 km.

*★ **How to get there:** From Mont-de-Marsan, take N124 for Grenade-sur-Adour. Past Nouvielle Hospital, turn right and follow signs.*

Trouilh is a charming, restored farmhouse in a delightfully bucolic setting. The two bedrooms and suite are elegantly decorated with an individual touch. Savour the mouthwatering table d'hôtes meals, which offer a variety of traditional Landes, Spanish and other dishes from around the world.

Trouilh TH
40270 Saint-Maurice-sur-Adour
Tél. 05 58 71 08 68
Tél. SR 05 58 85 44 44
Email : trouilh@tiscali.fr
Mme Viniane-Savary

2 pers. 45/50 € - 3 pers. 65 € - repas 17 €

2 chambres et 1 suite de 2 ch. communicantes avec sanitaires privés et entrée indépendante. Ouvert toute l'année. Petit déjeuner : pain de campagne, confitures maison, fruits frais... T. d'hôtes (sur résa.) : spécialités landaises, espagnoles et étrangères. Cuisine d'été. Ping-pong. Jardin. Restaurants à St-Sever. ★ Férias de Mont-de-Marsan, festival du flamenco. Equitation 15 km. Piscine et tennis 4 km. Pêche 1 km. **Accès :** de Mont-de-Marsan, prendre la N124 direction Grenade-sur-Adour. Après l'hôpital Nouvielle, prendre à droite et suivre les panneaux.

Dans un cadre champêtre arboré, vous serez reçus dans une ferme de caractère restaurée. 2 chambres et 1 suite personnalisées, décorées avec raffinement vous sont proposées. A la table d'hôtes, vous pourrez savourer différentes cuisines : landaise, espagnole et étrangères.

St-Michel-de-Fronsac - Gironde (33)

Two golf courses 20 km. Three gourmet restaurants and two restaurants serving more traditional fare 3 km. Numerous places of historical and cultural interest near Saint-Emilion (10 km), world heritage site.

★ ***How to get there:*** *On D670 between St-André-de-Cubzac and Libourne. At Saint-Michel-de-Fronsac post office, head for "Lariveau" and drive 1.5 km.*

This genuine 17th-century wine-grower's house has remained true to local traditions, nestling in the historical cradle of the great vintages, in Bordeaux's finest wine-growing country. This restful spot, bathed in the charm of bygone days, is ideal for a quiet break and as a staging post for visiting the celebrated Bordeaux wine-growing estates.

Closerie Saint-Michel
Lariveau - 33126 Saint-Michel-de-Fronsac
Tél. 05 57 24 95 81 - Fax 05 57 24 95 30
Email : closeriesaintmichel@wanadoo.fr
http://closeriesaintmichel.com/
Marie-Christine Aguerre

1 pers. 60 € - 2 pers. 67/87 € - 3 pers. 97 € - p. sup. 20 €

4 chambres (non fumeur) avec sanitaires privés, tisanerie et vue plongeante sur le vignoble. Ouvert toute l'année. Petit déjeuner : produits frais. Salle à manger chaleureuse (meubles anciens, poutres patinées), cheminée en pierres blondes. Jardin fleuri, 4 terrasses indépendantes. Dégustation du vin de la propriété. ★ 2 golfs à 20 km. 3 restaurants gastronomiques et 2 tables de pays à 3 km. Nombreux sites historiques et culturels proches. St-Emilion (10 km), patrimoine mondial de l'humanité. **Accès :** sur D670 entre St-André-de-Cubzac et Libourne. A la poste de Saint-Michel-de-Fronsac prendre dir. "Lariveau" et faire 1,5 km.

Cette authentique maison vigneronne du XVIIe a su préserver son caractère régional. Elle est nichée dans l'écrin du Berceau Historique des Grands Vins, dans le plus beau paysage viticole du Bordelais. On choisira cette halte reposante, nimbée par le charme du passé, pour son calme absolu et comme point central de la route des Grands Vins de Bordeaux.

St-Palais - Pyrénées Atlantiques (64)

NOUVEAUTÉ

Festival de Force basque. St-Jean-Pied-de-Port and the spanish border 25 km. Biarritz 60 km. Sea 60 km. Lake, golf 30 km. Swimming pool, tennis, horse-riding 500 m.

★ ***How to get there:*** *From St-Palais, direction St-Jean-Pied-de-Port. Opposite the road leading to "la stèle de Gibraltar", turn left down "rue du Palais de Justice". The house is on the left (white shutters).*

Marie-Christine and François warmly welcome you to their large, stately, family house. The vast, light rooms that have been decorated with traditional antique furniture and the flowery, sunny garden, make this a wonderful place to stay. At the table d'hôtes, Marie-Christine will tell you about the history of the area as well as local folk stories while you enjoy the delicious cuisine, prepared with local produce.

Maison d'Arthezenea TH
42, rue du Palais de Justice - 64120 St-Palais
Tél. 05 59 65 85 96 ou 06 15 85 68 64
Fax : 05 59 65 85 76
www.gites64.com/maison-darthezenea
François Barthaburu

1 pers. 60/65 € - 2 pers. 65/70 € - p. sup. 20 € - repas 20 €

3 chambres avec sanitaires privés. Ouv. toute l'année. Petit déjeuner : confitures et pâtisseries maison, jus de fruits, yaourts... T. d'hôtes sur rés. : foie gras, ris d'agneau, palombe flambée, produits frais de saison essentiellement cuisinés à la planche... Cour, jardin fleuri. Restaurant à 500 m. ★ Festival de Force basque. St-Jean-Pied-de-Port et la frontière espagnole à 25 km. Biarritz à 60 km. Mer 60 km. Lac, golf 30 km. Piscine, tennis, équitation 500 m. **Accès :** à St-Palais dir. St-Jean-Pied-de-Port. Face à la route qui mène à la stèle de Gibraltar et au chemin de St-Jacques-de-Compostelle, à gauche "rue du Palais de Justice". Maison à gauche (volets blancs).

Marie-Christine et François vous reçoivent dans leur demeure familiale, grande maison bourgeoise aux pièces vastes et lumineuses, aux meubles anciens et authentiques et au jardin toujours agréablement fleuri. A la table d'hôtes, la maîtresse de maison vous racontera l'histoire et les histoires du pays basque autour d'une cuisine faite de produits locaux.

St-Pée-sur-Nivelle - Pyrénées Atlantiques (64)

Bidachuna
RD 3 - 64310 Saint-Pée-sur-Nivelle
Tél. 05 59 54 56 22 - Fax 05 59 54 55 07
Email : isabelle@bidachuna.com
http://www.bidachuna.com
Isabelle Ormazabal

1 pers. 90 € - 2 pers. 100 €

★In the village: 12th-century church, 17th and 18th-century Labourd-style houses. Basque Coast: St-Jean-de-Luz, Bayonne 20 km. Biarritz 15 km. Golf courses in a 5 to 20-km radius. Basque pelota. Spain 15 km.

★ ***How to get there:*** *From St-Pée-sur-Nivelle, drive 6 km for Ustaritz-Arcangues on D3.*

Facing the Pyrenees mountain range, in the heart of a listed forest, this handsome 19th-century country house is a real gem. The spacious bedrooms with visible beams are decorated with refinement. You will enjoy this true haven of peace, ideal for getting to know the Basque country.

3 chambres avec bains, wc privés et entrée indépendante. Ouvert toute l'année sur rés. Petit déjeuner copieux : céréales, fruits secs et de saison, patisseries maison, fromages... Séjour, coin-salon pour les hôtes. Téléphone dans chaque chambre. Parc, salon de jardin, croquet. Restaurants St-Pée 6 km. ★ Au village : église du XIIe, maisons labourdines des XVIIe et XVIIIe. Espagne, Biarritz 15 km. St-Jean-de-Luz, Bayonne 20 km. Golfs dans un rayon de 5 à 20 km. Pelote basque. **Accès :** de St-Pée-sur-Nivelle, faire 6 km dir. Ustaritz-Arcangues par la D3.

Face à la chaîne des Pyrénées et au cœur d'une forêt classée, cette belle bastide du XIXe vous accueille dans un site privilégié. Les chambres sont spacieuses avec poutres apparentes et décorées avec raffinement. Véritable havre de paix, vous apprécierez cette halte pour découvrir le pays basque.

St-Sève - Gironde (33)

Domaine de la Charmaie TH
33190 Saint-Sève
Tél./Fax 05 56 61 10 72
Email : lacharmaie@hotmail.com
http://monsite.wanadoo.fr/domainedelacharmaie
Paul et France Chaverou

2 pers. 64/95 € - repas 25 €

★La Réole. Bazas. Sauveterre. Monségur (thousand-year-old town). Saint-Macaire (medieval village). Bordeaux 50 min. Entre-Deux-Mers, St-Emilion. 18-hole golf course 10 km. Canoeing, tennis, horse-riding centre 5 km. Fishing. Hiking paths.

★ ***How to get there:*** *A62, La Réole exit. Take D668 for Monségur, then at roundabout head for Loubens-St-Sève on D21. At St-Sève, drive through the village and follow signs for "Domaine de la Charmaie" after small bridge.*

Your hosts France and Paul have fully restored this handsome 17th-century family mansion. This flawless achievement would not have been possible without the owners' commitment and enthusiasm. A refined atmosphere, in which every piece of furniture and object fits to perfection. The superb bedrooms are located in a separate communicating wing. A delight.

4 chambres avec sanitaires privés. Ouvert toute l'année. Table d'hôtes : rougets en papillottes aux poivrons confits, entrecôte à la moëlle... Bibliothèque, billard, salons. Cour, jardin, parc 3 ha., piscine privée, croquet. Pour les amateurs de vins "La Charmaie" a reçu le label "Bacchus". ★ La Réole. Bazas. Sauveterre. Monségur (ville millénaire). St-Macaire (village médiéval). Bordeaux 50 mn. Entre-Deux-Mers, St-Emilion. Golf 18 trous 10 km. Canoë, tennis, équitation 5 km. Pêche. Pistes de rand. **Accès :** A62, sortie La Réole. Prendre D668 dir. Monségur, puis au rd point dir. Loubens-St-Sève sur D21. A St-Sève, traverser le bourg et suivre fléchage "Domaine de la Charmaie" après le petit pont.

Cette belle demeure de maître du XVIIe a été entièrement restaurée par France et Paul. Une parfaite réussite qui ne peut s'expliquer sans la passion des propriétaires. Atmosphère raffinée où chaque meuble, chaque objet a trouvé sa place. Les chambres superbes, sont aménagées dans une aile indépendante et communiquante. Charme assuré !

Salles - Lot et Garonne (47)

Bastides de Guyenne and museums: Monflanquin, Villeréal, etc. Châteaux (Bonaguil, Briau). Monflanquin medieval festivals; concerts, caves and wine cellars (Cahors, Bergerac). Tennis and horse-riding 10 km. Lake 15 km. Golf course 20 km.

★ ***How to get there:*** *A20, Cahors exit for Villeneuve-sur-Lot. At Fumel, D162 for Salles. A62, Agen exit for Villeneuve-sur-Lot and Bergerac-Monflanquin, and D150 to Salles. Michelin map 336.*

A warm welcome awaits you at La Balie, an inviting 19th-century family mansion in a magnificent country setting with centuries-old cedars. The guest accommodation is arranged in an elegant, beautifully appointed suite. Enjoy panoramic views of the surrounding area from the terrace by the swimming pool, where breakfast is served.

La Balie - 47150 Salles
Tél. 06 84 44 81 61 - Tél./Fax 05 53 71 21 88
Tél. SR 05 53 47 80 87
Email : alain.crabie@free.fr
http://alain.crabie.free.fr
Isabelle Crabie

1 pers. 40/50 € - 2 pers. 50/70 € - p. sup. 17/20 €

1 suite de 2 chambres communiquantes avec sanitaires privés. Ouvert du 1.04 au 12.11. Petit déjeuner : jus de fruits, salade de fruits maison, viennoiseries, confitures maison... TV, bibliothèque, jeux de société. Vélos, badminton, ping-pong, pétanque, jeux enfants. Piscine. Parking couvert. Jardin, parc 4 ha. ★ Bastide de Guyenne et musées (Monflanquin, Villeréal...). Fêtes médiévales de Monflanquin, concerts, grottes, caves (Cahors, Bergerac...). Tennis, équitation 10 km. Lac 15 km. Golf 20 km. Château de Bonaguil. **Accès :** A20, sortie Cahors puis dir. Villeneuve-sur-Lot. A Fumel prendre D162 dir. Salles. A62, sortie Agen puis dir. Villeneuve-sur-Lot et dir. Bergerac-Monflanquin, enfin D150 vers Salles. CM336.

Dans un climat privilégié, en pleine campagne vallonnée, "La Balie" sera ravie de vous accueillir dans une maison de maître chaleureuse du XIXe siècle, entourée de cèdres plus que centenaires. Vous logerez dans une suite personnalisée au décor raffiné, et pourrez pendre vos petits déjeuners sur la terrasse panoramique ou au bord de la piscine.

Sare - Pyrénées Atlantiques (64)

Basque country. Swimming and tennis 5 km. Lake 13 km. Sea, golf course 18 km. Cross-country skiing 80 km.

★ ***How to get there:*** *At Sare, take "Route des Grottes". Follow signs for "Grottes" and turn left into lane. Aretxola is the first house on the right (green shutters). Airport 20 km.*

Horse lovers Trini and her husband welcome you to Aretxola, a stone house on a three-hectare wooded estate, complete with stream teeming with trout. This beautifully restored residence affords breathtaking views of the Navarre peaks and boasts two cosy, attractively decorated bedrooms. A charming address not to be missed in the heart of the Basque countryside.

Aretxola
Route des Grottes - 64310 Sare
Tél./Fax 05 59 54 28 33 ou 06 12 48 82 93
Email : aretxola@wanadoo.fr
www.aretxola.com
Trini Devoucoux

2 pers. 55/75 € - 3 pers. 95 €

3 chambres avec sanitaires privés dont 1 chambre familiale, entrée indépendante. (ch. 4/5 pers. 135 €). Ouvert toute l'année. Petit déjeuner : jus d'orange, confitures et pâtisseries maison, yaourts, pains variés... Parc de 3 ha avec ruisseau à truites. Restaurants à Sare (5 km) ou Saint-Jean-de-Luz (18 km). ★ Pays basque. Piscine, tennis 5 km. Lac 13 km. Mer, golf 18 km. Ski de fond 80 km. **Accès :** à Sare, prendre la route des Grottes. Suivre le panneau "Grottes" et prendre le chemin à gauche : c'est la 1re maison à droite (volets verts). Aéroport 20 km.

Trini et son mari, passionnés de chevaux vous accueillent à Aretxola, la maison en pierres, sur un domaine de 3 ha boisés avec ruisseau à truites. Cette belle demeure harmonieusement restaurée avec une vue imprenable sur les crêtes de Navarre propose 2 ch. au confort douillet joliment décorées. Une adresse de charme à ne pas manquer au cœur du pays basque.

Sare - Pyrénées Atlantiques (64)

Larochoincoborda
Quartier Lehenbiscaye - 64310 Sare
Tél. 05 59 54 22 32
Jacques Berthon

1 pers. 66 € - 2 pers. 66 € - 3 pers. 95 €

3 chambres 2 pers. avec bains et wc privés. Ouvert toute l'année sur réservation. Petit déjeuner gourmand : fromages blancs, compotes, pains variés, confitures maison... Cour. Restaurants à Sare 2,5 km. Taxe de séjour : 0,30 €/jour/pers. ★ Village classé à proximité de la frontière espagnole (3 km). Sare (2,5 km) : piscine, tennis. Mer, golf à St-Jean-de-Luz (15 km). Biarritz 24 km. Grottes, petit train de la Rhune. **Accès :** du bourg, vers Col St-Ignace. Au rond point à gauche vers Vera. Après l'allée de platanes, une maison en pierre sur la droite, 1er chemin à droite, puis à la patte d'oie à droite. Faire 800 m, dernière maison.

Authentique ferme basque du XVIIe siècle avec son four à pain. Située en pleine nature, cette belle maison de caractère très fleurie bénéficie d'une vue splendide. 3 jolies chambres ensoleillées et confortables vous sont réservées. Une étape en toute quiétude à proximité de la mer et de la frontière espagnole.

★Listed village near the Spanish border 3 km. Sare 2.5 km: swimming pool, tennis court. Sea, golf course at St-Jean-de-Luz 15 km. Biarritz 24 km. Caves, La Rhune scenic railway.

*★ **How to get there:** From Sare village, head for Col St-Ignace. Turn left at roundabout for Vera. Past plane tree-lined driveway, stone house on right. First lane on right at branching junction. Last house at the end, 800 m up.*

Genuine 17th-century Basque farmhouse with bread oven. Set in the heart of the countryside, this handsome house full of character and ablaze with flowers affords a superb view of the surrounding area. The three pretty, sunlit bedrooms are extremely comfortable. A peaceful spot close to the sea and Spanish border.

AQUITAINE

Sare - Pyrénées Atlantiques (64)

Ttakoinnenborda TH
64310 Sare
Tél. 05 59 47 51 42 ou 06 67 73 76 45
Email : alain-et-mary.arrieta@wanadoo.fr
http://ttakoinnenborda.ifrance.com
Alain Arrieta

1 pers. 45 € - 2 pers. 50 € - 3 pers. 65 € - repas 16 €

4 chambres avec sanitaires privés et entrée indép. Ouv. toute l'année. Petit déj. : pâtisseries maison, jus d'orange, confitures maison... T. d'hôtes (certains soir hors juil./août) : merlu basquaise, morue à la biscayenne, gâteau basque... Terrasses tout autour de la maison, jardin 3000 m². Transats. Balançoire. ★ Saint-Jean-de-Luz 15 km. Frontière espagnole 4 km. Grottes de Sare, petit train de la Rhune. Mer et golf 17 km. Lac 12 km. Piscine et tennis 4 km. Equitation 4,5 km. **Accès :** à Sare prendre dir. Grottes de Sare et suivre la signalisation "Chambres d'Hôtes" jusqu'au panneau "Ttakoinnenborda".

Dans un écrin de verdure, Alain et Mary vous accueillent dans leur maison familiale de caractère du XVIIe siècle. La pierre, le bois et les nombreux tableaux du grand-père se mélangent harmonieusement. Certains soirs, à la table d'hôtes, vous pourrez goûter les saveurs du pays basque accompagnées du pain fait maison.

Saint-Jean-de-Luz 15 km. Spanish border 4 km. Sare ;aves, La Rhune scenic railway. Sea and golf course 17 km. ake 12 km. Swimming pool and tennis 4 km. Horse-riding 5 km.

***How to get there:** In Sare, head for Grottes de Sare. Follow Chambres d'Hôtes" signs until you reach "Ttakoinnenborda" nel.*

lain and Mary are your hosts at this 17th-century family use full of character. The interrior is a harmonious blend of od and stonework and paintings by the owner's grandfather. e table d'hôtes is a perfect way to become acquainted with ditional Basque dishes served with home-made bread.

Sauguis - Pyrénées Atlantiques (64)

*Starting point for hiking trips. Kakuetta and Holzarte Gorges in the vicinity. Sea 90 km. Lake and cross-country skiing 30 km. Swimming pool and tennis court 8 km. Horse-riding 2 km.

★ **How to get there:** *Head for Tardets. At Tardets, head for Sauguis. In the village, follwo "Chambres d'Hôtes" signs.*

"Biscayburu" is a renovated traditional Soule farmhouse, overlooking Sauguis village. Visible beams and stonework, a leafy setting and cosy atmosphere are just some of the many appealing features of this staging post in the Soule Valley. When you wake up in the morning, admire the mountain views before savouring the scrumptious breakfasts prepared by Pantxo and Marie-Hélène.

Biscayburu
64470 Sauguis
Tél. 05 59 28 73 19 ou 06 10 55 14 04
Email : informations@chambres-hotes-pays-basqu1.com
www.chambres-hotes-pays-basque.com
Pantxo Etchebehere

1 pers. 42/45 € - 2 pers. 47/50 € - 3 pers. 62 € - p. sup. 12 €

4 chambres avec sanitaires privés. Ouvert toute l'année. Petit déjeuner : jus d'orange, compote, yoaurts, viennoiseries, pain maison... Jeux à disposition. Chaises longues, jardin de 3000 m². Restaurants à Tardets (6 km). ★ Sur place : départ de randonnées. Gorges de Kakuetta et d'Holzarte à proximité. Mer 90 km. Lac et ski de fond 30 km. Piscine et tennis 8 km. Equitation 2 km. **Accès :** prendre dir. Tardets. A Tardets, dir. Sauguis, puis arriver au village suivre le fléchage "Chambres d'Hôtes".

"Biscayburu" est une ferme souletine typique rénovée, dominant le village de Sauguis. Les poutres, les pierres apparentes, le cadre verdoyant et l'ambiance chaleureuse sont les composants de cette halte dans la vallée de la Soule. Au saut du lit, vous pourrez admirer les montagnes avant de vous régaler des petits déjeuners confectionnés par Pantxo et M.-Hélène.

Seignosse - Landes (40)

*Spain, Basque Country, etc. Golf course 3 km. Beach and sailing 5 km. Horse-riding 1 km.

★ **How to get there:** *In Seignosse, head for Angresse. Turn first right at the Renault garage. L'Accalmie is on the left, 1.5 km further on.*

This handsome contemporary Landes house is set in an extensive leafy park teeming with flowers, by a forest. The two bedrooms and suite are superbly appointed, affording great comfort. From your room, you can admire the splendid garden with swimming pool.

l'Accalmie - 40510 Seignosse TH
Tél./Fax 05 58 49 84 10
Tél. SR 05 58 85 44 44
Email : accalmie40@wanadoo.fr
accalmie40.site.voilà.fr
Maria et Claude Girard

2 pers. 80 € - p. sup. 30 € - repas 25 €

2 chambres et 1 suite avec salon attenant, toutes avec sanitaires privés. Ouvert toute l'année. Petit déjeuner : pasti confitures, gateau basque... T. d'hôtes sur réservatio Billard. Bain bouillonant et séances de massage ave suppl. Piscine. Jardin. Parc. Tarif dégressif en hors-saiso Restaurants à Seignosse. ★ Espagne, pays basque... Golf 3 km. Plage et voile à 5 km. Equitation à 1 km. **Accès :** Seignosse, prendre direction Angresse. Prendre 1re à droi au garage "Renault", à 1,5 km, l'Accalmie est à gauche

Belle maison contemporaine de style landai adossée à la forêt, et disposant d'un grand pa fleuri et arboré. 2 chambres et 1 suite sont supe bement aménagées, grand confort assuré. De vot chambre, vous pourrez admirer le superbe jard agrémenté d'une piscine.

Urcuit - Pyrénées Atlantiques (64)

★Basque coast. Tennis 1 km. Sea, horse-riding, golf 15 km. Lake 20 km. Cross-country skiing 100 km.

*★ **How to get there:** As you leave Urcuit, take first lane on the left heading for Urt.*

This handsome blue, half-timbered Basque house offers a change of scenery and great comfort not far from the coast. Four elegant bedrooms and a breakfast room complete with fireplace await your arrival. The interior is a tasteful blend of restored furniture and elegant appointments. An ideal spot for riders and horse lovers.

Relais Linague TH
64990 Urcuit
Tél./Fax 05 59 42 97 97
Email : linague@wanadoo.fr
www.gites64.com/relais-linague
Marie Bleau

1 pers. 50 € - 2 pers. 50/58 € - repas 18 €

4 chambres avec sanitaires privés. Ouv. toute l'année. Petit déj. : confitures, viennoiseries, yaourts variés, flan... T.d'hôtes (hors juillet et août, 3 fois/semaine selon disponibilité des propriétaires) : thon à la plancha avec gratin de pommes de terre, fromage de brebis, gâteau chocolat avec crème anglaise... Jardin. ★ Côte Basque. Tennis 1 km. Mer, équitation, piscine, golf 15 km. Lac 20 km. Ski de fond 100 km. **Accès :** à la sortie d'Urcuit, prendre le 1er chemin à gauche en direction d'Urt.

Cette belle ferme basque du XVIIe aux colombages bleus offre dépaysement et confort à proximité de la côte. 4 chambres au confort raffiné vous sont réservées. Les meubles chinés et restaurés et la décoration sont coordonnés avec goût. Salle du petit déjeuner avec cheminée. Une halte idéale pour les cavaliers.

Villeréal - Lot et Garonne (47)

Tours of fortifications and vineyards. Périgord and Agenais châteaux. Horse-riding centre, golf course.

*★ **How to get there:** From Bergerac: N21, then D14 to Villeréal. Take D676 for 1 km. From Agen: N21 for Villeneuve-sur-Lot, then D676 to Villeréal and D676 for 1 km. Michelin map 336.*

This elegant 19th-century residence, bordered by a river and set in a hundred-year-old park, has retained the charm of the family home. The individual, refined décor is a delightful blend of period furniture and the comfort of contemporary appointments. Relax in the pool or enjoy a game of tennis on the court.

Château de Ricard TH
47210 Villeréal
Tél. 05 53 36 61 02 - Fax 05 53 36 61 65
Email : chateaudericard@yahoo.fr
www.chateaudericard.com
Sylvia Deguilhem

2 pers. 107/122 € - repas 36 €

3 chambres et 2 duplex avec sanitaires privés. Ouvert du 1.05 au 30.09. Table d'hôtes, le soir sur réservation : cuisine du terroir. Bibliothèque, billard, salons de jeux, TV, tél. Parc de 7 ha. avec lac, rivière, piscine et tennis privés. ★ Circuits des bastides et des vignobles. Châteaux du Périgord et de l'Agenais. Centre équestre, golf. **Accès :** de Bergerac N21, puis D14 jusqu'à Villeréal. Prendre la D676 sur 1 km. D'Agen, N21 Villeneuve/Lot puis D676 jusqu'à Villeréal puis D676 sur 1 km. CM336.

Dans un parc centenaire bordé par une rivière, cette élégante demeure du XIXe a su conserver le charme des maisons de famille. La décoration personnalisée et raffinée allie avec bonheur l'authenticité de meubles anciens et le confort d'un mobilier contemporain. Pour votre détente, une piscine et un tennis.

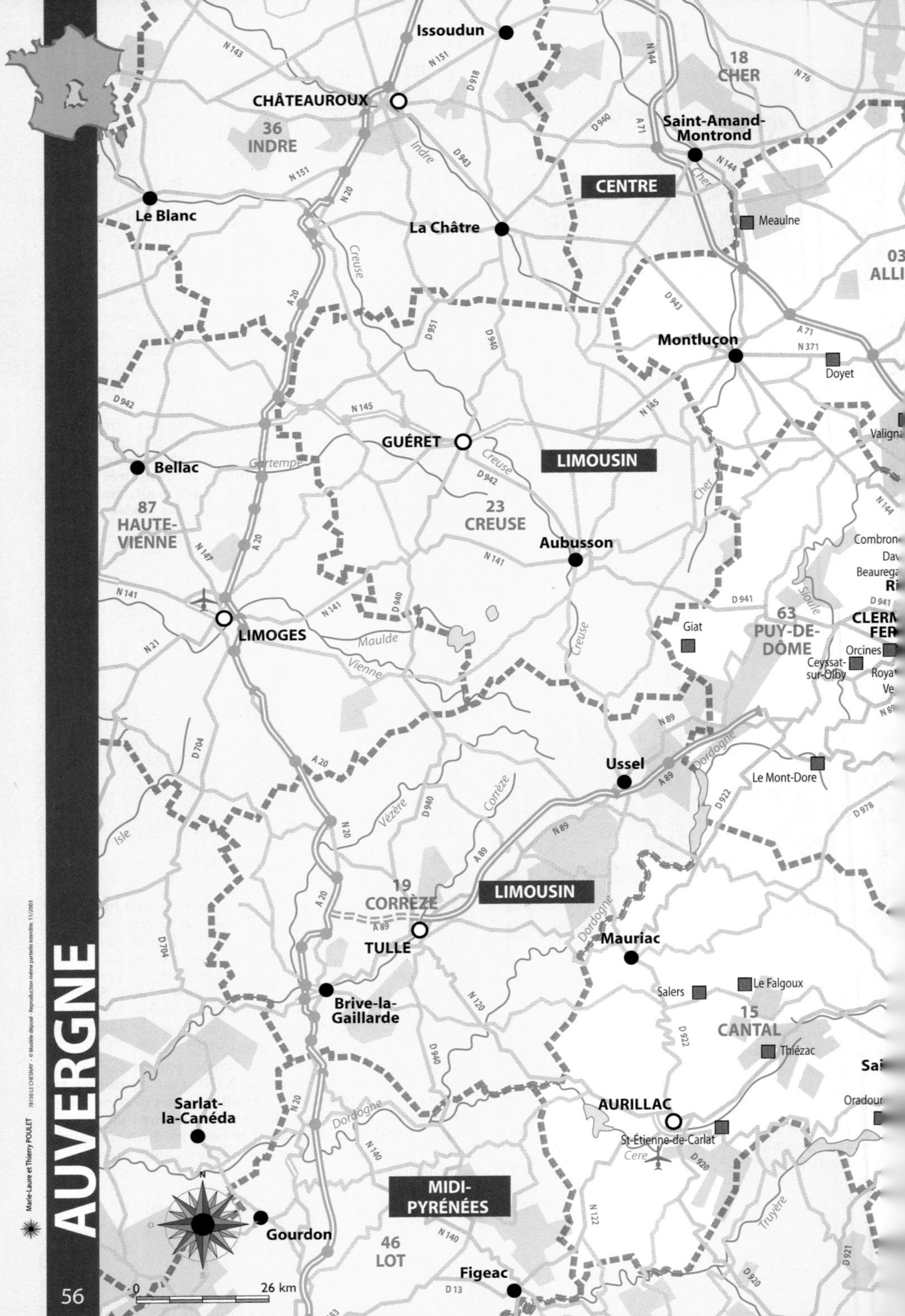
Issoudun
CHÂTEAUROUX
36
INDRE
18
CHER
Saint-Amand-Montrond
CENTRE
Meaulne
Le Blanc
La Châtre
03
ALLI
Montluçon
Doyet
GUÉRET
LIMOUSIN
Bellac
87
HAUTE-VIENNE
23
CREUSE
Aubusson
Combrone
Beaurega
LIMOGES
Giat
63
PUY-DE-DÔME
CLERM
FER
Orcines
Ceyssat-sur-Olby
Roya
Ussel
Le Mont-Dore
19
CORRÈZE
LIMOUSIN
TULLE
Mauriac
Salers
Le Falgoux
15
CANTAL
Thiézac
Brive-la-Gaillarde
Sarlat-la-Canéda
AURILLAC
St-Étienne-de-Carlat
Oradour
MIDI-PYRÉNÉES
Gourdon
46
LOT
Figeac
0
26 km
N 143
N 151
D 918
N 144
N 76
D 940
A 71
D 943
N 20
A 20
D 951
N 371
N 145
D 942
N 141
N 147
N 21
D 704
N 89
A 89
D 922
D 978
N 120
N 140
N 122
D 920
D 921
D 13
D 653
Indre
Creuse
Cher
Gartempe
Maulde
Vienne
Sioule
Dordogne
Vézère
Corrèze
Isle
Cère
Truyère

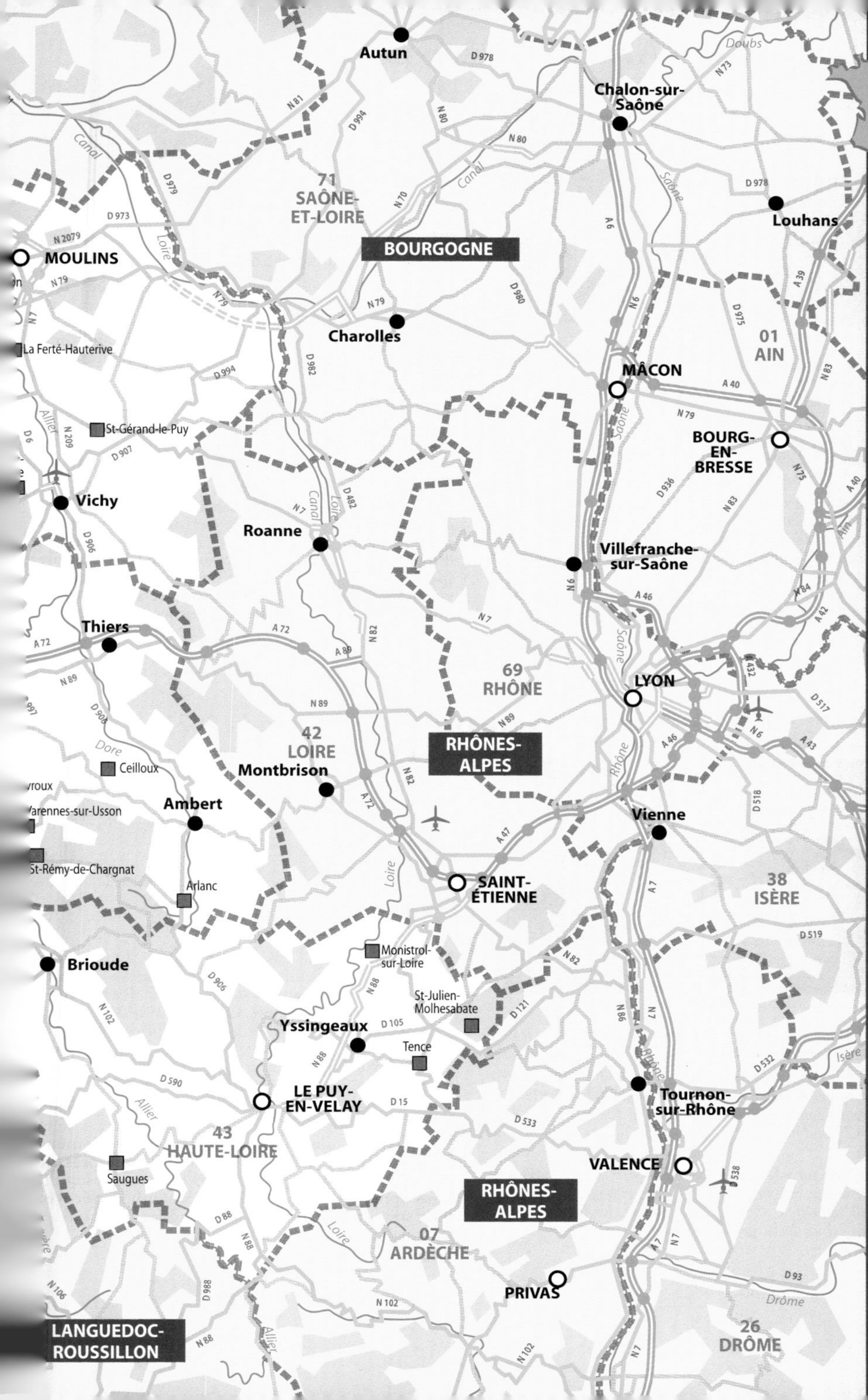

Autun
Chalon-sur-Saône
Doubs
Louhans
71 SAÔNE-ET-LOIRE
BOURGOGNE
MOULINS
Charolles
La Ferté-Hauterive
MÂCON
01 AIN
St-Gérand-le-Puy
BOURG-EN-BRESSE
Vichy
Roanne
Villefranche-sur-Saône
Thiers
69 RHÔNE
LYON
42 LOIRE
RHÔNES-ALPES
Ceilloux
Montbrison
Ambert
Varennes-sur-Usson
Vienne
St-Rémy-de-Chargnat
Arlanc
SAINT-ÉTIENNE
38 ISÈRE
Brioude
Monistrol-sur-Loire
St-Julien-Molhesabate
Yssingeaux
Tence
LE PUY-EN-VELAY
Tournon-sur-Rhône
43 HAUTE-LOIRE
Saugues
VALENCE
RHÔNES-ALPES
07 ARDÈCHE
PRIVAS
LANGUEDOC-ROUSSILLON
26 DRÔME

AUVERGNE

Arlanc - Puy de Dôme (63)

NOUVEAUTÉ

Jardin pour la Terre, la Dentelle museum, Chaise Dieu music festival. Lake 3 km. Swimming pool 15 km. Fishing 2 km. Richard de Bas Mill 17 km. Wonderful walks in the Dore valley.

★ ***How to get there:*** *16 km south of Ambert on the D906. In the village of Arlanc, near the St-Pierre church, follow the signs for "Chambres d'Hôtes". Michelin map 326.*

This beautiful, tastefully restored stately home is appropriately named Ma Cachette (my hiding place) because behind its rather unattractive façade, a stunning and original interior is hidden away. There are five spacious and luxurious rooms available and the property boasts a living room with a delightful view onto the large garden and vegetable patch where the delicious herbs and vegetables that make up the table d'hôtes meals are grown.

Ma Cachette TH

10, rue du 11 Novembre - 63220 Arlanc

Tél./Fax 04 73 95 04 88

Email : cachette@club-internet.fr

www.ma-cachette.com

Johan Bernard

1 pers. 50/55 € - 2 pers. 55/60 € - 3 pers. 70/75 € - repas 25 €

5 chambres spacieuses avec sanitaires privés. Ouv. toute l'année. Petit déjeuner : jus de fruits, céréales, viennoiseries, confitures... T.d'hôtes : confit de canard, chou farci, gigot d'agneau à la grecque... Grand salon. Cour, jardin. Nombreux restaurants à proximité. ★Jardin pour la Terre, musée de la Dentelle, festival de musique de la Chaise Dieu. Plan d'eau 3 km. Piscine 15 km. Pêche 2 km. Moulin Richard de Bas 17 km. Superbes balades dans la vallée de la Dore. **Accès :** 16 km au sud d'Ambert sur la route D906. Dans le bourg d'Arlanc, à proximité de l'église St-Pierre, puis suivre panneaux "Chambres d'Hôtes". CM326.

Cette belle demeure bourgeoise restaurée avec goût porte bien son nom, car derrière sa façade peu attrayante se cache un intérieur surprenant d'originalité. Nos hôtes trouveront 5 chambres spacieuses d'un grand confort, un salon avec une vue superbe sur un grand jardin et son luxuriant potager où fines herbes et légumes seront utilisés pour les repas.

Beauregard-Vendon - Puy de Dôme (63)

Sioule Valley, Chatel-Guyon (spa resort), Volvic, Riom. Romanesque churches, châteaux, lakes, volcanoes. Hiking trails, tennis court, swimming pool, horse-riding and biking nearby.

★ ***How to get there:*** *2 km south of Combronde, take D122. 9 km from Riom on N144. 2.5 km past Davayat, turn right onto D122 and head for Chaptes (follow signs). Michelin map 326.*

Elisabeth Beaujeard is your hostess at her late-18th-century family residence, in a small, quiet hamlet, with volcanoes nearby. You will appreciate the four comfortable, lovingly decorated bedrooms, which boast period furniture.

Chaptes

8, rue de la Limagne -

63460 Beauregard-Vendon

Tél. 04 73 63 35 62

Elisabeth Beaujeard

1 pers. 65/70 € - 2 pers. 65/70 €

3 chambres avec salle d'eau et wc privés. Ouvert toute l'année (sur réservation du 1er novembre au 31 mars) Petit déjeuner copieux. Parking fermé. Restaurants à 2 km. ★ Vallée de la Sioule, Chatel-Guyon (station thermale), Volvic, Riom. Eglises romanes, châteaux, lacs, volcans. Circuits de randonnée, tennis, piscine, équitation et VTT à proximité. **Accès :** à 2 km au sud de Combronde prendre la D122. A 9 km de Riom par la N144. 2,5 km après Davayat, prendre à droite D122 jusqu'à Chaptes (suivre le fléchage). CM326.

Elisabeth Beaujeard vous reçoit dans sa demeure familiale de la fin du XVIIIe, située tout près des premiers volcans, dans un petit hameau tranquille. Vous apprécierez le confort des chambres décorées avec soin et agrémentées de meubles d'époque.

Ceilloux - Puy de Dôme (63)

Domaine de Gaudon
Le Château - 63520 Ceilloux
Tél. 04 73 70 76 25
Email : domainedegaudon@wanadoo.fr
www.domainedegaudon.fr
Monique et Alain Bozzo

1 pers. 80 € - 2 pers. 90 € - 3 pers. 110 €

★Ravel Château, Thiers cutlery industry. La Chaise-Dieu Music Festival. Richard de Bas Paper Mill and Museum at Ambert. Horse-riding and cycling 2 km. Hiking locally. Motorbikes and quad bikes 7 km. Bathing 6 km. Accrobranche 15 km.

*★ **How to get there:** From Clermont-Ferrand, drive to St-Dier d'Auvergne, then head for Domaize, Ceilloux and Gaudron. Michelin map 326.*

This stately 19th-century residence nestles in a bosky bower with centuries-old trees, in the heart of Livradois-Forez Regional Nature Park. The five bedrooms are attractively appointed with period pieces, paintings and furnishings. Breakfast is served in the dining room, on the terrace, or in the gazebo, according to season.

4 chambres et 1 suite, avec sanitaires privés et tél. Ouv. toute l'année. Petit déj. : viennoiseries, confitures maison, jus d'orange, charcuterie, fromages... Salle à manger et salon avec cheminées. Salon (TV, cheminée). Etang empoissonné (poss. pêche), terrasse 40 m². Jardin, parc 4 ha. Restaurants 2 et 5 km. ★ Château de Ravel, coutellerie de Thiers, festival de musique de la Chaise-Dieu... Moulin Richard de Bas à Ambert. Equitation et VTT 2 km. Randonnée sur place. Moto, quad 7 km. Baignade 6 km. Accrobranche 15 km. **Accès :** de Clermont-Ferrand, aller à St-Dier d'Auvergne, puis dir. Domaize ensuite dir. Ceilloux et Gaudon. CM326.

Au cœur du Parc Naturel Régional du Livradois-Forez, blottie au sein d'un écrin de verdure de 4 ha d'arbres centenaires, cette belle demeure du XIXe siècle abrite 5 chambres joliment décorées d'objets, de tableaux et meubles d'époque. Selon la saison, le petit déjeuner est servi dans la salle à manger ou sur la terrasse ou sous la gloriette.

Ceyssat-sur-Olby - Puy de Dôme (63)

Le Cantou TH
La Gardette - 63210 Olby
Tél. 06 83 67 07 70 - Tél./Fax 04 73 87 13 97
Email : info@gite-des-volcans.com
www.gite-des-volcans.com
Bernard Teyssier

1 pers. 69 € - 2 pers. 75 € - 3 pers. 86 € - repas 22 €

Vulcania Volcano Park 6 km. Puy-de-Dôme peak 8 km. Orcival Basilica 10 km. Cordes Château 9 km. Pont Gibaud Château 11 km. Horse-riding, tennis 1 km. Golf 8 km. Sailing 15 km. Open volcano 6 km.

*★ **How to get there:** From Clermont-Ferrand, head for Vulcania-Puy-de-Dôme. At the foot of the Puy-de-Dôme, head for Ceyssat. Drive past the houses and turn left, by "La Gardette" sign. Michelin map 326.*

This lava stone residence is one of the oldest buildings in the village. The guest accommodation is a "cantou", a traditional farmhouse room, with fireplace and box-bed. Relax by the pool and enjoy the garden, at the foot of the volcanoes.

1 chambre avec sanitaires privés, mini-bar, TV. Ouvert du 1.06 au 1.10. Petit déjeuner : brioche de pays, 2 confitures, miel, gâteaux maison, croquants... T. d'hôtes : "bougnat" apéritif maison, "manou" d'Auvergne... Jardin, salon de jardin. Vélos. Piscine. Nombreux restaurants et auberges à moins de 5 mn. ★ Vulcania 6 km. Sommet Puy-de-Dôme 8 km. Basilique Orcival 10 km. Château Cordes 9 km. Château de Pontgibaud 11 km. Equitation, tennis 1 km. Golf 8 km. Voile 15 km. Volcan ciel ouvert 6 km. **Accès :** depuis Clermont-Ferrand, suivre dir. Vulcania-Puy-de-Dôme. Au pied du Puy-de-Dôme, suivre dir. Ceyssat. Depasser les maisons et prendre chemin à gauche, panneau "La Gardette". CM326.

Cette demeure en pierre de lave est l'un des plus anciens bâtiments du village. L'unique chambre d'hôtes est un "cantou", salle de ferme traditionnelle, avec sa cheminée et son lit-clos. Au pied des volcans, vous pourrez vous détendre au bord de la piscine et profitez du jardin.

Charroux - Allier (03)

**Medieval village, arts and crafts, museum. Hiking. Fishing, tennis, horse-riding, bathing 4 km.*

★ ***How to get there:*** *A71 (Paris-Clermont-Ferrand), exit 12, for Gannat, and N9 for St-Pourçain/Sioule. Drive 2.5 km and take D42 for Charroux/Chantelle.*

In the medieval city of Charroux, Maison du Prince de Condé is a stately house dating back to the 13th and 18th centuries. Tastefully restored and furnished with antiques, it now offers five bedrooms on two floors, including a split-level apartment in the fortified tower (uneven staircase). Breakfast is served in a pretty, floral courtyard or in a superb 13th-century arch-ceilinged dining hall. Pleasant enclosed, tree-lined garden.

AUVERGNE

La Maison du Prince de Condé
Place d'Armes - 03140 Charroux
Tél./Fax 04 70 56 81 36
Tél 06 88 71 10 59
www.maison-conde.com
Jon Speer

1 pers. 48/64 € - 2 pers. 56/79 € - p. sup. 15 €

5 chambres (non fumeurs) avec bains et wc privés (dont 3 avec balnéo). Ouvert toute l'année. Petit déjeuner : jus de fruits, gelées et confitures maison, yaourts... Salon avec cheminée et bibliothèque. Cour, jardin et parc boisé avec salon de jardin. Restaurants à proximité, dont 1 salon de thé adjacent.. ★ Village médiéval, artisans, musée. Randonnée pédestre. Pêche, tennis, équitation, baignade 4 km. **Accès :** A71 (Paris-Clermont-Ferrand) sortie 12, direction Gannat puis N9 dir. St.Pourçain/Sioule. Faire 2,5 km et prendre la D42 vers Charroux/Chantelle.

La Maison du Prince de Condé est une ancienne maison bourgeoise (XIIIe et XVIIIe), restauré avec goût et meublé d'antiquités. 5 ch. sur 2 étages dont 1 en duplex dans la tour de fortification (escalier irrégulier). Petit déjeuner servi dans la jolie cour fleurie ou dans la superbe salle à manger voûtée du XIIIe. Agréable jardin boisé.

Combronde - Puy de Dôme (63)

**Romanesque churches. Riom, town with a rich cultural heritage and history. Tours of châteaux in the surrounding area. Tazenat 9 km. Tennis locally. Lake (in extinct volcano), bathing. Hikes from the village.*

★ ***How to get there:*** *A71 motorway, Combronde exit (12i). Access on RN144. Michelin map 326.*

Monsieur and Madame Chevalier are your hosts at this charming house in the village of Combronde. They will be happy to share their love of painting and antique furniture with you. You will undoubtedly succumb to the gentle setting, the peaceful garden and the delicious gourmet breakfasts.

105, rue Etienne Clémentel -
63460 Combronde
Tél./Fax 04 73 97 16 20
André et Lise Chevalier

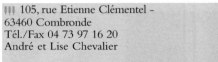

1 pers. 40 € - 2 pers. 47 € - 3 pers. 62 €

4 chambres avec douche et wc privés (non fumeur) Ouvert du 15/02 au 15/11. Petit déjeuner : jus de fruit frais, pains variés, patisseries et confitures maison. Cour jardin, parking privé et fermé. Terrasse couverte, barbe cue. Location de VTT sur demande. Restaurant Combronde (sur place). ★ Eglises romanes. Riom : vill d'art et d'histoire. Visite de châteaux dans les environ Tazenat 9 km. Lac de cratère, baignade... Randonnées a départ du village. Tennis sur place. Vulcania 35 m **Accès :** autoroute A71, sortie Combronde (12i). Acc route nationale 144. CM326.

Dans leur charmante maison située dans le villag de Combronde, M. et Mme Chevalier vous fero partager leur passion pour la peinture et les me bles anciens. Vous apprécierez la douceur des lieu le calme du jardin et les petits déjeuners gou mands.

Coulandon - Allier (03)

*Souvigny (historic birthplace of the Bourbons), Moulins, Bourbon-l'Archambault (spa town). Numerous châteaux in the Bourbonnais copse. Hiking, horse-riding and fishing. Hiking paths.

★ ***How to get there:*** *8 km from Moulins and 3 km from Souvigny.*

Set in the historic heart of the Bourbons' birthplace, Coulandon still exudes all the charm of a small country village. This leafy setting offers very comfortable, attractively decorated bedrooms in a converted barn, separate from the owners' residence. A restful spot near Moladier Forest.

La Grande Poterie TH
03000 Coulandon
Tél./Fax 04 70 44 30 39 ou 06 68 22 20 73
Email : jcpompon@lagrandepoterie.com
www.lagrandepoterie.com
Jean-Claude Pompon

1 pers. 39/46 € - 2 pers. 58/64 € - 3 pers. 67 € - p. sup. 15 € - repas 20 €

3 chambres dont 1 avec mezzanine (3 pers.), toutes avec douche et wc privés. Ouvert toute l'année. Table d'hôtes : terrine de saumon, pâté aux pommes de terre, viande en croûte... Grand jardin fleuri avec piscine et vélos. Auberge dans le village. Taxe de séjour. Animaux admis sous réserve. ★ Souvigny (berceau historique des Bourbons), Moulins, Bourbon-l'Archambault (ville thermale). Nombreux châteaux en bocage bourbonnais. Randonnées pédestres, équitation, pêche. Chemins de randonnée pédestre. **Accès :** à 8 km de Moulins et 3 km de Souvigny.

Au cœur du berceau historique des Bourbons, Coulandon a su préserver le charme d'un petit village rural. Dans un cadre verdoyant, vous serez reçus dans des chambres très confortables et joliment décorées, aménagées dans une ancienne grange, indépendante de la demeure des propriétaires. Une halte reposante à proximité de la forêt de Moladier.

AUVERGNE

Davayat - Puy de Dôme (63)

Vulcania volcano park, Auvergne châteaux, petrifying springs, alassotherapy. Short-Film Festival in Clermont-Ferrand and ano Festival in Riom. Markets specialising in local produce. nnis court 4 km. Swimming pool 7 km. Hiking locally.

How to get there: *From Paris: A71, Combronde exit and 144 for Gimeaux and Davayat. From Lyon: A47 and A71, om/Châtel-Guyon and N144 for St-Bonnet-Près-Riom d Davayat. Michelin map 326.*

aison de la Treille, a handsome early-19th-century eoclassical family mansion, is situated midway between the vergne Volcano Park and Les Combrailles. The comfortable, gant bedrooms are arranged in the orangery. The extensive, fy garden bestows a restful, inviting atmosphere on the place. idyllic setting in the heart of nature.

Maison de la Treille
25, rue de l'Eglise - 63200 Davayat
Tél. 04 73 63 58 20 ou 06 63 90 73 67
Email : honnorat.la.treille@wanadoo.fr
http://honnorat.la.treille.free.fr
Stephan et Nicole Honnorat

1 pers. 63/78 € - 2 pers. 70/85 € - 3 pers. 108 €

3 chambres et 1 suite de 2 ch. communicantes avec sanitaires privés. (115 €/4 pers.). Ouv. toute l'année. Petit déj. : gateaux/confitures maison, fruits de saison, yaourt ou fromage blanc... Biblio., jeux, cheminée, salon (piano). Vélos, p-pong. Cour, parc 0,5 ha. Stages de tapisserie/décoration animés par la prop.. ★ Vulcania, route des châteaux d'Auvergne, sources pétrifiantes, thalassothérapie, festivals (court métrage à Clermont et Piano à Riom), marchés du terroir. Tennis 4 km. Piscine 7 km. Randonnées sur place. **Accès :** de Paris : A71, sortie Combronde puis N144, dir. Gimeaux et Davayat. De Lyon : A47 puis A71, sortie Riom/Châtel-Guyon puis N144 dir. St-Bonnet-Près-Riom et Davayat. CM326.

Belle maison de maître du début du XIXᵉ siècle, de style néo-classique, la Treille est située entre le parc des Volcans d'Auvergne et les Combrailles. Dans l'orangerie, les chambres allient confort et raffinement. Son grand jardin arboré lui donne une atmosphère reposante et chaleureuse. Endroit de rêve en pleine nature.

Doyet - Allier (03)

★Néris-les-Bains 12 km. Montluçon 15 km. Tennis, fishing 3 km. Bike rental 6 km. Swimming pool, golf course 12 km. Lake, sailing 15 km.

★ ***How to get there:*** *On N371, 3 km west of Doyet.*

La Chapelle de Bord welcomes you to a set of fully restored barns with visible stonework, in the vicinity of a medieval château and a 17th-century chapel in the heart of the countryside. The bedrooms are comfortable and attractively decorated. A magnificent summer dining room, with bread oven, teak furniture and hexagonal red tiling, opens its large bay windows onto a garden with swimming pool. A friendly, cosy spot in a delightful setting.

La Chapelle de Bord TH
03170 Doyet
Tél./Fax 04 70 07 74 83
Email : gitesdebord@wanadoo.fr
http://pour-les-vacances.com
Chantal Château

1 pers. 43 € - 2 pers. 58 € - p. sup. 20 € - repas 20 €

4 chambres avec TV, bains ou douche et wc privés. Ouv. toute l'année. Petit déjeuner : jus d'orange, croissants, confitures, yaourts... T. d'hôtes : pâté pommes de terre, gougère, vin de St-Pourçain... Salon, salle à manger d'été (four à pain). Parc, piscine, pétanque, balançoires, p-pong. 2 gîtes sur pl. Repas enft. 15 €. ★ Néris-les-Bains 12 km. Montluçon 15 km. Tennis, pêche 3 km. Location de vélos 6 km. Piscine, golf 12 km. Plan d'eau, voile 15 km. **Accès :** à 3 km à l'ouest de Doyet, sur la N371.

En pleine campagne, à proximité d'un château médiéval et d'une chapelle du XVIIe, ces anciennes granges en pierres apparentes ont été entièrement restaurées. Les chambres sont confortables et agréablement décorées. Une superbe salle à manger d'été avec four à pain, mobilier en teck et tommettes ouvre ses larges baies sur le jardin et la piscine.

AUVERGNE

Espinasse-Vozelle - Allier (03)

★Opera, museums, cinemas and casino in Vichy 8 km. Saint-Pourçain vineyards, Roman art, Gannat "World Cultures" Festival. Tennis, water sports 8 km. Horse-riding 15 km. Golf course 3 km.

★ ***How to get there:*** *A71, N12 exit for Gannat-Vichy. RN202 to Cognat-Lyonne, and left for Espinasse-Vozelle. Past school for Puy-Grenier. 1 km after leaving village, turn left into "Chemin des Thévenets".*

This fully restored 17th-century manor house offers five tastefully decorated bedrooms with a difference. A peaceful and pleasant stay awaits you at the residence, which features an indoor pool, nine hectares of fields and woods. Discover the medicinal and aromatic plants grown on the premises.

aux Jardins des Thévenets TH
chemin des Thévenets -
03110 Espinasse-Vozelle
Tél. 04 70 56 57 04 ou 06 81 14 39 11
www.jardins-des-thevenets.com
Lynn Chaulieu

1 pers. 58/73 € - 2 pers. 65/80 € - p. sup 20 € - repas 25 €

5 chambres avec sanitaires privés. Ouvert toute l'anné[e] Petit déjeuner : croissants, céréales, confitures maison, ju[s] de fruits frais, yaourts... T. d'hôtes : produits locaux [e] légumes bio du jardin. Piscine intérieure, vélos. Boi[s] cour, jardin, parc 4 ha. Restaurants entre 2 et 8 km ★ Opéra, musées, cinémas et casino à Vichy (8 km Vignobles de St-Pourçain, art roman, festival folkloriqu[e] de Gannat. Tennis, sports d'eau 8 km. Equitation 15 km Golf 3 km. **Accès :** A71, sortie N12 Gannat-Vich[y] RN202 jusqu'à Cognat-Lyonne, puis à gauche ve[rs] Espinasse-Vozelle. Après l'école vers Puy-Grenier. A 1 k[m] à la sortie du village, à gauche "chemin des Thévenets".

La restauration de cette gentilhommière du XV[II] a permis d'installer 5 chambres décorées avec go[ût] et originalité. La piscine intérieure et les 9 ha [de] champs et bois qui l'entourent ainsi que la pr[o]duction de plantes médicinales et aromatiqu[es] vous permettront de passer un agréable séjour [au] calme.

Le Falgoux - Cantal (15)

La Michie - 15380 Le Falgoux TH
Tél. 04 71 69 54 36
Email : GuylL.Supersac@wanadoo.fr
Guy et Colette Supersac

2 pers. 49/57 € - 3 pers. 65 € - repas 18 €

3 chambres et 2 suites avec coin-salon et sanitaires privés. Ouvert de Pâques à la Toussaint. Petit déjeuner : jus de fruits, viennoiseries, céréales... Table d'hôtes : truffade, pounti, choux farci, potée... Parc. ★ Puy Mary. Salers (13 km). Parc des Volcans d'Auvergne. Vallée du Mars. Cirque du Falgoux. GR400. Randonnée et pêche sur place. Tennis 0,4 km. Ski de fond 4 km. Piscine, lac 28 km. **Accès :** à Mauriac, prendre la D678 direction Trizac/Riom. A Pons, prendre la D12 direction St.Vincent-de-Salers/Le Vaulmier puis Le Falgoux. Avant d'arriver au Falgoux, prendre à gauche "La Michie". CM330, pli D4.

Au cœur du parc des Volcans d'Auvergne, cette vaste maison bourgeoise est à proximité des sites exceptionnels de Salers et du Puy Mary, au pied du GR400. Les chambres, très agréablement décorées, sont vastes et disposent toutes d'un coin-salon. Atmosphère chaleureuse et table d'hôtes gourmande. Un grand parc arboré propice à la détente, entoure la demeure.

★Puy Mary. Salers 13 km. Auvergne Volcano Park. Mars Valley. Cirque du Falgoux (corrie). GR400 hiking path. Walking and fishing locally. Tennis 400 m. Cross-country skiing 4 km. Swimming, lake 28 km.

*★ **How to get there:** At Mauriac, take D678 for Trizac/Riom. At Pons, take D12 for St-Vincent-de-Salers/Le Vaulmier, then Le Falgoux. Before you get to Le Falgoux, turn left for "La Michie". Michelin map 330, fold D4.*

This spacious mansion stands in the heart of the Volcans d'Auvergne Park, close to the outstanding sites of Salers and Puy Mary, at the foot of the GR400 hiking path. The vast, pleasantly decorated bedrooms all include a lounge area. Welcoming atmosphere and gourmet table d'hôtes meals. The residence is set in extensive leafy grounds that are ideal for a relaxing break.

AUVERGNE

La Ferté Hauterive - Allier (03)

Demeure d'Hauterive TH
03340 La Ferté-Hauterive
Tél. 04 70 43 04 85 - Fax 04 70 43 00 62
Email : j.lefebvre@demeure-hauterive.com
www.demeure-hauterive.com
Jérôme Lefebvre

1 pers. 55/60 € - 2 pers. 70/75 € - 3 pers. 90/98 € - repas 20/25 €

5 ch. : 2 ch. 2 pers., 2 ch. 3 pers. et 1 suite 4 pers., toutes avec douche ou bains et wc. Ouv. toute l'année. Petit déj. : confitures maison, sablés, viennoiseries... T. d'hôtes : terrines de gibier. Billard français. Parc 3 ha. (sécurité pour les enfants). Vélos, p-pong, badminton. Piscine commune aux propriétaires. ★ Proximité de l'Allier. Réserve ornithologique. Tennis, golf et canoë-kayak. Promenade en attelage. Vignoble de St-Pourçain **Accès :** RN7 2 km. RN9 2 km. RCEA 10 km. Nord de Saint-Pourçain 12 km. Sud de Moulins 20 km.

Dans un vaste parc clos de murs, avec kiosques et bassins, belle demeure de maître 1850, de style sologne bourbonnaise. Les chambres aux couleurs douces sont très confortables et chaleureuses. Beaux meubles anciens et très beau salon de style. Pour les amateurs, des peintures sont exposées en permanence. Une très belle adresse.

Close to the Allier River. Bird sanctuary. Tennis, golf and canoeing. Carriage rides. St-Pourçain vineyards.

*★ **How to get there:** RN7 2 km. RN9 2 km. RCEA 10 km. North of Saint-Pourçain 12 km. South of Moulins 20 km.*

This handsome Sologne Bourbonnais-style family mansion, built in 1850, stands in extensive walled grounds dotted with pavilions and ponds. The soft-toned bedrooms are very comfortable and inviting. Handsome period furniture and elegant lounge. Art lovers will enjoy the all-year-round painting exhibitions. Simply delightful.

Giat - Puy de Dôme (63)

★Gallo-Roman site and museum. "Bach en Combrailles" Music Festival. Giat Medieval Festival. Castle mound. Vulcania Volcano Park nearby. 22 fairs a year in Giat. Water sports centre, fishing, riding centre 5 km. Tennis, cycling locally.

★ **How to get there:** 65 km west of Clermont-Ferrand, on the 141: Clermont-Ferrand-Aubusson-Limoges motorway. At St-Avit, head for Giat on the D13. The house is on the corner by the pharmacy. Michelin map 326.

This elegant late-19th-century residence is surrounded by a vast landscape garden, in a leafy setting. The five bright, peaceful bedrooms, appointed with antique furniture and paintings, look out onto the garden. The lounge-cum-library with fireplace beckons relaxation.

Le Vieux Pommier TH
rue de la Clinique - 63620 Giat
Tél./Fax 04 73 21 60 02 ou 06 70 58 25 99
Email : catherine.gdale@wanadoo.fr
http://monsite.wanadoo.fr/lvpgdale
Catherine et Gérard Dale

1 pers. 40 € - 2 pers. 45/50 € - 3 pers. 58 € - repas 16 €

5 chambres avec sanitaires privés. Ouvert toute l'année. Petit déjeuner : céréales, jus de fruits, pâtisseries et farandole de confitures maison, fruits... T. d'hôtes : coq au vin, jarret de porc aux lentilles vertes du Puy...Salon, biblio., cheminée. Salon de jardin. Jardin 1500 m². Restaurants 12 km. ★ Site gallo-romain et musée, festival "Bach en Combrailles", fête médiévale de Giat, motte castrale. A proximité de Vulcania. 22 foires/an à Giat. Base nautique, pêche, centre équestre 5 km. Tennis, VTT sur pl. **Accès :** situé à 65 km à l'ouest de Clermont Ferrand (axe Clermont Ferrand-Aubusson-Limoges N141). A St-Avit dir. Giat par la D13. La maison se trouve à 400 m, rue à l'angle de la pharmacie. CM326.

Dans un cadre de verdure, belle demeure de la fin du XIXe, entourée d'un vaste jardin paysager. Les 5 chambres lumineuses et calmes, garnies de mobilier ancien et de tableaux donnent sur le jardin. Le salon-bibliothèque avec cheminée invite à la détente.

Meaulne - Allier (03)

NOUVEAUTÉ

★On the edge of Tronçais forest (10000 hectares of oak trees). Tours of the Roman churches and châteaux. Noirlac Abbey. Chateloy music festival. Golf 12 km. Tennis and fishing 15 km. Go-karting 20 km.

★ **How to get there:** In Meaulne, head in the direction of "Herisson". 500m outside the village turn left towards "Les Alliers de Plaix". Drive 2 km. Turn right for "Le Liaudais-Le Mortier" and take the 1st dirt-track on the right.

This attractive 18th-century manor house on the edge of Tronçais forest is surrounded by 50 hectares of woods and meadows and boasts spectacular views onto the Bourbonnais copse and Mont d'Or. Manoir du Mortier is an ideal place to relax in total calm while enjoying everything that nature has to offer - the surroundings here are beautiful all year round.

Manoir du Mortier TH
03360 Meaulne
Tél. 04 70 06 99 87 ou 06 62 21 08 82
Email : manoirdumortier@yahoo.fr
www.manoirdumortier.com
Catherine Greninger

1 pers. 85 € - 2 pers. 95/150 € - 3 pers. 150 € repas 25 €

2 chambres et 1 suite de 2 ch., avec sanitaires privés, mini bar, coffre-fort et internet. Ouv. de mars à décembre. Pet déj. : fromage, charcuterie, croissant, jus de fruits... T d'hôtes : plats du terroir, légumes du jardin... Parc de 5 ha. Piscine. Equitation, vélos. Restaurants à Urcay, S Amand-Montrond... ★ En lisière de la forêt du Tronça (10000 ha de chênes). Circuits églises romanes et ch teaux. Abbaye de Noirlac. Festival musique à Chatelo Golf 12 km. Tennis et pêche 15 km. Karting 20 km **Accès :** dans Meaulne prendre dir. "Herisson" 500 après la sortie du village, à gauche dir. "Les Alliers Plaix" sur 2 km puis à droite "Le Liaudais-Le Mortier" 1er petit chemin de terre à droite.

Joli manoir du XVIIIe siècle situé en lisière de forêt de Tronçais, entouré de 50 ha de bois et pra ries, avec vue magnifique sur le boca Bourbonnais et le Mont d'Or. C'est un endro idéal pour se ressourcer dans un calme absolu. nature y est belle en toute saison, et vous pourr profiter de la faune et de la flore.

Monistrol-sur-Loire - Haute Loire (43)

★Historical Monistrol-sur-Loire (Bishops' Palace) located near to Puy-en-Velay and la Chaise Dieu. Hiking locally. Swimming 2 km. Fishing 6 km. Horse-riding 7 km.

***★ How to get there:** Le Betz" is approx. 1 km northeast of Monistrol-sur-Loire. As you leave the town, head for Aurec and at the roundabout, follow signs for "Le Betz". Michelin map 331, fold H2.*

Michèle and Georges Boscher are your hosts at La Viguerie du Betz, set in a vast tree-filled park with terraces. You will particularly enjoy the warm, relaxing atmosphere exuded by this handsome stone residence and its 12th-century tower. The vault-ceilinged dining hall features a monumental fireplace and a coat of arms.

La Viguerie du Betz
Le Betz - 43120 Monistrol-sur-Loire
Tél. 04 71 66 35 24
Email : Georges.Boscher@wanadoo.fr
http://vigueriedubetz.free.fr
Georges et Michèle Boscher

1 pers. 60 € - 2 pers. 65 € - p. sup. 15 €

1 chambre avec sanitaires privés. Ouvert toute l'année. Copieux petit déjeuner : pâtisseries, jus d'orange et confitures maison, miel, pains variés, plateau de fromages... Grand jardin arboré. Restaurants à Monistrol-sur-Loire 1 km. ★ Site touristique de Monistrol-sur-Loire (château des évêques) situé à proximité du Puy-en-Velay et de la Chaise Dieu. Randonnées pédestres sur place. Piscine 2 km. Pêche 6 km. Equitation 7 km. **Accès :** Le Betz" est situé à environ 1 km au nord-est de Monistrol-sur-Loire. En sortant de la ville, prendre la direction d'Aurec et au rond-point, prendre à droite, direction "Le Betz". CM331, pli H2.

Michèle et Georges Boscher vous accueillent dans leur propriété entourée d'un vaste parc arboré avec terrasses. Vous apprécierez l'atmosphère chaleureuse et confortable de cette belle demeure en pierre avec tour hexagonale du XVIe. Cheminée monumentale et armoirie dans la salle à manger voutée.

AUVERGNE

Le Mont-Dore - Puy de Dôme (63)

At the foot of the Puy du Sancy in the Auvergne Volcano Park. Le Mont-Dore, La Bourboule 3 km. Tennis, mountain bikes, horse-riding, golf, skating rink 3.5 km. Lake Chambon 21 km.

***★ How to get there:** A71/A75 motorway, exit 2 (Bordeaux/Le Mont-Dore), take D799 and N189. 23 km, turn left for D983 (Le Mont-Dore via Col du Guéry). At Le Mont-Dore, head for Murat-Le Quaire. Michelin map 326, fold D9.*

La Closerie de Manou blends the charm and refined comfort of yesteryear with the warmth of period furniture. You will appreciate your hostess's hospitality and helpful advice. This 18th-century residence's outstanding location makes it an ideal base for visiting the Auvergne.

La Closerie de Manou - Le Genestoux
63240 Le Mont-Dore
Tél. 04 73 65 26 81 ou 04 73 81 03 59
Email : lacloseriedemanou@club-internet.fr
www.lacloseriedemanou.com
Françoise Larcher

1 pers. 50 € - 2 pers. 75 € - 3 pers. 90 €

5 chambres, douches/wc privés dont 3 climatisées. Ouv. du 15.3 au 15.10, les w.e sur résa. du 15.2 au 31.3. Petits déj. : jus de fruits, viennoiseries, fruits, confitures, fromages d'Auvergne, yaourts, charcuterie... Jardin, cour, terrasse, parking. Local VTT/moto. Auberge 100 m. Portable prop. : 06 08 54 50 16. ★ Au pied du Puy du Sancy dans le Parc des Volcans d'Auvergne. Le Mont-Dore, la Bourboule (3 km). Lac Chambon 21 km. Tennis, VTT, équitation, golf, patinoire 3,5 km. Vulcania 38 km. **Accès :** de l'A 71/A75 sortie 2 (Bordeaux/Le Mt Dore), prendre la D799 puis la N189 après 23 km à gauche D983 (Le Mt Dore par le col du Guéry). Au Mt-Dore, prendre dir. Murat- Le Quaire. CM326, D9.

A la Closerie de Manou, charme d'antan et confort raffiné se mêlent à la chaleur des meubles anciens. Vous apprécierez l'accueil chaleureux et la disponibilité de la maîtresse de maison. La situation exceptionnelle de cette demeure du XVIIIe en fait un lieu de séjour idéal pour visiter l'Auvergne.

Montpeyroux - Puy de Dôme (63)

NOUVEAUTÉ

Vulcania 30km, Volcano Park, Roman churches, Livradois Forez Park. Lake (swimming, sailing) 24 km. Skiing 30 km. Moutain biking, hang-gliding 14 km. Issoire 10 km.

★ ***How to get there:*** *A75, exit 7. Michelin map 326.*

At the heart of a medieval village, listed as one as the most beautiful villages in France, Joëlle and Jules welcome you to their beautiful residence where there are five attractively decorated bedrooms available. At this tranquil stop, you can choose to relax by the open fire, on the gentle and sunny terrace or in the jacuzzi. A brilliant place to stay.

rue de la Poterne - 63114 Montpeyroux
Tél. 04 73 96 69 42 ou 06 08 51 81 82
Fax 04 73 96 95 39
Email : jules.boissiere@wanadoo.fr
Joëlle et Jules Boissière

1 pers. 48/55 € - 2 pers. 53/59 €

5 chambres dont 3 avec terrasse, transats et salon de jardin, toutes avec sanitaires privés. Ouvert toute l'année. Petit déjeuner : jus de fruits, confitures et cake maison, yaourts, fromages d'Auvergne... 2 restaurants dans le village. ★ Vulcania 30 km, Parc des Volcans, églises romanes, Parc Livradois Forez. Lac (baignade, voile) 24 km. Ski 30 km. VTT, vol libre 14 km. Issoire 10 km. **Accès :** A75, sortie n°7. CM326.

Au cœur d'un village médiéval classé parmi les plus beaux villages de France, Joëlle et Jules vous accueillent chaleureusement dans leur belle demeure située au pied du donjon, où sont aménagées 5 chambres agréablement décorées. Vous aurez le choix entre un bon feu de cheminée, la douceur ensoleillée d'une terrasse ou le plaisir relaxant d'un jacuzzi.

AUVERGNE

Montpeyroux - Puy de Dôme (63)

Wide open spaces, Puy mountain range, spa towns, museums, lakes, hiking, fortresses, Romanesque churches. Tennis locally. Swimming pool, horse-riding 2 km. Lakes 14 km. Skiing 32 km.

★ ***How to get there:*** *A75, exit 7 for Coudes/Montpeyroux. Michelin map 326.*

This magnificent wine-growers' residence, located in one of France's finest villages, offers delightful gardens, peace and quiet and first-class hospitality. The four guest bedrooms are comfortable and well-appointed. A choice of sweet or savoury breakfasts is served in the garden or dining room, depending on the weather.

TH

La Vigneronne
rue des Granges - 63114 Montpeyroux
Tél./Fax 04 73 96 66 71 ou 06 81 45 07 42
http://perso.wanadoo.fr/delherme.lavigneronne/
Dominique Delherme

1 pers. 45/55 € - 2 pers. 50/60 € - 3 pers. 78 €
repas 18 €

4 chambres avec sanitaires privés. Ouvert du 01.02 a 30.11. Petit déjeuner : tartines, croissants, confitures ma son, jus d'orange... T. d'hôtes : charcuterie maison, blar quette, filet mignon au muscat, gratin... Cour, jardi Terrasse. Parking privé clos la nuit. Restaurant sur plac ★ Grands espaces, chaîne des Puys, villes thermal musées, lacs, randonnées, forteresses, églises romane Tennis sur place. Piscine 8 km. Equitation. Lacs 14 k Ski 32 km. **Accès :** A75, sortie n°7 Coud Montpeyroux. CM326.

Dans un des plus beaux villages de France, u magnifique maison de maître vigneron où vo pourrez profiter des jardins, du calme et d' accueil de qualité. 4 chambres confortables. petit déjeuner sucré ou salé vous est servi dans jardin ou dans la salle à manger, selon la météo

Montpeyroux - Puy de Dôme (63)

★Châteaux and Romanesque churches in the vicinity. Tennis locally. Biking, horse-riding 7 km. Hang-gliding 14 km. Lake for bathing, windsurfing, sailing and canoeing 24 km.

*★ **How to get there:** A75 motorway, exit 7: Coudes-Montpeyroux. Michelin map 326.*

Claude and Edith are your hosts at Les Pradets, a pretty house with discreet charm in delightful, fully restored medieval Montpeyroux village. Breakfast is served in a vaulted dining room or in the flower garden, which affords a superb view of the area. The warmly decorated bedrooms boast period furniture and refinement (embroidered sheets, paintings and rugs).

Les Pradets
63114 Montpeyroux
Tél./Fax 04 73 96 63 40
Email : claude.grenot@wanadoo.fr
www.auvergne.maison-hotes.com
Claude et Edith Grenot

1 pers. 65 € - 2 pers. 68 €

3 chambres (dont 2 classées 4 épis NN et 1 classée 3 épis NN) : 2 chambres avec s.d.b. et wc privés et 1 avec douche et wc privés. Ouvert toute l'année. Petit déjeuner : pains variés, brioches, pâtisseries et confitures maison... Salon avec cheminée et piano. Jardin. Restaurants sur place. ★ Eglises romanes et châteaux à proximité. Tennis sur place. VTT, équitation à 7 km. Vol libre à 14 km. Plan d'eau avec baignade, planche à voile, voile et canoë-kayak à 24 km. **Accès :** autoroute A75, sortie n°7 : Coudes-Montpeyroux. CM326.

A Montpeyroux, ravissant village médiéval restauré, Claude et Edith vous accueillent dans leur jolie maison au charme discret. Le petit déjeuner est servi dans la salle à manger voûtée ou dans le jardin fleuri qui offre une superbe vue. Les chambres sont chaleureuses avec un beau mobilier d'époque, et raffinées (draps brodés, tableaux, tapis...).

Oradour - Cantal (15)

[C]haudes-Aigues 30 km. Truyère Gorges. Garabit Viaduct. [Pl]omb du Cantal. Hiking locally. Fishing 3 km. Cross-country [sk]iing 7 km. Swimming pool, tennis court 9 km. Lake 17 km.

***How to get there:** At Saint-Flour, head for Chaudes-Aigues [(D]921), then for Pierrefort (D990) and Oradour (D56). [Mi]chelin map 330, fold F5.*

[La] Roseraie is a handsome 19th-century mansion situated in [the] village of Oradour. The residence offers three spacious, [attr]actively appointed, personalised bedrooms on the 2nd floor. [Th]e leafy park offers peace, quiet and relaxation, and the [gou]rmet table d'hôtes is a chance to discover scrumptious Cantal [spec]ialities. An ideal spot for nature lovers and those looking [for] a break in genuine, unspoilt surroundings.

La Roseraie TH
Le Bourg - 15260 Oradour
Tél. 04 71 23 92 43 - Fax 04 71 23 94 55
Email : dominique.dussuelle@wanadoo.fr
Brigitte Dussuelle

1 pers. 35 € - 2 pers. 44 € - repas 15 €

3 chambres avec bains ou douche et wc privés. Ouvert du 15/03 au 15/11. Petit déjeuner : jus de fruits frais, pâtisseries, confitures maison... T. d'hôtes (sur réservation) : spécialités auvergnates (potée, terrine maison, pounti, aligot, truffade, pompe aux pommes...). Parc arboré. (Réduct. enfants). Taxe de séjour. ★ Chaudes-Aigues 30 km. Gorges de la Truyère. Viaduc de Garabit. Plomb du Cantal. Randonnée sur place. Pêche 3 km. Ski de fond 7 km. Piscine, tennis 9 km. Lac 17 km. **Accès :** à Saint-Flour, prendre direction Chaudes-Aigues (D921), puis direction Pierrefort (D990) et Oradour (D56). CM330, pli F5.

Dans le bourg d'Oradour, La Roseraie est une belle demeure bourgeoise du XIXe. 3 ch. spacieuses au décor chaleureux et personnalisé ont été aménagées au 2e étage. Détente et calme assurés dans le parc arboré et table gourmande qui vous permettra de découvrir de savoureuses spécialités cantaliennes. Une adresse pour les amateurs de nature et d'authenticité.

Orcines - Puy de Dôme (63)

Domaine de Ternant
Ternant - 63870 Orcines
Tél. 04 73 62 11 20 - Fax 04 73 62 29 96
Email : domaine.ternant@free.fr
http://domaine.ternant.free.fr
Catherine Piollet

1 pers. 64/78 € - 2 pers. 72/86 € - p. sup. 24 €

★Auvergne Volcano Park, Puys mountain range. Romanesque churches, châteaux. Cycling, hiking paths locally. Golf, horse-riding 5 km. Hang-gliding 10 km. Bathing in lake 20 km. Vulcania Park.

★ ***How to get there:*** *A71 motorway, exit 15 Clermont-Ferrand, and head for Limoges-Puy de Dôme on D941A. At "La Baraque", take D941B, and D90 "Chez Vasson" for Ternant. Michelin map 326.*

Domaine de Ternant is a handsome 19th-century residence at the futhermost bounds of the Auvergne volcanoes. You will be enchanted by this charming location, where a warm welcome awaits you. The elegant, tastefully appointed rooms proudly display your hostess Catherine's intricate patchwork. A memorable stay in a remarkable setting.

3 chambres et 2 suites avec sanitaires privés. Ouv. de mi-mars à mi-nov.. Petit déjeuner : jus de fruits, pâtisserie et confitures maison, fromages d'Auvergne.... Salon, piano, billard français, biblio., jeux société. Cour, jardin avec bassin, parc 10 ha, tennis. Restaurants à prox. ★ Parcs volcans d'Auvergne, chaîne des puys. Châteaux, églises romanes. Vulcania. Rand. VTT, sentiers de rand. sur place. Golf, équitation 5 km. Parapente 10 km. Baignade en lac 20 km. **Accès :** autoroutes A71-A72-A75, sortie 15 Clermont-Ferrand nord, direction Limoges-Puy de Dôme D941A. Prendre D941B à "La Baraque" puis D90 "Chez Vasson" direction Ternant. CM326.

Le domaine de Ternant, belle demeure du XIXe vous attend aux confins des volcans d'Auvergne. Vous serez séduits par l'accueil chaleureux et le charme des lieux. Les chambres décorées avec goût et élégance mettent en exergue les patchworks de Catherine. Moments privilégiés dans un cadre exceptionnel.

Royat - Puy de Dôme (63)

Château de Charade
63130 Royat
Tél. 04 73 35 91 67 - Fax 04 73 29 92 09
Email : gaba@chateau-de-charade.com
www.chateau-de-charade.com
Marc et Marie-Christine Gaba

1 pers. 68/77 € - 2 pers. 74/83 € - p. sup. 25 €

★Next to the Charade golf course and in the immediate vicinity of the Puy-de-Dôme summit and Vulcania Volcano Park. Tennis, mountain biking, riding, hang-gliding 4 km. Swimming pool 6 km. Lake, bathing, sailing, windsurfing 9 km.

★ ***How to get there:*** *Details of how to get there will be supplied at time of booking. Michelin map 326.*

Marie-Christine and Marc are your hosts at their 18th-century château near Clermont-Ferrand. The residence lies at the foot of the Auvergne volcanoes, bordering the Charade golf course. The spacious bedrooms all have their own particular style of décor. Pleasant grounds for taking strolls. A charming spot in a superb setting.

5 chambres avec s.d.b. et wc privés (s.d.b.-s. d'eau/w pour 1 d'entre elles) dont 2 familiales. Ouvert de fin ma à début novembre. Savoureux petit déjeuner à base toasts, viennoiseries, patisseries et confitures maison Billard français à disposition. Parc de 6500 m Restaurants de 1 à 5 km. ★ En bordure du golf Charade et à proximité immédiate du sommet du Pu de-Dôme et de Vulcania. Tennis, VTT, équitation, vol lib 4 km. Piscine 6 km. Lac, baignade, voile, planche à vo 9 km. **Accès :** Un plan d'accès vous sera communiq lors de la réservation. CM326.

A proximité de Clermont-Ferrand, au pied d volcans d'Auvergne et en bordure du golf Charade, Marie-Christine et Marc vous ouvrent portes de leur château d'époque XVIIIe. Vous se reçus dans des chambres spacieuses au décor p sonnalisé. Agréable parc où il fera bon flaner. U étape de charme dans un site privilégié.

St-Etienne-de-Carlat - Cantal (15)

*Altitude 800 m. Châteaux, churches and mountains of the Cantal. Horse-riding, golf course 6 km. Swimming pool, tennis court 12 km. Hiking/walks on site. Cross-country skiing 15 km. Super-Lioran ski resort 30 km.

★ **How to get there:** *15 km southeast of Aurillac on D920 for Rodez. At Arpajon/Cère, D990 for Mur-de-Barrez, drive 10 km. Turn left off the St-Etienne-de-Carlat road, then 500 m further down, Caizac road. Michelin map 330, fold D5.*

In the countryside, right in the heart of the Cantal Mountains, is where you will find this handsome and charming 19th-century Auvergne residence. Stone walls, visible beams and a cosy atmosphere with attractive rustic furniture.

Caizac TH

15130 Saint-Etienne-de-Carlat

Tél./Fax 04 71 62 42 37

Email : balleux@louferradou.com

www.louferradou.com

Jacky Balleux

2 pers. 44/54 € - repas 14 €

4 ch. 2 pers. et 2 ch. en duplex avec terrasse et salon, toutes avec sanitaires privés. Salle de détente (billard, baby-foot, coin-salon, biblio.). Ouv. toute l'année. Petit déjeuner avec confitures maison. T. d'hôtes : pounti, patranque, farinade, flognarde... P-pong. Cour, jardin. Produits du potager. ★ Altitude 800 m. Châteaux, églises et monts du Cantal. Equitation, golf 6 km. Piscine, tennis 12 km. Randonnées pédestres sur place. Ski de fond 15 km. Super-Lioran 30 km. **Accès :** 15 km au s.e d'Aurillac D920 dir. Rodez. A Arpajon/Cère D990 dir. Mur-de-Barrez sur 10 km. Laissez à gauche rte de St-Etienne de Carlat, puis 500 m plus bas rte de Caizac. CM330, pli D5.

En pleine nature, au cœur des monts du Cantal, tout le charme des vieilles pierres dans cette belle demeure auvergnate datant du XIXᵉ siècle. Murs en pierre, poutres apparentes et atmosphère chaleureuse avec un beau mobilier rustique.

AUVERGNE

St-Julien-Molhésabate - Haute Loire (43)

Vide variety of summer events in neighbouring villages: St-nnet Mushroom Fair, St-Agrève Reading Festival. Golf ırse 20 km. Outdoor leisure centre 18 km. Swimming pool, ınis court 10 km. Horse-riding 15 km.

How to get there: *From St-Bonnet-le-Froid, take D44 for otord. At start of D501, between Riotord and Dunières, take 181 and D44 for St-Bonnet-le-Froid and follow signs. chelin map 331, fold I2.*

ree tastefully decorated, self-contained guest bedrooms have n arranged at this 18th-century residence, restored in the l style, in the heart of the countryside. The accommodation, orated by your host, an antique dealer and interior designer, ures handsome antique furniture and attractive wall gings. The accommodation provides direct access to the shaded er garden overlooking the valley, in this verdant, leafy region.

La Maison d'En Haut

Malatray - 43220 St-Julien-Molhésabate

Tél. 04 71 61 96 20

Email : rsigrist@wanadoo.fr

www.maison-den-haut.com

Roland Sigrist

1 pers. 75 € - 2 pers. 75/85 €

3 chambres avec sanitaires privés. Ouvert toute l'année sur réservation. Petit déjeuner : patisseries et 4 confitures maison, jus de fruits, fromage blanc, yaourt... Petit salon commun aux 3 chambres. Très beau jardin fleuri. Restaurant 3 étoiles Michelin à 2 km. ★ Différentes manifestations estivales dans les villages voisins : foire aux champignons à St-Bonnet, lecture sous l'arbre à St-Agrève... Golf 20 km. Base de loisirs 18 km. Piscine, tennis 10 km. Equitation 15 km. **Accès :** au départ de St-Bonnet-le-Froid prendre D44 dir. Riotord. Au départ de la D501 entre Riotord et Dunières prendre D181 puis D44 dir. St-Bonnet-le-Froid puis itinéraire fleché. CM331, pli I2.

En pleine nature, 3 chambres d'hôtes indépendantes décorées avec goût sont aménagées dans une demeure du XVIIIᵉ, restaurée dans le style du pays. Beau mobilier ancien, tentures murales, décoration faite par le propriétaire, antiquaire/décorateur. Accès direct au jardin fleuri et ombragé surplombant la vallée, région boisée et verdoyante.

St-Rémy-de-Chargnat - Puy de Dôme (63)

Château de Pasredon
63500 Saint-Rémy-de-Chargnat
Tél. 04 73 71 00 67 - Fax 04 73 71 08 72
Henriette Marchand

1 pers. 60/75 € - 2 pers. 70/85 €

5 chambres (de 16 à 30 m²) : 2 chambres avec s.d.bains et wc privés attenants et 3 chambres avec s. d'eau-s.d.bains. et wc privés attenants. Ouvert du 15 avril au 15 octobre. Petit-déjeuner copieux. Tennis sur place. Restaurants à 2, 4 et 8 km. ★ Parc du Livradois-Forez, en limite du Parc des Volcans, à 8 km d'Issoire (piscine, tennis, canoë, pêche, équitation, sports aériens, sentiers). Eglises Romanes, lacs, châteaux. **Accès :** autoroute A 75, sortie n°13 (Issoire-Parentignat) sur D999 direction Saint-Germain l'Herm-La Chaise-Dieu. CM326.

Dans leur demeure des XVIIe et XIXe siècles, M. et Mme Marchand vous réservent un accueil chaleureux. Les chambres sont vastes et confortables. Vous pourrez vous détendre dans ce beau cadre ancien (boiseries, glaces, plafonds à la française) et apprécier le calme et la nature dans le parc arboré de 2 ha.

★Livradois-Forez Park, bordering the Auvergne Volcano Park, 8 km from Issoire: swimming pool, tennis, canoeing, fishing, horse-riding, hiking and aerial sports. Romanesque churches, lakes and châteaux.

*★ **How to get there:** A75 motorway, exit 13 (Issoire-Parentignat) and D999 for Saint-Germain-l'Herm/La Chaise-Dieu. Michelin map 326.*

You will be given a warm welcome by Monsieur and Madame Marchand at Château de Pasredon. This magnifcent 17th and 19th-century manor house features spacious, comfortable rooms, enhanced with wood panelling, mirrors and French-style ceilings. Unwind in a beautiful setting and enjoy nature in the leafy two-hectare park.

AUVERGNE

St-Rémy-de-Chargnat - Puy de Dôme (63)

Château de la Vernède
63500 Saint-Rémy-de-Chargnat
Tél./Fax 04 73 71 07 03
Email : chateauvernede@aol.com
www.chateauvernedeauvergne.com
Claude et Dominique Chauve

2 pers. 65/100 € - 3 pers. 115 €

4 chambres dont 1 suite de 2 ch. communicantes av dressing, chacune avec sanitaires privés. Ouv. toute l'a née. Petit déjeuner : viennoiseries, confitures maiso fruits, jus de fruits... Billard français, cheminée. Salons jardin. Parc 8 ha. Vélos, pêche, pétanque, barbecu Animaux admis sous conditions. ★ Rtes des châteaux des fromages d'Auvergne... Usson, château de la rei Margot. Issoire, abbatiale romane, tour de l'Horloge. proximité : Zénith de Clermont, Vulcania... Equitati 2 km. Piscine, tennis 7 km. **Accès :** A75, sortie n° (Issoire-Parentignat) puis Varennes-sur-Usson. Au pa neau, prendre dir. St-Rémy à droite et faire 1 k CM326.

Au cœur des parcs naturels du Livradois-Forez des Volcans d'Auvergne, magnifique château XIXe siècle, ancien relais de chasse de la rei Margot. Les chambres agréables et confortab ouvrent sur un parc de 8 ha où chevaux minia res et cours d'eau privés vous attendent. Une éta idéale pour découvrir des richesses du dépar ment.

★Auvergne châteaux and cheeses, etc. Usson, Queen Margot's château. Issoire, Romanesque abbey-church, clock tower. Nearby: Vulcania Volcano Park, and Zénith concert hall in Clermont. Horse-riding 2 km. Swimming pool, tennis court 7 km.

*★ **How to get there:** A75, exit 13 (Issoire-Parentignat) and Varennes-sur-Usson. At signpost, turn right for St-Rémy and drive 1 km. Michelin map 326.*

This magnificent 19th-century château, originally Queen Margot's hunting lodge, is set in the heart of the Livradois-Forez and Auvergne Volcano nature parks. The pleasant and comfortable bedrooms look out onto an eight-hectare park where miniature horses and private streams abound. An ideal staging post for exploring the region's many treasures.

Salers - Cantal (15)

rue de Barrouze - 15140 Salers
Tél. 04 71 40 78 08
http://monsite.wanadoo.fr/location.salers.bray
Emmanuel Bray

1 pers. 35/41 € - 2 pers. 41/47 €

3 chambres avec sanitaires privés dont 1 avec coin-salon. Ouvert toute l'année. Petit déjeuner : confitures maison, beurre fermier, spécialité auvergnate, pâtisseries... Salle à manger-salon, TV, cheminée, coin-lecture. Jeux. Jardin, terrasse. Parking. Réduct. enfant hors-sais. Restaurants à proximité. Taxe de séjour. ★ Salers, l'un des plus beaux villages de France à 950 m d'alt., dans le Parc Naturel Régional des Volcans d'Auvergne. Tennis, randonnée, escalade sur place. Pêche 3 km. Piscine 8 km. Ski, raquettes 15 km. **Accès :** D922 Aurillac-Mauriac. Aux Quatre Routes de Salers, prendre la D680 dir. Salers. Arrivé à Salers, prendre "rue de Barrouze". CM330, pli C4.

Maison bourgeoise de 1801, typiquement auvergnate (toiture en lauzes, pierres et poutres apparentes, cantou...) située dans la cité médiévale de Salers. Vous pourrez en ce lieu calme et reposant découvrir la gastronomie et les produits du terroir (viande, fromage de Salers). Beau mobilier rustique en chêne, parquet ciré et décoration soignée.

★Salers, one of France's loveliest villages, at an altitude of 950 m, in the Auvergne Volcano Regional Nature Park. Tennis, hiking, rock-climbing locally. Fishing 3 km. Swimming pool 8 km. Skiing, snowshoeing 15 km.

*★ **How to get there:** D922, Aurillac-Mauriac. At the Quatre Routes de Salers, take D680 for Salers. In Salers, turn into the Rue de Barrouze. Michelin map 330, fold C4.*

This Auvergne mansion, built in 1801 in the medieval city of Salers, is typical of the area, with lauze (calcareous stone) roofing, visible stonework, beams, and "cantou", which is patois for hearth. Discover local gastronomy and produce (Salers cheese and meat) in this restful spot. Fine rustic oak furniture, waxed parquet flooring and thoughtful décor.

AUVERGNE

Saugues - Haute Loire (43)

Les Gabales TH
route du Puy-en-Velay - 43170 Saugues
Tél./Fax 04 71 77 86 92
Email : contact@lesgabales.com
www.lesgabales.com
Pierre Gauthier

2 pers. 45 € - 3 pers. 58 € - p. sup. 17 € - 1/2 p. 38/58 €

3 chambres et 2 suites de 2 ch. communicantes, toutes avec sanitaires privés. Ouvert toute l'année sur réservation. Petit déjeuner : confitures maison, miel du pays, jus d'orange... T. d'hôtes : bœuf de la ferme, charcuterie maison, truffade, tarte myrtilles... Biblio., salon, musique. Parc à la française 2000 m². Jardin. ★ Sites historiques, paysages très variés, musées, rafting, escalade, centre équestre, baignade, randonnées. Parc des Loups 50 km. Parc des Bisons 15 km. Puy-en-Velay 45 km. Train touristique 20 km. **Accès :** 45 km de l'A75 soit par St-Flour ou St-Chely d'Apcher. La maison est à la sortie du village de Saugues, sur la route dir. Le Puy-en-Velay. CM331, pli D4.

Pierre vous accueille dans une imposante maison de maître des années 30, entourée d'un parc de 2000 m². Chaque chambre est décorée dans un style différent : années 30, Louis XVI, Henri II...). Vous dégusterez à la table d'hôtes, de succulents plats régionaux élaborés avec des produits fermiers. Découverte de la région grâce aux 5 parcours de randonnée.

Historical places of interest, rich and varied landscape, museums, rafting, rock-climbing, riding centre, bathing and hiking. "Parc des Loups", wolves in their natural habitat ... km. Bison Park 15 km. Puy-en-Vélay 45 km. Scenic railway 20 km.

*★ **How to get there:** 45 km from A75 via St-Flour or St-Chely d'Apcher. The house is at the exit from Saugues village, on the road to Le Puy-en-Velay. Michelin map 331, fold D4.*

Pierre is your host at this stately 1930s mansion, set in a 2000 m² park. Each of the bedrooms has its own style, ranging from Art Deco to Henri II and Louis XVI. The table d'hôtes is a chance to savour delicious regional specialities made with farm produce. The five hiking paths are the ideal way to explore this rich and varied region.

St-Gérand-le-Puy - Allier (03)

★Tennis, fishing and lake 1 km. Swimming pool 8 km. Horse-riding 12 km. Golf course 20 km. Vichy 20 km. Bourbonnais Mountains (skiing) 30 km. Tours of Besbre Valley and châteaux.

★ How to get there: *Head for Lapalisse, following signs from N7 until 1 km outside Saint-Gérand-le-Puy.*

This attractive late-19th-century family mansion has been fully restored and decorated in the style of the period (Louis XVI, Directoire and Empire furniture). What better way to relax after a delicious breakfast, served with refinement, than a stroll in the grounds.

Les Payratons TH
03150 Saint-Gérand-le-Puy
Tél./Fax 04 70 99 82 44
Christiane Poulet

1 pers. 47/62 € - 2 pers. 67/98 € - 3 pers. 87 € - p. sup. 20 € - repas 22 €

4 chambres et 1 suite, toutes avec sanitaires privés. (112 €/4 pers.). Ouvert toute l'année. Petit déjeuner à base de jus d'orange, pain, croissants, pâtisserie et confitures maison. Table d'hôtes : soupe aux choux, paté aux pommes de terre, potée. ★ Tennis, pêche et étang à 1 km. Piscine à 8 km. Equitation à 12 km. Golf à 20 km. Vichy à 20 km. Montagne bourbonnaise (ski) à 30 km. Visite des châteaux de la vallée de la Besbre. **Accès :** en direction de Lapalisse, suivre le fléchage à partir de la N.7 à 1 km avant la commune de Saint-Gérand-le-Puy.

Belle maison bourgeoise de la fin XIXe, entièrement restaurée et décorée en ancien (meubles Louis XVI, Directoire, Empire). Vous apprécierez les petits déjeuners savoureux et servis avec raffinement ainsi que les moments de détente dans le parc.

Tence - Haute Loire (43)

★On the Santiago de Compostela pilgrimage route. Geneva. Puy de Dôme. Golf course 8 km. Tennis court 300 m. Swimming and fishing 500 m. Horse-riding 1.5 km. Sailing 5 km.

★ How to get there: *In Tence, head for St-Etienne on D500 and follow signs. Michelin map 331, fold H3.*

This stately residence, built in 1870, is set in a hectare of magnificent shaded parkland with century-old trees. Five spacious, tastefully appointed bedrooms in pastel colours have been arranged in a wing of the building. You will greatly appreciate the peace and quiet of the property, and the nearby village.

Les Prairies
1, rue du Pré Long - Salettes - 43190 Tence
Tél. 04 71 56 35 80
Email : thomas.bourgeois@freesbee.fr
www.lesprairies.com
Dominique Bourgeois

1 pers. 58 € - 2 pers. 66 € - p. sup. 17 €

4 chambres et 1 suite de 2 ch. communicantes., tou avec sanitaires privés. Ouv. toute l'année (sur résa. du 1. au 15.4). Petit déjeuner : gâteaux et confitures maison, d'orange... Biblio. avec cheminée. Parc 1 ha. P-pong. Je d'enfants. Ferme-auberge à proximité. Restaurant 3 ét les Michelin à 12 km. ★ Sur le chemin de St-Jacques- Compostelle, Genève, Le Puy... Golf 8 km. Tennis 300 Piscine et pêche 500 m. Equitation 1,5 km. Voile 5 k **Accès :** à Tence prendre direction St-Etienne par D500 et suivre le fléchage. CM331, pli H3.

Belle maison bourgeoise de 1870 dans un mag fique parc ombragé d'arbres centenaires (1 h Dans une aile du bâtiment, 5 chambres spacieu aux couleurs pastel aménagées avec goût vous s réservées. Vous apprécierez le calme de la propri ainsi que la proximité du village.

Thiézac - Cantal (15)

★15 minutes from Super-Lioran ski resort, starting point for a variety of hikes. 3 minutes from Vic-sur-Cère nature holiday resort, casino, swimming pool and tennis court. Lake and sailing 40 km. Horse-riding 10 km. Fishing 1 km.

*★ **How to get there:** A75, exit 23 and head for Aurillac on N122. Between Thiézac and Vic-sur-Cère, head for Salilhes on D359. In Muret, look for the large house on the left-hand side. Michelin map 330, fold D4.*

Marie-Claude and Jean-Paul welcome you to their stately, late-18th-century Upper Auvergne home, set in the Parc des Volcans and the Monts du Cantal. The refined decoration and traditional local furniture create a decidedly romantic backdrop for your stay here. You will savour the typical regional dishes served by your hostess.

Maison de Muret TH
15800 Thiézac
Tél. 04 71 47 51 23
Email : m-claude.laborie@wanadoo.fr
www.maisondemuret.com
Marie-Claude Laborie

1 pers. 38 € - 2 pers. 45 € - p. sup. 15 € - repas 14 €

4 ch. avec sanitaires privés. Ouv. toute l'année. Petit déjeuner : viennoiseries, gâteaux/confitures maison, fromage de pays, charcuterie... T. d'hôtes : truffade, choux farci, potée, truite au lard... Salle de détente (biblio.), salon de lecture (grande cheminée). Cour, jardin, parc 8000 m². Salon de jardin. ★ A 15 mn de la station de ski de Super-Lioran, départ de nombreuses randonnées. A 3 mn de la station verte de Vic-sur-Cère, casino, piscine, tennis. Lac, voile 40 km. Equitation 10 km. Pêche 1 km. **Accès :** A75, sortie n°23 puis dir. Aurillac (N122). Entre Thiézac et Vic-sur-Cère, dir. Salilhes (D359). A Muret, c'est la grande maison à gauche. CM330, pli D4.

Au cœur de la haute Auvergne, dans le Parc des Volcans et des Monts du Cantal, Marie-Claude et Jean-Paul vous accueillent dans leur maison bourgeoise fin XVIIIe, entièrement restaurée. La décoration raffinée et les meubles régionaux feront de votre séjour, une étape romantique. Vous apprécierez les mets typiquement régionaux servis par la maîtresse de maison.

Valignat - Allier (03)

★Romanesque churches. Châteaux. Charroux medieval village 12 km. Vichy spa and racecourse 35 km. La Sioule and La Bouble Gorges. Hiking locally. Forest 3 km. Horse-riding, canoeing 6 km. Microlite 12 km. Golf 25 km.

*★ **How to get there:** A71, exit 12 (Ebreuil-Gorges de la Sioule) for Ebreuil and Vicq (D43) for Bellenaves, and left for D183 at the top of the hill (before Valignat village). L'Ormet is 1.5 km up on right.*

This small 18th-century château stands in a wooded, flower-filled park, facing the Puy de Dôme. The charming second-floor bedrooms are individually decorated and boast parquet flooring. One novel feature of the accommodation is the network of three small trains that run through the grounds. Relax by the pool, by an old dovecot. Peace and quiet assured.

L'Ormet TH
RD 183 - 03330 Valignat
Tél. 04 70 58 57 23 ou 06 03 58 43 09
Fax 04 70 58 54 36
http://membres.lycos.fr/ormet
Pierre et Patricia Laederich

1 pers. 55/71 € - 2 pers. 63/79 € - repas 25 €

4 chambres (2 pers.) avec bains ou douche et wc privés. Ouv. du 1/03 au 16/12. Petit déjeuner : fruits frais, yaourts, petites crêpes et confitures maison, viennoiseries, miel... Table d'hôtes le samedi sur réservation. Jardin et parc d'1,5 ha avec bassin. Piscine. Restaurants à 5 et 10 km. (Maison non fumeur). ★ Eglises romanes. Nombreux châteaux. Village de Charroux 12 km. Vichy 35 km. Gorges de la Sioule 6 km et de la Bouble 5 km. Rand. sur place. Forêt 3 km. Tennis 5 km. Equit., canoë 6 km. ULM 12 km. Golf 25 km. **Accès :** A71 sortie 12 (Ebreuil-Gorges de la Sioule) dir. Ebreuil et Vicq puis (D43) en dir. de Bellenaves et à gauche sur la D183 en haut de la côte (avt Valignat) : L'Ormet est à 1,5 km à droite.

Dans un environnement champêtre, petit château d'origine XVIIIe dans un parc boisé et fleuri, face au Puy de Dôme et disposant d'une piscine au pied d'un vieux colombier. Chambres parquetées, toutes personnalisées et décorées avec charme. Originalité de cette étape, les 3 réseaux de trains de jardin qui traversent le parc. Grand calme assuré.

Varennes-sur-Usson - Puy de Dôme (63)

★Romanesque churches: Issoire, Saint-Nectaire and Orcival. Close to Livradois-Forez and Volcans d'Auvergne Regional Nature Parks. Full range of leisure activities at Issoire: swimming, tennis, lake, skydiving.

***★ How to get there:** A75 motorway, exit 13 (Issoire/Parentignat), for Varennes-sur-Usson. Head for St-Rémy, at the end of 1st driveway on right, white gates. Michelin map 326.*

Hélène Verdier-Briandes is your hostess at this superb residence. Choose from three cosy, spacious bedrooms, individually appointed with fine furniture bought from antique dealers and objects that the owner has brought back from her travels. Relax in one of the extremely comfortable lounges or enjoy a chat with Hélène, a keen painting and embroidery enthusiast.

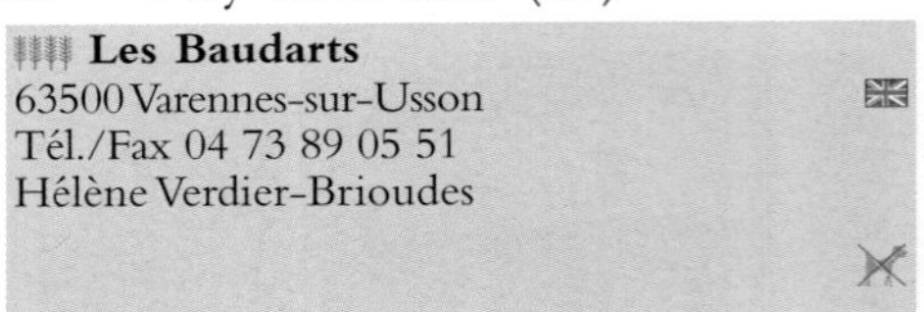

Les Baudarts
63500 Varennes-sur-Usson
Tél./Fax 04 73 89 05 51
Hélène Verdier-Brioudes

2 pers. 62/75 € - p. sup. 20 €

2 chambres avec bains et wc privés (dont 1 avec salon) et 1 suite familiale avec douche, wc privés et salon. Ouvert du 1er mai au 1er octobre sur réservation. Petit déjeuner : viennoiseries, pâtisseries aux fruits de saison et confitures maison... Jardin. Piscine à disposition. Restaurant à Parentignat 2 km. ★ Eglises romanes : Issoire, Saint-Nectaire, Orcival. A proximité des parcs naturels régionaux du Livradois-Forez et des Volcans d'Auvergne. Usson (château de la Reine Margot). Tous loisirs à Issoire : piscine, tennis, plan d'eau, vol libre... **Accès :** autoroute A75 sortie n°13 (Issoire/Parentignat) puis Varennes-sur-Usson. Dir. St-Rémy, 1re allée sur la droite au fond, portail blanc. CM326.

Ambiance douce et raffinée dans cette superbe demeure où Hélène Verdier-Brioudes propose 3 chambres spacieuses et personnalisées (mobilier ancien chiné chez les antiquaires, objets rapportés de voyages...). Vous pourrez vous détendre dans les différents salons tous aussi accueillants ou bavarder avec Hélène, passionnée de peinture et de broderie.

Vensat - Puy de Dôme (63)

★Effrat Château, Randan royal estate, Chouvigny Gorges. Vulcania Volcano Park 30 km. Golf, fishing 10 km. Horse-riding 7 km. Balneotherapy at Vichy 25 km. Hiking locally.

***★ How to get there:** A71, exit 12 (Gannat) or Ebreuil exit. Head for Gannat and Aigueperse, and turn right and Vensat. Michelin map 326.*

This handsome 15th-century residence is situated in a wooded park with a stream running through it that feeds a series of ornamental ponds. Château de Lafont provides three tastefully appointed bedrooms, in an ideal setting for practising a wide range of activities in an unspoilt natural setting.

Château de Lafont TH
2, rue de la Côte Rousse - 63260 Vensat
Tél. 04 73 64 21 24 - Fax 04 73 64 50 83
www.chateaudelafont.com
Marie-Anne Thevenon

1 pers. 85 € - 2 pers. 90/100 € - 3 pers. 140 € - p. sup. 15 € - repas 20 €

2 chambres et 1 suite de 2 ch. communicantes, avec sanitaires privés. Ouv. toute l'année. Petit déjeuner : croissants ou gâteau maison, jus d'orange, confitures maison, cornflakes... T. d'hôtes : charcuterie, légumes du jardin, fromages d'Auvergne. Forfait 4 pers. Sauna, tennis. Accueil chevaux. Parc 5 ha. ★ Château d'Effiat, domaine royal de Randan, gorges de Chouvigny, balnéothérapie à Vichy. Vulcania 30 km... Golf, pêche, 10 km. Equitation 7 km. Balnéothérapie 25 km. Randonnée sur place. **Accès :** A71, sortie 12 (Gannat) ou sortie Ebreuil. Puis suivre Gannat dir. Aigueperse et Vensat à droite. CM326.

Dans un parc arboré traversé par un petit cours d'eau qui alimente une serie de pièces d'eau, cette belle demeure du XVe siècle vous accueille et vous propose 3 chambres d'hôtes décorées avec goût. Environnement idéal pour la pratique de loisirs de pleine nature.

Veyre Monton - Puy de Dôme (63)

NOUVEAUTÉ

★Châteaux, lakes, Puy-de-Dôme and Sancy ranges. Allier river 5 km. Issoire, Zénith and Clermont-Ferrand museums 6 km. Festival de la Chaise Dieu 40 km. Vulcania 30 km. Hang-gliding 2 km. Skiing 35 km. Fishing 5 km.

★ ***How to get there:*** *A75, exit n°6 then direction Veyre Monton for 2 km. In Veyre Monton, turn into cul-de-sac "Harmonia" for access to the bedrooms. Michelin map 326.*

Au fond de la Cour is a charming property that is bursting with character. It is entirely enclosed and the grounds are ideal for peaceful strolls among the orchard and vegetable patch that grows all kinds of natural produce. The outbuildings of the Napoléon III Manor (1850) have been especially arranged to ensure that you have a relaxing stay.

Au fond de la Cour TH

1, avenue d'Occitanie - 63960 Veyre Monton
Tél. 04 73 69 76 64 ou 06 07 30 45 43
Email : contact@aufonddelacour.com
www.aufonddelacour.com
Claude et Nicole Kalsron-Legoueix

1 pers. 90 € - 2 pers. 120 € - 3 pers. 160 € - repas 25/30 €

2 chambres et 1 suite de 2 ch., avec sanitaires privés, TV, tél., internet avec ADSL. Ouv. toute l'année. Petit déjeuner : viennoiseries, gateaux maison, charcuterie, confitures... T. d'hôtes : escargots, saumon mariné, tarte maison... Salon, TV, biblio. Cour, jardin, parc 7000 m². Forfait 4 pers. : 180 €. ★ Châteaux, lacs, chaînes du Puy-de-Dôme et Sancy. Rivière Allier 5 km. Musées Issoire et Clermont-Fd. Zénith 6 km. Festival de la Chaise Dieu 40 km. Vulcania 30 km. Parapente 2 km. Ski 35 km. Pêche 5 km. **Accès :** A75, sortie n°6 puis dir. Veyre Monton sur 2 km. Dans Veyre Monton, accès au chambres par l'impasse Harmonia. CM326.

Au fond de la Cour est une propriété de charme et de caractère, entièrement clôturée, avec un parc où il est bon flâner, un verger et un potager aux légumes de toutes sortes. Les dépendances du Manoir Napoléon III (1850) ont été spécialement aménagées pour vous recevoir confortablement.

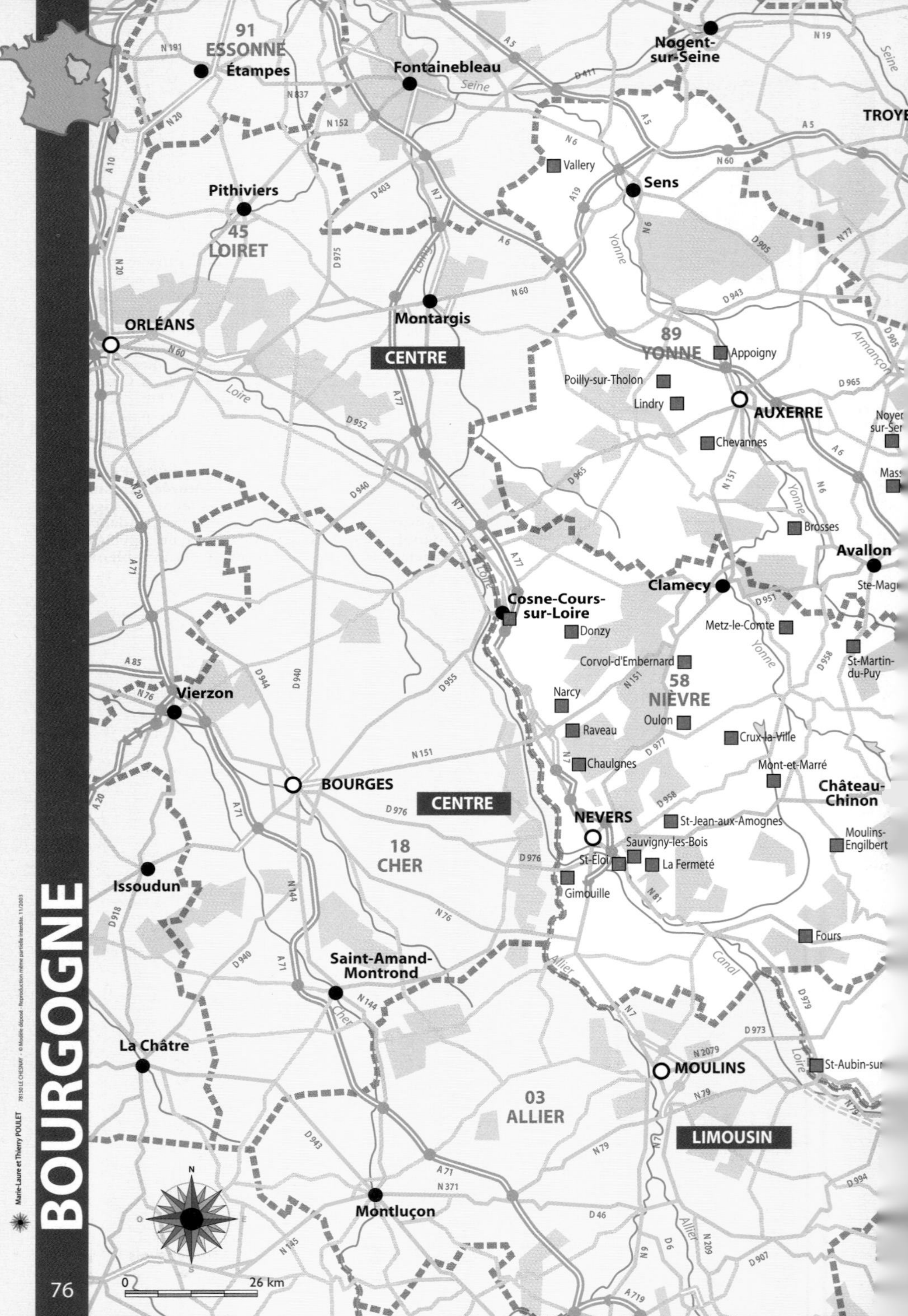

BOURGOGNE
91 ESSONNE
Étampes
Fontainebleau
Nogent-sur-Seine
TROYE
Seine
Vallery
Sens
Pithiviers
45 LOIRET
Montargis
ORLÉANS
CENTRE
89 YONNE
Appoigny
Poilly-sur-Tholon
Lindry
AUXERRE
Chevannes
Noyer sur-Ser
Mass
Brosses
Avallon
Clamecy
Ste-Mag
Cosne-Cours-sur-Loire
Donzy
Metz-le-Comte
Corvol-d'Embernard
St-Martin-du-Puy
Narcy
58 NIÈVRE
Raveau
Oulon
Crux-la-Ville
Chaulgnes
Mont-et-Marré
Château-Chinon
Vierzon
BOURGES
CENTRE
NEVERS
St-Jean-aux-Amognes
Moulins-Engilbert
Sauvigny-les-Bois
St-Éloi
La Fermeté
Gimouille
18 CHER
Issoudun
Fours
Saint-Amand-Montrond
La Châtre
MOULINS
St-Aubin-sur
03 ALLIER
LIMOUSIN
Montluçon
Loire
Yonne
Allier
Cher
Canal
Armançon
A 5
A 6
A 10
A 19
A 20
A 71
A 77
A 85
A 719
N 6
N 7
N 9
N 19
N 20
N 60
N 76
N 77
N 79
N 81
N 144
N 145
N 151
N 152
N 191
N 209
N 371
N 2079
D 6
D 46
D 403
D 411
D 837
D 905
D 907
D 918
D 940
D 943
D 944
D 951
D 952
D 955
D 958
D 965
D 973
D 975
D 976
D 977
D 979
D 994
N
0
26 km

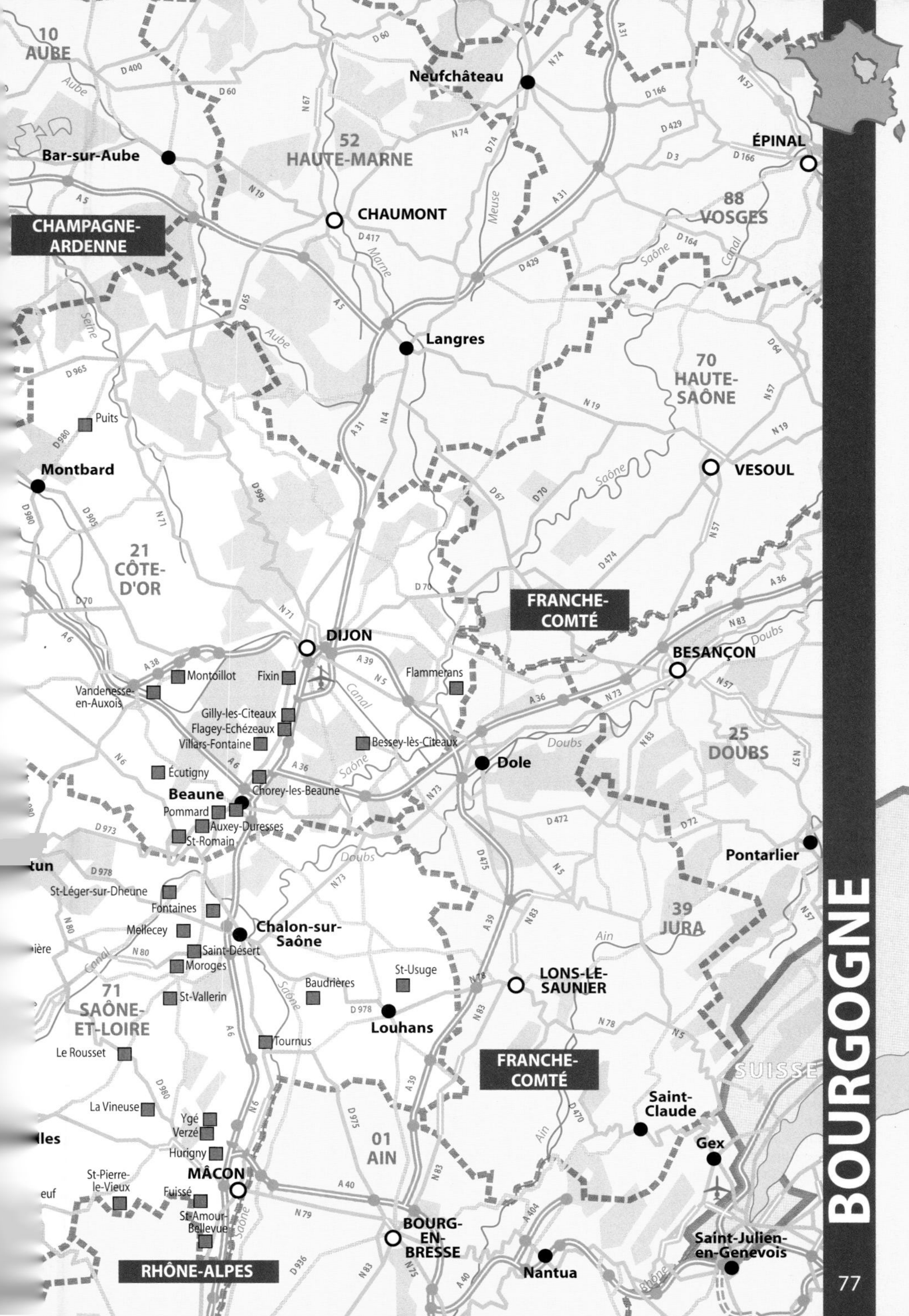
BOURGOGNE
CHAMPAGNE-ARDENNE
FRANCHE-COMTÉ
RHÔNE-ALPES
SUISSE
10 AUBE
52 HAUTE-MARNE
88 VOSGES
70 HAUTE-SAÔNE
21 CÔTE-D'OR
25 DOUBS
39 JURA
71 SAÔNE-ET-LOIRE
01 AIN
Neufchâteau
Bar-sur-Aube
CHAUMONT
ÉPINAL
Langres
Montbard
VESOUL
DIJON
BESANÇON
Dole
Beaune
Pontarlier
Chalon-sur-Saône
LONS-LE-SAUNIER
Louhans
Saint-Claude
Gex
MÂCON
BOURG-EN-BRESSE
Nantua
Saint-Julien-en-Genevois
Puits
Montoillot
Vandenesse-en-Auxois
Fixin
Flammerans
Gilly-les-Citeaux
Flagey-Echézeaux
Villars-Fontaine
Bessey-lès-Cîteaux
Écutigny
Chorey-les-Beaune
Pommard
Auxey-Duresses
St-Romain
St-Léger-sur-Dheune
Fontaines
Mellecey
Saint-Désert
Moroges
St-Vallerin
Baudrières
St-Usuge
Tournus
Le Rousset
La Vineuse
Ygé
Verzé
Hurigny
St-Pierre-le-Vieux
Fuissé
St-Amour-Bellevue
Seine
Aube
Marne
Meuse
Saône
Canal
Doubs
Ain
Rhône
A5
A6
A31
A36
A38
A39
A40
A404
N4
N5
N6
N19
N57
N67
N71
N73
N74
N75
N78
N79
N80
N83
D3
D60
D64
D65
D67
D70
D72
D74
D164
D166
D400
D417
D429
D472
D474
D475
D470
D905
D936
D965
D973
D975
D978
D980
D996
77

Ancy-le-Franc - Yonne (89)

Tennis 1 km. Golf course 12 km. Riding centre 15 km.

★ ***How to get there:*** *As you leave Ancy-le-Franc on the way to Montbard, cross the Burgundy Canal bridge and turn left before Armançon bridge.*

This 17th-century mill once belonged to the Marquis de Louvois's family. The residence is set on a 2-hectare island in the heart of the Renaissance Valley, in Tonnerrois country, facing Ancy-le-Franc Château along the Burgundy Canal. An outstanding natural spot. The authentic restoration of the local heritage and warm welcome invite you on a journey through centuries of history.

Le Moulin
Chemin de Halage - 89160 Ancy-le-Franc
Tél. 03 86 75 02 65 - Fax 03 86 75 17 97
Email : info@moulin-ancy.com
www.moulin-ancy.com
Jean-Louis et Marie-Pierre Guiennot

1 pers. 57 € - 2 pers. 61/72 € - 3 pers. 87 €

4 suites (2 à 4 pers.) dont 1 de 100 m² en duplex (130/183 €) et 1 chambre 2 pers., sanitaires privés. Ouv. d'avril à oct. (sur rés. de nov. à mars). Petit déjeuner gastronomique bourguignon. Parc, chevaux, terrasses, salle des machines avec product. élect., pêche, attelage, VTT, canoë. ★ Face au Château d'Ancy-le-Franc. Tennis 1 km. Golf 12 km. Centre équestre 15 km. **Accès :** à la sortie d'Ancy-le-Franc, en direction de Montbard, passer le pont du canal de Bourgogne puis tourner à gauche avant le pont de l'Armançon.

Moulin à eau du XVIIe ayant appartenu à la famille du marquis de Louvois, sur une île de 2 ha, au cœur de la vallée "Renaissance" du pays Tonnerrois, et sur le port du canal de Bourgogne. Vous découvrirez un espace naturel privilégié. L'accueil chaleureux et la restauration de ce patrimoine local vous feront traverser l'histoire des siècles passés.

BOURGOGNE

Appoigny - Yonne (89)

Auxerre and Chablis vineyards, Joigny, Vézelay, Guedelon, St-Fargeau Château, Pontigny. Hiking, horse-riding 1 km. Fishing 2 km. Tennis court 15 km. Ballooning 40 km.

★ ***How to get there:*** *A6, Auxerre-Nord exit 19, and head for Appoigny on N6. In Appoigny, 2nd road on right, and "Clinique des Régennes" and "Chambres d'Hôtes" signs. First left and left again.*

Pascale and Bruno are your hosts at Puits d'Athie, a handsome 18th-century Burgundy residence full of charm, originally the outbuildings of the Château de Régennes. Enjoy the comfort of the place and the peace and quiet of the garden. Breakfast is served in a shaded flower garden.

Le Puits d'Athie TH
1, rue de l'Abreuvoir - 89380 Appoigny
Tél./Fax 03 86 53 10 59 ou 06 08 71 82 97
Email : bnbpuitsdathie@wanadoo.fr
www.puitsdathie.com
Bruno et Pascale Fèvre et Siad

2 pers. 69/160 € - 3 pers. 102/160 € - repas 45 €

1 chambre et 3 suites avec sanitaires privés (douche multijets, jacuzzi). Ouv. toute l'année. Petit déj. : jus de fruits confitures maison, viennoiseries, compote... T. d'hôtes gourmande. Billard, p-pong, ball-flip (jeu électronique années 50). Cour, jardin. Restaurant à 300 m. Stage modelage.sculpture. Animaux 10 €. ★ Auxerre, vignoble de l'auxerrois et du chablisien, Joigny, Vézelay, Guedelon château de St-Fargeau, Pontigny... Randonnées, équitation 1 km. Pêche 2 km. Tennis 15 km. Mongolfière 40 km. **Accès :** A6, sortie Auxerre nord n°19. Puis prendre dir. Appoigny par la N6. Dans Appoigny, 2e route droite, fléchages "Clinique des Régennes" et "Chambres d'Hôtes", puis 1re gauche et encore à gauche.

Dans cette belle demeure bourguignonne du XVIIIe siècle (anciennes dépendances du château de Régennes), Pascale et Bruno vous accueillent au Puits d'Athie pour une étape de charme, dans le calme de son jardin et le confort de ses installations. Le petit déjeuner vous sera servi dans le jardin ombragé et fleuri.

Autun - Saône et Loire (71)

NOUVEAUTÉ

Moulin Renaudiots TH

chemin du Vieux Moulin -
71400 Saint-Pantaleon - Tél. 03 85 86 97 10
Email : contact@moulinrenaudiots.com
www.moulinrenaudiots.com
Peter Norre et Jan Sorensen et Wijma

2 pers. 77/88 € - 3 pers. 113 € - repas 30 €

★Historic town of Autun 3 km. Leisure centre, swimming pool, lake, tennis court 2 km. Golf course 1.5 km. Forests locally.

*★ **How to get there:** From Autun, take direction Chalons-sur-Saône. After the Creusot road, take the 1st little road on the left towards the furniture shop.*

Le Moulin Renaudiots dates back to the 17th century and is set near the beautiful, historic town of Autun in the heart of la Bourgogne. It has been restored with contemporary furniture and decoration but manages to respect the original style of the property. The tranquility of the woods and the flowery gardens that surround this peaceful residence is delightful.

2 chambres et 2 suites avec salon, chacune avec sanitaires privés. Ouv. du 1.04 au 1.11. Petit déjeuner : confitures maison, fruits frais, œufs, fromage... T. d'hôtes : œufs en meurette, confit de canard, galette courgettes aux écrevisses... Cour, jardin, parc 0,5 ha, terrasse aménagée. Restaurant 3 km. ★ Ville historique d'Autun 3 km. Base de loisirs, piscine, lac, tennis 2 km. Golf 1,5 km. Forêts sur place. **Accès :** à Autun, prendre dir. Chalons-sur-Saône. Après la route du Creusot, 1re petite route à gauche vers magasin de meubles.

Le Moulin Renaudiots date du XVIIe siècle et est situé au cœur de la Bourgogne, près de la belle ville historique d'Autun. Il a été restauré dans le respect du cachet avec des aménagements et une décoration contemporaine. Le calme des bois et jardins fleuris qui entourent cette paisible demeure vous raviront.

BOURGOGNE

Auxey-Duresses - Côte d'Or (21)

Château de Melin

21190 Auxey-Duresses
Tél. 03 80 21 21 19 - Fax 03 80 21 21 72
Email : derats@chateaudemelin.com
www.chateaudemelin.com
Arnaud et Hélène Derats

1 pers. 85 € - 2 pers. 85/100 € - 3 pers. 115 €

★Beaune: hospices, Rochepot Château. Hiking 100 m. Horse-riding 3 km. Tennis 4 km. Swimming pool 7 km. Golf course 16 km.

*★ **How to get there:** From Beaune, head for Autun (drive through Pommard, Volnay and Auxey-Duresses). In Melin village, the Château is on the right-hand side. Michelin map 320, fold I8.*

Prestigious Auxey-Duresses is the setting for this 16th-century château, situated in a vineyard, in the heart of wine-growing country, near Beaune, Pommard and Meursault. The residence stands in a park with a river running through it, in complete peace and quiet. The three superbly appointed bedrooms and a small lounge are located right in the heart of the château. On sunny days, enjoy a stroll in the park or relax by the pond.

4 chambres dont 2 suites familiales avec salle d'eau et wc privés. Ouvert toute l'année. Petit déjeuner : jus d'orange, viennoiserie, brioche, pâtisseries. Cour, parc de 2 ha avec étang et rivière. Nombreux restaurants dans un rayon de 1,5 à 4 km. Dégustation et vente de vins du domaine sur place. ★ Beaune (Hôtel Dieu...), château de la Rochepot. Randonnées 0,1 km. Equitation 3 km. Tennis 4 km. Piscine 7 km. Golf 16 km **Accès :** de Beaune prendre direction Autun (traverser Pommard, Volnay, Auxey-Duresses) et dans Melin, le château se situe sur la droite. CM320, pli I8.

Sur la route des vins, après Beaune, Pommard, et Meursault, vous découvrirez dans un cadre prestigieux et authentique, un château du XVIe entouré d'un parc traversé par une rivière où règne la tranquillité. Les 4 chambres réservées aux hôtes, superbement décorées, ainsi qu'un petit salon sont situés au cœur du château. Aux beaux jours, flânerie dans le parc.

Baudrières - Saône et Loire (71)

La Chaumière
route de St-Etienne - 71370 Baudrières
Tél. 03 85 47 32 18 ou 06 07 49 53 46
Fax 03 85 47 41 42
Email : arlette.vachet@wanadoo.fr
Arlette Vachet

1 pers. 60/78 € - 2 pers. 65/80 € - p. sup. 20 €

3 chambres (dont 1 avec lit pour enfants) avec TV, bains ou douche et wc privés. Ouvert du 15 avril au 15 octobre. Copieux petit déjeuner. Jardin avec privé. Parking. Vélos. Ping-pong. ★ Sentiers de randonnée, tennis sur place. Pêche 1 km. Lac 10 km. Piscine sur place. **Accès :** à 18 km au s.e de Chalon-sur-Saône (bis Lyon), jusqu'à Nassey, puis D160 jusqu'à Baudrières. Par Tournus, N6 jusqu'à Sennecey, puis D18, Gigny-sur-Saône et Baudrières.

Cette ravissante chaumière enfouie sous la vigne vierge et le chèvrefeuille, est entourée d'un luxuriant jardin avec piscine. Vous serez accueillis chaleureusement par la dynamique hôtesse qui a restauré avec bonheur et passion sa demeure. Chambres romantiques avec meubles anciens superbement décorées. Petit déjeuner sous la tonnelle en admirant le jardin.

★Hiking trails and tennis locally. Fishing 1 km. Lake 10 km. Swimming pool locally. Table tennis.

*★ **How to get there:** 18 km southeast of Chalon-sur-Saône (Lyon B-road), to Nassey, and D160 to Baudrières. Via Tournus, N6 to Sennecey and D18, Gigny-sur-Saône and Baudrières.*

This enchanting cottage covered in Virginia creeper and honeysuckle is set in a lush garden with swimming pool. A warm welcome is guaranteed by your dynamic hostess, who has restored her home with loving care. The superbly decorated, romantic bedrooms are appointed with antique furniture. Admire the garden while enjoying a delicious breakfast under the arbour.

Beaune - Côte d'Or (21)

La Maison des Bressandes TH
Ch. du Dessus des Bressandes - 21200 Beaune
(La Montagne) - Tél. 03 80 22 93 50
Email : denis.serouart@wanadoo.fr
www.maisonbressandes.com
Elisabeth Serouart

2 pers. 60/75 € - 3 pers. 95 € - p. sup. 20 € - repas 23 €

2 ch. 2 pers. et 1 suite 3 pers., avec sanitaires privés. Ouv. du 1.03 au 30.11. Petit déj. : confitures maison, pruneaux au jus de raisin, pâtisserie maison, pain d'épices... T. d'hôtes : spécialités régionales et provençales (l'été). Salon, biblio., TV. Jardin avec piscine. Forêt à proximité, balade dans les vignes. ★ Hospices de Beaune (musée du Vin, vente des vins), festival international de musique baroque rencontres cinématographiques. Cyclotourisme et forê 2 km. Golf, montgolfière 3 km. Tennis 5 km. Pêche 8 km. **Accès :** D970, Bouze-les-Beaune. Prendre dir. L. Montagne et passer devant le restaurant "Le Bon Accueil" puis la rue H. Lambert à droite. C'est la dernière maiso à gauche. CM320, pli I7.

Grande maison chaleureuse avec vue imprenabl sur le vignoble et la ville de Beaune. 2 ch. et 1 suit ont été aménagées avec goût pour vous recevoi Vous apprécierez l'accueil personnalisé et famili ainsi que les conseils avisés et utiles de vos hôte pour mieux découvrir la région et les viticulteur Agréable jardin ombragé autour de la piscine.

★Hospices de Beaune: Wine Museum, Hospices de Beaune wine on sale, International Baroque Music Festival, Film Festival. Cycling and forest 2 km. Golf, ballooning 3 km. Tennis 5 km. Fishing 8 km.

*★ **How to get there:** D970, Bouze-les-Beaune. Head for La Montagne. Past "Le Bon Accueil" restaurant, turn right into Rue H. Lambert. Last house on the left. Michelin map 320, fold I7.*

This peaceful, inviting house affords breathtaking views of the town and vineyards of Beaune. Two tastefully decorated bedrooms and one suite await your arrival. You will appreciate your hosts' personalised, family hospitality and useful tips and advice for getting to know the region, its wine-growers and places of interest. Relax by the pool in a pleasantly shaded garden.

Beaune - Côte d'Or (21)

La Terre d'Or

rue Izembart - La Montagne - 21200 Beaune
Tél. 03 80 25 90 90 ou 06 85 08 61 49
Fax 03 80 25 90 99
www.laterredor.com - jlmartin@laterredor.com
Christine Martin

2 pers. 174/239 €

★Beaune, Côtes des Nuits, Chalon and Hautes-Côtes vineyards. Breathtaking walks in the forest or through the vineyards from the house. Horse-riding and fishing.

*★ **How to get there:** Leave Beaune on D970 and drive 2 km, following signs for La Montagne. Turn right twice. Michelin map 320, fold I7.*

This vast contemporary, split-level residence stands in a terraced garden with century-old trees. The interior decoration is superb, relaxing and bright. The bedrooms are extremely comfortable and offer great charm. You will be enchanted by La Terre d'Or. Don't miss your hosts' themed breaks to help you discover Burgundy.

5 chambres de luxe dont 2 suites, toutes avec téléphone, bains ou douche et wc privés. Ouvert toute l'année. Petit déjeuner : viennoiseries, laitages, fromages, charcuteries... TV, mini-bar, bibliothèque. Jardin, piscine. Séjours à thème "Découverte de la Bourgogne". Restaurant 2 mn à pied. ★ Beaune. Vignobles des Côtes de Nuits, de Beaune, de Chalon et Hautes Côtes. Superbes balades dans la forêt ou dans les vignes au départ de la maison. Equitation et pêche. **Accès :** quitter Beaune par la D970, puis à 2 km environ, suivre le fléchage La Montagne. 2 fois à droite. CM320, pli I7.

Dans un grand jardin en terrasses aux arbres centenaires, vaste demeure contemporaine sur plusieurs niveaux. Superbe décoration intérieure, douce et lumineuse, charme et confort des chambres... vous serez séduits par La Terre d'Or. Ne manquez pas les séjours à thème que proposent vos hôtes pour découvrir la Bourgogne.

Bessey-les-Citeaux - Côte d'Or (21)

Château de Bessey-les-Citeaux

TH

24, rue de la Rivière -
21110 Bessey-les-Citeaux
Tél. 03 80 29 73 27 ou 06 18 55 68 07
Fax 03 80 29 61 91 - http://chateau.bessey.free.fr
Philippe et Françoise Aubert

1 pers. 80 € - 2 pers. 85 € - 3 pers. 100 € - repas 25 €

Cîteaux Abbey 5 min. Wine country and tours of cellars 9 km. Nuits-St-Georges 19 km. Dijon 20 km. Beaune) km. Forest locally. Horse-riding 3 km. Golf course 30 km.

***How to get there:** From Dijon (A31), take D968 for St-in-de-Losne and at Aiserey, take D8. Michelin map 320, d K7.*

is superb 18th-century château lies in the tiny village of ssey-les-Cîteaux. It comes complete with a five-hectare park h a small enchanting river, "La Vouge", running through it d is enhanced by three-hundred-year-old trees. The bright, cious bedrooms are decorated with great charm and feature iod furniture. A small farmhouse, dating from the same iod, is currently being renovated.

6 chambres avec sanitaires privés. Ouv. toute l'année. Petit déjeuner : oranges pressées, viennoiseries, fromage, confitures maison. T. d'hôtes uniquement sur demande : tarte à l'Epoisses, bœuf bourguignon, poulet "Gaston Gérard". Salles de jeux et TV. Parc 5 ha, vélos, pétanque, pêche. Piscine. ★ Abbaye de Cîteaux 5 mn. Route des vins et visite de caves 19 km. Nuits-St-Georges 19 km. Dijon 20 km. Beaune 30 km. Forêt sur pl. Equitation 3 km. Golf 30 km. Restaurants entre 1 et 10 km. **Accès :** de Dijon (A31), prendre la D968 dir. St-Jean-de-Losne et à Aiserey, prendre la D8. CM320, pli K7.

Dans le petit village de Bessey-les-Cîteaux, superbe château du XVIIIe siècle avec parc de 5 ha traversé par une charmante petite rivière "La Vouge" et agrémenté de très beaux arbres tricentaires. Vastes chambres lumineuses au décor de charme, avec meubles anciens. Une jolie petite ferme de la même époque est en cours de rénovation.

Brosses - Yonne (89)

★Vézelay, Bazoches Château, Ancy Caves, Saussois Rock. Morvan Regional Nature Park. Tennis and fishing 5 km. Horse-riding 4 km. Hiking locally. Canoeing/kayaking 12 km. Rock-climbing 7 km.

★ ***How to get there:*** *In Sermizelles, turn off N6 for Vézelay and turn right onto D21 for Chatel Censoir and Brosses. The residence is at the top of the village, on D123.*

Five blissfully comfortable bedrooms await you at this time-honoured Burgundian house, set in a delightful award-winning flower garden. For your enjoyment, there is a lounge in the pigeon tower and a library in one of the outbuildings. Traditional fare or gourmet meals are served at the table d'hôtes.

La Colombière TH
60, Grande Rue - 89660 Brosses
Tél. 03 86 32 42 34 - Fax 03 86 32 42 44
Email : la-colombiere@wanadoo.fr
www.la-colombiere.com
Stéphane Alix

1 pers. 56 € - 2 pers. 62 € - 3 pers. 87 € - repas 28 €

5 chambres avec sanitaires privés. Ouv. toute l'année (sur résa. de décembre à mars). Petit déj. : viennoiseries, charcuterie, fromages, confitures maison, miel de la région... T. d'hôtes sur résa. : œufs meurette, canard au ratafia... Salon, biblio. Piscine. Jardin. Parking privé. Cours de cuisine en basse-sais. ★ Vézelay, château de Bazoches, grottes d'Ancy, rocher de Saussois, Parc du Morvan... Tennis et pêche 5 km. Equitation 4 km. Randonnées sur place. Canoë-kayak 12 km. Escalade 7 km. **Accès :** à Sermizelles, quitter la N6 dir. Vézelay et prendre à droite la D21 dir. Chatel Censoir et Brosses. La demeure est en haut du village (sur la D123).

Dans un jardin fleuri, primé au concours départemental, 5 chambres calmes et confortables vous accueilleront dans une ancienne maison bourguignonne. Vous disposerez d'un salon dans le pigeonnier et d'une bibliothèque dans une dépendance. Repas traditionnels ou gastronomiques vous seront servis à la table d'hôtes.

BOURGOGNE

Chaulgnes - Nièvre (58)

★La Charité (medieval city, rare editions and Unesco world heritage) and vineyards. Swimming pool, forest, footpaths and fishing locally. Horse-riding 4 km. Tennis court 5 km.

★ ***How to get there:*** *From Pougues-les-Eaux, head for Chaulgnes. At "Chazeau", turn right. "Le Margat" is 600 m on. "Beaumonde". Michelin map 319.*

This handsome contemporary-style house, set in a magnificent seven-hectare park with one-hectare pond and island, is ideal for angling and hiking enthusiasts. The spacious interior is inviting and superbly appointed. At the table d'hôtes, your Australian-born hostess Cheryl serves delicious desserts from her home country. A delightful spot in the heart of the Pouilly and Sancerre vineyards.

Beaumonde TH
Le Margat - 58400 Chaulgnes
Tél./Fax 03 86 37 86 16
Email : cheryl.jj.trinquard@wanadoo.fr
www.gites-de-france-nievre.com/beaumonde/
Cheryl Trinquard

1 pers. 52 € - 2 pers. 60/75 € - 3 pers. 75/90 € - p. sup. 15 € - repas 22 €

4 chambres avec sanitaires privés. Ouvert toute l'anné[e]. Petit déjeuner : confitures, compote maison, viennoise[ries]. Table d'hôtes : roulade de saumon, escalope d[e] volaille sauce moutarde, desserts australiens. Salle de gy[m]. Parc de 7 ha. Piscine. ★ Vignobles, la Charité (patrimoi[ne] mondial de l'Unesco, cité du livre). Piscine, forêt, sentie[rs] et pêche sur place. Equitation 4 km. Tennis 5 km. **Accès** à Pougues-les-Eaux, prendre dir. Chaulgnes, au lieu-d[it] "Chazeau", tourner à droite. Le Margat est à 600 "Beaumonde". CM319.

Belle maison de style contemporain, entour[ée] d'un magnifique parc de 7 ha avec étang d'1 ha [et] son île, idéal pour les fervents de la pêche et [les] randonneurs. Intérieur vaste et chaleureux, supe[r]bement aménagé. Originaire d'Autralie, Che[ryl] propose à sa table de savoureux desserts de s[on] pays. Une très belle étape au cœur des vignobles [de] Pouilly, Sancerre...

Chevannes - Yonne (89)

★Auxerre. Vineyards. Châteaux. Tennis court 800 m. Swimming pool locally. Horse-riding centres 2 km and 7 km. Bowling alley 7 km.

★ ***How to get there:*** *A6 motorway, Auxerre-Nord exit, St-Georges-Chevannes. N6 for St-Georges-Chevannes.*

Five comfortable bedrooms await you in the outbuildings of this 16th-century château with dovecot, right in the heart of the countryside. Each one is decorated in a different style and appointed with period furniture. You will be enchanted by the peace and quiet which bless this residence and the delicious breakfasts served by your hosts.

Château de Riboursdin
89240 Chevannes
Tél./Fax 03 86 41 23 16
Email : chateau.de.ribourdin@wanadoo.fr
Claude et Marie-Claude Brodard

1 pers. 51 € - 2 pers. 60/70 € - 3 pers. 73/83 € - p. sup. 13 €

5 chambres avec sanitaires privés dont 1 accessible aux personnes handicapées. Ouvert toute l'année. Copieux petit déjeuner : viennoiseries, pâtisseries et confitures maison... Cour, jardin, vélos. Restaurants à 500 m. ★ Auxerre. Vignobles. Châteaux. Tennis 800 m. Piscine non surveillée sur place. Centres équestres à 2 et 7 km. Bowling 7 km. **Accès :** A6 sortie Auxerre nord, dir. St-Georges-Chevannes. N6 dir. St-Georges-Chevannes.

En pleine campagne, dans les dépendances d'un château du XVIe siècle avec pigeonnier, 5 chambres confortables ont été aménagées. Elles sont toutes personnalisées et meublées en ancien. Vous apprécierez le calme de cette demeure et les savoureux petits déjeuners servis généreusement.

BOURGOGNE

Chorey-les-Beaune - Côte d'Or (21)

Hôtel-Dieu and the old town of Beaune. Château du Clos Vougeot and vineyards. Château de la Rochepot.

How to get there: *From Beaune, head for Dijon on N74. km past Beaune, turn right for Chorey. Michelin map 320, d J7.*

osts Monsieur and Madame Germain extend a warm lcome at their 13th and 17th-century château, which is also me to a highly regarded wine-growing estate near Beaune. e bedrooms are spacious and tastefully furnished.

Au Château
21200 Chorey-les-Beaune
Tél. 03 80 22 06 05 - Fax 03 80 24 03 93
Email : chateau-de-chorey@wanadoo.fr
www.chateau-de-chorey-les-beaune.fr
Famille Germain

1 pers. 150/170 € - 2 pers. 160/180 € - 3 pers. 190/210 € - p. sup. 30 €

5 chambres et 1 suite familiale pour 4 pers., toutes avec bains et wc privés. Ouvert de Pâques à fin novembre. Petit déjeuner : confitures maison... Téléphone. Achat de vin sur place. Restaurants à proximité. Taxe de séjour : 1,50 €/jour/pers. ★ Hôtel-Dieu à Beaune et vieille ville. Château du Clos de Vougeot et Côte viticole. Château de la Rochepot. **Accès :** à Beaune, prendre direction Dijon par N74. 2 km après Beaune, tourner à droite direction Chorey. CM320, pli J7.

M. et Mme Germain vous accueilleront dans leur château des XIIIe et XVIIe siècles, siège d'un domaine viticole réputé, à proximité immédiate de Beaune. Les chambres sont vastes et meublées avec goût.

Corvol d'Embernard - Nièvre (58)

Le Colombier TH
58210 Corvol d'Embernard
Tél. 03 86 29 79 60 - Fax 03 86 29 79 33
Email : contact@lecolombierdecorvol.com
www.lecolombierdecorvol.com
Robert Collet

1 pers. 85 € - 2 pers. 85/95 € - 3 pers. 105/115 € - repas 25/35 €

5 chambres avec sanitaires privés (TV sur dem.). Ouv. toute l'année et sur résa. de la Toussaint à Pâques. Petit déjeuner : œufs, pancakes, viennoiseries, charcuterie... T. d'hôtes : terrine de saumon sur coulis de tomates, côte de bœuf charolais, mousse chocolat belge...Piscine. Badminton, parc 2,5 ha. Expo. peintures. ★ Musée de Varzy, Clamecy 27 km. Vézelay 51 km. Parc du Morvan 40 km. Nevers 50 km. Château-Chinon 70 km. Tennis et pêche 7 km. Forêt et randonnées sur place. **Accès :** du nord du département, à Auxerre prendre dir. Clamecy et continuer sur D97. Après Varzy, prendre à gauche dir. Corvol d'Embernard. CM319.

Le Colombier est un corps de ferme de 1812 récemment rénové et transformé en chambres d'hôtes de qualité s'ouvrant toutes sur une terrasse surplombant la piscine. C'est dans un environnement vert et vallonné, au calme souverain, que vous séjournerez durant votre séjour. A quelques pas, la source du Canard et le vieux lavoir. Gentilhommière du XVIIIe siècle.

★Varzy Museum, Clamecy 27 km. Vézelay 51 km. Morvan Park 40 km. Nevers 50 km. Château-Chinon 70 km. Tennis and fishing 7 km. Forest and hiking locally.

*★ **How to get there:** From the north of the département: at Auxerre, head for Clamecy and continue along D97. Past Varzy, turn left for Corvol d'Embernard. Michelin map 319.*

Le Colombier, a set of farm buildings dating from 1812, has been recently renovated and converted into luxury bed and breakfast accommodation. The bedrooms open out onto a terrace overlooking a swimming pool, in a verdant setting cut by valleys. A stone's throw from here, you will discover the "Source du Canard" underground lake, an old wash house and an 18th-century manor house.

BOURGOGNE

Cosne-sur-Loire - Nièvre (58)

Beauvilliers TH
Port Aubry - 58200 Cosne-sur-Loire
Tél. 03 86 28 41 37 ou 06 89 37 06 31
Email : habitationbeauvilliers@hotmail.com
Marianne Perrier

2 pers. 70/85 € - p. sup. 20 € - repas 23 €

2 suites et 1 chambre avec sanitaires privés. Ouvert d Pâques à fin septembre. Petit déjeuner : viennoiserie confitures, jus de fruit, céréales, salade de fruits. Tabl d'hôtes à base de produits fermiers et spécialités aux cro tins de Chavignol. Jardin et parc avec bassin. ★ Circu des vignobles. Canoë-kayak (la Loire), ULM, animation la ferme et produits à prox. Randonnées sur pl. Pêch 200 m. Forêt 1 km. Tennis 3 km. Piscine, équit. 4 km. Gc 15 km. Cyclorail sur place. **Accès :** A Cosne, d Bourges, pas prendre le pont de Loire, descendre au bo de la Loire à droite, et la remonter dir. Sud 3 km. 20 après l'ancien pont de chemin de fer, à gauche et long le mur de la propriété.

Dans la région des vignobles de Pouilly fum Sancerre et des coteaux du Giennois, bel demeure d'époque Directoire, en bord de Loi avec parc à la française. 2 suites et 1 chambre grand confort ont été aménagées à l'étage. Eta idéale pour découvrir cette région, célèbre au pour ses fromages (Chavignol), à proximité de Puisaye, pays de Colette.

★Vineyards. Canoeing on the Loire. Microlite flying, visits to farms (produce on sale). Hiking locally. Fishing 200 m. Forest 1 km. Tennis 3 km. Swimming pool and facilities for horse-riding 4 km. Golf 15 km.

*★ **How to get there:** From Cosne, head for Bourges. Do not cross the Loire. Drive down the banks of the Loire, on right and head southwards for 3 km. 20 m past the old railway bridge, turn left and drive along the estate wall.*

This handsome Directoire residence is set in a vast formal park with pond, by the banks of the Loire, in the heart of Pouilly, Sancerre and Giennois hillside country. Choose from two lavishly appointed upstairs suites and bedroom. An ideal spot for discovering this region of vineyards, which is also famous for its Chavignol cheeses and its location near La Puisaye, Colette country, and the potteries.

Cosne-sur-Loire - Nièvre (58)

★GR3 posted hiking trail in the vicinity. Swimming pool, lake, bathing 2 km. Horse-riding 3 km. Fishing 5 km. Golf, sailing 10 km. Pouilly-sur-Loire and Sancerre 15 km.

*★ **How to get there:** North of the Nièvre River on N7. At Cosne, head for St-Père on D14. At St-Père, head for Croquant and follow "Chambres d'Hôtes" signs. Michelin map 319.*

L'Orée des Vignes offers five comfortable, personalised bedrooms in the heart of the Loire Valley. Hosts Marie-Noëlle and Michel extend a friendly welcome and invite you to share gourmet evening meals prepared by Marie-Noëlle. The region, a natural haven, offers a wealth of cultural and leisure activities.

L'Orée des Vignes TH
Croquant-21 - 58200 Saint-Père
Tél./Fax 03 86 28 12 50
Email : loreedesvignes@wanadoo.fr
www.loreedesvignes.com
Marie-Noëlle Kandin

1 pers. 40 € - 2 pers. 50/52 € - 3 pers. 63/65 € - p. sup. 20 € - repas 22 €

5 chambres avec sanitaires privés (non fumeur). Ouvert toute l'année. Table d'hôtes sur réservation (vins des coteaux du Giennois). Jeux de société. Grand terrain attenant et partiellement boisé. Parking. Loc. VTT. Produits fermiers à proximité. 7e nuit gratuite (par séjour). ★ GR3 à proximité. Piscine, plan d'eau, baignade 2 km. Equitation 3 km. Pêche 5 km. Golf, voile 10 km. Pouilly-sur-Loire et Sancerre à 15 km. **Accès :** au nord de la Nièvre par la N7. A Cosne, prendre la dir. de St-Père par la D14. A St-Père, dir. Croquant et suivre les indications "Chambres d'Hôtes". CM319.

En Val de Loire, dans un cadre raffiné, l'Orée des Vignes propose 5 chambres confortables et personnalisées. Marie-Noëlle et Michel vous accueilleront chaleureusement et vous feront partager leurs dîners gourmands préparés par Marie-Noëlle. Une belle étape pour découvrir les grands crus des vignobles de Sancerre, Pouilly fumé et coteaux du Giennois.

BOURGOGNE

Crux-la-Ville - Nièvre (58)

Romanesque churches, Nivernais Canal and châteaux. Forest, ...es. Cycling, hiking, pedalos and tennis. Merle outdoor leisure ...tre 8 km. Baye water sports centre 11 km.

***How to get there:** D34, Clamecy-Decize. 4 km from St-...verien and 10 km from St-Saulge. Set 800 m back from road. Michelin map 319.*

...e guest rooms at this charming 17th-century family residence ...de space, comfort and hospitality. The furnishings, pastel ...urs, engravings and rugs enhance the harmony and charm ...he place. In this welcoming spot, your hosts will do their ...ost to help you get to know the Nièvre and life on the ...n. Ideal for nature lovers and those seeking peace and quiet ...y from it all.

Domaine des Perrières TH
58330 Crux-la-Ville
Tél. 03 86 58 34 93 - Fax 03 86 58 26 00
Email : pascale.benoit.cointe@wanadoo.fr
http://perso.wanadoo.fr/domainedesperrieres
Pascale Cointe

1 pers. 40 € - 2 pers. 55 € - 3 pers. 65 € - p. sup. 15 € - repas 20 €

1 chambre double et 1 chambre triple avec sanitaires privés (poss. lits suppl.). Ouvert toute l'année. Petit déjeuner : pain d'épices et confitures maison... Table d'hôtes avec charolais de la ferme et légumes du potager (menus spéciaux sur demande). Jardin arboré et fleuri. ★ Eglises romanes, châteaux et canal du Nivernais. Forêt, étangs. VTT, randonnée, voile, pédalos, tennis. Base de loisirs du Merle 8 km. Base nautique de Baye 11 km. **Accès :** D34, Clamecy-Decize. A 4 km de St. Réverien et 10 km de St.Saulge. A 800 m de la route. CM319.

Espace, confort, convivialité sont les atouts de ces chambres d'hôtes. Le mobilier, les couleurs pastel, les gravures et tapis en harmonie, font le charme de cette maison de famille du XVIIe. Dans une atmosphère chaleureuse vos hôtes auront à cœur de vous faire découvrir la Nièvre et leur vie d'agriculteurs. Etape idéale pour l'amateur de nature et de calme.

Donzy - Nièvre (58)

★Forests and lakes close by. Famous Sancerre, Pouilly-sur-Loire vineyards. Châteaux. Tennis court 2 km. Fishing locally (class 1 rivers). Golf course 20 km. Riding, forest, hiking 5 km. Bathing 25 km.

*★ **How to get there:** Leave N7 at Cosne-sur-Loire, take D33 to Donzy. In the town, head for Bagnaux (path along the Talvane). The property is 1.2 km from the "Faubourg de Bouhy" crossroads. Michelin map 319.*

At the end of a willow-lined path, you will come across Les Jardins de Belle Rive. The owners, who live in the main building, have appointed four bedrooms in a house full of character next to the property, with TV, phone, kitchen area, library and fireplace on the ground floor. The decoration exudes warmth and comfort, creating a relaxing atmosphere.

Les Jardins de Belle Rive TH
Bagnaux - 58220 Donzy
Tél. 03 86 39 42 18 - Fax 03 86 39 49 15
Email : jardinsdebellerive@free.fr
http://jardinsdebellerive.free.fr
Billy et Laura Juste

1 pers. 41/49 € - 2 pers. 44/52 € - 3 pers. 65 € - p. sup. 13 € - repas 18 €

4 chambres avec sanitaires privés. Ouvert toute l'année. Petit déjeuner copieux. Table d'hôtes : produits régionaux à découvrir. Piscine privée sur place. Restaurants en ville et alentours. ★ Vignobles de Sancerre, Pouilly-sur-Loire. Châteaux. Forêts, étangs à proximité. Pêche 1re cat. 200 m. Tennis 2 km. Equitation, forêt, randonnées 5 km. Golf 20 km. Baignade 25 km. **Accès :** quitter N7 à Cosne-sur-Loire, D33 jusqu'à Donzy. En ville dir. Bagnaux (chemin le long de la Talvane). A 1,2 km du carrefour "du Fbg de Bouhy". CM319.

Au bout d'un chemin bordé de saules, les Jardins de Belle Rive vous attendent... Les propriétaires, qui habitent le logis principal, ont aménagé 4 chambres dans une maison de caractère annexe, tél., coin-cuisine, salon, bibliothèque et cheminée au rez-de-chaussée. La décoration est chaleureuse et douce, l'ambiance feutrée.

BOURGOGNE

Ecutigny - Côte d'Or (21)

★Wine cellars. Ouche Valley. Châteauneuf-en-Auxois: medieval village. Beaune and hospices, light and sound displays in the summer months. Clos de Vougeot château.

*★ **How to get there:** At Arnay-le-Duc, head for Beaune. At Bligny-sur-Ouche, turn right for Ecutigny. The château lies just outside the village. Michelin map 320, fold H7.*

In the heart of the Auxois region, a few kilometres from wine country, this 12th and 17th-century château was once a fortress defending the border between France and Burgundy. Now fully restored, the residence boasts extremely comfortable bedrooms as well as a handsome lounge, a library and a billiard room.

Château d'Ecutigny TH
21360 Ecutigny
Tél. 03 80 20 19 14 - Fax 03 80 20 19 15
Email : info@chateaudecutigny.com
www.chateaudecutigny.com
Patrick et Françoise Rochet

1 pers. 100/130 € - 2 pers. 100/130 € - 3 pers. 160 € - p. sup. 30 € - repas 40 €

5 ch. 2 et 3 pers. dont 1 suite de 2 chambres, toutes av TV, tél. et sanitaires privés. Dans la Tour du XIIe, 2 chambres dans le donjon avec salle de bains. Ouvert toute l'année. Petit déjeuner copieux. Salle de billard. Restaurant 4 km. Salle de séminaire. Tennis sur place. Ecuri Montgolfières. Vélos. ★ Visite de caves. Vallée de l'Ouch Châteauneuf en Auxois : village médiéval. Beaune et Hospices, son son et lumière en été. Château du Clos Vougeot. **Accès :** à Arnay-le-Duc, direction Beaune Bligny-sur-Ouche, tourner à droite vers Ecutig Château à la sortie du village. CM320, pli H7.

Au cœur de l'Auxois, région située à quelq kilomètres de la route des vins, ce château (XI XVIIe siècles) était autrefois un château fort défe dant la frontière entre la France et la Bourgog Entièrement restauré, vous êtes assurés d'y trou des chambres de grand confort ainsi qu'un b salon, une bibliothèque et une salle de billard.

La Fermeté - Nièvre (58)

Château de Prye TH

Prye - 58160 La Fermeté

Tél. 03 86 58 42 64 - Fax 03 86 58 47 64

www.chateaudeprye.com

A.Emmanuel et

Magdaléna du Bourg de Bozas

1 pers. 85 € - 2 pers. 85/95 € - repas 27 €

★Town of Nevers, steeped in art and history, and Magny-Cours Formula One racing circuit 15 km. Château-Chinon. La Charité-sur-Loire. Decize (water sports stadium). Tennis, horse-riding, karting, canoeing and golf.

*★ **How to get there:** From Nevers, take D978 until you reach the D18 junction (for La Machine) and drive 10 km. Michelin map 319.*

Listed walled estate near Nevers, spanning over 156 hectares, with a river running through it. This haven of peace and quiet, once the property of the Queen of Poland, was built between the 17th and 19th centuries. A unique architectural ensemble, enhanced by delightful tree-lined avenues in a park designed by E. André, and sumptuous "marble" stables.

2 chambres et 2 suites avec sanitaires privés. Ouvert du 15.04 au 15.10. Petit déjeuner : viennoiseries, patisseries... Table d'hôtes : charolais, légumes du jardin... Billards, piano. Badminton, ping-pong. Parc. Location de salles pour mariages et séminaires.. ★ Nevers, ville d'art et d'histoire, et Magny-Cours (circuit F1) à 15 km. Château-Chinon. La Charité-sur-Loire. Decize (stade nautique). Tennis, équitation, karting, canoë, golf. **Accès :** de Nevers, prendre la D978 jusqu'à l'embranchement de la D18 (vers La Machine) et faire 10 km. CM319.

Près de Nevers, ce domaine classé qui s'étend sur plus de 156 hectares, clos de murs, est parcouru par une rivière. Ce havre de paix, autrefois propriété de la reine de Pologne, a été construit entre le XVIIe et le XIXe. Ensemble architectural unique, mis en valeur par les belles allées du parc dessiné par E. André, et par ses somptueuses écuries "en marbre".

Fixin - Côte d'Or (21)

La Grosse Maison

30 route des Grands Crus - 21220 FIXIN

Tél. 03 80 51 45 99 ou 06 71 63 19 42

Fax 03 80 58 83 62

Email : domaine.phil.naddef@wanadoo.fr

Domaine Philippe Naddef

2 pers. 75/90 €

oisot Museum. Listed 10th, 11th and 12th-century Fixey urch; wash house (1827), Fixin Church (1172). Cellars wine-tasting locally. Swimming pool 7 km. Golf course km. Horse-riding 12 km. Footpaths 500 m.

***Iow to get there:** Take A31, Dijon-Sud exit (8 km), then 74. Michelin map 320, fold J6.*

are assured of a warm welcome at this time-honoured house with pigeon tower built in the 16th and 17th uries, in a small wine-growing village, in a part of the country ous for its great vintages. Three beautifully decorated oms await your arrival. Experienced wine-lovers and es alike will enjoy the prestigious local vintages at a wine-ng on the premises.

3 chambres avec sanitaires privés. Ouvert toute l'année sauf période de vendanges. Petit déjeuner : assortiment de pains et viennoiseries, fruits frais, confitures maison, assiette charcuterie et fromages... Bibliothèque, salon privé avec cheminée. Jardin d'agrément avec salon d'été, cour. Restaurants 300 et 500 m. ★ Musée Noisot. Eglise de Fixey des X, XI et XIIe siècles (monument historique), lavoir (1827), église de Fixin (1172). Caves et dégustation sur place. Piscine 7 km. Golf 25 km. Equitation 12 km. Sentiers 500 m. **Accès :** prendre A31, sortie Dijon-sud (8 km), puis RN 74. CM320, pli J6.

Au cœur d'un petit village viticole, sur la route des grands crus, vous serez accueillis chaleureusement dans cette ancienne ferme avec pigeonnier datant des XVI et XVIIe siècles. 3 belles chambres décorées avec goût vous sont réservées. Pour les amateurs et les novices, une dégustation des prestigieux crus de la Côte vous sera proposée.

Flagey-Echezeaux - Côte d'Or (21)

Le Petit Paris
6, rue du Petit Paris - Pont Chevallier Gilly -
21640 Flagey-Echezeaux
Tél. 03 80 62 84 09 - Fax 03 80 62 83 88
http://petitparis.bourgogne.free.fr/
Nathalie Buffey

1 pers. 80 € - 2 pers. 80 € - p. sup. 20 €

4 chambres avec bains ou douche et wc privés. Ouv. toute l'année. Petit déj. : viennoiseries, brioche, confitures maison, œufs... Atelier gravure et peinture (stages d'initiation différentes techniques). Découverte vins de Bourgogne... Salon biblio. sur le vin. Parc 1,3 ha, aire de jeux, vélos. Chèques vacances acceptés. ★ Le Clos de Vougeot, abbaye de Cîteaux...Vignobles et caves dégustation. Musées à Nuits-Saint-Georges, Beaune, Dijon.. Piscine, tennis 1 km. Golf 15 km. Restaurants 500 m et 1 km. **Accès :** N74. Rd-point Vougeot, dir. Gilly puis Gilly-centre. Stop à gauche, rue des Abreuvoirs à droite puis Pont-Chevalier. A31, suivre Gilly, à la sortie de Flagey prendre à gauche rue du Petit Paris. CM320 pli J7.

Au bord de la Vouge, dans un parc aux arbres centenaires, les chambres d'hôtes sont aménagées dans les dépendances d'une maison de maître du XVIIe. Très confortables et personnalisées, elles s'articulent autour de l'atelier de gravure et de peinture. Vous pourrez dessiner, lire ou flâner dans le jardin, au bord de la rivière et du vivier.

★Clos de Vougeot, Cîteaux Abbey. Vineyards and wine-tasting on the estate. Museums at Nuits-Saint-Georges, Beaune and Dijon. Swimming pool, tennis court 1 km. Golf courses 15 km.

★ ***How to get there:*** *N74. Vougeot roundabout, for Gilly and Gilly-Centre. Turn left at stop sign and right into Rue des Abreuvoirs and Pont-Chevalier. A31, head for Gilly and as you leave Flagey, turn left into Rue du Petit Paris.*

Your accommodation is set in the outbuildings of a 17th-century family mansion, by the Vouge, in a park with centuries-old trees. The extremely comfortable rooms, each decorated in its own style, are located near the engraving and painting workshops. You may decide to try your hand at drawing, relax with a good book or stroll in the garden by the river and fish pond.

BOURGOGNE

Flammerans - Côte d'Or (21)

Château de Flammerans
rue de Remilly - Le Château -
21130 Flammerans
Tél. 03 80 27 05 70 - Fax 03 80 31 12 12
www.flammerans.com
Guy Barrier

1 pers. 83/170 € - 2 pers. 88/175 € - 3 pers. 145/200 € - p. sup. 25 € - repas 40 €

2 suites et 3 chambres avec superbes salles de bains, privés et cheminée (lits King ou Queen Size). Petit d gourmand. T. d'hôtes de qualité avec spécialités (sur ré Tél., salon à dispo. Petit salon-biblio., salle de réuni billard. Piscine chauffée. Orangerie avec terrasse. O séjours divers. ★ Sites historiques, mus journées médiévales, caves et dégustation. Ski nautiq voile, équitation, golf, tennis et pêche. Nombreuses a vités sur place. **Accès :** A6 et A36 sortie Dôle-Authu direction Gray. Prendre Peintre puis Flammerans A5/A31 et A39 sortie 5. Auxonne par N5 et Flammer Sorties autoroutes : A39 12 km, A36 Dôle-Authu 8 km. CM320, pli M6.

Ce château du XVIIIe entièrement restauré, a son superbe parc de plus de 4 ha, ses dépendar et sa piscine chauffée à proximité de l'orang aménagée est un lieu d'exception. Les chamb par leur superbe décoration et leur lumino vous offrent calme et confort. La table d'hôte qualité, riche en spécialités du terroir vous rav

★Places of historical interest, museums, medieval festivals, cellars and wine-tasting. Waterskiing, sailing, horse-riding, golf, tennis and fishing.

★ ***How to get there:*** *A6 and A36, Dôle-Authume exit for Gray. Head for Peintre and Flammerans or A5/A31 and A39, exit 5. Auxonne via N5 and Flammerans. Motorway exits: A39 12 km; A36 Dôle-Authume 8 km. Michelin map 320, fold M6.*

This fully restored 18th-century château, with a magnificent four-hectare park, outbuildings and heated swimming pool close to the converted orangery, is simply outstanding. The bright, superbly appointed bedrooms exude peace and tranquillity. Savour delicious local specialities at the table d'hôtes.

Fontaines - Saône et Loire (71)

★*Chalonnais vineyards, the gateway to Burgundy vintages. Voie Verte footpath 1.8 km. Tennis 1 km. Fishing 2 km. River and ballooning 4 km. Bikes available.*

★ ***How to get there:*** *A6, Chalon-Nord exit. Take D978 to "Côte Chalonnaise" roundabout and turn right onto D981 for Fontaines. In the village, follow signs for "La Griottière".*

Marie-Claire and Serge have tastefully arranged two pretty bedrooms in an outbuilding of their Côte Chalonnaise property. The accommodation is in a time-honoured barn with visible stonework, set in an enclosed park with a stream running through it that provided the water supply for an 18th-century wash house. A relaxing place to stay in an authentic, beautifully preserved setting.

La Griottière TH
9, rue des Fontaines - 71150 Fontaines
Tél. 03 85 91 48 47 ou 06 72 37 49 21
Email : lagriottiere@infonie.fr
http://www.griottiere.com
Marie-Claire et Serge Doumenc

1 pers. 65 € - 2 pers. 75/89 € - 3 pers. 105 € - p. sup. 15 € - repas 30 €

2 chambres avec TV satellite et sanitaires privés. Ouvert toute l'année. Petit déjeuner : pâtisseries et confitures maison, fromage, fruits... Table d'hôtes : quiche saumon aux légumes, œufs meurette, coq au vin, bourguignon... Jeux de société. Parc 0,5 ha clos avec source. Vélos à disposition. Basse-cour. ★ Côte viticole du chalonnais, aux portes des grands crus de Bourgogne. Voie verte 1,8 km. Tennis 1 km. Pêche 2 km. Rivière et mongolfières 4 km. **Accès :** A6, sortie Chalon-nord. Prendre ensuite la D978 jusqu'au rond point "Côte Chalonnaise", puis à droite D981 vers Fontaines. Une fois dans le village, suivre le fléchage "La Griottière".

Marie-Claire et Serge ont aménagé avec goût deux jolies chambres dans une belle dépendance de leur propriété de la Côte Chalonnaise... C'est une ancienne grange en pierres apparentes disposant d'un parc clos traversé par la source d'un lavoir du XVIIIe siècle. Agréable moment de détente dans un cadre authentique et soigné.

Fours - Nièvre (58)

★*Bibracte and Château Chinon 40 km. Autun 50 km. Forest, footpaths. Tennis 1 km. Fishing 2 km. Nivernais Canal cycle path 6 km.*

★ ***How to get there:*** *South of the Nièvre. At Decize, head for Autun on N81. Fours is on N81, 12 km from Decize. Michelin map 319.*

An idyllic stay is assured at this family mansion, a true work of art created by four talented and very capable hands. Both the interior and exterior are perfect, as is the hospitality. Striking the right balance, with generosity, passion and artistry (from the Guest Book), Château Latour is an inviting destination in a magical setting.

Château Latour TH
2 route de la Nocle - 58250 Fours
Tél./Fax 03 86 50 20 15
Email : chateau-latour@wanadoo.fr
http://perso.wanadoo.fr/chateau-latour
Nadine et Denis Petillot

1 pers. 43 € - 2 pers. 48/51 € - 3 pers. 61 € - repas 21 €

3 chambres avec sanitaires privés. Ouvert toute l'année. Petit déjeuner : viennoiseries, jus d'orange, confitures maison. Table d'hôtes : cuisine traditionnelle régionale. Bibliothèque, billard, baby-foot. Badminton. Piscine. Grand parc, salon de jardin, chaises longues. ★ Bibracte et Château Chinon 40 km. Autun 50 km. Forêt, sentiers. Tennis 7 km. Pêche 2 km. Canal du Nivernais vélo route 6 km. **Accès :** au sud de la Nièvre. A Decize, prendre dir. Autun par la N81, Fours se trouve sur cette route à 12 km de Decize. CM319.

Une étape idyllique... dans cette maison de maître, véritable petit chef-d'œuvre créé par quatre mains assidues et douées. Tout est juste, l'intérieur comme l'extérieur, l'accueil comme les intentions. Une question d'équilibre, d'amour, de générosité, de vie (extrait du Livre d'Or). Atmosphère chaleureuse dans un cadre enchanteur.

Fuissé - Saône et Loire (71)

★Pouilly Fuissé vineyards. Mâcon 8 km. Cluny 20 km. Beaujolais 5 km. Swimming pool, tennis court and lake 6 km. Fishing 4 km. Hiking locally. Forest 1 km.

*★ **How to get there:** A6, Mâcon-Sud exit 29. Drive to Vinzelles and then to Fuissé. The accommodation is on the right-hand side, on your way out of the village.*

This 17th-century wine-grower's residence, set on the edge of Fuissé wine-producing village, was once a forge. The owners have fully restored this handsome set of buildings surrounding a vast courtyard and pretty garden. Generous breakfasts are served in the garden or dining room, depending on the season.

Bergerie Fuissé - 71960 Fuissé
Tél. 03 85 35 64 38 ou 06 30 80 85 34
Fax 03 85 35 69 41
Email : bergerie.rusch@wanadoo.fr
www.bergerie-fuisse.com
Monique Rusch

1 pers. 65/125 € - 2 pers. 65/125 € - 3 pers. 150/190 €

2 chambres et 3 suites avec sanitaires privés et TV sat. Ouvert de Pâques à mi-octobre. Petit déjeuner : viennoiseries, champagne, fromage, jambon, œufs, miel, confitures... Salle avec billard, TV, biblio. Jacuzzi, sauna. Barbecue à disposition. Cour, jardin. Garage et parking. Restaurant à 400 m. ★ Vignoble de Pouilly Fuissé. Macon 8 km. Cluny 20 km. Beaujolais 5 km. Piscine, tennis et lac 6 km. Pêche 4 km. Randonnées sur place. Forêt 1 km. **Accès :** A6, sortie n°29 Macon-sud. Se rendre à Vinzelles puis à Fuissé. Les chambres d'hôtes sont à droite, en sortant du village.

Cette ancienne maison vigneronne du XVIIe, située en bordure du village viticole de Fuissé, était autrefois une forge. Ses propriétaires ont totalement restauré ce bel ensemble de bâtiments encadrant une vaste cour et un beau jardin. Les copieux petits déjeuners vous seront servis dans la véranda avec vue sur les vignobles.

Gilly-les-Cîteaux - Côte d'Or (21)

★Visits to vineyards and cellars (wine-tasting). Clos Vougeot, Cîteaux Abbey, Fontenay, Beaune and Dijon (festivals). Hiking and cycling. Fishing 200 m. Tennis 700 m. Swimming pool 1 km. Horse-riding 2 km. Golf 20 km.

*★ **How to get there:** A31, Nuits-Saint-Georges exit and N74 for Dijon. At the Vougeot roundabout, turn right for Gilly-Centre and first right. After the railway bridge, follow signs. Michelin map 320, fold J6.*

Set in a pretty village on the wine-growing coast, this handsome historical Directoire-style residence (late 18th century) will win you over with its park, centuries-old trees, and the refined decoration of the spacious, comfortable bedrooms. A warm welcome is guaranteed by your hosts, Sandrine and André Lanaud, who will be happy to help you get to know their fine region.

La Closerie de Gilly
16, avenue Bouchard -
21640 Gilly-les-Cîteaux
Tél. 03 80 62 87 74 ou 06 60 73 10 11
www.closerie-gilly.com
André et Sandrine Lanaud

2 pers. 75/85 € - 3 pers. 95/100 € - p. sup. 20 €

4 chambres et 1 suite avec sanitaires privés. Ouvert toute l'année. Petit déjeuner : viennoiseries, yaourts, fromage blanc, confitures maison, fruits... Coin avec m-ondes et réfrig. Parc clos (0,6 ha) sentiers de promenades. Loc. de vélos, p-pong, aire de jeux pour enfants. Piscine. Restaurants 200 m et 1 km. ★ Découverte vins de Bourgogne (balades œnologiques commentées). Clos Vougeot, abbaye de Cîteaux, Fontenay, Beaune, Dijon (festivals). Rand. Pédestres et VTT. Pêche 200 m. Tennis 700 m. Equit. 2 km. Golf 20 km. **Accès :** A31 sortie Nuits-Saint-Georges puis N74 dir. Dijon. Au rd-pt de Vougeot, à droite Gilly-centre. Puis 1re à droite, après le pont (voie ferrée) suivre le fléchage. CM320, pli J6.

Dans un joli village viticole, à 1 km du Clos Vougeot et Romanée-Conti, cette belle demeure du XVIIIe vous charmera par le calme de son parc aux arbres centenaires, sa piscine et la décoration raffinée "style champêtre réactualisé", de ses chambres spacieuses. Sandrine et André Lanaud vous accueilleront et vous aideront à découvrir leur région et ses vins.

Gimouille - Nièvre (58)

★Nevers, capital of earthenware. Pouilly and Sancerre vineyards in the vicinity. Bec d'Allier Bird Sanctuary. Appremont medieval village. Magny-Cours Formula One circuit. Fishing on site. Forest and hiking locally. Cycle path 6 km. Tennis 2 km. Horse-riding 8 km. Swimming pool 6 km.

*★ **How to get there:** A77 motorway, exit 37 for Bourges on D976. Château du Marais is 400 m up on the right-hand side, past "Pont-Carreau". Michelin map 319.*

This listed castle, surrounded by a moat, was built in the 14th century. The three spacious guest bedrooms, arranged in the keep, are elegantly appointed with stencilwork, painted furniture and attractive motifs. In the summer months, breakfast can be served in the flower-filled inner courtyard. Quiet, restful stay assured.

Château du Marais
58470 Gimouille
Tél./Fax 03 86 21 04 10 ou 06 22 65 19 22
Email : le.marais@online.fr
http://le.marais.online.fr
Bernadette et Thierry Graillot

1 pers. 75 € - 2 pers. 80/90 € - 3 pers. 95/105 €

3 chambres avec bains et wc privés. Ouvert du 1.04 au 01.11. Petit déjeuner : viennoiseries, confitures maison, jus d'orange, miel du marais... Salle indépendante pour petits déjeuners. Parking. Vélos à disposition. Restaurants à 3 km. ★ Nevers, berceau de la faïence. Vignobles Pouilly, Sancerre à prox. Station ornithologique Bec d'Allier. Appremont. Circuit F1 Magny-Cours. Pêche, forêt, rand. sur pl. Tennis, piscine 6 km. Equit. 8 km. **Accès :** A77, sortie 37 dir. Bourges D976. Le Château du Marais est situé à 400 m à droite après le lieu-dit "Pont-Carreau". CM319.

Beau château entouré de douves, édifié au XIVe siècle. Les 3 chambres réservées aux hôtes situées dans la partie donjon, sont spacieuses et décorées avec raffinement (peinture aux pochoirs, meubles peints, motifs personnalisés). L'été, possibilité de prendre le petit déjeuner dans la cour intérieure fleurie. Séjour calme et reposant en perspective.

Hurigny - Saône et Loire (71)

·Lamartine's Valley and attractions, Cluny, Cormatin, Jrsulines Museum, Hôtel-Dieu, apothecary, Roche de Solutré. Mâconnais and Beaujolais vineyards. Tennis 1 km. Mini-cruises n the Saône, waterskiing, fishing 6 km. Golf 10 km. Fishing km. Balloon trips departing from the estate (booking quired).

***How to get there:** 10 min. from A6, Mâcon-Nord exit. Iead for Sennecé-les-Mâcon, Clessé, Laizé and Chevenet Iurigny. Château des Poccards is the first building on the right you enter the village.*

atherine and Ivan fell under the spell of this small early-9th-century château, just seven kilometres from Mâcon. They ve drawn their inspiration from Tuscan houses in arranging e six comfortable bedrooms, each in a style of its own: colonial, roque, Louis XIV, etc. There is also a vast park with swimming ol for your enjoyment. Breakfast is served either in the Louis V lounge or on the terrace which looks out onto the park. A st.

Château des Poccards
120, route des Poccards - 71870 Hurigny
Tél. 03 85 32 08 27 - Fax 03 85 32 08 19
Email : chateau.des.poccards@wanadoo.fr
www.chateau-des-poccards.com
Ivan et Catherine Fizaine

1 pers. 70/110 € - 2 pers. 90/130 € - p. sup. 20 €

6 chambres avec bains et wc privés. Mini bar à l'étage des chambres. Ouvert du 15/03 au 19/12. Petit déjeuner : orange pressée, yaourts et beurre bio, gâteau au miel artisanal... 2 salons avec cheminées. Piano à queue. Terrasse. Parc 3 ha. Vélos. Piscine de 16 m. Restaurants à proximité. Bords de Saône et campagne 10 mn. ★ Val Lamartinien, Cluny, Cormatin, musée des Ursulines, Hôtel-Dieu, Roche de Solutré. Vignobles du Mâconnais et Beaujolais. Tennis 1 km. Golf 10 km. Mini-croisières. Pêche 6 km. Montgolfière sur pl. (sur résa.). **Accès :** A 10 mn de la sortie Macon-nord puis suivre direction Sennecé-les-Mâcon puis Clessé, Laizé et Chevenet Hurigny. C'est la 1re bâtisse à droite dans le village.

Catherine et Ivan sont tombés sous le charme de ce château du début du XIXe, à 7 km de Mâcon. S'inspirant des maisons toscanes, ils ont aménagé 6 vastes et confortables chambres, toutes personnalisées : coloniale, baroque, Louis XIV... Vaste parc arboré avec piscine. Petit déjeuner servi dans le salon Louis XV ou sur la terrasse. Une adresse incontournable.

Igé - Saône et Loire (71)

Côté Vigne TH
Domange - 71960 Igé
Tél. 03 85 33 46 64 - Fax 03 85 33 40 27
Email : cotevigne@wanadoo.fr
http://cotevigne.com
Marc Diserens

2 pers. 75/125 € - repas 25 €

★Close to the "Voie Verte" cycle and footpath. Solutré and La Salle golf course 15 km. Walks around Cluny, Tournus, Mâcon and Mâconnais vineyards. Tennis 4 km. Forest 1 km. Horse-riding 8 km. Swimming pool 12 km.

*★ **How to get there:** In Igé, head for Azé and signs for "Chapelle de Domange". Côté Vigne is the house with the tall red gate.*

This imposing wine-grower's residence, built in 1804 in a picturesque Mâconnais hamlet, is arranged around a vast shaded courtyard. The decoration is restrained and inviting, with fine antique furniture, paintings and a collection of unusual pieces. The five bedrooms open out onto magnificent scenery. Breakfast is served under the vine arbour or in the dining room.

5 chambres avec sanitaires privés et TV. Ouvert du 6.1 au 22.12. Petit déjeuner : viennoiseries, cake maison, fromage, fruits frais... Bibliothèque, TV. Caveau dégustation et dégustation organisée par les vignerons du village. Cour, jardin. Piscine. Restaurants 1 km. ★ A proximité de la voie verte, Solutré et du golf de la Salle (15 km). Balades dans les sites de Cluny. Tournus, Macon, vignoble du Maconnais. Tennis 4 km. Forêt 1 km. Equitation 8 km. **Accès :** à Igé, suivre dir. Azé, la signalisation "Chapelle de Domange". Maison avec un grand portail bleu.

Dans un pittoresque hameau du Maconnais, grande maison vigneronne datant de 1804 qui s'organise autour d'une vaste cour ombragée. La décoration est sobre et chaleureuse : beau mobilier ancien, tableaux, collection d'objets insolites... Les 5 chambres ouvrent sur un magnifique paysage. Petits déjeuners servis sous la treille ou dans la salle à manger.

Lindry - Yonne (89)

à la Métairie
16 la Métairie - 89240 Lindry
Tél./Fax 03 86 98 20 56
Email : alametairie@wanadoo.fr
www.alametairie.com
Brigitte et Gilles Martinigol

1 pers. 50/55 € - 2 pers. 62/70 €

★La Puisaye and Guédelon medieval castle "construction site". Auxerre, Châblis, etc. Châteaux, museums, abbeys. Horse-riding 2 km. Hiking locally. Golf course 8 km. Swimming pool and fishing 3 km.

*★ **How to get there:** A6, exit 19 Auxerre-Nord. N6 for Auxerre. Turn right 1.5 km on (D158) for Perrigny-St-Georges. At the roundabout, take D89 for Aillant and Lindry. Then head for La Métairie.*

A la Métairie is a very special place indeed for nature lovers and those looking for a comfortable, quiet break far from the madding crowd. Brigitte and Gilles welcome you to their verdant paradise where the silence is broken only by birdsong. This magnificent 18th-century longhouse provides spacious bedrooms, decorated by the lady of the house, for a stay full of enchantment.

2 ch. et 1 suite duplex avec sanitaires privés, entrée indép Ouv. toute l'année sur résa. Petit déj. : charcuterie, fromages, pâtisseries et confitures maison, céréales, œufs.. Salon, biblio. Cuisine d'été, barbecue à dispo. P-pong badminton. Salons de jardin, relax. Jardin de 2500 m Restaurants à prox. Animal 4 €. ★ Puisay chantier médiéval Guédelon, Auxerre, Vézelay, Châblis. Châteaux, musées, abbayes... Equitation 2 kn Randonnées sur place. Golf 8 km. Piscine et pêche 3 kn **Accès :** A6, sortie n°19 Auxerre nord. N6 dir. Auxer sur 1,5 km puis à droite (D158) dir. Perrigny-St-George Au rond point, prendre D89 dir. Aillant, puis Lindr Suivre ensuite la Métairie.

Une étape privilégiée pour les amoureux c calme, de confort et de nature. Brigitte et Gill vous reçoivent en amis dans leur petit paradis ve doyant où seuls les oiseaux peuvent rompre silence. Dans une magnifique longère du XVII des chambres spacieuses, décorées par la maîtres de maison vous attendent pour un chamant séjou

Marcigny - Saône et Loire (71)

NOUVEAUTÉ

La Tour du Moulin
1, rue de la Tour du Moulin -
71110 Marcigny
Tél. 03 85 25 04 54 ou 06 75 03 54 28
Alexandra et Bruno Marazannoff et Fournier

1 pers. 75 € - 2 pers. 90 € - 3 pers. 105 €

★Roman churches, Anzy-le-Duc music festival (July/August) 5 km. Swimming pool, tennis court 500 m. Hiking 2 km. Horse-riding 3 km. Bike hire 1 km.

*★ **How to get there:** La Tour du Moulin is set in the centre of Marcigny, between Semur-en-Brionnais and Anzy-le-Duc.*

Alexandra, a decorator, and Bruno, an antiques dealer, created a poetic and charming atmosphere when they lovingly restored this residence. There are 3 comfortable, pretty bedrooms available in a pleasant, countryside ambiance. The wonderful, walled garden is a superb place to relax.

3 chambres avec sanitaires privés. Ouvert toute l'année. Petit déjeuner : jus de fruits, pâtisseries, confitures et pâtisseries maison, crêpes, fromage... Cour, jardin. Restaurant 500 m. ★ Circuit des églises romanes, festival de musique à Anzy-le-Duc (juillet/août) 5 km. Piscine, tennis 500 m. Randonnées 2 km. Equitation 3 km. Location de vélos 1 km. **Accès :** La Tour du Moulin se situe au centre de Marcigny, entre Semur-en-Brionnais et Anzy-le-Duc.

Alexandra, décoratrice et Bruno, antiquaire ont su créer une atmosphère pleine de charme et de poésie lorsqu'ils ont restauré cette ancienne demeure. Ils ont aménagé 3 jolies chambres confortables dans une ambiance "très campagne". Le ravissant jardin clos de murs est une invitation au repos et à la détente.

BOURGOGNE

Massangis - Yonne (89)

Carpe Diem TH
53 Grande Rue - 89440 Massangis
Tél. 03 86 33 89 32
Email : carpediem.ser@infonie.fr
http://carpediem-serein.chez.tiscali.fr
Anselme Cabon

1 pers. 52/55 € - 2 pers. 55/60 € - 3 pers. 70 € - repas 23 €

Costume Museum at Avallon. Vézelay, Noyers-sur-Serein, Châblis, Irancy, etc. Tennis, fishing and hiking locally. Horse-riding 15 km. Golf course 30 km.

***How to get there:** A6, exit 21 for Nitry and D312 for Villiers-la-Grange. Lastly, D86 for L'Isle-sur-Serein.*

Three tastefully decorated guest bedrooms await you at this set of 19th-century farm buildings. Carpe Diem is the perfect staging post for exploring the many churches, châteaux, stately residences, wash houses, and other places of interest in the local villages. Gourmets will delight in the delicious regional cuisine, served with the finest wines. An ideal destination in the Yonne, just two hours from Paris.

3 chambres avec sanitaires privés. Ouvert toute l'année. Petit déjeuner : jus d'orange, viennoiseries, gâteau maison, confitures... T. d'hôtes : magret de canard, suprême de poulet à la bourguignonne... Salon avec cheminée. Salon de jardin, transats. Cour, jardin, potager. Restaurants à proximité. ★ Musée du costume à Avallon. Vézelay, Noyers-sur-Serein, Châblis, Irancy... Tennis, pêche et randonnées sur place. Equitation 15 km. Golf 30 km. **Accès :** A6, sortie n°21 Nitry puis D312 dir. Villiers-la-Grange et enfin D86 dir. L'Isle-sur-Serein.

Dans un corps de ferme du XIXe siècle, 3 chambres d'hôtes décorées avec goût vous sont proposées. Eglises, lavoirs, vieilles demeures, châteaux et attractions diverses sont à découvrir dans chaque village. Pour les gourmets, la région offre une cuisine raffinée accompagnée des meilleurs vins. Etape idéale dans l'Yonne, à 2 h de Paris.

Mellecey - Saône et Loire (71)

★Wine-growing estates, from Beaune to Cluny. Fishing 500 m. Tennis 1 km. Horse-riding 2 km.

*★ **How to get there:** From Châlon-Nord, head for Autun. At the roundabout, Côte Chalonnaise, and head for Mellecey on D48.*

In the heart of the Chalonnais vineyards, famed for their Rully, Mercurey and Buxy grape varieties, between the Mâconnais and the Côte de Beaune, Kate and Stephan will welcome you as friends of the family at their handsome property, which they have lovingly restored. Superb fully enclosed tree-lined park with heated pool. A charming spot.

Le Clos Saint-Martin
route de la Vallée - 71640 Mellecey
Tél./Fax 03 85 45 25 93
Email : stephan.murraysykes@freesbee.fr
Stephan et Kate Murray-Sykes

1 pers. 70/100 € - 2 pers. 90/120 € - 3 pers. 140/170 € - p. sup. 20/30 €

6 chambres avec sanitaires privés (4 avec TV sat., magnétoscope, tél.). Ouv. du 3.01 au 23.12. Petit déj. : fruits frais, viennoiseries, céréales, fromages, charcuterie... Salon (TV). Parc clos, piscine chauffée. Ventes de vins.Réservation recommandée. Espace non fumeur. Cartes Amex et Diners refusées. Restaurant 300 m ★ Route des vins, de Beaune à Cluny. Pêche 500 m. Tennis 1 km. Equitation 2 km. **Accès :** de Chalon-nord, prendre direction Autun. Au rond-point, Côte Chalonnaise, direction Mellecey par la D48.

Au cœur des vignobles de la Côte chalonnaise, tels Rully, Mercurey ou Givry, entre Mâconnais et Côte de Beaune, Kate et Stephan vous reçoivent en amis dans leur belle propriété qu'ils ont restaurée avec passion. Beau parc arboré entièrement clos avec piscine chauffée. Une adresse de charme.

Metz-le-Comte - Nièvre (58)

NOUVEAUTÉ

★At the central point between Vézelay, Clamecy, Tannay and Corbigny. Alongside the St-Jacques-de-Compostelle road. 2 km from the Nivernais canal. Swimming pool 15 km. Tennis 4 km. Fishing 2 km. Forest 5 km. Vineyards on site.

*★ **How to get there:** In the north of the department, take D951 from Clamecy towards Vézelay. In Dornecy, take D985 and then in Breves, take the D280 Metz-le-Comte. Michelin map 319.*

At this beautiful 17th-century residence that is set in a village at the heart of the exquisite Bourgogne region, you are guaranteed a warm welcome. The property has been artistically renovated and its splendour, its warm décor and its magnificent garden that overlooks the countryside, will take your breath away. Not to be missed.

Les Frênes
Le Bourg - 58190 Metz-le-Comte
Tél. 03 86 29 87 63
Walter et Chantal Meyer

1 pers. 49 € - 2 pers. 59/77 € - 3 pers. 80/91 € - p. sup. 14 €

3 chambres avec sanitaires privés. Ouvert du 1.04 a 31.10 (sur réservation le reste). Petit déjeuner : viennoiseries, fruits secs, gâteaux et confitures maison, jus de frui frais... Salon, bibliothèque, jeux, cheminée. Jardin. Terrai clos. Restaurants à Tannay (4 km). ★ A la croisée c Vézelay, Clamecy, Tannay et Corbigny. Au bord de route de St-Jacques-de-Compostelle. A 2 km du Can du Nivernais. Piscine 15 km. Tennis 4 km. Pêche 2 kr Forêt 5 km. Vignes sur pl. **Accès :** au nord du départe ment, à partir de Clamecy, prendre D951 directi Vézelay. A Dornecy, prendre D985 puis à Breves la D2 Metz-le-Comte. CM319.

Vous serez chaleureusement reçus dans une be bâtisse du XVIIe siècle, située au cœur d'un villa classé haut-lieu de Bourgogne, avec son église XIIe siècle. Cette demeure rénovée dans les règ de l'art vous ravira par ses belles proportions, décoration aux couleurs chaudes et son mag fique jardin fleuri dominant la campagne.

Mont et Marré - Nièvre (58)

NOUVEAUTÉ

**10 km from the Vaux and Baye lakes and the Nivernais canal. Morvan Park nearby. Tennis, forest, footpaths locally. Fishing 10 km. Horse-riding 5 km.*

*★ **How to get there:** At Châtillon-en-Bazois on the D978, take D945 towards Corbigny and take the third left (D259) "Le Chagnot". Michelin map 319.*

Make the most of the enormous dining room, sitting room and wooded grounds of this stunning 18th and 19th-century property that is a haven of tranquility. The bedrooms are spacious and impeccably decorated providing an atmosphere of calm that is truly unbeatable.

Manoir du Chagnot
58110 Mont et Marré
Tél. 03 86 84 06 75 - Fax 03 86 84 09 63
Email : aat.peterse@tiscali.fr
www.manoirduchagnot.fr
M. Peterse et M. Fernandez

1 pers. 57/110 € - 2 pers. 70/110 € - p. sup. 20 €

5 chambres avec sanitaires privés. Ouvert du 15.03 au 15.11. Petit déjeuner : fruits, jus de fruits, céréales, charcuterie, viennoiseries... Salon, salle à manger. Grand parc. Piscine. Restaurants à Châtillon-en-Bazois (5 km). ★ A 10 km des étangs de Vaux et Baye et du Canal du Nivernais. Proche du Parc du Morvan. Tennis, forêt, sentiers sur place. Pêche 10 km. Equitation 5 km. **Accès :** à Châtillon-en-Bazois sur D978, prendre D945 direction Corbigny puis 3e à gauche (D259) "Le Chagnot". CM319.

Dans ce superbe manoir des XVIIIe et XIXe siècles, vous pourrez disposer en toute quiétude de l'immense parc arboré ainsi que du grand salon et de la salle à manger. Ses chambres spacieuses et décorées avec goût vous invitent au repos.

BOURGOGNE

Montoillot - Côte d'Or (21)

Châteauneuf-en-Auxois medieval village, Commarin hâteau, Burgundy Canal and boat trips 11 km. Places of storical interest. Golf course 15 km. Horse-riding 10 km. iling 5 km. Hiking 500 m. Go-karting 11 km.

***How to get there:** A6 motorway, Pouilly-en-Auxois exit, d A38, exit 27. At Montoillot, follow signs to "Clos de ugères". Michelin map 320, fold H6.*

los de Fougères offers two elegant, invitingly appointed drooms in the peace and quiet of a fully restored 16th-century mhouse. The property, nestling in a leafy setting, with imming pool, overlooking the valley, is the perfect spot for a ly restful break. The proximity to Dijon and Beaune make s an ideal staging post for exploring Burgundy.

Clos de Fougères
21540 Montoillot
Tél./Fax 03 80 49 24 64 ou 06 64 15 66 31
Email : closdefougeres@wanadoo.fr
www.closdefougeres.com
Catherine et Claude Beaufremez

2 pers. 65 € - 3 pers. 80 €

2 chambres avec sanitaires privés. Ouvert toute l'année. Petit déjeuner : viennoiseries, confitures maison, produits laitiers, fruits de saison... Salon avec bibliothèque, kitchenette. Terrasse. Cour, jardin ombragé, parc de 1 ha. Piscine chauffée, vélos. Restaurants dans un rayon de 5 km. ★ Village médiéval de Châteauneuf-en-Auxois, château de Commarin, Canal de Bourgogne 11 km (promenade bateau), sites historiques. Golf 15 km. Equitation 10 km. Voile 5 km. Randonnée 500 m. Karting 11 km. **Accès :** A6, sortie Pouilly-en-Auxois puis A38 sortie n°27. A Montoillot suivre le fléchage "Clos de Fougères". CM320, pli H6.

Le Clos des Fougères vous offre le calme de ses 2 chambres au décor raffiné et chaleureux, aménagées dans une ferme du XVIe entièrement restaurée. Cette propriété nichée dans la verdure, avec sa piscine surplombant la vallée, est l'endroit privilégié pour se ressourcer. La proximité de Dijon et de Beaune en font une étape idéale pour découvrir la Bourgogne.

Moroges - Saône et Loire (71)

★Chalonnais vineyards. Romanesque art and architecture: Autun, Beaune, Cluny and Tournus. Places of interest: Brancion, Cormatin and Germolles. Tennis court 2 km. Fishing 5 km. Lake 10 km. Montchanin golf course 18 km.

*★ **How to get there:** A6, Chalon-Sud exit; N80 for Le Creusot; Moroges exit after 12 km. In village square, turn left. L'Orangerie is on your right after 800 m.*

A warm welcome awaits you at l'Orangerie, a comfortable 19th-century country house with elegant, restful décor. Secluded garden and swimming pool, set in a peaceful valley of meadows and vineyards. The perfect base from which to explore the scenic, architectural and gastronomic riches of Southern Burgundy. Ideal for visiting Romanesque Cluny and Tournus.

L'Orangerie TH
Vingelles - 71390 Moroges
Tél. 03 85 47 91 94 - Fax 03 85 47 98 49
Email : orangerie.mor@infonie.fr
http://orangerie.mor.chez.tiscali.fr
Niels Lierow et David Eades

1 pers. 60/85 € - 2 pers. 65/95 € - 3 pers. 115 € - repas 25/40 €

5 chambres avec téléphone (TV sur demande), bains ou douche et wc privés. Ouvert de mars à novembre. Copieux petit déjeuner. Table d'hôtes sur réservation. Belle pièce de jour réservée aux hôtes. Parc arboré clos avec piscine privée. Nombreux restaurants à proximité. ★ Visites de caves. Découverte de l'art roman : Autun, Beaune, Cluny, Tournus. Sites de Brancion, Cormatin et Germolles. Tennis 2 km. Pêche 5 km. Lac 10 km. Golf de Montchanin 18 km. **Accès :** A6, sortie Chalon-sud, puis direction Le Creusot par N80. A 12 km, sortie Moroges. Dans le bourg, prendre direction Vingelles.

Vous serez accueillis chaleureusement dans cette belle demeure campagnarde du XIXe siècle, située dans une vallée paisible, au milieu de prés et de vignobles, avec jardin et piscine privés. Décor élégant et cadre reposant. Vous ferez en ces lieux une étape de charme. Idéal pour découvrir les hauts lieux de l'art roman comme Cluny ou Tournus.

BOURGOGNE

Moroges - Saône et Loire (71)

★Tours of wine cellars. Romanesque art: Autun, Beaune, Cluny, Tournus. Places of interest in Brancion, Cormatin and Germolles. Fishing 500 m. Tennis 2 km. Bikes 5 km. Lake 10 km. Swimming pool, horse-riding 10 km. Montchanin golf course 18 km.

*★ **How to get there:** At Chalon-Sud, head for Montceau-Le Creusot on RN80, Moroges exit. Head for the church/town hall (Mairie) and follow signs.*

Françoise welcomes you to her handsome, spacious property, set in a leafy park with centuries-old trees, in the heart of the Chalonnais vineyards. The guest bedrooms, in the old windmill close to the manor, feature refined, personalised décor and painted or fine antique furniture, complete with attractive fabrics. Inviting atmosphere in a charming spot.

Moulin Brulé - 71390 Moroges TH
Tél. 03 85 47 90 40 ou 06 03 78 33 83
Fax 03 85 47 97 10
Email : moulin.brule@wanadoo.fr
http://www.moulinbrule.com
Françoise Paupe

2 pers. 65/70 € - 3 pers. 80 € - repas 28 €

4 chambres 2 à 3 pers., avec sanitaires privés (prise TV) Ouvert toute l'année. Petit déjeuner : confitures maison viennoiseries, fromages... Table d'hôtes sur réservation (fois par semaine). Salle pour petit déjeuner et salon communs. ★ Visites caves. Découverte art roman : Autun Beaune, Cluny, Tournus. Sites de Brancion, Cormatin et Germolles. Tennis 2 km. Pêche, vélos 5 km. Lac, piscine équitation 10 km. Golf de Montchanin 18 km. **Accès :** Chalon-sud, direction Montceau-Le Creusot par RN8 puis sortie Moroges. Prendre la dir. Église/mairie, puis suivre le fléchage.

Au cœur du vignoble chalonnais, Françoise vous accueille dans une vaste propriété entourée d'un parc aux arbres centenaires et traversé par un ruisseau. Les chambres à la décoration raffinée ont été aménagées dans l'ancien moulin. Atmosphère chaleureuse dans un lieu plein de charme.

Moulins-Engilbert - Nièvre (58)

★Château-Chinon, capital of the Morvan (museums). Saint-Honoré-les-Bains (spa) 16 km. Morvan Regional Nature Park. Variety of walks. Fishing on site. Swimming pool, tennis court 2 km. Horse-riding 6 km. Sailing 30 km.

★ ***How to get there:*** *From Château-Chinon, take D37 for Moulins-Engilbert and the Limantour road (D132). Michelin map 319.*

La Grande Sauve, a 19th-century mansion, stands in an authentic setting at the gateway to Morvan Regional Nature Park. Three individually appointed spacious bedrooms await your arrival. Ideal for nature enthusiasts and lovers of open spaces.

La Grande Sauve
route de Limanton - 58290 Moulins-Engilbert
Tél. 03 86 84 36 40
Email : derangeredom@club-internet.fr
http://gites-de-france-nievre.com/grandesauve
Marc et Dominique Dérangère

1 pers. 43 € - 2 pers. 50 € - 3 pers. 65 € - p. sup. 15 €

3 chambres avec bains et wc privés. Ouvert toute l'année. Petit déjeuner : pâtisseries et confitures maison, œufs coque, yaourts... Baby-foot, badminton, boules de pétanque. Parc d'1,5 ha. Possibilité accueil de chevaux (box et pré) sur 3 ha de terrain clos. Restaurants à proximité. ★ Château-Chinon, capitale du Morvan (musées). St-Honoré-les-Bains (thermes) 16 km. Parc Naturel Régional du Morvan. Nombreuses randonnées. Pêche sur place. Piscine, tennis 2 km. Equitation 6 km. Voile 30 km. **Accès :** à Château-Chinon prendre la D37 direction Moulins-Engilbert puis la route de Limantor (D132). CM319.

Aux portes du Parc Naturel Régional du Morvan, maison de maître du XIXe siècle au cadre authentique. La Grande Sauve propose 3 chambres d'hôtes très spacieuses, au décor personnalisé. Une adresse pour les amoureux de nature et d'espace.

BOURGOGNE

Narcy - Nièvre (58)

NOUVEAUTÉ

Near to La Charité-sur-Loire (clunisian site, ville du livre) and the Pouilly-sur-Loire and Sancerre vineyards. Bertranges National forest 3 km. Swimming pool 8 km. Tennis, fishing 6 km. Horse-riding 15 km.

How to get there: *Arriving nord-Nièvre on th eA77, exit Pouilly-sur-Loire and head towards Narcy. Michelin map 319.*

This beautiful, late 18th-century family mansion is set in 2 hectares of grounds next to a stream. There are two suites and a bedroom available that are spacious and tastefully decorated. At breakfast time, there is a wonderful terrace with a fantastic view of the countryside for you to enjoy.

La Cuvellerie
29, rue des Annelets - 75019 Paris
Tél. 03 86 69 16 34 ou 06 22 30 63 45
Email : francoise.perdrizet@free.fr
http://francoise.perdrizet.free.fr
Françoise Perdrizet-Madegard

1 pers. 45/55 € - 2 pers. 50/60 € - 3 pers. 75 €

1 chambre et 2 suites avec sanitaires privés. Ouvert toute l'année sur résa. Petit déjeuner : viennoiseries, jus de fruits, fruits de saison, laitage... Petit déjeuner servi dans le salon, sur la terrasse ou dans le jardin. Bibliothèque. Parc 2 ha. Vélos à disposition. Restaurants 8 km. ★ A proximité de la Charité-sur-Loire (site clunisien, ville du livre) et des vignobles de Pouilly-sur-Loire et Sancerre. Forêt domaniale des Bertranges 3 km. Piscine 8 km. Tennis, pêche 6 km. Equitation 15 km. **Accès :** arrivée nord-Nièvre par l'A77 sortie Pouilly-sur-Loire puis dir. Narcy. CM319.

Belle maison de maître de la fin du XVIIIe siècle, située dans un parc de 2 ha et en bordure d'un ruisseau. Vous disposerez de deux suites et d'une chambre parfaitement aménagées, spacieuses et décorées avec goût. Pour déguster votre petit déjeuner, une terrasse dominant la campagne vous attend.

Noyers-sur-Serein - Yonne (89)

Château d'Archambault
Cours - 89310 Noyers-sur-Serein
Tél. 03 86 82 67 55 - Fax 03 86 82 67 87
Email : chateau-archambault@wanadoo.fr
www.chateau-archambault.com
Claude Marie

2 pers. 70/76 € - p. sup. 20 €

5 chambres avec sanitaires privés. Ouvert toute l'année. Salle pour le petit déjeuner. Salon avec cheminée. Salon de jardin. Parc de 4 ha. Restaurant à Noyers. ★ Noyers : village médiéval. Vézelay. Abbaye de Fontenay. Randonnées pédestres, VTT. **Accès :** autoroute A6, sortie Nitry. A 1,5 km de Noyers-sur-Serein.

Tout proche du village médiéval de Noyers-sur-Serein, élégante demeure de maître du XIXe siècle, entourée d'un parc arboré. 5 chambres, vastes et lumineuses, d'un confort raffiné ont été aménagées. Atmosphère feutrée et sérénité des lieux. Une étape de charme en Bourgogne.

★Noyers-sur-Serein: medieval village. Vézelay. Fontenay Abbey. Hiking, biking.

★ ***How to get there:*** *A6 motorway, Nitry exit. 1.5 km from Noyers-sur-Serein.*

Elegant 19th-century family mansion set in a tree-filled park, near the medieval village of Noyers-sur-Serein. The five bright, spacious bedrooms offer refined appointments. Cosy and serene. A charming stop in Burgundy.

Oulon - Nièvre (58)

Le Vieux Château
58700 Oulon
Tél./Fax 03 86 68 18 29
Christiane Fayolle

2 pers. 60 €

1 suite avec sanitaires privés. Ouvert toute l'année. Pe[...] déjeuner : viennoiseries, gateaux et confitures maison Possibilité de prendre ses repas à la ferme-auberge s[...] place : produits du terroir, magret de canard, forêt noire Cour. Piscine. Restaurants à Premery (5 km). ★ Châte[...] de Giry (XIVe et XVIIe). A 30 km de Corbigny : châtea[...] de Lantilly et de Chitry. Joli village d'Arthel avec son ch[...]teau. Pêche, randonnée et forêt sur place. Tennis 5 k[...] Equitation 10 km. **Accès :** de Nevers, prendre D977 d[...] Varzy-Clamecy. A Premery, prendre D977bis d[...] Corbigny et c'est la 1re à gauche (D129) vers Oulon. [...] Oulon, c'est la 1re à gauche. CM319.

Dans un cadre agréable et reposant, jolie fer[...] traditionnelle du XVIe siècle, où 1 suite avec acc[...] indépendant a été aménagée pour votre déten[...] Vous pourrez goûter aux joies du farniente au bo[...] de la piscine, et savourer les spécialités régiona[...] de la ferme-auberge.

★14th and 17th century Giry Château. 30 km from Corbigny: Lantilly and Chitry châteaux. Pretty Arthel village and château. Fishing, hiking and forest locally. Tennis 5 km. Horse-riding 10 km.

★ ***How to get there:*** *From Nevers, take the D977 for Varzy-Clamecy. At Premery, take D977bis for Corbigny and first turning on left (D129) for Oulon. In Oulon, first turning on left. Michelin map 319.*

This pretty, traditional 16th-century farmhouse, in a pleasant, tranquil setting, offers a suite with private entrance for a relaxing break. Experience the joys of the good life by the pool, and savour regional dishes at the farmhouse-inn.

Poil - Nièvre (58)

Château de Villette TH
58170 Poil
Tél. 03 86 30 09 13 - Fax 03 86 30 26 03
Email : catherinestork@wanadoo.fr
www.stork-chateau.com
Coen et Catherine Stork

★Le Morvan Regional Nature Park. Mont-Beuvray (European Archaeology Centre) and Autun (Gallo-Roman town) 10 km. Vineyards 42 km. Fishing and forest locally.

★ ***How to get there:*** *On N81 between Luzy and Autun. 13 km from Luzy, turn left onto D192 for Poil. Drive through Poil and as you leave the village, turn first left for "Villette". Michelin map 319.*

Eighteenth-century Château de Villette is set on a 200-hectare estate. The bedrooms look out onto parkland graced with centuries-old trees and magnificent main courtyards. The château gardens were designed by Le Nôtre. Catherine and Coen are your hosts at this superb residence, which they have lovingly and elegantly restored.

2 pers. 150/200 € - 3 pers. 150/170 € - p. sup. 30 € - repas 38 € - 1/2 p. 158/208 € - pens. 178/228 €

3 chambres avec sanitaires privés. Ouv. toute l'année. Petit déjeuner : jus de fruits, viennoiseries, confitures maison... Table d'hôtes : charolais, magret de canard, bœuf bourguignon, escargots de Bourgogne. 2 cours, jardin, parc 200 ha. Piscine, vélos, ping-pong. ★ Parc Naturel Régional du Morvan. Mont-Beuvray (site archéologique) et Autun (ville gallo-romaine) 10 km. Vignoble 42 km. Pêche, forêt sur place. **Accès :** sur N81 entre Luzy et Autun, à 13 km de Luzy, prendre à gauche (D192) dir. Poil, traverser le village et à la sortie 1re route à gauche "Villette". CM319.

Le château de Villette (XVIIIe siècle) est situé sur un domaine de 200 ha. Les chambres s'ouvrent sur un parc d'arbres centenaires et sur de magnifiques cours d'honneur. Les jardins du château ont été dessinés par Le Nôtre. Catherine et Coen vous accueilleront dans cette superbe demeure qu'ils ont restaurée avec passion et élégance.

Poilly-sur-Tholon - Yonne (89)

La Chartreuse TH
5, rue des Chartreux - Sarrigny -
89110 Poilly-sur-Tholon
Tél. 03 86 63 59 18
www.lachartreuse.net
Muriel et Jean-François Danger

Auxerre 15km, Chablis, Vézelay, Pontigny abbey. Tennis court, golf, swimming pool, horseriding (3 to 8km).

How to get there: *Details will be supplied at time of booking. GPS co-ordinates: W47.51.652 - E.03.24.494*

Muriel and Jean-François extend a warm welcome to guests at La Chartreuse, a 17th-century farmhouse set in a small, leafy hamlet. Enjoy the friendly hospitality of the place after a wine-tasting session or a day trip in a barouche. Spend a relaxing evening savouring gourmet table d'hôtes meals made with produce from the garden or the local market.

1 pers. 55 € - 2 pers. 62/70 € - repas 30 €

5 chambres (lit king size) avec sanitaires privés. Ouvert toute l'année. Petit déjeuner : viennoiseries, confitures maison, miel... T. d'hôtes raffinée (uniquement sur résa.). Cheminée. Billard. Jardin. ★ Auxerre 15 km, Chablis, Vézelay, abbaye de Pontigny, St-Fargeau. Tennis, piscine, golf, équitation (entre 3 et 8 km). **Accès :** un plan détaillé sera communiqué lors de la réservation. GPS : W47.51.652 - E.03.24.494

Elégante demeure de charme, en pleine campagne, où Muriel et Jean-François se feront une joie de vous accueillir dans leur ferme du XVIIe. Les chambres sont spacieuses, lumineuses et confortables. Ce lieu d'échange et de convivialité s'ouvre à tous les adeptes du savoir-vivre et du bien-être. Excellente table d'hôtes concoctée par Jean-François.

Poisson - Saône et Loire (71)

★Brionnais and Romanesque churches. Paray-le-Monial 12 km. Fishing and tennis 2 km.

★ ***How to get there:*** *At Charolles, take D10 for Marcigny, then D34.*

Château de Martigny, overlooking the Arconce Valley, has been in the same family since the 18th century. Edith Dor guarantees a warm welcome at the residence. The guest rooms, which she has decorated herself, are a tribute to her exquisite taste. Enjoy strolls through the extensive leafy park or relax by the pool. A delightful, genuine spot.

Château de Martigny TH
71600 Poisson
Tél. 03 85 81 53 21 - Fax 03 85 81 59 40
Email : château-martigny@worldonline.fr
http://château-martigny.chez.tiscali.fr
Edith Dor

1 pers. 80/110 € - 2 pers. 85/115 € - 3 pers. 90/120 € - p. sup. 60 € - repas 40 €

4 chambres avec sanitaires privés. Ouvert du 1er avril au 1er novembre. Petit déjeuner : viennoiseries, jus d'orange, confitures maison... Table d'hôtes : viande charollaise, légume du jardin... Salon avec TV. Parc de 4 ha. avec piscine. Stages et théâtre au château. Restaurants à 2 km. ★ Eglises romanes du Brionnais. Paray-le-Monial 12 km. Pêche et tennis 2 km. **Accès :** à Charolles prendre la D10 vers Marcigny puis la D34.

Le château de Martigny qui domine la vallée de l'Arconce, appartient à la même famille depuis le XVIIIe siècle. Vous y serez accueillis chaleureusement par Edtih Dor qui a décoré avec un goût exquis les chambres qui vous sont réservées. Flaneries dans le vaste parc arboré ou détente au bord de la piscine. Une étape de charme dans un lieu authentique.

BOURGOGNE

Pommard - Côte d'Or (21)

NOUVEAUTÉ

★The Beaune and Nuits coast, Grande Crus country. Beaune and its famous wine sales, hospices and caves. Swimming pool 5 km. Tennis, horse-riding and golf 7 km. Forest 2 km.

★ ***How to get there:*** *From Beaune, direction Autun on D973. Turn right at "place de l'Europe" towards Ivry en Montagne D17. The house is just outside the village on the left at the crossroads of Route d'Ivry and Rue du Colombier.*

This family residence was built in 1934 and has been well-known for generations for its wine-producing. Recently, the owners decided to branch out and offer accomodation as well as wine. Set in a world-renowned village, the property has been entirely renovated and has managed to keep the charm of its history and tradition. A warm welcome will be extended to you as you arrive for an unforgettable stay.

Clos du Colombier
1, route d'Ivry - 21630 Pommard
Tél. 03 80 22 00 27 ou 06 09 15 13 88
Fax 03 80 24 74 81
Email : mc.pothier@wanadoo.fr
Marie-Christine Pothier

1 pers. 90/135 € - 2 pers. 90/150 € - 3 pers. 115/165 €

5 chambres dont 1 familiale et 1 suite avec sanitaires pr vés et téléphone (TV sur demande). Ouv. toute l'anné Petit déjeuner : jus d'orange, yaourts, viennoiseries, pa d'épice, céréales, confitures, miel... Bibliothèque. Cou jardin, vignes (1 ha), promenades. Dégustation et vente vins. Restaurant à 1 km. ★ Toute la Côte de Beaune et Nuits, route des Grands Crus. Beaune et sa célèbre ven de vins, les Hospices, célèbres caves. Piscine 5 km. Tenn équitation et golf 7 km. Forêt 2 km. **Accès :** de Beaur dir. Autun (D973 Pommard), tourner à droite place l'Europe dir. Ivry-en-Montagne (D17). Le Clos est à sortie du village, à gauche, à l'intersection de la rte d'Iv et de la rue du Colombier.

Située dans un village de renommée mondia cette demeure familiale de 1935 reconnue par générations pour ses vins, élargit son activité proposant l'accueil en chambres d'hôtes. domaine a été totalement renové mais a su gar le charme naturel et l'authenticité de son passé. accueil chaleureux au cœur des vignes.

Pommard - Côte d'Or (21)

★Beaune, Dijon, Autun, Baroque Music Festival, Hôtel-Dieu (hospice), Wine Museum. Swimming pool 4 km. Lake 15 km. Vineyards on the premises and locally.

*★ **How to get there:** A6, Beaune-Sud exit 24-1. After the turnpike, take the new "André Boisseaux" bypass for Autun and Pommard. In Pommard, drive up to the church, opposite the clock. Rue Sainte-Marguerite is on the left.*

This charming time-honoured residence welcomes you in a quiet, authentic village in the heart of vineyards, at the gateway to the delightful town of Beaune. The bathrooms exude refinement, and the original hexagonal red tiling and period furniture give the bedrooms an invitingly genuine Burgundy feel. The owner, a wine-grower, will be happy to show you around the cellars.

Les Nuits de Saint-Jean
9, rue Sainte-Marguerite - 21630 Pommard
Tél. 03 80 22 49 98 - Fax 03 80 22 94 40
Email : violot.pommard@cegetel.net
www.violot-guillemard.fr
Estelle et Thierry Violot-Guillemard

1 pers. 50/71 € - 2 pers. 58/69 € - 3 pers. 79/89 € - p. sup. 10/20 €

4 chambres dont 2 communicantes avec sanitaires privés. Ouv. toute l'année. Petit déjeuner : confitures, brioches, pain d'épices et yaourts maison, oranges pressées, œufs, fromage, céréales, fruits. Grand salon avec cheminée, TV, jeux de société, bibliothèque. Dégustation et vente de vins au domaine. Restaurant 500 m. ★ Beaune, Dijon, Autun, festival de musique baroque, Hôtel-Dieu, musée du vin. Piscine 4 km. Lac 15 km. Vignoble sur place. **Accès :** A6, sortie Beaune-sud n°24-1. Après péage, prendre nouvelle rocade "André Boisseaux", dir. Autun, Pommard. A Pommard, aller jusqu'à l'église, face à l'horloge. La rue est à gauche. CM320, pli I7.

Au cœur du vignoble, aux portes de la belle ville de Beaune, une charmante et vieille demeure vous accueille, dans un village calme et authentique. Les salles de bains raffinées, les tommettes anciennes et les meubles d'antan donnent aux chambres une âme et une chaleur toute bourguignonne. Accueil en cave par le maître des lieux, vigneron.

Puits - Côte d'Or (21)

NOUVEAUTÉ

Concerts in nearby châteaux and abbeys. Festivals, museums. Fontenay Abbey; Buffon ironworks; vase de Vix at Chatillon-sur-Seine. Hiking and walking in the local forest.

*★ **How to get there:** On the D980, turn right at the Puits bend and head in the direction of Chatillon-sur-Seine then turn left towards Montbard. 150m after the high turn and on the right of the path. Michelin map 320, fold G3.*

On the Bourgogne and Champagne border, where two hiking trails meet, this former stone-cutter's residence will charm you with its warm welcome and friendly atmosphere. The property has large and luxurious bedrooms, a rockery garden and a heated swimming pool, allowing you to wind down in total tranquility.

rue Hoteaux - 21400 Puits
Tél. 03 80 93 14 83 ou 06 71 37 40 52
Email : gilbertemichel@free.fr
http://chambrepuits.free.fr
M. et Mme Escot

1 pers. 65 € - 2 pers. 75 € - 3 pers. 90 €

2 chambres avec sanitaires privés. Ouvert du 1/05 au 15/11. Petit déjeuner : viennoiseries, pains spéciaux, jus de fruits, charcuterie, yaourts... Salle à manger, salon avec cheminée. Bibliothèque. Piano. Cour, parc de 1 ha, vaste jardin arboré. Balançoire. Piscine chauffée. Restaurants 2 et 7 km. ★ Concerts dans châteaux et abbayes proches. Festivals, musées. Abbaye de Fontenay; forges de Buffon; vase de Vix à Chatillon-sur-Seine. Randonnées et balades en forêt sur place. **Accès :** sur la D980, à droite dans le virage de Puits en dir. de Chatillon-sur-Seine puis à gauche dir. Montbard. A 150 m du tournant en haut et à droite du chemin. CM320, pli G3.

Aux confins de la Bourgogne et de la Champagne, au carrefour de 2 chemins de grande randonnée, cette ancienne demeure de tailleur de pierre vous charmera par la chaleur de son accueil. Vous apprécierez ses vastes et confortables chambres, son jardin de rocaille et sa belle piscine chauffée où vous pourrez vous détendre en toute tranquillité.

Raveau - Nièvre (58)

Le Bois Dieu TH
58400 Raveau
Tél. 03 86 69 60 02 - Fax 03 86 70 23 91
Email : leboisdieu@wanadoo.fr
www.leboisdieu.com
Jean et Dominique Mellet-Mandard

1 pers. 46 € - 2 pers. 54 € - repas 22 €

4 chambres doubles (non fumeurs) avec sanitaires privés. Ouvert du 1.04 au 15.11. Table d'hôtes (sauf le dimanche) sur réservation : produits de la ferme, vin de pays compris. Salon-bibliothèque, salle de séjour. Parc. Etangs, forêt sur place. ★ La Charité-sur-Loire 6 km, cité monastique fortifiée. Vignobles de Pouilly-sur-Loire et de Sancerre. Nombreux sites et monuments. Tennis, équitation 2 km. Piscine 6 km. **Accès :** sur A77 au nord, sortie 31 puis D179. Au sud, sortie 31 puis D138 sur 3 km. Le Bois Dieu est à 250 m de Peteloup. CM319.

A la campagne, en lisière de la forêt des Bertranges, vous serez reçus en amis dans notre maison de famille, dans de grandes chambres lumineuses au mobilier ancien. Accueil convivial dans un lieu authentique empreint de quiétude.

★Tennis, horse-riding 2 km. Swimming pool 6 km. La Charité-sur-Loire 6 km (fortified monastic city) on Santiago de Compostela route. Vézelay. Bourges. Places of interest and monuments. Pouilly, Sancerre vineyards. Fishing. Forest, hiking nearby.

★ ***How to get there:*** *From the North, A77, exit 29 and D179s. From the South, exit 31 and D138 for 3 km. Le Bois Dieu is 250 m from Peteloup. Michelin map 319.*

You will be welcomed as friends at this family residence in the heart of the countryside. The bedrooms are bright and spacious, featuring antique furniture. A haven of peace and quiet not to be missed.

Le Rousset - Saône et Loire (71)

La Fontaine du Grand Fussy TH
Le Grand Fussy - 71220 Le Rousset
Tél./Fax 03 85 24 60 26
Email : la-fontaine-du-grand-fussy@wanadoo.fr
Dominique Brun

1 pers. 56/66 € - 2 pers. 62/72 € - p. sup. 16 € repas 16 €

5 chambres avec sanitaires privés. Ouv. du 1/02 au 31/1 Petit déjeuner : brioche aux pralines, viennoiseries, con tures maison... T. d'hôtes (sauf dimanche et lundi) : cur d'agneau, blanquette de veau, bœuf bourguignon Cuisine à disposition des hôtes. Salle de réunic ★ Cluny 20 mn : abbaye, grottes, festival Jazz, "Granc Heures de Cluny". Château de Cormatin. Festival Blu au Creusot. Eglises romanes... Sentiers de randonnée s place. Forêt 1 km. Lac 2 km. **Accès :** A6 sortie Mâco sud - rte express sortie Cluny. A Cluny, D980 c Montceau/Mines. Traverser Salornay, à la Croisée-c Cray continuer tout droit 6 km, puis à gauche D33 e droite D60. 1er chemin à gauche.

Entre Clunysois et Charolais, Dominique et Y ont jeté leur dévolu sur cette vaste et belle mais du XVIIIe. La maison a retrouvé son charme grâ au talents de la maîtresse de maison, spécialiste restauration de peintures : enduits à la chaux, g cis colorés, faux marbre, trompe l'œil se mêl aux ferronneries et aux meubles anciens.

★Cluny (20 min.): abbey, caves, Jazz Festival, "Grandes Heures de Cluny" event. Cormatin Château. Creusot Blues Festival. Romanesque churches. Hiking paths locally. Forest 1 km. Lake 2 km. Tennis 6 km. Horse-riding 8 km.

★ ***How to get there:*** *A6, Mâcon-Sud exit. Expressway, Cluny exit. At Cluny, D980 for Montceau-les-Mines. Drive through Salornay, and straignt on at La Croisée-de-Cray. 6 km on, turn left (D33) and right (D60). 1st turning on left.*

For Dominique and Yves, this handsome, large late-18th-century residence, between Clunysois and Charolais, was love at first sight. The house has recovered its many charms thanks to the talents of your hostess, a painting restoration expert. The décor includes lime coatings, coloured glazing, faux marbre and trompe-l'œil, which blend in with antique furniture and wrought-iron work. Relax in the lounge, library and music room, complete with fireplace. On sunny days, enjoy the terrace and wooded park, or take a dip in the pool.

St-Amour-Bellevue - Saône et Loire (71)

★Beaujolais and Mâconnais vineyards. Wine village 10 km. Mâcon 14 km. Lyon 60 km. Solutré and Voie Verte cycle and footpath 10 km. Tennis, fishing, hiking 500 m. Lake 6 km. Horse-riding 4 km.

★ **How to get there:** *A6, Mâcon-Sud exit for Crèches-sur-Saône. At the second set of traffic lights, turn right for Julienas and St-Amour.*

The very mention of "Paradis de Marie" will set you dreaming. Even more so when you realise that the house is in Saint-Amour. Your hosts, Marie and Stéphane, have put boundless energy into renovating this handsome wine-grower's residence, and great imagination and creativity to make each room special. You will enjoy the delicious breakfasts served on the terrace or in the dining room.

Le Paradis de Marie
Les Ravinets - 71570 St-Amour-Bellevue
Tél. 03 85 36 51 90 ou 06 18 95 42 41
Email : contact@leparadisdemarie.com
www.leparadisdemarie.com
Marie et Stéphane Lefaucheux

1 pers. 75 € - 2 pers. 75 € - 3 pers. 90 € - p. sup. 20 €

4 chambres avec sanitaires privés. Ouvert toute l'année. Petit déjeuner : gâteaux et confitures maison, assortiments de pain, yaourts, fromage, jus de fruits... Billard. Kitchenette à disposition. Piscine hors-sol. Cour, jardin. Auberge du Paradis et "Chez Jean-Pierre" à 200 m. ★ Vignobles du Beaujolais et du Maconnais. Hameau du vin à 10 km. Macon 14 km. Lyon 60 km. Solutré et voie verte 10 km. Tennis, pêche, randonnée 500 m. Lac 6 km. Equitation 4 km. **Accès :** A6, sortie Macon-sud puis dir. Crèches-sur-Saône. Au 2e feu, à droite en dir. de Julienas puis St-Amour.

A l'évocation même du "Paradis de Marie", on rêve dèja, à fortiori lorsqu'il se trouve à St-Amour. Marie et Stéphane ont consacré une belle énergie à la rénovation de cette maison vigneronne, beaucoup d'imagination et d'astuces pour personnaliser chaque chambre. Vous apprécierez les petits déjeuners "goûteux" servis en terrasse ou dans la salle à manger.

St-Aubin-sur-Loire - Saône et Loire (71)

Spa and gym, 9-hole golf course, riding centre and casino at Bourbon-Lancy 5 km. Swimming pool, lake and tennis court 5 km.

How to get there: *Between Digoin and Bourbon-Lancy D979. As you enter Saint-Aubin, turn left, the access road leads to the château.*

On the banks of the Loire stands this handsome 18th-century residence set in a vast, shaded 1.5-hectare park. Five comfortably appointed bedrooms await your arrival. Louis-Philippe and Directoire furniture. Billiard room for guests' use. Fishing on the property.

Château de Lambeys TH
71140 Saint-Aubin-sur-Loire
Tél. 03 85 53 92 76 - Tél./Fax 03 85 53 98 28
Email : leslamneys@wanadoo.fr
Etienne et Michèle de Bussierre

1 pers. 55/70 € - 2 pers. 60/75 € - 3 pers. 75/90 € - p. sup. 10 € - repas 25 €

5 chambres avec sanitaires privés. Ouvert du 1er avril au 20 décembre. Petit déjeuner servi dans un jardin d'hiver du XIXe siècle. Table d'hôtes sur réservation. Salle de billard réservé aux hôtes. Parc de 3 ha. Pêche sur place. Restaurants à 6 km. ★ Station thermale et de remise en forme à Bourbon-Lancy. Golf (9 trous), centre équestre, casino à Bourbon-Lancy (5 km). Piscine, plan d'eau et tennis 5 km. **Accès :** entre Digoin et Bourbon-Lancy par la D979. En entrant dans St.Aubin, prendre sur la gauche, la voie d'accès qui mène au château.

Au bord de la Loire, belle demeure du XVIIIe entourée d'un vaste parc ombragé de 1,5 ha. 5 chambres d'hôtes confortables y ont été aménagées. Mobilier Louis-Philippe et Directoire. Salle de billard réservée aux hôtes. Pêche sur la propriété.

St-Désert - Saône et Loire (71)

★Wine-growing country. Abbeys. Nature trail from Givry to Cluny. Châteaux: Sully, Germolles, Cormatin, etc. Saint-Vincent Tournante and markets. Tennis 200 m. Pond and fishing 800 m. 2 golf courses 15 km.

★ How to get there: *A6, Châlon-Sud exit and left onto N80 for Le Creusot/Montceau (green sign), exit 31, Givry/Saint-Désert/Buxy (approx. 10 km).*

Françoise and Patrick have skilfully preserved the authentic feel of this 18th-century family mansion in the heart of a Burgundy village. The Art Deco bedrooms combine the Belle Epoque with great comfort. The vast, leafy park with centuries-old trees is also home to a swimming pool and tennis court. Gourmet breakfasts of natural produce will put you in the right mood for taking strolls from Buxy to Cluny, through the countryside.

Maison Romaine
29, avenue de Bourgogne - 71390 Saint-Désert
Tél./Fax 03 85 47 91 81 ou 06 08 47 85 58
Email : maisonromaine@wanadoo.fr
Patrick et Françoise Neyrat

2 pers. 70/90 € - p. sup. 15 €

3 chambres avec TV satellite et sanitaires privés. Ouv. toute l'année. Petit déjeuner : fruits, viennoiseries, pains biologiques, confitures maison, fromages, charcuteries... Salon (bibliothèque et vidéo). Terrasse d'été. Jeu de boules, vélos. Cour, jardin et parc avec piscine. Stationnement dans cour privative close. ★ Route des Vins. Circuit des Abbayes. Voie verte de Givry à Cluny. Châteaux de Sully, Germolles, Cormatin... St-Vincent Tournante, marchés... Tennis 200 m. Etang, pêche 800 m. Golfs 15 km. **Accès :** A6 sortie Châlon-sud puis à gauche la N80 dir. Le Creusot/Montceau (flèche verte) sortie n°31, Givry/Saint-Désert/Buxy (env. 10 km).

Au cœur d'un village bourguignon, Françoise et Patrick ont su préserver l'ambiance authentique d'une maison de maître du XVIIIe. Les chambres Art Déco font rimer Belle Epoque avec confort. Dans le parc arboré, les arbres centenaires côtoient piscine et tennis.

BOURGOGNE

St-Eloi - Nièvre (58)

★Town of Nevers, famous for its art and history 4 km. Magny-Cours Formula One race track. La Charité-sur-Loire 25 km. Horse-riding locally. Fishing, footpaths 1 km. Forest 2 km. Tennis court 6 km.

★ How to get there: *A77 motorway, exit 36 (from the South and West) or exit 34 (from Paris). Michelin map 319.*

Domaine de Trangy, a late-18th-century stately home, exudes serenity and continuity. This impression is enhanced by the location, in a park with centuries-old trees. The warmth of the log fire in winter, or a drink by the pool in summer, are special moments indeed for getting to know your hosts and sharing their love of the region.

Domaine de Trangy TH
8, route de Trangy - 58000 Saint-Eloi
Tél. 03 86 37 11 27 - Fax 03 86 37 18 75
Email : chambreshotestrangy@free.fr
http://chambreshotestrangy.free.fr
Guy et Chantal de Valmont

1 pers. 40 € - 2 pers. 47 € - 3 pers. 62 € - repas 20 €

4 chambres avec sanitaires privés. Ouvert toute l'anné Table d'hôtes : paté de foie de volaille maison, pa d'asperges, terrine de saumon, bœ bourguignon...Cheminée, bibliothèque. Parc de 4 h Piscine. Ping-pong, badminton, poney-club. ★ Nev 4 km, ville d'art et d'histoire. Circuit F1 de Magny-Co 17 km. La Charité-sur-Loire 25 km. Equitation, pêch sentiers sur place. Forêt 1 km. Tennis 4 km. **Accès :** au route A77, sortie n°36 (provenance sud et ouest), sor n°34 (provenance Paris). CM319.

Cette demeure bourgeoise de la fin du XVI donne une impression de sérénité et de stabilité. situation dans un parc aux arbres centenai accentue ces sensations. Le feu dans la chemin l'hiver, l'apéritif au bord de la piscine l'été, aut d'instants privilégiés avec vos hôtes pour fa connaissance et partager leur passion pour l région.

St-Jean-aux-Amognes - Nièvre (58)

Sancerre, Pouilly-sur-Loire, Côteaux Charitois, Côteaux du Giennois vineyards. Nevers: old town. Magny-Cours Formula One racing track. Morvan Regional Park. Hiking and cycling in the forests.

★ ***How to get there:*** *From Nevers, D978 for Château-Chinon, then D958 for Bona. After the St-Jean-aux-Amognes crossroads, 2nd road on right. Michelin map 319.*

In the Amognes region, close to Nevers, you will find this 17th-century château set in ten-hectare grounds. The bedrooms are prettily decorated and open onto the grounds. You will appreciate the warm welcome provided by the owners and enjoy the delicious meals served at the table d'hôtes.

Château de Sury TH
58270 Saint-Jean-aux-Amognes
Tél. 03 86 58 60 51 - Fax 03 86 68 90 28
Email : sury58@wanadoo.fr
www.chateau-de-sury.com
Hubert de Faverges

1 pers. 50 € - 2 pers. 70 € - repas 30 €

3 chambres avec sanitaires privés (dont 1 avec wc privés non attenants). Ouvert toute l'année. Petit déjeuner gourmand : confitures et patisseries maison, viennoiseries, jus de fruits frais, fromages... Table d'hôtes : pièces de gibier en saison, magrets de canard... TV. Parc de 10 ha. ★ Région des vignobles Sancerre, Pouilly/Loire, coteaux charitois, coteaux du giennois. Visite de Nevers : vieille ville. Circuit de Magny-Cours (F1). Parc Régional du Morvan. Rand. pédestres et VTT en forêts. **Accès :** de Nevers D978 direction Château-Chinon, puis D958 direction Bona. Après le carrefour de St-Jean-aux-Amognes, 2e route à droite. CM319.

Dans la région des Amognes, à proximité de Nevers, château du XVIIe sur un domaine de 10 ha. Les chambres qui vous reçoivent sont joliment décorées et s'ouvrent sur le parc. L'accueil chaleureux des propriétaires et la savoureuse table d'hôtes feront de cette étape, un moment privilégié.

St-Léger-sur-Dheune - Saône et Loire (71)

Beaune hospices and wine cellars 25 km. Côte Chalonnaise vineyards (Mercurey, Givry) 3 km. Great vintages, such as Pommard and Meursault. Tennis court, swimming pool. Fishing 500 m.

★ ***How to get there:*** *A6, Chalon-Nord exit and head for Autun on D978. In St-Léger-sur-Dheune, past the pharmacy, turn left into Rue Reulet.*

This handsome 17th-century residence with "lavender" shutters, just a few kilometres from Beaune, opens onto a delightful courtyard and a park with centuries-old trees. Frances has given free rein to her talents as an interior designer, from the bright yellow walls to the choice of both antique and contemporary furniture. You will be captivated by the place and by your hosts' charming hospitality.

Cour des Lièvres
75, rue Reulet - 71510 St-Léger-sur-Dheune
Tél. 03 85 98 96 23 ou 06 75 01 62 00
Fax 03 85 98 96 21
www.courdelievre.com
Benjamin et Frances Haas

1 pers. 80 € - 2 pers. 85 €

1 chambre et 1 suite avec salon, toutes 2 avec kitchenette et sanitaires privés. Ouvert 1.3 au 20.12. Petit déjeuner : salade de fruits frais, viennoiseries, yaourt, céréales, confitures...Coin-cuisine, TV, bibliothèque à disposition. Pigeonnier. Terrain de boules. Cour, jardin, parc 1 ha. (Chambres non fumeurs). ★ Hospices et caves de Beaune 25 km. Vignoble de la côte Chalonaise 3 km (Mercurey, Givry). Route des grands crus (Pommard, Meursault...). Tennis, piscine 6 km. Pêche 500 m. **Accès :** A6, sortie Chalon nord puis dir. Autun par D978. A St-Léger-sur-Dheune, après la pharmacie, prendre à gauche (rue Reulet).

A quelques kilomètres de Beaune, cette belle demeure du XVIIe siècle aux volets "lavande", ouvre sur la cour et sur un vaste parc aux arbres centenaires. Frances a donné libre cours à ses talents de décoratrice : murs colorés de jaune éclatant, meubles anciens et contemporains... Vous serez séduit par les lieux ainsi que par l'accueil chaleureux.

St-Martin-du-Puy - Nièvre (58)

place du Bourg - 58140 St-Martin-du-Puy TH
Tél. 03 86 22 69 24 ou 06 85 41 14 76
Tél./Fax 03 86 22 60 70
Email : maritingite@aol.com
Sandrine Vincent

1 pers. 50 € - 2 pers. 60 € - 3 pers. 70 € - repas 15 € - 1/2 p. 60 € - pens. 70 €

1 suite 50 m² avec sanitaires privés, TV, tél. et mini-bar. Ouv. toute l'année. Petit déj. : pain frais et grillé, confitures maison, viennoiseries. T. d'hôtes : viande rouge charolaise, cèpes, girolles... Piano, biblio. sur le Morvan. Cour, jardin, terrasse. Piscine, tennis, vélos, quad, motocross. Restaurants à prox ★ Vézelay, abbaye de la Pierre qui Vire et Avallon, hauts lieux historiques et culturels de Bourgogne. Piscine 20 km. Pêche et tennis 5 km. Sentiers et forêt sur place. Equitation 2 km. **Accès :** à 2h30 de Paris et de Lyon. A 20 mn de l'A6, sortie Avallon. A 1 h de la gare TGV de Montbard (50 mn de Paris). CM319.

Au cœur du Morvan, belle maison de maître début XIXᵉ, située sur la place du village, avec une vue dominante sur la vallée. Le jardin particulier, le mobilier d'époque, les plafonds à la française, le carrelage ancien et les cheminées font de cet endroit un paradis romantique.

★Vézelay, Pierre Qui Vire Abbey and Avallon. Places of great cultural and historical interest in Burgundy. Swimming pool 20 km. Fishing and tennis 5 km. Footpaths and forest locally. Horse-riding 2 km.

*★ **How to get there:** 2 1/2 hours from Paris and Lyon. 20 minutes from the A6, Avallon exit. One hour from Montbard railway station (high-speed train), 50 minutes from Paris. Michelin map 319.*

This handsome 18th-century mansion is situated in the village square, in the heart of the Morvan, affording breathtaking views over the valley. The private garden, period furniture, French ceilings, fireplaces and antique tiling all conspire to create a romantic paradise.

St-Maurice-les-Chateauneuf - Saône et Loire (71)

La Violetterie TH
71740 St.Maurice-les-Chateauneuf
Tél./Fax 03 85 26 26 60
Email : madeleinechartier@yahoo.fr
Madeleine Chartier

1 pers. 42/45 € - 2 pers. 55 € - 3 pers. 68 € - p. sup. 12 € - repas 18 €

3 chambres avec sanitaires privés. Ouvert de Pâques au 11 novembre. Petit déjeuner : jus de fruits, fruits frais, fromages de pays, pâtisseries maison... Table d'hôtes sur réservation. Salon avec cheminée, TV, coin-lecture et téléphone. Cour et jardin clos. Restaurant à 200 m. ★ Circuit des églises romanes. Village d'antiquaires. **Accès :** entre La Clayette et Charlieu. A Chateauneuf prendre direction La Clayette ; 2ᵉ maison à gauche .

Cette belle maison brionnaise se situe au cœur du circuit des églises romanes, à l'orée d'un très joli village blotti au pied d'un magnifique château. 3 chambres confortables joliment décorées, avec un mobilier ancien. Un salon avec cheminée, TV et un coin-lecture sont à votre disposition. Cour, jardin fleuri et arboré.

★Romanesque churches. "Antique dealers' village".

*★ **How to get there:** Between La Clayette and Charlieu. At Chateauneuf, head for Clayette; second house on the left.*

This fine Brionnais residence lies in the heart of Romanesque church country, on the edge of a delightful village nestling at the foot of a magnificent château. The three comfortable, prettily appointed rooms feature antique furniture. A lounge with fireplace, TV and reading area is available for guests' use. Enclosed shaded garden and courtyard ablaze with flowers.

St-Pierre-le-Vieux - Saône et Loire (71)

Les Colettes TH
71520 Saint-Pierre-de-Vieux
Tél./Fax 03 85 50 40 96
Email : jcloron@yahoo.fr
Jacques et Corinne Loron

1 pers. 52/62 € - 2 pers. 57/67 € - 3 pers. 77/82 € - p. sup. 15 € - repas 19 €

4 chambres 2 ou 4 pers. avec douche ou baignoire et wc privés. Ouv. toute l'année sauf Noël. Petit déjeuner : confitures maison, charcuteries... Table d'hôtes : cuisine bourguignonne avec produits frais du terroir. Salon, cheminée, bibliothèque. Equipement bébé sur dem. Cour, jardin et parc. Piscine privée. ★ Circuit églises romanes du Brionnais et du Mâconnais. Vignobles Beaujolais et Mâconnais. Châteaux de Cormatin et de Drée 20 mn. Marchés. Randonnées et forêts sur place. Pêche 800 m. Tennis 7 km. **Accès :** A6 sortie Mâcon-sud puis N79 dir. Moulin-Charolles. Sortir à Clermain, prendre la D987 vers Pari-Gagné puis D95 et D45. 1 km avant St.Pierre-le-Vieux, prendre à gauche.

Aux confins du Mâconnais et du Beaujolais, dans un manoir du XVIIe flanqué de 2 tours, Corinne et Jacques ont aménagé 4 chambres. Plafonds à la française, tommettes et murs aux teintes d'ocres renforcent l'authenticité du lieu. La maîtresse de maison, véritable cordon bleu, vous concoctera de délicieux mets servis dans la salle à manger ouvrant sur le jardin.

★Brionnais and Mâconnais Romanesque churches. Beaujolais and Mâconnais vineyards. Cormatin and Drée châteaux 20 min. Markets. Footpaths and forests locally. Fishing 800 m. Tennis 7 km. Lake 10 km.

*★ **How to get there:** A6 motorway, Mâcon-Sud exit and N79 for Moulin-Charolles. Turn off at Clermain and D987 for Pari-Gagné, D95 and D45. Turn left 1 km before St-Pierre-le-Vieux.*

Corinne and Jacques have arranged four bedrooms in this 17th-century manor house, flanked by two towers, on the Mâconnais and Beaujolais borders. The French-style ceilings, red hexagonal floor tiles, stonework and ochre-hued walls enhance the authenticity of the place. The lady of the house, a fully fledged cordon bleu, will prepare delicious dishes served in the dining room overlooking the garden and swimming pool. An outstanding address for lovers of fine fare and relaxation.

BOURGOGNE

St-Romain - Côte d'Or (21)

Domaine de la Corgette
rue de la Perrière - 21190 St-Romain
Tél. 03 80 21 68 08
Email : maisondhotescorgette@yahoo.fr
www.domainecorgette.fr
Véronique Moiroud-Monnot

2 pers. 60/80 € - 3 pers. 95 €

4 chambres et 1 suite (grande pièce avec 2 coins séparés), chacune avec sanitaires privés. Ouvert toute l'année. Petit déjeuner : brioche, pains spéciaux, yaourts, confitures et miel de Bourgogne... Salon-biblio., jeux de société. Cour, terrasse aménagée et ensoleillée. ★ Hospices de Beaune, vignobles-caves, festival de musique Baroque. Sentiers balisés et vignobles sur place. Golf 15 km. Equitation et tennis 5 km. Escalade 200 m. **Accès :** de Beaune, prendre dir. Autun. Traverser Pommard, Volnay, Auxey-Duresses. A la sortie d'Auxey-D, prendre Auxey-le-Petit pour St-Romain. CM320, pli I8.

Nichée sur les hautes falaises de St-Romain, cette ancienne maison de vignerons abrite 5 chambres d'hôtes douillettes, au décor naturel, et meublées en ancien avec des objets originaux. Vous pourrez vous détendre sur la terrasse ensoleillée, avec vue sur les falaises.

★Beaune Hospices, vineyards and wine cellars, Baroque Music Festival. Vineyards and sign-posted footpaths and trails locally. Golf course 15 km. Horse-riding and tennis 5 km. Rock-climbing 200 m.

*★ **How to get there:** From Beaune, head for Autun. Drive through Pommard, Volnay and Auxey-Duresses. As you leave Auxey-Duresses, head for Auxey-le-Petit and St-Romain. Michelin map 320, fold I8.*

Domaine de la Corgette, originally a wine grower's residence, nestles on the imposing Saint-Romain cliffs. The natural décor of the five cosy bedrooms, appointed with period furniture and authentic pieces, adds to the charm of the place. Relax on the sunny terrace and enjoy views of the cliffs.

St-Usuge - Saône et Loire (71)

*Louhans: high street with 157 15th and 16th-century arcades, Hôtel-Dieu (late 17th century), apothecary, Printing Museum. Fishing 500 m. Hiking paths, tennis court 1 km. Horse-riding 2 km. Swimming pool 8 km.

★ ***How to get there:*** *A6 motorway, Châlons-sur-Saône or Tournus exit. Head for Louhans and Saint-Usuge.*

Fabienne and Christian have lovingly restored this 18th-century farmhouse in a tiny Bresse village to pristine splendour. You will be as enchanted by the brick and woodwork, red hexagonal tiles, objects found in markets, and the warm colours of the bedrooms, as by your hosts' generous, thoughtful hospitality. Pleasant enclosed garden brimming with flowers.

Les Chyses TH

La Ferme des Fourneaux - 71500 Saint-Usuge
Tél. 03 85 72 18 12 - Fax 03 85 72 17 08
Email : fc.thebert@fermedesfourneaux.com
www.fermedesfourneaux.com
Christian et Fabienne Thébert

2 pers. 45/70 € - 3 pers. 81/89 € - p. sup. 17 € - repas 25 €

6 ch. climatisées avec bains et wc privés. Ouvert toute l'année. Petit déjeuner : croissants, confitures maison, pain d'épices, fromages de chèvres... Poss. table d'hôtes (sur réservation) : poulet de Bresse sauce estragon...Salle de petit déjeuner rustique et salon indépendant avec TV. Cour, parc clos et ombragé. ★ Louhans : grande rue aux 157 arcades des XVe et XVIe siècles, Hôtel Dieu (fin XVIIe), apothicairerie, musée de l'Imprimerie... Pêche 500 m. Sentiers de randonnée, tennis 1 km. Equitation 2 km. Piscine 8 km. **Accès :** autoroute A6 sortie Chalon-sur-Saône ou Tournus. Prendre la direction Louhans puis Saint-Usuge.

Dans un petit village bressan, Fabienne et Christian ont restauré avec passion cette ferme du XIIIe, tout en conservant son authenticité. Mélange briques, bois, tommettes et d'objets chinés au hasard des brocantes. Les chambres aux couleurs chaudes vous séduiront autant que l'accueil chaleureux et attentif de vos hôtes. Beau jardin clos généreusement fleuri.

St-Vallerin - Saône et Loire (71)

*Cormatin Château 21 km. Givry and July Music Festival 17 km. Chalon-sur-Saône and Chalon Street Festival 20 km. Footpaths locally. Tennis, fishing 3 km. Lake and horse-riding 15 km. Voie Verte cycle and footpath 1 km.

★ ***How to get there:*** *In Saint-Vallerin, in the village square, turn right. 1 km on, turn left by the roadside cross. The entrance to the château is at the top.*

This 17th-century château, overlooking the vineyard, has bags of charm. Your hosts, Valérie, a yoga teacher and decorator in her spare time, and Jean-Jacques, a talented sculptor, have skilfully given this heavenly spot a new lease of life. The patinated walls in warm tones and the modern furniture designed by the master of the house add a delightful touch. The large vegetable garden provides an endless supply of goodies for breakfast and other meals.

Château de Collonge TH

71390 St-Vallerin
Tél./Fax 03 85 92 06 38
Email : argueyrolles@wanadoo.fr
www.argueyrolles.com
Valérie et Jean-Jacques Argueyrolles

2 pers. 85/115 € - 3 pers. 125 € - p. sup. 10 € - repas 15/20 €

1 chambre et 1 suite avec sanitaires privés (TV sur demande). Ouvert toute l'année. Petit déjeuner : œufs, confitures maison, viennoiseries, fruits frais... T. d'hôtes : restauration simple à base des produits du jardin (bio). Vélos, jeux de boules. Piscine. Cour, jardin, parc de 1,8 ha. Restaurants à Buxy. ★ Château de Cormatin 21 km. Givry 17km, festival musique (juillet). Chalon-sur-Saône (festival Chalon dans le rue) 20 km. Sentiers sur place. Tennis, pêche 3 km. Lac et équitation 15 km. Voie verte 1 km. **Accès :** à St-Vallerin, sur la place, prendre à droite. A 1 km au calvaire en pierre, à gauche. L'entrée du château est tout en haut.

Dominant le vignoble, ce château du XVIIe possède un charme fou ! Valérie (prof de yoga et décoratrice à ses heures) et J-Jacques, sculpteur de talent, ont su redonné vie à ce petit paradis : murs pâtinés aux couleurs chaudes, mobilier contemporain créé par le maître des lieux. Le potager est une source inépuisable pour les petits déjeuners et le repas.

Ste-Magnance - Yonne (89)

Château Jaquot TH
2, rue d'Avallon - 89420 Ste-Magnance
Tél. 03 86 33 00 22
http://www.itea1.com/89/2032
Martine Costaille

2 pers. 100 € - 3 pers. 140 € - repas 40/65 €

1 chambre avec sanitaires privés. Ouvert toute l'année. Petit déjeuner : confitures insolites, gâteaux et pain maison aux fruits secs... T. d''hôtes : recettes authentiques des XII e et XIVe siècles (rôtisserie devant le feu). Salon, cheminée. Cour, jardin, parc 5 ha. Animaux admis sur demande. ★ Noyers-sur-Serein, Semur-en-Auxois, château de Bussy, abbaye de Fontenay, Vézelay... Equitation 2 km. Escalade 6 km. Voile 25 km. **Accès :** en venant d'Avallon : en entrant dans Ste-Magnance, c'est la 1re maison sur la droite.

Entre Avallon et Saulieu, une silhouette massive et quelques tours donnent une fière allure à cette maison forte des XIIe et XIVe, entièrement restaurée. L'intérieur en pierres brutes, les immenses cheminées, le mobilier ancien plus quelques mystères lui confèrent une décoration authentique. La cuisine proposée à la table d'hôtes est seigneuriale et insolite.

★Noyers-sur-Serein, Semur-en-Auxois, Bussy Château, Fontenay Abbey, Vézelay, etc. Horse-riding 2 km. Rock-climbing 6 km. Sailing 25 km.

★ ***How to get there:*** *From Avallon, as you enter Sainte-Magnance, Château Jaquot is the first house on the right-hand side.*

This fully restored 12th and 14th-century fortified house with towers casts an imposing silhouette on Sainte-Magnance, between Avallon and Saulieu. The interior is original, featuring rough stonework, vast fireplaces, antique furniture, coupled with an air of mystery. The table d'hôtes meals with a difference are very lordly indeed.

BOURGOGNE

Sauvigny-les-Bois - Nièvre (58)

Château de Marigny
58160 Sauvigny-les-Bois
Tél. 03 86 90 98 49 - Fax 03 86 90 98 45
Email : Belz.marigny@wanadoo.fr
http://perso.wanadoo.fr/marigny/
Norbert et Christine Belz-Hensoldt

1 pers. 69/91 € - 2 pers. 84/99 €

3 chambres avec sanitaires privés. Ouvert toute l'année. Petit déjeuner : jus de fruits, viennoiseries, céréales, yaourts, fruits, charcuterie, fromage... Bibliothèque. Parc de 5.8 ha. Manège (40 box) et sports équestres à proximité. Restaurant à 1 km. ★ Nevers (7 km) : nombreux spectacles, festival de jazz, rock, fête du grand prix de F1, musées et monuments. Equitation sur place. Piscine, tennis, pêche 1 km. Navigation 10 km. Voile 50 km. **Accès :** à Nevers prendre la N81 direction Decize. Le château de Marigny se trouve à droite, première propriété à l'entrée d'Imphy. CM319.

Joli château d'époque Napoléon III bénéficiant d'une vue somptueuse sur la vallée de la Loire et d'un parc paysager aux arbres centenaires. Cette demeure a appartenu à A. Prost, célèbre pilote de F1. M. et Mme Belz reçoivent leurs hôtes avec charme et gentillesse et proposent des chambres aux belles proportions, harmonieuses et dotées de beaux meubles.

★Nevers 7 km: variety of shows, Jazz and Rock Festivals, Formula One Grand Prix Festival, museums and monuments. Horse-riding on the premises. Swimming, tennis, fishing 1 km. Boating 10 km. Sailing 50 km.

★ ***How to get there:*** *At Nevers, take N81 for Decize. Château de Marigny is on the right, the first property as you enter Imphy. Michelin map 319.*

This handsome Napoleon III château, in a vast landscaped park with centuries-old trees, enjoys a sumptuous view of the Loire Valley. The residence once belonged to Formula One champion Alain Prost. The new owners, Monsieur and Madame Belz, extend a warm and gracious welcome to their guests, who have a choice of spacious, harmoniously decorated rooms with fine period furniture.

Sommant - Saône et Loire (71)

★Autun, Gallo-Roman city 11 km. Hiking paths locally. Horse-riding 500 m. Fishing 2 km. Lake 11 km.

*★ **How to get there:** From Autun, head for Château-Chinon. Drive 6 km and turn right for Sommant.*

This 19th-century château situated in Morvan Park features a seven-hectare park and affords panoramic views of the surrounding area. The Louis XV furniture, waxed parquet flooring and soft hues add to its charm. There is a heated pool for guests' use and a magnificent garden for peaceful walks. A timeless spot, in an exceptional, unspoilt setting.

Château de Vareilles TH

71540 Sommant
Tél. 03 85 82 67 22 - Fax 03 85 82 69 00
Email : ch.de.vareilles@wanadoo.fr
www.chateaudevareilles.com
Derk et Frieda Willemsen-Fransen

1 pers. 75 € - 2 pers. 95/107 € - 3 pers. 125/137 € - p. sup. 30 € - repas 24/28 €

6 chambres avec sanitaires privés. Ouvert toute l'année. Petit déjeuner : viennoiseries, fromages, œufs, charcuterie... Table d'hôtes : spécialités bourguignones, truites saumonées, escalopes... Salon avec cheminée, bibliothèque, salle vidéo, espace Internet. TV, téléphone. Parc 10 ha. Piscine chauffée. ★ Autun, ville gallo-romaine à 11 km. Sentiers sur place. Equitation 500 m. Pêche 2 km. Lac 11 km. **Accès :** d'Autun, prendre direction Château-Chinon. Faire 6 km, puis à droite : Sommant.

Dans le parc du Morvan, château du XIXe avec vue panoramique et parc de 10 ha. Le mobilier d'époque Louis XV, les lustres, les parquets cirés, les douces couleurs... lui confèrent un charme certain. Une piscine chauffée est à disposition ainsi que le magnifique parc qui invite à de belles balades. Une étape hors du temps, dans un cadre exceptionnel et préservé.

BOURGOGNE

La Tagnière - Saône et Loire (71)

★Morvan Park 5 km. Autun, town famous for its art and history, and archaeology site 15 km. La Boulaye and Europe's largest Buddhist temple 14 km. Swimming pool, fishing 5 km. Golf course, lake 18 km. Hiking locally.

*★ **How to get there:** At Etang-sur-Arroux, head for Toulon-sur-Arroux on D984. 3.5 km on, turn left for La Tagnière on D224, and left for "Bois d'Aizy".*

The art of gardening is a true passion for your hosts, Carol and Stephen, who have lovingly created two very charming themed bedrooms, featuring a collection of watering cans. The enchantingly appointed bathrooms could almost be mistaken for garden cabins of a bygone age. Breakfast is served on the terrace or in the kitchen at this pretty Morvan farmhouse.

Le Jardin d'Aizy

Le Bois d'Aizy - 71190 La Tagnière
Tél. 03 85 54 57 90
Email : deakin@wanadoo.fr
www.lejardindaizy.com
Stephen et Carol Deakin

1 pers. 38/40 € - 2 pers. 45/47 €

2 chambres avec sanitaires privés. Ouvert du 1er mars au 30 novembre. Petit déjeuner : céréales, brioche, croissant, confitures maison, pains variés... Terrasse, cour, jardin. Cours de jardinage en hors-saison. Restaurants entre 2 et 5 km. (Chambres non fumeurs). ★ Parc du Morvan 5 km. Autun (ville d'art et d'histoire), site archéologique 15 km. Temple bouddhiste de la Boulaye (plus grand d'Europe) 14 km. Piscine, pêche 5 km. Golf, plan d'eau 18 km. Randonnée sur place. **Accès :** à Etang-sur-Arroux dir. Toulon-sur-Arroux par D984, puis à 3,5 km, à gauche dir. La Tagnière par D224, à gauche "Bois d'Aizy".

L'art du jardin est une véritable passion pour Stephen et Carol. Ils ont aménagé avec beaucoup de soin 2 chambres tout à fait charmantes sur ce thème : collection d'arrosoirs, salles de bains ressemblant à s'y méprendre aux cabanes de jardin d'antan. Les petits déjeuners sont servis en terrasse ou dans la cuisine de cette jolie ferme morvandelle.

Tournus - Saône et Loire (71)

Chez Marie-Clémentine
1, quai de Saône - Marie-Clémentine -
71700 Tournus
Tél./Fax 03 85 51 04 43
http://perso.wanadoo.fr/marie.clementine.chambres.hotes/
Françoise Dourneau

1 pers. 60 € - 2 pers. 75 € - 3 pers. 95 € - p. sup. 15 €

4 chambres avec sanitaires privés et TV. Ouvert de Pâques à la Toussaint. Petit déjeuner : viennoiseries, jus d'orange... Salon et coin-bibliothèque à disposition. Jardin. Restaurant à 200 m. ★ Tournus, ville romane de renommée mondiale. Piscine, tennis 1 km. Equitation 6 km. **Accès :** par la N6 ou l'autoroute A6 sortie Tournus. Sur les quais de Saône (rive droite)..

En bordure de Saône, cette belle demeure de caractère est une ancienne maison de tailleur de pierre. 4 vastes chambres joliment décorées. Le petit déjeuner est servi au jardin ou dans une très agréable pièce où dominent la pierre et le bleu, couleur préférée de la propriétaire.

★Tournus, internationally renowned Romanesque city. Swimming pool, tennis court 1 km. Horse-riding 6 km.

*★ **How to get there:** On N6 or A6 motorway, Tournus exit. Along the right bank of the Saône.*

On the banks of the Saône stands this handsome time-honoured house, originally a stone-cutter's residence. Four pretty bedrooms await your arrival. Breakfast is served in the garden or in a delightful room, where stone work and shades of blue, your hostess's favourite colour, are predominant. Pleasant enclosed, shaded garden.

Vallery - Yonne (89)

La Margottière - 89150 Vallery TH
Tél. 03 86 97 70 77 ou 03 86 97 57 97
Fax 03 86 97 53 80
Email : contact@lamargottiere.com
www.lamargottiere.com
Didier et Colette Deligand

2 pers. 65 € - 3 pers. 80 € - p. sup. 15 € - repas 20 €

6 chambres avec tél., bains et wc privés dont 1 acces. aux pers. handicapées. Ouv. toute l'année. Table d'hôtes sur rés. : bavarois de saumon, tarte aux poireaux, volaille, tarte à la rhubarbe... Vaste salle de jeux ou de reception (100 pers.). Séjour avec cheminée. Cour, jardin, jeux enfants, vélos, ping-pong. ★ Château des princes de Condé 200 m et ses 3 ha. de jardin. Sens (musées, cathédrale) 15 km. Golf 2 km, tennis 4 km. Equitation 6 km. Stage ou baptême ULM 10 km. Piscine 15 km. **Accès :** A6 sortie Nemours direction Cheroy ou A5 sortie Saint-Valerien.

Belle demeure du XVIIe siècle entièrement restaurée. L'aménagement intérieur est confortable et les chambres sont spacieuses et joliment décorées. Belles tommettes anciennes et cheminée avec four à pain. A la table d'hôtes, vous découvrirez dans une atmosphère chaleureuse les délicieuses spécialités de la maîtresse de maison.

★Princes of Condé's Château (3-hectare grounds) 200 m. Sens (museums, cathedral) 15 km. Golf course, tennis court 4 km. Horse-riding 6 km. Microlite training courses for beginners and more seasoned fliers 10 km. Swimming pool 15 km.

*★ **How to get there:** A6 motorway, Nemours exit for Cheroy or A5, St-Valérien exit.*

Handsome 17th-century residence, now fully restored. The interior decoration is comfortable and the bedrooms are spacious and attractively appointed. Beautiful red, hexagonal floor tiling, and fireplace with baker's oven. Savour your hostess's delicious specialities at the table d'hôtes in a warm, friendly atmosphere.

Vandenesse-en-Auxois - Côte d'Or (21)

★Medieval village of Châteauneuf 2.5 km. Beaune, Dijon and vineyards 40 km. Lake 2 km. Horse-riding 5 km. Mountain bikes for hire 7 km.

*★ **How to get there:** A6 motorway, Pouilly-en-Auxois exit, then D18 via Créancey and Vandenesse. Michelin map 320, fold H6.*

A complete change of scenery awaits you on this luxuriously appointed barge moored along the Burgundy Canal, by the medieval city of Châteauneuf-en-Auxois. "Lady A" offers three attractively furbished bedrooms. Relax in a comfortable chair on the sundeck and enjoy a delicious dinner by starlight. Carriage rides are available. A highly original way to explore Burgundy.

Péniche "Lady A TH

Port du Canal - Cidex 45 -
21320 Vandenesse-en-Auxois
Tél. 03 80 49 26 96 - Fax 03 80 49 27 00
Email : ladyabarge@yahoo.fr
Sani et Catherine Yazigi

1 pers. 55 € - 2 pers. 60 € - repas 24 €

3 cabines avec sanitaires privés. Ouvert de février à décembre. Table d'hôtes : spécialités de Bourgogne. Salon avec bar et TV. Pont de soleil. Possibilité de promenade en calèche. (Taxe de séjour comprise) ★ Village médiéval de Châteauneuf à 2,5 km. Beaune, Dijon et les vignobles à 40 km. Lac à 2 km. Equitation 5 km. Location VTT à 7 km. **Accès :** autoroute A6, sortie Pouilly-en-Auxois, puis D18 via Créancey et Vandenesse. CM320, pli H6.

Dépaysement total sur cette péniche de grand confort amarrée sur le canal de Bourgogne, au pied de la cité médiévale de Châteauneuf. 3 cabines agréablement aménagées sont à votre disposition. Vous apprécierez le pont de soleil avec ses confortables fauteuils, le dîner sous les étoiles. Etape originale pour découvrir la Bourgogne.

Verzé - Saône et Loire (71)

★Vineyards locally. Mâcon 14 km. Hiking paths locally. Horse-riding 4 km. Tennis 5 km.

*★ **How to get there:** At Mâcon-Sud, head for Cluny, La Roche-Vineuse exit and head for Verzé-Igé.*

In the heart of the Mâconnais vineyards stands this very pretty 17th-century property with leafy park. The residence boasts five extremely comfortable and cosy bedrooms. Antique furniture. Library for guests' use. Private lake in the park.

Château d'Escolles

Escolles - 71960 Verzé
Tél. 03 85 33 44 52 ou 06 83 36 52 50
Fax 03 85 33 34 80
http://www.gite-escolles.com
Yvan et Monique de Potter

1 pers. 55 € - 2 pers. 70 € - 3 pers. 95 € - p. sup. 20 €

4 chambres avec sanitaires privés. Ouvert toute l'année. Petit déjeuner : viennoiseries, fruits frais, confitures maison... Bibliothèque à disposition. Parc de 5 ha. avec étang. Restaurants à 4 km. Tarifs enfants. ★ Vignoble sur place. Mâcon 14 km. Sentiers de randonnée sur place. Equitation 4 km. Tennis 5 km. **Accès :** à Mâcon-sud, direction Cluny, sortie La Roche-Vineuse puis direction Verzé-Igé.

Au cœur du vignoble du Mâconnais, très jolie propriété du XVIIe avec parc arboré. Elle propose 4 chambres d'hôtes très confortables et chaleureuses. Mobilier ancien. Bibliothèque à disposition. Etang privé dans le parc.

Villars Fontaine - Côte d'Or (21)

★Burgundy vineyards between Dijon and Beaune. Music Festival, village fetes, Dijon museums. Swimming pool 5 km, tennis court 4 km, horse-riding 2 km, forest 1 km, golf course 15 km.

★ ***How to get there:*** *From Dijon, head for Nuits-St-Georges on N74. Turn right at first set of traffic lights onto D25. After 4 km, turn onto D35 and drive 1 km. Michelin map 320, fold J7.*

This magnificent 18th-century mansion, built on 14th-century cellars, in the heart of the Burgundy vineyards, adjoins a wine-growing estate. Guests have a choice of five handsome, tastefully decorated bedrooms, each with a different theme: Napoleon III, Chinese, Moor and Romantic. There is a magnificent wooded park with pond for your enjoyment and relaxation.

Le Pré aux Dames
Château de Villars Fontaine -
21700 Villars Fontaine
Tél. 03 80 62 31 94 - Fax 03 80 61 02 31
www.lepreauxdames.com
Bernard Hudelot

1 pers. 70/90 € - 2 pers. 100/160 €

5 chambres avec sanitaires privés (non fumeur). Ouvert toute l'année. Petit déjeuner : croissants, fruits, jus de fruits, fromage, jambon... Salle à manger. Jardin, parc de 2 ha. Prix dégressifs selon la durée. Restaurants sur place, 2 et 4 km. Initiation à la dégustation. ★ Le vignoble de Bourgogne entre Dijon et Beaune. Visite des Hospices. Festival de musique, fêtes villageoises, musées à Dijon. Piscine 5 km, tennis 4 km, équitation 2 km, forêt 1 km, golf 15 km. **Accès :** de Dijon, prendre direction Nuits-St-Georges par la N74. 1er feu à droite : D25 sur 4 km, puis D35 sur 1 km. CM320, pli J7.

Superbe maison bourgeoise du XVIIIe siècle bâtie sur des caves et cellier du XIVe siècle, au cœur du vignoble bourguignon, attachée à un domaine viticole. Vous disposerez de 5 belles chambres décorées avec goût sur des thèmes différents (Napoléon III, chinois, mauresque, romantique). Un magnifique parc arboré avec bassin vous invite à la détente.

BOURGOGNE

La Vineuse - Saône et Loire (71)

outhern Burgundy and places of interest. Cluny Abbey and d farm. Château de Cormatin. Romanesque churches. historic sites: Solutré, Azé, etc. Horse-riding 2 km and 7 km. hing 5 km. Tennis 7 km. Lake 19 km.

How to get there: *At Cluny, head for Montceau (D980). n on, turn left for La Vineuse (D7). Look out for "La euse" sign on right-hand side. The property is down from church (large blue gates).*

will delight in the warmth and tranquillity which this -honoured residence exudes, and in the superb views it ds. The refined bedrooms are a perfect blend of texture and ur. Savour the full breakfasts and delicious recipes prepared he lady of the house. Ideal for exploring this beautiful area rance. The less adventurous can relax by the pool.

à la maîtresse TH
Le Bourg - 71250 La Vineuse
Tél. 03 85 59 60 98 - Fax 03 85 59 65 26
Email : info@alamaitresse.fr
www.alamaitresse.com
Ghislaine de Chalendar

1 pers. 72 € - 2 pers. 75/95 € - 3 pers. 115 € - p. sup. 25 € - repas 28 €

3 chambres (dont 1 accessible aux personnes handicapées), 2 suites, 1 studio, avec TV, bains ou douche et wc privés. Ouvert toute l'année. Table d'hôtes sur réservation. Terrain clos aménagé avec piscine privée. Jeux d'enfants. Ping-pong. Possibilité séminaire et week-ends à thèmes. ★ Eglises romanes et route des Vins. Cluny (abbaye, haras...). Château de Cormatin. Préhistoire (Solutré, Azé...). Equitation à 2 et 7 km. Pêche 5 km. Tennis 7 km. Lac 19 km. **Accès :** à Cluny, dir. Montceau (D980) puis à 4 km, à gauche dir. La Vineuse (D7). Puis sur la droite "La Vineuse", propriété en dessous de l'église, avec un grand portail bleu.

Vous aimerez l'atmosphère chaleureuse et la quiétude de cette vieille demeure qui bénéficie d'une superbe vue. Chambres raffinées, mêlant harmonieusement tissus et couleurs. Vous apprécierez les copieux petits déjeuners et les savoureuses recettes de la maîtresse de maison. Détente au bord de la piscine.

BRETAGNE

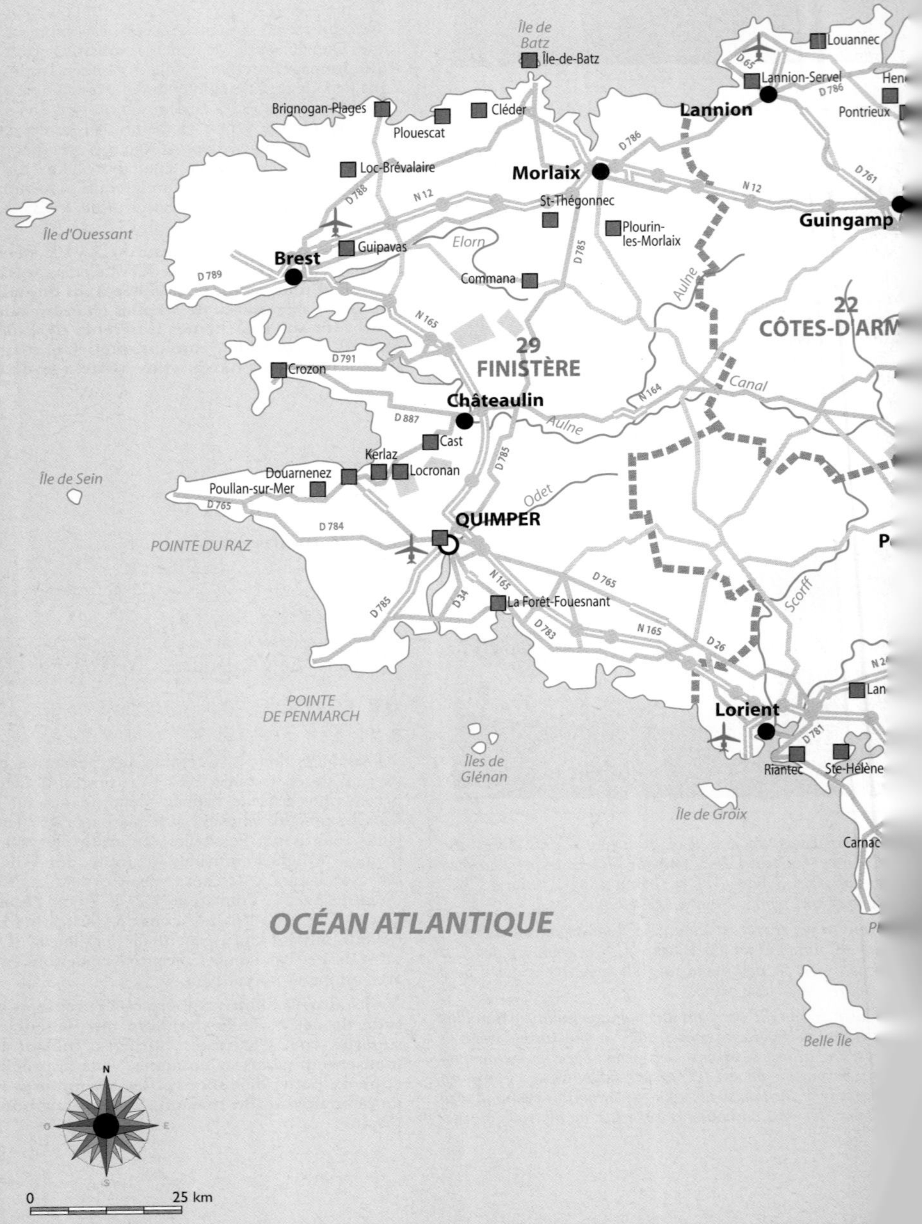

Île de Batz
Île-de-Batz
Louannec
Lannion-Servel
Hen
D 65
D 786
Lannion
Pontrieux
Brignogan-Plages
Plouescat
Cléder
D 786
Morlaix
D 761
Loc-Brévalaire
N 12
N 12
St-Thégonnec
Guingamp
Île d'Ouessant
D 788
Plourin-les-Morlaix
Elorn
D 785
Brest
Guipavas
D 789
Commana
Aulne
22
CÔTES-D'ARM
N 165
29
FINISTÈRE
Crozon
D 791
Canal
N 164
Châteaulin
D 887
Aulne
Cast
D 785
Kerlaz
Île de Sein
Douarnenez
Locronan
Poullan-sur-Mer
Odet
D 765
QUIMPER
D 784
POINTE DU RAZ
P
D 785
D 34
N 165
D 765
Scorff
La Forêt-Fouesnant
D 783
N 165
D 26
N 24
Lan
POINTE DE PENMARCH
Lorient
D 781
Îles de Glénan
Riantec
Ste-Hélène
Île de Groix
Carnac
OCÉAN ATLANTIQUE
P
Belle Île
N
O
E
S
0
25 km

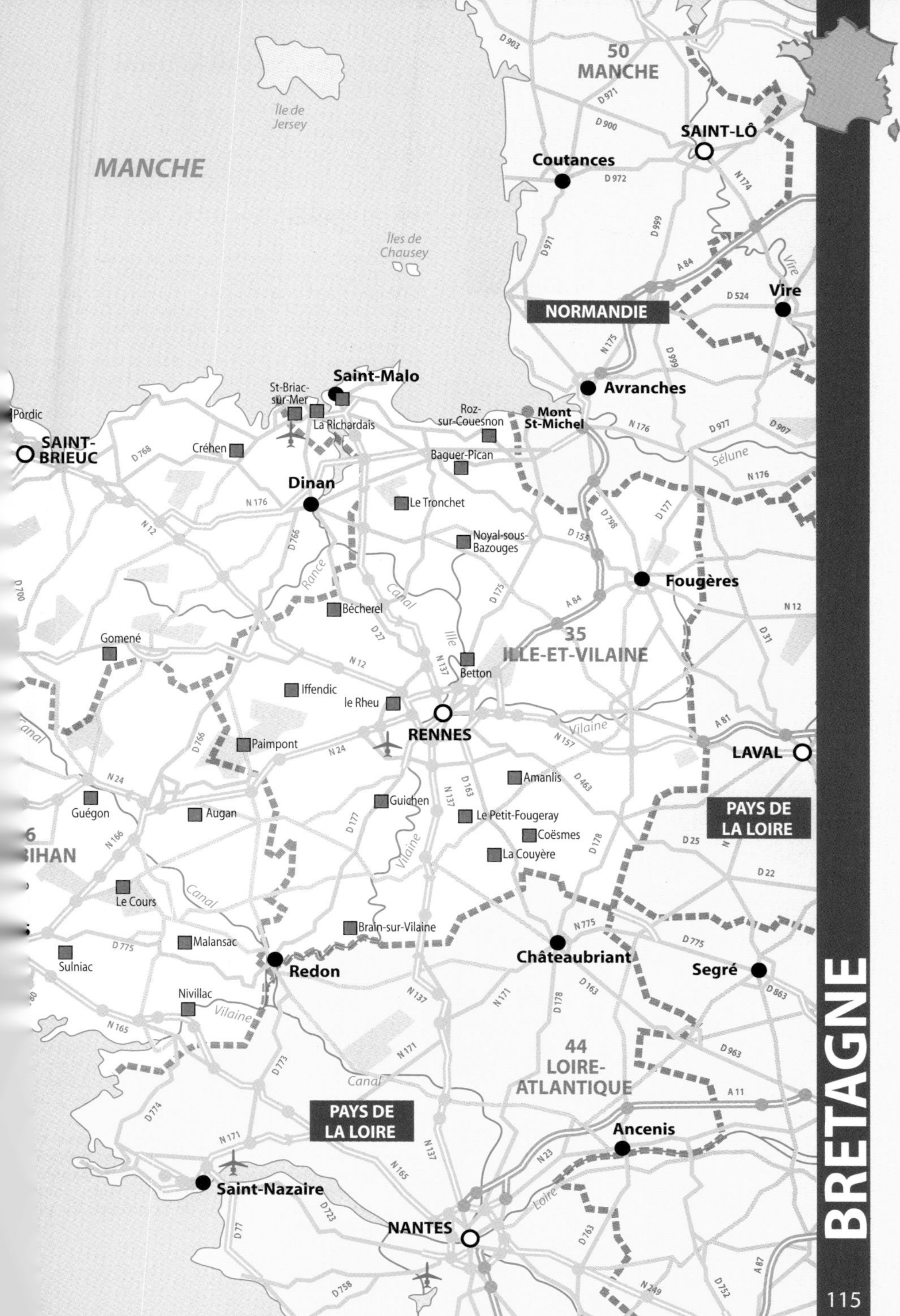
50
MANCHE
MANCHE
Île de Jersey
Îles de Chausey
SAINT-LÔ
Coutances
Vire
NORMANDIE
Avranches
Mont St-Michel
Saint-Malo
St-Briac-sur-Mer
La Richardais
Pordic
SAINT-BRIEUC
Créhen
Roz-sur-Couesnon
Baguer-Pican
Dinan
Le Tronchet
Noyal-sous-Bazouges
Fougères
Bécherel
Gomené
35
ILLE-ET-VILAINE
Betton
Iffendic
le Rheu
RENNES
LAVAL
Paimpont
Amanlis
PAYS DE LA LOIRE
Guégon
Augan
Guichen
Le Petit-Fougeray
Coësmes
La Couyère
Le Cours
Brain-sur-Vilaine
Malansac
Sulniac
Redon
Châteaubriant
Segré
Nivillac
44
LOIRE-ATLANTIQUE
PAYS DE LA LOIRE
Ancenis
Saint-Nazaire
NANTES
Sélune
Rance
Canal
Ille
Vilaine
Loire

BRETAGNE

Amanlis - Ille et Vilaine (35)

Les Cours Nicolles en Néron
35150 Amanlis
Tél. 02 99 47 34 39 ou 06 24 43 36 47
Email : la.longere.damanlis@tiscali.fr
Annie et Patrick Dewevre

TH

1 pers. 55 € - 2 pers. 60 € - repas 20 €

★Rennes and Vitré 25 km. Roche-aux-Fées archaeological site 5 km. Horse-riding 3 km. Fishing and tennis 5 km. Swimming pool 15 km. Golf 20 km. Hiking locally.

*★ **How to get there:** A81, Vitré/Janzé exit and D777. Drive 20 km and at Néron, turn right for "Cours Nicolles".*

Annie is your hostess at her restored 17th-century longère, in a delightfully verdant setting dotted with trees. The suite, decorated with a harmonious, personal touch, opens out onto the grounds. Guests will enjoy the many facilities for sitting back and relaxing. An ideal spot for getting to know Breton history and traditions.

1 suite avec sanitaires privés, salon et cheminée. Ouvert toute l'année. Petit déjeuner : viennoiseries, crêpes, fruits, confitures, miel, craquelins, jus de fruits... T. d'hôtes (sur résa.) : produits du terroir et biologiques. Cour, parc de 8000 m². Excellente crêperie et restaurant de renommée à proximité. ★ Rennes et Vitré 25 km. Proche du site archéologique de la Roche-aux-Fées (5 km). Equitation 3 km. Pêche et tennis 5 km. Piscine 15 km. Golf 20 km. Randonnées sur place. **Accès :** A81, sortie Vitré/Janzé puis D777 sur 20 km. Puis Néron, sur la droite aux "Cours Nicolles".

Annie vous accueille dans sa propriété verdoyante et boisée, très calme, dans une longère restaurée du XVIIe siècle, avec de nombreux espaces de détente. Une chambre harmonieuse et personnalisée, qui ouvre sur le parc, vous est réservée. Venez découvrir l'histoire et les traditions de la Bretagne.

Augan - Morbihan (56)

NOUVEAUTÉ

Logis de la Ville Ruaud
56800 Augan
Tél./Fax 02 97 93 44 40 ou 06 07 37 78 96
Email : gwen@cap-broceliande.com
www.cap-broceliande.com
Gilles et Gwénola de Saint-Jean

1 pers. 35 € - 2 pers. 50/55 € - 3 pers. 73 €

★Brocéliande Forest, Paimpont, Voie Verte, Josselin, Malestroit, Ducs à Ploërmel Lake (7 km), Accordion festival at Augan, Roi Arthur golf course (7 km). Tennis 6 km. Fishing 2 km. Horse-riding 5 km.

*★ **How to get there:** From the Rennes/Quimper motorway, exit at Augan. From there, take direction Ploërmel, continue for 2.5km on the left. At the little crossroads, take direction Ville Ruaud. Michelin map 308.*

Gilles and Gwénola warmly welcome you to their 17th-century manor-house on the edge of the Brocéliande forest. Formerly a Lord's estate, there are now four pretty bedrooms available at this residence. Here you can unwind, relax and enjoy the swimming pool, table tennis and mini-football.

4 chambres dont 1 double pour une même fami (2/4 pers.), avec sanitaires privés. Ouv. toute l'année. Pe déjeuner : croissant, confitures diverses, jus d'oran yaourts et gâteaux maison, fruits... Billard. Equip. bé Cheminée. Coin-cuisine à dispo. Piscine. P-pong, b-fo Jardin, salon de jardin, barbecue. ★ Forêt de Brocélian Paimpont, Voie Verte, Josselin, Malestroit, lac aux Duc Ploërmel (7 km), festival Accordéon à Augan, golf du R Arthur (7 km). Tennis 6 km. Pêche 2 km. Equitat 5 km. **Accès :** de la voie express Rennes/Quimper, s tir à Augan. De là, prendre dir. Ploërmel, faire 2,5 km, la gauche. Prendre petite patte d'oie dir. Ville Rua CM308.

Aux portes de la forêt de Brocéliande, vous se accueillis par Gilles et Gwénola qui vous propos 4 jolies chambres aménagées dans leur manoir XVIIe siècle, ancienne seigneurie. Vous pour vous détendre en profitant de la piscine, du pi pong et du baby-foot.

Baguer-Pican - Ille et Vilaine (35)

Dol de Bretagne 2 km. Mont-Saint-Michel and Saint-Malo 20 min. Fishing locally. Swimming pool 2 km. Sea, horse-riding 7 km. Golf course 8 km. Beaches 20 km.

*★ **How to get there:** From Dol de Bretagne, head for Fougères/Le Boussac (D155). Approximately 2 km on, take second road on right.*

This elegant 17th-century stone residence, in the heart of the countryside, is set in a delightful landscape garden. The three pretty bedrooms -"Belle de Jour", "Boule de Neige" and "La Cabane" - are pleasantly decorated and inviting. A quiet spot in a leafy setting.

Le Grand Villouet
35120 Baguer-Pican
Tél. 02 99 80 94 29 ou 06 23 36 12 95
Email : valerie.niort@club-internet.fr
www.jardin-coramille.com
Jerôme et Valérie Niort

1 pers. 40 € - 2 pers. 45/60 € - 3 pers. 60/65 € - p. sup. 15 €

3 chambres dont 1 indép. dans le jardin, avec sanitaires privés. Ouv. toute l'année. Petit déjeuner : pâtisseries et confitures maison, gateaux bretons, miel, viennoiseries. Salon et bibliothèque. Cour, parc 5000 m². Parking dans la propriété. Jardin à l'anglaise à visiter sur place. Jeux d'enfants. Restaurants 2 km. ★ Dol-de-Bretagne 2 km. Mont-Saint-Michel et Saint-Malo à 20 mn. Pêche sur place. Piscine 2 km. Mer, équitation 7 km. Golf 8 km. Plages 20 km. **Accès :** de Dol-de-Bretagne, prendre dir. Fougères/Le Boussac (D155), faire environ 2 km puis prendre la 2e route à droite.

A la campagne, belle demeure du XVIIe siècle, en pierres, entourée d'un ravissant jardin à l'anglaise. 3 jolies chambres agréablement décorées et chaleureuses sont réservées aux hôtes : Belle de Jour, Boule de Neige et la Cabane. Une halte en toute quiétude dans un écrin de verdure.

Bécherel - Ille et Vilaine (35)

...écherel, city famous for its literary traditions and book fair. ...nce Valley 12 km. Dinan 20 km. Tennis court 500 m. Water ...ts 12 km. Horse-riding and swimming 15 km. Sea and ...hes 40 km.

***...ow to get there:** At "La Barre", head for Rennes. After ... m, turn right for "Terrain de Sports" (sports ground). ... m on, turn right, opposite the pond.*

...ette welcomes you to her pretty home, a 16th-century ...er's residence, in a magnificent verdant and peaceful setting ...e foot of Bécherel, famous for its literary traditions, and on ...dge of the GR37 footpath. Two charming, elegant bedrooms ...t your arrival. Breakfast is served in the flower garden. An ... staging post for nature lovers.

La Ville Malet
35190 Bécherel
Tél. 02 99 66 77 47
Email : colette.million@wanadoo.fr
www.lavillemalet.fr.st
Colette Million

2 pers. 60 €

2 chambres avec sanitaires privés. Ouv. toute l'année. Petit déjeuner à base de produits bio. : oranges pressées, gateaux maison, confitures variées... Jardin. Terrasse privative. Vélos à dispo., ping-pong. Restaurants à proximité. Environnement calme et serein, ambiance chaleureuse. ★ Bécherel : petite cité de caractère et cité du livre. Vallée de la Rance 12 km. Dinan 20 km. Tennis 500 m. Activités nautiques 12 km. Equitation et piscine 15 km. Mer et plages 40 km. **Accès :** au lieu-dit "La Barre" prendre la dir. de Rennes sur 200 m, puis prendre à droite, dir. "Terrain de Sports" et faire 500 m à droite, face à l'étang.

Au pied de Bécherel, cité du livre et en bordure du GR37, Colette vous accueille dans sa jolie maison de tisserand du XVIe siècle, dans un magnifique cadre de verdure et de tranquillité. 2 chambres décorées avec charme et raffinement vous sont réservées. Le petit déjeuner est servi dans le jardin parmi les fleurs. Etape idéale pour les amoureux de la nature.

Betton - Ille et Vilaine (35)

★Rennes, city steeped in history 12 km. Combourg Château 26 km. Mont-Saint-Michel, Dinan and St-Malo 50 km. Horse-riding, hiking, golf, fishing 3 km. Golf 20 km.

★ **How to get there:** *In Betton (north of Rennes), past the church, take D27 for Genezé, Mélesse and Hédé. 2 km on, take D91 for Saint-Germain. The house is 800 m on.*

Lydie and Didier are your hosts at La Touche Aubrée, a 17th-century longère, overlooking an extensive garden with trees and flowers and a swimming pool. The owners won the Upper Brittany Tourism Award in 2004. The spacious, tranquil bedrooms have been decorated with great refinement. Breakfast is served in the handsome half-timbered dining room.

La Touche Aubrée
35830 Betton
Tél. 02 99 55 78 56 ou 06 10 03 45 06
www.latoucheaubree.free.fr
Didier Fablet-Roussel

1 pers. 54 € - 2 pers. 63 € - 3 pers. 81 €

1 chambre triple et 1 chambre familiale de 2 ch., chacune avec sanitaires privés et salon/TV. Ouvert toute l'année. Petit déjeuner : vienoisseries, spécialités bretonnes, fruits laitages... Cour, jardin cottage. Piscine. Ping-pong, VTT 2 restaurants à Betton. ★ Rennes 12 km, ville historique château de Combourg 26 km. Mont-Saint-Michel Dinan et St-Malo 50 km. Equitation, randonnée, golf pêche 3 km. Golf 20 km. **Accès :** à Betton (au nord de Rennes), après l'église, prendre la D27 Gevezé, Mélesse Hédé sur 2 km, puis la D91 vers St-Germain sur 800 m

Lydie et Didier vous accueillent dans une longère du XVIIe siècle, donnant sur un grand jardin arboré et fleuri avec piscine (Trophée du Tourisme 2004 de Haute Bretagne). Les grandes chambres très calmes, sont décorées avec beaucoup de raffinement. Les petits déjeuners vous seront servi dans la belle salle à manger à colombages.

Brain-sur-Vilaine - Ille et Vilaine (35)

BRETAGNE

★Redon 10 min (festival in July and August). St-Just megalith and events. Boat trips on the Vilaine. River, hiking 100 m. Swimming pool 15 km. Horse-riding 5 km. Sea, beaches 50 km. Fishing on site.

★ **How to get there:** *Rennes-Redon motorway. At Renac, head for Langon-Chapelle de Brain and Brain-sur-Vilaine.*

Cathy and François are your hosts at La Grand' Maison, once the Seneschal of Redon Abbey's residence, on the banks of the Vilaine. This stately 17th-century edifice, now fully restored, offers four extremely comfortable, well-appointed bedrooms, all with private bathroom, overlooking the enclosed park with centuries-old trees and the Vilaine. Large period fireplaces and a terrace. Simply charming.

La Grand' Maison
Grande Rue - 35660 Brain-sur-Vilaine
Tél. 02 99 70 25 81 ou 06 22 52 58 30
Fax 02 99 70 25 80
www.la-grand-maison.com
François et Cathy Bertin

1 pers. 42 € - 2 pers. 50 € - 3 pers. 65 € - repas 15 €

3 chambres et 1 suite avec bains et wc privés. Ouv. to l'année sauf déc. et janv. Petit déjeuner : viennoiser pâtisseries maison, confitures, miel. T. d'hôtes sur r cuisine familiale et gourmande (produits du terr Séjour, salon (biblio.), cheminées. Terrasses. Parking p clos. Cour, parc 7000 m². ★ Redon 10 mn (juillet/août). Animations sur le site mégalithique de Just. Promenades nautiques sur la Vilaine. Rivière, r 100 m. Piscine 15 km. Equitation 5 km. Mer, pl 50 km. GR et halage. **Accès :** de la voie Rennes-Red à la hauteur de Renac, prendre la dir. de la Chapell Brain puis Brain-sur-Vilaine..

Dans l'ancienne résidence du Sénéchal de l'abb de Redon, en bordure de Vilaine, Cathy et Fran vous accueillent. Cette belle demeure du X entièrement rénovée offre 4 chambres d'un gr confort, chacune avec bains et s'ouvrent toutes le parc clos aux arbres séculaires et la Vila Grandes cheminées d'époque et terrasse. Une h de charme.

Brignogan-Plage - Finistère (29)

ᚼᚼᚼ **La Terre du Pont**
29890 Brignogan-Plage
Tél. 02 98 83 58 49 - Fax 02 98 83 58 39
Email : accueil@terredupont.com
www.terredupont.com
Odile Berthoule

1 pers. 55/75 € - 2 pers. 60/80 € - p. sup. 20 €

4 chambres (non fumeur) avec sanitaires privés. Ouv. du 15/03 au 15/11. Petit déj. : croissants, pâtisseries/confitures maison, charcuterie... Salon, bibliothèque. Piscine couverte. Cour, jardin. Restaurants et crêperies à proximité. ★ Phare Pontusval, menhir christianisé. Iles : Batz, Molène, Ouessant. Enclos paroissiaux. Océanopolis à Brest. Mer, plage 100 m. Golf, équitation 5 km. Tennis 3 km. Ecole voile 500 m. Pêche sur place. **Accès :** Lesneven/Brignogan-Plage : à la mairie, suivre les panneaux "Chambres d'Hôtes/Menhir". CM308.

Il fait bon vivre dans cette chaumière datant du XVIe siècle, située en bord de mer, au cœur de la côte des Légendes. La Terre du Pont vous offrira le repos et le calme, vous profiterez du grand jardin fleuri agrémenté de plusieurs petits espaces abrités du vent, où sont installés les salons de jardin. La piscine couverte vous accueille de mai à septembre.

Pontusval lighthouse, Men Marz "miracle stone" menhir. Batz, Molène and Ouessant islands. Parish enclosures. Océanopolis Marine Centre in Brest. Sea, beach 100 m. Golf, horse-riding 5 km. Tennis 3 km. Sailing school 500 m. Fishing locally.

How to get there: *Lesneven/Brignogan-Plage. At the town hall (Mairie), follow "Chambres d'Hôtes/Menhir" signs. Michelin map 308.*

Enjoy the good life at this 16th-century cottage by the sea, in the heart of Brittany's famous "Côte des Légendes". La Terre du Pont is a haven of peace and quiet, featuring a large flower garden with sitting areas and garden furniture, where you can relax shielded from the wind. The indoor swimming pool is open from May to September.

Carnac - Morbihan (56)

ᚼᚼᚼ **L'Alcyone**
Impasse de Beaumer - 56340 Carnac
Tél. 02 97 52 78 11 ou 06 67 08 43 13
Marie-France Allain-Balsan

2 pers. 62 € - p. sup. 20 €

5 ch. 2 pers. avec salon (TV) et sanitaires privés. Ouv. toute l'année. Petit déj. : confitures, spécialités de gâteaux, jus d'orange. Jardin clos privatif 8000 m², terrasse, salon de jardin. Restaurants à la Trinité (2 km). Tarifs réduits selon saison. Animaux admis après accord. Taxe de séjour. ★ Carnac-Plage, stat. balnéaire 500 m, rues animées en saison, centre de thalasso., piscine d'eau de mer, école française de voile (régates). Mégalithes à 1 km. Port de la Trinité-sur-Mer 2 km. Casino 1 km. **Accès :** A Carnac-Ville dir. les plages. Avenue des Druides jusqu'à l'extrémité. A gauche, chemin de Beaumer, et à 500 m, suivre le fléchage vers l'impasse de Beaumer. CM308.

Entre la mer et les menhirs, dans une longère finement restaurée, Marie-France Allain-Balsan sera heureuse de vous accueillir. Vous apprécierez les délicieux petits déjeuners. Promenades-randonnées, découvertes et autres loisirs vous seront proposés afin de mieux connaître cette belle région.

...rnac-Plage: seaside resort with fine-sand beach (500 m), ...y streets in high season, thalassotherapy centre, sea water ...mming pool, French Sailing School (regattas). Megaliths ...n. Trinité-sur-Mer port 2 km. Casino 1 km.

...ow to get there: *In Carnac-Ville, head for "Les Plages", drive to the end of Avenue des Druides. Turn left into ...min de Beaumer then 500 m on, follow signs for Impasse ...eaumer. Michelin map 308.*

...e-France Allain-Balsan provides a warm welcome at this ... restored farmhouse, between the sea and the menhirs. ...y a delicious breakfast before taking a leisurely stroll. A range of activities are available for getting to know this ...ificent region.

BRETAGNE

Carnac - Morbihan (56)

Ker Kristal
Kerguéarec - 56340 Carnac
Tél. 02 97 56 73 57 ou 06 84 91 43 36
Email : kerkristal@yahoo.fr
www.kerkristal.com
Jocelyne Heiligtag

2 pers. 46/58 € - p. sup. 11/20 €

2 chambres dont 1 avec lit 200 x 200 et 1 suite avec sanitaires privés, TV, réfrig. Ouv. toute l'année. Petit déjeuner : confitures, miel, fromage, œufs... Coin-cuisine, m ondes. Equip. bébé. Wi-fi. Biblio. (français, anglais allemand), jeux de société. Vélos, p-pong, badminton Parking privé, salons de jardin, barbecue. Parc 3000 m
★ Mégalithes de Carnac, côte sauvage de Quiberon Golfe du Morbihan, port de plaisance de la Trinité, Aura (ville d'art)... Baignade, casino 5 km. Equitation 1 km Voile, musée 4 km. Golf 6 km. Rand. 50 m. **Accès :** Auray, prendre la D768 dir. Quiberon, après 4 km, tourner à gauche D186 dir. La Trinité-sur-Mer, après 3 km tourner à gauche au village de Kerguéarec, c'est au n°1 CM308.

Jocelyne et Jürgen vous accueillent chaleureusement dans leur maison contemporaine, au cœ d'un parc arboré et fleuri. Les chambres sont tr confortables, décoration originale et raffinée. Vo pourrez vous promener dans le parc de 3000 m² la végétation luxuriante. Une étape idéale po découvrir le site des célèbres mégalithes.

★Carnac megaliths. Quiberon "wild" coast. Morbihan Gulf. La Trinité yachting harbour. Town of Auray, famous for its art and history. Bathing, casino 5 km. Horse-riding 1 km. Sailing, museum 4 km. Golf course 6 km. Hiking 50 m.

★ ***How to get there:*** *From Auray, take D768 for Quiberon. 4 km on, turn left onto D186 for La Trinité-sur-Mer and, after 3 km, turn left at Kerguéarec village. Ker Kristal is no. 12. Michelin map 308.*

Jocelyne and Jürgen extend a warm welcome to guests at their contemporary home, set in a leafy park teeming with flowers. The bedrooms are very comfortable and boast highly original, elegant decoration. Enjoy peaceful walks in the 3,000 m² park, resplendent with lush greenery. An ideal spot for exploring the famous Carnac megaliths.

Cast - Finistère (29)

BRETAGNE

Manoir de Tréouret
29150 Cast
Tél. 02 98 73 54 38
Madeleine Gouérou

1 pers. 39 € - 2 pers. 45 € - 3 pers. 59 €

1 suite 3 pers. avec sanitaires privés et 1 chambre 2 p avec coin-salon, salle d'eau et wc privés. (poss. de cu ner). Ouvert toute l'année. Petit déjeuner : jus de fr pains, crêpes maison, gâteaux bretons, confitures... Sa Tennis de table. Jardin. Restaurants à 2 et 7
★ Randonnées pédestres. Location de vélos à 7 km. V pêche, piscine, équitation à 7 km. Mer et plage à 12 **Accès :** à partir de Cast, prendre direction gare Quemeneven sur 2 km. Calvaire à droite et tourn gauche. CM308.

Dans un cadre reposant, Madeleine vous accu dans son manoir, non loin des collines Locronan, au cœur de la plaine du Porzay, pr de la presqu'île de Crozon. Une suite spaci vous sera réservée.

★Hiking. Bikes for hire 7 km. Sailing, fishing, swimming pool, horse-riding 7 km. Sea and beach 12 km.

★ ***How to get there:*** *From Cast, drive 2 km for Quemeneven (railway station). Roadside cross on right, then turn left. Michelin map 308.*

Madeleine and Jean-Louis are your hosts at their manor house, which stands in restful surroundings close to the Locronan Hills. The property enjoys a prime location in the heart of the Porzay Plain, close to the Crozon Peninsula. A spacious suite awaits your arrival. Cooking facilities are available.

Cléder - Finistère (29)

Roscoff (privateers' town) 15 km. Ile de Batz (crossings from Roscoff). Parish enclosures 30 km. Château de Kerjean (exhibitions) 10 km. Beaches, tennis, water sports club, hiking paths 1 km.

★ ***How to get there:*** *From Morlaix, head for Saint-Pol-de-Léon then Cléder/Plouescat. In Cléder village, head for the sea or Roguennic. Michelin map 308.*

Annie is your hostess in this house full of character set in a pleasant flower garden, near the sea and the coastal paths. Three cosy and pretty upstairs bedrooms await your arrival. Gourmets will particularly enjoy the copious breakfasts and local specialities, such as "far" cake and crêpes, prepared by Annie.

Coz-Milin
29233 Cléder
Tél./Fax 02 98 69 42 16 ou 06 87 17 41 71
www.gites-finistere.com/gites/cozmilin
Annie Moysan

2 pers. 50 €

3 chambres (non fumeur) avec sanitaires privés. Ouvert toute l'année. Petit déjeuner : pains variés, laitages, viennoiseries, gâteaux, far ou crêpes maison... Cour, jardin avec salon de jardin et chaises longues. Restaurants à 3 km. ★ Roscoff (ville corsaire) 15 km. Ile de Batz (au départ de Roscoff). Enclos paroissiaux 30 km. Château de Kerjean (expositions) 10 km. Plages, tennis, club nautique, sentiers de randonnée 1 km. **Accès :** de Morlaix direction Saint-Pol-de-Léon puis Cléder/Plouescat. Dans le village de Cléder, prendre la direction de la mer ou Roguennic. CM308.

A proximité de la mer et des sentiers côtiers, Annie vous reçoit dans sa maison de caractère entourée d'un agréable jardin fleuri. A l'étage, 3 chambres chaleureuses et joliment décorées sont réservées aux hôtes. Les gourmands apprécieront le copieux petit déjeuner et les spécialités (far, crêpes...) préparées par Annie.

Cléder - Finistère (29)

Parish enclosures, Kerjean, Tronjoly and Kerouzéré Châteaux. le de Batz. Hiking locally. Tennis and horse-riding 3 km. Sea, nd-yachting 5 km. Golf course 25 km.

How to get there: *At Morlaix, head for St-Pol, Cléder and louescat. Turn left at entry sign into Plouescat (water tower) nd follow signs for "Kerliviry". Michelin map 308.*

his 18th-century manor, surrounded by unspoilt countryside, fers attractive, rustic-style rooms. The property is set in tensive, leafy grounds with a lake where donkeys and goats me to graze in the company of a few chickens. Copious eakfasts are served in a large dining room with antique rniture and a fireplace, in a traditional Breton atmosphere. ace and quiet assured.

Manoir de Kerliviry
29233 Cléder
Tél./Fax 02 98 61 99 37 ou 06 23 50 27 08
Email : kerliviry@wanadoo.fr
www.kerliviry.com
Christine Ponthieux

BRETAGNE

2 pers. 50/70 € - p. sup. 16/23 €

3 chambres (dont 1 familiale 4 pers.) avec bains et wc privés. Ouvert toute l'année. Petit déjeuner : pains variés, gâteau breton, crêpes, far, fromages, fromage blanc... Livres et jeux de société à disposition. Salon billard français. Cour, jardin et parc de 2 ha. avec aire de jeux et étang de pêche. ★ Enclos paroissiaux, châteaux de Kerjean, Tronjoly et Kerouzéré. Ile de Batz. Randonnée sur place. Tennis, équitation 3 km. Mer, char à voile 5 km. Golf 25 km. **Accès :** à Morlaix, prendre dir. St.Pol puis Cléder, Plouescat. Au panneau d'entrée de Plouescat tourner à gauche (château d'eau) puis suivre le fléchage "Kerliviry". CM308.

Dans une campagne sauvage, chambres au décor rustique dans un manoir du XVIIIe, entouré d'un vaste parc arboré avec plan d'eau où paissent tranquillement ânes et chèvres ainsi que quelques poules. Dans une ambiance bretonne, le petit déjeuner très copieux sera servi dans la grande salle à manger avec cheminée et meubles anciens. Calme et tranquillité assurés.

Coesmes - Ille et Vilaine (35)

★Roche aux Fées country, major place of interest 5 km. Fishing, tennis 2 km. Sailing, horse-riding 6 km. Swimming pool 7 km.

*★ **How to get there:** Rennes-Angers trunk road, Retiers-Coesmes exit. At the stop sign, head for Coesmes and drive through Theil Forest. At "La Pommeraie", turn left (pine hedge).*

Geneviève is your hostess at this pretty 17th-century manor house with 12th-century foundations, in Roche aux Fées country. Located in a rural hamlet, it is surrounded by a large well-laid-out garden with furniture. The attractive, tastefully decorated interior is most inviting. The breakfasts and evening meals are made with fresh produce and are served in the dining room. History enthusiasts will enjoy Geneviève's account of this manor, which dates from 1186.

Manoir du Plessix TH
35134 Coesmes
Tél. 02 99 47 77 33 - Fax 02 99 47 79 74
Email : J.J.ANJOT@wanadoo.fr
Geneviève Anjot

1 pers. 46 € - 2 pers. 55 € - 3 pers. 70 € - p. sup. 15 € - repas 20 €

3 suites 4 pers. (dont 1 avec salon, TV, coin-repas) avec sanitaires privés. (85 €/4 pers.). Ouv. toute l'année. Petit déjeuner : produits frais et maison. T. d'hôtes à base de produits du terroir. Cour et jardin. Organisation de week-ends à thèmes (soirées anniversaire, fêtes...). Trophée du Tourisme 2002. ★ Pays de la Roche aux Fées, grand site touristique à 5 km. Pêche, tennis 2 km. Voile, équitation 6 km. Piscine 7 km. **Accès :** axe Rennes-Angers, sortie Retiers-Coesmes. Au stop, prendre Coesmes, traverser la forêt du Theil et au lieu-dit "La Pommeraie" tourner à gauche (à la haie de sapins).

Au pays de la Roche aux Fées, Geneviève (passionnée d'histoire) vous reçoit dans ce joli manoir du XVIIe dont les origines remontent au XIIe, entouré d'un grand jardin bien aménagé. L'intérieur du manoir, décoré avec goût et harmonie vous donnera l'envie d'y séjourner. Petits déjeuners et dîners à base de produits frais sont servis dans la salle à manger.

BRETAGNE

Commana - Finistère (29)

NOUVEAUTÉ

★Sea, Roscoff and l'Ile de Batz, 35 mins. Near to Crozon island and the côtes des Légendes 45 mins. Water sports centre and tennis 7 km. Horse-riding 6 km. Numerous hiking trails.

*★ **How to get there:** Once in Commana, take direction Landivisiau. 1.8km on, turn right by the isolated house. Follow signs for "Kerverous" for 1.5km. Calvaire is at the entrance to the hamlet. Michelin map 308.*

Michel is waiting to welcome you warmly to his 18th-century weaver's house that has maintained its original charm and is set on the side of a hill. The comfort of the rooms and the leafy, floral setting guarantee peace and quiet. Nearby there is a lot to do: Monts d'Arée, parish enclosures, ecomuseums, lake...

Kerverous
29450 Commana
Tél. 02 98 78 92 87
Email : m-t.lancien@wanadoo.fr
Michel Lancien

1 pers. 46 € - 2 pers. 52 € - p. sup. 17 €

2 chambres avec sanitaires privés (1 au r.d.c. et 1 a 1er étage), poss. lits supplémentaires. Ouvert toute l'année Petit déjeuner : far ou crêpes, jus d'orange, confitures, sortes de pain... Cour, jardin clos calme et fleuri réserv aux hôtes : lecture, repos et à l'occasion pique-niqu Restaurant/crêperie 7 km. ★ Mer, Roscoff et l'Ile d Batz à 35 mn. Presqu'île de Crozon et côtes des Légend 45 mn. Centre nautique et tennis 7 km. Centre équest 6 km. Nombreuses randonnées pédestres. **Accès :** Commana, prendre dir. Landivisiau. A 1,8 km, tourner droite à hauteur d'une maison isolée. Suivre les flèch "Kerverous" sur 1,5 km. Calvaire à l'entrée du hamea CM308.

Située à flanc de coteaux, Michel vous accuei dans une maison de tisserands du XVIIIe siècle q a su gardé tout le charme des anciennes demeure Le confort de ses chambres, dans un environn ment verdoyant et fleuri, vous assure calme repos. A découvrir : Monts d'Arrée, enclos paroi siaux, écomusées, lac...

Le Cours - Morbihan (56)

Rochefort-en-Terre (medieval village), La Vraie Croix (garden village), Brocéliande Forest and Dukes of Brittany country. Tennis 1 km. Fishing 100 m. Swimming pool 12 km. Horse-riding 5 km. Golf course 25 km. Beach 30 km.

★ ***How to get there:*** *On N24 for Lorient/Vannes, N166 exit for Vannes. 20 km on, St-Guyomard/Le Cours exit. Left at stop sign (D139) for Larre/Le Cours. Drive through Le Cours and at Pont de Molac, first right. First house on left.*

Véronique extends a warm welcome to guests at her 18th-century watermill on the banks of the Arz. The bedrooms are appointed with period and contemporary furniture, enhanced with bric-à-brac. Breakfast is served in the dining room. Relax in the open garden, featuring garden furniture, by the river

Le Moulin du Pont de Molac
Kermelin - 56230 Le Cours
Tél./Fax 02 97 67 52 40 ou 06 18 92 50 79
Email : moulinmolac@club-internet.fr
Christian et Véronique Restoin

1 pers. 45/50 € - 2 pers. 50/60 € - 3 pers. 75 € - p. sup. 15 €

4 chambres avec sanitaires privés. Ouvert toute l'année. Petit déjeuner : jus d'orange, far breton, cake, palets bretons, crêpes, yaourts, brioches, pain d'épice... Salle pour petits déjeuners. Jeux pour bébé. Toboggans, balançoires. Jardin, salon de jardin. Cour. Parc de 6 ha. Restaurants 3 et 9 km. ★ Rochefort-en-Terre (cité médiévale du XVIe), la Vraie Croix (village fleuri), forêt de Brocéliande, route des Ducs de Bretagne... Tennis 1 km. Pêche 100 m. Piscine 12 km. Equitation 5 km. Golf 25 km. Plage 30 km. **Accès :** par la N24 dir. Lorient/Vannes, sortie N166 dir. Vannes. A 20 km, sortie St-Guyomard/Le Cours. Au stop, à gche D139 vers Larre/Le Cours. Traverser Le Cours, au pont de Molac, 1re à droite, 1re maison à gche.

Véronique vous accueille dans son moulin du XVIIIe, au bord de la rivière l'Arz. Les chambres sont meublées en ancien, contemporain et brocante. Les petits déjeuners sont servis dans la salle du moulin. Jardin non clos bordant la rivière avec salon de jardin pour votre détente.

La Couyère - Ille et Vilaine (35)

La Roche aux Fées (megalithic monument) 10 km. Vitré (château and old town) 25 km. Horse-riding 2 km, fishing 5 km. Swimming pool 15 km. 18-hole golf course 25 km.

★ ***How to get there:*** *Head for the Châteaux of the Loire, between Rennes and Châteaubriand on D163, then D92.*

Enjoy dinner by candlelight in this delightful set of 17th-century buildings, or relax in the winter garden, where Claudine will be delighted to share her love of decorating. She has also opened an antiques gallery (for guests only).

La Tremblais TH
35320 La Couyère
Tél./Fax 02 99 43 14 39
Tél. SR 02 99 22 68 60
www.la-raimonderie.com
Raymond et Claudine Gomis

1 pers. 35 € - 2 pers. 50/55 € - 3 pers. 60/65 € - p. sup. 15 € - repas 15 €

1 suite 4 pers. avec salon, cheminée, douche et wc et 1 chambre 3 pers. avec douche et wc. Ouvert toute l'année. Formule "Soirée en amoureux" avec dîner aux chandelles devant un feu de cheminée (2 pers.130 €TTC) dans la suite. Table d'hôtes sur réservation. ★ A 10 km, la Roche aux Fées (monument mégalithique), Vitré à 25 km (château et vieille ville). Equitation à 2 km, pêche à 5 km, piscine à 15 km. Golf 18 trous à 25 km. **Accès :** vers les châteaux de la Loire, entre Rennes et Châteaubriand sur la D.163, prendre ensuite la D92. CM230, pli 41.

Dans un ensemble de bâtiments du XVIIe, vous découvrirez le plaisir intime d'un dîner aux chandelles ou d'un moment de détente dans le jardin d'hiver. Claudine vous fera partager sa passion pour la décoration et vous fera découvrir la brocante qu'elle a ouverte pour ses hôtes.

Créhen - Côtes d'Armor (22)

NOUVEAUTÉ

Easy access to St-Malo, Dinard, Dinan, le Cap Fréhel, Fort Lalette and Mont-St-Michel. Sea 4 km. Watersports 6 km. Horse-riding and beach 5 km. Tennis 1 km. Golf 8 km.

★ ***How to get there:*** *From Rennes, take direction St-Malo, barrage de la Rance then direction Ploubalay. From Ploubalay, direction St-Brieuc/Plancoët (D768). At the roundabout, head towards Créhen for 2.5km then take the 1st right.*

Tastefully and lovingly restored, "La Belle Noë" is a beautiful farmhouse that dates back to the 19th century (1837). Whether you're staying for one night or more, this comfortable, charming property is ideal for those seeking peace and quiet in a place where attention to detail is key. The flowery and superbly maintained garden has rosebeds that are not to be missed.

La Belle Noë - 22130 Créhen TH
Tél. 02 96 84 08 47 ou 06 89 94 69 18
Email : belle.noe@wanadoo.fr
www.crehen.com
Chantal Bigot

1 pers. 46/76 € - 2 pers. 56/86 € - 3 pers. 73/103 € - p. sup. 17 € - repas 23 € - 1/2 p. 51 €

4 chambres dont 1 en duplex (accès indép.) avec sanitaires privés. Ouv. toute l'année. Petit déjeuner : confitures, yaourts, far breton, crêpes, madeleines, jus d'orange... T. d'hôtes : soupe maison, terrine de poisson, tartes aux légumes... Jardin, parc 3 ha. Vélos, badminton, p-pong, boulodrome. Equip. bébé. ★ Accès facile pour aller à St-Malo, Dinard, Dinan, le Cap Fréhel, Fort Lalatte et le Mt-St-Michel. Mer 4 km. Sports nautiques 6 km. Equitation et plage 5 km. Tennis 1 km. Golf 8 km. **Accès :** de Rennes prendre dir. St-Malo, barrage de la Rance puis dir. Ploubalay. A ploubalay, prendre dir. St-Brieuc/Plancoët (D768). Au rd-point indiquant Créhen faire 2,5 km puis 1re route à droite.

La Belle Noë" vous accueille dans une belle longère datant du XIXe siècle (1837) rénovée avec passion et beaucoup de goût. Vous y trouverez le confort et le plaisir d'y séjourner une nuit ou plus. Idéale pour les amoureux des lieux authentiques et simples mais avec une attention toute particulière. Jardin bien entretenu et fleuri avec une belle roseraie.

Crozon - Finistère (29)

Crozon Peninsula, places of interest and museums. Beach locally. Swimming pool, tennis court and water sports 500 m. Hiking 1 km. Horse-riding 6 km.

★ ***How to get there:*** *In Crozon, head for Morgat. At the beach roundabout, drive along the beach road. "Ker-Maria" is the first house on the left. Michelin map 308.*

This magnificent stone villa, built in 1900 in the heart of Morgat, overlooks the beach, to which it has private, direct access. The residence also affords stunning views over Douarnenez Bay. You will be won over by the interior decoration and the comfortable bedrooms, each with a seaview.

Ker-Maria
1, bld de la Plage - 29160 Crozon-Morgat
Tél. 02 98 26 20 02 - Fax 02 98 27 06 36
Email : kermaria.bopp@wanadoo.fr
Louis Bopp

2 pers. 85/115 € - p. sup. 16 €

3 chambres et 2 suites avec salon attenant, toutes ave sanitaires privés, TV et mini-bar. Ouvert toute l'année su réservation. Petit déjeuner continental avec fruits de sai son et spécialités bretonnes. Magnifique jardin avec salor face à la mer. Restaurant à 300 m. ★ Sites de la presqu'î de Crozon, musées. Plage sur place. Piscine, tennis sports nautiques 500 m. Randonnées 1 km. Equitatio 6 km. **Accès :** à Crozon, prendre direction Morgat. A rond point de la plage, longer la plage. "Ker-Maria" est 1re maison à gauche. CM308.

Au cœur de Morgat, cette superbe villa de cara tère datant de 1900, en pierres apparentes, su plombe la plage (accès direct et privé) et vous off une magnifique vue sur la baie de Douarnene Vous serez séduits par l'aménagement et le confo des chambres disposant chacune d'une belle v sur la mer.

BRETAGNE

Douarnenez - Finistère (29)

Yachting harbour and tennis courts 2 km. Beach, swimming pool, thalassotherapy centre 3 km.

★ ***How to get there:*** *From Douarnenez, head for Audierne (D765). 400 m past first set of traffic lights, take first road on right, then follow signs for 1 km. Michelin map 308.*

Marie-Paule Lefloch and her children guarantee a warm welcome at their ivy-covered manor house in the heart of the countryside, close to Douarnenez. Hearty breakfasts are served in a vast, radiant dining room which affords a view of the flower-decked grounds.

Manoir de Kervent
29100 Douarnenez
Tél./Fax 02 98 92 04 90
Email : mariepaule.lefloch@free.fr
Marie-Paule Lefloch

1 pers. 40 € - 2 pers. 45/48 € - 3 pers. 58/68 €

4 chambres : 2 ch. 2 pers., 1 ch. 3 pers. et 1 ch. familiale 4 pers. (72 €), toutes avec salle d'eau et wc privés. Ouvert toute l'année. Salon avec cheminée. Portique et promenades dans la propriété. Restaurants à 3 km. ★ Port de plaisance et tennis à 2 km. Plage, piscine et thalassothérapie à 3 km. **Accès :** de Douarnenez, prendre dir. Audierne (D765). 400 m après les 1ers feux, prendre la 1re route à droite puis suivre le fléchage sur 1 km. CM308.

En pleine campagne, à proximité de Douarnenez, Marie-Paule Lefloch et ses enfants vous reçoivent dans un chaleureux manoir couvert de lierre. Le petit déjeuner, copieux, vous sera servi dans la vaste salle à manger, pleine de lumière d'où vous pourrez admirer le parc très fleuri.

Douarnenez/Poullan-sur-Mer - Finistère (29)

Walks, horse-riding, cycling locally. Pointe du Raz, Quimper, Locronan, Douarnenez. Museums, Cornouaille Festival (Breton culture). Beaches, coastal paths 4 km. Thalassotherapy, tennis, horse-riding 5 km. Aquarium 15 km.

★ ***How to get there:*** *At Douarnenez, take D765 for Audierne. After the exit sign from the town, drive 5.5 km and turn right for Chapelle de Kérinec and Manoir de Kerdanet. Michelin map 308.*

This genuine 15th and 16th-century Breton manor house is in the countryside by the sea. In the main part of the residence, a winding staircase leads to the bedrooms, each appointed with a period fireplace and a canopied fourposter bed. The ceremonial lounge, with carved fireplace and beams, bears witness to the manor's rich past. The park, complete with pond, is a haven of peace and quiet.

Manoir de Kerdanet
29100 Poullan-sur-Mer
Tél./Fax 02 98 74 59 03
Email : manoir.kerdanet@wanadoo.fr
www.manoirkerdanet.com/
Sid et Monique Nedjar

2 pers. 96/122 € - p. sup. 19/29 €

2 chambres et 1 suite avec bains et wc privés (non fumeur). Ouv. de Pâques à la Toussaint, le reste de l'année sur rés. Petit déjeuner : pâtisseries maison, spécialités locales, charcuterie... Salle de jeux. Cour, jardin, parc avec vivier. ★ Circuits pédestres, équestres, VTT sur place. Pointe du Raz, Quimper, Locronan, Douarnenez. Musées, festival de Cornouaille. Plages, sentiers douaniers 4 km. Thalasso., tennis, équitation 5 km. Aquarium 15 km. **Accès :** à Douarnenez prendre la D765 dir. Audierne. Après le panneau de sortie de ville, faire 5,5 km puis tourner à droite dir. Chapelle de Kérinec et Manoir de Kerdanet. CM308.

Près de la mer, en pleine campagne, authentique manoir breton des XVe et XVIe. Dans le corps de logis, un escalier à vis mène aux chambres agrémentées chacune d'une cheminée d'époque et d'un lit à baldaquin. Le salon d'apparat, sa cheminée sculptée et ses poutres témoignent du riche passé de la demeure.

La Forêt Fouesnant - Finistère (29)

NOUVEAUTÉ

★Cornouailles Festival, Filets bleus festival, thalassotherapy. Oléron islands, fishing museum, fine arts, sailing port... Beach 3 km. Golf, tennis 1 km. Sailing 2 km. Play pool 5 km. Hiking.

*★ **How to get there:** From the Fouesnant Forest, 200m after the lights, turn right next to "l'Hotel des Cerisiers". Continue for 1km until the 2nd "Gîtes de France" sign. Michelin map 308.*

1.5 km from the edge of the Fouesnant Forest, between Concarneau and its walled city and the thalassotherapy town of Bénodet, you can enjoy the tranquility of the guest-rooms offered by your hosts, Jean-Michel and Marie-José. Start your day here by taking breakfast in your room, a room that has been carefully put together and designed to make you feel right at home.

Lanjulien
29940 La Forêt Fouesnant
Tél. 02 98 56 95 01 ou 06 62 26 95 01
Email : marie-jose.guillo@foret-fouesnant.org
www.bretagne-lanjulien.com
Jean-Michel et Marie-José Guillo

1 pers. 40 € - 2 pers. 49 €

1 chambre avec sanitaires privés, TV, réfrigérateur et prise internet (rez-de-jardin avec terrasse privée). Ouvert toute l'année. Petit déjeuner : jus de fruits, yaourts maison, gâteaux maison différents chaque jour, crêpes, confitures et pains artisanaux... Parc arboré 6000 m². Salon de jardin, relax. ★ Festival de Cornouailles, festival filets bleus, thalosso., Iles d'Oléron, musée de la pêche, faïencerie, port de plaisance... Plage 3 km. Golf, tennis 1 km. Voile 2 km. Piscine ludique 5 km. Randonnées. **Accès :** à partir de la Forêt Fouesnant, 200 m après le feu, tourner à droite au niveau de "l'Hôtel des Cerisiers". Faire 1 km jusqu'au 2e panneau "Gîtes de France". CM308.

A 1,5 km de la baie de la Forêt Fouesnant, entre Concarneau et sa ville close, Bénodet et sa thalasso, vous apprécierez le calme et la tranquillité de la chambre d'hôtes que vous proposent Jean-Michel et Marie-José. Dans une pièce spécialement aménagée à votre attention, vous savourerez des petits déjeuners gourmands.

Goméné - Côtes d'Armor (22)

BRETAGNE

★Tennis court, swimming pool, miniature golf course 5 km. Recreational swimming pool in Loudéac 20 km. Sea 55 km. Nearby: Brocéliande Forest, Josselin (medieval city) and Moncontour.

*★ **How to get there:** On Rennes-Loudéac-Quimper motorway to Merdrignac. Then drive 5 km for Loudéac and take first turning on right, after the Peugeot garage. Do not go right into Goméné.*

This vast 19th-century residence is located on a seven-hectare estate opposite a pond, right in the heart of Brittany. The guest bedrooms, featuring country-style decoration, are all named after flowers: Iris, Eglantine and Marguerite, Rose and Pervenche. Enjoy full breakfasts served in a sunny dining room that looks out onto the estate, and delicious gourmet table d'hôtes meals consisting of local specialities prepared with fresh produce from the vegetable garden.

La Hersonnière d'En Haut TH
22230 Goméné
Tél. 02 96 28 48 67
Email : gerard.lemeaux@wanadoo.fr
www.gitesdarmor.com/la-hersonniere
Gérard et Josette Le Meaux

1 pers. 50/55 € - 2 pers. 55/60 € - 3 pers. 82 € - p. sup. 24 € - repas 22 €

5 chambres (3 ch. 2 pers., 1 unité familiale/2 pièce 4 pers., 1 ch. 3 pers.) avec s. d'eau et wc privés (4 pers 100 €). Ouv. toute l'année sauf du 25/12 au 2/01. Pet déj. : pâtisseries, crêpes, yaourts, jus de fruits. T. d'hôte régionale (produits potager). Salon. Jardin, salon de jardin parc (étang, pêche). ★ Tennis, piscine, mini-golf 5 km Piscine ludique à Loudéac 20 km. Mer 55 km. A proximité : forêt de Brocéliande, cité médiévale de Josselin Moncontour. **Accès :** sur l'axe Rennes-Loudéac Quimper. Aller jusqu'à Merdrignac, puis faire sur 5 km direction de Loudéac et prendre sur la droite, après garage Peugeot. Ne pas entrer dans Goméné.

Au cœur de la Bretagne, vaste demeure du XI sur un domaine de 7 ha, face à un étang. Les chambres qui vous sont réservées, au décor champêtr répondent aux noms d'Iris, Eglantine, Marguerit Rose et Pervenche. Petits déjeuners servis dans u belle salle à manger qui s'ouvre sur le domaine table d'hôtes gourmande avec ses spécialités régionales.

Grandchamp - Morbihan (56)

Lorient Festival. Vannes Historical Festivals. Morbihan Gulf and islands. Rhuys and Quiberon Peninsula. Carnac megaliths. Hiking paths. Swimming, tennis, horse-riding 4 km. Golf course 20 km.

★ ***How to get there:*** *From Vannes, head for Ste Anne-d'Auray. In Mériadec, at church, head for Grandchamp. Drive 4 km, through Locmiquel. At Croix-Locmiquel, 600 m on, turn left. Drive 700 m and turn left. Michelin map 308.*

Jo and Jacqueline Le Gallic offer the charm and quiet of their authentic 16th-century farmhouse situated in a leafy park graced with flowers. The ground-floor bedroom and bathroom are tastefully appointed and spacious. This delightful spot, at the gateway to Vannes and Auray, is an ideal staging post from which to explore the Gulf islands and the Quiberon Peninsula, and the hinterland.

Bot Coët
Bot Coët-Locmiquel - 56390 Grandchamp
Tél. 02 97 61 40 77 ou 06 11 77 34 84
Email : jetj.legallic@voila.fr
http://j.legallic.free.fr
Jo et Jacqueline Le Gallic

2 pers. 66 €

1 chambre au r.d.c. avec réfrig./bar, bain, douche et wc privés. Ouv. du 15.06 au 09.09. Petit déj. : jus de fruits frais, viennoiseries, far, crêpes, confitures maison, fruits... Grande biblio., baby-foot, badminton. Cour avec coin pique-nique et parc 1 ha. Restaurants et crêperies à Granchamp 4 km. ★ Festival de Lorient. Fêtes historiques de Vannes. Golfe du Morbihan et ses îles. Presqu'île de Rhuys et de Quiberon. Carnac. Sentiers de randonnée. Piscine, tennis, équitation 4 km. Golf 20 km. **Accès :** de Vannes, dir. Ste Anne-d'Auray. A Mériadec, à l'église, dir. Grandchamp. Faire 4 km, traverser Locmiquel à 600 m à Croix-Locmiquel, à gauche, faire 700 m et à gauche. CM308.

Dans une authentique longère du XVIe dans un parc arboré et fleuri, Jo et Jacqueline vous proposent de partager le charme et le calme de leur demeure. La chambre et la salle de bains réservées aux hôtes, sont spacieuses et décorées avec goût. Aux portes de Vannes et d'Auray, étape idéale pour découvrir les îles du Golfe et Quiberon, ainsi que l'arrière pays.

Guégon - Morbihan (56)

osselin medieval city: château and museum. Medieval festivals, ervoiserie Lancelot barley beer brewery. Local traditions useum, pottery; cider-tasting. Hiking 1 km. Fishing 2 km. nnis 4 km. Horse-riding 10 km. Golf course 20 km.

How to get there: *On the N24, Guégon exit. In the village, e the D126 for Plumelec. Drive 2 km and turn left for ët Bugat. The manor is 500 m before the village, on the ht-hand side. Michelin map 308.*

is enchanting 13th-century manor house, in the countryside, rs two extremely comfortable bedrooms that bear witness to past, with visible beams and stonework, period furniture and inal paintings. Savour this blissful spot by the pool of in shaded flower garden.

Manoir de Mongrenier
Coët Bugat - 56120 Guégon
Tél. 02 97 73 02 54 - Fax 02 97 73 03 22
Email : chrisandcarol@compuserve.com
Christopher et Carol Sealy

2 pers. 65 € - p. sup. 16 €

2 chambres avec sanitaires privés et TV satellite, salon commun. Ouvert du 15.01 au 15.12. Petit déjeuner : œuf, bacon, tomate, champignons, céréales, pain grillé (anglais) ou viennoiseries, yaourts, jus de fruits (français). Salle de jeux (p-pong, baby-foot). Piscine, badminton, vélos. Cour, jardin, parc 1 ha. ★ Cité médiévale de Josselin (château, musée), fêtes médiévales, cervoiserie de Lancelot, écomusée, poterie, dégustation de cidre. Randonnées 1 km. Pêche 2 km. Tennis 4 km. Equitation 10 km. Golf 20 km. **Accès :** de la N24, prendre la sortie Guégon. Au bourg, D126 dir. Plumelec, faire 2 km et à gauche vers Coët Bugat. Le manoir est à 500 m avant le bourg, à droite. CM308.

En pleine campagne, ce charmant manoir du XIIIe siècle vous propose 2 chambres très confortables laissant apparaître les marques du passé avec ses poutres, ses pierres apparentes, ses meubles anciens et ses tableaux authentiques. Agréables moments de détente autour de la piscine ou dans le vaste jardin fleuri et ombragé.

Guichen - Ille et Vilaine (35)

*Rennes: Car Museum 15 min. Brocéliande Forest 30 min. Towpath at Boël 3 km. Fishing, hiking, horse-riding locally. Tennis court 2 km. Golf course 6 km. Swimming pool 10 km.

★ **How to get there:** *From Rennes, head for Nantes. Turn off at Laillé and make for Guichen. Turn right after 3 km.*

This handsome 15th-century château is situated on a 65-hectare wooded estate with lake, in an enchantingly romantic setting. The vast upstairs bedrooms all have a small sitting room. Lounge and games room for guests' use. The property boasts footpaths, a riding centre, a mineral water spring and a highly unusual box tree wood. A copious breakfast is served by your host. Pleasant terrace with garden furniture for sunbathing.

Château de Bagatz - 35580 Guichen
Tél. 02 99 57 09 88 ou 06 22 15 40 91
Fax 02 99 57 02 48
Email : chateaudebagatz@aol.com
www.chateaudebagatz.com
Daniel et Christiane Diot

1 pers. 60/65 € - 2 pers. 70/80 € - 3 pers. 90/100 € - p. sup. 20 €

2 chambres et 2 suites (2, 3 et 4 pers.) avec coin-salon et sanitaires privés. Ouvert toute l'année. Petit déjeuner : viennoiseries, fromages, yaourts, pâtisseries maison, fruits... Biblio. P-pong, vélos. Terrasse avec salon de jardin/bain de soleil. Domaine boisé 65 ha (étang pêche/centre équestre). Restaurant 3 km ★ Rennes : musée de l'Automobile (15 mn). Forêt de Brocéliande (30 mn). Chemin de halage au Boël (3 km). Pêche, randonnée, équitation sur place. Tennis 2 km. Golf 6 km. Piscine 10 km. **Accès :** de Rennes prendre direction Nantes sortir à Laillé et suivre la direction Guichen. Faire 3 km, puis à droite.

Dans un cadre enchanteur et romantique, joli château du XVe, sur un domaine boisé (65 ha) avec étang. Vastes chambres à l'étage, disposant d'un coin-salon. Salon et salle de jeux. Sur le domaine, chemins petite randonnée, centre équestre, ancienne source d'eau minérale et bois de buis (curiosité). Agréable terrasse avec salon de jardin et bain de soleil.

Guipavas - Finistère (29)

*Brest Botanic Conservatory and Stang Alar Valley nearby. Océanopolis Marine Centre, Moulin Blanc beach, yachting harbour and water sports 2 km. Brest 5 km (arsenal, museum, etc).

★ **How to get there:** *From Guipavas, D712 for Brest. Turn left at Coataudon traffic lights and head for Keraveloc. From Quimper, after l'Elorn Bridge, N265 then D712 as above. Michelin map 308.*

Nestling in wooded parkland on the Stang Alar heights, just five minutes from Brest, La Châtaigneraie is the ideal destination for a peaceful, quiet break. You will enjoy the comfortable, spacious surroundings and superb views of the natural harbour and marina. In the high season, relax in the heated pool with solarium.

La Châtaigneraie
Keraveloc - 29490 Guipavas
Tél. 02 98 41 52 68
Email : la-chataigneraie@wanadoo.fr
http://site.voila.fr/la.chataigneraie
Michelle et Gaëlle Morvan

1 pers. 40/42 € - 2 pers. 46/50 € - 3 pers. 70 € - p. sup. 15 €

2 ch. 2 pers. et 1 suite familiale 4 pers. (80 €), bains et w privés. Ouvert toute l'année. Mezzanine (salon-biblio. Accès Internet. Cuisine équipée à dispo. Salle de jeu (billard, p-pong...). Piscine chauffée (solarium hte saison Parc boisé. Restaurants, crêperies à prox. ★ Conservatoi botanique de Brest et vallon du Stang Alar sur plac Océanopolis, plage du Moulin Blanc, port de plaisance sports nautiques 2 km. Brest 5 km (arsenal, musée... **Accès :** de Guipavas, D712 vers Brest. A gauche, au f de Coataudon, suivre Keraveloc. De Quimper, après po de l'Elorn, N265 puis D712 comme ci-dessus. CM308

Nichée dans un parc boisé, sur les hauteurs c Stang Alar et à 5 mn de Brest, la Châtaignera offre calme et repos. Vous y apprécierez le confo l'espace et la superbe vue sur la rade et le port plaisance. Pour vous détendre, une piscine chauff avec solarium en haute-saison.

Hengoat - Côtes d'Armor (22)

★Pink Granite Coast, Île de Bréhat, Seven Islands; Tréguier and Pontrieux, towns full of character; Perros-Guirec, manors and chapels. Horse-riding, canoeing, hiking 5 km. Sea, water sports, golf course 15 km.

★ ***How to get there:*** *Rennes-Brest motorway (RN12). After Guingamp, head for Tréguier (D8). At Pommerit-Jaudy, head for Pontrieux and Hengoat (D72). Drive 2.5 km and turn left for "Le Rumain".*

A warm welcome awaits you at Le Rumain manor, a 16th-century Tréguier residence between Perros-Guirec and Île de Bréhat. You will be enchanted by this historical stone farmhouse full of character, and ablaze with flowers, in a setting of forests and banks where horses roam freely. A must for getting to know Brittany.

Le Rumain
22450 Hengoat
Tél./Fax 02 96 91 30 92 ou 06 83 49 18 39
Email : jf.duyck@libertysurf.fr
http://www.lerumain.com
Jean-François et Anne-Yvonne Duyck

1 pers. 38/42 € - 2 pers. 48/52 € - 3 pers. 67 €

3 chambres et 1 studio/coin-cuisine et sanitaires privés. Ouv. toute l'année. Petit déjeuner copieux. Salon avec cheminée, biblio., coin-cuisine et l-linge . Cour, jardin avec salon, parc 1 ha. Vélos, p-pong. Barbecue. Parking. Restaurants 5 à 8 km. Hors-saison : 34/38 €/1 pers. - 44/48 €/2 pers. Taxe séjour comprise. ★ Côte de Granit Rose, île de Bréhat, les 7 Iles, cités de caractère de Tréguier et Pontrieux, Perros-Guirec, manoirs et chapelles. Equitation, canoë, randonnée 5 km. Mer, activités nautiques, golf 15 km. **Accès :** axe Rennes-Brest (RN12). Après Guingamp prendre dir. Tréguier (D8). A Pommerit-Jaudy, dir. Pontrieux puis Hengoat (D72). Faire 2,5 km et à gauche vers "Le Rumain".

Vous serez les bienvenus au manoir du Rumain, ancienne demeure trégoroise du XVIe siècle située entre Perros-Guirec et l'Ile de Bréhat. Vous serez séduits par l'aménagement de caractère de cette ferme en pierres très fleurie, lieu chargé d'histoire, entre bois, talus et chevaux... Une adresse idéale pour découvrir la Bretagne.

Iffendic - Ille et Vilaine (35)

Brocéliande Forest 8 km. Bécherel, city famous for its literary editions and book fair 18 km. Halfway between the Emerald Coast and the South Coast (Golfe du Morbihan). Riding centre 2 km. Trémelin outdoor leisure centre 5 km.

How to get there: *From Rennes, take RN12 for St-Brieuc and turn off at Bédée. At Bédée, head for Iffendic (D31). At crossroads, turn left onto D125 for Montfort.*

This refined, inviting, small 19th-century château (1840), set in a magnificent nine-hectare park, with orchards, rose garden and fruit trees, offers the refined charm of an artist's residence. The three peaceful, elegantly decorated bedrooms are named after famous writers: Victor Hugo, George Sand and Marcel Proust. Dinner, served in a superb dining room, is a moment of pure pleasure.

Château du Pin TH
35750 Iffendic
Tél./Fax 02 99 09 34 05 ou 06 80 22 45 26
Email : luc.ruan@wanadoo.fr
Luc et Catherine Ruan

1 pers. 70 € - 2 pers. 75/90 € - p. sup. 18/25 € - repas 20/28 €

2 chambres doubles et 2 suites 4 pers. avec sanitaires privés. Ouv. toute l'année. Petit déjeuner : pâtisseries maison, jus de fruits, confitures. T. d'hôtes (cuisine inventive) : poisson en croûte, feuilleté aux poires... Salle à manger, salon, biblio., jeux de société. Vélos, p-pong. Cour, jardin, parc 8 ha. ★ Forêt de Brocéliande 8 km. Bécherel (cité du livre) 18 km. A mi-chemin entre la Côte d'Emeraude et la Côte Sud (Golfe du Morbihan). Centre équestre 2 km. Base de loisirs de Trémelin 5 km. **Accès :** de Rennes, prendre la RN12 vers St-Brieuc et sortir à Bédée. Dans Bédée prendre dir. Iffendic (D31). Au croisement, D125 à gauche dir. Montfort.

Chaleureuse atmosphère dans ce petit château de campagne du XIXe (1840), au charme raffiné d'une maison d'artistes, entouré d'un domaine de 9 ha. avec vergers, roseraie et arbres fruitiers. 4 chambres calmes, décorées avec élégance portent le nom d'écrivains célèbres : V. Hugo, G. Sand, M. Proust. Les dîners sont servis dans la ravissante salle à manger.

Ile de Batz - Finistère (29)

Ty Va Zadou
29253 Ile de Batz
Tél. 02 98 61 76 91
Jean et Marie-Pierre Prigent

1 pers. 40 € - 2 pers. 60 € - 3 pers. 70 €

4 chambres dont 1 familiale (80 € 4 pers.), toutes avec sanitaires privés. Petit déjeuner très copieux : jus de fruits, café, thé, viennoiseries, gâteau breton... Jardin. Restaurants et crêperies à proximité. ★ Plages autour de l'île, jardin exotique, école de voile. Ferme-équestre. **Accès :** à Roscoff prendre le bâteau pour l'Ile de Batz (15 mn de traversée, bâteau toutes les heures). La maison est située à côté de l'église, à 5 mn du débarcadère. CM308.

Sur l'Ile de Batz, Marie-Pierre vous accueille dans la maison de ses ancêtres. Toutes les chambres chaleureusement décorées ont une vue superbe sur la mer et le petit port. Pour vous détendre, un salon avec de beaux meubles anciens et une cheminée.

★Beaches around the isle, exotic garden. Sailing school. Horse farm.

*★ **How to get there:** At Roscoff, take the ferry for Ile de Batz (15-min. crossing, hourly departures). The house is next to the church, 5 min. from the landing stage. Michelin map 308.*

Marie-Pierre and Jean are your hosts at their vegetable farm on the Ile de Batz. The four cosy, well-appointed bedrooms afford superb views of the sea and the little port. Relax in the lounge, which boasts beautiful period furniture and a fireplace.

Kerlaz - Finistère (29)

BRETAGNE

Lanévry
29100 Kerlaz
Tél. 02 98 92 14 87
Email : info@lanevry.com
www.lanevry.com
René et Josy Gueguen-Gonidec

2 pers. 48/50 €

5 chambres avec sanitaires privés. Ouv. toute l'année. Pet déjeuner : spécialités régionales (Kouign Aman, far, cr pes, gâteau breton...), confitures maison... Jardi Restaurants à proximité. Vue sur la mer. Prix départ. fleurissement. (Espace détente : spa, sauna, hammai salon biblio., billard avec participation). ★ Baie Douarnenez, presqu'île de Crozon, pointe du R Quimper, Locronan, Pont-Croix. Plage 800 m. Pêc 1 km. Equitation, tennis, voile, thalassothérapie 6 k **Accès :** de Quimper dir. Locronan puis Douarnen Après Kerlaz, 1re route à droite puis 1re à gauche et corps de ferme. CM308.

Face au vent du large, au cœur de la magnifiq baie de Douarnenez, cette belle demeure est u longère typique, entourée d'un jardin superbeme fleuri. Les 5 chambres chaleureusement décor portent chacune le nom d'une célèbre légen (Tristan, Korrigan, Gradlon, Iseult, ville d'Ys). marin et charme de la campagne sont les atouts cette étape.

★Douarnenez Bay, Crozon Peninsula, Pointe du Raz. Quimper, Locronan, Pont-Croix. Beach 800 m. Fishing 1 km. Horse-riding, tennis, sailing, thalassotherapy 6 km.

*★ **How to get there:** From Quimper, head for Locronan and Douarnenez. Past Kerlaz, first road on the right, first left and first set of farm buildings. Michelin map 308.*

This fine residence is a typical Breton farmhouse, set in a garden teeming with flowers, facing the sea in magnificent Douarnenez Bay. The five cosy bedrooms are named after famous legends, such as Korrigan, Gradlon, the town of Ys, and Tristan and Isolde. The sea air and country charm are just two of the many delights of the place.

Languidic - Morbihan (56)

**Peaceful area with superb landscape park for relaxing. Tennis 800 m. Horse-riding 2 km. Trout fishing on the Blavet 3 km.*

★ ***How to get there:*** *N24, Rennes-Lorient, Languidic exit. Head for "Place de l'Eglise", and "Kergonan". 800 m after Languidic exit, cross over motorway. 1st road on left and follow "Gîtes de France" signs.*

Yvonne Le Roux will be delighted to welcome you to her superb 18th-century cottages, set in a peaceful, pretty flower garden. The bedrooms are very comfortable and the interior exudes warmth (Louis Philippe, Voltaire and rustic styles). The guest lounge boasts a handsome fireplace and library. Table tennis, billiards. Breakfast is served on the verandah in summer and by the fire in winter.

Les Chaumières de Lézorgu
56440 Languidic
Tél. 02 97 65 81 04 ou 06 10 61 76 92
Email : yvonne.leroux@leschaumieres-morbihan.com
www.leschaumieres-morbihan.com/giteF
Yvonne Le Roux

2 pers. 55/70 € - p. sup. 20 €

*A l'ét. : 1 suite de 2 ch. (2/4 pers), s. d'eau et wc privés communicants et 1 ch. 2 pers., accès privatif, avec bains et wc privés communicants.Ouv. toute l'année. Petits déj. bretons. Vaste jardin clos, salons de jardin, p-pong. Séjour/salon (cheminée, biblio., TV, hifi). Baby-sitting sur demande. Equipement bébé. ★ La tranquillité du site avec son superbe jardin aménagé. Tennis à 800 m. Equitation 2 km. Pêche à la truite sur le Blavet à 3 km. **Accès :** N24 Rennes/Lorient, sortie Languidic dir. place de l'église. Puis dir. "Kergonan". 800 m après Languidic, dès le passage au dessus de la voie rapide, 1re rte à gauche (panneaux "Gîtes de France).

Yvonne sera heureuse de vous accueillir dans ses chaumières du XVIIIe, entourées d'un joli jardin. Les chambres sont très confortables, la décoration intérieure chaleureuse (style Louis Philippe, Voltaire...). En hiver, possibilité week-end avec repas au coin du feu. Petits déjeuners, l'été servis dans la véranda et l'hiver devant le feu de cheminée.

Lannion-Servel - Côtes d'Armor (22)

Local heritage: museums and churches; Pontrieux and Tréguier, ies with character 30 min. Golf, horse-riding, watersports 10 in. Discovery trails, walking and hiking 5 min. Sea 6 km. nnis 10 km.

How to get there: *N12 Rennes/St-Brieuc motorway to uingamp, then D767 to Lannion and head for Trébeurden d Pleumeur Bodou. Turn sharp right for the estate at the ébeurden fork.*

warm welcome awaits you at Manoir de Launay, complete h longère and 17th-century fountain, just five minutes from town centre and the Pink Granite Coast. Your hosts, Florence d Ivan, have fully renovated this handsome manor house to te a perfect blend of authentic old world charm and modern ture comforts.

Manoir de Launay
22300 Lannion-Servel
Tél. 02 96 47 21 24 ou 06 87 61 91 13
Fax 02 96 47 26 04
www.manoirdulaunay.com
Florence et Ivan Charpentier

1 pers. 70/100 € - 2 pers. 75/105 € - 3 pers. 145 € - p. sup. 22 €

5 chambres avec sanitaires privés. (150 €/4 pers.). Ouv. de mai à oct. et nov. à fin avril sur rés. Copieux petit déjeuner : spécialités maison et régionales. Salon, salle à manger avec vue sur le jardin. Salle de jeux (billard). Jardin paysager, salon de jardin, p-pong. Taxe séjour comprise. Gare 4 km. Commerces 2 km. ★ Visites du patrimoine : musées, églises, cités de caractère à Pontrieux et Tréguier (30 mn). Golf, équitation, nautisme à 10 mn. Sentiers de découverte, balades et randonnées à 5 mn. Mer 6 km. Tennis 10 km. **Accès :** axe Rennes/St-Brieuc par la N12 jusqu'à Guingamp, puis D767 jusqu'à Lannion, dir. Trébeurden et Pleumeur Bodou. A l'embranchement de Trébeurden, domaine tout de suite à droite.

Sur la côte de Granit Rose, à 5 mn du cœur de la ville et du littoral, vous serez chaleureusement accueillis au Manoir du Launay, entouré d'une longère et d'une fontaine datant du XVIIe s. Entièrement rénové par Florence et Ivan, vous aurez le plaisir de séjourner dans cette belle demeure alliant l'authentique au confort moderne.

Loc-Brévalaire - Finistère (29)

Pencréach

TH

29260 Loc-Brévalaire
Tél. 02 98 25 50 99 ou 06 76 61 48 58
René et Germaine Bozec

2 pers. 40 € - repas 10 €

3 chambres avec sanitaires privés. Ouvert toute l'année. Petit déjeuner chaque jour différent avec viennoiseries, crêpes, pains variés, jus de fruit... Table d'hôtes familiale à base de produits frais du jardin ou de la ferme. Véranda. Jardin. (Maison non fumeur). ★ Pays des Abers. Littoral avec sa côte très découpée, plages de sable, rochers, patrimoine... Enclos paroissiaux. Randonnée sur place. Rivière 500 m. Tennis 5 km. Piscine 6 km. Plages 9 km. Equitation 15 km. **Accès :** sur la D28 de Lannilis à Lesneven. Prendre la D38 jusqu'à Loc-Brévalaire, puis prendre la rue entre l'église et la mairie : la maison est à droite à 400 m. CM308.

A 10 mn des plages, dans un pays de terre et d'eau, 3 jolies chambres au décor raffiné et personnalisé, dans une maison familiale calme et ensoleillée. Le copieux petit déjeuner, chaque jour différent, est servi dans la grande véranda qui offre une jolie vue, et la table d'hôtes familiale, est généreuse à souhait. Accueil authentique et très chaleureux.

★Abers country. Jagged coastline, sandy beaches, rocks and national heritage. Parish enclosures. Hiking locally. River 500 m. Tennis 5 km. Swimming pool 6 km. Horse-riding 15 km.

*★ **How to get there:** D28, Lannilis to Lesneven. Take D38 to Loc-Brévalaire, and road between the church and the town hall (Mairie). The house is 400 m up on the right. Michelin map 308.*

Three pretty, stylish and refined bedrooms await you at this quiet, sunny family home just 10 minutes from the beaches, in a part of the country where the land meets the sea. Hearty breakfasts, which vary from day to day, are served on a large verandah affording attractive views of the surrounding area. The generous table d'hôtes meals are a chance to taste traditional family cuisine.

Locmariaquer - Morbihan (56)

BRETAGNE

La Troque Toupie

Kerouarch - 56740 Locmariaquer
Tél./Fax 02 97 57 45 02 ou 06 63 58 45 02
Email : chambredhotetroque@wanadoo.fr
Catherine Le Rouzic

1 pers. 59 € - 2 pers. 65 € - 3 pers. 86 € - p. sup. 21 €

2 chambres 2 pers. et 3 chambres 3 pers., avec sanitair privés. Ouv. du 1.02 au 30.11. Petit déjeuner : jus d'c range, laitages, gâteau maison, confitures, pain aux céré les... Salon avec cheminée, biblio., jeux de sociét Transats, salons de jardin, balançoire. Jardin 5000 m². Tari réduits hors juil./août. ★ Entrée du Golfe du Morbiha site mégalithique, semaine du Golfe (grand rassembl ment de vieux gréements). Randonnées sur place. Spo nautiques, plage 3 km. Tennis 2 km. Equitation 7 k Piscine 15 km. **Accès :** sur la N165, prendre la sor Crach/Locmariaquer. Suivre cette direction jusqu'a feux avant Locmariaquer où vous tournerez à gauche. maison est à 400 m sur votre droite. CM308.

Face aux îles du Golfe du Morbihan, la Troq Toupie vous ouvre ses chambres calmes et serein Chacune est personnalisée par une couleur : tiss draps, linge de toilette assortis au ton de la cha bre. Nous vous invitons à profiter pleinement tableau vivant que procurent les lumières et co leurs de la petite mer.

★Entrance to Morbihan Gulf, megaliths and Semaine du Golfe (maritime event with traditional sailing ships and rowing boats). Hiking locally. Water sports, beach 3 km. Tennis 2 km. Horse-riding 7 km. Swimming pool 15 km.

*★ **How to get there:** On the N165, Crach/Locqmariaquer exit. Carry on in this direction. Turn left at the traffic lights before Locqmariaquer. The house is 400 m up on the right-hand side. Michelin map 308.*

La Troque Toupie provides a peaceful, serene setting facing the islands of the Morbihan Gulf. Each of the bedrooms is decorated in a different colour, with matching fabrics, sheets and towels. The seascape is a living kaleidoscope of light and colours for your delectation.

Locronan - Finistère (29)

NOUVEAUTÉ

★Locronan. Beach 4.5 km. Horse-riding 2 km. Tennis 1.5 km. Hiking 1 km. Water sports and swimming pool 9 km.

★ ***How to get there:*** *From Quimper, head towards Locronan. At the 1st roundabout, take direction Crozon/Plonévez Porzay, then turn left after the 2nd roundabout and follow signs for "Kervellic - Atelier d'Art". Michelin map 308.*

Mme de Grailly welcomes you to her property where she can offer you a lovely room next to a park that is packed with flowers and trees and that hosts sculpture exhibitions from July to September. Here you can enjoy the lake and aviary in a garden that was featured in the book "Les Nouveaux Jardins d'Artistes" (New Artists' Gardens).

Kervellic
29180 Locronan
Tél. 02 98 91 79 54
Email : francoisedegrailly@wanadoo.fr
www.gites/finisteres.com/gites/kervellic
Françoise de Grailly

2 pers. 75 €

1 chambre avec sanitaires privés et TV. Ouvert toute l'année. Petit déjeuner : miel, laitages, confitures, crêpes, jus d'orange, brioches... Cour, jardin, parc de 1 ha arboré et fleuri avec plan d'eau et ruisseau. Restaurants et crêperies à proximité. ★ Locronan, cité de caractère. Plage 4,5 km. Equitation 2 km. Tennis 1,5 km. Randonnées 1 km. Sports nautiques et piscine 9 km. **Accès :** de Quimper prendre dir. Locronan. Au 1er rond point, prendre dir. Crozon/Plonévez Porzay, puis tourner à gauche après le 2e rond point et suivre panneau "Kervellic - Atelier d'Art". CM308.

Mme de Grailly vous accueille dans sa propriété, et vous propose une chambre en bordure d'un parc fleuri et arboré où vous pourrez vous promener et vous détendre, avec exposition de sculptures de juillet à septembre. Vous y découvrirez un plan d'eau et une volière, ce jardin est référencé dans le livre "Les Nouveaux Jardins d'Artistes".

Louannec - Côtes d'Armor (22)

Ploumanac'h site. Sept Iles Bird Sanctuary. Planetarium. [Se]aside resort (thalassotherapy and casino) 5 km. Sea, tennis [2] km. Swimming pool, golf course 5 km. GR34 hiking path.

How to get there: *Lannion/Perros-Guirec on D788. At [the] main roundabout as you enter Perros, head for Louannec [(D]6), drive 20 m and turn right. Turn right at the monument [an]d follow signs for 1 km.*

[Th]is old, restored house, in the heart of the Pink Granite Coast, [s]ituated on a five-hectare estate. Three invitingly decorated [b]rooms await your arrival. You will enjoy complete peace and [qui]et in the magnificent landscape, leafy garden - which boasts [a co]llection of rose bushes, maples and conifers - and the comfort [of t]his attractive residence not far from the sea and its many [plea]sures and pleasures.

Goas-Ar-Lan
22700 Louannec
Tél. 02 96 49 08 54 ou 06 13 60 75 94
Email : goas-ar-lan@wanadoo.fr
www.goasarlan.com
Nicole Michel

2 pers. 55 € - 3 pers. 80 € - p. sup. 25 €

3 chambres avec sanitaires privatifs séparés. Ouvert de Pâques à fin septembre. Petit déjeuner : crêpes, pâtisseries et confitures maison, jus d'orange... Parc d'1 ha.arboré. Salon de jardin. Parking privé. Taxe de séjour comprise. ★ Site de Ploumanac'h. Réserve d'oiseaux des Sept Iles. Planétarium. Station balnéaire (thalassothérapie et casino) à 5 km. Mer, tennis 2 km. Piscine, golf 5 km. GR34. **Accès :** Lannion/Perros-Guirec par la D788. Au grand rd-point à l'entrée de Perros, suivre dir. Louannec (D6) et faire 20 m puis à droite. Au monument, à droite et suivre fléchage sur 1 km.

En plein cœur de la Côte de Granit Rose, maison ancienne restaurée sur une propriétée de 5 ha. 3 ch. au décor chaleureux sont réservées aux hôtes. Vous apprécierez en toute tranquillité le calme du superbe jardin paysager et arboré (collection de rosiers, d'érables, conifères...), le confort de cette agréable demeure sans oublier les plaisirs de la mer.

Louannec - Côtes d'Armor (22)

Le Colombier de Coat Gourhant

Coat Gourhant - 22700 Louannec
Tél. 02 96 23 29 30
Email : le-colombier-coat-gourhant@wanadoo.fr
Yves et Janet Fajolles

1 pers. 43 € - 2 pers. 48 € - p. sup. 12 €

4 chambres 2 pers. avec sanitaires privés + service thé/infusion. Ouvert de Pâques à oct. (sur demande hors sais.). Salon. Bibliothèque avec une riche documentation sur la Bretagne. Parking, jardin, salons de jardin. Possibilité pique-nique. Barbecue. ★ Piscine, tennis 2 km. Mer, pêche 2,5 km. Canoë 5 km. Equitation 6 km. Perros-Guirec 3 km. Randonnée (GR34). Station ornithologique, planétarium. **Accès :** à Lannion, D788 vers Perros-Guirec. A l'entrée de Perros-Guirec, au grand rd point, prendre la D6 vers Louannec sur 20 m et à droite. Fléchage sur 2,5 km.

Sur la Côte de Granit Rose, entre mer et campagne, jolie ferme rénovée où vous attendent, dans une aile indépendante, 4 chambres mansardées, joliment décorées, gaies et lumineuses. Excellent petit déjeuner servi dans la salle/salon/bibliothèque où se mêlent harmonieusement pierres, bois et aquarium marin peuplé d'espèces locales.

★Swimming pool, tennis court 2 km. Sea, fishing 2.5 km. Canoeing 5 km. Horse-riding 6 km. Perros-Guirec 3 km. Hiking (GR34). Ornithology station, planetarium.

*★ **How to get there:** At Lannion, D788 for Perros-Guirec. At the entrance to Perros-Guirec, at the large roundabout, take D6 for Louannec, drive 20 m then turn right. Signposting for 2.5 km.*

This pretty, renovated farmhouse is set in a bosky bower on the Pink Granite Coast, halfway between the sea and the countryside. Four bright, attractively furbished bedrooms with sloping ceilings await your arrival, in a separate wing of the property. Delicious breakfasts are served in the living room, library or dining room where an artful blend of woodwork and stone, along with the large aquarium filled with local species, gives you a great start to the day.

Malansac - Morbihan (56)

Manoir de St-Fiacre

56220 Malansac
Tél. 02 97 43 43 90 ou 06 18 06 05 25
Fax 02 97 43 43 40
Roger et Denise Goapper

2 pers. 65/80 € - p. sup. 20 €

4 chambres et 1 suite familiale (3 dans l'aile du manoir, dans une dépendance) avec sanitaires privés. Ouv. tou l'année. Petit déjeuner : jus d'orange, crêpes, œufs, con tures et compotes maison. Salon, biblio., jeux sociét Cour, jardin, parc 1 ha. Vélos, pétanque. Restaurant 500 ★ Rochefort-en-Terre (cité de caractère) 1,5 k Brocéliande (terre de légende), Gacilly (artisans d'a 20 km. Golfe du Morbihan 30 mn. Act. nautiques, ten 500 m. Equit. 10 km. Golf 5 km. Piscine 25 km. **Accè** voie express Nantes/Vannes, 11 km après la Roc Bernard, dir. Questembert puis Rochefort-en-Terre. V express Ploërmel/Vannes, faire 25 km et dir. Pleucade puis Rochefort-en-Terre. CM308.

Ce ravissant petit manoir breton du XVIIe siè propice au calme et au repos, propose 4 chamb et 1 suite très confortables. Décoration chaleure avec beaux meubles anciens. Le magnifique p arboré vous permettra de belles balades. Une éta idéale pour une famille et pour tous ceux qui s haitent découvrir cette belle région.

★Picturesque Rochefort-en-Terre 1.5 km. Legendary Brocéliande, Gacilly, famous for its craftsmen 20 km. Morbihan Gulf 30 min. Water sports, tennis 500 m. Horse-riding 10 km. Golf 5 km. Swimming pool 25 km.

*★ **How to get there:** Nantes/Vannes motorway. 11 km past La Roche Bernard, head for Questembert and Rochefort-en-Terre. Ploërmel/Vannes motorway for 25 km and head for Pleucadeuc and Rochefort-en-Terre. Michelin map 308.*

A peaceful, restful stay awaits you at this delightful 17th-century Breton manor house, which offers four very comfortable bedrooms and a suite. The decoration is inviting and features handsome period furniture. You will enjoy walks through the magnificent, leafy park. An ideal spot for a family holiday or break away from it all to explore this lovely region.

Nivillac - Morbihan (56)

NOUVEAUTÉ

La Genêtière
Port Folleux - 56130 Nivillac
Tél. 02 99 90 88 04 - Tél./Fax 02 97 41 46 90
Email : lagenetiere56@wanadoo.fr
www.lagenetiere.fr.st
Fabienne Lapteff et Jean-Luc Collet

1 pers. 55/58 € - 2 pers. 61/64 € - p. sup. 18 €

3 chambres 4 épis et 2 chambres 3 épis, avec sanitaires privés. Ouv. toute l'année. Petit déjeuner : croissants, fruits, fromage, œufs, yaourts, bacon, céréales, crêpes... Salon "Paroles et Musique", séjour/coin-petit déjeuner. Téléphone. Sur demande, internet. Terrain, jeux enfts, VTT, VTC à disposition gratuitement. ★ La Roche-Bernard/Nivillac 6 km, cité de caractère. Aux environs : Rochefort-en-Terre, Guérande. Parc Régional de la Brière et marais Salans de Guérande (25 km environ). Piscine, tennis 5 km. Equitation 6 km. **Accès :** entre Nantes et Vannes, N165 sortie 16 dir. Nivillac puis dir. Folleux (5 km). Sur le port, dernier chemin à droite (fléchage la Genêtière). CM308.

La Gênetière domine Folleux, ravissant port de plaisance, inspirant balades, pêche, canotage et offre une vue panoramique à ses hôtes. 5 chambres de charme spacieuses, tout confort dont 4 avec vue sur le fleuve et 1 sur le jardin. L'adresse vous promet un séjour revitalisant.

★La Roche-Bernard/Nivillac 6km. Surrounding area: Rochefort-en-Terre, Guérande. Regional Park of la Brière and Guérande marshlands (approximately 25 km). Swimming pool, tennis 5 km. Horse-riding 6 km.

*★ **How to get there:** Between Nantes and Vannes, take exit 16 off the N165, direction Folleux (5km). At the port, take the last road on the right (la Genêtière is signposted). Michelin map 308.*

Overlooking Folleux, La Genêtière is a wonderful place where you can enjoy fishing, walking, canoeing and admire the panoramic views. Five charming and spacious bedrooms are available. Four of the bedrooms have a view of the river and one looks onto the garden. This is a refreshing stop that is not to be missed

Noyal-sous-Bazouges - Ille et Vilaine (35)

Le Quartier
35560 Noyal-sous-Bazouges
Tél. 02 99 73 65 14
Email : patrick.jault@wanadoo.fr
Patricia Fortin

1 pers. 42 € - 2 pers. 47 € - p. sup. 15 €

2 chambres avec sanitaires privés. Ouvert toute l'année. Petit déjeuner : jus de fruits, fromage blanc, far aux pruneaux, tartes variées selon la saison (rhubarbe, prunes, pommes, poires). Salon et kitchenette à la disposition des hôtes. Parc de 15 ha, jardin, cour, étang (barque). Restaurants à proximité. ★ Mt-St-Michel 30 km. Côte d'Emeraude 40 km. Combourg 11 km. Plan d'eau et randonnées sur place. Piscine et équitation 11 km. Golf 15 km. Forêt 8 km. Tennis 4 km. **Accès :** de Noyal-sous-Bazouges prendre direction Marcillé, à 200 m, quitter la route de Marcillé pour prendre à gauche, puis 1re à droite "Le Quartier".

Vous trouverez calme et détente dans ce petit manoir du XVe siècle, situé dans un très joli site, en pleine campagne. Les chambres pleines de charme sont aménagées dans une dépendance avec jardin privatif. Vous pourrez faire de nombreuses balades, pêcher ou bien encore partir à la découverte de cette magnifique région.

Mont-St-Michel 30 km. Emerald Coast 40 km. Combourg km. Lake and hiking locally. Swimming and horse-riding km. Golf course 15 km. Forest 8 km.

*★ **How to get there:** From Noyal-sous-Bazouges, head for Marcillé. 200 m on, leave the Marcillé road and turn left and right for "Le Quartier".*

Peace and relaxation await you at this small 15th-century manor house, in an attractive country setting. The delightful rooms are arranged in an outbuilding with private garden. Enjoy a variety of walks, go fishing, or explore this magnficent region.

BRETAGNE

Paimpont - Ille et Vilaine (35)

★Legendary sites. Megalithic monuments. Medieval cities. Horse-riding and footpaths, mountain biking. Water sports (Paimpont Lake). Exhibitions: Arthurian Centre.

★ ***How to get there:*** *South of Paimpont, at the main roundabout, head for Beignon-Le Cannée and turn right, D71 for 1.5 km. Then turn left.*

In the heart of the legendary Brocéliande Forest, Annie and Robert will welcome you as friends of the family to their late-19th-century farmhouse with visible stonework. You will discover this artists' house offering a harmonious blend of tapestries, paintings and painted furniture, which contribute to its charm. 2,000 m² landscape garden.

La Corne de Cerf
Le Cannée - 35380 Paimpont
Tél./Fax 02 99 07 84 19
Annie et Robert Morvan

1 pers. 42 € - 2 pers. 50 € - 3 pers. 64 € - p. sup. 14 €

3 chambres avec sanitaires privés. Ouv. toute l'année sauf janvier. Petit déj. gourmand : confitures et pâtisseries maison, crêpes, gâteau/ far bretons... Entrée, salon (cheminée et biblio.), séjour réservés aux hôtes. Jardin. Restaurants, crêperies 2 km. Expo permanente des maîtres des lieux : peintures, tapisseries. ★ Sites légendaires. Monuments mégalithiques. Cités médiévales. Circuits pédestres, équestres, VTT. Activités nautiques (lac de Paimpont). Expositions : centre arthurien. **Accès :** au sud de Paimpont, au grand rond point, prendre la direction Beignon-Le Cannée, puis à droite, la D71 sur 1,5 km. Puis, prendre à gauche.

Au cœur de la légendaire forêt de Brocéliande, Annie et Robert vous recevront en amis dans leur longère en pierres apparentes de la fin du XIXe. Vous y découvrirez une maison d'artistes où tapisseries, tableaux et meubles peints s'harmonisent avec bonheur et contribuent au charme des lieux. Jardin paysager de 2000 m².

Le Petit Fougeray - Ille et Vilaine (35)

BRETAGNE

★Roche-aux-Fées archaeological site 20 km. Rennes 23 km. Vitré, home to Madame de Sévigné 45 km. Water sports, fishing 15 km. Golf course 20 km. Swimming pool 13 km. Horse-riding 8 km. Hiking locally.

★ ***How to get there:*** *Rennes-Nantes, Crévin exit. Drive through Crévin and head for Janzé/Sel de Bretagne. At "Les 4 Routes", turn right for Le Petit Fougeray (CD82). After 800 m, turn left and, at roundabout, turn into the close.*

This pretty, historical 18th-century house stands in leafy grounds, with garden furniture and chaises longues for a quiet, relaxing break. You will be enchanted by the antique furniture and savour the generous breakfasts served in the living room. Your hostess, Michèle, will be delighted to share with you her passion for embroidery.

La Crimelière TH
35320 Le Petit Fougeray
Tél. 02 99 44 68 92 ou 06 13 57 02 27
Michèle Le Mignon

1 pers. 38 € - 2 pers. 45 € - 3 pers. 63 € - repas 18 €

1 suite familiale de 2 chambres avec salon (TV) et sanitaires privés. Ouvert toute l'année. Petit déjeune gâteaux, crêpes, confitures maison, jus de fruits... T. d'hôtes : aiguillettes de volaille aux 4 épices, pêches du jard au sirop... Séjour (cheminée). Biblio., jeux de société dispo. Cour, jardin, parc 1 ha. ★ Le site de la Roche-aux Fées 20 km. Rennes 23 km. Vitré 45 km (circuit des p de Mme de Sévigné). Act. nautiques, pêche 15 km. G 20 km. Piscine 13 km. Equitation 8 km. Randonnée place. **Accès :** Rennes-Nantes, sortie Crevin. Traver Crevin, dir. Janzé/Sel de Bretagne. Au lieu-dit "Les Routes", à droite dir. Le Petit Fougeray (CD 82) 800 m, à gauche, puis au carrefour, prendre voie s issue.

En pleine nature, dans un site boisé, jolie mais du XVIIIe siècle, riche en histoire, implantée sur grand terrain avec salon de jardin et chaises lo gues pour apprécier le calme et le repos. Vous se séduits par le mobilier ancien, et par les copi petits déjeuners servis dans la salle de séj Michèle vous fera découvrir sa passion, la brode

Plélo - Côtes d'Armor (22)

★Chatelaudren, a small town of considerable character with lake 1.5 km. Göelo Coast (beach) 13 km. In the summer: pedal boat rides on the Leff and pony rides for children. Arts and crafts, flea market. Private power supply. Fishing locally.

*★ **How to get there:** Situated between Saint-Brieuc and Guingamp, 4 km north of the dual carriageway (N12), Plélo exit. In Plélo, signposted from the church.*

Peace and quiet are assured at this attractively restored 19th-century farmhouse built around a square courtyard, facing a small valley dotted with apple trees. Pleasant bedrooms with sloping ceilings and poetic names ("La Couturière", "Les Musiciens", "Les Oiseaux", "La Chapelière", "l'Horloge"). One has a bed with wooden folding panels, a fourposter bed and a claw-footed bath.

Au Char à Bancs
Moulin de la Ville Geffroy - 22170 Plélo
Tél. 02 96 74 13 63 - Fax 02 96 74 13 03
Email : charabanc@wanadoo.fr
www.aucharabanc.com
Famille Lamour

1 pers. 58/83 € - 2 pers. 64/89 € - 3 pers. 80/103 € - p. sup. 15 €

5 chambres avec sanitaires privés (4 pers. 104 à 109 €). Ouvert l'été et fins de semaine sur réservation. Copieux petit déjeuner à base de crêpes, confitures maison, jus de fruit. Ferme-auberge à 500 m (16/26 €) : potée bretonne, galettes, crêpes. ★ Chatelaudren, cité de caractère (étang) 1,5 km. Côte du Goëlo (plage) 13 km. L'été : pédalos sur le Leff, poney pour les enfants, pêche. Artisanat, brocante. Production élect. avec la rivière. **Accès :** situé entre Saint-Brieuc et Guingamp, à 4 km au nord de la double voies (N12), sortie Plélo. A Plélo, fléchage à partir de l'église.

Calme assuré dans cette jolie ferme du XIXe en cour carrée restaurée, située face à une petite vallée garnie de pommiers. Les chambres mansardées sont agréables et accueillantes ("La Couturière", "Les Musiciens", "Les Oiseaux", "La Chapelière", "L'Horloge") ; l'une d'elle dispose d'un lit clos, d'un lit avec ciel de lit et d'une baignoire à pieds.

Plouescat - Finistère (29)

★Casino and beaches 2 km. Kerjean Château (16th century) 10 km. Tours of parish enclosures. Roscoff (port once famous for its privateers), museum, aquarium. Thalassotherapy centre.

*★ **How to get there:** From Morlaix, head for Saint-Pol-de-Léon then Plouescat. After signpost (town), turn right and drive for 1 km and follow signs for chambres d'hôtes "Le Duff". Michelin map 308.*

Penkear, Breton for "village end", is where you will receive a warm welcome from Marie-Thérèse and Raymond in their rustic lounge. Enjoy copious breakfasts in this farmhouse set in leafy and floral surroundings. The bedrooms are cosy, modern and decorated with refinement.

Penkear
29430 Plouescat
Tél. 02 98 69 62 87 - Fax 02 98 69 67 33
Email : leduffc@wanadoo.fr
http://gites.breizh-vacance.com
Marie-Thérèse Le Duff

1 pers. 55 € - 2 pers. 65 € - 3 pers. 85 € - p. sup. 20 €

Au rez-de-chaussée : 1 chambre (1 lit 160 x 200 T.P.R électrique), TV, salle d'eau et wc privés. A l'étage : 1 chambre (1 lit 160 T.P.R manuel), TV, salle de bains et wc privés. Ouvert toute l'année. Petit déjeuner copieux. Gîtes ruraux sur place. Restaurants, crêperies 1 km. ★ Casino et plages à 2 km. Château de Kerjean (XVIe siècle) à 10 km. Circuit des enclos paroissiaux. Roscoff (cité corsaire, musée, aquarium). Thalassothérapie. **Accès :** de Morlaix, dir. Saint-Pol de Léon puis Plouescat. Après le panneau (ville), tourner à droite et continuer sur 1 km et suivre panneau chambres d'hôtes "Le Duff". CM308.

Au bout du village" en bon breton "Penkear", vous serez accueillis chaleureusement par Marie-Thérèse et Raymond dans leur séjour rustique. Vous apprécierez le copieux petit déjeuner dans cette ancienne ferme verdoyante et fleurie. Les chambres sont chaudement aménagées, modernes et raffinées.

Plourin-les-Morlaix - Finistère (29)

Lestrezec
29600 Plourin-les-Morlaix
Tél./Fax 02 98 72 53 55 ou 06 09 61 44 54
Email : phelary@yahoo.fr
http://perso.wanadoo.fr/tourisme.bretagne
Patrick et Yvette Helary

2 pers. 55/65 €

**Fishing 500 m. Hiking trails. Famous parish enclosures 10 km. Morlaix Bay 10 km. Sea and beach 20 km.*

*★ **How to get there:** N12 Paris-Brest, Morlaix Nord-Sud exit, for hospital. At 4th roundabout, take D769 (Carhaix). Approx. 5 km on, turn left for Plourin and follow signs. Michelin map 308.*

Yvette and Patrick extend a warm welcome at their very comfortable Breton-stone house, on a dairy farm. The wide bay windows in the lounge look out onto the flower-filled garden, which you can admire while enjoying the delicious, copious breakfasts prepared by Yvette.

R.d.c. : 1 chambre 2 pers. avec terrasse, étage : 2 chambres 2 pers. dont 1 avec terrasse, toutes avec sanitaires privés. Ouvert toute l'année. Copieux petit déjeuner (produits maison) : yaourts, crêpes, gateaux, far... Salon avec TV et cuisine à dispo. Jardin, jeux enfants. Restaurants entre 4 et 10 km. ★ Pêche à 500 m. Circuits de randonnées. Célèbres enclos paroissiaux à 10 km. Baie de Morlaix à 10 km. Mer et plage à 20 km. **Accès :** N12 Paris-Brest sortie Morlaix nord-sud dir. centre hospitalier. Au 4e rond point D769 (Carhaix). Environ 5 km à gauche dir. Plourin et suivre le fléchage. CM308.

Yvette et Patrick vous accueillent chaleureusement dans leur maison très confortable en pierre bretonne, située sur une exploitation laitière. Les larges baies du séjour s'ouvrent sur le jardin très fleuri que vous pourrez admirer en savourant les copieux petits déjeuners que prépare Yvette.

BRETAGNE

Pluvigner - Morbihan (56)

Kéraubert - 56330 Pluvigner
Tél. 02 97 24 93 10
Email : belin.jb@wanadoo.fr
www.gites-de-france-morbihan.com/keraubert/
Jacqueline Belin

2 pers. 50 € - p. sup. 12 €

**Auray (Saint-Goustan port) 15 km. Vannes (town steeped in art) 25 km. Fishing 10 km. Swimming pool 8 km. Horse-riding 6 km. Golf course 15 km. Beaches 20 km.*

*★ **How to get there:** Via Rennes: N24 for Lorient, Baud/Auray and Vannes/Auray. Then D24 and turn right for Landévant. Drive past Camors Forest and Lambel. Kéraubert is on the left before Malachappe. Michelin map 308.*

At the end of a driveway lined with pine trees, hortensias and rhododendrons, you will discover a beautifully restored time-honoured farmhouse, where you will be given a warm welcome by hosts Jacqueline and Bernard. This charming cottage, lovingly decorated with great attention to detail, exudes the gentle way of life. The vast, carefully tended park is divided into gardens to create a lush backdrop of centuries-old trees and rare essences. A must.

2 chambres avec entrées indép., sanitaires privés. Ouv toute l'année. Petit déj. : jus d'orange, pâtisseries, confitures maison, œuf et jambon sur demande... Salon, jeu société, biblio., kitchenette et vaisselle à dispo. Parc (jardins et salons de jardin). Equip. bébé. Restaurants à pro ximité. ★ Auray (port de Saint-Goustan) 15 km. Vanne (ville d'art) 25 km. Equitation 6 km. Piscine 8 km. Pêch 10 km. Golf 15 km. Plages 20 km. **Accès :** par Rennes N24 vers Lorient prendre sortie Baud/Auray pu Vannes/Auray. Puis D24 à droite vers Landévant. Passer forêt de Camors puis Lambel. Kéraubert est à gauch avant Malachappe. CM308.

Une allée bordée de sapins, d'hortensias, de rho dodendrons... et au bout, une ancienne ferme joli ment restaurée où Jacqueline et Bernard vo accueilleront pour vous faire vivre un moment d calme. Cette maison de charme décorée avec pa sion, respire la douceur de vivre. Le vaste parc e divisé en jardins... un superbe décor végétal a essences exotiques.

Pluvigner - Morbihan (56)

Melin Keraudran
56330 Pluvigner
Tél. 02 97 24 90 73 ou 06 07 18 59 51
www.gites-de-france-morbihan.com/melin
Fernand et Marie Maderou

2 pers. 66 € - 3 pers. 86 €

★Lorient Celtic Festival. Historical Festivals in Vannes. Paul Fetan village at Quistinic. Carnac, Quiberon, Morbihan Gulf. Tennis, horse-riding 5 km. Swimming pool 12km. Golf course 13 km. Sea 25 km.

*★ **How to get there:** On N165, Landévant exit. At Landévant, take D24. After 6 km, turn right: 1 km before Malachappe. Michelin map 308.*

Marie and Fernand Maderou are your hosts at this delightful cottage set in a two-hectare park with lake. The accommodation, in an outbuilding on the property, comprises a superbly appointed ground-floor bedroom with dressing room and TV lounge. For your enjoyment, there is a vast park with a private lake that will delight anglers. A blissful spot.

3 chambres 2 pers. (lits 160) avec salle d'eau et wc privés. Salon avec TV. Ouvert du 1.05 au 30.09 (hiver sur réservation).. Petit déjeuner : viennoiseries, yaourts, galette, fruits... Billard. Parc 2 ha (étang privé poss. pêche), salon de jardin, lits de jardin. Restaurants 6 km. ★ Festival interceltique de Lorient. Fêtes historiques à Vannes. Village de Poul Fetan à Quistinic. Carnac, Quiberon, Golfe du Morbihan. Tennis, équitation 5 km. Piscine 12 km. Golf 13 km. Mer 25 km. **Accès :** N165, sortie Landevant. Arrivé à Landévant prendre la D24, faire 6 km et à droite 1 km avant Malachappe. CM308.

Chaumière de caractère dans un parc de 2 ha avec plan d'eau. Fernand et Marie vous accueillent et vous proposent dans une dépendance de la propriété, 3 chambres superbement aménagées. Pour la détente, vaste parc avec son étang privé (possibilité de pêche). Calme et tranquillité assurés.

Pluvigner - Morbihan (56)

Chaumière de Kérréo TH
56330 Pluvigner
Tél. 02 97 50 90 48 - Fax 02 97 50 90 69
www.gites-de-france-morbihan.com/kerreo
Gérard et Nelly Grevès

1 pers. 42/46 € - 2 pers. 50/60 € - p. sup. 15 € - repas 20 € - 1/2 p. 90/100 €

India Company Museum in Port-Louis. Lorient Celtic 'estival. Poul Fetan village at Quistinic. Horse-riding 6 km. ishing 5 km. Golf course 15 km. Swimming pool 7 km. eaches and water sports 25 km.

***How to get there:** From the south: N165, Landévant exit · Baud (D24). After 10 km, turn left (signs). From the north: '24, Baud-Centre exit and head for Lambel-Landévant.) km on, turn right (signs). Michelin map 308.*

warm welcome awaits you at this 17th-century thatched tage in a hamlet just 23 km from the beaches. Enjoy the nfort of five pretty bedrooms. One of the highlights of your y will be the delicious table d'hôtes meals prepared by a ner cookery teacher using local produce. You will be enchanted the peaceful park, where the fragrances of natural essences the air.

5 ch. avec sanitaires privés (dont 1 avec bains). Ouv. toute l'année. Petit déjeuner : viennoiseries, confitures maison, jus de fruits, crêpes, fromage, charcuterie à la demande...T. d'hôtes : produits du terroir et biologiques. Jeux de société. Cour, jardin, parc paysager aménagé. Salon de jardin. Parking. ★ Musée de la Compagnie des Indes à Port-Louis. Festival interceltique de Lorient. Village de Poul Fetan à Quistinic. Equit. 6 km. Pêche 5 km. Golf 15 km. Piscine 7 km. Act. Nautiques et plages 25 km. **Accès :** (sud) N165, sortie Landévant puis dir. Baud (D24) faire 10 km, à gauche (panneau). Nord : N24, sortie Baud-centre puis dir. Lambel-Landévant, faire 10 km, à droite (panneau). CM308.

Cette chaumière du XVIIe avec toit de chaume propose 5 chambres au confort chaleureux et joliment décorées. Point d'orgue de votre séjour, le dîner à la table d'hôtes où les savoureuses recettes à base de produits du terroir sont préparées par un ancien professeur de cuisine. Pour le calme et la tranquillité, un agréable parc aux essences variées.

Pontrieux - Côtes d'Armor (22)

Les Korrigann'es TH
10 rue des Fontaines - 22260 Pontrieux
Tél. 02 96 95 12 46 ou 06 08 01 17 82
Email : korrigannesgaby@wanadoo.fr
http://monsite.wanadoo.fr/korrigannes
Frédérique Gaby Forner

1 pers. 60/85 € - 2 pers. 70/95 € - p. sup. 18 € - repas 22 €

4 chambres (non fumeur) dont 1 suite avec salon attenant, avec s. d'eau et wc privés. Ouv. du 15/03 au 8/01. Copieux petit déjeuner. T.H bio (sur résa.). Salon (cheminée, biblio., Hifi), salon de lecture, salle de jeux, atelier création. Jardin clos, salon de jardin, ruisseau. Cricket, vélos, chaises longues, hamacs. ★ Circuits : artisans d'art, pédestre et équestre, lumière. Remontée du Trieux en canoë, port plaisance, train vapeur. Fêtes des lavoirs et d'antan. Château de la Roche Jagu 4 km. Parcours de golf. **Accès :** entre St-Brieuc et Paimpol (N12), sur l'axe Lanvollon-Château de la Roche Jagu (D6). Après Lanvollon, suivre Pontrieux. Aller au centre ville, après l'antiquaire, parking et maison à gauche.

Idéalement située au cœur de l'Armor, cette ancienne demeure bourgeoise des XVII, XVIII et XIXe a été restaurée à l'indentique avec des matériaux naturels et nobles (chanvre, chaux, schiste, marbres, bois). Un salon de lecture parfumé de jasmin dessert les 4 chambres décorées avec harmonie et raffinement. La maison du thé vous ouvre un monde de saveurs.

★Arts and crafts, boat trips, walking, illuminations, boat trip on the Trieux, yachting harbour, steam train, "Wash-house Festival", a tribute to bygone days. Château de la Roche Jagu 4 km.

*★ **How to get there:** N12 between St-Brieuc and Paimpol via Lanvollon-Château de la Roche Jagu road (D6). Past Lanvollon, head for Pontrieux and town centre, past antique dealer. Car park and house on left.*

Les Korriganes is a time-honoured 17th, 18th and 19th-century family mansion, ideally situated in the heart of the Armor. The residence has been restored to pristine splendour using natural and noble materials, including hemp, limestone, schist, marble and wood. There are four harmoniously and elegantly appointed bedrooms, and a reading room fragrant with jasmine. The tea house adds a highly exotic touch.

Pordic - Côtes d'Armor (22)

Manoir de la Ville Eveque
Keryos - 56, rue de la Ville Evèque -
22590 Pordic
Tél. 02 96 79 17 32 ou 06 87 71 76 38
http://www.keryos.com
Isabelle et Jean-Yves Le Fèvre

1 pers. 60/90 € - 2 pers. 70/100 € - p. sup. 20 €

4 chambres : 2 ch. et 1 suite (poss. couchage suppl.) a 1er étage et 2 ch. dont 1 en duplex au 2e étage, toutes ave sanitaires privés, dressing. Ouvert toute l'année. Copieu petit déjeuner. Parc, bois, salon de jardin. Accès direct e privé à la mer et au sentiers des "douaniers". ★ Me pêche et randonnées 500 m. Sports nautiques et tenn 2 km. Equitation 5 km. Golf 10 km. Plerin 5 km. **Accès** N12 vers Brest. Après St-Brieuc, sortir à Pordic (l Rampes). A Pordic, passer devant la mairie, tout droit s 1 km. Au stop, 1re à droite, puis 1re à gauche, le manoir e au bout de la rue.

En bordure de mer, sur un domaine de 7 ha av parc et bois, Isabelle et Jean-Yves vous propose une étape chaleureuse dans ce manoir riche symboles. C'est dans un environnement de verdu exceptionnel où règnent la paix et l'harmonie, q vous pourrez pleinement vous ressourcer lo d'une étape dans ces 4 chambres confortables, av vue sur la mer.

★Sea, fishing and hiking 500 m. Water sports and tennis 2 km. Horse-riding 5 km. Golf course 10 km. Plerin 5 km.

*★ **How to get there:** N12 for Brest. Past St-Brieuc, exit at Pordic (Les Rampes). In Pordic, past town hall (Mairie) and straight on for 1 km. At stop sign, 1st right and 1st left. The manor is at the end.*

Isabelle and Jean-Yves extend a warm welcome at their handsome manor house, on a leafy seven-hectare estate by the sea. This outstanding verdant setting, rich in mythology and floklore, is a haven of peace and harmony, ideal for a restful break away from it all. The four comfortable bedrooms afford stunning views of the sea.

Quimper - Finistère (29)

★Cornouaille Festival (Breton culture) in July. Semaines Musicales Music Festival. Breton, Earthenware and Fine Arts Museums. Theatre. Swimming pool, tennis court 5 km. Horse-riding 9 km. Beaches and water sports centre 12 km. Golf course 15 km.

*★ **How to get there:** On RN165, Quimper-Sud exit for Ergué-Armel. 3 km on, "Stang Youen" sign on left-hand side. Michelin map 308.*

This 19th-century family mansion and outbuildings, just 10 minutes from the centre of Quimper, have been restored to capture all the charm of Brittany and the Breton way of life. The spacious, invitingly decorated bedrooms look out onto an enclosed park with time-honoured walls. In the evening, you will discover dishes of seafood or local produce. An ideal spot for enjoying life's simple pleasures.

Le Logis du Stang TH
Stang Youen - 29000 Quimper
Tél. 02 98 52 00 55 ou 06 81 55 73 83
Email : logis-du-stang@wanadoo.fr
Annie Hervé

1 pers. 45 € - 2 pers. 60/80 € - p. sup. 15/20 € - repas 22 €

2 chambres et 1 suite 4 pers. (mezzanine, terrasse) avec salle d'eau et wc privés. Ouvert toute l'année. Petit déjeuner : viennoiseries, pâtisseries maison, crêpes, yaourts... Table d'hôtes : salade de langoustines, filet de lieu au pommeau, poire rôtie et sa tuile au thym... Salon à dispo. Jardin clos. ★ Festival de Cornouaille (juillet). Semaines Musicales (août). Musées Breton, de la Faïence, des Beaux Arts... Théâtre. Piscine, tennis 5 km. Equitation 9 km. Plages et centre nautique 12 km. Golf 15 km. **Accès :** sur la RN165, sortie Quimper-sud dir. Ergué-Armel sur 3 km puis panneau "Stang Youen" sur la gauche. CM308.

A 10 mn du centre, cette demeure de maître du XIXe et ses dépendances ont été restaurées avec tout le charme de l'art de vivre en Bretagne. Les chambres spacieuses, au décor chaleureux, s'ouvrent sur le parc clos de vieux murs. Le soir, vous découvrirez les petits plats d'une cuisine de la mer ou du terroir. Une halte dédiée aux petits bonheurs tout simples.

Quintin - Côtes d'Armor (22)

Quintin: château and museum. Château de Beaumanoir km. Water sports 200 m. Fishing 1 km. Golf course 8 km. a 20 km.

***How to get there:** From Rennes, take N12 for Saint-ieuc. At Saint-Brieuc, head for Quimper and Quintin 700) and at Malakoff, take D790.*

u will be welcomed as friends of the family at Manoir de z Maria, a 15th-century manor with breathtaking views of iintin. The spacious upstairs bedrooms have been tastefully orated by the owner, an antique dealer. A harmonious mix olours, matching fabrics and fine objets, rugs, paintings and ique lamps. A delightful address in a magnificent setting.

Manoir de Roz Maria
5, rue du Maréchal Leclerc - 22800 Quintin
Tél/Fax 02 96 58 15 90 ou 06 72 88 60 70
http://www.rozmaria.com
Josiane Aubry

1 pers. 69/89 € - 2 pers. 79/110 € - 3 pers. 105/164 € - pers. sup. 26 €

4 chambres spacieuses avec bains et wc privés et 1 suite de 2 ch. (boudoir, salle de bains, wc). 4 pers. 180 €. Ouv. toute l'année. Petit déjeuner : orange pressée, pains variés, croissants, œufs au bacon... Biblio., home-vidéo. Parking privé clos. Parc de 3 ha. ★ Quintin (château, musée). Château de Beaumanoir 4 km. Sports nautiques 0,2 km. Pêche 1 km. Golf 8 km. Mer 20 km. **Accès :** à Rennes, prendre la N12 direction Saint-Brieuc. A Saint-Brieuc, prendre direction Quimper puis Quintin (D700) et à Malakoff prendre la D790.

Vous serez reçus en amis dans le manoir de Roz Maria, d'époque XVe avec vue imprenable sur Quintin. Les chambres à l'étage, très spacieuses, ont été décorées avec goût et recherche par la propriétaire, antiquaire. Mélange harmonieux de couleurs et de tissus, meubles anciens et beaux objets, tapis, tableaux et lampes anciennes. Une adresse de charme...

Quintin - Côtes d'Armor (22)

★Architectural heritage. Château. Museum. Lake. Tennis court (free) 100 m. Horse-riding 8 km. Sea 15 km. Golf courses 25 km. Swimming pool 300 m.

*★ **How to get there:** RN12 Rennes-Saint-Brieuc. At Saint-Brieuc, head for Quintin and Rostrenen (D790). In Quintin: Place de la Mairie, Rue des Douves, Rue des Forges, Rue St-Yves and Rue des Croix Jarrots.*

This delightful residence, built from local stone, stands in flowery parkland. You will appreciate the peacefulness of the setting by the fireplace in the lounge, and enjoy the delicious hearty breakfasts prepared by your hostess.

Le Clos du Prince TH
10, rue des Croix Jarrots - 22800 Quintin
Tél./Fax 02 96 74 93 03
Email : info@leclosduprince.com
http://leclosduprince.com
Marie-Madeleine Guilmoto

1 pers. 50 € - 2 pers. 60/82 € - 3 pers. 98 € - p. sup. 23 € - repas 20 €

1 chambre avec TV et 1 suite avec sanitaires privés. Ouvert toute l'année. Poss. table d'hôtes en hors-saison : spécialités régionales. Parc. ★ Patrimoine architectural. Château. Musée. Plan d'eau. Tennis gratuit à 100 m. Equitation à 8 km. Mer à 15 km. Golfs à 25 km. Piscine 300 m. **Accès :** RN12 Rennes-St-Brieuc. A St-Brieuc, prendre dir. Quintin, Rostrenen (D790). A Quintin : place de la mairie, rue des Douves, rue des Forges, rue St-Yves et enfin rue Des Croix Jarrots.

Ravissante demeure en pierre du pays, très fleurie et entourée d'un parc boisé. Vous apprécierez la quiétude des lieux, dans le salon auprès de la cheminée et savourerez les délicieux et copieux petits déjeuners que vous préparera la maîtresse de maison.

Le Rheu - Ille et Vilaine (35)

BRETAGNE

★Lake, sailing, horse-riding 3 km. Rennes 7 km. Cancale, Saint-Malo 70 km.

*★ **How to get there:** From Rennes, drive 2 km for Lorient, past the bypass (rocade). Turn right at the traffic lights after the last Total service station.*

Superb 17th-century château set in the heart of a wooded park, with swimming pool, 18-hole golf course and natural 9-hole putting green for beginners. The room and suite are luxurious and feature period furniture. This magnificent property full of charm is an ideal spot for a relaxing break.

Château de la Freslonnière
35650 Le Rheu
Tél. 02 99 14 84 09 - Fax 02 99 14 94 98
Email : lafreslo@wanadoo.fr
www.golfdelafreslonniere.com
Claude d'Alincourt

1 pers. 64/74 € - 2 pers. 64/74 € - 3 pers. 91 € p. sup. 26 €

Au 2e étage du château, 1 chambre double avec sanitair attenants et 2 chambres communiquantes pour 4 per avec sanitaires dans le couloir. (117 €/4 pers.). Ouve toute l'année. Piscine non surveillée, pêche en étang s place. Cour, jardin, parc. ★ Plan d'eau, voile, équitation 3 km. Rennes à 7 km. Cancale, Saint-Malo à 70 k **Accès :** à partir de Rennes dir. Lorient sur une distan de 2 km, après la rocade. Tourner à droite au feu sit après la dernière station service "Total".

Superbe château du XVIIe siècle au cœur d' parc boisé avec piscine, golf 18 trous et pa cours école 9 trous natures spécial non golfeurs débutants. 1 chambre et 1 suite de grand confo meublées d'époque vous recevront. Magnifiq propriété pleine de charme où détente et rep vous seront assurés.

Riantec - Morbihan (56)

NOUVEAUTÉ

Port-Louis 5 mins: citadel, India Company museum. Vast sandy beaches. Carnac 25 mins: standing stones, megaliths. Groix and Belle-Ile islands. Morbihan Gulf. Tennis, sailing, diving, golf, horse-riding, hiking.

★ ***How to get there:*** *On the RN165, exit onto D781 direction Port-Louis. 1km after the Kernours roundabout, turn left direction Fontaine-Galèze and continue for 2.6 km until Kervassal. Michelin map 308.*

Set in the peace and quiet of a small rural village, this charming Breton cottage dates back to the 17th century and has been entirely restored. The large, refined bedrooms have been furnished with taste and decorated with a personal touch. This wonderful residence is a testament to its owner's passion for life and a superb place to stay.

Kervassal
56670 Riantec
Tél./Fax 02 97 33 58 66
Email : gonzague.watine@wanadoo.fr
www.itea.fr/G56/pages/56163.html
Maya Watine

2 pers. 64 € - p. sup. 20 €

2 chambres 2 et 3 pers. (lits 180 modulables en 2) et 1 chambre 2 pers., toutes avec sanitaires privés, sèche-cheveux, service thé et bouilloire. Ouvert toute l'année. Petit déjeuner : céréales, laitages, pains bio, viennoiseries, cake, far, crêpes. Jardin fleuri et ombragé. Restaurants et crêperies à proximité. ★ Port-Louis 5 mn : citadelle, musée Compagnie des Indes. Immenses plages de sable. Carnac 25 mn : menhirs, mégalithes. Iles de Groix, Belle-Ile. Golfe du Morbihan. Tennis, voile, plongée, golf, équit., rand. **Accès :** sur la RN165. Sortie en dir. de Port-Louis par D781. 1 km après le rond point de Kernours, prendre à gauche dir. Fontaine-Galèze et continuer sur 2,6 km jusqu'à Kervassal. CM308.

Dans le calme d'un petit village de campagne, cette authentique chaumière bretonne du XVIIe siècle a été entièrement restaurée. Les chambres spacieuses et raffinées sont toutes personnalisées et meublées avec goût. Demeure de charme qui témoigne de la passion de sa propriétaire pour un certain art de vivre. Adresse d'exception à découvrir.

La Richardais - Ille et Vilaine (35)

NOUVEAUTÉ

Set between land and sea: Dinard 5 min and Rance 800 m. xplore the emerald coast through relaxing walks: St-Malo, ancale, Mt-St-Michel, Cap Fréhel, Dinan, Combourg. Sea d beach 2.5 km.

How to get there: *From the Rance dam, turn left at the t traffic lights and head towards la Richardais. Go for 800 m n take "rue du Suet" on the right for 800 m.*

nie and René would like to warmly welcome you to their rming family house that was designed and built into a 19th-tury shipowner's residence. There are three prettily decorated ms available, each with a private entrance. Breakfast is served the living room that overlooks the stunning walled garden.

Le Berceul
24, rue de la Theaudais - 35780 La Richardais
Tél. 02 23 17 06 00 ou 06 63 29 86 21
Fax 02 23 17 06 01
www.berceul.com
Annie et René Duault

2 pers. 62/77 € - p. sup. 15 €

3 chambres avec sanitaires privés. Ouv. toute l'année. Petit déjeuner : jus d'orange pressée, gâteaux maison, confitures maison, crêpes... Pièce de vie. A votre dispostion : matériel puériculture, coin-cuisine, salon de jardin, chaises longues, jeux d'enfants. Parking dans la propriété. Cour, jardin. ★ Situé entre terre et mer : Dinard 5 mn et Rance 800 m. Découverte de la Côte d'Emeraude à travers de nombreuses balades : St-Malo, Cancale, Mt-St-Michel, Cap Fréhel, Dinan, Combourg. Mer et plage 2,5 km. **Accès :** du barrage de la Rance, tourner au 1er feu à gauche vers la Richardais. Faire 800 m et prendre la rue du Suet à droite sur environ 800 m.

Annie et René sont ravis de vous accueillir dans leur charmante maison de famille conçue dans une ancienne demeure d'armateurs du XIXe siècle. Vous disposerez de 3 chambres calmes joliment décorées, avec chacune un accès indépendant. Petit déjeuner servi dans la pièce de vie donnant sur le magnifique jardin clos de murs.

Roz-sur-Couesnon - Ille et Vilaine (35)

La Bergerie - La Poultière
35610 Roz-sur-Couesnon
Tél./Fax 02 99 80 29 68
www.la-bergerie-mont-saint-michel.com
Jacky et Jocelyne Piel

1 pers. 42 € - 2 pers. 45/48 € - 3 pers. 52/55 € - p. sup. 8 €

5 chambres avec sanitaires privés. Ouvert toute l'année. Copieux petit déjeuner : pâtisseries, oeufs, pains... Coin-cuisine, salon, TV, bar, bibliothèque à disposition. Cour, jardin, parc, vélos, terrain de boules, jeux d'enfants. Plan d'eau protégé à 200 m. Nombreux restaurants à 1 et 4 km. ★ Mont-Saint-Michel 9 km. Sites de la Côte d'Emeraude et de la Basse Normandie (10 et 40 km) : Dol, Cancale, St-Malo, Dinard, Dinan, Fougères, Granville... **Accès :** sur la route côtière D797 Mt-St-Michel-Pontorson-St-Malo. A 9 km de Pontorson, prendre direction La Bergerie au village de La Poultière.

Sur la côte d'Emeraude, entre le Mt-St-Michel et St-Malo, vaste longère du XVIIe entièrement restaurée. Chaque chambre a une décoration différente avec un joli mobilier régional ancien. Vous apprécierez le calme de cette demeure et la gentillesse de Jacky et Jocelyne qui sauront vous guider tout au long de votre séjour.

★Mont-Saint-Michel Bay 9 km. Places to visit along the Emerald Coast and in Lower Normandy 10 km and 40 km: Dol, St-Malo, Dinard, Dinan, Fougères, Granville, etc.

★ ***How to get there:*** *On D797 coast road Mont-St-Michel-Pontorson-St-Malo. 9 km from Pontorson, head for "La Bergerie" in La Poultière village.*

On the Emerald Coast, between Mont-St-Michel and St-Malo, is where you will come across this vast, fully restored 17th-century farmhouse. Each room is decorated in its own style with attractive period furniture from the region. You will enjoy the peace and quiet and appreciate Jacky and Jocelyne's hospitality. They will be happy to advise you throughout your stay.

St-Briac-sur-Mer - Ille et Vilaine (35)

BRETAGNE

Le Clos du Pont Martin
35800 Saint-Briac-sur-Mer
Tél. 02 99 88 38 07 ou 06 68 37 62 65
Fax 08 26 07 47 36
Email : info@briac.com - www.briac.com
Daniel Couplière

2 pers. 55/59 € - 3 pers. 70/74 € - p. sup. 15 €

3 chambres avec TV, mini-bar, sanitaires privés, pris ADSL et connextion internet. Ouv. toute l'année. Pe déj. : jus de fruits, viennoiseries, confitures. Séjour-salo avec cheminée. Garages et parkings privés. Cour, jardi parc, salon de jardin, chaises longues. Restaurants à S Briac 2 km et Dinard 8 km. ★ Dinard, cité balnéai 8 km (grandes plages de sable fin). St-Malo 12 km. Plag tennis, piscine et activités nautiques 2 km. Golf 3 k Equitation 6 km.. **Accès :** de St-Briac, prendre la rou du camping "Le Pont Laurin" sur une distance d'1 k puis à droite.

A 5 mn des grandes plages de St-Briac-sur-M Daniel vous reçoit dans une agréable demeure grand confort, dans un parc entièrement cl arboré et fleuri où vous trouverez calme et rep Cette demeure contemporaine a un charme ce tain. Dans le parc, barnum en été, salons de jardi chaises longues et barbecue.

★Dinard, seaside resort and main fine-sand beaches 8 km. Saint-Malo 12 km. Beaches, tennis, swimming pool and water sports 2 km. Golf course 3 km. Horse-riding 6 km.

★ ***How to get there:*** *From Saint-Briac, head for "Le Pont Laurin" campsite. Turn right 1 km on.*

Daniel is your host at his pleasant, extremely comfortable home, set in an enclosed leafy park teeming with flowers, just five minutes from the main Saint-Briac-sur-Mer beaches. Peace and quiet are the watchwords at this contemporary residence full of charm. The park features garden furniture, sunbeds and a barbecue and marquee in the summer.

St-Malo - Ille et Vilaine (35)

La Malounière du Mont Fleury
2, rue du Mont Fleury - 35400 Saint-Malo
Tél./Fax 02 23 52 28 85 ou 06 80 25 61 75
Email : bob.haby@wanadoo.fr
www.lemontfleury.com
Bob Haby

1 pers. 60 € - 2 pers. 70/100 € - 3 pers. 103/123 € - p. sup. 23 €

4 chambres dont 2 en duplex avec sanitaires privés. Ouvert du 1er avril au 15 novembre. Petit déjeuner : jus d'oranges, céréales, crêpes, craquelins, quatre-quart, viennoiseries... Salon avec TV à disposition. Parc 5000 m² avec coins-lecture et détente. Salon de jardin (bains de soleil). Restaurants à moins d'1 km. ★ St-Malo, cité balnéaire (grandes plages de sable fin). Villes fortifiées, musées, aquarium, thermes marins, festivals... Piscine, voile 1,5 km. Equitation 2 km. Golf 12 km. Randonnées sur place. **Accès :** de la rocade de St-Malo, prendre le Petit Paramé. La Malouinière donne sur la petite place du "Petit Paramé".

A St-Malo, proche de la mer et des plages, la Malouinière début XVIIIe, dispose d'un agréable parc de 5000 m² arboré et fleuri. Nous vous proposons 4 chambres décorées avec goût et harmonie : la chambre marine, la chambre orientale, la chambre chinoise et la chambre américaine "cosy". Adresse idéale pour découvrir St-Malo et ses alentours.

★St-Malo, seaside town, sprawling fine-sand beaches. Fortress towns, museums, aquarium, thermal seawater baths, festivals. Swimming, sailing 1.5 km. Horse-riding 2 km. Golf 12 km. Hiking locally.

*★ **How to get there:** From the St-Malo bypass (rocade), head for Le Petit Paramé. La Malouinière looks out onto the small "Petit Paramé" square.*

La Malouinière is an early-18th-century traditional residence set in a pleasant, leafy 5,000 m² park, in St-Malo close to the sea and beaches. Your hosts offer four tasteful, harmoniously decorated bedrooms, each with a different style: Marine, Oriental, Chinese, and "cosy" American. An ideal spot for exploring St-Malo and the surrounding area.

St-Malo - Ille et Vilaine (35)

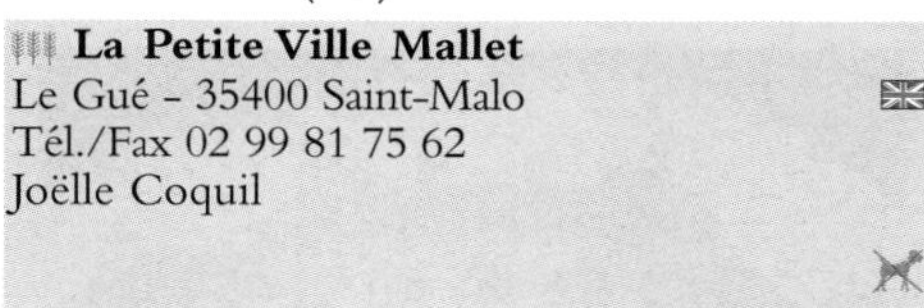

La Petite Ville Mallet
Le Gué - 35400 Saint-Malo
Tél./Fax 02 99 81 75 62
Joëlle Coquil

1 pers. 60 € - 2 pers. 65 € - 3 pers. 80 €

2 chambres et 1 suite (4/5 pers.) avec sanitaires privés. Ouvert toute l'année. Petit déjeuner : jus de fruits, confitures et pâtisseries maison... Bibliothèque (ouvrages sur Saint-Malo et ses hommes célèbres). Parc arboré avec meubles de jardin. Parking privé et clos. Restaurants à proximité. ★ St-Malo et la Côte d'Emeraude (Cancale, Dinard, Cap Fréhel, Erquy). Dinan, Dol, Mt-St-Michel, îles anglo-normandes. GR34 à 3 km. Plages à 3 km. Golf à 20 km. Thermes marins à 5 km. **Accès :** en venant de Rennes suivre voie rapide Paramé/Cancale. Au rond-point des Français Libres, prendre route de Cancale par St.Coulomb puis 2e route à droite et 1re à gauche.

A 10 mn de Saint-Malo (intra-muros) et 5 mn des plages, vous serez reçus dans une jolie maison bretonne entourée d'hortensias. L'atmosphère y est très chaleureuse et les chambres, toutes personnalisées avec des tissus coordonnés et de jolis meubles anciens, sont aussi ravissantes les unes que les autres. Une étape incontournable sur la côte d'Emeraude.

★Saint-Malo and Emerald Coast (Cancale, Dinard, Cap Fréhel and Erquy). Dinan, Dol, Mont-Saint-Michel, Channel Islands. GR34 hiking path 3 km. Beaches 3 km. Golf course 20 km. Spa (thalassotherapy) 5 km.

*★ **How to get there:** From Rennes, take Paramé/Cancale motorway. At the Français-Libres roundabout, take the Cancale road via St-Coulomb. 2nd right and 1st left.*

Just ten minutes from the resort of Saint-Malo and five minutes from the beaches, a warm welcome awaits you at this pretty Breton house surrounded by hortensia. Enjoy the cosy atmosphere and the gorgeous, individually styled bedrooms decorated with matching fabrics and handsome antique furniture. An unmissable spot along the Emerald Coast.

St-Malo - Ille et Vilaine (35)

★Saint-Malo and historical places of interest. Dinard 7 km and Emerald Coast. Cancale 12 km and Pointe du Groin (panoramic views of the Brittany coastline), La Rance and Dinan 25 km. Mont-St-Michel 45 km. Cap Fréhel 50 km. Sea and GR34 footpath 1.5 km.

*★ **How to get there:** From Rennes, head for Cancale-Paramé. At the third roundabout, head for Paramé-Centre. Les Cèdres is the fourth turning on the right.*

Go back 100 years in time at this imposing early-20th-century villa. The invitingly vintage-style interior is harmoniously decorated with matching colours. The superb Victorian conservatory opens onto the park, which boasts an exotic touch and century-old trees. Enjoy a restful break in this extraordinary haven of peace teeming with flowers, in the hustle and bustle of the city.

Les Cèdres
15 chemin des Couardes - 35400 Saint-Malo
Tél. 02 99 19 58 09 ou 06 07 65 92 73
Email : c.b.lescedres@libertysurf.fr
http://lescedres.millevazion.com
Catherine Boulon

2 pers. 48/55 € - 3 pers. 63/70 € - p. sup. 15 €

2 chambres avec sanitaires privés. Ouvert toute l'année. Petit déjeuner : patisseries, confitures et compotes maison, jus de fruits, laitages, différents pains... Salon. Parc de 3000 m² avec arbres centenaires. Parking privé. Transports urbains et commerces à 5 mn à pied. Restaurants à proximité. ★ Sites historiques de St-Malo, Dinard (7 km) et la Côte d'Emeraude. Cancale (12 km) et la pointe du Groin, la Rance et Dinan (25 km), Mont-Saint-Michel (45 km), Cap Fréhel 50 km. Plage et GR34 à 1,5 km. **Accès :** en venant de Rennes, direction Cancale-Paramé. Au 3e rond point prendre direction Paramé centre. C'est la 4e rue à droite.

Retour 100 ans en arrière dans cette belle villa bourgeoise des années 1900. Ambiance rétro et chaleureuse, harmonie de la décoration et des couleurs. Superbe verrière victorienne ouvrant sur le parc un brin exotique aux arbres centenaires. Faites une halte reposante dans ce refuge de paix et de fleurs surprenant dans le tourbillon de la ville.

St-Thegonnec - Finistère (29)

BRETAGNE

★Parish enclosures. Armorique Regional Nature Park 10 km. Tennis, hiking and fishing nearby. Brest, Océanopolis, Pink Granite Coast 45 km. Sea and beach (Morlaix Bay) 20 km. Pony club 1 km.

*★ **How to get there:** From Morlaix, head for Brest (N12 or D712). St-Thégonnec exit and follow "Chambres d'Hôtes" signs. Michelin map 308.*

Through majestic parish enclosures, shrouded by cypress trees, you will come to Ar Presbital Koz, which was the Saint-Thégonnec presbytery for two centuries. Your hosts, Christine and André, offer comfortable and spacious accommodation.

Ar Presbital Koz TH
18, rue Lividic - 29410 Saint-Thegonnec
Tél. 02 98 79 45 62 - Fax 02 98 79 48 47
Email : andre.prigent@wanadoo.fr
Christine Prigent

1 pers. 41/44 € - 2 pers. 47/50 € - p. sup. 17 € - repas 20 €

6 chambres dont 4 avec bains et wc et 2 avec douche et wc. Ouvert toute l'année. Copieux petit déjeuner. Table d'hôtes sur réservation. Fax. Parking clos. Loc vélos. Auberge gastronomique à 500 m. ★ Enclos paroissiaux. Parc d'Armorique 10 km. Tennis, randonnées pêche à prox. Brest, Océanopolis, Côtes de Granit ros 45 km. Mer, plage 20 km (baie de Morlaix). Poney-clul 1 km. **Accès :** de Morlaix, dir. Brest (N12 ou D712) Sortie Saint-Thégonnec puis fléchage "Chambres d'hô tes". CM308.

Sur la route des majestueux enclos paroissiau vous découvrirez derrière un rideau de cyprès, "A Presbital Koz" qui fut le presbytère de Saint Thegonnec pendant deux siècles. Christine André vous y recevront dans des chambres spa cieuses et confortables.

Ste-Hélène - Morbihan (56)

La Maison des Peintres
Kervigny - 56700 Sainte-Hélène
Tél. 02 97 36 78 26 ou 06 30 36 37 11
http://perso.wanadoo.fr/kervigny/
Yo et Maryvonne Weber

2 pers. 58 € - 3 pers. 73 € - p. sup. 15 €

★Lorient Interceltic Festival 20 km. Carnac 18 km. Port-Louis Museum 8 km. Tennis court 2.5 km. Horse-riding 5 km. Fishing 500 m. Beach 8 km. Golf course 15 km. Swimming pool 12 km.

*★ **How to get there:** In Sainte-Hélène, opposite the town hall (Mairie), turn right for Pointe de la Vieille Chapelle and, after the wood, take 2nd turning on left and 1st turning on right (no through road). Michelin map 308.*

Welcome to La Maison des Peintres, originally a fisherman's dwelling, which has now been restored using envitonment friendly materials. An elegant, colourful world awaits you at this quiet spot. The "Gauguin" and "Tal Coat" rooms are on the first floor.

2 chambres avec sanitaires privés, bouilloire, bibliothèque. Ouvert toute l'année. Petit déjeuner : yaourts bio maison, 2 sortes de pain, pâtisseries maison, confitures maison... Piano, bibliothèque, jeux de société. Jardin 3000 m². Chaises longues. Visite de l'atelier de Yo Weber Diederichs possible. ★ Festival Interceltique de Lorient (20 km). Carnac 18 km. Musée de Port-Louis 8 km. Tennis 2,5 km. Equitation 5 km. Pêche 500 m. Plage 8 km. Golf 15 km. Piscine 12 km. **Accès :** à Ste-Hélène, face à la mairie, prendre à droite direction Pointe de la Vieille Chapelle puis après le bois, prendre 2e route à gauche et la 1re à droite (voie sans issue). CM308.

Bienvenue dans cette ancienne maison de paysan-pêcheur, restaurée avec des matériaux écologiques où vous découvrirez un monde coloré et raffiné en profitant du calme des lieux. Les chambres "Gauguin" et "Tal Coat" sont aménagées à l'étage.

Sulniac - Morbihan (56)

BRETAGNE

Quiban TH
56250 Sulniac
Tél./Fax 02 97 53 29 05
Email : gilles.lejalle@wanadoo.fr
www.gites-de-france-morbihan.com/quiban
Véronique et Gilles Le Jallé-Foucher

1 pers. 40 € - 2 pers. 48 € - p. sup. 15 € - repas 18 €

★Vannes 14 km: Fêtes Historiques Festival (reenactment of a historical event) in July and Jazz Festival in August. Morbihan Gulf, Dukes of Brittany country, Plessis Josso Château. Beach 20 km. Swimming pool, horse-riding 2 km.

*★ **How to get there:** On the N166; Tréffléan/Questambert exit. Drive through Tréffléan village and head for Sulniac. Turn right at the water tower. Michelin map 308.*

This delightul, typical Breton stone residence, in 5,000 m² of wooded parkland brimming with flowers, is set in a small Vannes country village. The three tastefully appointed bedrooms are all decorated with an personal touch. A charming spot for a relaxing holiday.

3 chambres 2 pers. de plain-pied avec sanitaires privés. Ouvert toute l'année. Petit déjeuner : jus de fruits, far, crêpes, gâteaux maison, yaourts, compotes... T. d'hôtes : papillote de poissons aux petits légumes, poulet au cidre... Jardin, salon de jardin, transats, badminton, pétanque, vélos à dispo. Parc 5000 m². ★ Vannes 14 km avec ses fêtes historiques en juillet et son festival de jazz en août. Golfe du Morbihan, route des Ducs de Bretagne, château de Plessis Josso. Plage 20 km. Piscine, équitation 2 km. **Accès :** de la N166, sortir à Trédfléan/Questembert. Traverser le bourg de Trédfléan dir. Sulniac et au château d'eau, à droite. CM308.

Cette ravissante demeure en pierre typiquement bretonne, au cœur d'un parc arboré et fleuri de 5000 m², est située dans l'un des petits villages de campagne du pays de Vannes. Les chambres sont personnalisées et meublées avec goût. Un endroit plein de charme qui invite à la détente et au repos.

Le Tronchet - Ille et Vilaine (35)

Le Tronchet golf course and Le Mesnil Forest. St-Malo and Cancale (sprawling beaches along the Emerald Coast) 15 min. Dol de Bretagne 12 km. Combourg 8 km. Dinan 12 km. Mont-Saint-Michel 30 km. Hiking, horse-riding and tennis.

★ ***How to get there:*** *From St-Malo, head for Rennes (N137). Miniac-Morvan/Le Tronchet exit. House 400 m, as you enter village. From Caen (A84), head for Pontorson, Dol-de-Bretagne (N175) and St-Malo (N176), Plerguer/Tronchet exit.*

This imposing residence with character is set on an extensive wooded estate, close to the Tronchet golf course. Enjoy the good life in this peaceful spot, enhanced by antique furniture and warm, soft hues. The comfortable lounge with fireplace is ideal for relaxing and reading. A must for exploring the Emerald Coast.

Le Baillage
35540 Le Tronchet
Tél. 02 99 58 17 98 ou 06 19 56 28 47
Fax 02 99 58 17 97
Email : info@lebaillage.com - www.lebaillage.com
Catherine Scalart

1 pers. 60/65 € - 2 pers. 60/72 € - 3 pers. 82/87 € - p. sup. 15 €

4 chambres avec TV, mini-bar et sanitaires privés et 1 suite de 2 ch. pour 4 pers. (130 €). Ouv. toute l'année. Petit déjeuner : viennoiseries, pâtisseries maison, confitures... Salon (cheminée, TV chaines étrangères). Jardin 10000 m², étang, pêche. Poss. balade à cheval en forêt. Connect. ADSL et Wifi. ★ Golf du Tronchet et site de la forêt du Mesnil. St-Malo, Cancale (grandes plages de la Côte d'Emeraude) 15 mn. Dol-de-Bretagne 12 km. Combourg 8 km. Dinan 12 km. Mt-St-Michel 25 km. Rand., équitation, tennis. **Accès :** de St-Malo, dir. Rennes (N137), sortir à Miniac Morvan/Le Tronchet. Maison à 400 m à l'entrée du village. De Caen (A84), dir. Pontorson, Dol-de-Bretagne (N175) puis N176 St-Malo, sortir à Plerguer/Tronchet.

Sur le golf du Tronchet, cette belle demeure de caractère est située sur un grand terrain boisé. Dans cette maison où il fait bon vivre, le mobilier est ancien et les couleurs douces et chaleureuses. Vous aimerez le confortable salon avec sa cheminée qui invite à la lecture et au repos. Une adresse à ne pas manquer pour découvrir la Côte d'Emeraude.

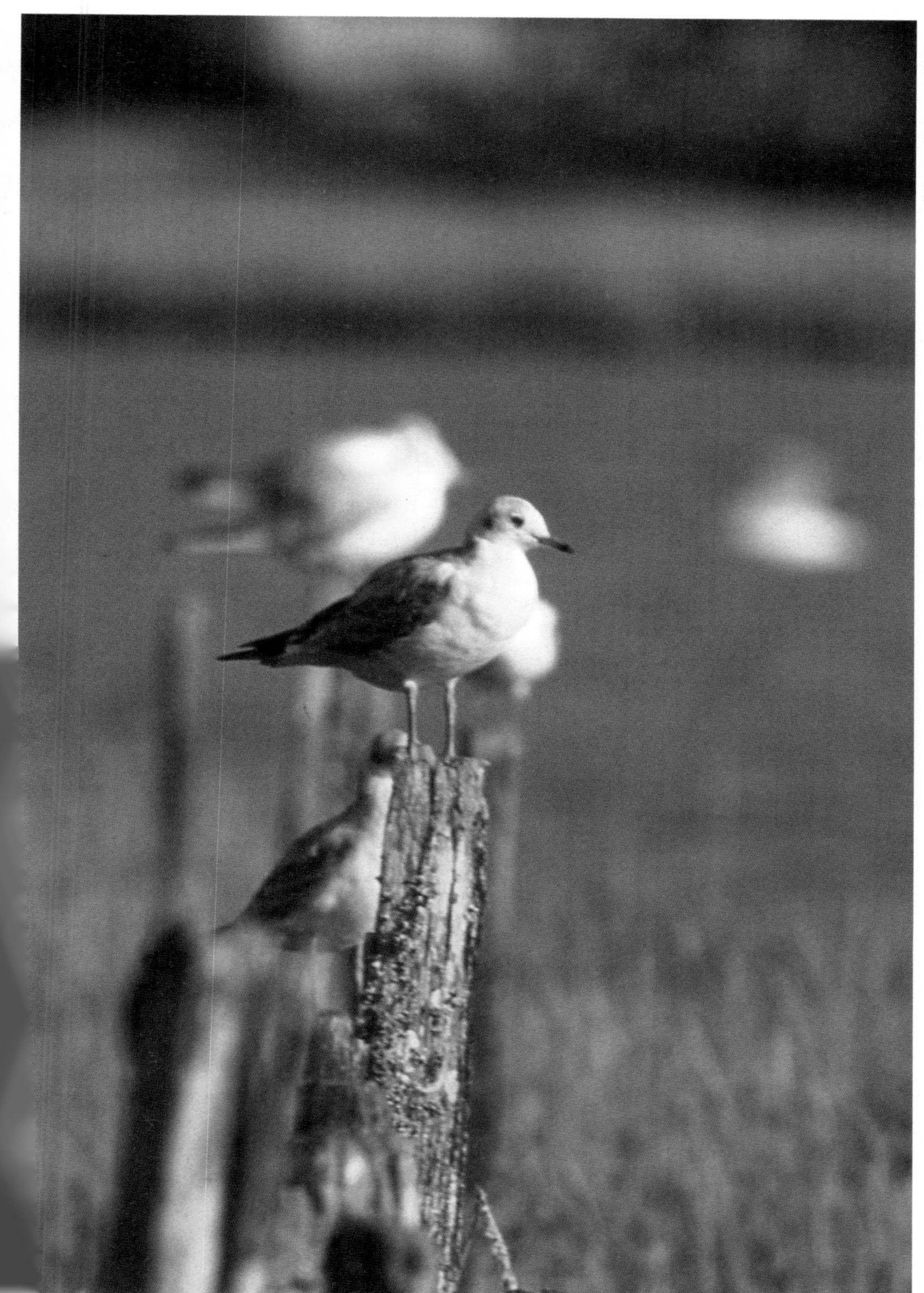

BRETAGNE

CENTRE

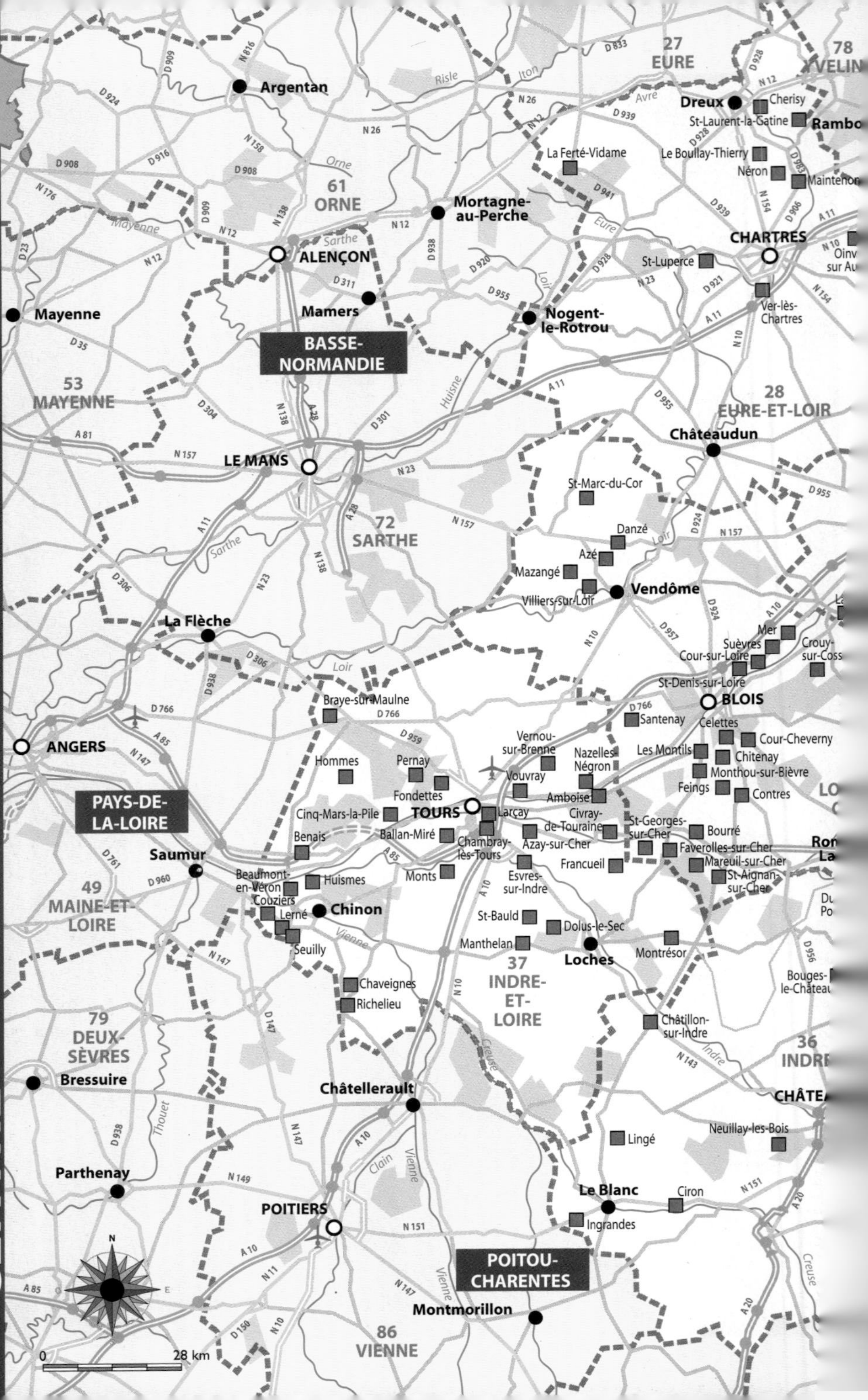

27 EURE
78 YVELIN
61 ORNE
28 EURE-ET-LOIR
53 MAYENNE
72 SARTHE
49 MAINE-ET-LOIRE
37 INDRE-ET-LOIRE
79 DEUX-SÈVRES
36 INDRE
86 VIENNE

BASSE-NORMANDIE
PAYS-DE-LA-LOIRE
POITOU-CHARENTES

Argentan
Dreux
Cherisy
St-Laurent-la-Gâtine
Rambo
La Ferté-Vidame
Le Boullay-Thierry
Néron
Maintenon
Mortagne-au-Perche
ALENÇON
CHARTRES
Oinville-sur-Au
St-Luperce
Ver-lès-Chartres
Mamers
Mayenne
Nogent-le-Rotrou
Châteaudun
LE MANS
St-Marc-du-Cor
Danzé
Azé
Mazangé
Villiers-sur-Loir
Vendôme
La Flèche
Mer
Suèvres
Cour-sur-Loire
Crouy-sur-Coss
St-Denis-sur-Loire
BLOIS
Braye-sur-Maulne
Santenay
Celettes
Cour-Cheverny
ANGERS
Vernou-sur-Brenne
Nazelles-Négron
Les Montils
Chitenay
Hommes
Pernay
Vouvray
Monthou-sur-Bièvre
Feings
Contres
Fondettes
Amboise
Cinq-Mars-la-Pile
TOURS
Larçay
Civray-de-Touraine
St-Georges-sur-Cher
Bourré
Benais
Ballan-Miré
Chambray-lès-Tours
Azay-sur-Cher
Faverolles-sur-Cher
Saumur
Francueil
Mareuil-sur-Cher
Beaumont-en-Véron
Huismes
Monts
Esvres-sur-Indre
St-Aignan-sur-Cher
Couziers
Lerné
Chinon
St-Bauld
Dolus-le-Sec
Seuilly
Manthelan
Loches
Montrésor
Chaveignes
Richelieu
Bouges-le-Château
Châtillon-sur-Indre
Bressuire
Châtellerault
CHÂTEA
Lingé
Neuillay-les-Bois
Parthenay
Le Blanc
Ciron
POITIERS
Ingrandes
Montmorillon

Risle
Iton
Avre
Orne
Sarthe
Mayenne
Eure
Loir
Huisne
Sarthe
Loir
Vienne
Creuse
Indre
Thouet
Clain
Vienne
Vienne
Creuse

D 833
D 928
N 12
D 909
N 816
D 924
N 26
N 26
N 12
D 939
N 158
D 908
D 916
D 908
D 928
D 983
N 176
D 909
N 138
D 941
N 154
D 906
A 11
N 12
N 12
D 939
D 23
N 12
D 938
D 920
D 928
N 10
D 311
D 955
N 23
D 921
N 154
A 11
N 10
D 35
A 11
D 304
N 138
A 28
D 301
D 955
A 81
N 157
N 23
D 955
A 11
A 28
N 157
D 924
N 157
N 138
N 23
D 306
D 924
A 10
N 10
D 957
D 306
D 938
D 766
D 766
D 766
D 959
A 85
N 147
D 761
D 960
A 85
A 10
N 147
N 10
D 956
D 147
N 143
D 938
N 147
A 10
N 149
N 151
A 20
N 151
A 10
N 11
N 147
A 85
D 150
N 10
A 20

N
E
0
28 km
Ron
La
LO
Du
Po

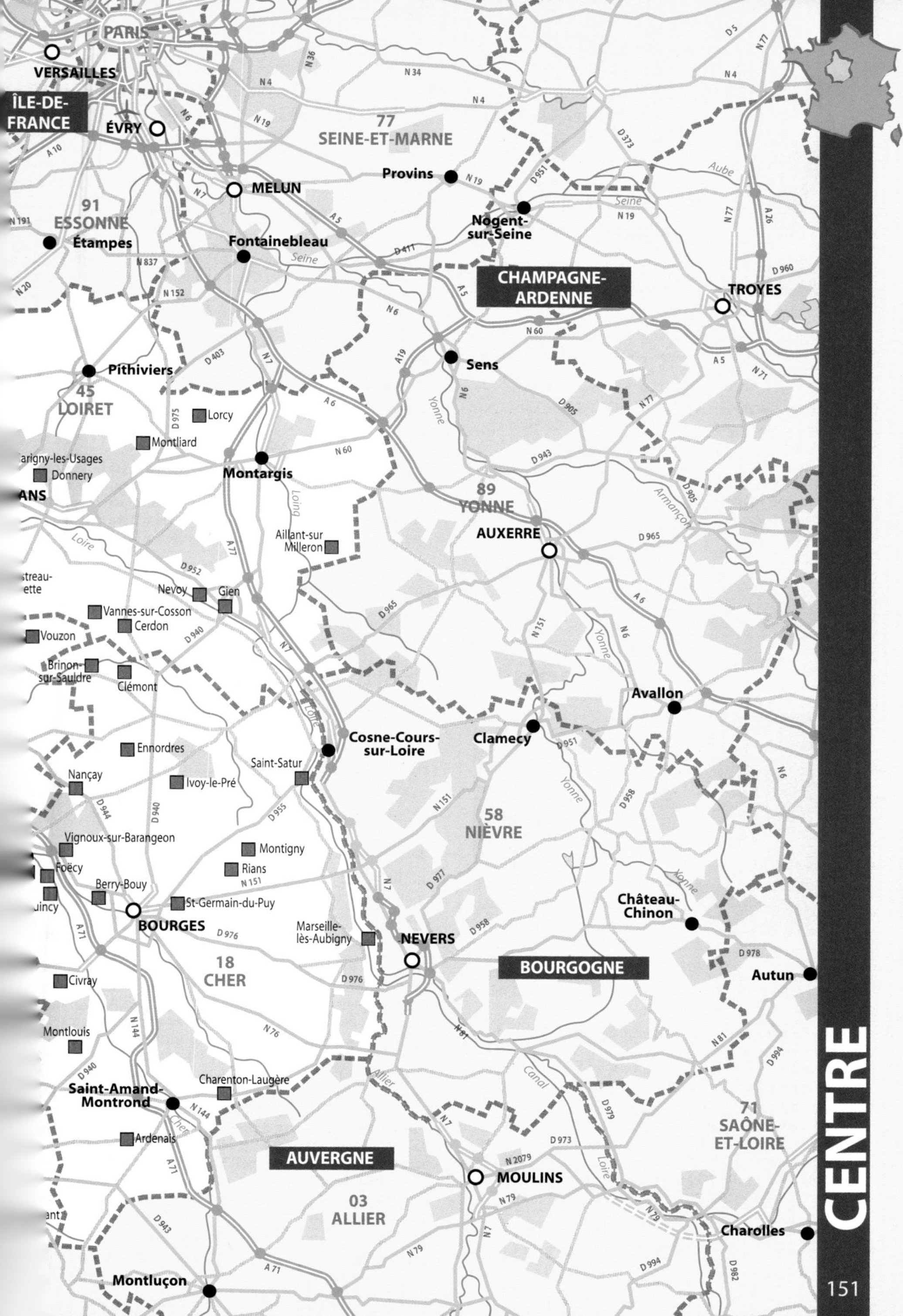

PARIS
VERSAILLES
ÎLE-DE-FRANCE
ÉVRY
77
SEINE-ET-MARNE
Provins
MELUN
91
ESSONNE
Étampes
Fontainebleau
Nogent-sur-Seine
Seine
Aube
CHAMPAGNE-ARDENNE
TROYES
Pithiviers
45
LOIRET
Sens
Yonne
Lorcy
Montliard
Montargis
Donnery
Loing
89
YONNE
AUXERRE
Armançon
Loire
Aillant-sur Milleron
Nevoy
Gien
Vannes-sur-Cosson
Cerdon
Vouzon
Brinon-sur-Sauldre
Clémont
Avallon
Clamecy
Cosne-Cours-sur-Loire
Ennordres
Saint-Satur
Nançay
Ivoy-le-Pré
58
NIÈVRE
Vignoux-sur-Barangeon
Montigny
Rians
Foëcy
Berry-Bouy
St-Germain-du-Puy
BOURGES
Château-Chinon
Marseille-lès-Aubigny
NEVERS
BOURGOGNE
Autun
18
CHER
Civray
Montlouis
Canal
Allier
Charenton-Laugère
Saint-Amand-Montrond
Cher
Ardenais
71
SAÔNE-ET-LOIRE
AUVERGNE
MOULINS
03
ALLIER
Charolles
Montluçon
CENTRE

Aillant-sur-Milleron - Loiret (45)

*St-Fargeau, Guédélon, Roguy-les-Sept-Ecluses, Briare. Barres Arboretum, La Bussière, Ratilly, etc. Hiking locally. Fishing 5 km. Canal Bridge 16 km. Golf course 35 km. Forest 30 km.

★ ***How to get there:*** *A77, Nogent-sur-Vernisson exit, for Châtillon-Coligny and Aillant. Follow signs. Alternatively, on N7, via Châtillon and Aillant.*

Jacques and his wife have arranged 3 colonial-style bedrooms with an Indian Ocean theme for a complete change of scenery. Make the most of the peace and quiet and take the opportunity to explore the area. A fantastic place to stay at the gateway to Burgundy.

Les Beaupieds TH
39, les Beaupieds - 45230 Aillant-sur-Milleron
Tél. 02 38 97 41 10
Email : jacques.maillot45@wanadoo.fr
Jacques Maillot

1 pers. 80/100 € - 2 pers. 80/100 € - repas 35 €

3 chambres avec sanitaires privés, musique d'ambiance. Ouvert toute l'année. Petit déjeuner : confitures fruits exotiques, salade de fruits, différents pains grillés... T. d'hôtes : cuisine d'inspiration ou typique de l'océan indien (épices, parfums...). Salon, biblio., billard. Cour, jardin. Parking. Pétanque. ★ St-Fargeau, Guédelon, Roguy-les-Sept-Ecluses, Briare, arborétum des Barres, la Bussière, Ratilly... Randonnée sur place. Pêche 5 km. Pont Canal 16 km. Golf 35 km. Forêt 30 km. **Accès :** A77, sortie Nogent-sur-Vernisson, puis Châtillon-Coligny et enfin Aillant, suivre ensuite le fléchage. Par N7, Châtillon puis Aillant.

3 confortables chambres d'hôtes de style colonial sur le thème de l'Océan Indien, ont été aménagées par Jacques et son épouse pour une invitation au voyage. Laissez-vous guider dans cette ambiance calme et dépaysante, aux portes de la Bourgogne.

Amboise - Indre et Loire (37)

*Chenonceau Château 17 km. In the vicinity: Miniature Châteaux Park, Touraine Aquarium and Amboise Château, Clos Lucé.

★ ***How to get there:*** *A10, Château-Renault exit, and D31 for Amboise. Cross the Loire and continue along bypass for 2-3 km. At Parc Mini-Châteaux, turn right for Amboise and at stop sign, turn left. The house is 200 m up on left.*

If you've ever dreamt of enjoying a blissful break in Amboise, halfway between town and country, "Maison Blanche" will make your dream come true. In this magical setting, your hostess, whose personality is as sparkling as the best Touraine wines, offers the utmost in hospitality with a touch of humour, refinement and generosity.

Manoir de la Maison Blanche
18, rue de l'Epinetterie - 37400 Amboise
Tél. 02 47 23 16 14 ou 06 88 89 33 66
Email : annick.delecheneau@wanadoo.fr
www.lamaisonblanche-fr.com
Annick Delecheneau

1 pers. 75 € - 2 pers. 85 € - 3 pers. 100 € - p. sup. 15 €

2 chambres spacieuses (50 m²) avec entrée indép. (rez-d chaussée et étage) dans une aile d'un petit manoir c XVIIe, au milieu d'un parc classé de 3 ha. Chaque char bre : 1 lit 160, 1 lit 1 pers., douche et wc. Accueil de cav liers. (Réduction 10 % à partir de la 3e nuit). ★ Châte de Chenonceau 17 km. A proximité : parc des mini-ch teaux, aquarium de Touraine et Château d'Amboise, c Lucé. **Accès :** A10, sortie Château-Renault, puis D vers Amboise. Traverser la Loire, continuer sur la rocad à 3 km jusqu'au Parc mini-châteaux. A droite v Amboise, au stop, à gauche, puis 200 m après à gauche

Comment ne pas rêver de séjourner Amboise même, entre ville et campagne, dans calme absolu. Vous accomplirez ce rêve en allan la "Maison Blanche", et vous rencontrerez u propriétaire "pétillante" comme les bons vins Touraine, qui vous fera partager son sens inné l'accueil, avec une pointe d'humour et une tou de raffinement.

Ardenais - Cher (18)

★Cité de l'Or at Saint-Amand. Orsan Priory Gardens. Noirlac Abbey. Near Nohant (Indre). Fishing, tennis 4 km. Horse-riding 12 km. Swimming pool 15 km. Sailing 20 km.

★ **How to get there:** *D38, between Marçais and Ardenais, turn left.*

This 18th-century farmhouse is set in a grove in the heart of the countryside. The cosy bedrooms are attractively appointed and look out onto the peaceful rural landscape. Annick will be happy to share her love of nature with you and introduce you to the region's many mysteries. A well-stocked library is available for guests' use.

La Folie TH
18170 Ardenais
Tél. 02 48 96 17 59
Email : la.folie@wanadoo.fr
http://perso.wanadoo.fr/cher.berry.la.folie
Annick Jacquet

1 pers. 45/49 € - 2 pers. 47/52 € - p. sup. 13 € - repas 17 €

1chambre avec douche et wc, 1 suite/2 ch. avec bains et wc privés (83 €/4 pers.) et 1 duplex indép. : rdc petit salon, coin-cuisine, bain, wc et chambre au 1er. Ouv. toute l'année sur résa. T. d'hôtes sur réservation. Salon-salle à manger (cheminée). Salon de lecture avec documentation sur la région. Jardin. ★ St-Amand-Montrond et Bourges. Jardins du prieuré d'Orsan. Abbaye de Noirlac. Proximité de Nohant (Indre). Pêche 4 km. Equitation 12 km. Piscine 15 km. Plan d'eau et sports nautiques 20 km. **Accès :** à gauche sur la D38 entre Marçais et Ardenais.

En pleine nature, cette ancienne ferme du XVIIIe est au cœur du bocage. De jolies chambres harmonieusement décorées, au confort douillet s'ouvrent sur une campagne paisible. Annick vous fera partager ses connaissances sur la nature et vous proposera une découverte insolite de sa région. A disposition des hôtes une bibliothèque très documentée.

Azay-sur-Cher - Indre et Loire (37)

Halfway between Tours and Chenonceau Château 15 km. Montlouis vineyards 5 km. Château d'Amboise 16 km.

★ **How to get there:** *15 km east of Tours. Motorway, St-Avertin exit, then N76, 1 km past Azay on left-hand side.*

Overlooking the Cher Valley in a 17-hectare park, Château du Côteau is an elegant Napoleon III residence, where the great Frédéric Chopin was a regular visitor. The bedrooms are located in the clock house, which is separate from the château. The setting is romantic and the sitting room complete with grand piano keeps the tradition alive.

Domaine du Coteau
37270 Azay-sur-Cher
Tél. 02 47 50 47 47 - Fax 02 47 50 49 60
Email : 3g@wanadoo.fr
www.domaine-du-coteau.com
Claudie Tassi

1 pers. 77/118 € - 2 pers. 84/126 € - 3 pers. 153 € - p. sup. 28 €

5 chambres, toutes avec bains ou douches, wc privés, TV, et 1 suite avec bains, wc, TV, salon et cuisine. Ouvert toute l'année. Parc animalier, baptême de l'air (montgolfière). Piscine et jacuzzi. Poss. location d'un appartement sur place (126 €/2 pers.). Restaurants gastronomiques à 6 km. ★ A mi-chemin entre Tours et le château de Chenonceaux (15 km). Vignoble de Montlouis à 5 km. Château d'Amboise à 16 km. **Accès :** à 15 km à l'est de Tours. Autoroute sortie St-Avertin puis N 76, à 1 km après Azay sur la gauche.

Dominant la Vallée du Cher dans un parc de 17 ha, le château du Coteau est une élégante demeure Napoléon III, fréquentée jadis par Frédéric Chopin. Les chambres sont aménagées dans le pavillon de l'horloge indépendant du château. Cadre romantique et salon avec piano à queue pour perpétuer la tradition.

Azé - Loir et Cher (41)

★*Châteaux of the Loire 30 km. Loir Valley, manor houses and 11th and 12th-century churches with frescoes. Vendôme, town famous for its art and history 5 km. Golf course 20 km. Horse-riding 2 km.*

★ ***How to get there:*** *At Vendôme, head for Le Mans. Take D957 past the TGV railway line. 1.5 km on, first turning on right. Drive 2 km, second left and the farm is on the right. Michelin map 318, fold C4.*

Michel and Nadège welcome you to their organic farm in the heart of the countryside. The house has been arranged and restored in the colours of the local natural stonework and tiles, which date from the 17th century. The elegant bathrooms, and bright colours and painted furniture in the bedrooms create an inviting atmosphere with great character. Enjoy gourmet table d'hôtes meals (on reservation) made with organic farmhouse produce.

Ferme de Gorgeat TH

41100 Azé

Tél. 02 54 72 04 16 - Fax 02 54 72 04 94

Email : michel.boulai@wanadoo.fr

http://perso.wanadoo.fr/gorgeat

Michel et Nadège Boulai

1 pers. 40/45 € - 2 pers. 50 € - 3 pers. 60 € - repas 18 €

5 chambres et 1 suite, avec sanitaires privés dont 2 avec balnéo et 1 avec douche à jets. Ouv. toute l'année. Petit déj. : confitures, yaourts et pain maison, miel... T. d'hôtes sur résa. : potée aux 2 choux, canard aux pommes...Tennis, piscine chauffée, vélo, pêche, p-pong. Cour, jardin, parc 2 ha. Animaux sous réserve. ★ Châteaux de la Loire 30 km, vallée du Loir avec ses manoirs et ses églises à fresques (XIe-XIIe).Vendôme, ville d'art et d'histoire 5 km. Golf 20 km. Equitation 2 km. **Accès :** à Vendôme, prendre dir. Le Mans. Suivre la D957, passer la ligne TGV. Après 1,5 km prendre la 1re à droite, faire 2 km, et c'est la 2e à gauche et la ferme est à droite. CM318, pli C4.

En pleine campagne, Michel et Nadège vous accueillent dans leur ferme biologique en activité, aménagée et restaurée aux couleurs des pierres naturelles et tuiles de pays datant du XVIIe. Les salles de bains raffinées, les tons vifs et les meubles peints donnent aux chambres âme et chaleur. Soirée détente à la table d'hôtes gourmande (produits fermiers bio).

Ballan-Miré - Indre et Loire (37)

★*Touraine 18-hole golf course nearby.*

★ ***How to get there:*** *A10, exit 24 for Joué-les-Tours, northwest bypass (Rocade) and Villandry exit (D7). 3 kilometres along the D7, you will come to Le Grand Bouchet, on the left, on a hillside, behind a row of trees.*

Le Grand Bouchet is ideally situated away from the scenic route between Tours and Villandry, on the south bank of the Cher. Like many residences of the period, this romantic 19th-century château is enhanced by a lovely 11-hectare park. Your hosts, Monsieur and Madame Devant, have taken great care in restoring the place, with intricate decoration and handsome period furniture.

Château du Grand Bouchet

37510 Ballan -Miré

Tél./Fax 02 47 67 79 08

Email : grandbouchet@wanadoo.fr

http://perso.wanadoo.fr/grandbouchet

Bernard et Dominique Devant

1 pers. 98 € - 2 pers. 98 € - 3 pers. 123 € - p. sup. 25 €

4 chambres dont 2 suites (1er et 2e ét.), toutes avec s.d.b., wc et dressing (lits 160 ou jumeaux). 125 €/4 pers. Salon avec bibliothèque et billard réservé aux hôtes. Piscine privée. Poss. circuits vélos. (Réduct. 10 % si + de 3 nuits hors juil./août ★ Golf de Touraine (18 trous) à proximité. **Accès :** A10, sortie n°24 dir. Joué-les-Tours puis rocade vers le nord-ouest et sortie Villandry (D7). Faire 3 km sur la D7. Le grand Bouchet, à flanc de coteau sur la gauche, derrière un épais rideau d'arbres.

Idéalement situé en retrait de la route touristique reliant Tours à Villandry sur la rive sud du Cher, le Grand Bouchet est une demeure romantique du XIXe agrémentée comme nombre de demeures de cette époque par un très beau parc de 11 ha. M. et Mme Devant ont apporté un soin minutieux à la restauration avec une décoration soignée et de beaux meubles d'époque.

Ballan-Miré - Indre et Loire (37)

★Tours 12 km. Villandry 5 km. Azay-le-Rideau and Langeais 15 km.

*★ **How to get there:** Motorway, Joué-les-Tours Centre exit, then D751 for Azay and Chinon. At Ballan-Miré exit, turn right and, before level crossing, follow signs for "Ferme-Château du Vau".*

Bruno Clément, heir to this handsome 18th-century family residence, has used his youthful energy to bring to life this noble building, which looks out onto stunning scenery. The parkland and meadows, where sheep and horses graze, extend over 110 hectares. Warm, congenial hospitality.

Château du Vau TH
37510 Ballan-Miré
Tél. 02 47 67 84 04 - Fax 02 47 67 55 77
Email : chateauduvau@chez.com
www.chez.com/chateauduvau
Bruno Clément

1 pers. 98 € - 2 pers. 105/110 € - 3 pers. 127 € - repas 41 €

5 chambres avec vastes salles de bains. Petit déjeuner raffiné. Salon réservé aux hôtes. Parking, grand parc aux arbres séculaires. Produits fermiers (foie gras et canard) à la ferme du château. Accès par le parc au Golf de Touraine (18 trous). Piscine privée sur place. ★ A proximité de Tours (12 km). Villandry (5 km). Azay-le-Rideau et Langeais (15 km). **Accès :** autoroute sortie Joué-les-Tours centre puis D751 vers Azay et Chinon. A la sortie de Ballan-Miré, à droite et avant le passage à niveau, suivre signalisation Ferme château du Vau.

Héritier de cette belle demeure familiale bâtie au XVIIIe siècle, Bruno Clément a mis toute l'ardeur de sa jeunesse pour faire revivre cette noble batisse qui domine un paysage grandiose. Le parc et les prés où paissent moutons et chevaux s'étendent sur 110 ha. Un accueil sympathique et sans artifice vous sera réservé.

Beaumont-en-Véron - Indre et Loire (37)

Tours of wine cellars. Chinon 6 km. Fontevraud Abbey 3 km. Listed villages of Candes-Saint-Martin and Iontsoreau 9 km. Bourgueil Abbey and vineyards 10 km. aumur 20 km.

***How to get there:** Between D749 Chinon-Bourgueil and ienne, 1 km from Beaumont-en-Véron. From Chinon, turn t at either Château de Coulaine or the roundabout at the trance to Beaumont-en-Véron.*

hen an 18th-century barn, covered in ivy and tufa, converted into bed and breakfast accommodation, "space" and ght" spring to mind. Add a dash of decoration and guests ve an ideal place for discovering Touraine and Anjou, starting h the famous Chinon vineyards which border the residence.

Grézille
37420 Beaumont-en-Véron
Tél. 02 47 58 43 53 ou 06 80 30 61 00
Fax 02 47 58 43 63
Email : grezille.bach@wanadoo.fr
Guy-Marie et Micheline Bach

1 pers. 50 € - 2 pers. 53 €

3 chambres avec bains ou douche et wc privés. Ouvert toute l'année. Cuisine équipée et pièce de séjour réservées aux hôtes. Vélos à disposition. ★ Visite de caves. Chinon à 6 km. Abbaye de Fontevraud à 13 km. Villages classés de Candes-Saint-Martin et Montsoreau à 9 km. Vignoble et abbaye de Bourgueil à 10 km. Saumur à 20 km. **Accès :** entre la D749 Chinon-Bourgueil et la Vienne, à 1 km de Beaumont-en-Véron. De Chinon, à gauche au château de Coulaine ou au rd. point à l'entrée de Beaumont-en-Véron. Fléchage.

Quand une ancienne grange du XVIIIe siècle, habillée de lierre et de tuffeau, se transforme en chambres d'hôtes, "Espace et Lumière" deviennent, les mots clé de l'architecture. Ajoutons une touche de décoration pour offrir aux hôtes un lieu idéal pour découvrir la Touraine et l'Anjou. Le vignoble de Chinon borde la propriété.

Benais - Indre et Loire (37)

★At the gateway to Anjou and close to the north-eastern Tourangeau forests well-stocked with game.

*★ **How to get there:** A10, exit 24 "Joué-les-Tours/Chinon", and A85 to Langeais. Take N152 for Saumur and right for Benais on D35. In Benais centre, head for Les Essards (D69). La Sourderie is 2 km up on the right (woods).*

La Sourderie is an impressive 18th and 19th-century freestone Touraine longère, a haven of peace, at the gateway to Anjou. Elegance is the key to appointments and décor in each of the three bedrooms. Your host, Noëlle, extends refined hospitality to her guests, who will enjoy treating their palates to Bourgueil wines at the table d'hôtes.

La Sourderie TH
37140 Benais
Tél./Fax 02 47 97 09 17
Email : info@sourderie.com
www.sourderie.com
Noëlle Magne

1 pers. 50/68 € - 2 pers. 60/79 € - 3 pers. 105 € - p. sup. 18 € - repas 28 €

3 chambres avec salle de bains et wc privés réparties en r.d.c. et à l'étage dans un ensemble de bâtiments : 1 ch./salon (1 lit 160, 1 convertible), 1 ch. avec mezzanine (1 lit 2 pers., 1 convertible), chacune avec entrée indép., 1 ch. (1 lit 160). Table d'hôtes sur réservation. ★ Aux portes de l'Anjou et proche des forêts giboyeuses du nord-ouest tourangeau. **Accès :** A10, sortie n°24 "Joué-les-Tours/Chinon" puis A85 jusqu'à Langeais. Suivre N152 vers Saumur, puis à droite D35 jusqu'à Benais. Dans le centre, Les Essards (D69). La Sourderie est à 2 km à droite (bois).

La Sourderie, impressionnante longère tourangelle en pierre de taille (XVIIIe et XIXe), constitue un havre de paix aux portes de l'Anjou. "l'Elégance" est le maître mot pour désigner l'espace et le décor de chaque chambre tout comme l'accueil de Noëlle. La table d'hôtes vous permettra de déguster les bons vins de Bourgueil.

Berry-Bouy - Cher (18)

NOUVEAUTÉ

★Swimming pool, fishing and tennis 5 km. Hiking locally.

*★ **How to get there:** From Bourges take the D60 towards Mehun-sur-Yèvre or the N76 then D160 and D60.*

Laurence and Géraud have 5 charming rooms available: two are found in a separate wing of the property and the other three are located upstairs in the old adjoining mill. They are all comfortable and have been tastefully restored. The owners run a multi-purpose farm 6 km from Bourge and produce an excellent AOC Menetou-Salon.

l'Ermitage
18500 Berry-Bouy
Tél. 02 48 26 84 46 - Fax 02 48 26 03 28
Email : domaine-ermitage@wanadoo.fr
Laurence et Géraud de la Farge

1 pers. 45/48 € - 2 pers. 57/60 € - 3 pers. 80 €

1 chambre 3 pers., 1 chambre 4 pers. et 3 chambre 2 pers., toutes avec sanitaires privés. Petit déjeune copieux et amélioré. Salle de séjour réservée aux hôte Parc avec arbres centenaires. Restaurant 3 km. ★ Piscin pêche et tennis 5 km. Randonnées sur place. **Accès :** d Bourges prendre la D60 dir. Mehun-sur-Yèvre ou N7 puis D160 et D60.

Laurence et Géraud vous proposent 5 chambres d charme; 2 sont aménagées dans l'aile d'un demeure de caractère et 3 se situent à l'étage d'u ancien moulin attenant. Elles sont toutes conforta bles et restaurées avec goût. Les propriétaires dir gent une ferme de polyculture et d'élevage à 6 k de Bourges et produisent un excellent AO Menetou-Salon.

Bouges-le-Château - Indre (36)

Château de Bouges 3 km (replica of the Petit Trianon at Versailles). Leather and Parchment Museum at Levroux 6 km. Château de Valençay 12 km.

★ ***How to get there:*** *From Châteauroux, head for Levroux (D956). At exit, right for Bouges-le-Château and drive 6 km. Turn left for "Beaulieu". Drive through farmyard, Ste-Colombe is on the right. Michelin map 323.*

This small 15th-century château stands in a park, complete with swimming pool, in a leafy setting. The residence offers two luxurious, superbly decorated suites. Fine Louis XV and Louis XVI furniture. Other facilities include a summer kitchen in the outbuildings and a winter garden.

Petit Château de Ste-Colombe
36110 Bouges-le-Château
Tél. 02 54 35 88 33 - Fax 02 54 35 15 21
Email : saintecolombe@wanadoo.fr
Marie-Antoinette Daquembronne

1 pers. 45/80 € - 2 pers. 45/80 €

2 suites et 1 chambre 2 pers. avec téléphone (service restreint), bains et wc privés. Ouvert toute l'année. Copieux petit déjeuner : fruits frais, fromages de la ferme, viennoiseries... Sur la propriété : piscine privée, barbecue, salon de jardin et chaises longues. Restaurant à 3 km. ★ Château de Bouges à 3 km (réplique du Petit Trianon). Musée du Cuir et du Parchemin à Levroux (6 km). Château de Valençay 12 km. **Accès :** de Châteauroux, dir. Levroux (D956). A la sortie, à droite dir. Bouges-le-Château et faire 6 km, puis à gauche vers "Beaulieu". Traverser la cour de ferme, Ste-Colombe est à droite. CM323.

Dans un cadre de verdure, ce petit château du XVe siècle entouré d'un parc est agrémenté d'une piscine. 2 suites de grand confort et superbement décorées vous sont réservées. Très beau mobilier d'époque Louis XV et Louis XVI. Une cuisine d'été aménagée dans les dépendances et un jardin d'hiver sont à votre disposition.

Le Boullay-Thierry - Eure et Loir (28)

NOUVEAUTÉ

Chartres Cathedral, Dreux royal chapel, Maintenon château... Sailing 8 km. Tennis 6 km. Forest hiking, hot-air balloons...

How to get there: *Boullay-Thierry is 20km from Chartres and 15km from Dreux on the N154, exit Nogent-le-Roi then take direction Boullay-Thierry.*

Located in a charming village complete with 12th and 17th century château and church, this pretty 17th-century house is set in a walled and flowery garden that boasts delightful fruit trees. The house used to be the château's steward's residence and the bedrooms are large and comfortable. A relaxing stop in a leafy setting.

La Musardière TH
7, rue du Marchis -
28210 Le Boullay-Thierry
Tél. 02 37 38 32 72
www.france-bonjour.com/la-musardiere/
Marie-Claire Charliot-Poincelet

2 pers. 53/58 € - 3 pers. 73 € - repas 15/20 €

1 chambre et 1 suite avec sanitaires privés et TV. Ouvert toute l'année. Petit déjeuner : viennoiseries, croissant, jus d'orange, baguette campagne (tout à volonté)... Jardin. Tennis, vélos. Lac et forêt à proximité (5 mn à pied). Parking privé. Restaurants 6 km. ★ Cathédrale de Chartres, chapelle royale de Dreux, château de Maintenon... Voile 8 km. Tennis 6 km. Randonnée en forêt, mongolfière... **Accès :** Boullay-Thierry à 20 km de Chartres et 15 km de Dreux par voie express (N154), sortie Nogent-le-Roi puis prendre voie parallèle dir. Boullay-Thierry.

Jolie maison du XVIIe siècle (résidence du régisseur du château et des termes), au milieu d'un jardin clos et fleuri avec arbres fruitiers, et située dans un charmant village avec château et église des XIIe et XVIIe siècles. Les chambres spacieuses et confortables vous permettront une halte reposante en pleine verdure.

CENTRE

Bourré - Loir et Cher (41)

Manoir de la Salle
Manoir de la Salle - 41400 Bourré
Tél. 02 54 32 73 54 - Fax 02 54 32 47 09
Email : boussard.patricia@wanadoo.fr
www.manoirdelasalleduroc.monsite.wanadoo.fr
Patricia Boussard

1 pers. 60 € - 2 pers. 70/110 € - 3 pers. 113/130 € - p. sup. 23 €

3 chambres dont 1 suite (138 €/4 pers.), toutes avec téléphone et sanitaires privés (prix variable selon la chambre). Ouvert toute l'année. Parc, tennis privé. Restaurant à Pouillé 5 km. ★ Vallée du Cher : rivière, maisons troglodytes, sites archéologiques, châteaux, manoirs... Pêche et randonnées sur place. Piscine, vélos à 3 km. Equitation à 5 km. **Accès :** sur la D116 (route touristique) à 3 km de Montrichard. Autoroute A10, sortie Blois. CM318, pli E7.

Manoir du XIIIe siècle dominant la vallée du Cher. Atmosphère chaleureuse. Les chambres sont fleuries avec poutres apparentes et cheminée. Les petits déjeuners sont servis près d'un feu de bois. Grand parc à l'anglaise avec arbres centenaires et roseraie.

★Cher Valley: river, troglodyte dwellings, archaeological sites, châteaux and manor houses. Fishing and hiking on site. Swimming pool, bikes 3 km. Horse-riding 5 km.

*★ **How to get there:** On D116 (scenic route) 3 km from Montrichard. A10 motorway, Blois exit. Michelin map 318, fold E7.*

This 13th-century manor house overlooks the Cher Valley. The atmosphere is warm, and the flower-filled bedrooms boast fireplaces and visible beams. Breakfast is served by the log fire. Large landscaped park with centuries-old trees. Rose garden.

Braye-sur-Maulne - Indre et Loire (37)

La Bergerie TH
37330 Braye-sur-Maulne
Tél./Fax 02 47 24 90 88
Email : clairedefond@gmx.net
http://people.freenet.de/bergerie/
Joël et Colette Defond

2 pers. 75 € - p. sup. 20 € - repas 30 €

3 chambres dont 1 suite (salon-chambre 2 pers.) avec a conditionné, bains et wc privés. Table d'hôtes sur réserva tion. Sur la propriété, belle salle de réception (120 conv ves) et 3 gîtes ruraux. Parc de 60 ha. avec pièces d'ea dont l'une de 7 ha. Orangerie, jardin d'hiver. ★ Châte du Lude (12 km), Langeais (20 km). Golf 18 trous d Sept Tours à 8 km. **Accès :** A10 sortie Château-Rena puis D31. A Château-Renault, D766 dir. Angers Château-la-Vallière. A Château-la-Vallière, D959 vers Lude. Ne pas suivre Braye/Maulne. Propriété à 2,5 km gauche.

Dans un écrin de verdure où les arbres séculai se mirent dans une vaste pièce d'eau, la Berger belle demeure romantique de 1850, superbeme fleurie, est aussi un paradis pour les biches et c vreuils. Colette et Joël, anciens horticulteurs, restauré cette propriété afin de faire partager toute simplicité, leur sens de l'accueil.

★Château du Lude (12 km), Langeais (20 km). Sept Tours 18-hole golf course (8 km).

*★ **How to get there:** A10, Château-Renault exit and D31. At Château-Renault, D766 for Angers and Château-la-Vallière. At Château-la-Vallière, D959 for Le Lude. Ignore signs for Braye/Maulne. The estate is 2.5 km up, on left.*

Set in a bosky bower where centuries-old trees are reflected in a vast ornamental lake, La Bergerie will capture your imagination. Built in 1850, this romantic residence in a superb floral setting is also a haven for deer. Former horticulturists Colette and Joël have restored this fine property to offer guests a warm, friendly welcome.

Brinay - Cher (18)

Château de Brinay
18120 Brinay
Tél./Fax 02 48 51 38 31
Email : jacstephbeaudoin@aol.com
www.chateaudebrinay.fr.st
Jacques et Stéphanie Beaudoin

2 pers. 60/70 € - p. sup. 18 €

★Listed 12th-century frescoes, Silk Museum, china-making centre at Mehun-sur-Yèvre. Tennis locally. Lake, fishing 1 km. Swimming pool 5 km. Horse-riding, golf 10 km.

*★ **How to get there:** The château is in the village on D27, on the right heading for De Vierzon.*

Stéphanie and Jacques have arranged two attractive upstairs bedrooms, one with period furniture, the other with modern appointments, at their 19th-century château, set in a wine-growing village famous for its church's Romanesque frescoes. Friendly atmosphere in a haven of peace and tranquillity. Pleasant 1.5-hectare park for romantic walks.

1 chambre avec douche et wc privés et 1 suite dans la tour composée de 2 chambres, bureau, bain et wc privés. Ouvert toute l'année. Copieux petit déjeuner. Possibilité baby-sitting. Parc de 1,5 ha. Piscine privée (8,5 x 4,5 m). Restaurants à 5 km. Chèques vacances acceptés. ★ Fresques classées du XIIe, musée du Fil de Soie, pôle de la porcelaine à Mehun-sur-Yèvre. Tennis sur place. Plan d'eau, pêche 1 km. Piscine 5 km. Equitation, golf 10 km. **Accès :** le château est situé dans le bourg sur la D27 à droite en dir. De Vierzon.

A l'étage de leur château du XIXe siècle, situé dans un village viticole célèbre pour les fresques romanes de son église, Stéphanie et Jacques ont aménagé 2 jolies chambres, l'une meublée d'époque, l'autre au décor moderne. Vous trouverez en ces lieux calme et repos dans une ambiance chaleureuse. Agréable parc de 1,5 ha pour des balades romantiques.

Brinon-sur-Sauldre - Cher (18)

NOUVEAUTÉ

Château des Bouffards TH
18410 Brinon-sur-Sauldre
Tél. 02 48 58 59 88 ou 06 07 21 36 64
Fax 02 48 58 32 11
http://perso.wanadoo.fr/bouffards/
Catherine Fortin de Guillebon

1 pers. 95 € - 2 pers. 95 € - 3 pers. 115 € - repas 20 €

Near Lamotte-Beuvron. Horse-riding 7 km. Canoeing 25 km. Golf 20 km. Tennis 10 km. Hiking locally.

*★ **How to get there:** Approximately 2 hours from Paris on the A10 motorway. 1 hour and 15 minutes from Blois. Four and a half hours from Lyon (via Clermond-Ferrand).*

In a stunning 19th-century hunting lodge, there are four spacious and comfortable bedrooms available that have been decorated in keeping with the property's setting. Each of the rooms has a lovely bathroom and a view over the grounds. A relaxing stay here is guaranteed: pool table, mountain biking, swimming pool, barbecue as well as secondhand markets, daytime hunting and fishing, Sancerrois, Loire châteaux.

3 chambres et 1 suite avec sanitaires privés. Ouv. toute l'année. Petit déjeuner copieux et amélioré. Table d'hôtes : cuisine familiale. Salle de billard, cheminées. Parc de 2,5 ha.VTT, jeux de plein air. Piscine chauffée avec bains adultes et enfants. Restaurants 10 km. ★ Proche de Lamotte-Beuvron. Equitation 7 km. Canoë 25 km. Golf 20 km. Tennis 10 km. Randonnées sur place. **Accès :** environ 2 heures de Paris par l'autoroute A10. 1h15 de Blois. 4h30 de Lyon (via Clermond-Ferrand).

Dans un beau relais de chasse du XIXe siècle, 4 chambres spacieuses et confortables, entièrement rénovées tout en respectant le cadre, disposent chacune d'une salle de bains raffinée avec vue sur le parc. Détente assurée : billard, VTT, piscine, barbecue, et aussi chemin des brocantes, chasse et pèche à la journée, Sancerrois, Châteaux de la Loire.

Cellettes - Loir et Cher (41)

★Sologne region, châteaux, museums, cycling. Chaumont Garden Festival, Game Fair at Chambord. Golf course 5 km. Tennis court 3 km. Horse-riding 6 km. Canoeing, sailing 9 km. Swimming pool 10 km.

*★ **How to get there:** 9 km south of Blois, head for Vierzon on D765. At "Clénord", past the bridge, head for Cellettes (D77). Turn right 500 m on. Michelin map 318, fold F6.*

Guests have the run of the place at La Locature de Clénord. This charming, small Sologne house nestles in a bosky bower on the edge of Blois Forest, at the gateway to Sologne. A pleasant, relaxing spot for a weekend break or a holiday.

La Locature de Clénord
24, rue des Sables - Clénord - 41120 Cellettes
Tél. 02 54 70 37 23 ou 06 65 03 02 75
Fax 02 54 70 37 17
www.locature-clenord.com
Françoise Lenoir

1 pers. 95 € - 2 pers. 100 € - 3 pers. 110 € - p. sup. 10 €

R.d.c. : 1 chambre avec salon, dressing et sanitaires privés. A l'étage : mezzanine. Ouvert toute l'année. Petit déjeuner : confitures maison, jus de fruits, viennoiseries, gateaux maison, céréales, yaourts, fruits... Cour, jardin. Vélos. Restaurants à Cour-Cheverny, Cellettes, Blois, Candé... ★ Région de Sologne, châteaux, musées, randonnées à vélo. Festival des Jardins de Chaumont, Game Fair à Chambord. Golf 5 km. Tennis 3 km. Equitation 6 km. Canoë, voile 9 km. Piscine 10 km. **Accès :** à 9 km au sud de Blois, dir. Vierzon par la D765. Au lieu-dit "Clénord", après le pont, prendre dir. Cellettes (D77), à droite sur 500 m. CM318, pli F6.

Bien plus qu'une chambre, une maison rien que pour vous ! Situé à l'orée de la forêt de Blois, aux portes de la Sologne, cette charmante petite maison de style solognot, nichée dans un écrin de verdure vous sera entièrement réservée. Ambiance agréable et reposante pour un week-end ou un séjour.

Cerdon - Loiret (45)

★Châteaux of the Loire: Sully, Gien, etc. Sully Music Festival, Hunting and Earthenware Museum at Gien. Briare Canal Bridge. Golf course 15 km. Horse-riding 10 km. Water sports 5 km.

*★ **How to get there:** In Cerdon, head for Clemont. Past the level crossing, turn right. Turn left approximately 1.1 km on.*

Discover the joyous tranquillity of family homes at Les Vieux Guays. Wake up to views of the forest in one of three elegant, modern and extremely comfortable bedrooms. The residence is a delightful excuse for exploring The Sologne, visiting the châteaux of the Loire, going fishing or hiking.

Les Vieux Guays
45620 Cerdon
Tél./Fax 02 38 36 03 76 ou 06 80 16 53 76
Email : alydrine@aol.com
Alvaro Martinez

1 pers. 60 € - 2 pers. 75 €

3 chambres avec sanitaires privés et accès privé. Pet déjeuner : jus de fruits, confitures maison, viennoiserie cake maison, céréales... TV, vidéothèque, cheminée, diffé rents jeux de société, cartes, bibliothèque. Piscine. Tenni Etang, pêche, randonnée. Parc de 100 ha. Restaurants moins de 15 km. ★ Châteaux de la Loire (Sully, Gien... festival de musique de Sully, musée de la chasse et faïe cerie à Gien, le pont canal de Briare. Golf 15 kr Equitation 10 km. Sports nautiques 5 km. **Accès :** da Cerdon, prendre dir. Clemont. Après le passage à nivea tourner à droite et faire 1,1 km environ et enfin tourr à gauche.

A 160 km de Paris, venez découvrir le bonhe tranquille des maisons de famille. Réveillez vo face à la forêt dans l'une de nos 3 chamb confortables, élégantes et modernes. "Les Vie Guays", un joli pretexte pour découvrir Sologne : châteaux de la Loire, pêche, randonné

CENTRE

Chambray-lès-Tours - Indre et Loire (37)

In the heart of the Chambray countryside, bordering Esvres-sur-Indre.

★ ***How to get there:*** *A10, exit 23 for "Chambray-les-Tours" and head for Loches/Châteauroux on N134. After 5th traffic lights, turn right onto C7 for Veigné. Cross railway bridge, 2nd right and 1st left (Chemin de Tue-Loup).*

From the outside, "Louveterie" gives away no clues to the treasures that await you inside. Madame Dufour's tasteful and skillful decoration will come as no surprise when you realise that she used to run an interior decoration shop in the old part of Tours before becoming an antique dealer. You will enjoy scrumptious breakfasts, the art of which is another of your hostess's many talents.

La Louveterie TH
8 chemin de Tue-Loup -
37170 Chambray-lès-Tours
Tél. 02 47 28 67 32 ou 06 62 22 67 32
Email : cath_dufour@hotmail.com
Catherine Dufour

1 pers. 63 € - 2 pers. 72 € - 3 pers. 92 € - p. sup. 10 € - repas 25 €

1 suite de 2 chambres (4 pers.) au r.d.c. d'une maison tourangelle avec entrée indép., petite terrasse privative, 2 salles d'eau privées, 1 wc séparé. 102 €/4 pers. Table d'hôtes sur rés. Salon avec TV et bibliothèque à disposition. Grand jardin ombragé et fleuri de 3000 m². Très beau gîte pour 2 à 5 pers. sur place. ★ En pleine campagne de Chambray, à la limite d'Esvres-sur-Indre. **Accès :** A10 sortie 23 "Chambray-les-Tours" puis dir. Loches/Châteauroux N143. Après le 5e feu, prendre le C7 à droite vers Veigné. Traverser le pont TGV puis 2e à droite et 1re à gauche (chemin de Tue-Loup).

De modeste apparence à l'extérieur, la "Louveterie" est un trésor caché intérieurement. On comprend facilement la dextérité et le bon goût de Mme Dufour lorsqu'on apprend qu'elle a eu un magasin de déco dans le vieux Tours suivi d'une courte période comme antiquaire. Ajoutons à votre hôtesse, un véritable talent pour la confection du petit déjeuner.

Charenton-Laugère - Cher (18)

NOUVEAUTÉ

Swimming pool 15 km. Tennis 3 km. Horse-riding 4 km. Hiking locally.

★ ***How to get there:*** *From Charenton-Laugère take the D953 direction Dun/Auron.*

This early 20th-century house boasts a fantastic combination of art-deco and contemporary decoration. You can learn about the original features of the property from the owners, especially M. Moreau, a painter and antiques expert who would also be happy to share with you his passions for topiary and French garden design.

La Serre
route de Dun - 18210 Charenton-Laugère
Tél. 02 48 60 75 82 ou 06 14 90 23 56
Claude et Claude Moreau

1 pers. 60 € - 2 pers. 75/90 €

3 chambres 2 pers. avec sanitaires privés. Ouvert du 1.04 au 30.09. Petit déjeuner copieux et amélioré. 2 salons et salle à manger à la disposition des hôtes.Jardin, salon de jardin, parc. Restaurant 3 km. **Accès :** à Charenton-Laugère prendre la D953 dir. Dun/Auron.

Maison du début du siècle où vous trouverez un ensemble homogène de l'époque art-déco et contemporain. Vous pourrez découvrir cette décoration originale en compagnie des propriétaires et plus particulièrement de M. Moreau, peintre et antiquaire, qui vous fera également partager sa passion de l'art topiaire et la création de jardin à la française.

CENTRE

Châtillon-sur-Indre - Indre (36)

NOUVEAUTÉ

Château de Loches, Valençay and automobile museum, 300 de Beauval (30 km), Domaine de la Haute Touche (deer) 15 km. Swimming pool 4 km. Golf courses 15 and 25 km.

★ ***How to get there:*** *From Châteauroux head towards Tours-Châtillon (N143). From Chatillon head to Blois (D975). Exit Châtillon and take direction Le Tranger (D28 on the right). Take the second left after 3km. Michelin map 323.*

This stunning, early 20th-century family mansion house stands in magnificent wooded grounds that boast many different types of centuries-old trees. The bedrooms, all upstairs, have fantastic views of the grounds and the swimming pool that is complete with summer kitchen and shower. All in all, a terrific place to stay.

La Poignardière TH
36700 Châtillon-sur-Indre
Tél. 02 54 38 78 14 ou 06 11 97 37 21
Fax 02 54 38 95 34
http://lapoignardiere.fr.st
Maryse Lheureux

1 pers. 75 € - 2 pers. 80 € - repas 25 €

5 chambres avec sanitaires privés (3 avec TV). Ouv. d'avril à fin octobre. Petit déjeuner : viennoiseries, fruits de saison, yaourts, confitures maison... T. d'hôtes : fromage chaud de chèvre sur lit de salade... Salon. Parc 12 ha clos. Piscine (en saison). Tennis, vélos, étang, pêche, promenade en barque. ★ Château de Loches, Valençay et musée automobile 300 de Beauval (30 km), Domaine de la Haute Touche (cervidés) 15 km. Piscine 4 km. Golfs 15 et 25 km. **Accès :** de Châteauroux prendre dir. Tours-Châtillon (N143). A Châtillon, prendre dir. Blois (D975). Sortie Châtillon et dir. Le Tranger (D28 à droite). Faire 3 km et 2e à gauche. CM323.

Belle maison de maître du début du siècle avec un magnifique parc arboré d'arbres centenaires et bénéficiant de diverses essences. Les chambres, toutes situées à l'étage, proposent une vue sereine sur le parc et la piscine dotée d'une cuisine d'été et d'une douche. Le tout est réuni pour vous faire passer un excellent séjour.

Chaveignes - Indre et Loire (37)

Richelieu 4 km. Chinon 24 km. Azay-le-Rideau 29 km. Futuroscope 40 km. Tennis 2 km. Horse-riding 3 km. 3 golf courses within a 40-km radius. Loire-Anjou-Touraine Nature Park.

★ ***How to get there:*** *Between Tours and Poitiers (55 km). A10 exit Ste-Maure-de-Touraine. D760, Noyant exit. D58 for Richelieu, and D20 at roundabout for Braslou. Map on request. GPS co-ordinates: LAT 470039N, LONG 0002148E.*

In the heart of the countryside, just 4 km from the town of Richelieu, a model of 17th-century planning, you will find La Varenne. This noble residence is surrounded by vast storehouses at the centre of a honey and wine-producing estate. The quiet, spacious bedrooms, lounge with piano and fireplace, mirrored swimming pool and gourmet lunches exude the farniente life.

La Varenne
37120 Chaveignes
Tél. 02 47 58 26 31 - Fax 02 47 58 27 47
Email : dru-sauer@la-varenne.com
www.la-varenne.com
Gérard et Joëlle Dru-Sauer

1 pers. 78/98 € - 2 pers. 85/105 € - p. sup. 26 €

3 chambres avec bains et wc privés, dont 1 de plain-pie donnant sur le jardin. Ouvert toute l'année. Piscir chauffée en saison, sur place. Vélos ou solex à dispositio Ping-pong. Restaurants à 4 km. GPS : Lat 470039N Long 000 2148E. ★ Richelieu 4 km. Chinon 24 kı Azay-le-Rideau 29 km. Futuroscope 40 km. Tennis 2 kı Equitation 15 km. 3 golfs dans un rayon de 40 km. Pa Naturel Loire-Anjou-Touraine. **Accès :** entre Tours Poitiers (55 km). A10 sortie Ste-Maure-de-Tourair D760 jusqu'à la sortie de Noyant. D58 vers Richelieu au rond point D20 vers Braslou. Plan sur demande.

En pleine campagne, à 4 km de Richelieu (mod d'urbanisme au XVIIe), La Varenne est u demeure de charme encadrée par de vastes cha au cœur d'un domaine consacré à la production noix et miel. Les chambres spacieuses et calmes salon avec son piano et sa cheminée, la pisci miroir et les petits déjeuners gourmands, vous in teront à la paresse.

Cherisy - Eure et Loir (28)

★Eure Valley, near Dreux 2 km (Royal Chapel). Anet Château and Forest 15 km. Chartres and cathedral 30 km. Maintenon 20 km.

★ ***How to get there:*** *RN12, 2 km from Dreux.*

This delightful residence stands on a three-hectare property by a lake. The guest bedroom is enchanting. In fine weather, take a stroll in the grounds or a boat trip on the lake (fishing allowed). A haven of peace and greenery with undeniable charm for a relaxing break.

6, route de Paris - 28500 Cherisy
Tél. 02 37 43 81 67 ou 06 08 34 44 20
Fax 02 37 62 03 03
Email : jacques.sarrut@voila.fr
Jacques Sarrut

1 pers. 85 € - 2 pers. 90 €

1 chambre avec sanitaires privés. Ouvert toute l'année. Copieux petit déjeuner. TV, téléphone, billard à la disposition des hôtes. Parc de 3 ha avec étang, barque et pêche. Restaurants à 300 m. ★ Vallée de l'Eure à proximité de Dreux, 2 km (Chapelle Royale). Anet (château et forêt) 15 km. Chartres (cathédrale) 30 km. Maintenon 20 km. **Accès :** RN12, à 2 km de Dreux.

Ravissante demeure située au bord d'un étang sur une propriété de 3 ha. Une chambre décorée avec infiniment de charme vous est réservée. A la belle saison, vous pourrez profiter de l'étang, flaner ou faire des promenades en barque (possibilité de pêche). Vous ferez dans ce havre de paix et de verdure une étape pleine de charme.

Cherisy - Eure et Loir (28)

NOUVEAUTÉ

★Dreux: Royal Chapel and museum. Chartres Cathedral. Anet Château. Horse-riding 1 km. Tennis 500 m. Golf 10 km.

★ ***How to get there:*** *From Paris take the N12, direction Dreux and exit at Raville. Chartres 30 km.*

Set in a rural village between Dreux, Chartres, Anet and Maintenon, this beautiful farmhouse dates back to the 19th century. With a magnificent lake (sailing, boats) just 3km away and optional horse rides through the Dreux forest for the guests, this is a superb place to get back to nature and relax.

La Bouquinière TH

3, rue des Graviers - Raville - 28500 Cherisy
Tél. 02 37 43 81 60 ou 06 09 12 19 66
Email : nichleir@aol.com
Nicole Chleir

1 pers. 50 € - 2 pers. 60/75 € - repas 25 €

1 suite familiale : 2 chambres avec sanitaires privés et téléphone. Ouv. du 1/04 au 30/10. Petit déjeuner : croissants, pain brioché, jus de fruits frais, céréales... T. d'hôtes : tagines, terrine foie de volaille, poulet à la crème... Salon, biblio., TV. Jardin. Parking. Vélos. Restaurants à 1 km. ★ Dreux : Chapelle Royale et musée. Cathédrale de Chartres. Château d'Anet. Equitation 1 km. Tennis 500 m. Golf 10 km. **Accès :** de Paris prendre la N12 dir. Dreux et sortir à Raville. Chartres 30 km.

Très belle longère du XIXe siècle située dans un charmant village rural, entre Dreux - Chartres - Anet - Maintenon. Vous pourrez profiter pleinement du cadre environnant; magnifique lac à 3 km (voile, bateau). Pour les hôtes qui le souhaitent, il est possible de faire une promenade à cheval en forêt de Dreux.

Chitenay - Loir et Cher (41)

Le Clos Bigot
41120 Chitenay
Tél. 02 54 44 21 28 - Fax 02 54 44 38 65
Email : clos.bigot@wanadoo.fr
www.chez.com/closbigot
Roland et Colette Bravo-Meret

1 pers. 44/88 € - 2 pers. 44/88 € - 3 pers. 66/110 € - p. sup. 22 €

3 chambres et 1 suite, chacune avec sanitaires privés. (1 appart. dans le pigeonnier). Ouvert toute l'année, l'hiver sur réservation. Petit déjeuner : yaourts, confitures et gateaux maison, jus de fruits, brioches... Piano à queue, musique classique. Cour, jardin, parc de 1 ha. Parking. Restaurants entre 1,5 et 5 km. ★ Cheverny, golf 6 km. Chambord 18 km. Blois, piscine, sports nautiques 15 km. Chaumont-sur-Loire 17 km. Amboise 25 km. Chenonceau 35 km. Tennis 2 km. Equitation 1 km. Randonnée sur place. **Accès :** de Blois, prendre direction Châteauroux. A Cellettes, prendre direction Chitenay. A Chitenay, suivre les panneaux. CM318, pli F7.

Au cœur des châteaux de la Loire, dans une propriété de caractère du XVIIe siècle, entourée par 200 ha de verdure, vous serez accueillis dans 3 jolies chambres et 1 suite. Un appartement a été installé dans le pigeonnier du XVIe siècle. M. Bravo, passionné d'architecture, vous conseillera sur les visites des châteaux de la Loire.

★Cheverny, golf 6 km. Chambord 18 km. Blois, swimming pool and water sports 15 km. Chaumont-sur-Loire 17 km. Amboise 25 km. Chenonceau 35 km. Tennis 2 km. Horse-riding 1 km. Hiking locally.

*★ **How to get there:** From Blois, head for Châteauroux. At Cellettes, head for Chitenay. In Chitenay, follow signs. Michelin map 318, fold F7.*

Le Clos Bigot is a 17th-century property with great character, set in 200 hectares of leafy grounds, in châteaux of the Loire country. There are three attractive bedrooms and a suite in the main house, and an apartment has been arranged in the 16th-century pigeon tower. Your host, Monsieur Bravo is an architecture enthusiast, and will be happy to advise you on visiting the local châteaux.

Cinq-Mars-la-Pile - Indre et Loire (37)

CENTRE

Moulin de Racault
41 chemin de Racault -
37130 Cinq-Mars-la-Pile
Tél./Fax 02 47 96 52 94
Email : moulinderacault@aol.com
Rosaline Le Cardinal

1 pers. 47/49 € - 2 pers. 54/58 € - p. sup. 14 €

2 chambres 2 pers. (lit 2 pers.) à l'étage d'un moulin du XVIIIe, avec belle et originale s.d.b. privée avec wc. Séjour à dispo. (cheminée, meubles anciens). Petits déjeuners variés et gourmands. Piscine à débordement chauffée avec spa. Parc 7 ha. bordant la rivière (petits animaux) Gîte haut de gamme sur place. ★ Petite rivière "Le Breuil" sur place, affluent de la Loire distante de 3 km. **Accès :** A10 sortie Ste-Radegonde puis traverser Tours sur la N152 dir. Saumur. A la sortie de Cinq-Mars-la-Pile prendre la D34 vers Château-la-Vallière et tourner à droite en suivant la flèche "Chambres d'Hôtes".

Difficile de ne pas deviner les origines bretonnes de Rosaline qui vous fera aimer la mer autant que la rivière. Hôtes discrets, Rosaline et son époux ont fait entreprendre une sévère restauration à ce moulin (taille de pierres, décoration...) et pour finir la piscine à débordement pour les familles accompagnées d'enfants, toujours bienvenues !

★Le Breuil, a small local river and a tributary of the Loire 3 km away.,

*★ **How to get there:** A10, Sainte-Radegonde exit for N152. Drive through Tours for Saumur. As you leave Cinq-Mars-la-Pile, take D34 for Château-la-Vallière. Turn right and follow "Chambres d'Hôtes" signs.*

Rosaline's love of the sea cannot but betray her Breton origins. You could not wish for more discreet hosts than Rosaline and her husband, who have painstakingly renovated this time-honoured mill, with restored stonework and intricate décor. The overflow pool is ideal for families with children, who are always welcome here.

Ciron - Indre (36)

**La Brenne Regional Nature Park (Land of a Thousand Lakes): hiking (posted trails).*

★ ***How to get there:*** *A20, exit 15 and N151 for Poitiers. 28 km on, entrance to Ciron village and take first road on the left. Michelin map 323.*

In the heart of the Brenne stands this early-19th-century château in 11 hectares of wooded parkland with private tennis court. The stylish interior decoration features period furniture, an antique Italianate bed and old paintings. Delight in the joys of château life.

Château de l'Epine
7, chemin de l'Epine - 36300 Ciron
Tél. 02 54 28 75 29 ou 06 86 42 90 80
Email : christine.vallin@caramail.com
Maurice et Christine Vallin

1 pers. 70 € - 2 pers. 80 €

1 chambre avec bains et wc privés et 1 suite (4 pers. 140 €) avec coin-salon et sanitaires privés. Ouvert toute l'année. Salon avec cheminée et jardin d'hiver réservés aux hôtes. Tennis privé, VTT, pêche. Parc de 11 ha. Restaurants à proximité. ★ Parc naturel régional de la Brenne (Pays des Mille Etangs) : randonnées (sentiers balisés). **Accès :** A20 sortie n°15 puis N151 direction Poitiers sur 28 km. A l'entrée du village de Ciron, prendre la 1re à gauche. CM323.

Au cœur de la Brenne, ce château du début du XIXe siècle est entouré d'un parc boisé de 11 ha avec tennis privé. Décoration de style avec mobilier d'époque, lit napolitain, tableaux anciens... Pour découvrir le temps d'une étape "la vie de château"...

Civray - Cher (18)

**Bourges and "Nuits Lumières" illuminations show. Swimming, tennis and canoeing 7 km. Horse-riding 10 km. Hiking locally. Golf 20 km.*

★ ***How to get there:*** *On N151. Turn left in the hamlet coming from Bourges-St-Florent on the way to Charost-Issoudun.*

A warm welcome awaits you at La Maison de Philomène, a real farm between Bourges and Issoudun. The residence offers inviting bedrooms decorated with an individual touch, friendly hospitality and copious breakfasts. Enjoy the peaceful garden, which is graced by a centuries-old oak tree and a private swimming pool. Your hosts will be happy to show you around and tell you all about the crops grown on the premises.

La Maison de Philomène
Le Grand Entrevins - 18290 Civray
Tél. 02 48 26 25 63 ou 06 64 71 89 41
Fax 02 48 26 25 31
http://monsite.wanadoo.fr/maisondephilomene
Martine et Jacques Blin

1 pers. 42 € - 2 pers. 50 € - 3 pers. 70 €

3 chambres doubles et 1 chambre triple avec sanitaires privés (dont 1 accessible aux pers. handicapées). Ouvert toute l'année. Petit déjeuner : pâtisseries maison, fruits frais, yaourts... Grande pièce à vivre. Cour, terrain. Piscine. 10 % de réduction à partir de 3 nuits. Restaurants à 3 et 7 km. ★ Visite de Bourges, ville des Nuits Lumières. Tennis et canoë à 7 km. Equitation à 10 km. Randonnées sur place. Golf à 20 km. **Accès :** sur la N151, à gauche dans le hameau en venant de Bourges-St Florent et en allant sur Charost-Issoudun. .

Entre Bourges et Issoudun, vous êtes accueillis sur une exploitation céréalière. "La Maison de Philomène" vous propose des chambres personnalisées et chaleureuses, un accueil convivial et de copieux petits déjeuners. Vous pourrez goûter à l'univers paisible du jardin avec son chêne centenaire et sa piscine.

Civray-de-Touraine - Indre et Loire (37)

*Chenonceau Château 4 km. Amboise Château 15 km.

★ ***How to get there:*** *A10, exit 18 Château-Renault, and D31 for Amboise and Bléré. Turn off D31 for La Croix-en-Touraine. In the centre, turn left at lights onto D40 for Chenonceau. 2 km on, turn left for Vallée de Mesvres.*

Your hostess Marie's talent for highly original and tasteful decoration has been put to good use in converting the outbuildings of this attractive property into a charming residence for guests. Both she and her husband will introduce you to the art of living in Touraine, through exceptional breakfasts and table d'hôtes meals with a natural touch, made with organic produce from the garden.

La Marmittière TH

22 Vallée de Mesvres -
37150 Civray-de-Touraine
Tél. 02 47 23 51 04 ou 06 88 83 82 48
http://perso.libertysurf.fr/marmittiere/
Yves et Marie Boblet

1 pers. 50 € - 2 pers. 56 € - 3 pers. 80 € - p. sup. 16 € - repas 22 €

2 chambres et 1 suite 4 pers. dans une dépendance (début XXᵉ). S.d.b. ou s. d'eau et wc privés dans chaque chambre avec lit 160. La suite a en plus 2 lits 1 pers., kitchenette. Table d'hôtes sur rés. Parc 3 ha. en partie boisé et clos avec animaux (ânes/volailles). Gîte rural sur place. ★ Château de Chenonceau 4 km. Château d'Amboise 15 km. **Accès :** A10 sortie n°18 Château-Renault, puis D31 vers Amboise puis Bléré. Quitter la D31 vers La Croix-en-Touraine. Dans le centre, au feu à gauche, D40 vers Chenonceau. 2 km après, à gauche, Vallée de Mesvres.

Grâce à ses talents pour une décoration originale de très bon goût, Marie, qui ne vous laissera pas indifférent, a transformé les dépendances de cette jolie propriété en une maison d'hôtes de charme. Elle vous fera découvrir avec son époux "l'Art de vivre en Touraine", à travers de copieux petits déjeuners et une table d'hôtes "nature" (produits bio.).

Clémont - Cher (18)

*Sologne du Cher (on the Loir-et-Cher and Loiret borders). Aubigny-sur-Nère, city of the Stuarts 14 km. Horse-riding 5 km. Bathing and windsurfing 10 km. Golf 24 km.

★ ***How to get there:*** *At Clémont, take D79 for Ste-Montaine. After approximately 4 km, turn into narrow road on left. Michelin map 238, fold 18.*

In the heart of a forest nestles a time-honoured Sologne farmhouse on a vast estate with ponds, a river and a competition fly-fishing circuit (black bass, trout and carp). An ideal spot for anglers and nature lovers.

Domaine des Givrys TH

18410 Clémont
Tél./Fax 02 48 58 80 74
Email : givrys@wanadoo.fr
www.domainedesgivrys.com
Roland et Marie-José Daudé

1 pers. 52 € - 2 pers. 60 € - p. sup. 26 € - repas 25 €

5 chambres avec sanitaires privés. Ouvert toute l'année Table d'hôtes : terrines de gibier, croustade solognote cake de chèvre, délice au chocolat, tarte tatin... Propriét de plusieurs ha. avec étangs, rivière et parcours de pêch sportive à la mouche. Sorties brame du cerf en saison (Animaux admis au chenil). ★ En Sologne du Cher (e limite du Loir-et-Cher et du Loiret). Aubigny-sur-Nère cité des Stuart 14 km. Equitation, ball-trap, aéroclub Aubigny. Baignade et planche à voile 10 km. Golf 24 km **Accès :** à Clémont, prendre la D79 direction Ste Montaine, puis faire environ 4 km et prendre le chemin gauche.

Au cœur d'une forêt, ancienne ferme solognot située sur une vaste propriété avec étangs, rivière parcours de pêche sportive à la mouche (blac bass, truites et carpes). Une étape idéale pour l amateurs de pêche et pour découvrir une natu préservée.

Contres - Loir et Cher (41)

*Châteaux of the Loire. Walks and golf course.

★ **How to get there:** *19 km south of Blois on D765, then at Cheverny, head for Contres on D102. Drive 6 km and follow "Chambres d'Hôtes" signs. Michelin map 318, fold F7.*

In the heart of the Châteaux of the Loire country, 6 km from Cheverny, this attractive Sologne residence combines half-timbering and old tiling in a pretty setting, brimming with flowers. Quiet surroundings and comfortable rooms.

La Rabouillère
chemin de Marcon - 41700 Contres
Tél. 02 54 79 05 14 - Fax 02 54 79 59 39
Email : rabouillere@wanadoo.fr
http://larabouillere.com
Martine et Jean-Marie Thimonnier

1 pers. 47 € - 2 pers. 60/90 € - 3 pers. 106/135 €

4 chambres doubles, 1 suite 2/3 pers. et dans une petite maison annexe, 1 suite de 2 ch. avec salon, cheminée et cuisine équipée, toutes avec salle de bains et wc. Ouvert toute l'année. Copieux petit déjeuner. Parc de 7 ha. Loc. vélos sur place. Restaurants à 3 et 6 km. ★ Châteaux de la Loire, promenades pédestres, golf. **Accès :** à 19 km au sud de Blois par la D 765, puis à Cheverny, prendre la D 102 dir. Contres, faire 6 km et suivre le fléchage "Chambres d'hôtes". CM318, pli F7.

Au cœur des Châteaux de la Loire, à 6 km de Cheverny, vous serez accueillis dans une jolie demeure solognote où s'allient colombages et vieilles tuiles, dans un cadre particulièrement bien fleuri. Le site est calme et les chambres confortables.

Cour-Cheverny - Loir et Cher (41)

ologne and lakes. Chambord National Park. Châteaux of Loire Valley: Cheverny, Beauregard, Blois, Chaumont-sur-ire. Seasonal theatre, music and cultural events. Balloon trips n the garden in clement weather.

How to get there: *15 km from Blois on D765. Michelin 318, fold F6.*

is handsome residence with character, close to Château de everny, is set in an extensive landscape garden, by a river ere fishing is permitted. Six comfortable bedrooms await your val. An ideal staging post for getting to know Sologne and abundant lakes, and visiting the magnificent Loire Valley.

Le Béguinage
41700 Cour-Cheverny
Tél. 02 54 79 29 92 - Fax 02 54 79 94 59
Email : Le.Beguinage@wanadoo.fr
www.multimania.com/Beguinage/
Brice et Patricia Deloison

1 pers. 45/60 € - 2 pers. 50/75 € - 3 pers. 69/80 € - p. sup. 16 €

6 chambres avec sanitaires privés dont 1 avec cheminée (4 pers. 85/100 €). Ouvert toute l'année. Grand jardin paysager et parking privé. Rivière en limite du jardin avec possibilité de pêche. ★ La Sologne et ses étangs. Parc National de Chambord. Châteaux du Val de Loire : Cheverny, Beauregard, Blois, Chaumont-sur-Loire. Spectacles culturels et musicaux en saison. Vols en montgolfière du jardin selon météo. **Accès :** à 15 km de Blois, par la D765. CM318, pli F6.

A proximité du château de Cheverny, belle demeure de caractère entourée d'un grand jardin paysager et bordée par une rivière avec possibilité de pêche. 6 chambres chaleureuses vous sont réservées. Etape idéale pour découvrir la Sologne et ses étangs et visiter cette magnifique région du Val de Loire.

CENTRE

Cour-sur-Loire - Loir et Cher (41)

★Loire châteaux, cultural events during the summer months. Loire Lake. Posted trails locally. Fishing 600 m. Tennis 500 m. Horse-riding 3 km. Water sports 5 km. Golf course 15 km.

★ ***How to get there:*** *A10 motorway, Mer exit, and head for Blois. Take N152 and drive through Suèvres. As you leave Fleury, turn left into "La Rue". Michelin map 318, fold F6.*

This magnificent, fully restored 18th-century family mansion is just 10 minutes from Chambord and Blois in the heart of Loire châteaux country. Discreet hospitality in this opulent residence lying in a 4-hectare park complete with swimming pool and listed orchard. Your hostess invites you to enjoy a relaxing break and to discover the art of living in this magnificent region steeped in history. Not to be missed.

Château de la Rue
Fleury - 41500 Cour-sur-Loire
Tél. 02 54 46 82 47 ou 06 03 23 44 09
Fax 02 54 46 88 17
www.chateaudelarue.fr.fm
Véronique de Caix de Rembures

1 pers. 80/112 € - 2 pers. 92/158 € - 3 pers. 130/168 € - p. sup. 30 €

4 chambres dont 1 suite, bains et wc privés. Ouvert toute l'année (l'hiver sur rés.). Petit déjeuner : viennoiseries, confitures maison, jus d'orange, œufs coque... Cour, jardin et parc 5 ha avec verger classé (750 arbres fruitiers), orangerie, et piscine. Vélos, badminton, ping-pong. Restaurant à proximité. ★ Châteaux de la Loire, spectacles culturels durant la période estivale. Lac de Loire. Sentiers balisés sur place. Pêche 0,6 km. Tennis 500 m. Equitation 3 km. Sports nautiques 5 km. Golf 15 km. **Accès :** autoroute A10 sortie Mer, direction Blois. Prendre la N152 et traverser Suèvres. A la sortie de Fleury "La Rue". Tourner à gauche. CM318, pli F6.

Au cœur des châteaux de la Loire, à 10 mn de Chambord et de Blois, magnifique demeure XVIIIe entièrement restaurée. Opulence et discrétion dans cette demeure de maître entourée d'un parc arboré de 5 ha avec piscine et verger classé. La maîtresse des lieux vous invite à vous y reposer et à découvrir l'art de vivre de cette belle région chargée d'histoire.

Couziers - Indre et Loire (37)

★Between Chinon and Saumur. 18-hole golf course at Roiffé 4 km. Fontevraud Abbey nearby.

★ ***How to get there:*** *A10, exit 24, then A85 and D751 for Chinon. As you enter Chinon, head for Saumur. Cross the Vienne and head for Saumur. Turn left for Couziers 3 km past Thizay.*

This remarkable, handsome set of 19th-century freestone buildings is located in the smallest village in Touraine, on the Anjou and Poitou borders. The two bedrooms in this haven of peace and quiet are elegantly and subtly appointed, the result of painstaking restoration work, so as to offer guests the finest hospitality and accommodation available.

Le Closet des Moustiers
37500 Couziers
Tél. 02 47 95 95 09
Tél. SR 02 47 27 56 10
http://perso.wanadoo.fr/leclosetdesmoustiers
Marie-Jeanne Rimonteil

1 pers. 54 € - 2 pers. 59 € - p. sup. 15 €

2 chambres avec salle de bains et wc privés au 1er étag avec entrée indép. (1 lit 160 ou 1 lit 160 et 1 lit 8(Grand salon avec cheminée et salon de billard américa réservés aux hôtes. Petit déjeuner extrêmement raffir Grand jardin clos paysager. Piscine privée sécurisée. G de charme (6 pers.) sur place. ★ Entre Chinon et Saum Golf 18 trous de Roiffé à 4 km. Abbaye de Fontevrau proximité. **Accès :** A10; sortie n°24 puis A85 et D7 vers Chinon. A l'entrée de Chinon, contournement v Saumur, franchissement de la Vienne puis Saum Prendre à gauche 3 km après Thizay vers Couziers.

Aux confins de l'Anjou et du Poitou, ce ensemble de bâtiments du XIXe siècle en pierres taille est des plus remarquables dans ce qui est, fait, le plus petit village de Touraine. Véritable ha de quiétude, les chambres au décor frais et raffi sont le résultat d'une restauration entreprise ju pour le plaisir d'accueillir.

CENTRE

Crouy-sur-Cosson - Loir et Cher (41)

★Chambord Château and golf course 10 km. Cheverny 25 km. Blois, old town, château and Magic Museum. Posted hiking trails. Horse-riding 4 km. Canoeing 15 km. Situated along Chambord cycle trail (bikes for hire).

*★ **How to get there:** A10, exit 16 for Mer and head for Chambord. Drive through Muides-sur-Loire. In Crouy-sur-Cosson, turn right at the church and left at the campsite. Michelin map 318, fold G6.*

This 18th-century mill stands at the gateway to Chambord, in a peaceful, wooded 14-hectare park, with the Cosson, a river teeming with fish, running through it. The owner has given each of the attractive, upstairs bedrooms an individual touch and a name to match the décor (Milady, Pastourelle, etc). The park features a tennis court and swimming pool for your enjoyment.

Le Moulin de Crouy TH
3, route de la Cordellerie -
41220 Crouy-sur-Cosson
Tél. 02 54 87 56 19 - Fax 02 54 87 51 61
www.lemoulindecrouy.com
Nathalie Harrault

1 pers. 60 € - 2 pers. 65 € - p. sup. 15 € - repas 24 €

4 chambres et 2 suites avec sanitaires privés (110/120 € 4 pers.). Ouv. toute l'année. Petit déjeuner : confitures et pâtisseries maison, salade de fruits frais... T. d'hôtes : gibier en saison, tarte Tatin, crème brûlée... Salon, séjour avec cheminée. Parc 14 ha. Piscine, tennis. Auberge à Muides-sur-Loire. ★ Château de Chambord et golf 10 km. Cheverny 25 km. Blois (château, musée de la Magie, vieille ville). Sent. balisés sur pl. Equitation 4 km. Canoë 15 km. Sur itinéraire cyclable de Chambord (loc. vélos). **Accès :** A10, sortie n°16 à Mer puis dir. Chambord. Traverser Muides-sur-Loire. A Crouy-sur-Cosson, tourner à droite à l'église puis à gauche au camping. CM318, pli G6.

Aux portes de Chambord, cet ancien moulin du XVIIIe, vous offre un cadre privilégié et calme, dans un parc boisé de 14 ha traversé par le Cosson, rivière poissonneuse. A l'étage, les jolies chambres personnalisées par le propriétaire (tapissier-décorateur) portent chacune un nom selon leur décor (Milady, Pastourelle...). Court de tennis et piscine dans le parc.

Danzé - Loir et Cher (41)

★Town of Vendôme (art and history). Loir Valley: Romanesque frescoes, troglodyte dwellings. The past of Ronsard, Balzac and Rochambeau. Tennis, horse-riding, microlite flying, swimming pools and golf course.

*★ **How to get there:** 15 km north of Vendôme on D36 to Danzé, then D24 for Ville-aux-Clercs. Michelin map 318, fold D4.*

La Borde is a pretty manor house, rebuilt during the 19th century and set in the heart of 10 hectares of parkland. The bedrooms are all decorated and furnished in a different style. Guests have the use of a large lounge with fireplace and TV.

La Borde
41160 Danzé
Tél. 02 54 80 68 42 - Fax 02 54 80 63 68
Email : michelkamette@minitel.net
www.la-borde.com
Michel Kamette

1 pers. 33/50 € - 2 pers. 45/60 € - 3 pers. 80 €

3 chambres et 2 suites, toutes avec sanitaires privés (90 € pour 4 pers.). Ouvert toute l'année. Petit déjeuner avec pains variés, brioche, céréales... Pêche, ping-pong, piscine couverte. Tarif dégressif à partir de la 2e nuit. ★ Vendôme, ville d'art et d'histoire. Vallée du Loir : fresques romanes, troglodytes, souvenirs de Ronsard, Balzac, Rochambeau... Tennis, équitation, ULM, piscines, golf. **Accès :** à 15 km au nord de Vendôme par D36 jusqu'à Danzé puis D24 vers la Ville-aux-Clercs. CM318, pli D4.

Le joli manoir de la Borde, rebâti au XIXe siècle est au milieu d'un parc de 10 ha. Toutes les chambres ont une décoration et un mobilier différents. Un grand salon avec cheminée et TV est réservé aux hôtes.

Dolus-le-Sec - Indre et Loire (37)

★Loches 10 km. Chenonceaux 25 km.

*★ **How to get there:** A10, exit 23 for "Chambray-les-Tours", and N143 for Loches and Chateauroux. 7 km past Cormery, turn right by Lheureux Drainage. Tressort is 2 km past Batilly.*

Annie and Louis were so enchanted by Tressort and its great diversity and treasures, from the time that it was home to one of Touraine's first prestigious gîtes, that they decided to convert the place into bed and breakfast accommodation. Annie took care of the fine furniture to create the perfect interior, while Louis gave the garden a new lease of life. The swimming pool adds a relaxing holiday touch to the place.

La Cerisaie
Tressort - 37310 Dolus-le-Sec
Tél. 02 47 59 33 08 - Tél. SR 02 47 27 56 10
Email : annielephuez@wanadoo.fr
www.lacerisaietouraine.com
Louis et Annie Le Phuez

1 pers. 58 € - 2 pers. 63 € - 3 pers. 80 € - p. sup. 15 €

2 suites (dont 1 avec 1 convertible) à l'étage : 1 lit 2 pers. + 1 lit 1 pers., salle d'eau et wc privés séparés chacune. (95 €/4 pers.). Salon réservé aux hôtes et coin-cuisine.. Propriété de 3800 m² avec piscine (accès protégé), salon de jardin, p-pong, barbecue. - 10 % dès 3e nuit hors vacances scolaires. ★ Loches 10 km. Chenonceaux 25 km. **Accès :** A10, sortie n°23 "Chambray-les-Tours", puis N143 vers Loches et Chateauroux. A 7 km après Cormery, tourner à droite à la hauteur de la sté de drainage Lheureux. Tressort est à 2 km après Batilly.

Séduits par la diversité et la richesse de l'époque où Tressort constituait l'un des 1ers gîtes d'exception en Touraine, Annie et Louis ont reconverti le lieu en chambres d'hôtes de charme. Tandis qu'Annie s'efforçait de réunir de beaux meubles pour parfaire l'intérieur, Louis a redonné un second souffle au jardin. La piscine donne au lieu un air de vacances !

Dolus-le-Sec - Indre et Loire (37)

★Close to the medieval city of Loches.

*★ **How to get there:** A10, Tours-Sud/Chambray exit and N143 for Loches and Châteauroux. At Reignac-Manthelan crossroads, D58 for Manthelan, then 1 km on left onto D95 for Dolus. In Dolus, D94 for Manthelan.*

This handsome building, tucked away in a remote corner of Touraine, is the ideal spot for early-architecture lovers. You will be pampered by your hostess, who also offers table d'hôtes meals by the fire (tall, handsome fireplaces in every room). Excellent value for money and generous hospitality from your hostess, Marie-Thérèse Bruneau.

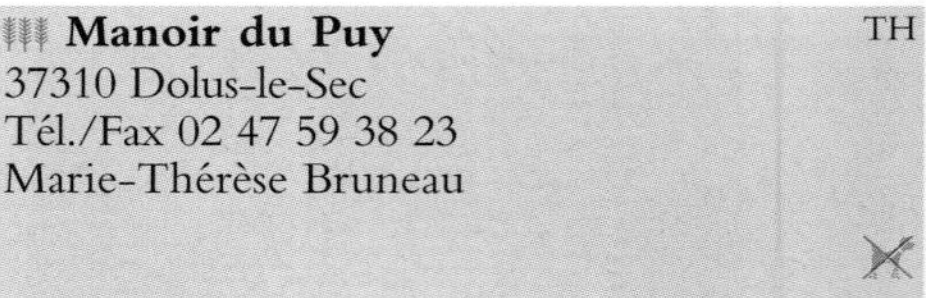

Manoir du Puy TH
37310 Dolus-le-Sec
Tél./Fax 02 47 59 38 23
Marie-Thérèse Bruneau

2 pers. 67/73 € - 3 pers. 85/90 € - p. sup. 15 € - repas 22 €

2 chambres occupent la totalité du 1er étage de ce petit manoir des XVe et XVIIe siècles (ISMH) : 1 ch. 3 pers., avec s. d'eau et wc non communiquants - 1 ch. 4 pers., avec bain, douche et wc. Ouvert d'avril à octobre. T. d'hôtes sur réservation. Un gîte rural de caractère dans les dépendances. ★ A proximité de la cité médiévale de Loches. **Accès :** A10 sortie Tours-sud/Chambray puis N143 vers Loches et Châteauroux. Au carrefour Reignac-Manthelan, D58 vers Manthelan, puis à 1 km à gauche D95 dir. Dolus. A Dolus, D94 vers Manthelan.

Comme perdu au milieu des champs, ce bel édifice est l'endroit rêvé des amateurs de vieilles pierres. Vous y serez dorlotés par la propriétaire qui propose également une table d'hôtes au coin du feu (très hautes et belles cheminées dans chaque pièce). L'excellent rapport qualité-prix de cette adresse est renforcé par le charmant accueil de Marie-Thérèse.

Donnery - Loiret (45)

Châteauneuf-sur-Loire. Chamerolles and Sully-sur-Loire Châteaux. Germigny-les-Prés Oratory. St-Benoît Basilica. Regional museums. Golf, fishing in the canal, Orléans Forest, hunting, banks of the Loire.

★ ***How to get there:*** *To the right of the town hall (Mairie), Rue Adrienne Bolland. 1 km on, turn right into Rue de Vennecy, and left 200 m on for Cornella.*

Just one hour from Paris, between Orléans Forest, the Loire and rambling countryside, this restored old farmhouse is set in a handsome flower garden. The extremely inviting backdrop with rustic décor exudes peace and quiet and is ideal for exploring the architectural wonders of a region steeped in history.

Cornella
27, rue de Vennecy - 45450 Donnery
Tél. 02 38 59 26 74 - Fax 02 38 59 29 69
Marie-Pierre Avril

1 pers. 46 € - 2 pers. 50 € - p. sup. 16 €

1 chambre au r.d.c. (1 lit 2 pers.), salle d'eau et wc. 1 chambre à l'étage (2 lits 1 pers., 1 lit bébé), salle de bains, wc. 1 chambre dans une annexe (1 lit 2 pers.), salle de bains, wc. Ouvert toute l'année. Petit déjeuner : jus de fruits, confitures et pâtisseries maison... Cour, jardin. Vélos à disposition. ★ Châteauneuf-sur-Loire. Châteaux de Chamerolles, Sully-sur-Loire. Oratoire de Germigny-les-Prés. Basilique de St.Benoit. Musées régionaux. Golf, pêche sur le canal, forêt d'Orléans, chasse, bords de Loire. **Accès :** à droite de la mairie, rue Adrienne Bolland. A 1 km, rue de Vennecy à droite puis 200 m à gauche, Cornella.

A 1h de Paris, entre forêt d'Orléans, la Loire, et les grands espaces, cette ancienne ferme restaurée est entourée d'un beau jardin fleuri. Dans ce cadre très chaleureux au décor rustique, vous ferez une étape au calme qui vous permettra de découvrir les merveilles architecturales d'une région chargée d'Histoire.

Dun-le-Poëlier - Indre (36)

NOUVEAUTÉ

Valençay Château, DARC International Dance Festival, riety of events, shows and exhibitions. Fishing 10 min.

How to get there: *A71, Romorantin-Villefranche-sur-Cher it, and head for Graçay. 10 km past the Dun-le-Poëlier sign, ning on right-hand side. Michelin map 323.*

is vast property, in a tranquil countryside setting of woods, es and paths, is just two hours from Paris. When it comes rest and relaxation, you will be spoilt for choice, with amenities t include a swimming pool, tennis court, mountain bikes a home cinema system. The suite with terrace, family suite delightful bedroom await your arrival. Peace and quiet at , in an inviting spot.

Le Gué Rabot TH
36210 Dun-le-Poëlier
Tél. 02 54 40 68 26
Email : michel.desgrolard@wanadoo.fr
Michel Desgrolard

1 pers. 80 € - 2 pers. 80 € - repas 20 €

1 chambre et 2 suites, avec sanitaires privés (suite 130 €). Ouv. toute l'année. Petit déj. : œufs, jambon, confitures, céréales, jus de fruits... T. d'hôtes campagnarde. : gibier, volaille...Baby-foot, DVD, écran cinéma. Piscine intérieure chauffée. Cour, jardin, parc 100 ha. Tennis. Poss. VTT. Restaurants 10 km. ★ Château de Valençay, festivals, nombreuses manifestations, spectacles et expositions. Pêche 10 km. **Accès :** A71, sortie Romorantin-Villefranche-sur-Cher, puis direction Graçay. A 10 km après indication de Dun-le-Poëlier, chemin à droite. CM323.

A 2 heures de Paris, une vaste propriété dans une nature calme (bois, étangs et sentiers) vous attend. Pour votre détente, de nombreuses possibilités : piscine, tennis, VTT et DVD cinéma. 1 suite avec terrasse ou 1 familiale et 1 coquette chambre... Le repos enfin ! Rêve ou réalité ?, venez ici et soyez les bienvenus !

Ennordres - Cher (18)

★*Aubigny-sur-Nère 8 km: city of the Stuarts, Château de la Verrerie, Witchcraft Museum. Tennis 6 km. Hiking locally. Horse-riding 15 km. Sailing 20 km. Golf course 25 km.*

★ ***How to get there:*** *On D955 for Aubigny. At "La Surprise", turn right for D171 and straight ahead until you reach the estate with the white enclosure.*

Les Châtelains is situated on a typical 17th and 19th-century Berri country estate, with pyramid-shaped barn, along the Jacques Cœur pilgrimage route. You will be won over by this tasteful, appealing spot, which exudes the charms of Brittany and the Mediterranean, and savour the themed cuisine.

Les Châtelains TH

18380 Ennordres

Tél./Fax 02 48 58 40 37 ou 06 07 29 67 98

Email : contact@leschatelains.com

www.leschatelains.com

Marylène et Daniel Geneviève

2 pers. 68 € - 3 pers. 88 € - p. sup. 20 € - repas 28 €

5 chambres (1 triple, 2 doubles, 2 suites/2 ch.), toutes avec douche et/ou bain/wc et coin-salon privés. Ouv. toute l'année. Petit déjeuner copieux : pâtisseries maison. T. d'hôtes : cuisine haut de gamme (foie gras, noix St-Jacques, gibier...). Cour, parc. Piscine chauffée, sauna, étang. Animaux admis sous conditions. ★ Aubigny-sur-Nère (8 km) : cité des Stuarts, château de la Verrerie, musée de la sorcellerie. Tennis 6 km. Randonnée sur place. Equitation 15 km. Voile 20 km. Golf 25 km. **Accès :** sur la D955 dir. Aubigny. Au lieu-dit "La Surprise", prendre à droite la D171 et tout droit jusqu'au domaine clôturé de barrières blanches.

Sur le circuit de la route Jacques Cœur, dans un domaine typiquement berrichon (avec grange pyramidale) des XVIIe et XIXe siècles. Méditerranée ou Brittany, tout est pensé avec goût et séduction jusque dans la cuisine à thème.

Esvres-sur-Indre - Indre et Loire (37)

★*Tours centre 15 min.*

★ ***How to get there:*** *A10, exit 24 for Joué-les-Tours/Chinon and bypass for Montbazon and N10. As you enter Montbazon, left onto D17. Drive through Esvres and right for St-Branchs. Cross the Indre and left before level-crossing.*

The magic of La Guillotière begins with the long driveway leading to a pretty façade that is reflected in the swimming pool. Ann, your Irish-born hostess, offers a delightfully unassuming welcome, seconded by Bailey, her faithful and friendly labrador.

Domaine de la Guillotière

37320 Esvres-sur-Indre

Tél./Fax 02 47 34 80 53

Email : dignam@wanadoo.fr

www.frenchguesthouse.com

Anne et Sean Dignam

1 pers. 80 € - 2 pers. 90 € - 3 pers. 120 € - p. sup. 15 €

4 chambres dont 1 suite 3 pers. à l'étage d'un château romantique du XVIIIe remanié au XIXe, s. d'eau ou s. de bains et wc privés, certaines ch. avec "queen size" (lits 160 x 200). Salon (bibliothèque). Jardin à l'Anglaise autour de la piscine. Parc boisé 6 ha clos surplombant le val de l'Indre. Animaux sous réserve. ★ Centre de Tours 15 mn. **Accès :** A10 sortie 24 (Joue-les-Tours/Chinon) puis rocade vers Montbazon et N10. A l'entrée de Montbazon, à gauche (D17). Traverser Esvres, à droite vers St-Branchs, traverser l'Indre, à gauche avant passage à niveau.

Dès l'arrivée à la Guillotière la longue allée crée l'enchantement, vite confirmé par la découverte d'une jolie façade qui se reflète dans la piscine. Il convient d'ajouter l'accueil discret d'Anne, la maîtresse de maison, originaire d'Irlande (un charmant accent le confirme) sans oublier Bailley, sympathique labrador.

CENTRE

Esvres-sur-Indre - Indre et Loire (37)

Swimming pool, tennis court 2.5 km. Horse-riding 5 km. Canoeing 7 km. Sailing 15 km. Golf 20 km.

★ ***How to get there:*** *A10, Tours-Sud/Chambray-les-Tours exit 23, and N143 for Loches. After Chambray, turn off N143 past "Champgault" and head for Esvres (D17). Vontes is on the left approximately 1 km on.*

In a bosky bower, late-18th-century Moulins de Vontes stands in a magical setting of a meander of the Indre River and the Green Valley. Quiet prevails here and the only sound you will hear is the gentle flow of water wending its way down the river. Odile Degail's guest rooms recreate the spirit of the "great adventurers" and afford splendid views of the valley. A delightful, refined spot in the heart of Touraine and its many châteaux.

Les Moulins de Vontes TH

37320 Esvres-sur-Indre
Tél. 02 47 26 45 72 - Fax 02 47 26 45 35
Email : odile.degail@worldonline.fr
www.moulinsdevontes.com
Odile Degail

1 pers. 90/100 € - 2 pers. 120 € - p. sup. 23 - repas 35 €

3 chambres avec salle d'eau et wc privés. Table d'hôtes sur réservation. Dans le moulin principal, les hôtes trouveront à leur disposition un salon. Pêche, canotage, randonnée. Réduction de 10 % à partir de 3 nuits et plus. ★ Piscine, tennis 2,5 km. Equitation 5 km. Canoë 7 km. Voile 15 km. Golf 20 km. **Accès :** A10 sortie 23 Tours-sud/Chambray-les-Tours, puis N143 vers Loches. Après Chambray, quitter la N143 après "Champgault" et suivre Esvres (D17). Vontes est à gauche à environ 1 km.

Dans un écrin de verdure, les Moulins de Vontes qui datent de la fin du XVIIIe sont situés dans le cadre magique d'un méandre de l'Indre et de sa Vallée Verte. Au grand calme, si ce n'est le doux bruit de l'eau, les chambres d'hôtes d'Odile Degail qui ont été pensées comme l'imagineraient de "grands voyageurs", bénéficient de vues superbes sur la vallée.

Faverolles-sur-Cher - Loir et Cher (41)

NOUVEAUTÉ

...hâteaux: Amboise, Blois, Chambord, Chaumont, ...enonceau, Cheverny, Loches, Motpoupon... Montrichard ...dieval festivals (14/7 to 15/8). Fishing 2 km. Golf 20 km. ...imming pool 18 km. Forest 3 km. Horse-riding 10 km.

How to get there: *From Montrichard head towards Loches. ...er the Champion shopping centre, take direction St-Julien-Chedon (D17). The house is 500m on, on the right. ...helin map 318, fold E8.*

...r to La Vallée des Rois, Sologne and the Cher banks this ...ty wine-growing farm fates back to the end of the 19th ...ury. One bedroom and one suite have been restored and ...ished in a yesteryear style by the owners who eagerly await ... arrival. Michèle will warmly welcome you and serve the ...kfasts either in front of the fire or in the lovely garden.

La Ferme de la Bretesche

50, route de St-Aignan -
41400 Faverolles-sur-Cher
Tél. 02 54 32 02 77 ou 06 80 71 89 83
www.ch-dhotes-fermedelabretesche.com
Michèle Destouches

1 pers. 54/72 € - 2 pers. 60/80 € - 3 pers. 75/95 €

1 chambre et 1 suite avec sanitaires privés et TV, aménagées en rez-de-jardin. Ouv. de Pâques au 31 octobre. Petit déjeuner : laitage, viennoiseries, gâteaux et confitures maison, fruits frais... Salon d'été, jeux de société. Baby-foot. Salon de jardin, transats. Parc de 1 ha. Parking privé sous préau. ★ Châteaux : Amboise, Blois, Chambord, Chaumont, Chenonceau, Cheverny, Loches, Montpoupon... Fêtes médiévales de Montrichard (14/7 au 15/8). Pêche 2 km. Golf 20 km. Piscine 18 km. Forêt 3 km. Equitation 10 km. **Accès :** de Montrichard prendre dir. Loches. Après le centre commercial Champion, prendre dir. St-Julien-de-Chedon (D17), puis à 500 m à droite. CM318, pli E8.

Près de la Vallée des Rois, de la Sologne et des rives du Cher, jolie ferme viticole de la fin du XIXe. 1 chambre et 1 suite restaurées et meublées à l'ancienne par les propriétaires n'attendent que votre venue. Un accueil chaleureux vous sera réservé par Michèle qui vous servira, devant un bon feu de cheminée ou au jardin, de délicieux petits déjeuners.

Feings - Loir et Cher (41)

Tennis 3 km. Swimming pool, golf course 7 km. Bathing 5 km. Horse-riding, sailing, canoeing 15 km. Loire Valley: châteaux, abbeys, museums. Arts events in the summer months (including concerts).

★ ***How to get there:*** *At Blois, head for Châteauroux. Drive through Cormeray village. Turn right for Fougères-sur-Bièvre. Michelin map 318, fold F7.*

Denise and Régis extend a warm welcome at their handsome 18th-century residence, set in grounds with century-old trees. Lake with fishing nearby. You will enjoy the copious breakfasts with homemade jams. A quiet, restful stay is guaranteed.

Le Petit Bois Martin
Favras - 41120 Feings
Tél. 02 54 20 27 31 - Fax 02 54 33 20 98
http://lepetitbois-martin.accueil-france.com
Régis et Denise Papineau

1 pers. 40 € - 2 pers. 48/55 € - 3 pers. 67 € - p. sup. 12 €

2 suites 4 pers. et 1 chambre 2 pers. avec TV et sanitaires privés (4 pers. 75 €). Ouvert du 1er mars au 15 novembre. Copieux petits déjeuners (confitures maison...). Salle de jeux et coin-cuisine à disposition. Parc, étang et pêche sur place. Restaurants à 5 km. ★ Blois 10 km. Val de Loire : châteaux, abbayes, musées. Animations culturelles en été (concerts...). Tennis 3 km. Baignade 5 km. Piscine, golf 7 km. Equitation, voile, canoë 15 km. **Accès :** à Blois, prendre dir. Châteauroux. Traverser le village de Cormeray. Prendre à droite dir. Fougères-sur-Bièvre. CM318, pli F7.

Denise et Régis vous accueillent chaleureusement dans leur belle demeure du XVIIIe entourée d'un parc aux arbres séculaires. Etang avec pêche à proximité. Vous apprécierez les copieux petits déjeuners avec confitures maison. Calme et repos assurés.

La Ferté-Vidame - Eure et Loir (28)

Historic city of La Ferté-Vidame. Conservation area: forests and lakes. Horse-riding. Fishing and hunting. Tennis. 2 golf courses 10 km. Water sports centre. Hiking. Peaceful paths of Le Perche Nature Park. Chartres 40 min. Versailles 1 hr.

★ ***How to get there:*** *From Chartres, head for Senonches, then for La Ferté-Vidame. La Motte Manor is 1.5 km on, heading for Verneuil-sur-Avre.*

Nineteenth-century La Motte Manor is set in three hectares of parkland dotted with centuries-old trees, on the Normandy and Le Perche borders. Your hosts Anne and Jean-Pierre extend a warm welcome at their elegant residence. You will succumb to the charm of a bygone age in the bedrooms, with canopied beds, period furniture and finely embroidered linen. Enjoy the scrumptious breakfasts.

Manoir de la Motte
28340 La Ferté-Vidame
Tél. 02 37 37 51 69 ou 06 22 15 00 70
Fax 02 37 37 51 56
www.lemanoirdelamotte.com
Jean-Pierre et Anne Jallot

2 pers. 85/95 €

1 ch. 2 pers. + 1 ch. d'enfant et 1 suite avec bains et w privés privés. Ouv. toute l'année. Petits déjeuners gou mands : produits du terroir. Jardin d'hiver. Golf : 3 tro d'entrainement, parcours jogging et loc. vélos s demande. Tarif séjour dès la 2e nuit. Restaurants 1 k Dîners privés sur résa. ★ Cité historique de la Fe Vidame. Environnement protégé : forêts et étan Equitation. Pêche et chasse. Tennis. 2 golfs à 10 k Randonnées. Routes du Perche (Parc Naturel). Chart 40 mn. Versailles 1 h. **Accès :** de Chartres prendre d Senonches, puis dir. La Ferté Vidame. Le manoir de Motte est à 1,5 km en dir. de Verneuil-sur-Avre.

Entouré d'un parc de 3 ha. orné d'arbres cen naires, aux confins de la Normandie et du Perc le manoir de la Motte est une belle demeure XIXe siècle où les propriétaires vous réservent accueil chaleureux. Vous apprécierez le char suranné des chambres avec ciel de lit et mobil d'époque, la beauté du linge brodé et les pe déjeuners gourmands.

Foecy - Cher (18)

★Forests, lakes, river, canal. Tennis 200 m. Porcelain museum and restaurant 1 km. Horse-riding, swimming pool, canoeing, kayaking and golf course 10 km.

★ ***How to get there:*** *From Bourges, N76 to Mehun/Yèvre, then D60 to Foecy or N76 for Vierzon. At Vignoux/Barangeon, D30 to Foecy.*

At the heart of Berry, this residence, a former walled and small priory, belongs to a musician. Music training with a master (piano, violin, flute) and watercolour classes. The garden and the ambience will take your breath away.

Au Petit Prieuré TH
7, rue de l'Eglise - 18500 Foecy
Tél. 02 48 51 01 76
Email : info@philosophes.com
www.philosophes.com
Pierre Dalton

1 pers. 57/66 € - 2 pers. 59/68 € - p. sup. 16/21 € - repas 25/35 €

2 chambres avec bains et wc privés et 1 suite (chambre et salon) avec terrasse, bains et wc privés. Ouvert du 15.02 au 22.12 ou sur réservation. Table d'hôtes sur réservation. Salon et coin-cuisine sur demande. Parking clos. ★ Forêts, étangs, rivière, canal à proximité. Tennis à 200 m. Musée vivant de la porcelaine et restaurant à 1 km. Equitation, piscine, canoë-kayak et golf 10 km. **Accès :** de Bourges, N76 jusqu'à Mehun/Yèvre puis D60 jusqu'à Foecy ou N76 dir. Vierzon puis à Vignoux/Barangeon D30 jusqu'à Foecy.

Au cœur du Berry, la demeure, un ancien petit prieuré clos de murs, est devenu aujourd'hui la maison d'un musicien. Stage de musique avec un maître (piano, violon, flûte traversière) et cours d'aquarelles. Le jardin et l'ambiance vous séduiront.

Fondettes - Indre et Loire (37)

At the gateway to Tours, along the northern bank of the Loire.

★ ***How to get there:*** *A10, exit 21 "Tours-Ste-Radegonde". Drive past Tours (N152) for St-Cyr-sur-Loire. In the centre of Fondettes, turn right at the church and right again 10 minutes on. Le Grenadier is on the left.*

This magnificent Touraine residence, a haven of peace and greenery just 15 minutes from the centre of Tours, overlooks Fondettes village. The outstanding setting is ideal for visiting the region's châteaux. Your hostess, Martine, has decorated the place with exquisite taste, creating a subtle blend of British, Parisian and Tourangeau influences.

Le Grenadier
5, rue des Patys - 37230 Fondettes
Tél. 02 47 42 08 32 ou 06 82 66 51 46
Email : martine@legrenadier.net
www.legrenadier.net
Martine Butterworth

1 pers. 58 € - 2 pers. 68 € - 3 pers. 83 € - p. sup. 15 €

2 chambres (2 lits 160, 1 lit 1 pers.) et 1 suite (1 lit 160, 2 lits 1 pers.), chacune avec salle d'eau ou de bains et wc privés. Un vaste préau constitue un lieu de détente original ouvert sur le jardin (beau mobilier et sol remarquable). Réduction 10 % dès 3 nuits (hors juillet et août). ★ Aux portes de Tours, sur la rive nord de la Loire. **Accès :** A10, sortie n°21 "Tours Ste Radegonde" puis effleurer Tours (N152) vers St-Cyr-sur-Loire. Dans Fondettes centre, tourner à droite à l'église puis 10 m après encore à droite. Le Grenadier est sur la gauche.

Véritable îlot de verdure et de calme à 15 mn du centre de Tours, cette magnifique demeure tourangelle surplombe le village de Fondettes, jouissant ainsi d'une situation exceptionnelle pour visiter les châteaux de Touraine. Martine a su créer une décoration exquise, subtile mélange d'influences britanniques, parisiennes et tourangelles.

Francueil - Indre et Loire (37)

★*Close to the châteaux of the Loire: Chenonceau 3 km, Amboise 15 km, Tours 30 km, Cheverny 40 km, Chambord 50 km. In the heart of the Touraine vineyards. Hiking, horse-riding, sailing and tennis nearby.*

★ ***How to get there:*** *A10 motorway, turn off for Amboise (exit 18). At Amboise, take D31 for Bléré. Past Bléré, head for Montrichard on N76 and turn off at Francueil.*

Nineteenth-century Le Moulin mill welcomes you for a restful stay in a setting full of charm. Enjoy the peace and quiet of the park. The table d'hôtes meals are a chance to savour authentic French cuisine enhanced by Touraine wines.

Le Moulin TH
28, rue du Moulin Neuf - 37150 Francueil
Tél. 02 47 23 93 44 - Fax 02 47 23 94 67
Email : moulinfrancueil@aol.com
www.moulinfrancueil.com
Jean-Claude Joyez

1 pers. 102/122 € - 2 pers. 110/130 € - 3 pers. 136/150 € - repas 25 €

6 chambres, toutes avec bains ou douche et wc privés : ch. de 2 à 4 pers. avec lits 160, 180 ou lits jumeaux 1 pers. Jardin d'hiver et grand salon avec piano. Beau parc paysager avec cours d'eau. Piscine privée, jeux d'enfants. Parking clos. Table d'hôtes sur résa. Poss. de petites réceptions familiales. ★ Proche des châteaux de la Loire : Chenonceaux 3 km, Amboise 15 km, Tours 30 km, Cheverny 40 km, Chambord 50 km. Au cœur du vignoble de Touraine. Rand., équitation, voile et tennis à proximité. **Accès :** autoroute A10, sortir en direction d'Amboise (sortie 18), à Amboise prendre la D31 en dir. de Bléré, après Bléré continuer vers Montrichard sur la N76 et sortir à Francueil.

Le Moulin Neuf (ancien moulin du XIXe siècle) vous accueille au calme pour un séjour plein de charme. Loin du bruit, vous y goûterez la quiétude de son parc. La table d'hôtes vous permettra d'apprécier une cuisine française authentique accompagnée de vins de Touraine.

Gien - Loiret (45)

★*Hunting Château-Museum, Gien earthenware, Bussière Château, Briare Canal bridge, etc. Fishing, hiking, swimming, miniature golf 5 km. 27-hole golf course 25 km. Horse-riding 15 km.*

★ ***How to get there:*** *Take diversion north of Gien, Bussière exit, and D622 for 3 km. Turn left for Chétif Puits.*

This handsome 19th-century residence offers two bedrooms and a suite, which open onto a three-hectare park with two-hundred-year-old trees. The spacious accommodation is elegantly appointed and each has its own theme: the Napoleon III suite, and the Belle Epoque and Romantique rooms. A timeless spot for complete peace and quiet.

Domaine les Grands Chênes
Le Chétif Puits - 45500 Gien
Tél. 02 38 05 08 42 ou 06 75 08 85 69
Email : gpontillon@grandschenes.net
http://www.grandschenes.net
Gérard Pontillon

1 pers. 53/75 € - 2 pers. 58/80 € - p. sup. 15 €

2 chambres et 1suite avec sanitaires privés, service thé/café. Ouvert toute l'année sur réservation. Petit déjeuner : viennoiseries, confitures et patisseries maison, oranges pressées, yaourt... Salon (cheminée). Biblio., Hifi, TV, jeux de société. Vélos, badminton, étang, pétanque. Salons de jardin. Parc 3 ha. ★ Château-musée de la Chasse, faïencerie de Gien, château de la Bussière, pont canal de Briare... Pêche, randonnée, piscine, mini-golf 5 km. Golf (27 trous) à 25 km. Equitation à 15 km. **Accès :** prendre déviation nord de Gien, sortie la Bussière, puis suivre la D622 sur 3 km et tourner à gauche vers le Chétif Puits.

Dans cette belle demeure du XIXe siècle, les 2 chambres et la suite s'ouvrent sur un parc de 3 ha aux arbres bicentenaires. Spacieuses, elles offrent une décoration raffinée et personnalisée : suite Napoléon III, Belle Epoque et Romantique. Une étape hors du temps pour un séjour en toute sérénité.

CENTRE

Hommes - Indre et Loire (37)

★Château de Langeais 13 km, Bourgueil Abbey and vineyards 20 km. 18-hole golf course at Courcelles 7 km. Outdoor sports centre and lake in Hommes 2 km, Rillé 5 km. Restaurants in Hommes. Microlite flying 3 km.

★ ***How to get there:*** *40 km northwest of Tours. Motorway, Tours-Nord exit, then N152 to Langeais and D57 (500 m past Hommes).*

In the heart of the Gâtine Tourangelle, the ruins of the old Hommes Château, circled by moats, provide a superb backdrop to this old 15th-century tithe-barn. Features include a large lounge with monumental period fireplace and harmoniously decorated bedrooms.

Le Vieux Château TH
37340 Hommes
Tél. 02 47 24 95 13 - Fax 02 47 24 68 67
Email : levieuxchateaudehommes@wanadoo.fr
http://le-vieux-chateau-de-hommes.com
Albine Hardy

1 pers. 87/99 € - 2 pers. 99/115 € - p. sup. 23 € - repas 30 €

5 chambres (3 avec 1 lit 2 pers. et 2 avec 2 lits 1 pers.), toutes avec bains et wc privés, TV et téléphone. Ouvert toute l'année. Table d'hôtes sur réservation. Piscine privée chauffée. Restaurant à 5 km. ★ Château de Langeais 13 km, abbaye et vignoble de Bourgueil 20 km. Golf 18 trous de Courcelles 7 km. Base de loisirs et plan d'eau de Hommes 2 km et Rillé 5 km. Restaurants à Hommes. ULM 3 km. **Accès :** à 40 km au N.O de Tours. Autoroute sortie Tours Nord puis N152 jusqu'à Langeais et D57 (500 m après Hommes).

Au cœur de la Gâtine tourangelle, les ruines du vieux château de Hommes, cernées de douves, offrent un superbe décor dans l'ensemble où domine la grange dimière du XVe siècle. Grande salle avec cheminée monumentale d'époque et chambres harmonieusement décorées.

Huismes - Indre et Loire (37)

Medieval city of Chinon. Vineyards.

How to get there: *A10, Joué-Chinon exit, then D751 for Chinon. At Chinon, bypass the town and head for Saumur and Loudun. Turn right at 2nd roundabout for Huismes (D16) then right approx. 3 km on for La Chaussée.*

La Chaussée is a small romantic château crowning 1.5-hectare grounds where the paths in the undergrowth lead to a charming stream, just 6 km from the medieval city of Chinon. Painter and sculptor Marie-José and her Dutch-born husband have used their wide experience of holidaying in gîtes throughout France to create "model" bedrooms.

La Chaussée
37420 Huismes
Tél./Fax 02 47 95 45 79
Email : mjbrinckman@yahoo.fr
www.lachaussee.fr.st
Marie-José Brinckman

1 pers. 55/70 € - 2 pers. 65/90 € - 3 pers. 115 €

3 chambres dont 2 twin avec douche et wc privés et 1 grande chambre triple avec bains et wc séparés. Petit salon à la disposition des hôtes. Parking privé. Parc. Piscine privée. ★ Cité médiévale de Chinon. Vignobles. **Accès :** A10 sortie Joué-Chinon puis D751 vers Chinon. A Chinon, contournement de la ville vers Saumur et Loudun. Prendre à dr. au 2e rd.point vers Huismes (D16) puis à dr. après 3 km environ vers La Chaussée.

A 6 km de la cité médiévale de Chinon, "La Chaussée" est un petit château romantique trônant dans un parc d'1,5 ha. où les allées en sous-bois mènent à un charmant ruisseau. Marie-José, peintre et sculpteur, et son mari d'origine néerlandaise y ont installé des chambres "modèles" après avoir séjourné dans moult demeures d'hôtes de France et de Navarre.

Huismes - Indre et Loire (37)

★Château and medieval city of Chinon 6 km. Château d'Ussé 8 km. Azay-le-Rideau and Fontevrault l'Abbaye 20 km.

*★ **How to get there:** 45 km west of Tours. D751 to Chinon, then D16 for Huismes, La Pilleterie is 2 km before the village.*

Halfway between the fortress of Chinon and what is known as "Sleeping Beauty's" castle, lies La Pilleterie, a restored 19th-century farm. The sheep and geese will delight toddlers, while grown-ups will enjoy the charm of the elegant interior.

La Pilleterie
37420 Huismes
Tél. 02 47 95 58 07 - Tél. SR 02 47 27 56 10
Email : lapilletrie@wanadoo.fr
www.lapilletrie.com
Marie-Claire Prunier

1 pers. 55/57 € - 2 pers. 57/65 € - 3 pers. 100 € - p. sup. 16 €

Dans les dépendances, 2 chambres et 1 suite avec sanitaires privés. Ouvert toute l'année. Copieux petit déjeuner. Restaurants à 6 km. Cuisine entièrement équipée et salon avec cheminée réservés aux hôtes. Poss. de louer à la semaine (4 pers.). ★ Château et cité médiévale de Chinon à 6 km. Château d'Ussé à 8 km. Azay-le-Rideau et Fontevrault l'Abbaye à 20 km. **Accès :** 45 km à l'ouest de Tours. D751 jusqu'à Chinon, puis D16 vers Huismes, la Pilleterie est à 2 km avant le bourg.

A mi-chemin entre la forteresse de Chinon et le château de la Belle au Bois Dormant, La Pilleterie est une ferme du XIXe siècle restaurée. Les moutons et les oies raviront les plus petits tandis que les plus grands savoureront le charme d'un intérieur raffiné.

Ingrandes - Indre (36)

NOUVEAUTÉ

★Brenne Natural Park (pays des Milles Etangs - country of a thousand lakes). St-Savin (7th-century fresco murals). Benedictine Abbey of Fontgombault. Medieval city of Chauvigny. Bellebouche Base (Brenne) 20 km.

*★ **How to get there:** From Paris take the A10 towards Orléans and then the A71 to the Toulouse exit onto the A20. Exit n°15 Poitiers/Le Blanc. Michelin map 323.*

This remarkable property is in the remains of a féodal château that dates back the the 11th and 15th centuries and that is set on the edge of a river with a superb garden. There are 2 bedrooms that are decorated with a yesteryear style that will transport you to a different time. The other two bedrooms are in the medieval donjon and boast extreme comfort and a four-poster bed. Not to be missed.

Le Château d'Ingrandes
place de l'Eglise - 36300 Ingrandes
Tél. 02 54 37 46 01 - Tél./Fax 02 54 28 64 55
Email : jdrouart@aol.com
Jacqueline Drouart

1 pers. 50 € - 2 pers. 60/75 € - 3 pers. 75/80 €

3 chambres (2, 3 et 5 pers.) et 1 suite avec sanitaires privés (4 pers. : 85/100 €.). Ouv. de Pâques au 15 oct. Petit déjeuner : jambon pays, yaourts, confitures maison. Salon/bibliothèque à l'étage du logis du XVe. Cour, jardin, salons de jardin, barbecue, poss. pique-nique. P-pong, vélos, barque. ★ Parc naturel de la Brenne (pays des Mille Etangs). St-Savin (fresques murales du XIIe siècle). Abbaye des bénédictines de Fontgombault. Cité médiévale de Chauvigny. Base Bellebouche (Brenne) 20 km. **Accès** de Paris, A10 vers Orléans puis A71 jusqu'à la sortie Toulouse vers A20, et sortie 15 Poitiers/Le Blanc CM323.

Vestiges d'un château féodal des XIe et Xve siècle en bordure de rivière, avec jardin. 2 chambres avec meubles anciens rappellent les douillettes chambres de nos grands-mères, les 2 autres sont aménagées dans le donjon médiéval avec un grand confort (lit à baldaquin).

CENTRE

Ivoy-le-Pré - Cher (18)

NOUVEAUTÉ

Châteaux on the Jacques Cœur route. Bourges (cathedral, museum). Sancerre vineyards, Menetou and Quincy. Swimming pool and horse-riding 20 km. Tennis 6 km. Golf 25 km. Hiking locally.

★ ***How to get there:*** *From the village of Ivoy-le-Pré, take the D39 direction Oizon. La Verrerie is 2.5km along on the right.*

On the edge of the Ivoy forest, this residence is an annexe of a former ironmaster's house with a plant garden and lake. In this natural setting, you will be warmly welcomed into a cosy atmosphere that boasts period furniture and a suite that combines comfort with elegance. The warm and harmonious décor makes La Verrerie a charming stop that is not to be missed.

La Verrerie TH

18380 Ivoy-le-Pré

Tél. 02 48 58 90 86 - Fax 02 48 58 92 79

Email : m.desaporta@wanadoo.fr

http://perso.wanadoo.fr/laverreriedivoy

Marie et Etienne de Saporta

1 pers. 70/90 € - 2 pers. 75/99 € - 3 pers. 122 € - repas 18/28 €

1 chambre (lit 160) et 1 suite de 2 chambres (2 pers.), avec sanitaires privés. Ouvert toute l'année. Petit déjeuner amélioré. Table d'hôtes gourmande. Salle à manger réservée aux hôtes. Pièce d'eau. Accueil chevaux (pré et boxes). Parc. Restaurants de 8 à 20 km. ★ Châteaux de la route Jacques Cœur. Bourges (cathédrale, musées). Vignobles de Sancerre, Menetou et Quincy. Piscine et équitation 20 km. Tennis 6 km. Golf 25 km. Randonnées sur place. **Accès :** dans le bourg d'Ivoy-le-Pré, prendre D39 dir. Oizon. "La Verrerie" est à droite à 2,5 km.

En lisière de la forêt d'Ivoy, dépendance XVIIIe d'une ancienne maison de maître de forge avec jardin de buis et pièce d'eau. Dans cette nature préservée, vous serez accueillis dans un intérieur douillet avec meubles d'époque et dans une suite qui allie confort et intimité. Une étape de charme dans un décor harmonieux et très chaleureux.

Lailly-en-Val - Loiret (45)

Beaugency 8 km. Horse-riding 7 km. Swimming pool 8 km. Fishing 3 km.

★ ***How to get there:*** *From Lailly-en-Val, head for Ligny-le-Ribault. Monçay is on the right-hand side, 3 km on.*

Come and relax at this large Sologne house, complete with time-honoured stables and set in an extensive, delightful, enclosed park. The bedrooms, all decorated with an individual touch, have a private entrance. The estate is in châteaux country and an ideal stepping stone for visiting the magnificent edifices and residences in the surrounding area.

Domaine de Montizeau TH

Monçay - 45740 Lailly-en-Val

Tél. 02 38 45 34 74 ou 06 82 24 17 78

Email : ja.montizeau@wanadoo.fr

Jacqueline Abeille

1 pers. 65 € - 2 pers. 70/95 € - p. sup. 20 € - repas 27 €

3 chambres et 1 suite, toutes avec sanitaires privés, prise TV et ADSL. Ouvert toute l'année. Petit déjeuner : confitures maison, viennoiseries, céréales, fruits... Table d'hôtes gourmande. Parc, chaises longues. Restaurants à Lailly-Beaugency (5 à 8 km). ★ Beaugency 8 km. Equitation 7 km. Piscine 8 km. Pêche 3 km. Randonnée sur place. Golf 5 km. **Accès :** à Lailly-en-Val, prendre dir. Ligny-le-Ribault, faire environ 3 km. Monçay se trouve sur votre droite.

Vous pourrez vous détendre dans cette grande maison solognote, disposant d'anciennes écuries, et d'un grand parc très agréable et clos. Les chambres ont toutes une décoration personnalisée et une entrée indépendante. Vous êtes sur la route des châteaux qui vous permettra de découvrir de magnifiques bâtisses et demeures.

Larçay - Indre et Loire (37)

Manoir de Clairbois
37270 Larçay
Tél. 02 47 50 59 75 - Fax 02 47 50 59 76
Email : info@manoirdeclairbois.com
www.manoirdeclairbois.com
Huguette Zeiler

2 pers. 95/120 € - p. sup. 25 €

Au 1er étage : 3 chambres dont 1 suite avec 1 lit 160, petit salon avec convertible, salle de bains, salle de douche et wc privés; 2 chambres (1 lit 160 ou 150) avec bains et wc privés. Ouvert toute l'année. Salon avec cheminée et TV à disposition. Grande piscine (12 x 6 m). ★ Aux portes de Tours et à proximité du vignoble de Vouvray (AOC). Nombreux châteaux renommés aux alentours (Chenonceau, Amboise etc...). **Accès :** A10, sortie 22 Tours/St-Avertin puis N76 vers Bléré et Vierzon. Dans le bourg de Larcay, l'entrée du manoir se situe à gauche en venant de Tours à l'unique feu tricolore.

Sur 8 ha de parc, en bord de Cher, cette ravissante demeure bourgeoise du XIXe siècle semble dissimulée dans un paysage de verdure et d'eau. L'intérieur reflète parfaitement la personnalité de ses propriétaires : raffinement, sens du détail, chaleur de l'accueil. La splendide salle à manger et la petite rotonde d'inspiration chinoise sont à découvrir.

★At the gateway to Tours and close to the Vouvray (appellation contrôlée) vineyards. Many famous châteaux in the surrounding area: Chenonceau, Amboise, etc.

*★ **How to get there:** A10 motorway, exit 22 Tours / St-Avertin and N76 for Bléré and Vierzon. In Larcay village, the entrance to the residence is on the left-hand side, coming from Tours, at the only set of traffic lights.*

This delightful 19th-century manor house stands in eight-hectare grounds, on the banks of the Cher, in a secluded, leafy river landscape. The interior decoration matches the owners' character to a T: elegant, attention to detail and extremely hospitable. Discover the delightful dining room and Chinese-style rotunda.

Lerné - Indre et Loire (37)

La Renaudière
Chavigny - 37500 Lerné
Tél. 02 47 95 91 77 - Fax 02 47 95 87 67
Tél. SR 02 47 27 56 10
http://perso.wanadoo.fr/larenaudiere
André Geoffroy

1 pers. 80 € - 2 pers. 100 € - 3 pers. 120/160 € - p. sup. 20 €

1 suite 4 pers. (160 €) et 3 chambres donnant sur un jardin intérieur, toutes avec salle de bains et wc privés. 2 salons avec billard et une vaste salle à manger à la disposition des hôtes. Jardin avec piscine chauffée. ★ Cité médéviale de Chinon et abbaye royale d Fontevrault à 10 mn. Châteaux d'Ussé, Villandry, Brézé e golf de Roiffé à proximité. **Accès :** A10 sortie 24 dir Chinon puis A85 prolongée ensuite par la D751. A l'entrée de Chinon, suivre Loudun et Saumur. Franchir l Vienne, suivre Loudun, à droite (D24) puis D117 ver Seuilly-Lerné. 1 km après Lerné.

Vous tomberez sous le charme de cette demeur historique (ISMH), sise dans les importants com muns du château de Chavigny édifiés au début d XVIIe siècle par le surintendant des finances du r Louis XIII. Havre de paix idéalement situé au confins de la Touraine et de l'Anjou, au cœur d pays de Rabelais et du bon vin de Chinon.

★Chinon medieval city and Fontevrault royal abbey 10 min. Ussé, Villandry, Brézé châteaux and Roiffé golf course nearby.

*★ **How to get there:** A10, exit 24 for Chinon and A85, which becomes D751. As you enter Chinon, head for Loudun and Saumur. Drive through Vienne and head for Loudun, turn right for D24 and D117 for Seuilly-Lerné. 1 km past Lerné.*

You will be enchanted by this delightful listed residence, in the extensive outbuildings of Château de Chavigny, which were built in the early 17th century by Louis XIII's finance minister. This haven of peace is ideally situated on the edge of Touraine and Anjou, right in the heart of Rabelais country and the Chinon vineyards.

Lingé - Indre (36)

★*Les 3 Musées, Ile aux Serpents, Futuroscope New Technologies Museum, Fish Breeding and Park House. Bathing 25 km. Swimming pool 15 km. Horse-riding 6 km. Tennis court 10 km. Golf course 30 km. Fishing 100 m.*

★ ***How to get there:*** *A20 for Limoges, "Châteauroux" exit 13-1. Take the D925 for Megières-en-Brenne and, at St-Michel-en Brenne, take the D43 for Douadic. Michelin map 323.*

This pretty estate, nestling in a wooded 113-hectare setting adorned by seven lakes, afford peace and quiet and the delightful charm of wide open spaces. Enjoy a wide range of activities, including swimming, petanque, horse-riding, hiking and bathing.

Champ Rocher TH
36220 Lingé
Tél./Fax 02 54 37 92 40
Karel Saerens

1 pers. 60 € - 2 pers. 65 € - 3 pers. 90 € - repas 25 €

3 chambres et 3 suites avec sanitaires privés. Ouv. toute l'année. Petit déj. : salade de fruits, fromages, confitures, croissants... T. d'hôtes : coq au vin, magret de canard à l'orange, truite belle-meunière... Salon, salle à manger (musique, TV, biblio.). Parc 113 ha. Piscine hors-sol, pétanque, vélos, équitation. ★ Les 3 musées, l'Ile aux Serpents, Futuroscope, maison du Parc et de la Pisciculture. Baignade 25 km. Piscine 15 km. Equitation 6 km. Tennis 10 km. Golf 30 km. Pêche 100 m. **Accès :** A20 direction Limoges jusqu'à la sortie "Chateauroux" 13-1. Suivre ensuite la D925 dir. Mézières-en-Brenne jusqu'à St-Michel-en-Brenne. De là, prendre D43 dir. Douadic. CM323.

Joli domaine niché dans un environnement boisé de 113 hectares agrémenté de sept étangs, et qui offre la tranquillité et le charme des grands espaces. Vous pourrez pratiquer diverses activités telles que la natation, la pétanque, l'équitation, la randonnée ou bien encore la baignade.

Lorcy - Loiret (45)

Montargis and canals. Barres arboretum. Gien (earthenware) nd Briare Canal. Banks of the Loire. Fontainebleau. Sully nd Chamerolles Châteaux. St-Benoît-sur-Loire Abbey. ennis, hiking, fishing.

How to get there: *From Paris, A6 and A77, Montargis cit for N60. At Ladon, D950, Lorcy. From Orléans, N60 ellegarde. D975 Pavé-de Juranville, D31 Lorcy.*

etween Orléans Forest and Montargis, this handsome aditional 18th-century Gâtinais residence awaits your arrival. he three extremely comfortable and elegant bedrooms are set an adjacent outbuilding. Warm, friendly welcome assured. his unmissable spot just 75 minutes from Paris is an ideal y to explore the heritage of this pretty region and enjoy a axing break.

La Petite Cour
15, rue de la Mairie - 45490 Lorcy
Tél. 02 38 92 20 76 ou 06 88 39 15 81
Email : la_petite_cour@yahoo.fr
www.la-petite-cour.com
Danielle de Mersan

1 pers. 54/64 € - 2 pers. 62/72 € - 3 pers. 75/85 € - p. sup. 13 €

3 chambres avec sanitaires privés. Ouvert toute l'année. Petit déjeuner : viennoiseries, laitages, confitures maison... Cour, jardin, parking. Vélos, ping-pong. Restaurant 6 km. ★ Montargis et ses canaux. Arboretum des Barres. Gien (faiencerie) et le canal de Briare. Bords de Loire. Fontainebleau. Forêt d'Orléans. Châteaux de Sully, Chamerolles, Yèvres-le-Châtel. Randonnées , pêche. **Accès :** de Paris, A6 puis A77 sortie Montargis, dir. Orléans N60, St-Maurice/Fessard. A Ladon, dir. Lorcy. Depuis Orléans N60, Bellegarde puis D975 Pavé de Juranville, dir. Lorcy D31.

Entre forêt d'Orléans et Montargis, belle demeure du XVIIIe, typiquement gâtinaise où 3 chambres au confort raffiné ont été aménagées dans une dépendance attenante. Accueil chaleureux et amical. A 1h15 de Paris, ne manquez pas cette étape au calme qui vous permettra de concilier repos et découverte du patrimoine de cette belle région.

Maintenon - Eure et Loir (28)

Le Vieux Logis TH
1, rue du Bassin - 28130 Maintenon
Tél. 02 37 27 69 63 ou 06 11 43 54 81
Fax 02 37 27 67 56
Email : levieuxlogismaintenon@wanadoo.fr
Didier et Rosalie Voyenne

1 pers. 50/70 € - 2 pers. 70/90 € - repas 28 €

2 suites 2 pers. avec salon, TV, réfrig. et sanitaires privés (lit suppl. 25 €). Ouv. toute l'année. Petit déj. : jus de fruits frais, fruits, viennoiseries, yaourts, confitures. T. d'hôtes : cuisine familiale à base de produits frais. Cour, jardin, terrasse. Parking privé. Pêche (rivière), p-pong, sauna, piscine. ★ Château, archéologie, dolmens. Golf et montgolfière 1 km. Centre équestre 3 km. Chartres 20 mn (cathédrale). A proximité de Rambouillet (château). **Accès :** de Rambouillet (N10) - Epernon (D906). De Chartres (A11 sortie 2), prendre centre ville et D906.

Dans un cadre exceptionnel, en bordure de rivière, Rosalie et Didier vous reçoivent dans leur belle demeure. Les vastes suites avec salon, au confort douillet sont joliment décorées . Flâneries sur la propriété traversée par une petite rivière ombragée... une étape de charme à la campagne, à proximité du célèbre château de Maintenon et à 1 heure de Paris.

★Château, archaeology and dolmens. Golf course and balloon trips 1 km. Riding centre 3 km. Chartres and cathedral 20 min. Close to Rambouillet and château.

*★ **How to get there:** From Rambouillet, N10, Epernon D906. From Chartres, A11, exit 2, head for city centre and D906.*

Rosalie and Didier welcome you to their handsome residence in an outstanding setting by a river. The vast suites with lounge are beautifully decorated and very comfortable indeed. Enjoy a stroll along the river running through the grounds in the leafy shade. A charming country spot, close to famous Maintenon Château and just an hour from Paris.

Manthelan - Indre et Loire (37)

Le Vieux Tilleul TH
8, rue Nationale - 37240 Manthelan
Tél./Fax 02 47 92 24 32 ou 06 76 37 09 79
www.le-vieux-tilleul.net
Laurence Van Havere

1 pers. 60 € - 2 pers. 70/80 € - 3 pers. 105 € - p. sup. 25 € - repas 20 €

3 chambres dont 2 suites au 1er étage, toutes avec des lit 90 x 200 jumelables, salles d'eau et wc privés. Table d'hôtes sur réservation. Salon à disposition. Parking dans l cour. Parc de 2700 m². ★ Chenonceau 35 km. Citadell de Loches 16 km. A 16 km de la région de l'AOC Sainte Maure-de-Touraine (fromage de chêvre). **Accès :** A1 sortie 25 Ste-Maure-de-Touraine et Châtellerault. D760 prendre dir. Loches/Châtellerault. A environ 15 km, au point de Manthelan, à gauche après l'église. Maison droite avant le virage.

Surprenante d'élégance, cette vaste demeure bourgeoise de 1820 forme un L autour d'un majestueu tilleul, qui lui inspira son nom. Laurence, d'origir belge, a opté pour une certaine sobriété dans décoration qui n'en demeure pas moins très sul tile. Selon les saisons, petits déjeuners et rep seront servis à l'extérieur ou bien dans la salle manger.

★Chenonceau 35 km. Loches Citadel 16 km. Sainte-Maure-de-Touraine region, famous for its appellation contrôlée goat cheese 16 km.

*★ **How to get there:** A10 motorway, exit Ste-Maure-de-Touraine & Châtellerault. D760, direction Loches/Châtellerault. 15km later at the Mantelan roundabout, turn left after the church. The house is on the right before the bend.*

This incredibly elegant and vast stately home, built in 1820, forms an L-shape around a majestic lime tree, which gave it its name. Your Belgian-born hostess, Laurence, has chosen a sober, yet subtle, decoration scheme for her home. Breakfast and other meals are served outside or in the dining room, according to season.

Mareuil-sur-Cher - Loir et Cher (41)

Châteaux of the Loire 30 km. Zoo, Beauval Park. Jazz and classical music concerts, vineyards, Archaeology Museum. Tennis, fishing 2 km. Water sports centre, horse-riding 4 km.

★ ***How to get there:*** *From Saint-Aignan-sur-Cher, head for the town centre and Loches (D90). The accommodation is 4 km on. Michelin map 318, fold E8.*

This superb, spacious 19th-century sheepfold (600 m²), set amid vineyards, has been restored to pristine splendour. There are five large, comfortable bedrooms. Amenities include a vast terrace and a swimming pool for your enjoyment. There is also an enclosed park with a pond (fishing allowed). A fine spot in the Loire Valley.

Les Aulnaies TH
2, rue des Aulnaies - Mareuil-sur-Cher -
41110 Mareuil-sur-Cher
Tél./Fax 02 54 75 43 89 ou 06 08 92 28 21
www.lesaulnaies.com
Chantal Bodic

1 pers. 55 € - 2 pers. 72 € - 3 pers. 95 € - p. sup. 18 € - repas 25 €

3 chambres et 2 suites (chambre et salon) avec TV, sanitaires privés et sèche-cheveux. Ouv. Toute l'année. Petit déjeuner : viennoiseries, fruits, charcuterie, fromages, œufs... Table d'hôtes : croustillant chèvre chaud, cuisse canard au cabernet... Salon (TV), jeux société, bibliothèque. Parc 3 ha. Piscine, volley ★ Châteaux de la Loire 30 km. Zoo, parc de Beauval. Concerts de jazz et classiques, route des vignobles, musée archéologique. Tennis, pêche 2 km. Base nautique, équitation 4 km. **Accès :** de Saint-Aignan-sur-Cher, prendre dir. centre ville, puis suivre dir. Loches (D90) sur 4 km. CM318, pli E8.

Au cœur des vignobles, cette superbe bergerie du XIXe, de 600 m², a été restaurée en préservant l'authenticité des lieux. Elle comprend 5 chambres spacieuses et très confortables. Une immense terrasse et une piscine vous permettront d'agréables moments de détente ainsi que le parc clos avec son étang où la pêche est permise. Une belle adresse en Val de Loir.

Marigny-les-Usages - Loiret (45)

oire Valley and châteaux. Orléans Forest. Hiking locally. nnis, horse-riding centre 1 km. Swimming pool, fishing (in Loire) 8 km.

How to get there: *12 km from Orléans on N152. Head Fontainebleau and exit N152 at Marigny-les-Usages. ow signs for 2 km.*

s restored farmhouse is set on the edge of national Orléans st, in the heart of the Loire Valley. The attractively decorated ooms are set in a neighbouring outbuilding. An ideal spot iking and cycling enthusiasts (bikes available) or for visiting Châteaux of the Loire.

Les Usses - 145, rue de Courtasaule -
45760 Marigny-les-Usages
Tél. 02 38 75 14 77 ou 06 86 99 28 77
Fax 02 38 75 90 65
www.france-bonjour.com/marigny/
Jean-Claude et Kris Marin

1 pers. 45 € - 2 pers. 55 € - 3 pers. 65 € - p. sup. 10 €

2 chambres 2 pers. et 1 suite 4 pers. avec bains et wc privés. Ouvert toute l'année. Petit déjeuner : croissants, fruits, laitages, jus d'orange... Salle de réception avec coin-cuisine. Equipement bébé sur demande. Parc. Terrain de badminton, vélos, jeux d'enfants. Restaurants à 1 et 4 km. ★ Val de Loire et ses châteaux. Forêt domaniale d'Orléans. Randonnées sur place. Tennis, centre équestre 1 km. Piscine, pêche (en Loire) 8 km. **Accès :** à 12 km d'Orléans sur la N152. En direction de Fontainebleau, quitter la N152 à hauteur de Marigny-les-Usages et le fléchage sur 2 km.

Au cœur du Val de Loire, cette ferme restaurée est située en bordure de la forêt domaniale d'Orléans. Les chambres qui vous reçoivent, chaleureusement décorées, sont aménagées dans une dépendance annexe. Une étape idéale pour les amateurs de randonnées pédestres ou VTT (mis à disposition) ou pour visiter les châteaux de la Loire.

Marseilles-les-Aubigny - Cher (18)

Nearby: Nevers, Magny-Cours (F1 racing), La Charité and Sancerre. Swimming pool 11 km. Tennis and canoeing 1 km. Horse-riding 7 km. Golf course 10 km. Hiking locally.

★ ***How to get there:*** *At Marseilles-les-Aubigny, take D81 for "Les Loges-Garigny". The château is on the right, 1 km from the village.*

You will be enchanted by this handsome late-19th-century residence and its spacious, comfortable bedrooms. You will also admire the porcelain intricately hand-painted by your hostess. Enjoy refreshing walks or just relax in the verdant, wooded park. A charming spot close to the Loire River and Canal.

Château Vert
18320 Marseilles-les-Aubigny
Tél. 02 48 76 04 91 - Fax 02 48 76 09 60
Email : marie-christine.dechamps@voila.fr
www.chambredhote-chateauvert.com
Marie-Christine et Guy de Champs

1 pers. 45/47 € - 2 pers. 50/52 € - p. sup. 20/22 €

1 chambre et 2 suites de 2 ch. pour 3 pers. dont 1 aménagée dans les communs du château, chacune avec sanitaires privés, entrée indép. Ouv. toute l'année. Petit déjeuner amélioré : pâtisseries maison... Séjour/salon réservé aux hôtes. Parc, bois, élevage chevaux (possibilité accueil). Réduction 10 % à partir de 3 nuits. ★ A proximité de Nevers et Magny-Cours, la Charité, Sancerre. Piscine 11 km. Tennis et canoë 1 km. Equitation 7 km. Golf 10 km. Randonnées sur place. **Accès :** à Marseilles-les-Aubigny, prendre la D81 direction "Les Loges-Garigny". Le château est à droite à 1 km du bourg.

Vous serez charmés par cette belle demeure de la fin du XIXe siècle aux chambres spacieuses et confortables et saurez apprécier les peintures sur porcelaine créées par votre hôtesse. Si vous le souhaitez, le vaste parc verdoyant très boisé vous permettra de vous aérer pleinement. Une étape de charme proche de la Loire et de son canal.

Mazangé - Loir et Cher (41)

NOUVEAUTÉ

Musik en fête, cinema festival, Image en région, guitar festival, Rockomotives, museum, second-hand fair... Lake 3 km. Tennis 2 km. Canoeing-kayaking 8km. Golf course 25 km.

★ ***How to get there:*** *From Vendôme head towards Montoire (D5). At Gué du Loir, turn right at the second crossroads in the direction of Savigny-sur-Braye. Michelin map 318, fold C5.*

Three stunning bedrooms in a beautiful 12th-century mill, this property has a wonderful, calm setting and once belonged to the Mussets. The décor is superb and provides an excellent atmosphere that is ideal for those looking for a relaxing getaway. The garden is green and leafy with reaches and a lake.

Moulin d'Echoiseau
le Gué du Loir - 41100 Mazangé
Tél./Fax 02 54 72 19 34
Email : moulin-echoiseau@wanadoo.fr
http://perso.wanadoo.fr/moulin-echoiseau
Madeleine Lautman

TH

1 pers. 55 € - 2 pers. 60 € - 3 pers. 75 € - repas 25 €

3 chambres dont 1 familiale avec sanitaires privés. O toute l'année. Petit déjeuner : croissants, cake, confitu maison, œufs, charcuterie, fruits... T. d'hôtes gourmar (produits du marché). Billard. Piscine. Cour, jardin, bar cue. Parc 4 ha. Piscine. Vélos, p-pong, étang, forêt, c vaux. ★ Musik en fête, festival de cinéma, Image région, festival guitare, Rockomotives, musée, brocant Plan d'eau 3 km. Tennis 2 km. Canoë-kayak 8 km. C 25 km. **Accès :** de Vendôme dir. Montoire (D5). Au C du Loir prendre 2e carrefour à droite dir. Savigny-s Braye. CM318, pli C5.

Chambres aménagées dans un beau moulin XIIe siècle, dans un cadre magnifique et cal autrefois propriété privée des Mussets. Vous se séduits par la décoration intérieure qui invite repos. Jardin verdoyant, superbe parc avec ses b et son étang.

CENTRE

Ménestreau-en-Villette - Loiret (45)

★Châteaux of the Loire. Golf, hiking, horse-riding and biking.

*★ **How to get there:** 6 km, after Marcilly-en-Villette on D64 (on the way to Sennely) on the right.*

In a haven of peace, quiet and natural beauty in the heart of Sologne Forest, this time-honoured residence has been restored with refinement. The blend of late-19th-century French and American furniture warms this charming residence where space is the watchword. An ideal spot, in a secluded setting, for discovering the splendours of Sologne.

Ferme des Foucault
45240 Ménestreau-en-Villette
Tél./Fax 02 38 76 94 41 ou 06 83 39 70 94
Email : rbeau@wanadoo.fr
www.ferme-des-foucault.com
Rosemary Beau

1 pers. 65/75 € - 2 pers. 70/80 € - p. sup. 20 €

2 chambres (dont 1 avec terrasse privée) et 1 suite, toutes avec bains et wc privés; chacune est vaste et lumineuse et dispose de lit 160 et TV. Copieux petits déjeuners. Ouvert toute l'année. Cour, jardin et parc de 2 ha. Boxes chevaux. Restaurants à proximité. ★ Châteaux de la Loire. Golf, randonnées, cheval, VTT. **Accès :** à 6 km, après Marcilly-en-Villette sur la D64 (direction Sennely) sur la droite.

Havre de paix, de silence et de beauté, au cœur de la forêt solognote. Demeure ancienne restaurée avec raffinement mariant harmonieusement des meubles français et américains de la fin du XIXe et où l'espace est roi. Idéal, au calme de la nature, pour découvrir les splendeurs de la Sologne.

Mer - Loir et Cher (41)

Hiking, swimming pool, tennis court in the village. Chambord 7 km. Bathing, canoeing 5 km. Horse-riding, golf course 12 km. Sailing 15 km. Cycling, fishing locally.

*★ **How to get there:** RN152 between Blois and Beaugency. Follow signs for town centre and bed and breakfast accommodation (Chambres d'Hôtes). Rue Dutems is partly pedestrian. Michelin map 318, fold F5.*

This superb 16th-century family house, on the Chambord border, exudes considerable charm with the decoration, furnishings and comfort of its bedrooms. Art lovers Claude and Joëlle arrange exhibitions for your enjoyment during your stay.

Le Clos
9 rue Dutems - 41500 Mer
Tél. 02 54 81 17 36 - Fax 02 54 81 70 19
Email : mormiche@wanadoo.fr
www.chambres-gites-chambord.com
Claude et Joëlle Mormiche

1 pers. 43/49 € - 2 pers. 52/72 € - 3 pers. 64/89 € - p. sup. 12 €

5 chambres avec sanitaires privés. Ouvert toute l'année. Jardin, parking. Location de vélos. Jeux de boules. Restaurants à Mer. ★ Chambord 7 km. Vélo, pêche sur place. Randonnées, piscine, tennis dans la commune. Baignade, canoë 5 km. Equitation, golf 12 km. Voile 15 km. **Accès :** RN152 entre Blois et Beaugency. Suivre centre ville et fléchage chambre d'hôtes. La rue Dutems est une rue semi-piétonnière. CM318, F5.

Aux portes de Chambord, cette superbe maison bourgeoise du XVIe siècle vous séduira par le charme de sa décoration, son mobilier et le confort de ses chambres. Passionnés de peinture, Claude et Joëlle organisent des expositions que vous pourrez admirer durant votre séjour.

Meunet Planches - Indre (36)

Nohant and George Sand's house and Festival, medieval Orsan Gardens, St-Roch Museum at Issoudun, etc. Bathing 20 km. Swimming pool 10 km. Golf 7 km. Fishing 100 m. Horse-riding 3 km.

★ ***How to get there:*** *Issoudun-Meunet Planches (D918). 1 km past Meunet Planches, the Château is the 2nd turning on the left. The entrance is 100 m on. Michelin map 323.*

Claudie extends a warm welcome at this 19th-century château and adjacent presbytery, set in a magnificent park in keeping with the romantic spirit of its architect, Ferdinand de Lesseps. The residence is just 20 minutes from the Orsan Gardens and George Sand's house. Nature lovers will feel most at home in the 25-hectare grounds with river and lake.

Château de Planches TH
36100 Meunet-Planches
Tél. 02 54 49 02 01 ou 06 08 65 69 82
Email : cyrilmusy@hotmail.com
Claudie Préault

2 pers. 60/85 € - repas 18 €

2 chambres et 1 suite, toutes avec sanitaires privés. Ouvert du 15.4 au 15.10. Petit déjeuner : toasts, croissants, brioches, confitures, miel... T. d'hôtes variée. Billard. Bibliothèque. Grande salle à manger, cheminée. Cour, parc de 25 ha. Tennis, vélos, rivière, étang. Restaurants à proximité. ★ Nohant (George Sand), jardin d'Orsan, musée d'Issoudun, festival George Sand... Baignade 20 km. Piscine 10 km. Golf 7 km. Pêche 100 m. Equitation 3 km. **Accès :** Issoudun-Meunet Planches (D918). Après Meunet Planches à 1 km, c'est la 2e à gauche, entrée à 100 m. CM323.

La maîtresse des lieux vous accueille chaleureusement dans un château du XIXE construit par Ferdinand de Lesseps et dans un ancien presbytère attenant, entourés d'un superbe parc romantique. Ce lieu chargé d'histoire vous permettra d'aller découvrir en 20 mn la maison de George Sand et les jardins d'Orsan. Endroit idéal pour les amoureux de la nature.

Monthou-sur-Bièvre - Loir et Cher (41)

Châteaux of the Loire. Vineyards. Hiking. Fishing.

★ ***How to get there:*** *From Paris: A10 for Bordeaux, Blois exit for Chateauroux-Vierzon. Blois-Sud for Montrichard and Candé/Beuvron. At Candé, Valaire road 3 km, or D764 Monthou/Bièvre for Valaire. Michelin map 318, fold E7.*

In the heart of wine country, this 16th-century former farmhouse provides spacious, comfortable and superbly appointed bedrooms. You will be won over by the charm of this magnificently restored residence and its novel kitchen garden. The park with lake is ideal for taking leisurely strolls. Not to be missed.

Le Chêne Vert
41120 Monthou-sur-Bièvre
Tél. 02 54 44 07 28 - Fax 02 54 44 17 94
Email : tohier@sci-le-chene-vert.com
www.sci-le-chene-vert.com
Marie-France Tohier

1 pers. 60 € - 2 pers. 64/90 € - 3 pers. 85 € - p. sup. 16 €

2 chambres et 1 suite familiale 4 à 8 pers. (TV, cheminée) avec sanitaires privés (140 € pour 4/5 pers.). Petit déjeuner buffet : jus de fruits, viennoiseries, laitages, confitures... Jardin, terrasses et parc. Bicyclettes, jeux de plein-air Restaurants à proximité. ★ Châteaux de la Loire Vignobles. Randonnée. Pêche. **Accès :** de Paris, A10 dir Bordeaux sortie Blois dir. Chateauroux-Vierzon puis Blois-sud dir. Montrichard/ Candé/Beuvron. A Candé rte de Valaire sur 3 km ou D764 Monthou/Bièvre dir Valaire-Le Coteau. CM318, pli E7.

En pleine campagne viticole, cette ancienne ferme du XVIe propose des chambres spacieuses, confortables et superbement aménagées. Vous serez très agréablement surpris par le charme de cette demeure magnifiquement restaurée et par son potager original. Un parc avec étang invite à de belles promenades. Une étape idéale à ne pas manquer.

Montigny - Cher (18)

*Between Bourges and Sancerre. Hiking. Tennis, golf, fishing 15 km.

★ ***How to get there:*** *D955 for Sancerre, then D44.*

Elisabeth Gressin is your hostess at her handsome Berry farmhouse, at the foot of the Sancerre hills. Enjoy the charm and quiet atmosphere of the colourful, comfortable bedrooms with their inviting décor.

Domaine de la Reculée TH
18250 Montigny
Tél. 02 48 69 59 18 - Fax 02 48 69 52 51
Email : e.gressin@wanadoo.fr
www.domainedelareculee.fr
Elisabeth Gressin

1 pers. 45 € - 2 pers. 55 € - p. sup. 22 € - repas 22 €

5 chambres : 3 avec bains et wc et 2 avec douche et wc. Ouvert du 1.03 au 15.11. Copieux petit déjeuner : fromage, gâteau maison. Table d'hôtes sauf le dimanche soir. Cour, grand terrain arboré. (- 10 % pour séjour de plus de 3 nuits). Piscine chauffée. ★ Entre Bourges et Sancerre. Randonnées pédestres. Tennis, golf, pêche à 15 km. **Accès :** D955 direction Sancerre, puis D44.

Au pied des collines du Sancerrois, Elisabeth Gressin vous accueille dans sa belle ferme berrichonne. Vous goûterez au charme et à la paix de chambres colorées et confortables, au décor chaleureux.

Les Montils - Loir et Cher (41)

:haumont Garden Festival. Blois, Chambord, Cheverny, ıboise and Chenonceau Châteaux nearby. Golf course 8 km. yaking 4 km. Riding club 1 km. GR hiking path and cycle hs. Tennis court locally.

Iow to get there: *From Blois, head for Chaumont along south bank of the Loire. The entrance to the Château is he left-hand side, 3 km past Villelouët. Michelin map 318, E7.*

âteau de Frileuse is romantic 17th and 19th-century dence, set in 30 hectares of park and forest. Peace and quiet assured in the heart of châteaux of the Loire country, just minutes from Blois. The comfortable bedrooms have been fully renovated in the traditional style, with wallpaper, d furniture and old-fashioned bathtubs.

Château de Frileuse
41120 Les Montils
Tél. 02 54 44 19 59 - Fax 02 54 44 98 33
Email : info@chateau-de-frileuse.com
www.chateau-de-frileuse.com
Nicolas de Barry

1 pers. 110 € - 2 pers. 120/140 € - 3 pers. 160 €

2 chambres et 1 suite avec sanitaires privés (poss. 1 appartement). Ouv. toute l'année. Petit déj. : croissants, céréales, yaourts, jus d'orange, jambon, fromage, confiture, miel... Tennis, vélos, terrasse, hamacs, parc 30 ha. Cour, jardin. Restaurants à Candé-sur-Beuvron (2 km). Visite atelier création parfum. ★ Festival des Jardins de Chaumont, châteaux de Blois, Chambord, Cheverny, Amboise et Chenonceau à proximité. Golf 8 km. Kayak 4 km. Club hippique 1 km. GR, pistes cyclables. Tennis sur place. **Accès :** en venant de Blois, prendre par la rive sud de la Loire, direction Chaumont. 3 km après Villelouët, l'entrée du château est à gauche. CM318, pli E7.

Situé dans un parc et une forêt de 30 ha, ce château des XVIIe et XIXe siècles, d'allure romantique est d'un calme absolu. A 10 mn de Blois, il est au cœur de la région des châteaux de la Loire. Dans le château de Frileuse, les chambres ont été rénovées avec goût et confort dans le style ancestral. Vous pourrez visiter l'atelier de parfums du propriétaire.

CENTRE

Montipouret - Indre (36)

★St-Chartier Festival, George Sand's house, Nohant, Sarzay Château, Moulin d'Angibault water mill. Bathing 35 km. Swimming pool 12 km. Horse-riding 8 km. Golf course 20 km. Fishing 2 km.

*★ **How to get there:** Between La Châtre and Châteauroux on D943. Follow signs for "'La Brande". Michelin map 323.*

If you're looking for complete tranquillity and rest, away from the hustle and bustle of everyday life, Maison Voilà is the place for you. This charming, rustic farmhouse, featuring period furniture, has been beautifully appointed to welcome guests.

Maison Voilà TH
La Brande - 36230 Montipouret
Tél. 02 54 31 17 91 ou 06 24 76 57 61
Fax 02 54 31 17 99
Email : maisonvoila@yahoo.com
Ingrid Pluylaar

1 pers. 35/50 € - 2 pers. 80 € - 3 pers. 120 € - repas 25 €

3 chambres avec sanitaires privés, TV et terrasse. Ouvert toute l'année. Petit déjeuner : croissants, fromages, marmelade, yahourts, miel, jus d'orange... T. d'hôtes : grande variété de viandes et poissons. Salle à manger avec cheminée, salle de jeux, billard. Jardin, parc 1 ha. Tennis. Jardin d'hiver, jacuzzi. ★ Festival St-Chartier, maison George Sand, Nohant, château Sarzay, moulin d'Angibault... Baignade 35 km. Piscine 12 km. Equitation 8 km. Golf 20 km. Pêche 2 km. **Accès :** entre la Châtre et Châteauroux (D943), suivre les panneaux "La Brande". CM323.

Vous recherchez le calme absolu et la détente réparatrice, alors n'hésitez plus, venez nous rejoindre dans cette charmante fermette rustique avec des meubles de style, et aménagée avec beaucoup de charme.

Montliard - Loiret (45)

★On the edge of Orléans Forest and 100 km from Paris. Tennis, swimming, golf and horse-riding. The Loire, Sully and Chamerolles 20 min.

*★ **How to get there:** 100 km south of Paris, on D44. 5 km from Bellegarde (N60) and 2 km from Boiscommun.*

This listed Renaissance château has been in the same family since 1384. Surrounded by a moat, it is set on a magnificent, leafy 14-hectare estate. The four spacious and very comfortable, elegantly appointed bedrooms feature fine period furniture. Enjoy the myriad charms of this blissful, authentic spot.

Château TH
5, route de Nesploy - 45340 Montliard
Tél. 02 38 33 71 40 - Fax 02 38 33 86 41
Email : a.galizia@infonie.fr
www.france-bonjour.com/montliard/
Annick Galizia

1 pers. 56/80 € - 2 pers. 65/87 € - p. sup. 15 € repas 21/31 €

2 chambres et 1 suite avec sanitaires privés. Ouvert tou l'année (l'hiver sur réservation). Petit déjeuner : comp tes, laitages, viennoiseries, fruits. TV, jeux. Salon de jard Parc de 14 ha. Bicyclettes, pêche, tennis de table. ★ lisière de la forêt d'Orléans et à 100 km de Paris. A 20 de La Loire, de Sully et de Chamerolles. Tennis, pisci golf, équitation à proximité **Accès :** à 100 km au sud Paris, sur la D44, à 5 km de Bellegarde (N60) et à 2 de Boiscommun.

Ce château Renaissance qui est inscrit à l'inve taire des Monuments Historiques appartient la même famille depuis 1384. Entouré de douves est situé sur un magnifique domaine boisé 14 ha. 3 chambres spacieuses et confortables, a mobilier d'époque vous sont réservées. Un lieu séjour calme et authentique qui ne manquera de vous séduire.

Montlouis - Cher (18)

NOUVEAUTÉ

Tennis 7 km. Horse-riding and canoeing 5 km. Golf 30 km. Hiking locally.

★ ***How to get there:*** *From Paris take A71 then A20 direction Limoges-Toulouse, exit n°12 and direction Lignières, take D940 direction Châteauneuf-sur-Cher.*

Set in wooded grounds with centuries-old trees, le Domaine de Varennes is a listed medieval farm, an 18th-century mansion house and a large building in which 5 luxurious bedrooms are available. The huge private pool, outside activities and deckchairs will allow you to relax in style.

Domaine des Varennes TH
18160 Montlouis
Tél./Fax 02 48 60 11 86
Email : lumet.varennes@wanadoo.fr
http://perso.wanadoo.fr/lumet-varennes
Anne et Michel Lumet

2 pers. 65/95 € - repas 25 €

5 chambres (3 doubles et 2 quadruples), avec sanitaires privés. Ouvert toute l'année. Petit déjeuner amélioré. Table d'hôtes gourmande (sur réservation). Billard français, baby-foot. Parc, jardin paysager, grande terrasse couverte. Piscine chauffée (14 x 6). Petit étang. Poss. panier pique-nique. Restaurant 5 km. ★ Tennis 7 km. Equitation et canoë 5 km. Golf 30 km. Randonnées sur place. **Accès :** de Paris A71 puis A20 dir Limoges-Toulouse, sortie n°12 et dir. Lignières. De Lignières, prendre la D940 dir. Châteauneuf-sur-Cher.

Dans un parc aux arbres centenaires, le Domaine de Varennes se compose d'une ferme médiévale classée, d'un manoir du XVIIIe siècle et d'un grand bâtiment dans lequel sont aménagées 5 chambres de grand confort. La grande piscine, les jeux extérieurs et les transats vous permettront de vous détendre.

Montrésor - Indre et Loire (37)

iscover the châteaux and many attractions of the Touraine on.

Iow to get there: *A10, Amboise-Château-Renault exit. 1 for Amboise, Bléré, St-Quentin/Indrois. Left for Genillé 0) and Montrésor. Le Moulin is on right as you enter ntrésor coming from Chemillé.*

veen Chenonceaux and Valençay, Moulin de Montrésor is of a small number of bed and breakfasts in this charming let, dubbed the "most beautiful village in France", which over the Polish aristocracy in its day. It is therefore quite ral for the current owners to provide the elegance and ement worthy of one of their ancestors.

Le Moulin
37460 Montrésor
Tél. 02 47 92 68 20 - Fax 02 47 92 74 65
Tél. SR 02 47 27 56 10
Email : alain.willems@wanadoo.fr
Alain et Sophie Willems de Laddersous

1 pers. 52/57 € - 2 pers. 57/62 € - p. sup. 16 €

4 chambres spacieuses dont 2 avec bains, 2 avec douche, et wc privés. Grand salon et séjour à la disposition des hôtes. Exceptionnel : à l'intérieur, un sol de verre avec vue sur le bief. Parking. Piscine privée. Réduction 10 % à partir de 4 nuits. ★ Découverte de la Touraine et de ses châteaux. **Accès :** A10 sortie Amboise-Château-Renault. D31 vers Amboise, Bléré, St-Quentin/Indrois. Tourner à gauche vers Genillé (D10) et Montrésor. Moulin à droite à l'entrée de Montrésor en venant de Chemillé.

Entre Chenonceaux et Valençay, le moulin de Montrésor, constitue l'une des rares maisons d'hôtes de ce "plus beau village de France", qui conquit en son temps, l'aristocratie polonaise. On ne s'étonnera donc pas de trouver chez les propriétaires de ce lieu, le raffinement et l'élégance de l'une de leurs descendantes.

Monts - Indre et Loire (37)

GR hiking path 50 m. Balzac's house and museum 7 km. Azay-le-Rideau, Langeais, Villandry and Luynes Châteaux 15 km. Tours city centre 15 km. 18-hole golf course at Ballan-Miré 6 km. Chinon, Loches and Chenonceau 30 km.

★ ***How to get there:*** *A10, exit 24 for Joué-les-Tours. N585, first exit and head for Monts on D86. Negotiate 3 roundabouts and take 2nd turning on the right. La Tourainière is on your left 2 km on.*

A warm welcome awaits you at this characterful U-shaped Touraine residence, dating from 1826 and set around a vast terrace with swimming pool. The spot is a haven of peace and quiet for a relaxing break. Your hosts, Pascale and Serge, will do their utmost to ensure that you come back time and time again to explore the many treasures of Touraine.

La Tourainière TH
Les Gasniers - 37260 Monts
Tél. 02 47 34 99 68 - Fax 02 47 26 60 66
Email : la.tourainiere@wanadoo.fr
www.la-tourainiere.com
Pascale Mesnard

1 pers. 60 € - 2 pers. 72 € - 3 pers. 85 € - repas 23 €

3 grandes chambres, toutes avec sanitaires privés. Salle de détente avec cuisine d'été ouvrant sur la piscine privée. Parc arboré de 1 ha clos. Location VTT. Remise 10 % à partir de 5 nuits (sauf juillet et août et longs week-ends). T. d'hôtes sur résa. (mercredi et dimanche soir). ★ GR3 à 50 m. Maison de Balzac à 7 km. Châteaux de Azay-le-Rideau, Langeais, Villandry et Luynes à 15 km. Tours centre à 15 km. Golf 18 trous de Ballan-Miré à 6 km. Chinon, Loches et Chenonceau à 30 km. **Accès :** A10 sortie 24 dir. Joué-les-Tours. Puis sur N585, 1re sortie suivre Monts sur la D86. Passer 3 rond-points et prendre le 2e chemin à droite. La Tourainière est sur votre gauche à 2 km.

Vous serez accueillis chaleureusement dans une maison tourangelle de 1826, pleine de caractère, et implantée en U autour d'une vaste terrasse avec piscine, signe de détente et de calme absolu pour cette maison d'hôtes. Pascale et Serge feront tout pour faire de votre séjour une invitation à revenir et découvrir les richesses de la Touraine.

Nançay - Cher (18)

**Nançay: art galleries, antique dealers, radio astronomy station. Swimming pool, horse-riding and canoeing 12 km. Tennis and hiking locally. Golf course 1 km.*

★ ***How to get there:*** *In the village, take D29 for Souesmes. The house is on the left almost opposite the town hall (Mairie).*

Your hostess Arlette, a talented artist, extends a warm welcome at her handsome early-20th-century mansion, set in a famous Sologne village. She will be happy to share her love of music, philosophy and gastronomy with you, and delight you with her fine table d'hôtes cuisine and themed evenings.

Les Crocus TH
7, rue du Grand Meaulnes - 18330 Nançay
Tél. 02 48 51 88 28
Email : lescrocus@cario.fr
www.lescrocus.com
Arlette Gueru

1 pers. 54 € - 2 pers. 54 € - p. sup. 15 € - repas 23 €

4 chambres doubles avec sanitaires privés. Ouvert tou l'année. Copieux petit déjeuner. T. d'hôtes : découve des spécialités de Nançay et sa région. Salle à mang salon, bibliothèque, fumoir, galerie de peinture. Terr engazonnée et fleuri, espaces (repas, détente, enfan ★ Nançay : nombreuses galeries d'art, nombreux ar quaires, station radio astronomie. Piscine, équitation canoë à 12 km. Tennis et randonnées sur place. Go 1 km. **Accès :** au centre du bourg, prendre la D29 dir tion Souesmes. La maison est sur la gauche presque face la mairie.

Au cœur d'un bourg solognot réputé, Arle artiste, vous accueillera chaleureusement dans belle maison bourgeoise du début du XXe siècle vous fera partager son amour de la musique, d philisophie et de la gastronomie. Elle vous pro sera une table d'hôtes très soignée ainsi que soirées à thème.

Nançay - Cher (18)

★In the village: radio astronomy station, planetarium, Cappaza Gallery, adventure park. Tennis, fishing and golf locally. Swimming and horse-riding 12 km. Sailing 14 km.

*★ **How to get there:** In the village, at the junction of the Salbris and Vierzon roads.*

This delightful manor house is situated in the centre of Nançay, a village famous for its artists and antique dealers, between Sologne and the châteaux of the Loire. Elegant interior with period furniture, rugs, paintings and objets d'art. The bedrooms are quite simply superb, featuring personalised, thoughtful appointments. A pretty, shaded walled flower garden blissfully enhances this fine residence's great charm. Not to be missed.

Les Meaulnes
2, rue de Vierzon - 18330 Nançay
Tél./Fax 02 48 51 14 27 ou 02 48 51 82 29
René-Gérard Blanchard

1 pers. 70 € - 2 pers. 84/114 € - 3 pers. 114 €

4 chambres 2 pers., 1 chambre 1 pers. et 1 chambre 3 pers., avec bains et wc privés. Ouvert du 15.03 au 15.02 (fermé les lundis et les mardis). Grand séjour-salon avec cheminée. Jardin clos ombragé et fleuri. Restaurants dans le village. ★ Dans le village : station de radioastronomie, planétarium, galerie Cappaza, aventure parc... Tennis, pêche, golf sur place. Piscine, équitation 12 km. Voile 14 km. **Accès :** au centre du village, à l'angle des routes de Salbris et Vierzon.

Entre Sologne et châteaux de la Loire, ravissante gentilhommière située dans le centre de Nançay, village d'artistes et d'antiquaires. Intérieur raffiné (meubles d'époque, tapis, tableaux et objets). Superbes chambres avec une décoration choisie et personnalisée. Le joli jardin clos, ombragé et fleuri complète avec harmonie le charme de cette belle demeure.

Nazelles-Négron - Indre et Loire (37)

Châteaux of the Loire Valley. Hiking locally. Fishing 500 m. orse-riding 6 km. Golf 9 km. Mini-Châteaux Park, Clos ucé (Leonardo da Vinci lived and worked here from 1516 til his death in 1519).

How to get there: A10, Amboise/Château-Renault exit, d D31 for Amboise. Right for D1 dir. Pocé-sur-Cissé and azelles. To the right of the town hall (Mairie), take hill road ue Tue la Soif).

ten coveted for its panoramic vantage point over the Loire lley and for its human dimension, Château de Nazelles has n restored to pristine splendour by its new owners, Olivier l Véronique, who were probably inspired by Italy, where they d to live. This gracious residence features a series of Italian aces, affording wonderful views of the majestic Loire, as do lounge and bedrooms.

Château de Nazelles
16, rue Tue la Soif - 37530 Nazelles-Négron
Tél./Fax 02 47 30 53 79
Email : info@chateau-nazelles.com
www.chateau-nazelles.com
Olivier et Véronique Fructus

2 pers. 90/115 €

3 chambres 2 pers. (dont 1 dans dépendance) et 1 suite troglodytique (200/220 €/4 pers.) avec bains et wc privés. Demeure du XVIe construite par Thomas Bohier (constructeur et 1er propriétaire de Chenonceau) classée Monument Historique. Grand salon. Parc, terrasses et piscine (creusée en partie dans le roc). ★ Amboise 3 km. Châteaux de la Vallée de la Loire. Randonnée sur place. Pêche 500 m. Equitation 6 km. Golf 9 km. Parc des mini-châteaux, le Clos Lucé (Léonard de Vinci). **Accès :** A10 sortie Amboise/Château-Renault, D31 vers Amboise. A droite sur la D1 vers Pocé-sur-Cisse puis Nazelles. Place de la mairie à droite, vers le coteau (rue Tue la Soif).

Souvent convoitée pour sa situation sur la vallée de la Loire et pour sa dimension humaine, le château de Nazelles revit désormais grâce à ses récents acquéreurs, Olivier et Véronique, inspirés dans leur choix, par l'Italie où ils résidèrent. En effet, cette gracieuse demeure offre une succession de terrasses à l'italienne d'où l'on embrasse La Loire.

Néron - Eure et Loir (28)

NOUVEAUTÉ

**Maintenon Château, Bois Richeux medieval garden. Signposted hiking trails. Horse-riding centre 1 km. Golf 5 km. Microlight base 2 km. Gym 1 km. Hot-air balloon rides and pony club close by.*

★ ***How to get there:*** *From Paris take A13 towards Rouen and go through the St-Cloud tunnel. At the Rocquencourt triangle junction, follow A12. Once at bois d'Arcy, take the N12, direction Dreux.*

A stone's throw from Maintenon, in a pretty village in the Eure Valley, Françoise and François welcome you warmly to their stately farmhouse. The former sheepfold, that dates back as far as the 17th century, has been converted into a wonderful guest room with a tranquil and relaxing ambience. The sober and refined decoration is in keeping with the property's style and history.

La Ferme au Colombier
2, rue d'Ormoy - 28210 Néron
Tél. 02 37 82 74 85 - Tél./Fax 02 37 82 59 88
Tél. 06 15 34 46 61
www.ferme-au-colombier.com
Françoise et François Lhopiteau

1 pers. 40 € - 2 pers. 50 € - 3 pers. 60 €

1 chambre (1 lit 1 pers. d'appoint.) avec sanitaires privés et accès apr escalier extérieur. Ouvert toute l'année. Petit déjeuner : viennoiseries, toasts pain bio, confitures bio, œufs coques, céréales, orange pressée... Cour. Vélos à disposition. Restaurants à Maintenon et Nogent-le-Roi. ★ Château de Maintenon, jardin médiéval de Bois Richeux. Chemins de randonnée balisés. Centre équestre 1 km. Golf 5 km. Base ULM 2 km. Salle de musculation 1 km. Mongolfière et poney-club à proximité. **Accès :** de Paris prendre A13 dir. Rouen, passer le tunnel de St-Cloud. Au triangle de Rocquencourt suivre l'A12. A la hauteur de Bois d'Arcy, prendre N12 dir. Dreux.

A proximité de Maintenon, dans un joli bourg de la Vallée de l'Eure, Françoise et François vous accueillent dans leur ferme seigneuriale. Ils ont aménagé dans l'ancienne bergerie du XVIIe siècle, une chambre d'hôtes baignant dans une atmosphère reposante. Décoration sobre mais raffinée où l'authenticité des lieux est superbement préservée.

Neuillay-les-Bois - Indre (36)

NOUVEAUTÉ

CENTRE

**La Brenne Regional Park, Bouchet Château, abbey, Georges Sand museum, La Haute Touche Park... Horse-riding 8 km. Fishing 6 km. Swimming pool 15 km. Cinema 20 km. Guided nature trails 10 km.*

★ ***How to get there:*** *1 km from the little village of Claise, between Châteauroux and Méziers-en-Brenne (D925). The house is quite isolated. Michelin map 323.*

This vast estate in the Brenne Natural Park is a haven of peace and serenity set amongst trees and meadows. A living room is set aside for you to relax in and there is a terrace and patio for you to use. Staying here puts you in an ideal location for hiking in the Lancosme Forest and for exploring la Brenne.

Garambault
36500 Neuillay-les-Bois
Tél. 02 54 39 44 52
Email : garambault@wanadoo.fr
Marie Blanchet

1 pers. 48/58 € - 2 pers. 50/60 € - 3 pers. 75 €

4 chambres avec sanitaires privés. Ouvert toute l'anné Petit déjeuner : jus d'orange, brioche, pain grillé, yaourt miel, confitures maison... Salon avec cheminée. Parc c 30 ha et bois. Auberge à 1 km. ★ Parc régional de Brenne, château du Bouchet, abbaye, musée Georg Sand, parc de la Haute Touche... Equitation 8 km. Pêc 6 km. Piscine 15 km. Cinéma 20 km. Sortie nature av guide 10 km. **Accès :** à 1 km du petit village de Clais entre Châteauroux et Méziers-en-Brenne (D925 Maison très isolée. CM323.

Dans le parc naturel de la Brenne, vous appréci rez le calme et la sérénité de ce vaste domain situé au cœur des bois et des prés. Une salle séjour vous est réservée pour vos moments détente ainsi qu'une terrasse avec salon de jard Vous bénéficierez d'une situation exceptionne pour randonner en forêt de Lancosme et découv la Brenne.

Nevoy - Loiret (45)

Sainte-Barbe
45500 Nevoy
Tél. 02 38 67 59 53
Email : annielelay@aol.com
www.france-bonjour.com/sainte-barbe/
Annie Le Lay

1 pers. 40 € - 2 pers. 65 € - 3 pers. 80 € - p. sup. 18 €

2 chambres 2 pers. avec bains ou douche et wc privés et 1 chambre 1 pers. avec douche et wc privés. Ouvert toute l'année sur réservation. Possibilité assiette anglaise 10 € (sur réservation). Jardin, parc. Tennis et piscine sur place. Restaurants à Gien (2 km). ★ A Gien (2 km) : faiencerie et musée. Musée de la chasse. **Accès :** en arrivant à Gien, prendre Gien nord et suivre la D44 dir. de Lorris. Le lieu-dit de Sainte-Barbe se situe 2e route à gauche.

A proximité de la forêt d'Orléans et de la Sologne, une étape de charme dans une demeure de caractère. Les chambres donnant sur le jardin sont raffinées et décorées de meubles anciens. Un salon avec cheminée est réservé aux hôtes. Un accueil chaleureux et de savoureux petits déjeuners vous attendent.

★Gien 2 km: Earthenware Museum and factory. Hunting Museum.

★ ***How to get there:*** *When you get to Gien, Gien-Nord and head for Lorris on D44. "Sainte Barbe" is the 2nd road on the left.*

Close to the Orléans and Sologne Forests, you will find this charming residence full of character. The bedrooms, looking out onto a garden, are refined and appointed with period furniture. Relax in the lounge with fireplace. A warm welcome and delicious breakfasts await your arrival.

Oinville-sous-Auneau - Eure et Loir (28)

NOUVEAUTÉ

2, rue des Prunus - Cherville -
28700 Oinville-sous-Auneau
Tél. 02 37 31 72 80 ou 06 22 05 91 02
Fax 02 37 31 38 56
Email : info@cherville.com - www.cherville.com
Caroline Lethuillier

1 pers. 45/52 € - 2 pers. 52/57 € - 3 pers. 65/70 €

4 chambres avec sanitaires privés et tél. à carte. Ouvert toute l'année. Petit déjeuner : jus d'orange, yôhourts, céréales, viennoiseries ou gâteau maison ou crèpes, confitures maisons... Jeux de société. Cour, jardin. Vélos sur réservation. Restaurants à Auneau (5 km) et Chartres (18 km). ★ Chartres avec sa cathédrale 15 mn, château de Maintenon 25 mn, Félins d'Aureau 5 mn. Moulins de Beauce, route du Blé. Tennis, piscine et équitation 5 km. Pêche 3 km. ULM 6 km. **Accès :** prendre A11, sortie Ablis avant Chartres, dir. Auneau.

Au calme de notre ferme beauceronne du XIXe siècle, nous vous accueillons et vous proposons le confort de 4 chambres personnalisées. Vous savourerez votre petit déjeuner dans une ancienne étable au décor authentique. Endroit idéal pour visiter Chartres, faire une halte sur la route de la Bretagne ou tout simplement pour découvrir la route du Blé.

Chartres and Chartres Cathedral 15 mins, Maintenon âteau 25 mins, Félins d'Aureau 5 mins. Beauce mills, route Blé. Tennis, swimming pool and horse-riding 5 km. Fishing km. Microlight base 6 km.

How to get there: *Take the A11, exit Ablis before Chartres, ection Auneau.*

the peace and quiet of this Beauce farm-house that offers personlised and comfortable bedrooms, you will receive a m and hearty welcome. Breakfasts are served in the former bles, that have been fully renovated and boast beautiful décor. ideal base for a visit to Chartres, a stop en route for Britanny ven just to explore the route du Blé.

CENTRE

Pernay - Indre et Loire (37)

L'Hérissaudière
37230 Pernay
Tél. 02 47 55 95 28 ou 06 03 22 34 45
Fax 02 47 55 97 45
www.herissaudiere.com
Claudine Detilleux

1 pers. 100/110 € - 2 pers. 110/130 € - 3 pers. 135/145 € - p. sup. 15 €

5 chambres spacieuses et chaleureuses : 2 ch. avec lits jumeaux et 3 suites avec lits king size et petite chambre/salon, toutes avec mobilier ancien, salle de bains et wc privés. Feu de bois, bibliothèque. Terrasses fleuries, piscine chauffée, tennis, ping-pong. ★ 4 golfs 18 trous, poney-club et centre équestre à proximité. Location de vélos sur place. **Accès :** A10 sortie Tours-nord, dir. Tours, puis prendre la rocade nord en dir. d'Angers/Le Mans. De La Membrolle-sur-Choisille, D959 vers Angers et Château-la-Vallière. Tourner à gauche (D48) vers Pernay.

Dans cet ancien relais de chasse de Diane de Poitiers remanié au Directoire et niché dans un parc de 7 ha aux essences rares, vous pourrez visiter les sites historiques, discuter art et histoire ou bien vous reposer ou pratiquer les sports de votre choix. Vous serez guidés pour cela par Claudine Detilleux dont vous apprécierez les conseils.

★Four 18-hole golf courses, pony club and horse-riding centre nearby. Bikes for hire locally.

*★ **How to get there:** A10, Tours-Nord exit for Tours. Take northbound bypass (Rocade Nord) for Angers/Le Mans. From Membrolle-sur-Choisille, D959 for Angers and Château-la-Vallière. Turn left (D48) for Pernay.*

L'Hérissaudière, Diane de Poitiers's hunting lodge, was remodelled during the Directoire. The residence is set in a seven-hectare park graced with rare essences. You will enjoy visiting the many places of historical interest, discussing art and history, playing sports or simply resting. Your hostess, Claudine Detilleux, will be happy to guide you.

Pruniers - Indre (36)

Le Moulin de Palbas TH
36120 Pruniers
Tél./Fax 02 54 49 13 01
Email : info@palbas.com
Everard Geurtsen

1 pers. 60 € - 2 pers. 60 € - 3 pers. 95 € - repas 19.50 €

3 chambres et 1 suite avec sanitaires privés. Ouv. du 15. au 15.11 (sauf groupes). Petit déjeuner : croissants, conf tures maison, lait et œufs frais... T. d'hôtes : spécialit régionales et internationales. Piano, biblio., TV, coin-jeu jeux société. Jardin, terrain 33 ha. Vélos, étang, p-pon ★ Jardins médiévaux d'Orsan, Noirlac, festivals de S Chartier, musée St-Roch à Issoudun, la Prée... Baigna 30 km. Equitation 5 km. Pêche 100 m. Golf 10 k Tennis 5 km. **Accès :** prendre la D925 Châteauroux-S Amand. A Pruniers, prendre dir. Chezal Benoît et suiv les panneaux "Palbas". CM323.

Un accueil chaleureux dans ce magnifiq domaine du XVIe siècle, sur 33 ha de lande, forêt et d'eau. Calme et repos à volonté dans cadre naturel exceptionnel où de nombreuses ac vités vous sont proposées : vélos, balades, aire jeux, chevaux, baby-foot, tennis de table. Les pe déjeuners "nature" vous mettront en forme pou journée.

Medieval Orsan Gardens. Noirlac, St-Chartier festivals, St-Roch Museum at Issoudun. La Prée Cistercian Abbey. Bathing 30 km. Horse-riding 5 km. Fishing 100 m. Golf course 10 km. Tennis court 5 km.

*★ **How to get there:** Take D925, Châteauroux-St-Amand. At Pruniers, head for Chezal Benoît and follow signs for "Palbas". Michelin map 323.*

A warm welcome awaits you at this superb 16th-century property, in 33 hectares of moors, forests and streams. This outstanding natural setting beckons rest and relaxation, or enjoy the wide range of activities on offer: cycling, walking, games, horse-riding, table football and table tennis. The "all-natural" breakfasts are the perfect way to start the day.

Quincy - Cher (18)

NOUVEAUTÉ

★*Between Bourges and Vierzon, Quincy is a vineyard village on the banks of the Cher. Swimming pool 5 km. Horse-riding 10 km. Canoeing 4 km. Golf 15 km. Hiking and tennis locally.*

★ ***How to get there:** In the village, access by the porch at the end of the road, to the left of "la place de la mairie" (the town hall square).*

La Bergerie is an old Berry farmhouse, typical of the 17th-century, that has kept all its buildings and its yesteryear charm. Superbly restored and located in a green, leafy setting where peace and quiet are the watchwords, this is an excellent stop at the heart of the vineyards.

La Bergerie de Quincy
18120 Quincy
Tél./Fax 02 48 51 14 88 ou 06 22 24 34 37
Email : paulponroy@wanadoo.fr
www.bergerie-quincy.com
Paul Ponroy

1 pers. 58/65 € - 2 pers. 68/75 €

1 chambre et 2 suites avec sanitaires privés, TV, téléphone et internet. Ouvert toute l'année. Petit déjeuner copieux et amélioré. Parc, pêche et randonnées. Restaurant dans le village. ★ Entre Bourges et Vierzon, Quincy est un village de vignerons sur les rives du Cher. Piscine 5 km. Equitation 10 km. Canoë 4 km. Golf 15 km. Randonnées et tennis sur place. **Accès :** dans le bourg, accès par le porche au bout de la rue, à gauche de la place de la mairie.

La Bergerie est une ancienne ferme berrichonne typique du XVIIe siècle, qui a conservé tous ses bâtiments et son charme d'autrefois. Magnifiquement restaurée et située dans une verdure où le calme invite au repos. Halte de charme sur la route des vignobles.

Rians - Cher (18)

Fishing, tennis and swimming pool in the vicinity. Footpaths, golf courses (20 km and 30 km). Bourges, Sancerre, châteaux of the Jacques Cœur Route.

★ ***How to get there:** From Bourges, N151 for La Charité, then D46 for Les Aix d'Angillon and turn right before Rians fork.*

Yves and Odile Proffit are your hosts at this family mansion situated on a farm, at the gateway to Sancerre. Set in verdant, peaceful surroundings, the atmosphere is both restful and comfortable. A living room-cum-dining room with kitchen area available for guests' use.

La Chaume TH
18220 Rians
Tél. 02 48 64 41 58 - Fax 02 48 64 29 71
Email : proffityve@aol.com
www.domaine-la-chaume.com
Yves et Odile Proffit

1 pers. 35 € - 2 pers. 48 € - p. sup. 20 € - repas 20 €

4 chambres, chacune avec douche et wc. Ouvert toute l'année. Table d'hôtes sur réservation sauf le dimanche. Prêt de vélos. Restaurants à 4 km. (Réduction pour plus de 3 nuits). Chèques vacances acceptés. ★ Pêche, tennis et piscine à proximité. Sentiers pédestres, golfs (20 et 30 km). Bourges, Sancerre, châteaux de la route Jacques Cœur. **Accès :** de Bourges, N151 vers la Charité puis D46 direction les Aix d'Angillon et à droite avant l'embranchement vers Rians.

Aux portes du Sancerrois, dans un cadre de verdure et de calme, M. et Mme Proffit vous recevront dans leur maison de maître située sur une exploitation agricole. L'atmosphère est reposante et confortable. A votre disposition, un séjour/salon ainsi qu'un coin-cuisine.

Richelieu - Indre et Loire (37)

1, rue Jarry - Angle place des Religieuses - 37120 Richelieu
Tél./Fax 02 47 58 10 42
Tél. SR 02 47 27 56 10
Marie-Josèphe Leplatre

1 pers. 49 € - 2 pers. 63 € - 3 pers. 79 €

4 chambres, dont une située dans une dépendance, toutes avec bains ou douche et wc. Ouvert toute l'année. Restaurants dans la ville. Jardin d'hiver réservé aux hôtes. ★ Ste-Chapelle de Champigny-sur-Veude 5 km, Chinon 19 km, château de la Roche-du-Maine 12 km. Train à vapeur (Richelieu-Chinon). Futuroscope 45 km. Piscine, pêche, tennis, forêt 500 m. Château du Rivau à 12 km. **Accès :** autoroute sortie Sainte-Maure (60 km sud-ouest de Tours). D760 jusqu'à Noyant puis D757. A l'angle place des Religieuses et rue Jarry.

La propriété de Mme Leplatre se compose d'un hôtel particulier et de dépendances, délimités par plusieurs petits jardins dessinés à la française. Hôtesse charmante, elle propose à ses hôtes un séjour de tradition dans des chambres joliment meublées. Le petit déjeuner copieux et original est servi dans une belle vaisselle.

★Sainte-Chapelle de Champigny-sur-Veude (chapel) 5 km. Medieval city of Chinon 19 km. Roche-du-Maine Château 12 km. Richelieu-Chinon steam train. Futuroscope 45 km. Swimming pool, fishing, tennis, forest 500 m. Rivau Château 12 km.

*★ **How to get there:** Motorway, Sainte-Maure exit (60 km southwest of Tours). D760 to Noyant, then D757. At the corner of Place des Religieuses (square) and Rue Jarry.*

Madame Leplatre's property comprises a private mansion and a number of outbuildings, surrounded by small French formal gardens. A charming hostess offering guests traditional stays in comfortable, attractively furnished rooms. The mouthwatering, hearty breakfasts are highly original and served on beautiful crockery.

Richelieu - Indre et Loire (37)

6, rue Henri Proust - 37120 Richelieu
Tél./Fax 02 47 58 29 40
Tél. SR 02 47 27 56 10
Email : lamaisondemichele@yahoo.com
www.lamaisondemichele.com
Michèle Couvrat-Desvergnes

1 pers. 75 € - 2 pers. 90 € - p. sup. 15 €

4 chambres à l'étage avec vastes et luxueuses salles d bains et wc privés : 2 ch. twin + 2 ch. doubles ave grand lit (160 x 200). Possibilité lit suppl. Grand salo pour les hôtes. Parking intérieur + garage. Grand jardi clos avec mobilier de jardin. ★ A proximité c Châtellerault et du Futuroscope de Poitiers. Château c Chinon à 20 km. Saumur et Azay-le-Rideau. **Accès** 55 km au sud-ouest de Tours. Autoroute A10 sort Sainte-Maure-de-Touraine puis D760 et D58 ve Richelieu.

Dans son écrin architectural que constitue la vi de Richelieu, bâtie au XVIIe siècle, cette demeu directoire (début XIXe) est un joyau qui contras avec l'austérité de la ville ; elle possède le pl grand jardin intérieur de Richelieu. Mme Couvra Desvergnes a recréé un somptueux décor q révèle un raffinement extrême.

★Close to Châtellerault and Futuroscope New Technologies Museum (Poitiers). Château de Chinon 20 km. Saumur and Azay-le-Rideau.

*★ **How to get there:** 55 km southwest of Tours. A10 motorway, Sainte-Maure-de-Touraine exit, then D760 and D58 for Richelieu.*

In the architectural treasure chest of the 17th-century town of Richelieu, this early-19th-century Directoire residence is a jewel which contrasts with the town's austerity. It boasts Richelieu's largest indoor garden. Madame Couvrat-Desvergnes has recreated a sumptuous décor to achieve the peak of refinement.

St-Aignan-sur-Cher - Loir et Cher (41)

*In the heart of château country, medieval city on the banks of the Cher. River cruises. Shows at Cheverny, Chambord, Blois. Bathing, swimming pool, fishing, tennis, sailing, canoeing, hiking paths. Zoological gardens.

★ **How to get there:** *35 km south of Blois, in the town centre. Michelin map 318, fold F8.*

This elegant early-19th-century white-stone family mansion, ablaze with flowers, offers a panoramic view of the château. The residence is set amid a pretty French formal garden. The bedrooms are attractively decorated with period furniture.

Le Sousmont
66, rue Maurice Berteaux -
41110 Saint-Aignan-sur-Cher
Tél./Fax 02 54 75 24 35
Geneviève Besson

2 pers. 60 € - p. sup. 18 €

3 chambres et 1 suite, toutes avec sanitaires privés. Ouvert toute l'année. Petit déjeuner très copieux avec confitures maison, fruits de saison, oeufs... Bibliothèque, téléphone et TV à disposition. Nombreux restaurants à proximité. ★ Au cœur des châteaux, cité médiévale au bord du Cher. Croisières fluviales. Spectacles à Cheverny, Chambord, Blois. Baignade, piscine, pêche, tennis, voile, canoë et sentiers. Parc zoologique. **Accès :** au sud de Blois, à 35 km en centre ville. CM318, pli F8.

Grande demeure bourgeoise en pierres blanches du début du XIXe siècle, couverte de fleurs avec une vue panoramique sur le château. Elle est entourée d'un beau jardin à la Française. Les chambres sont joliment décorées avec un mobilier ancien de style.

St-Bauld - Indre et Loire (37)

Halfway between Tours and Loches 25 km. Chenonceau and Cher Valley 30 km. Azay-le-Rideau 45 km.

How to get there: *A10, Tours-Sud/Chateauroux exit, then N143 for Loches. At Cormery exit, turn right for Tauxigny (D82), then St-Bauld. The millhouse is at the entrance to St-Bauld.*

Moulin du Coudray is a long building covered in time-honoured tiling, nestling in extensive grounds in the heart of a small valley. The mill boasts an exceptionally attractive exterior with lake, vast terrace and lofty willows. Discreet, attentive hospitality. Ideal for weekend breaks.

Le Moulin du Coudray TH
37310 Saint-Bauld
Tél./Fax 02 47 92 82 64 ou 06 67 20 02 17
Email : sylvie.peria@free.fr
www.lemoulinducoudray.fr.st
Sylvie Péria

1 pers. 46 € - 2 pers. 58/62 € - 3 pers. 77 € - p. sup. 15 € - repas 23 €

4 chambres avec bains et wc privés dont 3 avec bains et douche. Salon réservé aux hôtes. Salle de gymnastique. Parking, parc de 3 ha. avec pièces d'eau. Ouvert toute l'année. Table d'hôtes les samedi, dimanche, lundi et jours fériés (sur réservation uniquement). ★ A mi-chemin entre Tours et Loches (25 km). Chenonceau et val de Cher à 30 km. Azay-le-Rideau à 45 km. **Accès :** A10 sortie Tours-sud/Chateauroux puis N143 vers Loches. A la sortie de Cormery, à droite jusqu'à Tauxigny (D82) puis St-Bauld. Le moulin est juste à l'entrée.

Le Moulin du Coudray est une longue batisse couverte de tuiles anciennes, nichée dans un vallon que seul un vaste parc pouvait abriter. Le cadre extérieur constitue un attrait exceptionnel avec le plan d'eau, l'immense terrasse et les saules altiers. Accueil discret et attentionné. Une adresse à ne pas manquer pour vos week-ends.

CENTRE

St-Denis-sur-Loire - Loir et Cher (41)

La Malouinière
1, rue Bernard Lorjou -
41000 Saint-Denis-sur-Loire
Tél./Fax 02 54 74 62 56
www.la-malouiniere.com
Edith de Saint-Léger

1 pers. 75 € - 2 pers. 100/125 € -
3 pers. 125/145 € - p. sup. 10 €

3 chambres et 1 suite, toutes avec bains et wc privés. Ouvert du 15.03 au 31.12. Petit déjeuner : viennoiseries, yaourts, palets solognots ou autres pâtisseries, confitures, jus de fruit... Salon. Billard. Jardin et parc 1,3 ha avec piscine. Parking. Restaurant "Le Grand Atelier" sur place et sur rés. ★ Châteaux de Blois, Chambord, Beauregard, Cheverny, Talcy... Circuit touristique pédestre ou à vélo. Sentiers sur place. Pêche 1 km. Sports nautiques 2 km. Tennis, équitation 3 km. Golf 15 km. **Accès :** A10 sortie Mer puis N152 vers Blois. Tourner à "Tousalon", rue de la Loire puis rue de l'Eglise. CM318, pli F6.

A proximité de Blois, la Malouinière est l'ancienne demeure du peintre Bernard Lorjou. La douce lumière sur ses toits d'ardoises, le parc et la piscine sont une invitation au bonheur de vivre. 4 chambres alliant charme et grand confort, salon, billard et salle à manger; vous accueillent pour des moments de parfaite détente près des châteaux de la Loire...

★Châteaux: Blois, Chambord, Beauregard, Cheverny, Talcy. Variety of walks and bike rides. Posted trails locally. Fishing 1 km. Water sports 2 km. Tennis, horse-riding 3 km. Golf course 15 km.

*★ **How to get there:** A10 motorway, Mer exit, and N152 for Blois. At the "Tousalon" store, turn into Rue de la Loire then Rue de l'Eglise. Michelin map 318, fold F6.*

The fine silhouette of La Malouinière, once the home of artist Bernard Lorjou, stands out proudly on the horizon, near Blois. Its slate roof, the park and swimming pool enclosed by time-honoured walls are bathed in gentle light, a picturesque invitation to the joys of living. Charming, extremely comfortable rooms, a lounge, billiard room and a cosy dining room with original oak beams are just some of the features that will make your stay near the finest châteaux of the Loire perfect.

St-Denis-sur-Loire - Loir et Cher (41)

La Villa Médicis TH
Macé - 41000 Saint-Denis-sur-Loire
Tél. 02 54 74 46 38 - Fax 02 54 78 20 27
Muriel Cabin Saint-Marcel

1 pers. 58 € - 2 pers. 68/98 € -
3 pers. 78/118 € - p. sup. 15 € - repas 32 €

6 chambres avec bains ou douche et wc privés. Ouvert toute l'année (l'hiver sur réservation). Table d'hôtes sur réservation. Nombreux restaurants à Blois et alentour. ★ Châteaux de la Loire. Visites historiques. Son et lumière (Blois et Chambord). A proximité : tennis, équitation, golf, plan d'eau aménagé. Rand. pédestres et cyclistes. Loc. de vélos à proximité. **Accès :** à partir de Blois, direction Orléans par RN152 (autoroute A10 sortie Blois). CM318, pli F6.

A la porte de Blois, la Villa Médicis doit son nom à la reine Marie de Médicis qui venait avec sa cour prendre ses eaux dans les sources du parc. Cette grande demeure saura vous faire apprécier le calme et la douceur du Val de Loire.

★Châteaux of the Loire. Historical sightseeing tours. "Son et lumière" displays at Blois and Chambord. In the vicinity: tennis, horse-riding, golf, ornamental lake. Hiking and cycling. Bikes for hire.

*★ **How to get there:** From Blois, head for Orléans on RN152 (A10 motorway, Blois exit). Michelin map 318, fold F6.*

The Villa Médicis, next to Blois, owes its name to Queen Marie de Médicis who would come here with her court for the spa waters in the grounds. This grand residence is the ideal place to enjoy the peace and quiet of the Loire Valley.

St-Georges-sur-Cher - Loir et Cher (41)

Prieuré de La Chaise
8, rue du Prieuré -
41400 Saint-Georges-sur-Cher
Tél. 02 54 32 59 77 - Fax 02 54 32 69 49
www.prieuredelachaise.com
Danièle Duret-Thérizols

1 pers. 60 € - 2 pers. 75 € - 3 pers. 100/130 € - p. sup. 20 €

3 chambres avec sanitaires privés et 1 suite de 2 ch. chacune sanitaires privés (suite 180 €/6 pers.). Petit déjeuner : pain frais, viennoiseries, confitures maison, fruits de saison... Parc. Bicyclettes. Dégustation de vins sur place. Restaurants à Montrichard ou Chenonceaux (5 km). ★ Châteaux : Chenonceaux, Montpoupon (5 km), Amboise (15 km), Chaumont (20 km). Pêche, tennis 2 km. Equitation 10 km. **Accès :** sur N76, St-Georges-sur-Cher, est situé entre Chenonceau et Montrichard. Au centre du bourg, prendre direction La Chaise. Dans le centre : 8, rue du Prieuré. CM318, pli D8.

A proximité des chateaux de la Loire, le prieuré de La Chaise (XVIe siècle) avec sa chapelle du XIIe siècle et son parc arboré, vous offre calme et tranquillité. Situé sur un authentique domaine viticole, les amateurs pourront découvrir et déguster les vins de la propriété. Une étape idéale pour découvrir cette belle région.

★Châteaux: Chenonceau, Montpoupon 5 km, Amboise 15 km, Chaumont 20 km. Fishing 2 km. Horse-riding 3 km. Tennis court 3 km.

*★ **How to get there:** On N76, St-Georges-sur-Cher, between Chenonceau and Montrichard. In the village, head for La Chaise. In the centre: 8, Rue du Prieuré. Michelin map 318, fold D8.*

La Chaise is a 16th-century priory with a 12th-century chapel and wooded park, close to the Châteaux of the Loire. Peace and quiet are guaranteed on this wine-growing estate, where connoisseurs will enjoy discovering the wine produced on the property. An ideal spot for exploring this delightful region.

St-Germain-du-Puy - Cher (18)

Jacquelin
18390 Saint-Germain-du-Puy
Tél. 02 48 30 84 97 - Fax 02 48 30 61 37
Email : chambresjolly@wanadoo.fr
http://monsite.wanadoo.fr/jollychambres
Jean-Paul et Irène Jolly

1 pers. 45 € - 2 pers. 50/60 € - p. sup. 20 €

6 chambres avec bains ou douche et wc privés. Ouvert toute l'année. Parc. Restaurants à proximité. Chèques vacances acceptés. ★ Bourges (5 km) : cathédrale, vieille ville, musées, "Nuits Lumière", marais... Piscine, tennis 1 km. Pêche, équitation, voile, golf 7 km. **Accès :** entre Bourges et St.Germain-du-Puy, sur la N151 en direction de La Charité, prendre la route à gauche et faire 1 km.

Aux portes de Bourges, dans un environnement champêtre, cette belle maison de ferme du XVe siècle, respire le calme et la tranquillité. Les chambres décorées avec goût et l'atmosphère chaleureuse confèrent à cette demeure, un charme certain. Agréable parc arboré.

Bourges 5 km: cathedral, old town, museums, "Nuits Lumière" illuminations display, marshes. Swimming and tennis km. Fishing, horse-riding, sailing and golf 7 km.

*★ **How to get there:** Between Bourges and St-Germain-du-Puy, on N151 heading for La Charité. Turn left and drive m.*

is handsome 15th-century farmhouse exudes peace and quiet a country setting, at the gateway to Bourges. The tasteful rooms and inviting atmosphere add to the residence's charm. asant leafy park.

CENTRE

St-Laurent-la-Gatine - Eure et Loir (28)

Clos St-Laurent
6, rue de l'Eglise - 28210 St-Laurent-la-Gatine
Tél. 023 7 38 24 02
Email : james@clos-saint-laurent.com
www.clos-saint-laurent.com
Bernadette et Francis James

1 pers. 58 € - 2 pers. 65 €

3 chambres avec sanitaires privés. Ouvert toute l'année. Petit déjeuner : confitures maison, pains, viennoiseries... Salle d'hôtes avec cheminée. Jardin. Terrasse. Restaurants à 5 km. ★ Versailles, Rambouillet, Dreux, château de Maintenon, Chartres... Tennis à 4 km. Equitation et piscine à 6 km. Pêche à 7 km. Vélos à 5 km. Golf à 15 km. **Accès :** de Paris, prendre l'autoroute de l'ouest, porte de St-Cloud. Puis dir. Dreux N12, sortie Nogent-le-Roi par D21 jusqu'à St-Laurent-la-Gâtine. De Chartres (N154) dir. Dreux sortie Nogent (D26) puis D21 dir. Anet

Dans un village authentique, une belle maison dans un corps de ferme du XIXe, vous offre le charme d'une vieille demeure. Les chambres affichent une ravissante décoration basée sur des tonalités beiges ou gris perle. La salle à manger s'ouvre sur une terrasse où dès les beaux jours vous pourrez déguster le petit déjeuner près des pivoines et des rosiers.

★Versailles, Dreux, Maintenon Château, Chartres, etc. Tennis court 4 km. Horse-riding and swimming 6 km. Fishing 7 km. Cycling 5 km. Golf 15 km.

*★ **How to get there:** From Paris, take westbound motorway, via Porte de St-Cloud. Head for Dreux, Nogent-le-Roi exit and D21 to St-Laurent-la-Gâtine. From Chartres (N154), head for Dreux, Nogent exit (D26) and D21 for Anet.*

This handsome house, part of a set of 19th-century farm buildings, stands in an unspoilt authentic village. Enjoy the charm of a time-honoured residence, where the stunning bedrooms boast peaceful décor in creams, beiges and pearl. The dining room opens onto a terrace where, weather permitting, you can enjoy your breakfast among the peonies and roses. A warm welcome and peace and quiet are guaranteed.

St-Luperce - Eure et Loir (28)

Le Mousseau
28190 St-Luperce
Tél. 02 37 26 85 01 - Fax 02 37 26 78 29
Email : gillesperrin2@wanadoo.fr
Marie-Laure et Gilles Perrin

1 pers. 40 € - 2 pers. 50 € - 3 pers. 70 €

3 chambres avec sanitaires privés. Ouvert toute l'anné Petit déjeuner continental : confitures maison, pair viennoiseries... Cour, jardin. Restaurants 5 et 9 k ★ Chartres, Maintenon, Nogent-le-Rotrou... Tennis 2 km. Equitation, vélos, piscine à 9 km. Pêche sur plac Golf à 30 km. **Accès :** RN23 juqu'au rond point dire tion St-Luperce. A Hantencourt, route à gauche avant pont de l'Eure. Ferme de Mousseau à 1 km.

A proximité de l'Eure, dans une ferme beauc ronne isolée, au dessus de la très vaste et ancien écurie, Marie-Laure vous propose 3 chambres décor rustique certain : "Bouton d'Or, Myoso Tournesol". La décoration personnalisée grâce a meubles chinés et l'accueil chaleureux des propr taires feront de votre étape un moment inoubl ble.

★Chartres, Maintenon, Nogent-le-Rotrou, etc. Tennis court 2 km. Horse-riding, cycling, swimming 9 km. Fishing locally. Golf course 30 km.

*★ **How to get there:** RN23 motorway to roundabout, heading for St-Luperce. At Hantencourt, turning on left before the bridge over the Eure (Pont de l'Eure). Ferme de Mousseau is 1 km on.*

Marie-Laure is your hostess at this secluded Beauce farm, close to the Eure. Three country-style bedrooms, "Bouton d'Or", "Myosotis" and "Tournesol", have been arranged over a vast, old stable. The warm hospitality offered by the owners, and the decoration with a personal touch will make your stay here one to treasure.

St-Marc-du-Cor - Loir et Cher (41)

NOUVEAUTÉ

Templiers d'Arville Commandery, Boursay botanic house, Roussard... Tennis, fishing 3 km. Swimming pool 5 km. Equestrian club and barrouches 10 km. Walking and cycling locally.

★ ***How to get there:*** *Exit at Mondoubleau and head towards Cloyes on the D106. Go for 3km and follow the signpost on the right. Michelin map 318, fold C4.*

In Perche Vendômois, less than two hours from the capital, 45 minutes from the Loire châteaux and 10 minutes from the Arville Commandery, la Chancellerie is a haven of peace set in a country park. There is a spacious bedroom and a little house available that can accommodate a family with 3 children or 5 adults.

La Chancellerie

41170 St-Marc-du-Cor
Tél. 02 54 80 84 24 ou 06 09 14 70 32
Email : jacques.annie-castel@wanadoo.fr
www.lachancellerie-chambredecharme.Francevasion.net
Annie et Jacques Castel

2 pers. 72 € - p. sup. 21 €

1 chambre et 1 suite familiale avec cheminée, chacune avec sanitaires privés. Ouv. toute l'année. Petit déjeuner : viennoiseries, gâteaux et confitures maison, différents pains frais... Bibliothèque, jeux de société. Parc 0,5 ha paysager (salons de jardin). P-pong, b-foot, badminton. Barbecue sur demande. ★ Commanderie des Templiers d'Arville, maison botanique de Boursay, circuit du Roussard... Tennis, pêche 3 km. Piscine 5 km. Club hippique et promenade en calèche 10 km. Promenades pédestres et cyclisme sur place. **Accès :** sortir à Mondoubleau vers Cloyes par la D106, faire 3 km, flèche indicatrice à droite. CM318, pli C4.

Dans le Perche Vendômois, à 1h45 de la capitale, à 45 mn des châteaux de la Loire et à 10 mn de la Commanderie d'Arville, la Chancellerie est un havre de paix au sein de son parc paysager. Il vous propose une chambre spacieuse et une petite maison aménagée pour accueillir une famille avec trois enfants ou 5 adultes.

St-Satur - Cher (18)

Sancerre. Châteaux on the Jacques Cœur pilgrimage route. Witchcraft Museum. Banks of the Loire. Swimming pool, tennis, sailing, golf 2 km. Horse-riding 10 km.

★ ***How to get there:*** *In Saint-Satur (on D955 Sancerre-Crosne), drive under the viaduct and take the second turning past the church. Turn left into the Rue Hilaire Amagat.*

Eighteenth-century La Chancelière was once the residence of the abbey's intendant, who organised life in Saint-Satur. The vast cellars and attics were used to store wine and cereals. The inviting interior and elegantly appointed bedrooms feature period furniture. The south-facing terrace affords magnificent views of the Sancerre hills and vineyards.

La Chancelière

5, rue Hilaire Amagat - 18300 Saint-Satur
Tél. 02 48 54 01 57 - Fax 01 48 54 01 67
Email : jaudibert@wanadoo.fr
www.la-chanceliere.com
Jacques et Nicole Audibert-Amagat

1 pers. 95 € - 2 pers. 120 €

3 chambres avec bains ou douche et wc privés et 1 suite de 2 chambres avec bains et wc privés. Ouvert toute l'année. Petit déjeuner à la française. Possibilité TV avec magnétoscope. Parking privé clos. Jardin. Restaurant dans le village. ★ Sancerre. Châteaux de la route Jacques Cœur. Musée de la Sorcellerie. Bords de Loire. Piscine, pêche, tennis, voile, golf 2 km. Equitation 10 km. **Accès :** dans Saint-Satur (sur D955 Sancerre-Cosne), passer sous le viaduc et prendre la 2e rue à droite après l'église, puis à gauche dans la rue Amagat.

Au pied de Sancerre, la Chancelière bâtie au XVIIIe était la résidence de l'intendant de l'abbaye qui organisait l'activité de St-Satur. Les vastes caves et greniers conservaient vin et céréales. Intérieur chaleureux et chambres au décor raffiné avec mobilier d'époque. La terrasse plein sud, offre une vue magnifique sur les vignes et la colline de Sancerre.

Santenay - Loir et Cher (41)

★Chaumont-sur-Loire gardens 10 km. Amboise, Clos Lucé and Blois Châteaux 20 km. Golf and horse-riding 5 km. Tennis 10 km. Hiking locally. Swimming pool 20 km.

*★ **How to get there:** From Blois, N152 for Tours. Head for Onzain and Herbault on the Santenay road. Follow signs for Dame-Marie-les-Bois. 1km on, take 1st turning on the left. A10 motorway, exit Amboise. Michelin map 318, fold D6.*

This old longère and farm, in a country setting of fields and forests, midway between Blois and Amboise, have been beautifully restored by the owners. Your hostess, Monique, will be delighted to tell you all about her love of decorating, and introduce you to her delicious home-made jams. And Bernard will enjoy sharing interesting tales of the region with you.

Ferme d'Herceux
41190 Santenay
Tél. 02 54 46 12 10 - Fax 02 54 46 18 17
Email : lafermedherceux@wanadoo.fr
http://lafermedherceux.monsite.wanadoo.fr
Bernard et Monique Thomas

1 pers. 42 € - 2 pers. 54/74 €

2 chambres et 1 suite, toutes avec sanitaires privés (TV sur demande). Ouv. toute l'année. Petit déjeuner : confitures maison, viennoiseries, yaourt à l'ancienne, pain perdu... Salon, salle de jeux, grande pièce à vivre. Vélos, aire de jeux. Cour, jardin, portique, parc 3 ha. Piscine privée. Restaurants 8 et 10 km. ★ Jardin de Chaumont-sur-Loire 10 km. Château d'Amboise, clos Lucé et Blois 20 km. Golf et équitation 5 km. Tennis 10 km. Randonnée pédestre sur place. Piscine 20 km. **Accès :** de Blois, N152 dir. Tours. Tourner à Onzain, dir. Herbault, sur cette route Santenay. A partir de là, fléchage dir. Dame-Marie-les-Bois puis environ 1 km, 1re route à gauche. A10, sortie n°18 Amboise.

Entre Blois et Amboise, située en pleine campagne entre champs et forêts, ancienne ferme longère joliment restaurée par ses propriétaires. Monique vous parlera de sa passion pour la décoration, et vous fera goûter ses délicieuses confitures maison, Bernard, quant à lui, vous racontera les croustillantes anecdotes de la région.

Sazeray - Indre (36)

NOUVEAUTÉ

★St-Chartier Festival. Romantiques de Nohant. Golf and water therapy 6 km. Tennis 4 km. Fishing 1 km.

*★ **How to get there:** Go to Ste-Sévère and head towards Sazeray until you reach the township road that travels in the direction of Pouzoult. It's the second house along. Michelin map 323.*

In the "pays du romantisme" you will be welcomed like a friend of the family to this delightful place in a charming setting that is a blend of harmony and slow-paced living with nature and history. The house: comfortable, beautiful and tasteful. The garden: tranquil, light, a haven of sights and smells... All of this is brought together in one place "le Logis de la Chêneraie".

Logis de la Chêneraie
Pouzoult - 36160 Sazeray
Tél. 02 54 30 59 60 ou 06 63 19 30 89
Email : michele.mechin@wanadoo.fr
http://logisdelacheneraie.free.fr
Michèle Mechin

1 pers. 50 € - 2 pers. 70 € - 3 pers. 85 €

2 chambres avec sanitaires privés . Ouv. toute l'année. Petit déjeuner bio : jus de fruits, fruits frais, brioches, miel et confitures maison, crêpes, riz au lait, œufs en meurette...Billard, bibliothèque, jardin d'hiver. Jardin, parc 5 ha. Piscine. Vélos. Rivière. Aire de jeux. Dès 2e nuit : 55 €/2 pers., 70 €/3 pers. ★ Festival St-Chartier. Fêtes romantiques de Nohant. Golf et balnéothérapie 6 km. Tennis 4 km. Pêche 1 km. **Accès :** aller à Ste-Sévère puis suivre dir. Sazeray jusqu'à la route communale dir Pouzoult. C'est la 2e maison. CM323.

Au pays du romantisme, nous aimons recevoir nos hôtes en amis, dans un cadre authentique où nous cultivons la douceur de vivre et l'harmonie avec la nature et l'histoire. Côté maison; le confort et le raffinement, côté jardin; le calme, la lumière, les couleurs et les parfums... Le tout est réuni en un seul lieu "La Chêneraie".

CENTRE

Seuilly - Indre et Loire (37)

NOUVEAUTÉ

2, route de l'Abbaye - 37500 Seuilly
Tél. 02 47 95 81 02
Email : manoir-abbaye.seuilly@wanadoo.fr
http://manoir.abbaye.free.fr
Sonia et Franck Covin

TH

1 pers. 68/80 € - 2 pers. 75/95 € - 3 pers. 115 € - p. sup. 15 € - repas 22 €

2 suites de 60 m² et 2 chambres avec sanitaires privés. Ouvert toute l'année sur résa. T. d'hôtes (dîner aux chandelles sur résa. dans la salle à manger monumentale). Parc arboré et fleuri de 3000 m². Piscine privée sécurisée (5 x 11 m). Réduction de 15 % à partir de 3 nuits. ★ A moins de 15 km : forêt et cité médiévale de Chinon, châteaux du Rivau et Ussé, Abbaye Royale de Fontevraud. A moins de 35 km : Azay-le-Rideau, Villandry, Saumur, Gizeux... Golf 11 km. **Accès :** de Tours prendre dir. Azay-le-rideau et Chinon par la D751, puis dir. Loudun (D759). A la Roche-Clermault (D24), tourner en dir. de l'Abbaye de Seuilly.

Le Manoir de l'Abbaye est situé dans le village natal de Rabelais. L'ancienne maison de l'aumônier de l'abbaye de Seuilly est une demeure de charme datant du XVᵉ siècle, elle abrite 4 chambres raffinées. Franck devant ses fourneaux vous mitonnera de succulents dîners, et Sonia, agent de voyage, vous conseillera dans la découverte du riche patrimoine.

★Less than 15km away: forest and medieval city of chinon, Rivau and Ussé castles, Abbaye Royale de Fontevraud. Less than 35km away: Azay-le-Rideau, Villandry, Saumur, Gizeux... golf course 11km.

*★ **How to get there:** From Tours, take direction Azay-le-rideau and Chinon on the D751. Then the D759, direction Loudon. At la Roche-Clermault (D24), head in the direction of l'Abbaye de Seuilly.*

Le Manoir de l'Abbaye is found in the birth-village of Rabelais. The house used to belong to the chaplain of the Seuilly abbey and dates back to the 15th century. There are four excellent rooms to chose from. Franck will prepare you the most delicious home-made dinners while Sonia, a travel agent, can give you tips on the best ways to experience this wonderful region.

Suèvres - Loir et Cher (41)

Le Moulin de Choiseaux
8, rue des Choiseaux - Diziers - 41500 Suèvres
Tél. 02 54 87 85 01 - Fax 02 54 87 86 44
Email : choiseaux@wanadoo.fr
www.choiseaux.com
André et Marie-Françoise Seguin

2 pers. 57/80 € - 3 pers. 76/90 € - p. sup. 16 €

4 chambres et 1 suite avec sanitaires privés. Ouvert toute l'année. Petit déjeuner à base de produits du terroir. Jardin, parc d'1,2 ha. Cours d'eau et pièces d'eau. Vélos. Piscine privée sur place. Restaurants à 1 km. ★ Châteaux du Val de Loire. Proximité du Parc National de Chambord (10 km) : spectacles culturels estivals (Son et Lumière, musique classique...). Blois 12 km. **Accès :** A10 sortie Mer, puis prendre à droite, direction Suèvres-Diziers, 3 km après Mer. CM318, pli G5.

Cette ravissante demeure est un ancien moulin à eau du XVIIIᵉ siècle avec jardin et parc. Cadre raffiné et beau mobilier ancien. Chambres vastes et confortablement aménagées. Vous apprécierez l'accueil chaleureux des maîtres des lieux et les petits déjeuners servis généreusement. Etape idéale au cœur du Val de Loire.

★Châteaux of the Loire Valley. Chambord National Park 10 km: cultural events during the summer months ("son et lumière" displays, classical music concerts). Blois 12 km.

*★ **How to get there:** A10, Mer exit, then right for Suèvres-Diziers. 3 km after Mer. Michelin map 318, fold G5.*

This delightful 18th-century residence, originally a water mill, is set in gardens and parkland. Elegant setting and period furniture. Spacious, comfortable bedrooms. You will appreciate the warm welcome provided by the owners, and the copious breakfasts. An ideal staging post in the heart of the Loire Valley.

CENTRE

Vannes-sur-Cosson - Loiret (45)

★Châteaux and museums in the vicinity. Sully-sur-Loire (music festival in June), Orléans, Blois, Chambord, Gien, and La Verrerie and sightseeing. Five golf courses less than 30 min away. Fishing, tennis 1 km. Sailing, waterskiing 13 km.

*★ **How to get there:** N60, Montargis, turn off for Jargeau. D951 to Tigy and D83 to Vannes-sur-Cosson, then head for Isdes. The Sainte-Hélène estate is 1.5 km up on the right.*

A warm welcome awaits you at this traditional Sologne residence with private heated pool, set in a leafy haven of peace, just 18 km from La Ferté-St-Aubin. The radiant bedrooms, all with their own individual style, are appointed with period furniture. Leisure facilities include table tennis, hiking and riding (stabling and grazing facilities available). Agnès will also be happy to introduce you to the region's many facets and gastronomic delights. Peace and quiet assured.

Domaine de Sainte-Hélène

route d'Isdes - 45510 Vannes-sur-Cosson
Tél. 02 38 58 04 55 ou 06 12 93 09 19
Email : celerierloiret@hotmail.com
http://monsite.wanadoo.fr/hotes.loiret/
Agnès Célerier

2 pers. 60/90 € - 3 pers. 107 € - p. sup. 23 €

2 chambres indép. sur jardin : 1 (lit double) avec douche et wc privés et 1 (lit 160) avec salon (40 m²) et alcôve (2 lits jumeaux), bains et wc privés, . Cuisine à dispo. (5 €/jour). Sympathiques petits déjeuners servis dans l'argenterie familiale. Barbecue. Parking privé. Piscine privée, p-pong. Animaux sous réserve. ★ Châteaux et musées. Sully/Loire 15 km (festival de musique en juin), Orléans, Blois, Chambord, Gien et circuits touristiques. 5 golfs à moins de 30 mn. Pêche, tennis 1 km. Voile, ski nautique 13 km. **Accès :** N60 dir. Montargis, sortir à Jargeau - D951 jusqu'à Tigy et D83 jusqu'à Vannes/Cosson et dir. Isdes, Domaine à 1,5 km sur la droite.

A 18 km de la Ferté-St-Aubin et 30 km d'Orléans, vous serez chaleureusement accueillis dans cette demeure typiquement solognote. Chambres personnalisées lumineuses avec de beaux meubles anciens. Circuits de rand. pédestre ou équestre (accueil cavaliers). Agnès saura organiser votre séjour en alliant visites, gastronomie et détente. Piscine privée chauffée.

Ver-lés-Chartres - Eure et Loir (28)

★Chartres, Maintenon, etc. Tennis and horse-riding 2 km. Fishing 3 km. Bikes 9 km. Golf course 35 km.

*★ **How to get there:** On A11, exit 3. Head for Chartres through Thivars. 2 km after Thivars, head for Morancez-la-Varenne. The house is 2 km on.*

This handsome, modern detached house, separate from the owners', stands in a quiet leafy Eure Valley setting. The three bedrooms afford both comfort and elegance. The large indoor pool is ideal for a well-earned dip, after a long walk in the surrounding countryside.

La Varenne

20, rue Tachainville - 28630 Ver-lés-Chartres
Tél. 02 37 26 45 32 ou 06 07 73 50 18
Email : lavarenne@free.fr
http://lavarenne28.free.fr
Cécile et Guillaume Picault

1 pers. 40/45 € - 2 pers. 45/55 € - 3 pers. 55/70 € - p. sup. 15 €

3 chambres avec sanitaires privés. Ouvert toute l'année Petit déjeuner continental : confitures, pain et viennoiseries... Jardin. Piscine intérieure couverte du 1er avril au 31 octobre. Mise à disposition d'une cuisine équipée Restaurants à 3 km. ★ Chartres, Maintenon... Tennis et équitation à 2 km. Pêche à 3 km. Vélos à 9 km. Golf 35 km. **Accès :** de l'A11, sortie n°3, puis prendre dir. Chartres en traversant Thivars. 2 km après Thivars, prendre dir. Morancez-la-Varenne à 2 km.

En vallée de l'Eure, dans un cadre calme et verdoyant, belle maison contemporaine indépendante du logement des propriétaires. Chacune des chambres offre une ambiance chaleureuse et raffinée. La grande piscine couverte vous permettra des instants de détente bien mérités après une balade dans la nature environnante.

CENTRE

Vernou-sur-Brenne - Indre et Loire (37)

★Amboise Château 16 km. Chenonceaux 32 km. Vouvray vineyards nearby. Grange de Meslay 10 km. Swimming pool and tennis court.

★ ***How to get there:*** *15 km northeast of Tours. Take N152 to Vouvray, then D46 to Vernou, heading for Vallée de Cousse.*

Netty Bellanger offers a warm welcome to all visitors to this 15th-century farmhouse, situated on the edge of the Vouvray vineyards. After several years spent in the southwest of France, this native of Touraine has acquired a charming regional accent.

La Ferme des Landes
Vallée de Cousse - 37210 Vernou-sur-Brenne
Tél. 02 47 52 10 93 - Fax 02 47 52 08 88
Tél. SR 02 47 27 56 10
Netty Bellanger

1 pers. 48 € - 2 pers. 60/63 € - 3 pers. 67 €

6 chambres, toutes avec bains et wc privés, situées dans une dépendance (rez-de-chaussée et 1er étage). Parking. ★ Château d'Amboise (16 km). Chenonceaux (32 km). Vignoble de Vouvray à proximité. Grange de Meslay (10 km). Piscine et tennis à 7 km. **Accès :** à 15 km au nord-est de Tours. N152 jusqu'à Vouvray puis D46 jusqu'à Vernou, direction Vallée de Cousse.

Dans une ferme ancienne du XVe siècle, aux abords du vignoble de Vouvray, "un accueil chaleureux" est le maître mot pour caractériser la demeure de Netty Bellanger. Quelques années dans le sud-ouest ont laissé à cette tourangelle, un charmant accent régional.

Vignoux-sur-Barangeon - Cher (18)

NOUVEAUTÉ

Tennis 5 km. Horse-riding 2 km. Golf 14 km. Canoeing km. Hiking locally.

How to get there: *From Paris take the A71, exit n°6, ierzon est. Then take the N76 towards Bourges and then e D30.*

t the gates of Sologne, this large, stately residence dates back the 19th century and has been rebuilt in a historical setting. boasts wooded grounds, a stream and a pond. The charm of e property, its tranquility, its beautiful dining room with ıgnificent wood-panelling and earthenware accessories will ıke you instantly fall in love with it. A superb stop.

Villemenard
18500 Vignoux-sur-Barangeon
Tél. 02 48 51 53 40 - Fax 02 48 51 58 77
www.villemenard.com
Jacques Greau

1 pers. 50 € - 2 pers. 55 € - p. sup. 16 €

6 chambres (2 ch. 4 pers., 2 ch. 3 pers. et 2 ch. 2 pers.), toutes avec sanitaires privés. Ouvert toute l'année. Petit déjeuner amélioré. Salle à manger. Parc. Piscine. Pêche, randonnées, étang. Nombreux restaurants à proximité. ★ Tennis 5 km. Equitation 2 km. Golf 14 km. Canoë 7 km. Randonnées sur place. **Accès :** de Paris, A71, sortie n°6 Vierzon est, prendre ensuite N76 dir. Bourges puis D30.

Aux portes de la Sologne, grande demeure bourgeoise du XIXe siècle reconstruite sur un site très ancien, avec parc arboré, rivière et étang. Le charme de la propriété, son calme et sa belle salle à manger aux magnifiques boiseries et tableaux de faïence vous feront d'autant plus apprécier cette halte agréable.

Vigoulant - Indre (36)

Nohant 22 km: George Sand's house. Saint-Chartier 25 km: International Stringed Instrumentmakers and Master Bell Ringers Festival. Horse-riding, tennis 4 km. Golf course 15 km. Swimming pool 15 km. Windsurfing 18 km.

★ ***How to get there:*** *From Sainte-Sevère, head for Boussac, 1 km to Vigoulant-Nouzerines, 1.5 km to "Moulin-Vieux". Michelin map 323.*

This haven of greenery where a river sings", as the famous French poem goes, offers two rooms and a suite in a time-honoured water mill. Delightful decoration with warm hues that is completely at home with the choice of fabrics and handsome local furniture. In this outstanding setting, you will be astounded by the beauty of unspoilt nature and fall under the spell of this secluded valley on the Indre and Creuse borders.

Moulin Vieux TH
36160 Vigoulant
Tél./Fax 02 54 30 55 16
Email : almichmartin@wanadoo.com
www.lemoulinvieux.com
Michèle Martin

1 pers. 45 € - 2 pers. 50 € - 3 pers. 65 € - repas 18 €

1 suite 4 pers. (50/80 €) donnant sur terrasse et 4 ch. avec bains ou s. d'eau, wc privés et entrée indép. Ouv. toute l'année. Table d'hôtes : feuilleté fromage chèvre, pâté berrichon, filet mignon, crème brûlée. Billard, bar, salon lecture. Parc 7 ha, pièce d'eau. ★ Nohant (22 km), maison de George Sand. Saint-Chartier (25 km), Rencontres Internationales des Luthiers. Pêche sur place. Equitation, tennis 4 km. Golf 7 km. Piscine 15 km. Planche à Voile 18 km. **Accès :** Sainte-Sevère direction Boussac, 1 km direction Vigoulant-Nouzerines, 1,5 km "Moulin Vieux". CM323.

De délicieuses chambres aménagées dans un moulin à eau vous attendent. Décor de charme aux teintes chaleureuses, beau mobilier régional. Dans cet environnement exceptionnel, la nature belle et sauvage vous surprendra et vous tomberez sous le charme de ce vallon perdu en limite de l'Indre et de la Creuse.

Villeny - Loir et Cher (41)

Forests of Sologne. Hiking and horse-riding. Private tennis court on the premises. Swimming pool 25 km. Golf course 15 km. Cycling.

★ ***How to get there:*** *On D925 between La Ferté-Saint-Cyr and La Marolle-en-Sologne. Michelin map 318, fold H6.*

The beautiful region of Loire Valley châteaux, in the heart of Sologne, is the setting for this pretty, 17th and 18th-century château. Built in Sologne brick, the property nestles in grounds ablaze with flowers. A quiet and restful stay awaits you in comfortable, elegantly decorated bedrooms.

Château de la Giraudière
41220 Villeny
Tél. 02 54 83 72 38
Anne Orsini

1 pers. 60/65 € - 2 pers. 60/65 € - p. sup. 15 €

5 chambres : au 1er étage, 2 chambres avec chacune bain et wc privés et 1 chambre avec salle de bains privée. Au 2e étage, 2 chambres avec salle de bains privée. Ouvert du 01.03 au 11.11. Restaurants à proximité. Tennis sur place. ★ Forêts de Sologne. Randonnées pédestres et équestres. VTT. Tennis sur place. Golf 15 km. Piscine 25 km. **Accès :** sur la D925 entre la Ferté-Saint-Cyr et la Marolle en Sologne. CM318, pli H6.

Dans cette belle région des châteaux du Val de Loire, au cœur de la Sologne, ce joli château des XVIIe et XVIIIe siècles en briques de Sologne est situé au milieu d'un magnifique parc très fleuri. Séjour calme et reposant dans des chambres confortables et décorées avec élégance.

CENTRE

Villiers-sur-Loir - Loir et Cher (41)

*Loir Valley, manor houses and churches with frescoes. Montoire Folk Dance Festival. Tennis 2 km. Fishing and water sports 1 km. Horse-riding 4 km. Golf course 25 km.

★ **How to get there:** *Take road between the church and town hall (Mairie). Turn right and approx. 50 m up, turn left into Rue du Château d'Eau. Drive up to the top of the 'no through road' and turn left. Michelin map 318, fold D5.*

Christine welcomes you to her tuffeau-stone longhouse, in a restful, leafy setting, in the heart of a Loir Valley village. The bright bedrooms, arranged in a fully restored outbuilding, offer great charm and comfort. One has a small private terrace with garden furniture.

impasse de la Papillonnière -
41100 Villiers-sur-Loir
Tél. 02 54 72 88 20 ou 06 11 63 63 89
www.hote41.com
Christine Dufour Delattre

1 pers. 50/65 € - 2 pers. 60/75 €

2 chambres avec sanitaires privés, TV et DVD. Ouv. du 15.01 au 15/12. Petit déjeuner : pâtisseries et confitures maison, fromage, charcuterie, yogourts, fruits de saison... Salle à manger (cheminée). Réfrig., m-ondes à dispo. Piscine chauffée, vélos, p-pong. Jardin. Poss. de prise en charge à la gare TGV 3 km. ★ Vallée du Loir avec ses manoirs et ses églises à fresques, festival de danse folklorique de Montoire. Tennis 2 km. Pêche et sports nautiques 1 km. Equitation 4 km. Golf 25 km. **Accès :** prendre entre l'église et la mairie, puis à droite, et à 50 m environ à gauche (rue du Château d'Eau). Faire 20 m à gauche, remonter l'impasse jusqu'en haut, puis à gauche. CM318, pli D5.

Au cœur d'un village de la vallée du Loir, dans un cadre reposant et verdoyant, Christine vous accueille dans une longère en pierre de tuffeau. Les chambres aménagées dans une dépendance entièrement restaurée, allient charme, confort et luminosité. L'une d'elles dispose d'une petite terrasse privative avec salon de jardin.

Vouvray - Indre et Loire (37)

·Vouvray appellation contrôlée vineyards and wine cellars. ·mboise (château) and Tours nearby.

· **How to get there:** *The residence is in the centre of Vouvray ·illage, past the church. A10 motorway, Ste-Radegonde exit, ·nd N152 for Vouvray. Head for the church.*

·our Finnish-born hostess, Anneli, offers kind, generous ·ospitality at La Rochelière, originally a presbytery outbuilding. ·he residence, by the church, features a magnificent classical, ·8th-century staircase, which leads to a cave kitchen, where ·eakfast is served. Guests can then go to the top of the hill, ·here they can relax by the pool.

La Rochelière
6, rue Victor Hérault - 37210 Vouvray
Tél./Fax 02 47 52 61 47
Tél. SR 02 47 27 56 10
www.la-rocheliere.com
Anneli Tulkki

1 pers. 58/68 € - 2 pers. 65/80 € - 3 pers. 90/95 € - p. sup. 15 €

5 chambres (Non fumeur) avec salle d'eau et wc privés : 1 petite suite (1 lit 160, 2 lits 1 pers.) au r.d.c., 2 ch. (1 lit 160) et 1 ch. (1 lit 160, 1 lit 120), 1 ch. troglodytique (1 lit 160, 1 lit 1 pers.). Grand salon avec TV. Cuisine à disposition sur demande. Cour intérieure. Parking clos. ★ Caves et Vignobles de l'AOC Vouvray dans les environs immédiats. A proximité d'Amboise (château) et de Tours. **Accès :** situé au centre de Vouvray après l'église. A10, sortie Ste-Radegonde puis N152 vers Vouvray. Se diriger vers l'église.

Dans une ancienne dépendance jouxtant l'église, Anneli, d'origine finlandaise, déploie gentillesse et générosité pour accueillir ses hôtes. Par un splendide escalier, on rejoint, dans la demeure de style classique (XVIIIe), la cuisine troglodytique pour le petit déjeuner, et on peut ensuite se rendre au sommet du coteau pour se détendre au bord de la piscine.

CENTRE

Château du Corvier

41600 Vouzon
Tél. 02 54 83 04 93
Email : chateaulecorvier@hotmail.com
www.chateaulecorvier.com
Geneviève de Hennin

1 pers. 73 € - 2 pers. 82 € - 3 pers. 100 €

5 chambres et 1 suite avec sanitaires privés (1 ch. est accessible aux pers. à mobilité réduite). Ouvert toute l'année. Petit déj. : assortiment pains, viennoiseries, confitures maison, jus d'orange. Salle de jeux. Parc 40 ha. Etang privé, ping-pong. Piscine chauffée. Hammam, jacuzzi. Restaurants à proximité. ★ Ball-trap et aéro-club 3 km. Poney-club de Lamotte-Beuvron 5 km. Golf 10 km. **Accès :** entre La Ferté-Saint-Aubin et Lamotte-Beuvron, quitter la RN20 et prendre dir. Yvoy-le-Marron. CM318, pli J6.

En pleine Sologne, château de style Louis XIII, situé dans un parc de 40 ha, au milieu des bois. Vous serez séduits par le mobilier Louis XV et Louis XVI et les magnifiques cheminées. Une piscine chauffée est à votre disposition pour les moments de détente... Calme et repos assurés dans cet élegant château.

★Ball trap and flying club 3 km. Pony club at Lamotte-Beuvron 5 km. Golf course 10 km.

★ ***How to get there:*** *Between La Ferté-Saint-Aubin and Lamotte-Beuvron. Turn off RN20 and head for Yvoy-le-Marron. Michelin map 318, fold J6.*

This Louis XIII-style château is set in a 40-hectare park, amid woods, in the heart of Sologne. The Louis XV and Louis XVI furniture and the magnificent fireplaces are enchanting. There is also a heated swimming pool for a relaxing dip. A quiet, restful stay is guaranteed at this elegant château.

CENTRE

CHAMPAGNE-ARDENNE

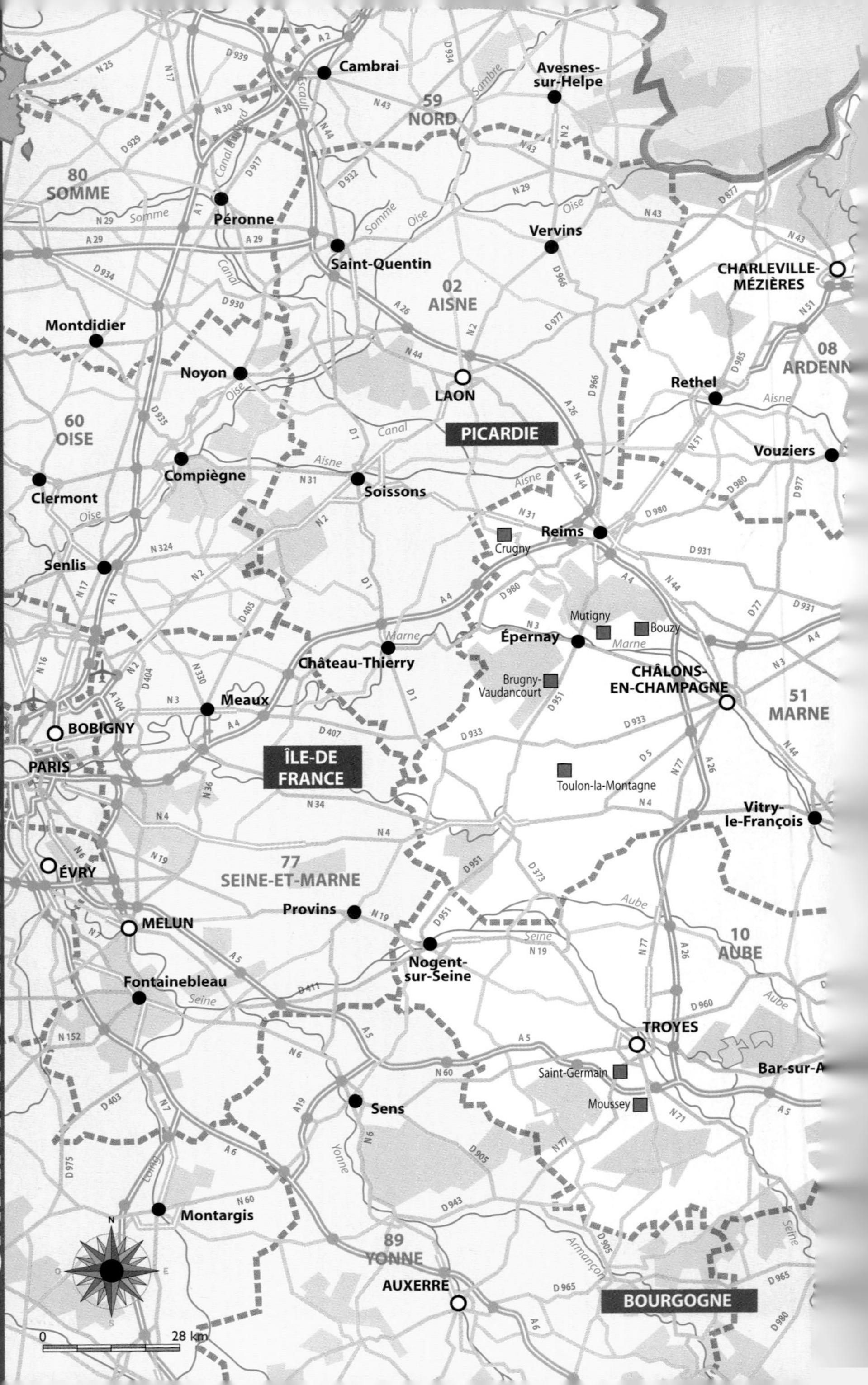

Cambrai
Avesnes-sur-Helpe
59 NORD
80 SOMME
Péronne
Saint-Quentin
Vervins
CHARLEVILLE-MÉZIÈRES
02 AISNE
08 ARDENNES
Montdidier
Noyon
LAON
Rethel
60 OISE
PICARDIE
Vouziers
Compiègne
Soissons
Clermont
Reims
Crugny
Senlis
Mutigny
Bouzy
Épernay
Château-Thierry
Brugny-Vaudancourt
CHÂLONS-EN-CHAMPAGNE
51 MARNE
Meaux
BOBIGNY
PARIS
ÎLE-DE FRANCE
Toulon-la-Montagne
Vitry-le-François
ÉVRY
77 SEINE-ET-MARNE
Provins
MELUN
Nogent-sur-Seine
10 AUBE
Fontainebleau
TROYES
Saint-Germain
Bar-sur-A
Moussey
Sens
Montargis
89 YONNE
AUXERRE
BOURGOGNE

0 28 km

BELGIQUE
LUXEMBOURG
ALLEMAGNE
Thionville
Briey
Boulay-Moselle
Forbach
ALSACE-LORRAINE
Verdun
METZ
Sarregemines
55 MEUSE
57 MOSELLE
Château-Salins
BAR-LE-DUC
Commercy
Sarrebourg
Toul
NANCY
Lunéville
54 MEURTHE-ET-MOSELLE
Neufchâteau
88 VOSGES
Saint-Dié
52 HAUTE-MARNE
ÉPINAL
CHAUMONT
ALSACE-LORRAINE
Guebwiller
Langres
FRANCHE-COMTÉ
Thann
70 HAUTE-SAÔNE
Bay-sur-Aube
Pressigny
Grandchamp
Prauthoy
Lure
90
Altkirch
BELFORT
Meuse
Moselle
Marne
Sarre
Meurthe
Saône
Ognon
Canal
Canal de la Marne
CHAMPAGNE-ARDENNE

Bay-sur-Aube - Haute Marne (52)

★Langres 32 km: walled town with 4 lakes. Dijon 75 km. Forest in the vicinity. Tennis, swimming, horse-riding 14 km. Golf course 18 km. Sailing 25 km.

*★ **How to get there:** A31 motorway, exit 6 (Langres-Sud), then D428 for Auberive and, after Auberive, D20. Bay-sur-Aube is 3 km on. Michelin map 313.*

Handsome house situated on a large estate along the Aube. The charmingly decorated bedrooms offer refinement with beautiful antique furniture and original paintings. You will greatly appreciate your hostess's warm welcome and discreet hospitality. She will be happy to share her love of art with you. In warm weather, you may like to order a picnic with local produce and a bottle of champagne.

La Maison Jaune TH
rue Principale - 52160 Bay-sur-Aube
Tél. 03 25 84 99 42 - Fax 03 25 87 57 65
Email : jwjansen@club-internet.fr
Marian Jansen-Gerretsen

1 pers. 60 € - 2 pers. 65 € - 3 pers. 75 € - p. sup. 10 € - repas 25 €

4 ch. (non fumeur) avec bains et wc privés. Ouv. toute l'année. Petit déj. : jus de fruits, œufs, yaourts, confitures, fruits, fromages du terroir. T. d'hôtes : saumon cru, truite, canard aux fruits rouges, crème citron, tarte rhubarbe... TV, jeux, biblio. P-pong. Poss. pique-nique. Paking privé, cour, jardin, rivière. ★ Langres (32 km) : cité fortifiée et ses 4 lacs. Dijon 75 km. Forêt sur place. Tennis, piscine, équitation 14 km. Golf 18 km. Voile 25 km. **Accès :** autoroute A31 sortie n°6 (Langres-sud) puis D428 direction Auberive et après Auberive D20. Bay-sur-Aube est à 3 km. CM313.

Le long de l'Aube, belle maison sur un vaste domaine proposant des chambres au décor raffiné avec beaux meubles anciens et tableaux authentiques. Vous apprécierez la gentillesse discrète et l'accueil chaleureux de Marian. Passionnée de peinture, elle vous fera partager ses connaissances en la matière. Sur réservation, déjeuner sur l'herbe... au champagne !

Bouzy - Marne (51)

★Bouzy vineyard tours, visits to Epernay and Reims champagne cellars, Vine and Wine Museum at Verzenay 10 km. Fishing, cycling 4 km. Horse-riding 10 km. Swimming pool 15 km. Tennis 200 m. Hiking 1 km.

*★ **How to get there:** Discover champagne country. 15 km from Epernay, 20 km from Reims, 18 km from Châlons-en-Champagne, close to the D3.*

Your hosts extend a warm welcome at their elegant 19th-century wine-grower's mansion in the heart of Bouzy, famous for its vintage champagne. Each of the five bedrooms is named after a prestigious vineyard plot on the estate. The rooms exude a unique art of living, with stunningly charming, sober décor.

Les Barbotines
Champagne Paul Clouet - 1 place Tritant - 51150 Bouzy - Tél. 03 26 57 07 31 ou 03 26 51 70 70 - Fax 03 26 52 64 65
www.lesbarbotines.com
Marie-Thérèse Bonnaire

1 pers. 64 € - 2 pers. 78 € - 3 pers. 90 € - p. sup. 18 €

5 chambres avec sanitaires privés et TV. Fermé du 20.12 au 10.01 et du 1er au 12/8. Petit déjeuner : viennoiseries jus de fruits, confitures, jambon, fromage... Lecture, jeux biblio. Salle à manger, salon. Cour, jardin, terrasse. Vélos Dégustation de champagne et de Bouzy rouge Restaurants 2 km et 4 km. ★ Promenade du chemin de vignes à Bouzy, visites caves à Epernay et Reims, musé de la vigne et du vin à Verzenay (10 km). Pêche, VT 4 km. Equitation 10 km. Piscine 15 km. Tennis 200 m Randonnée 1 km. **Accès :** sur la route touristique d champagne. 15 km d'Epernay, 20 km de Reims, 18 km d Châlons-en-Champagne, à proximité de la D3.

Au cœur de Bouzy, classé grand cru d Champagne, nous vous accueillons dans cette élégante maison de maître vigneron du XIXe, o modernité et passé ne font qu'un. Les 5 chambr portent le nom de prestigieuses parcelles de vign du domaine. Un art de vivre se décline da chaque pièce, la décoration étonne tant par sobriété que par son charme.

Brugny Vaudancourt - Marne (51)

NOUVEAUTÉ

Champagne estates and cellars in Epernay 7 km. Swimming pool and tennis 7 km. Golf 27 km. Horse-riding 1 km. Forests and hiking locally.

★ ***How to get there:*** *From Epernay, take the D951 in direction Sézanne. 7km on, take the D36 in the direciton of Burgundy.*

Nestling in a bosky bower, le Logis des Elfes is an ideal place to learn about the art of living in the Champagne region. Its three bedrooms, "Manon", "Lyrandre" and "Clothaire" are airy and spacious and you will fall in love with their beautiful decor and immeasurable comfort. Luxury, tranquility and decadence are the watchwords at this wonderful Champagne-style residence.

Le Logis des Elfes
15, rue de Breux - 51530 Brugny Vaudancourt
Tél./Fax 03 26 56 48 65
Email : le-logis-des-elfes@wanadoo.fr
Rachèle Demiere

1 pers. 70 € - 2 pers. 100 € - 3 pers. 140 €

3 chambres avec sanitaires privés. Ouv. toute l'année. Petit déjeuner : fruits, yaourts, pâtisseries, croissants, charcuterie, fromages, œufs... Jacuzzi, hammam, rameur. Parc de 1 ha. Vélos. Barbecue, salon de jardin, tonnelle ombragée, transats. Accès Internet ADSL. Restaurants 3 et 7 km. ★ Caves et maisons de champagne à Epernay (7 km). Piscine et tennis 7 km. Golf 27 km. Equitation 1 km. Forêt et randonnées sur place. **Accès :** d'Epernay, prendre la D951 dir. Sézanne. A 7 km, prendre la D36 dir. Brugny.

Niché dans un écrin de verdure, le Logis des Elfes constitue une halte précieuse de l'art de vivre en Champagne. "Manon, Lysandre, Clothaire", trois chambres spacieuses vous étonneront tant par leur décor que par leur confort... Le luxe, le calme et la volupté seront au rendez-vous dans cette belle demeure d'architecture champenoise.

Chamouilley - Haute Marne (52)

Walks along the canal, Der Lake. Animal Photo Festival in November 20 km. Joinville Château. Sailing, bathing, pedalos 12 km. Swimming pool 8 km.

★ ***How to get there:*** *From Saint-Dizier, head for Chaumont. 8km on, head for Roches-sur-Marne/Chamouilley. Michelin map 313.*

This charming house with great character is set on a two-hectare estate, along the Marne and the canal. Five attractive bedrooms and a large, light-filled dining room have been tastefully arranged in a wing of this fully restored residence. Enjoy long bike rides in the surrounding countryside.

Le Moulin •TH
52410 Chamouilley
Tél./Fax 03 25 55 81 93
Régis et Sylvie Forêt

1 pers. 47 € - 2 pers. 53 € - 3 pers. 57 € - repas 27 €

5 chambres avec sanitaires privés et TV. Ouvert toute l'année. Petit déjeuner : confitures maison, croissants, jus d'orange, yaourts... T. d'hôtes : cuisine familiale (coq au vin légumes du jardin, tartes maison). Séjour, biblio., salon. Cour, jardin, parc 2 ha. Parking. P-pong, vélos. Restaurants sur place et à 8 km. ★ Balades le long du canal, lac du der. En novembre, festival de la Photo Animalière (20 km). Château de Joinville. Voile, baignade, pédalos 12 km. Piscine 8 km. **Accès :** de Saint-Dizier prendre dir. Chaumont, à 8 km prendre dir. Roches-sur-Marne/Chamouilley. CM313.

Charmante maison de caractère située sur une propriété de 2 ha, en bordure de la Marne et du canal. Vous disposerez des 5 jolies chambres et d'une grande salle lumineuse pour les repas, décorées avec goût et aménagées dans une aile de la maison entièrement restaurée. Vous pourrez faire de longues balades à vélo aux alentours.

Changy - Marne (51)

★Lac du Der seaside resort and museum. "Landrovigne" Land Rover trips through the Champagne vineyards, tours of wine cellars. Sailing 30 km. Swimming pool 10 km. Fishing 3 km. GR14 posted hiking trail 4 km.

★ ***How to get there:*** *From Paris, N4 to Vitry-le-François and head for Ste-Ménéhoud (D382). Changy is approximately 10 km on.*

This time-honoured barn with woodpanelling, part of a set of characterful buildings, has been converted into a vast bedroom, "La Loge Vigneronne", which exudes both charm and authentic appeal. The inviting decoration blends the treasures of the past with modern creature comforts. Relax on the pleasant terrace opposite the garden and pond.

La Loge Vigneronne

1, rue de Bar-le-Duc - 51300 Changy
Tél./Fax 03 26 72 77 44
Email : jpmenu@landrovigne.com
www.landrovigne.com
Corinne et Jean-Philippe Menu-Jacquier

1 pers. 65 € - 2 pers. 65 € - 3 pers. 80 €

1 suite avec sanitaires privés, TV et mini-bar. 90 €/4 pers. Fermé en janvier. Petit déjeuner : confitures maison, fruits secs et frais, fromage de chèvre, viennoiseries, produits du terroir... Salon de détente : coin-lecture, TV, jeux de société, feu à l'âtre. Vélos, portique enfants. Cour, jardin, petit bassin. ★ Station balnéaire du Lac du der et son musée. "Landrovigne" : balade en Landrover dans le vignoble champenois, visite de caves. Voile 30 km. Piscine 10 km. Pêche 3 km. Randonnée (GR14) 4 km. **Accès :** de Paris, N4 jusqu'à Vitry-le-François, puis dir. Ste-Ménéhould (D382). Changy est à 10 km environ.

Dans un ensemble de caractère, cette ancienne grange à pans de bois a été transformée en une vaste chambre "La Loge Vigneronne" qui séduit par son charme et son authenticité. Une décoration chaleureuse qui conjugue la richesse du passé et le confort du présent. Pour votre détente, agréable terrasse face au jardin avec un petit bassin.

Chatel-Chéhéry - Ardennes (08)

★Rich architectural heritage: secular abbey and fortified churches. Vouziers 25 km. Mountain and city bikes can be hired for rides in Argonne Forest. Hunting holidays available. River teeming with trout in the village.

★ ***How to get there:*** *On the Vouziers/Verdun motorway. Follow signs. Ardennes, Meuse and Marne borders.*

This marvellous 18th-century château is set in a large wooded park, in a hillside village amid lakes and forests. The residence affords stunning panoramic views of the Aire Valley, which it overlooks. Monsieur and Madame Huet offer hunting trips or animal discovery tours as part of a free 4x4 excursion during a gastronomic break (for a minimum of three nights).

Le Château TH

Château de Chatel - 08250 Chatel-Chéhéry
Tél. 03 24 30 78 54 - Fax 03 24 30 25 51
Email : jacques.huet9@wanadoo.fr
Jacques et Simone Huet

1 pers. 65 € - 2 pers. 80 € - p. sup. 30 € - repas 22 €

3 chambres dont 1 avec coin-cuisine, coin-salon et che minée, toutes avec sanitaires privés. Ouvert toute l'anné Copieux petit déjeuner. Table d'hôtes : cuisine gastronc mique. Poss. Lave et sèche-linge. Parc arboré. Lit bébé 7 €. Piscine couverte chauffée (01/5 au 30/09). Etan privé. Remise si plus de 4 nuits. ★ Riche patrimoine abbaye séculaire, églises fortifiées. Vouziers 25 kr Location VTT et VTC pour randonner en for d'Argonne. Possibilité séjour de chasse. Rivière à truit au village. **Accès :** sur l'axe Vouziers/Verdun. Flécha assuré. Limites Ardennes/Meuse/Marne.

Entre lacs et forêts, dans un village à flanc coteau, magnifique château du XVIIIe avec grand parc arboré, dominant la vallée de l'Ai offre un panorama exceptionnel. M. et Mme Hu proposent des séjours de chasse ou de rencon avec les animaux dans le cadre d'une randonnée 4x4 offerte au cours d'un séjour gastronomique réservation 3 nuits).

CHAMPAGNE-ARDENNE

Crugny - Marne (51)

★Visits to champagne cellars, hiking paths, Romanesque churches. Jazz and classical music festivals. Golf course 15 km. Horse-riding 10 km. Tennis 1 km. Fishing 100 m.

★ ***How to get there:*** *A4, Dormans exit, and head for Fismes. At Arcy-le-Ponsart, head for Crugny.*

This luminous, fully renovated 19th-century mansion, set in a peaceful village, features a large leafy park and a garden for taking quiet strolls. The guest bedrooms are spacious and charming, and all offer attractive views of the surrounding countryside.

La Maison Bleue TH
46, rue Haute - 51170 Crugny
Tél. 03 26 50 84 63 - Fax 03 26 97 43 92
Email : maisonbleue@aol.com
www.la-maison-bleue.com
Gilles de Bohan

1 pers. 75/85 € - 2 pers. 80/133 € - 3 pers. 115/138 € - repas 23 €

2 chambres et 2 suites avec sanitaires privés. Ouvert du 1.02 au 23.12. Petit déjeuner : clafoutis, confitures, viennoiseries, fromage... T. d'hôtes : terrines viandes ou poissons, poulet curry au citron, agneau aux épices... Sauna, jacuzzi. Piscine. Cour, jardin, parc de 2 ha. Restaurants à Fismes (10 km). ★ Visites des caves de champagne, randonnées pédestres, circuit des églises romanes de la région, festivals de musique classique et jazz. Golf 15 km. Equitation 10 km. Tennis 1 km. Pêche 100 m. **Accès :** A4, sortie Dormans, puis prendre dir. Fismes. A Arcy-le-Ponsart prendre dir. Crugny.

Lumineuse maison de maître du XIXe siècle entièrement rénovée, située dans un village très calme, avec un grand parc verdoyant et un jardin où vous pourrez flâner en toute quiétude. Les chambres qui vous sont réservées, sont spacieuses et pleines de charme, et ont toutes une jolie vue sur la campagne environnante.

Grandchamp - Haute Marne (52)

...angres 17 km: walled town with 4 lakes. Le Pailly and ...teau 5 km. Fishing, horse-riding locally. Forest 1 km. Tennis, ...ing and swimming 10 km.

★ ***...How to get there:*** *A31 motorway, Langres-Nord exit and ...d for Langres on N19. Past Langres, make for Vesoul then ... D17 for Chalindrey, Le Pailly, Rivière-le-Bois and ...ndchamp. Michelin map 313.*

...'s stately 15th-century manor house, in the heart of the ...ntryside, is the oldest dwelling in the village. The ...ming suites feature a lounge, period furniture and paintings ... variety of styles. Superb interior decoration, Renaissance ... Empire fireplaces. There is also an art gallery with a selection ...aintings and objets d'art. A timeless spot far from the ...ding crowd.

La Vallée Verte TH
BP13 - 52600 Grandchamp
Tél./Fax 03 25 88 02 45 ou 03 25 84 62 36
Email : info@lavalleeverte.nl
www.lavalleeverte.nl
Tanja Kalse

1 pers. 91 € - 2 pers. 100/129 € - 3 pers. 165 € - repas 20 €

2 chambres et 3 suites avec coin-salon, bureau, TV, minibar, bains et wc privés. Ouv. tte l'année. Petit déj. : oranges pressées, jambon et œufs bio, fromages, confitures et pain maison... T.d'hôtes (produits fermiers), poss. végétariens/diététiques. Biblio., salon, salle de jeux. Parc 5 ha : équit., pêche, vélos, jeux. ★ Langres (17 km) : cité fortifiée et ses 4 lacs. Le Pailly (5 km) : château. Forêt 1 km. Tennis, voile, piscine 10 km. **Accès :** A31 sortie Langres-nord puis Langres par la N19. Après Langres, dir. Vesoul puis D17, Chalindrey, la Pailly, Rivière-le-Bois et Grandchamp. CM313.

En pleine campagne, ce beau manoir datant du XVe est la plus ancienne demeure du village. Il offre des suites de charme avec salon, mobilier d'époque et tableaux. Superbe aménagement intérieur, cheminées Renaissance et Empire, carreaux d'époque... Galerie d'art où sont exposées des toiles de différents style et des objets d'art. Une étape hors du temps...

Longeville-sur-la-Laines - Haute Marne (52)

Domaine de Boulancourt TH
Le Désert - 52220 Montier-en-Der
Tél./Fax 03 25 04 60 18
Email : dom.boulancourt@wanadoo.fr
Philippe et Christine Viel-Cazal

1 pers. 55/65 € - 2 pers. 60/70 € - p. sup. 16 € - repas 23 €

5 chambres doubles (dont 1 suite) avec douche ou bain, wc privés. Uniquement sur réservation. confirmée. T. d'hôtes sur rés. : cuisine familiale, sanglier en période de chasse. Parc, rivière, pêche, sentier de petite randonnée à pied ou en VTT sur place. Restaurants 10/20 km. ★ Eglises et vignobles champenois. Cristalleries Royales de Bayel 35 km. Lac du Der, haras et abbatiale de Montier-en-Der 10 km. Château de Cirey 20 km. Tennis 2 km. Equitation 8 km. **Accès :** à Montier-en-Der, dir. Troyes puis D174 par Longeville-sur-la-Laines. Traverser et sortir du village dir. Boulancourt sur 1 km. Au 1er croisement "Le Désert" est à gauche. CM313.

A proximité des grands lacs de Champagne-Ardennes, M. et Mme Viel-Cazal vous reçoivent dans leur maison de caractère où règnent le calme et la tranquillité. Les chambres sont gaies et confortables. Vous pourrez découvrir la migration des grues cendrées (mars-novembre). Le Domaine de Boulancourt a succédé au Domaine Monastique du XIIe disparu au XIXe.

★Visit the churches and vineyards of Champagne. Royal crystal works at Bayel 35 km. Der lake, stud farm and abbey-churchat Montier-en-der 10 km. Cirey-sur-Blaise Château 20 km. Horse-riding 8 km. Tennis 2 km. Granes migrate here (between March and November).

*★ **How to get there:** At Montier-en-Der, head for Troyes, then take D174 via Longeville-sur-la-Laines. Drive through the village and head for Boulancourt 1 km. At the first crossroads, "Le Désert" is on the left. Michelin map 313.*

In the immediate vicinity of the great lakes of Champagne-Ardennes, Monsieur and Mme Viel-Cazal are pleased to welcome you to their lovely family home full of character where peace and quiet prevail. The rooms are bright and comfortable. The Boulancourt estate stands on the site of the 12th-century monastic domain that was pulled down during the 19th century.

Moussey - Aube (10)

Domaine de la Creuse
10800 Moussey
Tél. 03 25 41 74 01 ou 06 80 63 33 10
Fax 03 25 73 13 87
www.domainedelacreuse.com
Patrick Leborgne

1 pers. 80/90 € - 2 pers. 85/95 € - 3 pers. 115 €

2 chambres et 1 suite avec sanitaires privés (TV s demande). Ouvert toute l'année. Petit déjeuner : pai variés, croissants, confitures maison, fruits de saison, ora ges pressées... Salon, piano, biblio., connexion Interr Jardin paysager 2000 m². Nombreux restaurants reco mandés à Troyes (10 mn). ★ Troyes, ville riche en gothique, maisons à pans de bois (XVIe), musée de l'o til, musée d'art moderne (collection P. Lévy), route Champagne (côtes des Bars). Golf 15 km. Nigglola 30 km. **Accès :** A5, sortie n°21, dir. Troyes, pren ensuite dir. Chaource. 2 km après Buchères, prendre chemin sur la gauche.

Aux portes de Troyes, belle propriété du XV construite selon l'architecture traditionn champenoise (pans de bois), et devenue, grâce à nouveaux propriétaires, un domaine au char immédiatement perceptible, et où il fait bon reposer. Un soin tout particulier a été apporté décoration, en parfaite harmonie avec le jar arboré et fleuri.

★Troyes, town steeped in Gothic art, half-timbered houses, Tool and Implement Museum, Museum of Modern Art (Pierre & Denise Lévy collection). Champagne country and Côtes des Bars vineyards. Golf course 15 km. Nigloland amusement park 30 km.

*★ **How to get there:** A5, exit 21 for Troyes, and head for Chaource. 2 km past Buchères, take the turning on the left.*

This handsome 18th-century property, at the gateway to Troyes, is built in the local Champagne tradition, with half-timbering. The estate exudes outstanding charm, thanks to the new owners, who offer a peaceful backdrop for a relaxing holiday. The lovingly decorated interior is in perfect keeping with the enchanting garden, graced with trees and flowers.

Mutigny - Marne (51)

Manoir de Montflambert

51160 Mutigny
Tél. 03 26 52 33 21 - Fax 03 26 59 71 08
Email : manoir-de-montflambert@wanadoo.fr
Stéphanie et Georges Lheureux Plékhoff

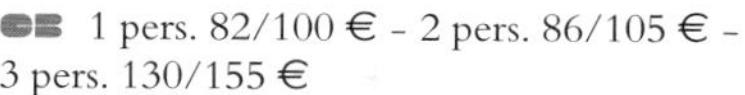

1 pers. 82/100 € - 2 pers. 86/105 € - 3 pers. 130/155 €

4 chambres et 2 suites avec sanitaires privés et mini-bar. Ouvert toute l'année. Petit déjeuner : jus d'orange, miel, confitures, yaourts, œufs, viennoiseries... Piano, jeux d'échecs, jeux de société. Cour, parc de 1,5 ha. Grande pièce d'eau. Nombreux restaurants alentours (Epernay, Magenta, Ay...). ★ Sentier du vigneron à Mutigny (annuel), crêches taille humaine (décembre), fête Henri IV à Ay (juillet année paire), musique d'été (27.6 au 28.8)... Equitation 4 km. Parcours VTT sur place. Dégustation 2 km. **Accès :** au nord-est d'Epernay : Epernay, Magenta, Ay, Mutigny. A l'entrée du village, indication "Manoir de Montflambert".

Ce superbe manoir du XVIIe siècle, ancien relais de chasse des Ducs de Gontault Biron, est magnifiquement édifié au cœur de la Champagne. Les chambres chaleureuses ont une décoration raffinée et disposent d'un mobilier de grande qualité. Le parc vous inspire un retour aux sources en pleine nature.

★Sentier du Vigneron guided tour of vineyards in Mutigny (every year). Life-size nativity scene at Christmas. Henry IV Festival at Ay (July, even years). Summer Music Festival (27/06 - 28/08). Horse-riding 4 km. Cycling trail locally. Champagne tasting 2 km.

*★ **How to get there:** North-east of Epernay. Epernay, Magenta, Ay and Mutigny. Manoir de Montflambert is signposted as you enter the village.*

This superby 17th-century manor house, originally a hunting lodge for the Dukes of Gontault Biron, stands proudly and magnificently in the heart of Champagne. The cosy, elegantly appointed bedrooms boast prestigious furnishings. The park is ideal for that back-to-nature feel in the heart of the countryside.

Prauthoy - Haute Marne (52)

Château de Prauthoy

SARL Château de Prauthoy - 22, Grand'Rue - 52190 Prauthoy
Tél. 03 25 84 95 70 - Tél./Fax 03 25 87 37 19
www.chateaudeprauthoy.com
Rémy Pugeaut

1 pers. 95 € - 2 pers. 105 € - 3 pers. 149 € - p. sup. 20 €

2 chambres et 2 suites de 2 ch. avec bains et wc privés. Ouv. du 1.03 au 31.12. Petit déj. : laitages, fruits, charcuterie. Salons, biblio., TV, vidéo. Fumoir. Cour, terrasse, parc 5 ha, piscine chauffée (juin à sept.), tennis. Taxe de séjour. ★ Dijon 30 mn : Langres 15 mn : citée fortifiée, pays des 4 lacs. Beaune 45 mn : caves, vignobles, Hospices. Forêts 500 m. Chasse 2 km. Pêche, voile 5 km. **Accès :** A31 sortie Langres-sud puis N74 dir. Dijon ou sortie Til-Chatel puis N74 dir. Langres. CM313.

Au cœur du village, élégant château du XVIIIe, agrandi au XIXe, entièrement rénové. Les communs ornés d'une tourelle ont été aménagés vers 1870 ainsi que la fausse grotte. Chambres de style différent (mobilier d'époque). Salons avec piano, biblio. à disposition. Parc dit "à l'anglaise" planté dans la première moitié du XIXe, avec bassin et maison de poupée.

★Dijon (30 min): Fine Arts Museum. Langres (15 min): valled town, 4-lake country. "Rendez-Vous de Juillet" Festival July). Beaune (45 min): vineyards, cellars, hospices. Tennis 00 m. Forests 500 m. Hunting 2 km. Fishing, sailing 5 km.

*★ **How to get there:** A31 motorway, Langres-Sud exit and 174 for Dijon, or A31, Til-Chatel exit and N74 for Langres. Iichelin map 313.*

the heart of the village, this elegant 18th-century château, tended during the 19th century, has recently been fully novated. The outbuildings, adorned by a turret date from 870, as does the grotto. The bedrooms are in various styles, th Louis XV, Louis XVI, Empire and Napoleon III rniture. A choice of drawing rooms with piano, and a library available for guests' use. The five-hectare landscape park was nted during the first half of the 19th century and features pond and a doll's house. Outstanding.

CHAMPAGNE-ARDENNE

Pressigny - Haute Marne (52)

*Fayl-Billot, famous for its basketry (shops, museum). Langres, fortified town. Champlitte Château and museum. Swimming pool, tennis court 500 m. Hunting 1 km (courses available). Leisure park 10 km. Water sports 25 km.

★ ***How to get there:*** *A31, exit 6 or 7 for Langres and N19 for Vesoul. 30 km on, past N19/D460 crossroads, turn right for Pressigny. Michelin map 313.*

You will fall under the spell of this handsome 19th-century stately home, its classical architecture, flower gardens and leafy forest setting. The romantic décor incorporates beautifully matching colours and late-19th and early-20th-century furniture. Hunting holidays and basketry courses can be arranged.

Maison Massin Perrette TH
24, rue Augustin Massin - 52500 Pressigny
Tél. 03 25 88 80 50 - Fax 03 25 88 80 49
Email : e.m.poope@wanadoo.fr
Michel et Evelyne Poope

1 pers. 45 € - 2 pers. 50/65 € - 3 pers. 65/80 € - p. sup. 15 € - repas 15 €

4 ch. et 1 suite/2 ch. avec salon privé, toutes avec coffre-fort, sanitaires privés. Ouv. toute l'année. Petit déj. du terroir : miel, fromages.... T. d'hôtes : apéritif maison, gibiers, poissons et viandes, patisseries maison.... Salon lecture, biblio., jeux. Cour, jardins. Vélos à dispo. - 5 €/nuit à partir de 2 nuits ★ Fayl-Billot, capitale de la vannerie (boutiques, musée). Langres (ville fortifiée). Château de Champlitte (musée). Piscine, tennis 500 m. Chasse 1 km (poss. Stage). Parc loisirs 10 km. Act. nautiques 25 km. **Accès :** de l'A31, sorties 6 ou 7 dir. Langres, puis N19 dir. Vesoul pendant 30 km. Après le carrefour N19/D460, tourner à droite vers Pressigny. CM313.

Belle demeure bourgeoise du XIXe qui vous séduira par son harmonie d'architectures classiques, ses jardins fleuris et son environnement de verdure et de forêts. Décor romantique tout en harmonie de couleurs et mobilier fin XIXe début du XXe. Possibilité séjours de chasse et de stages de vannerie.

St-Germain - Aube (10)

*Museums, lakes and festivals. Swimming pool 4 km. Bathing, sailing 20 km.

★ ***How to get there:*** *From Paris, A5 motorway, exit 20, and head for Auxerre (A77). Turn right for Saint-Germain (D141). The house is 400 m up on the right.*

Magdelaine extends a warm welcome at this 18th and 19th-century property, complete with two hectares of floral, leafy parkland, just 6 km from Troyes. The pretty, tastefully decorated bedrooms feature 18th-century family heirlooms, and curios found in local flea markets. Relax in the park, which is enhanced by an orchard, orangery and canals.

Les Beauchots
412, route de Lépine - 10120 Saint-Germain
Tél./Fax 03 25 79 51 92
Email : paul.meekel@wanadoo.fr
Magdelaine Meekel

1 pers. 48 € - 2 pers. 55/75 €

4 chambres et 1 suite (non fumeur) avec sanitaires privés. Ouvert du 10/01 au 15/11. Petit déjeuner : brioche, croissant, préparations maison (compote, yaourts, céréales), fruits de saison de la propriété... Bibliothèque. Cour jardin, parc 2 ha, orangerie. Ping-pong. Restaurant moins de 5 km. ★ Lacs, festivals. Musées, piscine 4 km Baignade, voile 20 km. **Accès :** de Paris autoroute A5 sortie n°20, puis dir. Auxerre (N77), ensuite à droite dir St-Germain (D141). La maison est à 400 m à droite CM61, pli 16.

Vous serez accueillis par Magdelaine dans une propriété des XVIIIe et XIXe siècles, disposant d'un parc fleuri et arboré de 2 ha, à 6 km du centre de Troyes. Jolies chambres décorées avec goût avec des meubles de famille du XVIIIe et d'autres chinés dans les brocantes régionales. Détente dans le parc avec verger, orangerie et canaux...

Toulon-la-Montagne - Marne (51)

⋆Champagne cellars at Epernay 25 km. Fishing 10 km. Tennis court and swimming pool 12 km. Horse-riding 16 km. Golf course 35 km.

⋆ ***How to get there:*** *25 km south of Epernay, 10 km south of Montmort. On D18.*

Les Corettes" is named after a vineyard plot on the estate. Your hosts, Nicole and Jean-Marie Salmon, offer five guest bedrooms arranged in a handsome, imposing, late-18th-century-style residence. The bright, colourful bedrooms afford panoramic views of the vineyard and plain.

Les Corettes TH

chemin du Pâti - 51130 Toulon-la-Montagne
Tél./Fax 03 26 59 06 92 ou 06 76 74 16 28
Jean-Marie Salmon

1 pers. 52 € - 2 pers. 57 € - p. sup. 25 € - repas 28/34 €

5 chambres avec sanitaires privés. Ouvert du 01.03 au 30/01. Petit déjeuner : confitures maison, œufs de la ferme, jus de fruits pressés... T. d'hôtes : canette au sirop d'érable, duo de poissons, gâteau aux noix... Salon (TV), billard. Vélos, étang (pêche privée à 10 km). Cour, jardin.
⋆ Caves de champagne à Epernay (25 km). Pêche 10 km. Tennis et piscine 12 km. Equitation 16 km. Golf 35 km.
Accès : à 25 km au sud d'Epernay, 10 km au sud de Montmort. Sur la D18.

"Les Corettes" est le nom d'une parcelle de vigne de l'exploitation. On est ici chez Nicole et Jean-Marie Salmon qui vous proposent 5 chambres d'hôtes aménagées dans une belle maison bourgeoise, style fin XVIIIe. Les chambres lumineuses et colorées bénéficient d'une vue panoramique sur le vignoble et la plaine.

CORSE

MER MÉDITERRANÉE

Golfe de St-Florent

D 80

Nonza

San-Martino-Di-Lota

Patrimonio

BASTIA

D 81

Calvi

N 197

N 193

Golo

N 198

2B
HAUTE-CORSE

Cervione

Corte

Golfe de Porto

N 198

D 81

CORSE

N 193

Tavignano

Golfe de Sagone

N 193

Gavrone

AJACCIO

Golfe d'Ajaccio

Taravo

N 196

2A
CORSE-DU-SUD

N 198

Golfe de Valinco

Sartène

Golfe de Porto-Vecchio

N 196

Figari

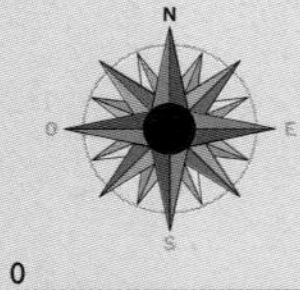

0 — 26 km

Cervione - Corse (20)

*Beach 500 m. Tennis court 4 km. Horse-riding 5 km. Forest 6 km. Restaurants nearby.

★ ***How to get there:*** *From Bastia, take N193 to Cazamozza. At Cazamozza, take N198 for Porto-Vecchio. Head for "Prunete", approximately 30 km on. Michelin map 345, fold G6.*

Monsieur and Madame Doumens offer three delightful and tastefully decorated bedrooms for an invitingly comfortable stay. What better way to enjoy the pleasures of sunny Corsica. In the summer, take strolls in the flower garden or just relax on the terrace. In the winter, curl up with a good book in front of the fire.

Casa Corsa
Acqua Nera - Prunete - 20221 Cervione
Tél. 04 95 38 01 40 ou 06 25 89 89 32
Fax 04 95 33 39 27
http://perso.wanadoo.fr/casa-corsa
Anne-Marie Doumens

1 pers. 55 € - 2 pers. 62 € - 3 pers. 116 € - p. sup. 15 €

2 chambres dont 1 avec terrasse et 1 suite familiale composée de 2 ch. avec entrée indép. et terrasse, toutes avec s. d'eau et wc privés. Ouv. toute l'année. Petit déj. complet et copieux. Salon/salle à manger communs aux propriétaires avec TV et cheminée. Coin-détente. Jardin fleuri, salon de jardin. ★ Plage à 500 m. Tennis 4 km. Equitation 5 km. Forêt 6 km. Restaurants à proximité. **Accès :** de Bastia, prendre N193 jusqu'à Cazamozza. A Cazamozza, prendre la N198 direction Porto-Vecchio. Faire environ 30 km jusqu'au lieu-dit "Prunete". CM345, pli G6.

M. et Mme Doumens mettent à votre disposition 3 délicieuses chambres décorées avec gôut, chaleureuses et confortables, vous y passerez un agréable séjour sous le soleil Corse. Aux beaux jours, flâneries dans le jardin fleuri ou farniente sur la terrasse, en hiver, merveilleux moments de convivialité près de la cheminée.

Figari - Corse (20)

Cagna granite mountain. Bonifacio 17 km, picturesque medieval city separated from the rest of the island by a vast limestone plateau. Sea 7 km. Golf course 18 km. Tennis court 2 km. Horse-riding 4 km. Hiking locally.

★ ***How to get there:*** *From Figari, take D322 for Poggiale and San Gavino. Michelin map 345, fold D10.*

This pretty, 19th-century golden granite house full of character awaits your arrival in the heart of a tiny village teeming with flowers. Take advantage of this peaceful, sunny setting for a relaxing stay that will do you a world of good. An ideal staging post for going on hikes in the breathtaking Montagne de Cagna, a granite mountain of white oblong boulders.

l'Orca de San Gavino
20114 San Gavino de Figari
Tél./Fax 04 95 71 01 29
Alberte Bartoli

1 pers. 64/90 € - 2 pers. 64/90 € - 3 pers. 120 € - p. sup. 30 €

1 suite familiale (2 ch.) avec salon, cheminée, TV, biblio. et 1 chambre 2 pers. avec cheminée, coin-salon, TV, chacune avec sanitaires privés. Ouvert toute l'année. Copieux petit déjeuner. ★ Montagne de Cagna. Bonifacio 17 km (ville pittoresque et cité médiévale isolée du reste de l'île par un vaste plateau calcaire). Mer 7 km. Golf 18 km. Tennis 2 km. Equitation 4 km. Randonnées sur place. **Accès :** de Figari, prendre la D322 direction Poggiale puis prendre direction San Gavino. CM345, pli D10.

Au cœur d'un petit village fleuri, une jolie maison de caractère en granit doré et datant du XIXe siècle vous ouvre ses portes. Ici, le soleil et la tranquillité du lieu vous permettront de vous détendre et de vous ressourcer pleinement. Pour vous évader, de nombreuses randonnées dans la montagne de Cagna sont possibles.

Nonza - Corse (20)

Nonza Tower, world heritage. Sea 1 km. Tennis court 2.5 km. River 5 km. Variety of hikes locally.

★ ***How to get there:*** *From Bastia, head for Saint-Florent on D81. At Patrimonio, head for Cap-Corse on D80. Michelin map 345, fold F3.*

Welcome to Casa Maria, a handsome family mansion set in the heart of the listed village of Nonza. For guests' comfort, the tastefully decorated bedrooms all have air conditioning. On sunny days, relax on the terraces, in the garden or sun lounge.

Casa Maria
20217 Nonza
Tél. 06 76 05 40 13 - Tél./Fax 04 95 37 80 95
Email : casamaria@wanadoo.fr
http://www.casamaria-corse.com
Marie-Ange Burini

2 pers. 69/89 € - 3 pers. 94/124 € - p. sup. 25/35 €

5 chambres dont 1 familiale composée de 2 ch. (119 à 159 €/3 ou 4 pers.), toutes avec sanitaires privés, toutes climatisées. Ouvert du 1er avril au 30 octobre. Copieux petit déjeuner. Salon commun aux hôtes. Terrasses, jardin, solarium. Restaurants à Nonza et à St-Florent. ★ Tour de Nonza (inscrite au répertoire du patrimoine). Mer 1 km. Tennis 2,5 km. Rivière 5 km. Nombreuses randonnées sur place. **Accès :** de Bastia, prendre D81 direction Saint-Florent. A Patrimonio, prendre D80 direction Cap-Corse. CM345, pli F3.

Au cœur du village de Nonza, site classé, cette demeure est une maison de maître dont les chambres décorées avec goût, sont, pour votre plus grand confort, toutes climatisées. Aux beaux jours, détente et bien-être sont au rendez-vous grace aux terrasses, au jardin et au solarium...

Patrimonio - Corse (20)

Bathing 3 km. Hiking and lake 100 m. Forest, horse-riding and tennis 5 km.

★ ***How to get there:*** *From Bastia, head for Barbaggio and then Patrimonio. Michelin map 345, fold F3.*

If you're looking for a spot with stunning scenery as far as the eye can see and complete peace and quiet, then this is the destination for you. Your hostess, Barbara, welcomes you to her one-hectare property, dotted with trees and Mediterranean essences. Experience Corsica at its finest and enjoy magnificent vistas of the surrounding area from the attractive terrace.

20253 Patrimonio
Tél. 04 95 37 00 57 ou 06 76 45 03 84
Fax 04 95 37 17 93
http://www.casa-albina-corsica.com
Barbara Andreani

1 pers. 75/85 € - 2 pers. 85/95 € - 3 pers. 110/120 € - p. sup. 25 €

2 suites avec sanitaires privés, lit 160, salon privatif ave 2 lits gigognes, TV/radio/CD/K7 et téléphone. Ouve toute l'année. Copieux petit déjeuner. Belle terras (salon de jardin en teck et bains de soleil) donnant sur parc et le verger. Restaurants à 2 km. ★ Baignade 3 kr Randonnée et plan d'eau 100 m. Forêt, équitation et te nis 5 km. **Accès :** de Bastia, prendre la directi Barbaggio puis Patrimonio. CM345, pli F3.

Vous aimez le calme et la verdure à perte de vue Alors n'hésitez plus, venez découvrir l'espace volonté dans cette propriété de 1 ha, arborée plantée d'essences méditérranéennes. La Co dans toute sa splendeur s'offre à vous de la be terrasse, vue magnifique sur l'environnement ale tour.

Patrimonio - Corse (20)

NOUVEAUTÉ

★*Wine-making cellars (Patrimonio AOC), guitar nights in July. Sea 3km. Swimming pool and tennis courts 5km. Horse-riding and forest 800m.*

★ ***How to get there:*** *From Bastia, take the D81 in the direction of Barbaggio. 11km further on, head towards Patrimonio. Michelin map 345, fold F3.*

This 17th-century stronghold has been converted by its owners into 2 rural gîtes and 2 guest rooms. The natural charm of this property is enhanced by its arched ceilings and the family portraits that adorn the walls. A wonderful place to make the most of the perfect and much sought after Corsican climate.

Château Calvello

20253 Patrimonio
Tél./Fax 04 95 37 01 15 ou 06 86 16 09 66
Pierre-Louis Ficaja

2 pers. 80/110 € - p. sup. 20 €

1 chambre et 1 suite avec sanitaires privés, réfrigérateur, TV, téléphone et connexion Internet. Ouvert toute l'année. Petit déjeuner varié : délicieuses pâtisseries maison... Salon. ★ Caves vinicoles (AOC de Patrimonio), nuits de la guitare en juillet. Mer 3 km. Piscine et tennis 5 km. Equitation et forêt 800 m. **Accès :** au départ de Bastia, prendre la D81 dir. Barbaggio, après avoir parcouru 11 km, prendre dir. Patrimonio. CM345, pli F3.

Cette ancienne maison forte datant du XVIIe siècle a été réaménagée par les propriétaires en 2 gîtes ruraux et 2 chambres d'hôtes. Vous découvrirez les plafonds voûtés contribuant au charme des anciennes bâtisses et les murs ornés de tableaux familiaux. Bienvenue en Corse pour bénéficier du climat idéal tant récherché !

San-Martino-di-Lota - Corse (20)

Sea 8 km. Hiking locally. Shops 8 km. Railway station 11 km.

How to get there: *Leave Bastia by D80, "Nord" exit, then take D131 to the village of San-Martino-di-Lota. Michelin map 345, fold F3.*

Originally a Capucine convent, this handsome, sober and elegant 17th-century château, renovated at the turn of the last century, is set in three hectares of grounds. The spacious, sun-drenched bedrooms look out onto the park. Pretty monumental fireplace in the lounge. An ideal spot for discovering the hidden charms of Upper Corsica.

Château Cagninacci

20200 San-Martino-di-Lota
Tél. 06 78 29 03 94 - Fax 06 76 43 01 44
http://www.chateaucagninacci.com
Bertrand Cagninacci

2 pers. 76/97 € - 3 pers. 92/113 €

4 chambres (3 lits 2 pers. et 2 lits 1 pers.) avec salle de bains et wc privés dont 1 avec terrasse et climatisation (3 €). Ouvert du 15 mai au 30 septembre. Salon réservé aux hôtes, salle à manger avec cheminée. Mobilier de caractère. Ping-pong. Parc de 3 ha. avec salons de jardin. ★ Mer à 8 km. Randonnées sur place. Commerces 8 km. Gare 11 km. **Accès :** prendre la D80 à la sortie nord de Bastia, puis prendre la D131 jusqu'au village de San-Martino-di-Lota. CM345, pli F3.

Ce beau château, sobre et élégant, rénové au début du siècle dernier est un ancien couvent de capucins du XVIIe situé sur une propriété de 3 ha. Les chambres y sont vastes et ensoleillées avec vue sur le parc. Belle cheminée monumentale dans la salle de séjour. Une adresse à retenir pour découvrir le charme secret de la Haute-Corse.

FRANCHE-COMTÉ

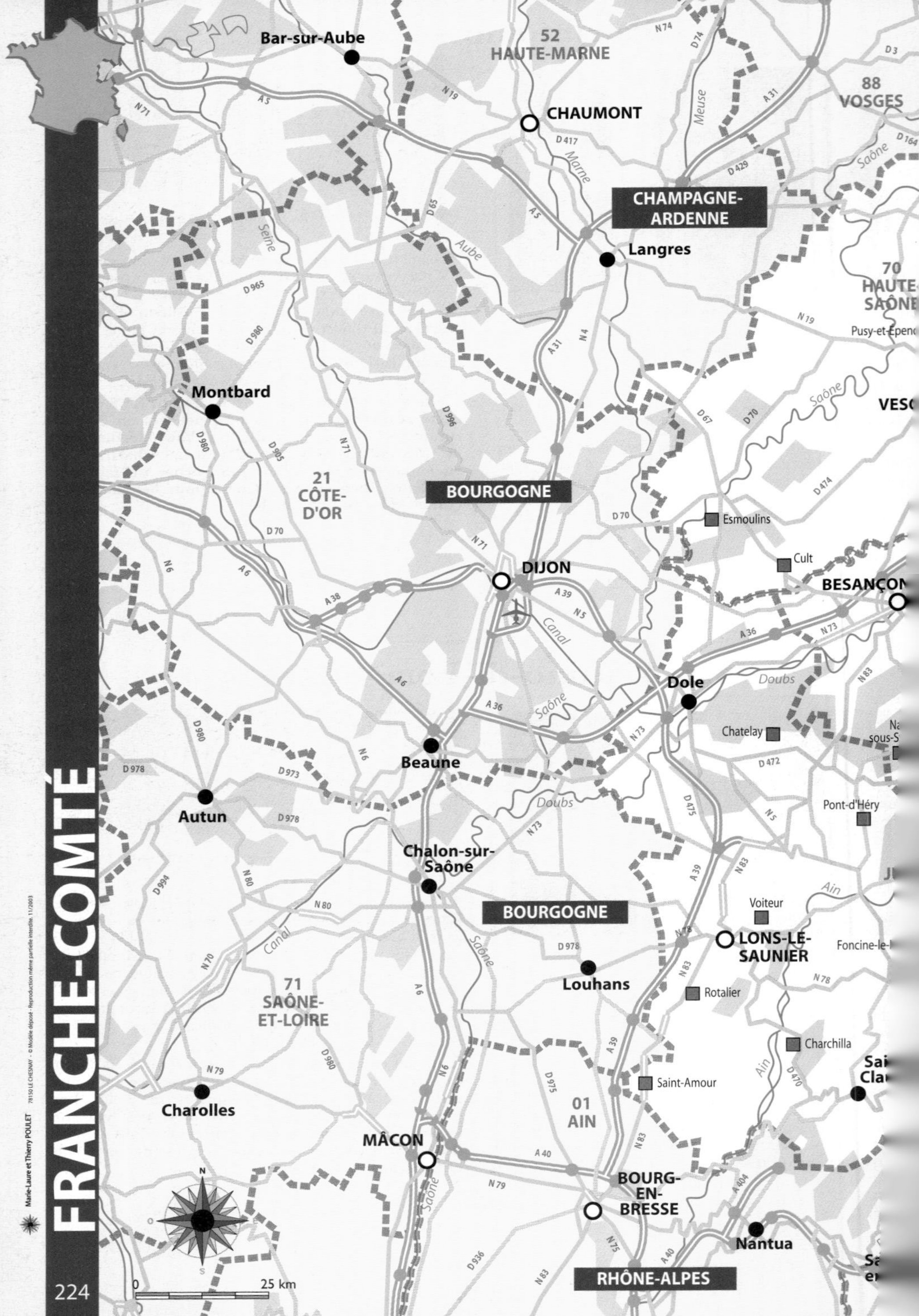

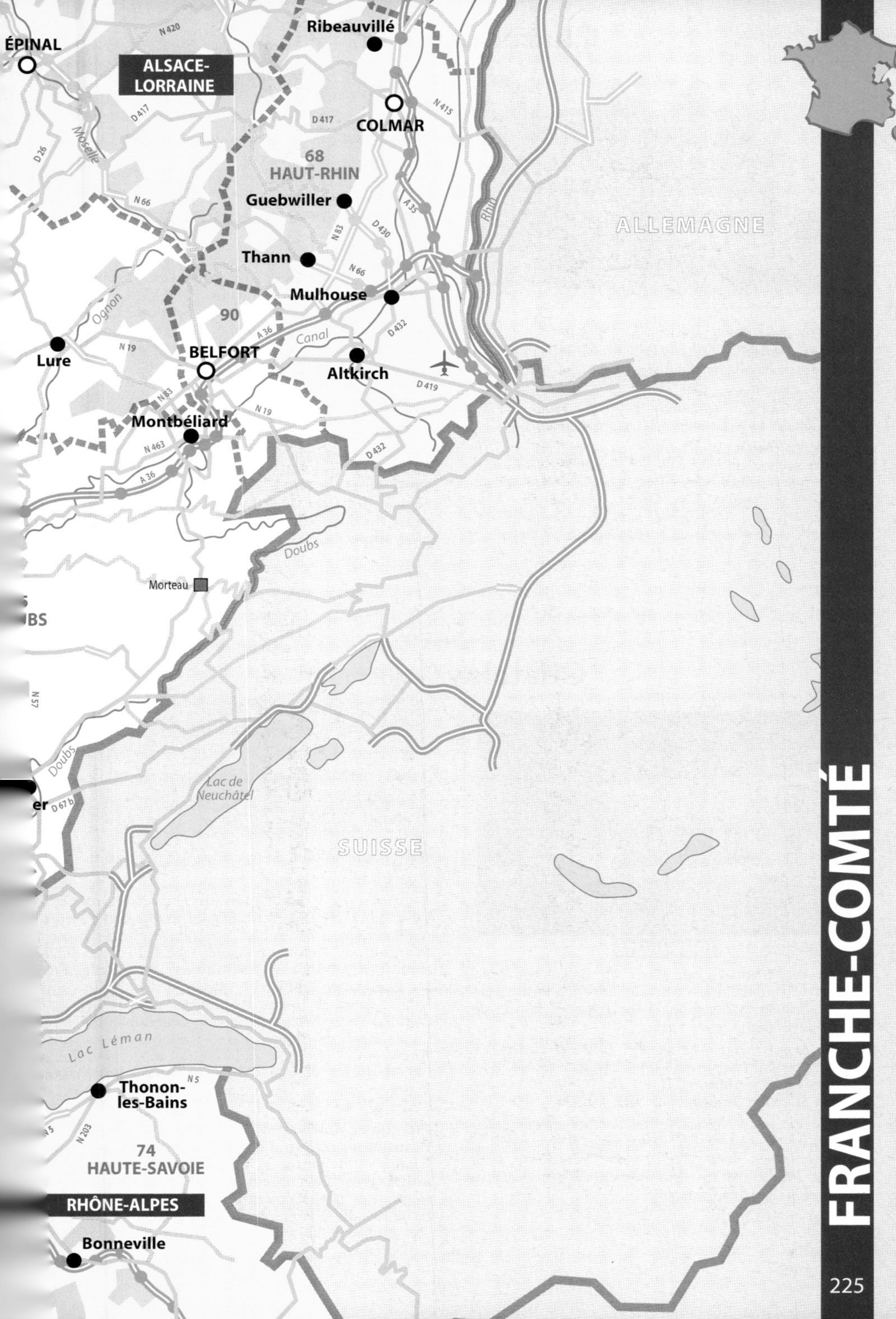
ÉPINAL
ALSACE-LORRAINE
Ribeauvillé
COLMAR
68
HAUT-RHIN
Guebwiller
Thann
Mulhouse
90
BELFORT
Lure
Altkirch
Montbéliard
ALLEMAGNE
Morteau
Lac de Neuchâtel
SUISSE
Lac Léman
Thonon-les-Bains
74
HAUTE-SAVOIE
RHÔNE-ALPES
Bonneville
N 420
D 417
D 26
Moselle
N 66
N 415
A 35
D 430
N 83
Rhin
Ognon
N 19
A 36
Canal
D 432
D 419
N 463
Doubs
N 57
D 67 b
N 5
N 203

Charchilla - Jura (39)

Le Clos d'Estelle TH
1 La Marcantine - 39260 Charchilla
Tél./Fax 03 84 42 01 29
Email : leclosdestelle@wanadoo.fr
http://monsite.wanadoo.fr/leclosdestelle/
Christine et Jean-Pierre Thevenet

1 pers. 65 € - 2 pers. 65 € - 3 pers. 80 € - repas 17 €

3 chambres et 1 suite avec sanitaires privés. Ouvert toute l'année. Petit déjeuner : brioche maison, viennoiseries, céréales, produits laitiers, fruits... T. d'hôtes : clafoutis de tomates cerises, jambon sauce à l'échalotte, crème brulée au macvin... Salon avec biblio. Cour, jardin, parc 1,5 ha. Restaurant 3 km. ★ Lac de Vouglans (plage et port), festival international pour l'enfant "Idéklic", Noël au pays du jouet. Sports nautiques et pêche 1 km. Randonnée sur place. Ski alpin et golf 25 k. **Accès :** A39, sortie n°8 Lons-le-Saunier puis suivre St-Claude ou A40 jusqu'à Oyonnax puis suivre St-Claude. CM321, pli E4.

Accueil convivial et douillet d'une maison de campagne qui allie nature préservée au sein du PNR du Haut Hura, à la diversité pittoresque de la région des Lacs. L'authenticité, l'ambiance chaleureuse du bois et le calme de la nature vous raviront. Une étape de charme dans un site privilégié.

★Vouglans Lake (beach and harbour), "Idéklic" International Childrens' Festival, Christmas in Toyland. Watersports and fishing 1 km. Hiking locally. Alpine skiing and golf 25 km.

*★ **How to get there:** A39, exit 8 for Lons-le-Saunier and head for St-Claude. Alternatively, A40 to Oyonnax and head for St-Claude. Michelin map 321, fold E4.*

A warm, generous welcome awaits you at Le Clos d'Estelle, a country house that offers both the pleasures and treasure of its Haut Jura Regional Nature Park setting and the picturesque diversity of the region's Lake District. The authentic, warm woodpanelling and the peaceful, natural environment are a delight. A charming spot in an outstanding part of the country.

Chatelay - Jura (39)

NOUVEAUTÉ

Le Chambres d'Aude TH
5, rue de la Gare - 39380 Chatelay
Tél./Fax 03 84 37 70 09 ou 06 78 30 20 90
Email : audedagnet@leschambresdaude.com
www.leschambresdaude.com
Aude et Patrick Badonnel

1 pers. 50 € - 2 pers. 60 € - 3 pers. 75 € - repas 15 €

3 chambres et 1 suite familiale avec sanitaires privés, TV Ouv. toute l'année. Petit déjeuner : croissant, brioch œufs, confitures maison... T. d'hôtes sur résa. : saucisse d Morteau aux lentilles, gougère... Table d'échecs, biblio salon. Parc arboré clos 3000 m², terrasse, parking. Vélo VTT. ★ Musée de Pasteur 16 km. Musée du Bois 8 km Musée Courbet 15 km. Routes des vins du Jura et d comté... Forêt 500 m. Baignade et tennis 3 km. Pêch 2 km. Base de loisirs 6 km. Randonnées sur plac **Accès :** A39 dir. Dôle sud-Genève, sortie n°6. Prend N5 (via Parcey Nevy-les Dole) puis N472 (via Mt-sou Vaudrey-Ounans). A Chamblay, prendre D53 d Chatelay. CM321, pli E4.

Au cœur du Val d'Amour, à proximité de Bourgogne (Dijon 45 mn), à l'orée de la forêt Chaux, 4 élégantes et confortables chambres so aménagées dans une maison de maître du XI siècle. Les petits déjeuners vous seront servis da la belle salle à manger face au parc.

★Musée de Pasteur 16 km. Musée du Bois 8 km. Musée Courbet 15 km. Jura wine tours and tours of the area... Forest 500 m. Swimming and tennis 3 km. Fishing 2 km. Leisure centre 6 km. Hiking/walks locally.

*★ **How to get there:** A39 direction Dôle sud-Genève, exit n°6. Take the N5 (via Parcey Nevy-les Dole) then N472 (via Mt-sous-Vaudrey-Ounans). Take D53 from Chamblay, direction Chatelay. Michelin map 321, fold E4.*

Deep in the Val d'Amour, not far from Bourgogne (Dijon 45mins) by the edge of the Chaux forest, 4 comfortable yet elegant bedrooms await you in this 19th-century family mansion. Breakfast is served in the magnificent dining room that looks out onto the grounds.

Cult - Haute Saône (70)

★Tennis, fishing in river, cycling and hiking 5 km. Golf course 25 km. Sightseeing. Besançon, Dôle, Dijon, Arc et Senans. Museum, retables and wash houses. Flea market.

*★ **How to get there:** On D67. A36 motorway, exit 3, Besançon-Ouest for Gray. Alternatively, A5 or A31 motorway, exit 6, Langres-Sud for Gray-Besançon. Michelin map 314, fold B8.*

You will be captivated by your hosts' hospitality and succumb to the charm of this handsome residence, a château built in 1854. The refined décor and tasteful furnishings are a delight. A haven of peace and quiet with excellent cuisine served at the table d'hôtes. A must.

Château de Cult TH
Les Egrignes - Route d'Hugier - 70150 Cult
Tél./Fax 03 84 31 92 06 ou 06 84 20 64 91
Email : lesegrignes@wanadoo.fr
www.les-egrignes.com
Fabienne Lego-Deiber

1 pers. 70 € - 2 pers. 80 € - p. sup. 25 € - repas 25 €

1 ch. 2 pers., 2 suites 2 pers. avec sanitaires privés. Ouv. toute l'année. Petit déj. : viennoiseries, pâtisseries/confitures maison... T. d'hôtes : terrines, magret aux griottines, croustillants d'escargots. Salon, jeux société. Parc, p-pong, vélos. ★ Tennis, pêche en rivière, VTT et randonnées pédestres à 5 km. Golf 25 km. Tourisme culturel : Besançon, Dole, Dijon, Arc et Senans. Musées, circuit des retables, circuit des lavoirs. Brocante. **Accès :** sur la D67. Prendre autoroute A36, sortie n° 3, Besançon-ouest direction Gray ou autoroute A5 ou A31, sortie n° 6, Langres-sud direction Gray-Besançon. CM314, pli C9.

Vous succomberez à l'accueil chaleureux qui vous sera réservé et tomberez sous le charme de cette belle demeure (château de 1854) décorée et meublée avec goût et raffinement. Vous apprécierez l'harmonie et la quiétude des lieux ainsi que l'excellente cuisine servie à la table d'hôtes. Une étape à ne pas manquer.

Esmoulins - Haute Saône (70)

Monthly fair, museum, concerts, shows, leisure parks, boat trips, uided tours. Fishing locally. Horse-riding, canoeing 5 km. Hiking 3 km. Swimming pool, tennis 7 km. Gray 7 km.

__How to get there:__ On Gray-Dôle B-road (départementale). irst village, Champvans, and Esmoulins 1.5 km on. Au Hêtre ourpre is the third house on the left. Michelin map 314, fold 9.

his 18th-century family mansion stands on a leafy one-hectare operty with stream and fishpond, in a quiet village just 7 km m Gray. Sunbathe in the park, or relax in the shade of a nning purple beech tree. Enjoy Franche-Comté specialities, ich vary according to season, at the table d'hôtes.

Au Hêtre Pourpre TH
4, rue de la Tenise - 70100 Esmoulins
Tél. 03 84 67 45 16 ou 06 74 37 33 39
Fax 03 84 64 89 44
http://site.voila.fr/auhetrepourpre
Marie-Claude Vezzoli

1 pers. 47 € - 2 pers. 50 € - 3 pers. 65 € - p. sup. 15 € - repas 20 €

2 ch. avec sanitaires privés et salon attenant. Ouv. toute l'année. Petit déj. : grand choix de thés, pâtisseries et confiture maison, jus d'orange, fruits... T. d'hôtes : cuisses de grenouille, jambon chaud, tarte au thon, terrine de saumon... Salle à manger, cheminée. Nécessaire bébé. Cour, parc 1 ha, ruisseau, vivier. ★ Foire mensuelle, musée, concerts, spectacles, aires de loisirs, balades en bâteau. Visites guidées à 7 km. Pêche sur place. Equitation, canoë 5 km. Randonnées 3 km. Gray 7 km : piscine, tennis. **Accès :** par la départementale Gray-Dole. 1er village Champvans, puis à 1,5 km Esmoulins. C'est la 3e maison à gauche. CM314, pli B8.

A 7 km de Gray, dans un petit village très calme, demeure de maître du XVIIIe située sur une propriété très arborée d'1 ha avec ruisseau et vivier. Dans le parc, un magnifique hêtre pourpre fait office de parasol. Chambres décorées avec goût et personnalisées. A la table d'hôtes, vous goûterez aux spécialités franc-comtoises selon les saisons.

Foncine le Haut - Jura (39)

★Sleigh rides, snowshoeing, ice-skating. Châteaux, museums and local tradition museums. Discover Jura wines. Hiking, cross-country skiing, fishing locally. Horse-riding, on-piste skiing 3 km. Tennis 2 km.

*★ **How to get there:** A39, exit 7 Bersaillin and head for Poligny and Champagnole/St-Martin-en-Grandvaux. At La Chaux bridge, head for Foncine-le-Haut and Foncine-le-Bas. As you enter the village, road on left after the Gendarmerie.*

A warm welcome awaits you from Bernadette and Daniel at their pretty mountain chalet on Mont Bayard. The extremely comfortable bedrooms and suites afford superb views over the Saine Valley and the tall peaks of the Jura massif. A delightful spot in the mountains.

Les Biches et les Genévriers TH
56 le Bayard - 39460 Foncine le Haut
Tél. 06 80 35 03 49 - Fax 03 84 51 94 56
Email : pretet.bernadette@wanadoo.fr
www.lebayard.com
Bernadette et Daniel Pretet

1 pers. 70/100 € - 2 pers. 75/110 € - 3 pers. 98/133 € - p. sup. 23 € - repas 22 € - 1/2 p. 60/77 €

5 suites et 1 chambre avec sanitaires privés, TV, réfrigérateur, m-ondes et cafetière. Ouv. toute l'année. Petite déjeuner : céréales, viennoiseries, pains, confitures maison, yaourts... T. d'hôtes : croûte aux morilles, gratin au comté... Cheminée, four à pain. Salle fitness/jacuzzi en cours de réalisation. ★ Balades en traîneau, raquettes, patin à glace. Châteaux, musées et eco-musées. Découverte vins du Jura. Randonnées, ski de fond, pêche sur place. Equitation, ski de piste 3 km. Tennis 2 km. **Accès :** A39, sortie n° 7 Bersaillin, dir. Poligny puis dir. Champagnole/St-Laurent-en-Grandvaux. Au pont de la Chaux, dir. Foncine-le-Haut et Foncine-le-Bas. A l'entrée du village, route à gauche après la gendarmerie.

Vous serez accueillis chaleureusement par Bernadette et Daniel dans leur joli chalet de montagne situé sur le Mont Bayard. La chambre et les suites sont très confortables, et offrent une superbe vue sur la vallée de la Saine et sur les hauts sommets du massif jurassien. Une étape montagnarde qui vous ravira.

Morteau - Doubs (25)

★Morteau Clock Museum. Watch Museum 6 km. Saut-du-Doubs waterfall 6 km. Switzerland 10 km. Tennis, fishing locally. Cross-country and on-piste skiing 10 km. Swimming pool 2 km. Horse-riding 6 km.

*★ **How to get there:** At Morteau, head for Switzerland, and at the first set of traffic lights, turn right. Carry on to the roundabout and turn first right 50 m on. Michelin map 321J.*

This handsome family mansion is situated in the centre of Morteau, in the Jura massif, close to Switzerland. Your host's great passion is decorating and you will find an array of minute, refined details collected over the years and tastefully and imaginatively arranged. Simply charming.

La Guron
7, rue de la Guron - 25500 Morteau
Tél. 03 81 67 42 33 - Fax 03 81 67 49 83
Email : arlette.laude1@cegetel.net
www.gites-de-france-doubs.fr
Arlette Laude

1 pers. 65 € - 2 pers. 65 € - p. sup. 30 €

2 chambres avec salle d'eau et wc privés. Ouvert tout l'année. Petit déjeuner : confitures et patisseries maison jus de fruits frais, jus de légumes frais au épices...Bibliothèque, jeux de société. Parc de 17 ares salon de jardin. Restaurant sur place. ★ Musée de l'hor logerie sur place, musée de la montre 6 km. Le Saut d Doubs 6 km. Suisse 10 km. Tennis, pêche sur place. Ski d fond et de piste 10 km. Piscine 2 km. Equitation 6 km **Accès :** à Morteau, prendre direction "Suisse", puis au 1 feu, prendre à droite. Continuer jusqu'au rond point, fai environ 50 m et prendre 1re à droite. CM321J.

Belle maison de maître située au centre d Morteau, à proximité de la Suisse et au cœur d massif du Jura. La passion de la propriétaire, c'e la décoration, aussi vous découvrirez en ce lieu u multitude de petits détails raffinés, arrivés là au des brocantes et agencés avec goût et fantaisie. U adresse de charme à découvrir.

Nans-sous-Ste-Anne - Doubs (25)

NOUVEAUTÉ

6, rue du Château -
25330 Nans-sous-Ste-Anne
Tél. 03 81 86 54 72 - Fax 03 81 86 43 29
Email : dlcprice@aol.com
www.frenchcountryretreat.com
Cynthia et David Price

1 pers. 90/100 € - 2 pers. 90/100 €

★Lison natural spring on site. The Devil's bridge 4 km. Salins-les-Bains spa (fitness centre) + casino 13 km. Swimming pool 13 km. Tennis courts and cross-country skiing 11 km. Horseriding 7 km. Fishing locally.

*★ **How to get there:** From Besançon, take the N83, direction Lons-le-Saunier. Then direction Levier on the D9 and Nans-sous-Ste-Anne on the D492. In the village, turn left by the church onto "rue du Château". Michelin map 321G.*

Set in magnificent wooded and enclosed grounds of 17 acres, this 18th-century family mansion (a converted outbuilding that was once belonged to a nearby château) has been expertly restored. With a cosy atmosphere and a delicate decor, if you're looking for somewhere that exudes elegance and refined taste, this is the place for you!

4 chambres avec sanitaires privés. Ouv. de mai à octobre. Petit déjeuner : pâtisseries maison, laitages, fromages, céréales, fruits. Salon avec TV. Bibliothèque. Parc 17 ares. Cour. Ping-pong. Les propriétaires de nationalité américaine, s'adaptent à la demande de la clientèle, notamment internationale. ★ Source du Lison sur place. Le pont du Diable 4 km. Station thermale de Salins-les-Bains (centre de remise en forme) + casino 13 km. Piscine 13 km. Tennis et ski de fond 11 km. Equitation 7 km. Pêche sur pl. **Accès :** depuis Besançon, dir. Lons-le-Saunier (N83) puis Levier (D9) puis Nans-sous-Ste-Anne (D492). Dans le village, prendre à gauche de l'église "rue du Château". CM321G.

Maison de maître du XVIIIe siècle (ancienne dépendance de château) superbement restaurée et située dans un magnifique parc de 17 ares arboré et clos. La décoration est soignée et l'ambiance particulièrement "cosy". L'élégance et le raffinement sont au rendez-vous !

Pont d'Héry - Jura (39)

Le Moulin Chantepierre
Moutaine - 39110 Pont d'Héry
Tél. 03 84 73 29 90 ou 06 07 32 17 87
Fax 03 84 37 97 06
www.chantepierre.com
Chantal et Pierre Godin

1 pers. 52 € - 2 pers. 58 € - p. sup. 13 €

Salins-les-Bains spa, earthenware factories, Arbois vineyards, rc et Senans royal saltworks. Bathing 12 km. Hiking locally. orse-riding 8 km. Tennis 2 km. Golf 30 km.

***How to get there:** A39, exit 7 for Poligny and hampagnole (RN5), and head for Salins-les-Bains, Le squier and Pont d'Héry. Michelin map 321, fold E4.*

is 19th-century Comté watermill is bordered by the urieuse" river, whose mood varies from playful to fiery. Your sts Chantal and Pierre have created their own paradise on th here, which they will be delighted to share with you. Three y, smartly appointed bedrooms await your arrival.

3 chambres avec sanitaires privés. Ouvert de février à déc.. Petit déjeuner : viennoiseries maison, céréales, produits laitiers, jus de fruits... Salon avec cheminée et bibliothèque à disposition. Cour, jardin, salon de jardin, parking privé. 2 vélos à disposition. Restaurant à 100 m. ★ Station thermale de Salins-les-Bains, faïenceries, vignoble d'Arbois, salines royales d'Arc et Senans. Baignade 12 km. Randonnée sur place. Equitation 8 km. Tennis 2 km. Golf 30 km. **Accès :** A39, sortie n°7, direction Poligny puis Champagnole (RN5), suivre ensuite Salins-les-Bains, le Pasquier et Pont d'Héry. CM321, pli E4.

Cet ancien moulin à eau comtois du XIXe siècle, bordé par la "Furieuse" aux humeurs fougueuses ou lascives, est le petit coin de paradis que Chantal et Pierre seront heureux de vous faire découvrir. 3 chambres douillettes et coquettes vous y attendent.

Pusy-Epenoux - Haute Saône (70)

★Vaivre Lake: fishing and water sports. Saône Valley. Vesoul: theatre and museum. Cycling locally. Tennis court 500 m. Swimming pool, fishing and hiking 5 km.

★ ***How to get there:*** *On N19, take D10 for Saint-Loup. The residence is on the left-hand side as you enter Epenoux. Michelin map 314, fold E6.*

A warm, hospitable welcome awaits you at 18th-century Château d'Epenoux, situated in the heart of a Comté village. The harmonious, individually appointed bedrooms boast tasteful period furniture. Enjoy the wooded, flowery five-hectare park, which features a 17th-century chapel.

Château d'Epenoux TH
5, rue Ruffier d'Epenoux - 70000 Pusy-Epenoux
Tél. 03 84 75 19 60 ou 06 60 74 82 04
Fax 03 84 76 45 05
www.chateau-epenoux.com
Irène Klufts

1 pers. 70 € - 2 pers. 80 € - p. sup. 20 € - repas 23 €

4 chambres dont 1 suite (80 €), avec sanitaires privés et TV. Ouv. toute l'année. Petit déj. : confitures, céréales... T. d'hôtes : foie gras poëllé aux pommes, filet de canard... Salle de billard avec bibliothèque. Cour, jardin, parc de 5 ha. Petit sentier arboré dans le parc (promenades). Restaurants à Vesoul. ★ Lac de Vaivre (pêche et sports nautiques), vallée de la Saône, Vesoul (musée, théâtre). VTT sur place. Tennis 500 m. Piscine, pêche et randonnées 5 km. **Accès :** depuis la N19, prendre la D10 en direction de Saint-Loup. La demeure est sur la gauche en arrivant à Epenoux. CM314, pli E6.

Vous serez accueillis chaleureusement dans le château d'Epenoux, construit au XVIIIe siècle et situé au cœur d'un village comtois. Les chambres ont toutes une décoration différente, elles disposent d'un mobilier ancien de bon goût, très belle harmonie. Vous pourrez profiter du beau parc fleuri et arboré de 5 ha, sur lequel se dresse une chapelle du XVIIe.

Rotalier - Jura (39)

★Slopes and vintage wines, deep chalk valleys typical of the Jura, historic monuments, small Comtois towns full of character. Hiking locally. Fishing 4 km. Tennis 5 km. Horse-riding 6 km. Bathing, golf 12 km. Water sports 40 km.

★ ***How to get there:*** *12 km south of Lons-le-Saunier. A39 motorway, Lons-le-Saunier exit and N83 for Bourg-en-Bresse. Michelin map 321, fold C7.*

Château Gréa is an elegant, time-honoured late-18th-century residence, set in the sun-soaked valleys of the Jura vineyards. Two delightfully appointed bedrooms and two sumptuous suites await your arrival. The château, surrounded by a vast, shaded park with century-old trees, dominates the Bresse Plain and from the terrace the view stretches out to the Burgundy slopes as far as the eye can see.

Château Gréa TH
39190 Rotalier
Tél. 03 84 25 05 07 - Fax 03 84 25 18 87
Email : chateau.grea@wanadoo.fr
http://bonadresse.com/franche-comte/rotalier.htm
Pierre et Françoise de Boissieu-Salaün

1 pers. 68 € - 2 pers. 80 € - 3 pers. 107 € - p. sup. 27 € - repas 20 €

2 chambres et 2 suites avec sanitaires privés. Ouv. d 15.02 au 15.11. Petit déjeuner : jus de fruits, croissant confitures, fruits, yaourts, fromages, charcuterie... T. d'hô tes (sur résa.) : tarte aux courgettes, saucisse de Mortea côte de veau aux oignons confits, filet de dinde sau soleil... Terrasse. Parc. ★ Coteaux et grands crus, reculé calcaires typiques, monuments historiques, cités comto ses de caractère... Rand. sur place. Pêche 4 km. Tenn 5 km. Equitation 6 km. Baignade, golf 12 km. Sports na tiques 40 km. **Accès :** à 12 km au sud de Lons- Saunier. Autoroute A39 sortie Lons-le-Saunier puis N direction Bourg-en-Bresse. CM321, pli C7.

Le château Gréa est une ancienne et belle demeu de la fin du XVIIIe, dans les vallons ensoleillés vignoble jurassien. 2 chambres et 2 suites agréabl ment aménagées sont réservées aux hôtes. Entou d'un vaste parc ombragé d'arbres plus que cen naires, le château domine la plaine de Bresse depuis sa terrasse, la vue s'étend jusqu'aux côtes Bourgogne.

St-Amour - Jura (39)

★Comtois towns with great character, slopes and vintage wines, deep chalk valleys typical of the Jura, historic monuments. Hiking and tennis locally. Fishing 1 km. Water sports, bathing 10 km. Golf course 35 km.

*★ **How to get there:** A39 motorway, exit 10 (Saint-Amour) follow Saint-Amour (8 km) and Saint-Julien. Michelin map 321, fold C8.*

This handsome late-18th-century residence, in the southern Jura, overlooks the historical town of Saint-Amour. Relax in the cosy, elegantly appointed interior. The park, graced with centuries-old trees, features an imposing rotunda with colonnades by the pool, and opens out onto a magnificent garden brimming with flowers. A delightful spot full of charm that should not be missed.

L'Achapt
6, avenue de Lyon - 39160 Saint-Amour
Tél. 03 84 48 75 70 - Fax 03 84 48 70 50
Hans et Rita Naegeli

1 pers. 57 € - 2 pers. 72 €

5 chambres avec sanitaires privés. Ouvert du 01/04 au 15/10. Petit déjeuner : jus de fruits, croissants, biscuits aux fruits, pains spéciaux, confitures maison, miel, fruits de saison... Salon de lecture, bibliothèque, TV et sauna à disposition. Parc avec rotonde à colonnades et piscine. Auberge à proximité. ★ Cité comtoise de caractère, coteaux et grands crus, reculées calcaires typiques, monuments historiques... Randonnée, tennis sur place. Pêche 1 km. Sports nautiques, baignade 10 km. Golf 35 km. **Accès :** autoroute A39 sortie n°10 (Saint-Amour) en direction de Saint-Amour (8 km) puis Saint-Julien. CM321, pli C8.

Dans le sud du département, cette belle demeure de la fin du XVIIIe, domine la petite cité historique de St-Amour. Atmosphère chaleureuse dans un intérieur très confortable au décor raffiné. Dans le parc avec arbres centenaires, une belle rotonde à colonnades borde la piscine et s'ouvre sur un magnifique jardin fleuri. Une étape de charme à ne pas manquer.

Voiteur - Jura (39)

Château-Chalon vineyards. Baume-les-Messieurs abbey lage (one of France's prettiest) 6 km. Hiking, fishing, tennis d golf.

***How to get there:** A39, exit 7 for Lons-le-Saunier (RN83) d Baume-les-Messieurs. Michelin map 321, fold D6.*

is vast, handsome, mostly 14th-century residence was ended in the 17th and 18th centuries. The spacious, light-d bedrooms exude great charm. There are sumptuous drawing ms and a music room with piano for guests' use. The park tures woodland, extensive terraces, lawns and a etable garden.

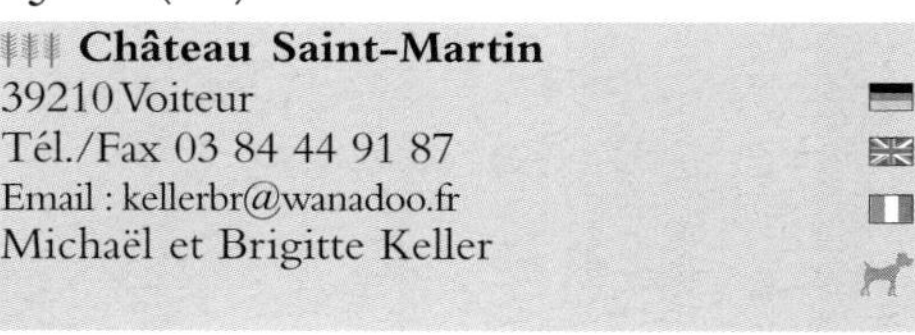

Château Saint-Martin
39210 Voiteur
Tél./Fax 03 84 44 91 87
Email : kellerbr@wanadoo.fr
Michaël et Brigitte Keller

1 pers. 90 € - 2 pers. 100 € - p. sup. 23 €

3 chambres avec sanitaires privés. Ouv. toute l'année sauf Noël et jour de l'An. Petit déj. : pain/confitures maison, viennoiseries, muesli... Salon de musique (piano), salle à manger, cheminée. Grand parc, potager, petite vigne, arbres centenaires. Grandes terrasses. Restaurants 3 km. Chèques vacances acceptés. ★ Vignoble et village de Château-Chalon. Abbaye et village de Baume-les-Messieurs (classé parmi les plus beaux villages de France) à 6 km. Randonnées, pêche, tennis, golf. **Accès :** A39 sortie n°7 puis direction Lons-le-Saunier (RN83) et Baume-les-Messieurs. CM321, pli D6.

Cette vaste et belle demeure, en grande partie du XIVe siècle a été agrandie aux XVIIe et XVIIIe siècles. Les chambres vastes et lumineuses ont beaucoup de charme. Belles pièces de jour et salon de musique avec piano réservés aux hôtes. Le parc se partage entre parties boisées, grandes terrasses, pelouses et potager.

Marie-Laure et Thierry POULET 78150 LE CHESNAY - © Modèle déposé - Reproduction même partielle interdite. 11/2003

ILE DE FRANCE
02
AISNE
08
ARDENNES
Montdidier
Noyon
LAON
Rethel
CARDIE
Vouziers
Compiègne
Soissons
Reims
CHAMPAGNE-
ARDENNE
Senlis
Château-Thierry
Épernay
CHÂLONS-
EN-CHAMPAGNE
Meaux
Tribardou
Crécy-la-
Chapelle
St-Denis-
lès-Rebais
Pommeuse
51
MARNE
Les Chapelles-Bourbon
Choisy-en-Brie
Vitry-
le-François
CHAMPAGNE-
ARDENNE
Châtres
Evry Grégy
77
SEINE-ET-MARNE
Provins
MELUN
St-Loup-de-Naud
Chartrettes
Nogent-
sur-Seine
10
AUBE
ontainebleau
Thomery
Vernou-la-Celle-sur-Seine
Villiers-sous-Grez
Montmachoux
TROYES
Égreville
Sens
BOURGOGNE
Montargis
89
YONNE
AUXERRE
Montbard
Oise
Aisne
Marne
Seine
Aube
Yonne
Armançon
Loing
Canal

La Boissière Ecole - Yvelines (78)

La Gâtine
15 route de Faverolles -
78125 La Boissière Ecole
Tél./Fax 01 34 94 32 79
www.lagatine.com
Marion Olivier-Chanzy

2 pers. 75 € - 3 pers. 95 € - p. sup. 20 €

★Versailles, Rambouillet and Breteuil Châteaux. Chartres Cathedral. Giverny: Monet's house, American Museum. Balneotherapy centre nearby. Forest locally. Horse-riding 2 km. Swimming pool 15 km. Tennis court 4 km. Golf course 17 km. Outdoor leisure centre 15 km.

*★ **How to get there:** From Paris: A13 Rouen, A12 Rambouillet and N12 Dreux. Turn off at Gambais. Drive through Gambais for Nogent/Roi, past Bourdonne-Condé-Grandchamp. At Faverolles, head for Boissière-Ecole, 3 km up on left.*

Marion and Marc welcome you to their vast 19th-century residence, less than an hour from Paris. This genuinely charming residence offers six spacious extremely comfortable bedrooms, all with private terrace and garden furniture. A warm welcome is guaranteed at this family home.

4 chambres et 2 suites avec sanitaires privés. Ouvert toute l'année (sauf du 15.01 au 25.02). Petit déjeuner continental. Parking privé. Jardin, parc de 1 ha. Chambres accessibles aux personnes à mobilité réduite. Restaurants Nogent-le-Roi et Rambouillet. ★ Châteaux : Versailles, Rambouillet, Breteuil. Cathédrale de Chartres, Giverny. Balnéothérapie à proximité. Forêt sur place. Equitation 2 km. Piscine 15 km. Tennis 4 km. Golf 17 km. Base de loisirs 15 km. **Accès :** de Paris : A13 Rouen puis A12 Rambouillet puis N12 Dreux. Sortie Gambais, traverser Gambais dir. Nogent/Roi, passer Bourdonne-Condé-Grandchamp. A Faverolles, dir. Boissière-Ecole sur 3 km puis à gauche.

Marion et Marc vous accueillent dans leur vaste maison du XIXe, au charme authentique, à moins d'une heure de Paris et vous proposent 6 chambres spacieuses et de très grand confort, toutes avec terrasse individuelle et salon de jardin privé. Un accueil chaleureux dans une propriété familiale.

Chalo-Saint-Mars - Essonne (91)

Chevrechou
4, hameau de Boinville -
91780 Chalo-Saint-Mars
Tél./Fax 01 64 95 49 76
http://cris.chaptal.free.fr/chevrechou
Alain et Christine Le Morvan Chaptal

1 pers. 50 € - 2 pers. 70 € - 3 pers. 90 € - p. sup. 20 €

★Etampes: historical centre, outdoor leisure centre (swimming pool with waves) 10 km. Chartres 15 km. Paris 60 km.

*★ **How to get there:** From Paris, A6 (Lyon) then A10 (Bordeaux) and N20 for Etampes. Exit at Guinette and take D191 for Chartres. After 3 km, turn left for Chalo-Saint-Mars and Boinville hamlet. Michelin map 312, Fold B5.*

Monsieur and Madame Le Morvan Chaptal welcome you to their superb residence set in a landscaped park, lying between Paris and Chartres. The tastefully appointed elegant suite, overlooking the dazzling garden, affords great comfort and features a lounge and fireplace.

1 suite avec salon, cheminée et sanitaires privés. Ouvert toute l'année. Jardin paysager, rivière en bordure de propriété, et bois privés. Restaurants à Etampes 7 km. ★ Etampes : centre historique et base de loisirs (piscine à vagues) à 10 km. Chartres 45 km. Paris 60 km. **Accès :** de Paris, A6 (Lyon) puis A10 (Bordeaux) et N20 direction Etampes. Sortir à Guinette puis N191 direction Chartres. Faire 3 km puis à gauche vers Chalo-Saint-Mars puis hameau de Boinville. CM312, pli B5.

Entre Paris et Chartres, dans la très belle vallée de la Chalouette, M. et Mme Le Morvan Chaptal vous accueillent dans leur belle demeure entourée d'un jardin paysager. 1 suite très confortable, avec salon et cheminée vous sera réservée. Décorée avec goût elle ouvre sur le magnifique jardin.

Les Chapelles-Bourbon - Seine et Marne (77)

★Historical residences and châteaux in the vicinity. Disneyland-Paris 12 km. Paris 40 km on A4. Tennis, swimming, golf and hiking 5 km.

*★ **How to get there:** From Paris, A4, exit 13. Take D231 for Provins then D96, and turn right in Villeneuve-le-Comte for Tournan. First turning on left past Neufmoutiers. Michelin Map 4077, fold D3.*

Manoir de Beaumarchais is a listed Anglo-Norman building, set in a magnificent 12-hectare park with woods and meadows for horses. Your hosts Hubert and Francine Charpentier provide a spacious, attractively decorated suite. Breakfast is served in the dining room or on the terrace.

Manoir de Beaumarchais
Beaumarchais - 77610 Les Chapelles-Bourbon
Tél. 01 64 07 11 08 - Fax 01 64 07 14 48
Email : hubert.charpentier@wanadoo.fr
www.le-manoir-de-beaumarchais.com
Hubert et Francine Charpentier

1 pers. 120 € - 2 pers. 130 €

1 suite avec sanitaires privés. Ouvert toute l'année. Petit déjeuner : jus de fruits, viennoiseries, pâtisseries, miel... Téléphone. Terrasse. Parc de 12 ha. composé de bois, prés et étang. Restaurant à 5 km. Prix des "Vieilles Maisons Françaises" pour la restauration du parc en 2004. ★ Châteaux et demeures historiques à proximité. Disneyland-Paris 12 km. Paris à 40 km par A4. Tennis, piscine, golf et randonnées à 5 km. Canoë sur le Grand Morin et pêche à la ligne à la journée. **Accès :** de Paris, A4 sortie n°13. Prendre la D231 vers Provins puis la D96, à droite dans Villeneuve-le-Comte, en dir. de Tournan. Après Neufmoutiers, 1re à gche. CM 4077, pli D3.

Le manoir de Beaumarchais, classé Monument Historique, est de style anglo-normand. Il est entouré d'un magnifique parc de 12 ha. composé de bois et de prés pour les chevaux. Hubert et Francine Charpentier vous proposent une suite, spacieuse et joliment décorée. Petit déjeuner servi dans la salle à manger ou en terrasse.

ILE-DE-FRANCE

Chartrettes - Seine et Marne (77)

★Fontainebleau, Vaux-le-Vicomte and Barbizon 10 km. Paris 53 km. Forest, golf, horse-riding, tennis 2 km. Swimming 5 km.

*★ **How to get there:** From Paris, A6 (for Lyon), Saint-Fargeau-Ponthierry exit 12, and head for Fontainebleau, Bois-le-Roi. Michelin Map 4077, fold C5.*

Magnificent 17th-century Château de Rouillon is set on the banks of the Seine, with a two-hectare park and French formal garden, just 10 km from Fontainebleau. Charming décor in a discreet, refined interior. Period furniture and fine objects bestow an atmosphere of peace and quiet on the place. An unmissable address in an outstanding setting.

Château de Rouillon
41, avenue Charles de Gaulle - 77590 Chartrettes
Tél. 01 60 69 64 40 ou 06 12 52 79 91
Fax 01 60 69 64 55
www.chateauderouillon.net
Peggy Morize-Thévenin

1 pers. 75 € - 2 pers. 78/100 € - p. sup. 26 €

R.d.c. et étage : 2 chambres doubles dont 1 avec petite chambre attenante et 2 suites (2 chambres chacune) dont 1 avec salon, toutes avec bains et wc privés. Ouv. toute l'année. Salon-biblio., vidéothèque. Terrasse. Parc 2 ha, jardin à la française. Vélos. Ping-pong. Pétanque. Restaurants entre 1 et 10 km. ★ Fontainebleau, Vaux-le-Vicomte, Barbizon 10 km. Provins 30 km. Paris 53 km. Forêt, golf, équitation, tennis 2 km. Piscine 5 km. **Accès :** de Paris, A6 (vers Lyon) sortie n°12 Saint-Fargeau-Ponthierry, puis direction Fontainebleau, Bois-le-Roi.

A 10 km de Fontainebleau, le château de Rouillon est une magnifique propriété du XVIIe sur les bords de Seine, avec parc de 2 ha et jardin à la française. Décor de charme dans un intérieur raffiné. Mobilier de style et beaux objets confèrent à cette demeure une atmosphère empreinte de quiétude. Une étape à ne pas manquer dans un cadre d'exception.

Châtres - Seine et Marne (77)

**Disneyland-Paris 20 km. Paris 40 km. Tournan-en-Brie 7 km. GR1 hiking path nearby. Forest 500 m. Horse-riding and swimming 5 km. Tennis 300 m. Golf course 25 km. Fishing 1 km.*

★ ***How to get there:*** *From Paris (Porte Dorée), head for Fontenay, Trésigny, and Rosay-en-Brie on N4. Drive through Tournan-en-Brie. Châtres is 4 km up on the right, past Tournan-en-Brie. Michelin Map 4077, fold C3.*

Le Portail Bleu is a tastefully restored old farmhouse, set in the heart of a Brie village. You will be enchanted by the cosy comfort of the four tastefully decorated bedrooms, each of which has its own style. An ideal staging post for a relaxing break and for enjoying the natural environment. A warm welcome is assured.

Le Portail Bleu TH

2, route de Fontenay - 77610 Châtres

Tél./Fax 01 64 25 84 94

Email : leportailbleu@voila.fr

www.leportailbleu.com

Dominique et Pierre Laurent

1 pers. 50 € - 2 pers. 57 € - p. sup. 20 € - repas 20 €

1 chambre et 3 suites familiales, toutes avec sanitaires privés, TV et mini-réfrigérateur. Ouvert toute l'année. Petit déjeuner copieux. T. d'hôtes sur résa. : produits du terroir. Cour et jardin clos paysager. Brunch. Restaurants à 5 km. ★ Disneyland 20 km. Paris 40 km. 7 km de Tournan-en-Brie. Circuit de randonnée (GR1) à proximité. Forêt 500 m. Equitation et piscine 5 km. Tennis 300 m. Golf 25 km. Pêche 1 km. **Accès :** de Paris (porte Dorée) suivre la N4 en dir. de Fontenay/Trésigny/Rosay-en-Brie. Traverser Tournan-en-Brie. Châtres est à 4 km à droite après Tournan-en-Brie. CM 4077, pli C3.

Le "Portail Bleu" est une ancienne ferme rénovée avec goût, située au cœur d'un petit village briard. Vous serez séduits par le confort douillet des 4 chambres personnalisées et décorées avec goût. Une étape idéale pour vous détendre et profiter de la nature. Un accueil chaleureux vous est réservé.

Choisy-en-Brie - Seine et Marne (77)

**Disneyland-Paris 35 min. Provins 30 min. Morin Valley. Champagne region nearby. Horse-riding 3 km. Outdoor leisure centre 4 km. Golf course 5 km. Tennis court 6 km. Bathing, forest 10 km.*

★ ***How to get there:*** *From Paris, A4 motorway, Provins exit 13 and head for Coulommiers and La Ferté-Gaucher on N34. Drive 11 km and at "La Cadine" restaurant on the corner, turn right for Champbonnois. Michelin Map 4077, fold F3.*

This imposing Brie house, near Coulommiers and just 80 km from Paris, set in a vast flower-filled garden is a restored original farmhouse. The four cosy bedrooms, including a family room and featuring family heirlooms, have been arranged with your utmost comfort in mind. Pleasant flower garden. A relaxing spot in the heart of Brie country.

La Marvalière TH

10, rue Bulot - 77320 Choisy-en-Brie

Tél. 01 64 04 46 80 - Tél./Fax 01 64 20 44 96

Tél. 06 15 09 15 86

Email : cjmorriot@aol.com - www.marvaliere.com

Jean et Catherine Morriot

1 pers. 53 € - 2 pers. 59 € - p. sup. 23 € - repas 15/20 €

4 chambres (2 à 4 pers.) avec sanitaires privés. Ouver toute l'année. Petit déjeuner : jus de fruits, pain, viennoiseries maison, miel... T. d'hôtes sur réservation : produit régionaux, gibier. Séjour-salon avec cheminée. Cour Jardin. Vélos. Stage d'artisanat. Panier pique-nique Restaurants à 2 km. ★ Disneyland Paris 35 mn. Provin 30 mn. Vallée du Morin. Champagne à proximité Equitation 3 km. Base de loisirs 4 km. Golf 5 km. Tenn 2 km. Baignade, forêt 10 km. **Accès :** de Paris autorout A4 sortie Provins (n°13) puis direction Coulommiers la Ferté-Gaucher par la N34. Faire 11 km et à l'ang d'un restaurant prendre à droite vers Champbonnois.

A 80 km de Paris et à proximité de Coulommier cette grande maison briarde entourée d'un vas jardin fleuri est un ancien corps de ferme rénov 4 chambres (dont 1 familiale) au décor chaleureu ont été aménagées avec mobilier de famille po vous accueillir. Une étape confortable au cœur la Brie.

Crécy-la-Chapelle - Seine et Marne (77)

Morins Valley nearby. Disneyland-Paris and town of Meaux 15 km. Tennis 400 m. Forest 3 km. Horse-riding 5 km. Bathing, outdoor leisure centre and golf course 15 km.

★ ***How to get there:*** *From Paris, A4 motorway, Crécy-la-Chapelle exit 16. Michelin Map 4077, fold D2.*

This handsome Brie residence is situated on the banks of the Morin, just 45 km from Paris and 15 km from Disneyland, and features an old-fashioned wash house. Guests have a choice of four quiet, comfortable bedrooms. Vast terrace and pergola blossoming with flowers. Warm welcome and gourmet table d'hôtes meals. Peace and quiet assured.

La Hérissonière TH
4, rue du Barrois - 77580 Crécy-la-Chapelle
Tél. 01 64 63 00 72 ou 06 11 24 16 93
Fax 01 64 63 09 06
Email : laherissoniere@free.fr
Thierry et Stéph. Bordessoule-Besselièvre

1 pers. 50 € - 2 pers. 58 € - p. sup. 20 € - repas 20 €

4 chambres avec bains ou douche et wc privés. Ouvert toute l'année. Petit déjeuner : viennoiseries, jus de fruits, confitures, céréales... Table d'hôtes : cuisine traditionnelle. Patio, terrasse et jardin paysager. Taxe de séjour : 1 €/pers./jour. ★ Vallée du Morin à proximité. Disneyland-Paris et ville de Meaux 15 km. Tennis 400 m. Forêt 3 km. Equitation 5 km. Baignade, base de loisirs, golf 15 km. **Accès :** de Paris prendre l'autoroute A4 sortie Crécy-la-Chapelle (n°16). CM 4077, pli D2.

A 45 km de Paris et 15 km de Disneyland-Paris, belle maison briarde sur les bords du Morin avec lavoir ancien. 4 jolies chambres calmes et confortables sont réservées aux hôtes. Vaste terrasse et pergola fleurie. Accueil très convivial et table d'hôtes gourmande. Calme et charme assurés.

ILE-DE-FRANCE

Egreville - Seine et Marne (77)

90 km from Paris and Disneyland-Paris. Nemours and Sens 0 km. Horse-riding 3.5 km. Forest 3 km. Golf course 15 km. nnis court, swimming pool 1.5 km. Outdoor leisure centre Souppes-sur-Loing 10 km.

How to get there: *From Paris: A6 (Lyon), Nemours exit. 225 for Sens. 15 km, right for Egreville. In Egreville, at hts, straight on for Villebéon. Keep to the left. La Borde is 5 km up on left. Michelin Map 4077, fold D6.*

is handsome, renovated old farmhouse offers inviting utifully appointed accommodation for a weekend break or a iday. A warm welcome awaits you at this quiet, restful verdant t, which also offers a variety of activities locally. Your host n-Pierre will be delighted to share his passion for œnology h you.

Les 2 Noyers TH
10 route de Villebéon - La Borde -
77620 Egreville
Tél. 01 64 29 58 58 ou 06 64 10 36 48
www.les2noyers.com
Jean-Pierre et Catherine Latscha

1 pers. 60 € - 2 pers. 60/66 € - p. sup. 25 € - repas 25 €

2 chambres dont 1 familiale avec sanitaires privés et entrée indépendante, en rez-de-chaussée. Ouvert toute l'année. Petit déjeuner copieux. Table d'hôtes sur réservation : spécialités du terroir. Séjour, salon à disposition. Vaste jardin paysager, terrasses. Avril 2006 : sauna et fitness. ★ A 90 km de Paris et de Disneyland-Paris. Nemours et Sens 20 km. Equitation 3,5 km. Forêt 3 km. Golf 15 km. Tennis, piscine 1,5 km. Base de loisirs 10 km (Souppes-sur-Loing). **Accès :** de Paris : A6 (Lyon), sortie Nemours. Puis D225 vers Sens, 15 km plus loin à droite vers Egreville. Dans Egreville, aux feux, en face vers Villebéon. Rester à gauche, à 1,5 km : La Borde.

C'est dans une belle ferme ancienne rénovée, à la décoration soignée et chaleureuse, que vous pourrez venir séjourner pour un week-end ou un séjour. Un écrin de verdure calme et reposant, des loisirs à proximité et un accueil convivial font de ce lieu une étape idéale. Jean-Pierre vous fera découvrir sa passion pour l'œnologie.

Evry-Grégy - Seine et Marne (77)

★Vaux-le-Vicomte Château 12 km. Paris 35 km. Disneyland-Paris 20 km. Fontainebleau 30 min. Horse-riding locally. Tennis 2 km. Golf course and forest 8 km. Swimming pool 3 km.

★ ***How to get there:*** *A4, Créteil-Versailles exit for Bonneuil, Provins, Brie-Comte-Robert. Drive through Brie-Comte-Robert and, 2 km on, right for Suisnes. As you leave Suisnes, right for "Route d'Evry". Prieuré is at the end.*

This 12th-century Benedictine priory nestles in the trough of a Brie valley, just 15 km from Melun. A small bridge leads to the estate, set in five hectares of grounds with a river and horses. The plush bedrooms with period furniture are arranged in the oldest part of the building. An outstanding setting with great charm.

Le Prieuré de Vernelle
77166 Evry-Grégy
Tél. 01 60 62 71 47 - Tél./Fax 01 60 62 78 96
Email : contact@vernelle.fr
www.vernelle.fr
Suzanne et Eric Texier

2 pers. 120 € - 3 pers. 145 € - p. sup. 25 €

2 chambres dont 1 familiale (2 chambres) et 1 suite, avec sanitaires privés. Ouv. toute l'année. Petit déjeuner copieux. Séjour. Salle de réception. Cloître, chapelle. Rivière, chevaux. Cour, jardin, parc 5 ha. 2 gîtes ruraux sur pl. (6 et 8 pers.). Restaurants 3 km. ★ Château de Vaux-le-Vicomte 12 km. Paris 35 km. Disneyland 20 km. Fontainebleau 30 mn. Equitation sur place. Tennis 2 km. Golf et forêt 8 km. Piscine 3 km. **Accès :** A4 sortie Créteil-Versailles puis dir. Bonneuil/Provins/Brie-Cte-Robert. Traverser Brie/Robert, faire 2 km et à droite dir. Suisnes. A la sortie, à droite "route d'Evry". Prieuré au bout de la route. CM 4077, pli D4.

A 15 km de Melun, ancien prieuré bénédictin du XIIe siècle, tapi au creux d'un vallon briard. Au détour d'un petit pont, dans un parc de 5 ha avec rivière et chevaux, le domaine vous ouvre ses portes. Les chambres cossues au mobilier d'époque sont aménagées dans la partie la plus ancienne. Beaucoup de charme, site exceptionnel.

ILE-DE-FRANCE

Mauchamps - Essonne (91)

★Etampes, royal city and outdoor leisure centre 8 km. With a 15-km radius: La Ferté Alais, Cerny Aerodrome, Jean Salis Propeller Aviation Flying Museum. GR1 posted hiking path 500 m. Horse-riding 7 km.

★ ***How to get there:*** *From Paris, take N20 for Orléans, past Arpajon, turn off for Mauchamps. Turn left at the stop sign in the village. Michelin map 312, fold C4.*

Françoise and Jean-Jacques extend a warm welcome to guests at their renovated old Beauceron farmhouse in a village just 4 km from Arpajon. Four pretty, comfortable bedrooms, with private entrance, lounge and fine dining room with visible stonework and beams, await your arrival.

La Manounière
12, rue des Templiers - 91730 Mauchamps
Tél./Fax 01 60 82 77 10 ou 06 74 05 20 35
Email : lamanouniere@tiscali.fr
www.chambres-manouniere.com
Jean-Jacques et Françoise Richer

1 pers. 40 € - 2 pers. 50 €

4 chambres avec sanitaires privés. Ouvert toute l'année Petit déjeuner : viennoiseries, confitures maison, gateaux jus de fruits, fromage, laitage...Salle à manger, salon ave TV, espace détente. Cour, jardin. Restaurants entre 1 e 4 km. ★ Etampes 8 km (ville royale) : base de loisirs. 15 km, La Ferté Alais, aérodrome de Cerny, musée volan de l'aviation à hélice Jean Salis. Randonnée GR1 500 m Equitation 7 km. **Accès :** depuis Paris, prendre N20 di Orléans, après Arpajon sortie Mauchamps. Au stop dans village, à gauche. CM312, pli C4.

A 4 km d'Arpajon, au cœur d'un petit villag Françoise et Jean-Jacques vous accueillent da leur ancienne ferme beauceronne rénovée. Vo disposerez de 4 jolies chambres confortables av entrée indépendante, du salon de détente, et de belle salle à manger aux pierres et poutres app rentes.

Moigny-sur-Ecole - Essonne (91)

Le Clos de la Croix Blanche TH
9, rue du Souvenir - 91490 Moigny-sur-Ecole
Tél. 01 64 98 47 84 ou 06 76 95 56 87
Email : lenoirf1@aol.com
www.compagnie-des-clos.com
Frédéric Lenoir

1 pers. 32 € - 2 pers. 55/60 € - p. sup. 10 € - repas 16 €

4 chambres avec TV et sanitaires privés. Ouvert toute l'année. Table d'hôtes : légumes et fruits de saison du potager, salade au cresson, gibiers, volailles... Jardin paysager. Piscine chauffée à disposition du 1.5 au 15.10. ★ Sentier de randonnée GR11. Milly-la-Forêt : vieille halle, chapelle Saint-Blaise décorée par Cocteau. Château de Courances. Forêt de Fontainebleau. **Accès :** à 48 km de Paris et à 3 km de Milly-la-Forêt. A6 (Lyon) sortie Auvernaux. D948 dir. Milly-la-Forêt. Dans Moigny suivre le fléchage. CM312, pli D5.

Trait d'union entre le présent et le passé, le Clos de la Croix Blanche surprend autant qu'il séduit. Au cœur du parc du Gâtinais, cette bâtisse qui réunit 4 magnifiques chambres parfaitement restaurées, s'impose aussi par le style volontairement contemporain de sa décoration intérieure. Un choc de styles réunis pour le bien-être de ses hôtes.

★GR11 hiking path. Milly-la-Forêt: old covered market, Saint-Blaise Chapel decorated by Jean Cocteau. Château de Courances. Fontainebleau Forest.

*★ **How to get there:** 48 km from Paris and 3 km from Milly-la-Forêt. A6 (Lyon), Auvernaux exit. D948 for Milly-la-Forêt. In Moigny, follow signs. Michelin map 312, fold D5.*

Le Clos de la Croix Blanche is a link between past and present, as enchanting as it is full of surprises. The residence, in the heart of the Gâtinais Park, offers four magnificent, beautifully restored bedrooms and décor with a more contemporary touch. The blend of modern and traditional styles creates a perfect setting for a restful stay.

Montainville - Yvelines (78)

La Fauconnerie
1, rue de l'Ormoir - 78124 Montainville
Tél. 01 34 75 17 24 ou 06 09 40 69 60
www.lafauconnerie.com
Mme Oger

1 pers. 75 € - 2 pers. 80 € - 3 pers. 120 €

1 suite familiale composée de 2 ch. avec sanitaires privés. (150 €/4 pers.). Ouvert toute l'année. Petit déjeuner : œufs, laitages, viennoiseries, céréales... Parc paysager avec grande piscine commune aux prop. Tennis, vélos, jeux d'enfants. Formule "Lune de Miel". Restaurants sur place. ★ Parc de Thoiry 4 km. Giverny 40 km. Forêt 5 km. Equitation 1 km. Pêche 6 km. Golf 8 km. **Accès :** de Paris, A3 (Rouen), sortie n°6 St-Germain-en-Laye. Prendre dir. Versailles puis Bailly. Traverser Mareil-sur-Mauldre avant d'arriver à Montainville. CM311.

A proximité de Versailles et de St-Germain-en-Laye, au cœur d'un ravissant village typique des Yvelines, belle demeure du XVIIe, dépendance de la fauconnerie de Louis XIV. Décoration raffinée, tommettes anciennes, poutres et pierres apparentes. Ce cadre enchanteur sera une adresse idéale pour découvrir la région et visiter Versailles ou les jardins de Monet.

Thoiry Park and Château 4 km. Giverny and Monet's house 0 km. Forest 5 km. Horse-riding 1 km. Fishing 6 km. Golf urse 8 km.

*· **How to get there:** From Paris, A3 (Rouen), exit 6 for St-ermain-en-Laye. Head for Versailles and Bailly. Drive rough Mareil-sur-Mauldre for Montainville. Michelin map 11.*

his handsome 17th-century residence, an outbuilding of Louis IV's falconry, is situated in a delightful typical Yvelines village, se to Versailles and St-Germain-en-Laye. The refined décor, ditional tiling and visible beams and stonework are just some the house's many features. You will simply adore this chanting setting, ideal for exploring the region and visiting rsailles and Monet's gardens.

ILE-DE-FRANCE

Montmachoux - Seine et Marne (77)

La Maréchale
7, Grande Rue - 77940 Montmachoux
Tél./Fax 01 60 96 23 38 ou 06 08 54 16 41
Email : la-marechale@infonie.fr
http://perso.infonie.fr/la-marechale/
Jacques et Catherine Rousseau

1 pers. 50 € - 2 pers. 55/60 € - p. sup. 20 €

3 chambres avec sanitaires privés. Ouvert toute l'année. Petit déjeuner gourmand : viennoiseries, compote de framboises du jardin, confitures maison, fruits... Pour les moments de détente, un petit salon confortable. Bibliothèque. Jeux. Jardin. Salon de jardin avec chaises longues. Restaurants 4 km. ★ Moret/Loing 10 km : cité médiévale, très beau village de la vallée de l'Orvanne. Fontainebleau 20 km. Paris 80 km. Forêt 200 m. Golf, tennis 4 km. Equit. 6 km. Base de loisirs 8 km. Fami-parc à Nonville 15 km. **Accès :** de Paris A6, sortie Fontainebleau, puis N6 dir. Sens. A la hauteur de Montereau, passer les carrefours du petit et grand Fossard, puis à 6 km de la N6, dir. Esmans-Montmachoux, à droite. CM 4077, pli D6.

La Maréchale est une belle maison de village entourée d'un jardin fleuri. Catherine et Jacques vous reçoivent dans une demeure de charme, restaurée avec beaucoup de goût. Les chambres, aménagées dans une dépendance, sont toutes personnalisées. Dans ce cadre chaleureux et raffiné, les petits déjeuners sont servis dans le jardin ou au coin de la cheminée.

★Moret-sur-Loing 10 km: medieval city, pretty village in the Orvanne Valley. Fontainebleau 20 km. Paris 80 km (1 hr). Forest 200 m. Golf, tennis 4 km. Riding 6 km. Outdoor leisure centre 8 km. "Fami-Parc" (family outings) at Nonville 15 km.

★ ***How to get there:*** *A6 from Paris, Fontainebleau exit. Take N6 for Sens. At Montereau, go over the Petit and Grand Fossard crossroads, and 6 km from N6, turn right for Esmans-Montmachoux. Michelin Map 4077, fold D6.*

La Maréchale is a gorgeous village house, set in a flower garden. Your hosts Catherine and Jacques offer true hospitality at their charming residence, which they have so tastefully restored. The bedrooms, in one of the outbuildings, are all decorated in a different style. Breakfast is served in the garden or by the fire in this welcoming and refined setting.

Nainville-les-Roches - Essonne (91)

NOUVEAUTÉ

Le Clos des Fontaines
3, rue de l'Eglise - 91750 Nainville-les-Roches
Tél./Fax 01 64 98 40 56 ou 06 61 92 04 00
Email : soton@closdesfontaines.com
www.closdesfontaines.com
Geneviève Soton

1 pers. 70/90 € - 2 pers. 88/105 € - 3 pers. 113/130 €

5 chambres avec sanitaires privés, TV sat., internet. Ouv toute l'année. Petit déjeuner : jus de fruits frais, yaour maison, viennoiseries, confitures maison... Sauna, salle d fitness, p-pong. Cour, jardin. Court de tennis, boulodrome, vélos, badminton. Parking clos (cour). W.E "clé e main" avec activités. ★ Châteaux : Vaux-le-Vicomte Fontainebleau, Courances, le Saussay. Barbizon (ville de peintres), Milly-la-Forêt, meeting aérien de Cerny. Go 4 km. Equit. 3 km. ULM 15 km. Escalade 1 km. Vol voile 18 km. **Accès :** de Paris prendre A6 dir. Lyon, sortie n°11 Auvernaux. Traverser ce village, continuer sur D948 et prendre à gauche en dir. de Nainville. La propriété se trouve à côté de l'église. CM312, pli D4.

Envie de calme, de nature ou de détente à 2 pas d la forêt ? Venez-vous ressourcer dans cette pr priété centenaire de caractère. Très belle verrière l'ancienne, attenante à la salle à manger, qui off une vue dégagée sur un jardin arboré de 5500 m Accès libre aux équipements sportifs sur place. U chambre est accessible aux personnes handicapée

★Châteaux: Vaux-le-Vicomte, Fontainebleau, Courances, le Saussay. Barbizon (painters' town), Milly-la-Forêt, Cerny aeroplane convention. Golf 4km. Horse-riding 3km. Microlight base 15km. Climbing 1km. Gliding 18km.

★ ***How to get there:*** *From Paris take the A6, direction Lyon exit n°11 Auvernaux. Go through the village, carry on on the D948 and turn left towards Nainville. The property is next to the church. Michelin map 312, fold D4.*

Are you looking for peace and quiet in a natural setting, just a stone's throw from the forest? If yes, this hundred-year-old property is the place for you. A beautiful old window looks from the dining room onto the 5500m² of wooded gardens and boasts a magnificent view. Open access to the fitness equipment on site.

Noisement - Seine et Marne (77)

NOUVEAUTÉ

13, rue Moulin Deforge - 77176 Noisement
Tél. 01 64 38 65 17 ou 06 60 67 21 25
Email : marion-noisement@tele2.fr
Catherine et Yannick Marion

1 pers. 50 € - 2 pers. 60 € - p. sup. 20 €

Château de Vaux-le-Vicomte, Seine-Port and Seine banks nearby. Forest, horse-riding, swimming pool 2 km. Golf course 10 km. Leisure centre 18 km. RER station 2 km.

★ ***How to get there:*** *A6 direction Rungis/Orly/Lyon. Take A6a/E15 Orly/Lyon/Evry, continue on A6/E15 and exit n°34 (Corbeil/Melun/Sénart). N104 then onto A5a, exit n°12 then N6. Left at 2nd roundabout onto N446, then D50c. Michelin Map 4077, fold E4.*

40 km from Paris and 50 km from Disneyland Paris, in the peace and quiet of a charming hamlet, near to main tourist attractions, Catherine and Yannick warmly welcome you to their beautiful character-filled house. Here you can make the most of a pretty bedroom, a huge walled and flowery garden and a lounge with pool table, to help you relax.

1 suite familiale de 2 chambres (5 pers.) avec sanitaires privés et coin-salon et 1 chambre pour 3 pers.. Petit déjeuner : jus de fruits, miel, confitures, viennoiseries, brunch sur demande. Salle de détente avec billard. Jardin clos et paysager de 2000 m². Restaurants 2 et 6 km. (Chambres non fumeur). ★ Château de Vaux-le-Vicomte, Seine-Port avec ses bords de Seine à proximité. Forêt, équitation, piscine 2 km. Golf 10 km. Base de loisirs 18 km. Gare RER 2 km. **Accès :** A6 dir. Rungis/Orly/Lyon. Rejoindre A6a/E15 Orly/Lyon/Evry, continuer sur A6/E15, et sortie n°34 (Corbeil/Melun/Sénart). N104 puis continuer sur A5a, sortie n°12 puis N6. 2ᵉ rd-points N446 à gauche, D50c.

A 40 km de Paris et 50 km de Disneyland Paris, dans la quiétude d'un charmant hameau, à proximité de sites touristiques, Catherine et Yannick vous accueillent dans leur ravissante maison de caractère. Vous disposerez d'une jolie chambre, d'un vaste jardin clos et fleuri et d'une salle de détente avec billard.

ILE-DE-FRANCE

Orgeval - Yvelines (78)

La Thuilerie
321, rue de la Chapelle - 78630 Orgeval
Tél./Fax 01 39 75 40 23 ou 06 80 62 25 04
Email : isarenard@hotmail.com
www.lathuilerie.com
Isabelle Renard-Delahaye

1 pers. 70/75 € - 2 pers. 80/85 €

Médan: Château and Emile Zola Museum 5 km. St-Germain-en-Laye 8 km. Versailles 18 km. Paris 26km. Forest locally. Horse-riding and golf 2 km. Swimming pool 6 km. Tennis court 200 m. Fishing 1 km.

How to get there: *From Paris, A13, exit 7 for Poissy-Orgeval. Alternatively, A14, Orgeval exit. In Orgeval centre, the house is 300 m from the church. By public transport: RER line A to Poissy and number 20 or 21 bus.*

La Thuilerie is a 19th-century property full of character, set in the heart of the country village of Orgeval, at the gateway to Paris. You will feel at home straight away at this welcoming, lovingly decorated address. Go for strolls in the large, enclosed flower garden or relax in the winter garden.

3 chambres avec sanitaires privés. Ouvert toute l'année. Petit déjeuner : viennoiseries, confitures maison, fromages, fruits de saison, yaourts... Jardin d'hiver et grand jardin clos et fleuri, salon de jardin, parking intérieur, portique. Restaurants à 1 km. (Propriétaire ne souhaitant pas que l'on fume dans sa demeure) ★ Médan 5 km (musée Emile Zola, château). St-Germain-en-Laye 8 km. Versailles 18 km. Paris 26 km. Forêt sur place. Equitation et golf 2 km. Piscine 6 km. Tennis 200 m. Pêche 1 km. **Accès :** de Paris, A13 sortie n°7 Poissy-Orgeval ou A14 sortie Orgeval. Dans Orgeval centre, La Thuilerie est à 300 m de l'église. RER Ligne A jusqu'à Poissy puis bus n°20 et 21. CM311.

Aux portes des Paris, dans le centre du village d'Orgeval, la Thuilerie est une propriété de caractère du XIXᵉ siècle, située au cœur du village. L'ambiance est chaleureuse, la décoration soignée. Vous pourrez flâner dans le grand jardin clos et fleuri ou vous prélasser dans le jardin d'hiver.

Pommeuse - Seine et Marne (77)

★Disneyland-Paris. Ferrières and Guermantes Châteaux. Medieval town of Provins. Places of historical interest. Cycling, fishing, hiking in the vicinity. Horse-riding 2 km. 18-hole golf course 2 km.

★ ***How to get there:*** *From Paris, A4 Crécy-la-Chapelle exit, then N34 for Coulommiers. After Crécy golf course, right for Pommeuse (D15). Michelin Map 4077, fold E3.*

Annie and Jacky offer a restful stay in a small Brie village, close to a full range of cultural and leisure activities, just 50 km from Paris and 18 km from Disneyland-Paris. Your hosts extend a warm welcome at their delightful 14th-century water mill in a beautifully tended country setting. Themed evenings can be arranged.

Le Moulin de Pommeuse TH
32, avenue du Général Huerne -
77515 Pommeuse
Tél./Fax 01 64 75 29 45
www.le-moulin-de-pommeuse.com
Jacky et Annie Thomas

1 pers. 52 € - 2 pers. 62 € - p. sup. 25 € - repas 25/30 €

5 chambres dont 2 familiales avec s. d'eau et wc privés, lits 180. Bâtiments rénovés dans le respect des traditions : vaste hall, salons surplombant le cours d'eau, salle à manger, salle de réception, 3 cheminées. Parc 3 ha arboré, en bord de rivière. Ile dans la propriété. Jeux, barbecue, p-pong. Hammam. ★ Disneyland-Paris. Châteaux de Ferrières et Vaux-le-Vicomte. Provins, ville médiévale. Sites historiques. VTT, pêche, randonnées à proximité. Equitation à 2 km. Golf 18 trous à 5 km. Jeux de plein air. **Accès :** de Paris, A4 sortie Crécy-la-Chapelle puis N34 dir. Coulommiers. Après le golf de Crécy, à droite dir. Pommeuse (D15). CM 4077, pli E3.

A 50 km de Paris et à 18 km de Disneyland-Paris, dans un petit village briard, à proximité d'activités culturelles et de loisirs, Annie et Jacky proposent détente et repos dans un site champêtre et soigné. Vous serez accueillis par les propriétaires dans un authentique moulin à eau, dont les origines se situent au XIVe siècle. Possibilité soirées à thèmes.

Provins - Seine et Marne (77)

NOUVEAUTÉ

★Paris 90 km. Disneyland Paris 50 km. Châteaux: Fontainebleau, Vaux-le-Vicomte, Motte Tilly... Tennis and swimming pool 200 m. Horse-riding 2 km. Golf course 30 km. Station 800 m.

★ ***How to get there:*** *A4/E50 (Marne la Vallée/Nogent/Metz), take N104 (Troyes/Melun/Evry), exit n°17 (Nancy/Ozoir) then N4 exit and take D231, roundabout D231a and finally D403. Michelin Map 4077, fold F4.*

La Demeure des Vieux Bains will take you right back to the Middle Ages. Véronique and Nicolas have brought the art of medieval living back to life in a refined and cosy contemporary manner. "La Rose Galica", "La Maison du XVe", "La suite Flamande" and "La suite Médiévale" are the charming, luxurious rooms that will transport you to another time.

Demeure des Vieux Bains
7, rue du Moulin de la Ruelle - 77160 Provins
Tél. 06 74 64 54 00 - Fax 01 60 52 07 32
www.demeure-des-vieux-bains.com
Véronique et Nicolas Dessery

1 pers. 100/130 € - 2 pers. 130/200 € - p. sup. 35 €

1 ch. avec hammam, 1 ch. familiale de 2 ch. avec salons e[t] 2 suites dont 1 avec hammam, toutes avec sanitaires privés et TV (DVD). Ouv. toute l'année. Petit déjeuner confitures, croissants, yaourts, jambon... Salon (cheminée). Billard Américain. Jeux. Jardin. Solarium. Pati[o] Terrasses. Taxe de séjour 1,50 €/jour ★ Paris 90 km Disneyland Paris 50 km. Châteaux : Fontainebleau, Vaux le-Vicomte, Motte Tilly... Tennis et piscine 200 m Equitation 2 km. Golf 30 km. Gare 800 m. **Accès** A4/E50 (Marne la Vallée/Nogent/Metz), rejoindre N10[4] (Troyes/ Melun/Evry), sortie n°17 (Nancy/Ozoir) pu[is] N4 sortir et prendre D231, rond-point d231a et enfi[n] D403.

La Demeure des Vieux Bains vous plongera e[n] plein cœur du Moyen-Age. Véronique et Nicol[as] ont ranimé l'art de vivre médiéval dans le confo[rt] raffiné et douillet contemporain. "La Rose Galica" "La Maison du XVe", "La suite Flamande" "La suite Médiévale" sont des chambres de cara[c]tère, de haut standing, qui vous transporteront da[ns] le temps.

ILE-DE-FRANCE

Saclas - Essonne (91)

Ferme des Prés de la Cure
17, rue Jean Moulin - 91690 Saclas
Tél. 01 60 80 92 28
André et Françoise Souchard

1 pers. 40 € - 2 pers. 48 € - p. sup. 11 €

3 chambres indépendantes avec douche et wc privés. Ouvert toute l'année sauf du 15.12 au 15.01. Petit déjeuner copieux. Cour, jardin, vélos. Restaurants dans le village. ★ Promenades dans la vallée de la Juine. Dans le village, tennis et parc paysager avec plan d'eau (pêche). Base de loisirs (piscine à vagues) 10 km. **Accès :** à 58 km de Paris et à 10 km d'Etampes. A6. RN20 sortie Guillerval. Mondésir puis suivre fléchage "Chambres d'Hôtes" Saclas. CM312, pli B5.

Cette belle demeure entourée d'un beau jardin fleuri est une ancienne ferme datant du XVe siècle. 3 chambres indépendantes au décor raffiné vous sont réservées. Vous y trouverez calme et tranquillité et apprécierez l'accueil chaleureux des maîtres de maison. Etape idéale pour un week-end ou un séjour à proximité de Paris.

★Walks in the Juine Valley. In the village: tennis and landscaped park with lake for fishing. Outdoor sports centre (swimming pool with waves) 10 km.

★ ***How to get there:*** *58 km from Paris and 10 km from Etampes. A6. RN20, Guillerval exit. Mondésir, then follow "Chambres d'Hôtes" signs in Saclas. Michelin map 312, fold B5.*

This handsome residence set in a pretty flower garden is a former farmhouse dating back to the 15th century. Three elegantly decorated, self-contained bedrooms await your arrival. A haven of peace and quiet enhanced by your hosts' generous hospitality. An ideal setting for a weekend break or holiday close to Paris.

ILE-DE-FRANCE

St-Cyr-sous-Dourdan - Essonne (91)

Le Logis d'Arnière
1, rue du Pont Rué -
91410 Saint-Cyr-sous-Dourdan
Tél. 01 64 59 14 89 - Fax 01 64 59 07 46
www.dabasse.com/arniere/
Claude et Taë Dabasse

1 pers. 60 € - 2 pers. 70 € - 3 pers. 90 € - p. sup. 15 €

2 suites de 2 chambres avec bains, douche et wc privés. Ouvert toute l'année. Petit déjeuner : viennoiseries, jus d'orange, confitures maison. Cour, jardin, parc 7 ha. avec rivière, pêche, vélos, aire de jeux. Restaurants à 200 m et à 3 km. ★ A proximité : châteaux du Marais et de Courson. Centre historique de Dourdan. GR111. Tennis, piscine, golf, équitation. Rambouillet 25 km. Chartres 35 km. **Accès :** de Paris A10 direction Chartres sortie Dourdan. Puis prendre à droite la D149. A 200 m prendre la D27 direction St-Cyr et fléchage Le Logis d'Arnière. CM312, pli B4.

Dans un parc de 7 ha. en bord de rivière (site classé), très beau manoir en pierre meulière. Taë et Claude vous y accueilleront chaleureusement et vous proposeront 2 suites au décor raffiné dotées d'un beau mobilier rustique. Pour les amateurs, pêche et hamacs en bordure de rivière. Cadre idéal pour un week-end détente ou sportif.

Close to Marais and Courson Châteaux. Dourdan historic ntre. GR111 posted hiking path. Tennis court, swimming ool, golf course, horse-riding. Rambouillet 25 km. Chartres 5 km.

How to get there: *From Paris, A10 for Chartres, Dourdan it. Then turn right for D149. 200 m on, take D27 for St-yr and follow signs for "Le Logis d'Arnière". Michelin map 12, fold B4.*

his extremely attractive millstone manor is set in 7 hectares parkland on the banks of a river (listed site). Hosts Taë and laude provide a warm welcome. The residence features two gantly decorated suites appointed with handsome, rustic niture. Angling enthusiasts will be delighted. Hammocks by river. Ideal for a relaxing or sporting weekend.

St-Denis-les-Rebais - Seine et Marne (77)

Brie-Champagne
22 Chantareine - 77510 St-Denis-les-Rebais
Tél./Fax 01 64 65 46 45 ou 06 23 44 78 11
Email : contact@chambres-brie-champagne.com
www.chambres-brie-champagne.com
Anne et François Bodin

1 pers. 50 € - 2 pers. 60 € - p. sup. 23 €

1 chambre au r.d.c., 1 suite de 3 ch. et 1 suite de 2 ch. à l'étage, toutes avec sanitaires privés et entrée indépendante, tisanerie. Ouvert toute l'année. Petit déjeuner copieux. Grande salle avec cheminée. Parc de 1 ha. Cour, jardin. GR11 à proximité. Restaurants) 2 km.. ★ Paris 70 km. Disneyland 31 km. Coulommiers 12 km. Provins 40 km (cité médiévale). Vignoble champenois 35 km. Forêt et tennis 2 km. Base de loisirs 5 km. Golf 20 km. **Accès :** A4, sortie n°16 puis N34 dir. Coulommiers, D222 dir. Rebais. Après le magasin, c'est à gauche vers Chantareine. CM 4077, pli F3.

Cette belle demeure de 1750, située en lisière de la Champagne et au cœur de la Brie, vous propose le calme d'un parc arboré et fleuri. Dans une atmosphère chaleureuse, le petit déjeuner est servi en terrasse l'été et au coin du feu l'hiver. Les chambres à la décoration raffinée et personnalisée vous offrent un cadre authentique et douillet.

★Paris 70 km. Disneyland-Paris 31 km. Coulommiers 12 km. Provins, medieval city 40 km. Champagne vineyards 35 km. Forest and tennis courts 2 km. Outdoor leisure centre 5 km. Golf course 20 km.

*★ **How to get there:** A4, exit 16 and N34 for Coulommiers. D222 for Rebais. Past the store, turn left for Chantareine. Michelin Map 4077, fold F3.*

This handsome residence, built in 1750, is situated in the heart of Brie, on the edge of Champagne, in a park dotted with trees and flowers. Breakfast at this welcoming address is served on the terrace in summer and by the fire in winter. The bedrooms are decorated both with refinement and an individual touch for an authentic, cosy feel.

ILE-DE-FRANCE

St-Loup-de-Naud - Seine et Marne (77)

NOUVEAUTÉ

Ferme de la Haute Maison
77650 St-Loup-de-Naud
Tél. 01 64 08 62 56 ou 06 07 46 60 19
Fax 01 64 08 60 20
Email : jean.dhenin@wanadoo.fr
Caroline et Jean Dhenin

1 pers. 60 € - 2 pers. 66 € - p. sup. 26 €

3 ch. confortables de 2 pers. et 2 suites familiales de 4 pers. en mezzanine avec sanitaires privés. Petit déjeuner copieux servi dans la salle à manger avec des produits frais et régionaux (confitures et viennoiseries maison). Cour jardin. Parc 1 ha. Piscine. Pétanque, p-pong. Restaurants à Lizines (2 km) ou Provins (7 km). ★ Provins 7 km (Patrimoine Mondial Unesco). St-Loup (églises romanes concert baroque en sept. (forfait w.e) et Rampillon Château de Vaux-le-Vicomte. Tennis 7 km. Golf 15 km Equit. 4 km. **Accès :** de Paris (A4) Marne-la-Vallée/Metz, rejoindre la N104 (Emerainville-Marne la Vallée-Evry). Sortie n°17b (Nancy-Ozoir), N4, sortir D231 (Provins). A la sortie de Provins, N19 (Melun) sur 10 km puis D49.

A 75 km de Paris, 50 km de Disneyland Paris et 7 km de la cité médiévale de Provins. Dans un cadre rare et authentique, sur le site d'un ancien monastère dominant le charmant village de St-Loup-de-Naud, Caroline et Jean vous feront découvrir les trésors d'un magasin d'antiquités et le show-room de mobiliers et objets du monde.

★Medieval town of Provins 7 km (Unesco World Heritage). St-Loup (roman churches, baroque concert in September) and Rampillon. Château de Vaux-le-Vicomte. Tennis 7 km. Golf 15 km. Horse-riding 4 km.

*★ **How to get there:** from Paris (A4) Marne-la-Vallée/Metz, take N104 (Emerainville-Marne la Vallée-Evry). Exit n°17b (Nancy-Ozoir), N4, turn onto D231 (Provins). At the Provins exit take N19 (Melun). Take D49 after 10 km.*

75 km from Paris, 50 km from Disneyland Paris and 7 km from the medieval town of Provins. In a rare and traditional setting, on the site of a former monastery, this property overlooks the charming village of St-Loup-de-Naud. Caroline and Jean will show you the delights of their antique shop and the showroom bursting with furniture and objects from all around the world.

Thomery - Seine et Marne (77)

NOUVEAUTÉ

Fontainebleau 7 km. Barbizon (painters' village) 15 km. Moret-sur-Loing (medieval town with shows at night) 5 km. Forest 100 m. Horse-riding 5 km. Tennis 2 km. Swimming pool 7 km. Golf 8 km. Train station 2 km.

★ ***How to get there:*** *From Paris A6, exit 37 Fontainebleau, take direction Sens/Montereau. At the roundabout in the forest, head towards Champagne/Thomery. Go under SNCF bridge for Thomery centre. Behind church and next to river.*

At the heart of the forest, this property is set in a beautiful village on the banks of the Seine in a superb touristic location. The house is full of 18th-century character complete with private garden and cobbled courtyard and offers charm and tranquility. Breakfast is served inside or outside depending on the season and with direct access onto the Seine, walks along the river are an ideal way to relax.

Les Cours de la Seine
149, avenue Général de Ségur - 77810 Thomery
Tél. 01 64 70 80 52 - Fax 01 60 96 40 62
Email : isabelle.bader@libertysurf.fr
www.bonneadresse.com
Isabelle Bader

1 pers. 60 € - 2 pers. 65 € - p. sup. 25 €

3 chambres avec sanitaires privés, avec vue sur le jardin ou la Seine. Petit déjeuner : continental ou brunch sur demande servi dans le jardin ou au coin du feu l'hiver. Salon de lecture. Cour, jardin. Possibilité stages linguistiques. Piano à queue pour les musiciens. Restaurants 500 m et 1,5 km. ★ Fontainebleau 7 km. Barbizon (village des peintres) 15 km. Moret-sur-Loing (cité médiévale avec spectacle de nuit) 5 km. Forêt 100 m. Equitation 5 km. Tennis 2 km. Piscine 7 km. Golf 8 km. Gare 2 km. **Accès :** de Paris A6, sortie 37 Fontainebleau, à l'obélisque dir. Sens/Montereau, au rd-point en forêt dir. Champagne/Thomery. Passer sous pont SNCF, dir. Thomery centre, descendre derrière l'église et bords de Seine. CM 4077, pli C5.

En plein cœur de la forêt, très beau village en bords de Seine, dans une région touristique. Cette maison de caractère du XVIIIe siècle avec un beau jardin intérieur et une cour pavée, vous propose beaucoup de charme et de calme. Le petit déjeuner est servi, selon la saison, à l'intérieur comme à l'extérieur. Pour votre détente, un accès direct à la Seine.

Thomery - Seine et Marne (77)

Walks in Fontainebleau Forest, Moret-sur-Loing. Paris 5 km. Disneyland-Paris 60 km. Horse-riding 5 km. Golf urse 8 km. Tennis court 2 km. Swimming pool on site. utdoor leisure centre 20 km.

How to get there: *A6 (Lyon), Fontainebleau exit. At the elisk, take N6 for Sens and, at 1st roundabout, turn left for Champagne Thomery". At next roundabout, 3rd turning on ht for "Thomery-By". Michelin Map 4077, fold C5.*

is handsome, lovingly restored house surrounded by by vine-ered walls, is set in a delightful village with a rich wine-wing history, just seven km from Fontainebleau. Relax in haven of lush greenery and enjoy the pleasant garden and mming pool. Your hosts, Odile and Manuel, will be happy how you around the traditional "grapehouse".

Propriété Auclair
9, rue du 14 Juillet - 77810 Thomery
Tél./Fax 01 64 70 88 83 ou 06 76 08 80 99
Email : kreher.thomery@wanadoo.fr
www.bonadresse.com/Ile-de-France/thomery.htm
Odile et Manuel Kreher

1 pers. 60 € - 2 pers. 65 € - p. sup. 20 €

3 chambres avec sanitaires privés aménagées dans les dépendances. Ouvert toute l'année. Petit déjeuner copieux sous forme de brunch. Salle pour petit déjeuner. Cour, jardin, terrasse ombragée. Piscine privée. Restaurants à 1 km. ★ Balades en forêt de Fontainebleau, Moret-sur-Loing. Paris à 65 km. Disneyland Paris à 60 km. Equitation à 5 km. Golf à 8 km. Tennis à 2 km. Base de loisirs à 20 km. **Accès :** A6 (Lyon), sortie Fontainebleau. A l'obélisque N6 dir. Sens, au 1er rd point, à gauche vers "Champagne Thomery". Au rd point suivant, 3e à droite vers "Thomery-By". Au stop, tout droit à 500 m. CM 4077, pli C5.

A 7 km de Fontainebleau, dans un très beau village au riche passé viticole, belle maison ancienne rénovée avec passion et entourée de murs de vignes. Vous pourrez vous détendre dans ce havre de verdure en profitant de la piscine installée dans un agréable jardin. Odile et Manuel seront ravis de vous faire découvrir la "chambre à raisins" typique.

Trilbardou - Seine et Marne (77)

2, rue de l'Eglise - 77450 Trilbardou
Tél./Fax 01 60 61 08 75 ou 06 11 23 87 23
Email : cantin.evelyne@voila.fr
Evelyne et Patrick Cantin

1 pers. 46 € - 2 pers. 55 € - p. sup. 20 €

2 chambres avec terrasse et 1 suite avec véranda sur le jardin, sanitaires privés. Ouvert toute l'année. Petit déjeuner copieux traditionnel, pain et brioche maison. Véranda privée sur jardin. Jardin. Restaurants à 6 km. ★ Disneyland Paris 15 km. Paris 40 km. Roissy 30 mn. Vallée de la Marne. Tennis à 500 m. Forêt à 10 km. Equitation à 4 km. Golf à 8 km. Base de loisirs à 5 km. **Accès :** de Paris, A4 (Porte de Bercy) dir. Metz/Nancy, sortie n°12-1. Suivre Marne-la-Vallée/Meaux/Esbly. A la sortie n°27 à gauche "Trilbardou". CM 4077, pli C2.

Non loin de Paris et proche de Disneyland Paris, vous serez accueillis dans une belle maison du XIXe siècle située dans un agréable village. La décoration raffinée des 3 chambres d'hôtes et les prestations offertes vous séduiront. Un accueil très chaleureux vous y est réservé.

ILE-DE-FRANCE

★Disneyland-Paris 15 km. Paris 40 km. Marne Valley. Tennis court 500 m. Forest 10 km. Horse-riding 4 km. Golf course 8 km. Outdoor leisure centre 5 km.

*★ **How to get there:** From Paris (Porte de Bagnolet), head for Lille on A3. Exit 3 for Bondy on RN3 and head for Meaux 24 km. Take D27 for Trilbardou.*

This fine 19th-century house is set in a pleasant village close to Paris and Disneyland-Paris. You will be enchanted by the elegant décor in the three bedrooms and by the residence's superior appointments. A warm hospitable welcome awaits you.

Ury - Seine et Marne (77)

Les Glycines
9, rue de Melun - 77760 Ury
Tél./Fax 01 64 24 44 21 ou 06 15 73 87 01
Christian et Christiane Deloffe

1 pers. 55 € - 2 pers. 67 € - p. sup. 26 €

1 suite familiale (1 ch. avec lit double et 1 ch. avec 2 li[illegible] simples), bains, douche et wc privés. Ouvert toute l'an[illegible]née. Petit déjeuner copieux : céréales, fruits, œufs... Dec[illegible] extérieur pour petit déjeuner, cour, jardin. Restaurants [illegible] Ury. ★ Proximité de Fontainebleau : équitation (100 m[illegible] massif forestier (500 m), escalade (2 km), golf (6 km) Circuit châteaux de la Loire. Tennis 7 km. **Accès :** [illegible] Paris A6 (vers Lyon) sortie Malsherbes, à gauche d[illegible] Fontainebleau/Ury. Dans Ury, sur la petite place, prenc[illegible] à droite devant le garage et 2e rue à gauche (rue [illegible] Melun, n°9). CM 4077, pli B5.

A 70 km de Paris, au cœur de la forêt [illegible] Fontainebleau, cette belle maison de pays avec s[illegible] jardin clos de murs a été rénovée avec go[illegible] La suite familiale, composée de 2 chambres a [illegible] aménagée avec charme et confort dans une bâti[illegible] annexe. Aux beaux jours, le petit déjeuner est se[illegible] sur un deck dans le jardin. Une étape calme à p[illegible]ximité de Fontainebleau

★Near Fontainebleau: golf 6 km, horse-riding 100 m, forest 500 m, rock-climbing 2 km. Visits to the châteaux of the Loire. Tennis court 7 km.

*★ **How to get there:** From Paris, A6 motorway (Lyon-bound), Malsherbes exit and left for Fontainebleau/Ury. In Ury, in the little square, turn right by the service station and 2nd left (9, Rue de Melun). Michelin Map 4077, fold B5.*

This delightful, tastefully renovated country house with enclosed garden is situated in the heart of Fontainebleau Forest, just 70 km from Paris. A charming, comfortable family suite, comprising 2 bedrooms, has been arranged in an adjoining building. In fine weather, breakfast is served on the deck in the garden. A peaceful spot near Fontainebleau.

Vernou-la-Celle-sur-Seine - Seine et Marne (77)

★Moret-sur-Loing 9 km. Fontainebleau 17 km. Forest, bathing and tennis 1 km. Horse-riding 2 km. Golf 20 km. Outdoor leisure centre 20 km. GR2 hiking path, cycling.

*★ **How to get there:** From Paris, A5 motorway, Forges exit. At the first roundabout, turn left for Fontainebleau, at the 2nd roundabout, straight over for Fontainebleau and 3rd road on left. Michelin Map 4077, fold D5.*

This pretty stone house brimming with flowers is located just 9 km from Moret-sur-Loing and 70 km from Paris. The cosy upstairs, country-style bedroom affords great comfort. A charming address in a picturesque village on the banks of the Seine.

Les 4 Saisons
25, rue du Montoir -
77670 Vernou-la-Celle-sur-Seine
Tél. 01 64 23 22 84 ou 06 87 08 76 19
Email : daniel.dessogne@wanadoo.fr
Daniel et Monique Dessogne

1 pers. 42 € - 2 pers. 52 € - p. sup. 21 €

1 suite familiale 5 pers. (2 chambres) avec salle d'eau et wc privés. Ouvert toute l'année. Petit déjeuner : fruits du jardin, œufs, laitages... Cour, jardin. Restaurants à 1 km. (Liaison assurée gare de Moret-sur-Loing pour les randonneurs et livraison des bagages vers la chambre d'hôtes de l'étape suivante). ★ Moret-sur-Loing 7 km. Fontainebleau 17 km. Forêt, baignade, tennis 1 km. Equitation 2 km. Golf et base de loisirs 20 km. GR2, VTT. **Accès :** de Paris autoroute A5 sortie Forges. Au 1er rond-point, prendre à gauche vers Fontainebleau. Au 2e rond-point, en face vers Fontainebleau puis 3e route à gauche. CM 4077, pli D5.

A 70 km de Paris et 9 km de Moret-sur-Loing, jolie maison de village en pierres, très fleurie. Une suite à l'étage au décor rustique et au confort très cosy est réservée aux hôtes. Cour et jardin. Une étape pleine de charme dans un très beau village des bords de Seine.

ILE-DE-FRANCE

Villiers-sous-Grez - Seine et Marne (77)

[F]ontainebleau 10 km, royal and imperial city, castle and forest. [Ba]rbizon, painters' village. Vaux-le-Vicomte. Horse-riding [4 k]m. Tennis 500 m. Swimming pool and golf 12 km. Rock-[cli]mbing 6 km.

*[★]**How to get there:** A6-E15, exit 14 for Ury. From Lyon, [Fon]tainebleau exit, and, at the Obelisk, take N6 for Nemours. [Tur]n right for Villiers-sous-Grez. La Cerisaie is opposite the [chu]rch. Michelin Map 4077, fold B6.*

[Nin]eteenth-century La Cerisaie is situated on the edge of a [fore]st, just 65 km from Paris, 10 km from Fontainebleau and [8 k]m from Nemours. Cross the patio to discover the [arom]atic garden, and succumb to the refined comfort of the [bedr]ooms. Your host, André, will be happy to share his love of [phot]ography and decoration with you.

La Cerisaie TH
10, rue de Larchant - 77760 Villiers-sous-Grez
Tél./Fax 01 64 24 23 71 ou 06 66 22 65 92
Email : andre.chastel@free.fr
Christiane et André Chastel

1 pers. 60 € - 2 pers. 65 € - p. sup. 26 € - repas 25 €

3 chambres et 1 suite familiale personnalisées et à thèmes, avec sanitaires privés. Ouvert toute l'année. Petit déjeuner copieux. T. d'hôtes sur résa. : produits du terroir. Grand salon avec cheminée. Cour, jardin. Restaurants à 4 km. ★ Fontainebleau 10 km : ville royale et impériale avec son château et sa forêt. Barbizon : village des peintres. Vaux-le-Vicomte. Equitation 4 km. Tennis 500 m. Piscine et golf 12 km. Escalade 6 km. **Accès :** A6-E15 de Paris, sortie n°14 Ury. De Lyon, sortie Fontainebleau, puis à l'obélisque N6 dir. Nemours, et à droite dir. Villiers-sous-Grez. La Cerisaie est face à l'église. CM 4077, pli B6.

A 65 km de Paris, 10 km de Fontainebleau et 8 km de Nemours, la Cerisaie, maison du XIXe siècle est située en lisière de forêt. Franchissez le patio pour découvrir le jardin des senteurs, laissez-vous séduire par le confort et le raffinement des chambres. André vous fera partager sa passion pour la photographie et la décoration.

Wy Dit Joli Village - Val d'Oise (95)

★Château d'Hazeville: tourist information. Vexin Français Regional Nature Park. Villarceaux, Ambleville and La Roche-Guyon Châteaux. Giverny.

*★ **How to get there:** A15, then N14 for Magny-Vexin and Guiry-en-Vexin. At Wy-Dit-Joli-Village, head for Enfer hamlet and Hazeville on D81.*

This listed building features a magnificent dovecot set in an enclosed square courtyard, in the heart of the Vexin Français. The residence has a rich past and offers superbly decorated bedrooms, named after famous figures such as the Duchesse de Villars and Gabrielle d'Estrées. The interior is adorned with handsome period furniture and fabrics, and tiling hand-painted by the owner.

Château d'Hazeville

95420 Wy Dit Joli Village
Tél. 01 34 67 06 17 ou 01 42 88 67 00
Fax 01 34 67 17 82
www.gites-val-doise.com
Guy Deneck

1 pers. 97 € - 2 pers. 125 €

2 chambres avec TV et sanitaires privés. Ouvert toute l'année sur réservation. Salle de documentation, billard, cheminée. Parc, jardin, garages fermés. ★ Château d'Hazeville : point d'information touristique. Parc naturel régional du Vexin. Châteaux de Villarceaux, Ambleville, la Roche-Guyon. Giverny. **Accès :** A15 puis N14 dir. Magny-Vexin, puis Guiry-en-Vexin. A Wy-Dit-Joli-Village, prendre la dir. hameau d'Enfer puis Hazeville D81.

Dans un lieu classé monument historique, magnifique pigeonnier dans une ferme à cour carrée du Vexin français. Dans cette demeure chargée d'histoire, les chambres superbement décorées répondent aux noms de Duchesse de Villars et Gabrielle d'Estrées. Beaux meubles anciens, tissus et carrelage peint à la main par le propriétaire.

LANGUEDOC-ROUSSILLON

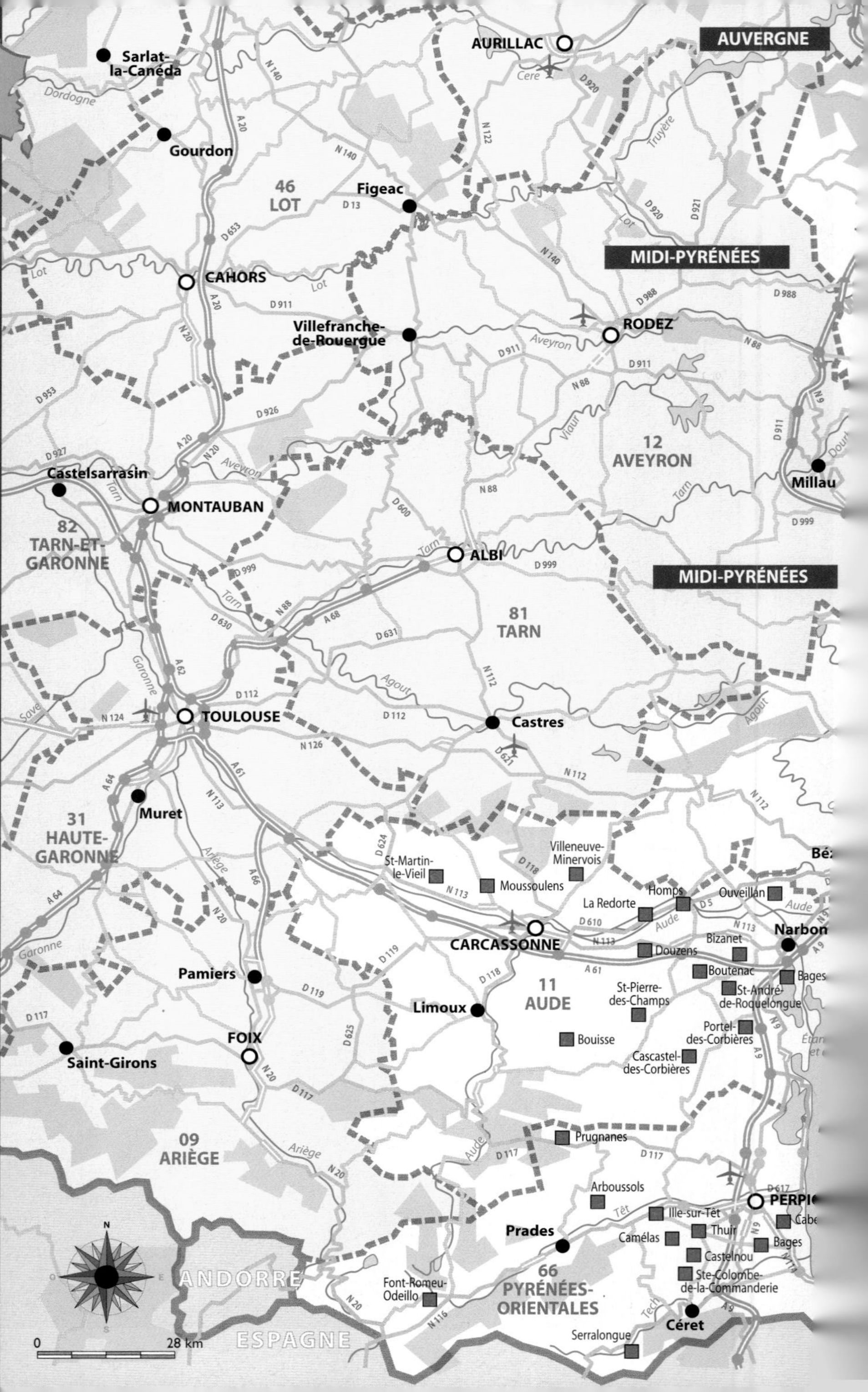

AUVERGNE

MIDI-PYRÉNÉES

MIDI-PYRÉNÉES

Sarlat-la-Canéda
Gourdon
AURILLAC
Figeac
46 LOT
CAHORS
Villefranche-de-Rouergue
RODEZ
12 AVEYRON
Millau
Castelsarrasin
MONTAUBAN
82 TARN-ET-GARONNE
ALBI
81 TARN
TOULOUSE
Castres
Muret
31 HAUTE-GARONNE
Pamiers
FOIX
Saint-Girons
09 ARIÈGE
St-Martin-le-Vieil
Moussoulens
Villeneuve-Minervois
La Redorte
Homps
Ouveillan
Narbon
CARCASSONNE
Douzens
Bizanet
Boutenac
Bages
St-André-de-Roquelongue
St-Pierre-des-Champs
11 AUDE
Limoux
Bouisse
Portel-des-Corbières
Cascastel-des-Corbières
Prugnanes
Arboussols
Ille-sur-Têt
PERPI
Cabe
Camélas
Thuir
Bages
Castelnou
Ste-Colombe-de-la-Commanderie
Prades
66 PYRÉNÉES-ORIENTALES
Font-Romeu-Odeillo
Céret
Serralongue
ANDORRE
ESPAGNE

Dordogne, Lot, Cere, Truyère, Aveyron, Viaur, Tarn, Dourbie, Agout, Garonne, Save, Ariège, Aude, Têt, Tech

A 20, A 61, A 62, A 64, A 66, A 68, A 9, N 20, N 88, N 113, N 116, N 124, N 126, N 140, N 122, N 9, D 920, D 921, D 13, D 653, D 911, D 988, D 953, D 926, D 927, D 600, D 999, D 630, D 631, D 112, N 112, D 621, D 624, D 118, D 610, D 119, D 117, D 625, D 617, D 5

0 — 28 km

N, O, E, S

LANGUEDOC-ROUSSILLON

Arboussols - Pyrénées Orientales (66)

Les Fenêtres du Soleil
rue de la Fontaine - 66320 Arboussols
Tél./Fax 04 68 05 56 25 ou 06 11 08 60 41
Email : lesfenetresdusoleil@wanadoo.fr
www.lesfenetresdusoleil.com
Deville Claudia et Chollot Francis

1 pers. 50/60 € - 2 pers. 50/70 € - 3 pers. 85 €

4 chambres avec sanitaires privés et TV. Ouv. toute l'année. Petit déjeuner : viennoiseries, pain grillé, confitures maison, miel du pays, yaourts, fruits de saison... 3 salons de lecture, bibliothèques, 2 mezzanines. Salle à manger. Accueil groupes (famille, séminaire...). Cour, jardin. 12 restaurants à moins de 10 km. ★ Le Canigou, l'art roman à Marcevol 2 km. Les Châteaux cathares, le petit train jaune. Collioure 54 km. Villefranche-de-Conflent 15 km. Piscine, golf, 2 km. Tennis 100 m. Lac, baignade 7 km. Mer 45 km. **Accès :** à Perpignan dir. Andorre. 2 km après le barrage de Vinça, Marquixanes, à droite dir. Arboussols. CM344, pli F7.

Au cœur d'un rocher granitique, vous découvrirez une élégante maison rustique où 4 chambres spacieuses et raffinées vous attendent. Un salon creusé dans la roche et une salle à manger avec un étonnant bloc de pierre, vous permettront de vous détendre. De la terrasse, vous pourrez admirer le panorama exceptionnel sur le Canigou.

**Canigou Mountain, Romanesque art at Marcevol 2 km. Cathar castles, "Little Yellow Train" service and scenic route. Collioure 54 km. Villefranche-de-Conflent 15 km. Swimming pool, golf course 2 km. Tennis 100 m. Lake, bathing 7 km. Sea 45 km.*

★ ***How to get there:*** *From Perpignan, head for Andorra. 2 km past Vinça Dam, Marquixanes, and turn right for Arboussols. Michelin map 344, fold F7.*

This elegant country house nestles on a granite rock in the Western Pyrenees, and offers four elegant, spacious guest rooms. There is a lounge carved out of of the rock and a dining room featuring an incredible stone block for your enjoyment. From the terrace, take in outstanding panoramic views over the Canigou

LANGUEDOC-ROUSSILLON

Bages - Aude (11)

Les Palombières d'Estarac TH
Prat de Cest - 11100 Bages
Tél./Fax 04 68 42 45 56
Tél. SR 04 68 11 40 70
http://monsite.wanadoo.fr/estarac
Michel Penseyres et Aeby Sébastien

1 pers. 60/120 € - 2 pers. 70/130 € - 3 pers. 140 € - p. sup. 10 € - repas 21 €

3 chambres et 1 suite avec sanitaires privés. Ouvert d 1.02 au 15.12. Petit déjeuner : confitures maison, fromages, fruits frais, jus de fruits... T. d'hôtes : pancetta au bas lic, papillote de sole, filet mignon... Espace lecture, jeu musique. Salon avec cheminée, TV. Grande terrasse, pa 3 ha., tennis. ★ Sites historiques cathares, route des vi abbaye de Fontfroide, nombreux musées. Plages 6 kı Piscine, vélos, planche à voile 4 km. Pêche 5 km. Gc 10 km. **Accès :** A9, sortie Narbonne sud (n°38). Suiv Perpignan jusqu'à Prat de Cest. A la sortie du villag prendre à gauche, passer sous le pont et environ 500 après, c'est le 1er portail sur votre gauche. CM344.

Les "Palombières d'Estarac" est une propriété a nombreux atouts : le magnifique parc de 3 richement arboré, le calme d'un environneme hors pair au cœur du parc naturel régional, et en le charme d'une splendide demeure. Pour vo détente : espace lecture, musique et jeux, salon et court de tennis.

**Cathar castles and history, wine estates, museums. Fontfroide Abbey. Beaches 6 km. Swimming, cycling, windsurfing 4 km. Fishing 5 km. Golf course 10 km.*

★ ***How to get there:*** *A9, Narbonne-Sud exit (no. 38) for Perpignan and turn off at Prat de Cest. Turn left as you leave the village and drive under the bridge. Drive approx. 500 m. Les Palombières is the first gateway on the left.*

Les Palombières d'Estarac is a charming property, whose many features include a magnificent three-hectare tree-filled park, and an incomparable, peaceful setting in the heart of a regional nature park. This splendid residence offers a reading, music and games room, a lounge, and a tennis court.

Bages - Pyrénées Orientales (66)

*Perpignan 10 km: museums and summer festivals. Lake and bathing 2 km. Beach 10 km. Horse-riding 1 km. Hiking 5 km. Spa 25 km.

★ ***How to get there:*** *From Perpigan, head for Gerona on N9. At Pollestres, by the wine cellar, turn left for Mas de la Prade. You will see the house ahead, 3 km on. Michelin map 344, fold I7.*

This renovated 18th-century sheepfold is set in a meadow drained by the Knight Templars, on the edge of Bages village. The invitingly cosy bedrooms and subtly refined decoration are the guarantee of a comfortable and peaceful time.

Mas de la Prade TH
66670 Bages
Tél./Fax 04 68 37 58 19
Email : masdelaprade@aol.com
www.masdelaprade.fr.tc
Claudette Giljean

1 pers. 60 € - 2 pers. 70 € - repas 25 €

3 chambres avec sanitaires privés. Ouvert toute l'année. Petit déjeuner : croissant, pains, jus d'orange, confitures, céréales, fromage blanc... T. d'hôtes : spécialités régionales. Jeux, bibliothèque, TV, magnétoscope. Salon de jardin. Cour, jardin. Restaurants à Perpignan (large choix). ★ Perpignan 10 km (les estivales, les musées).. Lac, baignade 2 km. Plage 10 km. Equitation 1 km. Randonnée 5 km. Thermes 25 km. **Accès :** depuis Perpignan suivre dir. Gérone par la N9. A Pollestres, devant la cave viticole, prendre à gauche dir. Mas de la Prade. A 3 km, la bastide sera face à vous. CM344, pli I7.

A l'orée du village de Bages, au cœur d'une prairie asséchée par les Templiers, cette bâtisse rénovée est une bergerie du XVIIIe siècle. Le caractère chaleureux et accueillant des chambres spacieuses, à la décoration subtile et raffinée, vous offrira un confort certain et un calme garanti.

Barjac - Gard (30)

'lea market at Easter and 15th August weekend. Song and rics Festival in late July, Avignon Festival in July. Horse-ing 2 km. Canoeing 6 km. Wine country, wide range of seums.

How to get there: *40 km from Bollène. A7 motorway, llène exit for Pont-St-Esprit and Barjac.*

the shade of the château, in opposite the antique fountain, opulent 17th-century residence commands a sumptuous orama of the steep outlying landscape. There is more fitting name than "Sérénité" to describe the spot. A superb osed garden affords breathtaking views of the Cévennes and 'èche foothills.

Domaine de la Sérénité
place de la Mairie - 30430 Barjac
Tél./Fax 04 66 24 54 63 ou 06 76 84 85 48
Catherine L'Helgoualch

1 pers. 70/115 € - 2 pers. 70/115 € - 3 pers. 135 €

1 chambre et 2 suites avec salon attenant et mini-bar, toutes avec sanitaires privés, peignoirs, chaussons. Ouvert de Pâques au 11/11. Petit déjeuner : gateaux et confitures maison, 4 sortes de pain, fruits... Salon, biblio. Jardin, salon de jardin, petit coin lecture ou repos face à un beau panorama. ★ Brocante à Pâques et week-end du 15 août, festival "Chansons de Parole" fin juillet, festival d'Avignon en juillet. Equitation 2 km. Canoë 6 km. Route des vins, nombreux musées... **Accès :** à 40 km de Bollène. A7, sortie Bollène puis dir. Pont-St-Esprit puis Barjac.

A l'ombre du château, devant l'antique fontaine de la place, cette opulente maison du XVIIe siècle, domine un somptueux panorama où tout se résume par son nom "La Sérénité"... Magnifique jardin clos de murs, avec une vue imprenable sur les contreforts des Cévennes et de l'Ardèche.

Bizanet - Aude (11)

Domaine Saint-Jean
11200 Bizanet
Tél./Fax 04 68 45 17 31
Tél. SR 04 68 11 40 70
Email : didierdelbourgbizanet@yahoo.fr
Didier Delbourg

2 pers. 55/70 € - 3 pers. 75/90 € - p. sup. 20 €

4 chambres avec sanitaires privés, dont 1 avec mezzanine pour 4 pers. et 1 pour 3 pers. avec terrasse attenante. Ouvert toute l'année. Salon avec cheminée. Salle à manger. Terrasse. Jardins aménagés. ★ Châteaux du pays Cathare. Narbonne 12 km. Mer 25 km. Tennis 3 km. Pêche, piscine 12 km. Voile, équitation 15 km. Aéroport 30 km. **Accès :** de Narbonne, suivre direction Montredon-Corbières puis Fontfroide par la D613 durant 8 km. Au lieu-dit St.Julien, tourner à droite. Le domaine Saint-Jean est à gauche, au bout d'une allée d'oliviers. CM344.

Sur la route des châteaux du pays Cathare, belle demeure sur un domaine viticole, au cœur des Corbières. La propriété, dans un environnement de senteurs et de végétaux est à 12 km de Narbonne. 4 ch. décorées avec goût sont aménagées à l'étage d'une dépendance attenante à la maison familiale. Jardins en harmonie avec le milieu naturel pour le petit déjeuner...

★Cathar castles. Narbonne 12 km. Sea 25 km. Tennis court 3 km. Fishing, swimming pool 12 km. Sailing, horse-riding 15 km. Airport 30 km.

*★ **How to get there:** From Narbonne, head for Montredon-Corbières and D613 for Fontfroide. 8 km on, at "St-Julien", turn right. Domaine Saint-Jean is on the left, at the end of an olive tree-lined driveway. Michelin map 344.*

This handsome residence in Cathar country is set on a wine-growing estate in the heart of the Corbières vineyards. The property, in a landscape of lush Mediterranean vegetation and fragrances, is 12 km from Narbonne. The four delightfully and tastefully decorated upstairs bedrooms have been arranged in an outbuilding adjoining the family home. Breakfast is served in the gardens, which are a glowing tribute to the natural surroundings.

Bouisse - Aude (11)

Maison de la Loude TH
Domaine de Goudis - 11330 Bouisse
Tél. 04 68 70 02 76 - Fax 04 68 70 00 74
Tél. SR 04 68 11 40 70
www.delattre-goudis.com
Michel et Michèle Delattre

1 pers. 70 € - 2 pers. 85 € - 3 pers. 100 € - repas 25 €

2 chambres avec téléphone direct et sanitaires privés (avec douche et 1 avec bains). Ouvert 1.04 au 15.11. Tab d'hôtes (tous les lundis) : daubes, cassoulet, confits, tart maison... Bibliothèque. Sauna. Baby-foot, ping-pong, j d'échec géant. Parcs d'élevage boisés. ★ Châteaux cath res, visites de sites touristiques, promenades, escalad **Accès :** Carcassonne-Couiza par D118 puis Arques p D613. A Arques, tourner à gauche par D54 puis D70 v Bouisse. Le domaine est signalé sur la droite (6 k d'Arques). CM344.

Au cœur du pays cathare, face aux Pyrénées, be ferme du XVIIIe siècle toute en pierres apparent et complètement restaurée. Elle est située sur beau domaine. Les chambres au mobilier rustiq ou contemporain sont chaleureuses et confor bles. Jardins en terrasses et piscine.

★Cathar castles, visits to local places of interest, walks, climbing.

*★ **How to get there:** Carcassonne-Couiza on D118, then Arques on D613. At Arques, turn left for D54, then D70 for Bouisse. The property is signposted on right (6 km from Arques). Michelin map 344.*

This handsome, fully restored 18th-century farmhouse with visible stonework is set in superb grounds, in the heart of Cathar country, facing the Pyrenees. The bedrooms exude warmth and comfort and are appointed with country-style and contemporary furniture. Relax in the terraced gardens or take a dip in the pool.

Boutenac - Aude (11)

NOUVEAUTÉ

Concerts at Fondfroide, Lagrasse. Jazz at Conhilhac. Walks and regional produce markets at Lézignan. Hiking locally. Wine museum 6 km. Swimming pool 7 km.

★ ***How to get there:*** *Exit Lézignan and head towards Ferrals. At Ferrals, take direction Boutenac (route de Ferrals).*

You will be welcomed warmly at this handsome wine-growing property that dates back to 1866 and that revolves around wine and the production of wine. The tables d'hôtes meals (sea-food) are a must for anyone wishing to truly experience the life and soul of this wonderful region.

Domaine du Griffon TH
8 rte de Ferrals - 11200 Boutenac
Tél./Fax 04 68 27 07 29 ou 06 25 15 92 66
Email : domaine-du-griffon@wanadoo.fr
Patrick Delvaulx

2 pers. 78 € - 3 pers. 98 € - repas 24 €

5 chambres avec sanitaires privés (TV et téléphone sur demande). Ouv. toute l'année. Petit déjeuner : yaourts, fromages, confitures, jus de fruits, cake... T. d'hôtes : omelette aux truffes de l'Aude, parmentier au confit de canard... Salon de bridge, biblio. Jardin, terrasse. Pétanque, vélos. W.E formation culinaire. ★ Concerts à Fondfroide, Lagrasse. Jazz à Conhilhac. Promenades et foires de terroir à Lézignan. Randonnées, sur place. Musée du Vin 6 km. Piscine 7 km. **Accès :** sortie Lézignan puis suivre Ferrals. A Ferrals, prendre dir. Boutenac (route de Ferrals).

Vous serez reçus dans une belle bastide vigneronne de 1866, axée sur la présentaion des vins et des vignerons. Table d'hôtes indispensable pour participer pleinement à l'esprit des lieux, soirées gastronomiques (fruits de mer).

LANGUEDOC-ROUSSILLON

Boutenac - Aude (11)

ontfroide and Lagrasse Abbeys. Carcassonne 35 km. Canal Midi 25 km. Beaches 30 km. Cathar castles. Caves and ttoes. Tennis court, swimming pool (spring water). Hiking.

How to get there: *From Lézignan-Corbières, drive through c-sur-Orbieu. Enter Boutenac, turn right for Ferrals and rd turning on the left. The house is in the Rue de la volution, by "La Bastide des Corbières" sign.*

a tiny village in the heart of Corbières stands this handsome dstone residence, a 19th-century family mansion. The rooms, located on the 1st and 2nd floors, are tastefully rated (18th and 19th-century furniture) with their own ial touch. The park, adorned with roses and tall trees, is l for strolls or the farniente life. Gourmet table d'hôtes meals ed in the park during the summer. Children's area, living n, library. The residence is entirely non-smoking.

La Bastide des Corbières TH
17, rue de la Révolution - 11200 Boutenac
Tél. 04 68 27 20 61 - Fax 04 68 27 62 71
Tél. SR 04 68 11 40 70
www.bastide-corbieres.com
Françoise Camel

1 pers. 79/84 € - 2 pers. 79/84 € - p. sup. 20 € - repas 30 €

5 chambres avec sanitaires privés. Ouv. toute l'année sauf du 15/11 au 15/02. Petit déjeuner : jus de fruits frais, confitures et patisseries maison, laitage... T.d'hôtes : foie gras de canard, magrets, lapin farçi, cassoulet, desserts... Tél., biblio., salon. Parc, piscine, VTT, p-pong. Espace jeux. Maison non fumeur. ★ Abbayes de Fontfroide et de Lagrasse. Carcassonne (35 km). Canal du Midi (25 km). Plages (30 km). Châteaux cathares. Grottes et caves. Tennis, randonnées. **Accès :** en venant de Lézignan-Corbières, traverser Luc-sur-Orbieu. Rentrer dans Boutenac, puis à droite vers Ferrals, et 3e rue à gauche. Rue de la Révolution, enseigne "La Bastide des Corbières". CM344.

Dans un petit village au cœur des Corbières, cette belle demeure en grès est une maison de maître du XIXe. Au 1er et 2e étages, les chambres sont décorées avec goût (mobilier XVIIIe et XIXe) et personnalisées. Le parc arboré et fleuri invite à la flânerie ou au farniente. Table d'hôtes gourmande servie dans le parc en été...

Brignac - Hérault (34)

★Salagou Lake 6 km. St-Guilhem-le-Désert, Pézenas, Lodève (Fleury Museum). River 1 km. Tennis court 3 km.

*★ **How to get there:** In Brignac, the entrance to the house is along the main road, opposite the phone box.*

La Missare is situated in the tiny, unspoilt Languedoc village of Brissac. Originally a wine-growing estate, this mid-19th-century property has been in the same family since the beginning. The four attractive, extremely comfortable bedrooms in the old storehouses have been restored with authentic materials. All open out onto the gardens, where Mediterranean essences abound.

La Missare
9, route de Clermont - 34800 Brignac
Tél. 04 67 96 07 67
Email : la.missare@free.fr
www.gites-de-france-herault.fr
Jean-François Martin

1 pers. 65/70 € - 2 pers. 65/70 € - 3 pers. 81/86 €

4 chambres avec salle d'eau et wc privés. Ouvert toute l'année. Petit déjeuner : jus de fruits, salade de fruits, confitures et pâtisserie maison. Salle de séjour, salon, cheminée. Cour, jardin, terrasse, salon de jardin, garage. Piscine. Animaux admis sur demande. Restaurants 6 et 8 km. ★ Lac de Salagou 6 km. St-Guilhem-le-Désert, Pézenas, Lodève (musée Fleury). Rivière 1 km. Tennis 3 km. **Accès :** à Brignac, entrée de la maison sur la route principale, en face de la cabine téléphonique.

Dans un authentique petit village languedocien, La Missare est une ancienne propriété viticole édifiée au milieu du XIXe siècle, habitée depuis son origine par la même famille. Dans les anciens chais, 4 belles chambres très confortables ont été restaurées avec des matériaux anciens. Elles s'ouvrent toutes sur les jardins aux essences méditerranéenes.

LANGUEDOC-ROUSSILLON

La Bruguière - Gard (30)

★Duchy of Uzès. Avignon. Nîmes. Arles. Pont du Gard bridge. Camargue, the Mediterranean, the Cévennes. Cellars and wine-tasting. Hiking and cycling locally. Tennis court 2 km. Horse-riding 5 km. Bathing 7 km. Fishing 8 km.

*★ **How to get there:** From Uzès, D979 head for Lussan for 7 km and D238 for 5 km. Mas des Santolines is 100 m from La Bruguière village church.*

Nestled in the heart of the Gard region of Provence, this early-19th-century mas, originally a silk farm, has been fully restored. Four superbly appointed bedrooms and one suite, with a skilful blend of period and contemporary furniture, offer a high level of comfort. This enchanting atmosphere is enhanced by a vast Mediterranean garden, a swimming pool, breakfast buffet and gourmet cuisine. An ideal spot not to be missed.

La Mas des Santolines TH
30580 La Bruguière
Tél. 04 66 72 85 04 - Fax 04 66 72 87 38
Email : mas-santolines@wanadoo.fr
www.mas-santolines.com
M.C. Parmentier

1 pers. 87 € - 2 pers. 93 € - 3 pers. 106 € - p. sup. 12 € - repas 26 € - 1/2 p. 67 €

4 chambres et 1 suite de 2 chambres avec sanitaires priv (tél. sur demande). Ouvert toute l'année. Petit déjeun buffet : fruits, jus d'orange, yaourts, croissants, confitur maison, miels... Table d'hôtes : cuisine provençale et pér gourdine. Cour et jardin avec piscine, pétanque. Parkir clos. ★ Duché d'Uzès. Avignon. Nîmes. Arles. Pont Gard. La Camargue, la Méditerranée, les Cévennes Caves, dégustation... Randonnée et VTT sur place. Tenn 2 km. Equitation 5 km. Baignade 7 km. Pêche 8 k **Accès :** à partir d'Uzès (D979) dir. Lussan sur 7 km, p D238 sur 5 km. Le Mas est à 100 m de l'église du villa de La Bruguière.

Niché au cœur de la Provence gardoise, ce mas début du XIXe est une ancienne magnanerie, enti rement restaurée. 4 chambres et 1 suite, toutes t confortables et superbement décorées où se mêl harmonieusement, meubles d'époque et conte porain. Atmosphère de charme, vaste jardin mé terranéen, piscine et cuisine gourmande... U étape à ne pas manquer.

Cabestany - Pyrénées Orientales (66)

Domaine du Mas Boluix
Chemin du Pou de les Colobres -
66100 Perpignan
Tél. 04 68 08 17 70 ou 06 09 20 79 18
Fax 04 68 08 17 71
Jean-Louis Ceilles

1 pers. 73 € - 2 pers. 82 € - 3 pers. 91 €

6 chambres dont 1 familiale (120 €) climatisées et insonorisées, toutes avec TV sat., bains et wc privés. Ouv. toute l'année. Petit déjeuner : confitures maison, fruits de saison, charcuteries, fromages... Salon, salle à manger, salle et aire de jeux (p-pong, billard, baby-foot). Terrasse avec salon de jardin. Parking. ★ Palais des rois de Majorque et Castillet 5 km. Collioure 25 km. Lac 2 km. Piscine 3 km. Mer 8 km. A 10 mn des plages. **Accès :** A9 sortie Perpignan-sud. Compter 9 rd-points : 6 en suivant dir. Argelès, au 6e à gauche en revenant sur Perpignan, puis au 8e rd-point en dir. Cabestany et enfin prendre à droite au 9e. CM344, pli I6.

Au milieu des vergers et des vignobles de Cabestany, avec vue imprenable sur le Roussillon, la mer et le Canigou, la famille Ceilles vous accueille dans un beau mas du XVIIIe. Elle propose 6 chambres de charme; spacieuses et personnalisées, chacune porte le nom d'un artiste catalan. Une étape de rêve en pays catalan.

★Palace of the Kings of Majorca and Castillet 5 km. Collioure 25 km. Lake 3 km. Swimming pool 4 km. Sea 8 km. Beaches 10 min.

★ ***How to get there:*** *A9, Perpignan-Sud exit. Negotiate 9 roundabouts: 6 heading for Argelès. At 6th roundabout, turn left for Perpignan; at 8th roundabout head for Cabestany and, lastly, turn right at 9th roundabout.*

This handsome, fully renovated 18th-century mas is set in the Cabestany vineyards and orchards, and affords breathtaking views of the Roussillon, the sea and the Canigou. Your hosts, the Ceilles family, offer six comfortable, spacious, individually decorated bedrooms, one of which is especially for families. Each is named after a Catalan artist. Paradise in Catalan country. Jean-Louis will be delighted to show you round his vineyard.

Camelas - Pyrénées Orientales (66)

Mas del Roc TH
66300 Camelas
Tél./Fax 04 68 53 05 43 ou 06 61 49 10 12
Email : ch.arcis@wanadoo.fr
http://www.masdelroc.com
André Arcis

1 pers. 85 € - 2 pers. 85 € - 3 pers. 100 € - p. sup. 15 € - repas 20 €

4 chambres et 1 suite avec véranda, toutes indépendantes, avec sanitaires privés, TV, coin-salon et climatisation. Ouvert toute l'année (3 mois d'hiver sur résa.). Copieux petit déjeuner. T. d'hôtes : spécialités catalanes et du terroir. Jardin, parc. Piscine sur la propriété. Restaurants à Thuir (7 km). ★ Mer et thermes à 35 km. Pêche et équitation à 10 km. Randonnées sur place. **Accès :** A9, sortie n°42 Perpignan sud, prendre dir. Thuir. A l'entrée de Thuir, suivre dir. Ille-sur-Têt, puis tourner à gauche en dir. de Camélas et suivre le fléchage. CM344, pli H7.

En plein cœur des Aspres, le Mas del Roc est juché sur les hauteurs de Camélas et domine toute la plaine du Roussillon. Les 4 chambres et la suite sont aménagées tout autour de la maison principale et desservies par des petits chemins paysagers. M. et Mme Arcis vous proposeront une table d'hôtes aux couleurs catalanes.

Sea and thermal baths 35 km. Fishing and horse-riding 0 km. Hiking locally.

How to get there: *A9, exit 42 for Perpignan-Sud. Head r Thuir. As you enter Thuir, head for Ille-sur-Têt and turn ft for Camélas. Follow signs. Michelin map 344, fold H7.*

las del Roc nestles in the heart of Les Aspres, on the Camélas ights, overlooking the Roussillon plain. On a clear day, the inning views take in the Mediterranean coastline. The four drooms and a suite, arranged near the main house, are reached 1 private landscaped paths. Your hosts, Monsieur and Madame cis, provide mouthwatering table d'hôtes meals with a atalan flavour.

Cardet - Gard (30)

Le Mas Julian
81, chemin du Mas Julian - 30350 Cardet
Tél./Fax 04 66 83 81 68
http://gitesmasjulian.free.fr
Georges et Renée Verdet

1 pers. 60 € - 2 pers. 70 € - 3 pers. 80 €

1 chambre à l'étage et 1 au r.d.c. avec séjour attenant (réfrig. à dispo.), TV, tél. sanitaires privés. Ouvert toute l'année. Petit déjeuner : confitures et biscuits maison, fruits de saison, miel, pain artisanal. (Poss. repas sur demande, le soir). Piscine. Jardin. Parc de 2 ha. Restaurants à Anduze. ★ Bambouseraie, Pont du Gard, monuments romains (Nîmes). Golf, équitation, 5 km. Tennis, train touristique 10 km. La Camargue 60 km. **Accès :** de Nîmes, prendre la RN106 jusqu'à la sortie Anduze. TGV Nîmes. Aéroports de Nîmes et Montpellier.

Renée et Georges vous reçoivent dans leur mas arboré et fleuri qu'ils ont restauré avec goût. Pour les moments de détente, une agréable piscine dans un beau jardin fleuri. La situation dominante du mas offre une vue magnifique sur les Cévennes. La décoration personnalisée, le petit déjeuner servis à l'ombre des pins feront de votre séjour une étape de charme.

★Bamboo forest, Pont du Gard, Roman bridge and monuments (Nîmes). Golf, horse-riding 5 km. Tennis, scenic railway 10 km. The Camargue 60 km.

★ ***How to get there:*** *From Nîmes, take RN106, Anduze exit. TGV high-speed train to Nîmes. Nîmes and Montpellier airports.*

Renée and Georges are your hosts at their tastefully restored mas, in a leafy setting teeming with flowers. Enjoy the farniente life by the pool in a magnificent flower garden. The mas offers breathtaking views over the Cévennes. The decoration with a personal touch and scrumptious breakfasts served in the shade of pine trees will make your stay here simply enchanting.

Cascastel - Aude (11)

Domaine Grand Guilhem
11360 Cascastel
Tél. 04 68 45 86 67 - Fax 04 68 45 29 58
Tél. SR 04 68 11 40 70
www.grandguilhem.com
Gilles et Séverine Contrepois

1 pers. 72 € - 2 pers. 78 € - 3 pers. 96 € - p. sup. 18 €

4 suites (ch./salon) avec sanitaires privés. (TV poss.). Ouv toute l'année. Petit déj. : pains artisanaux, croissants, jus de fruits, confitures. Espace jeux (table d'échecs). Piano dispo. Parc. Piscine. Domaine viticole 12,3 ha (initiation dégustation). Soirées "Vin et Musique" entre oct. et mars Restaurant 100 m. ★ Pays Cathare : châteaux (Quéribus Peyrepertuse, Villerouge...), abbayes (Fontfroide Lagrasse), Carcassonne, canal du Midi... Route des Vin Tennis 2 km. Equitation 7 km. Parapente 12 km. Me 25 km. **Accès :** A9 sortie Sigean : suivre Portel, Durban Villeneuve. A61 sortie Lézignan : suivre Ferrals, Thézan Durban, Villeneuve. Tourner à droite, traverser Cascaste Domaine à la sortie du village. CM344.

En surplomb du village, belle maison de maît vigneronne du XIXe, proche du domaine de Gill et Séverine. Chambres aux couleurs éclatantes de Méditerranée, décorées avec goût : carrelag anciens, cheminées, mobilier d'époque et conten porain... Au bord de la piscine, vous profiter agréablement de votre séjour où le soleil bri 300 jours par an.

★Cathar country: castles (Quéribus, Peyrepertuse, Villerouge, etc), abbeys (Fontfroide, Lagrasse). Carcassonne, Canal du Midi. Wine country. Tennis 2 km. Horse-riding 7 km. Paragliding 12 km. Sea 25 km.

★ ***How to get there:*** *A9, Sigean exit, for Portel, Durban, Villeneuve. A61, Lézignan exit. Head for Ferrals, Thézan, Durban and Villeneuve. Turn right and drive through Cascastel. Grand Guilhem is at the village exit.*

This handsome 19th-century wine-grower's mansion, overlooking the village, is a stone's throw from hosts Gilles and Séverine's property. The tastefully decorated bedrooms sparkle with the colours of the Mediterranean and feature old tiling, fireplaces, and period and contemporary furniture. Relax in the shade of cypress trees or by the pool. An ideal spot for a restful holiday in a region where the sun shines 300 days a year.

Castelnou - Pyrénées Orientales (66)

★Castelnou fortified medieval village and château 2.5 km. Byrrh cellar (mulled wine) at Thuir 7 km. Perpignan beaches and Cloître d'Elne (cloisters) 20 km. Dali Museum at Figueras 30 km. Museum of Modern Art at Céret 20 km. Full spectrum of Romanesque art within a 25-km radius.

★ **How to get there:** *Motorway, Perpignan-Sud exit. Head for Thuir (D23) and Castelnou. 200 m past the château, turn left; the estate is 2.5 km on. Michelin map 344, fold H7.*

Majestic 12th and 16th-century Catalan mas, set on a 200-hectare estate, facing the Pyrenees corrie. The décor exudes refinement and quality steeped in a warm Catalan atmosphere. Enjoy the freedom of the place. Take a dip in the large pool, or relax by it in the solarium and take in the breathtaking scenery. Peace and quiet assured.

Domaine de Quérubi TH

Domaine de Quérubi - 66300 Castelnou
Tél. 04 68 53 19 08 - Fax 04 68 53 18 96
Email : contact@querubi.com
www.querubi.com
Roland Nabet et Françoise Claverie

2 pers. 82 € - 3 pers. 90 € - repas 25 €

5 ch. et 1 suite (120 €), toutes avec TV et tél., bains ou douche et wc. Ouv. toute l'année. Petit déj. : confitures et croissanterie maison, yaourts, fromage blanc... T.d'hôtes : agneau à la coriandre, poulet aux gambas, tarte chocolat. Solarium, piscine, rand., p-pong. Chasse en hiver. ★ Village médiéval et château de Castelnou 2,5 km. Cave Byrrh 7 km. Perpignan (plages), cloître d'Elne, Céret (musée d'Art Moderne) 20 km. Musée Dali à Figueras 30 km. Tout l'art roman dans un rayon de 25 km. **Accès :** sortie autoroute Perpignan sud. Prendre la dir. de Thuir (D23) puis Castelnou. 200 m après le château, tourner à gauche, le domaine est à 2,5 km. CM344, pli H7.

Majestueux mas catalan des XIIe et XVIe siècles, sur 200 ha., face au cirque des Pyrénées. Décoration de grande qualité, atmosphère chaleureuse empreinte de tradition Catalane ; l'espace permet à chacun une grande liberté. La piscine est grande et sur le solarium qui l'entoure, le paysage est éblouissant. Calme et sérénité assurés.

Castelnou - Pyrénées Orientales (66)

★Cathar castles. Serrabonne. Collioure. Perpignan. Céret Museum. Hiking locally. Swimming, tennis, horse-riding 5 km. Golf course and beaches 30 km.

★ **How to get there:** *A9 motorway, Perpignan-Sud exit and head for Thuir (D612A). Outside Thuir, head for Ille-sur-Têt (D615) and Castelnou. Michelin map 344, fold H7.*

La Figuera is a local-stone residence situated in Castelnou, one of France's most exquisite listed medieval villages. Five delightfully refined bedrooms await your arrival. Breakfast is served on a superb terrace. Relax in the solarium, appointed with garden furniture, in the shade of fig trees. A must.

La Figuera TH

3, Carrer de la Font d'Avall - 66300 Castelnou
Tél. 04 68 53 18 42 - Fax 04 68 53 00 82
Email : lafiguera@wanadoo.fr
www.la-figuera.com
Nicole et Michel Desprez

2 pers. 65/75 € - p. sup. 20 € - repas 25 €

4 chambres et 1 suite (salon lecture) avec bains et wc privés. Ouvert toute l'année. Petit déj. : jus de fruits, confitures, miel artisanal (œufs, fromage et charcuterie avec suppl.). Terrasse. Solarium avec mobilier de jardin. Parking privé à l'entrée du village. ★ Châteaux cathares. Serrabonne. Collioure. Perpignan. Musée de Céret. Thuir 5 km. Randonnée sur place. Piscine, tennis, équitation 5 km. Golf et plages 30 km. **Accès :** autoroute A9 sortie Perpignan-sud puis direction Thuir (D612A). Avant Thuir, suivre Ille-sur-Têt (D615) direction Castelnou. CM344, pli H7.

Maison en pierres du pays dans le très beau village médiéval de Castelnou classé un des plus beaux villages de France. 5 chambres de charme au décor raffiné sont réservées aux hôtes. Les petits déjeuners sont servis sur la superbe terrasse et pour le farniente, un solarium avec mobilier de jardin sous les figuiers. Une très belle adresse à ne pas manquer.

Castillon-du-Gard - Gard (30)

Mas du Raffin
30210 Castillon-du-Gard
Tél. 04 66 37 13 28 - Fax 04 66 37 62 55
Email : viccastillon4@aol.com
www.chambresdhotes-vic.com
Michel Vic

1 pers. 57 € - 2 pers. 70/90 € - 3 pers. 100/110 € - p. pers. 30/40 €

5 ch. (dont 1 appart. avec coin-cuis.) avec tél. (ligne dir.), TV, réfrig., bains, douche et wc séparés (4 pers.140 €). Ouv. toute l'année. Petit déj. : jus de fruits, pains, confitures maison (selon saisons). Salon de jardin. Spa et hammam. Vignoble 7 ha et cave. Cour, jardin, piscine. Restaurants dans le village. ★ Pont du Gard (5 mn). Uzès, ancien duché (10 mn). Avignon, cité des papes à 20 mn. Canoë, équitation. **Accès :** A9 sortie Remoulins puis direction Uzès. A 400 m du village (fléchage).

Sur un domaine, ce mas du XVIIIe restauré, est entouré de vignes et de garrigue. Les chambres, voutées ou avec poutres apparentes, aux couleurs chaudes de la Provence, sont dotées d'un beau mobilier ancien. Aux beaux jours, petits déjeuners servis dans la cour intérieure et piscine avec vue sur les vignes (cave particulière, Côtes du Rhône et rosé).

★Pont du Gard (bridge) 5 min. Town of Uzès, originally a duchy 10 min. Avignon, papal city 20 min. Canoeing and horse-riding nearby.

★ ***How to get there:*** *A9, Remoulins exit and head for Uzès. 400 m from the village (signposted).*

This fully restored 18th-century country house or mas stands amid vines and scrubland. The bedrooms feature either vaulted ceilings or visible beams and boast splendid antique furniture. In fine weather, breakfast is served in the inner courtyard, with swimming pool, which affords views of the vineyards. (There is a private cellar with bottles of Côtes du Rhône and rosé.)

LANGUEDOC-ROUSSILLON

Caveirac - Gard (30)

2, place du Château - 30820 Caveirac TH
Tél./Fax 04 66 81 43 24
Email : chaverdille@yahoo.fr
Hélène et Pierre Chaverdille

1 pers. 70 € - 2 pers. 80 € - p. sup. 10 € - repas 25 €

2 chambres avec sanitaires privés. Ouvert toute l'année. Petit déjeuner : confitures, viennoiseries et patisseries maison, miel. T. d'hôtes : foie gras, anchoiade, grillade de poisson, produits et vin du terroir...Salon réservé aux hôtes ouvrant sur une belle cour intérieure avec piscine. Jardin. ★ Festivals de musique, Ferias de Nîmes, bambouseraie, vestiges romains... VTT 500 m. Mer 25 km. Equitation 5 km. Golf 7 km. **Accès :** A9, sortie Nîmes ouest puis direction Sommières. A Caveirac suivre centre du village.

Entre mer et Cévennes, Hélène et Pierre vous accueilleront chaleureusement dans leur joli château du XVIIIe siècle. Le mobilier de caractère, les plafonds à la française et la belle cheminée en marbre vous inviteront à faire une halte dans le passé. Pour votre détente, une ravissante cour intérieure avec piscine vous attend !

★Music festivals, Nîmes Féria (wine-harvest festival, bull-running). Bamboo forest, Roman ruins. Bike rides 500 m. Sea 25 km. Horse-riding 5 km. Golf course 7 km.

★ ***How to get there:*** *A9, Nîmes-Ouest exit and head for Sommières. In Caveirac, follow signs to village centre.*

Hélène and Pierre extend a warm welcome at their pretty, 18th-century château, midway between the Cévennes and the sea. The stylish furniture, French ceilings and handsome marble fireplace are a window on the past. There is a delightful inner courtyard with swimming pool for your enjoyment.

Douzens - Aude (11)

★Carcassonne 20 km. Alaric Mountain, Fontcouverte and Lagrasse Abbeys, Canal du Midi. Fishing and tennis 500 m. Aerodrome 8 km. Hiking locally. Sea 35 km. Horse-riding 3 km.

*★ **How to get there:** From Carcassonne, on N113, enter Douzens and follow "Blanac" signs. The house is on the left. From Narbonne, on N113, enter Douzens. First right, then first left. Michelin map 344.*

This early-19th-century family mansion stands in the heart of a charming village near to the Canal du Midi, some 20 kilometres from Carcassonne. The five pretty bedrooms afford the utmost in comfort and complete peace and quiet, surrounded by 5,000 m² of private leafy parkland. Enjoy a wide range of outdoor activities, including swimming, table tennis, bowls and badminton.

Le Domaine du Parc TH
3, rue du Barri - 11700 Douzens
Tél. 06 77 88 48 53 - Tél. SR 04 68 11 40 70
Email : domaineduparc@free.fr
www.domaineleparc.free.fr
Patricia Deniaux

2 pers. 65/80 € - p. sup. 15 € - repas 20 €

4 chambres et 1 suite climatisées, avec sanitaires privés. Ouvert toute l'année. Petit déjeuner : 2 sortes de pain, confitures maison, fruits, fromages, miel... T. d'hôtes : spécialités locales avec fruits et légumes bio. Livres et jeux de société à dispo. Parc 0,5 ha + potager. Piscine. Boulodrome, badminton, p-pong. ★ Carcassonne 20 km. Montagne d'Alaric, abbaye de Fontcouverte, Lagrasse, canal du Midi... Pêche et tennis 500 m. Aérodrome 8 km. Randonnée sur place. Mer 35 km. Equitation 3 km. **Accès :** de Carcassonne par N113, entrer dans Douzens, suivre panneau "Blanac", maison à gauche. De Narbonne, par N113, entrer dans Douzens, 1re à droite puis 1re à gauche. CM344.

Maison de maître début XIXe, au cœur d'un charmant village, à proximité du Canal du Midi, à une vingtaine de kilomètres de Carcassonne. Le parc privé et arboré (5000 m²) et les 5 jolies chambres, vous offriront un maximum de confort et de tranquillité. De nombreuses activités extérieures pour vous détendre : piscine, ping-pong, boulodrome et badminton.

Font Romeu - Odeillo - Pyrénées Orientales (66)

★Largest solar oven in the world at Font Romeu-Odeillo, Mont-Louis ramparts, Eyne Nature Museum, thermal baths. Sports complex, golf course, skiing 1 km. Horse-riding, fishing and hiking 2 km.

*★ **How to get there:** A9, Perpignan-Sud exit for Andorra and Font Romeu. Michelin map 344, fold D7.*

This handsome, stately, early-20th-century residence offers four bedrooms, each appointed with an individual touch, perfect matching colours, and 18th and 19th-century furniture. The location affords magnificent views of the mountains.

Les Roches
112 avenue du Maréchal Joffre -
66120 Font Romeu
Tél./Fax 04 68 30 31 84
http://lesroches.chez.tiscali.fr
Rita Sidler

1 pers. 55 € - 2 pers. 65 €

4 chambres avec sanitaires privés et TV. Ouvert toute l'année. Petit déjeuner : viennoiseries, pain grillé, quatre quart, yaourts... Salle de jeux, salon. Parking privé. Terrasses ensoleillées. Jardin. Local pour vélos et skis. Restaurants à prox ★ Four solaire, remparts de Mont-Louis, musée d'Eyne, thermes. Complexe sportif, golf, ski à 1 km. Equitation, pêche, et randonnées à 2 km. **Accès :** A9, sortie Perpignan sud, puis Andorre et Font Romeu. CM344, pli D7.

Une belle et imposante maison du début du XXe siècle vous propose 4 chambres d'hôtes personnalisées, toutes avec une parfaite harmonie des couleurs et un mobilier des XVIIIe et XIXe siècles. Vous apprécierez la magnifique vue sur les montagnes environnantes.

Garrigues - Hérault (34)

NOUVEAUTÉ

★On the "chemin des Verrières", tastings of the estate wines, Sommières (medieval town and roman bridge), Montpellier and Nîmes 30km. Swimming pool 7km. Sea 38km. Tennis on site. Tree-climbing activities 12km. River 5km.

★ ***How to get there:*** *A9, exit 27 Lunel then head towards Boisseron (D34). In Sommières, take D22 on the left (direction Saussines) then continue on the D1 towards Campagne and the D120. Garrigues is 2km along.*

Between Nîmes and Montpellier, le château Roumanières, this active wine-growing estate welcomes you into its charming residence at the heart of the Languedoc scrublands. The remarkable restoration of the château will take your breath away with its vaulted stone room, 5 tastefully refined bedrooms, winter garden, tea-room and sun-lounge.

Château Roumanières
34160 Garrigues
Tél. 04 67 86 49 70 - Fax 04 67 60 74 80
Tél. SR 04 67 67 71 62
www.gites-de-france-herault.fr
Amélie Gravegeal

1 pers. 75/100 € - 2 pers. 80/100 € - 3 pers. 100/120 €

4 chambres et 1 suite avec sanitaires privés. Ouv. toute l'année. Petit déjeuner : gâteau maison, confitures, céréales, œufs, jambon, miel, yaourts...2 salons. Solarium. Cour, jardin d'hiver. Poss. loc. salle réception/séminaire. ★ Sur le chemin des Verrières, dégustation des vins du domaine, Sommières (ville médiévale et pont romain), Montpellier et Nîmes 30 km. Piscine 7 km. Mer 38 km. Tennis sur pl. Accrobranche 12 km. Rivière 5 km. **Accès :** A9, sortie 27 Lunel puis suivre Boisseron (D34). A Sommières, sur la gauche prendre D22 (dir. Saussines) puis continuer sur la D1 vers Campagne et la D120. Garrigues est à 2 km.

Entre Nîmes et Montpellier, le château Roumanières, domaine viticole en activité vous reçoit dans sa demeure de charme, au cœur des garrigues languedociennes. Vous serez séduits par la remarquable restauration du château : salle voûtée en pierre, 5 chambres à la décoration raffinée, jardin d'hiver, tisanerie et solarium.

LANGUEDOC-ROUSSILLON

Gignac - Hérault (34)

★St-Guilhem-le-Désert and Music Festival, Lodène and Fleury Museum, Pézenas and theatre. Salagou Lake 10 km. Larzac and the Cévennes 50 km. Sea 35 km.

★ ***How to get there:*** *3 km from Gignac village. N109 from Montpellier.*

A warm welcome awaits you at superbly restored eighteenth-century Mas Cambounet, set on an olive and wine-growing estate in the heart of the countryside. Your hosts, a farming family, provide five spacious bedrooms appointed with period furniture. The Perrets will be happy to introduce you to authentic, time-honoured local traditions. Peace and quiet are assured.

Mas Cambounet
34150 Gignac
Tél./Fax 04 67 57 55 03
Email : perret.cambounet@wanadoo.fr
www.gites-de-france-herault.fr
Fabienne Perret

1 pers. 64 € - 2 pers. 80 € - 3 pers. 100 € - p. sup. 12 €

5 chambres dont 1 familiale (2 ch.) avec sanitaires privés TV, DVD et internet (Wifi). Ouv. toute l'année (su résa.). Petit déjeuner : croissant, patisseries, confitures fruits du mas... Salle commune. Téléphone. Cour, jardin Exploitation 12 ha. Parking, salon de jardin. ★ St Guilhem-le-Désert (musique), Lodène (musée Fleury) Pézenas (théâtre)... Lac du Salagou 10 km. Le Larzac et le Cévennes 50 km. Mer 35 km. **Accès :** à 3 km du village de Gignac. N109 en venant de Montpellier.

Le mas Cambounet (XVIIIe siècle) magnifiquement restauré, est situé sur une propriété viticole et oleicole, en pleine campagne. Les propriétaires exploitants agricoles, vous proposent 5 chambres spacieuses à l'ameublement ancien. Toute l'authenticité de la tradition et du terroir vous seront présentés par la famille Perret. Accueil chaleureux assuré.

Homps - Aude (11)

★Canal du Midi and Narbonne 20 km. Walled city of Carcassonne 30 km. Jouasses Lake 1 km. 18-hole golf course 30 km. Horse-riding 8 km. Sea 25 km. Sailing, windsurfing 1 km. Cycling locally.

★ ***How to get there:*** *A61 motorway, Lézignan-Corbières exit, and head for Olonzac-Homps. From Narbonne, N113 for Lézignan-Corbières-Olonzac-Homps. Michelin map 344.*

Nina and Guy extend a warm welcome to guests at their superb family mansion, set in a tiny village with the Canal du Midi running through it. The leafy park boasts a swimming pool and two tennis courts for your enjoyment. Savour the scrumptious table d'hôtes dishes prepared by Nina.

Le Jardin d'Homps TH
21 Grande Rue - 11200 Homps
Tél. 04 68 91 39 50 - Fax 04 68 91 41 50
Tél. SR 04 68 11 40 70
Email : ljdh@wanadoo.fr - jardinhomps.com
Nina et Guy Bourdon

1 pers. 75/95 € - 2 pers. 84/105 € - p. sup. 30 € - repas 30 €

5 chambres avec sanitaires privés et mini-bar. Ouvert toute l'année. Petit déjeuner : viennoiseries, jus de fruits, pains régionaux variés... Table d'hôtes : farandole de poisson, médaillon de veau et son risotto au safran... Biblio., salon. Piscine, tennis, ping-pong, boulodrome. Tarifs spéciaux en hors-saison. ★ Canal du Midi et Narbonne 20 km. Cité de Carcassonne 30 km. Lac de Jouasses 1 km. Golf 18 trous 30 km. Equitation 8 km. Mer 25 km. Voile, planche à voile 1 km. VTT sur place. **Accès :** autoroute A61, sortie Lézignan-Corbières, puis direction Olonzac-Homps. Depuis Narbonne, N113 direction Lézignan-Corbières-Olonzac-Homps. CM344.

Au cœur d'un petit village traversé par le Canal du Midi, vous aurez plaisir à séjourner dans cette superbe demeure de maître où vous serez accueillis chaleureusement par Nina et Guy. Dans le parc arboré, vous pourrez profiter de la piscine avec bains de soleil et de 2 courts de tennis. A la table d'hôtes, succulents petits plats préparés par Nina.

Ille-sur-Têt - Pyrénées Orientales (66)

Ille-sur-Têt, typical Roussillon village. Bathing, fishing, hiking 10 km. Sea 37 km. Thermal baths 43 km. Skiing 66 km.

How to get there: *A9, Perpignan-Sud exit. Head for Prades/Andorre on N116 for approximately 25 km. Turn off Ille-sur-Têt. Michelin map 344, fold G6.*

Patricia welcomes you to her handsome 19th-century mansion, which she has decorated with period pieces and furnishings, in a typical Roussillon village. The four spacious bedrooms, handsome red drawing room, library, swimming pool and garden brimming with roses await your arrival. An ideal spot for a relaxing holiday with all the creature comforts.

Les Buis TH
37, rue Carnot - 66130 Ille-sur-Têt
Tél. 04 68 84 27 67 ou 06 09 76 73 77
Fax 04 68 56 93 50
www.lesbuis.com
Patricia Querrien

2 pers. 75/85 € - 3 pers. 100 € - repas 25 €

4 chambres avec sanitaires privés. Ouvert toute l'année. Petit déjeuner : confitures artisanales, fromages de pays, diverses variétés de pains bio... Salon, bibliothèque. Jardin fleuri. Piscine. Lit suppl. : 15 €. ★ Ille-sur-Têt est un village typique du Roussillon. Baignade, pêche, randonnées 10 km. Mer 37 km. Thermes 43 km. Ski 66 km. **Accès :** A9, sortie Perpignan sud. Prendre dir. Prades/Andorre (N116 sur environ 25 km). Sortir à la hauteur d'Ille-sur-Têt. CM334, pli G6.

Dans un village typique, Patricia vous ouvre les portes de son bel hôtel particulier du XIXe siècle, entièrement décoré par ses soins avec des meubles et objets d'époque. 4 chambres spacieuses, un beau salon rouge, une bibliothèque, et une piscine au fond du jardin plein de roses sont à votre disposition pour votre confort et votre détente.

Jonquières - Hérault (34)

St-Guilhem-le-Désert. Salagou Lake 10 km. Lodève Museum 20 km. Montpellier Golf Course 40 km. Clamouse Cave 12 km. Hérault River and canoeing 10 km.

★ ***How to get there:*** *A75, St-Félix-de-Lodez exit, for Jonquières 2 km. Via A9, Montpellier Sud exit, for Millau on N9. At St-André-de-Sangonis, take D130 to Jonquières.*

Château de Jonquières, built in the 13th century and remodelled in the 17th century, is a wine-producing estate in Jonquières village. The residence offers four delightful bedrooms, which look out onto the 1.5-hectare park, in an outstanding setting. An ideal destination for discovering the local wines and a perfect opportunity for those in the know to savour fine vintages.

Château de Jonquières
34725 Jonquières
Tél. 04 67 96 62 58 ou 06 03 23 57 71
Fax 04 67 88 61 92
www.gites-de-france-herault.fr
Isabelle et François de Cabissole

2 pers. 85/90 €

4 chambres au 2 étage, avec sanitaires privés. Ouvert du 15.4 au 15.11. Petit déjeuner : yaourts, jus d'oranges, confitures maison... Salle de réseption au 1er étage. Billard. Cour. Parc de 1,5 ha. Restaurant gastronomique 2 km. Bar à vins 3 km. ★ St-Guilhem-le-Désert. Lac du Salagou 10 km. Musée de Lodève 20 km. Golf de Montpellier 40 km. Mer 40 km. Grotte de Clamouse 12 km. Rivière Hérault (canoë) 10 km. **Accès :** A75, sortie St-Félix-de-Lodez, Jonquières à 2 km. Par A9, sortie Montpellier sud, puis dir. Millau par N9, à St-André-de-Sangonis, prendre D130 jusqu'à Jonquières.

Le château de Jonquières bâti au XIIIe siècle et remanié au XVIIe, est une propriété viticole, au cœur du village de Jonquières. Vous disposerez de 4 belles chambres, avec vue sur le parc de 1,5 ha, dans un cadre exceptionnel permettant de découvrir les vins du terroir. Adresse idéale pour les amateurs de bons crus.

Lasalle - Gard (30)

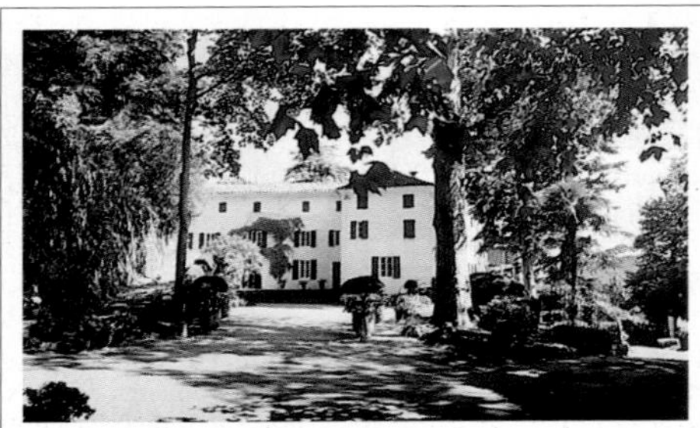

"Little Switzerland of the Cévennes". Bamboo plantation. Steam train. Grottes des Demoiselles (caves). Cirque de Navacelle (corrie). Mont Aigoual and Mont Lozère. Festivals. Sea 50 km. Pony-riding, cycling 1 km. Tennis 1.5 km. Fishing 6 km.

★ ***How to get there:*** *A7, then D57, Anduze and Lasalle or A9 and D999 Saint-Hyppolyte-du-Fort and Lasalle.*

This handsome residence is the ideal destination for holidaying with friends and family or for a quiet break away from it all. This magnificent 38-hectare estate underwent extensive alterations in the 19th century, with the addition of granite walls, terraces and weirs. The spacious, pleasant bedrooms feature period furniture and stylish artefacts, and afford views over the estate.

Domaine St-Louis de Soulages
Saint-Louis-de-Soulages - 30460 Lasalle
Tél. 04 66 85 41 83 ou 06 11 08 04 51
Fax 04 67 64 93 33
Guillaume Gourgas

1 pers. 78 € - 2 pers. 85 € - 3 pers. 125 € - p. sup. 20 €

3 chambres et 1 suite, toutes avec bains et wc. Ouver toute l'année sur réservation. Petit déjeuner : pains artisa naux, miel, confitures... TV, téléphone, salle de gym. Ping pong. Cour, jardin, parc (38 ha.), rivière, piscine, terrasse Restaurants à proximité. ★ "Petite Suisse des Cévennes" Bambouseraie. Train à vapeur. Grottes Demoiselle Cirque de Navacelle. Mts Aigoual et Lozère... Festival Mer 50 km. Poney, VTT 1 km. Tennis 1,5 km. Pêch 6 km. **Accès :** A7 puis D57, Anduze et Lasalle ou A9 pu D999 Saint-Hyppolyte-du-Fort et Lasalle.

Belle demeure propice aussi bien aux réunio conviviales qu'à l'isolement intimiste. Ce magn fique domaine qui s'étend sur 38 ha. a été profo dément remanié au XIXe, notamment par l'édi cation de murs en granit, de terrasses et barrages. Les chambres avec mobilier d'époque objets de style, sont spacieuses et agréables av vue sur le domaine.

Laval-Atger - Lozère (48)

★Calquières spinning mill. Allier Gorges, Bison reserve. Cévennes National Park. Bike hire 5 km. Golf, canoeing, windsurfing 15 km. Nordic skiing 25 km. Allier scenic railway and track-cycling.

*★ **How to get there:** N88 for Langogne and D26 to Fabrèges. SNCF railway station in Langogne 15 km. Michelin map 330.*

Historical Mas de Bonnaude once belonged to Abbot du Chayla, who started the War of the Camisards against Louis XIV's troops. Now beautifully restored, the residence offers attractively decorated, extremely comfortable bedrooms. The property features a swimming pool, a tennis court, a river and sprawling grounds for horse-riding. An outstanding setting for a quiet, restful holiday.

Mas de Bonnaude TH

48600 Laval-Atger

Tél. 04 66 46 46 01 - Fax 04 66 46 39 28

Email : masbonnaude@wanadoo.fr

www.gite-equestre-lozere.com

Chantal Schwander

1 pers. 40/70 € - 2 pers. 48/80 € - 3 pers. 67/100 € - repas 18/20 € - 1/2 p. 42/88 €

3 chambres avec TV (dont 1 avec DVD, magnéto. et Hifi), et sanitaires privés. Ouv. toute l'année. Petit déj. : pâtisseries, confitures maison... T. d'hôtes : spécialités du terroir. Salon (cheminée). Jeux enfants, p-pong. Propriété 50 ha (rivière), piscine, tennis et balades à cheval. Réduct. 20 % hors juil./août. ★ Filature des Calquières. Gorges de l'Allier. Réserve de bisons. Loc. VTT 5 km. Golf, canoë-kayak, planche à voile 15 km. Ski nordique 25 km. Vélo rail et train touristique de l'Allier. **Accès :** N88 dir. Langogne puis D26 jusqu'à Fabrèges. (Gare SNCF à Langogne 15 km). CM330.

Demeure ayant appartenu à l'abbé du Chayla (à l'origine de la guerre des Camisards contre les troupes de Louis XIV), parfaitement restaurée et proposant des chambres de grand confort très joliment décorées. Sur la propriété : piscine, court de tennis, rivière ou bien encore belles randonnées à cheval. Environnement exceptionnel pour une étape tranquille.

Laval-Pradel - Gard (30)

★Nîmes 40 km. Pont du Gard (bridge). Cévennes National Park. Uzès. Avignon. Ardèche. Cycling locally. Tennis 3 km. Horse-riding 8 km. Canoeing 10 km. Golf course 12 km. Rock-climbing 20 km. Spa 15 min.

*★ **How to get there:** A7 and A9. At Alès, head for Aubenas and Genolhac. 3 km past St-Martin-de-Valgalgues, follow signs. Railway station 7 km. Nîmes Airport 49 km.*

Mas de la Cadenede stands proudly on the slope of a south-facing valley on the way to Regordane. Everything has been done to make your stay in the Cévennes welcoming, relaxing and memorable. The bedrooms feature walls painted in warm gentle colours. This delightful leafy property is ideal for taking walks and for discovering places where you can relax. Attractive swimming pool with jacuzzi. Delicious table d'hôtes meals. Cookery courses are available. Simply charming.

Le Mas de la Cadenède TH

Le Mas Dieu - 30110 Laval-Pradel

Tél. 04 66 30 78 14 ou 06 19 17 39 95

Fax 04 66 30 78 88

www.masdelacadenede.free.fr

Maxime Turc

1 pers. 55 € - 2 pers. 65 € - p. sup. 15 € - repas 19 € - 1/2 p. 99 €

4 chambres avec terrasse, TV et sanitaires privés. Ouv. toute l'année. Petit déjeuner : croissants, confitures, yaourts... T. d'hôtes : magret d'oie sauce figue, produits terroir... Salle de détente, billard. Salle de jeux, biblio. Cour, jardin, parc clos, piscine, pétanque, p-pong. ★ Nîmes 40 km. Pont du Gard. Parc national des Cévennes. Uzès. Avignon. Ardèche. VTT sur place. Tennis 3 km. Equitation 8 km. Canoë 10 km. Golf 12 km. Escalade 20 km. Station thermale 15 mn. **Accès :** A7 et A9. A Alès suivre Aubenas puis dir. Genolhac. 3 km après St-Martin-de-Valgalgues, suivre les panneaux. Aéroport Nîmes 49 km.

Dressé sur le flanc d'un vallon exposé sud, le Mas de la Cadenede est un lieu de vie convivial, aménagé pour faire de votre séjour en Cévennes une étape inoubliable. Chambres aux murs chaulés aux couleurs douces, agréable propriété arborée qui invite à la promenade et au repos. Belle piscine avec bain bouillonnant. Table d'hôtes savoureuse. Stage de cuisine.

Logrian - Gard (30)

Le Mas des Elfes
30610 Logrian
Tél./Fax 04 66 77 45 16
Email : masdeselfes@wanadoo.fr
Christian et Elisabeth Chavan

1 pers. 60 € - 2 pers. 70 €

★Anduze bamboo forest 12 km. Silk route. Medieval villages. Uzès (Duchy) 30 km. Nîmes, Roman city, 40 km. Fishing 2 km. Swimming, tennis, horse-riding 12 km. 18-hole golf course in Nîmes. Sea 50 km.

*★ **How to get there:** 45 km west of Nîmes. D999 for Guissac, then D35 for 2 km and turn right for D24. As you leave Logrian, head for Puechredon and follow signs.*

This family mas, set on a two-hectare property on the edge of an oak wood lined with olive trees and cypresses, affords attractive views over the Cévennes. The self-contained guest room, by the pool, is on the first floor of a stone cottage and features comfortable, lively decoration: antiques, wrought ironwork, painted furniture, flower-patterned fabrics. Terrace with garden furniture. Ideal for nature lovers and those looking for a quiet break away from it all.

1 chambre avec bains et wc privés + réfrigérateur. Ouv. toute l'année. Petit déjeuner : jus de fruits, croissant, confitures maison, miel...Terrasse avec salon de jardin. Terrain de 2 ha avec piscine, ping-pong et randonnées (GR et PR). Restaurants à 6 et 12 km. Taxe de séjour. ★ Bambouseraie d'Anduze (12 km). Route de la Soie. Villages médiévaux. Uzès (duché) 30 km. Nîmes, ville romaine, 40 km. Pêche 2 km. Piscine, tennis, équitation 12 km. Golf 18 trous à Nîmes. Mer 50 km. **Accès :** à 45 km à l'ouest de Nîmes. D999 dir. Guissac puis D35 sur 2 km et prendre à droite la D24. A la sortie de Logrian prendre la direction de Puechredon et suivre le fléchage.

Sur une propriété de 2 ha, ce mas à l'orée d'un bois de chênes bordé d'oliviers et de cyprès offre une belle vue sur les Cévennes. Près de la piscine, la chambre totalement indépendante a été aménagée à l'étage d'un mazet en pierres, elle est décorée avec charme : mobilier ancien, fer forgé, meubles peints, tissus. Terrasse avec salon de jardin.

LANGUEDOC-ROUSSILLON

Lussan - Gard (30)

Les Buis de Lussan
TH
rue de la Ritournelle - 30580 Lussan
Tél./Fax 04 66 72 88 93
Email : buisdelussan@net-up.com
http://buisdelussan.free.fr
Thierry Vieillot

1 pers. 70/75 € - 2 pers. 70/75 € - repas 30 €

★Medieval village. Concluses. Avignon Theatre Festival. Uzès Music and Dance Festival. Tennis court 1 km. Horse-riding 5 km. Swimming, fishing 8 km. Bathing 10 km. Sea 80 km.

*★ **How to get there:** Via Uzès, drive to Lussan dir. Barjac and follow the ramparts to the left of the château.*

Close to the Cévennes and the Pont du Gard, Lussan village affords magnificent views of the surrounding countryside. This 18th-century winegrower's house, comprising three buildings, offers four attractive bedrooms in the vivid colours of Provence. Charm and simplicity characterise this handsome residence and its peaceful atmosphere, ideal for a relaxing break. Enjoy gourmet Mediterranean cuisine at the table d'hôtes.

4 ch. avec sanitaires privés. Ouv. toute l'année. Petit déj. pâtisseries et confitures maison, pains variés, fruits yaourts... T. d'hôtes : cuisine méditerranéenne (flan de courgettes, lapin au romarin, poissons, tartes). Séjour salon. Bassin jacuzzi (extérieur). Jardin. Restaurants sur p Taxe de séjour comprise. ★ Village médiéval. Concluse Festival d'Avignon. Festival de musique et danse d'Uzè Tennis 1 km. Equitation 5 km. Piscine, pêche 8 km Baignade 10 km. Mer 80 km. **Accès :** par Uzès, directio Barjac jusqu'à Lussan et suivre le rempart à gauche d château.

A proximité des Cévennes et du pont du Gard Lussan offre une vue exceptionnelle sur la campagne. Cette maison de vignerons du XVIIIe, 3 corps de bâtiments propose 4 belles ch. aux couleurs éclatantes de la Provence. Charme et sobriété définissent cette belle demeure à l'atmosphère paisible où vous ferez une étape gourmande avec cuisine méditerranéenne.

Le Malzieu Forain - Lozère (48)

NOUVEAUTÉ

Medieval village Le Malzieu 2 km. Nature reserves: European bison, Gévaudan wolves. The historic site of Apcher. Swimming, canoeing, horse-riding, fishing, swimming pool and bike hire 2 km.

★ ***How to get there:*** *A75, exit St-Chély d'Apcher, follow direction Le Malzieu, then le Villard, turn right onto the road for Saugues (10mins from the motorway). Michelin map 330.*

With granite walls and fireplaces, Le Petit Château du Villard exudes an authentic medieval feel. The bedrooms, one furnished in keeping with the Louis XIII origins of the house and the other, the former chapel that has been entirely renovated, will make you feel as though you have travelled back in time. The candlelit dinners by the fire are not to be missed.

Le Petit Château du Villard TH

Le Villard - 48140 Le Malzieu Forain

Tél./Fax 04 66 31 09 23

Email : ingrid.kremer@libertysurf.fr

Ingrid Kremer

1 pers. 40/50 € - 2 pers. 55/65 € - 3 pers. 69/79 € - repas 18 €

1 chambre 3 pers. au 2e ét., 1 chambre familiale 4 pers. + lit bébé au 1er ét., chacune avec sanitaires privés. Ouv. du 15.01 au 15.12. Petit déjeuner : laitages, confitures et pâtisseries maison, fruits... T. d'hôtes : saucisse au chou, aligot, charcuterie de pays... Coin-salon, téléphone, piano. Cour, jardin; jeux enfts. ★ Le Malzieu, cité médiévale à 2 km. Les réserves des Bisons d'Europe et des loups du Gévaudan, le site d'Apcher. Baignade, canoë, équitation, pêche, piscine et location de vélos 2 km. **Accès :** A75, sortie St-Chély d'Apcher puis suivre la direction Le Malzieu, puis le Villard, à droite, sur la route de Saugues (10 mn de l'autoroute). CM330.

Le petit château du Villard dégage une ambiance médiévale avec ses murs et ses cheminées de granit. Il vous plonge dans le début du XVIIe siècle, avec une chambre meublée Louis XIII (époque de la maison) et une autre aménagée dans l'ancienne chapelle du château. Les dîners se prennent aux chandelles près du feu de cheminée.

LANGUEDOC-ROUSSILLON

Montaud - Hérault (34)

Pic St-Loup: hiking, climbing and gliding. Beaches at La Grande Motte 30 km. Lakes with pink flamingoes. Montpellier 20 km.

★ ***How to get there:*** *A9 motorway, Vendargues exit for Castries, Teyran, St-Drézery and Montaud.*

This stately, luxuriously appointed 19th-century residence is set amid olive trees in the Languedoc vineyards. The self-contained bedroom is on the ground floor. You will delight in the fine Provençal furniture, the terrace under an arbour and the pleasant shaded flower garden. Relax in the pool.

Les Mazes

11, rue Fontaine des Amours - 34160 Montaud

Tél./Fax 04 67 86 56 99 ou 06 20 82 03 24

Email : bernadette.fare@wanadoo.fr

www.gites-de-france-herault.fr

Bernadette Fare

1 pers. 60 € - 2 pers. 65 € - p. sup. 15 €

1 chambre 2 pers. avec salle de bains + douche balnéo, wc, chauffage central, réfrigérateur, climatisation. Jardin clos, salon de jardin, garage, piscine, ping-pong. ★ Pic St-Loup (activités de nature : randonnées, escalade, vol à voile). Plages à 30 km (La Grande Motte). Etangs (flamands roses). Montpellier 20 km. **Accès :** autoroute A9, sortie Vendargues dir. Castries, Teyran, St-Drézery et Montaud.

Dans le vignoble languedocien, au milieu des oliviers, belle et grande demeure du XIXe siècle avec un aménagement de grand confort. La chambre est indépendante au rez-de-chaussée. Vous profiterez du beau mobilier provençal, de la terrasse sous une tonnelle et de l'agréable jardin ombragé et fleuri. Pour vous détendre, une piscine est à votre disposition.

Montfaucon - Gard (30)

La Bastide de Flore
1, rue du Château - 30150 Montfaucon
Tél. 04 66 90 11 85 ou 06 87 46 26 87
Email : sanchez.pierre@wanadoo.fr
www.bastidedeflore.com
Pierre et Cécile Sanchez

1 pers. 60 € - 2 pers. 75 € - 3 pers. 90 €

3 chambres avec salle de bain et wc privés. Ouvert toute l'année (2 nuits minimum). Petit déjeuner : confitures maison, jus de fruits, viennoiseries, pâtisseries maison. Bar, jeux. Jardin d'hiver. Piscine, VTT. Restaurants à Tavel, Orange... ★ Festival de thèâtre d'Avignon, vignobles de Châteauneuf-du-Pape, Chorégies d'Orange, Duché d'Uzès, Pont du Gard, vestiges romains. Tennis 500 m. Equitation, parc pour enfants 1 km. Golf 20 km. Mer 80 km. **Accès :** sur A7 sortie Orange nord, dir. Roquemaure puis Montfaucon. Sur A9 sortie Roquemaure, dir. Bagnols-sur-Cèze puis St-Géniès-de-Comolas puis Montfaucon. Nouvelle ligne TGV d'Avignon à 15 mn.

Au pied du château, cette somptueuse bastide du XVIIIe siècle propose 3 chambres d'hôtes dont le charme particulier révèle l'esprit du sud. Vous déjeunerez sous la treille centenaire et profiterez de la fraîcheur du bassin à l'antique. Laissez-vous guider par Cécile et Pierre pour découvrir les trésors cachés de cette belle région.

★Avignon Theatre Festival, Châteauneuf-du-Pape vineyards. Orange and Chorégies Music Festival, Duchy of Uzès, Pont du Gard, Roman ruins. Tennis 500 m. Horse-riding, children's park 1 km. Golf course 20 km. Sea 80 km.

*★ **How to get there:** On A7, Orange-Nord exit for Roquemaure and Montfaucon. On A9, Roquemaure exit for Bagnols-sur-Cèze, St-Géniès-de-Comolas and Montfaucon. New high-speed train line from Avignon 15 min.*

This sumptuous 18th-century country house, at the foot of the château, offers three bedrooms exuding all the charm of the South of France. Meals are served beneath a hundred-year-old vine arbour, by an old-fashioned pond. Hosts Cécile and Pierre will be delighted to advise you on the best way to explore this wonderful region's hidden treasures.

Moussoulens - Aude (11)

La Rougeanne
Allée de la Rougeanne - 11170 Moussoulens
Tél. 06 61 94 69 99 - Tél./Fax 04 68 24 46 30
Tél. SR 04 68 11 40 70
www.larougeanne.com
Monique et Paul-André Glorieux

1 pers. 70/75 € - 2 pers. 75/80 € - 3 pers. 95 €

4 chambres (non fumeur) avec sanitaires privés + inter net. Ouvert toute l'année. Petit déjeuner : croissants, cal maison, jus d'oranges, fruits frais, confitures maison Salon, coin-cheminée, bibliothèque pour enfants dans pigeonnier. Parc de 0,5 ha. Terrasse. Vélos, ping-pon ★ Cité de Carcassonne 13 km. Montolieu 5 km (villa du livre), châteaux cathares... Canal du Midi 5 km. Tenn au village. Golf 10 km. **Accès :** au rond point de Moussoulens, prendre dir. Alzonne puis tout droit dans village juqu'au monument aux morts, prendre à gauch C'est le 3e portail sur la gauche. CM34

Entre le Canal du Midi et la Montagne Noire, u grande maison de maître vigneron du XVIIIe si cle, avec un parc arboré, propose 4 chambres à décoration chaleureuse et élégante. Les pet déjeuners vous seront servis dans la salle à man ou sur la terrasse avec une vue magnifique sur Pyrénées.

★Medieval city of Carcassonne 13 km. Montolieu village and "City of Books", Cathar castles. Canal du Midi 5 km. Tennis court in the village. Canoeing 25 km.

*★ **How to get there:** At the roundabout in Moussoulens, head for Alzonne and straight ahead through the village until you reach the war memorial. Turn left. La Rougeanne is the third gate on the left.*

This imposing 18th-century wine grower's residence lies between the Canal du Midi and the Montagne Noire, in extensive leafy grounds. The four invitingly appointed bedrooms exude elegance and tranquility. Breakfast is served in the dining room, by the pool or on the roof terrace.

Ouveillan - Aude (11)

★Canal du Midi. Minerve (Cathar site). Beaches. Horse-riding locally. Fishing, tennis court 2 km. Swimming, bathing 20 km. Sea and sailing 30 km.

*★ **How to get there:** From Narbonne, take D607 to St-Marcel, then head for Sallèles-d'Aude. In Sallèles, drive as far as the "Cave Coopérative", turn left and first lane on right. The house is 1.5 km on. Michelin map 344.*

Handsome fully renovated Languedoc residence, set in the heart of the countryside just 2 km from the village and close to the Canal du Midi, Minerve (Cathar site) and beaches. Four invitingly decorated bedrooms await your arrival. At the back of the house, there is a handsome park with lawns, umbrella pines and a breathtaking view of Ouveillan village and the swimming pool.

Grangette Haute - 11590 Ouveillan TH
Tél./Fax 04 68 46 86 24
Tél. SR 04 68 11 40 70
Email : mm@domainegrangette-haute.com
www.domainegrangette-haute.com
Mireille Renoux-Meyer

1 pers. 60 € - 2 pers. 70/75 € - 3 pers. 95/100 € - repas 22 €

4 chambres avec sanitaires privés. Ouvert toute l'année. Table d'hôtes sur réservation. Salon et bibliothèque à disposition. Parc. ★ Canal du Midi. Minerve (site cathare). Plages. Equitation sur place. Pêche, tennis 2 km. Piscine, baignade 20 km. Mer, voile 30 km. **Accès :** de Narbonne, prendre la D607 jusqu'à St.Marcel puis dir. Sallèles-d'Aude. Dans Sallèles, aller jusqu'à la cave coopérative puis tourner à gauche et prendre le 1er chemin à droite sur 1,5 km. CM344.

Belle demeure languedocienne entièrement rénovée, située en pleine campagne à 2 km du village et proche du Canal du Midi, de Minerve (site cathare) et des plages. 4 chambres au décor chaleureux sont réservées aux hôtes. Sur l'arrière de la maison, un beau parc en pelouse avec des pins parasols et une vue imprenable sur le village d'Ouveillan et la piscine.

LANGUEDOC-ROUSSILLON

Portel-des-Corbières - Aude (11)

[S]igean African Reserve, Terra Vinea, Fontfroide Abbey, wine [rou]te, Cathar castles, Canal du Midi. Sea 15 km. Wine-tasting, [hor]se-riding, quad bikes 2 km. Windsurfing 10 km. Hiking [3 k]m.

*★ **How to get there:** A9 motorway ("Languedocienne"), [Sig]ean exit and left for Portel. As you leave Portel, head for [Du]rban. "Les Campets" is 3 km up on the right. Michelin [ma]p 344.*

[Thi]s 18th-century stone spirit storehouse in the heart of [Cor]bières country has been completely renovated by a pupil of [ren]owned Catalan architect Gaudì. This unique, astounding [buildi]ng embodies the Mediterranean spirit perfectly, with mosaics [and] wrought ironwork. The terrace and patio are enchanting at [every] time of year, capturing the magical colours, aromas, flavours [and] light of each season.

Domaine de la Pierre Chaude
Les Campets - 11490 Portel-des-Corbières
Tél. 04 68 48 14 03 - Tél./Fax 04 68 48 89 79
Tél. SR 04 68 11 40 70
www.lapierrechaude.com
Jacques et Myriam Pasternak

2 pers. 72/80 € - p. sup. 20 €

4 chambres avec bains et wc privés, toutes s'ouvrant sur l'extérieur et sur le patio de style andalou. Petit déjeuner : pains cuits au feu de bois, confitures maison, fromages, amandes, entremets ou yaourts, céréales. Lit bébé. Salle de jeux. Vélos, balançoire, ping-pong. Jardin et pinède. ★ Réserve africaine de Sigean, Terra Vinea, abbaye de Fontfroide, route des vins, châteaux cathares, Canal du Midi. Mer 15 km. Dégustation vins, équitation, quad 2 km. Planche à voile 10 km. Randonnées 3 km. **Accès :** autoroute A9 (la Languedocienne), sortie Sigean puis à gauche direction Portel. A la sortie de Portel suivre Durban. A 3 km "Les Campets" à droite. CM344.

Au cœur des Corbières, ce chai en pierre du XVIIIe a été entièrement réhabilité par un élève du célèbre architecte Gaüdi. Vous trouverez dans ce lieu unique et étonnant tout l'esprit méditerranéen (mosaïques, fer forgé...). Terrasse et patio où chaque saison est un enchantement par la magie des couleurs, des odeurs, des saveurs et de la lumière...

Portel-des-Corbières - Aude (11)

Terra Vinea, Fontfroide Abbey, Sigean African wildlife reserve. Lastours Château (4x4 trail). Horse-riding, fishing and tennis 1 km. Sea 10 km. Restaurant 50 m. Sculpture and wood-turning workshop on site.

★ ***How to get there:** A9, Sigean exit 39, and head for Portel-des-Corbières. The house is the first on the left in the village, by the bridge. Michelin map 344.*

Treat yourself to a break in this listed ex-posthouse that looks onto the Berre valley and boasts superb panoramic views of the Corbières. There are five individual, spacious and evocatively named bedrooms (Secret Gardens, Sea Breeze, The Opera House...) that will seduce you with their rustic charm and welcoming ambience.

Relais de Tamaroque
112, avenue des Corbières -
11490 Portel-des-Corbières
Tél./Fax 04 68 48 85 59 - Tél. SR 04 68 11 40 70
www.relais-de-tamaroque.com
Adèle Curtenaz

1 pers. 55/70 € - 2 pers. 65/75 € - 3 pers. 80 € - p. sup. 18 €

2 chambres 2 pers., 3 suites 4 pers., avec s. d'eau et wc privés. Ouv. toute l'année. Petit déj. : viennoiseries, confitures, fromages, charcuterie... Coin bio, soirées dégust. (mini. 8 pers.). Salon détente (mini-bar, jeux, coin-cuisine). Salon, billard. Salon de jardin, espace frome. Vélos à dispo. Jardin et terrasse. ★ Terra Vinea, abbaye de Fontfroide, réserve africaine de Sigean. Château Lastours (temple du 4x4). Equitation, tennis, pêche 1 km. Mer 10 km. Restaurant 50 m. Atelier de tournage et sculpture sur place. **Accès :** A9, sortie n°39 Sigean, puis direction Portel-des-Corbières. Dans le village, c'est la 1re maison à gauche jouxtant le pont. CM344.

Offrez-vous l'évasion dans cet ancien relais de poste classé, dominant la vallée de la Berre et jouissant d'un superbe panorama sur les Corbières. 5 chambres spacieuses et personnalisées, aux noms évocateurs : Jardin Sécrets, Vent Marin, Grand Opéra... vous séduiront par leur charme rustique et leur convivialité.

LANGUEDOC-ROUSSILLON

Prugnanes - Pyrénées Orientales (66)

Galamus Gorges. Wealth of Cathar castles in the vicinity. Romanesque abbeys. Tautavel Museum. Carcassonne. Collioure. Rock-climbing, tennis 5 km. Horse-riding 7 km. Rafting 20 km. Golf, sea 50 km.

★ ***How to get there:** Motorway, Perpignan-Nord exit, and follow signs for Airport and Foix (D117) for 40 km. Past St-Paul-de-Fenouillet, turn right for Prugnanes. Michelin map 344, fold F6.*

A warm welcome awaits you at this spacious, old country house. Enjoy magnificent views of blissful, unspoilt scenery, taking in cliffs, scrubland and vineyards. There is a choice of four vast bedrooms and a two-room suite. Large rooms bathed in light exude the charms of the South, with period furniture. Terraces, wooded garden and swimming pool. This peaceful setting offers all the creature comforts as well as fine cuisine. Not to be missed.

Domaine de Coussères TH
66220 Prugnanes
Tél./Fax 04 68 59 23 55
www.cousseres.com
Joo et Anne Maes

1 pers. 60/65 € - 2 pers. 70/75 € - 3 pers. 80/85 € - repas 23 €

4 chambres et 1 suite de 2 ch. (150 €) avec bains et w privés. Ouv. du 15/03 au 1/11. Petit déj. : confitures, fr mages, fruits... T.d'hôtes : lapin aux champignons, pinta aux poires... 2 salons dont 1 fumeurs, biblio., salle de jeu Terrasses. Jardin, parc 3 ha, piscine, boulodror ★ Gorges de Galamus. Châteaux cathares à proximi Abbayes romanes. Musée de Tautavel. Carcasson Collioure. Escalade, tennis 5 km. Equitation 7 k Rafting 20 km. Golf, mer 50 km. **Accès :** sortie au route Perpignan-nord, suivre "Aéroport" puis F (D117) sur 40 km jusqu'après St.Paul-de-Fenouillet e droite dir. Prugnanes. CM344, pli F6.

Vous serez les bienvenus dans cette basti ancienne très spacieuse. Le site domine un paysa sauvage de falaises, garrigues, vignobles où règ un calme absolu. 4 chambres spacieuses et 1 su vous sont réservées. Grandes pièces lumineuses charme du sud, meubles anciens...terrasses, jar boisé, piscine... Une adresse incontournable.

La Redorte - Aude (11)

NOUVEAUTÉ

★Canal du Midi, walled city of Carcassonne, Cathar castles, abbeys, wine, gastronomy. Hiking and cycling. Tennis 500 m. Sailing, horseriding 8 km. Fishing 1 km. Lake 8 km (swimming).

*★ **How to get there:** Located on the D11 by the edge of the village in the direction of Rieux-Minervois. Michelin map 344.*

At the very heart of the Minervois vineyards you will find, tucked away in grounds lined with hundred-year-old trees, the charm and tranquility of this mediterranean villa. The spacious bedrooms open onto the grounds and swimming pool (available to use from the 15th of May to the 11th of November). La Closerie also offers a selection of short but unforgettable walks.

La Closerie TH

61, avenue du Minervois - 11700 La Redorte

Tél. 04 68 90 60 24 - Fax 04 68 90 48 67

Tél. SR 04 68 11 40 70

www.la-closerie.com

Dominique et Charles Peltier

2 pers. 65 € - repas 22 €

Non fumeur : 1 chambre et 1 suite climatisées avec sanitaires privés. Ouv. toute l'année. Petit déjeuner : viennoiseries, céréales, charcuterie... T. d'hôtes : magret de canard à la confiture d'oignons, agneau au curry... Séjour, salon (biblio.). Salle de jeux. Piscine. Vélos. Parc. Terrasse pergola. ★ Canal du Midi, cité de Carcassonne, châteaux cathares, abbayes, vins, gastronomie. Randonnées pédestres et cyclistes. Tennis 500 m. Voile, équitation 8 km. Pêche 1 km. Lac 8 km (baignade). **Accès :** sur la D11 à la sortie du village, en dir. de Rieux-Minervois. CM344.

Au cœur des vignobles du Minervois, vous goûterez au charme tranquille de cette villa méditerranéenne blottie au cœur d'un parc aux arbres centenaires. Les chambres spacieuses ouvrent sur le parc et la piscine disponible du 15 mai au 11 novembre. La closerie vous offre un choix de petites randonnées remarquables.

Remoulins - Gard (30)

'ont du Gard bridge (world heritage) 900 m and historical ıns and cities of Nîmes, Avignon, Uzès and Arles. Nearby: s Baux de Provence and Camargue. Canoeing, horse-riding, ing and golf.

***How to get there:** Remoulins, on the right bank of the Pont Gard.*

is imposing 18th-century country house with sheepfold is in a six-hectare forest. The fine interior is adorned with ique furniture, paintings, rugs, books and collector's pieces. bedrooms are all air-conditioned and have their own itable style. Nature lovers will enjoy the gentle calm of the e, and there is a large pool for a refreshing swim. A charming near Nîmes, Avignon, Uzès and Arles.

La Terre des Lauriers TH

Pont du Gard - Rive Droite -

30210 Remoulins

Tél./Fax 04 66 37 19 45

www.laterredeslauriers.com

Marianick et Gérard Langlois

1 pers. 88 € - 2 pers. 98 € - 3 pers. 123 € - p. sup. 20/25 € - repas 10/20 €

5 chambres climatisées dont 1 double, toutes avec TV et sanitaires privés. Ouvert toute l'année. Petit déjeuner brunch : fruits, compotes, fromages, viennoiseries. Table d'hôtes. Salon de musique. Parc de 6 ha., rivière, piscine chauffée. Parking fermé. (Enfant - 2 ans gratuit. Lit enfant de 2 à 12 ans : 20 €). ★ Site du Pont du Gard (patrimoine mondial) à 900 m et villes historiques de Nîmes, Avignon, Uzès, Arles... A proximité, Les Baux de Provence et la Camargue. Canoë, équitation, randonnée, golf. **Accès :** Remoulins, rive droite du Pont du Gard.

Grande bastide avec bergerie du XVIIIe, sur une forêt de 6 ha. Belle décoration intérieure avec meubles anciens, tableaux, tapis, livres et objets. Toutes les chambres ont un style différent. Les amoureux de nature apprécieront la douceur et le calme des lieux ainsi que la grande piscine. Une étape de charme à proximité de Nîmes, Avignon, Uzès et Arles.

Revens-Trèves - Gard (30)

Hermitage St-Pierre TH
30750 Revens-Trèves
Tél. 05 65 62 27 99
Email : madeleine.macq@wanadoo.fr
http://hermitage.st.pierre.site.voila.fr
Madeleine Macq

1 pers. 64 € - 2 pers. 69/79 € - 3 pers. 84 €
p. sup. 15 € - repas 17/25 €

5 chambres, toutes avec bains et wc (1 avec kitchenette). Ouvert toute l'année. Table d'hôtes (dîner possible en hors-saison du 15.10 au 15.04 sur réservation), ancien four à pain à disposition pour grillades. Parc de 23 hectares. Pêche réservée sur 1,5 km. ★ Randonnées, baignade, rivière sur place. A proximité : tennis, équitation, escalade, canoë, deltaplane, parapente, spéléologie, VTT, ski de fond et alpin. **Accès :** par D991, borne 21 de Nant à Millau.

Entre Saint-Véran et Cantobre, dans un prieuré roman restauré (Xe, XIe et XVe siècles), vous apprécierez la beauté sauvage de la vallée de la Dourbie. Les chambres sont meublées en ancien et rustique et quatre disposent de lit à baldaquin.

★Hiking and bathing locally (river). Nearby: tennis, horse-riding, climbing, rock-climbing, canoeing, hang-gliding, paragliding, potholing, cycling, cross country and Alpine skiing.

*★ **How to get there:** On D991, kilometre stone 21 from Nant to Millau.*

This restored 10th, 11th and 15th-century Romanesque priory is situated between Saint-Véran and Cantobre. The untamed beauty of the Dourbie Valley is a feast for the senses. The five bedrooms are decorated with period and rustic furniture and four have canopied fourposter beds.

LANGUEDOC-ROUSSILLON

St-André-de-Buèges - Hérault (34)

Mas de Bombequiols TH
route de Brissac - 34190 St-André-de-Buèges
Tél./Fax 04 67 73 72 67 ou 06 83 54 44 60
Email : bombequiols@wanadoo.fr
www.gites-de-france-herault.fr
Anne-Marie Bouec-Dann et Roland Dann

2 pers. 90/120 € - p. sup. 35 € - repas 30 €

2 chambres et 2 suites (suite : 120 €), toutes avec bai[ns] et wc privés + cheminée. Ouvert toute l'année sur rése[r]vation. Table d'hôtes : produits du terroir, vin de pay[s]. Piscine, lac collinaire sur place. Parc de 70 h[a]. Nombreuses randonnées. ★ St-Guilhem-le-Dése[rt], Cirque de Navacelles, la Couvertoirade, églises, grotte d[es] Demoiselles, Bambouseraie d'Anduze, Nîm[es], Montpellier. Canoë, équitation, delta-plane. **Accès :** Montpellier dir. rte de Ganges puis St-Bauzille d[ir.] Brissac. A 5 km rte de St-Jean-Buèges. A Nîmes dir. [Le] Vigan jusqu'à Ganges, puis Brissac.

Bastide médiévale au milieu de ses terres, dans [un] site sauvage et préservé. Le Mas de Bombequi[ols] vous accueillera sous ses voûtes millénaires. Vas[tes] chambres et suites distribuées autour de la co[ur] intérieure. Salle à manger sous les arches de la t[er]rasse ou devant la cheminée, suivant les saisons.

★St-Guilhem-le-Désert, Cirque de Navacelles (corrie), La Couvertoirade, Romanesque churches, Grottes des Demoiselles, Bambouseraie d'Anduze, Nîmes, Montpellier. Canoeing, horse-riding, hang-gliding.

*★ **How to get there:** From Montpellier, Ganges road, then St-Bauzille for Brissac. St-Jean-de-Buèges road for 5 km. From Nîmes, drive to Ganges, heading for Le Vigan, and Brissac.*

This medieval country house is set in grounds on a preserved, unspoilt site. Mas de Bombequiols will welcome you beneath its thousand-year-old vaults and in its bedrooms and suites around the inner courtyard. Enjoy the table d'hôtes in the dining room under the terrace arches or by the fireplace, depending on the season.

St-André-de-Roquelongue - Aude (11)

Nearby: Fontroide Abbey and Cathar castles. Narbonne and museums 12 km. Tennis and cycling locally. Sailing and beaches 25 km. Hiking 2 km. Swimming pool 12 km.

★ ***How to get there:*** *From Narbonne, as you enter St-André-de-Roquelongue village, first turning on the right. The house is at number 53. Michelin map 344.*

Demeure de Roquelongue is a handsome late-19th-century wine grower's residence located in the Narbonnaise Regional Natural Park. The owners have entirely renovated the property with taste and refinement. Here you will be able to find the much sought-after calm of the county and relax in a peaceful environment.

Demeure de Roquelongue
53, avenue de Narbonne -
11200 St-André-de-Roquelongue
Tél. 04 68 45 63 57 - Tél. SR 04 68 11 40 70
www.demeure-de-roquelongue.com
Lorette Levraux

1 pers. 72/95 € - 2 pers. 82/105 € - 3 pers. 145 €

4 chambres avec sanitaires privés. Ouvert toute l'année. Petit déjeuner : confitures maison, gâteaux, fruits, laitages, miel de la région... Salon, bibliothèque. Jardins, espace detente, chaises longues. Parking. Restaurants au village et alentours (12 à 20 km). ★ Proche de l'Abbaye de Fontfroide, route des châteaux cathares. Narbonne et ses musées 12 km. Tennis et VTT sur place. Voile et plage 25 km. Randonnées 2 km. Piscine 12 km. **Accès :** en venant de Narbonne, entrer dans le village de St-André-de-Roquelongue, c'est la 1re rue à droite, la maison se trouve au n°53. CM344.

La Demeure de Roquelongue est une belle maison de maître vigneron de la fin du XIXe, située dans le Parc Naturel Régional de la Narbonnaise. Les propriétaires l'ont entièrement restaurée avec goût et raffinement. Vous y trouverez le calme tant recherché, et pourrez vous détendre dans une atmosphère tendance.

St-Gilles - Gard (30)

Places of historical interest, museums, concerts, wine-cellars. Horse-riding 4 km. Canoeing on the Petit Rhône 5 km. Beach 20 km.

★ ***How to get there:*** *From Saint-Gilles, head for Sylvereal-Aigues-Mortes (D179), drive approximately 7 km. Turn left at the crossroads and drive 200 m.*

Christine is your hostess at Domaine de la Fosse, along the Petit Rhône, in Petite Camargue. Five spacious, superbly decorated, air-conditioned bedrooms await your arrival. A magical, outstanding setting, ideal for exploring this multi-faceted unspoilt region, which has attracted artists and poets since time immemorial. Not to be missed. (Visits to the rice-growing estate can be arranged.)

Domaine de la Fosse TH
route de Sylvereal - 30800 Saint-Gilles
Tél. 04 66 87 05 05 ou 06 17 69 47 58
Fax 04 66 87 40 90
www.domaine-de-la-fosse.com
Christine Abecassis

1 pers. 100/130 € - 2 pers. 115/145 € - 3 pers. 130/160 € - p. sup. 15 € - repas 28 €

5 chambres avec TV et sanitaires privés. Ouv toute l'année. Petit déjeuner : jus de fruits, viennoiseries, yaourts, céréales. T. d'hôtes : gardianne de taureau/riz de camargue, saumon grillé... Piscine, jacuzzi, sauna, hammam, treille ombragée. Garage privé. Chasse privée sur le domaine. Visite domaine rizicole. ★ Sites historiques, musées, concerts, caves. Promenades équestres 4 km. Canoë sur le petit Rhône 5 km. Plage 20 km. **Accès :** aller à St-Gilles puis prendre dir. Sylvereal-Aigues Mortes (D179), faire environ 7 km. Arriver au croisement, à gauche sur 200 m.

En petite Camargue, le long du petit Rhône, Christine vous accueille au domaine de la Fosse. Elle propose 5 chambres magnifiques et climatisées, superbement décorées. En ce lieu magique, vous ferez une étape d'exception qui vous fera découvrir cette belle région, terre des peintres et des poètes où la nature s'évade. Une adresse à ne pas manquer.

St-Martin-de-Lansuscle - Lozère (48)

The Cévennes is at once a vast expanse of nature and wildlife and an area steeped in history, renowned for its hospitality. The Cévennes owes its glowing reputation to its rich artistic and cultural heritage.

★ ***How to get there:*** *On D13, 2 km from the Fontmort pass heading for St-Germain-de-Calberte. Between Barre-des-Cévennes and St-Germain-de-Calberte. Michelin map 330,*

This 14th-century château, remodelled in the 18th century, is a small Cévennes lord's domain of great architectural beauty, in an exceptional setting in the middle of the Cévennes National Park. The main building offers a fully restored bedroom with wall hangings and a deliciously refined English décor. A place where time seems to stand still.

Château de Cauvel TH
48110 Saint-Martin-de-Lansuscle
Tél. 04 66 45 92 75 - Fax 04 66 45 94 76
Email : lecauvel@lecauvel.com
www.lecauvel.com
Anne-Sylvie Pfister

1 pers. 50 € - 2 pers. 55/65 € - p. sup. 17 € - repas 20 €

1 chambre spacieuse (lit 160) et 2 suites (lits 160 et 140) avec sanitaires privés. Ouv. toute l'année. Petit déj. : fruits du jardin en confiture et pains maison... T. d'hôtes : cuisine inventive et du terroir (en saison, lègumes bio du jardin). Grande bibliothèque à disposition. ★ Situé dans les vallées cévenoles. A proximité des Causses, des gorges du Tarn, grottes et avens. **Accès :** sur la D13 à 2 km du plan de Fontmort en direction de St-Germain-de-Calberte.

Ce château datant du XIVe siècle remanié au XVIIIe, de belle architecture est une petite seigneurie cévenole, situé dans un environnement exceptionnel, au sein de l'espace protégé du Parc National des Cévennes. Une chambre tendue de tissu et des suites subtilement restaurées vous raviront par leur décor délicieusement raffiné.

LANGUEDOC-ROUSSILLON

St-Martin-le-Vieil - Aude (11)

Montolieu village, known as the "City of Books", and Saint-Martin-le-Vieil 6 km. September Marrow Festival at the abbey.

★ ***How to get there:*** *Between Montolieu and Saint-Martin-le-Vieil, 20 km east of Carcassonne on D64. Michelin map 344.*

If you're looking for peace and quiet, you will enjoy your stay at this 12th-century Cistercian abbey with authentic, rustic gardens. The charm of the ruins, the sound of running water and birdsong all combine to offer a spiritual experience at this historical spot, where time stands still.

Abbaye de Villelongue
11170 Saint-Martin-le-Vieil
Tél./Fax 04 68 76 92 58
Jean Eloffe

2 pers. 60 € - p. sup. 7 €

4 chambres avec salle d'eau et wc privés. Ouvert toute l'année sauf 1 semaine fin octobre et 1 semaine en février. Petit déjeuner à la française. Délicieux jardin, concerts de musique classique et expositions. Auberge à 100 m (été), restaurants 6 km. ★ Montolieu, village du Livre à 6 km. St-Martin-le-Vieil 6 km. Fête de la courge en septembre à l'abbaye. **Accès :** entre Montolieu et Saint-Martin-le-Vieil, à 20 km à l'est de Carcassonne sur la D64. CM344.

Si vous cherchez le calme et le repos, vous serez ravis de séjourner dans cette abbaye cistercienne du XIIe siècle avec jardins rustiques et originaux. Le charme des ruines, le bruit de l'eau et le chant des oiseaux font de ce domaine historique une étape spirituelle hors du temps !

St-Pierre-des-Champs - Aude (11)

NOUVEAUTÉ

In the heart of the Corbières and Cathar historical sites. Carcassonne festival in July. Tennis 5 km. Golf course 45 km. Sea 40 km.

★ ***How to get there:*** *At the crossroads just outside of St-Pierre-des-Champs, turn left and park in the car-park 300m along. Michelin map 344.*

At the heart of the Cathar and Corbières region, the 11th and 13th-century St-Pierre château overlooks the Orbieu valley. Part of the château has been converted into inviting and beautiful guest rooms that are full of character. The Orbieu rock is the central point between Narbonne, Carcassonne, Perpignan and the sea. Welcoming, flowery gardens and a swimming pool are available for you to use.

Le Roc sur l'Orbieu TH
3 et 8 rue du Porche -
11220 St-Pierre-des-Champs
Tél./Fax 04 68 43 39 07 - Tél. SR 04 68 11 40 70
www.lerocsurlorbieu.com
Hélène Carreaud

2 pers. 60/80 € - pers. sup. 20 € - repas 25 €

4 suites avec sanitaires privés, TV, tél., climatisation (2 suites avec terrain privé). Ouv. toute l'année. Petit déj. : confitures et yaourts maison, jus de fruits, fromages, charcuterie... T. d'hôtes : cuisine à base de produits locaux, légumes bio. Piscine. Jardins, cours, terrasses, patios. Jardin d'hiver. ★ Au cœur des Corbières et des sites cathares. Festival de Carcassonne en juillet. Tennis 5 km. Golf 45 km. Mer 40 km. **Accès :** à la sortie de St-Pierre-des-Champs, au carrefour, monter à gauche et à 300 m se garer sur le parking. CM344.

Belles chambres d'hôtes de caractère aménagées dans une partie du château médiéval de St-Pierre (XIe et XIIIe) dominant les gorges de l'Orbieu, au cœur du pays Cathare et des Corbières. Le roc de l'Orbieu est le point central entre Narbonne, Carcassonne, Perpignan et la mer. Des petits jardins fleuris et une piscine sont à votre disposition.

St-Privat-de-Vallongue - Lozère (48)

12th-century Romanesque church, 11th-century Bellegarde Château ruins. Cévennes National Park, Art and Music Festival in Romanesque Lozère. Tennis 150 m. Swimming pool 300 m. Fishing 2 km. Bathing 5 km. Canoeing 35 km.

★ ***How to get there:*** *N106 (Nîmes/Clermont Ferrand, alternative route for Paris). St-Privat-de-Vallongue is 29 km from Florac and 39 km from Alès. Turn off the trunk road and drive up to the village. Follow signs for "La Baume".*

La Baume is a tiny 17th-century Cévennes hamlet, recently restored to pristine splendour. You will discover the many facets of the life of a rich landowner of the time, including a: bakehouse, silk farm and vaulted cellars. The surrounding estate extends over orchards, gardens and chestnut groves. Relax in the comfort of this refined country setting, enhanced by the restful décor of the bedrooms and drawing rooms.

La Baume TH
48240 Saint-Privat-de-Vallongue
Tél. 04 66 45 58 89 - Fax 04 66 45 48 84
Email : contact@labaume-cevennes.com
www.labaume-cevennes.com
Richard Thème

1 pers. 60 € - 2 pers. 78 € - 3 pers. 98 € - p. sup. 20 € - repas 26 € - 1/2 p. 65 €

1 chambre et 3 suites (2 avec accès indép.) avec sanitaires privés. Ouv. de Pâques au 31.12. Petit déj. : fromage blanc, viennoiseries, confitures maison... T.d'hôtes : charcuterie, mousse de truite, gibier, pélardons, fruits du verger. Billard, salons, jeux société, biblio. P-pong, cour, jardin, parc 10 ha., coin-détente. ★ Eglise du XIIe, château fossile de Bellegarde du XIe, Parc National des Cévennes, festival Art et Musique en Lozère Romane. Tennis 150 m. Piscine 300 m. Pêche 2 km. Baignade 5 km. Canoë 35 km. **Accès :** N106 (Nîmes/Clermont-Ferrand, itinéraire bis vers Paris). A 29 km de Florac et 39 km d'Alès. Monter au village puis suivre fléchage "La Baume". CM330.

La Baume, petit hameau cévenol du XVIIe, récemment restauré et dans lequel vous découvrirez tous les éléments typiques de l'univers d'un riche propriétaire terrien : four à pain, clède, magnanerie, caves... La propriété tout autour s'étale en "bancels" de vergers, jardins et châtaigneraies. La décoration des chambres et salons invite à un séjour agréable.

St-Sébastien-d'Aigrefeuille - Gard (30)

★Anduze: bamboo forest and potteries. Desert Museum. Silk Museum. Trabuc Grottoes. Cévennes steam train. Fishing, bathing 2 km. Tennis 4 km. Horse-riding 8 km. Sea 60 km.

***★ How to get there:** From Anduze, head for the bamboo forest, then Générargues and St-Sébastien. Drive through Générargues and straight on for 2 km to Le Mas des Sources.*

Set in an eight-hectare park, this handsome silk farm awaits your arrival. Discover the covered terrace, inner courtyard and bread oven, and the quiet, refined bedrooms decorated with fine furniture from the mas shop. In the winter, relax by the fireside in the large lounge, and in the summer, take long walks in the park, enjoy a dip in the pool or a rest under the arbour. A wonderful spot for a break in the Cévennes.

Le Mas des Sources TH
30140 St-Sébastien-d'Aigrefeuille
Tél./Fax 04 66 60 56 30 ou 06 64 74 99 94
www.ot-anduze.fr/sources
Sandra Nabzdyjak

1 pers. 62 € - 2 pers. 68 € - 3 pers. 84 € - repas 27 €

4 ch. et 1 suite (105 €) avec TV, sanitaires privés. 100 €/4 p. Ouv. toute l'année. Petit déj. : confitures maison, pain bio, fruits. T. d'hôtes sur rés. Cuisine (mini-bar). Salon (cheminée, biblio., jeux). Boutique antiquités. Parc 8 ha. Panier p-nique (13 €/pers.). Enft : 8 €/11 ans - 10 €/ado. Tarif réduit hors-sais. ★ Anduze : bambouseraie, poteries. Musées du Désert et de la Soie. Grottes de Trabuc. Petit train à vapeur des Cévennes. Pêche, baignade 2 km. Tennis 4 km. Equitation 5 km. Piscine 8 km. Mer 60 km. **Accès :** à Anduze, dir. la bambouseraie puis Générargues et St.Sébastien. Traverser Générargues et 2 km tout droit.

Sur un parc de 8 ha, cette belle magnanerie du XVIIe vous ouvre ses portes. Vous découvrirez sa terrasse couverte, sa cour intérieure avec le four à pain, ses chambres calmes et raffinées avec de beaux meubles chinés. Dans le grand salon, un feu de cheminée pour les soirées d'hiver et aux beaux jours, le parc qui invite à de belles promenades.

LANGUEDOC-ROUSSILLON

St-Siffret - Gard (30)

NOUVEAUTÉ

★Avignon and Orange Festivals. Nîmes (arenas, Férias, jardin de la Fontaine...). Avigon (salon du Tapis, museums). Camargue beaches 50 km. Golf course, swimming pool, tennis 5km. Pont du Gard (swimming, bathing) 10 km.

***★ How to get there:** A9, exit Remoulins (n°23), then direction Alès/Uzès. 4km before Uzès, at the second roundabout, turn right towards St-Maximin/St-Siffret.*

At the heart of the medieval village of St-Siffret, set at the edge of Uzès and just a stone's throw from the Pont-du-Gard, Nadia and François welcome you to their charming 17th-century residence. A property full of character, there are 2 bedrooms available, one boasting ochre walls and the other stone-vaulted. Both rooms are calm, comfortable and superbly decorated.

Le Clos des Ocres
ruelle des Escaillerets - 30700 St-Siffret
Tél. 04 66 20 91 86 ou 06 78 27 33 02
Email : nadiabrunel@leclosdesocres.com
www.leclosdesocres.com
Nadia Brunel

1 pers. 65 € - 2 pers. 75 € - 3 pers. 90 €

1 chambre et 1 suite avec sanitaires privés. Ouvert toute l'année. Petit déjeuner : viennoiseries, 2 sortes de pain, jus de fruits frais, 3 confitures maison, crèpes, salade de fruits... Grande salle à manger (cheminée). Cour avec terrasse fleurie et ombragée (vue sur l'église et le château de la commanderie). ★ Festivals d'Avignon et d'Orange. Nîmes (arènes, Férias, jardin de la Fontaine...). Avignon (salon du Tapis, musées). Plages en Camargue 50 km. Golf, piscine, tennis 5 km. Pont du Gard 10 km (baignade). **Accès :** A9, sortie Remoulins (n°23), puis dir. Alès/Uzès. 4 km avant Uzès, au 2e rond point à droite dir. St-Maximin/St-Siffret.

Aux portes d'Uzès et tout près du Pont-du-Gard, Nadia et François vous accueillent dans leur demeure de caractère du XVIIe siècle, située au cœur de l'ancien village médiéval de St-Siffret. Il vous proposent 2 chambres, l'une aux murs patiné à l'ocre, l'autre voûtée en pierres, alliant confort décoration et calme.

Ste-Colombe-de-la-Commanderie - Pyrénées Orientales (66)

Sainte-Colombe, part of France's rich national heritage, features a fortified Knight Templars' church built around 900. Hiking locally. Bathing, horse-riding 2 km. Sea, fishing and thermal baths 25 km.

★ ***How to get there:*** *A9, Perpignan-Sud exit for Thuir. At Thuir, head for Elne. At 4th roundabout, turn right for Castelnou/Ste-Colombe. The house is opposite the town hall (Mairie) in the village. Michelin map 344, fold H7.*

Merril and Jean-Loup extend a warm welcome at their delightful residence overlooking the Aspres, in the charming village of Sainte-Colombe. This time-honoured Catalan house is is one of the oldest in the village. Pleasant, shaded inner courtyard. The garden has been cleverly arranged in the old cellars, adding to the many charms of the place.

Peu Del Causse
6 Carrer del Canigo -
66300 Ste-Colombe-de-la-Commanderie
Tél. 04 68 53 42 47
www.gite-prop.com/66/217001
Jean-Loup et Merrill Carayol

1 pers. 58 € - 2 pers. 68 € - 3 pers. 78 €

3 chambres avec sanitaires privés. Ouvert du 01.04 au 30.10. Petit déjeuner : laitage, viennoiseries... Pièces de vie organisées autour de la cheminée et donnant sur une cour intérieure ombragée. Cour, jardin paysager. ★ Ste-Colombe est riche d'un patrimoine historique (église fortifiée bâtie vers l'an 900 ayant appartenu à l'Ordre des Templiers). Randonnées sur place. Bain, équitation 2 km. Mer, pêche, thermes 25 km. **Accès :** A9, sortie Perpignan sud, puis dir. Thuir. A Thuir, suivre dir. Elne. Au 4e rond point, à droite vers Castelnou/Ste-Colombe. Entrer dans le village, la maison est face à la mairie. CM344, pli H7.

Dans le charmant village de Ste-Colombe, Merrill et Jean-Loup vous accueillent chaleureusement dans leur belle demeure ouverte sur les Aspres environnantes. Cette vieille maison catalane restaurée est l'une des plus anciennes du village. Agréable cour intérieure ombragée. Le jardin astucieusement aménagé dans les anciennes caves ajoute au charme des lieux.

Serralongue - Pyrénées Orientales (66)

Villages and craft markets in upper Catalan country. Walks n high and medium mountains. Tennis court 4 km. Horse-iding 8 km. Golf course 20 km. Collioure and Rosas 1 hr.

★ ***How to get there:*** *4 km from Serralongue, heading for amanère. At "Can Guillamo", turn right into green gnposted lane. Michelin map 344, fold G8.*

his 19th-century Catalan mas is situated on a leafy 45-ectare estate with a swimming pool, a paddling pool and a ver teeming with trout. The interior features brick and onework, wood panelling, enhanced by Catalan fabrics. There e also open fireplaces and a bread oven. The gourmet table hôtes meals include regional specialities. An outstanding colic setting in the Catalan hinterland.

Case Guillamo TH
66230 Serralongue
Tél./Fax 04 68 39 60 50
Philippe et Elisabeth Brackeveldt

1 pers. 50 € - 2 pers. 70 € - 3 pers. 90 € - repas 25 €

2 ch. et 1 suite avec TV (120 €), bains et wc privés. Ouv. toute l'année. Petit déj. : jus de fruits, yaourts, pain aux noix et raisins maison, confitures, miel. T.d'hôtes : feuilleté d'anchois, aumônière de crabe, dorade royale au feu de bois... Salon, biblio. Parc 45 ha, piscine, bassin enfants, rivière à truites. ★ Villages et marchés artisanaux du haut pays catalan. Randonnées pédestres en moyenne et haute montagne. Collioure et Rosas à 1 h. Tennis 4 km. Equitation 8 km. Golf 20 km. **Accès :** à 4 km de Serralongue, en direction de Lamanère, au lieu-dit "Can Guillamo", prendre chemin à droite balisé en vert. CM344, pli G8.

Mas catalan du XIXe situé sur un domaine boisé de 45 ha. avec piscine (grand bassin), bassin pour enfants et rivière à truite. Décoration intérieure en pierres, briques et bois (cheminées ouvertes, four à pain), et tissu catalan. Table d'hôtes gastronomique avec spécialités catalanes. Une étape d'exception au cœur de la nature dans l'arrière pays catalan.

LANGUEDOC-ROUSSILLON

Thuir - Pyrénées Orientales (66)

★Medieval village of Castelnou 4 km. Serrabonne Priory 22 km. Maison Byrrh (mulled wine) vats, the largest in the world. Beaches 22 km.

*★ **How to get there:** As you leave the village of Thuir 2 km, head for Ille-sur-Têt, then turn left (2 km on) for Casa del Arte (signs). Michelin map 344, fold H7.*

Just 2 km from Thuir, this superb 11th and 15th-century country house has been restored with excellent taste. Four individually styled, luxuriously appointed bedrooms and one suite await your arrival. Extensive, enclosed grounds with swimming pool, solarium and garden furniture. Art lovers will admire the works on display in the house.

Casa del Arte
Mas Petit - 66300 Thuir
Tél. 06 80 05 86 96 - Tél./Fax 04 68 53 44 78
Email : casadelarte@wanadoo.fr
www.casadelarte.fr.fm
Eve Toubert-Cillaire

1 pers. 70/95 € - 2 pers. 75/100 € - 3 pers. 100/120 €

4 chambres et 1 suite (100 €) avec TV, téléphone, mini-bar et sanitaires privés. Ouvert toute l'année. Petit déjeuner raffiné : brioche, pains aux raisins et au chocolat, fruits frais, miel... Parc clos, piscine privée, terrasse, solarium, salon de jardin, parking privé. ★ Village médiéval de Castelnou (4 km). Prieuré de Serrabonne (22 km). Maison Byrrh (plus grande cuve du monde). Plages à 22 km **Accès :** à la sortie du village de Thuir (2 km), direction Ille-sur-Têt, puis à gauche (à 2 km) : Casa del Arte (panneau). CM344, pli H7.

A 2 km de Thuir, superbe mas des XIe et XVe siècles restauré avec raffinement. 4 chambres et 1 suite originales, luxueusement aménagées vous sont réservées. Grand parc clos avec piscine, solarium et salon de jardin. Les amateurs d'art pourront admirer dans cette belle demeure, les oeuvres qui y sont exposées.

Vallabregues - Gard (30)

★Avignon Theatre Festival, Beaucaire and Tarascon Châteaux, abbey, Basketry Museum, Pont du Gard Roman bridge, etc. Water sports centre 5 km. Tennis, fishing and port 800 m. Golf course 6 km.

*★ **How to get there:** A54, Nîmes exit, for Beaucaire and Vallabregues. A9, Avignon-Nord exit for Avignon - Les Angles - Aramon - Vallabregues.*

Corinne and Jean-Noël extend a warm welcome to guests at their Provençal mas. The residence is set in in the charming basket makers' village of Vallabrègues, in a 'tourist triangle', at the crossraods of Avignon, Arles, Nîmes and the Camargue. Cool down by the pool, after an excursion to the many local places of interest.

Mas de l'Ilon
chemin de l'Ilon - 30300 Vallabregues
Tél./Fax 04 66 59 53 41 ou 06 32 67 96 68
Email : jnsabati@club-internet.fr
www.masdelilon-provence.com
Corinne et Jean-Noël Sabatier

1 pers. 50/55 € - 2 pers. 80 € - 3 pers. 105 €

4 chambres climatisées avec sanitaires privés. Ouvert toute l'année. Petit déjeuner : jus de pommes et confitures maison, fruits de nos vergers, viennoiseries... Salle avec cheminée pour le petit déjeuner. Jardin. Piscine. Terrain de boules. Parking couvert et clos. Restaurants à 5 mn. ★ Festival d'Avignon, châteaux de Beaucaire et Tarascon, abbaye, musée de la vannerie, Pont du Gard...Base nautique 5 km. Tennis, pêche et port 800 m. Golf 6 km. **Accès :** A54, sortie Nîmes puis dir. Beaucaire puis Vallabregues. A9, sortie Avignon nord puis dir. Avignon Les Angles - Aramon - Vallabregues..

Corinne et Jean-Noël vous accueillent dans leur mas provençal situé à Vallabrègues, charmant petit village de vannier au bord du Rhône, dans un triangle touristique, à la croisée d'Avignon, de Nîmes, d'Arles et de la Camargue. Après une escapade, vous trouverez la fraîcheur au bord de la piscine.

Villeneuve-Minervois - Aude (11)

NOUVEAUTÉ

Clos du Moulin TH
11160 Villeneuve-Minervois
Tél. 04 68 26 37 16 ou 04 68 11 40 70
Email : info@closdumoulin.net
www.closdumoulin.net
Frédérique et Jacques Buffière

1 pers. 59 € - 2 pers. 59 € - repas 23 € - p. sup. 17 €

2 chambres et 1 suite climatisées avec sanitaires privés. Ouv. du 1/03 au 31/01. Petit déj. : jus de fruits, viennoiseries, pâtisseries maison, céréales... T. d'hôtes : foie gras, confits, truites d'eau vive... Coin-biblio., véranda à dispo. Plateau de courtoisie. Vélos, jeux d'enf., parc, mobilier de jardin. Parking. ★ Cité de Carcassonne 16 km. Lastours 8 km. Limousis 8 km. Lac 17 km. Tennis 100 m. Mer 60 km. **Accès :** depuis Carcassonne, prendre dir. Mazamet puis Gouffre Géant de Cabrespine. Les chambres sont à la sortie du village à droite. CM344.

Belle bâtisse d'architecte de années 30, entourée de vignes et d'oliviers, aménagée en maison d'hôtes de charme par Frédérique et Jacques. Vous pourrez profiter à loisir du parc et de l'ombre des cèdres. Les 2 chambres et la suite, toutes climatisées, ont une décoration personnalisée. Vous pourrez savourer les produits nobles du terroir (sur réservation).

★Medieval city of Carcassonne 16 km. Lastours 8 km. Limousis 8 km. Lake 17 km. Tennis 100 m. Sea 60 km.

★ ***How to get there:*** *From Carcassonne, take directions Mazamet then Gouffre Géant de Cabrespine. The Clos du Moulin is located just outside the village on the right. Michelin map 344.*

Frédérique and Jacques have transformed this beautiful 1930s building into a guest-house surrounded by olive trees and vineyards. You will be able to enjoy the grounds and make the most of the generous shade offered by the cedars. Both the guest-rooms and the suite are air-conditioned and decorated with a personal touch. You will also be able to savour local delicacies that are unique to this region (reservation necessary).

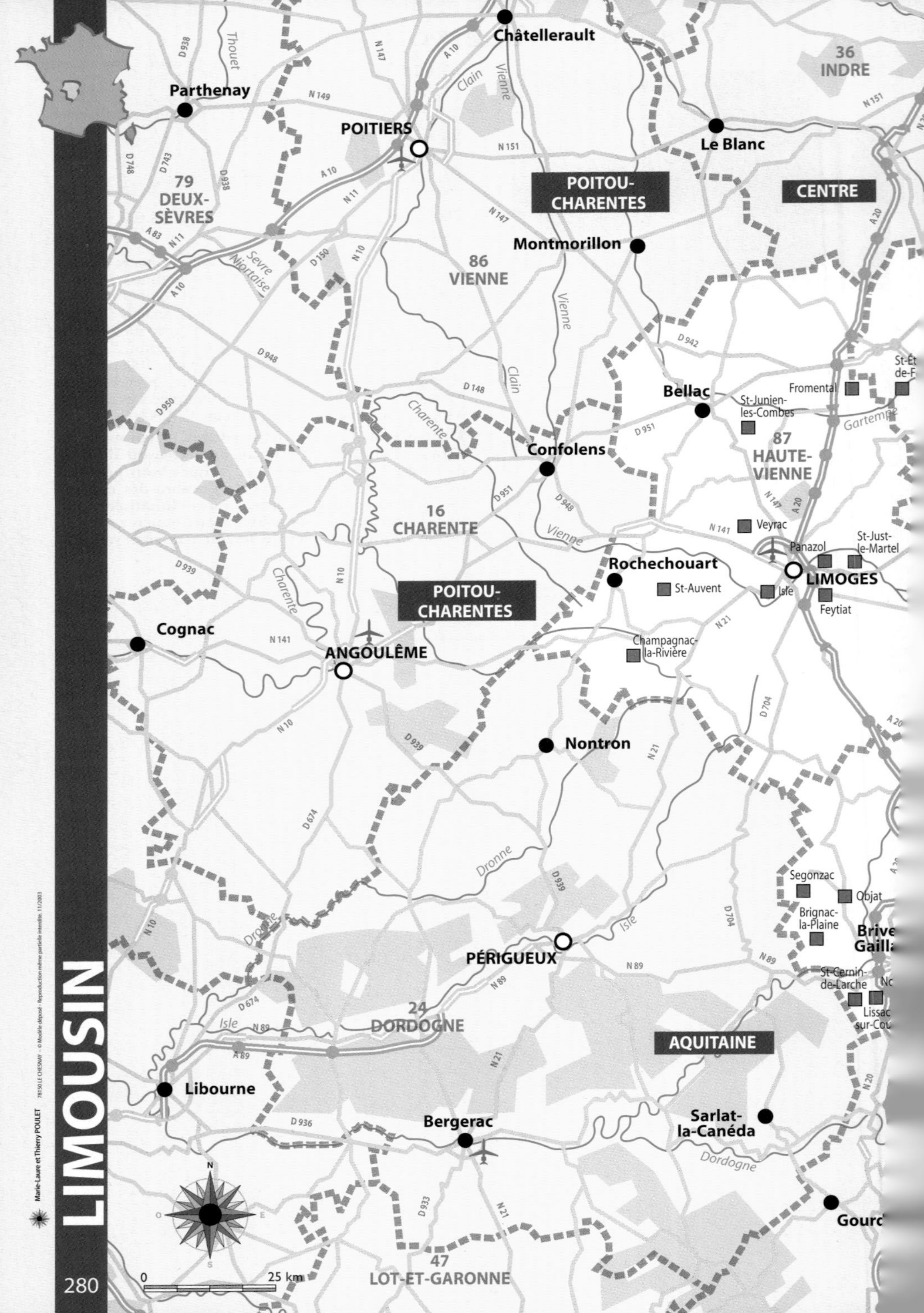
Châtellerault
Parthenay
POITIERS
Le Blanc
36
INDRE
POITOU-
CHARENTES
CENTRE
79
DEUX-
SÈVRES
Montmorillon
86
VIENNE
Bellac
St-Junien-
les-Combes
Fromental
87
HAUTE-
VIENNE
Confolens
16
CHARENTE
Veyrac
Panazol
St-Just-
le-Martel
Rochechouart
LIMOGES
St-Auvent
Isle
Feytiat
POITOU-
CHARENTES
Cognac
ANGOULÊME
Champagnac-
la-Rivière
Nontron
Segonzac
Objat
Brignac-
la-Plaine
PÉRIGUEUX
St-Cernin-
de-Larche
24
DORDOGNE
AQUITAINE
Libourne
Sarlat-
la-Canéda
Bergerac
47
LOT-ET-GARONNE
0
25 km
Thouet
Clain
Vienne
Sèvre
Niortaise
Charente
Gartempe
Dronne
Isle
Dordogne
N 149
N 151
N 147
N 11
N 10
N 141
N 21
N 89
A 10
A 83
A 20
A 89
D 938
D 743
D 748
D 150
D 948
D 148
D 950
D 939
D 942
D 951
D 674
D 704
D 936
D 933
N
S
O
E

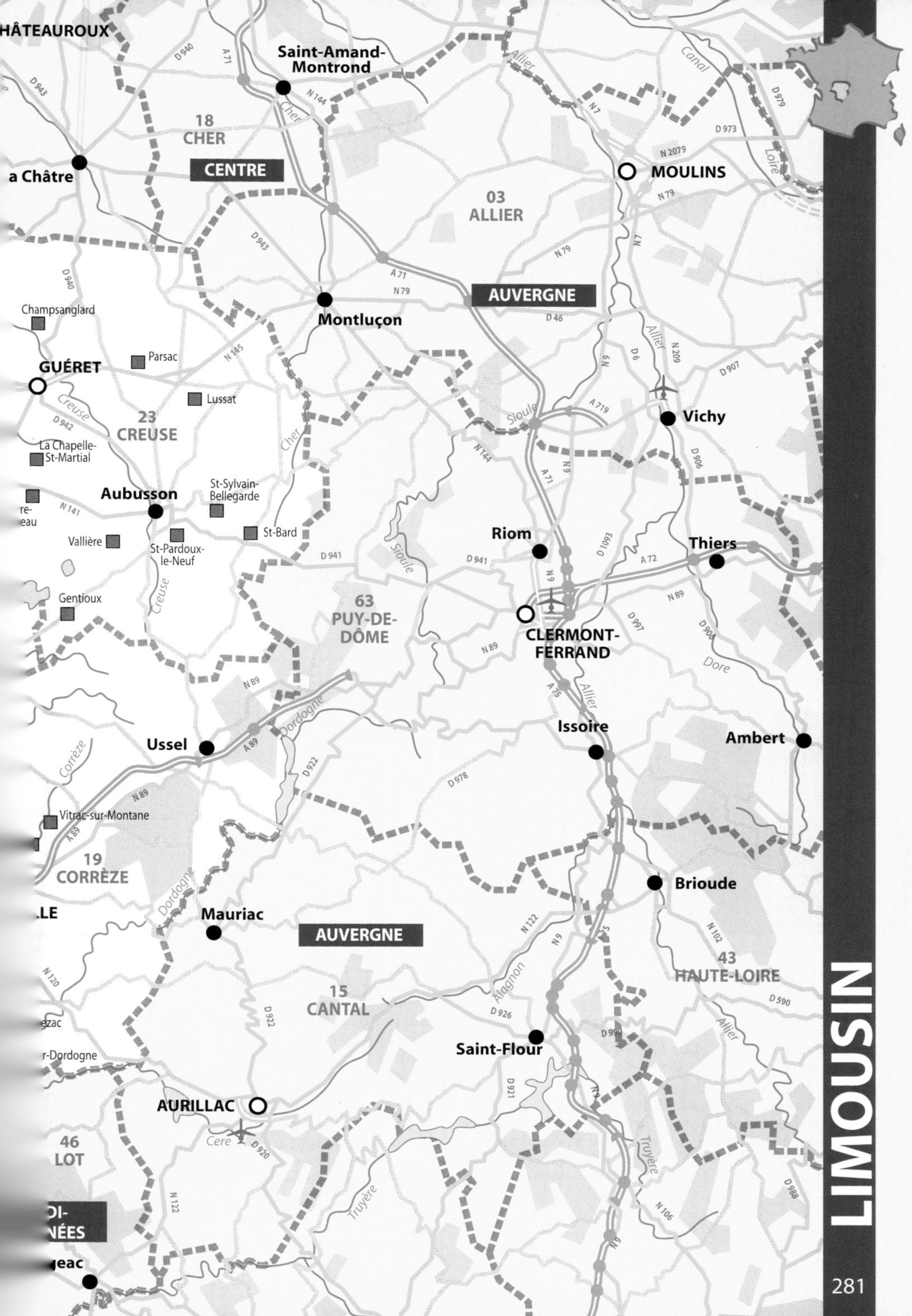

HÂTEAUROUX
Saint-Amand-Montrond
18
CHER
CENTRE
a Châtre
MOULINS
03
ALLIER
AUVERGNE
Montluçon
Champsanglard
GUÉRET
Parsac
Lussat
23
CREUSE
La Chapelle-St-Martial
Aubusson
St-Sylvain-Bellegarde
St-Bard
Vallière
St-Pardoux-le-Neuf
Gentioux
Vichy
Riom
Thiers
CLERMONT-FERRAND
63
PUY-DE-DÔME
Ussel
Issoire
Ambert
Vitrac-sur-Montane
19
CORRÈZE
Brioude
Mauriac
AUVERGNE
43
HAUTE-LOIRE
15
CANTAL
Saint-Flour
AURILLAC
46
LOT

Beaulieu-sur-Dordogne - Corrèze (19)

★Châteaux, abbeys, caves, village of Collonges-la-Rouge. Canoeing, tennis court, fishing and golf course in the vicinity.

★ ***How to get there:*** *N20 to Noailles, then head for Meyssac, Collonges-la-Rouge, Beaulieu.*

Around 1860, a soldier returning from the Napoleonic Wars had a Mexican-style house built here. Its flower-filled patio and terrace garden with swimming pool lead to comfortable bedrooms with a personal touch: "Les Oiseaux" (1930s style), the bridal suite, and the "Chambre Indienne".

La Maison
11, rue de la Gendarmerie -
19120 Beaulieu-sur-Dordogne
Tél. 05 55 91 24 97 - Fax 05 55 91 51 27
Christine Henriet

1 pers. 42/48 € - 2 pers. 52/62 € -
3 pers. 67/84 €

5 chambres doubles et 1 chambre en duplex, toutes avec bains et wc privés. Tarif 4 pers. : 92 €. Ouvert de début avril à fin septembre. Petit déjeuner copieux. Patio fleuri, jardin, piscine privée. Nombreux restaurants sur place. ★ Châteaux, abbayes, grottes, village de Collonges-la-Rouge. Canoë, tennis, pêche et golf à proximité. **Accès :** N20 jusqu'à Noailles puis dir. Meyssac, Collonges-la-Rouge, Beaulieu.

Vers 1860, un militaire rentrant des guerres napoléoniennes s'est fait construire ici une maison mexicaine. C'est donc au détour du patio fleuri et d'un jardin en terrasse avec sa piscine privée que vous découvrirez des chambres confortables et personnalisées : "Les Oiseaux", chambre 1930, la chambre nuptiale ou encore la chambre Indienne.

Brignac-la-Plaine - Corrèze (19)

NOUVEAUTÉ

★The most beautiful villages in France: Collonges-le-Rouge, Turenne, Sarlat... Horseriding and tennis 2 km. Swimming pool 10 km. Lake 15 km.

★ ***How to get there:*** *A20 then N89 to Brive in the direction of Périqueux-Bordeaux. After Larche-Douderie take direction La Rivière-de-Marsac then Brignac-la-Plaine.*

At this attractive house, decorated by a mother and daughter team, you can experience a traditional and creative cusine. Relax in the garden and find a shady spot under a tree to read or wind down. Your hosts have many passions to share with you: cooking, decorating, restoring old cars... This is an ideal place for people of all ages to have a pleasant and interesting stay.

La Maison de la Plaine TH
1, route du Rouvet - 19310 Brignac-la-Plaine
Tél. 06 14 11 94 59 ou 05 55 85 25 75
Email : capelle.F@wanadoo.fr
www.lamaisondelaplaine.com
M. et Mme Capelle et Mme Dautrait

2 pers. 50/85 € - repas 20 €

3 chambres et 1 suites (TV) avec sanitaires privés. Ou[illegible] toute l'année. Petit déjeuner : jus d'orange, croissan[illegible] pâtisseries et confitures maison, miel... T. d'hôtes : esca[illegible]got en pot, parmentier de canard, tarte fine aux pom[illegible]mes... Parc de 1 ha. Parc arboré. ★ Les plus beaux villag[illegible] de France : Collonges-le-Rouge, Turenne, Sarlat. Equitation et tennis 2 km. Piscine 10 km. Lac 15 k[illegible] **Accès :** A20, puis prendre N89 à Brive dir. Périgueu[illegible] Bordeaux, après Larche-Douderie prendre dir. [illegible] Rivière-de-Marsac puis Brignac-la-Plaine.

Dans la douceur de cette maison joliment décor[illegible] par la mère et la fille, vous dégusterez une cuisi[illegible] traditionnelle et créative. Vous flânerez dans [illegible] grand parc arboré à la recherche de l'ombre d'[illegible] arbre pour y lire ou pour vous reposer. Ici, les pa[illegible]sions à partager sont nombreuses : cuisine, décor[illegible]tion et restauration de voitures anciennes.

Brivezac - Corrèze (19)

NOUVEAUTÉ

★*Aubazine and Beaulieu Abbeys. Collonges, Turenne, Curemonte, Autoire and Loubressac villages. Castelnau and Montal castles. Fishing, canooing 1 km. Tennis, aquatic centre 4 km. Hiking locally.*

★ ***How to get there:*** *From Beaulieu take D940, direction Argentat. 2 km from "Moulin Abadiol" turn right (D12) direction Argentat. Continue for 1 km then turn left and drive up, direction "La Grèze".*

In the Dordogne valley, le Château de la Grèze, an 18th-century, superbly-located residence, can offer you a serene and tranquil stay in the gorgeous southern Corrèze area. There are five bedrooms, each named after one of the beautiful surrounding villages. The rooms are sunny and spacious and combine contempory chic with historical charm.

Château de la Grèze TH

19120 Brivezac
Tél. 05 55 91 08 68 ou 06 07 62 09 05
Fax 06 71 04 56 70
Email : anne-odile-france@wanadoo.fr
www.chateaudelagreze.com
Anne France

1 pers. 65/95 € - 2 pers. 70/100 € - repas 22 €

5 chambres avec sanitaires privés (TV sur demande). Ouv. toute l'année. Petit déjeuner : jus de fruits, cake maison, confitures maison, yaourts fermiers, fruits... T. d'hôtes : cuisine à base de produits locaux ou régionaux. Cour, jardin. Piscine. Salle de gym. Ping-pong, vélos, chevaux, montgolfière. Restaurants 4 km. ★ Abbayes d'Aubazine et Beaulieu. Villages de Collonges, Turenne, Curemonte, Autoire, Loubressac... Châteaux de Castelnau et Montal. Pêche, canoë 1 km. Tennis, centre aquatique 4 km. Rand. sur pl. **Accès :** de Beaulieu prendre dir. Argentat (D940). A 2 km "Moulin Abadiol" à droite (D12) dir. Argentat sur 1 km puis à gauche et monter dir. "La Grèze".

En Vallée de la Dordogne, le château de la Grèze, demeure du XVIIIe est située dans un site prestigieux offrant calme et sérénité pour un séjour dans la douceur du sud corrézien. 5 chambres spacieuses et lumineuses aux noms évocateurs des plus beaux villages de France de la région, allient le confort moderne au charme du passé.

Champagnac-la-Rivière - Haute Vienne (87)

Romanesque churches. Porcelain. Richard the Lionheart route. Woods, forests, lakes. Horse-riding nearby.

★ ***How to get there:*** *From Chalus (N21 Limoges-Périgueux), head for Nontron. As you leave Chalus after the railway bridge, take D42 for Cussac. Michelin map 325.*

This 15th-century château stands in flower-filled grounds on the border of Périgord Vert. The 400 hectares of forest around the château are ideal for ramblers. The bedrooms are beautifully decorated. Your hosts will be happy to give you advice on discovering the "Richard the Lionheart" historical route.

Château de Brie TH

87150 Champagnac-la-Rivière
Tél. 05 55 78 17 52 - Fax 05 55 78 14 02
Email : chateaudebrie@wanadoo.fr
www.chateaux-france.com
Comte et Comtesse du Manoir de Juaye

2 pers. 110 € - repas 40 €

4 chambres, toutes avec bains et wc. Ouvert du 1er avril au 15 novembre. Piscine, tennis, pêche et vélos dans la propriété. Restaurants sur place. ★ Eglises romanes, porcelaines, route Richard Cœur de Lion, bois, forêts, lacs. Equitation à proximité. **Accès :** de Chalus (N21 Limoges-Périgueux) prendre dir. Nontron. A la sortie de Chalus après le pont de chemin de fer direction Cussac D42. CM325.

Situé aux confins du Périgord Vert, ce château du XVe siècle est entouré d'un parc fleuri. Autour du château, un domaine forestier de 400 hectares propice à la randonnée. Les chambres sont joliment décorées, et vos hôtes vous donneront de précieux conseils pour découvrir la route historique "Richard Cœur de Lion".

Champsanglard - Creuse (23)

La Villa des Cagnes
Le Villard - 23220 Champsanglard
Tél. 06 82 07 14 15
Email : lescagne@wanadoo.fr
www.lavilladescagnes.com
Corinne Leroy

1 pers. 72 € - 2 pers. 80 € - 3 pers. 142 €

3 chambres et 1 suite avec TV et sanitaires privés. Ouvert durant les vacances scolaires. Petit déjeuner continental. Salle de jeux. Jardin, parc de 5000 m2. Piscine chauffée. Vélos. Restaurants 3 km. ★ Vallée des 3 Lacs, rivière 1re catégorie, tapisserie d'Aubusson. Randonnées pédestres, VTT et équestres. Lac, baignade, pêche 2 km. Tennis 5 km. Canoë-kayak 12 km. **Accès :** en venant de Paris, prendre l'autoroute A10 Orléans, A71 Vierzon, A20 Châteauroux-la-Souterraine puis N145 Guéret, dir. La Châtre. A 15 km à gauche Champsanglard.

Née de l'imagination d'un architecte amoureux de la nature, au cœur de la Vallée des 3 Lacs, La Villa des Cagnes est un ancien relais de chasse et de pêche de la fin du XIXe siècle. Dans un parc paysager aux arbres centenaires, cette demeure entièrement restaurée propose 3 jolies et 1 suite de charme. Une étape pour les amoureux de nature sauvage et reposante.

★Vallée des Trois Lacs, river (fishing permitted), Aubusson, tapestry capital. Hiking, cycling and horse-riding. Lake, bathing, fishing 2 km. Tennis 5 km. Canoeing 12 km.

*★ **How to get there:** From Paris, take A10 motorway for Orléans, A71 for Vierzon, A20 Châteauroux-la-Souterraine and N145 Guéret for La Châtre. 15 km on, turn left for Champsanglard.*

La Villa des Cagnes, the brainchild of a nature-loving architect, is a 19th-century hunting and fishing lodge set in the heart of Vallée des Trois Lacs. This extensively restored residence, in a landscaped park with centuries-old trees, offers three pretty bedrooms and a charming suite. An ideal staging post for nature lovers in a quiet, restful setting.

La Chapelle-St-Martial - Creuse (23)

Le Bourg -
23250 La Chapelle-Saint-Martial
Tél. 05 55 64 54 12
Alain Couturier

1 pers. 38/55 € - 2 pers. 45/60 € - p. sup. 12 €

1 chambre avec bain et 2 chambres avec douche, wc TV couleur pour chacune. Ouvert toute l'année. Pisci sur place. Restaurant à 6 km. Petits animaux admis s demande. ★ Pêche 2 km. Tennis 4 km. Baignade, équit tion 10 km. Golf 15 km. Vassivière-en-Limousin 35 k environ. Aubusson, capitale de la tapisserie 25 km. Vo 25 km. **Accès :** de Guéret, D941 dir. Bourganeuf-Tul A 22 km, à l'entrée de Pontarion, 1re à gauche, dir. Chapelle St-Martial à 6 km sur la D13.

Sur la route de la Tapisserie et de la Porcelai dans un village plein de charme au milieu de verdure, cette maison de caractère vous offr 3 chambres au décor raffiné : 2 dans l'habitati principale, la 3e indépendante donnant sur le jar et la piscine. Petit-déjeuner dans la salle à man ou sur la terrasse.

★Fishing 2 km. Tennis 4 km. Bathing, horse-riding 10 km. Sailing 25 km. Golf course 15 km. Vassivière-en-Limousin 35 km. Aubusson, tapestry capital, 25 km. Sailing 25 km.

*★ **How to get there:** From Guéret, D941 for Bourganeuf-Tulle. 22 km on, at entrance to Pontarion, 1st left for La Chapelle Saint-Martial 6 km on.*

This house of considerable character, on the tapestry and porcelain route, stands in leafy surroundings, and offers three bedrooms decorated with refinement. Two are in the main house, the third is self-contained and overlooks the garden and swimming pool. Breakfast is served in the dining room or on the terrace.

Collonges-la-Rouge - Corrèze (19)

★Quercy, Turenne and Curemonte, medieval cities. Dordogne Valley. Swimming pool and tennis court 2 km. Golf course, sailing and canoeing 20 km.

*★ **How to get there:** On A20 motorway, exit 52 for Collonges-la-Rouge. Follow signs in Collonges village.*

Brigitte and Pascal extend a warm welcome at this gorgeous Collonges house. A 15th-century tower shows the way to five comfortable, superbly decorated bedrooms. A charming garden guarantees complete peace and quiet in one of France's loveliest villages. You may, if you wish, enjoy a friendly evening meal with your hosts.

Jeanne TH
Le Bourg - 19500 Collonges-la-Rouge
Tél. 05 55 25 42 31 ou 06 86 70 63 53
Email : info@jeannemaisondhotes.com
www.jeannemaisondhotes.com
Brigitte et Pascal Monteil

1 pers. 80 € - 2 pers. 80 € - p. sup. 10 € - repas 32 €

5 chambres (non fumeur) avec TV, salle de bains et wc privés. Ouvert toute l'année. Petit déjeuner : viennoiseries, confitures maison, pâtisseries. Table d'hôtes (apéritif et vin compris). Cour, jardin. Restaurant "Le Cantou" à 100 m. ★ Quercy, Turenne et Curemonte, citées médiévales. Vallée de la Dordogne. Piscine et tennis 2 km. Equitation 6 km. Golf, voile, canoë 20 km. **Accès :** depuis l'autoroute A20, sortie 52 et suivre Collonges-la-Rouge. Aller jusqu'à Collonges, fléchage dans le village...

Brigitte et Pascal vous reçoivent avec gentillesse dans une ravissante maison de Collonges. Une tour du XVe s. guide vos pas vers 5 chambres confortables superbement décorées. Un charmant jardin de curé vous assure la tranquillité dans l'un des plus beaux villages de France. Le soir, si vous le souhaitez, vous partagerez avec vos hôtes un repas très convivial.

Cornil - Corrèze (19)

NOUVEAUTÉ

·eorges Brassens market, classical music festival at Sédières ·le and in the town of Brive. Fishing 1 km. Swimming, tree- ·nbing and golf 3 km. Horseriding 5 km. Hiking 4 km.

*·**low to get there:** Leave Brive on the N89, direction Tulle. ·ntinue for 15km and take exit Cornil. Turn right towards ·nil and the tourist centre of Cairoux.*

Lupronne is a house that was built by one of Napoléon's ·irals. From the bedrooms you can see the low, dry-stone ·s of 17th and 18th-century buildings. Meals are served in Cantou room which boasts a large 12th century fireplace. ·walking enthusiasts, picnic baskets are available on demand. ·ned holidays: "La Lupronne celebrates the cinema" and Day in Corrèze".

La Lupronne TH
Le Mons - 19150 Cornil
Tél. 05 55 27 26 47 ou 06 08 23 22 77
Email : lalupronne@free.fr
http://lalupronne.free.fr
Marie-Pascale Lesieur

1 pers. 55/67 € - 2 pers. 55/67 € - 3 pers. 77/78 € - repas 19/21 €

4 chambres et 2 suites avec sanitaires privés. Ouv. toute l'année. Petit déjeuner : jus d'orange, brioche et pain maison, breakfast 5 € suppl. (œufs brouillés). T. d'hôtes sur réservation : cuisine et pain cuit au four à bois du XVIIIe. Biblio., jeux de société. Jardin. Parc 5000 m². P-pong, salon de jardin, jeux ext. ★ Marché Georges Brassens, festival de musique classique du château de Sédières et de la ville de Brive. Pêche 1 km. Baignade, accrobranche et golf 3 km. Equitation 5 km. Randonnées 4 km. **Accès :** quitter Brive par la N89 dir. Tulle. Faire 15 km et sortir à Cornil. A droite dir. Cornil et centre touristique du Cairoux.

La Lupronne est une maison édifiée par un amiral de Napoléon. Les chambres donnent sur des murets de pierres sèches, bâtiments des XVIIe et XVIIIe siècles. Les repas sont pris dans la salle du Cantou avec sa grande cheminée XIIe. Pour vos promenades, paniers pique-nique sur demande. Séjours à théme : "La Lupronne fait son cinéma" et "Une Fournée en Corréze".

LIMOUSIN

Corrèze - Corrèze (19)

Rocamadour Brive, Beaulieu-sur-Dordogne, Collonges-la-Rouge, Turenne, Gimel-les-Cascades, Val château, Jacques Chirac Museum. Swimming, tennis and cycling 1 km. Horse-riding 8 km.

★ ***How to get there:*** *Limoges A20, exit 45 for Tulle (N120). 15 km on, head for Corrèze at 4th roundabout. From Clermont-Ferrand, exit 21 and head for Corrèze at roundabout.*

Le Parc des 4 Saisons is an inspiring haven of peace and quiet. This time-honoured family mansion, complete with barn, is set in a magnificent one-hectare garden. The five bedrooms are invitingly decorated with great artistry. Enjoy the swimming pool and sauna, and leave the strains of daily life behind with a heavenly massage. Rest and relaxation assured.

Le Parc des 4 Saisons TH
avenue de la Gare - 19800 Corrèze
Tél. 05 55 21 44 59
Email : annick.peter@wanadoo.fr
www.leparc.info
Peter et Annick Govaerts-Peeters

1 pers. 48/63 € - 2 pers. 55/75 € - p. sup. 20/25 € - repas 20/25 €

3 chambres, 1 suite et 1 loft avec sanitaires privés. Ouv. toute l'année (hiver sur résa.). Petit déj. : croissants, fromage, œufs, céréales... T. d'hôtes : magret de canard coulis figues et framboises, poulet au cidre... Parc 1 ha. Piscine. Sauna. Loc. vélos. Ateliers poterie/peinture enfants. Restaurants 200 et 500 m. ★ Rocamadour, Brive, Beaulieu-sur-Dordogne, Collonges-la-Rouge, Turenne, Gimel-les-Cascades, château de Val, musée de Jacques Chirac... Piscine, tennis et VTT 1 km. Equitation 8 km. **Accès :** Limoges A20, sortie 45, puis Tulle (N120). Après 15 km, prendre direction Corrèze au 4e rond point. Clermont-Ferrand, sortie n°21 puis au rond point prendre direction Corrèze.

Le parc des 4 Saisons est un lieu de repos et d'inspiration. L'ancienne maison de maître est entourée d'un magnifique parc de 1 ha. Les 5 chambres confortables sont décorées dans un style chaleureux avec un grain artistique. Profitez de la piscine, passez ensuite au sauna et enfin relaxez-vous pendant un massage. Détente et accueil chaleureux assurés.

Eymoutiers - Haute Vienne (87)

Vassivière Lake (1,000 hectares): sailing, bathing, etc. 20 km. Tennis court, swimming pool at Eymoutiers 8 km. Variety of hikes and bike rides in the surrounding area.

★ ***How to get there:*** *At Eymoutiers (45 km southeast of Limoges on D979), head for Chamberet, then Domps-Uzerche until you get to La Roche (8 km southeast of Eymoutiers on D30). Michelin map 325, fold H6.*

A warm welcome awaits you at this former coaching inn, set in a park of parkland. The invitingly and inventively decorated bedrooms are arranged in a separate building. Your host Michel, a painter and sculptor, will be happy to share his love of art and vintage cars with you. His works can be found both inside the house and outside.

La Roche TH
87120 Eymoutiers
Tél. 05 55 69 61 88
http://clos.arts.free.fr
Michel et Josette Jaubert

1 pers. 45 € - 2 pers. 55 € - 3 pers. 70 € - repas 18 €

2 chambres avec salle d'eau et wc privés. Ouvert tou l'année (l'hiver sur réservation). Salon avec chemin dans un corps de bâtiments indépendant réservé a hôtes. Cour, parc de 1 ha. Restaurants 8 km. Stage pei ture-sculpture (hors juillet/août). ★ Lac de Vassivi (1000 ha.) à 20 km : voile, baignade... Tennis, piscin Eymoutiers 8 km. Nombreuses randonnées pédestres VTT aux alentours. **Accès :** à Eymoutiers (45 km sud/est de Limoges par D979) prendre dir. Chambe puis Domps-Uzerche jusqu'à la Roche (8 km au sud/ d'Eymoutiers par D30). CM325, pli H6.

Dans un relais de diligence, sur un parc de 1 h tare, des chambres au décor original et chaleure sont aménagées dans un bâtiment indépenda Michel, peintre et sculpteur, vous fera partager passion pour l'art et les voitures anciennes. Œuv omniprésentes à l'intérieur comme à l'extérieu

LIMOUSIN

Feytiat - Haute Vienne (87)

★Musée de l'Evêché (large enamelwork collection, archaeology and Egyptology), National Ceramic Museum, aquarium, Book Festival (April). Hiking locally. Horse-riding 4 km. Swimming, golf 5 km. Fishing 7 km.

★ ***How to get there:*** *A20, exit 35 (Eymoutiers). D979 for 3 km. At the Feytiat sign, first left and D98A for 1 km. At the Puy Marot sign, 2nd turning on right. Michelin map 325, fold F6.*

You will find peace and tranquillity at this 16th-century priory overlooking the Valoine Valley, just 10 minutes from Limoges. The bedrooms are cosy and attractively decorated (handsome furniture, matching fabrics and fine objects). The owners will be delighted to share their passion for Limoges porcelain and the culinary arts with you. A charming address in a refined setting.

Prieuré du Puy Marot TH
allée du Puy Marot - 87220 Feytiat
Tél. 05 55 48 33 97 - Fax 05 55 30 31 86
Email : gerardchastagner@wanadoo.fr
Gérard et Mady Chastagner

1 pers. 58 € - 2 pers. 65 € - repas 28 €

3 chambres dont 1 suite familiale (4 pers.) avec sanitaires privés. Ouv. toute l'année. Petit déj. : viennoiseries, confitures maison... T. d'hôtes sur résa. : dîners raffinés servis dans de la porcelaine de collection. Biblio., piano. Parc 1 ha, tennis, vélo. Petite fermette 7 pers. tout confort dans bâtiment attenant ★ Musée de l'Evêché (riche collection d'émaux, salles archéologique et égyptienne), musée national de la Céramique, aquarium, fête du Livre (avril). Rand. sur place. Equit. 4 km. Piscine, golf 5 km. Pêche 7 km. **Accès :** A20, sortie n°35 (Eymoutiers), puis la D979 sur 3 km. Au panneau Feytiat, 1re route à gauche D98A sur 1 km. Au panneau Puy Marot, 2e chemin à droite. CM325, pli F6.

Surplombant la vallée, à 10 mn de Limoges, prieuré très calme du XVIe. Les chambres sont très chaleureuses et joliment décorées (mobilier, tissus coordonnés, objets...). Les propriétaires vous feront partager leur passion pour la porcelaine et les arts de la table (atelier de fabrication de porcelaine sur place). Une étape de charme dans un cadre raffiné.

Fromental - Haute Vienne (87)

mbazac Mountains. Saint-Pardoux Lake. Chateauponsac useum. Limoges, porcelain capital. Hiking and walking lly. Horse-riding 6 km. Tennis 7 km. Fishing 8 km. imming 9 km.

How to get there: *A20 motorway exit 24. At 1st ndabout straight on for Fursac. Drive 5km and left for "Gare Fromental". Drive 3km and take D51, direction Folles n left direction Montautre. Michelin map 325, fold F4.*

keep and machicolations of this Renaissance country sion, on the Creuse border, rise above a landscape of dows and woods. The charming interior has been lovingly rated with fine furniture and objects collected over many s. Your Italian-American hostess Norma offers tantalisingly ntive table d'hôtes meals and organises cookery, yoga and e classes.

Château de Montautre TH
87250 Fromental
Tél./Fax 05 55 76 69 81 ou 06 72 30 22 20
www.montautre.com
Norma Riva-Schipper

1 pers. 65 € - 2 pers. 80 € - 3 pers. 85 € - repas 25 €

4 chambres avec bains et wc privés. Ouvert d'avril à décembre. Petit déjeuner : confitures et pâtisseries maison, fruits... Table d'hôtes italo-américaine : spécialités de pâtes fraîches et pâtisseries typiques des USA. 2 saunas. Jardin, parc de 20 ha dont 10 boisés. Stages de yoga, danse et cuisine sur réservation. ★ Monts d'Ambazac. Lac de St-Pardoux. Musée de Chateauponsac. Limoges capitale des arts du feu... Randonnées sur place. Equitation 6 km. Tennis 7 km. Pêche 8 km. Piscine (9 x 4 m) sur place. **Accès :** A20 sortie n°24. Au rd point 1re à dte, tt droit, suivre Fromental dir. Fursac. 5 km et à gche dir. "gare de Fromental". Faire 3 km et prendre D51 dir. Folles puis à droite dir. Montautre. CM325, pli F4.

Aux confins de la Creuse, cette gentilhommière Renaissance dresse son donjon et ses mâchicoulis sur un paysage de prés et de bois. Décoration choisie avec de beaux meubles et objets collectionnés au fil du temps. Norma propose une table d'hôtes inventive et savoureuse et organise des stages de cuisine, de yoga et de danse.

Gentioux - Creuse (23)

**In Pallier: listed 12th-century chapel. Maison des Chevaliers, former knights' residence with medieval garden, pond (fishing), park. Vassivière Lake 13 km (fishing, bathing, sailing, golf). Tennis, riding, cycling 9 km. Hiking locally (8 circuits).*

*★ **How to get there:** At Gentioux, take D8 for Pigerolles-Feniers. Approx. 2 km on, turn left for Pallier.*

This attractive, listed building on the Millevaches Plain, built on the foundations of a commanderie, was the home of royal notaries in the 18th century. The façade, staircase and fireplaces attest to the craftsmanship of the famous Gentioux stone cutters. The five bedrooms all have their own style and boast period furniture.

La Commanderie TH
Pallier - 23340 Gentioux
Tél./Fax 05 55 67 91 73
www.pallier23.com
Esther et Mathieu Trosselo

1 pers. 47 € - 2 pers. 60 € - 3 pers. 65 € - p. sup. 10 € - repas 16 € - 1/2 p. 63 €

5 chambres avec salle de bains et wc privés. Ouvert toute l'année. Table d'hôtes : pâté aux pommes de terre, magret aux myrtilles, flognarde, tourte aux herbes, omelette aux cèpes. Cour, jardin médiéval, parc paysager. Parking. ★ A Pallier : chapelle du XIIe, maison des chevaliers, jardin médiéval, étang (pêche), parc. Lac de Vassivière 13 km (pêche, bain, voile, golf...). Tennis, équit., vélos 9 km. Randonnées sur place. **Accès :** à Gentioux, prendre la D8 direction Pigerolles-Feniers. A 2 km, tourner à gauche direction Pallier.

Sur le plateau de Millevaches, cette belle demeure (monument historique) fondée sur les bases d'une commanderie est devenue au XVIIIe siècle la maison de notaires royaux. La façade, l'escalier, les cheminées restent un modèle de l'art des célèbres tailleurs de pierre de Gentioux. Chaque chambre est personnalisée et meublée d'époque.

Isle - Haute Vienne (87)

**Limoges (porcelain capital), Porcelain and Enamel Museum, old town and cathedral. Oradour-sur-Glane and WWII memorial. Fishing 1 km. Tennis 2 km. Canoeing 8 km.*

*★ **How to get there:** From Limoges-Centre, take N21 for Aixe-sur-Vienne/Périgueux. Past Isle, drive 5 km and turn right at the car park. Turn right again for Limoges and drive 1 km. Michelin map 325, fold E6.*

A haven of peace and quiet awaits you just a stone's throw from Limoges, amid the Limousin pastures, where the view is punctuated only by centuries-old trees. This unique residence features authentic furniture, tapestries and trinkets that have been passed down through the centuries. In the summer months, the swimming pool in the garden is reason enough not to want to go home.

Château de la Chabroulie
87170 Isle
Tél./Fax 05 55 36 13 15 ou 06 77 04 87 09
Email : dls@chateau-chabroulie.com
www.chateau-chabroulie.com
Philippe et Bénédicte de la Selle

1 pers. 60 € - 2 pers. 70 € - 3 pers. 85 €

2 chambres et 2 suites avec sanitaires privés. Ouvert tou l'année. Petit déjeuner complet. Salon de télévisio Bibliothèque. Parc de 12 ha avec piscine, vélos, équit tion, randonnée. Restaurant à 2 km. ★ Limoges (capit des arts du feu), musées de la Porcelaine et des Emau ancienne cité et cathédrale. Oradour-sur-Glane (cen de la Mémoire). Pêche 1 km. Tennis 2 km. Canoë 8 k **Accès :** de Limoges-centre, prendre la N21 directi Aixe-sur-Vienne/Périgueux. Après Isle, faire 5 km prendre à droite au parking, puis à nouveau vers Limo pendant 1 km. CM325, pli E6.

Un havre de calme au plus près de Limoges, pla au milieu des pâturages du Limousin, où le reg n'est arrêté que par des arbres plusieurs fois cen naires. L'authenticité des lieux est unique, meub tapisseries, bibelots, ici les objets vivent et travers les siècles. En été, la piscine intégrée aux jard vous invitera à prolonger votre séjour.

Lissac-sur-Couze - Corrèze (19)

NOUVEAUTÉ

Causse Lake (watersports) 500 m. Five minutes from Brive-la-Gaillarde. Fishing 1 km.

★ ***How to get there:*** *A30, exit Brive sud and follow direction Lac du Causse/Lissac-sur-Couze.*

At the central point between the Dordogne, Lot and la Corrèze, sits the magestic Château de Lissac which can be dated back to the 12th, 15th and 18th centuries. Its five bedrooms and suite open their doors onto an impressive estate and a delightful region where the awesome beauty and tranquility will take your breath away. Here, you will receive a warm welcome to a charming property.

Château de Lissac
Le Bourg - 19600 Lissac-sur-Couze
Tél. 05 55 85 14 19 ou 06 75 24 06 31
Email : nellymathieu@wanadoo.fr
www.chateaudelissac.com
Catherine Meyjonade

2 pers. 110/120 €

5 chambres et 1 suite avec sanitaires privés et TV. Ouvert du 15 mars au 15 décembre. Petit déjeuner : pâtisseries, fruits, tartines, laitages... Salon de lecture. Cour, jardin. Parc de 1 ha. Terrasse ombragée, chaises longues. ★ Le Lac du Causse (sports nautiques) 500 m. Brive-la-Gaillarde à 5 mn. Pêche 1 km. **Accès :** A20, sortie Brive sud et suivre dir. Lac du Causse/Lissac-sur-Couze.

Au carrefour de la Dordogne, du Lot et de la Corrèze se dresse le majestueux château de Lissac des XIIe, XVe et XVIIIe siècles. Ses 5 chambres et sa suite vous ouvriront leurs portes au mileu d'un site et d'un paysage envoûtant où la beauté et le calme reignent en maîtres des lieux. Accueil chaleureux dans un cadre somptueux.

Lussat - Creuse (23)

4 km from Landes Lake (natural site). Extends over 250 [...]res and is home to many species of migratory birds. Fishing, [...]nis 4 km. Horse-riding, golf 7 km. Bathing 15 km. Cinema [...]d casino 10 km.

How to get there: *RN145. Turn off at Gouzon for Lussat [...]915). Take 3rd road on left to Puy-Haut. The residence is [...] last house in the village.*

[...]iking 14th-century Château de Puy-Haut was originally [...]t of the royal estates. Its high roof with dormer windows and [...] tiles is characteristic of the Bourbonnais area. Nadine and [...]ude guarantee a warm welcome and offer four spacious [...]rooms at the top of a magnificent polished wooden staircase [...]well as a ground-floor room overlooking the winter garden.

Puy-Haut TH
23170 Lussat
Tél. 05 55 82 13 07 - Fax 05 55 82 17 60
Email : puy-haut@wanadoo.fr
www.puy-haut.com
Nadine et Claude Ribbe

1 pers. 60 € - 2 pers. 63/67 € - 3 pers. 82 € - p. sup. 14 € - repas 22 € - 1/2 p. 82 €

5 chambres avec sanitaires privés (86/93 €/4 pers.)..Ouvert du 1/04 à la Toussaint, autres périodes sur résa. Table d'hôtes : lapin au cidre, gigot à l'ail, volailles fermières, terrine maison... Salon Louis XV (bibliothèque régionale). Jardin, piscine, parking, salle de jeux. (1/2 pens. 2 pers. : 101/105 €). ★ A 4 km l'étang des Landes (site lacustre naturel) accueille sur plus de 100 ha, de nombreux oiseaux migrateurs. Pêche, tennis 4 km. Equitation, golf 7 km. Baignade 15 km. Cinéma et casino 10 km. **Accès :** RN145. Sortir à Gouzon, dir. Lussat (D915). Prendre la 3e route à gauche qui mène à Puy-Haut. La demeure est la dernière maison du village.

Le château de Puy-Haut, ancien site seigneurial (XIV), appartenant au domaine royal. Sa haute toiture à lucarnes et tuiles plates est caractéristique du Bourbonnais. Nadine et Claude vous accueillent avec chaleur et vous proposent 4 vastes ch. à l'étage auxquelles on accède par un magnifique escalier en bois et 1 ch. au r.d.c. donnant sur le jardin intérieur.

Noailles - Corrèze (19)

NOUVEAUTÉ

Les Dépendances du Château

TH

place du 11 Novembre - 19600 Noailles
Tél. 05 55 85 85 11 ou 06 68 88 24 40
Email : jean.claude.gay@cegetel.net
Sylvie Gay

1 pers. 60 € - 2 pers. 60 € - 3 pers. 60/90 € - repas 20 €

4 chambres avec sanitaires privés (lit bébé à disposition). Ouvert toute l'année. Petit déjeuner : jus de fruits, croissants, confitures maison... T. d'hôtes sur réservation : cuisine corrézienne. Billard. Cour, jardin. Piscine, tennis. Restaurants à Brive (7 km). ★ Collonges-la-Rouge 15 km. Lascaux 35 km. Sarlat 45 km. Rocamadour, Padirac 50 km. Baignade, voile, pêche 5 km. Equitation, golf 7 km. Canoë 30 km. Sentiers pédestres sur place. **Accès :** A20, sortie n°52 Noailles, prendre à gauche dir. Collonges-Meyssac sur environ 800 m.

Dans cette magnifique demeure ayant appartenu aux Contes de Noailles, Sylvie et Jean-Claude vous ont aménagé 4 petits nids douillets et raffinés. Vous pourrez au retour de vos excursions, profiter de la piscine privée, du court de tennis ou de la salle de billard.

★Collonges-la-Rouge 15 km. Lascaux 35 km. Sarlat 45 km. Rocamadour, Padirac 50 km. Swimming, sailing, fishing 5 km. Horseriding, golf 7 km. Canoeing 30 km. Footpaths locally.

*★ **How to get there:** A20, exit n°52 Noailles. Turn left, direction Collonges-Meyssac for about 800 m.*

In this superb residence, that once belonged to the Contes de Noailles, Sylvie and Jean-Claude have 4 cosy and tasteful rooms available. When you get back here after a day of excursions you can make the most of the private swimming pool, tennis court or billiard room.

Objat - Corrèze (19)

Stahlhana

14, avenue R. Poincaré - 19130 Objat
Tél. 06 84 82 40 91 - Tél./Fax 05 55 25 58 42
Email : familledoucet@stahlhana.com
www.objat.com
Eric-Marie et Béatrice Doucet

1 pers. 53 € - 2 pers. 68 € - 3 pers. 82 € - p. sup. 18 €

2 suites 4 pers. et 1 chambre 2 pers. avec TV, tél bains, douche et wc privés. Ouvert toute l'année. Pet déjeuner : pâtisseries, entremets, confitures maison. Bibliothèque, salon, jeux de société. Parc de 2500 m Rivière (Loyre) avec poss. de pêche. Jeux ext. enfan Restaurants à proximité. ★ Haras Pompadour. Festival c la Vézère. Fête de la pomme à Objat. Foire du Livre Brive. Foires aux foies gras. St.Robert 12 km, Ségur-l Château 28 km. Piscine, tennis, pêche sur pl. Can 4 km. Voile 10 km. **Accès :** de Paris, A71 puis A Châteauroux-Limoges jusqu'à Brive, sortie Objat. I Toulouse, A20 Cahors-Brive sortie Objat puis D901.

Parée de vigne vierge, habillée de volets bordeau cette demeure restaurée du XIXe, aux allures manoir vous ouvre ses portes. La suite Pompado la suite Colette et la chambre de Beauvoir empru tent leurs noms aux femmes célèbres de Corrèze, l'occasion de partir à la découverte patrimoine secret de l'Yssandonnais.

★Pompadour Stud Farm. La Vézère Music Festival. Apple Festival in Objat. Brive Book Fair. Foie gras fairs. St-Robert 12 km. Ségur-le-Château 28 km. Swimming, tennis, fishing locally. Canoeing 4 km. Sailing 10 km.

*★ **How to get there:** From Paris: A71 and A20 Châteauroux-Limoges to Brive, Objat exit. From Toulouse, A20 Cahors-Brive, Objat exit and D901.*

With its Virginia creeper and burgundy shutters, this restored 19th-century manor, nestling midway between the Pompadour Stud Farm and Brive-la-Gaillarde, in Corrèze, opens its doors to you. The bedroom and two suites are named after famous local women: the Pompadour suite, the Colette suite and the Simone de Beauvoir room. This residence gives you a brilliant opportunity to explore the secrets of the Yssandonnais region.

Panazol - Haute Vienne (87)

Porcelain and Enamel Museum. Limoges, old city and cathedral. Saint-Léonard city. Hiking locally.

★ ***How to get there:*** *A20, exit 34 for Panazol. Past Panazol, turn left for Golf de la Porcelaine. By the entrance to the golf course, carry straight on and at the crossroads, road ahead. Michelin map 325, fold E5.*

Golfing enthusiasts Martine and Christian, and their son Cyril , have painstakingly restored this 18th-century manor house, on the edge of a magnificent golf course. Enjoy breathtaking views over the Vienne Valley. Keep in shape in the fitness room and, after a work-out, relax in the sauna and Jaccuzi.

Domaine de Forest - 87350 Panazol
Tél. 05 55 31 33 68 - Fax 05 55 31 85 08
Email : ch.hotes.forest@wanadoo.fr
www.domainedeforest.com
Christian et Martine Reiniche

1 pers. 85 € - 2 pers. 95 €

3 chambres et 2 suites avec sanitaires privés. Ouv. du 1.03 au 15.11. Petit déj. : jus de fruits, viennoiseries, confitures, charcuterie... Salle billard. Centre Fitness, sauna, jacuzzi. Piscine, tennis, green-fees à tarifs préf. Cour, parc 3 ha. Raison de sécurité, la maison ne convient pas aux enfts de - 6 ans. ★ Musées de la porcelaine et des émaux, ancienne cité et cathédrale de Limoges, cité de Saint-Léonard... Randonnées sur place. Restaurant 1 km. **Accès :** A20, sortie 34 puis dir. Panazol. Après Panazol, à gauche dir. Golf de la Porcelaine. Devant l'entrée du golf, continuer et au carrefour c'est la route en face. CM325, pli E5.

En lisière du magnifique parcours de golf de la Porcelaine, à proximité de Limoges, Christian, Martine et leur fils Cyril , passionnés de golf, ont restauré ce manoir du XVIIIe siècle, avec une vue imprenable sur la vallée de la Vienne. Vous pourrez vous remettre en forme grâce aux équipements : fitness, sauna, jaccuzi...

Parsac - Creuse (23)

NOUVEAUTÉ

Château de Boussac. Golf and tennis 10 km. Horseriding 0 km.

How to get there: *Half-way between Guéret and ontluçon. At Guéret, take direction Montluçon (N145). bout 10 km after Gouzon, take Parsac.*

a Maison Bleue, an old farmhouse on the edge of the hamlet Montignat, has been tastefully restored and offers three curious bedrooms. Make the most of Jean-Pierre's culinary ents through the gourmand meals he prepares. Bikes are ilable and are an ideal way to explore the beautiful and tected surrounding countryside.

La Maison Bleue - Montignat TH
23140 Parsac
Tél. 05 55 81 88 80 ou 06 10 26 87 19
Fax 05 55 81 86 69
www.la-maison-bleue-en-creuse.com
Graziella Pascal et Jean-Pierre Regnault

1 pers. 45 € - 2 pers. 65/75 € - 3 pers. 75/82 € - repas 21 €

1 chambre et 2 suites avec sanitaires privés. Ouv. toute l'année. Petit déjeuner : jus de fruits, yaourts, confitures maison, cake maison... T. d'hôtes : plats composés de viande et légumes de saison fermiers. Bibliothèque, jeux de société. Parc 2 ha. Etangs. Vélos. Restaurant à Chénérailles (10 km). ★ Château de Boussac. Golf et tennis 10 km. Equitation 20 km. **Accès :** situé à mi-chemin entre Guéret et Montluçon. A Guéret, prendre dir. Montluçon (N145). Après Gouzon à environ 10 km, prendre Parsac, dir. Cressat.

Au bout du hameau de Montignat, la Maison Bleue est une ancienne ferme creusoise restaurée avec goût. 3 chambres spacieuses de bon confort vous sont proposées. Vous profiterez du savoir culinaire de Jean-Pierre qui concocte une table gourmande. Des vélos sont à votre disposition pour faire de belles balades dans une campagne authentique et préservée.

St-Auvent - Haute Vienne (87)

★Cultural events at the Château: exhibitions, concerts. Meteorite and Contemporary Art Museums at Rochechouart. Bathing 5 km. Fishing, horse-riding 2 km. Tennis 100 m. Hiking 200 m.

★ ***How to get there:*** *At Limoges, head for Périgueux on N21. At Sereilhac, head for St-Laurent/Gorre and St-Auvent. 200m from the church, head for Rochechouart and straight on (driveway through the porch). Michelin map 325, fold C5.*

Perched on a granite ledge, 12th and 18th-century Château de Saint-Auvent overlooks a picturesque village. The drawing rooms and bedrooms are decorated with works by contemporary artists, who meet locally. The residence, a joyous blend of old and new, features a park with centuries-old yew and ash trees offering rest and relaxation.

Château de Saint-Auvent
87310 Saint-Auvent
Tél./Fax 05 55 48 13 62
Email : annickdebien@aol.com
www.saint-auvent.net
Pierre Debien

1 pers. 50 € - 2 pers. 60 € - 3 pers. 75 €

1 chambre et 1 suite de 2 chambres avec sanitaires privés. Ouvert du 15 juin au 1er octobre. Petit déjeuner : pain grillé, confitures, céréales, fruits... Salons, salle à manger. Cour, jardin, parc de 3 ha. Possibilité stages de gravure et peinture, rencontre avec des artistes. Restaurant gastronomique 200 m. ★ Manifestations culturelles au château (exposition, musique), musées de la météorite et de l'art contemporain à Rochechouart. Baignade 5 km. Pêche, équitation 2 km. Tennis 100 m. Randonnées 200 m. **Accès :** à Limoges, prendre dir. Périgueux par la N21. A Sereilhac, prendre dir. St-Laurent/Gorre puis St-Auvent. A 200 m de l'église, dir. Rochechouart, tout droit (allée passant sous un porche). CM325, pli C5.

Perché sur son éperon de granit, le château (XIIe et XVIIIe) domine un village pittoresque. C'est un lieu de rencontre d'artistes : les chambres et les salons sont décorés d'œuvres contemporaines à admirer. Une association heureuse d'ancien et de contemporain, le parc aux ifs et frênes centenaires font de ce lieu un endroit très reposant.

St-Bard - Creuse (23)

★Châteaux, Romanesque churches, Tapestry and Vintage Car Museums. Folk festivals, concerts and shows. Bathing, sailing 15 km. Fishing 500 m. Tennis, horse-riding 8 km. Hiking and cycling locally.

★ ***How to get there:*** *N141 Clermont-Ferrand/Limoges. 19 km before Aubusson, at "Chazepaud".*

This turn-of-the-century, neo-Renaissance "folly" stands in a vast park with century-old trees. The handsome and unusual residence, with Baroque lounges, Italian-style mosaics, Renaissance wainscoting and bedrooms boasting eclectic decoration, is a feast for the eyes. A must.

Château de Chazelpaud TH
23260 Saint-Bard
Tél. 05 55 67 33 03 ou 06 83 12 58 61
Fax 05 55 67 30 25
http://membres.lycos.fr/chazelpaud/
Madeleine et Patrick Albright

1 pers. 65 € - 2 pers. 70/115 € - 3 pers. 85/130 € - repas 25 €

4 ch. avec coin-salon et sanitaires privés et 1 suite avec bains et wc privés (4 pers. 110/145 €). Ouv. toute l'année. T. d'hôtes : courgettes farcies, paté de pommes de terre... TV, chaîne, piano à dispo. Parc, vélos, p-pong, jeux enfants. Piscine couverte chauffée, salles remise en forme balnéo, sauna, billard.. ★ Châteaux, églises romanes musées de la Tapisserie, des voitures de Prestige. Festivals folkloriques, concerts, spectacles. Baignade, voile 15 km Pêche 500 m. Tennis, équitation 8 km. Rand., vélos sur place. **Accès :** N141 Clermont-Ferrand-Limoges. 19 km avant Aubusson, au lieu-dit "Chazepaud".

Folie" néo-renaissance (début du siècle) entourée d'un vaste parc aux arbres séculaires. Cette belle demeure insolite, avec ses salons baroques, sa mosaïque à l'italienne, ses lambris Renaissance ses chambres au décor éclectique est à voir absolument. Une étape originale à ne pas manquer.

LIMOUSIN

St-Cernin-de-Larche - Corrèze (19)

★Sarlat, Rocamadour, Brive, Collonges-la-Rouge. Les Eyzies, Lascaux. St-Céré and Sarlat Music Festivals. Eyrignac and Imaginaire (Terrasson) gardens. Hiking and water sports. Golf.

*★ **How to get there:** From Brive, N89 for Périgueux until you get to Larche. At the lights, turn left for Lac du Causse (D19). At Laroche marble mason's, second right for Chavagnac (D59): Le Moulin is the last house on the left.*

Danielle and Michel extend a warm welcome at their 13th-century Cistercian mill, and gorgeous, restored barn (1693). The comfortable, individually appointed bedrooms with their elegant décor bear Danielle's signature. The imposing fireplaces and antique terra cotta pieces add to the charm of the residence and there is a spacious dining room where generous breakfasts are served. Admire the picturesque views of the tiny village of Laroche or the Cirque de la Doux cliffs.

Le Moulin Vieux de Laroche TH

Laroche - 19600 Saint-Cernin-de-Larche
Tél. 05 55 85 40 92 - Fax 05 55 85 34 66
Michel et Danielle Andrieux

1 pers. 55/73 € - 2 pers. 58/73 € - 3 pers. 70/80 € - repas 22 €

5 chambres avec TV, bains et wc privés et 1 suite avec douche et sanitaires privés. Ouvert du 1.04 au 15.11. Petit déjeuner : jus de fruits, viennoiseries, confitures maison... T. d'hôtes sur rés. : assiette magret, terrine maison, confit de canard, pommes sarladaises, desserts maison. . ★ Sarlat, Rocamadour, Brive, Collonges-la-Rouge... Les Eyzies, Lascaux... Festivals de St.Céré, Le Saillant, Sarlat... Jardins d'Eyrignac, de l'Imaginaire à Terrasson. Rand., sports nautiques. Golf. **Accès :** de Brive N89 vers Périgueux jusqu'à Larche. Au feu, à gauche dir. Lac du Causse (D19). A la marbrerie, 2e à droite vers Chavagnac (D59) : dernière maison à gauche.

Dans un cadre raffiné, vieux moulin cistersien du XIIIe et ancienne grange restaurée (1693) proposant des chambres confortablement aménagées et personnalisées par la maîtresse de maison. Les grandes cheminées et les terres cuites anciennes accentuent le charme de ces vieux bâtiments. Grande salle à manger où vous prendrez de copieux petits déjeuners.

St-Etienne-de-Fursac - Creuse (23)

Romanesque Creuse. 12th-century fortified churches. 'hâteaux. Aubusson tapestry-making. Porcelain-making. 'iking locally. Fishing 3 km. Bathing, horse-riding, swimming km.

***How to get there:** A20 motorway, Bessines-sur-Gartempe it. Take D4 for St-Etienne-de-Fursac, then D1, or N145 Souterraine and D1.*

'ose to a 13th-century Knights Templars' commanderie, along Santiago de Compostela pilgrimage route, Josette and minique offer their guests a warm welcome at their 18th-tury home, which was once a presbytery. This residence with rm boasts waxed parquet flooring, antique furniture and actively decorated bedrooms. You will enjoy the leafy secluded k and the breathtaking view it affords of the Ambazac untains.

La Cure TH

44, Paulhac - 23290 Saint-Etienne-de-Fursac
Tél. 05 55 63 36 02
Email : info@delacure.com
www.delacure.com
Josette et Dominique Basse

1 pers. 56/65 € - 2 pers. 62/70 € - p. sup. 19 € - repas 20 €

4 chambres 2 pers. (non fumeur) avec sanitaires privés. Ouv. toute l'année. Petit déj. : fruits frais, laitage, viennoiseries, confitures maison, œufs, charcuterie... T. d'hôtes : terrines, spécialités creusoises, pâtisseries maison. Salon, cheminée, biblio. Lit bébé. Cour, parc. (12 €/enft. 4 à 10 ans - 10 €/repas). ★ Circuit de la Creuse Romane. Eglises fortifiées du XIIe. Châteaux. Rte de la Tapisserie d'Aubusson, de la Porcelaine. Randonnées sur place. Pêche 3 km. Tennis 4 km. Baignade, équitation, piscine 5 km. **Accès :** A20 sortie Bessines-sur-Gartempe, puis D4 vers St.Etienne-de-Fursac et D1 ou N145 La Souterraine puis D1.

Près de la Commanderie des templiers du XIIIe, sur la Rte de St-Jacques-de-Compostelle, Josette et Dominique reçoivent chaleureusement leurs hôtes dans un ancien presbytère du XVIIIe. Demeure de charme avec parquets, meubles anciens et chambres joliment décorées. Vous apprécierez le parc arboré protégé des regards extérieurs et la vue imprenable qu'il offre.

St-Hilaire-le-Château - Creuse (23)

La Chassagne
23250 Saint-Hilaire-le-Château
Tél. 05 55 64 55 75 - Fax 05 55 64 90 92
Marie-Christine Fanton
m.fanton@tiscali.fr

1 pers. 90 € - 2 pers. 95/110 € - 3 pers. 110 €

★Walks. Fishing locally. Horse-riding 3 km. Vassivière Lake (fishing, bathing, sailing) 27 km. Aubusson (tapestry capital) 24 km.

★ ***How to get there:*** *At St-Hilaire-le-Château, take N41 for Aubusson, and 1st right (D10) for Chavanat, then 1st right for "La Chassagne".*

Magnificent 15th and 17th-century château overlooking the Thaurion Valley, set in 5 hectares of wooded grounds, by a trout-filled river. A winding, stone staircase leads to two handsome bedrooms, a charming suite and breathtaking views. There is a fourth bedroom on the ground floor. The little guardhouse in the grounds has been converted into a suite for two to four guests.

3 chambres dont 1 classée 3 épis et 2 suites avec sanitaires privés, TV. Ouvert toute l'année. Petit déjeuner : viennoiseries, confitures maison, miel de pays, fruits... Parc de 5 ha., rivière à truites (le Thaurion) plan d'eau. Restaurant à St-Hilaire-le-Château 3 km. ★ Promenades. Pêche sur place. Equitation 3 km. Lac de Vassivière (pêche, baignade, voile...) 27 km. Aubusson (capitale de la Tapisserie) 24 km. **Accès :** à St-Hilaire-le-Château prendre la N41 dir. Aubusson, puis 1re à droite (D10) dir. Chavanat, puis 1re à droite dir. "La Chassagne".

Magnifique château (XVe-XVIIe) surplombant la vallée du Thaurion, entouré d'un parc boisé de 5 ha et bordé d'une rivière à truites. Un escalier à vis en pierre mène à 2 belles ch. et 1 suite pleine de charme et à la vue imprenable ; la 4e chambre est au rez-de-chaussée. Dans le parc, la petite maison de garde a été aménagée en suite pour recevoir 2 à 4 pers.

St-Junien-les-Combes - Haute Vienne (87)

Château de Sannat TH
Sannat - 87300 Saint-Junien-les-Combes
Tél. 05 55 68 13 52 - Fax 05 55 60 85 51
Email : labeljack@aol.com
www.chateausannat.com
Comte et Comtesse Jacques de Ste-Croix

2 pers. 120 € - p. sup. 20 € - repas 40 €

★St-Eutrope Chapel, Ascension Day annual pilgrimage destination. Monts-de-Blond and nature conservation area, 100 km of paths for discovering legendary stones and megalithic sites.

★ ***How to get there:*** *A20 motorway, exit 23.1, Châteauponsac D711 and Rancon D1 for Bellac. 1500 m past Rancon, take D72 for St-Junien-les-Combes. Sannat is 4 km up on the right. Michelin map 325, fold D4.*

Brousseau-style Château de Sannat dates from the 18th century. This handsome residence is renowned for its outstanding setting, which affords panoramic views over and beyond its vast grounds with formal hanging gardens (winner of the Gardener of the Year Award 2003). The refined décor of the vast bedrooms, which look out onto the five-hectare grounds with swimming pool and tennis court, is a feast for the eyes.

4 chambres avec sanitaires privés. Ouv. de mai à no (autres périodes sur rés.). Petit déjeuner gourmand T.d'hôtes (cuisine du terroir, produits bio) servie dans salle à manger du Troubadour (rés. 48 h/avance). Salo Louis XVI et bibliothèque à votre disposition. Tennis piscine privés. Balades sur le domaine. ★ Chapelle S Eutrope, lieu de pèlerinage annuel, le jour de l'Ascensio Mts-de-Blond : nature protégée, 100 km de sentiers po découvrir pierres à légende et sites mégalithiqu **Accès :** autoroute A20, sortie 23.1, Châteaupons D711, puis Rancon D1 dir. Bellac à 1500 m, ap Rancon, prendre D72 dir. St-Junien-les-Combes. San se trouve à 4 km sur la droite. CM325, pli D4.

Le château de Sannat, dans le style Brousseau, d'époque XVIIIe. Cette belle demeure est répu pour son site exceptionnel qui offre un large pa orama au-delà de son vaste parc avec jar suspendu à la française (prix jardinier 2003). V appréciez la décoration des très belles chamb qui ouvrent sur un parc de 5 ha, avec piscine tennis.

LIMOUSIN

St-Just-le-Martel - Haute Vienne (87)

★International Comic Book Fair at St-Just-le-Martel. Limoges: enamels and china. St-Léonard medieval city. Golf course 4 km. Horse-riding 3 km. Tennis court 2 km.

★ ***How to get there:*** *N141, between Limoges and St-Léonard, head for St-Just on D44. Drive approx. 1.3 km, past "La Chèze", and first right for 1 km. At crossroads, turn left. 500 m on, enter driveway alongside the old wall.*

The romantic bridge crossing a river, which runs through a three-hectare park replete with rare essences, leads to an island, where kingfishers keep watch. The beautifully proportioned orangery beckons rest and reverie, perhaps inspired by Molière. The interior is a harmonious blend of period and modern furniture, with elegant appointments.

Le Breuil Lavergne -
87590 Saint-Just-le-Martel
Tél./Fax 05 55 09 26 91
Email : helene.toucas@laposte.net
Hélène Toucas

1 pers. 65 € - 2 pers. 75 €

1 chambre et 1 suite de 2 chambres avec salon, chacune avec sanitaires privés. Ouvert toute l'année. Petit déjeuner : jus de fruits, confitures, miel, viennoiseries... Pêche en rivière. Parc de 3 ha. ★ Salon international de la BD à St-Just-le-Martel, Limoges (émaux, porcelaine), cité médiévale de St-Léonard... Golf 4 km. Equitation 3 km. Tennis 2 km. **Accès :** N141 entre Limoges et St-Léonard, prendre dir. St-Just par D44. Faire environ 1,3 km après "La Chèze", puis 1re à droite sur 1 km. Au croisement, à gauche sur 500 m. Entrer dans l'allée longeant le vieux mur.

Offrez-vous l'immense plaisir de vous ressourcer dans un parc aux essences rares. Imprégnez-vous de la sérénité de la rivière anglaise et empruntez ses ponts. Prélassez-vous dans l'orangerie au parfums du Midi. Emerveillez-vous devant ce beau château où Molière séjournat. Dormez dans les chambres si joliment décorées et que vos rêves deviennent réalité.

St-Pardoux-le-Neuf - Creuse (23)

NOUVEAUTÉ

Aubusson (capital of tapestry) 6 km. Regional Natural Park Millevaches. Tennis 6 km. Horse-riding 15 km.

How to get there: *From Aubusson take direction Clermont rrand (N141). Don't take direction St-Pardoux-le-Neuf, go aight on and turn right "Les Vergnes".*

ı the edge of Aubusson, the capital of tapestry, Sylvie and trick welcome you to their 17th and 18th-century property, nplete with pigeon tower, pond and two private swimming ls. During your stay at this charming residence, be sure to your tastebuds be tickled by the delicious cusine.

Les Vergnes TH
23200 St-Pardoux-le-Neuf
Tél. 05 55 66 23 74 - Fax 05 55 67 74 16
Sylvie et Patrick Dumontant

1 pers. 47/65 € - 2 pers. 56/78 € - 3 pers. 87 € - repas 16/24 €

6 chambres avec sanitaires privés et TV. Ouv. du 1/04 au 31/10. Petit déjeuner : brioche, yaourt, confiture maison, jus d'orange... T. d'hôtes : foie gras au pain d'épices, saumon citron vert, poulet au vinaigre... Biblio., TV, cheminée. Cour, parc. Piscine plein air + piscine couverte. Etang (pêche). Restaurants 6 km. ★ Aubusson (capitale de la tapisserie) 6 km. Parc Naturel Régional de Millevaches. Tennis 6 km. Equitation 15 km. **Accès :** d'Aubusson, prendre dir. Clermont Ferrand (N141). Ne pas prendre la dir. St-Pardoux-le-Neuf, continuer et prendre à droite "Les Vergnes".

Aux portes d'Aubusson, capitale de la Tapisserie, Sylvie et Patrick vous accueillent dans leur propriété des XVIIe et XVIIIe siècles, avec un pigeonnier, un étang et deux piscines. Le délicieuse cuisine proposée à cette adresse ravira vos papilles...

St-Silvain-Bellegarde - Creuse (23)

NOUVEAUTÉ

Swimming, bathing 5 km. Horseriding 7 km. Tennis and hiking 3 km.

★ ***How to get there:*** *From Aubusson, take direction Clermont Ferrand (N141) then direction Bellegarde-en-Marche. From Bellegarde, follow direction "La Villetelle".*

Irène and Gérard welcome you to the Trois Ponts, an 18th-century mill that rests on the bank of the La Tardes river. In this calm, leafy setting, there are five comfortable bedrooms and a private swimming pool available. Breakfast is served at the family table or on the terrace. This is an ideal place to relax and enjoy the peace and quiet of a truly wonderful region.

Les Trois Ponts TH
23190 St-Silvain-Bellegarde
Tél./Fax 05 55 67 12 14
Email : info@lestroisponts.nl
www.lestroisponts.nl
Irène et Gérard Van Ipenburg

1 pers. 50 € - 2 pers. 70 € - 3 pers. 105 € - repas 22.50 € - 1/2 p. 57.50 € - pens. 70 €

4 chambres et 1 suite avec sanitaires privés. Ouv. du 1/03 au 1/12. Petit déjeuner : jus d'orange, pain complet, confitures maison, fromage blanc... T. d'"hôtes savoureuse. Bibliothèque, jeux de société. Parc de 3 ha. Piscine. Terrain de boules. Parking privé. Pêche dans la Tardes. Restaurants à Mautes (7 km). ★ Baignade 5 km. Equitation 7 km. Tennis et randonnées 3 km. **Accès :** d'Aubusson, prendre dir. Clermont Ferrand (N141) puis dir. Bellegarde-en-Marche. A Bellegarde prendre dir. "La Villetelle".

Irène et Gérard vous accueillent aux "Trois Ponts", ancien moulin du XVIIIe siècle, situé au bord de la rivière "La Tardes". Au calme, dans ce cadre de verdure, 5 chambres très confortables et une piscine pour vos moments de détente sont à votre disposition. Le petit déjeuner est servi à la table familiale ou sur la terrasse.

Segonzac - Corrèze (19)

LIMOUSIN

St-Robert, Curemonte, Pompadour Stud Farm, Hautefort Château, Donzenac, etc. Fishing 1 km. Bathing 7 km. Horseriding and tennis 3 km.

★ ***How to get there:*** *From Objat, take D17 for St-Robert and Segonzac.*

Welcome to Laurégie. Christine and Jacques extend a generous hospitality to guests at their Corrèzes barn, in which they have arranged three comfortable bedrooms. Make the most of an invigorating break in this uniquely authentic region of France, at the crossroads of the Périgord and Limousin.

Pré Laminon
Laurégie - 19310 Segonzac
Tél. 05 55 84 17 39 ou 06 30 56 30 18
Email : prelaminon@wanadoo.fr
www.prelaminon.com
Payot Christine et Derrien Jacques

1 pers. 40/50 € - 2 pers. 52/60 € - 3 pers. 67/80 €

3 chambres avec sanitaires privés. Ouvert du 1er février a 30 octobre. Petit déjeuner : brioche, viennoiseries, conf tures maison, jus d'orange frais... Salle (réfrigérateu micro-ondes, gaz) avec table et bancs pour petits déje ners. Jardin, parking. Piscine. Chaises longues. Restaurar à 3 km. ★ St-Robert, Curemonte, haras de Pompado château de Hautefort, Donzenac... Pêche 1 km. Baigna 7 km. Equitation et tennis 3 km. **Accès :** d'Objat, il f suivre la D17 direction St-Robert puis Segonzac.

Bienvenue à Laurégie ! Christine et Jacques serc heureux de vous accueillir dans leur grange corr zienne où sont aménagées 3 confortables chambr A la croisée du Périgord et du Limousin, vc pourrez profiter d'un séjour revivifiant dans ce région unique et authentique, avec diverses activi et nombreux sites touristiques.

Tudeils - Corrèze (19)

★Beaulieu nearby. Swimming pool, fishing and canoeing. Collonges-la-Rouge, Turenne, places of interest in Haut Quercy, Rocamadour and Padirac.

★ ***How to get there:*** *From Tulle, head for Beaulieu on D940. A20, exit 52 for Beaulieu 25 km.*

This handsome 18th-century château with courtyard, garden and extensive shaded grounds, stands in a country setting, close to the Dordogne Valley. Three bedrooms and a suite await your arrival. Guests have full use of a lounge with TV, fridge and microwave oven. A relaxing and peaceful break in enchanting surroundings.

Château de la Salvanie
Ancien Bourg - 19120 Tudeils
Tél. 05 55 91 53 43
Edmond Poujade

1 pers. 45 € - 2 pers. 55 € - 3 pers. 65 € - p. sup. 10 €

3 chambres et 1 suite de 2 ch. (80 €), avec sanitaires privés. Ouv. du 1.04 au 1.10. Petit déj. servi en terrasse : jus de fruits, croissants, confitures maison, fruits, laitages... Vaste pièce à la disposition des hôtes avec salon, TV, réfrig. et m-ondes. Cour, jardin et grand terrain. Restaurants à Beaulieu. ★ Beaulieu à proximité (piscine, pêche, canoë). Collonges-la-Rouge, Turenne, curiosités du Haut Quercy, Rocamadour, Padirac... **Accès :** de Tulle en direction de Beaulieu, sur la D940. A20 sortie 52 puis dir. Beaulieu (25 km).

A proximité de la vallée de la Dordogne, dans un cadre champêtre, beau petit château du XVIIIe entouré d'un parc ombragé. Les chambres sont spacieuses avec un joli mobilier ancien et une splendide vue sur la vallée. La grande salle à manger, toute en boiserie, l'escalier en pierre donnent à cette demeure beaucoup de charme. Idéale pour découvrir la région.

Turenne - Corrèze (19)

★Turenne, Collonges-la-Rouge, Curemonte and Rocamadour villages. La Fage caves (on foot), Lacave caves (by train), Padirac (by boat). Lascaux and Sarlat.

★ ***How to get there:*** *On A20 (Paris-Toulouse), exit 52. Drive through Noailles and follow signs. In Turenne, head for the castle and stop when you get to the first square.*

Martine and Denis extend a warm welcome at their residence in one of France's finest villages, under the protective eye of Turenne Castle. Clos Marnis was built by the White Penitents Brotherhood during the Sun King's reign. You will discover two superb, tastefully restored bedrooms in the main house, and four charmingly appointed new bedrooms in the annexe.

Clos Marnis TH
Le Bourg - 19500 Turenne
Tél. 05 55 22 05 28 ou 06 08 22 69 15
Email : henry.sourzat@wanadoo.fr
Denis Sourzat

2 pers. 55/77 € - p. sup. 12 € - repas 16/22 €

6 chambres avec sanitaires privés : 2 dans la demeure du prop. et 4 dans une annexe, toutes donnant sur la jardin. Ouvert du 1.04 au 12.11. Petit déjeuner : confitures/pâtisseries maison, jus d'orange... T. d'hôtes sur réservation. Jardin calme avec salon et vue sur le château. Restaurants sur place et 2 km. ★ Villages de Turenne, Collonges-la-Rouge, Curemonte, Rocamadour. Grottes de La Fage (à pied), Lacave (en train), Padirac (en barque). Lascaux-Sarlat. **Accès :** sur A20 (Paris-Toulouse) sortie n°52. Traversez Noailles et suivrez les panneaux. Dans Turenne, montez vers le château et arrêtez-vous sur la 1re place.

Dans un des plus beaux villages de France et sous la protection de son château, Martine et Denis vous reçoivent avec gentillesse dans leur demeure construite par la confrérie des Pénitents Blancs sous le règne du roi Soleil. Vous découvrirez dans celle-ci, 2 magnifiques chambres restaurées avec goût, dans son annexe 4 chambres récentes pleines de charme.

Turenne - Corrèze (19)

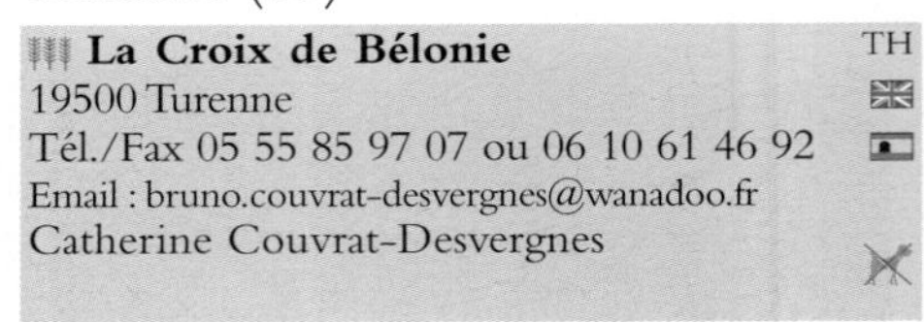

La Croix de Bélonie TH
19500 Turenne
Tél./Fax 05 55 85 97 07 ou 06 10 61 46 92
Email : bruno.couvrat-desvergnes@wanadoo.fr
Catherine Couvrat-Desvergnes

1 pers. 50 € - 2 pers. 57 € - repas 20 €

★Rocamadour, Padirac, Sarlat. Châteaux, museums, gardens, St-Céré and Vézère Festivals. Dordogne Valley. Pompadour Stud Farm. Brive markets. Hiking locally. Tennis 5 km. Horse-riding centre, sailing 10 km. Canoeing 20 km. Golf course 15 km.

*★ **How to get there:** A20 motorway, exit 52. Drive through Noailles and follow signs. In Turenne, drive up to the church and drive down the road on the right for 200 m. First turning on the right.*

On a hill surrounded by meadows, this former bell foundry, built in 1830, affords outstanding views of Turenne Castle and unspoilt countryside where time seems to stand still. The intricate décor exudes refinement. Your hostess provides a warm welcome and will be happy to share her extensive knowledge of the area, to help you make the most of your stay here. An ideal destination for a peaceful, refreshing break away from it all.

3 chambres avec sanitaires privés. Ouv. toute l'année. Petit déjeuner : jus de fruit, pâtisseries et confitures maison, laitages, fruits du verger. T. d'hôtes sur résa. : produits fermiers, recettes limousines. Salon. Bibliothèque régionale. M-ondes et réfrigérateur à disposition. Jardin 1 ha. Piscine (eau salée). ★ Rocamadour, Padirac, Sarlat à prox. Châteaux et musées, jardins. Festival de St.Céré, de la Vézère... Descente de la Dordogne. Haras Pompadour. Marchés de Brive. Rand. sur pl. Tennis 5 km. Equit., voile 10 km. **Accès :** autoroute A20, sortie 52. Traverser Noailles et suivre les panneaux. Dans Turenne, monter jusqu'à l'église puis descendre à droite sur 200 m : 1er chemin à droite.

Au bout du chemin, sur une colline entourée de prairies, cette ancienne fonderie de cloches (1830) vous offre un calme absolu et une vue exceptionnelle sur le château de Turenne et sur la campagne préservée. La disponibilité de votre hôtesse et ses connaissances vous guideront dans vos découvertes. La sérénité des lieux est propice au ressourcement.

Vallière - Creuse (23)

NOUVEAUTÉ

La Ferme de la Lombrière
23120 Vallière
Tél. 05 55 66 94 41
Frédérique et Yannick Crouteix

1 pers. 38 € - 2 pers. 53 € - 3 pers. 61 €

★Halfway between Aubusson (capital of tapestry) and the Vassivières lake. Horse-riding 3 km. Swimming, bathing 9 km. Watersports 15 km. Tennis locally.

*★ **How to get there:** From Aubusson, head in the direction of Limoges (N141) for 10 km then turn left towards Vallières (D7). Vallières is 7 km away.*

Frédérique, Yannick and their two young sons warmly welcome you to their home, a house that dates back to the 1930s. This residence is a working farm and you cannot help but fall in love with the quality furniture and the carefully decorated interior.

4 chambres avec sanitaires privés. Ouv. toute l'année. Petit déjeuner : jus de fruits, confitures maison, gâteaux traditionnels et maison, fruits... Salon avec bibliothèque. Cuisine à disposition. Cour, jardin. Jeux pour enfants. Vélos. Parking. Restaurant dans le bourg. Animaux admis sur demande. ★ A mi-chemin entre Aubusson (capitale de la tapisserie) et du Lac de Vassivières. Equitation 3 km Baignade 9 km. Plan d'eau 15 km. Tennis sur place **Accès :** d'Aubusson, prendre dir. Limoges (N141) sur 10 km et tourner à gauche dir. Vallières (D7). Vallières est à 7 km.

C'est au sein de leur exploitation agricole qu Frédérique, Yannick et leurs deux petits garçons se feront un plaisir de vous accueillir dans leur maison datant de 1930. Vous serez séduits par le mobi lier de qualité et par la décoration intérieure soignée.

LIMOUSIN

Veyrac - Haute Vienne (87)

La Grange Perçée
Grand Moulin - 87520 Veyrac
Tél. 05 55 03 11 87 ou 06 63 79 30 28
Email : gisele.doridant@wanadoo.fr
Guy et Gisèle Doridant

1 pers. 49 € - 2 pers. 54 € - 3 pers. 66 €

3 chambres avec sanitaires privés. Ouv. de Pâques à la Toussaint. Petit déj. : brioches, jus de fruits, confitures maison, miel de la propriété. Parc de 8500 m². Cuisine d'été et barbecue à disposition. Réduc. 10 % pour 3 nuits ou plus. On ne fume pas dans la maison. ★ En mai : festival Veyracomusies. Oradour-sur-Glane, centre de la mémoire à 6 km. Monts de Blond 12 km. Tennis 1 km. Pêche 6 km. Equitation 1 km. Baignade 12 km. Restaurants entre 1 et 5 km. **Accès :** à 14 km à l'ouest de Limoges. Sur la N141, à "Beauvalet", dir. Oradour-sur-Glane (D9). Au "Gd Moulin", propriété à gauche juste après le petit pont vert (ne pas aller sur Veyrac). CM 325, pli D5.

Au bord de la RD9, dans un cadre de verdure bordé par un ruisseau, maison du XVIIIe avec grange entièrement restaurée dans laquelle sont aménagées les chambres. Une belle allée de charmilles donne un côté romantique au parc.

★Veyracomusies Music Festival in May. Oradour-sur-Glane town and Centre de la Mémoire (museum and memorial to WWII massacre) 6 km. Monts de Blond conservation area 12 km. Tennis 1 km. Fishing 6 km. Horse-riding 10 km. Bathing 12 km.

*★ **How to get there:** 14 km west of Limoges, on N141. At "Beauvalet", head for Oradour-sur-Glane (D9). At "Grand Moulin", straight on for 1 km. On the left just past the small green bridge, before Veyrac. Michelin map 325, fold D5.*

This 18th-century house, close to the RD9 secondary road, is set on a verdant 8,500 m² estate, originally a farm, with a stream running by it. The bedrooms have been arranged in the fully restored barn. A large swimming pool, ponds and a small lake enhance the property's intrinsic beauty. A tree-covered walkway adds a romantic touch to the park. Simply charming.

Vitrac-sur-Montane - Corrèze (19)

Domaine du Mons TH
Le Mons - 19800 Vitrac-sur-Montane
Tél. 05 55 27 60 87 ou 06 62 85 70 76
Email : raphaelledeseilhac@yahoo.fr
www.vacances-en-correze.com
Raphaëlle de Seilhac

1 pers. 45 € - 2 pers. 51 € - repas 19 €

4 chambres avec sanitaires privés. Ouvert toute l'année. Petit déjeuner : céréales, confitures maison, miel... T. d'hôtes : agneau, omelette aux cèpes, volailles (poulet, canard, oie) de l'exploitation. Salon (piano, Hifi, TV, magnétoscope, biblio.), salle à manger. Parc 6 ha. Restaurants 3 km. ★ château de Sédières, cascades de Gimel, massif des Monétières, musée Jacques Chirac, centre découverte du moyen-âge... Tennis 3 km. Baignade 9 km. Equitation 15 km. Piscine 13 km. Pêche 1 km. **Accès :** à la gare d'Eyrein (N89), tourner en dir. de Vitrac. Faire 1 km au lieu-dit "Le Mons", prendre à droite et allée à droite.

Au cœur de la Corrèze, la demeure construite en 1620, chargée d'histoire, comprend 4 chambres spacieuses et confortables. Vous pourrez flâner dans la ferme où cohabitent de nombreux animaux, et profiter des senteurs du potager. Vous partagerez la table de Raphaëlle qui vous expliquera ses pratiques agricoles et ses engagements sur le territoire.

★Sédières Château, Gimel waterfalls, Monétières Massif, acques Chirac Museum, medieval discovery centre, etc. Tennis ourt 3 km. Bathing 9 km. Horse-riding 15 km. Swimming ool 13 km. Fishing 1 km.

***How to get there:** From Eyrein railway station (N89), ead for Vitrac. 1 km on, at "Le Mons", turn right and right gain into driveway.*

)omaine du Mons is ideally situated for exploring the Corrèze. he residence, built in 1620, is steeped in history and offers ur very spacious, comfortable bedrooms. Take relaxing strolls rough the farm, home to a variety of animals, or in the garden here the vegetable patch fills the air with gentle fragrances. In e evening, you can eat with Raphaëlle, your host, who will only to happy to explain the workings of her farm. This is superb and extremely friendly place.

LIMOUSIN

MIDI-PYRÉNÉES

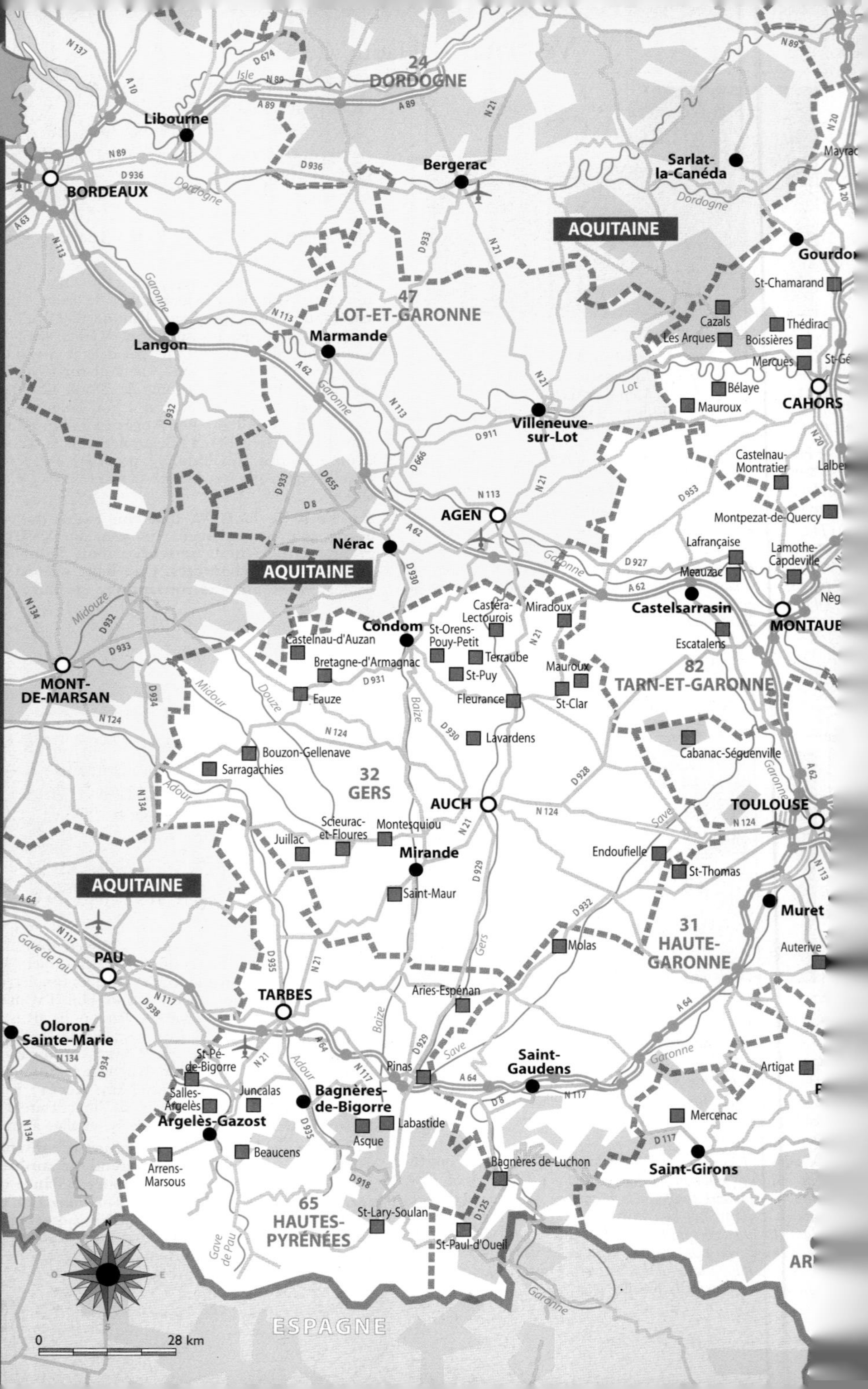

24 DORDOGNE
Libourne
Bergerac
Sarlat-la-Canéda
Mayrac
BORDEAUX
AQUITAINE
Gourdon
St-Chamarand
47 LOT-ET-GARONNE
Cazals
Thédirac
Les Arques
Boissières
Langon
Marmande
Mercuès
St-Gé
Bélaye
CAHORS
Mauroux
Villeneuve-sur-Lot
Castelnau-Montratier
Lalbe
AGEN
Montpezat-de-Quercy
Nérac
Lafrançaise
Lamothe-Capdeville
AQUITAINE
Meauzac
Nèg
Castelsarrasin
MONTAUB
Castéra-Lectourois
Miradoux
Condom
St-Orens-Pouy-Petit
Castelnau-d'Auzan
Escatalens
Terraube
MONT-DE-MARSAN
Bretagne-d'Armagnac
St-Puy
Mauroux
82 TARN-ET-GARONNE
Eauze
Fleurance
St-Clar
Lavardens
Bouzon-Gellenave
Cabanac-Séguenville
Sarragachies
32 GERS
AUCH
TOULOUSE
Scieurac-et-Floures
Montesquiou
Juillac
Mirande
Endoufielle
St-Thomas
AQUITAINE
Saint-Maur
Muret
Molas
31 HAUTE-GARONNE
Auterive
PAU
TARBES
Aries-Espénan
Oloron-Sainte-Marie
St-Pé-de-Bigorre
Pinas
Saint-Gaudens
Artigat
Juncalas
Salles-Argelès
Bagnères-de-Bigorre
Argelès-Gazost
Labastide
Asque
Mercenac
Beaucens
Saint-Girons
Arrens-Marsous
Bagnères de-Luchon
65 HAUTES-PYRÉNÉES
St-Lary-Soulan
St-Paul-d'Oueil
AR
ESPAGNE

Isle, Dordogne, Garonne, Lot, Midouze, Midour, Douze, Baïze, Adour, Save, Gers, Gave de Pau

N 137, A 10, D 674, N 89, A 89, N 21, N 20, D 936, A 63, N 113, D 933, D 932, A 62, D 911, D 666, D 655, D 8, D 930, D 953, D 927, N 134, D 934, N 124, D 931, D 928, D 929, D 935, A 64, N 117, D 938, A 64, D 918, D 125, D 117

N, O, E, S

0 — 28 km

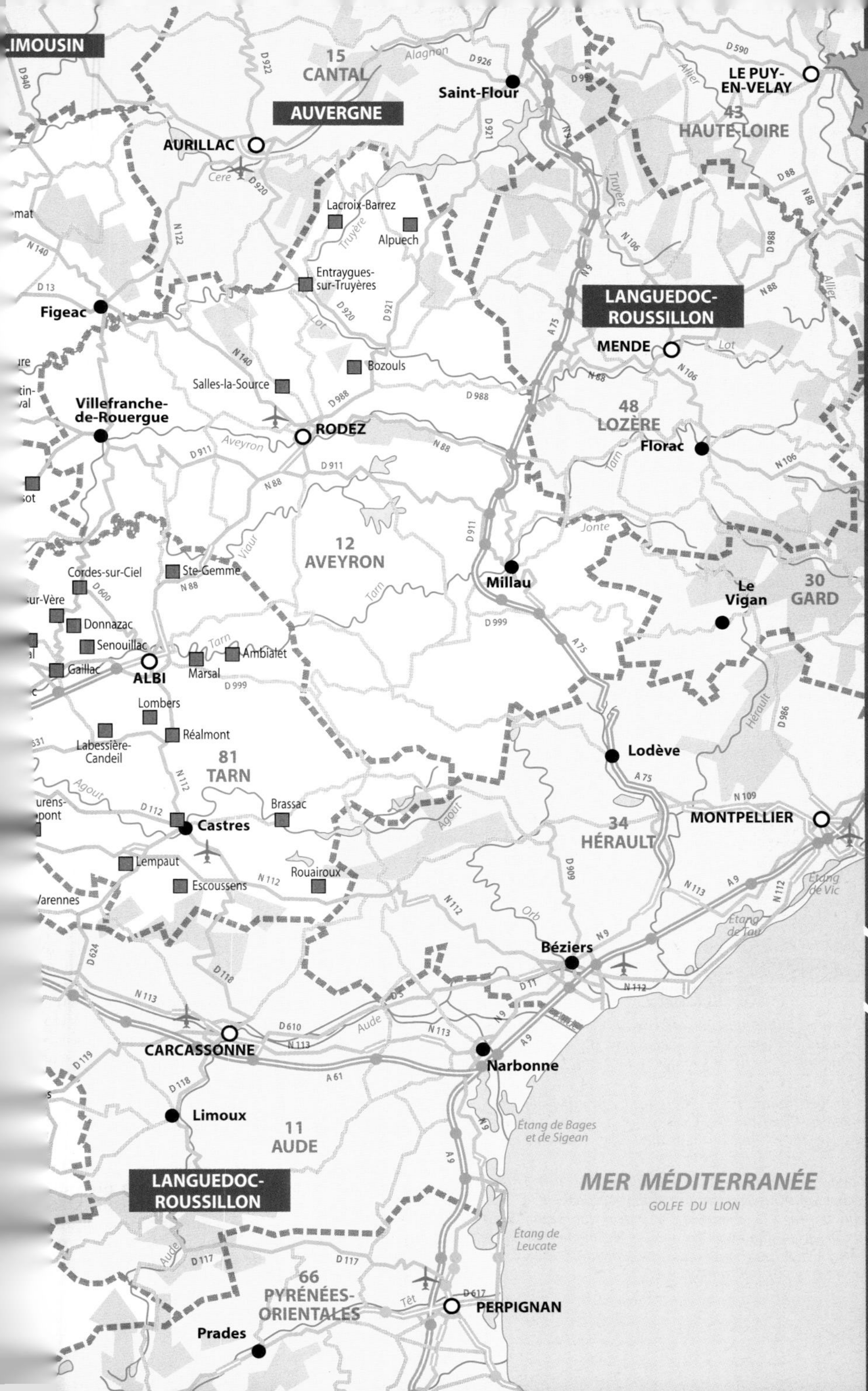

LIMOUSIN
AUVERGNE
15 CANTAL
Saint-Flour
AURILLAC
LE PUY-EN-VELAY
43 HAUTE-LOIRE
Lacroix-Barrez
Alpuech
Entraygues-sur-Truyères
Figeac
LANGUEDOC-ROUSSILLON
MENDE
Bozouls
Salles-la-Source
Villefranche-de-Rouergue
RODEZ
48 LOZÈRE
Florac
12 AVEYRON
Millau
Cordes-sur-Ciel
Ste-Gemme
Donnazac
Senouillac
Gaillac
ALBI
Marsal
Ambialet
Le Vigan
30 GARD
Lombers
Réalmont
Labessière-Candeil
81 TARN
Lodève
Castres
Brassac
34 HÉRAULT
MONTPELLIER
Lempaut
Escoussens
Rouairoux
Béziers
CARCASSONNE
Narbonne
Limoux
11 AUDE
Étang de Bages et de Sigean
LANGUEDOC-ROUSSILLON
MER MÉDITERRANÉE
GOLFE DU LION
Étang de Leucate
66 PYRÉNÉES-ORIENTALES
PERPIGNAN
Prades

MIDI-PYRÉNÉES

Alpuech - Aveyron (12)

Aubrac, Lot Valley and Gorges. Estaing and Ste-Eulalie-d'Olt villages. Chaudes Aigues, Conques. Laguiole handcrafted cutlery. Transhumance Festival in May. Hiking. Fishing 200 m. Tennis, horse-riding 8 km. Skiing 15 km.

★ ***How to get there:*** *From south (Laguiole-St-Flour), D921, approx. 8 km after Laguiole. From north (St-Flour-Laguiole), approx. 3 km after Lacalm. In "La Violette" hamlet, large stone building (signs). Michelin map 338, fold I2.*

This handsome, traditional, 19th-century Aubrac farmhouse bursting with character lies in an outstanding setting. The vast, comfortable bedrooms are rustic in style and feature attractive, stately furniture. Enjoy the congenial atmosphere of the table d'hôtes where local specialities are served. Ideal for lovers of wide open spaces, which the more adventurous can discover aboard a balloon. A haven of peace and quiet.

La Violette TH
BDG Air Aubrac - 12210 Alpuech
Tél./Fax 05 65 44 33 64 ou 05 65 68 52 36
Email : airaubrac@wanadoo.fr
www.airaubrac.fr
Gilbert et Danielle Izard

1 pers. 52/56 € - 2 pers. 58/74 € - 3 pers. 75/91 € - repas 18 €

5 ch. avec sanitaires privés, salon. Ouv. du 14.04 au 1.10, 27/10 au 5/11, du 30/12 au 2/01. Petit déj. : pâtisseries maison, confitures, yaourts... T. d'hôtes (sauf samedi soir) : bœuf d'Aubrac, truites, aligot... Jardin, VTT, pétanque, quilles de huit. Montgolfière (200 €/vol/pers.). ★ Aubrac, vallées et gorges du Lot. Estaing, Ste-Eulalie-d'Olt. Chaudes Aigues, Conques. Coutellerie de Laguiole. Fête de la transhumance en mai. Randonnées. Pêche 200 m. Tennis, équit. 8 km. Ski 15 km. **Accès :** du sud (Laguiole-St-Flour) sur la D921, à 8 km après Laguiole. Du nord (St-Flour-Laguiole), à 3 km après Lacalm. Dans le hameau "La Violette", grand bâtiment en pierres (panonceau). CM338, pli I2.

Dans un environnement exceptionnel, belle ferme du XIXe typique de l'Aubrac. Les chambres au décor rustique avec de beaux meubles massifs sont vastes et confortables. Atmosphère conviviale et table d'hôtes gourmande avec ses spécialités de l'Aubrac. Une étape pour les amoureux de grands espaces, à découvrir depuis la nacelle d'une montgolfière.

Ambialet (St-Cirgue) - Tarn (81)

NOUVEAUTÉ

**Albi: Toulouse Lautrec museum, cathedral... Cordes-sur-Ciel: Fêtes du Grand Fauconnier in July. Toulouse: cité de l'Espace. Bathing, canoeing 4 km. Tennis, hiking trails 5 km. Golf course 27 km.*

★ ***How to get there:*** *From Albi head towards Valée du Tarn/Ambialet. Cross the Ambialet bridge and take direction St-Cirgue. Regain is 4km up from the bridge. Michelin map 338.*

Michèle and Alain would like to welcome you to their 18th-century stone farmhouse, set on a road that overlooks the Tarn Valley and is near l'île d'Ambialet. Explore the picturesque and beautiful region and make the most of the owners' passion for this area where peace and quiet is guarenteed. The four bedrooms are spacious and comfortable.

Chambres d'Hôtes Regain TH
81340 Ambialet (St-Cirgue)
Tél. 05 63 53 48 72
Email : avet.regain@wanadoo.fr
www.chambres-hotes-regain.com
Michèle et Alain Avet

2 pers. 46/53 € - 3 pers. 68 € - repas 17 €

4 chambres (dont 2 pouvant être communiquantes) ave sanitaires privés. Ouv. toute l'année. Petit déjeuner : oran ges pressées, viennoiseries, gâteau et confitures maison. T. d'hôtes : cassoulet, magret aux cèpes, poulet farci. Cour, jardin arboré et fleuri. Potager 1000 m². Vélo Restaurants 4 km. ★ Albi : musée Toulouse Lautre cathédrale... Cordes-sur-Ciel : Fêtes du Gran Fauconnier en juillet. Toulouse : cité de l'Espac Baignade, canoë 4 km. Tennis, sentiers de randonné 5 km. Golf 27 km. **Accès :** d'Albi, dir. Vallée d Tarn/Ambialet. Franchir le pont d'Ambialet puis dir. S Cirgue. Regain est à 4 km du pont en montant. CM33

Michèle et Alain vous accueillent au bout d'u chemin dominant la Vallée du Tarn et la presqu'î d'Ambialet, dans une ferme en pierre du XVI siècle. Vous découvrirez cet endroit authentique pittoresque et nous vous ferons partager notre pa sion pour ce paradis où le calme et le dépayseme sont assurés. Les 4 chambres sont spacieuses confortables.

Ariès-Espenan - Hautes Pyrénées (65)

★Tennis, horse-riding, swimming pool, flying club 1.5 km. Outdoor leisure centre 12 km. Lac aux Oiseaux Nature Reserve 10 km. Children's recreational park, golf 20 km. Spa 25 km.

*★ **How to get there:** D929 Auch-Lannemezan. At Castelnau-Magnoac, take D632 for Boulogne, after approx. 2 km, turn right for Ariès-Espenan. Michelin map 342, fold P3.*

Set in the heart of the countryside, in complete tranquillity, this vast residence is a fully restored 14th-century mill, commanding superb views of the Pyrenees. Five comfortable bedrooms with furniture full of character await your arrival. In good weather, enjoy a stroll in the garden or along the banks of the River Gers.

Moulin d'Ariès TH

65230 Ariès-Espenan

Tél. 05 62 39 81 85 - Fax 05 62 39 81 82

Email : Moulindaries@aol.com

www.poterie.fr

Dorit Weimer

1 pers. 45 € - 2 pers. 56 € - 3 pers. 68 € - p. sup. 12 € - repas 20 € - 1/2 p. 48 €

5 ch. avec sanitaires privés. Ouv. du 15.05 au 31.10 et sur rés. Petit déj. : viennoiseries, charcuterie... T. d'hôtes sur résa. : pintade à l'Armagnac, gigot. Salon (cheminée), salle à manger. Séjour (cheminée, biblio.). Dans "Moulin", séjour (TV sat., vidéo, jeux société et enfants). Terrasse, cour, jardin, vélos. ★ Tennis, promenades à cheval, piscine, aéro-club 1,5 km. Base de loisirs 12 km. Lac aux Oiseaux (rés. naturelle) 10 km. Parc de loisirs enfants, golf 20 km. Station thermale 25 km. **Accès :** D929 Auch-Lannemezan. Prendre à Castelnau-Magnoac D632 dir. Boulogne, après 2 km environ, tourner à droite vers Ariès-Espenan. CM342, pli P3.

Située en pleine campagne, dans un calme absolu, cette vaste demeure avec vue sur les Pyrénées, est un moulin du XIVe siècle entièrement restauré. 5 chambres confortables avec mobilier de caractère vous sont réservées. Aux beaux jours, vous pourrez profiter du jardin et flaner au bord du Gers.

Les Arques - Lot (46)

NOUVEAUTÉ

★Gindou cinema, Bonaguil château, Gougnac caves... Tennis and horse-riding 4 km. Lake and fishing 5 km. River and canoeing/kayaking 15 km.

*★ **How to get there:** On the D673 Gourdon/Fumel. Cross Montclera and take "Les Arques/Montgesty" on the D46. Continue for 3km and turn right "Sarrau/Goujounac". It's the first house on the left. Michelin map 337, fold D4.*

Peter and Catherine warmly welcome you to their fully restored farmhouse that dates back to 1848 and is set on 2 hectares of meadow, near to woods. A relaxing atmosphere is guaranteed in this wonderful, natural location that is ideal for winding down.

Domaine des Olmes

Sarrau - 46250 Les Arques

Tél./Fax 05 65 21 48 18

Email : pbuchem@club-internet.fr

www.domainelesolmes.com

Catherine Van Buchem

1 pers. 50 € - 2 pers. 55 € - 3 pers. 70 €

2 chambres avec sanitaires privés. Ouvert du 1.04 au 1.12. Petit déjeuner : croissants, confitures, fromage, yaourts, fruits... Jardin de 7000 m². Parc de 2 ha (champs et bois). Piscine (7 x 4 m). ★ Cinéma à Gindou, château Bonaguil, grottes de Gougnac... Tennis et équitation 4 km. Plan d'eau et pêche 5 km. Rivière et canoë-kayak 15 km. **Accès :** sur la D673 Gourdon/Fumel. Traverser Montclera et prendre "Les Arques/Montgesty" par la D46. Faire 2 km et tourner à droite "Sarrau/Goujounac". C'est la 1re maison à gauche. CM337, pli D4.

Peter et Catherine vous accueillent dans une ferme restaurée, datant de 1848, aménagée sur une prairie de 2 ha, à proximité de bois. Détente assurée dans ce site de pleine nature où vous pourrez pleinement vous ressourcer.

Arrens Marsous - Hautes Pyrénées (65)

Maison Sempé TH
3 rue Marque de Dessus -
65400 Arrens Marsous
Tél. 05 62 97 41 75
Email : Maisonsempe@aol.com
Sylvie et Michel Guillet

1 pers. 40 € - 2 pers. 50 € - 3 pers. 65 € - repas 18.50 € - 1/2 p. 43.50 €

4 chambres (non fumeur) avec sanitaires privés. Ouvert toute l'année. Petit déjeuner : gateau et confitures maison, tourte des Baronnies, laitage... T. d'hôtes : cuisine familiale (garbure, confit...). Jardin. Prix 1/2 pension sur la base de 2 pers. Restaurant à 1 km. Forfaits : 1/2 pens. 3 nuits et 7 nuits. ★ Randonnées (GR10) : cycliste, VTT. Parapente, tennis, piscine à 1 km. Pêche sur place. Equitation à 6 km. Thermes à 10 km. **Accès :** de Lourdes prendre direction Argelès-Gazost puis direction Val d'Azun/Aubisque sur 10 km, puis Marsous. CM342, pli K5.

Au cœur de Marsous, village du Parc National, vous serez reçus en amis dans cette délicieuse maison bigourdane du XVIIIe siècle, restaurée dans le style du pays. La "Galerie de la Marmotte", la "Tanière de l'Ours", le "Repère de l'Aigle" et "l'Isard" constituent les 4 chambres décorées avec goût. Détente au soleil dans le jardin, face à la montagne.

★Hiking (GR10 path) and cycling. Paragliding, tennis, swimming 1 km. Fishing locally. Horse-riding 6 km. Thermal baths 10 km.

★ ***How to get there:*** *From Lourdes, head for Argelès-Gazost and Val d'Azun/Aubisque. 10 km on, head for Marsous. Michelin map 342, fold K5.*

You will be welcomed as friends of the family at this delightful 18th-century Bigourdan house, in Marsous village, in the heart of the National Park. The residence, beautifully restored in the local style, offers four tastefully decorated bedrooms with intriguing names: "Marmotte Gallery", "Bear's Den", "Eagle's Lair" and "Isard". Sunbathe in the garden and enjoy the views of the mountains.

Artigat - Ariège (09)

Couvent de Bajou TH
09130 Artigat
Tél. 05 61 68 11 08 ou 06 80 65 92 01
Claude Benoit

2 pers. 74/89 € - repas 19 €

1 ch. et 1 suite avec sanitaires privés et bibliothèque. Ouv toute l'année. Petit déjeuner : fromage, jus de fruits, confitures maison... T. d'hôtes sur résa. : magret aux pêches aux figues, tarte Tatin... (Poss. Repas gastronomiqu 35 €). Parc de 2 ha. Piscine chauffée, putting-green Restaurants 5 km. ★ Carla Bayle 10 km, grotte et go 30 km. Tennis 5 km. Equitation 1 km. **Accès :** de la vallée de la Lèze, entre Artigat et le Fossat sur la D9, embranchement St-Martin-d'Oydes sur la D27. A l'entrée d Bajou, prendre à droite le chemin qui monte. CM343.

Sur les hauts des coteaux de la Lèze, entre Pamie et le Fossat, la longue bâtisse en fer à cheval d l'ancien couvent s'étire face à la charmante églis Le parc de 2 hectares avec ses allées de bois cent naires vous permettra d'apprécier la sérénité d lieux sous les grands chênes.

★Carla Bayle 10 km, cave and golf course 30 km. Tennis 5 km. Horse-riding 1 km.

★ ***How to get there:*** *Lèze Valley, between Artigat and Le Fossat on D9, St-Martin-d'Oydes fork on D27. As you enter Bajou, turn right into the uphill slope. Michelin map 343.*

The old Bajou convent, a long horseshoe-shaped building, stands opposite the charming church, on the Lèze hill tops, between Pamiers and Le Fossat. Enjoy the tranquillity of the two-hectare park, graced by tree-lined paths, and relax in the shade of large, time-honoured oaks.

Asque - Hautes Pyrénées (65)

★Esparros chasm, Labastide cave, Escaladien Abbey, Mauvezin Château, Les Baronnies, etc. Tennis, swimming, horse-riding and two golf courses 18 km. Thermal baths 15 km. Fishing 3 km.

★ ***How to get there:*** *A64, Tournay exit. At Ozon, take D14 and enter Bourg-Bogorre. Take D84 and D26 for Bulan. 1.8 km past Asque, turn left for Cami de Buret. Michelin map 342, fold N4.*

La Ferme du Buret, nestling in a sunny valley surrounded by unspoilt countryside in the heart of Les Baronnies, welcomes you all year round. You will love staying at this traditional 19th-century Bigourdan farmhouse, which guarantees a complete change of scenery. A blissfully restful country spot.

La Ferme du Buret TH
Cami de Buret - 65130 Asque
Tél. 05 62 39 19 26 - Fax 05 62 39 16 06
Email : info@lafermeduburet.com
www.lafermeduburet.com
Pierre et Cathy Faye

1 pers. 70 € - 2 pers. 80 € - p. sup. 15 € - repas 22 €

4 chambres, toutes avec sanitaires privés, climatisation, tél; et TV. Ouvert toute l'année sauf du 19 au 26/12 inclus. Petit déjeuner : céréales, yaourts, œufs, confitures maison... T. d'hôtes : spécialités régionales. Salon (biblio., jeux société). Pétanque, VTT, balançoires. Parc 6 ha. ★ gouffre d'Esparros, grotte Labastide, abbaye de l'Escaladien, château de Mauvezin, les Baronnies... Tennis, piscine, équitation et 2 golfs à 18 km. Thermes 15 km. Pêche 3 km. Randonnées depuis la ferme. **Accès :** A64, sortie Tournay. A Ozon prendre D14, entrer dans Bourg-Bogorre et D84 puis D26 vers Bulan. 1,8 km après le panneau Asque, à gauche dir. Cami de Buret. CM342, pli N4.

Blottie au cœur d'un vallon ensoleillé de nature vierge, la ferme du Buret vous accueille avec joie durant les 4 saisons de l'année, en plein cœur des Baronnies. Vous serez ravis de séjourner dans cette ferme traditionnelle bigourdane du XIXe où l'évasion est garantie. Calme et repos assurés en pleine nature.

Auterive - Haute Garonne (31)

★At the foot of the Lauragais, in the vicinity of a wide variety of places of interest: city of Toulouse, Canal du Midi, Carcassonne, Cathar castles, caves, fortifications. Fishing, walking 100 m. Tennis court 1 km. Horse-riding 8 km. Lake, canoeing 11 km.

★ ***How to get there:*** *From Toulouse, N20 for Foix. At Auterive, turn left at 2nd traffic lights for town centre. 1st road on the left past the bridge.*

Eighteenth-century La Manufacture, originally a linen factory, is situated in the heart of the village. You will enjoy strolling through the leafy park, which also features a swimming pool and a pleasure garden. The interior is inviting and the bedrooms spacious and comfortable, enhanced by period furniture in keeping with the 14th and 18th-century décor.

La Manufacture
2 rue des docteurs Basset - 31190 Auterive
Tél./Fax 05 61 50 08 50 ou 06 73 01 02 82
Email : manufacture@manufacture-royale.net
http://www.manufacture-royale.net
Valérie Balansa

1 pers. 60 € - 2 pers. 80 € - 3 pers. 105 € - p. sup. 25 €

5 ch. avec sanitaires privés. Ouv. du 1.04 au 31.10. Petit déj. : jus d'orange, viennoiseries, pâtisseries, confitures. Cour, jardin, parc 1 ha, piscine, barbecue, velos, VTT, p-pong, jeux enfants. A disposition : TV, magnéto., jeux société, internet. ★ Au pied du Lauragais, proche de nombreux sites : Toulouse, canal du Midi, Carcassonne, châteaux cathares, grottes, bastides. Pêche, promenade 100 m. Tennis 1 km. Equitation 8 km. Lac, canoë kayak 11 km. **Accès :** à Toulouse, N20 vers Foix. A Auterive au 2e feux à gauche dir. centre ville. Après le pont, 1re rue à gauche.

Manufacture de draps du XVIIIe, au cœur du village. Vous pourrez flâner dans un parc arboré avec piscine et jardin d'agrément. Intérieur chaleureux, chambres spacieuses et confortables, mobilier d'époque en harmonie avec la déco du XVIIIe et XIVe.

Bagnères-du-Luchon - Haute Garonne (31)

NOUVEAUTÉ

**Museum, film and television festival in February. 106th Flower Fête in August, international Cerf-Volant festival in July... Aerial sports, skiing, golf, thermal baths, hiking locally. Horseriding 1 km.*

★ ***How to get there:*** *A64, exit n°17 then direction Luchon Montrejeau (40km). At Luchon, take direction Super-Bagnères. The house is on the edge of the thermal park at the junction between rte Superbagnères & rte de St-Marnet.*

This impressive 19th-century manor has 5 bedrooms available that combine antique furniture with modern comforts. There is a living room with library, a dining room that opens onto the terrace and there are beautiful gardens to make the most of. During your stay, make sure you take a moment to admire the large, fresco murals that date back to the 19th century.

Pavillon Sévigné TH
2, ave Jacques Barrau -
31110 Bagnères-de-Luchon
Tél. 05 61 79 31 50 ou 06 79 47 59 49
www.pavillonsevigne.com
Catherine Seiter

1 pers. 70 € - 2 pers. 80 € - 3 pers. 110 € - p. sup. 30 € - repas 20 €

5 chambres avec sanitaires privés (bain balnéo ou douche à jets), TV et internet. Ouv. toute l'année. Petit déjeuner : confitures, yaourts et pain maison, céréales, fromages et jambon de pays... T. d'hôtes gastronomique sur résa. Cour, parc 2,2 ha. P-pong. Parking privé. (Chambres non fumeur). Taxe séjour en suppl. ★ Musée, festival du film de télévision en février, 106e Fête des Fleurs en août, festival international de Cerf-Volant en juillet... Sports aériens, ski, golf, thermes, randonnée sur place. Equitation 1 km. **Accès :** A64, sortie n°17 puis dir. Luchon Montrejeau (40 km). A l'entrée du Luchon, prendre dir. Super-Bagnères. La maison est à l'extrémité du parc des thermes à l'intersection rte Superbagnères et rte de St-Mamet.

Cet imposant manoir du XIXe siècle met à votre disposition ses cinq chambres d'hôtes de charme mélant mobilier ancien et confort moderne, un salon avec bibliothèque, une salle à manger ouvrant sur la terrasse et le parc. Vous pourrez admirer les grandes fresques murales datant du XIXe siècle.

Bagnères-de-Luchon - Haute Garonne (31)

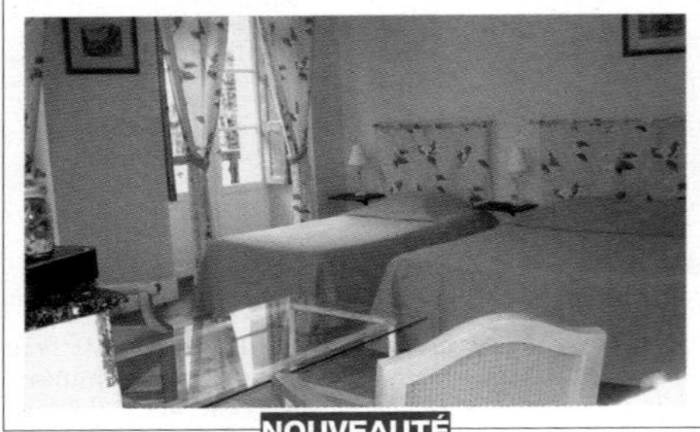

NOUVEAUTÉ

**Film and television festival in February. Flower Fête in August. Museum, cinema, casino... Tennis, skiing 500 m. Horseriding 2 km. Golf 1.5 km. Canoeing 4 km. Thermal baths 100 m.*

★ ***How to get there:*** *Direction Luchon town centre, follow the allées d'Etigny until the end and drive alongside the thermal park. Villa Florida is on the left (opposite the park).*

La Villa Florida is a large, stately house dating back to the 19th-century. Opposite the thermal park of Luchon and just a stone's throw from the town centre, this property is ideally located. The bedrooms here are named after the birds who have made the property's beautiful garden their home. The dishes served at the table d'hôtes will delight your tastebuds. In short, a wonderful place to stay.

Villa Florida TH
21, cours des Quinconces -
31110 Bagnères-de-Luchon
Tél. 05 61 79 77 42 ou 06 11 48 56 13
www.villaflorida-luchon.net
Daniel et Nicole Issanchou

1 pers. 63 € - 2 pers. 72 € - 3 pers. 92 € - repas 20 €

3 chambres avec sanitaires privés. Ouv. du 24.12 au 20.10. Petit déjeuner : céréales, fruits, gâteau ou crèpes, jus de fruits... T. d'hôtes sur résa. : truite, foie gras, ris de veau bourguignon... Biblio. Jardin, salon de jardin. Garage skis/vélos. Terrasse. Parking privé. (Chambres non fumeur). Taxe séjour en suppl. ★ Festival du film de télévision en février, Fête des Fleurs en août, musée, cinéma casino... Tennis, ski 500 m. Equitation 2 km. Golf 1,5 km Canoë 4 km. Thermes 100 m. **Accès :** dir. Luchon centre ville, allées d'Etigny jusqu'au bout et suivre le long du parc thermal. Villa Florida sur la gauche (face au parc).

La Villa Florida est une grande maison bourgeoise du XIXe siècle, idéalement située, face au parc thermal de Luchon, à deux pas du centre ville. Ici les oiseaux qui peuplent le jardin ont donné leurs noms aux chambres. Tous les mets proposés à la table d'hôtes raviront vos papilles.

Beaucens - Hautes Pyrénées (65)

Eth Berye Petit TH
15, route de Vielle - 65400 Beaucens
Tél./Fax 05 62 97 90 02
Email : contact@beryepetit.com
www.beryepetit.com
Ione et Henri Vielle

1 pers. 53/62 € - 2 pers. 53/62 € - 3 pers. 68/77 € - p. sup. 15 € - repas 18 €

3 chambres avec sanitaires privés. Ouvert toute l'année. Petit déjeuner gourmand : confitures, patisseries maison, laitages, miel du pays... T. d'hôtes sur demande de novembre à avril, vendredi et samedi soir. Salon (cheminée, bibliothèque, TV). Terrasse, jardin, jeux d'enfants. Parking privé. Restaurant 50 m. ★ Cirques de Gavarnie et Troumouse. Pont d'Espagne. Lourdes. Pic du Midi de Bigorre, donjon des Aigles (Beaucens). Thermalisme. Piscine, tennis rafting, canyoning 5 km. Golf, ski 15 km. **Accès :** à Argelès-Gazost prendre dir. Beaucens, juste après la station Total. A Beaucens, suivre fléchage "Vielle". CM342, pli L5.

A 12 km au sud de Lourdes, cette ancienne ferme du XVIIIe bénéficie d'une situation idéale pour découvrir les sites emblématiques des Pyrénées. Entièrement rénovée, la maison offre une très agréable combinaison de calme, confort moderme et charme ancien. Les 3 chambres douillettes ont toutes une magnifique vue sur la montagne.

★Gavarnie and Troumouse corries. Pont d'Espagne bridge. Lourdes. Spas. Donjon des Aigles ruins (Beaucens). Bétharram Caves. Médous Caves. Swimming, tennis, rafting, canyoning 5 km. Golf, skiing 15 km.

★ ***How to get there:*** *At Argelès-Gazost, head for Beaucens, just after the Total filling station. In Beaucens, follow signs for "Vielle". Michelin map 342, fold L5.*

In the heart of one of the most beautiful sites of the Pyrenees, you will come across this handsome traditional Bigorre residence, built in 1790 and restored to its former glory. The house provides three spacious, charmingly decorated bedrooms, which afford breathtaking vistas of Le Lavedan.

Belaye - Lot (46)

Marliac TH
46140 Belaye
Tél. 05 65 36 95 50
Véronique Stroobant

1 pers. 50/56 € - 2 pers. 60/66 € - 3 pers. 85 € - p. sup. 20 € - repas 17 € - 1/2 p. 44,5 €

3 chambres et 2 chambres en duplex avec salle d'eau et wc privés. Ouvert d'avril à début novembre. Table d'hôtes : cuisine familiale. Cuisine à disposition. Piano. Piscine, jeux pour enfants, ping-pong. ★ Vallée du Lot et vignoble de Cahors. Château de Bonaguil, bastides, nombreux petits villages typiques. Promenades en bateau, pêche, centre équestre, tennis. **Accès :** à partir de Belaye dir. Le Boulvé, tourner à gauche, dir. Pons. CM337, pli D5.

En pleine campagne, cette ferme typique a été entièrement restaurée dans le respect des traditions architecturales quercynoises. Les chambres sont chaleureuses. Le domaine très étendu (5 ha) vous permettra de belles promenades en toute tranquillité... et pour les amateurs une bibliothèque avec plus de 800 bandes dessinées.

★Lot Valley and Cahors vineyards. Boat trips, fishing, riding centre, tennis. Château de Bonaguil, fortifications, numerous little villages typical of the region.

★ ***How to get there:*** *From Belaye, head for Le Boulvé. Turn left for Pons. Michelin map 337, fold D5.*

This typical farmhouse, in the heart of the countryside, has been fully restored in keeping with Quercy architectural traditions. The bedrooms are warm and comfortable. The expansive five-hectare estate is the ideal place for peaceful walks. Comic-strip enthusiasts will enjoy browsing through the 800 titles in the library.

Bioule - Tarn et Garonne (82)

★Montauban, cathedral and museum 17 km. Aveyron Gorges: St-Antonin-Noble-Val, Bruniquel, etc. Hiking locally. Fishing 1.5 km. Tennis 2 km. Canoeing 8 km. Bathing 23 km.

*★ **How to get there:** Take N20, Montauban-Caussade. At Réalville, take D78 for Bioule. Domaine de Canals is 3 km on. Michelin map 337, fold F7.*

Geneviève welcomes you to her vast 18th-century mansion. Your hostess offers a pretty two-bedroom suite, one exotically arranged with souvenirs of her travels far and wide; the other decorated in a more romantic manner. There is also a self-contained bedroom. Enjoy the heated indoor pool and the choice of outdoor games and sports, including miniature football, volleyball, badminton and croquet.

Domaine de Canals TH
La Bouffière - 82800 Bioule
Tél./Fax 05 63 04 21 07
Email : arnaud.aurejac@free.fr
http://domaine-de-canals.fr.st
Geneviève Aurejac

1 pers. 40/70 € - 2 pers. 45/75 € - 3 pers. 65/80 € - p. sup. 10/15 € - repas 15/22 €

1 suite familiale (2 ch.) avec sanitaires, kitchenette, salon, livres et jeux, 1 autre ch. indép. Entrée indép. chacune. Ouv. toute l'année. Petit déj. : pâtisseries/confitures maison, viennoiseries... T. d'hôtes sur résa., hors juil./août : tarte au cantal, fritons de canard... Parc 1 ha. Piscine, jeux. 4 pers. : 70/100 €. ★ Montauban (musée, cathédrale) 17 km. Les Gorges de l'Aveyron (St-Antonin-Noble-Val, Bruniquel...). Randonnées sur place. Pêche 1,5 km. Tennis 2 km. Canoë-kayak 8 km. Baignade 23 km. **Accès :** prendre la N20 entre Montauban et Caussade. A Réalville prendre la D78 en direction de Bioule sur 3 km. CM337, pli F7.

Geneviève vous accueille dans une vaste maison de maître du XVIIIe siècle et met à votre disposition une jolie suite de 2 chambres, l'une exotique décorée de souvenirs rapportés d'Outre-Mer et l'autre au décor romantique, ainsi qu'une autre chambre indépendante. Vous pourrez profiter de la piscine couverte chauffée et des nombreux jeux extérieurs.

Boissières - Lot (46)

NOUVEAUTÉ

★St-Cirq-Lapopie, Pech-Merle caves, Rocamadour, causses de Gramat, wine country... Tennis 8 km. Sports centre 15 km.

*★ **How to get there:** Coming from Cahors, head towards Bergerac. At Espere take direction Gourdon, go into the village of Boissières and follow the "Michel-Lydia" signs. Michelin map 337, fold E4.*

Lydia and Michel would like to welcome you to their Quercy-style residence and offer you their guestrooms that are arranged on the 1st and 2nd floor. Each of the wonderful rooms has an independant entrance. Boissières is a small village, typical of Lot, where peace and quiet is guaranteed. To help you relax, the swimming pool is heated all year round.

Bertouille - 46150 Boissières TH
Tél./Fax 05 65 21 43 29 ou 06 30 42 92 91
Lydia Wolters Van Der Wey

1 pers. 56/70 € - 2 pers. 61/75 € - repas 22 €

4 chambres avec sanitaires privés, TV et mini-bar (1 avec coin-détente et 1 coin-bureau). Ouv. du 10.1 au 30.11. Petit déjeuner : viennoiseries, cake, confitures, pain, yaourts (fait maison)... T. d'hôtes : cuisine gastronomique du terroir, vins de Cahors... Biblio. Jardin, parc 4 ha. Piscine couverte. VTT, pétanque. ★ St-Cirq-Lapopie, grottes de Pech-Merle, Rocamadour, causses de Gramat, route des vins... Tennis 8 km. Base de loisirs 15 km. **Accès :** en venant de Cahors, suivre dir. Bergerac. A Espere dir. Gourdon, entrer dans le bourg de Boissières et suivre panneaux "Michel-Lydia". CM337, pli E4.

Lydia et Michel vous accueillent dans leurs chambres aménagées aux 1er et 2e étages de leur demeure de style quercynois. Leurs charmantes chambres ont un accès indépendant. Boissières est un petit village typique du Lot où le calme absolu est garanti. Pour votre détente, la piscine est chauffée toute l'année.

Bouzon-Gellenave - Gers (32)

Château du Bascou TH
St-Gô - 32290 Bouzon-Gellenave
Tél. 05 62 69 04 12 - Fax 05 62 69 06 09
Email : chateau.du.bascou@free.fr
Château du Bascou
Annie et Xavier Destrude

1 pers. 69 € - 2 pers. 69 € - 3 pers. 84 € - repas 20 €

3 chambres avec douche et wc privés. Fermeture, nous consulter. Petit déjeuner : pâtisserie maison, confitures, jus d'orange... T. d'hôtes : cuisine familiale gourmande. TV. Jeux société. Piscine. Balançoire, toboggan. Restaurants 7 et 12 km. - 10 % d'oct. à mai du lundi au vendredi, - 15 % 4 nuits et plus. ★ Vignoble en Fête (mars), courses automobiles, corridas (Pentecôte), Jazz in Marciac (août), musée d'Artagnan, musée du Panache Gascon. Base de loisirs, tennis 7 km. Piscine 17 km. Equitation 20 km. Golf 30 km. **Accès :** sur D48 entre Aignan et Fustérouau, prendre dir. St-Go/Gellenave. C'est la 2e maison à gauche après la mairie. CM336, pli C7. N°GPS : O"02'06" est 43"41'08" nord.

Vos hôtes, Annie et Xavier vignerons, vous accueillent dans cette belle maison gersoise du XIXe siècle, située au cœur du vignoble des Côtes de Saint-Mont et entourée d'un magnifique parc arboré de 5 ha. Culture, rencontres et détente rythmeront votre séjour dans cette paisible demeure. Une adresse pour la convivialité, le calme et le repos.

★Vineyard Festival (March), motor racing, corridas (Whitsun), Marciac Jazz Festival (August), D'Artagnan Centre (life of the famous musketeer), Panache Gascon Museum (local history). Outdoor leisure centre, tennis court 7 km. Swimming pool 17 km. Horse-riding 20 km. Golf course 30 km.

*★ **How to get there:** On D48 between Aignan and Fustérouau, head for St-Go/Gellenave. Château du Bascou is the 2nd house on the left past the town hall (Mairie). Michelin map 336, fold C7. GPS: E0"02'06" N43"41'08".*

Your hosts, wine growers Annie and Xavier, welcome you to this handsome 19th-century Gers residence, set in a magnificent, leafy five-hectare park in the heart of the Côtes de Saint-Mont vineyard. Your stay at this peaceful spot will be an occasion to meet people, enjoy cultural pursuits or simply relax. Ideal for a break away from it all.

Bozouls - Aveyron (12)

Les Brunes
12340 Bozouls
Tél. 05 65 48 50 11 ou 06 80 07 95 96
Email : lesbrunes@wanadoo.fr
www.lesbrunes.com
Monique Philipponnat-David

1 pers. 68/111 € - 2 pers. 75/118 € - p. sup. 19 €

5 chambres spacieuses (ambiance "cosy") avec salle de bains ou salle d'eau et wc privés. Ouvert toute l'année. Petit déjeuner : jus de fruits de pays, salade de fruits, pain grillé, gâteaux (fouace, brioche), confitures maison, fromages blancs. Cheminée, four à pain. Jardin. Restaurants à Bozouls 5 km. ★ Trou de Bozouls (site géomorphologique) 5 km. Rodez : cathédrale, musée Fenaille (statues menhir) 19 km. Tennis, équitation, randonnées pédestres, pêche 5 km. Piscine 14 km. Lac 35 km. Golf 19 km. **Accès :** sur la D920 (axe Rodez/Espalion), environ 1 km après Curlande prendre à gauche "Les Brunes". Dans le hameau, c'est la 2e maison à gauche. CM338, pli I4.

Située sur le Causse, entre Rodez et la vallée du Lot, la belle maison de maître des Brunes, des XVIIIe et XIXe siècles, et son vaste espace arboré vous ouvre ses portes. Dans une atmosphère campagnarde, vous prendrez vos petits déjeuners dans la grande cuisine aux dalles de pierres, la cheminée et son four à pain donnent un charme certain à cette pièce.

Trou de Bozouls natural corrie 5 km. Rodez: cathedral, enaille Museum and menhir statues 19 km. Tennis, horse-ding, hiking, fishing 5 km. Swimming pool 14 km. Lake 5 km. Golf course 19 km.

***How to get there:** On D920 (Rodez/Espalion). pproximately 1 km past Curlande, turn left for "Les Brunes". he house is the second on the left in the hamlet. Michelin ap 338, fold I4.*

warm welcome awaits you at Les Brunes, a handsome 18th d 19th-century family mansion with a vast expanse of leafy d, situated on the Causse, midway between Rodez and the t Valley. Enjoy country living, and delicious breakfasts served a large kitchen with stone tiles, a fireplace and bread oven enhance the charm of the place.

MIDI-PYRÉNÉES

Brassac - Tarn (81)

Hiking paths around the village. Le Sidobre granite massif. Protestant Museum and château 5 km. Castres and sightseeing. Cycling and fishing ("no kill" policy) locally. Swimming pool, tennis court 500 m. Golf course 20 km. Restaurants nearby.

★ ***How to get there:*** *From Castres, head for Brassac (D622) for 25 km. Enter the village and turn left just before the bridge. Follow signs. From Lacaune, cross the bridge and turn right immediately. Michelin map 338.*

This imposing 1920s villa on the banks of the Agoût is set in the heart of Brassac village, amid the unspoilt natural beauty of the Haut Languedoc Park. You will be enchanted by the panoramic views of the river, the 12th-century bridge and the château. This residence full of charm features a sunny summer lounge, which opens out onto a flower garden complete with pond and centuries-old trees.

La Lande TH
19, quai de la Lande - 81260 Brassac
Tél. 05 63 74 00 11 ou 06 30 81 92 05
http://mapage.noos.fr/bvw
Martine Veaute

2 pers. 51 € - p. sup. 15 € - repas 20 €

2 ch. avec salle d'eau et wc privés. Ouv. du 01.05 au 31.10, w.e Pâques et Toussaint. Petit déj. : confitures maison, jus de fruits, gâteaux, petits pains anglais, crèpes. T. d'hôtes sur rés. : foie gras, galantine de volaille, cassoulet... Salon d'été, jeux société, biblio. Jardin clos avec salon. Jeu de la grenouille. ★ Randonnées autour du village. Le Sidobre, formation granitique. Musée du Protestantisme et château 5 km. Castres (curiosités). VTT, pêche sur pl. Piscine, tennis 500 m. Golf 20 km. Restaurants à prox. **Accès :** en venant de Castres, dir. Brassac (D622) sur 25 km. Entrer dans le village, puis à gauche juste avant le pont et suivre flèchage. Venant de Lacaune, traverser le pont et de suite à droite. CM338.

Au cœur de la nature préservée du Parc du Haut Languedoc, grande villa des années 20 située sur les berges de l'Agoût, au cœur du village. Vous serez séduits par la vue panoramique sur la rivière, le vieux pont du XIIe et le château. Demeure de charme avec salon d'été ensoleillé ouvert sur le jardin fleuri avec terrasse, bassin et arbres centenaires.

Bretagne d'Armagnac - Gers (32)

NOUVEAUTÉ

Circuit de Nogaro (shopping). Bandos Festival (Condom). Comic book and Féria Festival at Eauze. Jazz in Marciac. Tennis, swimming pool, golf, hunting and fishing 2 km. Horse-riding, hiking 1 km.

★ ***How to get there:*** *From Eauze, take D29 on the right, direction Bretagne d'Armagnac. In the village, turn left for Castelnau-d'Auzan. The house in is the middle of the village, on the bend after the square. Michelin map 336.*

Pascale and François warmly welcome you to their 19th-century Gasçon property - a residence set in wooded grounds and that lies in a village surrounded by vineyards. Here you will be able to relax in the peace and quiet of spacious and beautiful bedrooms that have been decorated with exquisite taste.

Les Sapinettes TH
32800 Bretagne d'Armagnac
Tél./Fax 05 62 09 99 39 ou 06 09 65 22 30
Email : pascale.migliori@wanadoo.fr
Pascale Migliori

1 pers. 65 € - 2 pers. 74 € - repas 15/35 €

3 chambres avec sanitaires privés. Ouv. toute l'année. Pet déjeuner : fruits frais, pain au lait, cake, confitures maiso miel... T. d'hôtes sur résa. : foie gras, salade gasconne, ga bure, magret grillé aux cèpes... Cour, parc, terrasse. Vélo VTT. Animaux admis sous réserve. - 10 % à partir de 3e nuit. ★ Circuit de Nogaro (courses). Festival Band (Condom). Festival de la BD et Féria à Eauze. Jazz Marciac. Tennis, piscine, golf, chasse et pêche 2 kı Equitation, randonnée 1 km. **Accès :** en arriva d'Eauze, prendre D29 sur la droite dir. Bretag d'Armagnac. Dans le village, à gauche vers Castelna d'Auzan. Maison située au cœur du village, dans le vira juste après la place. CM336, pli C6.

Au cœur du village, Pascale et François vo accueillent chaleureusement dans leur be demeure gasconne de la fin du XIXe siècle, bord de vignes et entourée d'un parc aux arbres cen naires. Vous trouverez le calme et le repos dans belles chambres spacieuses, décorées avec goût.

Cabanac-Seguenville - Haute Garonne (31)

★Château mill (open in summer). Pottery Museum at Cox. Sarrant Medieval Festival. Fishing 5 km. Horse-riding 10 km. Lake 10 km. Golf course 24 km.

★ ***How to get there:*** *From Toulouse, drive past Blagnac Airport and head for Cornebarrieu on D1. At Cox, take third turning on the right past the village.*

Château de Seguenville, a 19th-century Gascon residence overlooking the Gers hills, bids you welcome in an outstanding location. This haven of peace and quiet features a Toulouse-brick courtyard and a park with centuries-old trees. Elegant spacious bedrooms, with all the creature comforts, and a magnificent dining room combine to make your stay here pleasant and restful. A real treat.

Château de Seguenville TH

31480 Cabanac-Seguenville

Tél. 05 62 13 42 67 - Fax 05 62 13 42 68

Email : info@chateau-de-seguenville.com

www.chateau-de-seguenville.com

Marie et Jean-Paul Lareng

1 pers. 90 € - 2 pers. 95/110 € - 3 pers. 115/120 € - p. sup. 15 € - repas 22 €

3 ch. et 2 suites (non fumeur) avec sanitaires privés. Ouv. du 15.01 au 15.12. Petit déj. : viennoiseries, jus de fruits, yaourt... T. d'hôtes sur rés. : tagliatelles de courgettes, magret de canard, cassoulet, moelleux chocolat... Biblio., salon avec cheminée. Cour, jardin parc, terrasse couverte, piscine. ★ Moulin du château (l'été). Musée du potier à Cox. Festival médiéval de Sarrant. Pêche 5 km. Tennis 7 km. Equitation 10 km. Plan d'eau 12 km. Golf 24 km. **Accès :** de Toulouse, passer l'aéroport Blagnac, puis dir. Cornebarrieu. A Cox sur D1, 3e à droite après le village.

Château gascon du XIXe siècle dominant les collines du Gers. Havre de paix agrémenté d'arbres centenaires, vue panoramique, cour en briques toulousaines. Des chambres spacieuses au décor raffiné avec un confort moderne, et une splendide salle à manger vous permettront une halte confortable... Un séjour à offrir ou à s'offrir...

Cahuzac-sur-Vere - Tarn (81)

Albigensian fortifications. Cordes-sur-Ciel, Albi and Toulouse Lautrec Museum, Gaillac and Wine Museum. Tennis 2 km. Horse-riding 7 km. Lake, water sports 10 km. Golf course 12 and 20 km. Excellent restaurants 2 km.

How to get there: *From Gaillac, D922 for Cordes-sur-Ciel. 8 km on, after negotiating several bends, drive 800 m and turn right for forest. Follow signs. Michelin map 338.*

This small, early-19th-century château opens out onto a vast park surrounded by vineyards, between Gaillac and Cordes, in fortifications country. The residence affords panoramic views of magnificent scenery. A peaceful spot, with a generous congenial

Château Larroze

Rozies - 81140 Cahuzac-sur-Vere

Tél. 05 63 33 99 70 ou 06 14 83 24 20

Email : mj@chateau-larroze.com

www.chateau-larroze.com

Jacques et Michèle Noblet

1 pers. 85 € - 2 pers. 100 € - p. sup. 40 €

2 chambres spacieuses et très confortables ouvertes sur la piscine avec sanitaires privés (lits 160 x 210). Ouvert toute l'année. Elégant salon d'hiver. Grand salon d'été près de la piscine avec salon de jardin, chaises longues. Parc ombragé de 2 ha. ★ Circuit des bastides albigeoises. Cordes-sur-Ciel, Albi (musée T. Lautrec), Gaillac (musée du vin). Tennis 2 km. Equitation 7 km. Act. nautiques 10 km. Golfs 12 et 20 km. Excellents restaurants 2 km. **Accès :** de Gaillac D922 dir. Cordes-sur-Ciel. Après 8 km et plusieurs virages en côte, faire 800 m en ligne droite et rentrer à droite dans le bois, puis suivre fléchage. CM338.

Sur la route des Bastides, entre Gaillac et Cordes-sur-Ciel, ce petit château du début du XIXe siècle ouvert sur un vaste parc entouré de vignobles jouit d'un panorama exceptionnel. Quiétude et charme pour cette belle adresse où règne une atmosphère de généreuse convivialité.

Castelnau-d'Auzan - Gers (32)

★Fortifications, castles, abbeys and wine cellars. Lake and spa. Golf, swimming, tennis, horse-riding and fishing, hiking, cycling.

***★ How to get there:** From Eauze, head for Castelnau-d'Auzan (D43) and drive approx. 8 km. At "Le Chiro", turn left and follow signs to "La Musquerie", Michelin map 336, fold C6.*

The heart of Gascony is the setting for this 18th-century family mansion, which stands on a 30-hectare estate surrounded by vines. The rooms are comfortable and welcoming. You will enjoy refreshing walks through the ten hectares of vineyards and on the estate. There are wines sold on the property as well as visits of the cellars where the wine is produced.

Domaine de la Musquerie
Le Juge - 32440 Castelnau-d'Auzan
Tél. 05 62 29 21 73 ou 06 83 97 89 19
Fax 05 62 29 28 47
www.france-bonjour.com/la-musquerie/
Michel et Bernadette Denis

1 pers. 55 € - 2 pers. 60 € - 3 pers. 75 €

3 chambres avec sanitaires privés. Fermé du 15/12 au 15/02. Petit déj. : pâtisseries/confitures maison, œufs, yaourts, crèpes, jus d'orange...Biblio., salon (cheminée, TV), piano. Visite de la palombière, promenades dans le vignoble. Vente de vins à la propriété. ★ Bastides, châteaux, abbayes, caves... Plan d'eau et site thermal. Golf, piscine, tennis, équitation, pêche, randonnées pédestres, VTT. **Accès :** Eauze direction Castelnau-d'Auzan (D43) puis faire 8 km environ ; au lieu-dit "Le Chiro" prendre à gauche. Fléchage "La Musquerie". CM336, pli C6.

Au cœur de la Gascogne, sur un domaine de 30 ha, maison de maître du XVIIIe entourée de vignes. Les chambres sont confortables et chaleureuses. Belles promenades dans le vignoble qui s'étend sur 10 ha et sur le domaine, visite du chai de vinification.

Castelnau-de-Montmiral - Tarn (81)

★Castelnau-de-Montmiral (4.5 km) and other Albigensian fortified villages (Bruniquel, Puycelci, etc.) within a 20-km radius. Gaillac 10 km. Cordes 17 km. Swimming, tennis, horse-riding and outdoor leisure centre (lake) 8 km. Golf course 18 km. Albi and Toulouse-Lautrec Museum 35 km.

***★ How to get there:** From Gaillac, take D964 for Castelnau-de-Montmiral. At the crossroads, take D15 for Vaour/Le Verdier. Château de Mayragues is 3 km up on the left (signs indicating wine estate). Michelin map 338.*

Château de Mayragues (13th and 17th century) lies in a rolling, wooded landscape in the heart of the Gaillac vineyards. The wines matured in the château cellars have won several awards. The two spacious, luxuriously appointed bedrooms give onto the open gallery and command outstanding views of the surrounding hills. (Old French House of the Year Award 1998.)

Château de Mayragues
81140 Castelnau-de-Montmiral
Tél. 05 63 33 94 08 - Fax 05 63 33 98 10
Email : geddes@chateau-de-mayragues.com
www.chateau-de-mayragues.com
Alan et Laurence Geddes

1 pers. 75 € - 2 pers. 80 € - p. sup. 20 €

2 chambres avec sanitaires privés. Ouv. du 01.02 au 20.1 (en hiver sur rés.). Petit déjeuner : croissants, confitur maison, miel... Salon avec piano et livres. Jardin et pa boisé (20 ha.). Ping-pong.Dégustation-vente de vin concerts sur place. Restaurants à proximité. Grand Pr des Vieilles Françaises en 1998. ★ Castelnau-d Montmiral 4,5 km. Gaillac 10 km. Cordes 17 k Bastides (Bruniquel, Puycelci...) dans un rayon de 20 k Albi 35 km (musée Toulouse Lautrec). Piscine, tenn équit., base loisirs 8 km. Golf 18 km. **Accès :** de Gail D964 vers Castelnau-de-Montmiral. Au carrefour, D dir. Vaour/Le Verdier. A 3 km, le château de Mayragues à gauche (signalisation viticole). CM338.

Dans un paysage boisé encore protégé, le chât de Mayragues (XIII-XVIIe) est au cœur du vigno Gaillacois. Vinifiés en cave particulière au châte les vins ont été plusieurs fois primés. 2 chambres caractère, très confortables, meublées avec go ouvrent sur la galerie-chemin de ronde, et offi une vue exceptionnelle sur les collines.

Castelnau-Montratier - Lot (46)

★GR posted hiking paths. Old villages. Cordes-sur-Ciel. Bruniquel. Saint-Antonin-Nobleval. Montcucq. Montpezat-de-Quercy Collegiate Church. Moissac Abbey. Lot Valley. Local festivals. Golf, tennis 3 km. Horse-riding 6 km.

*★ **How to get there:** From Castelnau-Montratier, take Lauzerte/Moissac road. Approx. 2 km on, you will come to a red-brick barn on right. Drive 100 m and turn left onto D26 for Viguié. 1.5 km on, 2nd lane on left. Michelin map 337.*

This handsome traditional Quercy stone house exudes gentle living, comfort and friendliness in the heart of the countryside amid sunflower fields. The spacious, cosy bedrooms feature private terraces for guests' privacy and tranquillity. Partake of scrumptious breakfasts, and discover the joys of local cuisine at the gourmet table d'hôtes. A charming spot not to be missed.

Lacombe TH
SNC Lacombe - 46170 Castelnau-Montratier
Tél. 05 65 21 84 16 - Fax 05 65 21 84 49
Email : michele.lelourec@free.fr
www.domaine-lacombe.com
Michèle Lelourec

2 pers. 60/82 € - 3 pers. 94/102 € - p. sup. 20 € - repas 26 €

3 chambres avec terrasse, TV et sanitaires privés. Ouvert toute l'année. Petit déjeuner : oranges pressées, œuf coque, confitures maison, charcuterie... Table d'hôtes : produits régionaux (foie gras mi-cuit, canard, plats méditerranéens...). Parc de 4 ha avec piscine. ★ Rand. (GR). Cordes/Ciel. Bruniquel. St-Antonin-Nobleval. Montcucq. Collégiale de Montpezat. Abbaye Moissac. Vallée du Lot. Fêtes locales. Pêche 1 km. Golf, tennis 3 km. Equitation 6 km. **Accès :** de Castelnau-Montratier, route Lauzerte/Moissac, faire environ 2 km (grange en briques sur la droite), faire 100 m et à gauche D26 dir. Viguié, puis 1,5 km et 2e chemin à gauche. CM337, pli E6.

Au milieu des champs de tournesols, cette belle demeure quercynoise en pierres respire la douceur de vivre, le confort et la convivialité. Vastes chambres chaleureuses, toutes avec terrasse privée pour préserver la liberté et la tranquillité de chacun. Savoureux petit déjeuner et table d'hôtes gourmande qui vous feront découvrir la cuisine régionale.

Castéra-Lectourois - Gers (32)

★Lectoure 7 km, town steeped in art and history, Barbotan-les-Thermes and spas, Bandas Music Festival in Condom, Nuits Musicales Festival in Armagnac, Féria. Tennis court and outdoor leisure centre 7 km. Pottery courses and fishing 5 km.

*★ **How to get there:** As you leave Lectoure, head for Agen on N21. Approx. 4 km on, left onto D219 for Castéra-Lectourois. Drive to village centre (4 km). Agen railway station (high-speed train) 30 km. Michelin map 336, fold F6.*

Perched on a promontory in fortified Castéra village, 16th and 18th-century La Boulègue affords stunning panoramic views of the surrounding countryside. Your hosts, Jean-Michel and Nelly Borrelly, offer three handsome and lovingly decorated bedrooms, each with an individual touch. Enjoy relaxing in the swimming pool and sauna.

La Boulègue TH
au Village - 32700 Castéra Lectourois
Tél. 05 62 68 78 84 ou 06 80 67 74 12
Email : jean-michel.borrelly@wanadoo.fr
www.laboulegue.com
Jean-Michel Borrelly

1 pers. 59 € - 2 pers. 63 € - 3 pers. 85 € - p. sup. 22 € - repas 20 €

3 chambres avec sanitaires privés. Ouvert toute l'année. Petit déjeuner : confitures maison, gateau, yaourts, jus de fruits... Table d'hôtes : spécialités régionales. Mini-bar commun. Piscine, ping-pong, sauna. Jardin. Ferme-auberge, restaurants à Lectoure (7 km). ★ Lectoure 7 km, ville d'art et d'histoire, Thermes, Bandas, nuits musicales en Armagnac, féria... Golf 18 km. Equitation 15 km. Tennis et base de loisirs 7 km. Pêche et stage poterie 5 km. **Accès :** en sortant de Lectoure, prendre dir. Agen (N21). A 4 km environ, tourner à gauche (D219) dir. Castéra Lectourois, puis suivre la route jusqu'au cœur du village (4 km). TGV Agen 30 km. CM336, pli F6.

Juchée sur le promontoire du village fortifié du Castéra, La Boulègue (maison des XVIe et XVIIIe) vous offre un panorama exceptionnel sur la campagne environnante. Jean-Michel et Nelly vous proposent 3 belles chambres décorées avec soin et personnalisées. La piscine et le sauna vous permettront d'agréables moments de détente.

Castres - Tarn (81)

NOUVEAUTÉ

Goya museum, theatre, archeology, Montagne Noire, Jean Jaurès museum... Golf, horse-riding, lake, bowling and skating rink 5 km.

★ ***How to get there:*** *From Castres, head towards Mazamet. Turn left on the bridge towards St-Hyppolyte. 2km after the village, Le Castelet is on the left. Michelin map 338.*

At the end of a private road, nestled amongst the 200-year-old oak trees, you will find this carefully restored 19th-century residence. The peace and quiet here is unbeatable and the relaxing atmosphere of the softly coloured bedrooms is impressive. To wind down, Le Castelet boasts a swimming pool, bicycles and billiards.

Le Castelet TH
St-Hyppolyte - 81100 Castres
SR : 05 63 48 83 01 - Fax 05 63 48 83 12
Email : resa81@free.fr
Tél. prop. 05 63 35 96 27
Email : conact@lecastelet.fr

1 pers. 70/100 € - 2 pers. 90/130 € - 3 pers. 140/150 € - p. sup. 25 € - repas 25 €

3 chambres et 2 suites avec sanitaires privés. Réservation obligatoire. Petit déjeuner : céréales, jambon, fromage, confitures, croissants... T. d'hôtes : plats cuisinés en sauce. Billard. Parc de 5 ha. Piscine, vélos, randonnées. Chiens admis sur demande. Restaurants 5 km. ★ Musée Goya, théâtre, archéologie, Montagne Noire, musée Jean Jaurès... Golf, équitation, plan d'eau, bowling et patinoire 5 km. **Accès :** de Castres, prendre dir. Mazamet. Sur le pont, dir. St-Hippolyte à gauche, passer le village. 2 km après sur la gauche "Le Castelet". CM338.

Au bout d'un chemin privé, une demeure de charme du XIXe siècle restaurée avec soin est nichée au milieu des bois, parmi des chênes bicentenaires. Elle vous offre le calme et le confort de ses chambres aux couleurs douces et reposantes. Le billard, la piscine et les vélos vous permettront de vous évader pleinement.

Cazals - Lot (46)

Cazals, listed 12th-century Montolza Manor. Tennis and fishing 500 m. Horse-riding 8 km.

★ ***How to get there:*** *From Cahors, head for Catus and Cazals. In Cazals, take the rise behind the square and follow "Chambres d'Hôtes" signs. Michelin map 337, fold D4.*

Joëlle and Christian invite you to share the magic of this outstanding 12th-century priory overlooking the magnificent village of Cazals, midway between the Lot and the Dordogne. The superb bedrooms are elegantly decorated with great restraint. There is also a large lounge and a relaxation room in a vaulted cellar. Unwind on the extensive terraces and in the garden, or take a dip in the pool (chemical free). A fine address.

La Caminade
46250 Cazals
Tél./Fax 05 65 21 66 63
Email : la.caminade@laposte.net
www.lacaminade.com
Christian Gau

2 pers. 78/95 € - p. sup. 20 €

4 chambres avec sanitaires privés : 1 de plain-pied et 3 à l'étage. Ouvert toute l'année. Petit déjeuner traditionnel. Coin-salon et salle de détente aménagée dans une cave voûtée. Cour, jardin, grandes terrasses. Piscine (13 x 6) sans produits chimiques. Jardin médiéval. Restaurants à Cazals. ★ Cazals, ancienne bastide de Montolza (site classé du XIIe siècle). Tennis et pêche 500 m. Equitation 8 km. **Accès :** de Cahors, prendre dir. Catus, puis Cazals. Dans Cazals, prendre la route qui monte derrière la place et suivre les indications "Chambres d'Hôtes". CM337 pli D4.

Entre Lot et Dordogne, dans un prieuré du XIIe siècle dominant le magnifique village de Cazals, Joëlle et Christian vous invitent à partager la magie d'un site exceptionnel. Superbes chambres au décor sobre et raffiné, grand salon et salle de détente dans une cave voûtée, vastes terrasses et jardin, espace piscine. Une très belle adresse.

Cordes-sur-Ciel - Tarn (81)

★Cordes, 10-minute walk: medieval city and sightseeing.

*★ **How to get there:** As you enter downtown Cordes, take side street between the "Pâtisserie" and "Maison Presse" (newsagent). Drive down the road on the right. Approx. 1 km on, straight on and up for Cordes. Aurifat is on the left.*

This handsome building with 13th-century watchtower, extended in 1693 to include a brick-and-beam pigeon tower, overlooks the valley. Two bedrooms are located in the watchtower, and there is a suite together with a bedroom in the pigeon tower. All have separate entrances with a balcony or flower-filled terrace for delicious, breakfasts in complete peace and quiet.

Aurifat
81170 Cordes-sur-Ciel
Tél./Fax 05 63 56 07 03
Email : aurifat@wanadoo.fr
www.aurifat.com
Ian et Pénélope Wanklyn

1 pers. 48/55 € - 2 pers. 62/70 €

3 chambres et 1 suite avec bains ou douche et wc privés. Ouvert de mi-février à mi-décembre. Bibliothèque. Jardin d'1 ha., grande piscine, terrasse, salon et cuisine, barbecue. Réduction pour 1 semaine. Restaurants à Cordes 1 km. Chambres non fumeurs. ★ Cordes à 10 mn à pied : cité médiévale et touristique. **Accès :** à l'entrée de Cordes (ville basse), prendre petite rue entre Pâtisserie et Maison Presse. Descendre, suivre cette route à droite. A environ 1 km, aller tout droit et remonter vers Cordes. Aurifat est à gauche.

Cette belle bâtisse, avec tour de garde du XIIIe prolongée en 1693 par un pigeonnier en briques et colombages, domine la vallée. Chambres aménagées dans la tour de garde ; 1 suite et 1 chambre dans le pigeonnier. Elles ont une entrée indépendante avec balcon ou terrasse fleurie pour savourer en toute quiétude le petit déjeuner.

Donnazac-Cordes-sur-Ciel - Tarn (81)

★Cordes-sur-Ciel 7 km. Albi 22 km (Cathedral, Toulouse-Lautrec Museum). Gaillac 17 km (Wine Museum). Toulouse 75 km. Hiking 3 km. Fishing, tennis 5 km. Water sports 9 km. Riding 11 km. Outdoor leisure centre 15 km. Golf 22 km.

*★ **How to get there:** From Gaillac: D622 for Cordes/Ciel. 5 km past Cahuzac/Vère, turn right onto D33 for Donnazac. In the village past the square and the church, turn left for the property. Michelin map 338.*

This large white-stone house built in 1844, complete with dovecots and outbuildings, is set in the heart of the Gaillac vineyards and Albigensian fortifications. Situated in a handsome park with swimming pool, it features four luxuriously appointed bedrooms and a charming, elegant suite. Perfect for exploring the sights this magnificent region has to offer.

Les Vents Bleus
rue de la Caussade - 81170 Donnazac
Tél./Fax 05 63 56 86 11
Email : lesventsbleus@free.fr
www.lesventsbleus.com
Isabelle Philibert

2 pers. 80/100 € - 3 pers. 120 € - p. sup. 20 €

4 chambres et 1 ch. familiale avec bains et wc privés. Ouv. du 1.04 au 30.10 + vac. scol. Petit déj. : fruits, confitures, croissants... Cuisine (lave-linge). Salon. Parc, piscine, p-pong, vélos, jeux. ★ Cordes/Ciel 7 km. Gaillac 17 km (musée de la Vigne). Albi 22 km (musée Toulouse-Lautrec). Toulouse 75 km. Rand. 3 km. Pêche, tennis 5 km. Act. nautiques 9 km. Equit. 11 km. Base loisirs 15 km. Golf 22 km. **Accès :** de Gaillac, D622 dir. Cordes/Ciel. 5 km après Cahuzac/Vère, D33 à droite dir. Donnazac. Dans le village après la place et l'église, prendre à gauche. CM338.

Vaste maison de maître en pierre blanche édifiée en 1844, avec pigeonnier et dépendances, au cœur du vignoble de Gaillac et des bastides albigeoises. Entourée d'un très beau parc avec piscine, elle offre 5 chambres décorées avec charme et élégance.

Eauze - Gers (32)

★Tourist complex 3 km: 18-hole golf course, swimming pool, tennis court, horse-riding. Eauze, Archaeology Museum, Armagnac storehouses 5 km.

*★ **How to get there:** Signposted from Eauze: Ferme de Mounet, Parleboscq road 4 km. Michelin map 336, fold C6.*

Monique and Bernard extend a warm welcome at their manor house, which looks out onto a pretty flower garden, set in a shaded park in the heart of Armagnac country. Savour the delights of mouthwatering Gascon cuisine at the table d'hôtes.

Ferme de Mounet
TH
avenue de Parleboscq - 32800 Eauze
Tél. 05 62 09 82 85 - Fax 05 62 09 77 45
Email : contact@ferme-de-mounet.com
www.ferme-de-mounet.com
Monique Molas

2 pers. 60 € - repas 25 € - 1/2 p. 55 €

3 chambres doubles avec sanitaires privés. Ouvert de Pâques à la Toussaint. Table d'hôtes : cuisine gasconne (canards, oies...). Conserverie à la ferme (dégustation et vente). Week-end foie gras. Jardin, parc. Vélos, ping-pong, pétanque. ★ Complexe touristique à 3 km : golf 18 trous, piscine, tennis, équitation. Eauze : musée archéologique, chais d'Armagnac à 5 km. **Accès :** fléchage depuis Eauze : ferme de Mounet, route de Parleboscq, à 4 km. CM336, pli C6.

Au cœur de l'Armagnac, Monique et Bernard vous accueillent chaleureusement dans leur gentilhommière ouvrant sur un joli jardin fleuri et entourée d'un parc ombragé. Vous pourrez découvrir à la table d'hôtes toutes les saveurs de la cuisine gasconne servie avec générosité.

Eauze - Gers (32)

★Archaeology Museum. Ferias Toros, Tempos Latinos (festivals), motor racing, Landais races, Marciac Jazz Festival. Riding 5 km. 18-hole golf course, tennis, swimming 6 km. Lake (leisure activities) 10 km. Spa 15 km.

*★ **How to get there:** At Eauze, take D626 for Mt-de-Marsan and drive 6 km to Réans/Manciet crossroads. Turn right for "Chemin Espujos". Drive 500 m and turn right opposite the water tower for Hourcazet. Michelin map 336, fold C6.*

In the heart of secluded vineyards, in an attractive floral park with century-old trees, this tastefully restored, half-timbered farmhouse affords complete peace and quiet. You will enjoy the thoughtful, discreet hospitality and the country atmosphere. The bedrooms are cosy and personalised: 2 are upstairs with visible beams and 2 in a ground-floor annexe with direct access to the garden. A charming address in a bucolic setting.

Hourcazet
32800 Eauze
Tél./Fax 05 62 09 99 53
Email : claude.lejeunne@mageos.com
http://site.voila.fr/hourcazet
Claude Lejeunne

1 pers. 50/55 € - 2 pers. 60/65 € - p. sup. 20 €

4 chambres avec TV et sanitaires privés (2 à l'étage et en annexe). Ouv. toute l'année (hors-sais. sur résa. uniquement). Petit déj. : pâtisseries, confitures maison, ju d'orange, jambon, fromages... Biblio. A dispo. : m-onde l-vaiss., réfrig. Jardin, parc 1 ha. Restaurants 2 km. Pos pique-nique. ★ Musée archéologique, ferias toro Tempos Latinos, circuit automobile, courses landaises, ja in Marciac. Equit. 5 km. Golf 18 trous, tennis, pisci 6 km. Plan d'eau (loisirs) 10 km. Thermes 15 km. **Accès** A Eauze, dir. Mt-de-Marsan par D626 puis N 524 sur km jusqu'au carrefour (Réans/Manciet). Prendre à droi "Chemin Espujos". Faire 500 m puis à droite en face château d'eau dir. Hourcazet. CM336, pli C6.

Au milieu des vignes, dans un parc fleuri a chênes centenaires, cette ancienne ferme à color bages offre, dans une ambiance champêtre allia charme et simplicité, un séjour chaleureux grâce l'accueil de sa propriétaire. Un accueil attentif discret... Une adresse de charme pour les amo reux de nature et de tranquillité.

Endoufielle - Gers (32)

NOUVEAUTÉ

Samatan: market and other events. Château de Caumont. Jourdain Island (museums and events). Sports centre 5 km. Golf 7 km. Fishing 1 km. Tennis 2 km. Horse-riding 6 km.

★ ***How to get there:*** *On the motorway on the outskirts of l'Isle Jourdain, take direction Samatan (D634) for 4.7km. Turn left (by the Marestaing sign), drive along the coast for 200m until Le Brana d'en Haut.*

On the Gers hills, just 30 minutes from Toulouse, you will be warmly welcomed to this 19th-century family mansion-house set in a hectare of grounds with a private swimming pool and stunning garden. This is a beautiful and relaxing place where you will enjoy an excellent stay in a light and luxurious bedroom.

Au Brana d'en Haut
32600 Endoufielle
Tél. 05 62 07 97 59 - Fax 05 62 07 98 23
Email : micnmart@aol.com
http://aubranatdenhaut.chez.tiscali.fr
Martine Vrinat

1 pers. 70 € - 2 pers. 70 € - 3 pers. 115 €

1 suite et 1 ch. familiale (3 ch. communicantes), chacune avec sanitaires privés. Ouv. toute l'année. Petit déjeuner : salade fruits frais, yaourts fermiers, pâtisseries et confitures maison, miel... Bibliothèque. Salle de jeux d'enfants. Vélos, pétanque. Piscine. Parc de 1 ha. Prix semaine (8 jours/7 nuits) : 400 €/2 pers. ★ Samatan : marché et différentes manisfestations. Château de Caumont. L'Isle Jourdain (musées et manifestations). Base de loisirs 5 km. Golf 7 km. Pêche 1 km. Tennis 2 km. Equitation 6 km. **Accès :** sur la voie express, aux abords de l'Isle Jourdain, prendre dir. Samatan (D634) sur 4,7 km. Tourner à gauche (face à l'indication Marestaing), monter la côte sur 200 m jusqu'à "Le Brana d'en Haut". CM336, pli I 8.

Sur les coteaux du Gers, à 30 mn de Toulouse, vous serez réçus dans une maison de maître du XIXe siècle, entourée d'un parc de 1 ha avec piscine et jardin d'agrément. Cadre agréable et reposant pour un séjour privilégié dans des chambres lumineuses et confortables...

Entraygues-sur-Truyère - Aveyron (12)

Lot Valley villages: Estaing, Espalion, Ste-Eulalie-d'Olt, Conques (Santiago de Compostela pilgrimage route and Ste-Foy reliquary). Swimming and hiking 500 m. Horse-riding 3 km. Golf 30 km. Lake 10 km. Skiing 34 km.

How to get there: *In Entraygues, coming from Rodez, turn right between Post Office and Crédit Agricole. Turn left into Av. de Verdun and drive up the hill. The house is 250 m past the hairpin bend. Michelin map 338 fold H3.*

The Saint-Georges hills look down onto Entraygues, the town of two rivers, the Lot and Truyère. A wrought-iron gate opens onto a cobblestone courtyard, and beckons you into this handsome family mansion. The interior decoration is inviting and colourful, with an individual touch. A warm welcome awaits you at this attractive residence, which exudes the good life.

Le Clos Saint-Georges TH
19 coteaux de St-Georges - 12140
Entraygues-sur-Truyère
Tél. 05 65 48 68 22 ou 06 70 44 78 52
Catherine Rethore

1 pers. 45 € - 2 pers. 55 € - 3 pers. 70 € - p. sup. 15 € - repas 16 € - 1/2 p. 43,50 €

4 chambres avec salle d'eau et wc privés. Ouvert du 2 janvier au 20 décembre. Petit déjeuner : confitures maison, fouace ou cake... Table d'hôtes : truffade, aligot, grillades, gigot, veau de l'Aubrac...Flipper, jeux de société. Cour, jardin. Taxe de séjour. ★ Les villages de la vallée du Lot : Estaing, Espalion, Ste-Eulalie-d'Olt, Conques (sur chemin St-Jacques et trésor Ste-Foy). Piscine et randonnées 500 m. Equitation 3 km. Golf 30 km. Lac 10 km. Ski 34 km. **Accès :** dans Entraygues, en venant de Rodez, à droite la rue entre la poste et le Crédit Agricole, puis à gauche l'av. de Verdun, aller en haut de la côte, et 250 m après le virage en épingle. CM338, pli H3.

Les coteaux Saint-Georges dominent Entraygues, la Ville aux deux rivières : le Lot et la Truyère. Un portail en fer forgé ouvre sur une cour pavée, et vous invite dans cette belle maison de maître, où vous découvrirez une décoration personnalisée, chaleureuse et colorée. Soyez les bienvenus dans cette jolie maison où il fait bon vivre.

MIDI-PYRÉNÉES

Escamps - Lot (46)

46230 Escamps
Tél. 05 65 31 63 60 ou 06 86 72 20 16
Fax 05 65 31 73 48
www.france-bonjour.com/escamps/
Claude et Nicole Pélissié

TH

1 pers. 64 € - 2 pers. 69 € - 3 pers. 92 € - p. sup. 23 € - repas 17/24 €

1 suite (ch.-salon et ch. attenante) et 1 ch. 2 pers., avec bains et wc privés. Ouv. toute l'année. T. d'hôtes sur résa. (tous les soirs du 1/10 au 31/05 et le soir de l'arrivée du 1/06 au 30/09) : truffes, foie gras, confits, magret, cassoulet. Biblio., salon (cheminées, TV). Jardin (salons), piscine. Chauf. central. ★ St-Cirq-Lapopie, vallées du Lot et du Célé 14 km. Marchés aux truffes. Grottes de Pech-Merle. Musée de plein air à Cuzals et art populaire de Limogne. En mai, collection d'iris. Tennis 4 km, rand. GR36/46/65. **Accès :** à 8 km de Lalbenque ou 4 km de Concots, au centre du village d'Escamps par D22, D55 ou D42. CM337, pli F5.

Ce prieuré du XVIIIe siècle intégralement conservé avec son jardin clos planté d'arbres centenaires, est situé dans le village. La vaste suite qui a conservé son décor d'origine (plafonds à la française, grande cheminée) est superbement aménagée : meubles anciens, d'époque XVIIIe et XIXe, lit à baldaquin, tapis d'orient, tableaux... Une étape d'exception.

★St-Cirq-Lapopie, Lot and Célé Valleys 14 km. Truffle markets in Jan and Feb. Pech-Merle Caves. Open-Air Museum in Cuzals and Popular Art Museum in Limogne. Tennis, canoeing, cycling, swimming, hiking (posted trails, GR36/46 and 65).

★ ***How to get there:*** *8 km from Lalbenque and 4 km from Concots, in Escamps village centre. D22, D55 or D42. Michelin map 337, fold F5.*

This beautifully preserved 18th-century priory, in a walled garden with centuries-old trees, is set in a pretty village. The spacious suite still features its original décor, with French-style ceilings and a large fireplace, and is superbly appointed with antique 18th and 19th-century furniture, canopied fourposter bed, paintings and oriental rugs. Outstanding.

Escatalens - Tarn et Garonne (82)

La Maison des Chevaliers
Place de la Mairie - 82700 Escatalens
Tél. 05 63 68 71 23 - Fax 05 63 30 25 90
Tél. SR 05 63 21 79 61
www.maisondeschevaliers.com
Claudine Choux

TH

1 pers. 50 € - 2 pers. 70 € - 3 pers. 95 € - p. sup. 35 € - repas 20 €

4 ch. 3/4 pers., sanitaires privés. (110 €/4 p.). Ouv. tou l'année. Petit déj. : laitages, confitures, pâtisseries... d'hôtes : spéc. du terroir, portugaises et espagnoles. Sal de jeux. Orangeraie (p-pong). Cuisine, salle à mang dans le chai. Ancienne écurie (pique-niques). Cour, ja din, piscine, prairie ★ Moissac (cloître) 15 kr Belleperche (abbaye). Route des Bastides (20 à 60 km Lauzerte, Dunes, Auvillar... Randonnée sur place. Tenn 200 m. Pêche 15 km. Baignade 16 km. Golf 23 kr **Accès :** de Castelsarrasin, dir. Toulouse par N113. Da Escatalens, prendre "entrée du village" : la maison es côté de l'église. CM337, pli D8.

Cette demeure des chevaliers du XVIIIe do l'aménagement est exceptionnel, ne vous laisse pas indifférent. Vous y trouverez le charme vastes pièces au sol patiné par le temps, une déc ration personnalisée dans des chambres au thè historique ou romantique et l'accueil chaleureux attentif de Mme Choux. Très grand jardin avec p cine.

★Moissac and cloisters 15 km. Belleperche and abbey. Walled towns in a 20-60-km radius: Lauzerte, Dunes, Auvillar, etc. Hiking locally. Tennis 200 m. Fishing 15 km. Bathing and swimming 16 km. Golf course 23 km.

★ ***How to get there:*** *From Castelsarrasin, head for Toulouse on N113. In Escatalens, take "Entrée du Village": the house is next to the church. Michelin map 337, fold D8.*

This 18th-century former knights' residence is quite outstanding and promises a memorable stay. You will delight in the charm of the vast rooms with original flooring, the personalised bedrooms of romantic and historical inspiration, and Mme Choux's thoughtful hospitality. Extensive garden with swimming pool. Not to be missed.

Escoussens - Tarn (81)

★In the vicinity: En Calcat Abbey, Durfort copper village, Castres and Goya Museum. Carcassonne, Albi, Cordes, etc. Swimming pool 8 km. Bathing, lake 18 km. Tennis 2 km. Fishing 6 km. Cinema 16 km. Walking paths locally.

*★ **How to get there:** At Castres, take N112 to Laguarrigue, D56 to Labruguière and D60 to Escoussens. Follow signs for 2 km. Michelin map 338.*

This attractive Occitan residence opens out onto a vast meadow at the foot of Black Mountain, in the Haut-Languedoc Regional Nature Park. The comfortable bedrooms are blissfully quiet and afford pretty views of the Castres Plain and the mountain. The owners offer "discovery hikes" to suit guests' interests and tastes, on foot, horseback or by bike.

Le Mouscaillou TH
La Blancarie - 81290 Escoussens
Tél. SR 05 63 48 83 01 - Fax 05 63 48 83 12
Email : resa81@free.fr
Tél. prop. 05 63 50 21 86
Marina et Eric Alexandre

1 pers. 36 € - 2 pers. 46 € - 3 pers. 56/66 € - p. sup. 10 € - repas 18 €

2 ch. et 1 ch. familiale de 2 ch. avec sanitaires privés. Ouv. du 1.04 au 31.10. Petit déjeuner : confitures, tartes, brioches, gâteaux maison, jus de fruits... T. d'hôtes : produits fermiers, vins de qualité. Chevaux, âne de bât, petits animaux basse-cour. Jardin, terrasse, 5 ha prairies et bois. Restaurants 8/10 km. ★ A prox., notre atelier d'artisanat, abbaye d'En Calcat, Durfort (village du cuivre), Castres (musée Goya). Carcassonne, Albi, Cordes... Piscine 8 km. Plan d'eau 18 km. Tennis 2 km. Pêche 6 km. Cinéma 16 km. **Accès :** à Castres prendre la N112 jusqu'à Laguarrigue puis la D56 jusqu'à Labruguière et la D60 jusqu'à Escoussens ensuite suivre le fléchage sur 2 km. CM338.

Au pied de la Montagne Noire, dans le Parc Naturel du Haut Languedoc, belle demeure occitane ouvrant sur une vaste prairie. Les chambres sont calmes et confortables, avec une jolie vue sur la montagne et la plaine de Castres. Les propriétaires proposent des "randonnées découverte" sur mesure (à pied, à cheval, en vélo...).

Fleurance - Gers (32)

Residential picture-framing, porcelain-painting, and Gers story courses. Golf course 4 km. Fitness centre 10 km. Horseding 3 km. Hiking path 1 km. Casino 20 km.

***How to get there:** In Fleurance, head for Condom and rraube on D166. At the top of the first hill, the gateway to Marsan is on the left-hand side. Michelin map 336, fold 6.*

is stately 19th-century residence, now fully restored, stands a superb two-hectare wooded park brimming with flowers. ere is also an outdoor pool for guests' enjoyment.

En Marsan
route de Terraube - 32500 Fleurance
Tél. 05 62 06 08 20
Email : jf@cottin.org
www.cottin.org
Martine Cottin

1 pers. 66 € - 2 pers. 72 € - p. sup. 25 €

2 chambres et 1 suite de 2 chambres communicantes, chacune avec sanitaires privés. Ouv. toute l'année. Petit déj. : 3 jus de fruits, viennoiseries, gâteau, yaourts, confitures maison... Billards français et américain. Kitchenette. Salle de jeux. Parc 2 ha. Piscine. Restaurants à prox. ★ Stages résidentiels d'encadrement ou de peinture sur porcelaine et le "Gers". Golf 4 km. Remise en forme 10 km. Equitation 3 km. Chemin de randonnée 1 km. Casino 20 km. **Accès :** à Fleurance, prendre dir. Condom puis Terraube (D166). En haut de la 1re côte, à gauche, portail d'En Marsan. CM336, pli G6.

Maison bourgeoise du XIXe siècle entièrement restaurée, avec un magnifique parc de 2 hectares arboré et fleuri, avec une piscine découverte.

Gaillac - Tarn (81)

8, place Saint-Michel - 81600 Gaillac
Tél./Fax 05 63 57 61 48 ou 06 89 70 04 55
Email : lucile.pinon@wanadoo.fr
Lucile Pinon

1 pers. 40 € - 2 pers. 50 € - 3 pers. 70 €

6 chambres avec bains, wc (suite 70 €). Ouvert toute l'année. 7 restaurants à proximité. ★ Gaillac, point de départ des circuits de visite des vignobles, des bastides, du Tarn et de ses pigeonniers. **Accès :** face à l'abbatiale de Gaillac, au bord du Tarn. CM338.

Madame Pinon propose 5 chambres et 1 suite dans un hôtel particulier du XVIIe siècle, avec vue sur le Tarn et les toits de la vieille ville. Les chambres disposent de beaux meubles anciens, et les petits déjeuners sont servis sur une terrasse couverte qui donne sur l'abbatiale.

★Gaillac, starting-point for visits to vineyards, fortifications, the Tarn and its dovecots.

*★ **How to get there:** Opposite Gaillac Abbey-Church, on the banks of the Tarn. Michelin map 338.*

Madame Pinon offers five bedrooms and a suite in a 17th-century private mansion, with views of the Tarn River and the roofs of the old town. The bedrooms are appointed with handsome period furniture. Breakfast is served on a covered terrace overlooking the abbey-church.

Gramat - Lot (46)

Domaine du Cloucau TH
46500 Gramat
Tél./Fax 05 65 33 76 18 ou 06 30 07 44 98
Email : lecloucau@wanadoo.fr
www.domaineducloucau.com/
Alain et Francine Bougaret

2 pers. 63/68 € - p. sup. 15 € - repas 23 €

2 chambres et 2 suites avec accès indép. et sanitaires privés (105 € 4 pers.). Ouv. de mars à nov. T. d'hôtes : spécialités de canard et d'agneau, pâtisseries et apéritif maison (offert), vin de Cahors inclus. Dîner près de la piscine ou au coin du feu. Parc ombragé, terrasses avec salons et jardin privatifs. ★ Rocamadour. Gouffre de Padirac. Grottes de Lacave. Saint-Cirq-Lapopie. Sarlat. Randonnées sur place. Canoë-kayak. **Accès :** à 4 km de Gramat, sur la D807 en direction de Cahors. CM337 pli G3.

Belle demeure quercynoise du XVIIIe avec parc ombragé et piscine. Les chambres avec entrée indépendante, superbement aménagées et décorées avec goût (meubles anciens, tableaux, beaux objets...) s'ouvrent sur le parc. L'une, à l'étage dispose d'une terrasse privée. Le beau jardin et la piscine complètent avec harmonie le charme de cette demeure.

★Rocamadour. Padirac chasm. Lacave caves. Saint-Cirq-Lapopie. Sarlat. Hiking locally. Canoeing.

*★ **How to get there:** 4 km from Gramat, on D807 heading for Cahors. Michelin map 337, fold G3.*

This handsome 18th-century traditional Quercy residence stands in a shaded park with swimming pool. The superb bedrooms, with their own separate entrance, are elegantly decorated with antique furniture, paintings and fine objects. One opens out onto the park, the other is upstairs and features a private terrace. The delightful garden and pool add a harmonious touch to the residence's natural charms.

Gramat - Lot (46)

NOUVEAUTÉ

Rocamadour and Gouffre de Padirac 9 km. Lot and Dordogne valleys. Châteaux and medieval villages. Secondhand fair every second Saturday of the month at Gramat. Tennis, horse-riding 800 m. Golf 18 km. Lake 1 km.

★ ***How to get there:*** *From Gramat, take the Figeac road , then 500 m later, turn left. At the roundabout take the little road that is 300 m long and ends at the mill. Michelin map 337, fold G3.*

You will be warmly welcomed to this 14th and 18th-century Quercy water-mill. Three of the four bedrooms have independant access onto the shaded 2 hectares of grounds that boasts its own beautiful stream. The bedrooms are comfortable and elegant and the table d'hôtes meals served here are simply superb.

Moulin de Fresquet TH
46500 Gramat
Tél. 05 65 38 70 60 ou 06 08 85 09 21
Fax 05 65 33 60 13
www.moulindefresquet.com
Claude Ramelot9

1 pers. 57/68 € - 2 pers. 57/89 € - 3 pers. 99 € - repas 21 €

4 chambres dont 1 suite avec sanitaires privés. Ouv. du 1.04 au 31.10. Petit déjeuner : yaourts, miel, confitures maison, pâtisseries... T. d'hôtes : magret grillé confiture d'échalotte, tourte d'oie confite aux salsifis... Salons, biblio. Parc 2 ha, terrasses, salon de jardin. Pêche et baignade dans cour d'eau privé. ★ Rocamadour et gouffre de Padirac 9 km. Vallées du Lot et de la Dordogne. Châteaux et villages médiévaux. Brocante à Gramat tous les 2e samedi du mois. Tennis, équit. 800 m. Golf 18 km. Plan d'eau 1 km. **Accès :** à Gramat, prendre la route de Figeac puis à 500 m à gauche. Au rond point, prendre un chemin de 300 m de long finissant au moulin. CM337, pli G3.

Vous serez accueillis chaleureusement dans ce moulin à eau quercynois des XIVe et XVIIIe siècles. 3 des 4 chambres disposent d'un accès direct sur le parc ombragé de 2 ha avec son cours d'eau privé. Vous serez charmés par le confort des chambres et à la table d'hôtes, de succulents mets vous seront servis.

Juillac - Gers (32)

Tours of fortified towns and castelnaux. Hiking. Jazz Museum ·d Festival. Country music. Motocross. Nogaro racing circuit. ·nnis, golf, swimming, health and fitness, water sports centre.

How to get there: *At Marciac, head for Juillac (D255). ·rive through Juillac village and after the exit sign, take the ·st road (surfaced) on the left. Michelin map 336, fold C8.*

·e heart of the Gers is the setting for this delightful 18th- ·tury charterhouse, which stands in extensive flower-filled ·kland, overlooking the surrounding countryside. The guest ·drooms have been decorated with taste and refinement in a ·ng of this fully restored house. Enjoy the gourmet breakfasts ·l table d'hôtes meals made with fresh produce in season.

Au Château TH
32230 Juillac
Tél. 05 62 09 37 93 ou 06 15 90 25 31
Email : deresseguier@marciac.net
Yves et Hélène de Resseguier

1 pers. 48 € - 2 pers. 50 € - p. sup. 15 € - repas 16 € - 1/2 p. 41 €

3 chambres avec sanitaires privés (poss. lit d'appoint enfant ou lit bébé). Ouvert toute l'année. Table d'hôtes : produits frais selon les saisons. Coin-cuisine à disposition avec poss. de préparation pique-nique. Parc 1 ha. Prêt de 2 vélos de randonnée. ★ Route des bastides et des castelnaux. Randonnées. Musée du Jazz et festival. Country-Music. Moto-cross. Nogaro et son circuit. Tennis, golf, piscine, remise en forme, base nautique. **Accès :** à Marciac, direction Juillac (D255). Traverser le village de Juillac et après le panneau de sortie, 1re route (goudronnée) à gauche. CM336, pli C8.

Au cœur du Gers, cette ravissante chartreuse du XVIIIe, entourée d'un parc fleuri, domine la campagne alentour jusqu'aux Pyrénées. Les chambres ont été aménagées avec goût et raffinement dans une aile de la maison entièrement restaurée. Vous y apprécierez le petit déjeuner gourmand et la table d'hôtes (produits frais selon les saisons).

Juncalas - Hautes Pyrénées (65)

★Pic du Midi nearby. Tourmalet and Aspin Passes. Cirque de Gavarnie (corrie). Pyrenees National Park. Lourdes Grotto 6 km. Hiking and fishing locally. Golf, swimming and lake 7 km.

*★ **How to get there:** From Lourdes, head for Argelès-Gazost. At the roundabout, take D921 to Juncalas. Michelin map 342, fold M4.*

Arlette and Robert are your hosts at this charming 18th-century residence in the Pyrenean Piedmont. History enthusiasts will be interested to know that it was here that Monsignor Laurence, Bishop of Tarbes and Lourdes, spent part of his childhood. He also officialised the Lourdes visions. Today, the house with historical furniture exudes a warm, family atmosphere. Four pretty, blissful bedrooms are available for you to rest up after your many excursions.

Maison Monseigneur Laurence TH
65100 Juncalas
Tél. 05 62 42 02 04 - Fax 05 62 94 13 91
Email : robert.assouere@wanadoo.fr
www.maisondeleveque.com
Robert et Arlette Assouere

1 pers. 40 € - 2 pers. 43/50 € - 3 pers. 65 € - repas 20/28 € - 1/2 p. 42/45 €

4 ch. avec sanitaires privés. Ouv. d'avril à nov. Petit déj. : fruits frais, jus de fruits et confitures... T. d'hôtes (3 fois/semaine sauf jeudi et dimanche) : roulade d'aubergines, foie gras, salade chèvre chaud et miel, civet... S. à manger, salon, TV. Jardin et parc 1 ha, ruisseau. Balançoires, jeux. ★ Pic du Midi, Cols du Tourmalet et Aspin, cirque de Gavarnie, Parc National des Pyrénées... Grotte de Lourdes 6 km. Randonnées et pêche sur place. Golf, piscine et lac 7 km. **Accès :** à Lourdes prendre dir. Argelès-Gazost. Au rd-pt, D921 dir. Juncalas. CM342, pli M4.

Arlette et Robert vous accueillent en Piémont Pyrénéen dans une belle demeure de caractère du XVIIIe où, pour la petite histoire, Mgr. Laurence a passé une partie de son enfance. Evêque de Tarbes et Lourdes, il officialisa les apparitions de Lourdes. Aujourd'hui une ambiance chaleureuse et familiale règne dans la maison au mobilier chargé d'histoire.

Labastide - Hautes Pyrénées (65)

★Lake country (Cap de Long, Oredon, L'Oule). Mountain passes (Peyresourde, Aspin, Tourmalet). Gavarnie corrie. St-Bertrand-de-Comminges Cathedral. Esparros chasm. Golf, tennis, rock-climbing, paragliding and hiking.

*★ **How to get there:** A64 or RN117, Lannemezan exit, then head for St-Lary, drive 10 km and take D26. 2nd turning on the right. Michelin map 342, fold O4.*

This fully renovated, rustic-style, late-18th-century Bigourdan farmhouse is set in the country, in the heart of the Pyrenees. Six comfortable bedrooms await your arrival. Enjoy gourmet table d'hôtes meals prepared by the lady of the house, who will be delighted to acquaint you with regional cuisine as well as her own delicious recipes. Ideal for exploring the majestic Pyrenees.

Les Granges du Col de Coupe TH
route d'Esparre - D26 - 65130 Labastide
Tél. 05 62 98 80 27 ou 05 62 98 13 92
Fax 05 62 98 20 57
www.lesgrangesducoldecoupe.com
Evelyne Dasque

1 pers. 45 € - 2 pers. 64 € - 3 pers. 89 € - p. sup. 25 € - repas 19 € - 1/2 p. 51 €

4 chambres avec sanitaires privés. Ouvert l'été. Peti déjeuner : fruits, confitures, patisseries maison... Tab d'hôtes : agneau des Pyrénées et haricots tarbais, pou farcie, garbure... Bibliothèque, billard, TV, salle de gyn piscine chauffée. Jardin, Half-court. ★ Rte des lacs (C de Long, Oredon, l'Oule. Rte des cols (Peyresourd Aspin, Tourmalet). Cirque de Gavarnie. Cathédrale St-Bertrand-de-Comminges. Gouffre d'Esparros. Go tennis, escalade, parapente, rand. **Accès :** A64 ou RN11 sortie Lannemezan direction St-Lary et faire 10 km, pu prendre la D26 et la 2e à droite. CM342, pli 04.

Au cœur des Pyrénées, en pleine nature, cet ancienne ferme bigourdane de la fin du XVIIIe style campagnard a été entièrement réaménagé 4 chambres confortables sont réservées aux hôt Table d'hôtes gourmande avec les recettes de maîtresse de maison qui vous fera découvrir spécialités de la région. Etape idéale pour déco vrir les Pyrénées.

Labessière-Candeil - Tarn (81)

★Gaillac vineyards, fortifications, summer festivals and events. Albi 15 min. Aquaval sport and leisure centre, Fiac golf course 15 km. Florentin golf course 10 km. Flying club and swiming pool 6 km.

★ ***How to get there:*** *A68, exit 9 (Cordes-Gaillac) and D964 for Graulhet. 11 km on, take D26 (Labessière-Candeil). In the village, take D22 on the left. Michelin map 338.*

This elegant 15th-century château steeped in history stands on a rocky knoll in a peaceful, serene setting. The spacious suites are decorated with great inventiveness. The cool interior will provide shelter from the summer heat, though you may also choose to take quiet strolls in the shaded park.

Château de Serres TH
81300 Labessière-Candeil
SR 05 63 48 83 01 - Fax 05 63 48 83 12
Email : resa81@free.fr
Prop. Tél./Fax 05 63 34 64 53
Martine et Bruno Bonnefoy

2 pers. 70 € - 3 pers. 90 € - p. sup. 20 € - repas 20 €

1 chambre et 2 suites dont 1 familiale, avec sanitaires privés. Ouvert toute l'année. Petit déj. : jus de fruits, brioche, croissant, confitures maison... T. d'hôtes : petits plats mijotés. Parc de 2,6 ha. Restaurants dans le village. ★ Vignoble Gaillacois, bastides, nombreuses manifestations estivales. Albi 15 mn. Aquaval, golf du Fiac, équitation 15 km. Golf du Florentin 10 km. Aéroclub et piscine 6 km. **Accès :** A68, sortie n°9 (Cordes-Gaillac) puis D964 dir. Graulhet. Après 11 km, prendre la D26 (Labessière- Candeil). Au village, prendre la D22 sur la gauche. CM338.

Situé sur un mamelon rocheux, cet élégant château du XVe siècle riche en histoire, saura vous apporter calme et sérénité. Les suites sont spacieuses et originales. La fraîcheur intérieure vous protégera des chaleurs estivales, mais rien ne vous interdit de faire une balade dans le parc ombragé.

Lacroix-Barrez - Aveyron (12)

Weirs, barriers and Truyère Valley. Mur de Barrez, once the fiefdom of the Princes of Monaco. Lot Valley. Plateau de l'Aubrac. Brommat fitness centre 5 km.

How to get there: *From Mur de Barrez, take D904 for Entraygues and drive 4.5 km, then turn left for Vilherols. The hamlet is 700 m on. Michelin map 338, fold H2.*

Attractive traditional basalt stone house dating back to the 17th and 19th centuries. The old buildings have been restored, preserving their original character. Period furniture. The beautifully appointed bedrooms are very comfortable indeed, and each has its own separate entrance. One bedroom has access for the disabled.

Vilherols
12600 Lacroix-Barrez
Tél. 05 65 66 08 24 ou 06 07 42 30 15
Fax 05 65 66 19 98
www.gite-vilherols.net
Jean Laurens

1 pers. 38/53 € - 2 pers. 46/61 € - 3 pers. 61/76 € - p. sup. 15 €

4 chambres dont 1 familiale, toutes équipées de kitchenettes et sanitaires privés (1 dans la maison d'habitation, 3 dans bât. annexe avec TV). Ouvert toute l'année. Restaurants à Mur-de-Barrez 6 km, Lacroix-Barrez 3 km. Visite de l'exploitation. ★ Grands barrages et vallée de la Truyère. Mur de Barrez, ancien fief des princes de Monaco. Vallée du Lot, plateau de l'Aubrac. Centre de remise en forme de Brommat à 5 km. **Accès :** de Mur de Barrez prendre la D904 vers Entraygues, faire environ 4,5 km puis à gauche dir. Vilherols, le hameau est à 700 m. CM338, pli H2.

Belle maison traditionnelle en pierre basaltique, des XVIIe et XIXe siècles. Les bâtiments anciens ont été restaurés en respectant leur caractère. Mobilier ancien. Les chambres, chacune avec accès indépendant, sont chaleureuses et très confortables. (1 ch. avec terrasse et coin-cuisine est accessible aux personnes handicapées).

Lafrançaise - Tarn et Garonne (82)

Le Platane TH

Coquès-Lunel - 82130 Lafrançaise

Tél. 05 63 65 92 18 ou 06 73 30 93 62

Fax 05 63 65 88 18

Email : leplatane@wanadoo.fr

Christa Horf

1 pers. 60 € - 2 pers. 65 € - p. sup. 15 € - repas 20 €

3 chambres avec sanitaires privés, TV et téléphone. Ouvert toute l'année. Petit déjeuner : jus d'orange, yaourts, croissants, confitures maison... T. d'hôtes : coq au vin, magret, gratin pommes de terre, tiramisu... Grand couloir aménagé en salle de jeux (cartes, roulette...). Parc 1 ha. Piscine, 2 lacs, chevaux. ★ Dans un rayon de 20 km : Montauban (musée Ingres), Moissac (abbaye et cloître), Lauzerte (village classé), Auvillar (1 des plus beaux villages de France). Tennis 3 km. Randonnées 1 km. Pêche sur place. **Accès :** 10 km à l'est de Moissac par la D927, la D2 puis la D68. CM337, pli D7.

La ferme de Mme Horf (1896) a un cachet bien particulier; l'écurie, le manège, le pigeonnier, la maison de maître en terre crue magnifiquement restaurée, dominent un parc agrémenté d'un lac et d'une piscine. Autour de la maison, vous disposerez de 7 ha clôturés, très arborés. Vous serez les bienvenus dans ce beau cadre.

★Within a 20-km radius: Montauban and Ingres Museum, Moissac Abbey and Cloister, Lauzerte listed village, Auvillar, one of France's finest villages. Tennis 3 km. Hiking 1 km. Fishing locally.

*★ **How to get there:** 10 km east of Moissac on D927, D2 and D68. Michelin map 337, fold D7.*

Madame Horf's farm, built in 1896, has a charm all its own. The stable, ring, pigeon tower and magnificently restored raw clay family mansion overlook a handsome park, complete with lake and swimming pool. Enjoy the seven hectares of enclosed leafy grounds. A warm welcome is guaranteed at this delightful spot.

Lafrançaise - Tarn et Garonne (82)

Les Rives

82130 Lafrançaise

Tél. 05 63 65 87 65 ou 06 77 60 80 28

Francine Huc

1 pers. 38 € - 2 pers. 46 € - 3 pers. 58 € - p. sup. 13 €

2 chambres (1 au r.d.c. avec salon, TV et 1 familiale à l'ét. avec TV) et sanitaires privés. Ouv. toute l'année. Peti déjeuner : jus de fruits, viennoiseries, confitures et pâtisseries maison... Salon (biblio., TV, baby-foot). Parc, piscine, portique, toboggan, pêche. (-10 % dès la 3e nuit sau juil/août). 68 €/4 pers. ★ Montauban : musée Ingres vieille ville. Plan d'eau à Lafrançaise-Moissac (cloître) **Accès :** CM79, pli 17. A62, sortie Montauban, prendr D927 dir. Lafrançaise-Moissac. 12 km après Montaubar pont de l'Aveyron, 3e allée à gauche (panneau). CM337 pli D7.

Vous apprécierez la tranquillité de cette bel demeure de caractère du XIXe siècle et son confo douillet. Joli mobilier ancien dans des chambre vastes et chaleureuses et grand parc ombragé pro pice à la flanerie. Toutes proches, les rivières d Tarn et de l'Aveyron. Restaurants et ferme-auberg à Lafrançaise.

★Montauban: Ingres Museum, old town. Lake at Lafrançaise. Moissac cloisters.

*★ **How to get there:** A62, Montauban exit and D927 for Lafrançaise-Moissac. 12 km past Montauban, take the bridge over the Aveyron (3rd driveway on left, signposted). Michelin map 337, fold D7.*

You will enjoy the tranquillity and comfort afforded by this handsome 19th-century residence steeped in character. The spacious bedrooms boast attractive rustic furniture and exude warmth. The expansive, shaded park is ideal for taking strolls. The Tarn and Aveyron Rivers are close by. Restaurants and farmhouse-inn at Lafrançaise.

Lalbenque - Lot (46)

★Truffle market in December to February. Watercolour courses on the premises. Causses du Quercy Regional Nature Park. St-Cirq-Lapopie, Pech Merle Caves, Cahors vineyards. Horse-riding 7 km. Golf course 30 km. Châteaux 6 km.

*★ **How to get there:** In Lalbenque, the house is 500 m form the village centre. Follow signs for "La Vayssade". Michelin map 337, fold F5.*

Joëlle, an accomplished watercolour artist, and Pierre, an experienced chef specialising in local dishes, extend a warm, hospitable welcome at La Vayssade. Their home, at the end of a box-tree-lined driveway, is a delightfully large barn of outstanding construction. You will be amazed by the first-class, highly original interior decoration.

La Vayssade TH
46230 Lalbenque
Tél. 05 65 24 31 51 - Fax 05 65 24 31 56
Email : jpbaysse@lavayssade.com
www.lavayssade.com
Pierre et Joëlle Baysse

2 pers. 64/72 € - repas 23 € - 1/2 p. 55/59 €

5 chambres avec sanitaires privés. Ouvert de décembre à février et d'avril à octobre. Petit déj. : confitures et pâtisseries maison, viennoiseries... T. d'hôtes : cuisine gourmande du Quercy à base de produits fermiers. Salon, cheminée, biblio. Piscine, loc. VTT, parc 10 ha de truffières, terrasse, tonnelle. ★ Marché aux truffes (déc., janv., fév.). Stage d'aquarelle. PNR des Causses du Quercy. St-Cirq-Lapopie, grottes de Pech Merle, vignobles de Cahors. Equitation 7 km. Golf 30 km. Châteaux 6 km. **Accès :** à Lalbenque, c'est à 500 m du centre du village, suivre les panneaux "La Vayssade". CM337, pli F5.

Joëlle, passionnée par l'aquarelle et Pierre par la cuisine du terroir, vous attendent au bout de l'allée de buis pour un séjour inoubliable où priment convivialité, charme et confort.. Leur maison, une grange à la charpente et aux dimensions exceptionnelles, vous surprendra par la qualité et l'originalité de sa décoration.

Lamothe-Capdeville - Tarn et Garonne (82)

Montauban: Ingres Museum, cathedral; "Alors Chante", "Jazz" and "Les 400 Coups" Festivals 8 km. Tennis 4 km. ishing and bathing 2 km. Canoe-kayak 25 km. Hiking ocally.

***How to get there:** Via Montauban bypass (Rocade), turn f at Molières-Lafrançaise. Turn right at the lights for Lamothe-apdeville. Past the village, head for Mirabel. Chemin des lartelles is 700 m on. Michelin map 337, fold E7.*

a Maison de Manon is a little piece of heaven on earth. The aceful, serene atmosphere is more than inspiring. Weather rmitting, you will be able to take in views of the Pyrenees. easurable, quiet moments await you here in the heart of the autiful Quercy countryside.

La Maison de Manon
122, ch. Antoine de Cadillac -
82130 Lamothe-Capdeville
Tél. 05 63 31 36 29 ou 06 16 57 34 90
www.lamaisondemanon.com
Manon Pico

1 pers. 50/60 € - 2 pers. 60/70 € -
3 pers. 80/90 € - p. sup. 20 €

3 chambres avec sanitaires privés. Ouvert de décembre à fin octobre. Petit déjeuner : viennoiseries ou gâteaux maison, confitures, yaourts... Piscine. Jardin. Parc de 3 ha. Restaurants à Montauban (8 km) et Albias (7 km). ★ Montauban (8 km) : musée Ingres, cathédrale, festivals ("Alors Chante" - "Jazz" - "les 400 coups"). Tennis 4 km. Pêche et baignade 2 km. Canoë-kayak 25 km. Randonnées sur place. **Accès :** par la rocade de Montauban, prendre sortie Molières-Lafrançaise. Au feu, à droite dir. Lamothe-Capdeville. Après le village, dir. Mirabel, à 700 m chemin des Martelles. CM337, pli E7.

La Maison de Manon" est comme une île de ciel sur la terre ! Vous y trouverez une atmosphère paisible et sereine, propice à l'inspiration. Quand le temps le permet, on aperçoit la chaîne des Pyrénées. D'agréables moments de quiétude dans cette belle campagne quercynoise.

Lavardens - Gers (32)

Mascara
32360 Lavardens
Tél. 05 62 64 52 17 - Fax 05 62 64 58 33
Email : monique.hugon@free.fr
Roger et Monique Hugon

1 pers. 48/54 € - 2 pers. 58/66 € - p. sup. 18 €

4 chambres, toutes avec douche ou bain et wc privés. Ouvert du 1.02 au 31.12. sur réservation. Ping-pong, piscine sur place. VTT. Vente de produits régionaux. Restaurant au village (3 km). ★ Château de Lavardens (XVIe). Golf 12 km. Equitation 15 km. Tennis et base de loisirs 14 km (pêche, baignade, planche à voile...). Club VTT 7 km. Gare 15 km. Commerces 10 km. **Accès :** venant de Toulouse, depuis Auch, dir. Condom, puis D.103 dir. Lavardens-Fleurance jusqu'à Mascara (7 km). CM336, pli F7.

Monique et Roger vous accueillent à Mascara dans une grande maison gasconne retirée de la route ouvrant sur un vaste jardin fleuri avec une belle piscine. Elle est entourée de coteaux et située au cœur de la campagne gersoise. Maison de caractère classée au patrimoine local (meubles régionaux, prestations de qualité).

★Château de Lavardens (16th century). Golf course 12 km. Horse-riding at Pauillac 15 km. Tennis court and outdoor sports centre 14 km (fishing, bathing, windsurfing, pedal boats). Cycling club 7 km. Railway station 15 km. Shops 10 km.

*★ **How to get there:** From Toulouse and Auch, head for Condom, then take D103 for Lavardens-Fleurance to Mascara 7 km. Michelin map 336, fold F7.*

Monique and Roger are your hosts at Mascara, a large Gascon-style house overlooking a vast flower-filled garden with swimming pool, and surrounded by the rolling hills of the Gers countryside. This residence with great character is part of the region's heritage, and features traditional local furniture and first-class appointments.

Lempaut - Tarn (81)

La Bousquétarié TH
81700 Lempaut
Tél./Fax 05 63 75 51 09
www.chateau-bousquetarie.com
Charles et Monique Sallier

1 pers. 50 € - 2 pers. 64/72 € - 3 pers. 94 € - p. sup. 22 € - repas 20 € - 1/2 p. 50/55 €

2 chambres et 2 suites avec sanitaires privés. Ouvert du 1er février au 1er décembre. Table d'hôtes : galantine volailles, cassoulet... Salons, bibliothèque. Parc de 5 ha. Piscine, tennis, ping-pong. ★ Montagne Noire 7 km. Puylaurens, Revel et St-Férreol (voile, base de loisirs) 10 km. Equitation 4 km. Randonnées 8 km. Spéléologie 10 km. Aéroport 15 km. Golf 18 trous 22 km. **Accès** D622 entre Soual et Revel. A Lescout, D46 vers Lempaut. A 2 km La Bousquétarié. De Toulouse Lempaut par Puylaurens ou Revel. Lempaut D46 vers Lescout. CM338.

Dans ce manoir du début du XIXe siècle entouré d'un grand parc, vous serez accueillis en toute convivialité par Monique et Charles Sallier. Ils sauront vous faire partager leur table familiale et vous conseiller sur la découverte de leur région. De la bibliothèque et des chambres, belle vue sur la Montagne Noire.

★Montagne Noire (mountain) 7 km. Puylaurens, Revel and Saint-Férreol Lake (sailing, outdoor sports) 10 km. Horse-riding 4 km. Hiking 8 km. Potholing 10 km. Airport 15 km. 18-hole golf course 22 km.

*★ **How to get there:** D622 between Soual and Revel. At Lescout, take D46 for Lempaut. 2 km to La Bousquétarié. From Toulouse: Lempaut via Puylaurens or Revel. At Lempaut, take D46 for Lescout. Michelin map 338.*

Monique and Charles Sallier offer a warm welcome at their early-19th-century manor house, which stands in extensive parkland. Your hosts will be happy to advise you on the region while dining at the family table d'hôtes. The library and bedrooms command splendid vistas of the Montagne Noire.

Lombers - Tarn (81)

★Albi: Toulouse-Lautrec Museum and Sainte-Cécile Cathedral 15 km. Medieval villages of Lautrec 13 km and Cordes 40 km. Gaillac vineyards, Le Sidobre 25 km. Montagne Noire 40 km. Riding, tennis 5 km. Marineland 13 km. Water sports 25 km.

★ **How to get there:** From Albi, head for Castres. 14 km on, turn off N112 and head for Graulhet on D41. Cross D71 and first right before Lombers. Michelin map 338.

Annick, Jacques and Juliette are your hosts at this recently restored authentic mill. This charming, nicely proportioned house features pretty bedrooms with wrought-iron, canopied fourposter beds and warm colours. The park, with swimming pool, is ideal for a well-earned rest and the gourmet table d'hôtes meals will delight lovers of fine cuisine. An inviting spot not to be missed.

Le Moulin d'Ambrozy TH
81120 Lombers
SR 05 63 48 83 01 - Fax 05 63 48 83 12
Email : resa81@free.fr
Jacques et Annick Novak
Prop. Tél./Fax 05 63 79 17 12

1 pers. 47/57 € - 2 pers. 52/62 € - 3 pers. 80 € - p. sup. 18 € - repas 22 €

3 chambres avec douche et wc privés. Possibilité suite familiale. Ouvert toute l'année. Table d'hôtes sur réservation dimanche et mardi. Jeux de société. Parc, piscine, rivière, badminton, randonnée, ping-pong, possibilité promenades équestres, VTT. ★ Albi 15 km (musée Toulouse Lautrec, cathédrale). Lautrec 13 km et Cordes 40 km. Vignoble du gaillacois, Le Sidobre 25 km. Montagne Noire 40 km. Equit., tennis 5 km. Parc aquatique 13 km. Act. nautiques 25 km. **Accès :** d'Albi, dir. Castres. Quitter la N112 après 14 km, suivre Graulhet par la D41. Trav. la D71, et avant Lombers, 1re à droite. CM338.

Au cœur du Tarn, la famille Novak vous accueille dans un authentique moulin récemment restauré. Maison de charme avec de vastes chambres joliment décorées (lits en fer forgé, à baldaquin, couleurs chaleureuses). Le parc et la piscine offriront d'agréables moments de détente et la table d'hôtes gourmande comblera les amateurs de bonne chère.

Ludiès - Ariège (09)

Mirepoix, Cathar city 12 km. Puppet Festival in August. Vals rupestrian church 10 km. Hiking locally. Aerodrome, fishing 2 km. Horse-riding 4 km. Sailing 30 km. Golf course 50 km.

How to get there: From Pamiers, head for Mirepoix. 6 km on, turn left opposite Pujols Aerodrome. Ludiès is 2 km on. Michelin map 343.

Château de Ludiès, facing the Pyrenees, has been restored to pristine splendour using original materials. Experience life centuries ago in the elegant interior, which features 18th-century furniture, Toile de Jouy curtains and wall hangings, antique pottery, paintings and engravings. Superb 18th and 19th-century enamelware and clothing collections. Copious meals are served by the majestic fireplace or the bread oven. A warm welcome is guaranteed at this outstanding address.

Château de Ludiès TH
Le Château - 09100 Ludiès
Tél. 05 61 69 67 45 - Tél./Fax 05 61 67 39 26
Tél. SR 05 61 02 30 80
www.resinfrance.com/ariege-pyrenees/
Laure Bogulinski-Fines

1 pers. 55/69 € - 2 pers. 65/76 € - 3 pers. 80 € - p. sup. 18 € - repas 22 €

4 ch. et 2 suites (terrasse et salon de jardin) avec sanitaires privés. Ouv. tte l'année. Petit déj. : pâtisseries maison, confitures, fruits... T. d'hôtes : cassoulet, potée de choux farcis, magrets de canard... Séjour, cheminée, biblio., salon TV, piano, musée du costume. P-pong, billard. Parc avec piscine, tennis, vélos ★ Mirepoix 12 km. Festival Marionnettes (août). Eglise rupestre de Vals 10 km. Randonnées. Aérodrome, pêche 2 km. Equitation 4 km. Voile 30 km. Golf 50 km. **Accès :** à Pamiers, dir. Mirepoix. Après 6 km, face à l'aérodrome de Pujols, tourner à gauche. Ludiès est à 2 km. CM343.

Face aux Pyrénées, le château de Ludiès reconstruit et restauré avec des matériaux anciens, propose une décoration intérieure avec mobilier d'époque XVIIIe, tentures, rideaux en toile de Jouy, poteries anciennes, tableaux et gravures. Collections de jouets, faïences et habits des XVIIIe et XIXe. Repas servis devant la majestueuse cheminée ou le four à pain.

Marsal - Tarn (81)

NOUVEAUTÉ

Albi, Castres, Toulouse, Cordes-sur-Ciel, Ambialet (la Vallée du Tarn), Gaillac (wine). Canoeing 6 km. Tennis 8 km. Horse-riding 10 km. Hiking locally. Fishing on site.

★ ***How to get there:*** *Paris, Orléans, Limoges, Cahors, Montauban. Turn off the motorway towards Albi (D999) direction Milau. After 10km turn left onto Marsal and follow the "Maison Mambré" signs for 2 km. Michelin map 338.*

Mr and Mrs Vandepitte-Teetaert, belgian bakers, would like to welcome you to their former Dominican Order convent. Total comfort awaits you in the stunning bedrooms that are decorated in a wonderful dreamy manner. You will instantly fall in love with this place and its beautiful countryside setting.

Maison Mambré TH
81430 Marsal
Tél. 05 63 47 91 27 ou 06 73 41 97 59
Fax 05 63 47 33 55
Email : info@maisonmambre.com
Wim et Veerle Vandepitte-Teetaert

1 pers. 70 € - 2 pers. 72 € - 3 pers. 80 € - p. sup. 8 € - repas 25 €

5 chambres dont 1 familiale avec sanitaires privés. Ouv. toute l'année sauf Noël. Petit déjeuner : fruits, confitures, viennoiseries... T. d'hôtes : cuisine française et belge (spécialités desserts). Salle de jeux, salon, billard, biblio. Jardin, parc 1,5 ha. Piscine. Baby-foot, flipper. Vélos, quad, pétanque, jeux.. ★ Albi, Castres, Toulouse, Cordes-sur-Ciel, Ambialet (la Vallée du Tarn), Gaillac (vin). Canoë 6 km. Tennis 8 km. Equitation 10 km. Randonnées sur place. Pêche sur place. **Accès :** Paris, Orléans, Limoges, Cahors, Montauban. Quitter l'autoroute dir. Albi (D999) dir. Millau. Après 10 km environ, prendre Marsal sur la gauche et suivre panneau "Maison Mambré" sur 2 km. CM338.

M. et Mme Vandepitte-Teetaert, boulangers belges, vous accueillent dans un ancien couvent de l'ordre des Dominicaines. Tout le confort vous attend dans de ravissantes chambres dont le style vous surprendra et vous fera rêver. Vous serez séduits par le calme de cet endroit et par la beauté des paysages environnants.

Martel - Lot (46)

NOUVEAUTÉ

Haut Quercy Festival, Rocamadour, Sarlat, gouffre de Padirac, Collonges-la-rouge, Perche-Merle caves... Canoeing 8 km. Hot-air ballooning 25 km. Hang-gliding 13 km. Golf 15 km. Hiking locally.

★ ***How to get there:*** *From Martel, head towards St-Céré (D803). Leave Martel and take 1st left for Loupchat-Taillefer, then turn right at the crossroads. The house is on the right at the end of the road. Michelin map 337, fold F2.*

Set up in the hills, in a natural setting that is only 4km from a 12th-century medieval town, this stunning Quercy property is surrounded by 10 hectares of woods and meadows and has 4 wonderful bedrooms available. The dinners here are delicious and prepared with local produce and a touch of originality. A great place to stay when exploring this fantastic region of France.

Les Hauts de Loupchat TH
Baboyard - 46600 Martel
Tél. 05 65 32 59 73 ou 06 24 05 14 72
Email : leshauts.deloupchat@free.fr
www.chambres-hotes-lot.com
Marie Hureau

1 pers. 34/40 € - 2 pers. 53/63 € - 3 pers. 64/76 € - repas 18 €

4 chambres avec entrée indép. et sanitaires privés. Ou toute l'année. Petit déjeuner : confitures maison, jus d'o range, fruits, yaourts, fromages... T. d'hôtes : feuilleté cabécou au miel, veau sauce aux noix, confits... Billar piano, cheminée. Parc 10 ha. Piscine. Réduct. 10 % si nuits consécutives (hors-sais.). ★ Festival du Ha Quercy, Rocamadour, Sarlat, gouffre de Padira Collonges-la-rouge, grottes de Perche-Merle... Can 8 km. Montgolfière 25 km. Parapente 13 km. G 15 km. Randonnées sur place. **Accès :** à Martel, prenc dir. St-Céré (D803). Sortir de Martel et 1re route à ga che dir Loupchat-Taillefer, puis au carrefour à droite. Maison est à droite au bout du chemin. CM337, pli F

Isolée sur les hauteurs, en pleine nature et à 4 k d'une cité médiévale du XIIe, cette belle bâti quercynoise, sur 10 ha de bois et prairies, aura plaisir de vous accueillir dans ses 4 chambres charme. La table est élaborée avec les produits terroir, un brin d'originalité et des produits m son. Découvrez toutes les richesses de la région

Maurens-Scopont - Tarn (81)

⋆*Albi, Castres and museums 40 km. Toulouse and Cité de l'Espace space centre 35 km. Lavaur 12 km, Gaillac and vineyards. Cordes, Durfort, Pastel Museum, etc.*

★ ***How to get there:*** *From Toulouse or Castres, take N126 and D35 for Maurens-Scopont and follow "Chambres d'Hôtes" signs. Michelin map 338.*

A warm welcome awaits you at this delightful family mansion, set in 22-hectare grounds, by a lake, close to the flower-filled town of Lavaur. The residence is situated in the Albi, Castres and Toulouse triangle, a land of milk and honey. Enjoy a game of tennis, a dip in the pool, taste the local specialities or explore the region's many treasures.

Domaine de Combe Ramond TH
81470 Maurens-Scopont
Tél. 05 63 58 77 60 ou 06 61 15 77 60
Fax 05 63 58 57 27
www.comberamond.fr
Marie-Bernadette Vignau

1 pers. 46 € - 2 pers. 60 € - 3 pers. 70 € - p. sup. 16 € - repas 23 €

5 chambres climatisées avec sanitaires privés, TV et tél. Ouv. du 2.01 au 22.12. Petit déjeuner : viennoiseries, confitures maison, jus de fruits... T. d'hôtes et ferme-auberge : agneau, chevreau, volailles fermières... Grande salle à manger. Piscine, tennis, boulodrome. Propriété de 22 ha en bordure d'un lac. ★ Albi, Castres (40 km) et leurs musées. Toulouse et la cité de l'Espace (35 km). Lavaur (12 km). Gaillac et ses vignobles. Cordes, Durfort, le musée du pastel etc... **Accès :** en arrivant de Toulouse ou de Castres, prendre la N126 et la D35 dir. Maurens-Scopont, suivre ensuite les panneaux "Chambres d'Hôtes". CM338.

Au cœur du pays de Cocagne, dans le triangle Albi, Castres et Toulouse, à proximité de la ville fleurie de Lavaur, vous serez accueillis dans une ravissante maison de maître située sur un terrain de 22 ha, en bordure d'un lac. Vous pourrez à tout instant faire une partie de tennis, profiter de la piscine ou bien découvrir toutes les richesses de la région.

Mauroux - Gers (32)

⋆*Swimming pool, outdoor leisure centre, horse-riding, golf course, thermal baths, tennis, fishing.*

★ ***How to get there:*** *At St-Clar, head for Valence d'Agen. At the intersection, make for Mauroux, straight run after "Embarthe". Keep going, and after woods, 1st road on right. Michelin map 336, folds G6.*

This vast, fully restored Gascon residence is set in tree-lined, flower-decked grounds, in keeping with its typically regional style. The sunny bedrooms are appointed with both period and modern furniture. The gîte and its outstanding setting were chosen by TV channel France 2 for the "La Nuit des Etoiles" programme (astronomy and stargazing) in 1995 and 1996.

La Ferme des Etoiles TH
32380 Mauroux
Tél. 05 62 06 09 76 - Fax 05 62 06 24 99
Email : contact@fermedesetoiles.com
www.fermedesetoiles.com
La Ferme des Etoiles

1 pers. 44 € - 2 pers. 58 € - 3 pers. 75 € - p. sup. 17 € - repas 19 € - 1/2 p. 48 €

3 chambres avec sanitaires privés. Ouvert du 1.03 au 3.01. TV, tél., biblio., planétarium, labo photo, vidéo, salles de projection, 3 salons. Stages, découverte du ciel. Piscine, coupoles d'observation, téléscope. Randonnées. (1/2 pens. sur la base de 2 pers./chambre). Hébergement groupe sur place. ★ Piscine, base de loisirs, équitation, golf, thermes, tennis, pêche. **Accès :** à St-Clar, dir. Valence d'Agen. Au croisement, dir. Mauroux, grande ligne droite après "Embarthe". Continuer tout droit, et après le bois, 1re route à droite. CM336, pli G6.

Cette vaste demeure gasconne entièrement restaurée, entourée d'un parc arboré et fleuri, a su préserver son style typiquement régional. Les chambres ensoleillées sont dotées de meubles anciens et contemporains. Ce site qui bénéficie d'une situation exceptionnelle a été retenu par France 2 pour la Nuit des Etoiles en 95 et 96.

Mauroux - Lot (46)

★Puy-l'Evêque. Bonaguil Château. Montcuq. Lot Valley. Tennis, hiking and cycling, horse-riding.

*★ **How to get there:** D911 for Puy-l'Evêque. Cross the Lot and head for Vire. At the 2nd roundabout, take 1st left. Mauroux is 11 km on. In Mauroux, drive 1 km for Montcuq/Sérignac. Michelin map 337, fold C5.*

This restored stone farmhouse offers prestigious bedrooms with their own separate entrance. Savour the hearty breakfasts and gourmet specialities served at the table d'hôtes. Have a dip in the pool or enjoy the 4x4 excursions organised by your hosts for exploring the Lot off the beaten track. An enchanting spot that will most definitely live up to your expectations.

Le Mas de Laure TH
46700 Mauroux
Tél./Fax 05 65 30 67 39 ou 06 20 86 04 31
Email : masdelaure@infonie.fr
www.masdelaure.com
EURL Mas de Laure

1 pers. 70 € - 2 pers. 70 € - 3 pers. 85 € - p. sup. 15 € - repas 25 € - 1/2 p. 60 €

5 chambres dont 1 familiale avec sanitaires privés (100 € 4 pers.). Ouv. toute l'année. Petit déj. : viennoiseries, pâtisseries/confitures maison... T. d'hôtes : magret aux pêches, tourin, gigot... Salons, TV, billard, muscul., jeux. Boules, loc.VTT. Cour, jardin, parc, piscine. - 10 %/nuit dès 3 nuits et hors vac.scol. ★ Puy-l'Evêque. Château de Bonaguil. Montcuq. Vallée du Lot. Tennis, randonnées pédestres et VTT, équitation. **Accès :** D811 dir. Puy-l'Evêque. Passer le Lot, dir.Vire puis au 2e rond-point, 1re à gauche. Mauroux est à 11 km. A Mauroux, faire 1 km en dir. De Montcuq/Sérignac. CM337, pli C5.

Cette ferme restaurée, en pierre, propose des chambres de grand confort, toutes avec accès indép. Petit déjeuner copieux et table d'hôtes gourmande avec ses spécialités. Pour vos loisirs, une piscine, et pour les amateurs, vos hôtes organisent des randonnées en 4x4 pour découvrir le Lot hors des sentiers battus. Une adresse qui comblera toutes vos attentes.

Mayrac - Lot (46)

NOUVEAUTÉ

★Rocamadour, Sarlat, Padirac, Lacave caves and Lascaux, villages named the "Most Beautiful Village in France". Tennis, fishing, river, canoeing 2 km. Horse-riding 4 km. Sports centre 9 km.

*★ **How to get there:** A20 exit Souillac then take direction Martel for 4.7km. Turn right towards St-Sozy, continue for 1km then turn left. Follow signs for "Villa Touloumo". Michelin map 337, fold F2.*

This stunning Quercy-style house has an amazing panoramic view of the Dordogne valley and its cliffs. At the heart of Quercy, in Lot, Andrée and Jean-Pierre welcome you to their guest rooms, each of which overlook the Dordogne. This is an ideal location for a holiday, a relaxing weekend break or a sporting getaway.

Villa Touloumo TH
Pech Touloumo - 46200 Mayrac
Tél. 05 65 27 12 94 - Fax 05 65 27 14 27
Tél. 06 22 60 72 20
http://perso.wanadoo.fr/villa-touloumo
Andrée Lavis de Law

1 pers. 49/55 € - 2 pers. 55/84 € - 3 pers. 85/101 € - repas 26/30 €

5 chambres avec sanitaires privés. Ouv. toute l'année. Petit déjeuner (buffet) : viennoiseries, gâteaux et confitures maison, miel, fruits, yaourts... T. d'hôtes : escalope de foie poêlée, magret aux figues, gigot du Quercy... Bibliothèque, jeux de société. Parc 4 ha. Piscine (11,4 x 5,2). Pétanque. W.E à thèmes. ★ Rocamadour, Sarlat, Padirac, grottes Lacave et Lascaux, quelques villages classés "Plus Beaux Village de France". Tennis, pêche, rivière, canoë 2 km. Equitation 4 km. Base de loisirs 9 km. **Accès :** A20, sortie Souillac puis dir. Martel sur 4,7 km. Tourner à droite vers St-Sozy, faire 1 km et tourner à gauche. Fléchage "Villa Touloumo". CM337, pli F2.

Belle maison contemporaine de style quercynois avec une vue panoramique sur la Vallée de la Dordogne et ses falaises. Au cœur du Quercy, dans le Lot, Andrée et Jean-Pierre vous accueillent dans leurs chambres d'hôtes surplombant la Dordogne. C'est l'endroit rêvé pour des vacances ou des week-ends de détente et de loisirs sportifs.

Meauzac - Tarn et Garonne (82)

Montauban: Ingres Museum, cathedral; "Alors Chante", "Jazz" and "Les 400 Coups" Festivals 10 km. Moissac: cloister, market 12 km. Swimming pool, hiking, bathing 5 km. Tennis, fishing 2 km. Canoeing 12 km.

★ ***How to get there:*** *From Montauban, take D927 for Lafrançaise. At the Pont du Saula (bridge), head for Castelsarrasin via D45 and drive 3 km. Michelin map 337, fold D7.*

Set in a splendid park, Manoir des Chanterelles exudes a sense of well-being and the good life. A stately staircase leads to customised, themed bedrooms where infinite attention has been paid to detail. A ground-floor lounge, dining room and games room are available for guests' use.

Manoir des Chanterelles TH
Bernon Boutounelle - 82290 Meauzac
Tél. 05 63 24 60 70 - Fax 05 63 24 60 71
Tél. SR 05 63 21 79 61
www.manoirdeschanterelles.com
Nathalie Brard

1 pers. 60/70 € - 2 pers. 70/100 € - 3 pers. 125 € - p. sup. 20 € - repas 25 €

4 chambres et 1 suite, sanitaires privés, TV, tél. (Internet). Ouv. toute l'année. Petit déj. : viennoiseries, gâteaux-/confitures maison... Salle (flipper, jeux société, ordinateur), salle de billard, expo. peintures. Aire de jeux, piscine, tennis, VTT. Parc 1 ha. Poss. w.e. sportif. Restaurants 5 km. 150 €/4 pers. ★ Montauban (10 km) : musée Ingres, cathédrale, festivals ("Alors Chante" - "Jazz" - "les 400 Coups"). Moissac (12 km) : cloître, marché. Randonnée, baignade 5 km. Tennis, pêche 2 km. Canoë 12 km. **Accès :** de Montauban, prendre la D927 dir. Lafrançaise. Au pont du Saula suivre Castelsarrasin par la D45 sur 3 km. CM337, pli D7.

Au beau milieu d'un magnifique parc, le manoir des Chanterelles a le goût du bien-être et du bien-vivre. Un bel escalier dessert des chambres très personnalisées aux thématiques originales dont aucun détail n'a été oublié. Un salon, une salle à manger et une salle de jeux sont à votre disposition au rez-de-chaussée.

Mercenac - Ariège (09)

Historical Saint-Lirier; classical music festivals 12 km. Saint-Girons 12 km ("Manifestations Autrefois le Couserans" Festival in August). Fishing 2 km. Tennis, hiking 10 km. Swimming pool 13 km. Spa 15 km. Paragliding 20 km.

★ ***How to get there:*** *A64 (Toulouse-Tarbes), exit 20 for Saint-Girons. Head for Mercenac. In Mercenac village, lane opposite the post office. Michelin map 343.*

Alain and Nicole welcome you to their delightful residence, which is set in a shaded park brimming with flowers. This original farmhouse with outbuildings has been renovated in keeping with time-honoured traditions. Your hosts provide two prettily decorated, comfortable bedrooms. There is a pleasant park, featuring a pond and landscaped recesses, for you to enjoy the farniente life or a relaxing read. Non-smokers preferred.

Les Volets Bleus TH
09160 Mercenac
Tél./Fax 05 61 96 68 55
Tél SR 05 61 02 30 80
www.ariege.com/lesvoletsbleus
Alain et Nicole Meunier

1 pers. 53 € - 2 pers. 60 € - 3 pers. 69 € - repas 20 €

2 ch. avec sanitaires privés (dont 1 access. pers. hand.). Ouv. du 1/4 au 31/10. Petit déj. : confitures/pâtisseries maison, yaourts... T. d'hôtes (sauf mercredi) : magret au miel, confit... Salon, jeux société. Biblio., billard, b-foot. Cour, jardin, parc, bassin aménagé. Salle détente (spa, rameur...). Non fumeur apprécié ★ Cité de St-Lirier 7 km (festivals de musique classique). St-Girons 12 km ("Manifestations Autrefois le Couserans" en août). Pêche 2 km. Tennis, rand. 10 km. Piscine 13 km. Thermes 15 km. Parapente 20 km. **Accès :** A64 (Toulouse-Tarbes) sortie 20 puis direction Saint-Girons. Suivre direction Mercenac. A Mercenac, dans le village, chemin face à la poste. CM343.

Dans un parc ombragé et fleuri, Alain et Nicole vous accueillent dans leur demeure qui bénéficie du label "Bâti de Caractère". Cet ancien corps de ferme avec dépendances, rénové dans la plus pure tradition, propose 2 très grandes chambres au décor chaleureux. Agréable parc avec bassin et recoins aménagés, propices au farniente et à la lecture.

Mercuès - Lot (46)

Mercuès Château. Cahors vineyards. Boating on the Lot. Prehistoric sites (Pech-Merle, Lascaux). Saint-Cirq-Lapopie. Rocamadour. Walled towns.

★ ***How to get there:*** *At Mercuès (D911 Cahors-Puy l'Evêque), head for Caillac (D145), then right as you leave the village. Michelin map 337, fold E5.*

This 18th-century family mansion with outbuildings stands in parkland. The refined setting aglow with Tuscan colours, the period furniture and warm welcome will make your stay unforgettable. Admire the permanent exhibitions of paintings, sculptures and ceramics. Private swimming pool.

Le Mas Azemar TH
46090 Mercuès
Tél. 05 65 30 96 85 - Fax 05 65 30 53 82
Email : masazemar@aol.com
www.masazemar.com
Claude Patrolin

1 pers. 75/98 € - 2 pers. 75/98 € - 3 pers. 115 € - p. sup. 17 € - repas 29/36 €

6 chambres avec salle de bains ou salle d'eau et wc privés. Ouvert toute l'année sur réservation. Table d'hôtes : spécialités du terroir. Parc. Piscine privée chauffée. Restaurants à Mercues et Cahors. ★ Château de Mercues. Vignobles de Cahors. Navigation sur le Lot. Sites préhistoriques (Pech-Merle, Lascaux). Saint-Cirq-Lapopie. Rocamadour. Bastides. **Accès :** à Mercues (D911 Cahors-Puy l'Evèque), dir. Caillac (D145) puis à droite à la sortie du village. CM337, pli E5.

Maison de maître du XVIIIe siècle avec parc et dépendances. Le cadre raffiné aux couleurs de la Toscane, le mobilier ancien et l'accueil très chaleureux feront de votre séjour un moment inoubliable. Vous pourrez y admirer des expositions permanentes de peintures, céramiques et sculptures.

Miradoux - Gers (32)

Photography Festival at Lectoure and Archaeology Museum. Sarrant (Les Médiévales). Vic-Fezensac (Tempo Latino). Hiking 200 m. Tennis court 500 m. Swimming pool, outdoor leisure centre 15 km. Golf course 25 km.

★ ***How to get there:*** *In the village centre, opposite the covered market near the town hall (Mairie), by the church. Michelin map 336, fold G6.*

This handsome 18th-century family mansion, with landscaped swimming pool, is set in the heart of a peaceful village. The exquisitely appointed bedrooms are spacious and very comfortable. Fine antique furniture, engravings and paintings. Shaded flower gardens. A fine address with undeniable charm.

Lou Casau
5, place de la Halle - 32340 Miradoux
Tél. 05 62 28 73 58 - Fax 05 62 28 73 17
Email : b-lanusse-cazale@wanadoo.fr
www.loucasau.fr.vu
Béatrice Lanusse-Cazale

1 pers. 63 € - 2 pers. 73 € - 3 pers. 95 € - p. sup. 26 €

3 chambres dont 1 familiale avec sanitaires privés (2 adultes + 2 enfants 117 €). Ouv. toute l'année Petit déj. : jus de fruits, viennoiseries, confitures maison, miels de la région... Salon TV. Biblio. Jeux de société. Réfrigérateur. Jardin, piscine, p-pong, vélos. Poss. pique-nique. 69 €/2 pers. dès la 2e nuit. ★ Lectoure : musée archéologique, été photographique, remise en forme, thermes. Sarrant (Les Médiévales). Vic-Fezensac (Tempo Latino). Rand. 200 m. Tennis 500 m. Piscine, base loisirs 15 km. Golf 25 km. **Accès :** au centre du village, face à la Halle et près de la Mairie, à l'ombre de l'église. CM336, pli G6.

Au cœur d'un village paisible, belle demeure de maître du XVIIIe avec piscine paysagère. Les chambres au décor raffiné sont spacieuses et très confortables. Beaux meubles anciens, gravures, tableaux. Jardins ombragés et fleuris. Une belle étape dans une maison au charme incontestable.

Molas - Haute Garonne (31)

Halfway between Gascony and the Pyrenees. St-Bernard-de-Comminges in the Haute-Garonne département. Condom, Lectoure and Auch in the Gers département. Country & Western (July) and Jazz Festivals in Auch. Canoeing 5 km. Lake, bathing 10 km. Horse-riding 15 km.

★ ***How to get there:*** *From Toulouse, take D632 to Molas (65 km).*

This 19th-century farmhouse full of character is set in an old-fashioned floral park with a box tree-lined garden and a vegetable patch. The house has kept its original appearance, with natural ochre walls, and taken on a new lease of life. You will be greeted as friends of the family and enjoy your hosts' hospitality during a table d'hôtes meal served in either the dining room or outside in the shade of oak trees.

Les Figuiers TH
Le Village - 31230 Molas
Tél. 05 61 94 15 46 ou 06 83 49 07 12
Email : annick@lesfiguiers.net
http://lesfiguiers.net
Annick Valentin

1 pers. 39 € - 2 pers. 46 € - 3 pers. 60 € - p. sup. 14 € - repas 16.50 €

3 chambres dont 1 familiale avec sanitaires privés. Ouvert toute l'année. Petit dejeuner : croissants, tartes et pâtisseries maison, jus de fuits. T. d'hôtes : veau fermier, tarte Tatin aux figues, beignets de courgettes et d'aubergines, chevreuil (période de chasse) et sandre (pêche). Cour, jardin, parc 1 ha. ★ Entre Gascogne et Pyrénées. St-Bertrand-de-Comminges en Haute-Garonne. Condon, Lectoure et Auch dans le Gers. Festival country (juillet) et jazz à Auch. Canoë 5 km. Lac, baignade 10 km. Equitation 15 km. **Accès :** en provenance de Toulouse, prendre la D632 jusqu'à Molas (65 km).

Ferme de caractère du XIXe siècle, entourée d'un parc fleuri à l'ancienne avec son jardin de buis et son potager. Rien n'a été transformé, la maison a conservé son aspect originel avec ses murs ocres naturels et s'est remise à vivre. Aujourd'hui, dans une ambiance chaleureuse, chacun se retrouve autour de la grande table ou à l'ombre des chênes comme des amis.

Montaut - Ariège (09)

Bastide de Mazères fortifications and ramparts 10 km. Vals Church 22 km. Mirepoix 25 km. Fishing and hiking locally. Jet-skiing 2 km. Tennis 3.5 km. Horse-riding 5 km. Putting green 3 km. Cathar castles 35 km.

★ ***How to get there:*** *N20. At Saverdun, take D29 for Montaut. From Pamiers, take D624 for Mazères and D29 for Saverdun. A66, exit 2, D14 for Saverdun and D29 for Montaut. Michelin map 343.*

Domaine du Pégulier is a haven of unspoilt countryside, tranquillity and light. This 18th-century residence provides two harmoniously decorated, sun-blessed suites and three bedrooms. Enjoy captivating strolls in the park, which features an array of fragrant essences and centuries-old trees, and has a stream running through it. There is also a swimming pool for guests' use. A charming spot in an outstanding setting.

Le Domaine du Pégulier TH
Le Pégulier - 09700 Montaut
Tél./Fax 05 61 68 30 65
Tél. SR 05 61 02 30 80
Email : pegulier@wanadoo.fr - www.pegulier.com
Jacques Maes

1 pers. 55/69 € - 2 pers. 65/76 € - 3 pers. 85/92 € - p. sup. 18 € - repas 22 €

2 suites et 3 chambres avec sanitaires privés. Ouv. toute l'année. Petit déj. : viennoiseries, fromage, charcuterie, miel. T. d'hôtes : produits terroir (foie gras) et belges. Salon, cheminée, hi-fi, biblio. Parc 3 ha., piscine chauffée, bassin, ruisseau. P-pong, badminton. Equip. Bébé. Accueil aéroport. Tarifs enfants. ★ Bastide de Mazères 10 km. Eglise de Vals 22 km. Mirepoix 25 km. Pêche, randonnées sur place. Jet ski 2 km. Tennis 3,5 km. Equitation 5 km. Mini-green 3 km. Châteaux cathares 35 km. **Accès :** N20. A Saverdun D29 dir. Montaut. En venant de Pamiers, D624 dir. Mazères puis D29 dir. Saverdun. A66 sortie n°2, D14 dir. Saverdun puis D29 dir. Montant. CM343.

Le domaine de Pégulier offre un magnifique espace de nature, de lumière et de sérénité. La demeure d'époque XVIIIe au décor harmonieux, propose un parc avec piscine chauffée propice à la flânerie, qui vous séduira par ses essences, ses arbres plusieurs fois centenaires et son ruisseau qui le traverse. Une étape de charme dans un environnement exceptionnel...

Montesquiou - Gers (32)

Festivals: Marciac, Mirande, Vic-Fezensac and Auch. Pretty villages, museums, churches, etc. Swimming pool 3 km. Lake 4 km. Tennis court 500 m. Golf 25 km. Hiking locally.

★ ***How to get there:*** *From Auch, take N21 for Mirande/Tarbes. At "Les Trouettes", take D2 for "Isle-de-Noé/Montesquiou. Michelin map 336, fold D8.*

This house and its bedrooms are beautifully decorated and have a personal and tasteful feel that combines comfort with tradition. On the western side of the property, the terraces and the garden boast fantastic views onto the undulating countryside. A haven of peace for gourmets and for those seeking total tranquility.

Maison de la Porte Fortifiée TH
Au village - 32320 Montesquiou
Tél./Fax 05 62 70 97 06
Email : maison@porte-fortifiee.de
www.porte-fortifiee.de
Carsten Lutterbach

1 pers. 80/90 € - 2 pers. 99/110 € - repas 29 €

4 chambres (+ 20 m²) confortablement meublées et aménagées avec goût, sanitaires privés. Ouvert toute l'année. Petit déj. copieux : croissant, fruits frais, miel, jambon, fromage... T. d'hôtes : foie gras, confit, magret, saumon, coquelet... 3 salons, TV, chaîne Hi-fi. Terrasses et jardin fleuri avec bassin. ★ Festivals à Marciac, Mirande, Vic-Fezensac, Auch... ravissants villages, musées, églises. Piscine 3 km. Lac 4 km. Tennis 500 m. Golf 25 km. Randonnées sur place. **Accès :** d'Auch prendre N21 dir. Mirande/Tarbes. Au lieu-dit "Les Trouettes" prendre D2 dir. Isle-de-Noë-Montesquiou. CM336, pli D8.

La maison et les chambres alliant l'esprit du temps à la tradition, sont harmonieusement décorées avec une touche personnelle pour donner une atmosphère raffinée. A l'ouest, les terrasses et le jardin offrent une vue magnifique sur un paysage vallonné. Un havre de paix pour les gourmets et pour tous les amoureux du calme authentique.

Montpezat de Quercy - Tarn et Garonne (82)

Hiking and cycling locally. Swimming, tennis and fishing 4 km. Lake 10 km. Admission to the pool and Montpezat-de-Quercy outdoor leisure centre (4 km) is free for stays of at least two nights.

★ ***How to get there:*** *From Montpezat de Quercy, head for Molières. 2 km on, turn left for Mirabel. Domaine de Pech de Lafon is 2.5 km up on the left. Michelin map 337, fold E6.*

This fine, pink-hued 19th-century mansion stands amid vines, orchards and melon-scented fields, in the Quercy countryside. The bedrooms, lovingly decorated by its artist owner, are simply charming, and feature soft, warm tones, antique, locally made furniture and trompe-l'œil décor. Sheer magic.

Pech de Lafon TH
82270 Montpezat de Quercy
Tél. 05 63 02 05 09 - Tél. SR 05 63 21 79 61
Email : micheline.perrone@domainedelafon.com
www.domainedelafon.com
Micheline Perrone

1 pers. 52/55 € - 2 pers. 65/72 € - 3 pers. 82/89 € - repas 22/50 €

3 ch. (non fumeur) avec douche et wc privés. Ouv. toute l'année sauf du 20/2 au 17/3 et 2e quinzaine de nov. Petit déjeuner : pâtisseries maison, confitures... T. d'hôtes sur rés. : magrets poivre vert, terrines, tartes...Salon, TV, biblio., jeux. Expos. peintures, aquarelles (stage sur dem.). Parc. Animaux sous réservé. ★ Randonnées pédestres et VTT sur place. Piscine, tennis, pêche 4 km. Plan d'eau 10 km. L'entrée de la piscine, du parc de loisirs à Montpezat-de-Quercy (4 km) est offerte pour les séjours d'au moins 2 nuits. **Accès :** de Montpezat-de-Quercy prendre direction Molières sur 2 km puis à gauche vers Mirabel sur 2,5 km et à gauche Domaine de Pech de Lafon. CM337, pli E6.

Dans la campagne quercynoise, au milieu des vignes, des vergers et des champs qui fleurent bon le melon, vous découvrirez une belle demeure de maître du XIXe. Les chambres décorées par le propriétaire, artiste peintre, ont autant de charme les unes que les autres : couleurs douces et chaleureuses, mobilier régional ancien, décors en trompe l'œil...

Negrepelisse - Tarn et Garonne (82)

Les Brunis TH
4965 route de Montricoux - 82800 Negrepelisse
Tél. 06 10 17 80 08 - Tél./Fax 05 63 67 24 08
Email : barras.serge@wanadoo.fr
www.chambres-aveyron.com
Christine Barras

1 pers. 42/45 € - 2 pers. 53/57 € - 3 pers. 70 € - p. sup. 13 € - repas 20 €

5 chambres avec sanitaires privés dont 1 avec chambre enfants. (83 €/4 pers.). Ouvert toute l'année. Table d'hôtes : magrets, confit... Poss. repas enfant. Piscine (12 x 6) avec abri télescopique. Cuisine d'été à disposition. Restaurants à 1 km. ★ Vieux village de Montricoux 1 km. Gorges de l'Aveyron, château de Bruniquel 6 km. St-Antonin 28 km. Pêche 1 km. Tennis, sentiers pédestres 2 km. Plan d'eau, équitation 3 km. VTT, canoë. **Accès :** de Montricoux, D115 dir. Negrepelisse, faire 500 m à droite (D958) et fléchage. De Négrepelisse, D115 dir. Montricoux, faire 5 km, panneau à droite et aussitôt 1re à gauche, suivre fléchage. CM337, pli F7.

Aux portes des gorges de l'Aveyron, ancienne ferme rénovée où règne une atmosphère gaie et familiale. Vous apprécierez les chambres calmes, confortables... ainsi que le parfum des grillades préparées auprès de la piscine.

★Aveyron Gorges, Château de Bruniquel 6 km, old village of Montricoux 1 km, Saint-Antonin 28 km. Fishing 1 km. Tennis and footpaths 2 km. Lake and horse-riding 3 km. Cycling and canoeing.

*★ **How to get there:** From Montricoux, D115 for Nègrepelisse, drive 500 m, right (D958) and follow signs. From Nègrepelisse, D115 for Montricoux, drive 5 km, right at signpost, first left and follow signs. Michelin map 337, fold F7.*

This renovated old farmhouse, close to the Aveyron Gorges, offers a bright, family atmosphere. You will appreciate the quiet and comfort of the bedrooms, and the aroma of grilled meat specialities prepared beside the pool.

Parisot - Tarn et Garonne (82)

Belvésé
82160 Parisot
Tél./Fax 05 63 67 07 58
Colette Norga

1 pers. 38 € - 2 pers. 56 €

3 chambres avec sanitaires privés, coin-salon, cuisine (réfrig.), boissons gratuites à disposition. Ouvert toute l'année. Petit déjeuner : oranges pressées, confitures et pâtisseries maison, viennoiseries, laitages... Salon (cheminée), bibliothèque (anglais, français). Pétanque, cour, jardin à l'anglaise, parc 5 ha. ★ Abbaye de Beaulieu (expositions de peintures. Caylus (village médiéval). Cordes-sur-Ciel. St-Antonin-Noble-Val. Najac. Randonnée sur place. Baignade, tennis, pêche 3 km. Equitation 10 km. Piscine 13 km. **Accès :** après le village, D926 sur 800 m environ, puis à gauche et suivre le chemin dir. "Belvesé". CM337, pli H6.

Cette ancienne ferme restaurée est située dans un environnement exceptionnel. La nature préservée qui entoure le site de Belvesé, savamment entretenu embellit ce bâti typiquement rouergat. Intérieur chaleureux avec de beaux meubles campagnards et une décoration de très bon goût. Une étape à ne pas manquer pour les amoureux de calme et de tranquillité.

★Beaulieu Abbey: art exhibitions. Caylus medieval village. Cordes-sur-Ciel. Saint-Antonin-Noble-Val. Najac. Hiking locally. Bathing, tennis, fishing 3 km. Horse-riding 10 km. Swimming 13 km.

*★ **How to get there:** Past the village, on D926 for approx. 800 m, then turn left into lane for "Belvésé". Michelin map 337, fold H6.*

This magnificently restored time-honoured farmhouse enjoys an outstanding setting. The carefully preserved countryside surrounding the Belvesé site enhances this traditional Rouergues residence. The welcoming interior features handsome country furniture and tasteful decoration. A compulsory stop if you're looking for peace and quiet.

MIDI-PYRÉNÉES

Pinas - Hautes Pyrénées (65)

★The Pyrenees, Saint-Bertrand-de-Comminges 20 km. Lourdes 45 km. Tennis in the village. 18-hole golf course 3 km.

★ ***How to get there:*** *A64, exit 16 for Toulouse. 5 km east of Lannemezan on N117. At Pinas Church, take D158 for Villeneuve. The house is 800 m up on the right (follow). Michelin map 342, fold O4.*

The warm welcome provided by your hostess, Marie Colombier, is the perfect introduction to the charm and character exuded by this attractive residence with views of the Pyrenees. The interior decoration is a delight and the peaceful, tastefully furnished bedrooms look out onto a shaded park. In fine weather, breakfast is served on the terrace.

Domaine de Jean-Pierre
20, route de Villeneuve - 65300 Pinas
Tél./Fax 05 62 98 15 08 ou 06 84 57 15 69
Email : marie@domainedejeanpierre.com
www.domainedejeanpierre.com
Marie Colombier

1 pers. 45 € - 2 pers. 50 € - 3 pers. 65 € - p. sup. 15 €

3 chambres avec bains et wc privés. Ouvert toute l'année (hiver sur réservation). Petit déjeuner : pain, croissants, pâtisseries maison, miel, jus de fruits... Restaurants entre 2 et 7 km. ★ Les Pyrénées, Saint-Bertrand-de-Comminges à 20 km. Lourdes 45 km. Tennis au village. Golf 18 trous à 3 km. **Accès :** par A64, sortie n°16 puis direction Toulouse. A 5 km à l'est de Lannemezan par la N117. A l'église de Pinas, D158 direction Villeneuve. Maison à droite à 800 m (fléchage). CM342, pli O4.

L'accueil chaleureux et raffiné de la maîtresse de maison vous fera apprécier le charme et la décoration intérieure de cette belle demeure de caractère, avec vue sur les Pyrénées. Les chambres sont calmes, meublées avec goût et donnent sur le parc ombragé. Aux beaux jours, le petit déjeuner est servi sur la terrasse.

Réalmont - Tarn (81)

NOUVEAUTÉ

★Réalmont: 13th-century fortified town, country music festival. Albi: cathedral, Toulouse Lautrec museum; old Albi. Castres: Goya and Jaurès museums. Lautrec, one of the most beautiful villages in France. Golf course 20 km.

★ ***How to get there:*** *From Albi, take the N112 towards Réalmont/Castres. Once in Réalmont, turn right after the Parc de Verdeille towards Lombers (D4). Go for 2 km the turn right for "Le Rouyre". Michelin map 338.*

In the 19th century, pigeons would fly over the vineyards before reclaiming their nests in this old property that overlooks the countryside. Today, the vines are no longer there but this stone property with original beams is and its owners warmly welcome guests looking for peace and quiet in the tranquility of the country.

Le Pigeonnier du Rouyre
81120 Réalmont
Tél. 05 63 79 02 05 ou 06 70 34 06 33
Email : le-rouyre@wanadoo.fr
www.etrevu.net/rouyre
Josiane Cattoire

1 pers. 44 € - 2 pers. 50 € - 3 pers. 60 € - p. sup. 10 €

2 chambres avec sanitaires privés. Ouv. du 1.11 au 15.4 sur résa. Petit déjeuner : jus de fruits, confitures et pâtisseries maison, céréales, yaourts, miel... Bibliothèque. Terrain arboré de 1,60 ha. Piscine sous abri. Ping-pong. 6 restaurants à 2 km (du routier au gastronomique). ★ Réalmont : bastide du XIIIe, festival music-country. Albi : cathédrale, musée Toulouse Lautrec, vieil Albi. Castres : musées Goya et Jaurès. Lautrec, l'un des plus beaux villages de France. Gof 20 km. **Accès :** d'Albi, prendre N112 dir. Réalmont/Castres. Arriver à Réalmont, prendre à droite après le Parc de Verdeille dir. Lombers (D4). Faire 2 km puis à droite vers "Le Rouyre". CM338.

Les pigeons au XIXe, survolaient les vignes avant de regagner leurs "boulins" dans cette ancienne demeure dominant la campagne. Aujourd'hui, les vignes ont disparu mais notre maison en pierres et poutres apparentes, accueille les hôtes qui souhaitent découvrir le calme, la tranquillité et la beauté de l'environnement.

Rieucros - Ariège (09)

★Mirepoix 7 km, medieval city, wide range of events, including the Easter Jazz Festival, Whitsun Flea Market, and Flower Market. Foix 20 km. Horse-riding 8 km. Golf course 50 km. Tennis court 1 km. Spa 60 km.

*★ **How to get there:** From Mirepoix, head for Pamiers. 2 km on, past Coutens, take the "Marlas" fork on the right. Follow signs. Michelin map 343.*

Unwind at this magnificent 13-hectare property, with a stream running through it. There are five bright bedrooms, a dining room appointed with country-style furniture, a relaxation area, a private pool and a communal lounge with TV for guests' use. An ideal spot for a peaceful, restful break away from it all.

Marlas TH
09500 Rieucros
Tél. 05 61 69 29 88 ou 06 73 57 18 24
Email : mbagros@9online.fr
france-bonjour.com/domaine-de-marlas/
Magali Bagros

1 pers. 45/51 € - 2 pers. 62/65 € - 3 pers. 80/85 € - p. sup. 18 € - repas 20 €

5 chambres avec sanitaires privés. Ouvert toute l'année. Petit déjeuner : patisseries et confitures maison, yaourts, jus de fruits... Table d'hôtes : cassoulet, poulet au citron, croustade, crème catalane... Jeux de société, espace lecture. Piscine, salons de jardin, bains de soleil, badminton. ★ Mirepoix 7 km, cité médiévale, nombreuses festivités (festival jazz à Pâques, marché aux fleurs et brocante à la Pentecôte...). Foix 20 km. Equitation 8 km. Golf 50 km. Tennis 1 km. Thermes 60 km. **Accès :** en venant de Mirepoix, prendre direction Pamiers. A 2 km après Coutens, prendre l'embranchement "Marlas" sur la droite (signalisation). CM343.

Cette magnifique propriété de 13 ha, traversée par une rivière vous attend pour un séjour au calme. Vous disposerez des 5 chambres lumineuses, d'une salle à manger au mobilier campagnard, d'un espace repos, de la piscine privée et de la salle avec TV commune pour vous détendre. Une halte calme et reposante.

Rouairoux - Tarn (81)

NOUVEAUTÉ

Haut Languedoc, Montagne Noire, Sidobre, Carcassonne lakes, cathar city of Minerve, Castres (Goya museum)... Horse-riding 3 km. Tennis 6 km. Golf course 17 km. Mountain biking locally. Sailing, fishing 10 km.

***How to get there:** On the N112 Béziers/Mazamet. Go Lacabarède (17km from Mazamet), at the centre of the village head towards Rouairoux for 1km then turn left towards La Ranquière. 100m on the right, take the dirt track.*

There are four tastefully decorated, comfortable bedrooms available in this charming 17th-century stone farmhouse that boasts superb views onto the Montagne Noire. A south-facing terrace and living rooms are reserved for guests. This fantastic property is at the heart of the Haut-Languedoc Regional Park, close to Minervois and Carcassonne and less than an hour from the Mediterranean.

La Ranquière TH
81240 Rouairoux
SR 05 63 48 83 01 - Fax 05 63 48 83 12
Email : resa81@free.fr
Christiane et Marc Lecoutre
Prop. Tél. 05 63 98 87 50

1 pers. 50/60 € - 2 pers. 60/70 € - p. sup. 15 € - repas 20 €

4 chambres avec sanitaires privés. Ouv. du 1.04 au 31.12. Petit déjeuner : confitures maison, jus de fruits... T. d'hôtes sur réservation uniquement : confit canard maison, foie gras poché au Gaillac doux, crème d'ail de Lautrec... Parc de 1,5 ha. Piscine (12,5 x 5). Restaurants à proximité. Gîte 4 pers. sur pl. ★ Lacs du Haut Languedoc, Montagne Noire, Sidobre, Carcassonne, cité cathare de Minerve, Castres (musée Goya)... Equitation 3 km. Tennis 6 km. Golf 17 km. VTT sur pl. Nautisme, pêche 10 km. **Accès :** sur N112 Béziers/Mazamet. Aller à Lacabarède (17 km de Mazamet), au centre du village dir. Rouairoux sur 1 km puis à gauche dir. La Ranquière, 100 m à droite prendre chemin de terre, grande ferme.

Le charme des vieilles pierres d'une ferme du XVIIe rénovée avec goût et confort, vous propose quatre chambres à la décoration raffinée et une splendide vue sur la Montagne Noire. Terrasse plein sud et salons sont réservés à nos hôtes. Au cœur du Parc Régional du Haut-Languedoc, proche du Minervois et de Carcassonne, à moins d'une heure de la Méditerranée.

St-Chamarand - Lot (46)

★Prehistoric Cougnac Cave. Padirac Chasm, Rocamadour, Sarlat, Domme and Cahors. Hiking in Bouriane forests and through the Causses. Tennis, fishing, lake 4 km. Horse-riding 7 km.

*★ **How to get there:** A20, exit 56, for St-Germain-du-Bel-Air. 8 km on, cross the N20 for Sarlat. After 1.5 km, turn left for St-Chamarand. Drive through the village and follow signs. Michelin map 337, fold E3.*

This pretty, stone house, just outside a charming Bouriane village, between Quercy and Périgord, was built in 1723. Ideally situated for Sarlat and Rocamadour, Les Cèdres de Lescaillé provides five gorgeous bedrooms and extensive grounds with a swimming pool. You will be enchanted by the delicious regional cuisine and the owners' hospitality.

Les Cèdres de Lescaillé TH
46310 St-Chamarand
Tél. 05 65 24 50 02 - Fax 05 65 24 50 78
Email : info@lescaille.com
www.lescaille.com
Bernard Magnin et Christian Vock

1 pers. 45 € - 2 pers. 55 € - 3 pers. 65 € - repas 18 €

5 chambres avec sanitaires privés. (79 €/4 pers.). Ouv. toute l'année. Petit déj. : confitures, yaourts et pain maison... T. d'hôtes : foie gras mi-cuit aux figues, magret au miel et aux épices, tiramisu aux fraises... Biblio., cheminée, coin-enfants. Jardin 7000 m². Piscine, p-pong, balançoires. Prix dégressifs hors-sais. ★ Grotte préhistorique de Cougnac, gouffre de Padirac, Rocamadour, Sarlat, Domme et Cahors. Randonnées dans les forêts de Bouriane et sur les Causses. Tennis, pêche, plan d'eau 4 km. Equitation 7 km. **Accès :** A20, sortie n°56, puis dir. St-Germain-du-Bel-Air. Après 8 km, traverser la N20 dir. Sarlat. A 1,5 km, à gauche dir. St-Chamarand, le traverser et suivre les panneaux. CM337, pli E3.

A l'écart d'un charmant petit village de Bouriane, entre Quercy et Périgord, idéalement située entre Sarlat et Rocamadour, jolie maison en pierre de 1723, où sont aménagées 5 ravissantes chambres . Le grand parc avec piscine, la délicieuse cuisine du terroir et l'accueil chaleureux des propriétaires vous raviront.

St-Clar - Gers (32)

★Châteaux, summer festivals and concerts. Canning factories. Tennis courts 500 m. Outdoor sports centre and sandy beach 3 km. Swimming pool and golf course 10 km.

*★ **How to get there:** In the village, in the town hall (Mairie) square. Michelin map 336, fold G6.*

Set in the heart of the village, this 18th-century freestone family mansion with arcades looks out, on one side, onto a 13th-century listed covered market, and an attractive flower garden, on the other. The vast upstairs bedrooms and guest lounge were recently renovated with comfort and tranquillity in mind.

La Garlande
chemin de la Caillaouère - BP 178 -
32003 Auch Cédex
Tél. 05 62 61 79 00 - Fax 05 62 61 79 09
www.gers-tourisme.com
Loisirs Accueil Gers

1 pers. 47 € - 2 pers. 54/65 € - 3 pers. 79 €

3 chambres dont 1 familiale avec sanitaires privés. Ouve toute l'année. Copieux petit déjeuner : jus de frui confitures, patisseries maison, pain frais... Salon avec TV bibliothèque. Jardin, ping-pong. ★ Châteaux, festivals concerts en été. Conserveries. Tennis 500 m. Base de lo sirs avec plage de sable 3 km. Piscine et golf 10 k **Accès :** au village, place de la mairie. CM336, pli G6.

Au cœur du village, cette maison de maître à arc des, en pierre de taille du XVIIIe donne d'un cô sur une halle classée du XIIIe et de l'autre sur beau jardin fleuri. Situés à l'étage, les vastes cham res et le salon réservés aux hôtes ont été récemme rénovés dans un souci de bien-être et d'harmoni

St-Géry - Lot (46)

NOUVEAUTÉ

On the GR26 (possiblity of picnic baskets) and 2 km from the GR65. Canoeing/kayaking and bike hire 6 km. Tennis 3 km.

★ ***How to get there:*** *Leave St-Géry, continue for about 2km then, at the junction, follow the signposts for "La Pommeraie". Michelin map 337, fold F5.*

Danielle and Marc have four bedrooms available in the converted barn of their 18th-century Quercy-style farmhouse that has recently been entirely renovated. Just a stone's through from St-Cirq-Lapopie and Cahors, this property is set at the heart of the Causses Regional Natural Park. Nearby: Pech-Merle Caves and Figeac, le causse de Gramat and Rocamadour.

Le Mas de la Pommeraie TH
Les Masséries - 46330 St-Géry
Tél. 05 65 31 99 43 ou 06 33 65 33 45
Email : contact@mas-pommeraie.com
www.mas-pommeraie.com
Danielle et Marc Mauduit

1 pers. 48/51 € - 2 pers. 52/65 € - p. sup. 20 € - repas 17/29 € - 1/2 p. 89/99 €

4 chambres avec sanitaires privés. Ouv. toute l'année. Petit déjeuner : confitures maison, jus de fruits, yaourts, viennoiseries... T. d'hôtes : confits de canard, foie gras poëlé, salade gésiers... Salon avec cheminée, espace lecture. Cour, jardin, parc 3000 m². Terrasse. Piscine. ★ Sur le GR26 (possibilité panier pique-nique) et à 2 km du GR65. Canoë-kayak et location de vélos 6 km. Tennis 3 km. **Accès :** sortir de St-Géry, faire environ 2 km et ensuite à l'intersection suivre les panneaux signalitiques "La Pommeraie". CM337, pli F5.

Danielle et Marc vous accueillent dans leurs quatre chambres aménagées dans la grange d'une ferme quercynoise du XVIIIe siècle, entièrement rénovée. Vous êtes à 2 pas de St-Cirq-Lapopie et Cahors, au cœur du Parc Naturel Régional des Causses du Quercy. A découvrir : les grottes de Pech-Merle jusqu'à Figeac, le causse de Gramat et Rocamadour.

St-Lary - Hautes Pyrénées (65)

Ski resorts in a 10 km radius: St-Lary, Pyragudes, etc. Thermoludism Centre in St-Lary. Tennis, spa, swimming pool, -piste and cross-country skiing 2 km.

How to get there: *A64, exit 16. At Lannemezan, head St-Lary. Drive through St-Lary, and along Azet road to ilhan (1.5 km). Past restaurant, turn left at 2nd lights into turning opposite the church. Ist house on left.*

ountain enthusiasts Pierre and Fabienne extend a warm lcome at this handsome 16th-century, set in a tiny village. rre is a mountain guide and will be happy to offer a wide ge of day, weekend or week-long activities, including yoning, cross-country skiing and skiing lessons.

Le Relais de l'Empereur TH
65170 Sailhan - St-Lary
Tél. 05 62 40 09 18 ou 06 80 05 62 45
Email : vedere.pierre@wanadoo.fr
www.lerelaisdelempereur.com
Pierre et Fabienne Védère

2 pers. 60/85 € - 3 pers. 100 € - p. sup. 15 € - repas 20 €

4 chambres avec sanitaires privés et TV. Fermé du 1er au 31 mai 2006. Petit déjeuner : confitures maison, compote maison, croissant, pain grillé... T. d'hôtes : fondue 3 fromages aux cèpes, tartiflette, magret grillé... Biblio., salon, TV. Sauna, balnéo. Parc 1000 m², jardin arboré, salon de jardin. ★ Stations de ski dans un rayon de 10 km : St-Lary, Peyragudes... Centre thermo ludique à St-Lary. Tennis, thermes, piscine, ski de piste et ski de fond à 2 km. **Accès :** A64, sortie n°16. A Lannemezan, dir. St-Lary. Traverser St-Lary, à la sortie à gauche, dir. Sailhan. Au restaurant "Chez Lulu", à gauche. A l'église, à gauche "Chemin de Saounte". CM342, pli N6.

Belle demeure du XVIe siècle dans un petit village, où Pierre et Fabienne, passionnés de montagne, vous réservent un accueil chaleureux. Pierre, guide, vous propose à la journée, week-end ou semaine : canyoning, ski de randonnée et cours de ski. Pour vous détendre, un sauna et une douche balnéo. A proximité du Parc Naturel du Néouvielle (randonnées).

St-Lary-Soulan - Hautes Pyrénées (65)

La Ferme de Soulan TH
65170 St-Lary-Soulan
Tél. 05 62 98 43 21
Email : fermedesoulan@tiscali.fr
www.lafermedesoulan.com
Laurence Amelot

1 pers. 60/73 € - 2 pers. 70/85 € - 3 pers. 90/107 € - repas 21 €

4 chambres avec sanitaires. Ouv. toute l'année sauf du 15.4 au 15.5 et tout novembre Petit déjeuner : jus de fruits, yaourts, pâtisseries et confitures maison... T. d'hôtes (le soir) : garbure, magret de canard cuit au feu de bois... Biblio., jeux. Salon (cheminée). Cour, jardin. Sauna, hammam. Réduct. repas enfant. ★ Eglises romanes. Vallée d'Aure sur place et 15 km. Parc National des Pyrénées 10 km. Réserve Néouvielle 15 km. Gouffre d'Esparros 20 km. Thermes, piscine, tennis, lac 5 km. Ski de piste 3 km. Ski de fond 4 km. **Accès :** A64, sortie n°16 dir. St-Lary-Soulan. A l'entrée de St-Lary-Soulan, à droite (D123) dir. Soulan. 100 m après le panneau du village, à gauche la ruelle en descente. CM342, pli N6.

4 jolies chambres d'hôtes de caractère aménagées dans une ferme rénovée, située dans un petit village typique de montagne, à 5 km de St-Lary et à 3 mn des pistes de ski. Vous pourrez vous détendre dans le sauna ou le hammam, et faire de belles balades sur les sentiers pédestres environnants.

★Romanesque churches. Aure Valley locally and 15 km. Pyrenees National Park 10 km. Neouville Nature Reserve 15 km. Esparros Chasm 20 km. Spa, swimming pool, tennis, lake 5 km. On-piste skiing 3 km. Cross-country skiing 4 km.

★ ***How to get there:*** *A64, exit 16, for St-Lary-Soulan. As you enter St-Lary, turn right (D123) for Soulan. Turn left into the downward-sloping side street, 100 m past the village sign. Michelin map 342, fold N6.*

Four pretty bedrooms with character have been arranged in a renovated farmhouse, set in a typical mountain village, just 5 km from St-Lary and 3 minutes from the slopes. Relax in the sauna or Turkish bath, and take invigorating walks along the footpaths in the surrounding area.

St-Martin-Labouval - Lot (46)

Le Clos de la Roseraie TH
46330 St-Martin-Labouval
Tél. 05 65 21 90 46
Email : closdelaroseraie@aol.com
www.closdelaroseraie.com
Corinne et Fabrice Piedeleu

2 pers. 60/65 € - p. sup. 15 € - repas 20 €

3 chambres avec accès indép. et sanitaires privés. Pet déjeuner servi dans le jardin d'hiver : pâtisseries, confitu res et laitages maison... T. d'hôtes : agneau du Causs confit, magret, desserts maison...Coin-salon, cheminé Parc 0,3 ha (+ 200 rosiers). Piscine. Tonnelles ombragé avec salon. ★ St-Cirq-Lapopie, Rocamadour, grotte Pech Merle, château de Cénévières, chemin de hallag randonnées. Tennis sur place. Canoë, VTT, baignade 4 k Equitation, promenade en bâteau 10 km. **Accès :** Cahors, dir. Figeac (D653). A Vers, prendre dir. Caja (D622) sur 25 km. 1re à droite à l'entrée du villa CM337, pli G5.

A quelques pas de St-Cirq-Lapopie, niché dans vallée du Lot, Corinne et Fabrice vous accueille Vous séjournerez au calme, dans une chaleureu demeure du XIXe siècle, point de départ idéal po de nombreuses promenades et visites des sites p toresques du Lot. Dans le grand parc paysag vous découvrirez plus de 500 essences végéta différentes.

★St-Cirq-Lapopie, Pech Merle Caves, Cénévières Château, tow path, hiking. Tennis locally. Canoeing, cycling, bathing 4 km. Horse-riding, boating 10 km.

★ ***How to get there:*** *From Cahors, head for Figeac. At Vas, head for Cajarc on D622 for 25 km. First turning on the right as you enter the village. Michelin map 337, fold G5.*

Le Close de la Roseraie nestles in the heart of a Lot Valley village. A peaceful stay awaits you at this inviting 19th-century residence, which is the perfect starting point for going on a wide variety of walks and visiting the many picturesque spots The Lot has to offer. The extensive landscape grounds are home to over 500 different plant essences.

St-Maur - Gers (32)

*Country Music Festival in Mirande (3 km), week of 14th July. Marciac Jazz Festival (22 km), first 2 weeks in August. Mirande Museum and Cathedral. Swimming pool, tennis court, horse-riding, canoeing (3 km). Outdoor leisure centre (12 km).

★ **How to get there:** *At Mirande, take N21 for Tarbes. After 3 km, turn left and follow signs. Michelin map 336, fold E9.*

In a park with superb giant cedars, at the end of a plane tree-lined driveway, you will come across this fine 18th-century Gascon residence, which has the bearing of a château, with its twin towers. Set in the heart of the countryside, it affords a view of the Pyrenees. The interior decoration, which has retained the original features, creates a cosy, welcoming atmosphere. Period furniture.

Domaine de Loran
32300 Saint-Maur
Tél. 05 62 66 51 55 - Fax 05 62 66 78 58
Jean et Marie Nedellec

1 pers. 31/34 € - 2 pers. 45/50 € - 3 pers. 55/60 € - p. sup. 15 €

4 chambres dont 2 familiales avec sanitaires privés. Ouv. toute l'année (de Toussaint à Pâques sur résa.). Petit déj. : oranges pressées, viennoiseries/confitures maison, miel... Billard. P-pong. Parc 1 ha. (portique), lac de pêche (500 m). Balades dans bois environnants. Restaurants à Mirande (3 km) et St-Martin (1 km). ★ Festival Country Music à Mirande, semaine du 14 juillet. Festival de jazz à Marciac 22 km, 1re quinzaine d'août. Musée, cathédrale de Mirande. Piscine, tennis, équitation, canoë-kayak 3 km. Base de loisirs e **Accès :** à Mirande prendre la N21 direction Tarbes. Faire 3 km environ puis tourner à gauche et suivre le fléchage. CM336, pli E9.

Dans un parc aux cèdres géants, en bout d'une allée de platanes, vous découvrirez une demeure gasconne du XVIIIe qui, avec ses deux tours, a la prestance d'un château. Située en pleine nature, elle bénéficie d'une vue sur les Pyrénées. Aménagement intérieur parfaitement préservé et agencement d'origine créent une atmosphère confortable et chaleureuse.

St-Orens - Pouy-Petit - Gers (32)

NOUVEAUTÉ

:ondom, Lavardens, Tempo Latino, museum of naïve art, ›ran abbey... Horse-riding 3 km. Outdoor sports centre, ›oeing 6 km (Condom).

How to get there: *From Condom, take direction St-Puy the D654. After the crossing, it's the 2nd on the right. :helin map 336, fold E6.*

the heart of la Ténarèze and the Armagnac region, this ter of 18th-century buildings is set in a 12-hectare esate has been entirely and lovingly restored. The luxurious rooms e been decorated with charm and elegance and the table ›tes meals are deliciously exquisite. A peaceful stop that is deal place for exploring the Gers area.

Domaine le Tuco TH
32100 St-Orens - Pouy-Petit
Tél./Fax 05 62 28 39 50
Email : le.tuco@wanadoo.fr
http://letuco.free.fr
Marie-France Sarhan

1 pers. 85 € - 2 pers. 85 € - repas 33 € - 1/2 p. 151 €

5 chambres dont 1 familiale avec sanitaires privés. Ouv. du 1/04 au 15/11. Petit déjeuner : jus d'orange, coulis de miel, charcuterie, viennoiseries... T. d'hôtes : garbure, magret de canard au melon... Bibliothèque. Cour avec fontaine, jardin, parc 12 ha. Piscine, vélos, salle de musculation. ★ Condom, Lavardens, Tempo Latino, musée d'art naïf, abbaye de Flaran... Equitation 3 km. Base de loisirs, canoë 6 km (Condom). **Accès :** de Condom, prendre dir. St-Puy par la D654. Après le croisement, c'est la 2e à droite. CM336, pli E6.

Au cœur de la Ténarèze et du pays de l'Armagnac, sur un domaine de 12 ha, ensemble de bâtiments du XVIIIe siècle entièrement restaurés. Les chambres, d'un très grand confort, sont décorées avec charme et élégance. Table d'hôtes gourmande et raffinée. Une étape, au calme, idéale pour découvrir le Gers.

St-Paul-d'Oueil - Haute Garonne (31)

Luchon 6 km (variety of summer events and winter Film Festival). River fishing, hiking and cross-country skiing locally. Swimming pool, golf course, tennis court, cinema, casino, hang-gliding 6 km.

★ ***How to get there:*** *A64 for Montrejeau, N125 for Luchon, D126 for Col de Peyresourde. Vallée d'Oueil junction, 5 km on.*

Michèle extends a warm welcome at her wood and stone farmhouse, built in 1818, in a tiny village in the heart of a listed valley. Enjoy the good life at this pretty residence, where three delightful bedrooms await your arrival. Breakfast is served by the fireplace in the dining room or in the garden. Enjoy the sun and the breathtaking views of the Pyrenees.

Maison Jeanne
31110 Saint-Paul-d'Oueil
Tél./Fax 05 61 79 81 63
www.maison-jeanne-luchon.com
Michèle Guerre

1 pers. 59 € - 2 pers. 67 € - 3 pers. 93 €

2 chambres et 1 suite 4 pers. (113 €) avec sanitaires privés. Ouvert toute l'année. Petit dejeuner : confitures maison, jus de fruits, céréales, viennoiseries, œufs, fromage... Brunch (11 €) sur réservation (13h à 18h). Salle à manger, cheminée. Espace détente. Jardin clos. Vélos. Restaurants à proximité. ★ Luchon 6 km (nombreuses manisfestations en été et festival du Film en hiver). Pêche en rivière, randonnées et ski de fond sur place. Piscine, golf, tennis, cinéma, casino, parapente 6 km. **Accès :** autoroute A64 Montrejeau, N125 Luchon, D126 Col de Peyresourde. 5 km embranchement Vallée d'Oueil.

Dans un petit village au cœur d'une vallée classée, Michèle vous accueille dans une ferme datant de 1818 en pierre et bois. Douceur de vivre dans cette jolie demeure pleine de charme qui propose 3 chambres ravissantes. Petits déjeuners servis dans la salle à manger près de la cheminée ou au jardin. Soleil et vue imprenable sur la chaîne des Pyrénées.

St-Pé-de-Bigorre - Hautes Pyrénées (65)

Lourdes, medieval city 8 km. Tennis court 1 km. Horse-riding 5 km. Golf course 9 km. Spa 22 km. Fishing locally.

★ ***How to get there:*** *At Lourdes, head for St-Pé-de-Bigorre. Take the first turning on the left after "Peyrouse". Michelin map 342, fold L4.*

La Calèche is lulled by the gentle rushing sound of the nearby stream, in Saint-Pé-de-Bigorre, facing the mountains. The rich past comes to life within these half-timbered walls and on the shaded gallery. Enjoy a pleasurable stay at this authentic and delightful 18th-century family mansion. An ideal staging post for exploring the Upper Pyrenees.

La Calèche
4, chemin du Bois de Lourdes -
65270 Rieulhès - St-Pé-de-Bigorre
Tél. 05 62 41 86 71 ou 06 81 86 95 60
Fax 05 62 94 60 50
Françoise l'Haridon

1 pers. 65 € - 2 pers. 65 €

2 chambres avec sanitaires privés, TV et coffre-fo Ouvert toute l'année. Petit déjeuner : croissants, jus fruits, gateau, confitures maison, yaourts... Piscine (12 5 m). Restaurants à 8 km. ★ Lourdes (cité médiévale 8 km. Tennis à 1 km. Equitation à 5 km. Golf à 9 k Thermes à 22 km. Pêche sur place. **Accès :** à Lourc prendre direction St-Pé-de-Bigorre, après le lieu- "Peyrouse", c'est la 1re route à gauche. CM342, pli L4

Face à la montagne, la Calèche avec sa belle p cine, baignée par un ruisseau, vous offre repos confort. Un riche passé revit entre ces murs colombages et sur la galerie ombragée. Un authentique pour votre plaisir dans cette jolie m son de maître du XVIIIe siècle. Endroit idéal p découvrir les Hautes Pyrénées.

MIDI-PYRÉNÉES

St-Puy - Gers (32)

NOUVEAUTÉ

La Lumiane TH
Grande Rue - 32310 St-Puy
Tél. 05 62 28 95 95 - Fax 05 62 28 59 67
Email : info@lalumiane.com
www.lalumiane.com
Alain Eman

1 pers. 50/54 € - 2 pers. 55/59 € - 3 pers. 67/71 € - repas 19 € - 1/2 p. 69/97 €

5 chambres avec sanitaires privés. Ouvert toute l'année. Petit déjeuner : viennoiseries, croustade, cannelés, yaourts, œufs de ferme... T. d'hôtes : foie gras, terrine, magret grillé, confits maison, volailles fermières... Jardin. Piscine (12 x 6 m). ★ Féria, Tempo Latino à Vic-Fezensac. Musée des Jacobins à Auch. Cathédrales de Condom et d'Auch. Tennis 100 m. Thermalisme, base de loisirs et piscine 8 km. Equitation 5 km. Golf 20 km. **Accès :** en venant d'Auch, suivre dir. Castera Verduzan (D930) puis dir. St-Puy (D42). En venant de Condom, prendre D654. La Lumiane est située dans le village, près des halles. CM336, pli E6.

La Lumiane est une élégante et spacieuse demeure du XVIIe siècle, située au cœur du charmant petit village gascon de St-Puy perché sur un coteau. Cette bastide en pierres blondes, aux volets bleus pastel, est entourée d'un jardin fleuri et agrémentée d'une piscine qui surplombe l'imposante église "Notre Dame de St-Puy".

★Féria, Tempo Latino at Vic-Fezensac. Jacobins Museum in Auch. Condom and Auch cathedrals. Tennis 100 m. Thermal baths, outdoor sports centre and swimming pool 8 km. Horse-riding 5 km. Golf 20 km.

*★ **How to get there:** Coming from Auch, head in the direction of Castera Verduzan (D930), the direction St-Puy (D42). Coming from Condom, take D654. La Lumiane is in the village, near the food markets. Michelin map 336, fold E6.*

La Lumiane is an elegant and spacious residence dating back to the 17th century and set on a hillside in the charming Gascon village of St-Puy. This white-stoned building, complete with pastel blue shutters, is surrounded by a flowery garden with a private swimming pool that is overlooked by the stunning Notre Dame de St-Puy church.

St-Thomas - Haute Garonne (31)

Les Douves
31470 St-Thomas
Tél. 05 34 47 14 94
Email : dominique.yon@libertysurf.fr
www.lesdouves.com
Dominique et Catherine Yon

1 pers. 45/50 € - 2 pers. 50/55 € - p. sup. 15 €

2 chambres avec sanitaires privés. Ouvert toute l'année sauf du 18.02 au 5.03. Petit déjeuner : jus de fruits frais, confitures, yaourts et pâtisseries maison, produits régionaux... Grand jardin arboré et fleuri, douves, salon de jardin. Restaurants entre 6 et 12 km. ★ Toulouse et ses nombreux musées, la Cité de l'Espace, le musée Campanaire (Isle Jourdain), le Gers et ses bastides... Lac, pêche 1 km. Base de loisirs 12 km. Golf 15 km. Piscine 8 km. Equitation 1,5 km. **Accès :** de Toulouse, N124 dir. Auch, sortie la Salvetat-St-Gilles puis Fonsorbes, St-Lys et St-Thomas.

Au centre de Saint-Thomas, occupant l'emplacement de l'ancien château féodal ceinturé de douves en eau dont il subsiste une partie, cette maison en briques sera pour vous un havre de calme et de repos. Vous profiterez du confort des chambres ainsi que du parc arboré et fleuri. Une adresse de charme à découvrir.

ulouse and host of museums. Cité de l'Espace space enture park. Musée Européen d'Art Campanaire ropean Campanology Museum) at Isle Jourdain. The Gers fortifications. Outdoor leisure centre 12 km. Golf course em. Swimming pool 8 km. Horse-riding 1.5 km.

ow to get there: From Toulouse, N124 for Auch, La etat-St-Gilles exit. Head for Fonsorbes and St-Thomas.

Douves stands on the site of the old feudal castle surrounded oats, of which there are still vestiges. This haven of peace quiet, in the centre of Saint-Thomas, offers two comfortable oms and delightful grounds brimming with trees and rs. Simply charming.

MIDI-PYRÉNÉES

Ste-Foy-d'Aigrefeuille - Haute Garonne (31)

★Toulouse, fortifications, city of Carcassonne, Albi, Moissac. Horse-riding 2 km. Tennis, lake 3 km. Golf course 4 km.

*★ **How to get there:** At Quint-Fonsegrives in front of the town hall (Mairie), turn right for D18. After the 3rd Quint-Fonsegrives end sign, second turning on right and 3 km for Roquette.*

This 18th-century Lauragais farmhouse is a haven of tranquillity, with a three-hectare tree and flower-filled park ideal for peaceful walks. The décor allying rustic and period appointments creates an extremely cosy atmosphere. On chilly winter evenings, you will be glad to relax by the fire.

Le Petit Roquette
31570 Sainte-Foy-d'Aigrefeuille
Tél./Fax 05 61 83 60 88
Email : francine.chanfreau@wanadoo.fr
Pierre et Francine Chanfreau-Phidias

1 pers. 44/55 € - 2 pers. 48/65 € - 3 pers. 62/84 € - p. sup. 19 €

1 chambre avec sanitaires privés et 1 suite avec mini-bar et sanitaires privés. Ouvert toute l'année. Petit déjeuner : pains variés, viennoiserie, yaourt, confiture, miel, jus d'orange, fromage. Grande salle de séjour avec cheminée, terrasse couverte. Parc de 3 ha. Ping-pong. Restaurants à 7 km. ★ Toulouse, bastides, cité de Carcassonne, Albi, Moissac. Equitation 2 km. Tennis, lac 3 km. Golf 4 km. **Accès :** à Quint-Fonsegrives devant la mairie à droite prendre D18. Après le 3e panneau fin Quint-Fonsegrives 2e à droite et à 3 km direction "Roquette".

Cette ancienne ferme lauragaise du XVIIIe vous offre confort et quiétude avec son parc arboré et fleuri de 3 ha où vous pourrez flâner en toute tranquillité. L'ameublement mêlant rustique et ancien donnent toute la chaleur de ces chambres d'hôtes. Pour les fraîches soirées d'hiver, d'agréables moments vous attendent au coin de la cheminée.

Ste-Gemme - Tarn (81)

NOUVEAUTÉ

★Cap Découverte, Viaur viaduct, mining museum in Carmaux (2 km)... Horse-riding 2 km. Tennis and leisure park 5 km.

*★ **How to get there:** From Carmaux, head towards Rodez (N88). At Farguettes, turn right and follow the signs. Michelin map 338.*

Between Albi and Rodez, Danielle warmly welcomes you to her fully restored 18th-century farm that is set in the heart of the countryside, a haven of peace and quiet. There are three comfortable bedrooms available, each with its own independant entrance and private terrace. Make the most of the sauna and the swimming pool and allow yourself to really relax.

Le Peyrugal
81190 Ste-Gemme
SR 05 63 48 83 01 - Fax 05 63 48 83 12
Email : resa81@free.fr
Danielle Forest
Prop. Tél/Fax 05 63 76 59 86

2 pers. 58 € - 3 pers. 68 € - repas 20 € - 1/2 p. 44 €

3 chambres avec sanitaires privés. Ouv. toute l'année. P déjeuner : confitures et pâtisseries maison, fruits du ger... T. d'hôtes : cuisine du sud ouest, légumes du p ger... Cour, jardin, parc de 2 ha. Sauna. Pisc Restaurants 2 km. ★ Cap Découverte, viaduc Vi musée de la mine à Carmaux (2 km).. Equitation 2 Tennis et parc de loisirs 5 km. **Accès :** à Carmaux, p dre dir. Rodez (N88). Aux Farguettes, tourner à droi suivre le fléchage. CM338.

Entre Albi et Rodez, Danielle vous accueille c leureusement dans une ferme restaurée du XV siècle, située en pleine campagne, calme et t quillité assurés. 3 chambres confortables avec a indépendant et terrasses privées vous sont pr sées. Vous pourrez vous détendre en profitant piscine et du sauna.

MIDI-PYRÉNÉES

Salles-Argelès - Hautes Pyrénées (65)

*Mountains: hiking, climbing, canyoning, snowshoe expeditions, skiing. Tennis court 3 km. Golf course 10 km.

★ ***How to get there:*** *Head for Argelès, Lourdes exit. On D102, 6 km past Lourdes. Michelin map 342, fold L4.*

This handsome family mansion built in 1800 looks out onto the Luz, Cauterets and Arrens Valleys, in an outstanding setting bathed in light and shrouded in silence. The three bedrooms with sloping ceilings and private bathrooms exude undeniable charm. An ideal spot for a restful break. Enjoy a relaxing meal at the table d'hôtes on the terrace.

Le Belvédère TH
6, rue de l'Eglise - 65400 Salles-Argelès
Tél./Fax 05 62 97 23 68
Jean-Marc Crampe

1 pers. 30 € - 2 pers. 60 € - p. sup. 14 € - repas 14 €

3 chambres avec sanitaires privés dont 1 au 1er ét. Ouv. toute l'année sauf nov. Petit déj. : fruits de saison, viennoiseries, laitages, confitures... T. d'hôtes (sauf dimanche soir) : confit de canard, garbure, haricots tarbais, grillade d'agneau... Salon, biblio. Cour, jardin, parc. Parking privé, terrasse ★ Montagne : randonnées pédestres, escalade, canyoning, promenades en raquettes, ski... Tennis 3 km. Golf 10 km. **Accès :** direction Argelès, sortie Lourdes. 6 km après Lourdes par la D102. CM342, pli L4.

S'ouvrant sur les vallées de Luz, Cauterets et Arrens, face aux Pyrénées, belle demeure de maître de 1800, dans un cadre exceptionnel baigné de lumière et de quiétude. Les 3 chambres mansardées, ont un charme discret qui invite au repos. Agréables moments partagés autour d'une table généreuse sur la terrasse.

Salles la Source - Aveyron (12)

*Salles la Source Museum 6 km. Conques, Unesco world ·eritage 35 km. Rodez and cathedral 12 km. Tennis court, ·wimming pool 11 km. Horse-riding 6 km. Fishing 5 km. Golf ·ourse 12 km.

· ***How to get there:*** *On N140, Rodez/Figeac motorway. ·0km past Rodez and 1.5km after airport, turn right for ·eveyrac. 600 m on, head for "La Carnicousie" and 200m ·om crossroads, turn into lane on left. Michelin map 338 fold ·I4.*

·a Carnicousie is a pretty house, in traditional light-coloured ·usse stone, featuring a garden teeming with flowers and trees ·rfect for a relaxing break. There are two bright, attractively ·pointed bedrooms. One is "enormous", the other a haven of ·ie; both provide great comfort. A warm welcome adds to the ·chantment of the place. An ideal address for a holiday.

La Carnicousie
Seveyrac - 12330 Salles la Source
Tél. 05 65 71 80 61 ou 06 30 00 43 81
Email : nanoumarcel@libertysurf.fr
http://gite-aveyron.chez.tiscali.fr/index.htm
Nanou et Marcel Droc

1 pers. 42/46 € - 2 pers. 48/54 € - 3 pers. 63/67 € - p. sup. 13 €

2 chambres dont 1 familiale (avec TV), chacune avec sanitaires privés. Ouvert toute l'année. Petit déjeuner : fruits, tartines grillées, fouace, quatre-quart, madeleine... Jardin fleuri et arboré. Restaurant à 4 km. ★ Musée de Salles la Source 6 km. Conques, classé au patrimoine mondial de l'Unesco 35 km. Rodez (cathédrale) 12 km. Tennis, piscine 11 km. Equitation 6 km. Pêche 5 km. Golf 12 km. **Accès :** sur la N140 (axe Rodez/Figeac). 10 km après Rodez et 1,5 km après l'aéroport, à droite vers Seveyrac. A 600 m tout droit "La Carnicousie", à 200 m du carrefour, à gauche prendre petit chemin. CM338, pli H4.

Une jolie maison en pierre claire, typique des causses, un jardin fleuri et arboré qui invite à s'y prélasser, voilà La Carnicousie. Quant aux chambres, très claires et agréablement décorées, l'une est "immense" et l'autre a mis le bleu à l'honneur, elles vous raviront par leur confort. Un accueil chaleureux complète le tout... Endroit idéal pour vos vacances.

Salvagnac - Tarn (81)

NOUVEAUTÉ

TH

Toscane-en-France
Presbytère de Saint-Pierre - 81630 Salvagnac
Tél. 06 07 10 29 99 - Fax 05 63 33 58 72
Email : contact@toscaneenfrance.com
www.toscaneenfrance.com
Jean-Luc Vieillard

2 pers. 90/115 € - p. sup. 15 € - repas 33 €

★Albi 25km. (Toulouse Lautrec museum), Montauban (Ingres museum). Horse-riding and hiking 10 km. Canoeing 30 km.

*★ **How to get there:** From Gaillac, take the D999 towards Montauban. Continue for 18 km (don't turn left), direction Salvagnac. Go for 800 m then turn right by the bus shelter, follow "St-Pierre" for 2 km.*

Le Presbytère is a wonderful property at the centre of a 200-year-old park with a large, sunny swimming pool. Each bedroom has a cosy decor and a view onto the pool and surrounding hills. At the edge of the Tarn and in the heart of La Petite Toscane Française, the residence is in the fortified town region: 15 minutes from Gaillac and its famous vineyard and 30 minutes from Toulouse and Albi.

2 chambres et 1 suite (150 €) avec sanitaires privés et TV. Ouv. toute l'année. Petit déjeuner : viennoiseries, gâteau maison, confitures, fruits frais... T. d'hôtes uniquement sur demande. Parc de 3000 m². Piscine. Vélos. Restaurants à proximité. Animaux admis sur demande. ★ Albi 25 km (musée Toulouse Lautrec), Montauban (musée Ingres). Equitation et randonnées 10 km. Canoë 30 km. **Accès :** de Gaillac, prendre D999 dir. Montauban. Faire 18 km (ne pas prendre l'embranchement sur la gauche), dir. Salvagnac, faire 800 m et à droite à l'abri bus, suivre "St-Pierre" sur 2 km. CM338.

Le Presbytère vous accueille au cœur d'un parc bicentenaire avec une grande piscine ensoleillée. Chaque chambre propose un confort cosy avec vue sur la piscine et les collines environnantes. Aux portes du Tarn, au cœur de La Petite Toscane Française, région des bastides ; à 15 mn de Gaillac et son célèbre vignoble, à 30 mn de Toulouse et d'Albi.

Sarragachies - Gers (32)

La Buscasse
chemin de la Callaouère - BP 178 -
32003 Auch Cédex
Tél. 05 62 61 79 00 - Fax 05 62 61 79 09
www.gers-tourisme.com
Loisirs Accueil Gers

1 pers. 45 € - 2 pers. 50 € - p. sup. 15 €

★Explore Termes d'Armagnac (13th-century town) 2 km. Fortified châteaux. Pyrenees, ocean, Lourdes, Pau 1 hr. Nogaro. Marciac Jazz Festival. Madiranais and St-Mont hills, Armagnac.

*★ **How to get there:** 1.5 km from Sarragachies, heading for Termes d'Armagnac, via peaks. Michelin map 336, fold B7.*

This fine 18th-century residence overlooking the Pyrenees stands in extensive, peaceful grounds, where hosts Fabienne and Jean-Michel guarantee their guests a warm welcome. The bright, pretty bedrooms afford a magnificent view of the farming and wine-growing estate. Restaurants nearby.

3 chambres avec sanitaires privés. Ouvert toute l'année. Petit déjeuner complet. Salon-salle à manger et cuisine réservés aux hôtes. Jeux de société. Piscine, parc, potager chevaux et basse-cour, vélos, jeux extérieurs, petit étang ★ Tour de Termes d'Armagnac (XIIIᵉ) 2 km. Route de bastides. Pyrénées, océan, Lourdes et Pau 1 h. Circuit d Nogaro. Jazz in Marciac. Madiranais, côtes de St-Mont Armagnac. **Accès :** à 1,5 km de Sarragachies, en dir. d Termes d'Armagnac, par la route des crêtes. CM336 pli B7.

Sur une crête face aux Pyrénées, dans un gran parc calme, belle demeure du XVIIIᵉ où Fabienn et Jean-Michel vous accueilleront chaleureusemen Jolies chambres claires avec une superbe vu Domaine agricole et viticole. Restaurants à prox mité.

Scieurac et Floures - Gers (32)

NOUVEAUTÉ

Country Festival in Mirande (July), Jazz Festival in Marciac 12 km (first and second weeks of August). Quad biking in Auch 40 km. Golf 9 km.

★ ***How to get there:*** *From Auch, 9km after Mirande, take D16 then D3 to Marciac. Take D943, direction Bassoues, for 10km & at the fork in the road between Scieurac and Floures, go left & drive until the church. Michelin map 336.*

This house has been renovated and transformed into a superb residence. With a hectare of gardens and a swimming pool (13m x 7m) surrounded by a large terrace and a 4-arch "gallery" you will find it easy to relax here. Whether you prefer sunbathing by the pool or winding down in a shady spot under the arches, this residence has everything you need for a peaceful getaway.

Setzères
32230 Scieurac et Floures
Tél./Fax 05 62 08 21 45
Email : setzeres32@aol.com
www.setzeres.com
Christine Furney

1 pers. 80 € - 2 pers. 110 € - 3 pers. 150 €

2 chambres et 1 chambre familiale avec sanitaires privés. Ouv. toute l'année sauf Noël et Nouvel An. Petit déjeuner : confitures maison, fruits frais, céréales, yaourts... Coin-salon avec bibliothèque et TV. Salle de jeux. Jardin, parc 1 ha. Piscine. Croquet, boules, ping-pong. Restaurants 5 et 15 km. ★ Festival Country à Mirande (juillet) et Jazz à Marciac 12 km (1re et 2e semaines d'août). Quad à Auch 40 km. Golf 9 km. **Accès :** à Auch, 9 km après Mirande, prendre D16 puis D3 jusqu'à Marciac. Prendre la D943 vers Bassoues, faire 10 km, et à l'embranchement de Scieurac et Floures, à gauche jusqu'à l'église. CM336, pli D8.

La maison a été rénovée pour en faire une ravissante demeure, avec 1 ha de jardin et une piscine (13 x 7 m), entourée d'une large terrasse et d'une "galerie" avec 4 arches sous laquelle vous pourrez vous abriter de la chaleur de l'été.

Sénouillac - Tarn (81)

Albi: cathedral and Toulouse-Lautrec Museum 15 km. Toulouse 45 min. Wine Museum at Gaillac. Cordes-sur-Ciel, Castelnau-de-Montmiral, Puycelci. Lasbordes golf course 12 km. Grésigne Forest 20 km.

★ ***How to get there:*** *From Albi, head for Marssac and cross the Tarn. Drive 6 km on D88 and turn right (D21). At the stop sign, turn right (D17). The house is on the left. Michelin map 338.*

This handsome 18th-century family mansion, set amid vines, has been tastefully restored by Patricia. Attractive, comfortable bedrooms, a swimming pool and a tennis court await your arrival. There is a golf course nearby for sports enthusiasts, while history lovers will enjoy visiting the fortifications and dovecots. Enjoy breathtaking views of the Tarn Valley slopes, as far as the eye can see.

Bastide de Servadou
La Linardie - 81600 Sénouillac
Tél./Fax 05 63 81 59 06 ou 06 08 09 94 31
Email : pdezog@wanadoo.fr
www.bastideservadou.fr.st/
Patricia Ouvre

1 pers. 60 € - 2 pers. 75 € - p. sup. 18 €

4 chambres avec sanitaires privés. Ouvert du 1er mars au 20 décembre. Petit déjeuner : confitures maison, œufs, pain de campagne, croissants, jus de fruits. Jardin, parc de 1 ha. Tennis, vélos. Piscine, vue imprenable sur le vignoble gaillacois. ★ Albi 15 km (cathédrale, musée Toulouse Lautrec). Toulouse 45 mn. Musée des vins à Gaillac. Cordes-sur-Ciel, Castelnau-de-Montmiral, Puycelci... Golf de Lasbordes 12 km. Forêt de Grésigne 20 km. **Accès :** d'Albi prendre dir. Marssac, traverser le Tarn. Sur la N88, faire 6 km, tourner à droite (D21). Au stop, prendre à droite (D17). La maison est à gauche. CM338.

Entourée de vignes, belle demeure de maître du XVIIIe restaurée avec goût par Patricia. Elle propose de jolies chambres confortables, une piscine et un court de tennis. Pour les sportifs, parcours de golf à proximité et pour les amoureux d'histoire, le circuit des bastides ou la route des pigeonniers. Vue imprenable sur les coteaux de la vallée du Tarn.

Terraube - Gers (32)

NOUVEAUTÉ

Lectoure 6 km. La Romieu 10km. Condom 18km. Astronomy festival in Fleurance. Museum of Naïve Art. Tennis 1 km. Outdoor sports centre 8 km. Golf 15 km. Horse-riding 18 km. Go-karting 20 km. Fishing 6 km.

★ ***How to get there:** From the N21, take D36 direction Condom. Then take D42 direction Terraube. The house is on the left 1.5 km before the village.*

Set in the small valleys of Lomagne Gersoise, la Maison Ardure is an inviting place where you will enjoy peace, quiet and regional heritage. Florence and Michel will be delighted to welcome you to their entirely renovated 17th-century Gascon manor-house. The private swimming pool is wonderful and can be enjoyed by adults and youngsters alike.

Maison Ardure - 32700 Terraube TH
Tél. 05 62 68 59 56 ou 06 82 38 12 76
Fax 05 62 68 97 61
Email : ardure@wanadoo.fr
www.ardure.fr
Ghys Florence et Michel

1 pers. 55/65 € - 2 pers. 66/76 € - 3 pers. 90/100 € - repas 22 € - 1/2 p. 55/60 €

4 chambres avec sanitaires privés (douches multijets). Ouv. toute l'année. Petit déjeuner : céréales, yaourts et gâteau maison, fruits frais et secs... T. d'hôtes : pâtes carbonara au foie gras et magret fumé... Salon (TV, DVD), biblio., jeux société. Parc 1 ha. Piscine. Loc.VTT. Jardin de plantes aromatiques. ★ Lectoure 6 km. La Romieu 10 km. Condom 18 km. Festival d'astronomie à Fleurance. Musée d'Art Naïf. Tennis 1 km. Base de loisirs 8 km. Golf 15 km. Equitation 18 km. Karting 20 km. Pêche 6 km. **Accès :** à partir de la N21, prendre D36 dir. Condom puis la D42 dir. Terraube. La maison est sur la gauche 1,5 km avant le village.

Au cœur des vallons de la Lomagne Gersoise, la maison Ardure vous invite à la détente, au bien-vivre et à la découverte du patrimoine régional. Florence et Michel se feront un plaisir de vous accueillir dans leur manoir gascon du XVIIe siècle entièrement rénové. La piscine ravira petits et grands.

Thédirac - Lot (46)

Tennis, lakes, fishing, fitness and discovery trail.

★ ***How to get there:** From the north: N20 Brive-Souillac, then D673 for Gourdon and D6 for Dégagnac. From the south: A20 for Cahors, then D911 for Espere and D6 for Catus. Michelin map 337, fold O4.*

Manoir de Surgès is a 17th-century stone manor house complete with tower. This fully renovated residence is set on a vast 33-hectare estate overlooking the valley and affords an exceptional view of the countryside. The spacious bedrooms are tastefully appointed with period furniture. A special, restful setting with swimming pool and hiking paths. A timeless spot.

Le Manoir de Surges TH
46150 Thédirac
Tél. 05 65 21 22 45 ou 06 75 26 79 44
Email : manoirdesurges@free.fr
www.manoirdesurges.fr.st
Joëlle Delille

1 pers. 45/53 € - 2 pers. 53/76 € - 3 pers. 68/91 € - p. sup. 15 € - repas 22/34 €

2 chambres et 1 suite avec sanitaires privés. Petit déj. yaourts, confiture/pâtisserie maison. T. d'hôtes sur rés (pas de table en juil./août) : confits, foie gras... Men gastronomiques sur dem : chapons et oies farcis ou fo gras et truffes en saison.... Cour, jardin, parc, piscine. Pro boisée 33 ha., animaux ★ Tennis, lacs, pêche, parcours santé et de découverte. **Accès :** du nord : A20 Briv Souillac puis D673 vers Gourdon et D6 vers Degagna Du sud : A20 Cahors puis D811 vers Espere et D6 ve Catus. CM337, pli O4.

Sur un vaste domaine boisé de 33 ha., le manc de Surgès (XVIIe), rénové, en pierres naturel avec tour, domine les vallées et bénéficie d' point de vue exceptionnel. Les chambres av mobilier ancien, sont spacieuses et décorées av goût. Dans ce cadre privilégié, avec piscine et se tiers pour la randonnée, vous ferez une halte h du temps.

MIDI-PYRÉNÉES

Tour de Faure - Lot (46)

★St-Cirq-Lapopie, Pech-Merle Cave, variety of museums and places of interest, St-Pierre-Toirac Château, country houses. Canoeing and cycling 4 km. Horse-riding 7 km. Hiking 1 km.

★ **How to get there:** *From Cahors, take the D653 to Vers. Turn right for Tour de Faure on D662. In the village, leave the St-Cirq-Lapopie road on the right and turn first left. Michelin map 337, fold G5.*

Denise and Patrice welcome you as friends of the family at their vast Quercy residence, just two kilometres from Tour de Faure, one of the Lot Valley's finest tourist spots, voted most beautiful village of the year. The residence, which has been in the family for five generations, has been fully redesigned for your comfort and well-being. You will enjoy the terrace overlooking the pool and the delightful park.

Maison Redon
La Combe - 46330 Tour de Faure
Tél./Fax 05 65 30 24 13
Patrice et Denise Redon

1 pers. 55/65 € - 2 pers. 59/69 € - 3 pers. 69/79 €

5 chambres avec sanitaires privés. Ouvert toute l'année. Petit déjeuner : confitures, croissants, gâteaux maison, fruits, yaourts... Grande salle à manger, coin-salon. Ping-pong, portique enfants. Tennis 50 m. Cour, jardin, parc de 3300 m². Piscine. Restaurants à proximité. ★ St-Cirq-Lapopie, grotte de Pech-Merle, nombreux sites et musées, château de St-Pierre-Toirac, bastides... Canoë et VTT 4 km. Equitation 7 km. Randonnées 1 km. **Accès :** depuis Cahors prendre la D653 jusqu'à Vers, puis à droite la D662 jusqu'à Tour de Faure. Dans le village, laisser la route vers St-Cirq-Lapopie (à droite) puis prendre la 1re à gauche. CM337, pli G5.

C'est à 2 km de ce haut lieu touristique de la Vallée du Lot (primé plus beau village de France), que Denise et Patrice vous accueillent en amis dans leur vaste demeure quercynoise, maison de famille depuis 5 générations, totalement repensée pour vous offrir confort et bien-être. La terrasse donnant sur la piscine et le parc enchanteur vous raviront.

Les Varennes - Haute Garonne (31)

Toulouse, the "Pink City". Carcassonne, walled city. Cathar ·tles. Cordes. Albi and Toulouse-Lautrec Museum. Hiking, ·nis, horse-riding, fishing, golf and sailing.

How to get there: *From Toulouse, take the bypass and exit ' for Revel. After Labastide-Beauvoir, turn right and drive ·m.*

·ilt in the 16th century, red-brick Château des Varennes ·aits your arrival in the heart of the Lauragais. Set in a park ·h centuries-old trees, the residence features four rooms which ·rd magnificent views of the hills. You will enjoy a relaxing ·ll through the park or a dip in the pool. An ideal place for ·overing the art of living in the land of milk and honey.

Château des Varennes TH
31450 Les Varennes
Tél./Fax 05 61 81 69 24
Email : j.mericq@wanadoo.fr
www.chateaudesvarennes.com
Jacques et Béatrice Méricq

1 pers. 90/120 € - 2 pers. 100/135 € - repas 35 €

3 chambres et 1 suite avec sanitaires privés. Ouvert du 1/03 au 31/10. Petit déjeuner : confitures maison... Table d'hôtes : spécialités du sud-ouest et vins régionaux (cassoulet aux fèves, gigot et volailles fermières à la broche, foie gras au torchon). Bibliothèque. Cour, jardin et parc avec piscine. ★ Toulouse, la ville rose. Carcassonne et sa cité. Châteaux cathares. Cordes. Albi et le musée Toulouse-Lautrec. Randonnées pédestres, tennis, équitation, pêche, golf et voile. **Accès :** de Toulouse, prendre la rocade sortie 18 direction Revel. Après Labastide-Beauvoir, prendre à droite et faire 3 km.

Contruit au XVIe siècle, en briques roses, le château des Varennes vous accueille au cœur du Lauragais. Situé dans un parc aux arbres centenaires, il vous propose quatre chambres avec une vue superbe sur les côteaux. Promenades dans le parc, détente dans la piscine... une étape idéale pour découvrir l'art de vivre en pays de Cocagne.

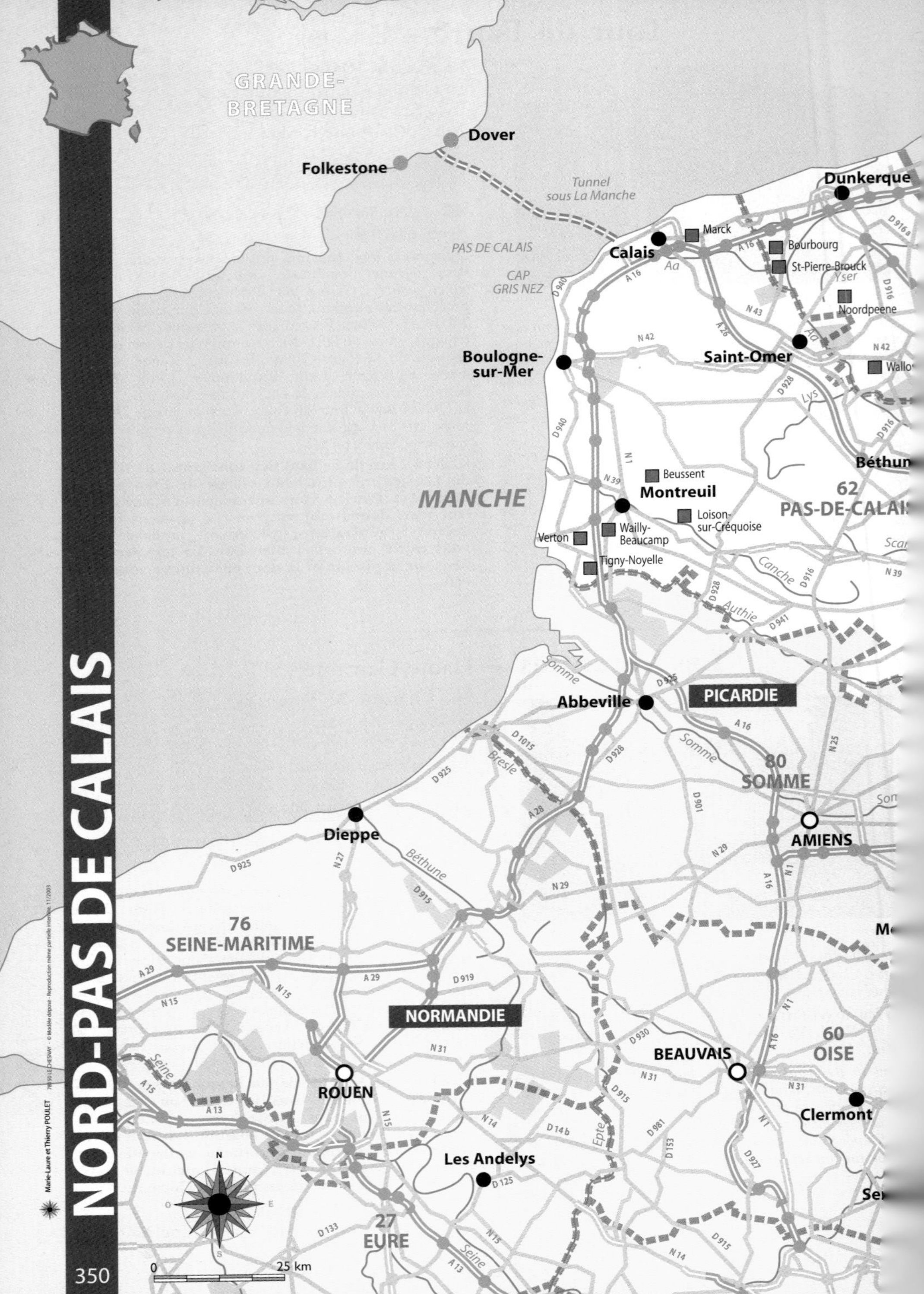
NORD-PAS DE CALAIS
GRANDE-BRETAGNE
Dover
Folkestone
Tunnel sous La Manche
PAS DE CALAIS
CAP GRIS NEZ
Dunkerque
Marck
Calais
Bourbourg
St-Pierre-Brouck
Noordpeene
Saint-Omer
Boulogne-sur-Mer
Wallo
Béthun
Beussent
Montreuil
62
PAS-DE-CALAIS
Loison-sur-Créquoise
Wailly-Beaucamp
Verton
Tigny-Noyelle
MANCHE
Abbeville
PICARDIE
80
SOMME
AMIENS
Dieppe
76
SEINE-MARITIME
NORMANDIE
ROUEN
BEAUVAIS
60
OISE
Clermont
Les Andelys
27
EURE
0
25 km
Aa
Yser
Lys
Canche
Authie
Somme
Bresle
Béthune
Seine
Epte
A 16
A 26
A 28
A 29
A 13
N 42
N 43
N 39
N 1
N 25
N 29
N 27
N 15
N 31
N 14
D 940
D 928
D 916
D 941
D 925
D 1015
D 901
D 915
D 919
D 930
D 981
D 153
D 927
D 14b
D 125
D 133
Marie-Laure et Thierry POULET

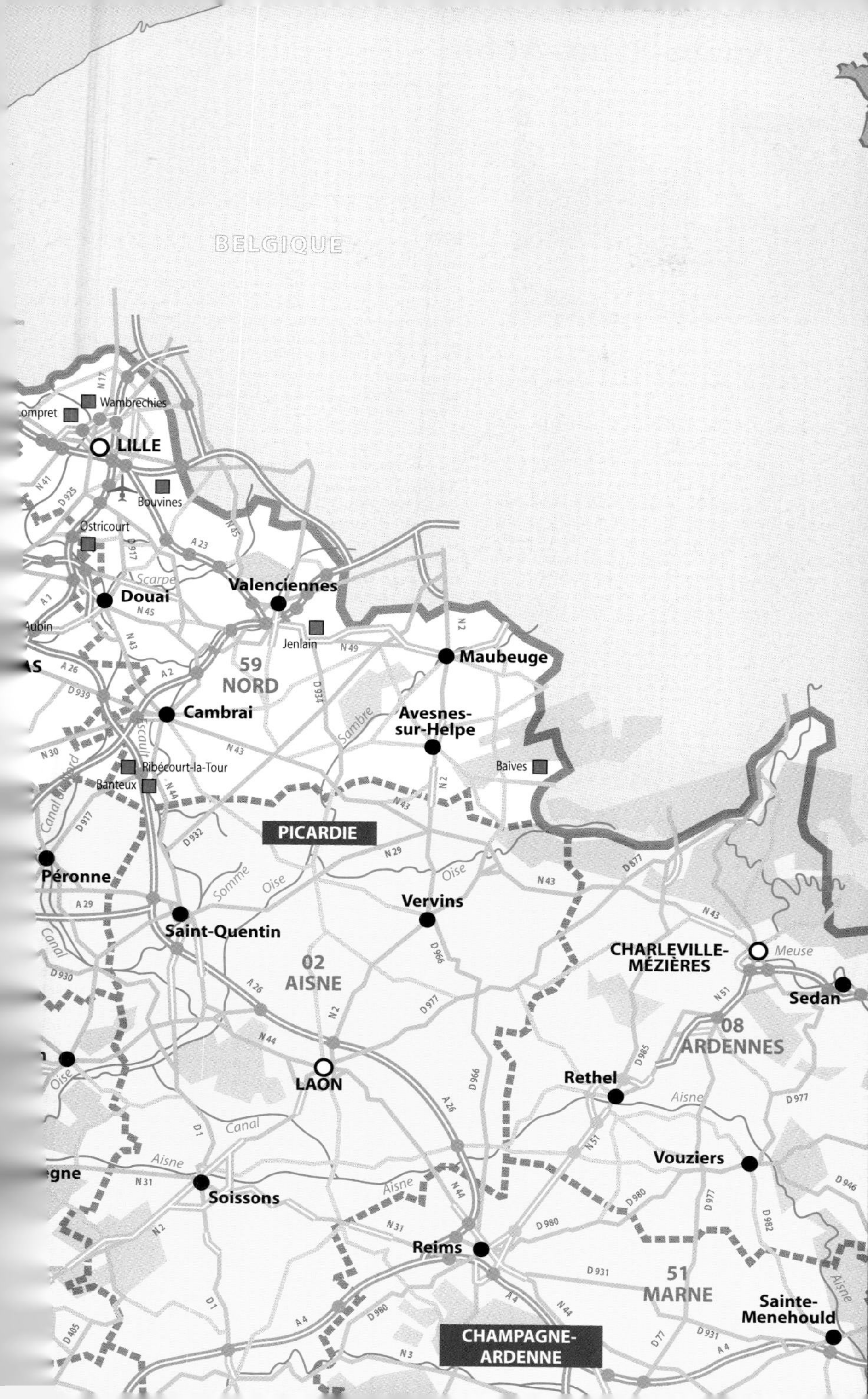

NORD-PAS DE CALAIS

BELGIQUE

Wambrechies
Lompret
LILLE
Bouvines
Ostricourt
Douai
Valenciennes
Jenlain
Maubeuge
59
NORD
Cambrai
Avesnes-sur-Helpe
Baives
Ribécourt-la-Tour
Banteux
PICARDIE
Péronne
Saint-Quentin
Vervins
02
AISNE
LAON
CHARLEVILLE-MÉZIÈRES
Sedan
08
ARDENNES
Rethel
Vouziers
Soissons
Reims
51
MARNE
Sainte-Menehould
CHAMPAGNE-ARDENNE

N 17
N 41
D 925
D 917
A 23
N 45
A 1
Scarpe
N 43
A 26
A 2
D 939
D 934
N 49
N 2
Sambre
Escaut
N 30
Canal du Nord
N 44
D 932
N 29
Oise
Somme
A 29
Canal
D 930
D 966
D 977
D 877
N 43
Meuse
N 51
D 985
Aisne
D 977
D 946
D 980
D 982
D 931
N 31
N 3
A 4
D 1
D 405

Anzin-Saint-Aubin - Pas de Calais (62)

Arras Golf Course, special terms and discounts for residents. Arras 4 km. Flying and parachuting 3 km. Canoe/kayak 3.5 km.

★ ***How to get there:*** *On the A26 or A1, heading for St-Pol/Le Touquet. At the second roundabout, turn left and first right. Les Volets Bleus is the last house on the left-hand side, at the end of the road.*

This modern house, featuring a magnificent garden dotted with trees and flowers, is ideally located in an outstanding setting opposite Arras Golf Course and close to the town's many historical places of interest. The bedrooms are decorated with fresh flowers, and guests can choose to have breakfast there (a charge is made for this service. You will relish the deliciously creative table d'hôtes meals prepared by your host, Philippe..

Les Volets Bleus TH
47, rue Briquet Taillandier -
62223 Anzin-Saint-Aubin
Tél. 03 21 23 39 90 ou 06 09 12 58 49
www.voletsbleus.com
Philippe et Patricia Rousseau

1 pers. 55/70 € - 2 pers. 59/74 € - p. sup. 12 € - repas 19/35 €

3 chambres avec sanitaires privés, TV, internet et mini-bar (poss. lits suppl.). Equipement bébé. Ouv. toute l'année. Petit déjeuner : viennoiseries, confitures, fromage, charcuteries, pain maison, saumon fumé... T. d'hôtes : cuisine du "Patron". Cheminée feu de bois, piano. Vélos, p-pong. Jardin 3500 m². ★ Golf d'Arras sur place (conditions et remises pour résidents sur le Green Pee). Arras 4 km. Aviation/parachutisme 3 km. Canoë 3,5 km. **Accès :** de l'A26 ou A1, dir. Arras Centre puis dir. St-Pol/Le Touquet. Au 2e rond point, à gauche puis 1re à droite. Dernière maison à gauche, au bout de la route.

Maison contemporaine avec un superbe jardin fleuri et arboré, située dans un site privilégié, face au golf d'Arras et près des places historiques de cette dernière. Décoration florale dans chaque chambre où vous pourrez prendre vos petits déjeuners avec un supplément. La table d'hôtes avec sa cuisine créative préparée par le "Patron" vous régalera.

Baives - Nord (59)

In the heart of La Fagne country, in southern Avesnes. Sailing, swimming, fishing and tennis 8 km. Chimay (Belgium) and Val Joly 8 km. Horse-riding and stables available.

★ ***How to get there:*** *From Lille, head for Valenciennes, then Avesnes/Helpe, Sains-du-Nord, Trelon and Baives. From Belgium, Lille, then Mons, Chimay, Macon and Baives. In Baives, turn left past church. Michelin map 302, fold N7.*

This freestone farmhouse, in the heart of "The Little Switzerland of the North", has been fully renovated by its young owners. The time-honoured wooden beams still reign proudly in a contemporary and original setting with a mezzanine and a futuristic fireplace. An ideal place to stay for riding and regional cuisine enthusiasts.

Les Prés de la Fagne TH
5, rue Principale - 59132 Baives
Tél./Fax 03 27 57 02 69
Email : la.fagne@wanadoo.fr
www.lespresdelafagne.fr.st
Pascale et Guy Constant

1 pers. 37/49 € - 2 pers. 40/52 € - repas 23 €

5 ch. indép. de l'habitation des prop., avec sanitaires pri vés. Ouvert toute l'année. T. d'hôtes : tarte au maroilles lapin à la trappiste de Chimay, rôti gratiné au fromage desserts maison... Salle commune, cheminée, biblio salon, jardin d'intérieur. Jardin, terrasse avec vue sur basse-cour. Etang. ★ Au cœur du pays de la Fagne, da le sud Avesnois. Voile, piscine, pêche et tennis à 8 km Chimay (Belgique) et Val Joly à 8 km. **Accès :** de Lill dir. Valenciennes, puis Avesnes/Helpe, Sains-du-Nor Trelon et Baives. Par la Belgique, Lille puis Mor Chimay, Macon et Baives. A Baives, à gauche après l'église. CM302, pli N7.

Au cœur de la Petite Suisse du Nord, ferme pierre de taille entièrement rénovée (poutres séc laires). Ils ont réalisé un ensemble contemporain original, avec mezzanine et cheminée futuriste.

Banteux - Nord (59)

Haut Escaut Valley, Vaucelles Abbey. Esnes Château (archaeological site). Hiking. Boat trips, horse-riding. Aerodrome 9 km. Cambrai 10 km. Vaucelles Abbey 2 km.

★ ***How to get there:*** *2 km from A26, exit 9 for Masnières. The farm is at the 1st main crossroads (D917 and N44), between Cambrai and Saint-Quentin, 2 km north of the village. Michelin map 302, fold H7.*

A warm welcome is guaranteed by your hostess, Mme Delcambre, whose discerning choice of décor is a delight to behold. The residence boasts three attractive bedrooms. She will be happy to advise you on the best way to get to know the region.

Ferme de Bonavis
Bonavis - 59266 Banteux
Tél./Fax 03 27 78 55 08
Email : delcambre-gitesdefrance@club-internet.fr
Thérèse Delcambre

1 pers. 40/46 € - 2 pers. 47/62 € - 3 pers. 60/76 €

2 chambres 3 pers. et 1 chambre familiale 6 pers., avec sanitaires et TV privés. Ouvert toute l'année. Copieux petit déjeuner. Parking fermé, garage sur demande. Restaurant à proximité. Baby-foot. Salle ping-pong. Jeu de boules. ★ Vallée du Haut Escaut. Abbaye de Vaucelles 2 km. Archéosite château d'Esnes. Randonnées, balades en bâteau, équitation... Aérodrome 9 km. Cambrai 10 km. **Accès :** à 2 km de la A26 sortie n°9 Masnières. La ferme est au 1er grand carrefour de la D917 et la N44 entre Cambrai et St-Quentin, à 2 km au nord du village. CM302, pli H7.

Vous serez accueillis chaleureusement par Madame Delcambre, qui saura vous faire partager son goût pour la décoration et mettra à votre disposition de jolies chambres. Elle pourra en outre vous conseiller efficacement pour la découverte de la région.

Beussent - Pas de Calais (62)

Le Touquet 22 km: swimming, golf, tennis, horse-riding, windsurfing, jet-skiing. Riding centre 2 km.

★ ***How to get there:*** *13 km from Montreuil-sur-Mer. When you reach the church, drive past "Lignier" restaurant and carry on for 2 km up the hill (at the intersection on the left). Le Ménage is the first house on the left.*

This recently restored manor house, built in 1858, is set in a leafy bower, where peace and quiet reign supreme. The residence offers five luxuriously appointed double bedrooms. Enjoy the tranquillity of the vast park surrounding the property or visit the owner's wood sculpture studio and gallery, which will delight art lovers.

Le Ménage
124, route d'Hucqueliers - 62170 Beussent
Tél. 03 21 90 91 92 - Fax 03 21 86 38 24
Josiane et Daniel Barsby

1 pers. 85 € - 2 pers. 90 €

5 chambres doubles avec TV, bains et wc privés. Ouvert toute l'année. Petit déjeuner gourmand : salade de fruits frais, yaourts, viennoiseries, confitures maison, oeufs... Cour, jardin, parc. Poss. de vélos. Accueil chevaux, box, patures à disposition. Animaux admis sur demande. Restaurants 1 et 8 km. ★ A 22 km du Touquet : natation, golf, tennis, équitation, planche à voile, jet-ski... Centre équestre à 2 km. **Accès :** à 13 km de Montreuil-sur-Mer. A l'église, passer devant le restaurant "Lignier" puis monter la côte sur 2 km (à l'intersection à gauche), 1re maison à gauche.

Dans son écrin de verdure, et dans un calme absolu, ce manoir de 1858 récemment restauré propose 5 chambres doubles d'un très grand confort. Vous pourrez profiter en toute quiétude du vaste parc aux arbres séculaires qui entoure la propriété et pour les amateurs, visite de l'atelier de sculpture sur bois et la galerie du propriétaire.

Bourbourg - Nord (59)

★Flanders Mountains 30 km. Channel Tunnel 30 km. Dunkirk 18 km, Calais and Saint-Omer 30 km. Lille, European Capital of Culture 2004.

*★ **How to get there:** From the church and town hall (Mairie) square, head for Audruicq, then take last turning on right-hand side (Rue du Château) for Madame Battais's property. Michelin map 302, fold B2.*

Your hostess, Camille Battais, offers five comfortable upstairs bedrooms at her 16th-century fortified farmhouse. The furniture is Louis-Philippe in the bedrooms and Regency in the lounge and dining room.

Le Withof
Chemin du Château - 59630 Bourbourg
Tél. 03 28 62 32 50 - Fax 03 28 62 38 88
Camille Battais

1 pers. 41 € - 2 pers. 52 € - 3 pers. 63 € - p. sup. 11 €

5 chambres avec bains et wc privés (4 pers. 74 € - Enfant -de 6 ans 11 €). TV. Pêche au blanc sur place. Parc de 3 ha, cour, jardin. ★ Dunkerque 18 km. Monts des Flandres, Calais, Saint-Omer, et tunnel sous la Manche 30 km. **Accès :** sur la place de l'église et de la mairie, prendre dir. Audruicq, puis dernière rue à droite (rue du Château) où se trouvent les chambres de Mme Battais. CM302, pli B2.

A l'étage de leur ancienne ferme fortifiée du XVIe siècle, la propriétaire a aménagé 5 chambres confortables. Mobilier Louis Philippe pour les chambres, Régence pour le salon et la salle à manger.

Bouvines - Nord (59)

NOUVEAUTÉ

★Historic site of the Battle of Bouvines, Lille discount centre, museums (Lille Fine Arts). Tennis 500 km. Horse-riding 2 km. 3 golf courses 5 km. Parachuting 10km. Windsurfing, pedal-boats on lake 5 km.

*★ **How to get there:** Arriving by the A1, direction Belgique Gand, exit cité scientifique 4 Cantons towards Cysoing. At the traffic lights in Bouvines, turn left and after, turn right. Michelin map 302, fold H4.*

At this fully restored square farmhouse, typical of the period when it was built in 1810, there are 3 independant, pretty rooms available. Each room has a different style: contemporary, Louis XVI and romantic. During your stay you can use, on request, the fitness facilities on the property: gym, sauna, tennis court, swimming pool...

Ferme de la Place
261, rue du Maréchal Foch - 59830 Bouvines
Tél. 03 20 41 12 13 - Fax 03 20 41 21 47
Tél. SR 02 20 14 93 93
Email : fdervaux1@free.fr
Nadine et François Dervaux

1 pers. 45 € - 2 pers. 55 € - 3 pers. 65 €

3 chambres avec sanitaires privés, TV, tél. et platea accueil. Ouv. toute l'année. Petit déjeuner : charcuteri fromage, laitage, viennoiseries, céréales... Salle de réunio ordinateurs. Home-cinéma. Sauna, salle de fitness. Jardi parc 1500 m². Baby-foot, p-pong, vélos, pétanque, je enfants. Piscine. ★ Site historique de la bataille Bouvines, braderie de Lille, musées (Beaux Arts de Lill Tennis 500 m. Equitation 2 km. 3 golfs 5 k Parachutisme 10 km. Planche à voile, pédalos sur l 5 km. **Accès :** arrivée par l'A1, dir. Belgique Gand, sor cité scientifique 4 Cantons vers Cysoing. A Bouvines, feu, à droite puis encore à gauche. CM302, pli H4.

3 jolies chambres indépendantes de l'habitati des propriétaires, aménagées dans une ferme carré typique de la région datant de 1810, et ent rement restaurée. Chaque chambre a un style d férent : contemporain, de style Louis XVI romantique. Vous pourrez disposer, sur deman des aménagements de détente : fitness, sauna, t nis, piscine...

Jenlain - Nord (59)

Château d'En Haut
59144 Jenlain
Tél. 03 27 49 71 80 - Fax 03 27 35 90 17
Email : chateaudenhaut@fr.st
www.chateaudenhaut.fr.st
Michel et Marie-Hélène Demarcq

1 pers. 48/57 € - 2 pers. 51/75 € - 3 pers. 77 €

★Museums and three châteaux within a 25-km radius. Wide range of cultural excursions, a stone's throw from Lille. Belgium 12 km. Mons, Bruges, Ghent and Brussels. Valenciennes 10 km.

*★ **How to get there:** Paris-Brussels, A2 motorway, exit 22 for Le Quesnoy/Maubeuge or exit 24 for Onnaing. Head for Le Quesnoy. Tree-lined entrance (no. 20) on village main road. Michelin map 302, fold J6.*

Your hosts Michel and Marie-Hélène restored their listed 18th-century château, situated in a tiny village near the Belgian border, to pristine splendour when they moved here in 1982. They will be delighted to share their love of old buildings, decoration and the arts with you. Breakfast is served in one of three dining rooms.

6 chambres dont 3 avec bains et wc et 3 avec douche et wc. TV. Ouvert toute l'année. Salon à disposition. Parc de 2,5 ha. Valenciennes à 10 km. Maison non fumeurs. Restaurants à Jenlain, le Quesnoy, Sebourg, Bavay. ★ Musées. 3 châteaux dans un rayon de 25 km. Nombreuses visites culturelles. Mons, Bruges, Gand et Bruxelles. Belgique 12 km. Valenciennes 10 km. **Accès :** autoroute A2 Paris-Bruxelles, sortie Le Quesnoy/ Maubeuge n°22a ou n°24 Onnaing. Puis suivre le Quesnoy. L'entrée boisée se trouve sur la route principale du village au n°20. CM302, pli J6.

Dans ce petit village à proximité de la frontière belge, Michel et Marie-Hélène vous accueilleront dans ce château du XVIIIe siècle (I.S.M.H) qu'ils ont remis en valeur depuis 1982, et vous feront partager leur passion pour les vieilles pierres, la décoration et les arts. Petits-déjeuners servis dans l'une des 3 salles à manger.

Loison-sur-Créquoise - Pas de Calais (62)

La Commanderie
3, allée des Templiers - 62990 Loison-sur-Créquoise
Tél. 03 21 86 49 87
Marie-Hélène Flament

1 pers. 50/62 € - 2 pers. 62/70 €

Arts and Crafts Museum, "Perlé de Groseille" Bird anctuary, Maintenay Mill (with crêperie). Fishing, tennis and orse-riding (in the summer) 3 km.

***How to get there:** On D349, head for Beaurainville and ruges, then D130 for Loison-sur-Créquoise.*

Iarie-Hélène is your hostess at her manor bordered by the réquoise. The handsome Templars' residence, which dates back the 12th century, is steeped in history. You will enjoy the ssful quiet of the place and the cosy bedrooms with stone eplaces. Relax in the vast leafy park with garden furniture d deckchairs or by the river.

1 ch. et 1 suite de 2 ch. avec sanitaires privés (97 €/4 pers.). Fermé en février (sur rés. du 1.11 au 1.03). Petit déj. : jus fruits, croissants, pâtisseries/confitures maison. Biblio., cheminées. Salle de jeux (p-pong, mini-billard, jeux société). Parc boisé, rivière, salons de jardin, transats. Restaurants 13 km ★ Maison de l'Artisanat, le "Perlé de Groseilles", centre ornithologique, moulin de Maintenay (avec crêperie). Pêche, tennis et équitation (en été) à 3 km. **Accès :** par la D349, à Beaurainville, direction Fruges, puis D130 direction Loison-sur-Créquoise.

Marie-Hélène vous accueille dans sa demeure longée par la Créquoise. Les origines de cette belle demeure templière au passé chargé d'histoire, remonte au XIIe. Vous apprécierez le calme des lieux et le confort chaleureux des chambres avec leur cheminée en pierre. Détente dans le vaste parc boisé avec salons de jardin et transats ou près de la rivière.

Lompret - Nord (59)

★Lille and old town, Fine Arts Museum (second most important in France). Kinépolis ("Château du Cinéma") film complex nearby. Tennis, golf, windsurfing, walks in the forest. Prés-du-Hem outdoor leisure centre 2 km. Bruges 45 km.

*★ **How to get there:** From Paris, head for Dunkerque, junction 6 "Englos-Lomme", Tourcoing-Gand motorway, Lompret exit 6. At Renault garage, turn right into lane by bypass. White farmhouse with turrets. Michelin map 302, fold F3.*

This typical Northern French farmhouse set in an extensive garden with pond, 10 minutes from Lille, has been restored to pristine splendour. The three attractive self-contained rooms are detached from the main house. In the winter, breakfast is served by the fire, and in warm weather you will enjoy a bicycle ride (bikes available for guests' use).

Ferme Blanche de Lassus
rue Pasteur - 59840 Lompret
Tél./Fax 03 20 92 99 12 - Tél. SR 03 20 14 93 93
Email : dadeleval@nordnet.fr
www.gites-de-france-nord.fr
Olivier Deleval

1 pers. 45 € - 2 pers. 50 € - p. sup. 16 €

3 chambres avec sanitaires privés. Ouvert toute l'année. Petit déjeuner gourmand : viennoiseries, pain et confitures maison, jus d'orange frais, fromage blanc... Coin-salon particulier avec cheminée et TV. Ping-pong, jeux de société. Jardin, étang privé. ★ Lille et ses vieux quartiers, musée des Beaux Arts (2e de France). A proximité Kinépolis (château du Cinéma). Tennis, golf, planche à voile, balades en forêt. Base de loisirs des Prés-du-Hem 2 km. Bruges 45 km **Accès :** de Paris, dir. Dunkerque, à l'embranchement 6 "Englos-Lomme", puis autoroute Tourcoing-Gand et sortie n°6 Lompret. Au garage Renault, chemin à droite longeant la rocade, ferme blanche avec tourelles...

A 10 mn de Lille, cette ferme typique du Nord entourée d'un vaste jardin avec étang, a été entièrement restaurée. Elle abrite 3 jolies chambres indépendantes de la demeure des propriétaires. L'hiver le petit déjeuner est servi au coin du feu, et aux beaux jours vous pourrez profiter des vélos à votre disposition.

Marck - Pas de Calais (62)

★Flying and parachuting 3 km. Horses for hire 5 km. Sea, sand-yachting 5 km. Calais 7 km. Gravelines 12 km. Swimming pool, horse-riding, hiking, sea, tennis, sailing.

*★ **How to get there:** A16, Marck-Ouest exit (19), access via D119.*

This time-honoured manor house, set in five hectares of parkland, was recently restored. The five comfortable bedrooms have been tastefully furbished and boast period furniture. Guests can relax in a lounge with fireplace.

Manoir du Meldick
Le Fort Vert - 2528, av. du Général de Gaulle - 62730 Marck
Tél./Fax 03 21 85 74 34
www.manoir-du-meldick.com
Jean et Danièle Houzet

1 pers. 50 € - 2 pers. 60 € - p. sup. 14 €

5 chambres avec TV et sanitaires privés. Ouvert tout l'année. Petit déjeuner : viennoiseries, charcuterie, fromages, fruits... Tél., minitel, fax à disposition. Salon (cheminée, TV). Jardin, parc. Restaurants 4, 7 et 12 km ★ Aviation et parachutisme à 3 km. Calais 7 km Gravelines 12 km. Mer, char à voile et location d'équidé à 5 km. Piscine, équitation, randonnées, mer, tennis, voil **Accès :** A16, sortie Marck-ouest (n°19), accès par D11

Manoir de construction ancienne, récemment restauré entouré d'un parc de 5 ha. 5 chambre confortables, avec mobilier ancien, ont été aménagées avec beaucoup de goût. Un salon avec cheminée est à la disposition des hôtes.

Noordpeene - Nord (59)

NOUVEAUTÉ

Easter Carnival and bagpipe festival in Cassel (7 km), St-Jean harvest festival, folk dancing, local markets... GR128 (cycling, hiking.) locally. Claimarais forest and marshes (6 km). Thalassotherapy 6 km.

★ ***How to get there:*** *Lille/Dunkerque motorway, exit n°12. (Meteren). Go through Cassel then head towards Weamaers Cappel. Go straight on on the D26. From Noordpeene, follow "Gîtes de France" signs.*

In this 18th-century farm, surrounded by 4000m² of wooded land, there is an pretty bedroom available that is completely independant of the owners' property. The cosy and warm atmosphere here will make you feel right at home. You can take your breakfast in Joëlle and Philippe's living room, or in the garden - it all depends on the weather... That said, come rain or shine, this is a great place to stay.

281, chemin du Moulin -
59670 Noordpeene
Tél./Fax 03 28 42 38 80 ou 06 08 61 60 31
Joëlle et Philippe Favorel

1 pers. 46 € - 2 pers. 53 € - 3 pers. 58 €

1 chambre avec sanitaires privés, TV, coin-salon, réfrigérateur. Ouv. toute l'année. Petit déjeuner : croissants, confitures maison et spéciales (coquelicot, rose, violette), fruits, yaourts... Equip. bébé. Jardin 4000 m². Salon de jardin, chaises longues, barbecue. Vélos, pétanque. Animaux: âne, poules. ★ Carnaval de Pâques et fête de la cornemuse à Cassel (7 km), fête de la moisson de la St-Jean, bal folk, marchés régionaux... GR128 (vélos, rand.) sur pl. Marais et forêt de Claimarais (6 km). Thalasso 6 km. **Accès :** autoroute de Lille/Dunkerque, sortie n°12 (Meteren). Traverser Cassel puis dir. Weamaers Cappel. Sur la D26, toujours tout droit. A Noordpeene suivre panneaux "Gîtes de France".

Jolie chambre indépendante de la maison des propriétaires, aménagée sur une ferme du XVIIIe siècle, entourée de 4000 m² de terrain arboré. Vous serez séduits par l'ambiance douillette et chaleureuse des lieux. Vous pourrez prendre votre petit déjeuner dans le séjour de Joëlle et Philippe ou bien dans le jardin, selon la couleur du temps...

Ostricourt - Nord (59)

Braderie de Lille, Europe's largest annual flea market (1st eekend in September). Dunkirk Carnival. Lille-Valenciennes e arts museums, Matisse. Lewarde historical mining centre. a 80 km. Swimming pool 6 km. Fishing, horse-riding 2 km. olf course 1 km.

How to get there: *A1 motorway, exit 18 Carvin-bercourt. Head for Libercourt, Ostricourt-Thumeries, and umeries. Michelin map 302, fold G5.*

scover La Sablière, a superb property nestling in the heart of eafy seven-hectare park with lake, just 20 km south of Lille. u will be enchanted by the two bedrooms and two suites. nenities include an indoor tennis court, a gym and a billiard m. An outstanding setting, ideal for nature lovers.

La Sablière
998, rue Emile Macquart - 59162 Ostricourt
Tél./Fax 03 20 87 20 99
Tél. SR 03 20 14 93 93
Email : jcsabre@wanadoo.fr
J-Claude et Caroline Sabre

1 pers. 40/50 € - 2 pers. 45/55 € - 3 pers. 60 €

2 chambres et 2 suites (salon attenant et TV), toutes avec sanitaires privés. Ouv. toute l'année. Petit déjeuner : œufs, chacuteries, laitage, jus de fruits, patisseries maison, céréales, fromage... Salle de sport, billard. Tennis couvert. Etang. Parc 7 ha. Restaurants à Thumeries et à Phalempin. ★ Carnaval de Dunkerque, musées des beaux arts et Matisse, centre historique minier de Lewarde. Mer 80 km. Piscine 6 km. Pêche, équitation 2 km. Golf 1 km. **Accès :** autoroute A1, sortie n°18 Carvin-Libercourt. Prendre direction Libercourt puis Ostricourt-Thumeries en enfin Thumeries seul. CM302, pli G5.

A une vingtaine de kilomètres au sud de Lille, en bordure de forêt, découvrez cette superbe propriété nichée au cœur d'un parc arboré de 7 ha avec étang. Les 2 chambres et les 2 suites vous enchanteront. Un tennis couvert, une salle de sport et un billard sont à votre disposition pour votre détente. Endroit idéal pour les amoureux de la nature.

Ribecourt-la-Tour - Nord (59)

Le Clos Xavianne
20, rue de Marcoing - 59159 Ribecourt-la-Tour
Tél. 03 27 37 52 61 - Fax 03 27 74 51 17
Tél. SR 03 20 14 93 93
http://ferme.leriche.free.fr
Anne et Xavier Leriche

1 pers. 42 € - 2 pers. 50/63 € - 3 pers. 66 €

3 chambres dont 1 familiale, avec sanitaires privés et TV. Ouvert toute l'année. Petit déjeuner : croissants, confitures maison, jus de fruits, yaourts... Salle pour petits déjeuners. Cour, jardin répertorié (parcs et jardins Nord Pas-de-Calais). Restaurants à Cambrai 10 km. ★ Chemins et mémoires Guerre 14-18. Cambrai (10 km), ville d'art et d'histoire (musée, festival, féodales). Abbaye de Vaucelles. Musée de la Mine Lewarde. Musée Watteau à Valenciennes. Lille 56 mn. **Accès :** de Calais, prendre A26 vers Reims, sortie n°8. De Paris, prendre A1 vers Lille, sortie n°13. De Reims, prendre A26, sortie n°9. CM302, pli G7.

A la campagne, au cœur d'un petit village fleuri, cette maison pleine de charme, indépendante de celle des propriétaires, abrite 3 chambres soigneusement décorées. Très beau jardin fleuri né de la passion d'Anne et de Xavier. Le Clos Xavianne est situé sur le parcours "Chemins et Mémoires" de la Guerre 14-18.

★WWI memorials and battlefields. Cambrai 10 km, town steeped in art and history: museums, festivals, Féodales medieval pageant and events. Vaucelles Abbey. Lewarde Mining Museum. Watteau Museum in Valenciennes. Lille 56 mins.

*★ **How to get there:** From Calais, take the A26 for Reims, exit 8. From Paris, take the A1 for Lille, exit 13. From Reims, take the A26, exit 9. Michelin map 302, fold G7.*

A small country village in bloom is the setting for this charming house, separate from the owners', which offers three beautifully decorated guest bedrooms. The property's wonderfully floral garden has been born out of Anne and Xavier's passion for gardening. Le Clos Xavianne is on the First World War "Chemins et Mémoires" route.

St-Pierre-Brouck - Nord (59)

Le Château TH
287, route de la Bistade -
59630 Saint-Pierre-Brouck
Tél./Fax 03 28 27 50 05
http://www.lechateau.net
Nathalie Duvivier-Alba

1 pers. 56/61 € - 2 pers. 65/70 € - p. sup. 18 € - repas 25 €

5 chambres dont 1 suite, toutes avec sanitaires privé Ouv. toute l'année sur résa. Petit déjeuner copieux : sal sucré... T. d'hôtes sur résa. (sauf mardi et jeudi) : spéciali tés flamandes. Salons, terrasse , jardin. Restaurants Bourbourg 6 km. Maison non fumeurs. Connectic Internet. ★ Golf de Ruminghem 15 mn. Golf de l'A 30 mn. Plage 15 mn. Calais, Dunkerque, St-Omer et l marais 25 mn. Cap Blanc Nez 35 mn. Tunnel sous Manche et ferry 30 mn. Lille, le Touquet, Bruges 1 **Accès :** A26 (Reims, Paris) sortie St-Omer ouest, N puis D300 puis à gauche Holque/St-Pierrebrouck. A (Calais, Dunkerque, Lille) sortie 23 Bourbourg, suiv centre ville puis Audruicq et St-Pierrebrouck.

Accueil chaleureux de Patrick et Nathalie qui vo reçoivent dans leur belle demeure de caract entourée d'un parc de 2 ha. Les 5 chambres q vous sont proposées (dont 1 avec lit à baldaqu ont un décor raffiné et de beaux meubles ancie Salons, terrasse et jardin sont à votre disposit pour un dépaysement assuré.

★Ruminghem golf course 15 mins. L'Aa golf course 30 mins. Beach 15 mins. Calais, Dunkerque, St-Omer and the moors 25 km. Cap Blanc Nez 35 km. Channel Tunnel and ferry 30 min. Lille, le Touquet, Bruges, 1 hour.

*★ **How to get there:** A26 (Reims, Paris) exit St-Omar ouest, N43 then D300 then left towards Holque/St-Pierrebrouck. A16 (Calais, Dunkerque, Lille) exit 23 Bourbourg, follow town centre then Audruicq and St-Pierrebrouck.*

Patrick and Nathalie offer a warm welcome at their handsome residence with character, which stands in two hectares of parkland. The five bedrooms are appointed with fine antique furniture, and one even boasts a fourposter bed. Relax in the pleasant lounge or on the terrace for a complete change of scenery.

Tigny-Noyelle - Pas de Calais (62)

★Valloire Abbey 6 km. Marquenterre Reserve 20 km. 36-hole golf course 1 km. Sea 12 km.

*★ **How to get there:** 2 km from N1 Paris-Calais. 200 km from Paris and 90 km from Calais. A16, exit 24 or 25.*

This charming priory, tastefully restored by an antique dealer, offers four attractive, comfortable bedrooms in the outbuildings and a handsome suite in the owners' residence, in the heart of the countryside. Stays can be combined with golf lessons or courses.

Le Prieuré TH
impasse de l'Eglise - 62180 Tigny-Noyelle
Tél. 03 21 86 04 38 - Fax 03 21 81 39 95
www.leprieure-tigny.com
Roger Delbecque

1 pers. 52 € - 2 pers. 64/92 € - 3 pers. 84/112 € - p. sup. 20 € - repas 25 €

5 chambres indépendantes dont 1 pour 4 pers., toutes avec TV, bains et wc privés. Poss. lits suppl. Ouvert toute l'année. Table d'hôtes (à partir de 22 €) sur rés. 24 h à l'avance : poissons et fruits de mer. Restaurants à 2 km. ★ Abbaye de Valloire à 6 km et réserve du Marquenterre à 20 km. Golf (36 trous) à 1 km. Mer à 12 km. **Accès :** à 2 km de la N1 Paris-Calais. A 200 km de Paris et 90 km de Calais. A16, sorties n°24 ou n°25.

Charmant prieuré, restauré avec goût par un antiquaire. Vous y trouverez 4 jolies et confortables chambres dans les dépendances, et 1 suite dans la maison du propriétaire, en pleine nature. Pour ceux qui le souhaitent, possibilité de combiner un séjour en chambres d'hôtes avec des cours ou un stage de golf.

Verton - Pas de Calais (62)

3erck 4 km, vast fine-sand beach, full range of water sports. 'king in the surrounding area. Golf course 15 km. Le Touquet ' km. Marquenterre Reserve.

*★**How to get there:** N1 to Wailly-Beaucamp, then D142 Verton or D940 from Rue and D343. A16 (Calais, Paris), ·ck exit 25.*

·is charming house with a thatched roof is set in a large ·very, tree-lined garden where peace prevails. Geneviève and ·ristian have decorated the property with considerable talent, ·l every bedroom reflects a different style (painted furniture, ·cil decoration). An ideal setting for enjoying the countryside.

La Chaumière
19, rue du Bihen - 62180 Verton
Tél. 03 21 84 27 10
Email : genevieve.terrien@free.fr
www.alachaumiere.com
Christian et Geneviève Terrien

1 pers. 50 € - 2 pers. 57 €

4 chambres avec TV et sanitaires privés. Ouvert toute l'année. Restaurants à 3 km. ★ Berck (4 km), immense plage de sable fin, tous sports nautiques. Le Touquet à 15 km. Parc du Marquenterre. Randonnées pédestres alentours. Golf à 15 km. **Accès :** de la N1, aller jusqu'à Wailly-Beaucamp, puis D142 dir. Verton ou D940 de Rue et D343. A16 (Calais, Paris), sortie Berck n°25.

Charmante maison avec toit de chaume, au milieu d'un grand jardin fleuri et arboré, au calme. Geneviève et Christian l'ont aménagée avec talent et chaque chambre est décorée différemment (meubles peints, décor au pochoir). Une adresse idéale pour se mettre au vert.

Wailly-Beaucamp - Pas de Calais (62)

La Prairière
12, route Nationale - 62170 Wailly Beaucamp
Tél. 03 21 81 02 99 ou 06 03 06 58 59
Fax 03 21 81 67 95
www.laprairiere.com
Dominique et Marie-Chantal Thiery

2 pers. 90/110 €

3 chambres et 1 suite avec sanitaires privés. Ouvert toute l'année. Petit déjeuner : viennoiseries, fruits, yaourts fermiers, orange pressée et confitures maison... Salon avec TV, séjour, cheminée feu de bois. Petite cuisine avec mini-bar. Jeux de société. Vélos. Jardin. Parking. ★ Les misérables à Montreuil, concerts de musique classique à St-Riquier, conférences au Touquet. Equitation 10 km. Golf, piscine, plage 4 km. **Accès :** A16, sortie 25. Après le péage, prendre dir. Montreuil jusqu'au rd point à droite (N1) dir. Wailly-Beaucamp/Jardins de Valloires. C'est la 4ᵉ maison à droite, à l'entrée du village.

Au centre du village, jolie une ferme du XVᵉ dans l'enceinte d'une gentilhommière du XIXᵉ siècle. La décoration est épurée à base de lin, les meubles patinés et anciens. Vous pourrrez partir en balade à bicyclette sur les chemins environnants.

★Les Misérables son-et-lumière show at Montreuil, classical music concerts in St-Riquier. Lectures at Le Touquet. Horse-riding 10 km. Golf, swimming pool, beach 4 km.

*★ **How to get there:** A16, exit 25. After the turnpike, head for Montreuil. At the roundabout, turn right (N1) for Wailly-Beaucamp/Jardins de Valloires. La Prairière is the 4th house on the right-hand side, as you enter the village.*

This pretty, 15th-century farmhouse stands in a 19th-century manor enclosure, in the village centre. The decoration exudes refinement, with antique and patinated furniture. Enjoy bike rides in the surrounding countryside.

Wallon Cappel - Nord (59)

La Ferme des Longs Champs
98, rue des Longs Champs -
59190 Wallon Cappel - Tél./Fax 03 28 40 09 07
Tél. SR 03 20 14 93 93
www.fermedeslongschamps.com
Isabelle et Bruno Mentasti

1 pers. 50/60 € - 2 pers. 60/70 € - 3 pers. 75/80 €

3 chambres avec sanitaires privés, TV et prise ADS[illegible] Salon particulier avec cheminée. Ouv. toute l'année. Pe[illegible] déjeuner : viennoiseries, confitures maison, céréal[illegible] yaourts, fromages, fruits... Jeux de société. Cour, jardi[illegible] Aire jeux enfants. Gîte bébé. Estaminets et restaurants [illegible] proximité. ★ Pays de la bière. Monts de Flandres avec [illegible] moulins, Cassel, musées, nombreux chemins de rando[illegible] née, VTT, équitation. Marais audomarois. Piscine et ten[illegible] 4 km. Forêt 2 km. Golf 25 km. Bruges à moins d'1 [illegible] **Accès :** A25, sortie "Hazebrouck" puis suivre dir. [illegible] Omer. Prendre N42, puis au panneau "Wallon Cappel" [illegible] gauche. Suivre la rue "Rte d'Hazebrouck" avant d'arri[illegible] à la rue des "Longs Champs". CM302, pli C3.

Au cœur de la Flandre, cette ancienne ferme [illegible] XVIIIᵉ siècle classée "Hébergement de Pay[illegible] propose une ambiance qui invite à la détente. [illegible] décoration chaleureuse des chambres est prop[illegible] au repos. De belles balades sont possibles dans [illegible] jardin et autour de la propriété. Espace nat[illegible] assuré !

★Beer country. Monts de Flandres and millls, Cassel, museums, hiking trails, mountain biking, horse-riding. St Omer marshes. Swimming pool and tennis 4 km. Forest 2 km. Golf 25 km. Bruges is less than an hour away.

*★ **How to get there:** A25, exit "Hazebrouck" then head towards St-Omer. Take the N42 & turn left at "Wallon Cappel" sign. Follow the road "Rte d'Hazebrouck" before you arrive at the "Long Champs" road. Michelin map 302, fold C3.*

La Ferme des Longs Champs is a traditional 18th-century farmhouse in the heart of Flanders, where rest and relaxation beckon. The bedrooms are invitingly decorated and peaceful. Enjoy refreshing walks in the garden and the surroundings. A delightfully natural setting.

Wambrechies - Nord (59)

★Fire Brigade Museum 100 m. Scenic railway. Lille and Belgium 10 km. Fishing 500 m. Golf course 3 km. Tennis court 1 km. Forest 23 km. Posted hiking path 100 m.

★ ***How to get there:*** *A22, exit 10. Head for Centre-Ville and Robersart Port. Michelin map 302, fold G3.*

Fantasia, or "Freycinet" as it is known, is a barge moored at Warbrechies yachting harbour. Built in 1950, it has preserved the genuine charm of a bygone age. As you would expect, this floating residence offers all the modern creature comforts. A chance to experience the joys of river life as in the past, your stay here will be very special and exciting indeed.

Fantasia
Le Port de Plaisance - 59118 Wambrechies
Tél. 06 16 44 09 82 - Fax 03 28 52 47 97
Tél. SR 03 20 14 93 93
www.peniche-fantasia.com
Lecocq Ghyslaine et Defaut J.-Michel

1 pers. 75 € - 2 pers. 75 €

3 chambres climatisées avec sanitaires privés. Ouvert toute l'année. Copieux petit déjeuner. Poss. table d'hôtes (sur réservation 48h à l'avance). Séjour avec TV, Hifi, bibliothèque cdthèque, table de jeux et grande table pour les repas. Pont soleil avec terrasse couverte (table, réfrigérateur, barbecue). ★ Musée des Soldats du Feu 100 m. Train touristique. Lille et la Belgique 10 km. Pêche 500 m. Golf 3 km. Tennis 1 km. Forêt 23 km. Grande randonnée 100 m. **Accès :** A22, sortie 10, puis centre ville, château de Robersart Port. CM302, pli G3.

Péniche dite "Freycinet", Fantasia fût construite en 1950, elle a su garder le charme authentique qui témoigne d'une autre époque. Véritable résidence flottante, elle possède tout le confort nécessaire à la vie moderne. Son univers vous fera pénétrer dans l'intimité de la vie fluviale d'antan... Votre séjour sera un moment unique d'émotion et de découverte.

MANCHE

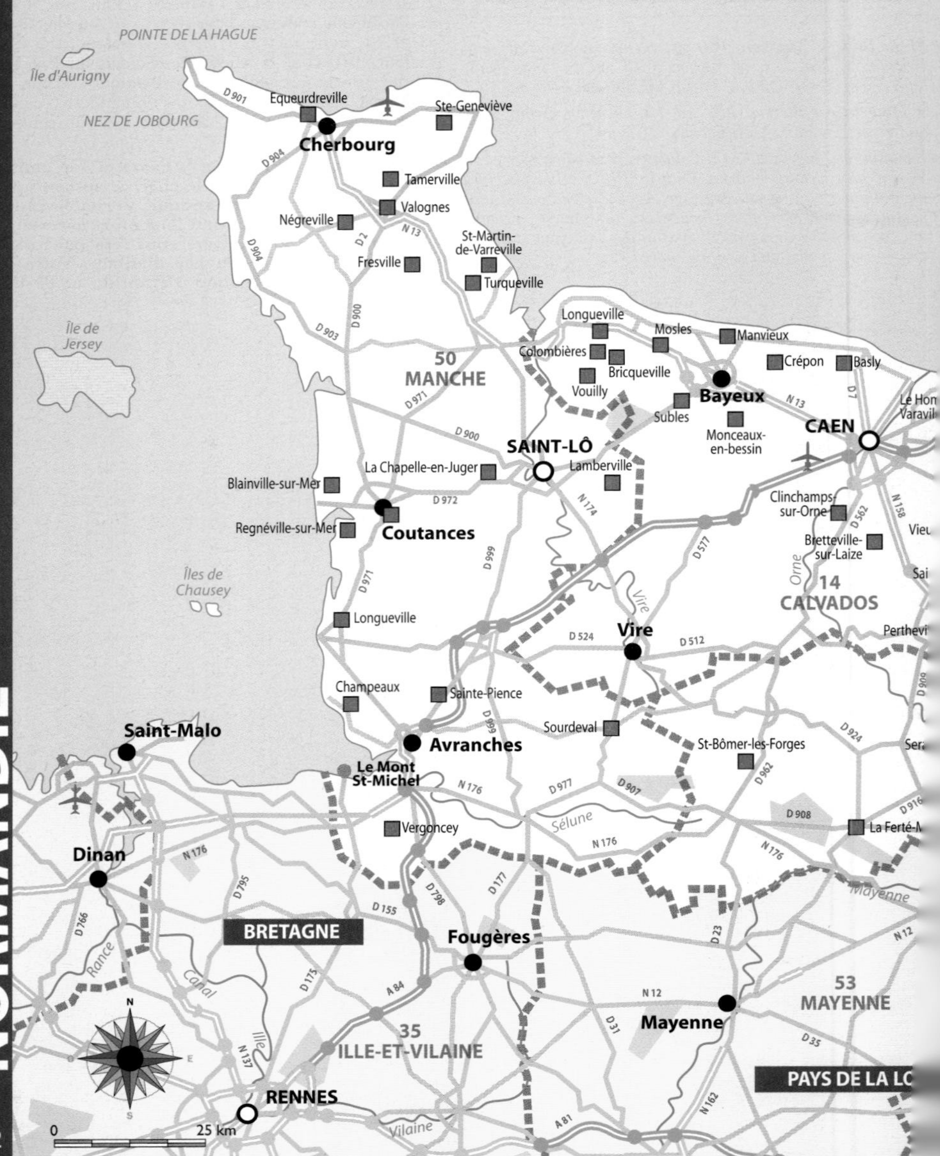

NORMANDIE

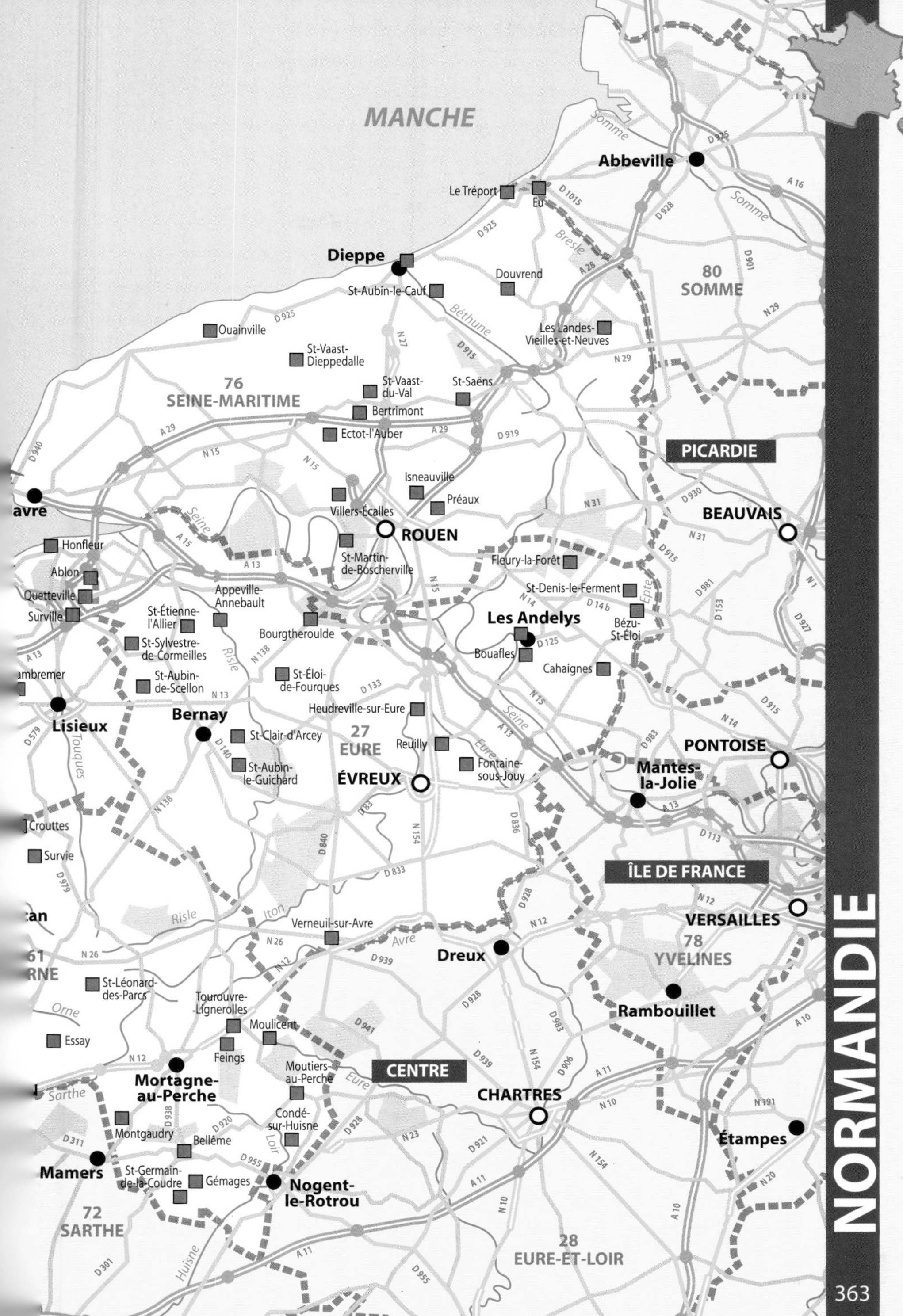
MANCHE
Abbeville
Le Tréport
Eu
Dieppe
St-Aubin-le-Cauf
Douvrend
80
SOMME
Ouainville
St-Vaast-Dieppedalle
Les Landes-Vieilles-et-Neuves
76
SEINE-MARITIME
St-Vaast-du-Val
St-Saëns
Bertrimont
Ectot-l'Auber
PICARDIE
Isneauville
Préaux
Villers-Écalles
BEAUVAIS
ROUEN
Honfleur
St-Martin-de-Boscherville
Fleury-la-Forêt
Ablon
Quetteville
Appeville-Annebault
St-Denis-le-Ferment
St-Étienne-l'Allier
Surville
Les Andelys
Bézu-St-Éloi
Bourgtheroulde
St-Sylvestre-de-Cormeilles
Bouafles
St-Aubin-de-Scellon
St-Éloi-de-Fourques
Cahaignes
Lisieux
Bernay
Heudreville-sur-Eure
St-Clair-d'Arcey
27
EURE
Reuilly
PONTOISE
St-Aubin-le-Guichard
Fontaine-sous-Jouy
Mantes-la-Jolie
ÉVREUX
Crouttes
Survie
ÎLE DE FRANCE
VERSAILLES
Verneuil-sur-Avre
78
YVELINES
Dreux
St-Léonard-des-Parcs
Rambouillet
Tourouvre-Lignerolles
Moulicent
Essay
Feings
Mortagne-au-Perche
Moutiers-au-Perche
CENTRE
CHARTRES
Condé-sur-Huisne
Montgaudry
Bellême
Étampes
Mamers
St-Germain-de-la-Coudre
Gémages
Nogent-le-Rotrou
72
SARTHE
28
EURE-ET-LOIR
NORMANDIE

Ablon - Calvados (14)

La Houssaye
route de Genneville - 14600 Ablon
Tél. 02 31 14 83 31 ou 06 11 36 66 00
Email : manoir-lahoussaye@wanadoo.fr
www.manoir-lahoussaye.com
Catherine Normand

1 pers. 60/90 € - 2 pers. 70/120 € - 3 pers. 130 €

3 chambres et 1 suite avec sanitaires privés. Ouvert toute l'année. Petit déjeuner : brioches, muffins, cakes salés, 5 sortes de pain, miel, laitages, crêpes chaudes... Salon avec piano. Parc de 1 ha. Restaurants à 6 km. ★ A 10 mn de la ville d'Honfleur, à proximité de la côte fleurie... Mer, piscine, tennis équitation et pêche à 5 km. Randonnée sur place. **Accès :** de la Rivière-St-Sauveur, prendre D140 vers Genneville.

Cette superbe ferme-manoir du XVIe siècle vous propose des chambres parfaitement rénovées avec authenticité et originalité. Les tissus muraux, les pavès anciens, les poutres et les colombages créent une ambiance normande chaleureuse. La Houssaye est un havre de repos à quelques minutes de Honfleur.

★10 minutes from Honfleur, near the Floral Coast. Sea, swimming, tennis, horse-riding and fishing 5 km. Hiking locally.

*★ **How to get there:** From La Rivière-St-Sauveur, take D140 for Genneville.*

This superb 16th-century manor-farm provides three bedrooms and a suite, all beautifully restored to pristine splendour. The wall fabrics, old cobblestones, beams and half-timbering are just some of the traditional features of this inviting, traditional Norman residence. La Houssaye is a haven of peace and quiet, just a few minutes from Honfleur.

Les Andelys - Eure (27)

La Haye Gaillard
route de Cléry - 27700 Les Andelys
Tél./Fax 02 32 51 66 23
Email : hamot.christophe@wanadoo.fr
www.la-haye-gaillard.com
Christophe Hamot

1 pers. 47 € - 2 pers. 50 € - 3 pers. 70 €

2 chambres (lits 160 x 2 m) avec sanitaires privés. Ou[illegible] toute l'année. Petit déj. : jus de pommes, confitures mai[illegible] son, viennoiseries, miel, yaourts, céréales, fruits de saiso[illegible] Petit salon avec documentation régionale à dispositio[illegible] Cour, jardin. Vélos. Restaurants 2 km. ★ Châtea[illegible] Gaillard 800 m. Giverny et Lyons-la-Forêt 20 km. Roue[illegible] 45 km. Route des abbayes. Châteaux de Gaillon, Biz[illegible] Gisors...Escalade, GR2 sur place. Piscine, tennis 2 k[illegible] Base nautique 25 km. **Accès :** aux Andelys prendre la [illegible] dir. Château-Gaillard-Hennezis. En haut de la côte, pre[illegible] dre tout droit sur 500 m puis le chemin de terre à droit[illegible] CM304, pli I6.

Dans un havre de paix, 2 chambres d'amis ravi[illegible] santes et confortables vous attendent dans u[illegible] ferme du XIXe siècle aménagée avec goût et si[illegible] plicité. Le caractère insolite de l'une d'elles (dans [illegible] colombier restauré) vous surprendra... Les pet[illegible] déjeuners composés de bons produits locaux so[illegible] servis dans un chaleureux salon ou au milieu [illegible] fleurs du jardin.

★Château-Gaillard 500 m. Giverny and Lyons-la-Forêt 20 km. Rouen 45 km. Local abbeys. Châteaux: Gaillon, Bizy, Gisors, etc. Rock-climbing, GR2 footpath in the vicinity. Swimming pool, tennis court 2 km. Water sports centre 25 km.

*★ **How to get there:** At Les Andelys, take D1 for Château-Gaillard-Hennezis. At the top of the hill, drive straight ahead for 500 m, then turn into the dirt track on the right. Michelin map 304, fold I6.*

Two delightfully comfortable rooms await you in this haven of peace, a small, tastefully and simply appointed 19th-century farmhouse. You will be especially enchanted by the bedroom in the restored dovecot, which is simply irresistible. Breakfast, prepared with quality local produce, is served in either an inviting lounge or in the garden with flowers all around.

Appeville-Annebault - Eure (27)

★Montfort National Forest, Le Bec-Hellouin Abbey. Honfleur, Deauville, Rouen and abbeys. Forest 2 km. Tennis, fishing 3 km. Swimming pool, Riding 15 km. Golf 30 km. Sea 40 km.

*★ **How to get there:** A13 (for Caen), exit 26. Head for Pont-Audemer. At "Médine" roundabout, head for Evreux on D89. Turn left immediately after "Les Marettes" sign and follow "Chambres d'Hôtes" signs. Michelin map 304, fold D5-6.*

This delightful 18th-century brick-and-beam Norman farmhouse stands in a lovely setting on the edge of Montfort National Forest. You will enjoy the residence's cosy atmosphere and decoration, enhanced by attractive objects and handsome Norman furniture, and appreciate the warm, discreet hospitality of your hosts, both golfing enthusiasts, who will be happy to advise you on exploring the area. A spot full of charm that should not be missed.

Les Aubépines TH
Les Chauffourniers - 5, chemin de la Bergerie
27290 Appeville-Annebault
Tél./Fax 02 32 56 14 25 ou 06 72 26 18 59
http://perso.wanadoo.fr/lesaubepines/
Yves et Françoise Closson Maze

1 pers. 45/50 € - 2 pers. 50/55 € - 3 pers. 70 € - p. sup. 17 € - repas 20 €

2 chambres et 1 suite avec sanitaires privés (ch. non fumeur). Ouvert d'avril à sept. (l'hiver sur rés.). Petit déjeuner : confitures maison (6 variétés), jambon, fromage, yaourts, cakes, fruits... T. d'hôtes : spéc. normandes. Salon, biblio. à disposition. Jardin. Parking. VTT, balançoire, jeu de croquet. ★ Forêt domaniale de Montfort et abbaye du Bec-Hellouin. Honfleur, Deauville, Rouen, route des Abbayes... Forêt 2 km. Tennis, pêche 3 km. Piscine, équitation 15 km. Golf 30 km. Mer 40 km. **Accès :** A13 (dir. Caen) sortie n° 26 puis dir. Pont-Audemer. Au rd point de Médine dir. Evreux D89. Tout de suite après le panneau "Les Marettes", 1re à gauche, suivre fléchage "Chambres d'Hôtes". CM304, pli D5-6.

Dans un environnement privilégié, en lisière de la forêt de Montfort, ancienne ferme normande du XVIIIe en briques et colombages aménagée avec beaucoup de charme. Vous apprécierez l'ambiance chaleureuse et le décor intimiste, avec ses jolis objets et ses beaux meubles normands ainsi que l'accueil très chaleureux de vos hôtes, passionnés de golf.

NORMANDIE

Basly - Calvados (14)

Second World War landing beaches and thalassotherapy centre km. Tennis 500 m. Footpaths 1 km. Sea, sailing and horse-ing 6 km. Golf course 9 km.

***How to get there:** Caen ring road, exit 5 for Courseulles--Mer, past 3rd roundabout, 2nd turning on left. In Basly age, the manor (blue wrought-iron gate) is opposite the nadian war monument.*

is splendid 17th-century manor house full of character and annexe offer two extremely spacious bedrooms decorated in monious colours. One of the bedrooms and the breakfast n feature impressive 14th-century fireplaces. The delicious kfasts are a chance to discover the wide variety of teas lame Casset offers her guests.

Le Manoir
2, route de Courseulles - 14610 Basly
Tél./Fax 02 31 80 12 08 ou 06 61 13 12 08
Email : lemanoirdebasly@wanadoo.fr
Monique Casset

1 pers. 65 € - 2 pers. 75 € - 3 pers. 100 € - p. sup. 16 €

1 chambre et 1 suite avec sanitaires privés. Ouvert toute l'année. Petit déjeuner : thés variés, jus d'orange, fruits frais, céréales, yaourts, fromage blanc... Ping-pong. Jardin arboré avec salon pour la détente. Parking privé fermé. ★ Plages du Débarquement et centre de thalassothérapie à 6 km. Tennis 500 m. Sentiers 1 km. Mer, voile, équitation 6 km. Golf 9 km. **Accès :** périphérique de Caen, sortie n°5 dir. Courseulles-sur-Mer, après le 3e rd point, 2e route à gauche. A Basly, manoir au centre du village, face au monument canadien (grille bleue fer forgé).

Ce splendide manoir de caractère du XVIIe siècle et son annexe propose 2 chambres très spacieuses aux couleurs harmonieuses ; l'une d'elles ainsi que la salle du petit déjeuner disposent d'imposantes cheminées Louis XIV.

Bellême - Orne (61)

NOUVEAUTÉ

Bellême golf course (800 m), Perrière village, national forest (800 m), trout fishing at the Gémages mill, Perche Regional Natural Park. Swimming pool and tennis court 200 m. Horse-riding 800 m.

★ ***How to get there:*** *At the roundabout on the way into Bellême coming from Mortagne on the D938. Michelin map 310.*

At the heart of the old town, in grounds of 5000m² with centuries-old trees, this 18th-century château that has been tastefully restored and decorated with period furniture is the former residence of the Marquis de Bellême. The reception rooms boast fireplaces and wood-panelling and open onto the park. Ideal for horse lovers, the owner of this property will open his stables and share his 8-hectare pasture that has direct access into the estate's forests.

Château de la Grand Maison TH
33-37, rue d'Alençon - 61130 Bellême
Tél. 02 33 73 37 25 ou 06 86 62 12 77
Fax 02 33 73 69 40
www.chateaudelagrandmaison.fr
Alexandra Issahar-Zadeh

1 pers. 100/170 € - 2 pers. 120/190 € - 3 pers. 240 € - repas 37 €

3 chambres et 2 suites avec sanitaires privés. Ouv. toute l'année. Petit déjeuner : viennoiseries, jus de fruits frais, confitures maison, jambon... T. d'hôtes : cuisine régionale (viande au feu de bois, gibiers). Salle de jeux, biblio-thèque. Cour, parc de 5000 m². Ecuries du XVIIIe. Location vélos. Restaurants sur pl. ★ Golf de Bellême (800 m), village de la Perrière, forêt domaniale (800 m), pêche à la truite au moulin de Gémages, PNR Perche. Piscine et tennis 200 m. Equitation 800 m. **Accès :** au rond point, à l'entrée de Bellême venant de Mortagne par la D938. CM310.

Au cœur de la vieille ville, dans un parc de 5000 m², ce château du XVIIIe restauré avec raffinement et meubles d'époque, fut l'ancienne demeure du Marquis de Bellême. Les salons avec cheminées et boiseries s'ouvrent sur le parc. Pour les passionnés de chevaux, le propriétaire ouvre ses écuries et offre un pâturage (8 ha) avec un accès à la forêt domaniale.

Bertrimont - Seine Maritime (76)

Sports grounds adjoining the property. Parks and gardens. Clères Zoological Gardens. Saâne and Scie Valleys. Abbeys. Dieppe and Rouen 30 km. Hiking. Beach 30 km.

★ ***How to get there:*** *From Rouen: motorway for Dieppe, exit D2 for Val de Saâne and Bertrimont. From the north-east: A28, Rouen-Dieppe exit for Val de Saâne and Bertrimont.*

Alain and Marie-Louise Duval have expertly restored this set of traditional Cauchois farm buildings to pristine splendour, reworking the embankments and orchards, and once again producing homemade cider and "pommeau". Le Colombier exudes cosiness, enhanced by the large fireplace. The décor is both refined and creative, featuring antique furniture. The delicious, generous breakfasts and table d'hôtes meals are fine examples of your hosts' hospitality.

Le Colombier TH
76890 Bertrimont
Tél./Fax 02 32 80 14 24
www.le-colombier.net
Alain et Marie-Louise Duval

1 pers. 55/90 € - 2 pers. 60/95 € - 3 pers. 80/115 € - p. sup. 20 € - repas 24 €

1 ch. familiale (1 ch. 2 pers./1 ch. 1 pers.), 1 suite 2 pe[r] avec coin-salon, cheminée. Dans colombier : 1 suite/sal[e] avec biblio. et sanitaires privés. Ouv. toute l'année. Pe[t] déj. : pâtisseries/confitures maison, jambon, fromages s[ur] dem. T. d'hôtes (cuisine familiale). Verger 3 ha. "Gîte [au] jardin". ★ Terrain sports contigu à la propriété. Parcs [et] jardins. Parc zoologique de Clères. Vallées de la Saâne [et] de la Scie. Rte des abbayes. Dieppe et Rouen 30 k[m]. Randonnée sur place. Plage 30 km. **Accès :** de Rou[en] autor. dir. Dieppe sortie D2 vers Val de Saâne p[uis] Bertrimont. Du N.E., A28 sortie Rouen-Dieppe puis [Val] de Saâne et Bertrimont.

Alain et Marie-Louise ont su redonner à cet anci[en] corps de ferme son caractère de cour-masure d'a[n]tan, en rénovant le verger et en relançant la fab[ri]cation du cidre et du pommeau. Le Colomb[ier] offre une suite à l'ambiance chaleureuse avec [sa] grande cheminée. Décoration raffinée et créati[ve]. La table d'hôtes est à l'image des hôtes, génére[use] et chaleureuse.

NORMANDIE

Bezu-Saint-Eloi - Eure (27)

NOUVEAUTÉ

★Châteaux: Gisors, Gaillard... Giverny (American Art Museum). Swimming pool, tennis 5 km. Horseriding 2 km. Golf 15 km. Fishing and walking locally. Sea 100 km.

★ ***How to get there:*** *From Paris, take A15 then N14. Take the D43, direction Gisors-Dieppe. From Gisors, go towards Rouen/Fleury-St-Andelle. The house is on the left at Bezu-Saint-Eloi, before the church. Michelin map 304, fold K6.*

At the heart of Vexin Normand, 20 minutes from Giverny and 5km from Gisors, le Domaine des Prés du Hom is a charming and relaxing place to stay. A pretty property that dates back to the end of the 19th century, a fantastic feature is the landscaped garden that overlooks a babbling stream. The two tasteful and comfortable bedrooms have been converted from the old orangerie.

Domaine des Prés du Hom TH
73, route de Gisors - 27660 Bezu-Saint-Eloi
Tél. 02 32 55 61 19 ou 06 09 48 12 00
Fax 03 32 27 05 28
www.presduhom.com
Caroline et Eric Erhart

1 pers. 49/55 € - 2 pers. 59/65 € - 3 pers. 69/75 € - repas 20 €

2 chambres avec sanitaires privés (TV sur demande). Ouv. toute l'année. Petit déjeuner : confitures maison, miel du pays, cake, crèpes, viennoiseries... T. d'hôtes sur demande. Fax, internet. Jardin, parc de 3800 m². Aire de jeux enfants, ping-pong, badminton, vélos. Baby-sitting sur demande. Restaurants sur pl. et 5 km. ★ Châteaux : Gisors, Gaillard... Giverny (musée d'Art Américain). Piscine, tennis 5 km. Equitation 2 km. Golf 15 km. Pêche et randonnée sur place. Mer 100 km. **Accès :** de Paris, prendre A15 puis N14. Suivre la D43 dir. Gisors-Dieppe. A Gisors, suivre la dir. Rouen/Fleury-St-Andelle, l'hébergement est sur la gauche à Bezu-Saint-Eloi, avant l'église. CM304, pli K6.

Au cœur du Vexin Normand, à 20 mn de Giverny et 5 km de Gisors, le Domaine des Prés du Hom vous propose un séjour alliant charme et générosité. C'est une jolie propriété de la fin du XIXe siècle, avec un jardin paysager bordé par une petite rivière. Les 2 chambres raffinées, de grand confort, sont aménagées dans l'ancienne orangerie.

Blainville-sur-Mer - Manche (50)

Jazz sous les Pommiers Festival at Coutances. Beach 1 km. Tennis court, golf course, horse-riding and sailing 2 km.

★ ***How to get there:*** *D650 scenic route. As you enter Blainville village, take the second turning on the right-hand side.*

Le Clos des Pommiers is an elegant, half-timbered house, set in an enclosed wooded one-hectare park. One of the bedrooms in this traditional Deauville villa, built in 1900, features a bathroom with a seaview. Breakfast is served in a large dining room with impressive stained-glass windows. The designer furnishings blend in perfectly with this highly original house.

Le Clos des Pommiers
5, rue de Bas - 50560 Blainville-sur-Mer
Tél. 02 33 45 03 30
Email : leclosdespommiers@wanadoo.fr
www.leclosdespommiers.com
Vanessa et Jean-Marc Heude

1 pers. 100 € - 2 pers. 100 €

1 chambre 2 pers. et 1 suite 2 pers., avec sanitaires privés et TV. Ouvert toute l'année. Petit déjeuner : pains variés, laitages, jus de fruits, viennoiseries... Parc de 1 ha. Restaurants 1 km. ★ Festival de jazz sous les pommiers à Coutances. Plage 1 km. Tennis, golf, équitation et voile 2 km. **Accès :** route touristique D650. Entrer dans le bourg de Blainville puis 2e à droite.

Belle demeure à colombages (1900), typique des villas de Deauville, dans un parc arboré et clos d'1 ha. Une des chambres vous permet de prendre votre bain en regardant la mer. Petits déjeuners servis dans une vaste salle où les vitraux confèrent une atmosphère particulière. L'ameublement "design" se marie parfaitement avec cette maison insolite.

Bouafles - Eure (27)

NOUVEAUTÉ

**Château-Gaillard and les Andelys 3km. Rouen 45km. Between Lyons-la-Forêt and Giverny. Châteaux to visit in the surrounding area, tour of the abbeys. Water sports centre 25 km. Swimming pool 2 km. Horse-riding and cinema 3 km.*

★ ***How to get there:*** *A13, Gaillon exit then direction Les Andelys. Turn left for "Bouafles Bourg" at the roundabout 2km before Les Andelys. Its the property on the left on the way out of the village. Michelin map 304, fold I6.*

In the middle of the Seine Valley, you cannot help but fall in love with this charming little property. Martine Garreau welcomes you with open arms into her large 19th-century home that she has decorated using her natural artistic talent and her extremely good taste. Available in the property are a suite in a 17th-century outbuilding and one bedroom in the main house.

Les Préaux TH
2, Haute Rue - 27700 Bouafles
Tél. 06 83 37 60 34 ou 02 32 21 04 11
Martine Garreau

1 pers. 55 € - 2 pers. 75 € - 3 pers. 95 € - p. sup. 15 € - repas 14 €

1 suite 4 pers. et 1 ch. 2 pers., avec sanitaires privés. Ouv. toute l'année. Petit déjeuner : jus de fruits, céréales, crèpes ou croissant. Assiette gourmande (14 €) : cuisine à base de pommes, cidre ou calva. Cour, jardins, terrain 4 ha avec allées bordées d'arbres. Ecuries (pas de monte de chevaux), âne, poules. ★ Château-Gaillard et les Andelys 3 km. Rouen 45 km. Entre Lyons-la-Forêt et Giverny. Châteaux à visiter aux alentours, route des abbayes. Base nautique 25 km. Piscine 2 km. Equitation et cinéma 3 km. **Accès :** A13, sortie Gaillon puis prendre dir. Les Andelys. 2 km avant Les Andelys, au rond point à gauche "Bouafles Bourg". C'est la dernière propriété à la sortie du village (à gauche). CM304, pli I6.

Au cœur de la Vallée de la Seine, vous succomberez au charme de cette jolie propriété. Martine Garreau vous accueille dans sa grande maison du XIXe qu'elle a entièrement décoré de ses mains d'artiste avec beaucoup de goût. Elle vous proposera une suite à l'ambiance médiévale aménagée dans une dépendance du XVIIe et 1 chambre dans sa maison...

Bourgtheroulde - Eure (27)

**Nearby: Boucles de la Seine Normande Regional Nature Park, Le Bec Hellouin Abbey, Champ de Bataille Château, Canappeville and Harcourt arboretum. 18-hole golf course 18 km. Horse-riding club 3 km. Rouen 25 km. Honfleur 50 km.*

★ ***How to get there:*** *A13, Maison-Brûlée exit, then N138 for Bourgtheroulde. 8 km on, Bourgtheroulde diversion. At 3rd roundabout, D80 for Amfreville-la-Campagne and follow signs. Michelin map 304, fold F6.*

This 18th-century brick and stone château is typical of the region. The attractive interior décor is appointed with period furniture. The spacious, sun-drenched bedrooms command pretty views of the vast grounds, which are currently being refurbished. Warm welcome assured.

Château de Boscherville
27520 Bourgtheroulde
Tél. 02 35 87 61 41 - Tél./Fax 02 32 87 62 12
Bernadette du Plouy

1 pers. 40 € - 2 pers. 50 € - 3 pers. 60 €

5 chambres (2 ch. 3 pers. et 3 ch. 2 pers.) avec sanitaire privés : 3 ch. charmantes au 1er étage, 2 ch. au second, par faites pour un public plus jeune. Ouvert toute l'anné Petit-déjeuner à la française. Télécopie et téléphone disposition. Salon à la disposition des hôtes. Parc 7 h ★ A prox. : Parc Régional des Boucles de la Sei Normande, abbaye Bec Hellouin, château du Champ c Bataille, arboretum... Golf 18 trous 18 km. Club hippiq 3 km. Rouen 25 km. Honfleur 50 km. Parcours de sant **Accès :** A13 sortie Maison Brulée puis N138 ve Bourgtheroulde. A 8 km déviation de Bourgtheroul Au 3e rond-point, D80 dir. Amfreville-la-Campagne suivre fléchage. CM304, pli F6.

Château du XVIIIe en briques et pierres, de con truction typiquement régionale. Belle décorati intérieure avec meubles d'époque... Les chambr sont vastes et ensoleillées avec une jolie vue sur propriété. Agréables promenades dans le pa actuellement en cours de rénovation. Accueil ch leureux.

Bretteville-sur-Laize - Calvados (14)

Château des Riffets TH
14680 Bretteville-sur-Laize
Tél. 02 31 23 53 21 - Fax 02 31 23 75 14
Email : château.riffets@wanadoo.fr
www.jeanluc.de/riffets
Alain et Anne-Marie Cantel

1 pers. 90 € - 2 pers. 105 € - 3 pers. 155 € - repas 45 €

1 chambre et 2 suites, toutes avec bains et wc. Ouvert toute l'année. Piscine sur place. Ecuries dans les communs. Restaurants à 1 km et 3 km. ★ A 15 km de Caen. Forêt et tennis à Bretteville sur Laize. Golf (2 x 9 trous) à 7 km. Mer à 30 km. **Accès :** de Caen, N 158 vers Falaise. Faire 12 km, puis D 23 à droite (dir. Bretteville/Laize). A l'entrée de Bretteville, suivre le fléchage.

Restauré récemment, ce château à l'histoire mouvementée trouve ses origines à l'époque de Guillaume le Conquérant. Entouré d'un parc de 15 ha, il offre un séjour en toute quiétude. Les chambres, de grand confort, sont meublées avec goût et la table d'hôtes ravira les gourmets.

★15 km from Caen. Forest and tennis courts at Bretteville-sur-Laize. Two 9-hole golf courses 7 km. Sea 30 km.

*★ **How to get there:** From Caen, take N158 for Falaise. Drive 12 km, take D23 to Bretteville-sur-Laize. As you enter Bretteville, follow signs.*

This recently restored château steeped in history dates back to the time of William the Conqueror. Today the residence, set in a 15-hectare park, is the ideal place for a peaceful break. The rooms are very comfortable and luxuriously appointed. The table d'hôtes will delight even the most demanding of gourmets.

NORMANDIE

Bricqueville - Calvados (14)

l'Eglise - 14710 Bricqueville
Tél. 02 31 51 74 71 ou 06 84 54 36 03
Fax 02 31 51 05 32
Email : mireille.dufour@relais-du-marais.com
http://www.relais-du-marais.com
Pierre et Mireille Dufour

1 pers. 52 € - 2 pers. 59 € - 3 pers. 79 €

3 chambres 2 pers.avec sanitaires privés. Ouvert de février à la Toussaint. Petit déjeuner : pain d'épices maison, 3 confitures maison, fruits; 2 sortes de pain... Salle pour petit déjeuner. Jardin. Restaurants à 12 km. ★ A 15 mn des plages du Débarquement. Mer 15 km. Piscine 22 km. Tennis et équitation 5 km. Randonnée sur place. **Accès :** sur N13, sortir à Formigny, puis prendre dir. Trévières, ensuite dir. Bricqueville (D29) et à droite (D5).

Vous serez accueillis chaleureusement dans une belle demeure calme qui vous propose des chambres romantiques, très personnalisées, aux noms évocateurs : un Petit Coin de Paradis, Eclosion des Roses, un Supplément d'Ame... Vous serez séduits par la décoration très soignée, et par l'accueil chaleureux de Pierre et Mireille.

★15 minutes from the Normandy landing beaches. Sea 15 km. Swimming pool 22 km. Tennis and horse-riding 5 km. Hiking locally.

*★ **How to get there:** On N13, Formigny exit. Head for Trévières then Bricqueville (D29), and turn right (D5).*

A warm welcome awaits you at this delightful, tranquil residence. The three evocatively named bedrooms and suite all have a romantic, individual touch: "Un Petit Coin de Paradis", "Eclosion des Roses", "Un Supplément d'Ame, etc. You will be won over by Pierre and Mireille's hospitality and elegant decoration.

Cahaignes - Eure (27)

NORMANDIE

Giverny and Monet Museum, La Roche-Guyon and Gaillard châteaux. Le Vexin Nature Park. Water sports centre, golf course 20 km. Tennis court 5 km. Canoeing, paragliding 4 km. Horse-riding 10 km.

★ ***How to get there:*** *From Vernon, head for Gisors (D181 for 20 km) then Cahaignes/Requiécourt. On N14 (A15 from Paris), Bordeaux-St-Clair exit. First right and right again for Requiécourt. Michelin map 304, fold J6.*

Welcome to Château de Requiécourt, a handsome 19th-century residence featuring bright, spacious guest bedrooms. The 11-hectare landscape park, dotted with ancestral trees and a pond, is the perfect place for leaving the stress of city life behind you. The region provides a wealth of cultural, sports and gastronomic events.

Château de Requiécourt
5, rue de la Chartreuse - 27420 Cahaignes
Tél. 02 32 55 37 02 ou 06 83 10 43 82
Fax 02 32 55 37 20
http://www.chateauderequiecourt.com
Emmanuelle Milon

1 pers. 75/115 € - 2 pers. 80/120 €

5 chambres doubles dont 1 suite de 2 ch. communicantes, toutes avec sanitaires privés. Ouvert toute l'année. Petit déjeuner : cake et confitures maison, yaourts, fruits frais, jus de fruits... Vélos, ping-pong, terrain de pétanque. Parc privé de 11 ha, étang. Restaurants 5 km. ★ Giverny (musée Claude Monet), nombreux châteaux (La Roche-Guyon, Château Gaillard), Parc Naturel du Vexin. Base nautique, golf 20 km. Tennis 5 km. Canoë, parapente 4 km. Equitation 10 km. **Accès :** de Vernon, prendre direction Gisors (D181 sur 20 km), puis direction Cahaignes/Requiécourt. Par N14 (A15 de Paris), sortie Bordeaux-St-Clair, 1re à droite puis à droite vers Requiécourt. CM304, pli J6.

Le château de Requiécourt est une demeure du XIXe siècle aux chambres spacieuses et lumineuses. Son parc paysager de 11 ha avec ses arbres ancestraux et son étang en font un lieu unique pour calmer le stress des villes. La région vous offrira de nombreuses possibilités d'évasions culturelles, sportives ou gastronomiques.

Cambremer - Calvados (14)

Cider country, manor houses and stud farms in the Pays d'Auge. Beuvron-en-Auge listed village 10 km. Sea 22 km. Swimming pool 17 km. Horse-riding 7 km. Tennis 4.5 km.

★ ***How to get there:*** *Near Cambremer, between Englesqueville and Rumesnil.*

This handsome 17th-century residence, set in an 8,000 m² park, features charming, personalised bedrooms for restful nights. The adjacent 25-hectare forest and superb garden beckon you to take long, peaceful strolls. The splendid views of the Dives Valley are a sheer delight.

Les Marronniers
Englesqueville - 14340 Cambremer
Tél. 02 31 63 08 28 - Fax 02 31 63 92 54
Email : chantal.darondel@wanadoo.fr
http://www.les-marronniers.com
Jean et Chantal Darondel

1 pers. 45/53 € - 2 pers. 50/58 € - 3 pers. 72 € - p. sup. 14 €

5 chambres avec sanitaires privés, toutes avec service thé/café. Ouv. toute l'année. Petit déjeuner : gateaux maison tous les jours, yaourts, fruits frais, céréales... Cuisine et salle à manger à disposition. Parc de 8000 m², bois 25 ha. Jeux enfants, fléchettes, p-pong, badminton, prêt de vélos. Classé "Gîte au Jardin". ★ Route du Cidre, manoirs et haras du Pays d'Auge. Beuvron-en-Auge, village classé à 10 km. Mer 22 km. Piscine 17 km. Equitation 7 km. Tennis 4,5 km. **Accès :** près de Cambremer, entre Englesqueville et Rumesnil.

Entourée d'un parc paysager de 8000 m², cette jolie demeure du XVIIe siècle abrite des chambres très coquettes et personnalisées, où vous pourrez passer d'agréables nuits. La forêt attenante de 25 ha et le remarquable jardin vous permettront de faire de longues balades en toute quiétude. Une vue splendide sur la vallée de la Dives vous ravira.

Cambremer - Calvados (14)

Manoir de Cantepie
14340 Cambremer
Tél./Fax 02 31 62 87 27
Arnaud et Christine Gherrak

1 pers. 45 € - 2 pers. 60 € - 3 pers. 70 €

3 chambres avec sanitaires privés. Ouvert du 1er mars au 15 novembre. Parc fleuri avec arbres centenaires, salon de jardin. Restaurants à Cambremer (1 km) et la Bruyère (500 m). ★ Lisieux (10 km) : patinoire, piscine. Sentiers de randonnées sur place. Château de Crèvecœur 3 km. Mer, voile 25 km. Equitation 6 km. Tennis 1 km. Patrimoine architectural. **Accès :** de Lisieux, RN13 dir. Caen que l'on quitte à la Boissière. Prendre D50. Faire 4 km pour arriver au "cadran", propriété sur la gauche, face au cadran.

Beau manoir augeron du XVIIe siècle situé dans un cadre exceptionnel et entouré d'arbres centenaires. Les chambres sont vastes, claires et décorées avec raffinement. Très beau mobilier d'époque avec boiseries, fresques et plafonds peints. Vous ferez en ce lieu privilégié une étape pleine de charme en toute quiétude.

★Lisieux 10 km: skating rink, swimming pool. Hiking paths locally. Château de Crèvecœur 3 km. Sea, sailing 25 km. Horse-riding 6 km. Tennis court 1 km. Architectural heritage.

*★ **How to get there:** From Lisieux, RN13 for Caen, turn off at La Boissière. Take D50. Drive 4 km until you come to the sundial (cadran). The property is on the left.*

Handsome 17th-century Auge manor house in an exceptional setting, surrounded by centuries-old trees. The bedrooms are spacious, bright and decorated with refinement. Beautiful period furniture with wood panelling, frescoes and painted ceilings. Enjoy a quiet, restful break in this charming, special place.

Champeaux - Manche (50)

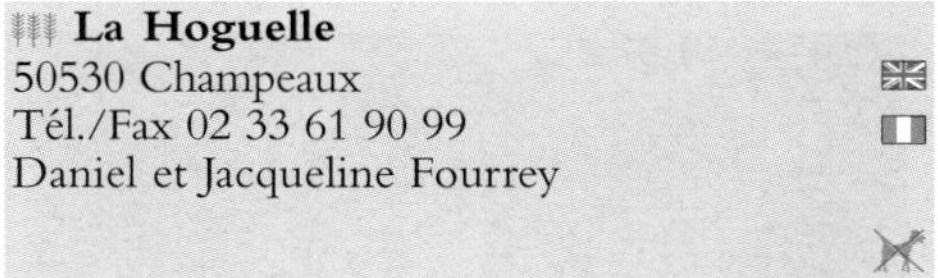

La Hoguelle
50530 Champeaux
Tél./Fax 02 33 61 90 99
Daniel et Jacqueline Fourrey

1 pers. 48 € - 2 pers. 57/67 € - 3 pers. 71/81 € - p. sup. 20 €

1er ét. : suite de 2 ch. "Passiflore"(2 et 3 pers.) et 2e ét. : ch. "Eglantine" (3 pers.) avec vue sur la Baie du Mt., toutes avec sanitaires privés. Ouv. toute l'année. Petit déj. gourmand : spécialités normandes, yaourts, laitages, fruits, confitures. Parc 1 ha. VTT. Sorties accompagnées sur demande. "Gîte au Jardin ★ Baie du Mt-St-Michel (traversée). Pêche à pied. Mt-St-Michel 35 km. GR223 à prox. Falaises de Champeaux. Parapente, delta-plane 500 m. Pêche, tennis 1 km. Plage, équitation 2,5 km. Voile 3 km. Golf 18 km. **Accès :** sur la "Route de la Baie" par la D911, suivre le fléchage sur D221 vers le bourg de Champeaux.

Vous serez les bienvenus dans cette belle demeure de la fin du XIXe, entourée d'un parc fleuri, sur le parcours d'un sentier (GR) et dans le cadre unique de la baie du Mt-St-Michel. Dans les chambres, décoration aux tons pastels et mobilier rustique ou de style Louis-Philippe. Possibilité de louer un gîte sur la propriété. St-Malo et Dinan à 1 h de route.

★Mont-Saint-Michel Bay. Bay crossing ("Les Genêts"). Fishing in river. Mont-Saint-Michel 35 km. GR22 hiking trail nearby. Champeaux cliffs. Paragliding, hang-gliding 500 m. Tennis court 1 km. Beach and horse-riding 2.5 km. Golf course 18 km. Sailing 3 km. Fishing in river 1 km.

*★ **How to get there:** On the "Route de la Baie" road via D911 and follow signs along D221 for Champeaux village.*

A warm welcome is guaranteed at this handsome late-19th-century residence, set in a floral park along a posted hiking trail, in a unique Mont-Saint-Michel Bay setting. The bedrooms are decorated in pastel shades and appointed with rustic and Louis-Philippe-style furniture. Enjoy the views over the bay. Saint-Malo and Dinan are an hour's drive from La Hoguelle.

La Chapelle Enjuger - Manche (50)

Saint-Lô, famous for horse-breeding: stud farm, ramparts. Coutances 20 km: cathedral, churches. Second World War landing beaches 20 km. Hiking 1 km. Tennis 6 km. Horse-riding 8 km. Skating rink 20 km. Beach 30 km. Golf 5 km.

★ ***How to get there:*** *On the D900, 3.5km after junction n°7 on the St-Lo bypass heading for Periers.*

This stately 16th-century manor, completely redesigned in the 19th century, is ideally situated in the heart of the Manche region, close to the Marais du Cotentin Regional Nature Park. The invitingly elegant interior is appointed with fine furniture and antique engravings. A superb orangery has been arranged in the winter garden with birds as its leitmotiv. Enjoy quiet strolls through the vast park with pond.

La Mietterie
50570 La Chapelle Enjuger
Tél. 02 33 56 20 71 ou 06 79 81 77 37
Email : antoinettedelisle@voila.fr
http://www.lamietterie.fr.st
Antoinette Delisle

1 pers. 55 € - 2 pers. 61 € - 3 pers. 93 € - p. sup. 20 €

1 suite de 3 chambres avec bains et wc privés. Ouvert toute l'année. Petit déjeuner : viennoiseries, yaourts, fruits, confitures, céréales, jus de fruits... Salon avec bibliothèque. Orangerie. Parc de 2 ha avec plan d'eau et barque. Possibilité boxes pour chevaux (avec suppl.). Bois à proximité. Auberge à 5 km. ★ Saint-Lô, "Ville du Cheval" 10 km : haras, remparts... Coutances 20 km : cathédrale, églises... Plages du Débarquement 30 km. Randonnée 1 km. Tennis 6 km. Equitation 8 km. Patinoire 20 km. Plage 30 km. Golf 5 km. **Accès :** sur la D900 à 3,5 km après l'échangeur n°7 du contournement de St-Lo en direction de Periers.

Ce beau manoir du XVIe, entièrement remanié au XIXe, est situé au cœur de la Manche et à proximité du parc régional des Marais du Cotentin. Intérieur chaleureux, décor raffiné (beaux meubles, gravures anciennes...). Superbe "orangerie" aménagée en jardin d'hiver sur le thème des oiseaux. Parc avec plan d'eau où vous pourrez flâner en toute tranquillité.

Clinchamps-sur-Orne - Calvados (14)

Caen (15 km) and "Normandy's Switzerland" nearby. Hiking paths and tennis court.

★ ***How to get there:*** *At Caen, ring road exit 11. At Clinchamps-sur-Orne, in the village, Rue Léonard-Gille. Past village hall, turn left into Chemin du Courtillage.*

You can choose the theme for your stay at this handsome, refined residence full of charm. Discover the 18th century in the Beaumarchais Room, the joys of literature in the Writer's Room, or the colours of the South of France in the Provençal Room. All three are superbly and tastefully decorated. Relax in the wooded park surrounding the residence. An unmissable place to stay in Normandy.

Le Courtillage
Chemin du Courtillage
14320 Clinchamps-sur-Orne
Tél. 02 31 23 87 63
http://home.tele2.fr/delta2/bb14320.htm
Annick Hervieu

1 pers. 60 € - 2 pers. 70 € - 3 pers. 95 €

3 chambres avec sanitaires privés. Ouvert toute l'année. Petit déjeuner très copieux : brunch, jus de fruit, pâtisseries maison, fruits... Salon et grande bibliothèque (ouvrages anciens) avec cheminées à disposition des hôtes. Parc (1,2 ha). Restaurants à 1,5 km. ★ Proximité de Caen (15 km) et Suisse normande. Sentiers de randonnée et tennis. **Accès :** à Caen, sortie périphérique n°11. A Clinchamps-sur-Orne, dans le bourg, rue Léonard Gille. Après salle polyvalente, prendre à gauche, chemin du Courtillage.

Dans cette belle demeure au charme raffiné, vous pourrez choisir le thème de votre séjour : le XVIIe siècle dans la chambre Beaumarchais, la littérature dans celle de l'écrivain et les couleurs du sud dans la provençale. Elles sont toutes magnifiquement aménagées et leur décoration témoigne d'un goût très sur. Un beau parc boisé entoure la demeure.

Colombières - Calvados (14)

NOUVEAUTÉ

★20 km from Bayeux. Second World War landing beaches 12 km. Sea, sailing 12 km. Horse-riding, tennis 7 km.

★ ***How to get there:*** *N13 direction Cherbourg. Exit Trévières (D30). From Trévières take the D29, direction Bricqueville and then follow the D5, direction Château de Colombières.*

Michel and Nicole welcome you to their large house, set in the heart of the protected "Parc Naturel des Marais du Bessin et du Cotentin". One wing of the manor-house has been lovingly restored to provide 3 wonderfully decorated guest rooms.

Manoir de Thionville TH
14710 Colombières
Tél./Fax 02 31 21 35 11
Email : reservation@manoir-thionville.com
www.manoir-thionville.com
Michel et Nicole Fernando

1 pers. 70 € - 2 pers. 80/130 € - 3 pers. 160 € - p. sup. 30 € - repas 30 €

2 chambres et 1 suite de 2 ch. avec sanitaires privés. Ouv. du 1/03 au 15/12. Petit déjeuner : gâteaux maison, jus de fruits, confitures maison... T. d'hôtes haut de gamme. Salon de détente avec billard. Jardin à l'anglaise à l'entrée du parc (0,7 ha). Jardin de graminées et vivaces. Potager et verger. Restaurant 12 km. ★ A 20 km de Bayeux. Plages du Débarquement à 12 km. Mer, voile 12 km. Equitation, tennis 7 km. **Accès :** N13 dir. Cherbourg. Sortie Trévières (D30). A Trévières, D29 dir. Bricqueville, puis suivre D5 dir. Château de Colombières.

Michel et Nicole vous accueillent dans leur grande maison, au cœur d'un site protégé "le Parc Naturel des Marais du Bessin et du Cotentin". Une aile complète du manoir fin XVIIIe-début XIXe, a été restaurée avec passion pour vous offrir 3 chambres d'hôtes à la décoration raffinée.

NORMANDIE

Condé-sur-Huisne - Orne (61)

★Le Perche region, scenery, forests, manors, etc. Le Perche Local Traditions Museum and Arts, events. Manoir de Courboyer, historic manor house and tourist information centre in Le Perche Regional Nature Park. Golf course 20 km. Tennis locally. Horse-riding centre 2 km.

★ ***How to get there:*** *Behind Condé-sur-Huisne village, drive up Rue Fortuné Fardouet and, at the "Ralentir Ecole" sign, turn right and drive past the school. The house is at the end in the bend on the left. Michelin map 310.*

Le Musset lies at the top of Condé-sur-Huisne, with pretty views of this delightful village. This time-honoured, fully renovated, local stone farmhouse is set in an attractive garden brimming with flowers. Enjoy a variety of walks or a drive through Le Perche Regional Nature Park, which is waiting to be discovered.

Le Musset TH
61110 Condé-sur-Huisne
Tél. 02 33 73 70 31 - Fax 02 33 73 30 79
Thérèse Pinoche

1 pers. 55 € - 2 pers. 64 € - 3 pers. 70 € - repas 20 €

1 suite avec sanitaires privés. Ouvert toute l'année. Petit déjeuner : petits pains bio, pain maison, confitures maison, crème "budwig"... T. d'hôtes : cuisine végétarienne tout en produits bio. Portique pour enfants. Jardin. Restaurant à 1,5 km. ★ Le Perche, ses paysages, ses forêts, ses manoirs... Musée des Arts et de la Tradition Populaire du Perche. Manoir de Courboyer (maison du Parc Naturel). Golf 20 km. Tennis sur pl. Centre équestre 2 km. **Accès :** derrière l'église de Condé-sur-Huisne, monter la rue Fortuné Fardouet, et au panneau "Ralentir Ecole", tourner à droite, longer l'école. La maison est au bout dans le virage à gauche. CM310.

Le Musset" est situé en haut du bourg, avec une jolie vue sur le village. C'est une ancienne ferme réhabilitée en pierre du pays, entourée d'un joli jardin fleuri. Nombreuses balades à pied ou en voiture dans le beau Parc Naturel Régional du Perche... à découvrir.

Coutances - Manche (50)

Manoir de l'Ecoulanderie
50200 Coutances
Tél. 02 33 45 05 05
Email : contact@l-b-c.com
http://www.l-b-c.com
Béatrice de Ponfilly

1 pers. 90/105 € - 2 pers. 110/130 € - 3 pers. 155 € - p. sup. 25 €

2 chambres avec entrée indép. dans une dépendance et 1 suite avec annexe 4 pers., chacune avec sanitaires privés et TV. (Non fumeur). Ouv. toute l'année. Petit déj. : viennoiseries, fromages, confitures maison, jus de fruits. Belle cave voûtée. Parc. Piscine intérieure chauffée. "Gîte au Jardin". Restaurants 500 m. ★ Festival "Jazz sous les Pommiers" à Coutances. Tennis 400 m. Equitation 3 km. Mer et golf 12 km. **Accès :** direction Agon Coutainville (D44), juste après l'aqueduc, rue de la Broche à droite.

Belle propriété du XVIIe, très calme, entourée de verdure. La vue panoramique sur la cathédrale est saisissante et le parc en terrasse avec ses petits bassins est une invitation à la contemplation. Intérieur chaleureux et raffiné, petits déjeuners gourmands servis à l'intérieur ou à l'ombre du magnolia. Idéalement situé pour découvrir Coutances et sa région.

★ "Jazz sous les Pommiers" Festival in Coutances. Tennis court 400 m. Horse-riding 3 km. Sea and golf 12 km.

*★ **How to get there:** Head for Agon Coutanville (D44), just past the aqueduct. Rue de la Broche is on the right.*

This handsome, peaceful 17th-century property stands in a verdant setting. The panoramic view of the cathedral is captivating, and the terraced park with small ponds beckons quiet contemplation. The interior is cosy and elegant and has a heated swimming pool. Gourmet breakfasts are served inside or in the shade of a magnolia tree. Ideally located for exploring Coutances and the surrounding area.

Crépon - Calvados (14)

Manoir de Crépon
route d'Arromanches - 14480 Crépon
Tél. 02 31 22 21 27 - Fax 02 31 22 88 80
Email : manoirdecrepon@wanadoo.fr
www.manoirdecrepon.com
Anne-Marie Poisson

1 pers. 60 € - 2 pers. 75 € - 3 pers. 90 € - p. sup. 20 €

2 chambres avec douche et wc privés, 2 suites pour 3 et 4 pers. (2 chambres) avec salle de bains. Ouvert toute l'année sauf du 10/01 au 10/02. Copieux petit déjeuner : viennoiseries, laitages, céréales... TV sur demande. Salon de musique. Restaurants à 500 m. ★ Mer, tennis à 4 km. Equitation et école de voile à 5 km. Piscine à 7 km. Golf à 27 trous à 12 km. Plages du Débarquement. Bayeux à 12 km. **Accès :** à Creully, dir. Asnelles-Crépon D22 puis D65. A Crépon, manoir à la sortie du village, à gauche en dir. de la mer (fléchage chambres d'hôtes/antiquités).

Entouré d'un parc arboré, ce manoir du XVIII siècle, à proximité des Plages du Débarquement ravira les amateurs de calme. La propriétaire, antiquaire, aura à cœur de vous faire découvrir les richesses de sa région.

★Sea, tennis 4 km. Horse-riding, sailing school 5 km. Swimming pool 7 km. 27-hole golf course 12 km. Second World War landing beaches. Bayeux 12 km.

*★ **How to get there:** At Creully, head for Asnelles-Crépon (D22 then D65). In Crépon, the manor house is on the edge of the village, on left heading for the sea ("Chambres d'Hôtes/Antiquités" signs).*

This 18th-century manor surrounded by wooded grounds, close to the Second World War landing beaches, is a haven for those seeking a quiet and restful break. The owner is an antique dealer who will take great pleasure in helping you discover her region's treasures. Television available on request.

Crouttes - Orne (61)

The Pays d'Auge, Camembert village and museum. Argentan. Hiking locally. Fishing and tennis 3 km. Forest 1 km. Thermal baths 70 km. Golf courses 35 km.

★ ***How to get there:*** *On D916, between Argentan and Vimoutiers. Follow "DDE" signs for Prieuré-St-Michel. Michelin map 310.*

This superb set of listed 13th and 18th-century monastery buildings, in the heart of Auge country, features enclosed gardens with arbours, home to collections of roses, irises, hardy perennials, and medicinal and aquatic plants. You will succumb to the charm and authenticity of the place. Not to be missed.

Le Prieuré Saint-Michel TH
61120 Crouttes
Tél. 02 33 39 15 15 - Fax 02 33 36 15 16
Email : leprieuresaintmichel@wanadoo.fr
M. Ulrich Prieuré St-Michel Sarl

1 pers. 85/125 € - 2 pers. 95/135 € - 3 pers. 145 € - repas 35 €

5 chambres avec sanitaires privés. Fermé janvier et février. Petit déjeuner continental + jus de fruits et laitage. Savoureuse table d'hôtes. Parc. Concerts en saison, expositions de peintures, réceptions. Restaurants à Vimoutiers, et restaurant végétarien à Ticheville. ★ Pays d'Auge, village de Camembert (musée), Argentan... Randonnées sur place. Pêche et tennis 3 km. Forêt 1 km. Thermes 70 km. Golfs 35 km. **Accès :** sur la D916 entre Argentan et Vimoutiers, suivre le fléchage DDE Prieuré-St-Michel. CM310.

Au cœur du pays d'Auge, ce superbe ensemble monastique des XIIIe et XVIIIe siècles, classé monument historique, vous présente des jardins organisés en enclos de charmilles qui abritent des collections de roses, d'iris, de vivaces, de plantes médicinales et aquatiques...L'originalité et le charme de cet endroit vous raviront.

NORMANDIE

Dieppe - Seine Maritime (76)

Dieppe-Pourville golf course (40 hectares) on site. Dieppe: aritime town, historical interest, Château Museum, St-Jacques 'hurch. Sea. Varengeville (Ango Manor and Moutier Park). ennis, beach, horse-riding, swimming pool.

How to get there: *At Dieppe, head for Veules-les-Roses)75). Follow signs and, at golf course, turn left for "Chemin Golf".*

is handsome house basking in sunlight is a fine example of temporary architecture in its use of space and large bay ndows that look out onto the countryside. A unique setting the sea, on the Dieppe-Pourville golf course. Each of the 'et, spacious upstairs bedrooms - one with mezzanine - has tyle of its own and gives onto a southfacing terrace. Flower l tree garden.

Villa Florida
24, chemin du Golf - 76200 Dieppe
Tél. 02 35 84 40 37 - Fax 01 72 74 33 76
Email : adn@lavillaflorida.com
www.charmance-dieppe.com
Danièle Noël

1 pers. 66 € - 2 pers. 66 € - 3 pers. 80/90 € - p. sup. 15 €

4 chambres dont 1 avec mezzanine (3 pers.) et 1 avec entrée indép. (sans communication intérieure avec la maison), toutes avec TV et sanitaires privés. Ouv. toute l'année. Petit déj. servi dans le salon (belle vue sur le golf). Jardin communicant avec le golf. Restaurants. Animaux admis sur dem. Taxe de séjour en suppl. ★ Golf de Dieppe-Pourville 40 ha. sur pl. Dieppe (musée du Château, église St-Jacques). Cité de la mer. Varengeville (manoir d'Ango, parc Moutiers). Tennis, plage, équit., piscine. **Accès :** à Dieppe, prendre direction Veules-les-Roses (D75), suivre les panneaux et au golf, tourner à gauche, chemin du golf.

A proximité de la mer, dans un environnement privilégié, sur le golf de Dieppe-Pourville, belle maison contemporaine d'architecte (volume et grandes ouvertures sur la nature) baignée de lumière. Les chambres, toutes personnalisées, sont spacieuses et calmes et ouvrent sur une terrasse orientée plein sud à l'étage. Agréable jardin fleuri et boisé.

Douvrend - Seine Maritime (76)

NOUVEAUTÉ

**Ornithological parks and gardens, fête du lin (linen), Falaises Musicales, exhibitions, castles, museums, abbey tours... Beach 15 km. Fishing 5 km. Horse-riding 7 km. Quad-biking 5 km. Golf 20 km. Hiking 500 m.*

*★ **How to get there:** Douvrend is 10 km from Londinières and 5 km from Envermeu on the D920. Le Bois du Farival is 3.5 km from Douvrend in the direction of Bailly-en-Rivière (D58).*

In a timeless setting between the valleys and mountains, Martine and Tan welcome you to their 18th-century former hunting lodge on the edge of a forest with a superb view of the Eaulne valley. Enjoy the charm of the bedrooms, the comfort of the linen and the delicious table d'hôtes meals. Your hosts are keen gardeners and will be more than happy to share their passion and gardening tips with you.

Le Farival TH
Bois du Farival - 76630 Douvrend
Tél./Fax 02 35 84 58 98
Email : lefarival@tiscali.fr
www.lefarival.com
Tan et Martine Do Phat Latour

1 pers. 60 € - 2 pers. 68/78 € - 3 pers. 108 € - repas 27 €

2 chambres et 1 ch. familiale 4 pers., avec sanitaires privés. Ouv. toute l'année. Petit déjeuner : muffins et confitures maison, laitages, jambon, fruits, fromage sur dem. T. d'hôtes : salade de bulots, pot au feu de poissons... Cuisine végétarienne sur dem. Sauna (s.d.b./hydromassage). Jardin. Initiation golf. Respiration énergétique. ★ Parcs ornithologiques et jardins, fête du lin, falaises musicales, expositions, châteaux, musées, route des abbayes... Plage 15 km. Pêche 5 km. Equitation 7 km. Quad 5 km. Golf 20 km. Randonnée 500 m. **Accès :** Douvrend se trouve à 10 km de Londinières et à 5 km d'Envermeu sur la D920. Le Bois du Farival est à 3,5 km de Douvrend en dir. de Bailly-en-Rivière (D58).

Dans un lieu hors du temps, entre monts et vallées, Martine et Tan vous accueillent dans leur ancienne maison de chasse du XVIIIe siècle, en lisière de forêt avec une vue superbe sur la vallée de l'Eaulne. Vous serez séduits par le charme des chambres et la table d'hôtes raffinée. Amateurs de jardins, vos hôtes partageront avec vous leur passion.

Ectot l'Auber - Seine Maritime (76)

**Numerous parks and gardens. Close to places of interest: Dieppe, Veules-les-Roses and Rouen (30 min). Hiking locally. Tennis 3.5 km. Horse-riding 5 km. Swimming pool 10 km. Golf course 25 km. Sea and beach 27 km.*

*★ **How to get there:** A29 or A151 and D67.*

Bénédicte and Jean-Pierre extend a warm welcome to guests at their 18th-century manor house, amid beech trees, on a five-hectare farm full of character, with outbuildings. You will enjoy the peace and quiet of the place, the three elegantly decorated bedrooms and the beauty of the garden. The estate is close to a great many places of interest. Ideal for getting to know the region.

La Hêtraie TH
Le Village - 76760 Ectot l'Auber
Tél. 02 35 96 84 14 ou 06 20 43 20 55
Fax 02 35 96 81 32
www.agri76.fr/hetraie/
Jean-Pierre et Bénédicte Vin

1 pers. 46 € - 2 pers. 52 € - p. sup. 20 € - repas 23 €

3 chambres avec sanitaires privés (TV sur dem.). Ou toute l'année. Petit déjeuner : confitures, pains et pâtisse rie maison. T. d'hôtes : veau à la normande, potage a potiron, tarte Tatin, gratin aux fruits rouges... Coin-cui sine à dispo. Jardin, parc 5 ha, salon de jardin, barbecu P-pong, vélos. "Gîte au Jardin". ★ Nombreux parcs jardins. Proche de sites touristiques tels que Diepp Veules-les-Roses et Rouen (30 mn). Randonnée s place. Tennis 3,5 km. Equitation 5 km. Piscine 10 kr Golf 25 km. Mer, plage 27 km. **Accès :** A29 ou A1 puis D67.

Bénédicte et Jean-Pierre vous accueillent dans le manoir du XVIIIe siècle situé dans un corps ferme de caractère entouré de hêtres, sur une pr priété de 5 hectares. Vous apprécierez le calme d lieux, les 3 chambres au décor raffiné et l'harm nie du jardin. A proximité de nombreux sites to ristiques, une étape idéale pour découvrir région.

Equeurdreville - Manche (50)

★Cité de la Mer marine centre, Cherbourg 1 km. Beach 8 km. Golf course 10 km. Tennis, hiking 1 km. Horse-riding.

★ ***How to get there:*** *N13 for Equeurdreville. At the traffic lights after the tunnel, turn left for Val l'Abbé, then right at the lights and third turning on the right.*

You will be pleasantly surprised to discover this fine 18th-century residence, with a vast curate's garden and covered way, in the heart of a village facing the sea. You will be enchanted by the décor, space and natural setting.

La Maison Duchevreuil

36, avenue Duchevreuil - 50120 Equeurdreville
Tél. 02 33 01 33 10 ou 06 87 42 34 89
Fax 02 33 94 12 88
perso.wanadoo.fr/maison-duchevreuil
Sophie et Bruno Draber

1 pers. 75 € - 2 pers. 90 € - 3 pers. 105 €

1 grande chambre (1 lit 160 électrique, 1 lit 1 pers.) avec baignoire et douche à jets hydromassants et 1 grande suite (1 lit 2 pers.) avec salon. Ouvert toute l'année. Petit déjeuner : viennoiseries, jus de fruits, laitages, confitures... Kitchenette au rez-de-chaussée. Cour, jardin. Restaurant à 500 m. ★ Cité de la Mer, Cherbourg 1 km. Plage 8 km. Golf 10 km. Tennis, randonnée 1 km. Equitation 4 km. **Accès :** N13 dir. Equeurdreville, au feu après le tunnel à gauche dir. Val l'Abbé, au feu à droite puis 3e à droite.

Vous serez agréablement surpris de découvrir cette belle demeure du XVIIIe, avec son vaste jardin de curé et son chemin de ronde, au cœur d'une cité tournée vers la mer. La décoration, les volumes et le cadre naturel devraient vous séduire.

NORMANDIE

Essay - Orne (61)

★"Musillumière" show at Sées Cathedral, Ecouves Forest, motor racing at Essay, L'Orne September Music Festival. Fishing locally. Tennis and horse-riding 4 km. Forest 5 km. Golf course 15 km. Swimming pool 20 km.

★ ***How to get there:*** *At Sées, head for Essay. At Neauphe-sous-Essay, turn left for Boitron. At the fork, move into the right-hand lane. The entrance to the property is slightly further down on the right. Michelin map 310.*

A 12th-century vaulted cellar bears witness to the long history of this fine listed country château, which the young owners have restored in the traditional manner. The interior decoration is both Louis XIV and 18th-century in style and of the period. Relax in the superb six-hectare park and enjoy the view of the moat.

Château de Villiers

TH

S.C.I de la Juiverie - 61500 Essay
Tél. 06 84 37 89 86
Email : info@chateau-normandie.com
www.chateau-normandie.com
Franck et Fabienne Rollo

1 pers. 55/95 € - 2 pers. 60/120 € - 3 pers. 135 € - repas 30 €

5 vastes chambres avec sanitaires privés (4 avec cheminée monumentale). Ouv. toute l'année. Petit déj. : œufs, laitages, céréales, pâtisseries et confitures maison, jus de fruits... T. d'hôtes prestige, aux chandelles. 2 salons. Parc, salon de jardin. Vélos, p-pong, b-foot, jeux et pêche sur pl. Restaurant 5 km. ★ "Musillumière" à la cathédrale de Sées, forêt d'Ecouves. Karting 6 km. Tennis, équitation 4 km. Forêt 5 km. Golf 15 km. Piscine 20 km. **Accès :** à Sées, dir. Essay. A Neauphe-sous-Essay, à gauche vers Boitron. Au "Y", serrer à droite. L'entrée de la propriété est un peu plus loin sur la droite. CM310.

Des caves voûtées du XIIe ainsi que des douves en eaux témoignent encore de la longue histoire de ce château des XVIe, XVIIe et XVIIIe, construit à l'emplacement d'une motte féodale. Au sein du Parc Normandie-Maine, Villiers domine la campagne normande qui s'étend au delà de la propriété de 6 ha. Ses propriétaires vous accueilleront très chaleureusement.

Eu - Seine Maritime (76)

Eu Forest locally. Eu Château. 12th century collegiate church, 17th-century hospice, Jesuit chapel. Glass Museum. Nearby: Beaumont Farm, free admission. Le Tréport beach and fishing port 5 km. Tennis.

★ ***How to get there:** In Eu, head for Pont and Marais (D49). As you leave Eu, turn right for the Beaumont road (2 km).*

Monsieur and Madame Demarquet extend a warm welcome to guests at their 18th-century half-timbered manor hunting lodge, set in a vast park overlooking the Eu Valley. The extremely comfortable bedrooms are tastefully appointed with antique furniture. Peace and quiet reign supreme at this idyllic spot.

Manoir de Beaumont
76260 Eu
Tél. 02 35 50 91 91 ou 06 72 80 01 04
Email : catherine@demarquet.com
www.demarquet.com
Jean-Marie et Catherine Demarquet

1 pers. 35 € - 2 pers. 47/55 € - p. sup. 12 €

2 chambres et 1 suite avec salon privé attenant, toutes avec sanitaires privés. TV sur demande. Ouv. toute l'année. Petit déj. : jus de fruits, viennoiseries, confitures... Salons. Parc 4 ha. Rand. et jogging sur place dans la forêt. Vélos à disposition. Animaux admis sur demande. Nombreux restaurants à proximité. ★ Forêt d'Eu sur place. Château d'Eu. Collégiale XIIe, crypte, Hôtel Dieu XVIIe, chapelle des Jésuites. Musée du Verre. A prox. : ferme de Beaumont (entrée gratuite). Le Tréport 5 km (plage, port de pêche). Tennis. **Accès :** à Eu, prendre dir. Pont et Marais (D49). A la sortie de Eu, prendre à droite, route de Beaumont (2 km).

Surplombant la vallée, dans un vaste parc, manoir à colombages et relais de chasse du XVIIIe, où M. et Mme Demarquet vous réservent un accueil chaleureux. Décorées avec beaucoup de goût, les chambres sont très confortables avec un beau mobilier ancien. Le calme des lieux fera de votre séjour une étape privilégiée.

Feings - Orne (61)

Mortagne-au-Perche. Tennis court 4 km. Forest 3 km. Horse-riding 8 km. Golf course 25 km. Fishing 5 km.

★ ***How to get there:** On N12, Feings-La Chapelle Montigeon exit via D5. Drive approximately 2 km, across the plateau, and turning on left-hand side. Michelin map 310.*

This 16th and 19th-century farmhouse, restored in the local style, lies in the heart of the Perche, just a stone's throw from the stately trees of Réno Forest. Two spacious garden-level bedrooms await your arrival at La Revardière. Go for walks in the garden or the private 20-hectare forest, read in the shade of chestnut trees or enjoy a bike ride. You may also like to experience the excitement of competition horse and trap races.

La Revardière
61400 Feings
Tél. 02 33 73 88 64 ou 06 12 69 84 52
Fax 02 33 73 82 86
http://monsite.wanadoo.fr/larevardiere4epis
Isabelle Chanteur

1 pers. 70 € - 2 pers. 80 € - p. sup. 15 €

2 chambres avec sanitaires privés. Ouvert toute l'année sauf Noël et jour de l'An. Petit déjeuner : viennoiseries, brioches, confitures maison, œufs frais, céréales... Baby-foot, billard russe, ping-pong. Piscine chauffée de juin à septembre, étang, vélos. Accueil chevaux possible. Cour, jardin, parc de 9 ha. ★ Mortagne-au-Perche. Tennis 4 km. Forêt 3 km. Equitation 8 km. Golf 25 km. Pêche 5 km. **Accès :** depuis la N12, sortir à Feings-La Chapelle Montligeon par la D5, faire environ 2 km, sur le plateau, prendre le chemin à gauche. CM310.

Au cœur du Perche, à deux pas des vieux arbres de la forêt de Réno, 2 grandes chambres sont aménagées en rez-de-jardin, dans une ancienne ferme des XVIe et XIXe siècles restaurée dans le style du pays. Promenades dans le jardin ou dans la forêt privée (20 ha), lecture sous les marronniers, balades à vélo... Découverte de l'attelage de compétition.

La Ferté-Macé - Orne (61)

★Bagnoles-de-l'Orne thermal baths. Outdoor leisure centre at La Ferté-Macé. Andaine Forest. Horse-riding, fishing, sailing, tennis, swing golf locally. Forest 1.5 km.

★ ***How to get there:*** *At La Ferté-Macé, head for Domfront (1 km). Turn right twice for riding centre. The house is next door. Michelin map 310.*

This fine, traditional Norman residence with brick and half-timbering offers five bedrooms looking out onto the lake and the surrounding countryside. Each is decorated in its own individual style. The interior is appointed with Norman and Louis-Philippe furniture. An ideal spot for equestrian and outdoor sports.

La Péleras
61600 La Ferté-Macé
Tél. 02 33 37 28 23 - Fax 02 33 38 78 83
Email : auberge.lasource@wanadoo.fr
http://perso.wanadoo.fr/auberge.lasource/
Christine Volclair

1 pers. 46 € - 2 pers. 54 € - 3 pers. 72 € - p. sup. 18 €

5 chambres avec bains et wc privés. Ouvert toute l'année. Petit déjeuner : jus de fruits, laitages, fruits frais, viennoiseries... Séjour avec une monumentale cheminée en granit. Jeux de société. Cour, jardin. Sur place possibilité auberge sur réservation (13 €/repas). ★ Station thermale de Bagnoles-de-l'Orne. Base de loisirs de la Ferté-Macé. Forêt d'Andaine. Equitation, pêche, voile, tennis, swingolf sur place. Forêt 1,5 km. **Accès :** à la Ferté-Macé, prendre direction Domfront pendant 1 km. Tourner 2 fois à droite vers le centre équestre. La maison est juste à côté. CM310.

Cette belle demeure traditionnelle normande avec briques et colombages propose 5 chambres avec vue sur le lac et la campagne environnante. Chacune a une décoration personnalisée. Mobilier normand et Louis-Philippe. Un lieu de séjour idéal pour découvrir les loisirs équestres et les sports de plein air.

NORMANDIE

Fleury-la-Forêt - Eure (27)

·Lyons Forest (beech grove) locally. Combined tour of the ·hâteau and Mortemer Abbey on request. Riding centre in the ·illage. Golf course 40 km.

· ***How to get there:*** *On N31. At La Feuillie, follow Château de Fleury-la-Forêt" signs: the château is 6 km on. ·lichelin map 304, fold J5.*

·n impressive wrought-iron gate and a driveway lined with ·nturies-old lime trees mark the entrance to your ·commodation, a handsome listed 17th-century, red-brick and ·ntstone château. The residence's appointments include 17th ·d 18th-century furniture. Breakfast served in the magnificent ·riod kitchen will be a most memorable experience. Be sure ·t to miss the antique doll museum, which features miniature ·niture, and the wash house.

Château de Fleury-la-Forêt
27480 Fleury-la-Forêt
Tél. 02 32 49 63 91 ou 06 16 41 64 94
Fax 02 32 49 71 67
http://www.château-fleury-la-foret.com
Pierre et Kristina Caffin

1 pers. 65 € - 2 pers. 72 € - 3 pers. 100 € - p. sup. 15 €

1 suite 4 pers. et 1 ch. 2 pers., avec sanitaires privés. Ouv. toute l'année. Petit déjeuner : viennoiseries, céréales, laitages, fruits, jus d'orange... Parc 4 ha. Boxes chevaux. Château ouvert au public (musée poupées anciennes). Restaurants à Lyons-la-Forêt 6 km. Finlandais parlé également. ★ Forêt de Lyons (hétraie) sur place. Visite jumelée du château et de l'abbaye de Mortemer sur demande. Centre équestre dans le village. Golf 40 km. **Accès :** par la N31. A La Feuillie, suivre les panneaux "Château de Fleury-la-Forêt", puis faire 6 km jusqu'au château. CM304, pli J5.

Après avoir franchi la remarquable grille en fer forgé, l'allée bordée de tilleuls centenaires, vous dormirez dans ce beau château XVIIe (MH) édifié en silex et briques rouges. Mobilier XVIIe/XVIIIe. Le petit déjeuner servi dans la superbe cuisine d'époque sera un moment privilégié. Ne pas manquer : musée de poupées anciennes avec leur mobilier et le lavoir.

Fontaine-sous-Jouy - Eure (27)

L'Aulnaie
29, rue de L'Aulnaie -
27120 Fontaine-sous-Jouy
Tél./Fax 02 32 36 89 05
http://chambre-fontaine.chez.tiscali.fr
Michel et Eliane Philippe

1 pers. 50/55 € - 2 pers. 65 € - 3 pers. 75 €

1 chambre 3 pers. (lit double 160) et 1 suite 3 pers., bains et wc privés chacune. Ouvert toute l'année. Copieux petit déjeuner : viennoiseries, confitures maison, miel de pays, laitages. Grand salon de détente avec cheminée. Nombreux restaurants dans un rayon de 6 km. ★ A proximité : Giverny, Château Gaillard, château de Bizy et Rouen. Pêche sur place. Centre équestre 5 km. Tennis 8 km. Golf 15 km. **Accès :** A13 sortie 16 ou 17, puis D57 ou D316. A Fontaine-sous-Jouy, prendre direction St.Vigor puis le petit pont près du lavoir. CM304, pli H7.

Grande demeure en pierre ouverte sur un parc arboré bordé par une rivière. Les 2 chambres situées à l'étage sont spacieuses et agréablement aménagées avec de beaux meubles anciens et de jolis objets chinés dans les brocantes. Atmosphère chaleureuse et cadre privilégié dans l'un des plus jolis village de la vallée de l'Eure.

★In the vicinity: Giverny, Bizy and Rouen Châteaux. Fishing on site. Riding centre 5 km. Tennis court 8 km. Golf course 15 km.

★ ***How to get there:*** *A13, exit 16 or 17, then D57 or D316. At Fontaine-sous-Jouy, head for St-Vigor and the small bridge near the wash house. Michelin map 304, fold H7.*

This spacious stone residence stands in a tree-lined park by a river. The two upstairs bedrooms are roomy and attractively appointed with handsome antique furniture and charming objects found in flea markets. A friendly atmosphere and magnificent setting in one of the Eure Valley's prettiest villages .

NORMANDIE

Fresville - Manche (50)

Manoir de Grainville
50310 Fresville
Tél. 02 33 41 10 49 - Fax 02 33 21 59 23
Email : b.brecy@wanadoo.fr
http://perso.wanadoo.fr/grainville/
Bernard et Rolande Brécy

1 pers. 40 € - 2 pers. 60 € - 3 pers. 80 €

2 chambres avec bains et wc et 1 chambre avec douche et wc. Ouvert toute l'année. Restaurants à 6 km. ★ Plage et musée du Débarquement.Mer et golf à 8 km. **Accès** N13, puis D269, 500 m à gauche après le village de Fresville sur D214.

A Fresville, dans l'environnement du Parc Régional des Marais du Cotentin et du Bessin, vous serez accueillis par Bernard et Rolande Brécy dans une grande demeure du XVIIIe siècle. Les trois chambres sont confortables et meublées d'époque

★Sea and golf course 8 km. Second World War Museum and landing beaches.

★ ***How to get there:*** *N13, and D269, 500 m up on the left past Fresville village on D214.*

Bernard and Rolande Brécy are your hosts at this large 18th-century residence in Fresville, set in the Marais du Cotentin et du Bessin Regional Park. The three bedrooms are comfortable and appointed with period furniture.

Gémages - Orne (61)

★Manors and historical places of interest. Forests and abbeys. Riding, cycling and hiking. Horse-riding 1 km. Fly-fishing locally (courses can be arranged). Hiking 1.2 km. Swimming 10 km. Golf 12 km.

*★ **How to get there:** 90 min. south of Paris, on A10/A11 motorway. Between Chartres and Le Mans, La Ferté-Bernard exit. Head for La Ferté-Bernard and Bellême. Michelin map 310.*

Moulin de Gémages nestles in the clearing of a verdant valley in Le Perche Regional Park. This picturesque mill, complete with race, winnow, wheel and river awaits your arrival. Everything has been done to make your stay here restful. Each of the four cosy bedrooms offers its own personalised décor. Charming interior enhanced by handsome furniture and pretty objects with the natural sheen of time. Ideal.

Le Moulin de Gémages TH
61130 Gémages
Tél. 02 33 25 15 72 - Fax 02 33 25 18 88
Email : annieriv.iann@wanadoo.fr
http://moulindegemages.free.fr
Anna Iannaccone

1 pers. 55/65 € - 2 pers. 65/75 € - 3 pers. 80/90 € - repas 25 €

4 ch. 3 pers., 1 ch. 2 pers. avec sanitaires privés dont 1 avec bains. Ouv. tte l'année. Petit déj. : viennoiseries, pâtisseries, fromage blanc, compote de fruits...T. d'hôtes : lapin au cidre, poulet à la crème, cailles farcies, tartes aux pommes maison. Parc 2 ha avec parcours pêche à la mouche (riv. 1re cat.), lodge. ★ Circuit des manoirs et traditions. Forêts et abbayes. Circuits de rando. équestre, pédestre et VTT. Equitation 1 km. Pêche sur place (poss. formation sur rés.). Randonnées 1,2 km. Piscine 10 km. Golf 12 km. **Accès :** à 1h30 de Paris sud, par A10/A11. Entre Chartres et Le Mans, sortie La Ferté-Bernard, dir. La Ferté-Bernard, puis Bellême. CM310.

Au creux d'une vallée du parc régional du Perche se trouve le moulin de Gémages qui attend de vous recevoir avec son bief, son vannage, sa roue, sa rivière...Tout a été mis en oeuvre pour vous permettre une halte reposante. 5 chambres chaleureuses et personnalisées vous sont réservées, décoration harmonieuse pleine de charme... Une étape à ne pas manquer.

NORMANDIE

Heudreville-sur-Eure - Eure (27)

Claude Monet's house and garden at Giverny and American Museum. Nearby: Rouen, a city steeped in art and history. Renaissance Château at Gaillon.

*★ **How to get there:** A13, Louviers exit, then motorway for Evreux and exit at Acquigny. D71 for Evreux. Michelin map 304, fold H7.*

Madame Bourgeois has tastefully decorated this late-17th-century farmhouse. The Eure River runs through the property, further enhancing its natural charm and beauty. The rooms are bright and radiant, creating a warm, congenial atmosphere. You will enjoy the peace and quiet of the countryside around this pretty Norman village.

La Ferme
4, rue de l'Ancienne Poste -
27400 Heudreville-sur-Eure
Tél./Fax 02 32 50 20 69
Janine Bourgeois

1 pers. 42/48 € - 2 pers. 47/52 € - 3 pers. 62 € - p. sup. 14 €

1 chambre double et 1 chambre familiale, chacune avec bains et wc. (4 pers. 76 € - 5 pers. 88 €). Ouvert toute l'année. Copieux petit-déjeuner. Restaurants sur place et à 6 km. ★ Jardin Claude Monet à Giverny et musée américain. Rouen, ville d'art et d'histoire. Château Renaissance à Gaillon. **Accès :** A 13, sortie Louviers, puis voie rapide en direction d'Evreux et sortie Acquigny, puis D71 direction Evreux. CM304, pli H7.

Madame Bourgeois a aménagé cette ancienne ferme de la fin du XVIIe avec goût. La propriété est traversée par l'Eure. Les chambres sont gaies et lumineuses et l'ambiance chaleureuse. Vous pourrez savourer le calme de la campagne dans ce joli village normand.

Heudreville-sur-Eure - Eure (27)

La Londe
4, sente de l'Abreuvoir -
27400 Heudreville-sur-Eure
Tél. 02 32 40 36 89 ou 06 89 38 36 59
http://www.lalonde.online.fr
Bernard et Madeleine Gossent

1 pers. 42/47 € - 2 pers. 48/54 € - 3 pers. 65 €

1 chambre et 1 suite (chambre et salon) avec sanitaires privés. Ouvert toute l'année. Petit déjeuner : jus de fruit, céréales, viennoiseries, confitures, laitages, fruits... Salon de détente et kitchenette. Jardin paysager. Restaurants à 2 et 5 km. ★ Giverny : jardin Claude Monet, musée Américain. Vallée de l'Eure. Rouen 40 km. Paris 100 km. Forêt et randonnées sur place. Tennis 3 km. Plan d'eau 5 km. Piscine 12 km. Golf 15 km. **Accès :** autoroute A13 sortie 19 puis voie rapide dir. Evreux sortie Heudreville-sur-Eure. Prendre à gauche puis 2e à gauche et suivre La Londe. CM304, pli H7.

Au cœur de la vallée de l'Eure, dans un hameau en bordure de rivière, Madeleine et Bernard vous accueillent dans leur ancien corps de ferme en pierres de pays et colombages. Ils proposent 2 chambres agréables, dont 1 suite à l'étage. Vous apprécierez le grand salon avec cheminée et le vaste jardin paysager au bord de l'Eure où il fera bon flâner.

★Giverny: Claude Monet's house and garden, American Museum. Eure Valley. Rouen 40 km. Paris 100 km. Forest and hiking locally. Tennis 3 km. Lake 5 km. Swimming pool 12 km. Golf course 15 km.

*★ **How to get there:** A13 motorway, exit 19, and expressway for Evreux, Heudreville-sur-Eure exit. Left and second left for La Londe. Michelin map 304, fold H7.*

Madeleine and Bernard are your hosts at La Londe. Their time-honoured timber and local stone farmhouse is situated in a hamlet on a river bank, in the heart of the Eure Valley. Two pleasantly decorated bedrooms, including an upstairs suite, await your arrival. Relax in the main lounge with fireplace and go for walks in the extensive landscape garden by the edge of the Eure.

NORMANDIE

Le Home Varaville - Calvados (14)

Manoir de la Marjolaine
5, av. du Pdt Coty - 14390 Le Home Varaville
Tél. 02 31 91 70 25 - Fax 02 31 91 77 10
Email : eric.faye@orange.fr
http://manoirdelamarjolaine.free.fr
Eric Faye

1 pers. 70/110 € - 2 pers. 80/120 € - 3 pers. 130 €

1 chambre 3 pers., 2 chambres 2 pers. et 1 suite de 2 ch pour 3 pers., toutes avec salle de bains (balnéo) et wc privés + TV. Ouvert toute l'année. Petit déjeuner : gateau maison, fromage blanc, œufs, confitures... Salle de remise en forme, ping-pong, vélos à disposition. Parc de 15000 m². Restaurant 100 m. ★ Côte fleurie Deauville 18 km. Honfleur 40 km. Pays d'Auge. Village sauvegardé de Beuvron-en-Auge 15 km. Mer, golf 300 m. Piscine, tennis 2 km. Equitation 400 m. **Accès :** axe Cabourg Merville Franceville (D514), à la sortie de Cabourg.

Posez vos valises à 300 m de la mer et du golf de Cabourg où vos hôtes vous accueilleront chaleureusement dans leur maison bourgeoise du XIXe siècle, entourée d'un magnifique parc verdoyant et boisé. Un lieu rare et romantique où toutes les jolies chambres personnalisées vous feront rêver.

★Deauville and "Floral Coast". Honfleur 40 km. Pays d'Auge. Beuvron-en-Auge listed village 15 km. Sea, golf course 300 m. Swimming pool, tennis court 2 km. Horse-riding 400 m.

*★ **How to get there:** Cabourg-Merville-Franceville motorway (D514), as you leave Cabourg.*

A warm welcome awaits you from hosts at their 19th-century stately home, just 300 m from the sea and Cabourg golf course. The residence is set in a magnificent leafy park. A unique, romantic spot with attractive, personalised rooms for an enchanting stay.

Honfleur - Calvados (14)

NOUVEAUTÉ

★5 minute walk from the Vieux Bassin, pays d'Auge. Sea, swimming pool, tennis, horseriding, hiking and fishing 1 km.

★ ***How to get there:*** *On the way out of Honfleur, in the direction of Equemauville, turn left.*

In this house, that dates back to 1850 and is situated in the Saint-Léonard area where Eugène Boudin was born, you can choose the room with the style that most suits your personality: romantic, seaside, orchard or savannah. The walled garden and its terraces are perfect for starting your day with an al-fresco breakfast.

Jane Laur
33, rue Bourdet - 14600 Honfleur
Tél. 06 07 16 02 02 - Fax 02 31 89 10 83
Email : janine.ninove@wanadoo.fr
http://chambredhotes-janelaur.fr.st
Janine Ninove

1 pers. 98 € - 2 pers. 106/166 € - 3 pers. 129/174 €

3 chambres 2 pers. et 1 suite 4 pers. avec sanitaires privés. Ouvert de février à novembre. Petit déjeuner : laitages, gâteau maison, pain au chocolat, fruits, jus d'orange frais. Jardin. Restaurant 500 m. ★ A 5 mn à pied du Vieux Bassin, pays d'Auge. Mer, piscine, tennis, equitation, randonnée et pêche 1 km. **Accès :** à la sortie de Honfleur vers Equemauville, à gauche.

Dans cette belle maison datant de 1850 située dans le quartier Saint-Léonard où naquit Eugène Boudin, choisissez le thème de votre séjour : romantique, mer, savane ou pommier. Le jardin clos de murs et ses terrasses vous attendent pour prendre vos petits déjeuners.

NORMANDIE

Honfleur - Calvados (14)

★Floral Coast, Pays d'Auge. Deauville-Trouville 16 km. Le Havre 20 km. Sea, swimming pool, tennis court, horse-riding and fishing 1 km.

★ ***How to get there:*** *Exit at Honfleur and head for Equemauville.*

Chez Oncle Alphonse is a superb residence with true English charm. Each of the five guest bedrooms has a style all its own. Enjoy the tranquillity of the garden at this property, just a stone's throw from the picturesque Vieux Bassin and its art galleries.

Chez Oncle Alphonse
23, cours Albert Manuel - 14600 Honfleur
Tél./Fax 02 31 89 58 15 ou 06 30 81 10 15
Email : hotehonfleur@aol.com
www.chezonclealphonse.com
Jérôme et Christel Arnould

1 pers. 80 € - 2 pers. 90/120 € - 3 pers. 110 € - p. sup. 20 €

5 chambres avec sanitaires privés. Ouvert toute l'année. Petit déjeuner : pains divers, croissants, viennoiseries, salade de fruits, céréales, jus de fruits... Grande salle pour petit déjeuner, salon. Jardin, salon de jardin, terrasse, transats. Restaurant à 500 m. ★ Côte fleurie, pays d'Auge... Deauville-Trouville 16 km. Le Havre 20 km. Mer, piscine, tennis, équitation et pêche à 1 km. **Accès :** sortir d'Honfleur et prendre la direction d'Equemauville.

Chez Oncle Alphonse, vous séjournerez dans une superbe demeure au charme anglais où chaque chambre vous étonnera par sa décoration personnalisée. Côté jardin, vous profiterez du calme de cette propriété à quelques pas du Vieux Bassin et de ses galeries de peinture.

Honfleur - Calvados (14)

NOUVEAUTÉ

Bassin de Honfleur 2 min. Côte Fleurie, pays d'Auge... Sea, swimming pool, tennis and fishing 1.5 km. Horseriding 500 m.

★ ***How to get there:*** *From Honfleur on the D579 to Pont l'Evèque.*

Joëlle and Gérard welcome you to their 19th-century mill; a calm and peaceful property encircled by a river. A rustic style, tasteful decoration, beautiful textiles and wonderful embroideries fill this residence with charm and make it a delightful place to stay.

Moulin Saint-Nicol
Côte d'Equemauville - 14600 Honfleur
Tél. 02 31 14 68 37
Email : moulinsaintnicol@wanadoo.fr
www.moulinsaint-nicol.com
Gérard et Joëlle Dardol

1 pers. 75 € - 2 pers. 90/125 € - 3 pers. 140 €

2 chambres 2 pers. et 1 chambre 4 pers, avec sanitaires privés et TV. Ouvert toute l'année. Petit déjeuner : viennoiseries, gâteau maison, crème caramel, fruits, laitages, jus de fruits maison... Bibliothèque. Jardin, parc de 1,5 ha, rivière. Restaurant 1 km. ★ Vieux bassin de Honfleur à 2 mn. Côte Fleurie, pays d'Auge... Mer, piscine, tennis et pêche 1,5 km. Equitation 500 m. **Accès :** D579 de Honfleur à Pont l'Evèque.

Dans un site calme et tranquille, Joëlle et Gérard vous accueillent dans leur moulin du XIXe siècle entouré d'une rivière. Style rustique de qualité, décoration raffinée et harmonieuse, jolis tissus et broderies font de cette demeure pleine de charme un lieu privilégié de repos.

Honfleur - Calvados (14)

NOUVEAUTÉ

Bassin de Honfleur, pays d'Auge, Côte Fleurie... Sea, swimming pool, tennis, hiking 1 km. Horse-riding, fishing 2 km.

★ ***How to get there:*** *D34 towards the lighthouse and the beach, then left towards la Ferme de St-Siméon.*

Enjoy the charm and romanticism of Haute Rive, a beautiful villa just a stone's throw from the Vieux Bassin d'Honfleur. From this enchanting residence, there are magnificent views of the Seine and the wooded grounds that make this residence a perfect place to spend your time in Honfleur.

Villa Haute Rive
rue Alphonse Marais - 14600 Honfleur
Tél. 02 31 14 97 55
Email : accueil@haute-rive.net
www.haute-rive.net
Pierrick et Nicole Tillet et Kormendi

1 pers. 75/115 € - 2 pers. 90/130 €

3 chambres 2 pers. avec sanitaires privés et TV. Ouver toute l'année. Petit déjeuner : tarte aux pommes, gâteau maison, pain d'épices, œufs, laitages, fruits, jus de fruit frais... Bibliothèque avec cheminée. Jardin. Prêt de vélos Restaurant à 1 km. ★ Vieux bassin de Honfleur, pay d'Auge, Côte Fleurie... Mer, piscine, tennis, randonné 1 km. Equitation, pêche 2 km. **Accès :** D34 vers le phar et la plage, puis à gauche vers la Ferme St-Siméon.

A la Haute Rive, partagez le charme et le romantisme de cette superbe villa située à quelques pa du Vieux Bassin d'Honfleur. De ce site exception nel, vous apprécierez la vue sur l'estuaire de Seine et le parc arboré mis à votre disposition.

Isneauville - Seine Maritime (76)

La Muette
1057, rue des Bosquets - 76230 Isneauville
Tél. 02 35 60 57 69 ou 06 86 78 43 91
Fax 02 35 61 56 64
www.charmance-lamuette.com
Jacques et Danielle Auffret

1 pers. 50/75 € - 2 pers. 60/75 € - 3 pers. 70/75 €

5 chambres avec salle de bains ou douche et wc privatifs. Ouvert du 15.03 au 20.12. Excellents petits déjeuners avec les produits maison. Magnifique jardin qui s'étend sur 1,5 ha, classé "Gîte au Jardin". ★ A 10 mn (10 km) de Rouen, ville historique. Forêt à proximité avec sentiers de randonnée. Dans les environs : châteaux, abbayes, parcs et jardins à visiter. Mer (Dieppe) à 40 mn. 2 golfs 5 km. Equitation 5 km. **Accès :** de Rouen, prendre A28 ou route de Neufchâtel. A Isneauville-centre, prendre route de la Muette, derrière l'église, puis 800 m à gauche, rue des Bosquets.

A proximité de Rouen, dans un écrin de verdure, magnifique pressoir normand du XVIIIe siècle, indépendant de la maison des propriétaires qui est un ancien relais de poste. Les chambres sont spacieuses et raffinées, les 2 salons sont particulièrement chaleureux avec poutres, cheminées et poêle à bois. Vue superbe sur le jardin et la campagne environnante.

★Rouen, city and historical places of interest 10 min. (10 km). Forest and hiking paths nearby. In the vicinity: châteaux, abbeys, parks and gardens. Sea (Dieppe) 40 min. Two golf courses 5 km. Horse-riding 5 km.

*★ **How to get there:** From Rouen, take A28 or the Neufchâtel road. At Isneauville-Centre, take La Muette road, behind the church, drive 800 m and turn left into Rue des Bosquets.*

This magnificent 18th-century Norman press house is just 10 minutes from Rouen. Originally a post house, La Muette offers self-contained accommodation, situated near the owners' residence. Five spacious, elegant bedrooms await your arrival. Relax in two inviting guest lounges, enhanced by beams, fireplaces and a wooden stove. Enjoy superb views of the garden and surrounding countryside.

Lamberville - Manche (50)

Le Château
50160 Lamberville
Tél. 02 33 56 15 70 ou 06 80 40 96 02
Fax 02 33 56 35 26
François et Elisabeth de Brunville

1 pers. 43 € - 2 pers. 52 €

3 chambres avec salles d'eau ou salle de bains et wc privés. Ouvert du 1er mars au 30 novembre. Parc. Pêche, étang et canotage sur place. ★ Haras de Saint-Lô. Forêt de Cerisy à 10 km. Bayeux à 30 km. Mont-Saint-Michel à 1h30. Tennis 7 km. Canoë-kayak 12 km. Piscine 17 km. **Accès :** D122, D34 puis D190 direction Lamberville, le château est près de l'église.

Entre le Mt-St-Michel et les plages du Débarquement, dans un cadre calme et verdoyant, sous les arbres séculaires du parc, François et Elisabeth vous accueillent dans la propriété de leurs ancêtres. Les chambres de style Louis XVI, ont vue sur la pièce d'eau. Au gré des saisons, ils se feront un plaisir de vous entrainer dans des parties de pêche.

Saint-Lô stud farm, swimming pool 17 km. Cerisy Forest) km. Bayeux 30 km and Mont-Saint-Michel 90 min. away. nnis 7 km. Canoeing 12 km.

***How to get there:** D122, D34, then D190 for mberville. The château is near the church.*

isabeth and François de Brunville are your hosts at their cestral home, surrounded by centuries-old trees in a peaceful, fy park, between Mont-Saint-Michel and the Second World ır landing beaches. The Louis XVI-style bedrooms look out o the lake. Depending on the season, they will be pleased accompany you on fishing or hunting expeditions.

Landes Vieilles et Neuves - Seine Maritime (76)

**Paris 135 km. Dieppe 52 km. Le Tréport 42 km. Eu Forest 200 m. Horse-riding 3 km. Fishing, tennis 15 km. Golf course at Saint-Saëns. Glass Museum at Blangy. Château de Rambures.*

★ ***How to get there:*** *Full details will be supplied at time of booking.*

This pretty brick château, close to Eu Forest, stands in a hectare of enclosed parkland dotted with trees. The bedrooms have been individually decorated in pastel hues and are appointed with family heirlooms. In spring, breakfast is served on the verandah in the shade of vines. Autumn grape harvests.

Château des Landes
76390 Landes Vieilles et Neuves
Tél./Fax 02 35 94 03 79
Email : jgsimon@chateaudeslandes.com
www.chateaudeslandes.com
Jacqueline Simon-Lemettre

1 pers. 42/48 € - 2 pers. 48/58 € - 3 pers. 75/90 €

4 chambres et 1 suite (4 pers. 100 €) avec sanitaires privés. Lit enfant à disposition. Ouvert toute l'année. Bibliothèque, vidéothèque, salons avec cheminée. Billard Nicolas. Jeux. Jardin, parc. Parking privé fermé. ★ Paris 135 km. Dieppe 52 km. Le Tréport 42 km. Forêt d'Eu 200 m. Musée de la verrerie à Blangy. Château de Rambures. Golf à Saint-Saëns. Equitation 3 km. Pêche, tennis 15 km. **Accès :** un plan d'accès vous sera communiqué lors de la réservation.

A proximité de la forêt d'Eu, ce joli château en briques est entouré d'un parc clos arboré de 1 ha. Les chambres qui vous sont réservées, aux couleurs pastel, sont toutes personnalisées et dotées de meubles de famille. Au printemps, le petit déjeuner vous sera servi en véranda sous les vignes. Vendanges à l'automne.

Longueville - Calvados (14)

**Second World War landing beaches 8 km. Footpaths. Bayeux (tapestry, cathedral, museums). Le Bessin abbeys, manor houses and châteaux. Fishing port nearby.*

★ ***How to get there:*** *20 km west of Bayeux. RN13, D125 exit and three right turns.*

You will enjoy the charm of this delightful, lovingly restored, 18th-century residence with great character, just a stone's throw from the Second World War landing beaches. The two comfortable bedrooms are decorated in warm, harmonious colours and feature period furnishings and pretty bathrooms. Relax in the attractive garden. Parking facilities in an enclosed courtyard.

Le Roulage
14230 Longueville
Tél./Fax 02 31 22 03 49
Email : dan.leroyer@wanadoo.fr
http://perso.wanadoo.fr/leroulage
Daniel et Janine Leroyer

1 pers. 60 € - 2 pers. 65 €

2 chambres 2 pers. avec sanitaires privés. Ouvert d février à novembre. Petit déjeuner gourmand : confitur maison avec fruits du jardin, différents pains, laitage viennoiseries... Jardin. Restaurants à Grandcamp-Mai 8 km. Inscrit au guide "Gîte au Jardin". ★ Plages d Débarquement à 8 km. Sentiers pédestres. Bayeux (tapi serie, cathédrale, musées). Abbayes, manoirs et châtea du Bessin. Port de pêche à proximité. **Accès :** 20 km l'ouest de Bayeux. RN13, sortie D125 puis tourner 3 f à droite.

Dans cette belle demeure de caractère du XVII rénovée avec beaucoup de soin, vous apprécierez charme et le confort de ces chambres harmonie ses aux couleurs chaudes, meublées d'ancien agrémentées d'agréables salles de bains. Très be jardin et parking dans une cour close. Vous ser ici, au centre des plages du Débarquement...

NORMANDIE

Longueville - Manche (50)

NOUVEAUTÉ

Granville 4 km: sailing port, thalassotherapy, anglo-normand islands, casino. Mont-Saint-Michel 35 mins. Beach, golf, tennis and horse-riding 2 km. Sailing 4 km. Train station 4 km.

★ ***How to get there:*** *D971, Granville-Coutances.*

This 18th-century mansion, complete with grounds and lake, is a prestigious setting where you can relax in style. The decoration is both refined and cheerful and the excellent facilities will ensure a brilliant stay. You will be able to relax and unwind on the stunning nearby golf course that is set on the coast and only 2km away.

Manoir de Longueville
50290 Longueville
Tél./Fax 02 33 50 66 60 ou 06 03 48 88 22
Email : noelsandrine@wanadoo.fr
www.chateau-longueville.com
Sandrine Bouchart

1 pers. 100 € - 2 pers. 100 € - 3 pers. 120 € - p. sup. 30 €

1 chambre 2 pers., 1 suite de 2 ch. (4 pers.), 1 suite 2 pers. et au 2e étage 1 suite de 3 ch. (6 pers.), avec salles de bains spacieuses (douche + bain hydromassage). Ouv. toute l'année. Petit déjeuner : jus de fruits, viennoiseries, confitures maison... Jardin. Supplément chiens 8 €. ★ Granville 4 km : port de plaisance, thalasso, îles anglo-normandes, casino. Mont-Saint-Michel 35 mn. Plage, golf, tennis et équitation 2 km. Voile 4 km. Gare 4 km. **Accès :** D971 axe Granville-Coutances.

Ce manoir du XVIIIe siècle, avec parc et plan d'eau, vous offre un cadre prestigieux pour la détente. La décoration intérieure, à la fois raffinée et gaie, les équipements de confort favorisent votre bien-être. Vous pourrez prendre un bon bol d'air sur le golf situé en bord de mer à 2 km.

Manvieux - Calvados (14)

Arromanches 3 km. Coastal path (GR 261 hiking trail) at Manvieux. Sea and sailing school 3 km. Indoor/outdoor pool, horse-riding, 27-hole golf course 8 km. Normandy landing beaches.

★ ***How to get there:*** *On D514 between Port-Bessin and Arromanches, follow signs for "Les Jardins" in the vicinity of Manvieux.*

Gilberte Martragny is your hostess at this 18th-century residence, originally a farmhouse, which has been handed down from her great grandmother. The setting is both refined and cosy. The bedrooms are spacious, with beams, and full of charm. You will savour the generous breakfasts of homemade jams and a choice of farmhouse breads.

Les Jardins
14117 Manvieux
Tél. 02 31 21 95 17 - Fax 02 31 51 03 40
Email : clemlou@club.internet.fr
Gilberte Martragny

1 pers. 60/65 € - 2 pers. 70/75 € - 3 pers. 85 €

2 chambres avec salle de bains et wc chacune. Ouvert toute l'année. Petit déjeuner copieux. Restaurants à 2 km. Possibilité de lingerie. Ping-pong et tennis gratuits sur place. Parking. Gîte rural 4 épis NN à la même adresse. ★ Arromanches 3 km. Sentier du littoral (GR261) dans Manvieux. Mer et école de voile 3 km. Piscine couverte/plein-air, équitation, golf 27 trous 8 km. Plages du Débarquement. **Accès :** sur D514 entre Port-Bessin et Arromanches, suivre le fléchage "Les Jardins" aux alentours de Manvieux.

Gilberte vous accueillera dans cette ancienne ferme du XVIIIe qui a appartenu à son arrière grand-mère. Le cadre est raffiné et douillet, les chambres spacieuses avec poutres, sont pleines de charme. Un copieux petit déjeuner vous sera servi avec confitures maison et différents pains de campagne.

Monceaux-en-Bessin - Calvados (14)

NOUVEAUTÉ

Manoir les Equerres
14400 Monceaux-en-Bessin
Tél. 02 31 92 03 41 ou 06 84 91 48 68
Email : didier.chambry@wanadoo.fr
Didier Chambry

1 pers. 56/61 € - 2 pers. 64/70 €

4 chambres avec sanitaires privés. Ouvert toute l'année. Petit déjeuner : pains et pâtisseries maison, laitages... Salle de billard.Véranda avec salon de jardin. Parc de 2 ha boisé avec petit bois et source. ★ Bayeux (2 km) : cathédrale, musée, tapisserie, mémorial. Plages du Débarquement à 10 km. Sentiers de randonnée sur place. Piscine, tennis 2 km. Equitation 3 km. Golf 9 km. Mer 10 km. **Accès :** de la gare de Bayeux suivre la direction Tilly-sur-Seulles puis Monceaux-bourg (800 m).

Aux portes de Bayeux, vous tomberez sous le charme de ce beau manoir normand (demeure familiale depuis 6 générations). Les chambres très cosy sont toutes personnalisées. Vous apprécierez le petit déjeuner servi dans la véranda et le très beau parc boisé de 2 ha avec sa source dont vous pourrez profiter.

★Bayeux (2 km): cathedral, museum, tapestry, memorial. Second World War landing beaches 10 km. Local footpaths. Swimming pool, tennis 2 km. Horseriding 3 km. Golf 9 km. Sea 10 km.

★ ***How to get there:*** *From Bayeux station, head in the direction of Tilly-sur-Seulles then Monceaux-bourg (800 m).*

At the edge of Bayeux, you cannot help falling for the charm of this fantastic Norman manor (a family home for 6 generations). The bedrooms are cosy and individual. It really is hard to beat the breakfasts served in the veranda and the 2 hectares of wooded grounds, complete with natural spring. Not to be missed.

Montgaudry - Orne (61)

Le Tertre
61360 Montgaudry
Tél. 02 33 25 59 98 - Fax 02 33 25 56 96
Email : annemorgan@wanadoo.fr
www.french-country-retreat.com
Anne Morgan

1 pers. 50/89 € - 2 pers. 65/130 € - 3 pers. 119/200 € - p. sup. 30 €

3 chambres dont 1 avec jaccuzi (spa) avec sanitaires privés. Ouvert toute l'année sauf janvier. Petit déjeuner : confitures maison, oranges pressées, viennoiseries... Salle de yoga. Cour intérieure. Restaurants à la Perrière 6 km et Mortagne-au-Perche 16 km. ★ Parc Naturel régional du Perche, village de la Perrière, forêt et golf de Bellême. Randonnées sur place. Pêche, tennis et forêt 6 km. Golf 15 km. Equitation 2 km. **Accès :** Montgaudry : 7 km au nord de Mamers. En arrivant de Montgaudry, dir. Contilly. A la patte d'oie, à droite vers "Contilly 2 km" puis 1er chemin à droite. Maison à gauche (porche). CM310.

Au cœur de la région du Perche, remarquable pour la qualité de ses paysages et la diversité de son patrimoine (manoirs, églises romanes), vous découvrirez le Tertre, une superbe ferme. Anne Morgan a restauré à l'authentique cette propriété et vous invite à partager ses passions : le yoga et la méditation, et à participer à divers stages artistiques.

★Le Perche Regional Nature Park, La Perrière village, Bellême Forest and Golf Course. Hiking locally. Fishing, tennis and forest 6 km. Golf course 15 km. Horse-riding 2 km.

★ ***How to get there:*** *Montgaudry is 7 km north of Mamers. In Montgaudry, head for Contilly. At branching crossroads, right at "Contilly 2 km" sign and 1st turning on right. Le Tertre is on the left (porch). Michelin map 310.*

In the heart of the Perche region, renowned for its magnificent scenery and rich heritage of manor houses and Romanesque churches, you will come across Le Tertre, a superb farmhouse. Your hostess, Anne Morgan, has restored this property to pristine splendour. A yoga and meditation enthusiast, Anne will be happy to share her interests with you. She also offers a wide range of arts courses.

Mosles - Calvados (14)

NOUVEAUTÉ

**5 minutes from the historic site of Omaha Beach and the Port-en-Bessin golf course. Sea, tennis, horseriding, fishing 5 km. Swimming pool, 10 km.*

★ ***How to get there:*** *RN13, exit Mosles in the direction of Cherbourg, D97 to the right.*

Le Château d'Argouges (18th century) has 5 luxurious bedrooms available, each of which overlook the undulating countryside. The park is a relaxing place, ideal for ambling strolls.

Château d'Argouges
route de Russy - 14400 Mosles
Tél. 02 31 92 52 90 - Fax 02 31 21 19 99
Email : chateauargouges@aol.com
www.chateau-argouges.com
Thibault Jeanne

1 pers. 120 € - 2 pers. 135 € - 3 pers. 150 €

4 chambres et 1 suite de 2 chambres avec sanitaires privés, prise TV et téléphone. Ouvert toute l'année. Petit déjeuner : laitages, fromages, yaourts, céréales, croissants, fruits, jus de fruits... Salle de billard, salon avec canapés. Parc arboré. Restaurants 5 km. ★ A 5 mn du site historique d'Omaha Beach et du golf de Port-en-Bessin. Mer, tennis, équitation, pêche 5 km. Piscine 10 km. **Accès :** RN13, sortie Mosles vers Cherbourg, D97 à droite.

Le château d'Argouges (XVIIIᵉ siècle) vous propose 5 chambres de grand confort bénéficiant de superbes vues sur la campagne vallonnée. Le parc est un lieu de détente privilégié pour faire de belles promenades.

NORMANDIE

Moulicent - Orne (61)

Le Perche region: manors, forests and culinary traditions. Mortagne, memorial to emigrants to Quebec. Forest 2 km, fishing and horse-riding 4 km, tennis court 6 km, swimming pool 8 km and golf courses 25 km and 40 km. Center Parcs 25 km. Haras du Pin stud farm 55 km. Chartres 65 km.

★ ***How to get there:*** *On N12, at the Sainte-Anne crossroads, between Verneuil and Mortagne, head for Longny-au-Perche, then left for Moulicent. Michelin map 310.*

The charm and comfort of Château de la Grande Noé, situated in the Perche region less than 90 minutes from Paris, are most appealing. The history of this family château's construction spans the 15th, 18th and 19th centuries. Each of the three bedrooms has a character all its own and features period furniture. The residence is set in 15 hectares of beautiful parkland. Stabling facilities for horses.

Château de la Grande Noë
La Grande Noë - 61290 Moulicent
Tél. 02 33 73 63 30 - Fax 02 33 83 62 92
Email : grandenoe@wanadoo.fr
www.chateaudelagrandenoe.com
Jacques et Pascale de Longcamp

1 pers. 80 € - 2 pers. 100/115 € - p. sup. 20 €

3 chambres, toutes avec bains et wc. Ouvert du 1ᵉʳ février à fin novembre (réservation possible l'hiver, sur demande). Petit déjeuner avec confitures maison et jus de fruits. Piano. Bicyclettes, ping-pong. Boxes et paddocks pour chevaux. Restaurants dans un rayon de 5 à 8 km. ★ Le Perche (manoirs, forêts). Mortagne, souvenir de l'émigration au Québec. Forêt 2 km. Pêche 6 km, équit. 12 km, tennis 5 km, piscine 8 km, golf 25 km. Center Parcs 25 km. Haras du Pin 55 km. Chartres 65 km. **Accès :** par la N12, au carrefour de Sainte-Anne, entre Verneuil et Mortagne, prendre dir. Longny-au-Perche, puis à gauche vers Moulicent. CM310.

Dans la région du Perche, à moins de 1h30 de Paris, le charme et le confort d'un château familial des XVᵉ, XVIIIᵉ et XIXᵉ siècles. Chaque chambre a son propre caractère, avec mobilier ancien. Beau parc de 15 hectares.

Moutiers-au-Perche - Orne (61)

NOUVEAUTÉ

★Moutiers-au-Perche village, hiking trails, Perche Regional Natural Park, forests (mushrooms in season). Horse-riding, tennis and fishing 7 km. Golf course 30 km.

★ ***How to get there:*** *From Rémalard, take direction Moutiers. About 6 km into the forest, take the stone track on the left towards "la Louveterie". Michelin map 310.*

The wonderful Domaine de la Louveterie that stretches over 14 hectares of wood and parkland is waiting to extend you a warm welcome. This 17th-century former farmhouse has a friendly and refined atmosphere that offers both space and tradition. Carole and Pietro are able to give you excellent advice on the best ways to explore the beautiful Perche region.

Domaine de la Louveterie TH
61110 Moutiers-au-Perche
Tél. 02 33 73 11 63 ou 06 87 14 23 32
Fax 02 33 73 05 16
Email : domainedelalouveterie@wanadoo.fr
Domaine de la Louveterie

1 pers. 75/135 € - 2 pers. 75/135 € - 3 pers. 100/160 € - repas 30 €

5 chambres avec sanitaires privés. Ouv. toute l'année. Petit déjeuner : continental ou anglais avec pâtisseries maison, jus de fruits frais, céréales... T. d'hôtes : gâteaux à l'écorce d'orange... Jardin. Potager bio. Forêt privée. Piscine. Restaurants à Longny-au-Perche 10 km. ★ Village de Moutiers-au-Perche, chemins de randonnée, PNR Perche, forêts (champignons en saison). Equitation, tennis et pêche 7 km. Golf 30 km. **Accès :** à Rémalard; prendre la dirrection de Moutiers. A environ 6 km en forêt, prendre un chemin pierré à gauche vers "La Louveterie". CM310.

Une étape coup de cœur vous est réservée au Domaine de la Louveterie qui s'étend sur 14 ha de bois et de prés. Cette ancienne longère du XVIIe siècle vous offre espace et authenticité dans une ambiance chaleureuse et raffinée. Carole et Pietro vous donneront des conseils avisés pour découvrir cette belle région qu'est le Perche.

Négreville - Manche (50)

NOUVEAUTÉ

★Valognes 5 mins. Cherbourg and the "cité de la Mer" 20 mins. Tatihou Island 30 mins. Beach 20 km. Golf 15 km. Tennis 5 km. Hiking locally. Train station 5 km.

★ ***How to get there:*** *N13, exit "Zone d'Armanville" after Valognes, then take D62 towards Sottevast.*

Come and experience the charms of château life at this delightful historic 18th-century residence that has been entirely and artistically restored by its owners. The château has kept its original interior décor with elegant and luxurious bedrooms and wonderful bathrooms that boast Valognes stone work. There are 15 hectares of grounds with hundred-year-old trees where you can wind down.

Château de Pont Rilly
50260 Négreville
Tél. 02 33 40 47 50
Email : chateau-pont-rilly@wanadoo.fr
www.chateau-pont-rilly.com
Jean-Jacques Roucheray

1 pers. 70/150 € - 2 pers. 80/150 € - 3 pers. 150 €

3 chambres 2 pers. et 1 suite de 2 ch., toutes avec salles d[e] bains spacieuses. Ouvert du 1.04 au 1.11. Petit déjeuner jus de fruits, pâtisseries maison, confitures maison... Par[c] de 15 ha. Chapelle. Restaurants gastronomiques Valognes (5 km). ★ Valognes 5 mn. Cherbourg et la cit[é] de la Mer à 20 mn. Ile de Tatihou à 30 mn. Plage 20 km Golf 15 km. Tennis 5 km. Randonnées pédestres su[r] place. Gare 5 km. **Accès :** N13, sortie "Zon[e] d'Armanville" après Valognes, puis D62 dir. Sottevast.

Venez goûter aux charmes de la vie de châtea[u] dans cette superbe demeure historique du XVII[I] entièrement restaurée dans les règles de l'art par s[es] propriétaires passionnés d'histoire. Le châtea[u] a gardé son décor d'origine; chambres élégantes [et] confortables, superbes salles de bains en pierre [de] Valognes. Parc de 15 ha avec arbres séculaires, sy[s]tème hydraulique avec canaux.

Ouainville - Seine Maritime (76)

Falaises coastline, family beaches, exhibitions, museums, casinos, first-rate sports facilities, including tennis and sailing. Golf course at Etretat 37 km. Horse-riding 3 km. Tennis court 2 km. Hiking 1 km.

★ ***How to get there:*** *D925. From Cany-Barville, leave Cany and drive 1 km up to Fécamp. Turn first left, then turn into lane with water tower, 500 m up on the right.*

Liliane extends a warm welcome at her 19th-century longère, typical of the Pays de Caux, twixt sea and countryside. Attractively appointed themed bedrooms await your arrival. There is a garden with heated pool (June-September) for your enjoyment. Peace, quiet and comfort are just some of the many qualities of this lovely residence, which exudes the good life.

La Maison de Bardeville
Hameau de Bardeville - 470, route du Château d'Eau - 76450 Ouainville
Tél./Fax 02 35 97 86 88 ou 06 24 21 07 21
www.maisondebardeville.com
Liliane Detollenaere

1 pers. 75 € - 2 pers. 75/85 € - 3 pers. 115/150 € - p. sup. 35 €

3 chambres dont 1 pour 4/5 pers. avec sanitaires privés. (4 pers. 150 €). Ouv. Du 1.01 au 15.12. Petit déj. : croissants, confitures/pâtisseries maison, compote... Jeux société. Jardin, piscine chauffée de juin à sept., terrasse, salons de jardin. "Gîte au Jardin". ★ Littoral à Falaises, plages familiales, expositions, musées, casinos, équipement sportif de qualité (tennis, voile...). Golf à Etretat 37 km. Base nautique 8 km. Equitation 3 km. Tennis 2 km. Randonnées 1 km. **Accès :** D925. De Cany-Barville, quitter Cany et faire 1 km de montée dir. Fécamp, 1re à gauche puis chemin du château d'eau à 500 m à droite.

Entre mer et campagne, dans une longère du XIXe siècle, Liliane vous accueille chaleureusement dans une maison typique du Pays de Caux où des chambres à thèmes très joliment décorées vous attendent. Jardin avec piscine chauffée. Charme, calme et confort sont les atouts de cette agréable demeure où il fait bon vivre.

NORMANDIE

Pertheville-Ners - Calvados (14)

ootpaths at Pertheville-Ners and in the surrounding forest. shing in small lake 3 km away. Tennis, swimming pool, horse-ling and rock-climbing 7 km.

How to get there: *From Falaise, take D63 for Trun. Past esne-la-Mère, turn right for Pertheville-Ners. Follow signs the right as you enter the village.*

chel Plassais's 15th-century farm lies near Falaise, William Conqueror's birthplace. This listed time-honoured family nsion offers extremely spacious rooms and a very pretty asure garden. A warm welcome is guaranteed.

Le Chêne Sec
14700 Pertheville-Ners
Tél. 02 31 90 17 55
Michel Plassais

1 pers. 38 € - 2 pers. 53 € - 3 pers. 60 € - p. sup. 9 €

2 chambres à l'étage, toutes avec douche et wc privés. Ouvert de mars à octobre. Parking. Restaurant à 8 km. ★ Sentiers pédestres à Pertheville-Ners et aux alentours en forêt. Pêche en étang à 3 km. Tennis, piscine, équitation, varappe à 7 km. **Accès :** à Falaise, D63 dir. Trun. Après Fresne-la-Mère, à droite dir. Pertheville-Ners. Suivre le fléchage à droite à l'entrée du village.

Non loin de Falaise, berceau de Guillaume le Conquérant, Michel vous accueille dans sa ferme du XVe siècle (label Fondation du Patrimoine). Les chambres sont très spacieuses et cette ancienne maison de maître dispose d'un joli jardin d'agrément.

Préaux - Seine Maritime (76)

La Bichonnière TH
16 impasse des Tuileries - 76160 Préaux
Tél. 02 35 60 64 16 ou 06 62 08 23 68
Email : labichonniere@tiscali.fr
Pascal et Martine Rouzier

1 pers. 44 € - 2 pers. 50/52 € - 3 pers. 65 € - p. sup. 15 € - repas 20 €

2 chambres dont 1 avec espace salon privatif, chacune avec sanitaires privés. Ouvert toute l'année. Petit déjeuner : viennoiseries, fromages, yaourts, confitures maison, gâteaux... T. d'hôtes sur résa. : cuisine au cidre et à l'eau de vie. Matériel bébé sur demande. Vélos à disposition. Jardin, salon de jardin. ★ Festival Archéo-Jazz à Blainville Crevon (juin). Rouen 10 km. Plage 50 km. Piscine 10 km. Equitation et golf 9 km. Tennis et randonnées sur place. **Accès :** A28, sortie Isneauville puis N28 dir. Isneauville. Au rond point, à droite dir. Préaux. Au panneau "Préaux", à gauche puis en face au stop.

A proximité de Rouen, cette jolie demeure (portail classé du XVIIIe siècle) restaurée avec passion par Martine, Pascal et leurs enfants, vous assurera calme et sérénité. Vous apprécierez le confort et le charme des chambres ainsi que la situation de la maison, qui vous permettra de faire de jolies balades au cœur de la campagne.

★June "Archéo-Jazz" Festival at Blainville Crevon. Rouen 10 km. Beach 50 km. Swimming pool 10 km. Horse-riding and golf 9 km. Tennis and hiking locally.

★ ***How to get there:*** *A28, Isneauville exit and N28 for Isneauville. Turn right at the roundabout for Préaux. Turn left at the "Préaux" sign, the house is opposite the stop sign.*

Martine, Pascal and their children have restored this pretty residence, which has a listed 18th-century gateway, with loving care. A peaceful break is assured in the charming, comfortable bedrooms of this well-situated house, ideal for pleasant walks in the countryside.

Quetteville - Calvados (14)

Les Hauts de la Côte Ransue - TH
14130 Quetteville
Tél./Fax 02 31 64 69 95
Email : catherinegruvel@hotmail.com
Catherine et Robert Gruvel-Wall

1 pers. 50 € - 2 pers. 60 € - 3 pers. 80 € - p. sup. 20 € - repas 25 €

2 chambres 2 pers. dont 1 avec 1 ch. complémentair chacune disposant de sanitaires privés et service thé/caf Ouvert toute l'année. Petit déjeuner : gateaux maiso croissants, miel, yaourts, compotes, jus de pomme. T. d'hô tes aux saveurs du pays d'Auge et produits de la m Jardin. Chaises longues à disposition. ★ Honfleur 10 k Côte Fleurie, pays d'Auge avec ses manoirs et ses har Mer et golf 10 km. Piscine 12 km. Equitation 6 k Tennis 4 km. **Accès :** N175 Beuzeville-Pont l'Evequ Dans le bourg de Quetteville, suivre "Les Anglais" s 2,5 km.

C'est dans une ambiance assez british que vo serez accueillis par Catherine et Robert dans ce belle demeure du XIXe siècle au charme raffi Les 2 chambres aux noms évocateurs "Le Roma tisme" et "La Poésie" vous permettront de choi le thème de votre séjour. Le jardin ouvert sur campagne est un havre de détente.

★Honfleur 10 km. Deauville and "Floral Coast". Pays d'Auge manor houses and stud farms. Sea and golf course 10 km. Swimming pool 12 km. Horse-riding 6 km. Tennis court 4 km.

★ ***How to get there:*** *N175 Beuzeville-Pont-l'Evêque. In Quetteville village, head for "Les Anglais", 2.5 km on.*

Catherine and Robert are your hosts at their handsome 19th-century residence, which exudes both charm and refinement with an English touch. The two evocatively named bedrooms, "Le Romantisme" and "La Poésie", provide the ideal backdrop for your stay. The garden, which looks out onto the surrounding countryside, is a haven of rest and relaxation.

Regnéville-sur-Mer - Manche (50)

★Town of Coutances for art and history, and Jazz sous les Pommiers Festival (in May) 9 km. Beach 3 km. Golf course 9 km. Hiking 100 m. Sailing 5 km. Aerodrome 15km.

★ ***How to get there:*** *D650 (scenic route) and D156.*

Seventeenth-century Le Clos Pastel, originally a presbytery, now lovingly restored, affords breathtaking views of the Sienne Bay and the salt flats. The bedrooms are cosy and comfortable, and you will succumb to the peaceful, relaxing atmosphere created by the paintings, books period furniture and intimist gardens.

Le Clos Postel
5, route d'Urville - 50590 Regnéville-sur-Mer
Tél. 02 33 07 12 38 ou 06 14 19 20 19
Email : clospostel@hotmail.com
www.clospostel.com
Lydie et Robert Friaux

1 pers. 55 € - 2 pers. 65 € - 3 pers. 95 €

2 chambres doubles dans le colombier, 1 duplex 3 pers. en rez-de-jardin avec kitchenette, 1 suite de 2 chambres pour 3 pers., sanitaires privés. Ouv. toute l'année. Petit déjeuner : produits de la région, gâteaux et confitures maison... Vélos à dispo. Japonais et italien parlés également. Restaurants 3 km. ★ Coutances, ville d'Art et d'Histoire 9 km. Festival de Jazz sous les pommiers (en mai) à Coutances. Plage 3 km. Golf 9 km. Randonnée 100 m. Voile 5 km. Aérodrome 15 km. **Accès :** D650 (route touristique) puis D156.

Cet ancien presbytère du XVIIe siècle, restauré avec soin, bénéficie d'une vue imprenable sur la baie de Sienne et les prés salés. Les chambres au confort douillet, les tableaux, les livres, les meubles anciens et les jardins intimistes contribuent à développer une ambiance empreinte de paix et de sérénité.

NORMANDIE

Reuilly - Eure (27)

★Tennis 300 m. Horse-riding 3 km. Claude Monet Museum (artist's house and garden) at Giverny. Château-Gaillard, Rouen, châteaux and abbeys.

★ ***How to get there:*** *A13, exit 17 Gaillon, head for Evreux. Reuilly is 12km on. Or from Evreux, through Gravigny for Rouen. Opposite Caer/Normanville shopping center, D316 for Gaillon. Reuilly is 5 km on. Michelin map 304, fold H7.*

You will find the peace and quiet of bygone days at this tastefully renovated, handsome 18th-century manor. The two ground-floor bedrooms, with direct access to the courtyard, mean that guests can come and go as they please, and the comfortable upstairs suite offers a relaxing calm. Nature lovers will be captivated by the charm of the garden with its bouquet of delicate fragrances. You are assured of a warm welcome from the owners.

Clair Matin
19, rue de l'Eglise - 27930 Reuilly
Tél. 02 32 34 71 47 - Fax 02 32 34 97 64
Email : bienvenue@clair-matin.com
Jean-Pierre et Amaia Trevisani

1 pers. 45/55 € - 2 pers. 55/70 € - 3 pers. 70/100 € - p. sup. 15 €

2 chambres dont 1 familiale avec mezzanine et 1 suite 4 pers. avec salon privé. Bains et wc privés pour chacune. Ouvert toute l'année. Parking privé. Auberges à proximité. ★ Tennis 300 m. Equitation 5 km. Jardin de Claude Monet à Giverny. Château-Gaillard, Rouen, châteaux, abbayes et jardins. **Accès :** A13 sortie 17 Gaillon dir. Evreux, Reuilly 12 km. D'Evreux sortir par Gravigny dir. Rouen. Face au centre commercial Caer/Normanville prendre la D316 vers Gaillon, Reuilly à 5 km. CM304, pli H7.

Dans ce joli manoir du XVIIIe, rénové avec beaucoup de goût, vous retrouverez l'ambiance paisible d'autrefois. Les 2 ch. en r.d.c. ont un accès direct sur la cour vous permettant une grande indépendance, tandis que la suite à l'étage vous offre une douce quiétude. Les amants de la nature apprécieront le charme envoûtant du jardin aux délicates senteurs.

St-Aubin-de-Scellon - Eure (27)

NORMANDIE

Calonne Valley, "son-et-lumière" show at Epreville-en-Lieuvin, Noard dairy farm, Le Bec Hellouin Abbey, Beaumesnil and Harcourt Châteaux. Hiking locally. Horse-riding 7 km. Water sports centre 20 km.

★ ***How to get there:*** *From Evreux, take N13. 50 km from Evreux. As you enter Duranville village, take D41 on the right for St-Aubin-de-Scellon. The house is 2.6 km up on the right. Michelin map 304, fold C6.*

You will be enchanted by this superb family mansion, nestling in parkland, and the harmonious contours of its pinnacle. Your hostess, Marie-Hélène, will be delighted to give you a guided tour of the house, garden, orchard and old half-timbered buildings. The high-ceilinged bedrooms are draped in Toile de Jouy and feature period fireplaces and parquet flooring.

La Charterie TH
27230 St-Aubin-de-Scellon
Tél. 02 32 45 46 52
http://monsite.wanadoo.fr/la.charterie
Marie-Hélène François

1 pers. 50 € - 2 pers. 55 € - 3 pers. 70 € - repas 20 €

4 chambres avec sanitaires privés. Ouvert toute l'année. Petit déjeuner : jus de fruits, yaourts, confitures et patisseries maison... T. d'hôtes : potage de courgettes, chou fleur, cresson, pintade aux pommes, mousse au chocolat... Jardin, parc de 1,5 ha. Restaurants 2 km. ★ Vallée de la Calonne, son & lumière d'Epreville-en-Lieuvin, laiterie de Noard, abbaye du Bec Hellouin, châteaux de Beaumesnil et Harcourt. Randonnées sur place. Equitation 7 km. Base nautique 20 km. **Accès :** d'Evreux prendre la N13. A 50 km d'Evreux, à l'entrée du village de Duranville, prendre à droite D41 vers St-Aubin-de-Scellon. La maison est à droite à 2,6 km. CM304, pli C6.

Nichée au sein de son parc, cette superbe maison de maître vous séduira par ses lignes harmonieuses et son clocheton. Marie-Hélène vous fera découvrir avec enthousiasme sa maison, son jardin, son verger et ses vieux bâtiments à colombages. Les chambres sont hautes de plafond, et sont habillées de toile de Jouy, les cheminées et les parquets sont d'époque.

St-Aubin-le-Cauf - Seine Maritime (76)

Dieppe 10 km: museums, boating, golf course and casino. Varengeville-sur-Mer: Moutiers Floral Park, G. Braque Maritime Cemetery. Organ Festivals at Arques-la-Bataille. Horse-riding 3 km. Tennis 10 km. Beach, golf course 12 km.

★ ***How to get there:*** *A28, "Les Hayons" exit, and D915 for Dieppe. At Torcy, take D149 for Envermeu and Saint-Aubin-le-Cauf.*

Agnès Bosselin is your hostess at La Châtellenie, a château built on feudal foundations in the 18th century, in a breathtakingly peaceful valley. The accommodation comprises five spacious, outstandingly comfortable bedrooms, one with canopied fourposter bed, all elegantly appointed. In the summer months, enjoy strolls in the park by the river or relax under the arbour.

La Châtellenie
76510 Saint-Aubin-le-Cauf
Tél. 02 35 85 88 69 - Fax 02 35 85 84 21
Email : lachatellenie@wanadoo.fr
www.lachatellenie.com
Agnès Bosselin

1 pers. 55/65 € - 2 pers. 60/70 € - p. sup. 20 €

5 ch. avec salle de bain/douche et wc privés. Accès internet wifi. Ouv. de mars à nov. Petit déj. : jus fruits, viennoiseries, confitures, fruits, pâtisseries, jambon... Après travaux : salon privé (canapés, bibliothèque, TV, internet), salle de fitness. Parc 1.5 ha, salon de jardin, parcours pêche privé (rivière et étang). ★ Dieppe 10 km : musées, plaisance, golf, casino. Varengeville-sur-mer : parc floral des Moutiers, cimetière marin G. Braque. Festivals d'orgue à Arques-la-Bataille. Equit. 3 km. Tennis 10 km. Plage, golf 12 km. **Accès :** A28 sortie "Les Hayons" puis D915 direction Dieppe jusqu'à Torcy et D149 direction Envermeu sortie Saint-Aubin-le-Cauf.

Au calme d'une belle vallée, Agnès Bosselin vous accueille à la Châtellenie, château construit sur des fondations féodales au XVIIIe siècle. Elle propose 5 chambres dont une à baldaquin, très confortables, spacieuses au décor raffiné. Durant la belle saison, promenades dans le parc au bord de la rivière ou détente sous la tonnelle.

St-Aubin-le-Guichard - Eure (27)

NOUVEAUTÉ

Château de Beaumesnil, la Reliure museum 2 km Bernay (15 km). Forest nearby. Sea 60 km. Golf course 20 km. Fishing 9 km. Tennis, horse-riding, walking trails 2 km.

★ ***How to get there:*** *From Beaumesnil, head towards Bernay and then take the D25 towards Beaumont-le-Roger.*

At the heart of the Ouche region, Mauricette and Michel will welcome you warmly to their stunning 16th-century residence where the wonderful bedrooms bursting with character are all arranged upstairs. Breakfast is served in the living room which boasts a superb fireplace or in the owners' dining room. You will fall in love with the bedrooms here, with their comfort, their size and their view of the dovecote.

Manoir du Val
Le Val - 27410 St-Abin-le-Guichard
Tél. 02 32 44 41 04 ou 06 87 15 17 03
Mauricette et Michel Parent

1 pers. 45 € - 2 pers. 52 € - 3 pers. 72 €

2 chambres et 1 suite avec sanitaires privés. Ouvert toute l'année. Petit déjeuner : jus de pomme, pain au graines, gâteaux et confitures maison... Salon avec cheminée. Vente de produits régionaux, dans la cour attenante : cidre, jus de pomme, pommeau, confitures, terrine de canard. Restaurant 8 km. ★ Château de Beaumesnil, musée de la Reliure (2 km). Bernay 15 km. Forêt à proximité. Mer 60 km. Golf 20 km. Pêche 9 km. Tennis, équitation, circuits pédestres 2 km. **Accès :** de Beaumesnil, prendre dir. Bernay puis la D25 en dir. de Beaumont-le-Roger.

Au cœur du pays d'Ouche, Mauricette et Michel vous réservent un accueil chaleureux dans cette demeure du XVIe siècle. Les chambres de caractère sont aménagées à l'étage. Le petit déjeuner est servi dans le salon avec cheminée et dans la salle à manger des propriétaires. Vous apprécierez le confort des chambres, leurs volumes et la vue sur le pigeonnier.

NORMANDIE

St-Bômer-les-Forges - Orne (61)

Domfront medieval city. Forges. Lancelot country. Tours of ariety of châteaux and churches. Summer concerts. Tennis court, ding club 2 km. Forest 12 km. Golf course 15 km. GR22 king path 1 km.

How to get there: *At Domfront, take D962 for Flers. rive approx. 5 km, turn right on D260 for "Les Forges de arennes" by the roadside cross. Follow "Les Forges de Varennes gns and turn left. Narrow lane between two houses.*

hâteau de la Maigraire, built during the second half of the th century, is situated away from the main travelled roads in heart of the copse midway between Flers and Domfront. is handsome granite stone residence stands majestically in a nantic park dotted with centuries-old trees.

Château de la Maigraire
61700 St-Bômer-les-Forges
Tél./Fax 02 33 38 09 52 ou 06 76 83 36 17
Email : la.maigraire@wanadoo.fr
www.chateaudelamaigraire.monsite.wanadoo.fr
Jean-Louis Fischer

1 pers. 80 € - 2 pers. 90/110 € - 3 pers. 130 € - p. sup. 20 €

3 suites avec sanitaires privés. Ouvert toute l'année. Petit déjeuner : brioche, croissants, confitures maison, oranges pressées, yaourts... Salons avec pianos. Vastes pelouses, étangs, chapelle : concert en été, expositions, espace pique-nique. Parc 2,5 ha. Nombreuses tables de qualité entre 6 et 10 km. ★ Domfront, cité médiévale. Circuit du Fer. Circuit Lancelot du Lac. Nombreux châteaux et églises à visiter. Concerts en été. Tennis, club hippique 2 km. Forêt 12 km. Golf 15 km. GR 22 1 km. **Accès :** à Domfront, prendre D962 vers Flers. Faire environ 5 km et à droite par D260 vers les "Forges de Varennes" au calvaire. Suivre fléchage "Les Forges de Varennes" puis à gauche, petit chemin entre 2 maisons.

A l'écart des routes passagères, au cœur du bocage, entre Flers et Domfront, le château, bâti au cours de la seconde moitié du XIXe dans le beau granit local, se dresse milieu d'un parc romantique orné d'arbres centenaires.

St-Clair-d'Arcey - Eure (27)

Horse-riding 4 km. Swimming pool, tennis court 7 km. Sea at Deauville 60 km. Château de Beaumesnil 15 km. Bernay 7 km. Arboretum, Château de Harcourt 25 km. Le Bec Hellouin Abbey 30 km. Golf course 25 km.

★ ***How to get there:*** *On the D140 Bernay-Conches. 4 km past Bernay, turn left for St-Clair-d'Arcey, then St-Aubin-le-Guichard and follow signs for "Le Plessis". Michelin map 304, fold D7.*

This 18th-century manor house with outbuildings is set in five-hectare grounds, lined with centuries-old trees. Well appointed with period furniture, matching tapestries and fabrics. The upstairs bedrooms afford magnificent views of the property. A quiet, restful stay is guaranteed in this secluded residence. Your host, Mr Rodriguez, will be happy to introduce you to the art of sculpture.

Domaine du Plessis TH
27300 Saint-Clair-d'Arcey
Tél./Fax 02 32 46 60 00
Email : antoinego@caramail.com
http://perso.wanadoo.fr/henri.rodriguez
M. Gouffier et M. Rodriguez

1 pers. 48/54 € - 2 pers. 54/60 € - 3 pers. 63/69 € - repas 14 €

2 ch. 3 pers. et 1 ch. 2 pers. avec sanitaires privés. Ouvert du 15.02 au 30.11. Copieux petit déj. : tartes, yaourts, fromages, fruits, viennoiseries... Assiette gourmande 14 €, 8 €/enfant - 8 ans. Salon à disposition. Etang, parc 5 ha. Chien admis en laisse (animaux dans le parc). Restaurants à 4 km et à Bernay 7 km. ★ Equitation 4 km. Piscine, tennis 7 km. Mer à Deauville 60 km. Château de Beaumesnil 15 km. Bernay 7 km. Arboretum, château de Harcourt 25 km. Abbaye du Bec Hellouin 30 km. Golf 25 km. **Accès :** par la D140 Bernay-Conches. Prendre 4 km après Bernay, à gauche dir. St-Clair-d'Arcey, puis St-Aubin-le-Guichard et suivre les panneaux "Le Plessis". CM304, pli D7.

Cette gentilhommière avec dépendances du XVIIIe est située dans un parc de 5 ha aux arbres centenaires. Bel aménagement intérieur avec mobilier d'époque, tapisserie et tissus coordonnés. Les chambres à l'étage, ont une belle vue sur la propriété. Vous ferez en ce lieu, un séjour en toute quiétude et pourrez vous initier à la sculpture avec M. Rodriguez.

St-Denis-le-Ferment - Eure (27)

Close to the medieval city of Gisors. Lyons-la-Forêt, Giverny, Gaillard Château. 50 minutes from Rouen and Paris. GR125 hiking trail. Horse-riding 2 km. Fishing 500 m. Golf course 15 km.

★ ***How to get there:*** *From Paris A15 and N14 for Rouen, Dieppe/Gisors exit (D43). Before you reach Gisors Château, head for St-Denis-le-Ferment and drive through the forest to the village centre. Michelin map 304, fold K5-6.*

This handsome 18th-century longère is set in one of the Norman Vexin finest villages. The spacious bedrooms have been lovingly decorated and appointed with attractive regional furniture. A warm welcome awaits you at this delightful, tranquil setting, ideal for exploring the many local places of interest.

La Levrière
24, rue Guérard - 27140 St-Denis-le-Ferment
Tél./Fax 02 32 27 04 78 ou 06 79 43 92 77
Email : pascalgravier@hotmail.com
www.normandyrooms.com
Sandrine et Pascal Gravier

1 pers. 45 € - 2 pers. 54/58 € - p. sup. 15 €

3 chambres avec sanitaires privés. Ouvert toute l'année Petit déjeuner : pains spéciaux, viennoiseries, confiture maison, laitage, jus de pomme fermier... Cour, parc de 1 ha. VTT, rivière, transats et salon de jardin en teck Restaurant gastronomique sur place. Autres restaurants 6 km. ★ A proximité de la cité médiévale de Gisors Lyons-la-Forêt, Giverny, château Gaillard. A 50 mn de Rouen et Paris. GR125 sur place. Equitation 2 km. Pêche 500 m. Golf 15 km. **Accès :** de Paris A15, puis N14 dir. Rouen, sortie Dieppe/Gisors (D43). Devant le château de Gisors, suivre St-Denis-le-Ferment, traverser la forêt jusqu'au centre du village. CM304, pli K5-6.

Belle longère normande du XVIIIe siècle, au cœur d'un des plus beaux villages du Vexin normand. Les chambres spacieuses ont été décorées avec soin et aménagées avec de beaux meubles régionaux. Vous serez reçus chaleureusement, et profiterez d'un séjour au calme dans un cadre privilégié, pour découvrir et visiter les nombreux sites de la région.

St-Eloi-de-Fourques - Eure (27)

Manoir d'Hermos
27800 Saint-Eloi-de-Fourques
Tél./Fax 02 32 35 51 32
Email : contact@hermos.fr
http://www.hermos.fr.
Béatrice et Patrice Noël-Windsor

1 pers. 46/59 € - 2 pers. 51/64 € - 3 pers. 69/82 € - p. sup. 18 €

2 chambres 3 et 4 pers. avec bains et wc privés. Ouvert toute l'année. Salon avec cheminée à disposition. Billard. Jardin, parc, plan d'eau (pêche). Salon de jardin, jeux enfants. Accueil cavaliers l'été. Vente produits terroir. ★ A prox. : abbaye du Bec Hellouin, château du champ de Bataille, arboretum du château d'Harcourt, golf 18 trous, clubs hippiques, piscines couvertes, base de loisirs (planche à voile...). Loc.VTT sur place. **Accès :** N138 dir. Bernay, 8 km après Bourtheroulde, à gauche (D92) puis panneaux "Hermos". D'Evreux, N13 jusqu'au carref. des 4 routes, à droite (D840). Passer Le Neubourg et à la sortie de Gros Theil, à gauche (D92). CM304, pli E6.

Ravissant manoir du XVIe (ancien pavillon de chasse d'Henri IV) entouré d'un vaste parc de 10 ha avec plan d'eau et par la campagne environnante. Beaucoup de caractère pour cette propriété au cœur d'une région chargée d'histoire. Belles promenades dans le parc aux essences variées et dans les allées forestière aux arbres centenaires.

★Nearby: Le Bec Hellouin Abbey, Champ de Bataille Château, Harcourt Château and arboretum, 18-hole golf course, horse-riding clubs, indoor swimming pools, outdoor sports centre (windsurfing). Bikes for hire locally.

*★ **How to get there:** A13 direction Bernay. 8km after Bourtheroulde, go left (D92) and follow "Hermos" signs. From Evreux, take N13 to the 4-way crossroad, turn left (D840). Pass Le Neubourg, take Gros Theil exit on the left (D92).*

Manoir d'Hermos is a stunning 16th-century manor house, set in vast ten-hectare grounds with a lake, was once Henri IV's hunting lodge. This characterful property nestles in the heart of the countryside, in a region steeped in history. Enjoy walks in the park where the air is filled with a wealth of essences, or along forest paths with centuries-old trees.

NORMANDIE

St-Etienne-l'Allier - Eure (27)

NOUVEAUTÉ

Le Bois Carré
101, chemin du Bois Carré -
27450 St-Etienne-l'Allier
Tél. 02 32 42 84 21
http://perso.wanadoo.fr/annha27/
Annie Harou

1 pers. 42 € - 2 pers. 48 €

2 chambres avec sanitaires privés. Ouvert toute l'année. Petit déjeuner : jus d'orange, œufs à la coque, viennoiseries, fromages (sur demande)... Salon, salle à manger. Jardin, parc de 0,6 ha. Restaurants à 3 km. ★ Randonnées pédestres, cyclistes et équestres. Festival des Mascarets. A proximité du Parc des Boucles de la Seine Normande et d'Honfleur. Piscine, tennis 3 km. Equitation 5 km. Mer 35 km. Pêche 10 km. **Accès :** A13, sortie Pont Audemer, prendre de Pt Audemer la D29 dir. St-Georges-du-Vièvre. Passer Campigny, St-Martin/St-Firmin, et 2 km après à gauche "Le Bois Carré" (D29). CM304, pli D6.

Demeure du XIXe siècle située dans le pays Risle Estuaire, non loin de Rouen, Caen, des abbayes de la vallée de Seine, du Bec Hellouin, une profusion de lieux prestigieux pour les amateurs d'art et d'histoire. Les amoureux de nature pourront s'évader par les sentiers bucoliques nichés dans l'apaisante verdure.

Hiking, walking, cycling and horseriding. Festival des ascarets. Near to the Parc des Boucles de la Seine Normande d'Honfleur. Swimming pool, tennis 3 km. Horse-riding km. Sea 35 km. Fishing 10 km.

***How to get there:** A13, exit Pont Audemar, from Pt idemar, take the D29 - direction St-Georges-du-Vièvre. Go st Campigny, St-Martin/St-Firmin, and 2km later, on the , is "Le Bois Carré" (D29). Michelin map 304, fold D6.*

is 19th-century residence in Risle Estuaire is surrounded by stigious locations that all art and history-lovers will preciate: Rouen, Caen, the abbeys of the Seine valley, Bec llouin, la Côte Fleurie and la côte d'Albâtre are all close Nature lovers will also appreciate this wonderful area thanks he many pastoral footpaths that pass through the peaceful nery.

St-Germain-de-la-Coudre - Orne (61)

Le Haut Buat
61130 St-Germain-de-la-Coudre
Tél. 02 33 83 36 00
Email : thieblinisabelle@aol.com
http://haut.buat.free.fr
Laurent et Isabelle Thiéblin

1 pers. 50 € - 2 pers. 60 €

2 chambres avec sanitaires privés. Ouvert toute l'année. Petit déjeuner : jus d'oranges pressées et de pommes, yaourts et confitures maison, gâteaux à la peau de lait, fruits du verger... Importante bibliothèque à disposition. Vaste jardin. Restaurants 10 km. Les chambres ont obtenu l'appellation "Gîte Panda". ★ Musée Arts et Traditions du Perche à St.Cyr-la-Rosière. Ville de Bellême (forêt, golf 18 trous). Circuits des manoirs du Perche. Rand. et pêche sur place. Forêt, tennis 2 km. Equitation 3 km. Piscine 10 km. **Accès :** à Bellême prendre dir. La Ferté-Bernard. A St.Germain prendre dir. Bellou-le-Trichard puis dans la descente, à droite vers le Haut-Buat. A 15 km de la sortie autoroute "Ferté-Bernard". CM310.

Cette belle longère est une ancienne ferme percheronne que ses propriétaires ont restaurée avec bonheur guidés par la recherche de l'authenticité. 2 belles chambres au décor campagnard et douillet ont été aménagées. Dans ce cadre bucolique et romantique, vous trouverez un calme absolu et un dépaysement total. Une étape de charme.

★Perche Popular Arts and Traditions Museum at St-Cyr-la-Rosière. Bellême: forest, town and 18-hole golf course. Visits to manor houses in the Perche region. Hiking and fishing locally. Forest, tennis 2 km. Horse-riding 3 km. Swimming pool 10 km.

*★ **How to get there:** At Bellême, head for La Ferté-Bernard. At St-Germain, head for Bellou-le-Trichard and as you drive down, turn right for Haut-Buat. 15 km from La Ferté-Bernard. Michelin map 310.*

This fine "longère", originally a traditional Perche farmhouse, has been restored to pristine splendour by its owners. Two delightful, cosily appointed bedrooms with country-style décor await your arrival. This enchanting bucolic and romantic setting offers peace, quiet and a complete change of scenery. Simply charming.

St-Léonard-des-Parcs - Orne (61)

Domaine de la Rue
61390 St-Léonard-des-Parcs
Tél. 02 33 31 88 16
Email : marty@domainedelarue.com
www.domainedelarue.com
Anne-Marie et Serge Marty

TH

1 pers. 60 € - 2 pers. 65 € - 3 pers. 93 € - p. sup. 22 € - repas 11/30 €

1 suite avec sanitaires privés. Ouvert toute l'année. Pet déjeuner : pâtisseries et confitures maison, viennoiserie jus d'orange... T. d'hôtes : tagine poulet aux citrons, po let au camembert, repas de poisson... P-pong, piscir hors-sol. Parc de 1 ha. Stage ébéniste/restaurateur me bles. Restaurants à Sées 9 km. ★ Château de Sassy, Bour St-Léonard (château), haras du Pin, cathédrale de Sées Musillumière, septembre musical de l'Orne, For d'Ecouves. Tennis 12 km. Equitation 5 km. Golf 6 k Act. Nautiques 17 km. **Accès :** à Sées, prendre la D jusqu'à Neuville-Près-Sées. Ensuite la D733 vers Gap Tourner à gauche au haras de Rouges-Terres puis à dro vers "La Rue". CM310.

Au sommet d'une colline, dans un domaine 7 ha, avec une magnifique vue panoramique sur pays des haras, cette belle demeure du début XIXe, fut la maison de campagne du conservate de la bibliothèque royale sous Charles X. Vous se étonnés par le charme et le raffinement de s décor d'origine. Un séjour hors du temps.

★Chassy Château, Bourg-St-Léonard and château, Le Pin stud farm. Sées Cathedral and "Musillumière". L'Orne Music Festival in September. Ecouves Forest. Tennis court 12 km. Horse-riding 5 km. Golf course 6 km. Water sports 17 km.

*★ **How to get there:** At Sées, take the D50 to Neuville-Près-Sées. Then take the D733 for Gapré. Turn left at Rouges-Terres stud farm and right for "La Rue". Michelin map 310.*

This handsome early 19th-century residence lies on a seven-hectare estate at the top of a hill, affording magnificent vistas of this land of stud farms. Domaine de la Rue was originally the country house of the royal library's curator during Charles X's reign. You will be astounded by the charm and elegance of the authentic décor. A place where time stands still.

St-Martin-de-Boscherville - Seine Maritime (76)

Le Brécy - 72, route du Brécy -
76840 Saint-Martin-de-Boscherville
Tél. 02 35 32 69 92 - Fax 02 35 32 00 30
Email : jlanquest@tele2.fr
http://home.tele2.fr/lebrecy
Jérôme et Patricia Lanquest

2 pers. 70 € - p. sup. 30 €

1 suite avec entrée indépendante, chambre double, séjour et sanitaires privés (poss. coin-cuisine et lit enfant). Ouvert toute l'année. Petit déjeuner : viennoiseries, laitages, fruits de saison, miel... Jardin. Parking privé. Restaurants 1 km. ★ Rouen 10 km. Vallée de la Seine. Route des abbayes romanes. PNR des Boucles de la Seine Normande. Parcs et jardins. Musée Victor Hugo et de la Marine. Tennis, centre équestre 1 km. Golf 10 km. **Accès :** de Rouen, prendre la D982 vers Duclair. A St.Martin-de-Boscherville suivre la D67 vers St-Pierre-de-Manneville. Après la place de l'abbaye, 2e à droite, route du Brécy.

En pleine campagne, le Brécy est situé entre Seine et forêt près de l'abbaye. Cette vraie maison de famille et de vacances d'antan, propose une très jolie chambre aux meubles anciens et un séjour (poss. coin-cuisine) ouvrant sur le jardin. Vous apprécierez la table du petit déjeuner, servie dans la salle à manger du XVIIIe et la convivialité de Mme Lanquest.

★Rouen 10 km. Seine Valley. Romanesque abbeys. Boucles de la Seine Normande Regional Nature Park. Parks and gardens. Victor Hugo and Naval Museums. Tennis, riding centre 1 km. Golf 10 km.

*★ **How to get there:** From Rouen, take D982 for Duclair. At St-Martin-de-Boscherville, D67 for St-Pierre-de-Manneville. Past the Place de l'Abbaye, 2nd road on right, Route du Brécy.*

Le Brécy is set in the heart of the countryside between the River Seine and the forest, near the abbey, just ten minutes from Rouen. This genuine time-honoured family and holiday home offers an attractive bedroom with antique furniture and a lounge (with kitchen area) looking out onto the garden. Breakfast, served in the 18th-century dining room, is a delight, as is your hostess Madame Lanquest's hospitality.

NORMANDIE

St-Martin-de-Varreville - Manche (50)

Manoir de Juganville
39 Les Mézières -
50480 Saint-Martin-de-Varreville
Tél. 02 33 95 01 97
http://www.juganville.com
Pascal et Chantal Jean

1 pers. 50/80 € - 2 pers. 60/90 € -
3 pers. 80/105 €

1 chambre 3 pers., 1 suite 4 pers. (2 ch. communiquantes), 1 chambre 2 pers., toutes avec sanitaires privés. Ouv. toute l'année. Petit déjeuner : jus de fruits, viennoiseries, confitures maison... Bibliothèque (anglais/français). Cour, jardin, parc paysager. Salon de jardin, barbecue. Restaurants à 4 km. ★ Plages du Débarquement. Tapisseries de Bayeux. Ste-Mère-Eglise, mer, tennis 4 km. Equitation, golf 7 km. **Accès :** N13, sortie Ste-Mère-Eglise puis D423.

La majesté tranquille de ce manoir du XVIe est à l'image de ses propriétaires : chaleur, simplicité et raffinement de l'accueil. Ravissantes chambres à l'ambiance feutrée (mobilier Louis Philippe) superbement équipées (grandes douches hydromassantes). La propriétaire propose des séances de relaxation et de gestion du stress.

·WWII landing beaches. Bayeux Tapestries. Sainte-Mer-glise, sea, tennis 4 km. Horse-riding, golf 7 km.

***How to get there:** N13, Sainte-Mère-Eglise exit for D423.*

he majesty and tranquillity of this 16th-century manor reflect owners' personality and their refined, unassuming hospitality. he delightfully cosy bedrooms are superbly appointed with ouis-Philippe furniture, and equipped with hydromassage owers. Your hostess organises relaxation and stress-anagement sessions.

St-Pierre-sur-Dives - Calvados (14)

★Saint-Pierre-sur-Dives: 16th-century covered market and abbey. Château de Vendeuvre 5 km. Footpaths locally. Tennis court and swimming pool 100 m. Horse-riding 4 km. Golf course 20 km. Sea and sailing 35 km.

*★ **How to get there:** From the town hall square, turn right for Le Billot and right again at the end of the road. The château is 150 m on.*

This recently restored 19th-century château is set in a one-hectare park. A restful stay awaits you here, just a stone's throw from Saint-Pierre-sur-Dives's 16th-century abbey and covered market. The tastefully decorated bedrooms are bright and inviting, featuring period furniture, rugs and pretty fabrics. Enjoy the copious, attractively presented breakfasts.

Château des Roches TH
37, rue du Bosq - 14170 St-Pierre-sur-Dives
Tél./Fax 02 31 20 60 80
Email : natphilsagary@infonie.fr
www.chateaudesroches.com
Philippe et Nathalie Sagary

1 pers. 65 € - 2 pers. 75/85 € - 3 pers. 120 € - p. sup. 30 € - repas 28 €

2 chambres et 1 suite 5 pers. (2 ch., salon, entrée privée), sanitaires privés. Ouv. toute l'année. Petit déjeuner : confitures/pains variés, viennoiseries, pâtisseries maison, œufs... T. d'hôtes : cailles aux raisins et cidre, poulet aux épices et miel, spécialités pommes et crème. Salon (billard américain). Parc d'1 ha. ★ Abbaye et halles du XVIe siècle à St-Pierre-sur-Dives. Château de Vendeuvre à 5 km. Sentiers sur place. Tennis et piscine 100 m. Equitation 4 km. Golf 20 km. Mer, voile 35 km. **Accès :** depuis la place de la mairie, prendre à droite direction Le Billot puis au bout de la rue, à droite. Le château est à 150 m.

Récemment restauré, ce château XIXe est entouré d'un parc d'1 ha. Vous y ferez un séjour en toute quiétude à proximité de l'abbaye et des halles du XVIe siècle de St-Pierre-sur-Dives. Chambres très chaleureuses et lumineuses décorées avec goût (meubles anciens, tapis, beaux tissus...). Moment privilégié, le petit déjeuner copieux très joliment présenté.

St-Saëns - Seine Maritime (76)

★Dieppe 35 km: coastal city, yachting harbour. Kite Festival. Rouen 30 km. St-Saëns: Eawy Forest (with beech trees, cycle paths). Beach 35 km. Horse-riding 500 m. Golf course 1 km. Gardens 6 km.

*★ **How to get there:** A29, exit 10 for St-Saëns on D929 or A28. St-Saëns exit and head for St-Saëns on D12. Turn right at the town centre square. The house is 50 m up, opposite the tourist office.*

Françoise Benkovsky welcomes you to her quiet, charming, characterful residence, in a pretty Bray village on the edge of Eawy Forest, just 30 minutes from Dieppe and Rouen. Guests have the use of a lounge, dining room and enclosed garden. The surrounding gardens, Eawy Forest and golf course are ideal for unwinding.

Le Logis d'Eawy
1, rue du 31 Août 1944 - 76680 St-Saëns
Tél. 06 19 15 52 04 - Fax 02 35 34 60 29
Email : fbenkovsky@freesbee.fr
www.logisdeawy.com
Françoise Benkovsky

1 pers. 44/48 € - 2 pers. 55/70 € - 3 pers. 70 € - p. sup. 15 €

2 chambres, 1 suite de 2 ch. et 1 suite (4 épis) avec salon à la décoration élégante et raffinée, toutes avec sanitaire privés. Ouvert toute l'année. Petit déjeuner : viennoiseries, fromages du pays, gâteau aux pommes, jus de fruits.. Cour intérieure et jardin privé. 2 restaurants au village e auberge à 3 km. ★ Dieppe 35 km : cité balnéaire, port d plaisance. Rouen 30 km. St-Saëns : forêt d'Eawy (futai de hêtres, chemins de randonnée). Plage 35 km Equitation 500 m. Golf 1 km. Jardins 6 km. **Accès :** A29 sortie n°10 dir. St-Saëns par la D929 ou A28, sortie St Saëns puis dir. St-Saëns par la D12. A la place du centr ville, à droite. Le logis est à 50 m, face à l'OT.

A 30 mn de Rouen et de Dieppe, au centre d'u joli village du pays de Bray et à l'orée de la for d'Eawy, Françoise Benkovsky vous accueille da une charmante demeure de caractère, au calm Un salon, une salle à manger et un jardin clos so à votre disposition. Les jardins alentours, le golf la forêt d'Eawy offrent d'agréables moments détente.

St-Sylvestre-de-Cormeilles - Eure (27)

★Le Bec Hellouin Abbey, Champ de Bataille Château. Honfleur, Deauville and festivals. "Décade Musicale" Festival at Cormeilles, Artists Street Festival in July and August. Tennis court 2 km. Secondhand goods dealers 1 km. Horse-riding 6 km.

*★ **How to get there:** On N13, take D810. At the roundabout, head for Cormeilles (8 km), drive 6km then go right, direction St-Sylvestre - "Notre Dame des Mares" and follow signs for "Maison Pommerose". Michelin map 304, fold C6.*

This charming, typically Norman half-timbered residence nestles in a bosky bower. The aptly named "Maison Pommerose", now fully restored in keeping with its origins, offers an inviting, tastefully appointed interior. You will enjoy the peace and quiet and cosy comfort of the elegant bedrooms.

La Maison Pommerose TH
Le Village - 27260 St-Sylvestre-de-Cormeilles
Tél. 02 32 57 13 05 ou 06 83 38 74 69
Email : genevieve.vanhove@wanadoo.fr
www.pommerose.com
Geneviève Van Hove

1 pers. 52 € - 2 pers. 56/58 € - 3 pers. 73 € - repas 17 €

3 chambres et 1 petite suite familiale, toutes avec sanitaires privés, poss. TV. Ouvert toute l'année. Petit déjeuner : yaourts maison, confitures, compotes, spécialités normandes maison... T. d'hôtes : cuisine du terroir selon saison Salon avec cheminée, biblio., jeux société. Jardin, salon jardin. Animaux sur demande. ★ Abbaye du Bec Hellouin, château de Champ de Bataille. Honfleur, Deauville et leurs festivals : décade musicale-peintres dans les rues (juillet et août). Tennis 2 km. Nombreux brocanteurs 1 km. Equitation 6 km. **Accès :** de la N13, prendre D810. Au rond point, Cormeilles 8 km, faire 6 km et à droire dir. St-Sylvestre - "Notre Dame des Mares puis suivre le fléchage "Maison Pommerose". CM304, pli C6.

Dans un écrin de verdure on ne peut plus normand, est nichée une charmante demeure à pans de bois. La bien nommée "Pommerose", restaurée dans le respect de son authenticité, est une maison chaleureuse et décorée avec goût. Vous apprécierez le calme et le confort douillet des chambres raffinées qui vous sont réservées.

St-Vaast-Dieppedalle - Seine Maritime (76)

★Châteaux and museums to visit: Auffay, Cany, Dieppe, Fécamp and Mesnil-Geoffroy. Moutiers Park gardens. Swimming pool, outdoor leisure centre 5 km. Horse-riding 3 km. Beach 12 km. Fishing 6 km.

*★ **How to get there:** A13 for Le Havre, exit 25 for Yvetot and Cany (D131). Head for St-Valéry (D925), Doudeville/A29 for 4 km (D50) and Bosville (D75) for 1 km. The house is on the left-hand side.*

Catherine and Didier extend a warm welcome at "Roses Trémières", or hollyhocks, midway between the sea and countryside, near Fécamp, St-Valéry-en-Caux and Veules-les-Roses. This 17th-century longhouse, nestling in the heart of the Caux country, is set in a floral landscape garden. On sunny days, breakfast is served on the terrace under the watchful gaze of horses.

Les Roses Trémières
Hameau d'Emondeville - route de Drosay - 76450 St-Vaast-Dieppedalle
Tél./Fax 02 35 96 53 04 ou 06 70 69 84 16
www.rosestremieres.com
Olivier et Catherine Roch

1 pers. 50 € - 2 pers. 60 € - 3 pers. 70 € - p. sup. 15 €

2 chambres de plain-pied dont 1 avec terrasse et salon de jardin, sanitaires privés pour chacune. Ouv. toute l'année. Petit déjeuner : oranges pressées, viennoiseries, crêpes maison, œufs, confitures, yaourts... Matériel bébé à disposition. M-ondes. Vélos disponibles. Cour, jardin. Restaurants 5 km. ★ Visites de châteaux et musées : Auffay, Cany, Dieppe, Fécamp, Mesnil-Geoffroy. Jardins du parc du bois des Moutiers. Piscine, base de loisirs 5 km. Equitation 3 km. Plage 12 km. Pêche 6 km. **Accès :** A13 dir. Le Havre, sortie n°25 dir. Yvetot, puis dir. Cany (D131) - dir. St-Valéry (D925) - dir. Doudeville/A29 sur 4 km (D50) et dir. Bosville (D75) sur 1 km, la maison est sur la gauche.

Entre mer et campagne, sur l'axe Fécamp/St-Valéry-en-Caux/Veules les Roses, Catherine et Olivier vous accueillent chaleureusement aux "Roses Trémières". Cette longère du XVIIe siècle, nichée au cœur du pays de Caux, est entourée d'un jardin paysager et fleuri. Par beau temps, le petit déjeuner est servi en terrasse sous l'œil des chevaux.

St-Vaast-du-Val - Seine Maritime (76)

Manoir de Fumechon
76890 St-Vaast-du-Val
Tél. 06 71 79 90 08 ou 06 85 52 18 30
Fax 02 35 84 89 11
www.ifrance.com/fumechon
Jack Flahaut et Danielle Baëhr

Saâne and Vienne Valleys, visits to numerous gardens, Clères Zoo. Dieppe and Rouen places of interest and museums 30 km. Beach 30 km. Kayak, quad bikes and mountain bike trails and facilities 7 km.

★ ***How to get there:*** *From Dieppe, Totes exit. At the link road stop sign, turn right and drive 900 m. From Rouen, Totes exit. At the red light, drive 2 km. RN29 for Yerville.*

Danielle and Jack welcome you to their elegant 19th-century Anglo-Norman manor, set in a park with centuries-old trees, in the heart of the countryside. The tastefully appointed bedrooms afford great harmony and each has a name: Savane, Garde, Soleil, Clair de Lune and Rêve de Fumechon. In warm weather, breakfast is served on the terrace. Unwind in the park or the indoor swimming pool.

1 pers. 69/99 € - 2 pers. 69/99 € 3 pers. 99 € - p. sup. 20 €

5 chambres à l'étage, avec sanitaires privés. Ouv. toute l'année. Petit déjeuner : beurre salé fermier, confitures et quatre-quart maison, viennoiseries, œufs, yaourts... Grand salon avec cheminée au rez-de-chaussée, jeux de société, lecture. Piscine d'avril à oct. P-pong. Parc 4 ha. Salon de jardin. ★ Vallées de la Saâne et de la Vienne, nombreux jardins ouverts à la visite, parc zoologique de Clères, Dieppe et Rouen 30 km (sites, musées). Plage 30 km. Kayak, quad, vélo-nature 7 km. **Accès :** de Dieppe, sortie Tôtes. Au stop de la bretelle, 900 m sur la droite. De Rouen, sortie Tôtes. Au feu rouge, faire 2 km. RN 29 dir. Yerville.

Danielle et Jack vous accueillent dans leur élégant manoir anglo-normand du XIXe siècle, entouré d'un parc aux arbres centenaires, en pleine nature. Les chambres harmonieuses sont décorées avec goût : Savane, Garden, Soleil, Clair de Lune et Rêve de Fumechon. Par beau temps, petit déjeuner en terrasse. Le parc et la piscine couverte invitent à la détente.

Ste-Geneviève - Manche (50)

Manoir de la Fèvrerie
4, route d'Arville - 50760 Sainte-Geneviève
Tél. 02 33 54 33 53 ou 06 80 85 89 01
Fax 02 33 22 12 50
Marie-France Caillet

Barfleur bridges (2 km) and St-Vaast-la-Hougue (13 km) ports. Ile de Tatihou (island). Cherbourg 25 km. "Cité de la Mer" sea world. Valognes and private mansions 30 km.

★ ***How to get there:*** *From Cherbourg: D901 heading for Barfleur. After Tocqueville, turn right (D10) for Sainte-Geneviève and follow signs.*

Marie-France Caillet is your hostess at her 16th and 17th-century manor farm. A stone staircase leads to the romantic-style bedrooms. Breakfast is served in a room adorned with a monumental granite fireplace, and by a cosy log fire, even in the summer months.

1 pers. 57/65 € - 2 pers. 62/70 €

3 chambres : 1 ch. (2 lits 1 pers.) avec salle de bains et wc privés et 2 ch. (1 lit 2 pers.) avec salle d'eau et wc privés. Ouvert toute l'année. Restaurants à 3 km. Animaux admis sur demande (supplément 4 €). ★ Ports de Barfleur (2 km) et Saint-Vaast-la-Hougue (13 km). Ile de Tatihou. "Cité de la Mer" à Cherbourg 25 km. Valognes et ses hôtels particuliers à 30 km. **Accès :** en venant de Cherbourg, D901 direction Barfleur. Après Tocqueville à droite (D10) vers Sainte-Geneviève puis fléchage.

Marie-France Caillet vous accueille dans sa ferme-manoir des XVIe et XVIIe siècles. Les chambres desservies par un escalier de pierre, ont été décorées dans un style romantique. Les petits déjeuner sont servis dans une salle ornée d'une cheminé monumentale en granit, et autour d'un bon feu de bois, même l'été...

Ste-Pience - Manche (50)

Le Manoir de la Porte
50870 Sainte-Pience
Tél. 02 33 68 13 61
Email : manoir.de.la.porte@wanadoo.fr
www.manoir-de-la-porte.com
Hervé et Annick Lagadec

1 pers. 55 € - 2 pers. 60 € - 3 pers. 75 €

2 ch. 3 pers. avec bains et wc privés. Ouv. toute l'année. Petit déj. : fruits, pâtisseries et confitures maison, yaourts, fromages. Cuisine à dispo. Salon, TV, biblio. Parc 1 ha avec plan d'eau. Accueil gratuit gare de Villedieu. Ch. et salon non fumeur. Poss. loc. gîte. ★ Villedieu-les-Poêles (cuivre, fonderie de cloches), Avranches (musées) 10 km. Granville (départ Iles Chausey, thalasso...) 25 km. Mt-St-Michel 30 km. Tennis 2,5 km. Pêche 3 km. Equit., piscine 10 km. Plage 15 km. **Accès :** A84, sortie 36 puis dir. Le Parc. Au feu, à gauche (D39) puis à droite (D476), encore à droite (D175) et enfin 2e chemin à gauche.

Au sein du bocage normand, ce prieuré du XVIe accueille des hôtes du monde entier. Entre le Mt-St-Michel, le Cotentin et les plages du débarquement, Annick vous reçoit dans le salon au vénérable "lit clos" ou devant le feu de bois. En haut d'un escalier en pierres, 2 chambres romantiques et confortables plongent sur le parc arboré et sur le plan d'eau.

★Villedieu-les-Poêles (famous for its copperware and bell foundry). Avranches (museums) 10 km. Granville (yachting harbour, ferry for Jersey, the Iles Chausey, thalassotherapy) 25 km. Mont-Saint-Michel 30 km. Tennis court 2.5 km. Fishing 3 km. Horse-riding, swimming 10 km. Beach 15 km. Golf 25 km.

★ ***How to get there:*** *A84, exit 36 for Le Parc. At the traffic lights, turn left (D39) then right (D476), and right again (D175). Second turning on the left for Manoir de la Porte.*

Your hostess Annick extends a warm welcome to her guests from all over the world at this 16th-century priory, in the Norman copse. The residence, between Mont-Saint-Michel, the Cotentin and the Second World War landing beaches, features a lounge with a charming box-bed and a wood fire. A stone staircase leads to two romantic, comfortable bedrooms overlooking a leafy park and a lake which shimmers with the reflection of "Mont St-Michel Bay country".

NORMANDIE

Sérans - Orne (61)

Château de Sérans TH
S.C.I du Château de Sérans - 61150 Sérans
Tél. 02 33 36 69 42 - Fax 02 33 39 78 37
Email : artdanslorne@hotmail.com
perso.wanadoo.fr/atelier.balias-château.de.serans/
Atelier Balias

1 pers. 55 € - 2 pers. 65 € - p. sup. 15 € - repas 20 €

2 chambres avec sanitaires privés et TV + DVD. Ouvert toute l'année. Petit déjeuner : viennoiseries, pâtisseries et confitures maison, jus de fruits... Salle d'exposition. Parc de 4 ha. Pièce d'eau non close. ★ Région de la Suisse Normande, Argentan, ruelles de la ville d'Ecouché. Festival et expositions d'Art Contemporain sur place. Pêche sur place, tennis 2 km. Equit. 9 km. Piscine 11 km. Forêt 1 km. Golf 24 km. **Accès :** à Ecouché, prendre la dir. Montgaroult et juste après le pont sur l'Orne, complètement à gauche vers Sérans. Le château est à gauche (entrée du domaine par 2 piliers de granit). CM310.

L'atelier et les œuvres du peintre Balias, les expositions d'art contemporain et des métiers d'art, le parc des sculptures animent le Château de Sérans, bâti vers 1825 par un aristocrate normand épris d'Italie et d'architecture Renaissance. Décoration contemporaine et mobilier de style, beaucoup de couleurs et de références à la mythologie grecque.

★"Norman Switzerland", Argentan, Ecouché and picturesque streets. Contemporary Art Festival and exhibitions on site. Fishing locally, tennis 2 km. Horse-riding 9 km. Swimming pool 11 km. Forest 1 km. Golf 24 km.

★ ***How to get there:*** *At Ecouché, head for Montgaroult and turn sharp left after L'Orne bridge for Sarans. The château is on the left (two granite pillars mark the entrance to the estate). Michelin map 310.*

Château de Sérans was built in around 1825 by a Norman aristocrat with a passion for Italy and Renaissance architecture. The residence is home to the studio, sculpture garden and work of artist Balias and hosts an annual sculpture symposium in August. The colourful interior blends contemporary decoration with period furniture, and there are abundant references to Greek mythology. Enjoy walks in the grounds.

Sourdeval - Manche (50)

Clérisson
50150 Sourdeval
Tél. 02 33 59 64 57 ou 06 98 90 03 94
Françoise Boscher

1 pers. 40 € - 2 pers. 50 €

1 grande chambre (1 lit 160) avec sanitaires privés (douche à jets multiples). Ouvert toute l'année. Petit déjeuner : viennoiseries, pâtisseries, jus de fruits... Jardin. Vélos à disposition. Restaurant 500 m. ★ Ecomusée du moulin de la Sée, musée de la Poterie, voies vertes et sentiers de randonnée 400 m. Tennis 500 m. Equitation 3 km. Piscine 14 km. **Accès :** dans le bourg, prendre dir. Avranches puis 2e à gauche dir. "Les Vallées Durand", et enfin 1re à gauche.

Cet authentique manoir au toit de chaume du XIVe siècle, que ses propriétaires ont restauré avec soin, a su garder cet indéfinissable charme, celui des demeures de pays chargées d'histoire. Tout a été mis en œuvre pour vous permettre une halte, le temps de vivre autre chose.

★Moulin de la Sée Traditions Museum, Pottery Museum, hiking paths and nature trails 400 m. Tennis court 500 m. Horse-riding 3 km. Swimming pool 14 km.

*★ **How to get there:** In the village, head for Avranches and take second turning on the left for "Les Vallées Durand". Lastly, take first turning on the left.*

Clérisson is a genuine 14th-century manor house with thatched roof, which the owners have lovingly restored to preserve the charm that only historical residences can exude. Everything has been done to make sure your stay here is a holiday with a difference.

Subles - Calvados (14)

Moulin de Hard
14400 Subles
Tél. 02 31 21 37 17 ou 06 13 30 53 28
Hélène Fichot

1 pers. 60 € - 2 pers. 70/85 € - 3 pers. 120 €

3 chambres 2 pers. avec salle de bains ou salle d'eau et wc privés. Ouvert toute l'année. Petit déjeuner : jus de fruits, pains assortis, confitures maison, fruits frais... Jardin paysager, parc. Restaurants 6 km. ★ Bayeux 6 km. Plages du Débarquement 15 km. Mer 13 km. Golf 12 km. Piscine et tennis 6 km. Equitation 7 km. **Accès :** axe Bayeux-St-Lô (D572). 2e à gauche après Subles (D99).

Hélène Fichot vous propose de venir séjourner dans de belles chambres spacieuses, décorées avec goût et harmonie. Elle vous accueillera chaleureusement dans ce beau moulin du XVIIIe siècle où l'aménagement paysager fait de jardins fleuris et de cours d'eau rend ce lieu exceptionnel

★Bayeux 6 km. WWII landing beaches 15 km. Sea 13 km. Golf course 12 km. Swimming pool and tennis court 6 km. Horse-riding 7 km.

*★ **How to get there:** Bayeux-St-Lô motorway (D572). Second turning on left past Subles (D99).*

Hélène Fichot extends a warm welcome to guests at her fine 18th-century mill, in a delightful setting with landscape flower gardens and a stream. The handsome, spacious bedrooms are tastefully and harmoniously appointed. Simply outstanding.

Survie - Orne (61)

★Vimoutiers 10 km. Tennis, swimming and horse-riding 10 km. Forest and hiking 1 km.

*★ **How to get there:** From Gacé, head for Chambois. After 10 km, turn left for Vimoutiers (D26). Turn right just before Survie village. The manor is slightly down from the road. Michelin map 310.*

If you're looking for the ideal spot for a delightful break in the Pays d'Auge and a chance to savour the local cider, you will succumb to the many charms of this handsome 16th-century residence, which has been in the same family since the beginning. Your hosts, Béatrice and Jacques de Courières, extend a warm welcome to guests at Manoir de Sainte-Croix. Not to be missed.

Manoir de Sainte-Croix TH
61310 Survie
Tél. 02 33 35 61 09 - Fax 02 33 34 29 35
Email : sainte-croix2@wanadoo.fr
Béatrice et Jacques des Courières

1 pers. 55 € - 2 pers. 60 € - 3 pers. 80 € - p. sup. 20 € - repas 25 €

2 chambres avec sanitaires privés. Ouvert du 15.04 au 15.10. Petit déjeuner : jus d'oranges, fruits, gâteau, pain grillé... T. d'hôtes : escalope au pommeau, pavé de bœuf au beaujolais, cuisse pintade aux pommes... Jardin. Parc de 2 ha. Restaurants à Gacé et Vimoutiers.. ★ Vimoutiers 10 km. Tennis, piscine et équitation à 10 km. Forêt et randonnées à 1 km. **Accès :** à Gacé, dir. Chambois sur 10 km puis tourner à droite vers Vimoutiers (D26). Juste avant le village de Survie, tourner à droite. Le manoir est légèrement en contrebas. CM310.

Vous souhaitez passer un agréable séjour dans le Pays d'Auge, en savourer les produits cidricoles, venez donc goûter aux charmes de cette belle demeure du XVIe siècle, dans la même famille depuis l'origine. Le manoir de Sainte-Croix est une étape à ne pas manquer et où vous accueilleront chaleureusement Béatrice et Jacques des Courières.

NORMANDIE

Surville - Calvados (14)

★15 minutes from Deauville and Honfleur. Sea and swimming pool 15 km. Tennis court 5 km. Horse-riding 4 km. Hiking 200 m. Fishing 2 km.

*★ **How to get there:** From Pont-l'Evêque, head for Pont-Audemer. 4 km on, turn left after the "Gîtes de France" sign.*

Your hosts welcome you to this well situated, extremely comfortable, genuine 18th-century residence, affording outstanding views of the surrounding area. The elegant decoration, antique Norman furniture and spacious bedrooms will make your stay here one to remember.

Clos Gamare
rue d'Enfer - 14130 Surville
Tél. 02 31 64 89 26 - Fax 02 31 65 26 91
Email : pf-calvados@wanadoo.fr
www.clos-gamare.com
Pierre et Danièle Fouquet

1 pers. 55 € - 2 pers. 62/79 € - 3 pers. 92 € - p. sup. 12 €

1 chambre 2 pers. et 1 suite de 2 chambres (5 pers.) avec sanitaires privés et TV. Ouvert de Pâques à la Toussaint. Petit déjeuner copieux. Parc de 1,5 ha. Restaurants à 4 km. ★ A 15 mn de Deauville et de Honfleur. Mer et piscine à 15 km. Tennis à 5 km. Equitation à 4 km. Randonnée à 200 m. Pêche à 2 km. **Accès :** de Pont-l'Evèque, prendre dir. Pont-Audemer sur 4 km, puis 1re à gauche après le panneau "Gîtes de France".

Dans un site avec une vue exceptionnelle, vos hôtes vous accueillent dans une authentique demeure du XVIIIe siècle, très confortable. Une décoration intérieure soignée, des meubles normands anciens, et des chambres spacieuses feront de votre étape une halte bien agréable.

Tamerville - Manche (50)

Manoir de Bellauney
11, route de Quettehou - 50700 Tamerville
Tél. 02 33 40 10 62
Jacques et Christiane Allix-Desfauteaux

1 pers. 42/82 € - 2 pers. 50/90 €

3 chambres avec salle d'eau ou salle de bains et wc privés, ouvrant sur le parc. Entrée indépendante. Ouvert du 1er avril au 1er novembre.VTT à disposition, parc. Restaurants à partir de 3,5 km ★ Valognes (3,5 km) "Petit Versailles Normand" avec ses hôtels particuliers. Plages Débarquement 15 km. Ste-Mère-Eglise 20 km. Cherbourg 25 km. Parc animalier 3 km. Tennis, piscine 4 km. Mer 12 km. Golf 15 km. **Accès :** sur la D902 en direction de Quettehou et Saint-Vaast-la-Hougue. Après le carrefour indiquant Tamerville, 1re entrée à gauche.

Les propriétaires vous recevront dans leur beau manoir, édifié entre les XVe et XVIe siècles, sur les vestiges d'un monastère dévasté par les troupes d'Edouard III, débarquant non loin de là à Saint-Vaast-la-Hougue en 1346. Chaque chambre raconte une époque de l'histoire de cette demeure : médiévale, Louis XV, XIXe, Normande...

★3.5 km from Valognes: Normandy's "Little Versailles" and its private mansions. Tennis court and swimming pool 4 km. Sea 12 km. Sainte-Mère-Eglise 20 km and Cherbourg 25 km. Golf course and WWII landing beaches 15 km. Animal park 3 km.

*★ **How to get there:** On D902 heading for Quettehou and Saint-Vaast-la-Hougue. After the crossroads for Tamerville, 1st entrance on the left.*

The owners extend a warm welcome at their attractive 15th and 16th-century manor house, built on the vestiges of a monastery ravaged by Edward III's troops, who landed close to Saint-Vaast-la-Hougue in 1346. The rooms all look out onto the park and reflect a different period in the residence's history: medieval, Louis XV, 19th-century and Norman.

Tourouvre-Lignerolles - Orne (61)

Le Bois Gerboux
61190 Tourouvre-Lignerolles
Tél. 02 33 83 68 43 ou 06 64 34 98 82
Email : buxtorf@normandnet.fr
Marie et Richard Buxtorf

1 pers. 50 € - 2 pers. 55 € - p. sup. 15 €

2 chambres avec sanitaires privés, chacune avec 1 lit enfant. Ouvert toute l'année. Petit déjeuner : viennoiseries, jus d'oranges, confitures maison... Salle de jeux (billard et baby-foot). Jardin. Parc de 2 ha. Restaurants à Bubertré et Soligny-la-Trappe. ★ Tennis et équitation à 5 km. Piscine à 12 km. Golf à 32 km. Randonnées et forêt sur place. **Accès :** à Mortagne, dir. L'Aigle (D930). Traverser Lignerolles puis à droite la D32 vers Tourouvre. Faire 500 m et 1re à droite (D273) vers Lignerolles. A "Bois Gerboux", chemin de terre à gauche longeant le mur.

Profitez de la vie des champs au cœur du Perche en pleine nature, en lisière de forêt... venez découvrir la tranquillité du Bois Gerboux, une ancienne grange. Marie et Richard vous conseilleront dans l'organisation de votre séjour en Normandie

★Tennis and horse-riding 5 km. Swimming pool 12 km. Golf course 32 km. Hiking and forest locally.

*★ **How to get there:** At Mortagne, head for L'Aigle (D930). Drive through Lignerolles and turn right onto D32 for Tourouvre. 500 m on, turn 1st right (D273) for Lignerolles. At "Bois Gerboux", 1st dirt track on left alongside wall.*

Enjoy country life on the edge of a forest, in the heart of the Perche region, and discover the peace and quiet of Le Bois Gerboux, a converted barn. Savour the inventive table d'hôtes meals prepared by Marie, who, together with Richard, will help you organise your stay in Normandy.

Le Tréport - Seine Maritime (76)

★Historical town of Eu: château, hospice and collegiate church. Glass-Making Traditions Museum. Le Tréport fishing port and yachting harbour. Swimming pool 3 km. Tennis court 1 km. Horse-riding 2 km. Golf course 30 km.

*★ **How to get there:** Halfway between Eu and Le Tréport on D925.*

Discover Prieuré Sainte-Croix, a characterful 18th-century residence, a stone's throw from the maritime charms of Le Tréport and the pretty, historical town of Eu. This haven of peace and relaxation, originally the royal farm of the Château d'Eu, is set in eight hectares of verdant landscape. The four comfortable bedrooms are decorated with a romantic touch.

Prieuré Sainte-Croix
76470 Le Tréport
Tél./Fax 02 35 86 14 77
Email : carton.nicole@wanadoo.fr
http://prieuresaintecroix.free.fr
Romain et Nicole Carton

2 pers. 45/57 € - p. sup. 12 €

4 ch. à l'étage et 1 suite au r.d.c. (séjour/kitchenette) avec sanitaires privés (poss. de jumeler 2 ch.). Ouv. toute l'année. Petit déj. : jus de fruits, croissants, confitures maison... Salon à disposition. Vélos. Salon de jardin, chaises longues. Jardin clos, cour (parking). Taxe de séjour en suppl. Restaurants 2 km. ★ Ville historique d'Eu (château, hôtel Dieu, collégiale), forêt d'Eu, musée des Traditions Verrières (fabrication du verre). Le Tréport (port pêche/plaisance). Piscine 3 km. Tennis 1 km. Equit. 2 km. Golf 30 km. **Accès :** entre Eu et le Tréport : D925.

Découvrez entre le charme maritime du Tréport et la jolie ville historique d'Eu, une demeure de caractère du XVIIIe siècle, havre de paix et de détente, dans un cadre privilégié entouré de 8 ha de verdure. Cette ancienne ferme royale du château d'Eu vous propose des chambres confortables au décor romantique.

NORMANDIE

Turqueville - Manche (50)

NOUVEAUTÉ

WW2 landing beaches 8 km. Ste-Mère-Eglise 5 km. Bayeux ...pestries and Cherbourg 35 km. Natural Regional Parks: ...arais du Cotentin and Bessin. Beach 8 km. Tennis and horse-...ing 5 km. Golf 10 km. Hiking locally.

***How to get there:** N13, exit Ste-Mère-Eglise then follow ... signs for "Les 4 Etoiles".*

...is elegant 17th-century mansion has recently been entirely ...tored with warm and refined decoration. Your stay here will ... unforgettable thanks to the many textures and fabrics, the ...cious breakfasts, the living room complete with Louis XIV ...place and piano and, last but definitely not least, the warm ... friendly welcome offered by your hosts.

Manoir "Les Quatre Etoiles TH
28, rue de l'Eglise - 50480 Turqueville
Tél./Fax 02 33 10 27 70
Email : info@quatre-etoiles.net
www.quatre-etoiles.net
Francisca et Tonnis Muntinga

1 pers. 55/65 € - 2 pers. 80/90 € - 3 pers. 130 € - repas 20 €

2 chambres (lits 180) avec salle d'eau ou salle de bains et wc privés. Ouv. toute l'année. Petit déjeuner : confitures, gâteaux et laitages maison, jus de fruits... T. d'hôtes gourmande. Séjour avec TV sat. et DVD. Salle de jeux (p-pong). Jardin style XVIIe. Chaises longues. Vélos (tandem). Espace détente. ★ Plages du débarquement 8 km. Ste-Mère-Eglise 5 km. Tapisseries de Bayeux et Cherbourg 35 km. PNR des Marais du Cotentin et du Bessin. Plage 8 km. Tennis et équitation 5 km. Golf 10 km. Randonnée sur pl. **Accès :** N13, sortie Ste-Mère-Eglise puis suivre les panneaux "Les 4 Etoiles".

Elégant manoir du XVIIe, entièrement restauré, à la décoration raffinée et chaleureuse. Les nombreuses toiles, le salon très confortable avec sa cheminée Louis XIV et son piano, les petits déjeuners savoureux et surtout l'accueil convivial de vos hôtes feront de votre séjour une étape inoubliable.

Valognes - Manche (50)

NOUVEAUTÉ

Hôtel Grandval Caligny
34, rue des Religieuses - 50700 Valognes
Tél. 06 63 49 79 75 ou 02 33 95 27 96
Email : derenouf@wanadoo.fr
Denis Renouf

1 pers. 75 € - 2 pers. 80 €

★Valognes, historic town often called "Little Norman Versailles", famous for its many stately homes. WW2 landing beaches 20 mins. Beach, golf 10 km. Tennis 1 km. Horse-riding 5 km.

*★ **How to get there:** N13, exit Valognes. At the first traffic lights, turn left then left again.*

At the heart of Valognes, this 18th-century family mansion with its sober and superbly maintained architecture is a listed building. It is famous for once having welcomed Jules Barbey d'Aurevilly. This is an ideal place for history lovers as the owners of the property are passionate about the history of their house and the history of their region.

1 chambre 2 pers., avec salle de bains (balnéo et douche) et wc privés. Ouvert toute l'année. Petit déjeuner : jus de fruits, viennoiseries, cake, confitures maison, assortiment de pains... Vaste terrasse fleurie donnant sur la cour. Restaurants gastronomiques 300 m. ★ Valognes, ville historique dite "Le Petit Versailles Normand", célèbre pour ses nombreux hôtels particuliers. Plages du Débarquement 20 mn. Plage, golf 10 km. Tennis 1 km. Equitation 5 km. **Accès :** N13, sortie Valognes. Au 1er feu, tourner à gauche puis encore une fois à gauche.

Au cœur de Valognes, cet hôtel particulier du XVIIIe siècle, à l'architecture sobre et soignée, est un monument classé ISMH. Il est célèbre pour y avoir accueilli Jules Barbey d'Aurevilly. Amoureux d'histoire, cette étape vous séduira car les propriétaires sont intarrissables sur celle de leur demeure et de leur région.

Valognes - Manche (50)

Manoir de Savigny
50700 Valognes
Tél. 02 33 08 37 75 ou 06 72 40 88 04
Email : reservation@manoir-de-savigny.com
http://manoir-de-savigny.com
Eric et Corinne Bonnifet

1 pers. 50/75 € - 2 pers. 55/80 € - 3 pers. 115 €

★Valognes, known as the "Little Norman Versailles" 2km. WWII Landing Beaches 15 km. Tennis and horse-riding 2km.

*★ **How to get there:** N13, Valogne exit. First left for St-Cyr and right for Savigny.*

An imposing winding stone staircase and the nearby old Roman way to Cosedia are testaments to th site's long history. The owners of this sixteenth-century manor have done their utmost to restore the property in the traditional manner. Nestling in the countryside, close to Valognes and jsut a few kilometres from the sea, Manoir de Savigny is centrally located for visiting the many local places of interest.

2 chambres et 1 suite de 2 chambres, toutes avec sanitaires privés. Ouvert toute l'année. Petit déjeuner : viennoiseries, confitures maison, jus de fruits, laitages, fruits frais. Cour, jardin, chaises longues. Vélos. Restaurants Valognes 2 km. ★ Valognes dite "Le Petit Versailles Normand" 2 km. Plages du Débarquement 15 km. Tennis et équitation 2 km. **Accès :** N13, sortie Valognes, puis à gauche dir. St-Cyr et enfin à droite dir. Savigny.

Un large escalier à vis en pierre, l'ancienne voie romaine de Cosédia, témoignent de la longue histoire de ce manoir du XVIe que les propriétaires ont entrepris de restaurer dans les règles de l'art. Niché en pleine campagne, situé à proximité de Valognes et quelques kilomètres de la mer, sa position centrale vous permettra de visiter de nombreux sites.

Vergoncey - Manche (50)

★Mont-St-Michel 18 km. Avranches 16 km. Villedieu-les-Poêles, famous for brassmaking and bell foundries 35 km. Tennis 6 km. Lake 10 km. Horse-riding 15 km. Swimming pool 16 km. Sea 30 km.

★ ***How to get there:*** *The estate is on the D308 between D40 and D998. A84 motorway, exit 34 then exit D40, Mont-St-Michel/Antrain. Head for Antrain.*

The Boucéel estate dates from the 12th century. The current listed château was built in 1763. The interior is exquisite with fine period furniture. Family portraits adorn the walls. At the far end of the landscape garden with centuries-old trees and ponds, there is a 13th and 15th-century chapel.

Château de Boucéel
50240 Vergoncey
Tél. 02 33 48 34 61 - Fax 02 33 48 16 26
Email : chateaudebouceel@wanadoo.fr
www.chateaudebouceel.com
Régis et Nicole de Roquefeuil

1 pers. 130/155 € - 2 pers. 135/155 € - 3 pers. 150/175 €

3 suites de 3 pers. et 2 chambres de 2 pers. avec entrée indépendante, bains et wc privés. Ouvert toute l'année sauf janvier et décembre (sur demande). Petit déjeuner : viennoiseries, pâtisseries maison, laitages, fruits frais... Billard français, bibliothèque-salon réservés aux hôtes. Parc, salon de jardin, étangs. ★ Mont-St-Michel 18 km. Avranches 16 km. Villedieu-les-Poêles, cité du Cuivre et fonderie de cloches 35 km. Granville 37 km. Tennis 6 km. Lac 10 km. Equitation 15 km. Piscine 16 km. Mer 30 km. **Accès :** le château se trouve sur la D308 entre la D40 et la D998. Autoroute A84, sortie 34 puis sortie D40 : Mt-St-Michel-Antrain dir. Antrain.

Le Domaine de Boucéel remonte au XIIe siècle. Le château actuel (ISMH), demeure familiale a été construit en 1763. Il est décoré avec raffinement et meublé avec style. Des portraits de famille ornent ses murs. Au fond du parc à l'anglaise avec ses arbres séculaires et ses étangs, la chapelle des XIIIe et XV siècles.

NORMANDIE

Verneuil-sur-Avre - Eure (27)

★Verneuil-sur-Avre 2 km: town steeped in art and history. La Ferté Vidame 12 km. Chartres 52 km. Evreux 45 km. Hiking locally. Tennis court 2.5 km. Golf course 22 km. Swimming pool 2 km. Horse-riding 1 km.

★ ***How to get there:*** *From Paris, A13 direction Dreux. Stay on N12 until Verneuil-sur-Avre. At Verneuil, head for Chartres (D839), Senonches and Beauche (D56). The entrance to the estate is on the right. Michelin map 304, fold F9.*

Spend a relaxing holiday at this charming, delightfully appointed 19th-century château. Take refreshing strolls in the magnificent leafy park, where a deer might even cross your path. Ideally situated between Normandy, the Perche and Ile de France (Paris) regions.

Château de la Puisaye TH
SARL Château de la Puisaye -
27130 Verneuil-sur-Avre
Tél./Fax 02 32 58 65 35 ou 06 85 07 61 24
www.chateaudelapuisaye.com
Diana Costes

1 pers. 65/100 € - 2 pers. 95/115 € - 3 pers. 130 € - p. sup. 15 € - repas 14/37 €

4 chambres et 1 suite avec sanitaires privés. Ouv. toute l'année. Petit déjeuner : fruits, viennoiseries, gâteaux, "english breakfast", confitures... T. d'hôtes : poulet au cidre, pintade farcie, fruits/légumes du potager... Assiette gourmande : 14 €. Piano, biblio., jeux société. Parc 19 ha. VTT, p-pong, croquet. ★ Verneuil-sur-Avre 2 km : ville d'art et d'histoire. La Ferté Vidame 12 km. Chartres 52 km. Evreux 45 km. Randonnée sur place. Tennis 2,5 km. Golf 22 km. Piscine 2 km. Equitation 1 km. Restaurants 2 km. **Accès :** de Paris, prendre la A13 puis suivre dir. Dreux. Ne pas quitter la N12 jusqu'à Verneuil-sur-Avre. A Verneuil, dir. Chartres (D839) puis Senonches et Beauche (D56), entrée du château à droite. CM304, pli F9.

Venez vous ressourcer dans ce charmant château du XIXe siècle délicieusement aménagé et flânez dans son superbe parc boisé; peut-être y rencontrerez-vous un cerf ! Idéalement situé entre Normandie, Perche et Ile de France.

Vieux Fumé - Calvados (14)

★St-Pierre-sur-Dives and abbey-church 7 km. Canon and Vendeuvre Châteaux nearby. Sea 22 km. Tennis and horse-riding 7 km. Hiking 5 km.

*★ **How to get there:** D40 for St-Pierre-sur-Dives. The house is on the right before Vieux Fumé.*

A warm welcome awaits you at this 18th-century château, which features a magnificent formal garden. The bedrooms are all decorated in a different period style: Directoire, Charles X and Louis XVI. Enjoy the leafy five-hectare park and visit the local places of interest.

Le Mesnil d'O
14270 Vieux Fumé
Tél. 02 31 20 01 47 ou 06 78 83 69 43
Fax 02 31 20 32 87
Email : lemesnildo@wanadoo.fr
Guy de Chabaneix

1 pers. 60 € - 2 pers. 110 € - 3 pers. 140 €

2 chambres et 1 suite avec sanitaires privés (possibilité TV). Ouvert de Pâques à la Toussaint. Petit déjeuner : croissants, gateau maison, oranges pressées, confitures maison... Parc de 5 ha., tennis. Restaurants à 7 km. ★ St-Pierre-sur-Dives à 7 km (abbatiale). A proximité des châteaux de Canon et de Vendeuvre Mer à 22 km. Tennis et équitation à 7 km. Randonnée à 5 km. **Accès :** D40 vers St-Pierre-sur-Dives, avant Vieux Fumé c'est sur la droite.

Vous serez accueillis chaleureusement dans un château du XVIIIe siècle, avec un magnifique jardin à la française. Les chambres sont personnalisées et ont chacune leur époque : la chambre Directoire, la chambre Charles X et la chambre Louis XVI. Vous pourrez profiter pleinement du parc verdoyant de 5 ha et visiter les sites alentours.

Villers-Ecalles - Seine Maritime (76)

★Rouen 15 min. Val-de-Seine and abbeys. "Route des Chaumières" for some of Normandy's finest architecture. Pretty gardens nearby. St-Valéry-en-Caux and Normandy Bridge 30 min. Forest 500 m. Tennis 200 m. Golf and sailing at Jumièges (10 km).

*★ **How to get there:** From Rouen, head for Le Havre (A150 and N15). At roundabout, past viaduct, left for Villers-Ecalles. At church, left for Duclair, then right, after tennis court. Third house on right.*

This 17th-century manor house, ideal for nature and walking enthusiasts in search of authenticity, stands in a vast park with fruit trees, hydrangeas and parterres of hardy perennials. The three spacious bedrooms are elegantly appointed. Your hostess Marie-Claire, a renowned watercolourist, also organises framing and bookbinding-paper courses. A charming country spot between Rouen and the Normandy Coast.

Les Florimanes
850, rue Gadeau de Kerville -
76360 Villers-Ecalles
Tél./Fax 02 35 91 98 59 ou 06 74 12 82 65
Email : florimanes@free.fr - www.florimanes.net
Marie-Claire Lerevert

1 pers. 68/72 € - 2 pers. 72/76 € - 3 pers. 98 €

3 chambres avec sanitaires privés et entrée indépendante. Ouvert toute l'année. Délicieux et copieux petit déjeuner. Parc d'1,5 ha. avec mare (non protégée). Salon réservé aux hôtes. "Gîte au Jardin". ★ Rouen 15 mn. Routes des abbayes du Val-de-Seine et des Chaumières. Beaux jardins à prox. St-Valéry-en-Caux et pont de Normandie 30 mn. Tennis 200 m. Forêt 500 m. Golf et voile à Jumièges (10 km). **Accès :** de Rouen, prendre dir. Le Havre (A150 puis N15). Au rd-point, après le viaduc, à gauche dir. Villers-Ecalles. A l'église, à gauche dir Duclair puis à droite après le tennis. 3e maison à droite.

Amoureux de la nature, la demeure accueille les promeneurs en quête d'atmosphère authentique. Manoir du XVIIe entouré d'un vaste parc qui associe arbres fruitiers, massifs d'hydrangéas et parterres de vivaces. Chambres spacieuses, décorées avec raffinement. Marie-Claire, aquarelliste reconnue organise des stages d'encadrement et de papier reliure.

NORMANDIE

Vouilly - Calvados (14)

★Sea, tennis courts 8 km. Boat trips, sailing school, GR 261 coastal path. Bayeux 25 km. Forest 15 km. Second World War landing beaches. Fishing at Vouilly (lake). Les Marais Regional Park.

★ ***How to get there:*** *Take D5 from Molay-Littry. As you enter Vouilly, turn right (D113). The château is at the end of a long driveway on the right.*

James and Marie-José Hamel are your hosts at this 18th-century château surrounded by a moat. The bedrooms are spacious and comfortable and command superb views of the grounds. Guests can fish in the private lake.

Le Château
14230 Vouilly
Tél. 02 31 22 08 59 - Fax 02 31 22 90 58
Email : chateau.vouilly@wanadoo.fr
www.château-vouilly.com
James et Marie-José Hamel

1 pers. 55/70 € - 2 pers. 65/80 € - 3 pers. 100 € - p. sup. 20 €

4 chambres et 1 suite, toutes avec bains et wc. Ouvert de mars à novembre. Possibilité de pique-nique. Parking. Etang privé. Ferme-auberge à 10 km et restaurants à 8 et 10 km. ★ Mer, tennis 8 km. Promenades en mer, école de voile, sentier littoral GR261. Bayeux 25 km. Forêt 15 km. Plages débarquement. Pêche en étang à Vouilly. Parc régional des Marais. **Accès :** D5 en venant de Molay-Littry. A l'entrée de Vouilly, prendre à droite (D113). Le château se trouve au bout d'une grande allée à droite.

James et Marie-José Hamel vous accueilleront dans leur château du XVIIIe siècle entouré de douves. Les chambres spacieuses et confortables, offrent une belle vue sur le parc qui invite à la détente. Un étang privé permet la pratique de la pêche.

PAYS DE LA LOIRE

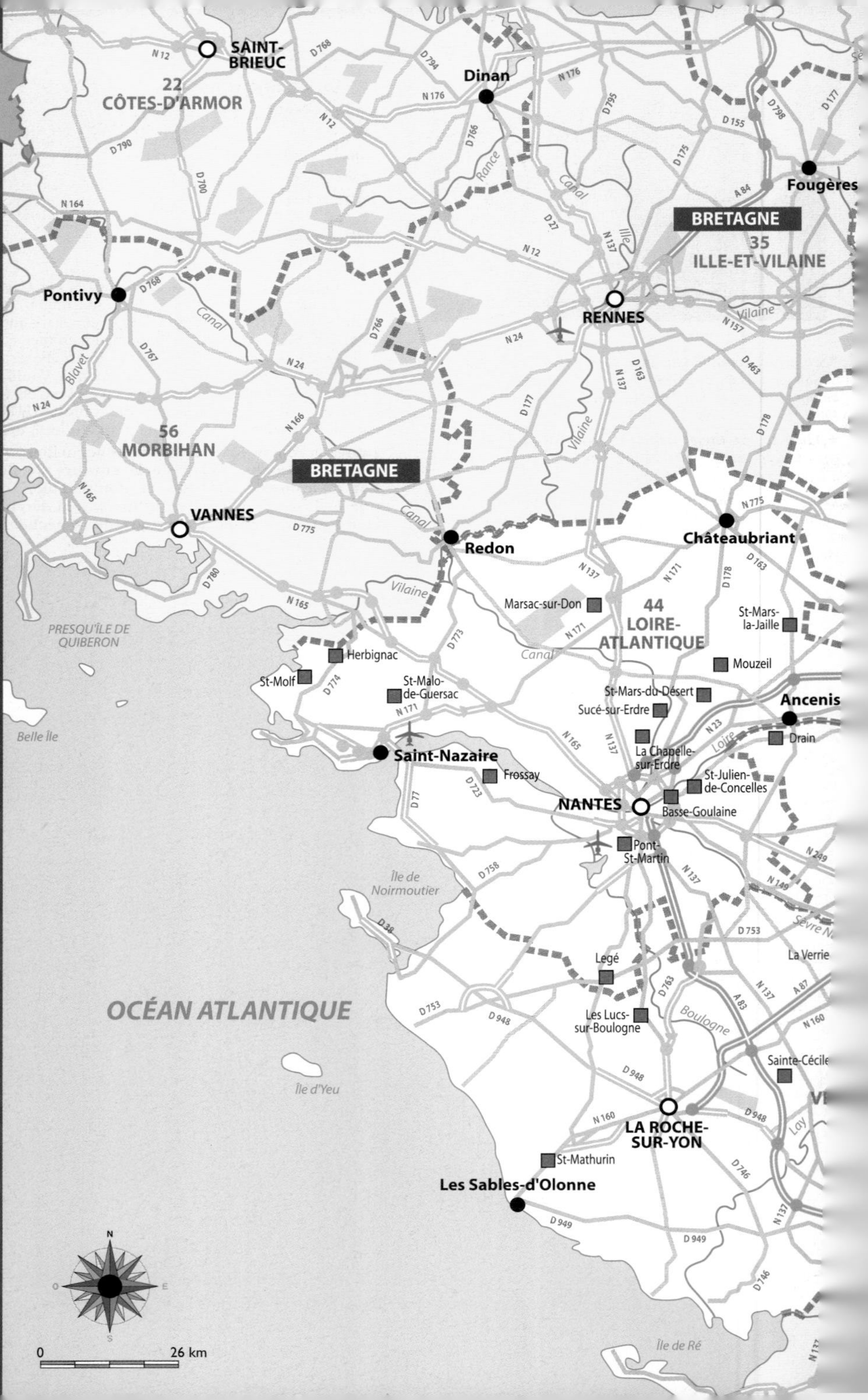

SAINT-BRIEUC
22
CÔTES-D'ARMOR
Dinan
Fougères
BRETAGNE
35
ILLE-ET-VILAINE
Pontivy
RENNES
56
MORBIHAN
BRETAGNE
VANNES
Redon
Châteaubriant
PRESQU'ÎLE DE QUIBERON
Marsac-sur-Don
44
LOIRE-ATLANTIQUE
St-Mars-la-Jaille
Herbignac
St-Molf
St-Malo-de-Guersac
Mouzeil
St-Mars-du-Désert
Sucé-sur-Erdre
Ancenis
Drain
Belle Île
Saint-Nazaire
La Chapelle-sur-Erdre
Frossay
St-Julien-de-Concelles
NANTES
Basse-Goulaine
Pont-St-Martin
Île de Noirmoutier
La Verrie
Legé
OCÉAN ATLANTIQUE
Les Lucs-sur-Boulogne
Sainte-Cécile
Île d'Yeu
LA ROCHE-SUR-YON
St-Mathurin
Les Sables-d'Olonne
Île de Ré

N 12, D 768, D 794, N 176, D 795, D 177, D 798, D 155, D 790, D 766, D 700, D 175, A 84, N 164, D 27, N 137, D 768, D 766, N 24, N 157, D 767, D 163, D 463, D 177, D 178, N 166, N 165, N 775, D 775, D 780, N 171, D 773, D 774, N 23, D 723, D 77, N 249, D 758, N 149, D 38, D 753, D 763, A 83, A 87, N 160, D 948, D 746, D 949

Rance, Canal, Ille, Vilaine, Blavet, Loire, Sèvre Nantaise, Boulogne, Lay

0 — 26 km

N, O, E, S

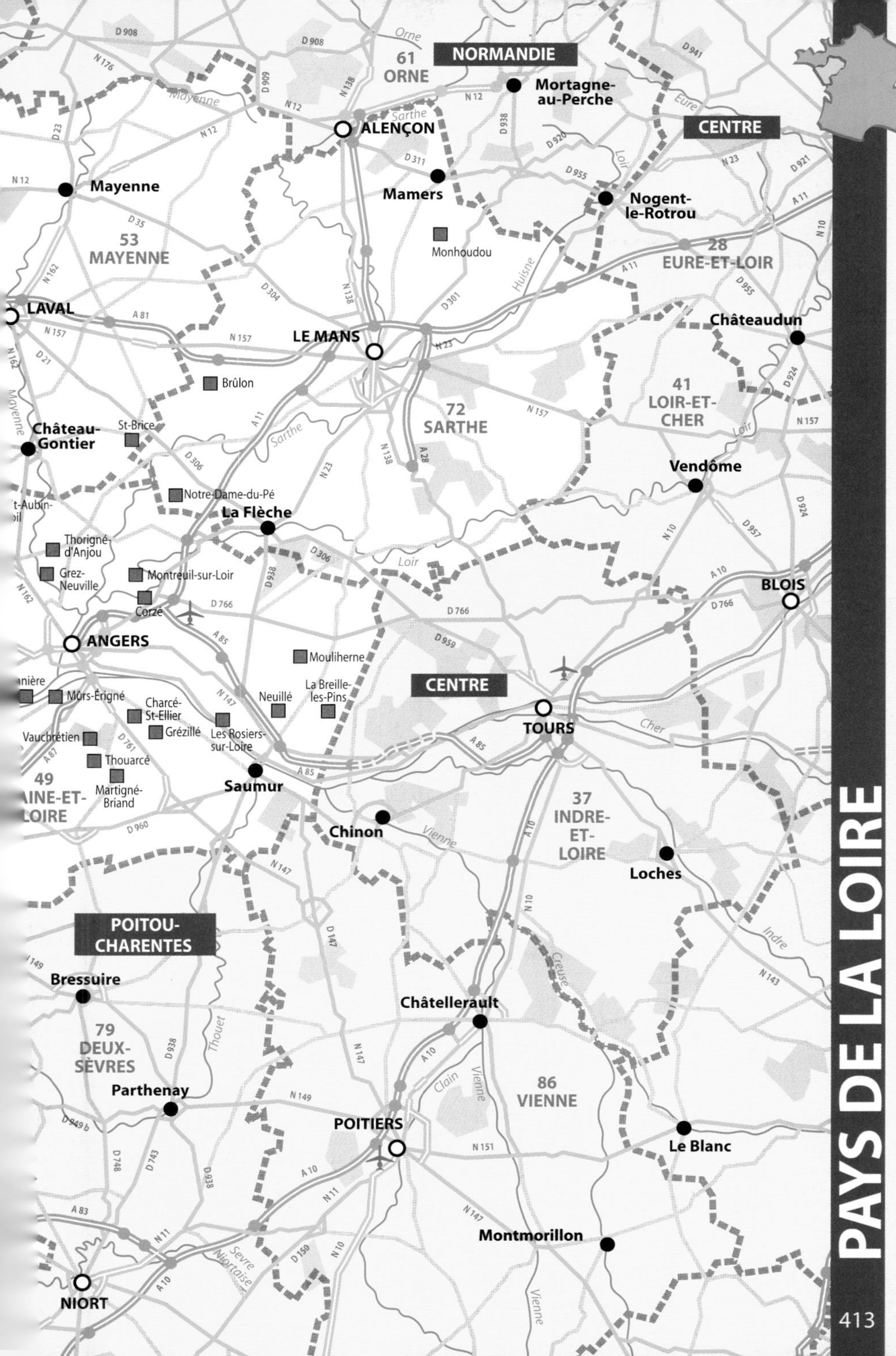
NORMANDIE
61
ORNE
Mortagne-au-Perche
ALENÇON
Mamers
Monhoudou
CENTRE
Nogent-le-Rotrou
28
EURE-ET-LOIR
Mayenne
53
MAYENNE
LAVAL
LE MANS
Châteaudun
Brûlon
72
SARTHE
41
LOIR-ET-CHER
Château-Gontier
St-Brice
Vendôme
Notre-Dame-du-Pé
La Flèche
Thorigné-d'Anjou
Grez-Neuville
Montreuil-sur-Loir
Corzé
BLOIS
ANGERS
Mouliherne
CENTRE
Mûrs-Érigné
Neuillé
La Breille-les-Pins
Charcé-St-Ellier
Grézillé
Les Rosiers-sur-Loire
TOURS
Vauchrétien
Thouarcé
Martigné-Briand
49
Saumur
37
INDRE-ET-LOIRE
Chinon
Loches
POITOU-CHARENTES
Bressuire
79
DEUX-SÈVRES
Châtellerault
86
VIENNE
Parthenay
POITIERS
Le Blanc
Montmorillon
NIORT
Orne
Mayenne
Sarthe
Eure
Loir
Huisne
Cher
Vienne
Indre
Creuse
Thouet
Clain
Sèvre Niortaise
D 908
N 176
D 909
N 138
N 12
D 938
D 941
D 23
D 311
D 920
D 955
N 23
D 921
A 11
N 10
D 35
N 162
D 304
D 301
A 81
N 157
D 21
D 924
A 28
D 306
D 957
A 10
D 766
D 959
A 85
N 147
D 761
A 87
D 960
D 147
N 143
N 149
D 949 b
D 748
D 743
N 151
N 11
A 83
D 150

Basse-Goulaine - Loire Atlantique (44)

*Nantes: Wine Museum, visits to vineyards, Butterfly Museum. Hiking locally. Fishing 1 km. Tennis court 1.5 km. Swimming pool 2 km. Golf course 15 km. Sea 50 km. Boat trips along the Erdre, La Boissière-du-Doré Zoo, Le Fuilet potters' villages.

★ ***How to get there:*** *From Nantes, Périphérique-Sud ring road "Porte de Goulaine" exit 45. 500 m up on right, past "Basse-Goulaine" sign (behind information point, access via main gate, at 2nd roundabout). Michelin map 316, fold H4.*

Charm and refinement are the watchwords for your stay in the peace and quiet of the orangery of this handsome old residence, just 15 minutes from the centre of Nantes. L'Orangerie du Parc is the ideal way to enjoy local culinary traditions, such as butter sauce and frogs legs, and explore Nantes and its vineyards.

l'Orangerie du Parc
195, rue de Grignon - 44115 Basse-Goulaine
Tél./Fax 02 40 54 91 30
Email : metro@mlp.fr
www.gites-de-france-44.fr/lorangerie
Bernard Métro

1 pers. 58/62 € - 2 pers. 69/73 € - 3 pers. 84 € - p. sup. 11 €

4 chambres indépendantes dont 3 en duplex avec sanitaires privés. Ouvert toute l'année sur réservation. Petit déjeuner : confitures, miel, croissants, yaourts, céréales... Parc. Nombreux restaurants à proximité. Aéroport de Nantes et gare SNCF à 15 mn. ★ Nantes (musée du Vin), rte du Vignoble, musée Papillons. Visite en bateau sur l'Erdre, zoo de la Boissière, villages des potiers. Rand. sur pl. Pêche 1 km. Tennis 1,5 km. Piscine 2 km. Golf 3 km. Mer 50 km. **Accès :** à Nantes, périphérique sud, sortie n°45 "Porte de Goulaine". C'est à 500 m à droite après le panneau "Basse-Goulaine" (derrière le point infos, entrée par grande grille, au 2e rond point). CM316, pli H4.

A 15 mn du centre ville de Nantes, dans le calme de l'orangerie de cette belle demeure ancienne, votre séjour alliera charme et raffinement. Au cœur de la tradition culinaire nantaise (beurre blanc, cuisses de grenouille...), c'est une étape incontournable dans la découverte de Nantes et de son vignoble.

La Breille-les-Pins - Maine et Loire (49)

NOUVEAUTÉ

*Summer Carousel at Saumur, museums, castles, the Loire, and a toy soldier factory locally. Tennis 5 km. Golf 15 km. Fishing and horse-riding 3 km. Hiking locally.

★ ***How to get there:*** *From Paris take the A85 and exit Saumur direction Allonnes. 3 km on, turn left direction La Breille-les-Pins.*

Come and experience the peace and pleasure of a simple life at this 19th-century former post house that has been tastefully restored and where the past reflected in the carefully sculpted freestone masonry blends beautifully with the present. Your hosts can encourage you to appreciate the simple joys of delicious local cuisine and the comfort of their residence.

Relais des Lys TH
49390 La Breille-les-Pins
Tél. 02 41 52 74 72 - Fax 02 41 59 63 29
Email : relaisdeslys@aol.com
Viviane et François Sauvageot

2 pers. 60 € - repas 25 €

3 chambres avec sanitaires privés, TV et ventilateur. Ou toute l'année. Petit déjeuner : viennoiseries, confitur charcuterie, fruits, gâteaux... T. d'hôtes : cuisine inspir de l'Anjou (produits locaux). Billard. Cour, jardin. Piscir chauffée intérieure. Restaurant à 200 m. ★ Carrous d'été à Saumur, musées divers, châteaux, la Loire, et s place fabrique de soldats de plomb. Tennis 5 km. Gc 15 km. Pêche et équitation 3 km. Randonnées sur plac **Accès :** de Paris, prendre A85 puis sortie Saumur d Allonnes. A 3 km, sur la gauche et dir. La Breille-les-Pi

Venez savourer le calme et les plaisirs de la sin plicité dans cet authentique relais de poste du XI siècle, restauré avec goût, où le passé de la pier de tuffeau sculptée côtoie le présent. Vos hôtes sa ront vous faire apprécier les joies simples d'u cuisine locale et raffinée et le confort de le demeure.

Brûlon - Sarthe (72)

★Nearby: Solesmes Abbey and Gregorian chant, posted long hiking trail, quad bikes and swing golf. Malicorne earthenware, river trips at Sablé-sur-Sarthe (boat hire). Watersports (sailing, fishing, swimming) 1.5km. Tennis, horse-riding 2 km.

*★ **How to get there:** From Paris, to Le Mans via A11 and A81 (Laval-Rennes). From Rennes, Sablé exit 1. Brûlon is 4 km on via D4. The Château is on the right, at the top of the village, before Sablé.*

This lofty, luxurious and elegant 19th-century château, in the heart of a listed village, affords magnificent views of the valley. Your hosts, Annie and Jean-Claude, extend a warm welcome and provide three luxuriously appointed bedrooms. An outstanding setting, with attractive waterscapes, valleys and forests.

Château de l'Enclos

2, avenue de la Libération - 72350 Brûlon
Tél. 02 43 92 17 85
Email : info@chateau-enclos.com
www.chateau-enclos.com
Jean-Claude et Annie-Claude Guillou

1 pers. 80 € - 2 pers. 85 € - p. sup.45 €

3 chambres avec sanitaires privés. Ouv. toute l'année sur résa. Petit déjeuner : viennoiseries, crêpes et tartes maison, fruits, confitures maison... Salons à disposition. Parc arboré de 3 ha. Restaurant gastronomique à proximité. Sur place, hélisurface : circuits touristiques en hélicoptère. ★ A prox. : abbaye de Solesmes (chants grégoriens), chemins de grande randonnée, VTT, quads, swingolf. Faïences de Malicorne, loc. bateaux à Sablé-sur-Sarthe. Equitation 2 km. Plan d'eau 1,5 km. **Accès :** venant de Paris au Mans par la A11, puis A81 (Laval-Rennes). En venant de Rennes, sortie n°1 Sablé. Brûlon est à 4 km par la D4. Château à droite, en haut du village avant la dir. Sablé.

Sur les hauteurs et au cœur du village classé "pétite cité de caractère", élégant château du XIXe siècle, tout confort, avec une vue magnifique sur la vallée. Annie-Claude et Jean-Claude vous accueillent et vous proposent 3 chambres dôtées d' un mobilier de qualité. Bel environnement, jolis paysages d'eau, de vallons et de forêts.

PAYS DE LOIRE

La Chapelle-sur-Erdre - Loire Atlantique (44)

★Erdre Valley 100 m. Nantes and Loire Valley 15 km. Planète Sauvage Safari Park and Marineland 30 km. La Baule 65 km. Guérande 70 km. Fishing 100 m. Tennis, horse-riding 1.5 km. Golf 5 km.

*★ **How to get there:** At La Chapelle-sur-Erdre, head for Sucé-sur-Erdre (D69). As you leave village, left at last roundabout. Cross white bridge & drive along avenue until you reach the private courtyard. Michelin map 316, fold G4.*

This handsome 18th-century residence stands at the gateway to Nantes in a listed setting, the beauty of which captured the imagination of François I and many others. You will appreciate the peace and quiet of the place, which features terraced gardens overlooking the lake. An ideal spot for discovering this magnificent region's châteaux, follies and manors bordering the river.

La Gandonnière

Château de la Gandonnière - 44240 La Chapelle-sur-Erdre
Tél./Fax 02 40 72 53 45
Françoise Girard

2 pers. 71/108 € - p. sup. 19 €

2 chambres et 1 suite avec sanitaires privés. Ouvert de mai à septembre, le reste de l'année sur réservation. Petit déjeuner : jus de fruits, viennoiseries, confitures... Cour, jardin et parc (1,5 ha.). Restaurants 1,5 km.. ★ Vallée de l'Erdre à 100 m. Nantes et vallée de la Loire à 15 km. Planète Sauvage à 30 km. La Baule 65 km. Guérande 70 km. Pêche 100 m. Tennis, équitation 1,5 km. Golf 5 km. **Accès :** à la Chapelle-sur-Erdre prendre dir. Sucé-sur-Erdre (D69). A la sortie, prendre à gauche au dernier rond-point. Passer le pont blanc et descendre l'avenue jusqu'à la cour privée. CM316, pli G4.

Aux portes de Nantes, dans un site classé dont la beauté fut reconnue par François Ier et bien d'autres ensuite, cette demeure du XVIIIe vous offre quiétude et tranquillité avec ses jardins en terrasses donnant sur le plan d'eau. Un lieu de séjour idéal, pour découvrir et admirer au fil de l'eau, les châteaux, folies et manoirs de cette magnifique région.

Charcé-St-Ellier - Maine et Loire (49)

★Château de Brissac 5 min. Angers 20 min. Saumur 25 min. Swimming pool 20 km. Horse-riding and golf 6 km. Hiking locally.

★ ***How to get there:*** *A11 (Paris-Nantes), exit 14 for Cholet-Poitiers. Bypass (Rocade) to Poitiers/Brissac exit (D748). Southern bypass to Brissac roundabout and Charcé industrial estate for Moulin de Patouillet (first left).*

Château de Plessis-Blutière rises up amid a set of harmonious buildings and a chapel, halfway between Angers and Saumur, a short distance from Château de Brissac. Built in the 16th century, the residence has retained its Anjou elegance, enhanced by an 18th-century façade with four baroque dormer windows. An authentic and serene setting for a peaceful break.

Château de Plessis Blutière TH
49320 Charcé-St-Ellier
Tél. 02 41 91 28 28
Email : contact@chateauplessisblutiere.com
www.chateauplessisblutiere.com
M. Cauvin

2 pers. 100/120 € - repas 35 €

3 chambres avec sanitaires privés. Ouvert toute l'année. Petit déjeuner : viennoiseries, jus d'orange... Table d'hôtes gourmande. Parc. Jardins : Renaissance, à la Française, roseraie de plus de 150 variétés. Restaurants à Brissac-Quincé. ★ Château de Brissac à 5 mn. Angers 20 mn. Saumur 25 mn. Piscine 20 km. Equitation et golf 6 km. Randonnées sur place. **Accès :** A11 (Paris-Nantes), sortie 14 dir. Cholet-Poitiers. Rocade jusqu'à la sortie Poitiers/Brissac (D748). Rocade sud jusqu'au rd pt de Brissac, dir. Charcé-Moulin de Patouillet puis 1re rte goudronnée à gauche.

Entre Angers et Saumur, près du château de Brissac, le château Plessis-Blutière se dresse au milieu d'un corps de bâtiments harmonieux et d'une chapelle. Construit au XVIe siècle, il a su garder toute son élégance angevine, superbe façade du XVIIIe agrémentée de quatre lucarnes baroques. Vous y trouverez authenticité, calme et sérénité.

PAYS DE LOIRE

Corzé - Maine et Loire (49)

★Angers: numerous châteaux and museums in the vicinity, festivals, boat trips along the river, walks, etc. Swimming pool 6 km. Tennis, fishing 3 km. Golf course 15 km. Horse-riding 2 km. Hiking locally.

★ ***How to get there:*** *From Angers, dir. Paris, Pellouailles exit. Turn right after "Vallée du Loir" sign, left at L'Epinière and 1st right. From Paris, past Seiches, 3rd crossroads on left, after "Voie sans issue" sign on left.*

Marie-Pierre extends a warm welcome to guests at her fully renovated house with beams and fireplace, just five minutes from the Exhibition Centre, at the gateway to Angers. An extremely comfortable and pretty bedroom awaits your arrival. Breakfast is served on the verandah or in the flower garden, according to season.

La Mabilière TH
49140 Corzé
Tél./Fax 02 41 76 89 07 ou 06 12 42 32 71
Email : mariepierre.prin@wanadoo.fr
www.lamabiliere.com
Marie-Pierre Prin

1 pers. 42 € - 2 pers. 50 € - p. sup. 18 € - repas 18 €

1 chambre (2 lits 200 x 90) avec sanitaires privés et 1 chambre dépendante (2 lits 190 x 90). Ouvert toute l'année. Petit déjeuner : viennoiseries, céréales, œufs frais confitures maison, fruits... Table d'hôtes sur réservation Jardin, parc de 1 ha, véranda. Restaurants ★ Angers (châteaux, musées), nombreux châteaux aux alentours, festivals, promenades fluviales et pédestres... Piscine 6 km Tennis, pêche 3 km. Golf 15 km. Equitation 2 km Randonnées sur place. **Accès :** d'Angers vers Paris, sortie à Pellouailles. Après panneau "Vallée du Loir" à droite, l'Epinière à gauche et 1re à droite. De Paris, après Seiche 3e carrefour à gauche, panneau "Voie sans issue" à gauche

Aux portes d'Angers, à 5 mn du Parc Expo, dans une maison entièrement rénovée avec poutres et cheminée, vous serez accueillis chaleureusement par Marie-Pierre. Elle vous proposera une jolie chambre d'hôtes très confortable. Le petit déjeuner est servi dans la véranda ou dans le jardin fleuri selon la saison.

Drain - Maine et Loire (49)

★*Wine-tasting in the village. Liré (Joachim de Bellay Museum). Many châteaux in the area. Swimming pool 7 km. Golf course 14 km. La Coulée du Cerf Animal Park at St-Laurent-des-Autels.*

★ ***How to get there:*** *A11, Ancenis exit (between Angers and Nantes). Cross the Loire (D763) and at Liré, D751, right for Drain. Then left for St-Laurent-des-Autels for 3.5 km. The property is on the left.*

A warm welcome is assured at this 19th-century manor house with fireplaces and beams, set in a park with a pond and chapel. The six tastefully decorated rustic-style bedrooms all have their own cosy bathroom. Superb park, on the edge of a forest, with chapel and pavilion by the lake ideal for a quiet stroll. Vintage-car enthusiasts will delight in the collection of early-20th-century models on the premises.

Le Mésangeau TH
49530 Drain
Tél. 02 40 98 21 57 - Fax 02 40 98 28 62
Email : le.mesangeau@wanadoo.fr
www.anjou-et-loire.com/mesangeau
Gérard et Brigitte Migon

1 pers. 65/95 € - 2 pers. 75/105 € - 3 pers. 125 € - repas 30 €

6 chambres avec bains ou douche et wc privés (4 lits 160 et 5 lits 90). Ouv. toute l'année. Petit déj. : jus de fruits, viennoiseries, fruits... T. d'hôtes (sur rés.) uniquement le soir. Salon, piano. Billards français/américain. Parc 6 ha. Vélos, p-pong, kiosque. Fumeurs s'abstenir. ★ Dégustation de vins dans le village. Liré (musée Joachim du Bellay). Nombreux châteaux alentours. Parc animalier de la Coulee du Cerf à St-Laurent-des-Autels. Piscine 7 km. Golf 14 km. **Accès :** A11 sortie Ancenis (entre Angers et Nantes). Traverser la Loire (D763) et à Liré, D751 à droite jusqu'à Drain et à gauche vers St.Laurent des Autels sur 3,5 km. Propriété à gauche.

Vous recevrez un accueil chaleureux dans cette gentilhommière du XIXe dont vous apprécierez les belles cheminées et les vieilles poutres. Les 6 chambres décorées avec goût disposent chacune d'une salle de bains accueillante. Superbe parc avec chapelle et kiosque au bord de l'étang où il fait bon flâner. Collection de voitures (début XXe siècle).

Ernée - Mayenne (53)

NOUVEAUTÉ

ìwimming pool 4 km. Watersports 35 km. Golf 25 km. ›rseriding 10 km. Leisure centre (swimming, bathing) 15 km. ardens for walks 3 km.

How to get there: *On the N12 between Ernée and ›ugères, by the hamlet of Mégaudais, signposts, 650m below Nationale. Michelin map 310, fold C5.*

the edge of Brittany, deep in the countryside, this 19th-tury house that is full of character and complete with slate-y bricks, is waiting to welcome you. The bedrooms are ıfortable, spacious, and named after different types of roses. :h room boasts a historical-style decor that will inspire even most modern mind. Thérèse, a passionate gardener and your at La Rouaudière, will be happy to show you around her garden.

La Rouaudière TH
Mégaudais - 53500 Ernée
Tél. 02 43 05 13 57 - Fax 02 43 05 71 15
Email : gaec.preverts@wanadoo.fr
Thérèse et Maurice Trihan

1 pers. 35/40 € - 2 pers. 45/55 € - 3 pers. 62/73 € - repas 18/20 €

3 chambres avec sanitaires privés et plateau de bienvenue. Ouvert toute l'année.. Petit déjeuner : jus de fruits, pâtisseries maison, jambon, œufs, fromage... T. d'hôtes uniquement sur rés. : menus composés de produits fermiers et du potager. Cour, jardin arboré et fleuri. Terrasses, salons de jardin. Restaurants 4 km. ★ Piscine 4 km. Sports nautiques 35 km. Golf 25 km. Equitation 10 km. Base de loisirs (baignade) 15 km. Jardins pour promenades 3 km. **Accès :** sur N12 entre Ernée et Fougères, au niveau du hameau de Mégaudais, fléchage, 650 m en contrebas de la nationale. CM310, pli C5.

Aux portes de la Bretagne, en pleine campagne, vous serez accueillis dans une maison de caractère (pierres ardoises) du XIXe siècle. Les chambres spacieuses et confortables portent chacune un nom de rose : Albertine, Euphrosine, Zéphirine, et sont meublées en ancien. Thérèse, passionnée dans l'art des jardins, vous présentera son paradis plein de rosiers.

Foussais-Payré - Vendée (85)

★Foussais-Payré Church. Nuits Musicales Festival in the Vendée (6 concerts). Five Abbeys Festival. Marais Poitevin conservation area. Hiking locally. Horse-riding 5 km. Ocean 60 km. Golf 30 km. Water sports centre 4 km.

*★ **How to get there:** From Fontenay-le-Comte, head for Parthenay, St-Michel-le-Cloucq and Foussais-Payré. Michelin map 316, fold L8.*

Jeanne-Marie and Michel Gallé warmly welcome you to their fully restored 19th-century residence in the heart of the village, near Mervent Forest. Take full advantage of the swimming pool and park with pretty, shaded avenues. The many local places of interest include Nieul-sur-Autize and Maillezais abbeys.

La Vieille Treille

17, rue François Viète - 85240 Foussais-Payré
Tél. 02 51 51 46 92 ou 06 72 38 89 28
Email : michelgalle@aol.com
Michel et Jeanne-Marie Gallé

1 pers. 44 € - 2 pers. 53 € - 3 pers. 67 €

2 chambres avec sanitaires privés. Ouvert du 2.1 au 23.12. Petit déj. : céréales, brioche ou gâteau, confitures maison, charcuterie... Biblio., salle à manger. Atelier (patchwork et encadrement). Téléphone dans le couloir. Salon de jardin, barbecue. Jardin, parc 5000 m². Parking privé. Piscine. Restaurants à prox. ★ Eglise de Foussais-Payré. Festival des Nuits Musicales en Vendée (6 concerts). Festival des 5 abbayes. Marais Poitevin... Randonnées sur place. Equitation 5 km. Océan 60 km. Golf 30 km. Base nautique 4 km. **Accès :** de Fontenay-le-Comte, prendre la dir. de Parthenay puis St-Michel-le-Cloucq et Foussais-Payré. CM316, pli L8.

Au cœur du village, à proximité de la forêt de Mervent, Jeanne-Marie et Michel Gallé vous accueillent dans leur demeure du XIXe siècle entièrement restaurée. Vous pourrez profiter pleinement de la piscine, du parc avec ses jolies allées ombragées. Dans les alentours, de nombreux sites sont à visiter : abbayes de Nieul/Autize et Maillezais...

PAYS DE LOIRE

Frossay - Loire Atlantique (44)

★Canoeing on La Martinière Canal, microlite trips. African Safari Park 22 km. Wild deer. Bison farm. Lake and outdoor leisure centre. Fishing, water sports, footpaths. Saint-Brévin 18 km. Pornic 20 km.

*★ **How to get there:** Nantes-Paimboeuf on D723. Turn off for Frossay on the right and turn into the first driveway on the left-hand side. Michelin map 316, fold E4.*

La Rousselière is an 18th-century château set in parkland on a 25-hectare estate, just 3 km from La Martinière Canal. Each of the three cosy, sunny bedrooms is decorated in a style of its own. Magnificent 19th-century dining room. In fine weather, enjoy a stroll in the grounds or relax by the pool. A spot full of charm.

Château de la Rousselière

44320 Frossay
Tél. 02 40 39 79 59 - Fax 02 40 39 77 78
Email : larouss@club-internet.fr
Catherine Scherer

2 pers. 80 € - p. sup. 25 €

3 chambres avec entrée indép., bains et wc privés. Ou toute l'année sur résa. Petit déjeuner : viennoiseries, jus fruits, céréales, laitages... Salon et salle à manger réserv aux hôtes. Parc, piscine. Chevaux acceptés. Restaurants à 15 km. Sur pl. "parcours aventure" en forêt, promena calèche, paint-ball. **Accès :** Nantes-Paimboeuf par D723. Laisser Frossay sur la droite et prendre la 1re allé gauche. CM316, pli E4.

A 3 km du canal de la Martinière, château XVIIIe entouré d'un parc très agréable sur une pr priété de 25 ha. Les chambres chaleureuses et lun neuses ont toutes un décor personnalisé. Super salle à manger XIXe. Aux beaux jours, promena dans le parc ou détente au bord de la piscine. U adresse de charme.

Grez-Neuville - Maine et Loire (49)

La Croix d'Etain
2, rue de l'Ecluse - 49220 Grez-Neuville
Tél. 02 41 95 68 49 - Fax 02 41 18 02 72
Email : croix.etain@anjou-et-loire.com
www.anjou-et-loire.com/croix
Auguste et Jacqueline Bahuaud

1 pers. 60 € - 2 pers. 65/85 € - p. sup. 25 €

4 chambres, toutes avec bains et wc. Ouvert toute l'année. Salon réservé aux hôtes. Crêperie à 50 m. Petits animaux admis sur demande. ★ Aux alentours : tennis, piscine, ski nautique, golf, équitation. Circuit des châteaux d'Anjou et de la Loire. Sur place, pêche en rivière, location de bateau sans permis. **Accès :** à 2 km de RN162 (entre Angers et Laval). A 4 km du Lion d'Angers. Au centre du village, entre l'église et la rivière.

Joli manoir du XIXe siècle, situé au bord de la Mayenne. Les chambres sont spacieuses et confortables. Aux beaux jours, vous profiterez d'un agréable parc paysager et fleuri, où est servi le petit déjeuner.

★Bathing in river on site. In the surrounding area: swimming pool, waterskiing, tennis, golf and horse-riding. Visits to the châteaux of Anjou and the Loire. Locally: fishing, boat hire (no licence required).

*★ **How to get there:** 2 km from trunk road RN162 (between Angers and Laval). 4 km from Le Lion d'Angers. In village centre between the church and the river.*

This pretty 19th-century manor house is set on the banks of the Mayenne. The bedrooms are spacious and comfortable. In good weather, the flower-decked, landscaped grounds are a pleasant way to relax and the ideal spot for breakfast.

PAYS DE LOIRE

Grez-Neuville - Maine et Loire (49)

Manoir du Bois de Grez
Le Bois de Grez - 49220 Grez-Neuville
Tél./Fax 02 41 18 00 09 ou 06 22 38 14 56
Email : cesbron.boisgrez@wanadoo.fr
www.boisdegrez.com
Jean-Gaël et Marie-Laure Cesbron

1 pers. 50 € - 2 pers. 65/75 € - p. sup. 17 €

4 ch. dont 2 en rez-de-jardin, toutes avec sanitaires privés. Ouv. toute l'année. Petit déj. : jus de fruits, fromage blanc, yaourts fermiers, brioches, confitures maison... Cour pavée, puits. Etang. Circuit de rand. au départ de la propriété. Crêperie à Grez-Neuville, restaurants 3 km. "Chambres d'Hôtes au Jardin". ★ Festival d'Anjou en juillet. Mondial du Lion et courses hippiques. Nombreux châteaux alentours. Château d'Angers et tapisserie Apocalypse. Tennis, pêche, loc. bateaux 1 km. Equitation 3 km. 3 golfs 15 km. **Accès :** à 20 km au nord d'Angers, dir. Laval. A Grieul prendre D291 dir. Grez-Neuville, sortir du village par la route de Sceaux d'Anjou et faire 700 m. Prendre l'allée du Bois de Grez sur votre droite.

A 20 mn d'Angers, le manoir du bois de Grez (XVe et XVIe siècles) est situé en pleine nature, au cœur d'une propriété de 30 ha. Dans le manoir restauré avec beaucoup de soin et de raffinement, vous apprécierez le calme et le charme de ses chambres très confortables, spacieuses et lumineuses.

Anjou Festival in July. Mondial du Lion "equestrian *iathlon" and horse-racing. Numerous châteaux. Angers* *'hâteau and tapestry of the Apocalypse. Tennis, fishing, boat* *re 1 km. Riding 3 km. Golf 15 km.*

***How to get there:** 20 km north of Angers, heading for* *ival. At Grieul, take D291 for Grez-Neuville. Leave the* *lage via the Sceaux d'Anjou road and drive 700 m. Turn* *o Allée du Bois de Grez on your right.*

ifteenth and sixteenth-century Manoir du Bois de Grez *ites you to spend a relaxing break on a 30-hectare estate in* *heart of the countryside, just 20 minutes from Angers. You* *'l succumb to the charms of the bright, spacious bedrooms at* *s elegantly restored manor. Relax by the pond or explore the* *ounding area along the footpaths that lead from the property.*

Grézillé - Maine et Loire (49)

★Châteaux, wine cellars. Hiking locally. Bike rental and horse-riding nearby. Tennis court 2 km. Swimming pool 10 km. Golf course 15 km.

*★ **How to get there:** From Doué-la-Fontaine, head for Angers; from Angers, head for Niort/Poitiers. At Saulgé-l'Hôpital, head for Grézillé and follow signs to the property.*

Marie-Hélène offers three charming country-style accommodation in three bedrooms and a suite at her 18th-century residence, in the heart of a hamlet. The "Tournesol" and "Coquelicot" rooms are situated in the main house, whilst "Pivoine" and Chèvrefeuille are in a self-contained outbuilding. Relax in the pleasant park with 15th-century chapel, troglodytes and ornamental lake.

La Cotinière TH
Le Clos d'Aligny - 49320 Grézillé
Tél./Fax 02 41 59 72 21 ou 06 88 28 99 28
Email : la.cotiniere@anjou-et-loire.com
www.anjou-et-loire.com/cotiniere
Marie-Hélène de Rocquigny

2 pers. 59/75 € - p. sup. 15 € - repas 28 €

3 chambres et 1 suite avec salon et mezzanine (2 lts 1 pers.), sanitaires privés. Ouv. toute l'année. Petit déj. : jus de fruits, laitages, viennoiseries, pains variés... T. d'hôtes : produits du terroir. Biblio. Jeux de société. Jardin, bois de 100 ha avec chapelle du XVe, plan d'eau et troglodytes jouxtent la prop. ★ Châteaux, caves... Randonnée sur place. Location de vélos et équitation à proximité. Tennis 2 km. Piscine 10 km. Golf 15 km. Plan d'eau et baignade 2 km. **Accès :** en venant de Doué-la-Fontaine, prendre la dir. Angers - en venant d'Angers, prendre dir. Niort/Poitiers ; à Saulgé-l'Hopital suivre Grézillé puis les panneaux jusqu'à la propriété.

Dans sa demeure du XVIIIe, au cœur d'un hameau, Marie-Hélène propose 3 chambres et 1 suite pleines de fraîcheur au décor champêtre. Les chambres "Tournesol" et "Coquelicot" sont dans la maison et les chambres "Pivoine" et "Chevrefeuille" dans un bâtiment indépendant. Pour la détente, un agréable parc avec sa chapelle du XVe, troglodytes et plan d'eau.

PAYS DE LOIRE

Herbignac - Loire Atlantique (44)

★Discover Grande Brière Regional Nature Park, with barge trips. Fortified town and Guérande saltmarshes. Morbihan Gulf. La Baule beach. Two 18-hole golf courses 14 km. Escal' Atlantique passenger liner experience at Saint-Nazaire.

*★ **How to get there:** At Herbignac, take D47 for Saint-Nazaire for 4 km. On right after second signpost. The château stands at the end of the driveway. Michelin map 316, fold C3.*

On the edge of Grande Brière, this pretty, 19th-century château offers 3 quiet and very comfortable bedrooms. The property is set on a vast 200-hectare estate amid floral parkland and you will enjoy strolls in the grounds. One of the bedrooms is a "Panda" gîte and includes the special kit. An outstanding setting.

Château de Coët Caret
44410 Herbignac
Tél. 02 40 91 41 20 ou 06 98 40 20 74
Fax 02 40 91 37 46
Email : Info@coetcaret.com
Cécile de la Monneraye

2 pers. 90/100 €

3 chambres : 1 avec douche et wc privés, 2 avec bain et wc privés (poss. lit enfant). Ouvert toute l'année. Ping pong, équitation et forêt sur place. Salon de jardin. Restaurants 2 km et plus. ★ Parc naturel régional de Grande Brière, avec promenade en chaland. Ville fortifiée et marais salants de Guérande. Golfe du Morbihan, La Baule. 2 golfs 18 trous 14 km. Escal' Atlantique à St Nazaire. **Accès :** à Herbignac prendre la D47 vers Saint Nazaire. A 4 km sur la droite, au 2e fléchage, c'est au fond de l'allée. CM316, pli C3.

Dans un environnement exceptionnel, au bord de la Grande Brière, dans ce joli château du XIXe siècle, 3 chambres calmes, confortables et personnalisées vous accueilleront. Situé sur un domaine de 200 ha., vous pourrez flaner en toute quiétude dans le parc fleuri. Label et malette "Panda" pour 1 des chambres.

Legé - Loire Atlantique (44)

★Lakes, swimming pool, tennis and fishing 1 km. Horse-riding 7 km. Noirmoutier, Nantes 39 km. Vineyards and hiking nearby.

*★ **How to get there:** In town centre, in front of the chapel, head for Touvois. 20 m before the town exit, turn left into "Richebonne" side street. Drive to the end, 300 m. Michelin map 316, fold G6.*

This fully restored 18th-century residence on the Vendée border exudes comfort and charm. Your hostess, Christine, is an artist and she has taken great care with the interior decoration. A warm welcome is guaranteed in this haven of peace.

La Mozardière TH
Richebonne - 44650 Legé
Tél. 02 40 04 98 51 - Fax 02 40 26 31 61
Email : christine@lamozardiere.com
Gérard et Christine Desbrosses

1 pers. 52 € - 2 pers. 55 € - 3 pers. 85 € - p. sup. 6 € - repas 25 €

2 chambres avec bains et wc privés dont 1 avec 1 ch. attenante. Ouvert de mars à octobre. Table d'hôtes certains jours. Séjour avec bibliothèque et cheminée. Coin-cuisine l'été. Parc 1 ha. avec terrasse et salon de jardin, plan d'eau. Restaurants à proximité. Maison non fumeur. ★ Etangs, piscine, tennis et pêche 1 km. Equitation à 7 km. Noirmoutier, Nantes à 39 km. Vignobles et randonnées à proximité. **Accès :** au centre ville, devant la Chapelle dir. Touvois. 20 m avant la sortie de la ville, tourner à gauche sur la petite route "Richebonne". Aller jusqu'au bout (à 300 m). CM316, pli G6.

Confort et charme dans cette demeure du XVIIIe siècle, entièrement restaurée, située aux portes de la Vendée. Christine, artiste peintre, a apporté beaucoup de soin à la décoration intérieure. Elle vous accueillera chaleureusement dans ce havre de paix.

PAYS DE LOIRE

Les Lucs-sur-Boulogne - Vendée (85)

Les Lucs-sur-Boulogne: Vendée Memorial. Logis de la Chabotterie, 18th-century residence and museum 10 km. Baroque Music Festival. Fishing, hiking locally. Tennis 500 m. Swimming pool 9 km.

*★ **How to get there:** A83 or A87, Les Essarts exit. Head for Belleville/Vic (D98) and Lucs-sur-Boulogne. Follow "Mémorial de Vendée - Les Lucs" signs on D18. The first house on left just after the bridge. Drive round on the left.*

This small 16th-century residence, by a river, features granite fireplaces, antique furniture and a restored bread oven. Two spacious bedrooms await you, one of which is decorated in the traditional Vendée style, offering a taste of the charm of bygone days. Upstairs, there are fascinating collections of dolls, headdresses and models. Your host Hubert is a Vendée history buff.

Le Chef du Pont
85170 Les Lucs-sur-Boulogne
Tél./Fax 02 51 31 22 42 ou 06 82 54 16 96
Josiane et Hubert Perrocheau

1 pers. 38 € - 2 pers. 43 € - 3 pers. 63 € - p. sup. 15 €

1 chambre et 1 suite de 2 chambres avec sanitaires privés. Ouvert toute l'année. Petit déjeuner : confitures maison, miel de pays, brioche et fouace vendéens, jus de fruits... Salon avec bibliothèque régionale. Coll. Objets anciens, robes, lingerie, coiffes... Cour, jardin. Salon de jardin, terrasse couverte. ★ Les Lucs-sur-Boulogne : mémorial de Vendée. Logis de la Chabotterie 10 km. Festival musique baroque. Pêche, randonnées sur place. Tennis 500 m. Equitation 8 km. Piscine 9 km. **Accès :** A83 ou A87, sortie les Essarts. dir. Belleville/Vic (D98) puis Lucs-sur-Boulogne. Suivre panneaux "Mémorial de Vendée - les Lucs" (D18). 1re maison à gauche juste après le pont, contourner par la gauche. CM 316, pli H6.

Un petit logis du XVIe siècle, en bordure de rivière, avec des cheminées en granit, des meubles anciens et un four à pain restauré. 2 chambres spacieuses dont une au décor typiquement vendéen. A l'étage, une ambiance romantique : mannequins, poupées, coiffes... Hubert est passionné d'histoire vendéenne.

Maillezais - Vendée (85)

69, rue de l'Abbaye - 85420 Maillezais
Tél. 02 51 87 23 00 - Fax 02 51 00 72 44
Email : liliane.bonnet@wanadoo.fr
Liliane Bonnet

1 pers. 57 € - 2 pers. 63/66 € - 3 pers. 75 €

★Marais Poitevin conservation area on site. Maillezais Abbey 150 m. Nieul-sur-Autize Romanesque abbey and cloisters 7 km. Futuroscope New Technologies Museum. Horse-riding, boat trips, windsurfing, swimming.

*★ **How to get there:** 10 km from A83 motorway (Oulmes exit). At Maillezais, follow signs for the "Abbaye". The house is 150 m from the abbey, no. 69. Michelin map 316, fold L9.*

Handsome family mansion built in 1837, set in a park. The bedrooms, some of which give onto the park, are appointed with local antique furniture. The kitchen with fireplace is a delight, and still features its original stone flooring. Relax in the fully enclosed park, which exudes rare and ancient essences, overlooking the peaceful, discreet Marais Poitevin.

5 chambres avec sanitaires privés. Ouvert toute l'année. Copieux petit déjeuner : confitures, miel, fromages de chèvre, laitages, brioche... Salon-bibliothèque avec TV, salon-détente, et orangerie avec collection d'outils anciens. Parc, tennis, barques, coin-pêche et parking privés. ★ Marais Poitevin sur place. Abbaye de Maillezais à 150 m. Cloître et abbaye romane de Nieul-sur-Autize à 7 km. Futuroscope. Equitation, promenades en bateau, planche à voile, piscine. **Accès :** à 10 km de l'autoroute A83 (sortie Oulmes). A Maillezais, suivre le fléchage "Abbaye", la maison se situe à 150 m de l'abbaye, n°69. CM316, pli L9.

Belle demeure bourgeoise de 1837 entourée d'un parc. Les chambres, dont certaines ouvrent sur le parc, sont dotées d'un mobilier régional ancien. La cuisine, très chaleureuse, avec sa cheminée a conservé son dallage en pierre. Pour votre détente, beau parc entièrement clos, avec des essences rares et anciennes, donnant sur le marais silencieux et discret.

Marsac-sur-Don - Loire Atlantique (44)

NOUVEAUTÉ

La Mérais
44170 Marsac-sur-Don
Tél. 02 40 79 50 78 ou 06 64 47 16 98
Email : daniel.brenon@wanadoo.fr
www.lamerais.com
Sylvie Brenon

1 pers. 35 € - 2 pers. 45 € - 3 pers. 55 € - p. sup. 10 €

★Vallée du Don, Nantes to Brest canal, LPO exits at the Nantes, Rennes, Châteaubriant crossroads. Gâure Forest, stud farm, footpaths. Swimming pool, tennis, watersports 5 km. Golf 12 km.

*★ **How to get there:** Nantes/Rennes motorway, exit Nozay. Follow Marsac-sur-Don. In the village, take direction Vay. After 1 km turn left towards Le Mérais. Michelin map 316, fold F2.*

There are three individually styled bedrooms available in this quiet, tasteful and entirely renovated farmhouse. A perfect stop for someone visiting the Vallée du Don or for an escape into the Gâure Forest. A lovely living room with corner kitchen, lounge area and terrace, makes La Mérais an excellent place to stay.

3 chambres avec sanitaires privés. Ouv. toute l'année. Pet déjeuner : confitures, jus de pommes et pâtisseries ma son, croissant, fruits frais ou secs...Biblio., tisanerie en lib service. Jardin, parc 1 ha. Jeux enfants, vélos à dispo., ba de soleil, pergola, terrasse privative. W.E thème (LPO, ra donnée). ★ Vallée du Don, canal de Nantes à Brest, so ties LPO au carrefour de Nantes, Rennes, Châteaubria Forêt du Gâure, haras, sentiers pédestres. Piscine, tenn sports nautiques 5 km. Golf 12 km. **Accès :** voie rapi Nantes/Rennes, sortie Nozay. Suivre Marsac-sur-Do Dans le bourg prendre à dir. de Vay. Après 1 km, tourn à gauche à La Mérais. CM316, pli F2.

Dans une longère entièrement rénovée, vous tro verez le calme et le raffinement dans 3 chamb décorées chacune dans un thème différent. Endr idéal pour une halte aux portes de la Vallée du D et une escapade dans la forêt du Gâure. Une piè de vie avec coin-salon, kitchenette et terrasse co plètent votre lieu d'accueil.

Martigné-Briand - Maine et Loire (49)

★Château de Martigné-Briand 3 km. Saumur (National Riding School), château, wine cellars. Angers and château. Troglodyte dwellings nearby. Hiking. Restaurant at Martigné-Briand 3 km.

★ **How to get there:** D761 for Brissac-Poitiers. D748 for Martigné-Briand. At Martigné-Briand, turn right for Thouarce (D125).

This typical 19th-century residence with slate roof and brick walls is set in two hectares of parkland. The sun-drenched bedrooms, located in the annexe, are bright and decorated with attractive fabrics. Savour the hearty breakfasts served in the winter garden. The owners guarantee a warm welcome.

Domaine de l'Etang
49540 Martigné-Briand
Tél. 02 41 59 92 31 - Fax 02 41 59 92 30
Email : domaine.etang@ifrance.com
www.domaine-etang.com
Gilles et Danielle Tenaillon

1 pers. 55 € - 2 pers. 60 € - 3 pers. 75 € - p. sup. 15 €

4 chambres avec sanitaires privés. Ouvert toute l'année. Salon de détente, jardin d'hiver. Baby-foot. Parc de 2 ha., tennis, possibilité de laisser son cheval dans le pré (3 €). Piscine. Pêche dans le Layon, étang. Nombreuses randonnées. Restaurant à Martigné-Briand 3 km. ★ Château de Martigné-Briand 3 km. Saumur (école nationale d'équitation), château, caves. Angers (château). A proximité de sites troglodytiques. **Accès :** D761 dir. Brissac-Poitiers. Suivre la D748 dir. Martigné-Briand. A Martigné-Briand prendre dir. Thouarce (D125) sur la droite.

Sur un parc de 2 ha., demeure typique du XIXe avec toit d'ardoise et mur en brique. Aménagées dans une annexe, les chambres sont gaies, lumineuses et décorées avec de jolis tissus. Vous apprécierez le copieux petit déjeuner servi dans le jardin d'hiver et l'accueil chaleureux des propriétaires.

Monhoudou - Sarthe (72)

.e Mans (old town) 40 km. Vintage Car Museum. Alençon: 'ty of the Dukes 30 km. Châteaux and stud farms of the ·ne. Tennis 3 km. Bellême golf course 15 km. Alpes Mancelles ' km.

How to get there: *A11 motorway: from Paris, turn off at Ferté-Bernard for Mamers. After St-Cosmes, left for ırolles. From Nantes, Le Mans. Alençon (A28), exit 21 for ımers-Marolles.*

is little 16th and 17th-century gem, set in a bosky bower, been in the family since 1625. The peaceful park and the ·m welcome offered by the owner will make time stand still ing your stay. Michel and Marie-Christine will be delighted ·elp you discover the region's many treasures.

Château de Monhoudou TH
72260 Monhoudou
Tél. 02 43 97 40 05 ou 06 83 35 39 12
Fax 02 43 33 11 58
www.monhoudou.com
Michel de Monhoudou

2 pers. 95/150 € - p. sup. 20 € - repas 39/67 € - 1/2 p. 81,50/109 €

6 chambres avec sanitaires privés. Ouvert toute l'année. Table d'hôtes : poulet aux morilles, pintade au foie gras, confitures, cake et pain d'épices maison... Salons, salle à manger, piano, billard. Parc à l'anglaise, bicyclettes (tandem). Piscine chauffée. ★ Le Mans à 40 km (vieille ville). Musée de l'automobile. Les Alpes Mancelles (25 km). Alençon, cité des ducs (30 km). Châteaux et haras de l'Orne. Tennis à 3 km. Golf de Bellême à 15 km. **Accès :** autoroute A11 : de Paris sortie La Ferté-Bernard dir. Mamers, après St-Cosmes, à gauche dir. Marolles. De Nantes, le Mans. Alençon (A28), sortie 21 dir. Mamers-Marolles.

Petit joyau des XVIe et XVIIe siècles, dans son écrin de verdure transmis depuis 1625. Le calme de son parc et l'accueil de son propriétaire vous permettront durant votre séjour de suspendre le cours du temps. Michel et Marie-Christine vous feront découvrir les richesses de leur région.

Montjean-sur-Loire - Maine et Loire (49)

★Les Orientales, Jazz sur Loire, Fibres en Musique festivals, Monumental Statues Symposium. Château du Pin and gardens, Maulévrier Oriental Park. Swimming pool, tennis, hiking locally. Golf course 30 km.

★ ***How to get there:*** *A11, exit 19 (between Angers and Nantes). From bridge, 1st road on right past post office, on the way to the swimming pool and library. GPS coordinates: N47°27' 245 - W00° 51'850.*

Les Cèdres is a restful staging post in the heart of a village by the banks of the Loire. This family mansion, in gentle Anjou, is the perfect spot for discovering the region's châteaux and enjoying the ocean. The three bedrooms have great character and are tastefully appointed. In the evening, relax in the pleasant garden, a kaleidoscope of browns and golds.

Les Cèdres
17, rue du Prieuré - 49570 Montjean-sur-Loire
Tél. 02 41 39 39 25 ou 06 62 17 39 25
www.les-cedres.net
Danielle Wittevert

1 pers. 49/60 € - 2 pers. 55/65 € - p. sup. 17 €

3 chambres avec sanitaires privés et bouilloire. Ouvert du 15.4 au 30.9. Petit déjeuner : viennoiseries, confitures maison, laitage, fruits...Salon musique avec piano, salon détente, biblio. Jardin paysager, patio fleuri, salon de jardin. Label "Chambres d'Hôtes au Jardin". Crêperie, restaurant et guinguette à Montjean. ★ Festivals : Les Orientales, Jazz sur Loire, Fibres en Musique, symposium de statues monumentales, jardins et château du Pin, parc oriental de Maulévrier... Piscine, tennis, randonnée sur pl. Golf 30 km. **Accès :** A11, sortie n°19 (entre Angers et Nantes). En venant du pont, 1re rue à droite après la poste vers la piscine et la bibliothèque. Coordonnées GPS : nord 47°27' 245 - ouest 00° 51' 850.

Entre châteaux et océan, une halte reposante au pays de la douceur angevine dans une maison de maître, au cœur d'un village de bord de Loire. 3 chambres de caractère, décorées avec goût vous sont réservées. En soirée, détente dans un agréable jardin aux couleurs mordorées.

PAYS DE LOIRE

Montreuil-sur-Loir - Maine et Loire (49)

★Loir Valley. 5 golf courses within a 30-km radius. Close to a number of Loire châteaux. Aviation Museum (Angers-Marcé) 7 km.

★ ***How to get there:*** *A11 (L'Océane), Seiches-sur-le-Loir exit, 5 km from Seiches on D74.*

This pretty, troubadour-style château is set in extensive wooded grounds, flanked by a river on which you can go canoeing. The rooms are appointed with period furniture, bestowing discreet charm on the place. In fine weather, relax on the terrace overlooking the Loir.

Château de Montreuil TH
route de Tiercé - 49140 Montreuil-sur-Loir
Tél. 02 41 76 21 03
Email : chateau.montreuil@anjou-et-loire.com
www.anjou-et-loire.com/château
Jacques et Marie Bailliou

1 pers. 65/70 € - 2 pers. 70/80 € - p. sup. 15/30 € - repas 27 €

4 chambres avec sanitaires privés. Ouvert du 15.03 a 15.11. Table d'hôtes : terrine de volailles, pintade, poul à l'Angevine... Salle à manger, salon. Vue panoramique s la vallée du Loir et la forêt de Boudré. Grand parc boi le long de la rivière. Canotage sur place. ★ Vallée du Lo 5 golfs dans un rayon de 30 km. A proximité de plusieu châteaux de la Loire. Musée de l'Air 7 km dans le cad du terrain d'aviation Angers-Marcé. Parc des expositio 17 km. **Accès :** A11 (l'Océane) sortie Seiches-sur-Loir, 5 km de Seiches sur D74.

Ce joli château de style troubadour est entou d'un grand parc boisé longé par une rivière s laquelle vous aurez la possibilité de canoter. L chambres qui vous sont réservées sont dotées d' mobilier ancien qui leur confère un charme dis ret. Aux beaux jours, vous pourrez profiter de terrasse qui surplombe le Loir.

Mouliherne - Maine et Loire (49)

★20 minutes from the Loire: châteaux, museums and wine-cellars. Close to Monnaie national forest (600 hectares). Hiking locally. Golf course 15 km. Horse-riding 6 km. Lake 3 km.

★ ***How to get there:*** *On D79, between Longué (10 km) and Mouliherne (5 km). Le Péré forest road.*

A warm welcome awaits you at this marvellous set of 17th-century farm buildings in the heart of Monnaie national forest. Relax in the vast lounge, which features a fireplace, beams and half-timbering of the period. The private terrace provides access to the park and its majestic cedar.

Le Cèdre de Monnaie TH

49390 Mouliherne
Tél./Fax 02 41 67 09 27 ou 06 08 97 48 34
Email : lecedredemonnaie@tiscali.fr
www.cedredemonnaie.com
Marguerite Delval

1 pers. 40 € - 2 pers. 49 € - 3 pers. 64 € - repas 18 €

5 chambres avec sanitaires privés. Ouvert toute l'année. Petit déjeuner : jus de pommes maison, yaourts, viennoiseries, confitures maison... T. d'hôtes : asperges, terrines maison, cuisine familiale avec produits locaux... Cour, jardin, parc de 1 ha. Points d'eau privés. Restaurants entre 8 et 10 km. ★ A 20 mn de la Loire, visites de châteaux, musées, insolites, caves. A proximité de la forêt domaniale (600 ha). Randonnée sur place. Golf 15 km. Equitation 6 km. Plan d'eau 3 km. **Accès :** sur la D79 entre Longué (10 km) et Mouliherne (5 km). Route forestière du Péré.

Vous recevrez un acccueil chaleureux dans ce splendide corps de ferme du XVIIe siècle, en plein cœur de la forêt domaniale de Monnaie. Vous profiterez du très grand séjour avec sa cheminée, ses poutres et ses colombages d'époque. De votre terrasse réservée, vous aurez accès au parc avec son cèdre majestueux.

Mouzeil - Loire Atlantique (44)

★Châteaux of the Loire and vineyards. Nantes 30 km. Angers 50 km. Hiking 3 km. Horse-riding 10 km. Water sports 15 km. Golf course 18 km. Sea 80 km.

★ ***How to get there:*** *A11, Ancenis exit and D164 for Nort-sur-Erdre. Turn right after "Le Pont Esnault". Michelin map 316, fold H3.*

Château de Cop-Choux (18th, 19th and 20th century) is built on the site of the old lime kilns, in an outstanding setting. This magnificent residence features original decoration, woodpanelling, marble fireplaces and oak flooring. The elegantly decorated bedrooms and lounges are bright and spacious. Take refreshing strolls in the superb 18-hectare park.

Château de Cop-Choux TH

44850 Mouzeil
Tél./Fax 02 40 97 28 52
Email : jan.liebreks@wanadoo.fr
www.cop-choux.com
Jan Liebreks

1 pers. 80/95 € - 2 pers. 89/104 € - p. sup. 26 € - repas 32 €

6 chambres avec sanitaires privés. Ouvert toute l'année. Petit déjeuner : pains variés, viande, marmelade, œufs, fromage, céréales, jus d'orange. Table d'hôtes : poisson au beurre blanc... Salon, billard. Parc de 18 ha. Piscine, tennis, vélos. 2 lacs, ruisseau. Restaurants à Nort-sur-Erdre et Ancenis. ★ Châteaux de la Loire, vignobles. Nantes 30 km. Angers 50 km. Randonnées 3 km. Equitation 10 km. Sports nautiques 15 km. Golf 18 km. Mer 80 km. **Accès :** A11, sortie Ancenis puis D164 dir. Nort-sur-Erdre. A droite après "Le Pont Esnault". CM316, pli H3.

Dans un cadre exceptionnel, le château de Cop-Choux (XVIII, XIX et XXe) est situé sur l'ancien site des fours à chaux. Magnifique demeure qui possède toujours ses élements décoratifs d'époque : boiseries, cheminées en marbre, parquets en chêne... Les chambres et salons, spacieux et lumineux sont décorés avec raffinement. Pour flâner, superbe parc de 18 ha.

Murs-Erigné - Maine et Loire (49)

Le Jau TH
49610 Murs-Erigné
Tél. 02 41 57 70 13 ou 06 83 26 38 80
Email : le.jau@anjou-et-loire.com
www.anjou-et-loire.com/jau
Françoise Terrière

1 pers. 40/65 € - 2 pers. 59/68 € - 3 pers. 90 € - p. sup. 16 € - repas 25 €

3 chambres (dont 1 avec poss. de chambre annexe), avec sanitaires privés. (100 €/4 pers.). Ouvert toute l'année (hors-saison sur réservation). Table d'hôtes sur demande. Parc. Restaurants à Murs-Erigné. ★ La Loire et ses châteaux. Angers (musées, jardins, tapisseries) à 8 km. Festival théatral en juillet. Vignobles et dégustations. Piscine et golf à proximité. **Accès :** à Angers, dir. Cholet par la N160, puis les Ponts-de-Cé, Murs-Erigné (route de Chalonnes). Venant de Paris dir. Cholet, sortie Brissac - Murs Erigné. 1er feu à gauche et 2e à droite.

Sur la route des châteaux et des vignobles, aux portes d'Angers, Françoise Terrière vous ouvre sa maison romantique et se propose de vous aider à découvrir sa région. Les chambres sont calmes, confortables et donnent sur le parc, la petite église et le pigeonnier du XVIIe siècle.

★The Loire and châteaux. Angers (museums, gardens, tapestries) 8 km. Theatre Festival in July. Vineyards and wine-tasting. Swimming pool and golf course nearby.

*★ **How to get there:** At Angers, head for Cholet on N160, then Les Ponts-de-Cé, Murs-Erigné (Chalonnes road). From Paris, head for Cholet, Brissac-Murs Erigné exit. Left at first lights and second right.*

In the land of châteaux and vineyards, Françoise Terrière invites you to stay at her romantic home on the Angers border, where she will be happy to help you discover the region. The comfortable bedrooms exude peace and quiet, and overlook the grounds, the 17th-century dovecot and small church.

Neuillé - Maine et Loire (49)

Château de Goupillon
49680 Neuillé
Tél./Fax 02 41 52 51 89
Monique Calot

2 pers. 70/100 € - p. sup. 20 €

2 chambres et 1 suite, toutes avec sanitaires privés. Ouvert toute l'année (l'hiver sur réservation). Parc de 4 ha. Une étape hors du temps, idéale pour découvrir le vignoble saumurois et visiter les châteaux de la Loire. Restaurants à Vivy-Saumur. ★ Attraits des bords de Loire et la proche Touraine. Proximité des vins de Bourgueil, Chinon, Champigny. Circuits pédestres et forêt 500 m. ULM, aviation 10 km. Golf 18 trous 20 km. **Accès :** de Saumur N 147 dir. Angers. Après rond-point de la "Ronde" D 767 pendant 2 km, puis à gch. D 129 dir. Neuillé. A 2 km rte de Fontaine-Suzon.

Au cœur du Val de Loire, vous serez accueillis très chaleureusement par la maîtresse de maison qui a entièrement restauré et décoré ce château début XIXe siècle. Les chambres sont confortables, personnalisées et meublées en ancien. Vous pourrez profiter du parc ombragé ou faire de belles promenades en forêt.

★Places of interest along the banks of the Loire, and nearby Touraine. Close to famous Bourgueil, Chinon and Champigny vineyards. Hiking paths and forests 500 m. 18-hole golf course 20 km. Microlite and small aircraft 10 km.

*★ **How to get there:** From Saumur, N147 for Paris. After the "La Ronde" roundabout, D767 for 2 km, then left on D129 for Neuillé. 2 km on Fontaine-Suzon road.*

Your hostess provides a warm welcome at this fully restored 19th-century château in the heart of the Loire Valley. The comfortable bedrooms have been given a personal touch and boast antique furniture. Enjoy the shaded grounds or take refreshing walks in the forest. A timeless spot ideal for discovering the Saumur vineyards.

Nieul-sur-l'Autise - Vendée (85)

★Nieul-sur-l'Autise and Maillezais Abbeys. Marais Poitevin conservation area. Hiking and cycling. Mervent Forest. Vouvant. La Rochelle and Ile de Ré. Tennis, river, lake, bathing 6 km. Riding, swimming pool 11 km. Fishing 15 km. Sea, beach 60 km.

*★ **How to get there:** 18 km northwest of Niort, on N148 for Fontenay-le-Comte and take the B-road (route départementale) for "Abbaye Royale" in Nieul-sur-l'Autise. A83, exit 9 for Oulmes. Michelin map 316, fold L9.*

Le Rosier Sauvage, a vast 18th-century residence full of character, stands at the gateway to the Marais Poitevin conservation area, facing the royal abbey. Four cosy bedrooms, each with its own style, are decorated in light, welcoming hues. The superbly restored stable has been converted into a dining room. Pleasant tree-filled garden. Restaurants nearby.

Le Rosier Sauvage
1, rue de l'Abbaye - 85240 Nieul-sur-l'Autise
Tél. 02 51 52 49 39
Email : rosier.sauvage1@tiscali.fr
Christine Chastain-Poupin

1 pers. 36/39 € - 2 pers. 45/48 € - 3 pers. 54/57 €

4 chambres avec douche et wc privés. Ouvert d'avril à octobre. Bibliothèque et salon avec TV et cheminée à disposition. Entrée indépendante. Jardin 1000 m^2. Poss. lit bébé. Restaurants à proximité. ★ Abbayes Nieul/l'Autise et Maillezais. Marais Poitevin. Rand. pédestres et cyclo. Forêt Mervent. Vouvant. La Rochelle et Ile de Ré. Tennis, rivière, lac, bain 6 km. Equit., piscine 11 km. Pêche 15 km. Mer 60 km. **Accès :** à 18 km au nord-ouest de Niort, par la N148 dir. Fontenay-le-Comte, prendre la départementale, en dir. de l'Abbaye Royale de Nieul-sur-l'Autise. A83, sortie n°9, dir. Oulmes. CM316, pli L9.

Aux portes du Marais Poitevin, face à l'abbaye royale, le Rosier Sauvage, vaste demeure de caractère du XVIIIe siècle, vous ouvre ses portes. 4 chambres personnalisées, aux tonalités claires, douillettes et confortables y ont été aménagées. L'ancienne écurie, superbement restaurée a été transformée en salle à manger. Agréable jardin boisé.

Notre-Dame-du-Pé - Sarthe (72)

★Solesmes Abbey, earthenware factories at Malicorne, Sablé Baroque Festival, La Flèche Zoo, Angers and Plessis-Bourré Châteaux. River trips 12 km. Horse-riding 6 km. Fishing 8 km. Golf course 12 km.

*★ **How to get there:** A11, exit 10 and D306 to Louailles. D53 to Précigné and D134 to Notre-Dame-du-Pé. As you leave Notre-Dame village, head for Daumeray. The accommodation is 300 m up on the right.*

You will enjoy the comfort and tranquillity of this charming farmhouse, nestling in a bosky bower with attractive views over the valley. If you're feeling adventurous, you might like to take an exhilarating balloon trip (leaves from La Reboursière, booking required). In the winter months, snuggle up by the fire in the lounge and in the summer, relax by the private swimming pool.

La Reboursière TH
72300 Notre Dame du Pé
Tél./Fax 02 43 92 92 41
Email : gilles.chappuy@wanadoo.fr
http://www.lareboursiere.fr.st
Gilles Chappuy

1 pers. 52 € - 2 pers. 60 € - 3 pers. 78 € - p. sup. 16 € - repas 23 €

3 chambres avec sanitaires privés. Ouv. toute l'année. Petit déj. : jus de fruits, yaourts, pâtisseries et confitures maison, fruits, viennoiseries. T. d'hôtes (apéritif, vin et café compris) : rillettes, croustade de poireaux, sandre au beurre blanc... Parc 2,3 ha, p-pong. Soirée four à pain 1 fois/semaine. Piscine. ★ Abbaye de Solesmes, faïenceries à Malicorne, festival baroque de Sablé, zoo de la Flèche, châteaux Angers, Plessis-Bourré... Promenade fluviale 12 km. Equitation 6 km. Pêche 8 km. Golf 12 km. **Accès :** A11, sortie n°10 puis D306. A Louailles - D53. A Précigné - D134. A Notre Dame du Pé, prendre la sortie du village, vers Daumeray, et 300 m à droite.

Vous profiterez du confort et du calme de cette longère de caractère, blottie dans un écrin verdoyant avec une jolie vue sur la vallée. Vols en montgolfière (départ de la Réboursière sur réservation). L'hiver, veillée devant la cheminée du salon. L'été, détente autour de la piscine sécurisée. Cet hébergement est accessible aux personnes handicapées.

Pont Saint-Martin - Loire Atlantique (44)

Château du Plessis-Atlantique
44860 Pont Saint-Martin
Tél. 02 40 26 81 72 - Fax 02 40 32 76 67
Email : chateauduplessis@wanadoo.fr
Josiane Belorde

1 pers. 80/105 € - 2 pers. 110/160 € - 3 pers. 185/205 € - p. sup. 35 €

3 chambres dont 1 avec ch. enfants attenante avec sanitaires privés. Ouvert toute l'année. Vélos sur place. 1/2 tarif enft.- 12 ans. Tarif "Nuit de Noces" 200/225 €. Restaurant 800 m. ★ Lac de Gd Lieu (réserve d'animaux et promontoir avec vue). Abbatiale St-Philbert de Gd Lieu (IXe). Vignoble nantais. Clisson - Nantes et son passé fluvial. Pêche 1 km. Tennis 2 km. Equitation 4 km. Mer 30 km. **Accès :** à Nantes dir. La Roche-sur-Yon, Viais et Pont St-Martin. De Vannes dir. aéroport St-Aignan et Pont St-Martin, ensuite fléchage. CM316, pli G5.

Le Plessis (classé monument historique) saura vous conquérir par ses chambres confortables aux meubles d'époque, avec salles de bains luxueuses. Superbe vue sur les jardins et les roseraies. Situé au calme, il tire son caractère de la fière Bretagne et son charme de la douce Loire.

★Grand Lieu Lake with wildlife reserve and promontory with view of the lake. 9th-century Saint-Philbert de Grand Lieu Abbey-Church. Nantais vineyards. River and fishing 1 km. Tennis 2 km. Horse-riding 4 km. Sea 30 km. Clisson - Nantes and river steeped in history.

*★ **How to get there:** From Nantes, head for La Roche-sur-Yon, Viais and Pont Saint-Martin. From Vannes, head for Saint-Aignan Airport and Pont Saint-Martin. Follow signs. Michelin map 316, fold G5.*

Château du Plessis will win you over with its comfortable bedrooms, period furniture and luxuriously appointed bathrooms. The property provides a superb view of the flower and rose gardens shrouded in blissful silence. Breton pride and the gentle Loire have shaped the character of this listed building.

PAYS DE LOIRE

La Possonnière - Maine et Loire (49)

La Rousselière TH
49170 La Possonnière - Fax 02 41 39 12 23
Tél. 02 41 39 13 21 ou 06 60 67 60 69
Email : larousseliere@unimedia.fr
www.anjou-et-loire.com/rousseliere
François et Jacqueline de Béru

2 pers. 55/75 € - 3 pers. 70/95 € - p. sup. 15 € - repas 23 €

5 chambres avec sanitaires privés (dont 3 avec TV), toutes avec vue sur le parc. Ouvert toute l'année. Table d'hôtes. Billard, ping-pong. Piscine privée. Restaurants gastronomiques à proximité. ★ Sentiers pédestres et pêche sur place, tennis à 5 km, équitation à 15 km, golf à 18 km. Circuits cyclo. Visites de châteaux. Dégustation des vins d'Anjou. **Accès :** à Angers dir. Nantes N23. A St-Georges/Loire, dir. Chalonnes/Loire sur 3,5 km puis avant le pont sous la voie ferrée, à gauche vers la Possonnière par la RD11 sur 1,5 km.

François et Jacqueline de Béru vous accueillent dans leur demeure de charme du XVIIIe avec son parc de 4 ha et sa piscine. Pour le plaisir de ses hôtes, Jacqueline aime à préparer des plats aux saveurs inattendues, à base de légumes et de fruit du potager, où tradition et créativité de mêlent avec harmonie.

★Hiking paths and fishing locally. Tennis court 5 km. Horse-riding 15 km. Golf course 18 km. Cycle paths.

*★ **How to get there:** At Angers, head for Nantes on N23. At Saint-Georges/Loire, head for Chalonnes/Loire. 3.5 km on, before railway bridge, turn left for La Possonnière on RD11 and drive 1.5 km.*

François and Jacqueline de Béru extend a warm welcome to guests at their charming 18th-century residence set in a four-hectare park with swimming pool. For your enjoyment, Jacqueline will be delighted to prepare scrumptious and unusual dishes with fruit and vegetables from the kitchen garden. The blend of creativity and culinary traditions is a sheer delight.

Les Rosiers-sur-Loire - Maine et Loire (49)

Banks of the Loire and châteaux. Saumur 15 km. Angers 30 km. Saumur, Layon and Aubance vineyards. Fishing, footpaths locally. Swimming pool, tennis court 1 km. Horse-riding 2 km. Golf course 15 km.

★ ***How to get there:*** *From Saumur or Angers, take D952. On A85 motorway, Beaufort-en-Vallée turn-off and Rosiers-sur-Loire on D59.*

Christiane is your hostess at this magnificent 19th-century, freestone family mansion, by the banks of the Loire, between Angers and Saumur. Four enchantingly appointed bedrooms await your arrival. The shaded park, teeming with flowers, is an ideal spot for resting after an excursion or for enjoying blissful walks. In the summer months, breakfast is served in the garden.

Domaine de l'Oie Rouge TH
8, rue Nationale - 49350 Les Rosiers-s/-Loire
Tél. 02 41 53 65 65 - Fax 02 41 53 65 66
Email : c.batel@wanadoo.fr
www.domaine-oie-rouge.com
Christiane Batel

1 pers. 58/78 € - 2 pers. 63/83 € - 3 pers. 89/98 € - p. sup. 15 € - repas 25 €

4 chambres (non fumeur) avec sanitaires privés. Ouvert toute l'année. Petit déjeuner copieux et gourmand : pâtisseries maison, confitures, jus de fruits, laitages... Table d'hôtes : produits du terroir, viandes et volailles bio. Parc arboré et fleuri. ★ Bords de Loire, nombreux châteaux. Saumur 15 km. Angers 30 km. Vignobles du Saumurois, du Layon et de l'Aubance. Pêche, sentiers sur place. Piscine, tennis 1 km. Equitation 2 km. Golf 15 km. **Accès :** depuis Saumur ou Angers prendre la D952. Par l'autoroute A85, sortie Beaufort-en-Vallée puis les Rosiers-sur-Loire par la D59.

Christiane vous accueille dans une magnfique maison de maître du XIXe en tuffeau, en bord de Loire, entre Angers et Saumur. 4 belles chambres vous sont réservées pour un séjour enchanteur. Le parc ombragé et fleuri, pour vous détendre après une journée de visites ou de balades. L'été, le petit déjeuner et le dîner sont servis dans jardin.

PAYS DE LOIRE

St-Brice - Mayenne (53)

Solesmes Abbey, trips along the river, walking trails locally. Sablé golf course 6 km. Parcay, St-Denis and Anière: three charming villages. Horse-riding 6 km. Archery 6 km. Forest and fishing 4 km.

★ ***How to get there:*** *A81, exit 1 for Sablé. From Sablé, head for Laval (D21) to Bouessay and Château. Alternatively, A11, exit 10 for Gontier (D28) to Agets and St-Brice (D212). The entrance is 100 m before the village.*

A warm, friendly welcome awaits you at this charming 16th-century manor house, with five hectares of landscape grounds, heated pool and sauna. Breathe in the fragrant fireplace, limestone, terra cotta. An ideal starting point for exploring the Anjou, Mayenne and Sarthe.

Manoir des Forges TH
53290 St-Brice
Tél. 02 43 70 84 40 - Fax 02 43 70 84 14
Email : contact@manoirdesforges.fr
www.manoirdesforges.fr
Sabine Colombani

2 pers. 80/120 € - p. sup. 25 € - repas 28 €

3 chambres spacieuses avec sanitaires privés. Ouvert toute l'année. Petit déjeuner : laitage, viennoiseries, confitures maison... T. d'hôtes : cuisine aux accents de Provence. Sauna. Piscine chauffée. Tennis éclairé. Possibilité accueil chevaux au pré. Restaurants à Sablé-sur-Sarthe (6 km). ★ Abbaye de Solesmes, tourisme fluvial, circuits pédestres sur place, golfs de Sablé 6 km, Angers et Laval. Parcay, St-Denis et Anières : 3 cités de caractère. Equitation 6 km, tir à l'arc, forêt, pêche 6 km. **Accès :** A81 sortie n°1 Sablé ou A11 sortien°10 Sablé. De Sablé dir. Laval (D21) jusqu'à Bouessay puis D28 dir. Château Gontier jusqu'aux Agets puis D21C jusqu'à St-Brice. 100 m avant panneau St-Brice, à droite.

C'est dans ce charmant manoir du XVIe siècle entouré d'un parc paysager de 5 ha que vous serez accueillis en toute convivialité. Chambres de caractère très confortables, parfums d'authenticité, cheminées et terres cuites sont au rendez-vous. Détente sur place avec la piscine, le tennis et le sauna. A la limite de l'Anjou, de la Mayenne et de la Sarthe.

St-Julien-de-Concelles - Loire Atlantique (44)

NOUVEAUTÉ

Le Bois Adam

96, rte de Beau Soleil - 44450 St-Julien/-Concelles
Tél./Fax 02 40 13 10 00 ou 06 07 15 51 48
Email : gentilhommiereduboisadam@wanadoo.fr
www.gentilhommiereduboisadam.fr
Armelle Gobin

1 pers. 65/75 € - 2 pers. 90 € - 3 pers. 105 €

★10 minutes from the centre of Nantes. Watersports and golf 10 km. Swimming pool 6 km. Horseriding 9 km. Tennis 2.5 km.

*★ **How to get there:** Péripherique-Sud direction Cholet/Poitiers/Bordeaux. Exit 1.2 Basse Goulaine, follow D115 towards Loroux Bottereau. Go for 4.5 km then left St-Julien/Concelles. Entrance to property is opposite water tower.*

Nestled in 8 hectares of grounds, the countryside setting of le Bois Adam (a property dating back to the 17th, 18th and 19th centuries) guarantees a peaceful, relaxing and friendly stay. You cannot help but fall in love with the four tastefully decorated bedrooms, each of which have a fantastic view over the wooded grounds. Fishing enthusiasts will enjoy the stunning 1-hectare pond.

4 chambres avec sanitaires privés (TV sur demande). Ouvert toute l'année. Petit déjeuner : confitures maison, yoaurts, miel, croissants - à l'anglaise avec su salé... Jardin, parc de 8 ha avec oies, moutons, cheval et animaux sauvages, étang d'1 ha (possibilité pêche). Nombreux restaurants (spéc. locales). ★ A 10 mn du centre de Nantes. Sports nautiques et golf 10 km. Piscine 6 km. Equitation 9 km. Tennis 2,5 km. **Accès :** périph. sud dir. Cholet/Poitiers/Bordeaux. Sortie 1.2 Basse Goulaine, suivre D115 vers Loroux Bottereau. Tout droit sur 4,5 km puis à gauche St-Julien/Concelles. Entrée de la propriété en face du château d'eau.

Nichée dans un parc de 8 ha, la gentilhommière du Bois Adam (XVIIe, XVIIIe et XIXe siècles) vous assurera sérénité, quiétude et convivialité durant votre séjour. Vous serez séduits par le raffinement de la décoration des quatre chambres à thèmes, disposant d'une belle vue sur le parc boisé. Un bel étang de 1 ha ravira les amateurs de pêche.

PAYS DE LOIRE

St-Malo-de-Guersac - Loire Atlantique (44)

25, Errand - Ty Gwenn

TH

44550 Saint-Malo-de-Guersac
Tél. 02 40 91 15 04
Alain Collard

1 pers. 42 € - 2 pers. 54 € - 3 pers. 60 € - repas 20 €

★Grande Brière Regional Nature Park, barge trips. Guérande fortress town and saltmarshes. Morbihan Gulf. La Baule. Explore the area on foot (GR posted hiking path), by barge or bike.

*★ **How to get there:** From La Chapelle-des-Marais (or Montoir Bret), take D50 to St-Malo-de-Guersac. Drive past the church and follow "Chambres d'Hôtes" signs for 3 km. Michelin map 316, fold C3.*

This authentic cottage, situated on an island in the heart of the Brière Regional Nature Park marshes, has been fully restored. The three bedrooms are all decorated in a different style with attractive furnishings. A comfortable, rustic setting bursting with charm for a relaxing break.

3 chambres avec TV, mini-cool et sanitaires privés. Ouvert du 1er avril au 1er octobre. Petit déjeuner : céréales, confitures, miel, laitages, jus de fruits... Table d'hôtes sur réservation. Salon avec cheminée et billard à disposition Jardin. Parking privé. Restaurant à 5 km. ★ Parc Nature Régional de Grande Brière avec promenades en chaland Ville fortifiée et marais salants de Guérande. Golfe du Morbihan. La Baule. Circuit découverte à pied (GR), en chaland et à vélo. **Accès :** de la Chapelle des Marais (ou Montoir Bret), prendre la D50 jusqu'à St-Malo-de Guersac. Passer devant l'église et suivre le fléchag "Chambres d'Hôtes" sur 3 km. CM316, pli C3.

Sur une île, au cœur du marais de Brière (Par Naturel Régional), cette authentique chaumière été entièrement restaurée. Les 3 chambres qui vou reçoivent sont toutes personnalisées et jolimer décorées. Cadre rustique et confortable où vou ferez une étape de charme dans un environneme privilégié.

St-Mars-du-Désert - Loire Atlantique (44)

Longrais
44850 Saint-Mars-du-Désert
Tél. 02 40 77 48 25 ou 06 80 62 95 63
Email : longrais.accueil@wanadoo.fr
http://longrais.accueil-france.com
Dominique Morisseau

1 pers. 41/49 € - 2 pers. 46/54 € - 3 pers. 62/66 €

3 chambres avec sanitaires privés (1 ch. 3 pers. au r.d.c., 1 ch. 2 pers. à l'étage, 1 ch. 3 pers. avec mezzanine). Poss. Lit suppl. Ouvert toute l'année. Copieux petit déjeuner. Cuisine à disposition. Salon de jardin. Parking privé clos. Tarifs pour séjour et hors-saison. Restaurants 4 et 8 km. ★ Nantes (ville de musées) 17 km. Promenades sur l'Erdre (rivière classée) et sur la Loire. Randonnée 1 km. Activités nautiques 8 km. Golf 9 km. **Accès :** à Carquefou, dir. Chateaubriant (D178). A 2 km environ, tourner à droite (D9). Longrais est à 4 km. Tourner à droite (D89), 5e maison à gauche. CM316, pli H3.

A 15 km de Nantes, dans le calme de la campagne, à 10 mn de la Beaujoire, une demeure de caractère du XVIIIe entourée d'un grand jardin fleuri et arboré. Les chambres qui vous sont réservées sont vastes, chaleureuses et dotées d'un beau mobilier ancien agréablement mis en valeur.

★Hiking 1 km. Water sports 8 km. Golf course 9 km. Nantes (city and museums) 17 km. Walks along the Erdre (fishing permitted) and the Loire.

*★ **How to get there:** At Carquefou, head for Chateaubriant (D178). Approx. 2 km on, turn right (D9). Longrais is 4 km on. Turn right (D89), fifth house on the left. Michelin map 316, fold H3.*

This handsome 18th-century residence full of charm stands in blissfully silent countryside ten minutes from La Beaujoire, just 15 km from Nantes. The house is set in a delightful tree-lined flower garden. The large bedrooms exude warmth and are appointed with fine period furniture in perfect harmony with the décor.

PAYS DE LOIRE

St-Mars-la-Jaille - Loire Atlantique (44)

NOUVEAUTÉ

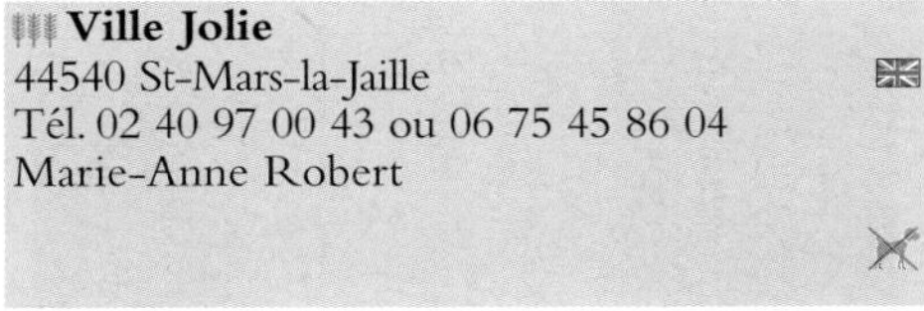

Ville Jolie
44540 St-Mars-la-Jaille
Tél. 02 40 97 00 43 ou 06 75 45 86 04
Marie-Anne Robert

2 pers. 65/90 € - p. sup. 10 €

2 chambres avec sanitaires privés et desserte avec boissons chaudes ou froides (TV sur demande). Ouv. d'avril à fin oct. Petit déjeuner : jus d'orange, confitures maison, viennoiseries, pâtisseries maison... Salle de jeux, bliblio. Parc 13 ha, étangs (pêche), salon de jardin. Vélos, p-pong, balançoire. ★ Station verte de vacances, piscine jouxtant la propriété, mini-golf, forêts. Fêtes communales. Théâtre de plein air. Courses de poneys. Vide grenier. Expo. Alentours : peintures, sculptures, fêtes communales.. **Accès :** à St-Mars-la-Jaille, prendre rue Villa Jolie. Vous longez la propriété et entrer par le portail bleu. L'allée vous conduit à la maison. A15 km de l'autoroute Paris/Nantes. CM316, pli I2.

Entre Nantes et Angers, Marie-Anne et Michel vous accueillent dans leur demeure de charme du XIXe siècle, bénéficiant d'un parc de 13 ha aux arbres séculaires, longeant l'Erdre. Salon et salle à manger des hôtes sur terrasse dominant le parc. Vous serez séduits par l'atmosphère "cosy" des lieux.

★Many activities available: swimming pool next to property, mini-golf, forests. Village fêtes. Open-air theatre. Pony rides. Car boot sale. Exhibitions. Surrounding area: painting, sculptures, village fairs...

*★ **How to get there:** At St-Mars-la-Jaille, take rue Villa Jolie. Drive alongside the property and enter by the blue gate. The drive leads to the house. 15 km from the Paris/Nantes motorway. Michelin map 316, fold I2.*

Between Nantes and Angers, Marie-Anne and Michel welcome you to their charming 19th-century residence set in 13 hectares of wooded grounds alongside the Erdre river. The living room and dining room boast a fantastic view of the grounds. This residence has a cosy and natural ambience that is not to be missed.

St-Mathurin - Vendée (85)

★Coastline, beaches and Sables d'Olonne port. Pierre Levée 18-hole golf course 4 km.

★ ***How to get there:*** *N160 dual carriageway, La Roche-sur-Yon/Les Sables d'Olonne. St-Mathurin turn-off. Negotiate roundabout and follow signs. Michelin map 316, fold F8.*

The Atlantic Coast and the seaside resort of Les Sables d'Olonne are only 8 km from Château de la Millière, an elegant 19th-century residence boasting a superb swimming pool. Guests can walk for hours along the bridle paths that wend their way across the 18 hectares of grounds.

Château de la Millière
85150 Saint-Mathurin
Tél./Fax 02 51 22 73 29 ou 02 51 23 85 75
Email : chateaudelamilliere@club-internet.fr
www.chateau-la-milliere.com
Claude et Danielle Huneault

1 pers. 87 € - 2 pers. 95 € - 3 pers. 110/142 € - p. sup. 8 €

4 chambres et 1 suite, chacune avec bains et wc privés. Ouvert du 1er mai au 30 septembre. Billard, bibliothèque. Piscine privée. Etang sur place. Barbecue. Ping-pong, baby-foot. 2 gîtes ruraux à proximité. Nombreux restaurants à proximité. ★ Le littoral, les plages et le port des Sables d'Olonne. Golf (18 trous) de Pierre Levée à 4 km. **Accès :** par la, 2x2 voies N160 - La Roche-sur-Yon/Les Sables d'Olonnes, jusqu'à la sortie St-Mathurin, faire de tour complet du rond-point et suivre le fléchage. CM316, pli F8.

A 8 km du littoral atlantique et de la station balnéaire des Sables d'Olonne, le château de la Millière est une vieille et élégante demeure du XIXe siècle dotée d'une très belle piscine. Vous pourrez faire d'agréables promenades dans le parc vallonné de 18 ha., sillonné d'allées cavalières.

PAYS DE LOIRE

St-Molf - Loire Atlantique (44)

★Guérande 5 km: medieval city. La Turballe 5 km: fishing port, beach. La Baule 10 km: exhibitions, traditional festivals, theatre, thalassotherapy. Brière Nature Park 12 km, golf, tennis, horse-riding.

★ ***How to get there:*** *D252 (Guérande-Mesquer) 5.5 km Kervenel. D33 (Saint-Molf-La Turballe) 3 km, Kervenel on left. Michelin map 316, fold G3.*

The Kervenel estate has been inhabited since time immemorial. During the Middle Ages, the land belonged to the Lords of Kervenel en Saint-Molf. The main farm building has been renovated and converted, and is now owned by Jeannine and Yvon Brasselet. Warm welcome in attractive bedrooms, each with its own décor and private entrance. Vast grounds.

Kervenel
44350 Saint-Molf
Tél./Fax 02 40 42 50 38 ou 06 17 73 31 75
Email : ybrasselet@aol.com
Jeannine Brasselet

1 pers. 50 € - 2 pers. 60 € - 3 pers. 80/90 € - p. sup. 20 €

3 chambres à l'étage avec sanitaires privés (lit supplémentaire enfant). Entrées indépendantes. Ouvert du 1er avril au 1er octobre. Salon avec TV, bibliothèque. Jardin avec salon, parking privé. Vaste parc. Restaurants à Guérande, la Turballe ou la Baule. ★ Guérande 5 km, cité médiévale La Turballe 5 km : port de pêche, plage. La Baule 10 km expositions, théâtre, thalasso... Parc Naturel de Brière 12 km, golf, tennis, équitation. **Accès :** D252 (Guérande - Mesquer) 5,5 km Kervenel. D33 (Saint-Molf - La Turballe) 3 km à gauche Kervenel. CM316, pli G3.

Kervenel est habité depuis des temps très anciens. Au moyen âge, les terres appartenaient aux seigneurs de Kervenel en Saint-Molf. Le bâtiment principal du corps de ferme, rénové est aujourd'hui la propriété de Jeannine et Yvon Brasselet. Ils vous reçoivent dans de belles chambres au décor personnalisé avec entrée indépendante.

Ste-Cécile - Vendée (85)

★Châteaux, abbeys, living museums. Baroque, jazz, book, theatre and dance festivals. Puy-du-Fou 30 km. Swimming pool 10 km. Lake 13 km. Golf 35 km.

*★ **How to get there:** A83 or A87, Les Essarts. Enter the town and head for Ste-Cécile on CD39. 10 km on, enter the village and head for St-Martin-des-Noyers on D47. Drive 1 km. Turn second right and right again 20 m up. Michelin Map 316, fold J7.*

As you cross the porch, you will discover Logis de l'Aublonnière, a fine 17th-century Vendée residence. You will be enchanted by the old stone staircase that leads to the three bedrooms: Seigneur, Dame and Chevalier. Relax in the lounge and enjoy a book from the well-stocked library.

Logis de l'Aublonnière
85110 Sainte-Cécile
Tél. 02 51 40 26 43 - Fax 02 51 40 25 43
Email : logisaublonniere@wanadoo.fr
www.aublonniere.com
Anne Coutansais

2 pers. 69/85 € - 3 pers. 95 €

3 chambres avec sanitaires privés. Ouvert toute l'année. Petit déjeuner : pains variés, brioche vendéenne, confitures maison, céréales, miel de pays, jus de fruits...Salon, bibliothèque, jeux de société. Cheminée. Cour, jardin, salon de jardin. Parking privé. Restaurants de 3 à 13 km. ★ Châteaux, abbayes, musées vivants. Festivals baroques, jazz, salon littéraire, théâtre, danse... Puy-du-Fou 30 km. Piscine 10 km. Plan d'eau 13 km. Golf 35 km. **Accès :** A83 ou A87, sortie les Essarts. Dans la ville, prendre dir. Ste-Cécile (CD 39). Après 10 km, entrer dans le bourg, prendre dir. St-Martin-des-Noyers (D47) sur 1 km, 2e route à droite, 20 m à droite. CM 316, pli J7.

Une fois le porche passé, découvrez le Logis de l'Aublonnière, belle demeure vendéenne du XVIIe siècle. Vous serez séduits par le vieil escalier en pierre qui mène aux 3 chambres : la chambre du Seigneur, la chambre de la Dame et la chambre du Chevalier. Bien sûr, vous pourrez à tout moment vous détendre dans le salon et profiter de la bibliothèque.

Segré-St.Aubin-du-Pavoil - Maine et Loire (49)

★On the Maine, Brittany and Anjou borders. La Petite Couère Estate. "Mine Bleue" (former slate mine). Golf course and indoor swimming pool in Segré. Tennis court, horse-riding centre, Lion d'Angers stud farm. Canoeing/kayaking.

*★ **How to get there:** Nantes-Laval trunk road (N923). Angers-Rennes trunk road (N775).*

Discover the authentic charm of a time-honoured barn and the history of a 17th-century presbytery in a delightful village, just 3 km from Segré. A warm welcome awaits you from Marie-Alice and Michel, who offer four elegant, individually decorated bedrooms. Enjoy the leafy 3-hectare park with direct access to the river.

La Grange du Plessis TH
Place de l'Eglise - 49500 Segré-St.Aubin-du-Pavoil
Tél./Fax 02 41 92 85 03 ou 06 07 97 77 37
Email : domainevitton@wanadoo.fr
www.le-plessis.com
Marie-Alice et Michel de Vitton

1 pers. 50 € - 2 pers. 63 € - p. sup. 17 € - repas 23 €

4 chambres avec sanitaires privés. Ouvert toute l'année. Petit déjeuner : fruits frais, viennoiseries... Table d'hôtes : produits fermiers selon saison. Point-phone. Parc bocager avec accès direct à la rivière. Restaurants à Segré (3 km). ★ Aux confins du Maine, de la Bretagne et de l'Anjou. Domaine de la Petite Couère. Golf et piscine couverte à Segré. Tennis, équit., haras du Lion d'Angers. Canoë-kayak. **Accès :** axe Nantes-Laval (N923). Axe Angers-Rennes (N775).

A 3 km de Segré, vous découvrirez le charme d'un village, l'authenticité d'une vieille grange, l'histoire d'un presbytère du XVIIe et la simplicité d'un accueil chaleureux. Michel et Marie-Alice vous proposent 4 chambres personnalisées au décor raffiné. Parc bocagé de 3 ha. avec accès direct à la rivière.

Sucé-sur-Erdre - Loire Atlantique (44)

179, rue de la Gamotrie - 44240 Sucé-sur-Erdre
Tél./Fax 02 40 77 99 61 ou 06 19 41 90 70
Email : COURANTBERNARD@wanadoo.fr
Marie-Claude Courant

1 pers. 50/65 € - 2 pers. 55/70 € - p. sup. 18 €

2 chambres avec sanitaires privés (possibilité de lit suppl.). Ouvert toute l'année. Cuisine commune. Terrasse avec salon de jardin. Piscine chauffée. Parking privé. Port privé. Conditions pour séjours de longue durée. ★ Activités sportives et promenades. A proximité : promenades sur l'Erdre et location de bateaux électriques. Baignade 2 km. Nantes 20 km. Equitation 6 km. Tennis 7 km. Golf 12 km. **Accès :** entre Sucé et Nort-sur-Erdre, D69, à 5 km tourner à droite. Aller jusqu'au bord de l'Erdre et tourner à gauche. CM316, pli G3.

Sur le bord de l'Erdre que l'on dit la plus belle rivière de France, vous découvrirez la Gamotrie, nichée dans un écrin de verdure. Agréable et confortable cette belle demeure avec plafonds à moulures est décorée avec charme. Aux beaux jours, vous pourrez profiter du jardin et de la piscine commune couverte.

★Sports activities and walks. Bathing 2 km. Riding 6 km. Tennis court 7 km. Golf course 12 km. Nantes 20 km. In the vicinity: boat trips along the Erdre River, motorboats for hire.

*★ **How to get there:** Between Sucé and Nort-sur-Erdre, D69 for 5 km, then turn right. Drive right down to the riverbank (Erdre) and turn left. Michelin map 316, fold G3.*

On the banks of the Erdre, said to be France's most beautiful river, nestled in a bosky bower, you will find La Gamotrie. This pleasant, comfortable, handsome residence boasts ceilings with fine stuccowork and is decorated with charm. In fine weather, enjoy the garden or take a dip in the shared indoor pool.

Thorigné d'Anjou - Maine et Loire (49)

Le Rideau Miné TH
49220 Thorigné d'Anjou
Tél. 02 41 76 88 40 ou 06 82 25 86 99
Email : lerideaumine@yahoo.fr
www.lerideaumine.com
Dany Fabry

1 pers. 48 € - 2 pers. 56 € - 3 pers. 74 € - repas 22 €

3 chambres avec sanitaires privés. Ouvert toute l'année. Petit déjeuner : pâtisseries et viennoiseries maison, yaourts, fruits secs et frais, céréales... T. d'hôtes : apériti[f] maison, légumes du potager, canard aux fruits rouges, sandre au beurre blanc... Parc 1,1 ha. Rivière, pêche. Vélos. Restaurants 2 et 6 km. ★ Châteaux de la Loire, hara[s] international, festival d'Anjou, festival 1er Plan, mondia[l] du Lion... Piscine et tennis 2 km. Golf 8 km. Equitatio[n] 1 km. Pêche et randonnée sur place. **Accès :** au Lio[n] d'Anjou, prendre dir. Sablé. Longer le parc du haras, passer le pont sur la Mayenne et ensuite, tourner à gauche dir. Chambellay. Faire 600 m et prendre le chemin à gauche.

En bordure de rivière et dans un cadre calme d[e] verdure exceptionnel, cette maison de maître d[u] XVIIe siècle abrite 3 chambres de grand confort, a[u] décor délicat et raffiné. Situé sur un parc d'1 ha, c[e] petit coin de paradis est l'endroit idéal pour séjourner et savourer de délicieux moments en toute saison... avis aux amateurs de nature, pêche et farniente !

★Châteaux of the Loire, international stud farm, Anjou Premier Plan Film Festival, Mondial du Lion Festival (showjumping). Swimming pool and tennis court 2 km. Golf course 8 km. Horse-riding 1 km. Fishing and hiking locally.

*★ **How to get there:** At Le Lion d'Anjou, head for Sablé. Drive along the stud farm park, cross the bridge over the Mayenne and turn left for Chambellay. Drive 600 m and turn left.*

This 17th-century family mansion lies in an outstanding, leafy and quiet setting by a river. The three extremely comfortable bedrooms are intricately and elegantly appointed. A heavenly spot, with a hectare of parkland, ideal for a blissful break at any time of year. Nature lovers and anglers will love the Le Rideau Miné, as will anyone looking for to leave the hustle and bustle of everyday living behind them for a few days.

Thouarcé - Maine et Loire (49)

NOUVEAUTÉ

**Vineyard and its celebrations, Vine and Wine museum, architectural and cultural heritage, parks and gardens. Tennis, hiking on site. Golf 20 km. Horse-riding 5 km. Bicycles for hire 10 km.*

★ ***How to get there:*** *Coming from Paris-Angers (N260), take direction Niort-Poitiers (D748). Arriving in Brissac, head towards Thouarcé at the roundabout (D24). Le Clos des 3 Rois is at the centre of the village.*

In a calm and tranquil setting you will receive a warm and friendly welcome to this 19-century property that is luxurious and superbly decorated. A fantastic location between Angers, Saumur and Cholet, at the heart of the Layon hills.

Le Clos des Trois Rois

13, rue Jacques du Bellay - 49380 Thouarcé
Tél. 02 41 66 34 04 ou 06 99 91 95 20
Email : infos@closdes3rois.fr
www.closdes3rois.fr
Liliane et Marc Duseaux

1 pers. 58/73 € - 2 pers. 58/73 €

5 chambres avec sanitaires privés. Ouv. toute l'année. Petit déjeuner : confitures, miel de pays, viennoiseries, céréales, pâtisseries... Billard, coin-bibliothèque. Cour, jardin. Piscine chauffée de juin à sept. Ping-pong. Organisation de soirées gourmandes (vins d'Anjou et produits du terroir). Chambres non fumeur. ★ Le vignoble et ses fêtes, musée de la Vigne et du Vin, patrimoine architectural et culturel, parcs et jardins. Tennis, randonnées sur pl. Golf 20 km. Equitation 5 km. Location vélos 10 km. **Accès :** en venant de Paris-Angers (N260), suivre dir. Niort-Poitiers (D748). En arrivant à Brissac, au rond point, dir. Thouarcé (D24). Le Clos des 3 Rois est situé au centre du bourg.

Dans un environnement calme et chaleureux, nous vous accueillons dans notre demeure du XIXe siècle, de grand confort, à la décoration raffinée. Situation géographique privilégiée; entre Angers, Saumur et Cholet, au cœur des coteaux du Layon.

Vauchrétien - Maine et Loire (49)

**Château de Brissac, troglodyte dwellings, etc. Golf, swimming and horse-riding 3 km. Tennis 4 km.*

★ ***How to get there:*** *At Château de Brissac, head for St-Melaine-sur-Aubance. Drive straight on, past La Frémonière, and turn right at the next signpost for "Clabeau".*

Nelly and François are your hosts at their water mill dating from 1320 and mill house from 1860, in a verdant setting by the Aubance River, close to Château de Brissac-Quincé. The guest accommodation comprises three attractive bedrooms, a sitting room and a kitchen area. A quiet, relaxing spot in Maine et Loire.

Moulin de Clabeau

49320 Vauchretien
Tél. 02 41 91 22 09
Email : moulin-clabeau@gite-brissac.com
www.gite-brissac.com
Nelly et François Daviau

1 pers. 54 € - 2 pers. 58 € - 3 pers. 84 €

3 chambres et 1 suite avec sanitaires privés. (90 €/4 pers.). Ouv. toute l'année. Petit déj. : jus de fruits, yaourts, confitures maison, miel, brioche... Salle commune (thé, café, infusion, eau à disposition). Coin-cuisine. Jardin. Vélo. Poss. Pêche dans la rivière l'Aubance (barque à dispo.). Restaurants à proximité. ★ Château de Brissac, troglodytes... Golf, piscine et équitation 3 km. Tennis 4 km. **Accès :** au château de Brissac, prendre dir. St-Melaine-sur-Aubance. Passer la Frémonière, tout droit, prochaine pancarte "Clabeau" à droite.

Dans un cadre de verdure, en bordure de l'Aubance, à proximité du château de Brissac-Quincé, Nelly et François vous accueillent dans leur moulin à eau (1320) et leur maison de meunier (1860). Vous disposerez de 3 jolies chambres, du salon de détente et du coin-cuisine. Une étape claire et calme dans le Maine et Loire.

La Verrie - Vendée (85)

NOUVEAUTÉ

La Cendrosière
Rochard - 85130 La Verrie
Tél. 02 51 65 10 85
Denise Menard

1 pers. 42 € - 2 pers. 48 € - 3 pers. 63 €

2 chambres avec sanitaires privés, TV et mini-bar. Ouvert toute l'année. Petit déjeuner : jus de fruits, pains fantaisie, viennoiseries, yaourts, gâteaux, fruits... Jardin, terrasse sur rivière "La Sèvre Nantaise" avec mobilier de jardin, autre terrasse devant la maison. Ping-pong. Auberge de L'Isle 300 m. ★ Le Puy-du-Fou 12 km. Festival "Les Arts à la Campagne" à Poupet en été, musées du textile et des beaux arts à Cholet 15 km. Piscine, tennis, équitation 4 km. Golf 15 km. Pêche et randonnée sur place. **Accès :** pour accèder au lieu-dit "Rochard" commune de La Verrie, passer par Mortagne et St-Hilaire-de-Mortagne. CM316, pli K6.

C'est dans une belle maison de caractère de style toscan du XIXe siècle que Denise vous accueille et vous propose 2 jolies chambres spacieuses meublées en ancien, avec des vases de fleurs et de nombreux bibelots. Vous êtes au bord de la Sèvre Nantaise où le calme est absolu.

★Le Puy-du-Fou 12 km. Arts in the Country Festival in Poupet in the summer, textile museum and fine arts in Cholet 15 km. Swimming pool, tennis, horse-riding 4 km. Golf 15 km. Fishing and hiking locally.

★ ***How to get there:*** *To get to the Rochard town of La Verrie, go via Mortagne and St-Hilaire-de-Mortagne. Michelin map 316, fold K6.*

Denise would like to welcome you to her 19th-century, tuscan-style house where she has two pretty, spacious bedrooms available that boast antique furniture, interesting trinkets and vases of fresh flowers. Staying here places you at the edge of the wonderful Sèvre Nantaise where you can enjoy total tranquility that is completely unbeatable.

PAYS DE LOIRE

PICARDIE

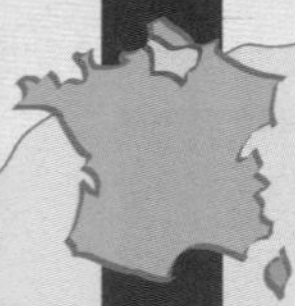

MANCHE

CAP GRIS NEZ

NORD-PAS DE CALAIS

62 PAS-DE-CALAIS

80 SOMME

76 SEINE-MARITIME

NORMANDIE

60 OISE

27 EURE

78 YVELINES

95 VAL D'OISE

Boulogne-sur-Mer
Saint-Omer
Béthune
Montreuil
Argoules
Vironchaux
Port-le-Grand
Drucat
Abbeville
Béhen
Dieppe
AMIENS
Fresnes-Ma
St-Fuscien
Chaussoy-Épagny
Montdidier
Saint-Arnoult
Puits-la-vallée
BEAUVAIS
Clermont
ROUEN
Les Andelys
Anserville
Fresnoy-en-Thelle
ÉVREUX
Mantes-la-Jolie
PONTOISE
NANTERRE
BOBIG
PARIS
VERSAILLES
Dreux
Rambouillet
ÉVRY
ARR
Con

Yser
Aa
Lys
Scarpe
Canche
Authie
Somme
Bresle
Béthune
Epte
Oise
Risle
Seine
Eure
Avre

A 16
A 26
A 25
N 43
N 42
D 916
D 928
D 937
D 940
N 1
N 39
D 941
N 25
D 925
D 1015
D 929
A 28
D 901
N 29
A 29
D 934
N 27
D 915
D 919
N 15
N 31
D 930
A 13
N 14
D 14b
D 981
D 153
D 927
D 125
N 138
D 840
D 133
D 983
N 17
A 1
N 16
A 104
D 140
N 154
D 836
D 113
D 307
N 12
N 10
N 6

0 — 25 km

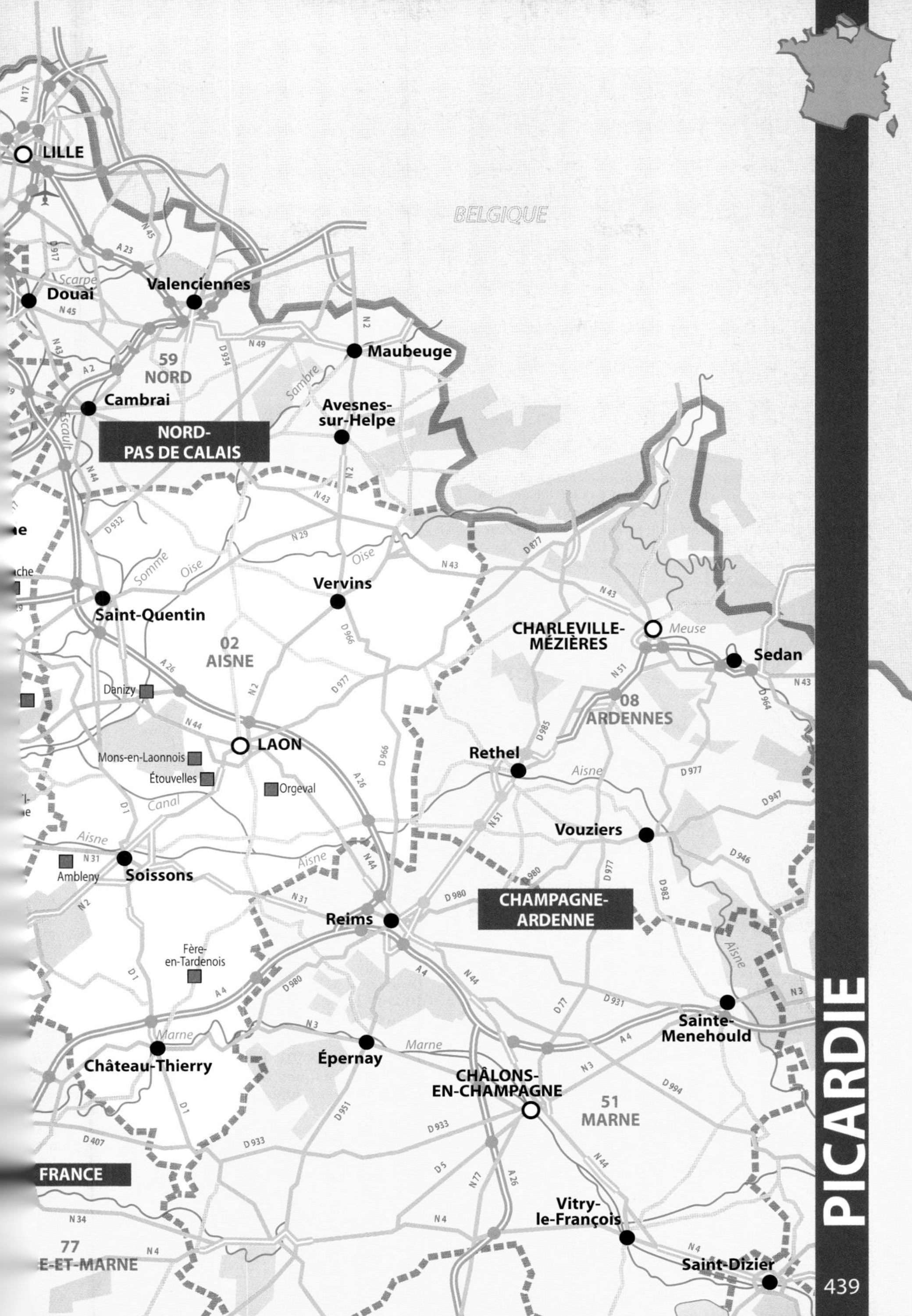
LILLE
BELGIQUE
Douai
Valenciennes
Scarpe
A 23
N 45
D 917
N 17
Maubeuge
N 2
N 49
D 934
59
NORD
A 2
N 43
Cambrai
Escaut
Sambre
Avesnes-
sur-Helpe
NORD-
PAS DE CALAIS
N 44
N 43
D 932
N 29
Somme
Oise
Oise
D 877
N 43
Vervins
Saint-Quentin
CHARLEVILLE-
MÉZIÈRES
Meuse
Sedan
N 43
02
AISNE
D 966
N 51
A 26
D 977
08
ARDENNES
Danizy
D 964
N 2
N 44
D 985
LAON
Rethel
Mons-en-Laonnois
Étouvelles
Orgeval
D 966
A 26
Aisne
D 977
Canal
D 1
D 947
N 51
Vouziers
Aisne
N 31
Soissons
Ambleny
Aisne
N 44
D 980
D 977
D 946
D 982
N 31
D 980
CHAMPAGNE-
ARDENNE
N 2
Reims
Fère-
en-Tardenois
D 1
A 4
D 980
A 4
N 44
D 77
D 931
Aisne
N 3
Sainte-
Menehould
Marne
N 3
Château-Thierry
Épernay
Marne
A 4
CHÂLONS-
EN-CHAMPAGNE
N 3
D 994
D 1
51
MARNE
D 951
D 933
D 407
D 933
D 5
N 77
A 26
N 44
FRANCE
Vitry-
le-François
N 34
N 4
N 4
77
E-ET-MARNE
N 4
Saint-Dizier

Ambleny - Aisne (02)

★Chemin des Dames First World War Memorial. Laon, Pierrefonds, Disneyland Paris, Reims and Champagne, Coucy-le-Château. Fishing and horse-riding 2 km. Sailing and golf 25 km. Tennis court 8 km.

*★ **How to get there:** From Soissons, take RN31 for Compiègne and drive 8 km. After the dual carriageway (700 m), turn left for Ambleny, and left again for Le Soulier. Michelin map 306, fold B6.*

This fine 18th-century property full of character, originally a press house, is set in extensive wooded grounds in the heart of the countryside. Each of the four bedrooms is decorated in a different style and appointed with period furniture. There is also a large lounge and a superb rustic dining room for your enjoyment. Relax_ on the terraces, in the park, or take a dip in the heated outdoor pool.

Domaine de Montaigu TH
16, rue de Montaigu - Hameau Le Soulier - 02290 Ambleny
Tél./Fax 03 23 74 06 62
www.domainedemontaigu.com
Philippe de Reyer

1 pers. 65 € - 2 pers. 75 € - 3 pers. 100 € - p. sup. 25 € - repas 25 €

5 chambres, toutes avec sanitaires privés et TV. Ouvert toute l'année. Petit déjeuner : jus d'orange, viennoiseries, confitures... Table d'hôtes sur réservation : magret de canard, ficelle picarde... Piscine chauffée en plein air, cour, jardin, parc 5 ha. Restaurants à moins de 10 km. ★ Chemin des Dames (guerre 14/18), Laon, Pierrefonds, Disneyland Paris, Reims et Champagne, Coucy-le-Château... Pêche et équitation 2 km.Golf 25 km. Tennis 8 km. **Accès :** de Soissons prendre la RN31 direction Compiègne sur 8 km. Après la double voie (700 m), à gauche direction Ambleny, puis à gauche (Le Soulier). CM306, pli B6.

En pleine nature, très belle propriété de caractère (ancien vendangeoir du XVIIIe siècle) entouré d'un grand espace boisé. Vous disposerez de chambres de styles différents aménagées avec du mobilier ancien et d'époque, d'un grand salon et d'une superbe salle à manger rustique. Pour vous détendre, terrasses, parc et piscine en plein air chauffée.

Anserville - Oise (60)

★Paris 48 km. Beauvais: Cathedral and Tapestry Museum 28 km. Chantilly 36 km. Senlis 26 km. Fishing 4 km, golf course 10 km, swimming pool and tennis court 12 km.

*★ **How to get there:** N1 for Beauvais. Head for Anserville and left about 28 km before Beauvais. Michelin map 305.*

Château d'Anserville, a listed 17th-century residence, stands in vast grounds with centuries-old trees and boxwood-lined avenues. Lovers of 18th-century décor will appreciate the charm and comfort of the two refined and welcoming suites, one with a bedroom featuring alcoves, beams, a fireplace and boudoir.

Château d'Anserville
8 Grande Rue - 60540 Anserville
Tél./Fax 03 44 08 42 13
Elisabeth Hubsch

1 pers. 84 € - 2 pers. 110 € - 3 pers. 120 € - p. sup. 15 €

1 suite 2 pers. (+ poss. lit enfant) avec bains, wc, tél. 1 suite 4 pers. avec s. d'eau, wc privés, tél. (tarifs dégressifs à partir de la 2e nuit). Restaurants sur plac Restaurant (1 étoile Michelin) à 3 km. ★ Paris (48 km Chantilly (36 km). Beauvais, cathédrale et musée de tapisserie (28 km). Senlis (26 km). Pêche à 4 km, golf 10 km, piscine et tennis à 12 km. **Accès :** N1 d Beauvais. Dir. Anserville à gauche environ 28 km ava Beauvais. CM305.

Château du XVIIe inscrit à l'inventaire des mon ments historiques situé dans un vaste parc (arbr centenaires et allées de buis). Si vous aimez décors XVIIIe, vous apprécierez le charme et confort de ces 2 suites raffinées et chaleureus dont 1 avec chambre à alcôve, poutres, cheminée boudoir.

Argoules - Somme (80)

Valloires Abbey and gardens, Maintenay Mill, Authie Valley, Marquenterre Bird Sanctuary. Somme Bay. Fishing, and hiking locally. Golf course 5 km. Tennis court 7 km. Sea 25 km.

★ ***How to get there:*** *N1 to Nampont for Argoules via Petit Préaux and Valloires. N239, Buire-le-Sec exit for Maintenay, Saulchoy and Argoules. Lastly, head for "Abbaye de Valloires". Michelin map 301, fold D6.*

Domaine de la Ville St-Pierre is situated in a bosky bower, opposite Valloires Abbey, in the Authie Valley. This inviting residence, surrounded by rose borders and flower banks, is arranged around a vast central patio. The 15-hectare park, along the Authie, features two lakes, woods and a stream. The spacious bedrooms are superbly decorated. Peace and quiet, comfort and discreet hospitality are assured.

Domaine de la Vallée St-Pierre
chemin des Moines - Valloires - 80120 Argoules
Tél. 03 22 20 08 79 ou 06 89 45 87 94
Fax 03 22 23 94 20
www.domainevalleestpierre.com
Francine Duquesnoy

1 pers. 90 € - 2 pers. 100 € - 3 pers. 120 € - p. sup. 15 €

3 chambres et 2 suites avec sanitaires privés, TV et mini-bar. Ouv. toute l'année. Petit déjeuner : viennoiseries et pain faits sur pl., fromages, yaourts, œufs, bacon... Pêche, barque, vélos. Parcours obstacles. Promenade dans le parc 15 ha parmi les animaux. Animaux admis sous réserve. Ch. double 4 pers. : 140 €. ★ Jardins et abbaye de Valloires, moulin de Maintenay, vallée de l'Authie, parc ornithologique du Marquenterre, baie de Somme. Pêche et randonnée sur place. Golf 5 km. Tennis 7 km. Mer 25 km. **Accès :** N1 à Nampont dir. Argoules par Petit Préaux puis Valloires; N239 sortie Buire-le-Sec puis Maintenay, Saulchoy et Argoules et enfin prendre dir. "Abbaye de Valloires". CM301, pli D5.

Dans la vallée de l'Authie, face à l'abbaye de Valloires, dans un écrin de verdure, cette demeure chaleureuse, entourée de parterres de roses et de massifs fleuris, s'organise autour d'un vaste patio central. Longeant l'Authie, le parc comprend 2 étangs, bois et cours d'eau. Les chambres sont vastes et superbement décorées. Calme, discrétion et confort.

PICARDIE

Béhen - Somme (80)

Côte Picarde, port St-Valery (19 km), beaches, sailing, Somme Bay steam train, Crécy Forest, Abbeville 10 km, Prehistoric museum, Bagatelle and Rambures châteaux, St-Riquier abbey, golf, tennis. Equestrian center on site.

★ ***How to get there:*** *A16 direction Abbeville exit 23 then A28 direction Rouen for 10 km and exit Mts Caubert/Moyenneville for Béhen on D928 then D173. The château is 200 m after the church on the right. Michelin map 301, fold D8.*

Near to the Somme Bay, the 18th and 19th-century Château de Béhen has been entirely renovated. In keeping with its original style, it boasts wonderful reception rooms and wood-panelling. The bedrooms are light and luxurious and the bathrooms are extremely spacious. Admire the hundred-year old trees and make the most of the farm and its animals. This is an excellent place to stay.

Château de Béhen TH
8, rue du Château - 80870 Béhen
Tél. 03 22 31 58 30 ou 06 08 98 05 74
Fax 03 22 31 58 39
www.chateau-de-behen.com
Famille Cuvelier

1 pers. 92/128 € - 2 pers. 102/138 € - 3 pers. 132/164 € - p. sup. 25 € - repas 37 €

4 chambres et 2 suites avec TV, tél., bains et wc privés. Ouv. toute l'année. Petit déj. : croissants, confitures, pains variés... T. d'hôtes sur rés. : ficelle picarde, canard... Salon et salles de réception du XVIIIe. Centre équestre sur place. Parc 5 ha avec carrière équitation, boxes, rand. équestres, p-pong, vélos. ★ Côte Picarde, port St-Valery (19 km), plages, voile, train vapeur baie de Somme, forêt de Crécy, Abbeville 10 km, musée Préhistoire, châteaux de Bagatelle, de Rambures, abbaye de St-Riquier, golf, tennis. **Accès :** A16 dir. Abbeville sortie 23 puis A28 dir. Rouen sur 10 km et sortie Mts Caubert/Moyenneville pour Béhen par D928, puis D173. Le château est à 200 m à droite après l'église. CM301, pli D7.

Près de la baie de Somme, le château de Béhen des XVIIIe et XIXe a été rénové. Il en a conservé son style original et dispose de salons du XVIIIe avec boiseries et des salles de réception. Chambres de grand confort, lumineuses et salles de bains spacieuses. Vous admirerez les arbres centenaires et découvrirez les animaux de la ferme.

Berneuil-sur-Aisne - Oise (60)

Rochefort
60350 Berneuil-sur-Aisne
Tél./Fax 03 44 85 81 78 ou 06 87 08 90 63
Estelle Abadie

1 pers. 70 € - 2 pers. 79 €

**Compiègne: museum, château, Wagons Lits coach in which the WWI armistice was signed. Pierrefond and château. Golf course 12 km. Forest and fishing locally. Tennis 4 km. Horse-riding 8 km.*

*★ **How to get there:** From Compiègne, head for Soissons-Reims, Clairière de l'Armistice at Rethondes, and Berneuil-sur-Aisne. Michelin map 305.*

Four charmingly comfortable bedrooms with traditional décor and fine fabrics have been arranged in the old chapel of Rochefort Manor, on the Berneuil-sur-Aisne heights. Enjoy outstanding views of the Oise plain and forests.

4 chambres avec sanitaires privés. Ouvert toute l'année. Petit déjeuner : viennoiseries, confitures maison, jus d'orange... Salle pour petits déjeuners. Parc de 2 ha. Restaurant Blot (1 étoile Michelin) à Rethondes, La Croix d'Or à Attichy. ★ Compiègne (musée, château, wagon de l'armistice à Rethondes), Pierrefond (château). Golf 12 km. Forêt et pêche sur place. Tennis 4 km. Equitation 8 km. **Accès :** de Compiègne, suivre Soissons-Reims, puis clairière de l'armistice à Rethondes puis Berneuil-sur-Aisne. CM305.

Installées dans l'ancienne chapelle du manoir de Rochefort, situé sur les hauteurs de Berneuil-sur-Aisne, ces 4 chambres d'hôtes invitent à découvrir le confort et le charme d'un décor classique aux matériaux et tissus nobles. La situation offre un panorama exceptionnel sur les forêts et la plaine de l'Oise.

PICARDIE

Chaussoy-Epagny - Somme (80)

Le Moulin à Papier TH
Hainneville - 80250 Chaussoy-Epagny
Tél. 03 22 41 06 55 - Fax 03 22 41 10 92
Email : christiane_porcher@yahoo.fr
www.multimania.com/hotes/
Christiane Porcher

1 pers. 50 € - 2 pers. 65 € - 3 pers. 80 € - p. sup. 15 € - repas 15/30 €

2 suites (dont 1 avec TV) avec sanitaires privés. Ouvert toute l'année. Petit déjeuner : jus de fruits frais, viennoiseries, confiture maison... Table d'hôtes (sur rés.) : ficelle picarde, brochets, anguilles, canards, tartes maison... Vélos. Parc de 3,5 ha. avec rivière et possibilité de pêche (avec permis). ★ Son et Lumière à Ailly-sur-Noye (1 km) du 15.08 au 15.09. Châteaux et églises à proximité. Amiens (cathédrale, musées...). Hortillonnages à 20 km. Plan d'eau aménagé et tennis 1 km. **Accès :** autoroute A1 sortie Roye vers Amiens puis direction Moreuil et Ailly-sur-Noye ou autoroute A16 sortie Dury vers Amiens puis rocade-sud sortie 32 et Ailly-sur-Noye. CM301, pli H9.

Vaste propriété située dans un parc paysager de 3,5 ha traversé par une rivière. Les 2 suites réservées aux hôtes, ont été aménagées dans une maison de style normand, attenante au manoir des propriétaires. Les chambres tendues de tissu ont un décor rustique et chaleureux. Table d'hôtes et cave à vin en harmonie avec le cadre bucolique.

**"Son et lumière" show at Ailly-sur-Noye (from 15 August to 15 September) 1 km. Châteaux and churches in the vicinity. Amiens Cathedral and museums. Market gardens 20 km. Lake with amenities and tennis court 1 km.*

*★ **How to get there:** A1 motorway, Roye exit for Amiens and head for Moreuil and Ailly-sur-Noye, or A16 motorway, Dury exit for Amiens, then the Rocade-Sud bypass, exit 32 and Ailly-sur-Noye. Michelin map 301, fold H10.*

Extensive property set in a 3.5-hectare landscaped park with a river running through it. The two suites are in a Norman-style house adjoining the manor where the owners live. The bedrooms with wall hangings feature a rustic, relaxing décor. Table d'hôtes meals and wine cellar in keeping with the country setting.

Danizy - Aisne (02)

NOUVEAUTÉ

Musée la Fère, St-Quentin architecture, St-Gobain forest and its châteaux, Craon... Golf 25 km. Swimming Pool 10 km. Trout fishing 4 km. Hunting 5 km.

★ ***How to get there:*** *A26, exit 12, head in the direction of Danizy and take the second turn on the right. Close to the N44. Michelin map 306, fold C5.*

The entrance to Domaine le Parc is marked by its old gateway and its drive, which passes through 5 hectares of hundred-year-old chestnut trees. This charming 18th-century residence boasts original balconies and terraces. With 5 spacious and luxurious bedrooms, overlooking either the valley or the grounds, Domaine le Parc is an ideal place to spend an evening or to take a relaxing break.

Domaine le Parc TH
rue du Quesny - 02800 Danizy
Tél. 03 23 56 55 23 ou 06 82 68 64 61
Email : leparc.bergman@wanadoo.fr
www.domaineleparc.com
Anne et Jos Bergman

1 pers. 50/70 € - 2 pers. 60/80 € - p. sup. 25 € - repas 32 € - 1/2 p. 62/72 €

5 chambres avec sanitaires privés (douche et bain balnéo), coin-salon et TV. Ouv. toute l'année. Petit déjeuner : viennoiseries, confitures, œufs, jambon... T. d'hôtes : asperges, canard à l'orange, faisan... Parc 5 ha. Promenades. Restaurants 6 km. Déconseillé aux jeunes enfants pour raison de sécurité. ★ Musée la Fère, architecture de St-Quentin, forêt de St-Gobain avec ses châteaux, Craon... Golf 25 km. Piscine 10 km. Pêche à la truite 4 km. Chasse 5 km. **Accès :** A26, sortie n°12 puis dir. Danizy ensuite 2e rue à droite. Proche de la N44. CM306, pli C5.

L'entrée est masquée par l'ancien portail, le chemin passe par le bois de 5 ha au long des marronniers centenaires. Vous trouverez la demeure de caractère du XVIIIe siècle avec balcons d'époque et différentes terrasses. 5 chambres spacieuses de grand confort, côté vallée ou parc, vous sont proposées. Lieu idéal pour une soirée ou un séjour détente.

PICARDIE

Drucat - Somme (80)

NOUVEAUTÉ

St-Riquier music festival, Gardens of the Somme week, l'Oiseau festival, Marquenterre Park, la Baie beaches, Crécy forest... Canoeing, sand-yachting, windsurfing 18 km. Golf 10 km. Horse-riding 6 km.

★ ***How to get there:*** *A16, exit n°23 and follow Abbeville. At the 1st roundabout take direction Crécy-en-Ponthieu, at the 2nd go left on D928 for 2km. Enter "Le Plessiel", at traffic lights go right then left. At T-junction go left.*

In the Drucate valley, this charming, pink-bricked, late 18th-century residence, is set in the heart of a village. The bedrooms are tastefully furnished and decorated. Be sure to make the most of the gardens during your stay, take a stroll and admire the incredible views.

La Houssaye
183, rue du Levant - 80132 Drucat
Tél. 03 22 31 27 44 - Fax 03 22 24 82 17
Email : h.damecourt@wanadoo.fr
www.lahoussaye.com
Hélène d'Amécourt

1 pers. 56 € - 2 pers. 73 €

3 chambres avec sanitaires privés. Ouvert de février au 15 décembre. Petit déjeuner : jus de fruits, céréales, croissants, confitures maison, yaourts... Salle à manger pour le petit déjeuner. Jardin, parc de 2 ha. Croquet, pétanque. Nombreux restaurants à proximité. ★ Festival de Musique de St-Riquier, semaine des Jardins de la Somme, festival de l'Oiseau, Parc du Marquenterre, plages de la Baie, forêt de Crécy... Canoë, char à voile, planche 18 km. Golf 10 km. Equit. 6 km. **Accès :** A16, sortie n°23 et suivre Abbeville. 1er rd point dir. Crécy-en-Ponthieu. 2e rd point, à gauche D928 sur 2 km. Entrer dans "Le Plessiel", aux feux à droite et à gauche. Intersection T, à gauche. CM301, pli E7

Dans la vallée de la Drucate, demeure de charme de la fin du XVIIIe siècle, en briques roses, située dans le village. Les chambres sont meublées et décorées avec goût. Vous pourrez flâner dans le parc verdoyant proposant de jolies vues. Week-end ou plus dans une ambiance chaleureuse mais aussi discrète.

Etouvelles - Aisne (02)

*Laon, medieval city, historical places of interest, Euromédiévales Festival. Reims 50 km. Paris 90 min. Miniature golf and fishing 5 km. Skating rink and swimming pool 4 km.

★ ***How to get there:*** *From Paris, RN2 and take roundabout past Urcel for Etouvelles. A26 exit for Paris/Soissons, at the main "Europe" roundabout, the house is second right. Michelin map 306, fold D5.*

This charming house, built in 1828, was originally a coaching inn then a prestigious restaurant. Five beautifully appointed bedrooms await your arrival: the romantic room with canopied fourposter bed and double balneo bath, the Chinese, African and Greek rooms for travellers, and the marine room for sea lovers.

Au Bon Accueil TH

24, rue de Paris - 02000 Etouvelles

Tél. 03 23 20 15 72 - Fax 03 23 24 76 87

Email : au.bon.accueil@wanadoo.fr

www.multimania.com/aubonaccueil

Isabelle Trichet

1 pers. 46/53 € - 2 pers. 51/57 € - p. sup. 16 € - repas 18 €

5 chambres avec sanitaires privés et entrée indép. Ouv. toute l'année. Petit déj. : pâtisseries maison, fruits selon saison, compotes... T. d'hôtes sur rés. : terrines maison, sauté de porc au porto, fondant chocolat... Billard, flipper, jeux société, baby-foot. Parc, étang, balançoires. Terrasse, salon de jardin. Parking. Taxe de séjour en suppl. ★ Laon, ville médiévale (circuit historiques, euromédiévales). Reims 50 km. Paris 1h30. Mini-golf et pêche 5 km. Patinoire et piscine 4 km. **Accès :** sur la RN2 en venant de Paris, prendre au rond point après Urcel dir. Etouvelles. Sortie A26 prendre dir. Paris/Soissons, au grand rond point de l'Europe, c'est la 2e à droite. CM306, pli D5.

Dans une maison de caractère construite en 1828, d'abord relais de diligence puis grand restaurant. 5 chambres d'hôtes aménagées avec soin : 1 romantique avec lit à baldaquin et balnéo 2 places, 1 chinoise, 1 africaine et 1 grecque pour les voyageurs, 1 marine pour les amoureux de la mer...

Fère-en-Tardenois - Aisne (02)

*Fère Château. Visits to champagne cellars. Disneyland-Paris 90 km on A4. Horse-riding 2 km. Golf courses 18 and 20 km.

★ ***How to get there:*** *In Fère-en-Tardenois, heading for Fismes. 1.7 km on, turn left for Clairbois. Villa with "Gîtes de France" sign. Michelin map 306, fold D7.*

This handsome contemporary residence, set in a seven-hectare park with tennis court and four-hectare lake, is the very spot for a peaceful, relaxing break. The atmosphere is cosy and comfortable. Three delightful bedrooms, including one arranged especially for families, await your arrival. An ideal stopping place, where you can play tennis, go canoeing or fishing far from the madding crowd.

Clairbois TH

7, résidence Clairbois -

02130 Fère-en-Tardenois

Tél. 03 23 82 21 72 - Fax 03 23 82 62 84

www.clairbois.fr.fm

Marie-Claire Chauvin

1 pers. 55 € - 2 pers. 55/63 € - 3 pers. 80/88 € - p. sup. 25 € - repas 18 €

3 chambres dont 1 familiale de 2 ch. (1 lit 2 pers., 3 lits 1 pers.), avec TV et sanitaires privés. Ouv. toute l'année. Petit déj. : viennoiseries, pâtisseries, laitages, fruits... Jardin, parc 7ha., étang. Canotage, pêche, plan d'eau et tennis privé (sur résa.) sur place. Poss. repas à partir de 4/5 pers. : 18 €/pers. ★ Château de Fère. Caves de champagne. Disneyland Paris à 90 km par l'A4. Equitation 2 km. Golfs à 18 et 20 km. **Accès :** dans Fère en Tardenois, dir. Fismes sur 1,7 km, puis à gauche dir Clairbois. Villa avec panonceau Gîtes de France. CM306 pli D7.

Belle demeure contemporaine dans un parc de 7 ha avec tennis et étang de 4 ha., propice au repos et à la détente. Atmosphère chaleureuse dans un cadre confortable. 3 chambres dont 1 familiale vous sont réservées. Une étape idéale où vous pourrez pratiquer en toute tranquillité tennis canotage, pêche...

Fresnes-Mazancourt - Somme (80)

*"Remembrance circuit", Somme Battlefields and museums, Amiens, Vallée de la Somme... Fishing 10 km. Parachute 12 km.

★ **How to get there:** *A1, exit n°13. Take N29 direciton St-Quentin, then right at the roundabout (N17) and right for Fresnes-Mazancourt. TGV train station 6km. Michelin map 301, fold K9.*

Set in the heart of the countryside, this contemporary architect's house is built onto the church. The light that fills the enormous living room brings out the beautiful décor, with colours inspired by the earth, by nature and the sky. By contrast, the bedrooms are white, minimalist and incredibly calm. Cookery demonstrations and wine-tastings available on request.

rue de Génermont - TH
80320 Fresnes-Mazancourt
Tél. 03 22 85 49 49 - Fax 03 22 85 49 59
Email : martinewarlop@wanadoo.fr
www.maison-warlop.com
Martine Warlop

1 pers. 42 € - 2 pers. 50 € - 3 pers. 68 € - repas 22 € - 1/2 p. 94 €

3 chambres et 1 suite de 2 ch., toutes avec sanitaires privés. Ouvert toute l'année. Petit déjeuner : jus de fruits, brioche, confitures maison... T. d'hôtes : soupe aux moules, anguille fumée, tarte au maroille... Salon avec cheminée. Jardin. (Tarif 1/2 pension sur la base de 2 pers.). ★ Circuit du Souvenir, champs de bataille de la Somme avec musées, Amiens, Vallée de la Somme... Pêche 10 km. Parachute 12 km. **Accès :** A1, sortie n°13. Prendre N29 dir. St-Quentin, puis à droite au rond point (N17) et enfin à droite Fresnes-Mazancourt. Gare TGV 6 km. CM301, pli K8.

A la campagne, cette maison contemporaine d'architecte, est adossée à l'église. Le séjour au très grand volume empli par la lumière fait la part belle aux couleurs inspirées de la terre, de la nature et du ciel. En constraste, les chambres sont blanches, minimalistes et privilégient le repos. Démonstration de cuisine et dégustation de vin sur demande.

PICARDIE

Fresnoy-en-Thelle - Oise (60)

*Paris 45 km. Beauvais, cathedral and Tapestry Museum 25 km. Chantilly, château, hippodrome and Horse Museum 15 km. Riding centre, tennis court 2 km. Swimming pool 7 km. Golf course 15 km.

★ **How to get there:** *N1 for Beauvais and Fresnoy-en-Thelle. On right after Chambly exit. Drive through village. "Lamberval" is at the exit from the village. Michelin map 305.*

This small, early-19th-century château is set in a magnificent park graced with centuries-old trees. The two elegantly decorated bedrooms, next to an octagonal lounge, overlook the garden. Your hostess, Elise, serves scrumptious breakfasts in a pleasant dining room. Youthful, inviting atmosphere.

Lamberval
41, rue de Lamberval - 60530 Fresnoy-en-Thelle
Tél. 03 44 26 17 33 ou 06 89 33 60 45
Fax 03 44 26 21 62
http://lamberval.free.fr
Marc et Elise Lamoureux

1 pers. 45 € - 2 pers. 55 € - 3 pers. 70 € - p. sup. 15 €

2 chambres avec sanitaires privés + 1 chambre d'enfants à disposition. Ouvert toute l'année. Petit déjeuner : brioches et confitures maison, yaourts, jus d'orange, fruits... Salon avec bibliothèque et TV, salle à manger avec cheminée. Cour, jardin, parc, terrasse, salon de jardin. Restaurants à Neuilly-en-Thelle 2 km. ★ Paris 45 km. Beauvais 25 km (cathédrale, musée de la Tapisserie). Chantilly 15 km (château, hippodrome, musée du Cheval). Centre équestre, tennis 2 km. Piscine 7 km. Golf 15 km. **Accès :** N1 dir. Beauvais, puis dir. Fresnoy-en-Thelle. A droite après la sortie Chambly. Traverser tout le village, "Lamberval" se trouve à la sortie. CM305..

Ce petit château du début du XIXe siècle est entouré d'un superbe parc aux arbres centenaires. Les 2 chambres au décor raffiné donnent sur le jardin et jouxtent le salon octogonal. Dans l'agréable salle à manger, Elise vous servira de délicieux petits déjeuners dans une ambiance jeune et chaleureuse.

Monchy-Lagache - Somme (80)

★Historial, First World War Museum and "Remembrance Circuit" 12 km. Saint-Quentin 20 km. Fishing, tennis in the village. Parachuting 2 km. Canoeing, horse-riding 4 km.

★ ***How to get there:*** *In the village, 2 km from N29; 6 km from exit 54, Athies (A29); 18 km from A1. Michelin map 301, fold L9.*

This handsome residence full of character, in a hectare of enclosed parkland, was built in 1928. It enjoys a superb location, opposite a 12th-century church in Monchy village, in the Omignon Valley. The bedrooms and suites are decorated with great harmony. A dining room and a lounge with fireplaces are available for guests' use. Book for table d'hôtes meals. Warm hospitality.

Le Château TH
2, rue du 8 Mai 1945 - 80200 Monchy-Lagache
Tél. 03 22 85 08 49 - Fax 03 22 85 28 23
Email : info@chateau-monchy.com
www.chateau-monchy.com
Jean-Luc et Francine Dequin

1 pers. 45 € - 2 pers. 55 € - 3 pers. 75 € - p. sup. 15 € - repas 20 €

3 chambres dont 1 avec ch. enfant attenante et 2 suites familiales, sanitaires privés (TV sur dem.). Ouv. du 15.01 au 15.12. Petit déj. : viennoiseries, confitures, œufs... T.d'hôtes : ficelle picarde, coq à la bière. Salle de sports, sauna. Parc 1 ha, salon de jardin, parking clos. Local pêche. Animaux sous réserve. ★ Historial de la Grande Guerre à Péronne, musée de référence de la 1re guerre mondiale et circuit du Souvenir 12 km. St-Quentin 20 km. Pêche, tennis dans le village. Parachustisme 2 km. Canoë, équitation 4 km. **Accès :** dans le village, à 2 km de la N29, à 6 km de la sortie 54 Athies (A29), à 18 km de l'A1. CM301, pli L8.

Dans la vallée de l'Omignon, belle demeure de caractère datant de 1928 située dans le village de Monchy, face à l'église du XIIe siècle, dans un parc clos d'1 ha. Chambres et suites harmonieusement décorées. A votre disposition, une salle à manger et un salon avec cheminées. Table d'hôtes sur réservation. Accueil chaleureux.

Mons-en-Laonnois - Aisne (02)

★Town of Laon: Music Festival (October), "Vintage Cars" Day (1st weekend in June). Chemin des Dames. Reims (champagne cellars) 45 km. Horse-riding 7 km. Golf course 18 km. Disneyland Paris 110 km. Michelin map 306, fold D5.

★ ***How to get there:*** *6 km west of Laon. At "Carrefour de l'Europe", head for Soissons/Paris. 800 m and right for Clacy/Mons-en-Laonnois (3.5 km). In Place de Mons at stop sign, right for Cerny-les-Bucy. Ring at gate.*

This restored wine press with 12th-century cellars lies in a remarkable setting. Situated on a 20-hectare estate, with park, swimming pool and ponds for fishing, in the heart of Mons-en-Laonnois, the residence provides three attractive, comfortable bedrooms. In summer, breakfast is served on the terrace facing the park. Golfing holidays are available.

2, rue Saint-Martin -
02000 Mons-en-Laonnois
Tél. 03 23 24 18 58 - Tél./Fax 03 23 24 44 52
Email : gitemons@aol.com
www.gitenfrance.com
Françoise Woillez

1 pers. 45/50 € - 2 pers. 55/60 € - 3 pers. 85/90 € - p. sup. 15 €

3 chambres avec salle d'eau et wc privés. Ouvert du 1.04 au 15.11 (le reste de l'année sur réservation). Petit déjeuner : fruits, viennoiseries, confitures... Parc + 20 ha, jardin Piscine. Etang de pêche, sentiers de randonnées Restaurants à moins de 8 km. GPS N 49°32'01' E3°33'10". ★ Ville de Laon : festival de musique (oct.) journée "Vieilles Voitures" (1er w.e. juin). Chemin de dames. Reims (caves de champagne) 45 km. Equitatio 7 km. Golf 18 km. Disneyland Paris 110 km. **Accès :** 6 km à l'ouest de Laon. Au carref. de l'Europe di Soissons/Paris sur 800 m et à droite vers Clacy/Mons en-Laonnois (3,5 km). Sur la place de Mons au stop, droite dir. Cerny-les-Bucy. Sonner à la grille.

Dans un environnement remarquable, cette maison est un ancien vendangeoir restauré avec cave du XIIe siècle, sur une propriété de plus de 20 h avec parc, piscine et étangs de pêche. Elle propos 3 jolies chambres très confortables et de copieu petits déjeuners servis l'été sur la terrasse face a parc ainsi que des "séjours golf".

Orgeval - Aisne (02)

★Laon medieval town: places of historical interest. Chemin des Dames (WWI cemeteries and museums) nearby. Reims and champagne vineyards. International Youth Film Festival in April. Sailing and bathing 12 km. Golf 8 km.

*★ **How to get there:** From Paris (90 min.), N2 for Soissons-Laon. At Vauxrains, take D18 for Cerny-en-Laonnois, then D967 for Laon. Turn right after Monthenault village. Michelin map 306, fold E5.*

This handsome, architecturally remarkable, 18th-century wine press is set in a magnificent garden with three staggered terraces, where over 200 varieties of old roses and 100 varieties of clematis and colourful flowers bloom starting in May. The vast upstairs bedroom, arranged in one of the former stables, with its own private entrance, is charmingly appointed, featuring visible beams, engravings and antique furniture. An inviting, enchanting spot.

Le Vendangeoir d'Orgeval TH
13, Grande Rue - 02860 Orgeval
Tél. 03 23 24 79 01
Email : bernard.vincon@voila.fr
www.vendangeoir-orgeval.com
Bernard et Nathalie Vinçon

1 pers. 55 € - 2 pers. 65 € - 3 pers. 80 € - p. sup. 15 € - repas 25 €

2 chambres avec bains et wc privés, radio. Ouvert du 1.03 au 30.11. Petit déj. : jus de fruits, confitures maison, croissants, œufs... T. d'hôtes (uniquement le samedi soir sur rés.) : canard en croûte de sel, pintade truffée, œufs meurette, daubes, tarte Tatin... Parking dans cour fermée. Jardin fleuri classé. ★ Laon, ville médiévale : monuments historiques. Chemin des Dames. Reims et vignoble champenois. Festival international du Cinéma Jeune Public (avril). Voile, baignade12 km. Golf 8 km. **Accès :** depuis Paris (à 1h30), N2 dir. Soissons-Laon. A Vauxrains D18 dir. Cerny-en-Laonnois puis D967 en dir. de Laon. Après le village de Monthenault prendre à droite. CM306, pli E5.

Beau vendangeoir du XVIIIe (inscrit aux monuments historiques) remarquable par son architecture, entouré d'un magnifique jardin sur 3 terrasses en étage où fleurissent à partir de mai rosiers anciens, clématites et fleurs vivaces. A l'étage des anciennes écuries, vastes chambres avec entrée indépendante, décorée avec beaucoup de charme : charpente avec poutres, mobilier ancien, gravures.

PICARDIE

Port-le-Grand - Somme (80)

★Sea, sailing and tennis 10 km. Marquenterre Bird Sanctuary. Golf course, horse-riding, fishing 4 km. Swimming pool and hiking on site. Forest 6 km.

*★ **How to get there:** A28. At Abbeville-Baie de Somme, dir. St-Valery/Somme D40. Port-le-Grand 8 km, right and drive 2 km. A28 from Rouen, Baie de Somme exit. A16, exit 23 for St-Valery/Le Crotoy. Michelin map 301, fold D7.*

This pink brick house full of character, built at the end of the 19th century and set in an English-style floral park, is the ideal spot for a peaceful holiday. In fine weather, enjoy a dip in the family pool after discovering the range of activities available in the region: walks along the beach, visits to abbeys and châteaux, golf.

Le Bois de Bonance
Port-le-Grand - 80132 Abbeville
Tél. 03 22 24 11 97 - Fax 03 22 31 72 01
Email : maillard.chambrehote@bonance.com
www.bonance.com
Jacques et Myriam Maillard

1 pers. 56 € - 2 pers. 73 € - p. sup. 20 €

1 ch. au 1er ét., 1 ch. et 1 suite de 2 ch. au 2e ét., avec sanitaires privés et 1 suite de 2 ch. dans les dépendances avec sanitaires privés. Ouvert de fin février au 11/11. Salle de p-pong. Salon avec TV au 1er étage. Parc de 3 ha. Animaux admis sous réserve. Restaurants 5 et 10 km. ★ Mer, tennis, voile 10 km. Parc ornithologique du Marquenterre. Golf, équitation, pêche 4 km. Randonnées sur place. Forêt 6 km. **Accès :** A28. A Abbeville-baie de Somme, dir. St-Valery/Somme D40, à l'entrée de Port-le-Gd 8 km, à droite sur 2 km. A28 de Rouen, sortie Baie de Somme. A16, sortie n°23 dir. St-Valery/Le Crotoy. CM301, pli D7.

Dans une maison en brique rose construite à la fin du XIXe siècle, entourée d'un parc fleuri d'inspiration anglaise, vous séjournerez en toute tranquillité. Aux beaux jours, vous apprécierez la piscine familiale après les nombreuses activités qu'offre la région : promenades sur les plages, visites des abbayes et des châteaux, golf...

Puits-la-Vallée - Oise (60)

★Beauvais: Cathedral, Oise Museum, National Tapestry Gallery. Vendeuil Caply Gallo-Roman site, Hétomesnil Farming and Rural Museum.

*★ **How to get there:** From Beauvais, head for Amiens on RN1. At Froissy, make for Crèvecœur-le-Grand, then turn right and follow signs to Puits-la-Vallée. From Paris: A16 motorway, Hardivillers exit. Michelin map 305.*

La Faisanderie is a handsome, distinguished residence with grounds and pheasantry. The four spacious, sun-blessed bedrooms afford pretty views of the grounds. A high level of comfort is provided, each room has a TV and two have lounges. Savour the table d'hôtes specialities prepared with produce from the pheasantry.

La Faisanderie TH
8, rue du Château - 60480 Puits-la-Vallée
Tél./Fax 03 44 80 70 29
Email : catherinedumetz@9bisiness.fr
Philippe et Catherine Dumetz

1 pers. 31/50 € - 2 pers. 45/70 € - 3 pers. 59 € - p. sup. 8 € - repas 16 €

3 chambres 2 pers. avec coin-salon dont 1 avec 1 conv. et 1 suite avec salon/biblio., 1 lit 2 pers. en alcôve), toutes avec salle de bains, wc. TV sur demande. Ouvert toute l'année. Petit déjeuner à base de patisseries maison. Bar et piano à dispo. Parc, portique enfants, vélos. Restaurants à Crèvecœur 10 km. ★ Beauvais : cathédrale, musée départemental, galerie nationale de la Tapisserie. Site gallo-romain de Vendeuil Caply. Conservatoire de la vie agricole et rurale d'Hétomesnil. **Accès :** de Beauvais, prendre dir. Amiens par la RN1. A Froissy, prendre la dir. de Crèvecœur-le-Grand, puis à droite, fléchage Puits-la-Vallée. De Paris, autoroute A16 sortie Hardivillers. CM305.

Belle demeure bourgeoise avec parc et faisanderie. 4 chambres sont réservées aux hôtes. Elles sont très spacieuses, ensoleillées, avec une jolie vue sur le parc. D'un grand confort, elles disposent chacune d'une TV et d'un salon. A la table d'hôtes, vous goûterez les spécialités préparées avec les produits de la faisanderie.

Quesmy - Oise (60)

★Noyon Cathedral, Chiry-Ourscamp Abbey, Jean Calvin Museum, Patte d'Oie Farm Museum. Hiking 5 km. Swimming pool, tennis court, horse-riding 8 km. Fishing 10 km. Outdoor leisure centre at Pimprez 16 km.

*★ **How to get there:** From Noyon, head for Ham-Guiscard and turn right for Quesmy. Turn left by the roadside cross for Maucourt and left past the church. Michelin map 305.*

This handsome residence, built in 1919, is situated on the edge of the village. The setting is magnificent, with lake, landscape park and gardens, and woods and orchards where geese, wild duck, herons and deer roam freely. The enticingly comfortable bedrooms feature period furniture. A quiet spot in an outstanding location.

Château de Quesmy
78, rue du Château - 60640 Quesmy
Tél. 03 44 43 33 97 ou 06 11 08 42 76
Fax 03 44 09 07 31
www.chateaudequesmy.com
Jean-Noël et Claudine Lombard

1 pers. 57/70 € - 2 pers. 80/100 € - 3 pers. 97 €

5 chambres avec TV et sanitaires privés. Ouvert toute l'année. Petit déjeuner : confitures, fruits, croissants, pains au chcolat, tartines grillées, pain brioché, jus d'orange. Jardin d'hiver, billard. Cour, jardin, parc de 6 ha. Vélos. Douves très poissonneuses (poss. pêche). Restaurant à Noyon et Crisolle (auberge). ★ Cathédrale de Noyon abbaye de Chiry-Ourscamp, musée Jean Calvin, musée-ferme de la Patte d'Oie. Randonnées 5 km. Piscine, tennis, équitation 8 km. Pêche 10 km. Base de loisirs à Pimprez 16 km. **Accès :** de Noyon, prendre dir. Ham-Guiscard puis tourner à droite dir. Quesmy. Au calvaire, à gauche dir. Maucourt puis tourner à gauche après l'église CM305.

A la sortie du village, cette belle demeure construite en 1919, posée au milieu d'un plan d'eau est entourée d'un magnifique parc paysager de jardins vergers et bois où vivent en toute liberté oies canards sauvages, hérons et chevreuils. Chambre au confort chaleureux avec mobilier de style. Une étape en toute quiétude dans un cadre d'exception

St-Arnoult - Oise (60)

★Within a 10-km radius: hiking paths, horse-riding, tennis and swimming. Gerberoy, medieval city 12 km.

*★ **How to get there:** From Beauvais, take D901 to Marseille-en-Beauvaisis, then D7 to Feuquière. Michelin map 305.*

This listed, late-15th-century Cistercian priory, nestling in the Norman area of the Oise, has been restored to pristine splendour by its owners, both art and architecture enthusiasts. The spacious upstairs bedroom boasts a fourposter bed, antique furniture and private shower room. Breakfast is served under the weeping willow in fine weather or by the fire in the dining room.

Le Prieuré
11, rue principale - 60220 Saint-Arnoult
Tél. 03 44 46 07 34
Nelly Alglave

1 pers. 84 € - 2 pers. 100 € - 3 pers. 115 € - p. sup. 15 €

1 chambre spacieuse avec lit à baldaquin, meubles anciens, salle d'eau et wc. Ouvert toute l'année. Restaurants à 2 et 8 km. ★ Sentiers de randonnée, équitation, tennis, piscine dans un rayon de 10 km. Gerberoy, cité médiévale 12 km. **Accès :** de Beauvais, prendre la D901 jusqu'à Marseille-en-Beauvaisis, puis D7 jusqu'à Feuquière. CM305.

Blotti dans un vallon de l'Oise normande, cet ancien prieuré cistercien construit à la fin du XVe siècle (ISMH) a été restauré de manière authentique par les propriétaires dont vous partagerez la passion pour l'architecture et les arts. Le petit déjeuner est servi dans le jardin, sous le saule aux beaux jours ou près de la cheminée dans la salle à manger.

St-Fuscien - Somme (80)

Amiens 5 km: cathedral and light and colour show (15 June-0 September), writer Jules Vernes's house, Picardy Museum, :. Swimming pool, skating rink 6 km. Horse-riding 4 km. nnis court 2 km. Golf course 10 km. Fishing 3 km. Hiking ally.

***How to get there:** 5 km south of Amiens on D7. Enter lage and head for Boves-Cagny. The house is just before the k in the road. Michelin map 301, fold G9.*

warm welcome awaits you at this fully restored and beautifully orated, late-19th-century Picardy farmhouse. The English-le furnishings and the canopied fourposter beds create an hantingly romantic setting. An ideal staging post for getting know this verdant area south of Amiens, and ensuring that 1 go home invigorated.

Les Papillons
29, rue de Cagny - 80680 Saint-Fuscien
Tél. 03 22 09 64 04
Email : lussonpapillons@wanadoo.fr
http://perso.wanadoo.fr/lussonpapillons/
Christian et Véronique Lusson

1 pers. 55 € - 2 pers. 64 € - 3 pers. 82 €

2 suites indépendantes de plain-pied comprenant 2 ch., sanitaires privés, TV, lit bébé et plateau d'accueil (tisane, thé, petits gâteaux maison). Petit déjeuner copieux servi dans la salle à manger familiale. Terrasse, jardin, p-pong, baby-foot. Parking clos et couvert, portail élect. Réduct. à partir de 3 nuits et +. ★ Amiens 5 km : cathédrale en couleurs du 15/6 au 30/9, la maison de Jules Verne, le musée de Picardie... Piscine, patinoire 6 km. Equitation 4 km. Tennis 2 km. Golf 10 km. Pêche 3 km. Randonnées sur pl. **Accès :** à 5 km au sud d'Amiens sur la D7. Entrer dans le village et prendre direction Boves-Cagny. La maison se situe juste avant la fourche de ces 2 routes. CM301, pli G8.

Vous serez accueillis chaleureusement dans cette ferme picarde de la fin du XIXe siècle, entièrement restaurée et soigneusement décorée. Le style anglais fera de votre étape un séjour romantique. Faites connaissance avec cette région verdoyante du sud amiénois, et repartez en pleine forme !

PICARDIE

Vauciennes - Oise (60)

Manoir du Plessis au Bois
4, rue du Château - 60117 Vauciennes
Tél. 03 44 88 46 98 - Fax 03 44 88 46 89
Email : pelh@wanadoo.fr
Paul-Etienne et Diane Lehec

1 pers. 80 € - 2 pers. 100 € - 3 pers. 120 € - p. sup. 20 €

1 chambre 3 pers. avec dressing, s.d.b., wc et 1 suite de 2 ch. (3 pers.) avec s.d.b., wc. Ouvert toute l'année. Petit déjeuner : croissants, jus de fruits, confitures maison, miel. Salon avec cheminée monumentale, piano. Atelier de sculpture. Cour, jardin parc 5 ha, jardins d'agrément, potager. ★ Nombreux sites historiques et musées aux alentours. Festivals théâtre et musique. Chasse à courre de sept. à mars. Forêt sur place. Piscine, tennis 2 km. Equitation 3 km. Parc de loisirs 30 km. **Accès :** à 12 km de Crépy-en-Valois par la N324 et N2, sortie Vez-Vauciennes (2 km au sud). A 7 km de Villers-Cotterêts par N2, sortie Vez-Vauciennes (2 km au sud). CM305.

Au sein de la forêt de Retz, manoir début Renaissance des XVe et XVIe siècles (monument historique), entouré de jardins clos de murs. Vous disposerez de 2 superbes suites familiales avec mobilier ancien d'époque décorées avec un goût certain (couleurs chatoyantes, tableaux, gravures, tapisseries...). Un cadre authentique préservé où règnent calme et harmonie.

★Wide variety of historical places of interest and museums in the surrounding area. Theatre and music festivals. Hunting (September to March). Swimming pool, tennis court 2 km. Horse-riding 3 km. Leisure park 30 km.

★ ***How to get there:*** *12 km from Crépy-en-Valois on N324 and N2, Vez-Vauciennes exit (2 km south). 7 km from Villers-Cotterêts on N2, Vez-Vauciennes exit (2 km south). Michelin map 305.*

This listed early-Renaissance, 15th and 16th-century manor house is set in a walled garden in the heart of Retz Forest. Two superb family suites, tastefully appointed with period furniture, shimmering colours, paintings, engravings and tapestries, await your arrival. Peace and quiet reign supreme in this unspoilt setting.

PICARDIE

Vironchaux - Somme (80)

Ferme de Mezoutre
Hameau du Grand Mezoutre - 80150 Vironchaux
Tél. 03 22 23 52 33 ou 06 22 10 40 85
Fax 03 22 23 58 17
www.cerpicardie.fr/mezoutre
Patricia et Antoine Poupart

1 pers. 42 € - 2 pers. 50 € - p. sup. 15 €

4 chambres avec sanitaires privés. Ouv. toute l'année. Pet déj. : jus d'orange, croissant, yaourt ou fromage... Salle d jeux (p-pong). Salon, coin-cuisine. Vélos, mare (barque Terrasse, cour, jardin parc 0,30 ha. Visite de la ferm Réduct. à partir de 3 nuits. ★ Baie de Somme 20 kn Jardin et abbaye de Valloire 7 km. Festival de musique l'abbaye de St-Riquier en juillet à 20 km. Forêt de Créc pêche 5 km. Parc ornithologique 24 km. Golf 10 kn **Accès :** A16, sortie n°24. Suivre ensuite Crécy-e Ponthieu. A Crécy, prendre la D12 vers Nampont s 7 km. Mezoutre est à droite au carrefour. CM301, pli E

Au milieu des champs, très belle ferme en craie brique du XVIIe siècle, en bordure de la vallée l'Authie. 4 confortables chambres sont aménagées rez-de-chaussée d'une dépendance entièrement re taurée. En ce lieu calme, vous pourrez flâner au bo de la mare, vous balader dans le parc et partir à découverte de la campagne par un petit chemin.

★Somme Bay 20 km. Valloire Abbey and gardens 7 km. St-Riquier Abbey Music Festival in July 20 km. Crécy Forest, fishing 5 km. Bird sanctuary 24 km. Golf course 10 km.

★ ***How to get there:*** *A16, exit 24. Head for Crécy-en-Ponthieu. At Crécy, take D12 for Nampont and drive 7 km. Turn right at the roundabout for Mezoutre. Michelin map 301, fold D6.*

Ferme de Mezoutre is a handsome 17th-century chalk and brick farmhouse, surrounded by fields on the edge of the Authie Valley. Four comfortable bedrooms have been arranged on the ground floor of a fully restored outbuilding. This haven of peace and quiet is ideal for taking strolls by the pond, in the park or exploring the surroundings along a country lane.

POITOU-CHARENTES

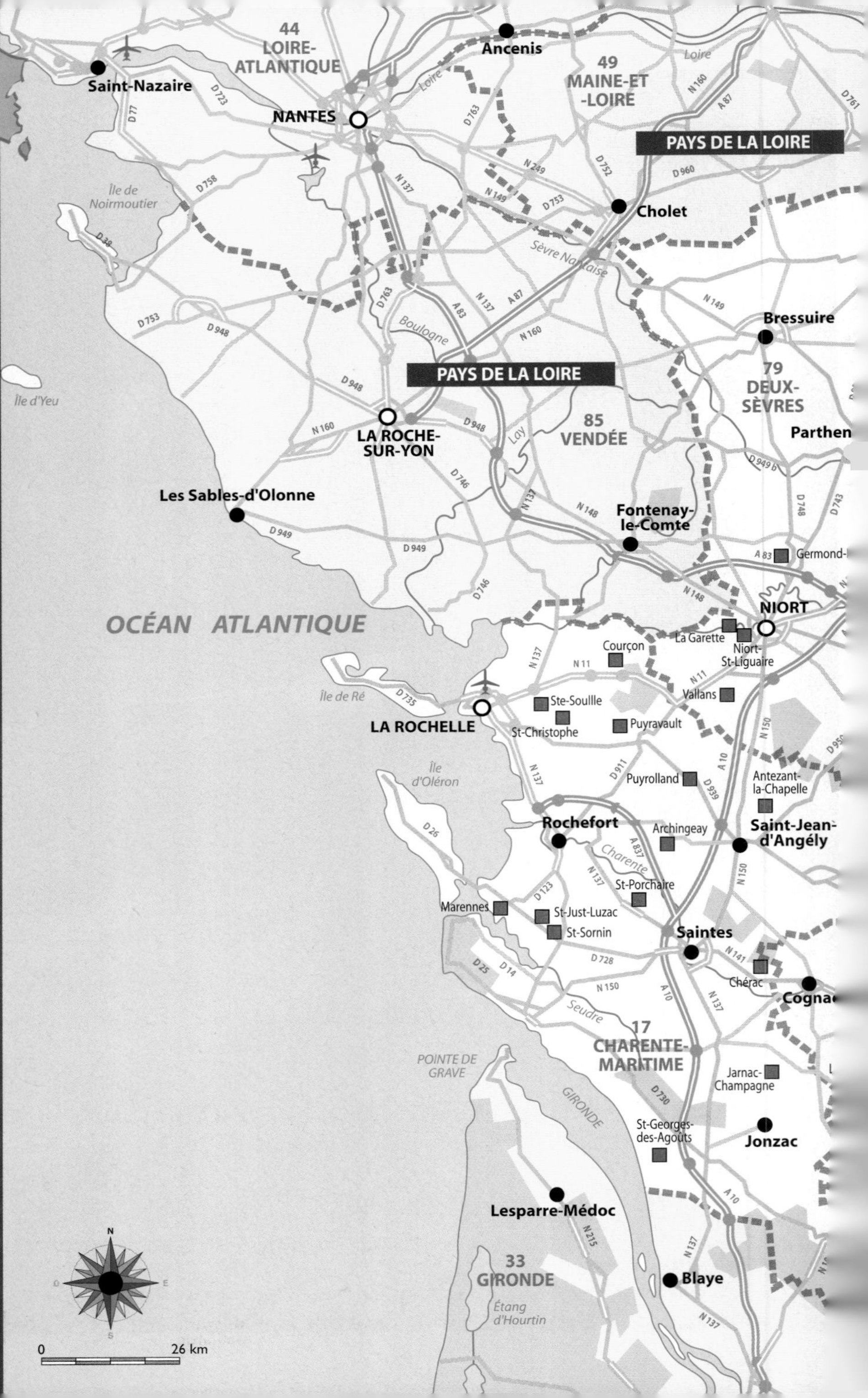

PAYS DE LA LOIRE

44 LOIRE-ATLANTIQUE
49 MAINE-ET-LOIRE
85 VENDÉE
79 DEUX-SÈVRES
17 CHARENTE-MARITIME
33 GIRONDE

Saint-Nazaire
Ancenis
NANTES
Cholet
Bressuire
Parthen
LA ROCHE-SUR-YON
Les Sables-d'Olonne
Fontenay-le-Comte
NIORT
Germond-
La Garette
Niort-St-Liguaire
Courçon
Vallans
Ste-Soullle
St-Christophe
Puyravault
LA ROCHELLE
Puyrolland
Antezant-la-Chapelle
Rochefort
Archingeay
Saint-Jean-d'Angély
St-Porchaire
Marennes
St-Just-Luzac
St-Sornin
Saintes
Chérac
Cognac
Jarnac-Champagne
St-Georges-des-Agoûts
Jonzac
Lesparre-Médoc
Blaye

Île de Noirmoutier
Île d'Yeu
Île de Ré
Île d'Oléron
OCÉAN ATLANTIQUE
POINTE DE GRAVE
GIRONDE
Étang d'Hourtin

Loire
Sèvre Nantaise
Boulogne
Lay
Charente
Seudre

D 723
D 77
D 763
N 160
A 87
D 761
N 249
D 752
D 960
D 758
N 137
N 149
D 753
D 38
D 948
A 83
N 148
N 149
D 949 b
D 748
D 743
N 160
D 746
D 949
N 11
D 735
N 150
D 950
D 911
D 939
A 10
A 837
N 137
D 123
N 141
D 728
D 25
D 14
D 730
N 215

0 26 km

N
O E
S

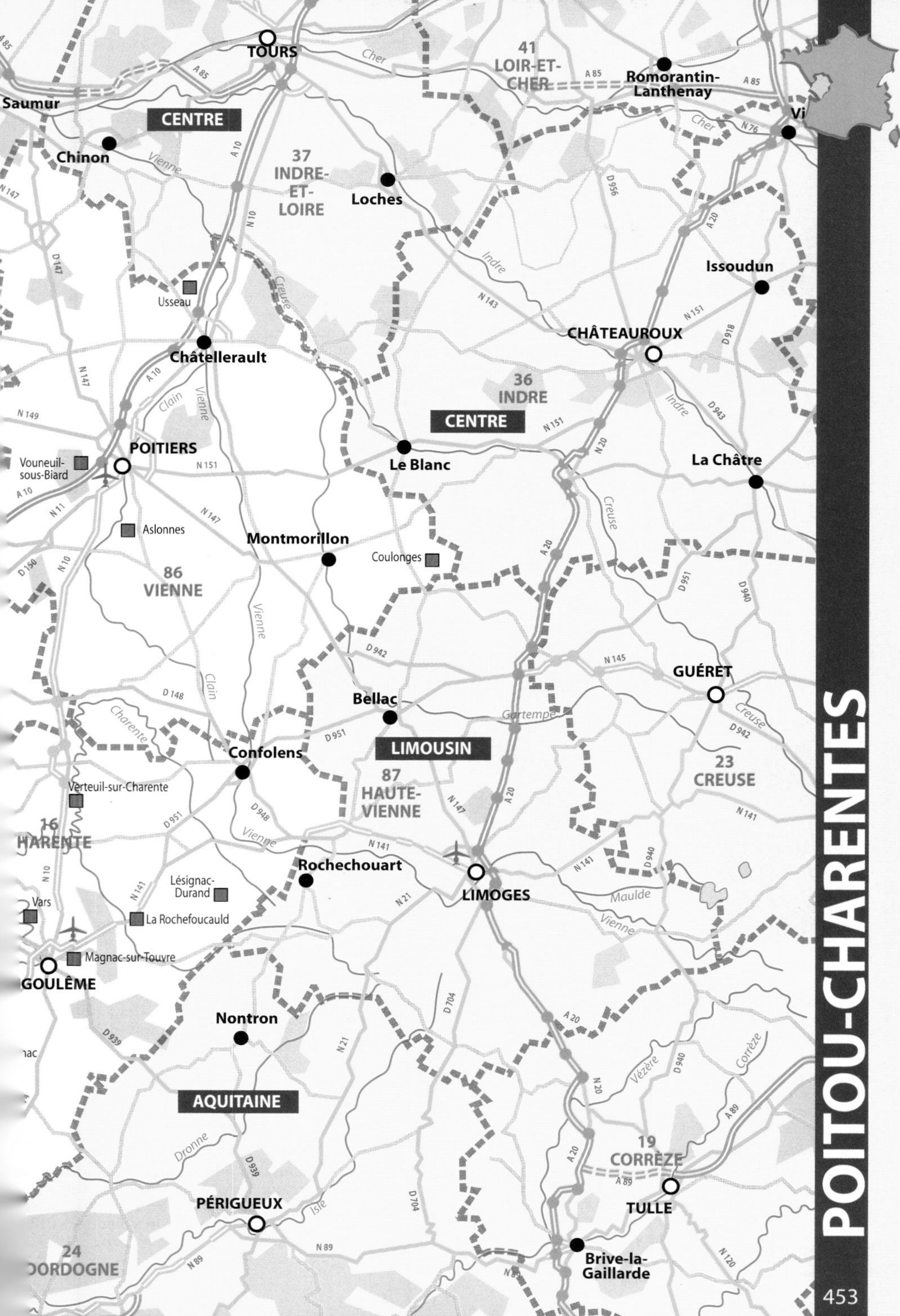
POITOU-CHARENTES
TOURS
Saumur
CENTRE
Chinon
37
INDRE-
ET-
LOIRE
Loches
41
LOIR-ET-
CHER
Romorantin-
Lanthenay
Vi
Issoudun
CHÂTEAUROUX
36
INDRE
CENTRE
Le Blanc
La Châtre
Usseau
Châtellerault
POITIERS
Vouneuil-
sous-Biard
Aslonnes
Montmorillon
Coulonges
86
VIENNE
Bellac
LIMOUSIN
GUÉRET
23
CREUSE
Confolens
87
HAUTE-
VIENNE
Verteuil-sur-Charente
16
HARENTE
Rochechouart
LIMOGES
Lésignac-
Durand
Vars
La Rochefoucauld
Magnac-sur-Touvre
GOULÊME
Nontron
AQUITAINE
19
CORRÈZE
TULLE
PÉRIGUEUX
24
ORDOGNE
Brive-la-
Gaillarde
A 85
A 10
A 20
A 89
N 10
N 11
N 20
N 21
N 76
N 89
N 120
N 141
N 143
N 145
N 147
N 149
N 151
D 147
D 148
D 150
D 704
D 918
D 939
D 940
D 942
D 943
D 948
D 951
D 956
Cher
Vienne
Indre
Creuse
Clain
Charente
Gartempe
Maulde
Vézère
Corrèze
Dronne
Isle

Antezant-la-Chapelle - Charente Maritime (17)

**Tours of Romanesque churches. Cognac vineyards. Close to the Marais Poitevin (protected park and marshland). Saint-Jean-d'Angély (historical town) 7 km. Romanesque church in Aulnay 9 km.*

*★ **How to get there:** At Saint-Jean-d'Angély, D127 for Antezant/Dampierre. Drive approx. 6 km and, as you enter village, first road on the right. The house is on the right, at the end of the street. Michelin map 324, fold H4.*

A warm welcome is guaranteed at this superb Charente residence. The mouthwatering regional specialities served at the table d'hôtes are a sheer delight. The house is set in a pleasant stretch of parkland which leads down to a river.

Les Moulins TH
10, rue de Maurençon -
17400 Antezant-la-Chapelle
Tél./Fax 05 46 59 94 52 ou 06 11 11 03 35
Email : marie-claude.fallelour@club-internet.fr
Pierre et Marie-Claude Fallelour

1 pers. 40 € - 2 pers. 47 € - 3 pers. 65 € - p. sup. 17/20 € - repas 19 €

1 chambre double et 1 chambre familiale 4 pers. toutes avec sanitaires privés. Ouv. toute l'année sauf Noël. T. d'hôtes sur rés. (pas de TH en juil./août et w.ends) : spécialités charentaises. Biblio. Lit bébé à dispo. Séjour, salon, cheminée. Parc, jardin, rivière. Restaurants à Cognac, Saintes, St-Jean d'Angély... ★ Route des églises romanes. Vignoble de Cognac. Proximité du Marais Poitevin. Saint-Jean-d'Angély 7 km (ville historique). Eglise romane d'Aulnay 9 km. **Accès :** à St-Jean d'Angély, prendre D127 dir. Antezant/Dampierre. Faire 6 km environ, puis à l'entrée du village, 1re route à droite. La maison est à droite, en bas de la rue. CM324, pli H4.

Accueil très chaleureux dans cette demeure charentaise où vous pourrez découvrir à la table d'hôtes, les délicieuses spécialités régionales. Elle est entourée d'un vaste parc très agréable qui mène à une rivière.

Archingeay - Charente Maritime (17)

POITOU-CHARENTES

**Museum in the village. Monuments, Romanesque churches. Gallo-Roman city of Saintes. Museums and royal rope factory at Rochefort. St-Jean-d'Angély royal abbey. Sea 35 km: Fouras, Ile d'Oléron, Royan. Fishing, tennis, swimming 3 km. Horse-riding 5 km. Golf 25 km. Beach 35 km.*

*★ **How to get there:** On D739, between Rochefort and St-Jean-d'Angély, at Tonnay-Boutonne, take D114 for Archingeay. In the village, head for Les Nouillers and follow signs. Michelin map 324, fold F4.*

This traditional Charente residence, situated in a village, on a former wine-growing estate, has been restored in keeping with the local architecture. The ground-floor bedrooms afford a high level of comfort and are attractively appointed with fine local furniture. There is a vast flower garden, with an orchard and a small park. Your hosts will be happy to advise you on the best way to get to know the area.

Les Hortensias TH
16, rue des Sablières - 17380 Archingeay
Tél. 05 46 97 85 70 ou 06 79 39 79 70
Fax 05 46 97 61 89
www.itea1.com/17/5114/
Jean-Pierre et Marie-Thérèse Jacques

1 pers. 46 € - 2 pers. 49/54 € - 3 pers. 69 € - p. sup. 15 € - repas 20 €

2 ch. (dont 1 acces. à 1 pers. hand.) et 1 suite avec sanitaires privés. Ouv. toute l'année. Petit déj. : yaourts, fromages, gâteau de pays, confitures. T. d'hôtes sur rés. (lundi mercredi, vendredi) : grillon charentais, sorbets aux fruit du jardin... Parking dans cour fermée, jardin, parc ave potager, verger. Vélos. ★ Musée dans le village Monuments, églises romanes. Saintes. Corderie royale e musées à Rochefort. Abbaye de St.Jean-d'Angély. Me 35 km : Ile d'Oléron, Royan. Pêche, tennis, piscine 3 km **Accès :** sur la D739, entre Rochefort et St.Jean d'Angély, à Tonnay-Boutonne, D114 vers Archingea Dans le bourg, dir. Les Nouillers et suivre fléchag CM324, pli F4.

Demeure charentaise restaurée dans le respect d l'architecture locale, sur une ancienne exploitatio viticole . Les chambres ont été joliment décorées possèdent de beaux meubles charentais. Vaste ja din fleuri, verger et petit parc. En fonction de v goûts, vos hôtes sauront vous conseiller très util ment dans la découverte de leur région.

Aslonnes - Vienne (86)

Le Port Laverré
86340 Aslonnes
Tél. 05 49 61 08 38 - Fax 05 49 11 94 20
Email : info@moulinlaverre.com
www.moulinlaverre.com
Marie-Christine Cholet

1 pers. 65 € - 2 pers. 80 €

★Futuroscope New Technologies Museum 28 km. Poitiers 14 km. The treasures of Romanesque Poitou: Chauvigny, St-Savin, Montmorillon (famous for its literary and book production traditions, book fair), and Angles-sur-l'Anglin. Horse-riding 10 km. Golf course 25 km.

★ ***How to get there:*** *A10, Poitiers-Sud exit and N10 for Angoulême. Head for Iteuil (D95). 3 km on, right for Aslonnes (D4). Left 200 m on and right after railway bridge. The estate is 1 km up, on a bend.*

Le Port Laverré stands on the site of an old mill with outbuildings, in an outstanding setting at the gateway to Poitiers. This refined, extremely comfortable property provides five air-conditioned bedrooms, two of which are in the owners' house and three in the outbuildings. Enjoy the peace and quiet of this enchanting riverside residence.

5 chambres avec sanitaires privés. Ouvert toute l'année. Petit déjeuner : confitures, jus de fruits, pâtisseries maison... Cour aménagée fleurie reliant les 2 bâtiments, jardin, belle terrasse. Parking clos. Piscine. Restaurants 1,5 et 8 km. En bord de rivière (fortement déconseillé aux jeunes enfants). ★ Futuroscope 28 km. Poitiers 14 km. Richesse du Poitou roman : Chauvigny, St-Savin, Montmorillon et la cité du livre, Angles-sur-l'Anglin. Pêche sur place. Equitation 10 km. Golf 25 km. **Accès :** A10, sortie Poitiers sud, puis N10 dir. Angoulême Suivre dir. Iteuil (D95) sur 3 km, à droite dir. Aslonnes (D4). Après 200 m, à gauche. Passer pont SNCF, à droite. Domaine à 1 km dans un virage.

Etape raffinée de grand confort, dans un cadre exceptionnel aux portes de Poitiers, sur le site d'un ancien moulin et ses dépendances. 5 chambres (2 dans la maison du propriétaire, 3 dans les dépendances) sont réservées aux hôtes. Dans cette belle propriété en bordure de rivière, vous ferez une halte calme et reposante.

Chassors - Charente (16)

NOUVEAUTÉ

Logis de Guîtres
16200 Chassors
Tél. 05 45 83 21 57 ou 06 74 90 69 22
Fax 05 45 83 18 29
www.lelogisdeguitres.com
Corinne et Philippe Aubriet

1 pers. 45/65 € - 2 pers. 60/65 € - 3 pers. 85/100 € - p. sup. 15/30 €

Maisons de Cognac, tour of the medieval churches, Roman [...]t. Blues Passion (24-27 July). Hot-air ballooning European [...]up (August). Golf 6 km. Horse-riding 3 km. Tennis 1 km. [...]uadbiking 3 km. Hiking/walks locally.

How to get there: *From Paris via Poitiers. Once in Jarnac, [...]n right before the bridge, take quai de l'Orangerie then head [...] Luchac (D22). Turn right for Guîtres. Follow the "Gîtes [...] France" signs. Michelin map 324, fold I6.*

[...]e Logis de Guîtres is a charming place located at the heart [...]a vineyard. Corinne and Philippe welcome you to their old [...]aison de cognac" which dates from the 18th and 19th [...]turies and has been perfectly restored. They can offer you [...]utiful and romantic rooms with exotic names at one of the [...]st charming getaway destinations in the Ouest Charente [...]ion.

3 chambres et 1 suite avec sanitaires privés. Ouvert toute l'année sur résa. du 1/10 au 30/4. Petit déjeuner : confitures et pâtisseries maison, jus de fruits frais, laitages... Cuisine, salle à manger et salon à disposition. Cour, jardin parc 1 ha. Salon de jardin, barbecue. ★ Maisons de Cognac, circuit des églises médiévales, art roman. Blues Passion (24-27 juil.). Coupe d'Europe de Montgolfières (août). Golf 6 km. Equitation 3 km. Tennis 1 km. Quad 3 km. Randonnée sur place. **Accès :** de Paris par Poitiers. A Jarnac, à droite avant le pont, sur le quai de l'Orangerie puis dir. Luchac (D22) et à droite vers Guîtres. Suivre panneau "Gîtes de France". CM324, pli I6.

A la sortie de Jarnac, le Logis de Guîtres est un lieu plein de charme situé au cœur du vignoble. Corinne et Philippe vous accueillent dans cette ancienne "maison de cognac" des XVIIIe et XIXe siècles, parfaitement restaurée. Ils vous proposent de belles chambres romantiques aux noms exotiques. Une étape de charme dans l'Ouest Charente.

Cherac - Charente Maritime (17)

La Pantoufle TH
5, impasse des Dimiers - 17610 Cherac
Tél. 05 46 95 37 10 ou 06 84 87 52 76
Email : lapantoufle@free.fr
http://lapantoufle.free.fr
Djahidé Paksoy

1 pers. 43 € - 2 pers. 45 € - p. sup. 15 € - repas 17 €

3 chambres avec sanitaires privés. Ouvert toute l'année. Petit déjeuner : confitures maison, pan-cake, jus d'orange, gâteau... Table d'hôtes gourmande. Salle de séjour, salon avec TV. Bibliothèque, jeux de société. Ping-pong, jardin clos, salon de jardin, cour. Restaurant à 8 km. ★ Saintes, ville d'art et d'histoire (églises, vestiges gallo-romains). Cognac (chais et distilleries, promenade sur la Charente). Royan (casino). Piscine 10 km. Equitation 5 km. Golf 14 km. Tennis 200 m. **Accès :** sur la N141 entre Saintes (14 km) et Cognac (10 km). CM324, pli H5.

Dans un charmant petit village, 3 chambres de grand confort sont aménagées dans une maison typiquement charentaise entièrement rénovée. Endroit idéal pour découvrir la Charente Maritime, et profiter pleinement de l'accueil chaleureux et convivial de Djahidé.

★Town of Saintes, famous for its art, history, churches and Gallo-Roman past. Cognac: storehouses and distilleries, boat trips on the Charente. Royan and casino. Swimming pool 10 km. Horse-riding 5 km. Golf course 14 km. Tennis court 200 m.

★ ***How to get there:*** *On N141, between Saintes (14 km) and Cognac (10 km). Michelin map 324, fold H5.*

This traditional, fully restored Charente house provides three well-appointed, comfortable bedrooms in a charming little village. Djahidé offers warm, friendly hospitality at La Pantoufle, the ideal staging post for exploring Charente-Maritime .

Coulonges - Vienne (86)

NOUVEAUTÉ

Domaine de la Porte TH
Les Hérolles - 86290 Coulonges
Tél. 05 49 48 33 81 - Tél./Fax 05 49 48 98 58
Email : info@domainedelaporte.com
www.domainedelaporte.com
Joc et Judith Hauserer et Kram

1 pers. 67 € - 2 pers. 75 € - 3 pers. 100 € - repas 25 €

4 chambres et 1 suite avec sanitaires privés. Ouv. tout l'année. Petit déjeuner : confiture, miel, fromage, jambo jus de fruits, œufs frais... T. d'hôtes sur rés.: cuisine méd terranéenne et indonésienne (tourne broche dans la ch minée). Cour, jardin. P-pong, Baby-foot. Piscin Trampoline. Vélos. ★ A proximité de la Brenne. Le 29 chaque mois, célèbre foire des Hérolles. Montmorill (cité de l'écrit) 27 km. Tennis 5 km. Voile 25 km. Can 12 km. Futuroscope 86 km. **Accès :** A10, puis A (Orléans-Vierzon), sortie n°18 puis dir. Priss Lignac/Les Hérolles. Dans les Hérolles, à gauche dir. Ti

Jolie propriété située en bordure du Parc Natu de la Brenne avec ses nombreuses possibilités randonnées, et sa faune et flore exceptionnell 5 chambres spacieuses décorées avec goût, séjour avec cheminée et une cour paysagère cl vous attendent. Découvrez le charme et le cal de cette propriété de 7 ha : étang, jardin, piscine

★Near to Brenne. On the 29th of each month, the famous Hérolles fair. Montmorillon (city of writing) 27 km. Tennis 5 km. Sailing 25 km. Canoeing 12 km. Futuroscope 86 km.

★ ***How to get there:*** *A10 then A20 (Orléans-Vierzon), exit n°18 then direction Prissac Lignac/Les Hérolles. In Les Hérolles, turn left and head towards Tilly.*

This is a pretty property that is set on the edge of the Brenne Natural Park and that boasts superb hiking opportunities and beautiful natural delights. There are 5 tastefully decorated, spacious bedrooms available, a living room with fireplace and an enclosed countryside courtyard. The house itself is surrounded by 7 hectares of grounds with exquisite features: pond, garden, private swimming pool...

Courson - Charente Maritime (17)

NOUVEAUTÉ

Le Quits Sainte-Claire
17, Grande Rue - 17170 Courson
Tél. 06 08 91 74 72 - Tél./Fax 05 46 01 62 93
Email : contact@weekend-17.com
www.17-chambres-hotes.com
Christiane Drappeau

2 pers. 70/92 € - 3 pers. 110 € - p. sup. 10/18 €

★At the heart of the Poitevin marshes and at the edge of Benon Forest. La Rochelle 30 min. Venise Verte close by. Beach and golf 30 km. Tennis 1 km. Fishing 4 km. Horse-riding 2 km.

*★ **How to get there:** A10, exit n°33 direction La Rochelle. Go past Mauzé-sur-le-Mignon. In the village La Laigne, head towards Courson. At the centre, turn right & continue to number 17 of la Grande Rue. Michelin map 324, fold F2.*

In an independant annexe, attached to your host's 19th-century Charente house, there are 3 bedrooms and 1 suite, all of which boast extremely tasteful décor. There is also, in this exquisite property, a dining room complete with fireplace and locally-made furniture. TV and library. Pool table and fridge in an adjoining room. Make the most of the indoor, heated swimming pool and the flowery, walled garden.

3 chambres et 1 suite avec sanitaires privés (120 €/ 4 pers.). Ouv. toute l'année. Petit déjeuner : confitures maison, jus de fruits, gâteaux, viennoiseries... Billard. Cour, jardin. Piscine couverte et chauffée avec pool-house, barbecue. Balades en forêt à 2 pas. Restaurants gastronomiques 3 km. ★ Au cœur du Marais Poitevin et à l'orée de la forêt de Benon. La Rochelle 30 mn. Venise Verte à proximité. Plage et golf 30 km. Tennis 1 km. Pêche 4 km. Equitation 2 km. **Accès :** A10, sortie n°33 puis dir. La Rochelle. Passer Mauzé-sur-le-Mignon. Dans le village de La Laigne prendre dir. Courson. Au centre, à droite jusqu'au 17 de la Grande Rue. CM324, pli F2.

Jolie dépendance contiguë à la maison charentaise de votre hôte (XIXe) où sont aménagées 3 chambres et 1 suite décorées avec goût. Très belle salle à manger avec cheminée et meubles charentais. TV et bibliothèque. Billard et réfrigérateur dans une pièce attenante. Vous pourrez profiter pleinement de la piscine couverte et chauffée ou du jardin fleuri clos.

La Garette - Deux Sèvres (79)

NOUVEAUTÉ

La Pibale - 60, rue des Gravées -
79270 La Garette (de Sansais)
Tél. 06 18 93 12 96 ou 05 49 24 09 11
Fax 05 49 79 23 63
www.marais-poitevin-fr.com
Patrick Bonnet

1 pers. 50 € - 2 pers. 59 € - 3 pers. 74 €

★Locally: Marais Poitevin with pier, bike trails and walking paths. Coulon museum 3 km. La Rochelle, Ile de Ré 45 km. Puy-du-Fou and Futuroscope 90 km. Golf 10 km.

*★ **How to get there:** D1 La Garette. From the centre of the village, drive down the pedestrian path (signposted as forbidden but authorised for residents) and stop before "La Vieille Auberge".*

You will be welcomed warmly at this old, calm house in the village of La Garette that boasts beams, fireplace and luxurious bedrooms . Set in the heart of Marais Poitevin, you have everything you could need for a wonderful stay and the property's water-side terrace is an ideal place to relax.

1 chambres (entrée indépendante) avec sanitaires privés, TV sat., magnétoscope, Hifi, réfrigérateur, mini-kitchenette et téléphone. Ouvert toute l'année. Petit déjeuner : brioche régionale, confitures maison, jus d'orange... Cour. Barque à disposition. Grande terrasse avec barbecue à disposition. ★ Sur place : Marais Poitevin avec embarcadère, départs de circuits vélos et sentiers pédestres. Musée Coulon 3 km. La Rochelle, Ile de Ré 45 km. Puy-du-Fou et Futuroscope 90 km. Golf 10 km. **Accès :** D1 La Garette. Au cœur du village, prendre en voiture la rue piétonne (indiquée interdite mais autorisée aux riverains), et stopper devant "La Vieille Auberge".

Nous aurons le plaisir de vous accueillir dans une chambre tout confort dans notre maison calme, ancienne et typique dans le village "rue de la Garette", située au cœur du Marais Poitevin. Vous disposerez de tous les éléments pour passer un agréable séjour, et la terrasse au bord de l'eau vous permettra de vous détendre.

Germond-Rouvre - Deux Sèvres (79)

Manoir du Repéroux
79220 Germond-Rouvre
Tél. 05 49 04 07 39
Jacques et Jane Larcheveque

2 pers. 85/130 €

★Saint-Marc-la-Lande Abbey and medicinal herb garden 5 km. Marais Poitevin 20 km. Multi-Cultural Games and Jazz and Festival at Parthenay 25 km. Hiking locally. Tennis court 2 km. Lake, bathing, horse-riding 4 km. Swimming pool 15 km.

*★ **How to get there:** A83 motorway, Niort-Nord exit 10 (Cherveux) and head for Parthenay. After 2.5 km, head for Germond on left.*

You will be captivated by the charming atmosphere of Manoir du Repéroux, a 17th-century Frankish residence, surrounded by a moat and a magnificent park. This superb manor, lovingly restored by its owners, has been given a new lease of life. Elegant interior with great attention to detail. An address to delight nature lovers.

2 chambres dont 1 suite avec bains ou douche et wc privés. Ouvert toute l'année. Petit déjeuner : jus de fruits, fruits frais, confitures, croissants, pains au lait... Parc de 9 ha avec bois et étangs. Restaurants à Germond (2 km) ou Niort (15 km). ★ Abbaye St-Marc-la-Lande (plantes médicinales) 5 km. Marais Poitevin 20 km. Festival des Jeux, de Jazz Parthenay 25 km. Rand. sur place. Tennis 2 km. Plan d'eau, équitation 4 km. Golf 9 km. Piscine 15 km. **Accès :** autoroute A83 sortie Niort-nord (N°10 - Cherveux) et suivre direction Parthenay. A 2,5 km prendre la direction Germond à gauche.

Vous serez séduits par l'atmosphère de charme de cette demeure du XVIIe siècle, issue de la famille des Francs. Entourée de douves en eau et d'un superbe parc, le manoir, restauré avec passion par ses propriétaires a retrouvé vie. Intérieur raffiné avec une décoration très recherchée. Une adresse qui ravira les amateurs de nature et d'espace.

Jarnac - Charente (16)

Château Saint-Martial
56, rue des Chabannes - 16200 Jarnac
Tél. 05 45 83 38 64 - Fax 05 45 83 38 38
Email : brigitte.cariou@free.fr
http://chateau.st.martial.free.fr
Brigitte Cariou

1 pers. 67/115 € - 2 pers. 77/125 €

★Jarnac: tours of cognac producers, François Mitterrand Museum, Chocolate Museum. Cognac and Thriller Film and Blues Passion Festivals. Boat trips along the Charente and bike rides locally. Horse-riding 10 km.

*★ **How to get there:** From the main Jarnac road (Angoulême-Cognac motorway), follow "Chambres d'Hôtes-Château St-Martial" signs. Michelin map 324, fold I6.*

Brigitte extends a warm welcome to guests at her superb 19th-century Jarnac château, set in a 2.5-hectare park, on the banks of the Charente. Five elegantly decorated bedrooms have been arranged with period furniture and spacious private bathrooms. An outstanding art collection graces the château walls.

5 chambres avec sanitaires privés et TV. Ouv. toute l'année sur réservation. Petit déjeuner : gâteau maison, céréales, miel, confiture, croissant, (œufs, fromage sur dem,)... Salon de détente avec bibliothèque. Billard. Piscine, tennis, p-pong. Parc 2,5 ha. La Charente est au bout de la propriété. Restaurant à Jarnac. ★ Jarnac : visite des maisons du cognac, musée F. Mitterrand, musée du chocolat. Cognac, festivals du film policier et Blues passion. Promenades sur la Charente et à vélo sur place. Equitation 10 km. **Accès :** depuis la route principale de Jarnac (axe Angoulême-Cognac), suivre le fléchage "Chambres d'Hôtes Château St-Martial". CM324, pli I6.

Au cœur de Jarnac, Brigitte vous accueille dans son superbe château du XIXe siècle entouré d'un parc de 2,5 ha, en bordure de Charente. 5 chambres décorées avec raffinement ont été aménagées avec du mobilier d'époque et disposent toutes de salles de bains spacieuses. Une collection de peintures remarquables décore l'ensemble du château.

Jarnac-Champagne - Charente Maritime (17)

★Romanesque churches. Cognac and distilleries in the vicinity. Spa town of Jonzac 15 km. Wine-growing estate (tours of distillery and storehouses).

★ ***How to get there:*** *At Pons, head for Archiac (D700). 12 km on, turn right for Jarnac-Champagne. In the village, follow signs for "Pineau Cognac Lassalle" and "Chambres d'Hôtes" to the estate. Michelin map 324, fold H6.*

Set on an estate producing Pineau and Cognac, this Charente-style family mansion is surrounded by a large park. A charming staging post for visiting the Romanesque churches of Saintonge, the famous Cognac vineyards, and a chance to relish the delicious specialities served at the table d'hôtes.

Domaine des Tonneaux TH
14, rue des Tonneaux - 17520 Jarnac-Champagne
Tél. 05 46 49 50 99 ou 05 46 49 57 19
Fax 05 46 49 57 33
www.domainedestonneaux.com
Charles et Violette Lassalle

1 pers. 50 € - 2 pers. 67 € - repas 25 €

3 chambres doubles avec sanitaires privés et réfrigérateur. Ouv. de mars à oct. (autres périodes sur réserv.). Table d'hôtes sur réservation : spécialités truffées en saison et charentaises. Salon avec TV, bibliothèque. Parc. Jardin. Billard français. VTT. Enfant : 10 €. ★ Eglises romanes. A proximité de Cognac et ses distilleries. Jonzac 15 km (ville thermale). Propriété viticole (visite de la distillerie et des chais). **Accès :** à Pons, dir. Archiac (D700). Après 12 km, tourner à droite jusqu'à Jarnac-Champagne. Du village, fléchage "Pineau Cognac Lassalle" et "Chambres d'Hôtes" pour trouver la propriété. CM324, pli H6.

Située sur une exploitation viticole (Pineau, Cognac), cette maison de maître de style charentais est entourée d'un grand parc. Etape de charme qui vous permettra de découvrir les églises romanes de Saintonge, les célèbres vignobles de Cognac... et les délicieuses spécialités truffées en saison de la table d'hôtes.

Lachaise-sur-le-Né - Charente (16)

NOUVEAUTÉ

★Route du Cognac, château of enigmas, Jonzac leisure centre, Aubeterre, Blues festival, police film festival, comic book festival. Tennis, squash 4 km. Horseriding 9 km. Sea 70 km. Golf 20 km.

★ ***How to get there:*** *From Châteauneuf-sur-Charente, take the D600 in the direction of Archiac. Pladuc is 5 km before Archiac. Michelin map 324, fold I6.*

Nicole would like to welcome you to her Cognac estate, set between the sea and the vineyards near the Bordeaux wine region. The perfect place to relax, tranquility and wine-tasting are just a couple of the many reasons for spending a weekend or a holiday at this naturalistic and elegant riverside property.

Domaine de Pladuc TH
16300 Lachaise-sur-le-Né
Tél. 05 45 78 21 80 ou 06 15 41 04 41
Email : info@domainedepladuc.com
www.domainedepladuc.com
Nicole Provot

1 pers. 50 € - 2 pers. 75/90 € - 3 pers. 90/105 € - repas 18/22 €

3 ch. et 1 suite avec sanitaires privés. Ouv. toute l'année. Petit déjeuner : pain et cake maison, jus de fruits, yaourts, confitures maison... T. d'hôtes : foie gras, magret de canard, grillades... Parc 1 ha. Piscine. Vélos, pêche privée, raquettes. Parking. Salle de réception dans le chai attenant (132 m²). ★ Route du Cognac, château des énigmes. Base de loisirs de Jonzac, Aubeterre, festivals du Blues, du film policier, de la BD. Tennis, squash 4 km. Equitation 9 km. Mer 70 km. Golf 20 km. **Accès :** à Châteauneuf-sur-Charente, prendre la D699 dir. Archiac. Pladuc se trouve 5 km avant Archiac. CM324, pli I6.

Nicole vous accueille dans son domaine de Cognac, entre mer et vignobles, aux portes des grands crus bordelais. Calme, détente, gastronomie... voici les attraits proposés pour venir vous reposer le temps d'un week-end ou de vacances dans un cadre élégant et une nature généreuse, en bordure de rivière.

Lésignac-Durand - Charente (16)

Château de la Redortière
La Redortière - 16310 Lésignac-Durand
Tél. 05 45 65 07 62 - Tél./Fax 05 45 65 31 79
Email : vandervelden@tiscali.fr
Marie-Paule Michaud

1 pers. 40 € - 2 pers. 48/59 € - 3 pers. 59 € - p. sup. 10 € - repas 16/22 €

3 chambres 2 pers. et 2 suites de 3 et 4 pers., toutes avec sanitaires privés (77 €/4 pers.). Ouvert toute l'année. Poss. de prendre les repas à la ferme-auberge (16/22 €) : volaille de la ferme, glaces maison, clafoutis, fromages et yaourts au lait de vache de la ferme... Parc de 17 ha. Ferme laitière à 800 m. ★ Au bord du lac de Mas-Chaban (poss. pêche). L'Aventure Parc 2 km. Plan d'eau de Lavaud (pêche, voile) 5 km. Plan d'eau de la Guerlie (plage, canoë) et golf 10 km. Site gallo-romain de Chassenon 15 km. **Accès :** RN141 Angoulême-Limoges. A 50 km à l'est d'Angoulême. A la Péruse, à droite, CD52 puis Lésignac, dir. Massignac. Le château est à 2 km sur la dr. CM324, pli N5.

Au cœur d'un parc de 17 ha, ce beau château du XIXe siècle domine le lac de Mas-Chaban. Les chambres qui vous sont réservées sont lumineuses et joliment décorées. Aux beaux jours, vous pourrez faire de grandes promenades dans le parc et vous restaurer à la table de la ferme-auberge.

★By Mas-Chaban Lake (fishing). Lavaud Lake (fishing, sailing) 5 km. La Guerlie Lake (beach, canoeing centre) and golf course 10 km. Chassenon Gallo-Roman site 15 km. Adventure park 2 km.

★ ***How to get there:*** *RN141 Angoulême-Limoges. 50 km east of Angoulême. At La Péruse, turn right for CD52, then Lésignac heading for Massignac. The château is 2 km up, on the right. Michelin map 324, fold N5.*

In the heart of 17-hectare grounds, stands this handsome 19th-century château which overlooks Mas-Chaban Lake. The bedrooms are bright and attractively decorated. In clement weather, take long walks in the park, which will whet your appetite for the table d'hôtes meals prepared with fresh farm produce.

Magnac-sur-Touvre - Charente (16)

NOUVEAUTÉ

Le Clos St-Georges
rue de Bel Air - 16600 Magnac-sur-Touvre
Tél./Fax 05 45 68 54 33 ou 06 83 21 36 86
Nadine Jacquemin

1 pers. 45 € - 2 pers. 50 €

3 chambres pour 2 pers. avec sanitaires privés. Ouver toute l'année. Petit déjeuner : jus de fruits frais, pâtisserie maison, viennoiseries, confitures maison, yaourts, kiwis pommes au four. Billard français. Jardin. Piscine privée. vélos. GR4 et GR36 passent devant la propriété. GPS N45°38243-EO°14749". ★ Festival de la BD en janvie Circuit des Remparts en septembre. Equitation et tenni 5 km. Pêche 3 km. Golf 8 km. Baignade 12 km. Cano 6 km. **Accès :** prendre la D939 dir. Périgueux. Après panneau "Maison Neuve", tourner à gauche sur "ZE L Penotte" sur 1,5 km puis à droite "rue de Bel Air" CM324, pli L6.

Aux portes d'Angoulême (9 km), sur le chemin d la Dordogne, cette belle demeure charentaise rénc vée, avec piscine privée vous ouvre ses portes. Vo pourrez bénéficier d'une vue panoramique sur forêt de Bois Blanc et sur la campagne charentais Calme garanti et un accueil convivial assuré.

★Comic book festival in January. Remparts Circuit in September. Horseriding and tennis 5 km. Fishing 3 km. Golf 8 km. Swimming 12 km. Canooing 6 km.

★ ***How to get there:*** *Take the D939 in the direction of Périgueux. After the sign "Maison Neuve", turn left onto "ZE La Penotte". Continue 1.5km then turn right "rue de Bel Air". Michelin map 324, fold L6.*

Just outside Angoulême (9 km), on the way to the Dordogne, this beautiful and entirely renovated Charentaise property with private pool, opens its doors and invites you in. Let the panoramic views of the Bois Blanc forest and the Charentaise countryside take your breath away as at Le Clos St-Georges, peace and quiet is guaranteed and a warm welcome is assured.

Marennes - Charente Maritime (17)

NOUVEAUTÉ

Remarkable oyster-farming site looking onto the La Cayenne port. Beach, swimming pool 5 km. Fishing 2 km. Tennis 4 km. Horse-riding 6 km. Golf 20 km.

★ ***How to get there:*** *From Marennes, take direction Port de la Cayenne. Go right to the end, number 25. Michelin map 324, fold D5.*

At this former customs-house on the port of La Cayenne, a stunning oyster-farming site, there is a pretty and spacious guest-room available with an independant entrance. The bedroom opens onto a superb interior garden complete with garden lounge and couch hammock. A superb holiday home on a property that will allow you to make the most of this delightful area.

La Cayenne
25, rue des Martyrs - 17320 Marennes
Tél./Fax 05 46 85 45 52
Email : gite.ppz@tiscali.fr
www.giteppz.com
Monique et Jean-Marie Papazo-Glou

1 pers. 60 € - 2 pers. 70 €

1 chambre (lit 160 à commande) avec sanitaires privés et mini-bar. Ouvert toute l'année. Petit déjeuner : viennoiseries, pain grillé, confitures, compotes et yaourts maison, jus de pommes artisanal, beurre local... Jardin. Restaurant (spécialités de la mer) à 200 m. ★ Site ostreïcole remarquable sur place donnant sur le port de La Cayenne. Plage, piscine 5 km. Pêche 2 km. Tennis 4 km. Equitation 6 km. Golf 20 km. **Accès :** dans Marennes, prendre dir. Port de la Cayenne, c'est tou au bout n°25. CM324, pli D5.

Jolie chambre d'hôtes spacieuse et raffinée avec entrée indépendante, aménagée dans un ancien logis des douanes du port de la Cayenne, site ostréïcole remarquable. La chambre ouvre sur un jardin intérieur avec salon de jardin et balancelle. Un gîte de charme sur la propriété pour apprécier plus encore le charme des lieux.

Melle - Deux Sèvres (79)

NOUVEAUTÉ

Roman churches, music festival in may and june, contemporary ·t festival, various exhibitions all year round, Marais Poitevin ·0 km). Swimming 1 km. Hiking 200 m. Forest 15 km. ·ishing 8 km.

How to get there: *From the market square, go under the ·ch by the restaurant "La Côte de Bœuf" and go down "La ·rande Rue". Go to the end, turn right and then turn left ·0m later.*

· the heart of Melle, this large house that dates back to 1820 ·s kept its original charm with pale green monochromes and ·aid-back atmosphere. The decoration reflects Violette's greatest ·ssion - she is an antique enthusiast who has managed to ·d the perfect place for each piece of furniture and each object · has collected. A beautiful wooden staircase leads to the ·ıfortable, upstairs bedrooms.

26, rue de la Gour - 79500 Melle — TH
Tél. 05 49 29 96 61 ou 06 62 62 68 28
Fax 05 49 29 29 01
Email : tony.gurr@wanadoo.fr
Violette Gurr

1 pers. 60 € - 2 pers. 65 € - repas 20 €

1 chambre 2 pers. et 1 ensemble de 3 ch. pour 5 pers., avec sanitaires privés. Ouv. de janvier à nov. Petit déjeuner : confitures maison, fruits frais, jus de fruits, pains variés... T. d'hôtes gourmande. Baby-foot, ping-pong. Cour, jardin, parc de 1 ha. Tennis. Verger. Restaurants à proximité. ★ Eglises romanes, festival de musique en mai-juin, festival d'art contemporain, expositions variées toute l'année, Marais Poitevin (30 km). Piscine 1 km. Randonnées 200 m. Forêt 15 km. Pêcche 8 km. **Accès :** de la place du marché, passer sous l'arche devant le restaurant "La Côte de Bœuf" et descendre "La Grande Rue". Au bout, à droite et à 100 m à gauche.

Au cœur de Melle, vous serez surpris par cette grande maison de 1820 qui a su gardé son charme d'origine : camaïeux de verts pâles, harmonie des lieux. La décoration reflète la passion de Violette, antiquaire, qui a su trouver la place à chaque meuble et objet chiné son emplacement. Un bel escalier de bois mène aux étages où sont aménagées les chambres.

Mérignac-Villars - Charente (16)

Cognac and Thriller Film Festival 22 km. Jarnac and Charente River, Bassac and St-Amand-de-Boixe abbeys on the Santiago de Compostella pilgrimage route. Angoulême and Comic Book Festival 19 km.

★ ***How to get there:*** *From Angoulême, take N141 for Cognac. At Malvieille, take D63 on right for Rouillac. The village is 1.5 km on. From Jarnac, take N141 for Angoulême, Mérignac exit and D18. Michelin map 324, fold K5.*

This early-19th-century Charente family mansion, in the heart of Cognac wine-growing country, has been restored in keeping with the local architectural traditions. Your hosts, Josiane and Christian, offer a hospitable welcome at their home, in which they have arranged three tastefully and lovingly decorated bedrooms. Enjoy a swim in the pool, which affords pleasant views of the surrounding vineyards.

L'en haut des vignes TH
Villars - 16200 Mérignac-Villars
Tél. 05 45 92 41 12 ou 06 30 11 14 90
Email : memeteau.family@wanadoo.fr
www.lenhautdesvignes.com
Josiane Mémeteau

1 pers. 45 € - 2 pers. 54 € - 3 pers. 70 € - p. sup. 15 € - repas 18 €

2 ch. doubles, 1 suite/2 ch. avec sanitaires privés, coin-salon, bureau (Non fumeurs). Ouv. toute l'année (sur résa. du 1/11 au 30/03). Petit déj. : confitures, gâteau et pain maison... T. d'hôtes familiale selon saisons : saumon au pineau, coq au vin... Cour fermée, jardin paysager, piscine. ★ Angoulême (festival de la BD) 19 km. Cognac (festival Blues Passion) 22 km. Jarnac et le fleuve Charente, abbayes sur le chemin de St-Jacques-de-Compostelle. **Accès :** d'Angoulême, prendre la N141 dir. Cognac. A Malvieille, prendre la D63 sur la droite dir. Rouillac, le village est à 1,5 km. De Jarnac, prendre N141 dir. Angoulême, sortie Mérignac puis D18. CM324, pli K5.

Au cœur du vignoble, accueil chaleureux par vos hôtes dans une maison de maître charentaise du début du XIXe, entièrement restaurée. Dans les chambres aux noms évocateurs (Sawadee, Karibu, Welcome), s'harmonisent les souvenirs de voyage et l'authenticité du lieu. Pour vos moments de détente, la piscine avec vue sur les vignes vous accueille dans le jardin.

Niort/Saint-Liguaire - Deux Sèvres (79)

Marais Poitevin Nature Reserve 3 km. Puy du Fou 70 km. Futuroscope 80 km. La Rochelle 45 min. Fishing, swimming and hiking locally. Tennis 1 km. Horse-riding 7 km. Lake, bathing, forest 25 km. Golf 4 km.

★ ***How to get there:*** *A10 motorway, Niort Centre exit, "Parc des Expositions", Venise Verte and St-Liguaire. From Bordeaux, A10, exit 33. From Nantes, A83, Niort Centre - Marais Poitevin exit.*

This stately residence overlooks the Sèvre Niortaise, on the edge of the Marais Poitevin Nature Reserve. You will greatly appreciate the elegantly furbished bedrooms, complete with spacious bathrooms designed with your comfort in mind. Breakfast is served in the dining room or in the garden. A home away from home, where you will succumb to the charm and tranquillity of the place.

La Magnolière
16, impasse de l'Abbaye - 79000 Niort
Tél. 05 49 35 36 06 - Fax 05 49 79 14 28
www.marais-poitevin.com/heberg-ch/magnoliere.htm
Alain et Catherine Marchadier

1 pers. 76 € - 2 pers. 76 € - 3 pers. 96 €

3 chambres avec bains ou douche et wc privés. Ouver toute l'année. Petit déjeuner : jus de fruits, fruits frais d saison, brioche, croissants, confitures maison, yaourts. Grand salon, bibliothèque. Parc avec piscine, barqu ★ Marais Poitevin (3 km). Puy-du-Fou (70 km Futuroscope (80 km). La Rochelle (45 mn). Pêche, pis cine, randonnée sur place. Tennis 1 km. Golf 4 km Equitation 7 km. Plan d'eau, baignade, forêt 25 km **Accès :** A10 sortie Niort centre, parc exposition Venise verte puis St-Liguaire. De Bordeaux A10, sort 33. De Nantes A83, sortie Niort centre - Marais Poitevi

Au seuil du marais poitevin, cette grande demeu bourgeoise domine la Sèvre Niortaise. Vous appr cierez les chambres agrémentées de spacieuses sa les de bains, conçues pour votre bien-être. Pe déjeuner servi dans la salle à manger ou dans le ja din. Cette maison sera vôtre, l'espace d'u moment pour vous abandonner au charme et à quiétude des lieux

Perignac - Charente (16)

★Romanesque art, Angoulême and Cognac Music Festivals, Aubeterre village. Golf course 12 km. Horse-riding, ballooning and tennis 5 km. Swimming pool 7 km.

*★ **How to get there:** 30 km south of Angoulême, on D10, between Blanzac (6 km) and Montmoreau (7 km). Michelin map 324, fold K7.*

This gorgeous, small 13th-century castle, originally a hospice on the Santiago de Compostela pilgrimage route, is the setting for five guest bedrooms. The residence affords panoramic views of the hills cut by valleys in southern Charente. You will be enchanted by the welcome you receive from your hosts François and Laurie, who will be happy to tell you all about the history of the area and of their forebears.

Château de Lerse TH
16250 Perignac
Tél./Fax 05 45 60 32 81 ou 06 08 51 08 65
Email : fl.lafargue@wanadoo.fr
www.chateaudelerse.com
François et Laurie Lafargue

1 pers. 75/90 € - 2 pers. 80/100 € - 3 pers. 90/100 € - repas 25 €

3 chambres avec sanitaires privés. Ouvert du 1/05 au 30/09. Petit déjeuner : céréales, jambon pays, confitures maison, brioche, patisseries... T. d'hôtes : foie gras, veau de chalais, volailles... repas froids avec produits du terroir. Cour, parc de 10 ha, étang (pêche). Restaurants à Blanzac (6 km) et Chalais (22 km). ★ L'art roman, les festivals musicaux d'Angoulême et Cognac, le village d'Aubeterre... Golf 12 km. Equitation, mongolfière et tennis 5 km. Piscine 7 km. **Accès :** à 30 km au sud d'Angoulême, sur la D10, entre Blanzac (6 km) et Montmoreau (7 km). CM324, pli K7.

Les chambres d'hôtes dans un ravissant petit château fortifié du XIIIe siècle, ancien relais sur la route de St-Jacques-de-Compostelle. Le château offre une vue panoramique sur les coteaux vallonnés du sud Charente. Vous serez charmés par l'accueil chaleureux de François et Laurie qui sauront vous conter l'histoire locale ainsi que celle de leurs aïeux.

Puyravault - Charente Maritime (17)

★Surgères 5 km. La Rochelle, Rochefort 25 km. Marais Poitevin conservation area 15 km. Golf course 25 km. Swimming pool 5 km. Horse-riding 2 km. Sea 25 km.

*★ **How to get there:** From Surgères ("SCNF-Pompiers" roundabout), head for Marans on D115. 5 km on, turn left for Puyravault and follow signs. Michelin map 324, fold F3.*

Peace and quiet are assured at this handsome historical residence, set in a four-hectare park graced by birds, where a warm welcome awaits children and adults alike. The rooms are bright, spacious and very comfortable. Ideal for discovering La Rochelle, Rochefort and the Marais Poitevin. The scrumptious Charente specialities served at the table d'hôtes will delight gourmets. Please refrain from smoking inside the house.

Le Clos de la Garenne TH
9, rue de la Garenne - 17700 Puyravault
Tél. 05 46 35 47 71 - Fax 05 46 35 47 91
Email : info@closdelagarenne.com
www.closdelagarenne.com
Patrick et Brigitte François

1 pers. 60 € - 2 pers. 65 € - 3 pers. 85/110 € - p. sup. 20 € - repas 25 €

2 ch. et 2 suites familiales (1 acces. aux pers. hand.) avec literie 160 et sanitaires privés. Ouv. toute l'année. T. d'hôtes familiale (sur résa. sauf mercredi et dimanche) : produits terroir. Billard, salon, biblio., jeux, salle à manger. Parc clos et boisé (aire de jeux et grandes terrasses). Equip. Bébé et jouets. ★ Surgères 5 km. La Rochelle, Rochefort 25 kn. Marais Poitevin 15 km. Golf 25 km. Piscine 5 km. Equitation 2 km. Mer 25 km. **Accès :** de Surgères (rond point SCNF-Pompiers), dir. Marans par la D115. Faire 5 km puis tourner à gauche dir. Puyravault et suivre le fléchage. CM324, pli F3.

Calme et sérénité sur ce domaine de 4 ha peuplé d'oiseaux et accueil chaleureux pour petits et grands dans ce beau logis historique. Chambres lumineuses, vastes et confortables. Etape idéale pour découvrir La Rochelle, Rochefort et le marais Poitevin... et les délicieuses spécialités charentaises à la table d'hôtes. Merci de ne pas fumer à l'intérieur.

Puyrolland - Charente Maritime (17)

Pont Robert
17380 Puyrolland
Tél. 05 46 59 74 50 - Fax 05 46 59 79 35
Moquay M-Anne et Luc Guilloton
et Benoit

1 pers. 55 € - 2 pers. 60 € - 3 pers. 83 € - p. sup. 7 €

1 suite composée de 2 chambres avec sanitaires privés. Ouvert toute l'année (sur réservation du 15/09 au 15/06). Petit déjeuner : jus de fruits, confitures et pâtisseries maison, viennoiseries, pain frais, toasts, laitage, céréales... Restaurants à 13 km. ★ Patrimoine saintongeais. Saintes et son histoire. Rochefort et sa corderie royale, maison de Pierre Loti... Equitation 6 km. Tennis 8 km. Piscine 13 km. Golf 35 km. Plage 40 km. **Accès :** venant de St-Jean-d'Angely ou de Surgères, prendre la D939. Faire environ 15 km dir. Nachamps puis suivre fléchage. CM324, pli G3.

Un calme absolu vous attend dans ce magnifique logis charentais des XVIIIe et XIXe siècles, situé au cœur des Vals de Saintonge. Vous disposerez d'une jolie suite avec lit à baldaquin d'époque qui vous transportera dans le passé. A la belle saison, détente et flânerie dans le parc ombragé. Pont-Robert est le point de départ idéal pour découvrir la région.

★Treasures of Saintonge. Saintes and historical places of interest. Rochefort and royal ropemaking factory, writer Pierre Loti's house. Horse-riding 6 km. Tennis 8 km. Swimming pool 13 km. Golf course 35 km. Beach 40 km.

★ ***How to get there:*** *From St-Jean-d'Angély or Surgères, take D939. Drive approximately 15 km for Nachamps and follow signs. Michelin map 324, fold G3.*

Complete peace and quiet await you at this magnificent 18th and 19th-century residence, in the heart of the Vals de Saintonge. The delightful suite features a period canopied fourposter bed, which will take you on a journey through time. In the summer months, relax or a take a stroll in the shaded park. Pont-Robert is the ideal starting point for getting to know the region.

La Rochefoucauld - Charente (16)

NOUVEAUTÉ

Le Jardin St-Florent TH
1, rue St-Florent - 16110 La Rochefoucauld
Tél./Fax 05 45 23 94 30
Email : jsf@jardinsaintflorent.com
www.jardinsaintflorent.com
Alain Ricouard

1 pers. 55 € - 2 pers. 60 € - 3 pers. 75 € - repas 18 €

1 chambre 2 pers. et 1 suite de 2 ch. (4 pers.) avec sanitaires privés. Ouv. toute l'année. Petit déjeuner : jus de fruits, pâtisseries/confitures maison, compotes... T. d'hôtes : lapin au pineau, tourtes et tartes salées et sucrées... Salon, biblio., jeux société. Cour, jardin en bord de rivière, salon de jardin. ★ Château de la Rochefoucauld et vieille ville (cloître, musée...). Festivals : BD, Musique Métisses, Confolens. Circuit des Remparts. Lacs de Haute Charente. Piscine 500 m. Tennis 1 km. Golf 20 km. Equit 5 km. **Accès :** dir. Château de la Rochefoucauld. A l'Office de Tourisme, prendre la rue des Tanneurs jusqu'au pont sur la Tardoire. 1re maison à droite après le pont. CM324, pli M5.

Au cœur de la vieille ville, à 200 m du château de la Rochefoucauld, une chambre et une suite familiale ont été aménagées dans la maison du Jardin Saint-Florent qui date en partie du XIVe siècle. Le jardin est référencé comme l'un des jardins remarquables du sud-ouest. Maison en bordure de rivière à la décoration raffinée.

★Château de la Rochefoucauld and the old town (cloisters, museum...). Festivals: Comic books, folk music, Confolens. Tour of the city walls. Haute Charente Lakes. Swimming Pool 500 m. Tennis 1 km. Golf 20 km. Horseriding 5 km.

★ ***How to get there:*** *Direction Château de la Rochefoucauld. At the tourist office, take rue de Tanneurs up to the bridge over the Tardoire. It's the first house on the right after the bridge. Michelin map 324, fold M5.*

In the centre of the old town, 200m from the Rochefoucauld château, a bedroom and a family suite are available in the Jardin Saint-Florent house which dates back to the 14th-century. The garden is listed as one of the best in the south-west. The house is right next to the river and is tastefully decorated.

St-Christophe - Charente Maritime (17)

★La Rochelle 17 km. Ile de Ré. Marais Poitevin Nature Reserve. Rochefort, Corderie Royale (royal rope factory), author Pierre Loti's house.

★ ***How to get there:*** *From La Rochelle, D939 for Surgères and turn off at Aigrefeuille. Then D112 for approx. 2.5 km. First road on right as you enter St-Christophe. The château is 200 m up on left. Michelin map 324, fold E3.*

Handsome 18th-century residence enhanced by an extensive leafy, flower-filled park, with a small river running through it. The spacious suite is appointed with period furniture and boasts a private lounge with TV. A luxurious, comfortable spot near La Rochelle, famous for its art and history, the radiant Ile de Ré, Ile d'Oléron, Ile d'Aix and the prestigious Marais Poitevin.

Le Château
6, route de la Mazurie - 17220 Saint-Christophe
Tél. 05 46 35 51 76 ou 06 70 54 53 93
Jean-Pierre Massignac

2 pers. 95 €

L'Orchidée, belle suite avec bains et sanitaires privés, salon, terrasse, TV. Ouvert toute l'année. Petit déjeuner personnalisé servi dans le salon. Grand vestibule ouvrant sur une terrasse. Mobilier de jardin. Forêt privée, parc et jardin. - 10 % à partir de la 3e nuit. ★ La Rochelle 17 km. Ile de Ré. Marais Poitevin. Rochefort (visite de la corderie royale), maison de Pierre Loti. **Accès :** de la Rochelle, D939 dir. Surgères jusqu'à Aigrefeuille. Puis D112, faire environ 2,5 km. A l'entrée de St-Christophe, 1re rue à droite. Le château est à 200 m sur la gauche. CM324, pli E3.

Belle demeure du XVIIIe siècle agrémentée d'un grand parc arboré et fleuri traversé par une petite rivière. Vous disposerez d'une vaste suite avec mobilier d'époque, salon privé et TV. Halte de prestige et confortable à proximité de La Rochelle (ville d'art et d'histoire), des îles lumineuses de Ré, Oléron et Aix ainsi que du prestigieux Marais Poitevin.

St-Georges-des-Agoûts - Charente Maritime (17)

★Saintonge: Romanesque sites, museum. Francofolies and Jazz Festivals, Gironde Estuary itinerary (6 km). Cognac vineyards (distilleries). Ile de Ré, Ile d'Oléron, Aix, Fort Boyard. Royan (beaches) 40 km. La Rochelle 80 km.

★ ***How to get there:*** *A10, exit 37 for Mirambeau. Past "Marché U", Crédit Agricole. 100 m up opposite notary sign, right onto D254 for St-Georges/Agoûts. In front of church, turn right and left 500 m on (crossroads). Follow signs.*

A warm welcome awaits you at this handsome Charente-style residence, in the heart of the countryside, between Cognac and Médoc. The spacious bedrooms, all with bathrooms, open out into a large flower garden with terrace and swimming pool. Your hosts will be happy to advise you on their favourite itineraries for exploring the area. A delightful spot for a relaxing break away from it all. Not to be missed.

Les Hauts de Font Moure TH
17150 Saint-Georges-des-Agoûts
Tél. 05 46 86 04 41 - Fax 05 46 49 67 18
Email : cteulet@aol.com
www.fontmoure.com
Claude et Dinah Teulet

1 pers. 54 € - 2 pers. 66/73 € - 3 pers. 83 € - p. sup. 18 € - repas 25 €

4 chambres avec bains et wc privés. Ouvert du 1.02 au 30.11. Petit déjeuner : fruits, confitures et pâtisseries maison, yaourts, œufs. T. d'hôtes occasionnelle. Salon, cheminée, séjour (cheminée). A l'étage, vaste hall avec biblio. Terrasse. Cour, jardin et parc d'1 ha avec piscine (balnéo). ★ La Saintonge : sites, musée... Francofolies de La Rochelle 80 km, festivals jazz, circuit de l'estuaire de la Gironde 3 km. Cognac (visite distilleries). Iles de Ré, Oléron, Aix, Fort Boyard. Plages 40 km. **Accès :** A10 sortie 37 vers Mirambeau. Passer le "Marché U" et le CA. A 100 m en face du notaire à droite, D254 vers St.Georges/Agoûts. Devant l'église, à droite et à 500 m (carrefour) à gauche, puis fléchage.

Sur la route des vignobles, entre Cognac et Médoc, vous serez accueillis chaleureusement dans cette belle demeure de style charentais. Les chambres sont spacieuses, et s'ouvrent sur le grand jardin fleuri avec terrasse et piscine. Si vous le souhaitez, vos hôtes pourront vous suggérer leurs itinéraires "coup de cœur" pour voyager dans leur région.

St-Just-Luzac - Charente Maritime (17)

Oyster-farming at Marennes. Ile d'Oléron. Château de la Gataudière. Brouage fortifications, La Coubre Forest.

★ ***How to get there:*** *From Saintes, head for Ile d'Oléron/Marennes. Turn right at the 2nd "St-Just-Luzac" sign. Drive 300 m and turn left after the small square. The château is 2 km further on. Michelin map 324, fold D5.*

Château de Feusse is superb listed 17th-century residence. A warm welcome awaits you from the owners, who will be delighted to tell you all about their residence's fascinating history. You will also enjoy a refreshing dip in the swimming pool on the property. A gîte can also be rented.

Château de Feusse
17320 Saint-Just-Luzac
Tél./Fax 05 46 85 16 55 ou 06 62 28 64 25
Nicole Meunier

1 pers. 55 € - 2 pers. 70 € - 3 pers. 80 €

2 chambres à l'étage avec salle de bains et wc privés. Ouvert du 1er mai à fin septembre. Séjour, TV, bibliothèque. Salon de jardin, parc arboré. Piscine sur la propriété. Poss. location d'un gîte au même endroit. Restaurants à Marennes, Soubise, Bourcefranc. ★ Bassin ostréicole de Marennes. Ile d'Oléron. Château de la Gataudière. Fortifications de Brouage, forêt de la Coubre. **Accès :** de Saintes, dir. Ile d'Oléron/Marennes. Tourner à droite au 2e panneau "St-Just-Luzac". Faire 300 m et tourner à gauche après une petite place. Le château est à 2 km, tout droit. CM324, pli D5.

Le château de Feusse est une superbe demeure du XVIIe siècle classé monument historique. Vous serez accueillis chaleureusement par les propriétaires qui auront à cœur de faire découvrir l'histoire de leur lieu de vie.

St-Porchaire - Charente Maritime (17)

POITOU-CHARENTES

NOUVEAUTÉ

Château de la Roche Courson 1 km. Saintes, roman art masterpieces 10 km. Rochefort (Pierre Loti house) 20 km. Beach 30 km. Tennis 1 km. Horse-riding 8km. Golf course 1.5 km. Fishing 2 km.

★ ***How to get there:*** *In the village of St-Porchaire, take rue du Cadran Bleu by the church. Michelin map 324, fold F5.*

On a former wine-growing site, you will be warmly welcomed by the owners of this family mansion. There are 3 spacious and comfortable rooms available upstairs that have recently been expertly renovated. An excellent place to stay, there is a living room and a library available for you to use as well as a swimming pool, bicycles and table-tennis.

La Perthuiserie TH
16, rue du Cadran Bleu - 17250 St-Porchaire
Tél./Fax 05 46 95 55 05 ou 06 83 19 98 28
Email : perthuiserie@free.fr
http://perthuiserie.free.fr
Jeanine Tiracci

2 pers. 68/74 € - 3 pers. 90 € - repas 24 €

2 chambres et 1 suite familiale avec sanitaires privés. Ouvert toute l'année. Petit déjeuner : jus d'orange, yaourts, confitures, cake ou brioche... T. d'hôtes : feuilletés au fromage, tarte aux pommes, crêpes au chocolat... Cour, jardin, parc de 0,5 ha. Piscine, vélos, ping-pong. Restaurant dans le bourg. ★ Château de la Roche Courson 1 km. Saintes, chef d'œuvre de l'art roman 10 km. Rochefort (maison de Pierre Loti) 20 km. Plage 30 km. Tennis 1 km. Equitation 8 km. Golf 1,5 km. Pêche 2 km. **Accès :** dans le bourg de St-Porchaire, à la hauteur de l'église, prendre la rue du Cadran Bleu. CM324, pli F5.

Vous serez accueillis chaleureusement dans une maison de maître située dans un ancien domaine viticole. Vous disposerez de 3 chambres spacieuses et de grand confort aménagées à l'étage de cette demeure superbement rénovée. Agréable séjour salon et bibliothèque à votre disposition. Pour votre détente, piscine, vélos et ping-pong.

St-Sornin - Charente Maritime (17)

Saint-Sornin is a quiet village typical of the area, near the Ile d'Oléron, Royan, Rochefort, Saintes and Marennes. Ideal for exploring La Rochelle and the Ile de Ré. Municipal tennis court 200 m.

★ ***How to get there:*** *At the Cadeuil crossroads, head for Ile d'Oléron on D728. Drive through St-Nadeau. Approx. 1 km on, turn right for St-Sornin. The Rue du Petit Moulin is opposite the church. Michelin map 324, fold M5.*

This magnificently restored 19th-century house full of character offers four luxurious bedrooms, each with its own individual touch: "Rose Trémière", "Tournesol", "Le Marais" and "Broue". There is also a vast pleasure garden with swimming pool. Relax in the lounge-cum-library and enjoy a parlour game. Bikes are available for exploring the local marshland.

La Caussolière TH
10, rue du Petit Moulin - 17600 Saint-Sornin
Tél./Fax 05 46 85 44 62
Email : reservations@caussoliere.com
www.caussoliere.com
Alan Gates

1 pers. 50/70 € - 2 pers. 65/85 € - 3 pers. 80 € - p. sup. 15 € - repas 24 €

4 chambres avec sanitaires privés et accès indépendant. A disposition : salon avec biblio., jeux société. Ouvert toute l'année samedi, lundi et jeudi. T. d'hôtes sur réservation. Vaste jardin paysager avec piscine et parking privé. Restaurants dans les environs. ★ St-Sornin est un village typique et calme, proche de l'Ile d'Oléron, Royan, Rochefort, Saintes et Marennes. Etape idéale pour découvrir La Rochelle et l'Ile de Ré. Tennis municipal à 200 m. **Accès :** au carrefour de Cadeuil, prendre dir. Ile d'Oléron (D728). Traverser St-Nadeau. 1 km après environ, tourner à droite dir. St-Sornin. La rue est face à la porte de l'église. CM324, pli M5.

Belle maison de caractère du XIXe superbement restaurée où sont aménagées 4 chambres de grand confort chaleureusement personnalisées : "Le Marais", "Rose Trémière", "Tournesol" et "Broue". Vaste jardin avec piscine. Pour votre détente, salon avec bibliothèque, jeux de société. A disposition, des vélos pour la découverte du marais voisin.

Ste-Soulle - Charente Maritime (17)

La Rochelle: old port, towers, aquarium, Francofolies Music Festival, etc. Ile de Ré, Ile d'Aix, Marais Poitevin conservation area, Rochefort. Golf course 10 km. Horse-riding 3 km. Fishing 2 km. Tennis 500 m. Beach 15 km.

★ ***How to get there:*** *On N11, Niort-La Rochelle, N137 exit for Nantes. At the roundabout, head for Ste-Soulle and, 200 m on, at 2nd roundabout for Ste-Soulle. Turn left into Impasse des Bois, 1.5 km on. Michelin map 324, fold D2.*

La Chavagnaise is a superbly renovated 19th-century mansion set in a vast 6,000 m² walled garden, at the gateway to La Rochelle. The spacious bedrooms are comfortable and appointed with an individual touch. In the summer months, breakfast is served by the pool and, in winter, in a dining room with stone walls.

La Chavagnaise
4, impasse des Bois - 17220 Sainte-Soulle
Tél. 05 46 37 61 78 ou 06 99 54 80 98
Email : agbail@9online.fr
www.itea1.com/17/2622
Anita Bailly

1 pers. 48/52 € - 2 pers. 56/60 € - 3 pers. 75 € - p. sup. 15 €

2 chambres (literie 180) et 1 suite de 2 chambres avec sanitaires privés. Ouvert toute l'année. Petit déjeuner : croissants, gateaux charentais, tourteaux fromages, jus d'orange, fruits, miel des Charentes... Salon, bibliothèque, TV. Piscine, ping-pong, vélos. Cour, jardin, terrasse. Auberge à 3 km. ★ La Rochelle : le vieux port, les tours, l'aquarium, les Francofolies... L'Ile de Ré, l'Ile d'Aix, le Marais Poitevin, Rochefort... Golf 10 km. Equitation 3 km. Pêche 2 km. Tennis 500 m. Plage 15 km. **Accès :** sur la N11 Niort-La Rochelle prendre la sortie N137 Nantes. Au rond point, prendre dir. Ste-Soulle, à 200 m au 2e rond point dir. Ste-Soulle. A 1,5 km, tourner à gauche dans l'impasse des Bois. CM324, pli D2.

Aux portes de la Rochelle, la Chavagnaise est une maison de maître du XIXe siècle superbement rénovée, au cœur d'un vaste jardin de 6 000 m² clos de murs. Les chambres sont spacieuses, confortables et personnalisées. En été, le petit déjeuner est servi au bord de la piscine, et l'hiver, dans la salle à manger aux murs de pierres.

Usseau - Vienne (86)

★Futuroscope 25 km. Romanesque churches, Château des Aigles, Ile aux Serpents, leisure park, balloon trips. Hiking locally. Tennis court 4 km. Canoeing 5 km. Golf course, beach, sailing 18 km. Horse-riding 10 km.

★ ***How to get there:*** *A10, Châtellerault-Nord exit. After the turnpike, negotiate roundabout for Usseau. D749 (Richelieu-Châtellerault). and D74 at La Gerbaudière.*

Fifteenth-century Château de la Motte stands proudly in a luminous, lofty setting on the edge of Touraine and Poitou. The spacious, very comfortable bedrooms are appointed with period furniture. You will delight in the magnificent hanging garden and the park dotted with centuries-old linden trees. A memorable stay is assured.

Château de la Motte TH
86230 Usseau
Tél./Fax 05 49 85 88 25 ou 06 77 62 07 31
www.chateau-de-la-motte.net
Jean-Marie et Marie-Andrée Bardin

1 pers. 65/110 € - 2 pers. 65/110 € - 3 pers. 95/110 € - p. sup. 15 € - repas 25 €

4 chambres et 1 suite avec sanitaires privés. Ouvert toute l'année. Petit déjeuner : viennoiseries, pâtisseries, confitures maison, céréales, jus d'orange, fruits, yaourts... Table d'hôtes : magret de canard, gratin de potimarons, produits locaux de saison... Bibliothèque, jeux de société. Cour, jardin, parc 1,8 ha. Piscine ★ Futuroscope 25 km. Eglises romanes, château des Aigles, Ile aux Serpents, parc de loisirs, vol en montgolfière. Randonnées sur place. Tennis 4 km. Canoë 5 km. Golf, plage, voile 18 km. Equitation 10 km. **Accès :** A10, sortie Châtellerault nord. Après le péage, prendre le giratoire dir. Usseau. Par la D749 (Richelieu-Châtellerault) prendre la D75 à la Gerbaudière.

Ce fier château du XVe siècle, bâti aux confins de la Touraine et du Poitou, vous accueille dans un cadre lumineux et aérien pour un séjour mémorable dans un lieu unique. Les chambres sont spacieuses, très confortables avec de beaux meubles anciens. Vous serez séduits par le magnifique jardin suspendu et le parc de tilleuls centenaires.

Vallans - Deux Sèvres (79)

★Marais Poitevin Nature Reserve. Piers 10 km. La Rochelle 35 min. Ile de Ré 40 min. Futuroscope and Puy-du-Fou 1 hr away. Tennis and fishing, and cycling lanes and footpaths locally. Forest 15 km.

★ ***How to get there:*** *Motorway, exit 33 for La Rochelle. Turn left for Vallans after 5 km. Via Niort, for La Rochelle, Epannes exit, and follow signs for Vallans.*

This vast, freestone family mansion, built in 1850, stands in pleasant floral, tree-lined, enclosed grounds in the Marais Poitevin Park. The bedrooms are spacious and well-appointed. Relax in the garden and enjoy the view. An ideal staging post for getting to know the region.

Le Logis d'Antan TH
140, rue Saint-Louis - 79270 Vallans
Tél. 05 49 04 86 75 ou 06 12 13 82 41
Fax 05 49 32 85 05
www.logisdantan.com
Annie Ragouilliaux et Bruno Di Battista

1 pers. 62 € - 2 pers. 62 € - p. sup. 16 € - repas 24 €

3 chambres et 2 suites avec sanitaires privés. Ouvert toute l'année sur réservation. TV, téléphone. Salon, mini-labo cuisine, bibliothèque, coffre. Parc de 1 ha. clos et fleuri. ★ Marais Poitevin. Embarcadères à 10 km. La Rochelle 35 mn, Ile de Ré 40 mn, Futuroscope et Puy-du-Fou à 1 h. Tennis, pêche, sentiers pédestres et cyclistes sur place. Forêt à 15 km. **Accès :** par autoroute sortie n°33 dir. La Rochelle. A 5 km à gauche Vallans. Par Niort, suivre la Rochelle sortie Epannes puis suivre Vallans.

Dans le parc du Marais Poitevin, vaste maison de maître en pierres taillées datant de 1850. Elle est entourée d'un agréable parc fleuri, clos et arboré. Les chambres sont spacieuses et très bien équipées. Nombreux salons de jardin. Etape incontournable pour découvrir cette superbe région.

Vars - Charente (16)

★Angoulême (16 km): Strip Cartoon Festival (late January), Multicultural Music Festival, ramparts, Paper Museum, National Strip Cartoon and Image Museum. Tennis 1 km. Canoeing 3 km. Horse-riding 10 km. Golf course 16 km.

*★ **How to get there:** N10. 11 km north of Angoulême, take CD11 for Vars. Drive through Vars. The house is 1 km from village, on the right-hand side. Michelin map 324, fold K5.*

The entrance to this 17th-century residence, flanked by two dovecots, is through a portal that conceals a delightful French formal garden. Ideally located on the banks of the Charente, near Angoulême, the rooms feature period furniture and harmonious soft hues. Relax in the vast park with swimming pool. An address not to be missed in a region full of charm.

Logis du Portal
Le Portal - 16330 Vars
Tél. 05 45 20 38 19 - Fax 05 45 68 94 24
Email : logis-du-portal@netcourrier.com
www.logis-du-portal.com
Liliane Berthommé

1 pers. 50/60 € - 2 pers. 65/75 € - 3 pers. 95 € - p. sup. 20 €

5 ch. (poss. TV) avec bains ou douche et wc privés. Ouv. toute l'année. Petit déj. : viennoiseries, confitures/pâtisseries maison, yaourts, fromages... Salle à manger et coin-cuisine à dispo. Cour, jardin et parc 2 ha avec piscine privée non surveillée. Bord de Charente et pêche sur pl. Restaurants à Montignac 2 km. ★ Angoulême (16 km) : festival de la BD (fin janvier), des Musiques Métisses, circuit des Remparts, musée du Papier, centre national de la BD et de l'image...Tennis 1 km. Canoë 3 km. Equitation 10 km. Golf 16 km. **Accès :** N10. A 11 km au nord d'Angoulême prendre CD11 dir. Vars. Traverser Vars. Le logis est à 1 km de la sortie, à droite. CM324, pli K5.

A proximité d'Angoulême, sur les bords de la Charente, ce logis du XVIIe flanqué de 2 pigeonniers se découvre derrière un portail qui cache un beau jardin à la française. Mobilier d'époque et harmonie de couleurs douces dans les jolies chambres chaleureusement décorées. Un vaste parc avec piscine entoure cette belle demeure où il fera bon séjourner.

Verteuil-sur-Charente - Charente (16)

NOUVEAUTÉ

★Historical village of Vereuil-sur-Charente. In the area: Roman abbeys and churches. Comic book festival, Confolens festival. Leisure centre, hiking 4 km. Tennis, fishing 500 m. Horse-riding 8 km.

*★ **How to get there:** Take the Verteuil exit from the N10. Once in the village, heading in the direction of Nanteuil, follow the arrows up to the large brown gate. Michelin map 324, fold L4.*

Upon arrival at this fully restored and refurbished 15th-century Cordeliers' convent, guests are heartily welcomed into the charming property. On the edge of Charente and set in the centre of the village of Verteuil, the outside of the property - both the village and the garden - is of the same high quality as the inside. The interior boasts a tasteful decor that is simply wonderful and that you will instantly fall in love with.

Le Couvent des Cordeliers TH
8, rue du Dr Deux-Després -
16510 Verteuil-sur-Charente
Tél./Fax 05 45 31 01 19
www.lecouventdescordeliers.com
Alain et Danièle Barbou

1 pers. 80 € - 2 pers. 90 € - 3 pers. 110 € - repas 25 €

4 chambres et 1 suite avec sanitaires privés (TV sur demande). Ouv. toute l'année. Petit déjeuner : viennoiseries, céréales, cake maison, laitages, fruits...T. d'hôtes : spécialités régionales de Charente. Cour, jardin. Piscine. Ping-pong, vélos. Barque, canoë. Restaurants 8 et 10 km. ★ Village historique de Verteuil-sur-Charente. Aux alentours : abbayes et églises romanes. Festival de BD à Angoulême, festival de Confolens. Base loisirs, randonnée 4 km. Tennis, pêche 500 m. Equitation 8 km. **Accès :** par la N10, sortie Verteuil. Dans le bourg, en dir. de Nanteuil suivre le fléchage jusqu'au grand portail marron. CM324, pli L4.

Dans l'ancien couvent des Cordeliers fondé au XVe siècle, nous accueillerons nos hôtes dans un site plein de charme, entièrement réhabilité et restauré. L'environnement extérieur, en bordure de Charente, est de grande qualité, que ce soit le jardin ou le village de Verteuil au centre duquel est situé le couvent. Vous serez séduits par la décoration raffinée.

Vouneuil-sous-Biard - Vienne (86)

**Futuroscope New Technologies Museum 12 km. Poitiers 4 km: town steeped in art and history. Chauvigny and medieval city (Summer Festival) 25 km. Fishing 1 km. Horse-riding 2 km. Tennis, canoeing 3 km. Golf 6 km.*

★ ***How to get there:*** *Full details will be supplied at time of booking.*

At the gateway to Poitiers, Le Grand Mazais is a handsome Mansart-style residence. The charming atmosphere and refined décor are most appealing. Your host, a talented cook and gourmet, will delight your palate with gastronomic dinners (booking required). Relax by the pool or go for a stroll in the park.

Le Grand Mazais
86580 Vouneuil-sous-Biard
Tél. 05 49 53 40 31 - Fax 05 49 43 69 94
Jean-Pierre Carcel

1 pers. 70 € - 2 pers. 80/85 € - 3 pers. 95 €

3 chambres avec TV et 1 suite familiale (non fumeurs) avec sanitaires privés (4 pers. 110 €). Ouv. toute l'année. Salon. Jardin, terrasse, piscine. ★ Futuroscope 12 km. Poitiers (4 km) : ville d'art et d'histoire. Chauvigny et sa cité médiévale (festival d'été) 25 km. Pêche 1 km. Equitation 2 km. Tennis, canoë 3 km. Golf 6 km. **Accès :** un plan d'accès vous sera communiqué lors de la réservation.

Aux portes de Poitiers, le Grand Mazais est une élegante maison de maître à la Mansart fin XVIIe. On y accède par un porche en plein cintre qui s'ouvre sur une grande cour carrée entourée de deux rangées de tilleuls. L'asmosphère de charme et le décor raffiné vous séduiront. Moments de détente à partager au bord de la piscine ou promenades dans le parc.

POITOU-CHARENTES

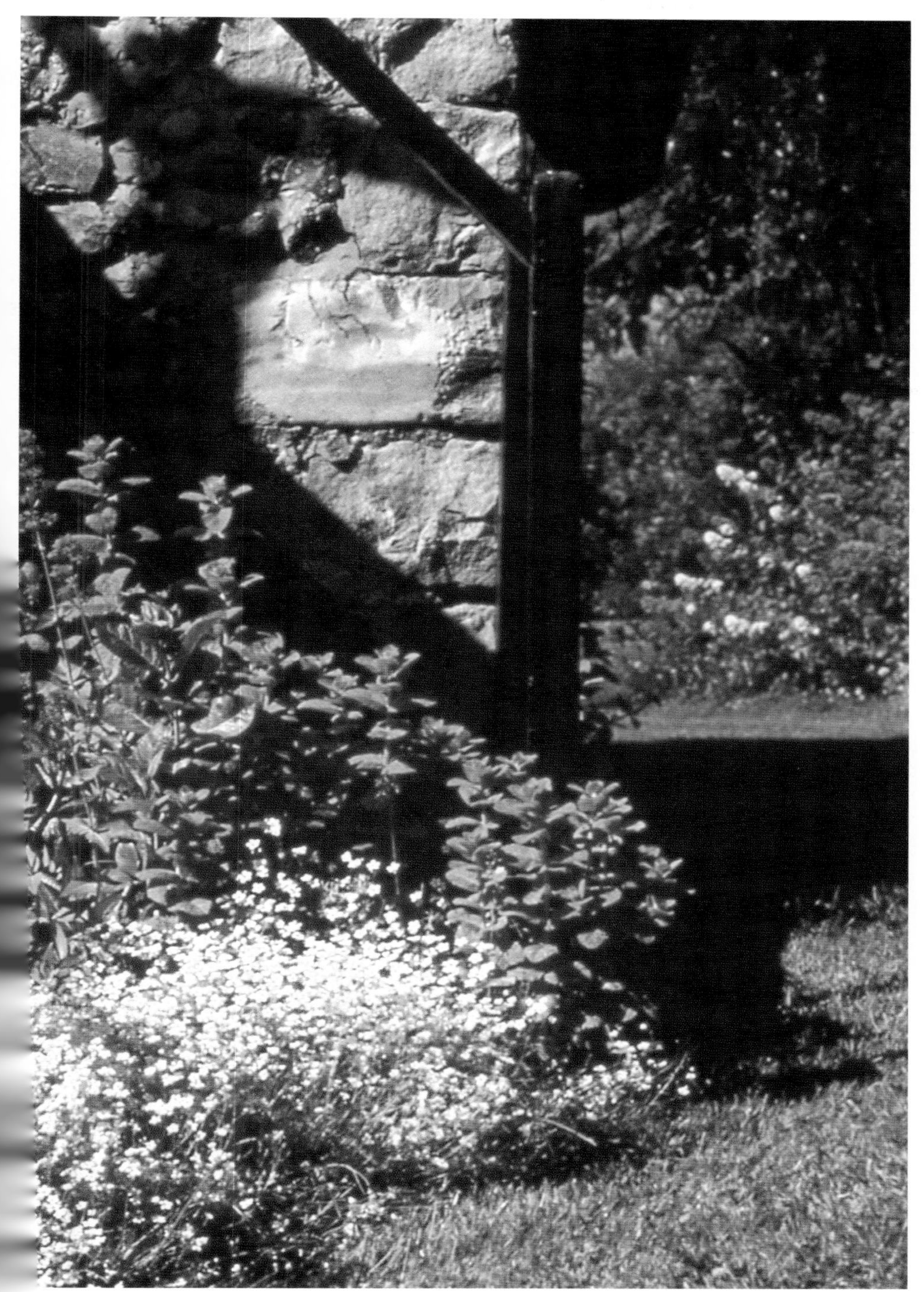

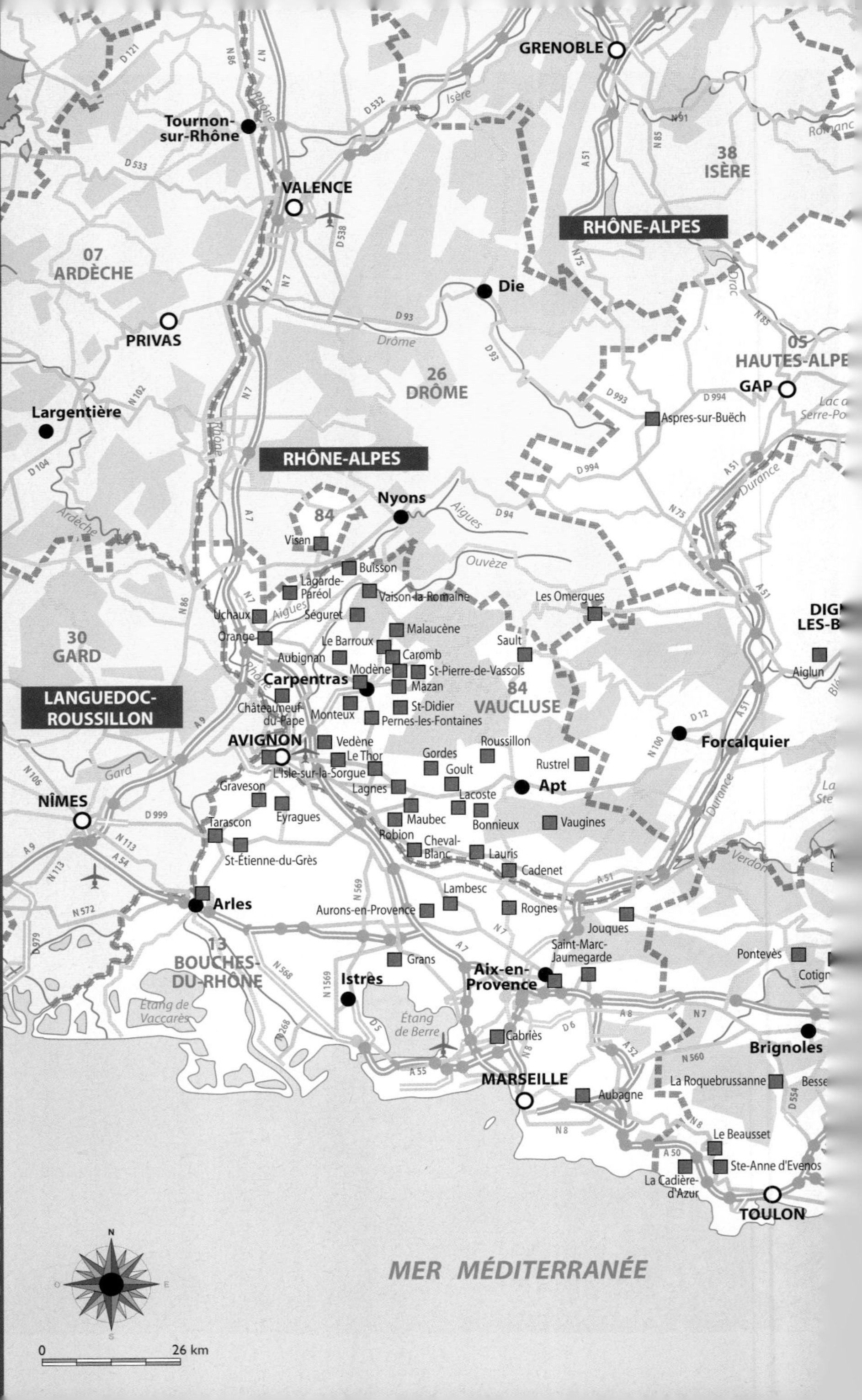

PROVENCE-ALPES-CÔTE D'AZUR

GRENOBLE
Tournon-sur-Rhône
VALENCE
38 ISÈRE
RHÔNE-ALPES
07 ARDÈCHE
Die
PRIVAS
26 DRÔME
05 HAUTES-ALPES
GAP
Aspres-sur-Buëch
Largentière
RHÔNE-ALPES
Nyons
84
Visan
Buisson
Lagarde-Paréol
Vaison-la-Romaine
Uchaux
Séguret
Les Omergues
Orange
Malaucène
Le Barroux
Sault
DIGNE-LES-B
Aubignan
Caromb
Aiglun
30 GARD
Modène
St-Pierre-de-Vassols
Carpentras
Mazan
84 VAUCLUSE
LANGUEDOC-ROUSSILLON
Châteauneuf-du-Pape
Monteux
St-Didier
Pernes-les-Fontaines
AVIGNON
Vedène
Roussillon
Forcalquier
Le Thor
Gordes
Rustrel
L'Isle-sur-la-Sorgue
Goult
Apt
Graveson
Lagnes
Lacoste
NÎMES
Eyragues
Maubec
Bonnieux
Vaugines
Tarascon
Robion
Cheval-Blanc
Lauris
St-Étienne-du-Grès
Cadenet
Lambesc
Arles
Aurons-en-Provence
Rognes
Jouques
Saint-Marc-Jaumegarde
13 BOUCHES-DU-RHÔNE
Grans
Pontevès
Istres
Aix-en-Provence
Cotign
Étang de Vaccarès
Étang de Berre
Brignoles
Cabriès
MARSEILLE
Aubagne
La Roquebrussanne
Besse
Le Beausset
Ste-Anne d'Evenos
La Cadière-d'Azur
TOULON
MER MÉDITERRANÉE

Isère, Rhône, Drôme, Aigues, Ouvèze, Ardèche, Gard, Durance, Verdon, Drac, Romanche

N 86, N 7, D 121, D 532, N 91, N 85, A 51, D 533, D 538, A 7, N 75, D 93, D 993, D 994, N 102, D 104, D 94, N 86, A 9, N 106, D 999, N 113, A 54, N 100, D 12, N 569, N 572, D 979, N 568, N 1569, N 268, D 5, A 55, N 8, D 6, A 8, A 52, N 560, D 554, A 50

0 — 26 km

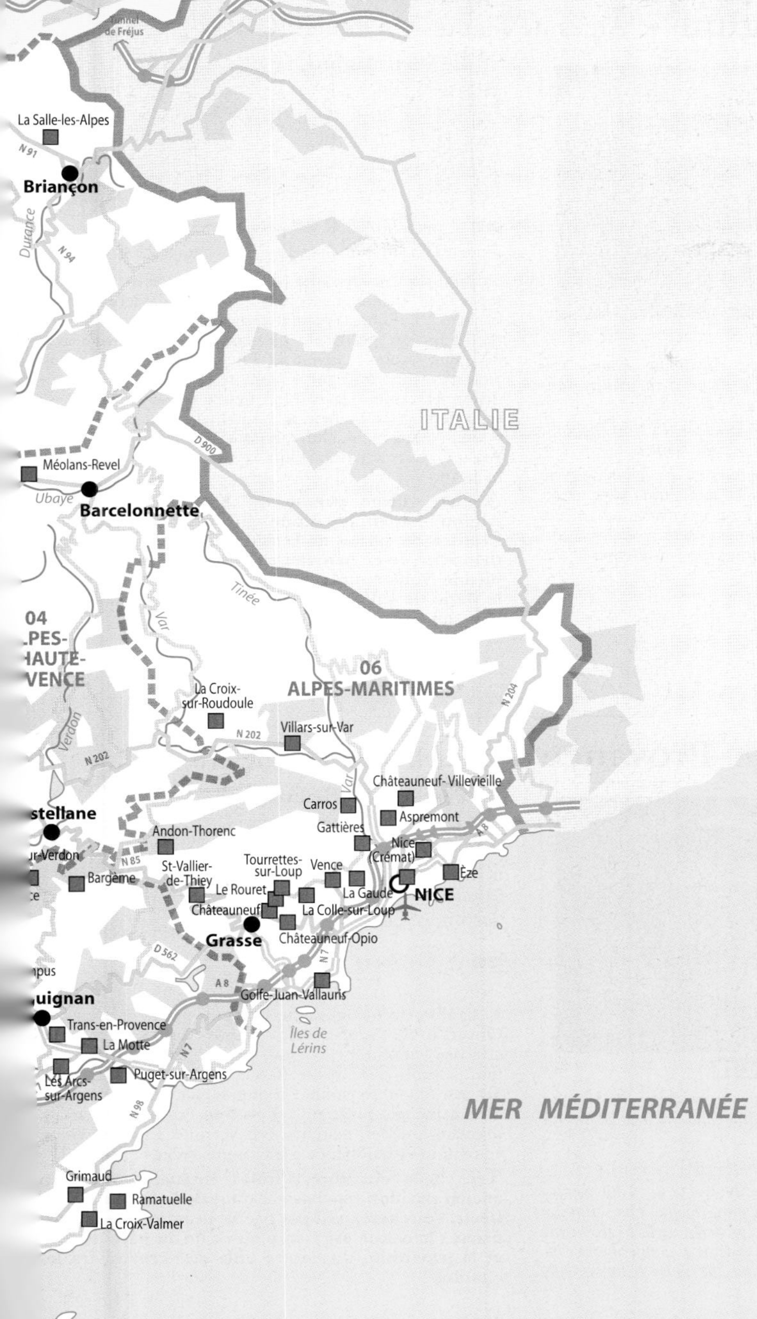
Tunnel de Fréjus
La Salle-les-Alpes
N 91
Briançon
Durance
N 94
ITALIE
D 900
Méolans-Revel
Ubaye
Barcelonnette
Tinée
Var
04
ALPES-HAUTE-PROVENCE
06
ALPES-MARITIMES
N 204
La Croix-sur-Roudoule
N 202
Villars-sur-Var
Verdon
N 202
Châteauneuf-Villevieille
Carros
Aspremont
Gattières
A 8
Nice (Crémat)
Castellane
Andon-Thorenc
N 85
St-Vallier-de-Thiey
Tourrettes-sur-Loup
Vence
Èze
Bargème
Le Rouret
La Gaude
NICE
Châteauneuf
La Colle-sur-Loup
Grasse
Châteauneuf-Opio
D 562
N 7
A 8
Golfe-Juan-Vallauris
Draguignan
Îles de Lérins
Trans-en-Provence
La Motte
N 7
Les Arcs-sur-Argens
Puget-sur-Argens
N 98
MER MÉDITERRANÉE
Grimaud
Ramatuelle
La Croix-Valmer

Aiglun - Alpes de Hautes Provence (04)

Le Vieil Aiglun TH
04510 Aiglun
Tél. 04 92 34 67 00 ou 06 08 84 44 89
Fax 04 92 34 74 92
www.vieil-aiglun.com
Charles et Annick Speth

1 pers. 60/65 € - 2 pers. 80/85 € - 3 pers. 105/110 € - p. sup. 25 € - repas 25 €

5 chambres avec sanitaires privés. Ouvert de fin mars à fin sept. Petit déjeuner : confitures maison, viennoiseries, céréales... T. d'hôtes : petit chèvre aux pommes et au miel, tian d'agneau, poulet au gingembre... Salon privé avec TV, jeux, biblio., cheminée. Piscine, terrain de boules, jeux d'enfants. ★ Digne 12 km : réserve géologique, fondation Alexandra David-Nell, musée Gassendi, départ du train des Pignes. Equitation à 13 km. Golf et randonnée à 8 km. **Accès :** d'Aiglun prendre la direction "Le Vieil Aiglun", faire environ 4 km et monter jusqu'à l'ancien hameau.

Ancien village perché du XVIe siècle, le Vieil Aiglun bénéficie d'une position remarquable. Profitez du calme, de la vue imprenable et de l'authenticité de ce hameau en passant un séjour inoubliable. Vous apprécierez le confort des chambres, le patio, le salon et la piscine. Accueil chaleureux dans un cadre superbe.

★Digne 12 km: geology reserve, Alexandra David-Nell Foundation, Gassendi Museum; Les Pignes scenic railway starts here. Horse-riding 13 km. Golf and hiking 8 km.

*★ **How to get there:** From Aiglun, head for "Le Vieil Aiglun". Drive approximately 4 km up to the old hamlet.*

Le Vieil Aiglun, a perched 16th-century village, lies in a superb setting. Enjoy the peace and quiet and outstanding vistas afforded by this authentic hamlet for a memorable stay. Relax in the comfortable bedrroms, the lounge, on the patio or take a refreshing dip in the pool. A warm weclome awaits you at this superb destination.

Aix-en-Provence - Bouches du Rhône (13)

NOUVEAUTÉ

Pavillon de Beauregard
1541, chemin de Beauregard -
13100 Aix-en-Provence
Tél. 04 42 96 54 81 ou 06 09 54 45 12
Email : pavillon.de.beauregard@wanadoo.fr
Jérôme Vœux

2 pers. 98 €

1 chambre avec coin-salon, sanitaires privés et mini-bar. Ouvert toute l'année. Petit déjeuner : croissants, pains au chocolat, confitures maison, jus de fruits, fruits, pain frais... Salon avec piano. Cour, jardin, parc de 5 ha. Terrasse, salon de jardin. Parking. Restaurant à proximité "Domaine de Tournon". ★ Aix-en-Provence (festival), plusieurs musées, marchés. Ste-Victoire. Piscine, tennis, équitation et randonnée à proximité. **Accès :** CM340.

Très belle chambre d'hôtes aménagée dans un ancien pavillon de chasse datant de la fin du XVIIIe siècle. Vous serez séduits par la situation de la propriété ; le calme est assuré au cœur du parc de 5 ha et la proximité du centre ville (2,5 km) ravira les citadins !

★Aix-en-Provence (festival), museums, markets. Ste-Victoire. Swimming pool, tennis, horse-riding and hiking, all in the vicinity.

*★ **How to get there:** Michelin map 340.*

This former hunting lodge, built at the end of the 18th-century has been converted into beautiful guest rooms. The setting of this property is as fantastic as the property itself. In the centre of 5 hectares of grounds, peace and quiet is guaranteed and city-lovers will be pleased to learn that the town centre is only 2.5 km away.

Ampus - Var (83)

Verdon Gorges, Ste-Croix Lake, Provençal markets. Tennis court 4 km. Horse-riding 12 km. Lake and rafting 20 km. Sea and golf course 40 km.

★ ***How to get there:*** *Motorway, Le Muy exit for Draguignan hospital complex. D955 and after 2 km take D49 Ampus Col de la Grange. After 1.4 km, turn right for Les Adrechs (surfaced road). Michelin map 340.*

This handsome Provençal country house stands in a one-hectare olive grove, between the sea and the mountains, at the gateway to the Verdon Gorges. Two fully restored, extremely comfortably appointed bedrooms are reserved for guests. On sunny days, relax by the pool, go for a swim, or enjoy the farniente life and strolls in the shade of oak trees. An address full of charm in the heart of the Var.

La Bastide
Les Adrechs - route de Draguignan -
83111 Ampus
Tél./Fax 04 94 70 96 41 ou 06 74 58 06 35
www.bastidesaintantoine.com
Annie Garcin

1 pers. 67 € - 2 pers. 72 €

2 chambres climatisées avec TV et sanitaires privés. Ouv. du 1.4 au 31.10. Petit déjeuner : pains variés, viennoiserie, confitures maison, fruits, jus de fruits. Jardin, parc 1 ha, piscine avec pool-house (barrières protection), mini-bar, salon de jardin. Pétanque, baby-foot. Nombreux restaurants dans les alentours. ★ Gorges du Verdon, lac de Ste Croix, marchés provençaux. Tennis 4 km. Equitation 12 km. Lac, rafting 20 km. Mer, golf et escalade 30 km. **Accès :** A8, sortie le Muy dir. Draguignan centre hospitalier, prendre la D955. A 2 km, prendre D49 Ampus Col de la Grange puis à droite à 1,4 km, les Adrechs (route goudronnée). CM340.

Entre mer et montagne, aux portes des gorges du Verdon, belle bastide provençale sur une oliveraie d'1 ha. 2 chambres climatisées, confortables et entièrement restaurées vous sont réservées. A la belle saison détente au bord de la piscine, farniente à l'ombre des chênes ou balades. Accueil chaleureux et attentif. Une adresse de charme au cœur du pays varois.

Andon-Thorenc - Alpes Maritimes (06)

NOUVEAUTÉ

30minutes from Grasse, Saint-Paul, Vance et the Verdon orges. 18-hole golf course and skiing 12 km. Hang-gliding, iking and cycling available locally.

★ ***How to get there:*** *A8, exit Cannes and direction Grasse. ake N85 to St-Vallier and turn right (D5) for 24km. Go rough the junction towards Thorenc, follow the signs on the ght for "Chambres d'Hôtes Domaine de la Bécassière".*

his former hotel and restaurant was built at the end of the 9th century by a Russian princess. Since then, it has been tirely renovated and is now a beautifully decorated house, full character and perfect for relaxing in the peace and quiet. This operty is ideal for artists and sporty-types alike with excellent inting, drawing, golf, hang-gliding, cycling and hiking facilities ailable. Superb food and drink and only one hour away from bustle of the French Riviera.

Domaine de la Bécassière TH
06750 Andon-Thorenc
Tél. 04 93 60 00 92 ou 06 80 41 17 14
Email : brunemaurice@hotmail.com
www.saintpaulweb.com/becassiere
Maurice Brune

1 pers. 70 € - 2 pers. 80 € - 3 pers. 95 € - repas 18 € - 1/2 p. 116 € - pens. 156 €

2 chambres et 1 suite avec sanitaires privés et hifi. Ouv. toute l'année. Petit déjeuner : croissants, 10 à 12 confitures maison, yaourts... T. d'hôtes : soupe à l'ail, pâtes au pistou, soupe de poisson... Home-cinéma. Parc 0,6 ha. Vélos, lac, pétanque. Poss. stage dessin-peinture. Pens. et 1/2 pens. sur la base de 2 pers. ★ A 1/2 h de Grasse, Saint-Paul, Vence et gorges du Verdon. Golf 18 trous et ski 12 km. Parapente, randonnées, VTT sur place. **Accès :** A8, sortie Cannes et dir. Grasse. Prendre N85 vers St-Vallier puis à droite (D5) sur 24 km. Dépasser l'embranchement vers Thorenc, et à droite suivre indication "Chambres d'Hôtes Domaine de la Bécassière".

Ancien hôtel-restaurant de la fin du XIXe, construit par une princesse russe, entièrement restauré. Maison de caractère à la décoration raffinée ou l'on trouvera calme, repos et activités culturelles (dessin, peinture), sportives (golf, parapente, VTT, randonnée...) et gastronomiques. A 1 h des turbulences de la Riviera Française.

Les Arcs-sur-Argens - Var (83)

NOUVEAUTÉ

★St-Tropez 45 km. Thoronet Abbey and Tourtour 20 km. Tennis 3 km. Horse-riding 2 km. Golf 12 km. Climbing, lake 15 km. Beach 25 km.

★ ***How to get there:*** *A8, exit Le Muy. Head for Draguignan (N555). At trans-en-Provence, direction Les Arcs-sur-Argens/Toulon via D555. 2km on, at crossroads, by the coast, turn right, then left, then 1st right. Michelin map 340.*

Le Mas des Amandiers, a pretty property full of character and countryside charm, welcomes you for a long or short stay in a friendly setting not far from the medieval city. You can make the most of the 2-hectare estate that boasts wooded hills and scrublands, the beautiful guest rooms decorated in the colours of La Provence and the large private swimming pool.

Le Mas des Amandiers
882, chemin de Beou Seren -
83460 Les Arcs-sur-Argens
Tél. 04 94 47 55 14 - Fax 04 94 73 38 30
www.masdesamandiers.com
Clarisse Pommier

2 pers. 76/100 € - 3 pers. 115 €

2 chambres climatisées avec sanitaires privés. Ouvert toute l'année. Copieux petit déjeuner. Parc de 2 ha. Piscine avec alarme.Vélos,VTT, pétanque.Tarifs préférentiels en hors-saison. Restaurants à proximité. ★ St-Tropez 45 km. Abbaye du Thoronet et Tourtour 20 km. Tennis 3 km. Equitation 2 km. Golf 12 km. Escalade, plan d'eau 15 km. Mer 25 km. **Accès :** A8, sortie Le Muy, dir. Draguignan (N555). A Trans-en-Provence, dir. Arcs-sur-Argens/Toulon (D555). Après 2 km, au carref. en haut de la côte, à droite et de suite à gauche puis 1re à droite jusqu'au bout.

Le Mas des Amandiers, une jolie demeure pleine de charme en campagne, vous accueille pour un long ou un court séjour sous le signe de la convivialité, non loin de la cité médiévale. Vous profiterez d'un domaine privilégié de 2 ha de collines boisées et de garrigues, de deux belles chambres aux couleurs de la Provence et de la grande piscine.

Les Arcs-sur-Argens - Var (83)

NOUVEAUTÉ

★Medieval city of St-Raphaël 30 km. Le Thoronet 20 km. Tennis 5 km. Horse-riding 2 km. Golf 8 km. Beach 25 km. Lake 6 km.

★ ***How to get there:*** *A8, le Muy exit. Take N555 for Draguignan. 6km on, at roundabout with fountain, turn left (D555). 2km further, after Sotravi, turn right onto "route des Plaines" and continue 900m. Michelin map 340.*

Valter and Martine would like to welcome you to their beautiful villa that is set in a closed and wooded estate of 5000m² and is surrounded by oak trees. Three comfortable bedrooms are available on the ground floor and they have their own private entrance. When you're not relaxing in your room or in the grounds, you can make the most of the property's private swimming pool.

Lou Nieu TH
919, route des Croisières - Quartier les Plaines
83460 Les Arcs-sur-Argens
Tél. 04 94 85 28 15 ou 06 14 30 71 66
martine.tognelli@wanadoo.fr - www.lou-nieu.com
Valter et Martine Tognelli

1 pers. 47 € - 2 pers. 58 € - 3 pers. 70 € - p. sup. 12 € - repas 18 €

3 chambres avec sanitaires privés et terrasse. Ouv. toute l'année. Petit déjeuner : tartines, confitures, miel, jus d'orange... T. d'hôtes : beignets fleurs de courgettes, lapin aux olives, filet de rouget sauté à l'estragon...Parc de 5 ha. Piscine. Restaurants à Trans-en-Provence et aux Arcs. ★ Cité médiévale de St-Raphaël 30 km. Le Thoronet 20 km. Tennis 5 km. Equitation 2 km. Golf 8 km. Plage 25 km. Plan d'eau 6 km. **Accès :** A8, sortie le Muy. Prendre N555 dir. Draguignan. A 6 km; au rond point avec fresque jet d'eau, à gauche (D555). A 2 km, après Sotravi, à droite route des Plaines et faire 900 m (n°919) CM340.

Valter et Martine vous accueillent dans leur belle villa située au milieu des chênes sur un terrain clos et arboré de 5000 m². 3 chambres confortables avec entrée privative, en rez-de-jardin vous sont proposées. Vous pourrez savourer quelques moments de détente au bord de la piscine.

Arles - Bouches du Rhône (13)

★Arles Feria (Bullfighting Festival), Arles-Les Baux de Provence Photography Festival, oilve oil and wine-tasting, Camargue. Beach, horse-riding 20 km. Golf course, tennis court 5 km. Hiking 4 km.

*★ **How to get there:** On the N453, between Raphële-les-Arles and Saint-Martin-de-Crau. Michelin map 340.*

Mas du Petit Grava is a three-hundred-year-old country house, set amid gardens and orchards that produce most of the fruit, vegetables, herbs and flowers that are found inside the house and in the dishes served at meals. The comfortable bedrooms feature traditional local furniture. An ideal spot for a summer break.

Mas du Petit Grava
quartier Saint-Hippolyte -
13280 Moulès - Arles
Tél./Fax 04 90 98 35 66 ou 06 81 48 02 07
www.masdupetitgrava.net
Ike Iloputaife

1 pers. 90/115 € - 2 pers. 100/120 € - p. sup. 20 €

4 chambres avec sanitaires privés. Ouvert d'avril à fin octobre. Petit déjeuner : yaourt, jus de fruits, crêpes, pain maison, gâteaux et pâtisseries maison, omelette... Bibliothèque, piano. Cour, jardin, parc de 3 ha. Salle de gym, p-pong, salle de jeux, vélos. Piscine. Restauranst à St-Martin, St-Rémy, Arles... ★ Féria d'Arles, rencontre photographique Arles-Les Baux de Provence, dégustation vin et huile d'olives, Camargue... Plage, équitation 20 km. Golf, tennis 5 km. Randonnées pédestres 4 km. **Accès :** par la N453 entre Raphële-les-Arles et St-Martin-de-Crau. CM340.

Le mas du Petit Grava est une maison de campagne construite il y a 300 ans, entourée de jardins et vergers qui produisent la plupart des fruits, légumes, herbes et fleurs que l'on retrouve à l'intérieur de la maison et dans les petits plats. Les chambres sont confortables, avec un mobilier ancien propre à la région. Lieu idéal pour un repos estival.

Aspremont - Alpes Maritimes (06)

Aspremont village. Nice 13 km. Tennis court 1 km. Fishing km. Sea 13 km. Horse-riding 20 km. Skiing 60 km.

***How to get there:** A8, Nice-Nord exit for Gairaut and)14 for Aspremont. 1.6 km before village, turn into lane on ft under "Ebénisterie de l'Angélus" sign. Accommodation is 2nd bend, on the left. Michelin map 341, fold E5.*

lichèle and Michel extend a warm welcome at their splendid, lightfully leafy property. The bright, pretty bedrooms feature riod furniture and Provençal embroidery. There is a pleasant, aded terrace with wisteria and old-fashioned roses. A peaceful ot in the hills around Nice, just a few minutes from the Baie s Anges.

Terra Avita
1692, route de Nice - 06790 Aspremont
Tél. 04 93 08 02 66 ou 04 93 82 59 29
Fax 04 93 82 43 94
Michel et Michèle Teisseire

2 pers. 80 €

2 chambres dont 1 suite de 2 chambres (150 €), avec TV et sanitaires privés. Ouvert toute l'année. Petit déjeuner : viennoiseries, laitages, confitures maison, jus de fruits... Bibilothèque. Table de ping-pong. Jardin de 3000 m² avec piscine. Restaurants à proximité. Commerces 1,6 km. (enfant -5 ans : 10 €). ★ Village d'Aspremont. Nice à 13 km. Tennis 1 km. Pêche 8 km. Mer 13 km. Equitation 20 km. Ski 60 km. **Accès :** A8 sortie Nice-nord dir. Gairaut puis D14 vers Aspremont. A 1,6 km avt. le village, chemin à gauche sous le panneau "Ebénisterie de l'Angélus". Chambres d'hôtes dans le 2e virage, à gauche. CM341, pli E5.

Michèle et Michel vous accueilleront chaleureusement dans leur belle propriété magnifiquement arborée. Chambres lumineuses, très joliment décorées, avec meubles anciens et boutis provençaux. Agréable terrasse ombragée par la tonnelle de glycine et les roses anciennes. Une adresse au calme, sur les collines niçoises, à quelques minutes de la Baie des Anges.

Aspres-sur-Buëch - Hautes Alpes (05)

Le Château
La Grande Rue - 05140 Aspres-sur-Buëch
Tél. 04 92 58 74 78
Email : albane@chateaudaspres.com
www.chateaudaspres.com
Albane Jacquart

1 pers. 85 € - 2 pers. 95 € - p. sup. 20 €

3 suites avec coin-salon, TV et 1 chambre avec terrasse, toutes avec salle de bains et wc privés. Ouvert toute l'année. Petit déjeuner : pâtisseries et confitures maison, fruits, céréales, jus de fruit... Cour, jardin et parc d'1 ha. Restaurant dans le village. ★ Le Buëch permet de nombreuses activités en été et en hiver. A proximité, villages médiévaux, écomusées (Serres-Veynes). Aérodrome à 3 km. Forêt sur place. Tennis 100 m. Pêche, équitation 1,5 km. Baignade 3 km. **Accès :** à 12 km au nord de Serres, par la N75 (Grenoble-Sisteron). Le château est situé dans le village de Aspres-sur-Buëch. CM334, pli B6.

Albane et Arnaud seront heureux de vous accueillir dans leur demeure du XVe s., où 3 belles suites dont le mobilier ancien s'harmonise avec les pierres apparentes et le parquet en bois et 1 chambre avec terrasse vous attendent. Petit déjeuner servi dans la salle à manger aux boiseries du XVIIIe avec cheminée en armoirie. Vaste jardin avec terrasse.

★Le Buëch offers a wide range of activities in summer and winter. Nearby: medieval villages, open-air museums (Serres-Veynes). Aerodrome 3 km. Forest locally. Tennis 100 m. Fishing, horse-riding 1.5 km. Bathing 3 km.

*★ **How to get there:** 12 km north of Serres, on N75 (Grenoble-Sisteron). The château is in Aspres-sur-Buëch village. Michelin map 334, fold B6.*

Albane and Arnaud will be delighted to welcome you to their 15th-century residence in the heart of the village. Your hosts offer two delightful suites, which feature a perfect blend of period furniture, visible beams and parquet flooring, and a bedroom with private terrace. Breakfast is served in a dining room with 18th-century woodpanelling and a fireplace boasting a coat of arms. There is also a vast garden with terrace and swimming pool for your enjoyment.

Aubagne - Bouches du Rhône (13)

La Massuguière
route de Lascours - 13400 Aubagne
Tél. 04 42 03 03 18 - Fax 08 25 17 68 81
www.lamassuguiere.com
Michèle Ondet

1 pers. 75 € - 2 pers. 80 € - 3 pers. 105 € - p. sup. 15 €

2 chambres avec sanitaires privés, TV (magnétoscope et téléphone. (120 €/4pers.). Ouvert toute l'année. Peti déjeuner : cake maison, fruits frais, jus d'orange, toast confitures maison... Salon avec grandes cheminées, salle manger, cuisine ancienne. Parc de 0,5 ha. Restauran entre 2 et 4 km. ★ A proximité (20 mn) : les Calanque Massifs de la Ste-Baume et de la Ste-Vistoire, Cassi Marseille, Aix... Golf, escalade, mer 10 km. Voile 15 km Randonnée sur place. **Accès :** depuis Marseille, A5 direction Nice, sortie Aubagne nord (n°7), puis sur N96 prendre direction Pont-de-l'Etoile. Au rd poi "Parc d'Activités de Napollon", direction Lascours, D4 puis D44. CM340.

Au pied du Garlaban, dans un site protégé, parm les chênes et les pins à l'écart des routes, cet demeure provençale dispense calme et fraîcheu Vous bénéficierez d'une agréable vue sur le mass de la Sainte-Baume, et pourrez vous détendre da ce vieux mas restauré, situé au sein d'une pinèd La décoration intérieure est typique de la région

★Nearby, less than a 20-minute drive away: Calanques (rocky inlet), Sainte-Baume and Sainte-Vistoire Massifs, Cassis, Marseille, etc. Golf, rock-climbing, sea 10 km. Sailing 15 km. Hiking locally.

*★ **How to get there:** From Marseille, A50 for Nice, Aubagne-Nord exit 7. Take N96 for Pont-de-l'Etoile. At the "Parc d'Activités de Napollon" roundabout, head for Lascours on D43 and D44. Michelin map 340.*

La Massuguière is a haven of peace and quiet amid oak and pine trees, at the foot of the Garlaban Massif, far from main travelled roads. This restored Provençal mas, set in a pine forest, affords stunning views of the Sainte-Baume Massif and is ideal for a relaxing break away from it all. The interior is decorated in the traditional local style.

Aubignan - Vaucluse (84)

★20 min. from Vaison-la-Romaine, Isle-de-la-Sorgue, Orange, Avignon, Mont-Ventoux, markets and summer festivals. Tennis, horse-riding and fishing 1 km. Swimming pool 2 km. Golf course 18 km.

★ ***How to get there:*** *As you leave the village on the way from Sarrians, turn right into the minor Beaumes-de-Venise road. The house is 30 m on.*

Discover the Provençal way of life at this pretty, 19th-century village house, between Dentelles and Ventoux. The bedrooms are spacious and have been customised in keeping with local traditions. The table d'hôtes meals are a treat for the palate, and include such specialities as roast quail in honey and spices.

Le Mas d'Aubignan TH
avenue Anselme Mathieu - 84810 Aubignan
Tél. 04 90 62 77 25 ou 06 70 53 16 94
Fax 04 90 62 68 01
http://www.masdaubignan-vaucluse.com
Le Mas d'Aubignan

1 pers. 60/80 € - 2 pers. 65/85 € - repas 25 €

3 chambres et 1 suite (climatisées), avec sanitaires privés, TV, DVD, hifi, mini-bar et coffre. Ouv. toute l'année. Petit déj. : jus d'orange, confitures maison, céréales, fruits... T. d'hôtes : cuisine provençale avec les produits du terroir. Vélos à dispo., p-pong. Cour, jardin. Restaurants à proximité. ★ A 20 mn de Vaison-la-Romaine, de l'Isle-sur-la-Sorgue, d'Orange, d'Avignon et du Mt-Ventoux, de ses marchés, festivals d'été. Tennis, équitation et pêche 1 km. Piscine 2 km. Golf 18 km. **Accès :** à la sortie du village en venant de Sarrians, prendre la petite route de Beaumes-de-Venise à droite, la maison est à 30 m.

Dans une jolie maison de village du XIXe siècle, entièrement restaurée, retrouvez l'art de vivre en Provence entre Dentelles et Ventoux. Les chambres qui vous sont réservées sont spacieuses et personnalisées dans le respect de la tradition. Les saveurs méditerranéennes raviront vos papilles : cailles rôties au miel et aux épices...

Aurons-en-Provence - Bouches du Rhône (13)

★Aix and Baux wine cellars, olive oil-making, etc. Roque-d'Antheron Music Festival. Salon (classical jazz). St-Rémy, Arles, Avignon, Marseille. Hiking, hunting, swimming, golf 8 km. Sea 45 km.

★ ***How to get there:*** *From Salon, take D16 for Aurons. As you enter Aurons village, second house on the left. Michelin map 340.*

The mythical place that is the antique city of l'Isle-sur-la-Sorgue sprung to life at the central point between Alpilles, Lubéron, Aix and Arles. This stunning residence, with its hillside garden, its surrounding espaliers and its beautiful and tasteful bedrooms, is not only stunning - but also inviting. The delicious breakfasts and meals are served in a totally wonderful setting.

Le Castelas TH
Vallon des Eoures - 13121 Aurons
Tél./Fax 04 90 55 60 12 ou 06 83 25 86 76
www.le-castelas.com
Monique Brauge

2 pers. 75/95 € - p. sup. 25 € - repas 25 €

3 chambres en rez-de-chaussée avec entrée indépendante et sanitaires privés. Ouvert toute l'année. Petit déjeuner : viennoiseries, pains variés, confitures maison, fruits, pâtisseries, cake, pain d'épice (œufs sur demande). Table d'hôtes. Jardin, terrain clos, vélos, salon de jardin. (enfant 11 €). ★ Caves des coteaux d'Aix et des Baux, huile d'olive... Festival de musique à la Roque-d'Antheron. Salon (jazz classique). St-Rémy, Arles, Avignon, Marseille... Randonnée, chasse, piscine, golf 8 km. Mer 45 km. **Accès :** de Salon prendre la D16 vers Aurons. A l'entrée du village d'Aurons, 2e maison sur la gauche. CM340.

A la croisée des chemins, entre Alpilles, Lubéron, Aix, Arles, a porté d'aile de ce lieu mythique qu'est la cité des Antiquaires de l'Isle-sur-la-Sorgue. Cette belle demeure avec un jardin à flanc de colline, au milieu d'espaliers, vous invite dans des chambres très raffinées. Les petits déjeuners gourmands et les repas sont servis dans un cadre superbe.

Avignon - Vaucluse (84)

★In the heart of Provence, close to places of historical interest: Popes' Palace, St-Rémy, Les Baux de Provence, Fontaine de Vaucluse, Avignon and Theatre Festival. Tennis, horse-riding, fishing 1 km. Golf 15 km.

*★ **How to get there:** Cross Pont Daladier (bridge) and turn right for Ile de la Barthelasse (CD228). At the roundabout, 2.5 km on, head for the school/church. The property is 200 m past the church.*

This handsome country house, once the property of Pope Innocent VI's family, stands in the orchards of Ile de la Barthelasse, in the heart of the countryside. This imposing family mansion provides tasteful, elegantly appointed bedrooms. Savour copious, beautifully prepared breakfasts. The four-hectare estate also boasts a swimming pool for your enjoyment. A fine address in a leafy Provence setting.

La Bastide des Papes

Ile de la Barthelasse - 352, chemin des Poiriers
84000 Avignon
Tél. 04 90 86 09 42 - Fax 04 90 82 38 30
http://www.bastidedespapes.fr
Laurence Rouby

1 pers. 110 € - 2 pers. 115 € - 3 pers. 135 € - p. sup. 20 €

5 chambres avec TV et sanitaires privés. Ouvert toute l'année. Petit déjeuner : viennoiseries, confitures, miel, céréales, jus d'orange, yaourts, fruits... Salon de jeux. Jardin, parc de 4 ha. Piscine, vélos. Parking. ★ Au cœur de la Provence, à proximité de sites et monuments historiques (Palais des Papes, St-Rémy, les Baux, Fontaine de Vaucluse, festival d'Avignon...). Tennis, équitation, pêche 1 km. Golf 15 km. **Accès :** prendre le pont Daladier, puis à droite dir. Ile de la Barthelasse (CD228) et faire 2,5 km. Au rond point, prendre dir. école/église et c'est 200 m après l'église.

Dans les vergers de l'Ile de la Barthelasse, en pleine campagne, belle bastide rénovée ayant appartenu à la famille du pape Innocent VI. Dans cette grande maison de maître, les chambres sont décorées avec goût et raffinement. Copieux petits déjeuners, soignés. Domaine de 4 ha avec piscine. Une belle étape en provence.

Bargème - Var (83)

★Outdoor sports centre nearby: horse-riding, hiking, hang-gliding, paragliding, rock-climbing, swimming pool, etc. Music and theatre evenings. Verdon Gorges. Painting exhibitions.

*★ **How to get there:** On the A8 motorway, exit Le Muy direciton Dignes (D54), Figanières - Montferrat - Comps/Artuby. Bargème is 7km after Comps/Artuby on the D21. Michelin map 340.*

Your hostess Annie welcomes you to her residence atop a rocky hill, in the Var's loftiest medieval village. The bedrooms, all with private shower and toilet, feature Provençal décor. Enjoy panoramic views of this magnificent and imposing listed site overlooking the surrounding countryside.

Les Roses Tremières

TH

Le Village - 83840 Bargème
Tél. 04 94 84 20 86 ou 06 19 36 36 11
Annie Noël

1 pers. 46 € - 2 pers. 56 € - p. sup. 19 € - repas 19 €

5 chambres 2 pers. avec douche et wc privés. Salon de jardin en terrasse privée. Ouv. du 1.4 au 30/11. Petit déj. : compotes, confitures, tarte maison... Poss. T. d'hôtes le soir (vin et café compris) : cuisine provençale (produits terroir). Biblio., TV, téléphone. Jardin, jeu de boules, VTT. Service buanderie. ★ Base de loisirs à proximité : équitation, randonnées pédestres, deltaplane, parapente, escalade, piscine. Soirées musicales et théatrales. Gorges du Verdon. Expositions de peintures. **Accès :** A8, sortie Le Muy direction Digne (D54), Figanières - Montferrat - Comps/Artuby. Bargème par la D21. C'est à 7 km de Comps/Artuby. CM340.

C'est dans un site médiéval, le plus haut du Var qu'Annie vous accueille dans sa demeure accrochée à un rocher. Les chambres sont équipées individuellement de salles d'eau et wc privés aux décors provençaux. Le panorama de ce site classé est magnifique et grandiose dominant la campagne environnante.

Le Barroux - Vaucluse (84)

★Avignon, Orange and Vaison-la-Romaine Festivals. Le Barroux perched village and château. Wine country. Dentelles de Montmirail natural site. Mont-Ventoux. Tennis 600 m. Golf 20 km. Horse-riding 10 km. Posted hiking trail locally.

*★ **How to get there:** A7, Avignon-Nord or Orange-Sud exit, and head for Carpentras. At Carpentras, head for Malaucène on D958. Signposted from Le Barroux.*

L'Aube Safran is a highly original spot for holidaymakers in search of a quiet, unspoilt destination. This handsome mas with character is a perfect blend of both time-honoured and contemporary décor. Marie and François invite you to discover the wonders of saffron, how it is grown and its use in refined cuisine. The spacious bedrooms are a harmony of fabrics and colours. There is also a large overflow pool for your enjoyment.

l'Aube Safran TH
chemin du Patifiage - 84330 Le Bardoux
Tél./Fax 04 90 62 66 91 ou 06 12 17 96 94
Email : contact@aube-safran.com
www.aube-safran.com
Marie et François Pillet

1 pers. 70/80 € - 2 pers. 80/95 € - 3 pers. 120 € - p. sup. 25 € - repas 35 €

4 ch. et 1 suite 2 pers. (non fumeurs) avec sanitaires privés. Ouv. du 15.2 au 31.12. Petit déj. (produits bio.) : yaourts, fromages, confitures maison... T. d'hôtes : produits régionaux, plats au safran du domaine... Salon, biblio. (cheminée). Piscine, jacuzzi. Cour, jardin, parc 1,7 ha. Poss. stage cuisine. ★ Festivals (Avignon, Orange, Vaison-la-Romaine). Village perché le Barroux (château). Route des vins. Dentelles de Montmirail. Mont-Ventoux. Tennis 600 m. Golf 20 km. Equitation 10 km. GR sur place. **Accès :** A7, sortie Avignon nord ou Orange sud, puis prendre Carpentras. A Carpentras, dir. Malaucène par D958. Fléchage à partir de le Barroux.

Voici un lieu original pour les amateurs de calme et d'authenticité. Vous séjournerez dans un mas de caractère où se mèlent l'ancien et le contemporain. Marie et François vous invitent à découvrir la culture du safran au travers d'une cuisine raffinée. Les chambres spacieuses offrent une harmonie de matières et de couleurs. Vaste piscine à débordement.

Le Beausset - Var (83)

Calanque de Cassis rocky inlets, Iles d'Or, medieval villages, beys. Aix and Chateauvallon Festivals, concerts, wine cellars, ovençal markets, museums. Beach, water sports 11 km. Golf 2 km. Horse-riding 2 km.

***How to get there:** A50, exit 11. At the "Champion" undabout, take RN8 for Toulon. Turn left at second undabout and head for Bara Nuecho. Michelin map 340.*

ace and quiet await you at this handsome Provençal mas in ecluded verdant setting. Le Vallon provides three comfortable, ractively furnished bedrooms. The park offers a plethora of editerranean flora to discover and a chance to sunbathe by pool. An ideal stopping place for getting to know the Var.

Le Vallon
1253 chemin de la Baro Nuecho -
83330 Le Beausset
Tél./Fax 04 94 98 62 97 ou 06 88 26 81 88
www.beausset.com
Elisabeth et Frank Guibert de Bruet

2 pers. 75 € - p. sup. 20 €

3 chambres avec sanitaires privés (lits modulables 1-2 pers.). Ouvert toute l'année. Petit déjeuner : pain et confitures maison, jus de fruits, yaourts, fromage... Salon. Cuisine et salle à manger d'été. Parc 0,5 ha arboré et fleuri. Piscine. Restaurants : le Beausset (2 km), le Castellet (4 km). ★ Bandol 10 km. St-Mandrier 14 km. Ste-Beaume 24 km. Marchés de Provence, musées. Plage, sports nautiques 11 km. Golf 12 km. Equitation, tennis 2 km. Escalade 5 km. Plage 11 km. **Accès :** A50, sortie n°11. Au rond point Champion , RN8 dir. Toulon, prendre dernière route à droite au rond point suivant, suivre "Baro Nuecho". CM340.

Ce beau mas enfoui dans la verdure, avec ses 3 chambres confortables et joliment meublées, vous apportera calme et sérénité. Dans le parc, vous pourrez découvrir la flore méditerranéenne ou vous reposer au bord de la piscine clôturée. Une étape idéale pour faire connaissance avec le Var.

Besse-sur-Issole - Var (83)

★Maures Massif, Thoronet Abbey, summer music festivals, wine cellars and wine-tasting. 10-acre lake 200 m. Biking, hiking and horse-riding. Golf course 12 km.

*★ **How to get there:** A8 motorway, Brignoles exit and drive 14 km for Fréjus. Turn right and drive 4 km to Besse. At exit from the village (wash house), follow signs. Michelin map 340.*

Originally a chapel, 17th-century Maison St-Louis nestles in a picturesque village in the heart of Provence. Ideal for a first-class holiday in a peaceful setting. This handsome residence has been fully restored by its architect owners, who have preserved the property's inherent charm. Gastronomic cuisine with Mediterranean specialities and local produce.

Maison Saint-Louis TH
38, rue Jean Aicard - 83890 Besse-sur-Issole
Tél. 04 94 69 82 23 - Fax 04 94 69 82 06
Email : info@maisonsaintlouis.com
www.maisonsaintlouis.com
Henri et Ursula Thoni

1 pers. 53 € - 2 pers. 59/67 € - 3 pers. 88 € - repas 28 €

5 chambres (non fumeur) avec sanitaires privés. Ouv. d'avril à octobre. Petit déjeuner : jus d'orange frais, confitures maison, fromages, céréales. T. d'hôtes : produits du terroir et spécialités méditerranéennes. Séjour (cheminée, biblio., piano). Cour fleurie, terrasse, salon de jardin. - 10 % hors-sais. (7 nuits). ★ Massif des Maures, abbaye du Thoronet, festivals de musique l'été, caves avec dégustation. Lac de 4 ha. à 200 m. VTT, randonnées pédestres et équestres. Golf à 12 km. **Accès :** A8, sortie Brignoles puis faire 14 km en direction de Fréjus et prendre à droite sur 4 km jusqu'à Besse. A la sortie du village (lavoir), suivre le fléchage. CM340.

Au cœur de la Provence, nichée dans le pittoresque village, la Maison St-Louis, ancienne chapelle du XVIIe vous ouvre ses portes pour des vacances de qualité. Cette belle demeure entièrement restaurée par ses propriétaires architectes, a su conserver tout son charme. Stage de mosaïque organisée par Ursula.

Bonnieux - Vaucluse (84)

★Picturesque villages. Gastronomic fare. Festivals. Hiking and cycling, tennis, rock-climbing, golf, horse-riding.

*★ **How to get there:** Full details will be supplied at time of booking.*

As you enter the village, you will see this handsome stone building, now fully restored. The spacious, comfortable bedrooms all have their own style and command pretty views of the countryside. When the weather turns chilly, you will enjoy the warmth of the fireplace, while in the summer you will be happy to relax in the garden or take a refreshing dip in the pool.

Le Clos du Buis TH
rue Victor Hugo - 84480 Bonnieux
Tél. 04 90 75 88 48 ou 06 08 63 64 76
Fax 04 90 75 88 57
www.leclosdubuis.com
Pierre et Lydia Maurin

1 pers. 75/102 € - 2 pers. 75/102 € - 3 pers. 117 € - p. sup. 15 € - repas 22 €

6 chambres (climatisées) dont 1 suite de 2 ch. avec san taires privés. Ouvert toute l'année. Petit déjeuner : frui de saison, yaourts, croissants... Table d'hôtes sur demand Salon avec bibliothèque, TV, jeux de société. Poin phone. Jardin, piscine, boulodrome. Parking privé clc Restaurants à proximité. ★ Villages pittoresque Gastronomie. Festivals. Randonnées pédestres et cyclist tennis, escalade, golf, équitation. **Accès :** un plan vo sera communiqué lors de la réservation.

Située à l'entrée du village, cette belle bâtisse pierre a été entièrement restaurée. Les chambr avec vue, spacieuses et confortables, sont tou personnalisées. Aux premières fraîcheurs, vo apprécierez le charme d'un bon feu dans la ch minée et par les chaudes journées d'été, vo détendre dans le jardin ou vous rafraîchir dans piscine.

Buisson - Vaucluse (84)

l'Ecole Buissonnière
Les Prés - D75 -
84110 Buisson (Vaison-la-Romaine)
Tél. 04 90 28 95 19 ou 06 81 41 61 97
www.guideweb.com/provence/bb/ecole-buissonniere
Monique et John Alex-Parsons

1 pers. 42/46 € - 2 pers. 51/59 € -
3 pers. 66/74 €

3 chambres avec sanitaires privés. (83/89 €/4 pers.). Ouv. du 15/03 au 15/11. Petit déjeuner : croissants, confitures maison, miel, céréales, fromage, œufs... Salon. Biblio. Cuisine d'été. Cour, jardin, transats. Vélos, terrain de boules. Parking couvert fermé. Restaurants Villedieu (1 km) et Vaison-la-Romaine (7 km). ★ Ruines romaines de Vaison et Orange. Festival de Vaison. Chorégies d'Orange. Visite des caves. Isle-sur-la-Sorgue 45 km. Mont-Ventoux 40 km. Soirées animées sur la place de Villedieu. **Accès :** A7, sortie Bollene puis D994 et D94 dir. Nyons. 4 km après Tulette, prendre à droite D20 dir. Vaison/Buisson, puis à gauche D51 et D75 dir. Villedieu.

A 5 mn de Vaison-la-Romaine, entre collines et vallée, cette ancienne ferme du XIXe s'est recemment offert une cure de jouvence, et propose désormais 3 belles chambres spacieuses et lumineuses. Un platane bicentenaire, un jardin arboré avec une belle vue, une volière et un bassin font de cet endroit, un lieu où il fait "provençalement" bon vivre.

★Roman ruins at Vaison-la-Romaine and Orange. Vaison-la-Romaine Performing Arts Festival. Tours of wine cellars. Isle-sur-la-Sorgue 45 km. Mont-Ventoux 40 km. Evening events in Villedieu village square.

*★ **How to get there:** A7, Bollène exit, and D994 and D94 for Nyons. 4 km past Tulette, turn right onto D20 for Vaison/Buisson and left onto D51 and D75 for Villedieu.*

This 19th-century farmhouse, surrounded by hills and valleys just five minutes from Vaison-la-Romaine, has been fully renovated. Three bright, spacious bedrooms await your arrival. Enjoy gentle Provence in the leafy garden, which comes complete with pond, aviary and two-hundred-year-old plane tree, and affords magnificent views of the surrounding countryside.

Cabriès - Bouches du Rhône (13)

La Bastide de la Cluée TH
Route de la Césarde - 13480 Cabriès
Tél./Fax 04 42 22 59 00 ou 06 13 90 26 50
www.gite-prop-com/13/200311
Jean-Marc Vincent

1 pers. 60/68 € - 2 pers. 70/78 € -
3 pers. 93/98 € - p. sup. 18 € - repas 22 €

4 ch. et 1 suite avec sanitaires privés. Ouv. toute l'année. Petit déj. : pâtisseries/confitures maison, pain brioché... T. d'hôtes : spécialités provençales (papeton d'aubergines, sabayon aux fruits rouges...). Cour, jardin, parc 0,4 ha. Piscine, pool-house. Restaurants à Calas. Réduct. 5 % du 15/11 au 15/03. ★ Château et musée de Cabriès. Festival de musique d'Aix-en-Provence. Cassis. Le Luberon. Les Alpilles. Randonnées dans la Sainte-Victoire. Tennis, équitation 2 km. Golf 8 km. Mer 15 km. **Accès :** de Marseille, autoroute dir. Aix, sortie Plan-de-Campagne. D'Aix-en-Provence, autoroute dir. Marseille, sortie Bouc-Bel-Air. Gare TGV d'Aix à 4 km. CM340.

Au pied du village de Cabriès, dans une belle bastide du XIXe sur un domaine ombragé par des arbres séculaires, vous trouverez de belles chambres avec des meubles anciens de famille. Calme et détente dans le parc ou près de la piscine avant de parcourir la campagne aixoise, la montagne Ste-Victoire, les Alpilles, le Luberon ou la Camargue.

Cabriès Château and Museum. Aix-en-Provence Music Festival. Cassis. The Luberon. Hiking in Sainte-Victoire Mountain. Tennis, horse-riding 2 km. Golf 8 km. Sea 15 km.

*★ **How to get there:** From Marseille, motorway for Aix, Plan-de-Campagne exit. From Aix-en-Provence, motorway for Marseille, Bouc-Bel-Air exit. Aix railway station (high-speed train) 4 km. Michelin map 340.*

Handsome 19th-century Bastide de la Cluée stands at the foot of Cabriès village on an estate in the shade of century-old trees. The attractive bedrooms are furnished with fine heirlooms and antiques. This haven of peace and quiet boasts a park and swimming pool, which are ideal for a relaxing walk or dip before you set off to explore the Aix countryside, Sainte-Victoire Mountain, the Alpilles range, the Luberon and Camargue.

Cadenet - Vaucluse (84)

The Luberon: villages, châteaux and places of interest. Festivals. Aix, Avignon, Apt, Les Baux de Provence, Marseille, Cassis... Tennis court 1 km. Fishing, horse-riding 2 km. Golf course 20 km.

★ ***How to get there:*** *From Cadenet Church, turn left into the side street posted "La Tuilière" and drive 700 m.*

This outstanding 18th-century country house with garden, swimming pool, park and orchard, overlooks the village of Cadenet. You will appreciate the quiet, gentle way of life in the shade of centuries-old oaks, the terrace with splendid views and the pool sheltered by time-honoured walls. The spacious, colourful bedrooms look out onto the vineyard and most have a terrace or small garden with furniture. Hearty breakfasts and gourmet table d'hôtes meals. Unique.

La Tuilière TH
84160 Cadenet
Tél./Fax 04 90 68 24 45
Email : clo@latuiliere.com
www.latuiliere.com
Didier et Clotilde Borgarino

1 pers. 53 € - 2 pers. 65/81 € - 3 pers. 80/96 € - p. sup. 15 € - repas 20 €

4 ch. avec douche et wc privés et 1suite (ch. et salon) avec bains et wc privés. Ouv. toute l'année. Petit déjeuner : fougasse, fruits, confitures et pâtisseries maison. T. d'hôtes (sur rés.) : brouillade de truffes, fleurs de courgettes, soupe au pistou. Billard, piano. Jardin, parc, verger. Piscine, p-pong, pétanque. ★ Villages, châteaux et sites du Luberon. Parc naturel. Festivals. Aix, Avignon, Apt, les Baux, Marseille, Cassis...Tennis 1 km. Pêche, équitation 2 km. Golf 20 km. **Accès :** de l'église de Cadenet, prendre à gauche la ruelle indiquant "La Tuilière" et faire 700 m. CM81, pli 14.

Belle bastide du XVIIIe avec jardin, piscine, parc et verger, dominant le village de Cadenet. Dans ce cadre exceptionnel, vous apprécierez le calme et la douceur de vivre à l'ombre des chênes centenaires, la terrasse avec vue et la piscine abritée de vieux murs. Chambres spacieuses et colorées, la plupart avec terrasse ou petit jardin avec salon.

La Cadière d'Azur - Var (83)

Calanques de Cassis (rocky inlets) and Port d'Olon. Vineyards and fine wines. Le Castellet and La Cadière d'Azur medieval villages. Iles de Porquerolles and Iles des Embiez (islands), tours of mill and cellars.

★ ***How to get there:*** *A8, La Cadière d'Azur exit. Drive round the roundabout and turn left for La Cadière d'Azur. Take second left into "Chemin de la Cambuse". Château St-Côme is 1.5 km up on the right (D266). Michelin map 340.*

Succumb to the charms of this 16th-century Provençal country house, originally a hunting lodge, which has now been fully restored in keeping with the local traditions. This haven of peace and quiet, set in three hectares of Bandol vineyards, offers a swimming pool and spa, with summer kitchen and garden furniture. An ideal spot for a blissful holiday.

Château St-Côme - chemin de St-Côme
83740 La Cadière d'Azur
Tél. 04 94 90 07 71 ou 06 20 30 37 98
Fax 04 94 90 07 53
www.chateaudestcome.com
Joël Poutet

2 pers. 105/125 € - p. sup. 25 €

5 chambres (non fumeur) avec sanitaires privés. Ouv toute l'année. Petit déjeuner : confitures et gateaux maison, fruits, viennoiseries, pains frais... Poss. Buanderie + repassage. Parc de 3 ha. Piscine. Restaurants à proximité Découverte du monde du vin, poss. dégustation. Séjour à thème. ★ Les Calanques de Cassis et Port d'Alon vignobles et crus classés, villages médiévaux (Le Castelle et La Cadière), îles de Porquerolles et des Embiez, visit moulin et caves.. **Accès :** A50, sortie la Cadière d'Azur Contourner le rond point et à gauche dir. La Cadièr d'Azur, puis 2e route à gauche "chemin de la Cambuse" A gauche (D266), le château est à 1,5 km sur la droit CM340.

Laissez-vous séduire par cette belle bastide provençale (ancien relais de chasse) du XVIe siècle, restaurée et décorée dans la pure tradition locale. Vous serez séduits par ce havre de paix, situé au cœur d 3 ha de vignoble bandolais, disposant d'une piscin avec cuisine d'été et salon de jardin. Une adress idéale pour des vacances en toute quiétude.

Carcès - Var (83)

Carcès Lake and swimming pool 1 km. Thoronet Abbey, Brignoles.

★ ***How to get there:*** *A8, Brignoles exit. At the main traffic lights, head for Val-Carcès on D562. "La Maison des Arts" is in the village, past the post office. Michelin map 340.*

La Maison des Arts, a handsome 19th-century edifice, offers great refinement and two artists' bedrooms, appointed with works of art, period furniture and rugs. Breakfast is served on a large leafy terrace with a pergola, affording picturesque views over the village rooftops. A delightful stopping place with definite charm.

La Maison des Arts - Service Réservation
37, av. Lazare Carnot- 83300 Draguignan
Tél. 04 94 50 93 93 ou PROP 04 94 04 39 36
Fax 04 94 50 93 90
www.gites-de-france-var.fr
Michèle et Christ. Pronzac et Cadu-Narquet

1 pers. 72 € - 2 pers. 77 €

2 chambres spacieuses et raffinées avec bains et wc privés. Ouvert toute l'année. Petit déjeuner : fruits, jus de fruits, viennoiseries... Galerie d'art, bibliothèque. Poss. stage de peinture. Grande terrasse arborée avec pergola. Parking. ★ Lac de Carces et pêche 2 km. Abbaye du Thoronet 12 km, Brignoles 16 km. Tennis et équitation 100 m. Golf 10 km. Escalade 12 km. Plage 55 km. **Accès :** A8, sortie Brignoles. Aux feux tricolores, suivre le Val-Carcès par la D562. Dans le village, après la poste, vous trouverez "La Maison des Arts". CM340.

Belle bâtisse de la fin du XIXe, La Maison des Arts propose dans une ambiance raffinée, deux chambres d'artistes (œuvres d'art, meubles anciens, tapis...). Une grande terrasse arborée avec pergola pour le petit déjeuner et le verre de l'amitié, avec une vue exceptionnelle sur les toits du village. Une belle étape dans une maison au charme incontestable.

Caromb - Vaucluse (84)

NOUVEAUTÉ

Carpentras Festival 6km. Palais des Papes and Avignon ·stival. Tennis and hiking 1 km. Horse riding 7 km. Golf ·2 km. Fishing 2 km. Swimming/bathing 3 km.

How to get there: *In Caromb, at the crossroads by the ·urch, head in the direction of Aubignan. 50m later, la rue des ·etites Aires, is on the left.*

·t the heart of the village of Caromb, this beautiful building ·full of character and boasts a large private courtyard and a ·ol where you can cool down on hot summer days. The ·drooms are light and prettily decorated in a style that will ·mind you of days gone by. In an annex off the courtyard, ·ere is a wonderful little house for two people with a living ·om and a kitchen.

24, rue des Petites Aires - 84330 Caromb
Tél. 06 75 55 00 22 - Tél./Fax 04 90 12 78 38
Email : françoisevasquez@aol.com
Françoise Vazquez

1 pers. 100/120 € - 2 pers. 110/125 €

2 chambres et 1 suite (r.d.c. et 1er étage) avec sanitaires privés, desservies chacune par un petit salon et aménagées au 1er étage. Ouv. du 1.05 au 31.07. Petit déjeuner : confitures, gâteaux maison, crèmes... Salon avec biblio., TV, cheminée. Grande cour close, terrasse. Bassin de 5 x 2,5. Parking 100 m. ★ Festival de Carpentras à 6 km. Palais des Papes et Festival à Avignon. Tennis et randonnée 1 km. Equitation 7 km. Golf 22 km. Pêche 2 km. Baignade 3 km. **Accès :** à Caromb, au carrefour de l'église, prendre dir. Aubignan. A 50 m la rue des Petites Aires est sur la gauche.

Au cœur du village de Caromb, très belle bâtisse de caractère avec une grande cour close et un bassin qui vous apportera la fraîcheur tant espérée en été. Les chambres sont lumineuses et joliment décorées en ancien. Dans la cour en annexe, une délicieuse petite maison pour 2 personnes dispose d'un salon et d'une kitchenette.

Carpentras - Vaucluse (84)

★Luberon, Mont-Ventoux, Dentelles de Montmirail, Papal Palace in Avignon, wine region, Roman ruins, museums. Tennis court 2 km. Fishing 6 km. Horse-riding 9 km. Golf course 15 km. Skiing 25 km.

★ ***How to get there:*** *From Carpentras, head for Mont-Ventoux (southbound), Bedoin, then left for Caromb and 2nd lane on the left.*

This stately 19th-century residence, with a pretty, enclosed, shaded garden, stands in a tranquil, leafy setting in the heart of Provence. The vast, inviting Provençal-style bedrooms are bathed in ochre and golden tones. A true haven of peace and quiet, featuring a patio with fountain, a swimming pool and a pool house.

Bastide Sainte-Agnès

1043 chemin de la Foutrouse - 84200 Carpentras
Tél. 04 90 60 03 01 - Fax 04 90 60 02 53
Email : pinbouenmichel@aol.com
www.sainte-agnes.com
Michel et Maryse Pinbouen

1 pers. 70/80 € - 2 pers. 75/115 € - 3 pers. 100/135 € - p. sup. 25 €

5 chambres et 1 suite avec sanitaires privés. Ouvert toute l'année. Petit déjeuner : jus de fruits frais, céréales, laitages, confitures maison, fruits, pains variés, œuf coque... Bibliothèque, salon, TV. Cour, jardin avec piscine, jeux de pétanque. ★ Luberon, Mont Ventoux, Dentelles de Montmirail, Palais des Papes à Avignon, route des Vins, vestiges romains, musées... Tennis 2 km. Pêche, randonnée 6 km. Equitation 9 km. Golf 15 km. Ski 25 km. **Accès :** à Carpentras direction Mont Ventoux (sud), Bédoin puis ensuite à gauche direction Caromb et 2ᵉ chemin sur la gauche.

Au cœur de la Provence, dans un environnement calme et verdoyant, belle demeure du XIXᵉ entourée d'un beau jardin clos et ombragé. Chambres vastes et chaleureuses et décoration de style provençal aux teintes ocre et or. Le patio avec sa fontaine, la piscine et le pool-house font de cette demeure, un véritable havre de paix et de fraîcheur.

Carros - Alpes Maritimes (06)

NOUVEAUTÉ

★Villages: St-Paul, Eze, Tourrettes-sur-Loup, Gourdon, Opio... Museums: Matisse, Chagall... Nice Carnival, Cannes festival... Sea 15 km. Golf, cinema 4 km. Tennis, fishing 1 km. Horseriding 8 km.

★ ***How to get there:*** *A8, Nice/St-Isidore exit, 7km on N202 until pont de la Manda. Head towards the Les Selves area to the right. Just after the "Les Selves" restaurant, go left (last house on the road). Michelin map 341, fold E5.*

A very pretty, neo-provençale property with a panoramic view of the southern Alps. The terraces that adorn the facade of the property sport palm and olive trees among other exotic plants. The perfect spot for anybody looking to explore the Monaco Côte d'Azur, Nice, Antibes, Cannes and the hinterland, this is a quiet location only 15 km from the beach.

Au Mas des Selves

route des Plans - 1ʳᵉ Traverse Gauche - 06510 Carros
Tél. 04 93 29 10 27 ou 06 15 19 10 78
www.auxselves.com/accueil.htm
Danielle Rituit

1 pers. 90/113 € - 2 pers. 90/113 € - 3 pers. 115/138 €

3 suites avec sanitaires privés, TV et mini-bar. Ouv. toute l'année. Petit déjeuner : viennoiseries, gâteau maison céréales, confitures maison, jambon , fromage, jus d'orange... Wifi, internet. Parc 2500 m². Piscine. Ping-pong pétanque. Restaurants : Les Selves (100 m), La Forge (4 km), Chez Mireille (6 km). ★ Villages : St-Paul, Eze Tourrettes-sur-Loup, Gourdon, Opio... Musées : Matisse Chagall... Carnaval de Nice, festival de Cannes... Mer 15 km. Golf, cinéma 4 km. Tennis, pêche 1 km Equitation 8 km. **Accès :** A8, sortie Nice/St-Isidore N202 sur 7 km jusqu'au pont de la Manda vers plan de Carros dir. quart. "Les Selves" à droite. Juste après restaurant "Les Selves", chemin à gauche (dernière maison) CM341, pli E5.

Très belle propriété néo-provençale, avec une vue panoramique sur les Alpes du sud, agrémentée de différentes terrasses en restanques plantées de palmiers, oliviers et plantes exotiques. Idéalement située pour découvrir la Côte d'Azur de Monaco Nice, Antibes, Cannes et l'arrière pays. Le calme 15 km des plages.

Chateauneuf - Alpes Maritimes (06)

L'Oulivette
1478, route de Nice - 06740 Chateauneuf
Tél. 04 93 42 51 35 ou 06 63 56 88 31
Fax 04 93 42 40 37
www.oulivette.com
Christine Vautrin

2 pers. 80 €

1 chambre et 1 suite (130 €) avec sanitaires privés. Ouvert toute l'année. Petit déjeuner : confitures maison, miel, viennoiseries, jus d'orange... Cuisine, salle de séjour. Salon avec cheminée (musique, lecture, TV). Parc de 800 ha. Salons de jardin, chaises longues. Restaurants à moins d'1 km. ★ Musées : Picasso, Matisse. French Riviera. Villages de Gourdon, Tourrettes, St-Paul-de-Vence... Mer 15 km. Piscine 2 km. Clubs équestres 3 km. Ski 45 km. Montagne 9 km. **Accès :** A Grasse, prendre la D2085 direction Nice. 800 m après la station "Total" sur la droite. CM341, pli C5.

Dans un vieux mas provençal, totalement indépendant, Christine vous accueillera pour un séjour confortable et chaleureux. Le petit salon où les buches se consument lors des soirées fraiches vous proposera des instants de détente : musique, lecture, TV. Le soir venu, 2 coquettes chambres, avec une belle vue sur la baie de Mandelieu vous attendent.

★Picasso and Matisse Museums. French Riviera. Villages: Gourdon, Tourrettes-sur-Loup, St-Paul-de-Vence, etc. Swimming pool 2 km. Horse-riding clubs 3 km. Skiing 45 km. Mountains 9 km.

*★ **How to get there:** From Grasse, head for Nice on D2085. The property is 800 m along on the right, past the "Total" service station. Michelin map 341, fold C5.*

Christine is your hostess at this completely self-contained old Provençal mas, where comfort and hospitality are the watchwords for your stay. Relax in the small lounge, where you can enjoy the warmth of a crackling log fire on chilly evenings, curl up with a good book, listen to music or watch TV. Two pretty bedrooms, affording magnificent views of Mandelieu Bay, await your arrival.

Châteauneuf (Opio) - Alpes Maritimes (06)

NOUVEAUTÉ

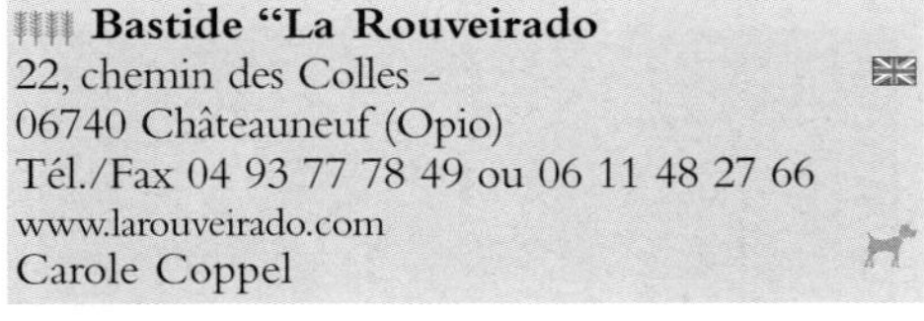

Bastide "La Rouveirado
22, chemin des Colles -
06740 Châteauneuf (Opio)
Tél./Fax 04 93 77 78 49 ou 06 11 48 27 66
www.larouveirado.com
Carole Coppel

1 pers. 50/90 € - 2 pers. 80/120 € - 3 pers. 95/135 €

5 chambres avec sanitaires privés et mini-bar. Ouv. du 1/02 au 31/12. Petit déjeuner : viennoiseries, jus d'orange, fruits de saison, confitures, gâteaux maison... Salon avec TV. Cour, jardin parc de 7000 m². Piscine. Ping-pong, pétanque. Choix exceptionnel de restaurants à Valbonne. ★ A proximité de Grasse et ses parfumeries, des gorges du Loup, de Cannes et ses festivals et de Nice. Golf et tennis 1 km. Equitation 2 km. Plage 15 km. Randonnée 6 km. **Accès :** A8, sortie Mougins/Cannes. Au rd point suivre dir. Grasse, puis 1re sortie Valbonne. A la sortie de Valbonne, à gauche dir. Opio et suivre Notre Dame des Brusc. CM341, pli C5.

Bastide neuve au charme d'autrefois, entre mer et montagne. Endroit idéal pour les golfeurs et les randonneurs, à proximité de Cannes et à 20 mn de l'aéroport Nice-Côte d'Azur. Un havre de paix au milieu d'un parc arboré avec piscine, où tout a été prévu pour votre confort.

Close to Grasse and its perfumeries, the Loup gorges, Cannes d the Cannes festivals and Nice. Golf and tennis 1 km. orse-riding 2 km. Beach 15 km. Hiking 6 km.

***How to get there:** A8, exit Mougin/Cannes. At the undabout take direction Grasse and then the 1st exit, lbonne. At the Valbonne exit go left, direction Opio and low Notre Dame des Brusc. Michelin map 341, fold C5.*

is is a new property with period charm that is set between sea and the mountains. An ideal destination for golfers and ers, Cannes is close by and Nice-Côte d'Azur airport is y 20 minutes away. A haven of tranquility in the middle wooded grounds and complete with private swimming pool, Rouveirado has everything you could wish for when visiting fantastic area of France.

Châteuneuf-du-Pape - Vaucluse (84)

La Muscardine
3, rue du Puits Neuf -
84230 Châteuneuf-du-Pape
Tél./Fax 04 90 83 53 86
www.guideweb.com/provence/bb/muscardine
Maryse et Yvon Fournerie

1 pers. 63 € - 2 pers. 68 €

★Wine-growing estates, tastings (village cellars), wine country. Avignon (theatre) and Chorégies d'Orange (singing) Festivals. The Luberon, Baux de Provence, Mont-Ventoux. Swimming pool 200 m. Tennis court 500 m. Golf course 12 km.

*★ **How to get there:** From Orange, turn left at the first crossroads in the village: Rue de la Nouvelle Poste. At the stop sign, cross Avenue du Général de Gaulle. The Rue du Puits Neuf is opposite.*

This handsome stone wine-grower's residence, just a stone's throw from the vineyards and medieval village, is sheltered by micoculier and acacia. Breakfast is served in the flower garden, fragrant with rosemary, thyme and lavender, or in the dining room featuring walls waxed in the traditional manner, by the Provençal fireplace.

2 chambres (non fumeurs) avec sanitaires privés. Ouvert du 1.03 au 15.11. Petit déjeuner : jus d'orange, viennoiseries, confitures maison, miel de Provence... Salle à manger avec cheminée provençale. Jardin. Parking clos dans la propriété. 8 restaurants à proximité. ★ Domaines viticoles, dégustation (caveaux du village), route des vins. Festival d'Avignon. Chorégies d'Orange. Luberon, les Baux de Provence, le Mt-Ventoux... Piscine 200 m. Tennis 500 m. Golf 12 km. **Accès :** en venant d'Orange : 1er croisement dans le village, tourner à gauche (rue de la Nouvelle Poste), au stop, traverser l'av. Général de Gaulle, la rue du Puits Neuf est en face.

A deux pas des vignobles et au cœur du village médiéval, cette très belle maison vigneronne abrite ses pierres à l'ombre des micocouliers et des acacias. Les petits déjeuners sont servis dans le jardin fleurant bon le romarin, le thym et la lavande, ou dans la salle à manger aux murs cirés à l'ancienne près de la cheminée provençale.

Châteauneuf-Villevieille - Alpes Maritimes (06)

NOUVEAUTÉ

La Parare
67, Calade du Pastre -
06390 Châteauneuf-Villevieille
Tél. 04 93 79 22 62 ou 06 89 79 20 93
Fax 04 93 79 46 99 - www.laparare.com
Karin Van Volen

TH

1 pers. 95/110 € - 2 pers. 95/110 € - 3 pers. 115/130 € - repas 29 €

★Carnivals: Nice and Menton, Monte Carlo (grand prix), Nice Jazz, festival, museums: Chagall, Matisse... Tennis, horse-riding 6 km. Hiking locally. Skiing 43 km. Sea 22 km.

*★ **How to get there:** A8 La Trinité exit. Take direction Tourrettes-Levens or direction Contes and Sospel. Châteauneuf-Villevieille is signposted. At the first bend, by the church, turn right down the road signposted for La Parare".*

A stunning sheepfold dating back to the 17th century, this stone property boasts terraces, a bread oven, a dovecote tower and arches. Peace and quiet is guaranteed and there is a splendid view across the mountains and olive groves. The friendliness of the hosts and the tasteful decor of the rooms make this a wonderful holiday destination.

3 chambres et 1 suite avec sanitaires privés. Ouv. tou l'année. Petit déjeuner : viennoiseries, yaourts, confitur maison, céréales, fruits frais... T. d'hôtes : tagine d'agnea poulet au citron confit et son risotto... Salon (TV). Jardi parc 3 ha. Petite piscine. Vélos. Restaurants à proximit Suédois parlé également. ★ Carnaval : Nice et Mento Monte Carlo (grand prix), Nice Jazz, festival, musée Chagall, Matisse... Tennis, équitation 6 km. Randonn sur place. Ski 43 km. Mer 22 km. **Accès :** A8, sortie Trinité. Suivre dir. Tourrettes-Levens ou dir. Contes Sospel. Châteauneuf-Villevieille est indiquée. Au virage à la hauteur de l'église, à droite, le 1er chemin in quant "La Parare".

Très belle bergerie du XVIIe siècle en pierres av voûtes, tour de pigeonnier, four à pain et terrass Le calme est garanti et une splendide vue sur l'o veraie et les montagnes vous est offerte. Lieu séjour authentique où la convivialité de vos hô et la décoration raffinée des chambres ne vous la seront pas indifférents.

Cheval Blanc - Vaucluse (84)

★Regalon Gorges, southern Luberon châteaux, Sylvacane Abbey, Roque d'Anthéron Piano Festival. Hiking locally. Tennis 6 km. Fishing, horse-riding 7 km. Golf course 10 km. Rock-climbing 20 km.

*★ **How to get there:** A7, Cavaillon exit for Cheval Blanc (La Canebière). From the main traffic lights along La Canebière, drive 7 km for Pertuis on D973.*

Colette and Thierry have remained true to the spirit of their 18th-century Provençal country house, originally a coaching inn. The charming bedrooms, shaded terrace beneath the centuries-old chestnut tree and terraced swimming pool facing the Alpilles are just some of the property's many features. An ideal staging post from which to explore Provence.

La Malle Poste TH
Font Vive - 5760B, route de Pertuis -
84460 Cheval Blanc
Tél. 04 90 72 89 26 - Fax 04 90 72 88 38
www.malle-poste.com
Thierry et Colette Hamel

1 pers. 90 € - 2 pers. 90 € - 3 pers. 110 € - p. sup. 20 € - repas 26 €

5 chambres avec sanitaires privés et TV (chaines internationales.). Ouv. du 1/3 au 31/12. Petit déjeuner : viennoiseries, confitures, fruits... T. d'hôtes : papeton d'aubergines, vélouté de poivrons, lapin à la pèbre d'aï, soupe de pêches...Salon, biblio., billard. Jardin, parc 1 ha. Piscine, ping-pong, pétanque. ★ Gorges de Regalon, châteaux du sud Luberon, Abbaye de Sylvacane, festival de piano à la Roque d'Anthéron. Randonnées sur place. Tennis 6 km. Pêche, équitation 7 km. Golf 10 km. Escalade 20 km. **Accès :** A7, sortie Cavaillon dir. Cheval Blanc (la Canebière). Aux feux tricolores de la Canebière, faire environ 7 km dir. Pertuis (D973).

Ancien relais de poste dans une bastide provençale du XVIIIe siècle où Colette et Thierry ont su préserver l'esprit de cette maison, sans fioritures, ni artifices. Vous serez séduits par le charme de ses chambres, sa terrasse ombragée sous le marronnier centenaire et sa piscine en restanque face aux Alpilles. Etape idéale pour découvrir la Provence.

La Colle-sur-Loup - Alpes Maritimes (06)

★Festivals, concerts, exhibitions along the Riviera in a 4-40 km radius (Cannes, Nice, Monaco, Antibes, Saint-Paul-de-Vence, etc). Fishing and hiking locally. Swimming pool, tennis 2 km. Sea 6 km. Horse-riding 10 km.

*★ **How to get there:** From Nice, A8, Cagnes/Mer-Vence exit for Saint-Paul, Vence, La Colle. After 4 roundabouts, D436 on left for La Colle/Loup Centre. At rdbt, D6 for Chateauneuf-Grasse and drive 2 km. Michelin map 341, fold D5.*

A warm welcome awaits you at La Bastide Saint-Donat, near Saint-Paul-de-Vence, a refined country house with terraces and a garden by the river. The accommodation, in the outbuildings of a 19th-century mill, consists of five tastefully and lovingly restored rooms and suites and a vast lounge. This authentic setting is ideal for visiting Provence.

La Bastide Saint-Donat
Route du Pont de Pierre - Parc Saint-Donat
06480 La Colle-sur-Loup
Tél. 04 93 32 93 41 - Fax 04 93 32 80 61
Alphonse et Yvonne Rosso

2 pers. 65/95 € - p. sup. 16 €

2 chambres et 3 suites avec sanitaires privés. Ouvert toute l'année. Petit déjeuner : viennoiseries, fruits pressés, baguette fraiche... Téléphone téléséjour. Cour, jardin et rivière sur la propriété. Restaurants et commerces au village (2 km). Saint-Paul-de-Vence 4 km. ★ Festivals, concerts, expositions de la Côte d'Azur de 4 à 40 km (Cannes, Nice, Monaco, Antibes, Saint-Paul-de-Vence...). Pêche, randonnée sur place. Piscine, tennis 2 km. Mer 6 km. Equitation 10 km. **Accès :** de Nice A8 sortie Cagnes/Mer-Vence, dir. St.Paul, Vence, La Colle. Passer les 4 rd.pts puis D436 à gauche dir. La Colle/Loup centre. Au rd.pt. suiv. D6 dir. Chateauneuf-Grasse sur 2 km. CM341, pli D5.

Près de Saint-Paul-de-Vence, la bastide Saint-Donat, une bâtisse rustique et raffinée avec terrasses et jardin sur la rivière, propose un accueil chaleureux. Dans les dépendances d'un moulin du XIXe, un vaste salon et 5 chambres et suites restaurées avec goût et passion offrent aux amoureux de la Provence, le cadre idéal pour un séjour authentique.

La Colle-sur-Loup - Alpes Maritimes (06)

★Saint-Paul-de-Vence village. Cagnes-sur-Mer racecourse 6 km. Tennis, canoeing 1 km. Horse-riding 2 km. Beach, sailing 6 km.

*★ **How to get there:** 300 m after you leave Colle-sur-Loup village, head for Saint-Paul-de-Vence. Turn right into "Chemin de la Souquée". Michelin map 341, fold D5.*

Georges and Michelle Huillet, your hosts at L'Hacienda, offer a comfortable two-bedroom suite in a self-contained villa. You will enjoy complete peace and quiet here and admire the outstanding views of famous Saint-Paul-de-Vence village, whose ramparts are lit up at night to breathtaking effect. There is also a swimming pool for guests' use.

l'Hacienda
101, chemin de la Souquée -
06480 La Colle-sur-Loup
Tél. 04 93 32 73 82 ou 06 84 76 55 93
http://perso.wanadoo.fr/hacienda.06
Georges et Michelle Huillet

1 pers. 100/150 € - 2 pers. 100/150 € - 3 pers. 180 €

1 suite de 2 chambres avec salon, salle de bains et wc privés (180 €/4 pers.). Ouvert toute l'année. Petit déjeuner : croissants, fruits frais, jus de fruits, confitures maison, céréales... Cuisine d'été. Jardin et terrasse privatifs. Piscine chauffée, ping-pong. Semaine (2/4 pers.) : 760 €. Restaurants à proximité. ★ Village de Saint-Paul-de-Vence. Hippodrome de Cagnes-sur-Mer 6 km. Tennis, canoë 1 km. Equitation 2 km. Plage, voile 6 km. **Accès :** 300 m après la sortie du village de la Colle-sur-Loup, prendre dir. Saint-Paul-de-Vence, puis tourner à droite "Chemin de la Souquée". CM341, pli D5.

Georges et Michelle Huillet vous accueillent dans leur propriété et vous proposent une suite confortable aménagée dans une villa indépendante. Calme absolu et vue exceptionnelle sur le célèbre village de Saint-Paul-de-Vence dont vous apprécierez chaque soir l'inoubliable illumination des remparts. Une piscine est à votre disposition.

La Colle-sur-Loup - Alpes Maritimes (06)

NOUVEAUTÉ

★3 km from St-Paul-de-Vence and its artists, 7 km from the beach. Half-way between Nice and Cannes. 2 km from the Maeght Foundation. Tree-climbing 3 km. Tennis 2 km. Quad-biking and canyoning 1 km.

*★ **How to get there:** A8, Cagnes-sur-Mer exit. Direction Vence then La Colle-sur-Loup. Turn right at the crossroads level with the stadium and then left towards the cemetary. Michelin map 341, fold D5.*

This large, Provençal country house (traditional red tiles, beams, roughcast walls) was built in the 18th century around an old sheepfold on the side of a lush, wooded and quiet valley. On the edge of the Loup gorges, 3km from Saint-Paul-de-Vence, this property, complete with private swimming pool, can be enjoyed by adults and children alike.

Un Ange Passe TH
419, avenue Jean Léonardi -
06480 La Colle-sur-Loup
Tél. 04 93 32 60 39 - Fax 04 93 82 45 29
www.unangepasse.fr
Bernard et Martine Deloupy

2 pers. 75/105 € - 3 pers. 120/135 € p. sup. 25 €

2 suites et 3 chambres dont 1 familiale climatisées avec sanitaires privés, TV, lecteur DVD et réfrig. Ouv. du 10/12 au 31/11. Petit dejeuner : confitures maison, viennoiseries, thés exotiques... Parc 1 ha. Piscine. Vélos, p-pong, Marche dans la forêt jusqu'à la rivière (500 m). 4 pers. 135/155 €. ★ A 3 km de St-Paul-de-Vence et de ses artistes, 7 km des plages. A mi-chemin entre Nice et Cannes. 2 km de la Fondation Maeght. Accro-branche 3 km. Tennis 2 km. Quad et canyoning 1 km. **Accès :** A8, sortie Cagnes-sur-Mer. Dir. Vence puis La Colle-sur-Loup. Au niveau du stade, prendre à droite au carrefour, à gauche en dir. du cimetière. CM341, pli D5.

Cette vaste bastide provençale (tomettes, poutres, crépi, tuiles) construite autour d'une ancienne bergerie du XVIIIe siècle, surplombe une luxuriante vallée calme et boisée. Vous êtes à la sortie des gorges du Loup, à 3 km de Saint-Paul-de-Vence. Une piscine d'eau de source ravira petits et grands.

Cotignac - Var (83)

★Typical village of Cotignac and tuff rock. Carcès Lake. Verdon Gorges, Sainte-Croix Lake (35 min). Le Thoronet Abbey 19 km. Sillans-la-Cascade 8 km.

*★ **How to get there:** A8 motorway, Brignoles exit. At 2nd traffic lights, turn left for Le Val, then Montfort-sur-Argens and drive 5 km to Cotignac. The estate is on the left-hand side. Michelin map 340.*

Nathalie and Jean-François are your hosts at their handsome, fully-restored 19th-century country house, set in the heart of the estate's vineyards (45 hectares). You will particularly enjoy the warmth exuded by this typical Provençal residence. Attractive regional furniture and bright, colourful fabrics. A charming spot.

Domaine de Nestuby TH
R.D 22 - 83570 Cotignac
Tél. 04 94 04 60 02 ou 06 86 16 27 93
Fax 04 94 04 79 22
www.sejour-en-provence.com
Nathalie Roubaud

1 pers. 68 € - 2 pers. 70 € - 3 pers. 86 € - p. sup. 16 € - repas 23 €

4 chambres (dont 1 très vaste) avec sanitaires privés. Ouv. du 1/03 au 15/11. Petit déjeuner savoureux. T. d'hôtes sur réservation : tomates au chèvre chaud, sauté d'agneau au rosé de Provence... Salon (bibliothèque, TV, hi-fi). Jardin, salon de jardin, jeux enfants. Piscine (barrières protection), sauna et spa. ★ Village typique de Cotignac et son rocher de tuff. Lac de Carcès. Gorges du Verdon, lac de Sainte-Croix (35 mn). Abbaye du Thoronet 19 km. Sillans-la-Cascade 8 km. **Accès :** A8, sortie Brignoles. 2e feu à gauche dir. Le Val puis Montfort-sur-Argens puis faire 5 km en dir. de Cotignac. Le domaine se trouve sur la gauche. CM340.

Nathalie et Jean-François vous accueillent dans leur belle bastide du XIXe entièrement restaurée, située au cœur du vignoble du domaine (45 ha). Vous aimerez l'atmosphère chaleureuse de cette demeure typique aux couleurs de la Provence. Beaux meubles régionaux et tissus ensoleillés. Une étape pleine de charme.

La Croix-sur-Roudoule - Alpes Maritimes (06)

★Entrevaux Citadel, La Roudoule Local Traditions Museum, Daluis and Cians Gorges. Canyoning 1 km. Hiking locally. Les Pignes scenic railway, Via Ferrata, swimming pool and cycling 9 km.

*★ **How to get there:** RN202. At Puget-Theniers, take D16 and, 7 km on, D416 until you reach the village. Michelin map 341, fold C5.*

This tastefully decorated, characterful Haute Provence residence provides two spacious, comfortable bedrooms, one of which is ideal for families. Take in the beauty of the unique scenery, where three geological ages come together, and savour the peace and quiet of the picturesque medieval village. In the summer months, dinner is served on the panoramic terrace.

rue de la Petite Fontaine - TH
06260 La Croix-sur-Roudoule
Tél./Fax 04 93 05 11 45 ou 06 62 22 09 53
Noëlle et Daniel Aillaud

2 pers. 55/65 € - 3 pers. 87 € - repas 25 €

2 chambres dont 1 familiale comprenant elle-même 2 chambres et 2 sanitaires. (100 €/4pers.). Ouvert toute l'année. Petit déjeuner : brioche ou croissant, confitures, yaourts, fruits, jus d'orange... T. d'hôtes régionale. Salon, bibliothèque. Jardinet avec mobilier et terrasse privés. Restaurants à Puget-Theniers (9 km). ★ Citadelle d'Entrevaux, écomusée de la Roudoule, musée de la mine, gorges de Daluis, gorges du Cians... Canyoning 1 km. Randonnée sur place. Train des Pignes, via Ferrata, piscine et VTT 9 km. **Accès :** RN202. A Puget-Theniers, prendre D16 puis à 7 km prendre la D416 jusqu'au village. CM341, pli C5.

Cette maison de caractère de Haute Provence, décorée avec goût, vous propose 2 chambres dont 1 familiale, spacieuses et confortables. Vous bénéficierez d'un paysage unique où s'entremêlent les 3 ères géologiques, et pourrez disposez du calme régnant sur le village moyennageux et pittoresque. L'été, le soir, le dîner est servi sur la terrasse panoramique.

La Croix Valmer - Var (83)

★St-Tropez 10 km. Cavalaire/Port-Cros 2 km. Verne 17 km. Tennis 2.2 km. Horse-riding 6 km. Golf course 10 km. Beach 1.5 km. Lake 30 km. Beauvallon golf course 15 km.

*★ **How to get there:** A8, Le Muy or Le Luc-le-Cannet exit for St-Tropez. At the Gassin roundabout, head for La Croix Valmer. In the village head for the "Stade". Drive 1 km and turn right. The house is 1 km on. Michelin map 340.*

La Sultamine is a contemporary, wine-grower's residence, nestling amid vineyards on the listed Gigaro Heights. The two attractive bedrooms afford pleasant views over the Mediterranean.

La Sultamine

quartier de la Galiasse - 83420 La Croix Valmer
Tél./Fax 04 94 79 72 07 ou 06 09 02 17 43
Email : lasultamine@free.fr
Christian Chauvet

2 pers. 90 € - p. sup. 20 €

2 chambres avec bains et wc privés. Ouvert toute l'année. Copieux petit déjeuner. TV satellite. Terrain, terrasse, jeu de boules, parking ombragé. Parc de 1 ha. Restaurents à proximité. ★ St-Tropez 10 km. Cavalaire/Port-Cros 2 km. Verne 17 km. Tennis 2,2 km. Equitation 6 km. Golf 10 km. Plage 1,5 km. Plan d'eau 30 km. Golf de Beauvallon 15 km. **Accès :** A8, sortie Le Muy, dir. St-Tropez ou sortie le Luc-le Cannet, dir. St-Tropez. Au rond point de Gassin, suivre la Croix Valmer. Dans le village dir. "stade" sur 1 km et prendre chemin à droite. Maison à 1 km.

La Sultamine, maison contemporaine de vigneron, située au milieu des vignes et nichée sur les hauteurs de Gigaro (site classé), propose 2 jolies chambres calmes, avec une belle vue sur la Méditerranée.

Eyragues - Bouches du Rhône (13)

★Avignon Theatre Festival, Orange Chorégies Music Festival, Nimes and Arles Ferias (bullfighting). Sea 70 km. Horse-riding, tennis and hiking 1 km. Gliding 6 km. Golf course 12 km.

*★ **How to get there:** Route de Châteaurenard. D571 or Avignon road and head for Mas Mistral (on the left). Michelin map 340.*

Marc and Christine extend a warm welcome to guests at their 19th-century mas in the colours of Provence. Enjoy a refreshing swim in the pool on a hot summer's day or go for a relaxing walk in the shaded park. Savour a traditional pastis with your hosts, whose hospitality and good humour will make your stay here one to remember.

l'Oustou de Mistral

377, route de Châteaurenard - 13630 Eyragues
Tél. 04 90 92 80 60 ou 06 89 33 55 19
Fax 04 90 24 97 34
http://perso.wanadoo.fr/mas.mistral
Marc et Christine Mistral

1 pers. 80/100 € - 2 pers. 80/120 € - 3 pers. 100 € - p. sup. 20 €

3 chambres et 1 suites climatisées avec sanitaires privé (TV sur demande). Ouvert toute l'année. Petit déjeuner toasts, beurre, jus d'orange, fruits, confitures... Billard bibliothèque, cheminée. Réfrigérateur commun au hôtes. Cour, jardin, parc 1 ha. Piscine, pétanque, p-pong Restaurants à St-Rémy 6 km. ★ Festival d'Avignon, chorégies d'Orange, théâtre d'Arles, féria Nîmes et Arles. Mer 70 km. Equitation, tennis et randonnée 1 km Planeur 6 km. Golf 12 km. **Accès :** route de Châteaurenard - D571 ou route d'Avignon, dir. Ma Mistral (sur la gauche). CM340.

Marc et Christine vous recevront chaleureusemen dans leur mas du XIXe siècle aux couleurs provençales. Vous pourrez profiter de la piscine lors de chaleurs estivales, faire quelques pas dans la fraîcheur du parc, découvrir la convivialité et la bonne humeur de vos hôtes et surtout boire un bon pastis

Eze - Alpes Maritimes (06)

★The Côte d'Azur, museums and places of interest. Monaco Grand Prix. Cannes Film Festival, etc. Horse-riding 3 km. Tennis court 500 m. Water sports club 8 km. Golf courses nearby. Pub, casino 10 km.

★ ***How to get there:*** *From Nice, motorway, heading for Italy, exit 57, "La Turbie". Turn right for Nice-Col d'Eze - Av. des Diables Bleus, and drive 3 km. 200 m past Col d'Eze, right for "Parc Forestier". Michelin map 341, fold F5.*

Bastide aux Camélias lies halfway between Nice and Monaco, in the heart of the Upper Corniche forest-park in the famous medieval village of Eze, perched high above the Mediterranean. Four self-contained bedrooms await you at this traditional Provençal residence. You can also enjoy the amenities, which include a swimming pool, a jacuzzi, a sauna and a steam room, as the mood takes you.

Bastide aux Camélias
23C, route de l'Adret - 06360 Eze
Tél. 06 22 33 15 45 - Tél./Fax 04 93 41 13 68
Email : sylviane.mathieu@libertysurf.fr
www.bastideauxcamelias.com
Frédéric Mathieu

1 pers. 100/140 € - 2 pers. 100/140 € - 3 pers. 130/170 €

4 chambres avec sanitaires privés, TV satellite, magnétoscope, coffre, Wifi. Ouv. toute l'année. Petit déj. : jus de fruits, céréales, croissants... Salon, biblio. Piscine, sauna, hammam, gym (salle), bar ext., jacuzzi, pétanque. Poss. "Séjour Bien-Etre", soins huiles essentielles. ★ Au cœur de la Côte d'Azur et de tous ses sites et musées. Grand prix de Monaco, festival de Cannes... Equitation 3 km. Tennis 500 m. Club nautique 8 km. Golf 6 km. Pub, casino 10 km. **Accès :** de Nice autoroute en direction de l'Italie, sortie n°57 "La Turbie". Tourner à droite dir. Nice-Col d'Eze -av. des Diables Bleus sur 3 km - Col d'Eze, 200 m après, à droite dir. Parc Forestier. CM341, pli F5.

A mi-chemin entre Nice et Monaco, au cœur du parc de la grande corniche à Eze, célèbre village médiéval perché au dessus de la Méditerranée, 4 chambres indépendantes dans une bastide provençale vous sont proposées. Vous pourrez, si le cœur vous en dit, profiter de la piscine, de l'espace jacuzzi, du sauna et du hammam.

Gattières - Alpes Maritimes (06)

NOUVEAUTÉ

Nice, Monaco: 15-25 mins (numerous museums). Themed urs: Baroque, religious art, crafts. Via Ferrata, climbing 1 hour. anyoning 30 min. Sea, golf and horse-riding 10 min.

How to get there: *A8, Nice/St-Isidore exit. Take N202 r 7km. Turn left at Pont de la Manda - D2210 towards attières. At the roundabout, direction Le Broc. 400m on turn t then another left after 30m. It's the last house. Michelin ap 341, fold E5.*

ule Colonna-Heyberger welcomes you to "Les Sources", her ovence-style villa with a private swimming pool that lies in fy grounds of impressive olive, cedar and pine trees. There are r spacious and comfortable bedrooms available and you will able to make the most of the local fitness activities.

Les Sources
EURL "Les Sources - 103, impasse du Barry
06510 Gattières
Tél. 04 93 72 53 09 ou 06 18 73 09 71
http://perso.wanadoo.fr/chezpaule
Paule Heyberger

2 pers. 80/95 € - p. sup. 20 €

4 chambres (non fumeur) avec sanitaires privés. Ouvert toute l'année. Petit déjeuner gourmand : gâteaux, confitures maison... Salon avec TV. Bibliothèque. Local fitness à disposition. Parc arboré. Piscine (11x 5). Gattières : restaurants typiques de cuisine niçoise. ★ Nice, Monaco : 15 à 25 mn (nombreux musées). Circuits à thème : route du Baroque, de l'art religieux, de l'artisanat. Via Ferrata, escalade 1 h. Canyoning 30 mn. Mer, golf et équitation 10 mn. **Accès :** A8, sortie Nice/St-Isidore. N202 sur 7 km, puis à gauche Pont de la Manda, D2210 vers Gattières. Au rd-point, dir. Le Broc puis 400 m à gauche et ensuite 30 m à gauche. Dernière maison au bout de l'impasse. CM 341, pli E5.

Paule Colonna-Heyberger vous accueille dans son domaine "Les Sources", une villa de style provençal qui s'intègre parfaitement dans un parc composé d'arbres imposants (oliviers, cèdres, pins) et d'une piscine. Vous disposerez de 4 chambres spacieuses et confortables, et pourrez profiter pleinement du local fitness.

La Gaude - Alpes Maritimes (06)

NOUVEAUTÉ

★Close to Nice, Cannes, Monaco, Antibes, high-set mountain villages, all leisure activities, museums, sports.

★ ***How to get there:*** *A8, exit St-Laurent-du-Var then direction Carros along le Var. 6km from St-Laurent, La Baronne village. 300m past the La Baronne inn take the 1st road on the left, chemin du Maoupas. Michelin map 341, fold D5.*

You will be warmly welcomed when you arrive at this quiet farmhouse property set in a 24000m² estate that produces citrus fruits, avacadoes and olives. Make the most of the location of this residence which lies only 30 minutes from Italy and Cannes, 15 minutes from Nice and 4 km from the sea. "Natural" table d'hôtes, with organic, home-grown produce.

l'Orangeraie - 66, chemin du Maoupas quartier de la Baronne - 06610 La Gaude
Tél. 04 92 12 13 69 ou 06 10 90 76 35
Fax 04 92 12 17 44
www.orangeraie.fr.fm
Jean-Bernard Lallemand
TH

2 pers. 85/95 € - 3 pers. 105/115 € - repas 24 €

4 chambres climatisées avec sanitaires privés (douche balnéo), TV, mini-réfrig. et coffre-fort. Ouv. toute l'année. Petit déjeuner : 5 à 6 variétés de pain, fromages, confitures maison, fruits, produits bio. T. d'hôtes : cuisine provençale (produits du potager). Salon (TV); baby-foot. Parc 2,4 ha. Piscine, VTT, p-pong. ★ A proximité de Nice, Cannes, Monaco, Antibes, villages perchés, tous loisirs, musées, sports. **Accès :** A8, sortie St-Laurent-du-Var, puis dir. Carros, longer le Var. A 6 km de St-laurent, village La Baronne. Après l'auberge La Baronne, à 300 m, 1re route à gauche, chemin du Maoupas. CM341, pli D5.

Au calme, sur 24000 m² d'une propriété agricole qui produit des agrumes, avocats et olives, soyez les bienvenus dans une ambiance chaleureuse et décontractée. Vous pourrez bénéficier de la situation idéale de la maison : 30 mn de l'Italie et Cannes, 15 mn de Nice et 4 km de la mer. Table d'hôtes "nature" : produits bio et du potager.

Golfe-Juan Vallauris - Alpes Maritimes (06)

★Wide variety of events and festivals. Museum 1 km. Beaches 2 km. Horse-riding, cycle path and hiking 6 km.

★ ***How to get there:*** *A8, Antibes exit and D435 for Vallauris. As you leave Vallauris, head for Golfe-Juan. At rdbt, right (Bd de l'Horizon) and right for "Le Mas Samarcande" (138, Bd de Super Cannes). Michelin map 341, fold D6.*

Just three kilometres from Golfe-Juan overlooking Vallauris, famous for its pottery and art, this well-situated Provençal house affords magnificent views of the Baie des Anges. The comfortably appointed bedrooms all feature attractive bathrooms. The lounge opens out onto a vast panoramic terrace. A delightful staging post. Not to be missed.

Le Mas Samarcande
138, Bd. de Super Cannes -
06220 Golfe-Juan Vallauris
Tél./Fax 04 93 63 97 73
www.stpaulweb.com/samarcande
Mireille Diot

2 pers. 120 € - p. sup. 20/30 €

4 chambres sanitaires complets et privés, air conditionn et TV. Ouvert de mars à octobre inclus. Petit déjeuner jus de fruits frais, charcuteries, salade de fruits, fromage viennoiseries, confitures maison... Terrasse panoramiqu Jardin. Restaurants à proximité. ★ Nombreuses manifes tations et festivals. Musée 1 km. Plages 2 kn Equitation, piste VTT et randonnée 6 km. **Accès :** A sortie Antibes puis D435 vers Vallauris. A la sortie d Vallauris dir. Golfe-Juan, au rd-point à droite bd. d l'Horizon et à droite "Le Mas Samarcande" (n°138 d grand bd. de Super Cannes). CM341, pli D6.

A 3 km de Golfe Juan et dominant Vallauris, cité d potiers et ville d'art, maison provençale magnifiqu ment située avec une vue sur la baie des Ange Chambres au décor raffiné, toutes dotées de tr jolies salle de bains et bénéficiant d'un grar confort. Le séjour ouvre sur une vaste terras panoramique. Une adresse de charme à ne pas mar quer.

Gordes - Vaucluse (84)

Mas de la Beaume
84220 Gordes
Tél. 04 90 72 02 96 - Fax 04 90 72 06 89
Email : la.beaume@wanadoo.fr
www.labeaume.com
Nadine Camus

2 pers. 105/165 €

3 chambres et 2 suites (chambre et salon) avec sanitaires privés. Ouvert toute l'année. Petit déjeuner : fruits, fromage frais de saison, confiture maison, orange pressée... Jacuzzi, massages chinois aux huiles parfumées. Cour, jardin, piscine (eau salée). Nombreux restaurants provençaux et gastronomiques à proximité. ★ Village de Gordes, musée Pol Mara. Villages perchés : Bonnieux, Roussillon (carrières d'Ocre), Ménerbes, Lacoste... Marchés de Provence. Golf 10 km. **Accès :** sortir à Avignon-sud (A7) et prendre la N100 direction Apt puis Coustellet et Gordes.

A l'entrée du village de Gordes, le mas de la Beaume, demeure de charme vous accueille. Vue privilégiée sur le village de Gordes et son château, superbes chambres au décor raffiné (murs patinés, boutis, rideaux de lin, meubles anciens). Nadine et Jacky vous feront partager la richesse de ce beau pays gorgé de soleil . Etape idéale en Provence...

★Gordes village, Pol Mara Museum. Perched villages: Bonnieux, Roussillon (ochre quarries), Ménerbes, Lacoste. Provence markets. Golf course 10 km.

*★ **How to get there:** A7, Avignon-Sud exit, and take N100 for Apt, then Coustellet and Gordes.*

Nestling at the entrance to the village of Gordes, delightful Mas de la Beaume bids you welcome to its Provençal appointments. Magnificent views of the old village of Gordes and the château, and superb, elegantly furbished bedrooms (patinated walls, appliqué, linen curtains and antique furniture). Nadine and Jacky will be happy to share the treasures of this sun-blessed, fragrant region, where music and the joys of living are paramount. Ideal for exploring Provence.

Goult - Vaucluse (84)

La Borie TH
Chemin de la Verrière - 84220 Goult
Tél. 04 90 72 35 84 - Fax 04 90 72 44 46
Email : alfred.pauwels@wanadoo.fr
www.la-borie.com
Dominique et Alfred Pauwels-Renwart

1 pers. 75 € - 2 pers. 75/100 € - p. sup. 20 € - repas 25 €

4 chambres dont 1 pour 4 pers. avec mezzanine et 1 suite (2 ch. communicantes) avec TV, réfrigérateur et sanitaires privés. Ouv. toute l'année. Petit déjeuner : viennoiseries, confitures, jus de fruits, fromage. T. d'hôtes : spécialités provençales. Cour, jardin, piscine, spa, court de tennis. Cuisine d'été. ★ Villages du Luberon, sites... Festival théâtral d'Avignon. Musée de la Lavande à 10 km. Randonnée sur place. Golf, pêche 20 km. Restaurants à proximité. **Accès :** autoroute sortie Cavaillon direction Apt (N100). Quitter la N100 à Notre-Dame-de-Lumière vers Goult.

Entre le Ventoux et le massif du Luberon, cette belle bastide du XVIIe vous accueille sous le regard protecteur du village de Goult. Le cadre, l'atmosphère, les chambres et l'accueil chaleureux invitent à la détente. Ici tout respire la douceur de vivre et les parfums de lavande et vous apprécierez le mélange harmonieux du charme et de la simplicité.

★Luberon villages, places of interest. Avignon Theatre Festival. Lavender Museum 10 km. Hiking locally. Golf and fishing 20 km.

*★ **How to get there:** Motorway, Cavaillon exit for Apt. Leave N100 at Notre-Dame-de-Lumière for Goult.*

This handsome 17th-century Provençal country house, between the Ventoux and the Luberon Massif, welcomes you under the benign gaze of the village of Goult. The setting, ambience and hospitality are all you need for a relaxing break. The gentle way of life and the fragrance of lavender permeate this delightful spot and the unassuming charm and harmony are irresistible.

Grans - Bouches du Rhône (13)

Château de Couloubriers

13450 Grans
Tél./Fax 04 90 42 27 29
www.guideweb.com/provence/chateau/couloubriers
Jean-Pierre et Evelyne Gonin

1 pers. 90 € - 2 pers. 110 € - 3 pers. 135/185 €

★Salon-de-Provence 7 km. Aix-en-Provence, Arles, Les Baux-de-Provence 20 km. Nîmes, Avignon, Marseille 50 km. Golf course, horse-riding centre and lake 1 km.

★ ***How to get there:*** *A54 motorway, exit 13, and take D19 to Grans. 2 km on, drive under 2 bridges and take the first road on the right "Av. André Humbrecht". Follow "Gîtes de France" signs. Michelin map 340.*

This 18th-century château was built for Aix nobility, on a quiet 40-hectare estate with pinewoods, olive groves and truffle fields at the foot of the Alpilles. The bedrooms all have their own individual style and combine the charm of period furniture with outstanding comfort and refinement. Relax with a game of tennis, a dip in one of two pools or try the fitness trail.

2 chambres et 1 suite de 2 ch. (135/185 € 4 pers.) avec sanitaires privés et mini-bar. Ouvert du 1.05 au 30.09. Petit déjeuner : pains variés, céréales, confitures, charcuterie, jus de fruits. Billard français, biblio. Parc 40 ha. 2 piscines, tennis, VTT, croquet, boules, p-pong. Restaurants à Grans 3 km, Salon 7 km. ★ Salon-de-Provence 7 km. Aix-en-Provence, Arles, les Baux 20 km. Nîmes, Avignon, Marseille 50 km. Golf, centre équestre et plan d'eau 1 km. **Accès :** A54 sortie n°13, puis D19 vers Grans. A 2 km, passer sous les 2 ponts et 1re route à droite "André Humbrecht", suivre panneaux. CM340.

Au pied des Alpilles, dans le calme absolu d'un domaine de 40 ha agrémenté de pinèdes, d'oliveraies et de truffières, se dresse cet ancien château de la noblesse aixoise, édifié au XVIIIe. Toutes les chambres sont personnalisées et allient le charme d'un mobilier ancien à un grand confort raffiné. Pour votre détente, tennis, parcours de santé et 2 piscines.

Grans - Bouches du Rhône (13)

Domaine du Bois Vert

Quartier Montauban - 13450 Grans
Tél./Fax 04 90 55 82 98
www.domaineduboisvert.com
Jean-Pierre et Véronique Richard

1 pers. 61 € - 2 pers. 66/73 € - 3 pers. 91 €

★Arles, Les Baux de Provence, Luberon (Gordes), Aix-en-Provence. Golf, tennis, horse-riding and hiking.

★ ***How to get there:*** *A7 motorway, Salon-Sud exit, for Marseille. At Lançon de Provence, turn right onto D19 for Grans. After 5 km, turn right and follow signs. Michelin map 340.*

Handsome Provençal country house or mas between Crau and the Alpilles, with swimming pool, set in luxuriant leafy grounds. The ground-floor bedrooms exude the flavours and colours of Provence. Each has its own private entrance. A haven of peace, ideal for getting to know Provence and its long-standing traditions.

3 chambres avec sanitaires privés (réfrigérateur commun aux 3 chambres). Ouvert du 15.03 au 5.01. Copieux petit déjeuner : jus de fruits, fruits, viennoiseries, oeufs... Ping-pong. Parc de 1 ha., piscine, abri voitures. Restaurants à 1 km. ★ Arles, les Baux de Provence, le Luberon (Gordes), Aix en Provence. Golf, tennis, équitation et randonnées. **Accès :** A7 sortie Salon-sud, dir. Marseille. A Lançon de Provence, tourner à droite par la D19 dir Grans, 5 km, prendre à droite et suivre le fléchage CM340.

Entre Crau et Alpilles, très beau mas provençal avec piscine situé dans un parc exceptionnel de verdure. Ambiance provençale pour les chambres toutes différentes et en rez-de-chaussée avec entrée indépendante. Un havre de paix pour découvrir la Provence de Frédéric Mistral et ses traditions.

Graveson - Bouches du Rhône (13)

★Auguste Chabaud Museum (painting and sculpture), Perfume and Fragrance Museum, Romanesque church, St-Eloi Festival, pastoral mess. Swimming pool and golf course 10 km. Sea 70 km. Horse-riding 2 km. Tennis and hiking 1 km.

*★ **How to get there:** 12 km from A7, Avignon-Sud exit, between La Durance and Les Alpilles. A detailed map will be supplied at time of booking. Michelin map 340.*

A typical Provençal atmosphere awaits you at La Demeure Toscane, a handsome 16th-century residence in the heart of the village. This authentic setting affords heavenly peace and quiet for a relaxing stay. The studied elegant decoration is enhanced by an array of handmade objects and items acquired over the years, which will bring out the artist in you.

La Demeure Toscane
5, place de l'Eglise - 13690 Graveson
Tél./Fax 04 90 95 89 79
www.lademeuretoscane.fr.st
Chantal et Jean-François Lemaire

1 pers. 76/96 € - 2 pers. 80/100 € - 3 pers. 120 € - p. sup. 25 €

2 chambres avec sanitaires privés. Ouvert toute l'année. Petit déjeuner : jus de fruits frais, yaourt ou fromage blanc, pâtisseries, confitures maison, pain artisanal... Salle de jeux, lecture. Cour, jardin. Bassin de détente, chaises longues, lit repos sur la terrasse. Parking clos pour 2 voitures. Auberges à proximité. ★ Musée Auguste Chabaud, musée des arômes et du parfum, l'église romane, le marché paysan, le St-Eloi, la messe pastorale... Piscine et golf 10 km. Mer 70 km. Equitation 2 km. Tennis et randonnée 1 km. **Accès :** à 12 km de la A7 (sortie Avignon sud), entre la Durance et les Alpilles. Un plan d'accès plus détaillé vous sera communiquer lors de la réservation. CM340.

Une ambiance typiquement provençale dans une belle demeure du XVIe, au cœur du village, préservée par l'authenticité et le calme pour s'octroyer un paradis le temps d'une nuit. La recherche raffinée de la décoration, ainsi que mille petits objets chinés et transformés vous communiqueront l'envie de créer.

Grimaud - Var (83)

★Port Grimaud 2 km. Saint-Tropez 8 km. Hiking, flea markets, markets. Wine cellars 500 m. Horse-riding, tennis, cycling 1 km. Sea, musuem 2 km.

*★ **How to get there:** A8, exit le Luc, direction St-Tropez. On the way out of Grimaud, take D14 for 2km, then D44 direction Plan de la Tour for 200m and take the 1st right.*

La Paressanne, nestling in the heart of the Saint-Tropez golf course amid two hectares of vines and pine trees, is paradise on earth. This superb residence provides three tastefully appointed bedrooms by a stream, and each has its own terrace with garden furniture and a separate entrance. Magnificent terrace, landscaped garden and overflow pool. Simply delightful.

La Paressanne
Route du Plan de la Tour - 83310 Grimaud
Tél. 04 94 56 83 33 ou 06 80 67 16 36
Fax 04 94 56 01 94
www.paressanne.fr.st
Catherine Barth

1 pers. 79/89 € - 2 pers. 79/89 € - 3 pers. 105 €

3 chambres avec TV sat., bains et wc privés. Ouv. toute l'année. Petit déj. : jus d'orange, croissants, confitures, miel, yaourt... Biblio., pétanque. Salon de jardin, patio avec oliviers, fontaines, cascades, jardin paysager, piscine à débordement. 59 €/2 pers. basse-saison. ★ Port Grimaud à 2 km. St-Tropez 8 km. Cavalaire 17 km. La Verne 25 km. Randonnées, brocantes, marchés. Caves vinicoles 0,5 km. Equitation, tennis, VTT 1 km. Mer, musée 2 km. Golf à proximité. **Accès :** A8, sortie Le Luc, prendre dir. St-Tropez. A la sortie de Grimaud, prendre la D14 sur 2 km, puis la D44 dir. Plan de la Tour sur 200 m et 1er chemin à droite. CM340.

La Paressanne nichée sur 2 ha au cœur du golfe de St-Tropez, entourée de pins et de vignes est un véritable petit paradis. Les 3 chambres décorées avec goût, situées en bordure d'un ruisseau, disposent chacune d'une terrasse et d'une entrée privée. Le jardin paysager, l'éclairage artistique et la piscine à débordement en font une excellente adresse.

Isle-sur-la-Sorgue - Vaucluse (84)

★Mountain bikes. Golf course 3 km. Horse-riding. Tennis. Footpaths. Fishing. Music and Theatre Festivals.

*★ **How to get there:** Motorway, Avignon-Sud exit, for Isle-sur-la-Sorgue. When you reach the centre of Isle-sur-la-Sorgue, head for Apt. After "Citroën", first right and first left.*

Irmy and Dominique are your hosts at this old Provençal mas, bordering Isle-sur-la-Sorgue. You will enjoy the charm of the spacious, comfortable bedrooms decorated with sparkling colours, the swimming pool and the peace and quiet of this enchanting spot set in four hectares of Provençal greenery.

Domaine de la Fontaine TH
920, chemin du Bosquet -
84800 Isle-sur-la-Sorgue
Tél. 04 90 38 01 44 - Fax 04 90 38 53 42
www.domainedelafontaine.com
Dominique et Irmy Sundheimer

2 pers. 89/99 € - 3 pers. 145 € - p. sup. 23 € - repas 28 €

3 chambres et 2 suites familiales avec tél., salle d'eau et wc privés. Ouvert toute l'année. Savoureux petit déjeuner. Table d'hôtes (2 fois/semaine) : lotte à la provençale, parfait maison... TV (sur demande). Cour, jardin, terrasse à l'ombre des platanes centenaires, parc, piscine privée. ★ VTT. Golf à 3 km. Equitation. Tennis. Sentiers pédestres. Pêche. Festivals de musique et théâtre. **Accès :** autoroute sortie Avignon-sud, direction Isle-sur-la-Sorgue, puis du centre direction Apt et 1re à droite après "Citroën", puis 1re à gauche, c'est le 1er mas sur la droite.

En bordure de l'Isle-sur-la-Sorgue, Irmy et Dominique vous accueilleront chaleureusement dans un vieux mas provençal. Vous apprécierez le charme des chambres spacieuses et confortables aux couleurs chatoyantes, la piscine et la tranquillité de ce lieu enchanteur entouré de 4 ha de verdure provençale.

Isle-sur-la-Sorgue - Vaucluse (84)

★Isle-sur-la-Sorgue, starting point for a wide range of music and theatre events and a variety of flea and traditional markets. Tennis 3 km. Golf and fishing 4 km. Hiking locally.

*★ **How to get there:** A7, Avignon-Sud exit, for Fontaine-de-Vaucluse/Isle-sur-la-Sorgue. As you leave Isle-sur-la-Sorgue, head for Apt for 3 km. Les Fontanelles is the first house on the right on the Route de Lagnes.*

This 18th-century mas, originally a magnanerie, is situated at the foot of the Monts de Vaucluse and Luberon cliffs. Three tastefully appointed suites await your arrival here. Enjoy a pre-prandial drink in the inner courtyard and dinner on the terrace or in the orangery, and by the fire on chilly evenings. Relax in the swimming pool.

Mas Les Fontanelles TH
114, route de Lagnes -
84800 Isle-sur-la-Sorgue
Tél./Fax 04 90 20 72 59 ou 06 79 50 34 02
www.lesfontanelles.com
Jacques Konings

2 pers. 95 € - repas 25 €

3 suites (non fumeur) avec sanitaires privés, TV et mini-réfrigérateur. Ouv. toute l'année. Petit déj. : viennoiseries, charcuterie du pays, confitures maison... T. d'hôtes : foie gras poêlé aux abricots, loup de mer à la ciboulette... Biblio. Dans l'orangerie, musique classique. Jardin, cour. Piscine. ★ Isle-sur-la-Sorgue, point de départ idéal pour toutes manifestations musicales, théâtrales et brocantes, marchés. Tennis 3 km. Golf et pêche 4 km. Randonnées sur place. **Accès :** A7, sortie Avignon sud dir. Fontaine-de-Vaucluse/Isle-sur-la-Sorgue. A la sortie d'Isle, prendre dir. Apt à 3 km. Sur la route de Lagnes, c'est la 1re maison sur la droite.

Ce mas du XVIIIe est une ancienne magnaneraie, situé au pied des falaises des monts du Vaucluse et du Luberon, qui vous propose 3 suites décorées avec goût. L'apéritif est servi dans la cour intérieure, le dîner sur la terrasse ou dans l'orangerie et si la soirée est fraîche, près du feu de cheminée. La piscine est là pour votre détente.

Jouques - Bouches du Rhône (13)

★The heart of Provence, 30 min. from Aix-en-Provence and one hour's drive from the region's famous sights: the Luberon, Verdon Gorges, Calanque de Cassis, Camargue, Alpilles. Tennis 3 km. Lake 6 km.

*★ **How to get there:** 30 min. north-east of Aix. Before Jouques village, turn right at the Elf service station and head for Le Catalan. Drive 2 km. Michelin map 340.*

Magalie and Philippe welcome you to their 17th-century mas, set on a 38-hectare estate between the Luberon and Sainte-Victoire. Your hosts offer attractive, spacious bedrooms decorated in the colours of Provence. Peace and quiet are assured in the shade of centuries-old trees. An ideal spot for the farniente life.

Le Catalan TH
Campagne Le Catalan - 13490 Jouques
Tél./Fax 04 42 67 69 43 ou 06 14 13 20 05
www.le-catalan.com
Philippe et Magalie Mary

1 pers. 45 € - 2 pers. 60 € - 3 pers. 78 € - p. sup. 18 € - repas 20 €

4 ch. et 1 suite, toutes avec bains et wc privés. Ouv. toute l'année. Petit déj. : pains frais variés, viennoiserie, nombreuses confitures originales... Salle de jeux. Piscine, volley, pétanque, p-pong. Propriété agricole sur sur un domaine de 38 ha (dont 20 de bois) avec cultures de plantes aromatiques. Restaurant 2 km. ★ Au cœur de la Provence, à 1/2 h d'Aix-en-Provence et 1 h en voiture des sites réputés : le Luberon, les gorges du Verdon, les calanques de Cassis, la Camargue, les Alpilles... Tennis 3 km. Plan d'eau 6 km. **Accès :** à 1/2 h au nord-est d'Aix. Avant le village de Jouques, tourner à droite à la station Elf et suivre la direction le Catalan sur 2 km. CM340.

Entre le Luberon et la Sainte-Victoire, Magalie et Philippe vous accueillent dans leur mas du XVIIe siècle situé sur un domaine de 38 ha. Ils proposent de belles et vastes chambres joliment décorées aux couleurs de la Provence. Calme garanti et farniente à l'ombre des arbres centenaires.

Lacoste - Vaucluse (84)

★High spots of the Luberon. Roman Provence, Music and Theatre Festivals. Regional Nature Park. Tennis, horse-riding, golf, hiking.

*★ **How to get there:** Main entrance by the old church in Lacoste. If you are on foot, walk round behind the church.*

This attractive old house, close to Lacoste village, stands in two-hectares of land with terraces, affording panoramic views of Mont Ventoux. The bedrooms have been designed in a fresh, contemporary style (lacquered furniture, wood and wickerwork). There is also a swimming pool for guests' enjoyment.

Bonne-Terre
84480 Lacoste
Tél./Fax 04 90 75 85 53
Email : roland.lamy@luberon-lacoste.com
www.luberon-lacoste.com
Roland Lamy

1 pers. 85/105 € - 2 pers. 90/110 € - 3 pers. 110/130 € - p. sup. 20 €

5 chambres avec douche et wc privés et 1 chambre avec bains et wc privés, toutes climatisées. Ouvert toute l'année sauf décembre. Copieux petit déjeuner. Parc. Piscine. Parking fermé. Enfant - 2 ans : 1 €. Chiens admis (suppl. 6 €). 2 restaurants au village. Il est souhaité de bien vouloir préciser son heure d'arrivée. ★ Hauts lieux du Luberon. Provence romaine, festivals : musique, théatre. Parc Naturel Régional. Tennis, équitation, golf, randonnées pédestres. **Accès :** entrée principale avant la vieille église de Lacoste et sinon à pied derrière la même église.

Jolie maison ancienne située sur un terrain en terrasses de 2 ha, avec vue panoramique sur le mont Ventoux, à proximité du village. Les chambres sont contemporaines et fraîches (laques, bois, vannerie) et vous pourrez vous détendre agréablement au bord d'une très belle piscine à débordement.

Lagarde-Paréol - Vaucluse (84)

★Roman theatres and excavations. Avignon and Vaison-la-Romaine Festivals. Dentelles de Montmirail. Wine-growing country. Walks in the area. Tennis court 2 km. Fishing 5 km. Horse-riding 6 km. Golf course 8 km. Climbing 15 km.

★ ***How to get there:*** *A7, exit 19 Bollène. D8 Nyons/Carpentras-Rochegude. Ste-Cécile-les-Vignes. D976 Orange. After 2 km, tile factory on right, and 1.3 km on: Domaine Les Serres.*

Domaine Les Serres spans a magnificent 1-hectare park crafted by nature, at the foot of a hill chain. The residence is an authentic example of rough limestone building. A mas full of charm where the good life and genuine hospitality are simply a matter of course. Guest bedrooms bursting with character in an outstanding setting. A stay to remember.

Domaine Les Serres TH
84290 Lagarde-Paréol
Tél. 04 90 30 76 10 ou 06 07 49 39 23
Fax 04 90 30 74 31
www.domaine-les-serres.com
Ton et Loeke Krijger-Beaumont

1 pers. 90 € - 2 pers. 129 € - 3 pers. 139 € - p. sup. 7,50 € - repas 23 €

5 ch. climatisées dont 4 familiales avec TV, vidéo, coin-salon et sanitaires privés. Ouv. toute l'année. Petit déjeuner : pains variés, fruits, fromages, viennoiserie, charcuterie. T. d'hôtes sur demande. Biblio., cheminée, piano. Cour, jardin, parc ombragé et clos 1 ha, piscine, pool-house, terrasses. Vélos VTT, VTC. ★ Fouilles et théâtres romains. Festivals : Avignon, Orange et Vaison la Romaine. Dentelles de Montmirail. Route des Vins. Ballades sur place. Tennis 2 km. Pêche 5 km. Equitation 6 km. Golf 8 km. Escalade 15 km. **Accès :** A7 sortie 19 Bollène. D8 Nyons/Carpentras-Rochegude. Ste.Cécile-les-Vignes. D976 Orange. Après 2 km, carrelages à droite et après 1,3 km : Domaine Les Serres.

Au pied d'une chaîne de collines, le domaine Les Serres s'étend dans un magnifique parc de 1 ha modelé par la nature. En pierre calcaire brute, le domaine est un exemple authentique de mas-en-pierre. Un mas de charme où il fait bon vivre et où la chaleur de l'accueil et de l'hospitalité vont de soi. Etape de charme dans un cadre d'exception.

Lagnes - Vaucluse (84)

★A stone's throw from the Luberon Regional Nature Park. Isle-sur-la-Sorgue, Provence's art and antiques capital. Fontaine de Vaucluse (reappearance of river), Gordes. Tennis, golf, canoeing, horse-riding, hiking, biking.

★ ***How to get there:*** *On D24, between N100 and D99.*

In the heart of Luberon Regional Park, close to Isle-sur-la-Sorgue, four comfortable, spacious bedrooms await you at this handsome 18th-century farmhouse, now fully restored. A haven of greenery with sunshine and tranquillity for a relaxing, farniente break in the shade of a three-hundred-year-old plane tree.

La Pastorale
route de Fontaine de Vaucluse - 84800 Lagnes
Tél. 04 90 20 25 18 - Fax 04 90 20 21 86
Email : lapastorale84@aol.com
www.la-pastorale.net
Elisabeth Negrel

1 pers. 72 € - 2 pers. 75 € - 3 pers. 92 € - p. sup. 17 €

2 chambres et 2 suites avec bains ou douche et wc privés. Ouv. toute l'année. Petit déj. : confitures maison, pain typique, jus fruits, fruits, yaourt... Téléphone à disposition. Cuisine d'été réservée aux hôtes (du 01.05 au 30.09). Cour, jardin et parc avec chaises longues. Garage fermé. Nombreux restaurants alentours. ★ A 2 pas des plus beaux village de France du Luberon. Isle-sur-Sorgue : capitale de l'art et des antiquités. Fontaine de Vaucluse, Gordes... Tennis, golf, canoë-kayak, équitation, randonnées pédestres, VTT. **Accès :** sur la D24, entre la N100 et la D99.

Aux portes du Parc Régional du Luberon et à proximité de l'Isle-sur-Sorgue, 4 chambres confortables et spacieuses ont été aménagées dans cette belle ferme du XVIIIe siècle entièrement restaurée. Dans ce havre de verdure, soleil et tranquillité seront au rendez-vous et pour vous détendre, farniente à l'ombre du platane tricentenaire.

Lambesc - Bouches du Rhône (13)

4, route d'Avignon - 13410 Lambesc
Tél./Fax 04 42 92 81 71 ou 06 09 77 38 15
www.amories.net
Christine Benoist

1 pers. 65 € - 2 pers. 73 € - 3 pers. 98 €

1 suite/2 ch. avec salle de bains et wc privés, au même niveau : 1 ch. avec salle de bains face à la ch. (lit à baldaquin). Ouvert toute l'année. Petit déjeuner gourmand. Grand salon avec bibliothèque, piano. Jardin, terrasses, salon de jardin. Parking privé. Piscine, ping-pong. Restaurants à proximité. ★ Au cœur des festivals d'Aix-en-Provence et d'Avignon, celui de piano à la Roque d'Antheron. Mer 45 km. Tennis 1 km. **Accès :** A7, sortie Senas. Sur la N7 direction Aix-Lambesc. A Lambesc, prendre l'ancienne route en direction du centre ville, la maison est sur la gauche (avant le garage Peugeot). CM340.

C'est dans un superbe mas verdoyant et fleuri que vous serez chaleureusement reçus par Christine. Elle vous propose de séjourner dans un havre de paix, où 1 jolie suite et 1 chambre aux couleurs claires, décorées avec goût, vous attendent. A votre disposition, confortables transats dans le patio ombragé et la piscine pour les jours de grande chaleur.

★Nearby: Aix-en-Provence Opera, Avignon Theatre and Roque d'Anthéron Piano Festivals. Sea 45 km. Tennis 1 km.

★ ***How to get there:*** *A7, Senas exit. On N7 heading for Aix-Lambesc. In Lambesc, take the old road for the town centre. The house is on the left, before the Peugeot garage. Michelin map 340.*

A warm welcome awaits you from your hostess Christine at this superb mas, in a verdant setting ablaze with flowers. This haven of peace and quiet offers an attractive, tastefully decorated suite and bedroom in light tones. Relax in comfortable deckchairs on the shaded patio or by the pool in the hot, sultry summer weather.

Lambesc - Bouches du Rhône (13)

Le Gallatras

route de Caire-Val - 13410 Lambesc
Tél. 04 42 92 75 70 ou 06 87 39 43 38
Fax 04 42 92 75 92
Giordano et Roselyne Foglia

1 pers. 90/95 € - 2 pers. 95/100 €

2 chambres avec sanitaires privés, toutes disposant d'un mini-bar. Ouvert toute l'année. Petit déjeuner : confitures, jus de fruits, œufs coque, pâtisseries... Vaste séjour de 118 m² avec cheminées. Parc boisé (1er prix jardin fleuri 2002). ★ Le Luberon 16 km. Aix-en-Provence 20 km. Tennis 2 km. Equitation 3 km. Golf 9 km. **Accès :** direction Lambesc centre. A la poste, dir. Caire-Val. Faire 1,5 km et tourner à gauche au Gallatras. CM340.

Perchée sur une colline dominant la campagne de Lambesc, au milieu des vignes de culture biologique et en bordure d'une forêt de pins et de chênes, belle demeure de caractère en pierre. Intérieur avec poutres et portes anciennes, décoré avec charme et originalité. Beaux objets et mobilier ancien. Beau parc aéré et fleuri.

★The Luberon 16 km. Aix-en-Provence 20 km. Tennis court 2 km. Horse-riding 3 km. Golf course 9 km.

★ ***How to get there:*** *Head for Lambesc-Centre. At the post office, head for Caire-Val. Drive 1.5 km and turn left at Le Gallatras. Michelin map 340.*

This handsome stone house with character nestles on a hillside overlooking the Lambesc countryside, amid organically grown vines, on the edge of a pine and oak forest. The interior features original beams and doors and is decorated with great charm and originality. Fine artefacts and antique furniture. The handsome, spacious floral park won first prize in the Garden in Bloom Competition 2002.

Lauris - Vaucluse (84)

Bastide du Piecaud
Chemin de l'Escudier - 84360 Lauris
Tél./Fax 04 90 08 32 27 ou 06 82 86 10 30
Email : bastide.du.piecaud@free.fr
www.bastide-du-piecaud.fr
Famille Schlumberger-Chazelle

1 pers. 80/87 € - 2 pers. 80/87 € - p. sup. 30 €

4 ch. et 1 suite avec sanitaires privés. Ouv. de mi-mars à mi-nov. (sur dem. de mi-nov. à mi-mars). Petit déjeuner : salade fruits frais, pains variés, confitures maison... Bibliothèque (français et anglais). Cuisine d'été à dispo. Cour, parc 7 ha. Piscine. Nombreux restaurants à proximité. Chèques vac. acceptés. ★ Festivals d'été. Terre des papes en Avignon, des juifs du pape, des vaudois, des protestants, des cisterciens. Lumière des peintres. Randonnées dans le Lubéron. Tennis à Lauris. Golf 17 km. **Accès :** un plan détaillé sera remis lors de la réservation.

Cette belle bastide en pierres du XVIIe, fraîche en été, a été restaurée avec beaucoup d'élégance. Chaque chambre, aux couleurs apaisantes, a son ambiance propre. La cour intérieure invite au repos et le parc à la flânerie. Equilibre entre la splendeur du paysage et la sérénité des lieux. Une adresse hors du temps.

★Summer festivals. Land of Avignon Papacy, Popes' Jews, Vaudois, Protestants and Cistercians. Light captured by painters down through the ages. Hiking in the Luberon. Tennis courts at Lauris. Golf course 17 km.

*★ **How to get there:** Full details will be supplied at time of booking.*

This handsome, elegantly restored 17th-century stone bastide stays cool in the summer heat. The bedrooms are decorated in soothing colours and each has an atmosphere of its own. The inner courtyard is ideal for a relaxing nap and the park will beckon you to take leisurely strolls. A harmonious balance of magnificent landscape and serenity, where time stands still.

Lauris - Vaucluse (84)

La Maison des Sources TH
Chemin des Fraisses - 84360 Lauris
Tél./Fax 04 90 08 22 19 ou 06 08 33 06 40
Email : contact@maison-des-sources.com
www.maison-des-sources.com
Martine Collart-Stichelbaut

1 pers. 75/79 € - 2 pers. 85/87 € - 3 pers. 103/108 € - p. sup. 20 € - repas 25 €

4 ch. : 1 avec bains + douche, 2 avec douche, 1 idéale 4 pers. avec bains + douche, wc privés. (140 €/4 p.). Ouv. toute l'année. Petit déjeuner : laitages, pâtisseries, confitures, fruits. T.d'hôtes occasionnelle (apéritif/vin/café ou tisane compris). Beau terrain en terrasses (sources, bassins). Végétation luxuriante. ★ A proximité : plan d'eau, piscine, pêche, tennis, équitation, VTT, golf. Sentiers de randonnée. Circuits des châteaux et des vins. Abbayes. Festivals. Situation idéale pour découvrir la Provence. **Accès :** sur la D973 entre Cavaillon et Pertuis. Avignon dir. Cavaillon.

Entre Durance et Luberon, à travers roseaux et arbres fruitiers, adossée à la falaise, superbe bastide du XVIIIe restaurée à l'ancienne, sur un vaste terrain de 3 ha en restanques avec bassins et sources. Aménagée avec goût et confort, vous y apprécierez sa douceur de vivre, son calme et son atmosphère chaleureuse.

★Nearby: lake, swimming pool, fishing, tennis, horse-riding, mountain biking and golf. Hiking paths. Châteaux tours and wines. Abbeys. Festivals. Ideally situated for exploring Provence.

*★ **How to get there:** On D973 between Cavaillon and Pertuis. From Avignon, head for Cavaillon.*

Between the Durance and the Luberon, through reeds and fruit trees, you will come across a troglodyte dwelling which backs onto a hillside. This superb 18th-century country house, restored to pristine splendour, stands in 3 hectares of terraced land, with ponds and streams. Tasteful and comfortable. Savour the good life and the peace and quiet.

Malaucène - Vaucluse (84)

Le Château Cremessière
84340 Malaucène
Tél. 04 90 65 11 13
Email : e.dalla@provenceservices.com
Michel et Elisabeth Dallaporta-Bonnel

1 pers. 63/75 € - 2 pers. 65/85 € - p. sup. 25 €

★Hiking and biking on Mont Ventoux. Dentelles de Montmirail. Toulourenc and Ouvèze Rivers. Paty Lake. Festivals. Provence markets. Wine estate tours. Wide variety of restaurants within a 400-m radius. Less than 1 hr from Avignon, Arles, Nîmes and Orange.

*★ **How to get there:** D938, Malaucène-Sud exit. 30 m past the church. Take the first gateway on the right and the drive lined with time-honoured lime trees.*

A handsome two-hectare property set in a flourish of greenery, with trees and meadows, at the foot of Mont Ventoux. This 16th-century château offers three comfortable bedrooms and a suite featuring handsome 18th and 19th-century furniture. Breakfast is served on the terrace under the hundred-year-old plane tree.

3 chambres avec douche et wc privés (dont 1 avec terrasse) et 1 suite avec terrasse, séjour, cuisine, cheminée, TV, bains et wc privés. Ouv. à Pâques et du 28/04 au 03/09. Réfrigérateur à dispo. Terrasse ombragée, salon de jardin, tables p-nique. Garage vélo-moto, parking. Animaux admis sur demande. ★ Randonnées pédestres et cyclistes dans le Mt-Ventoux. Dentelles de Montmirail. Rivières de Toulourenc, de l'Ouvèze. Lac du Paty. Festivals. Marchés. Route du vin. A moins d'1 h : Avignon, Arles, Nîmes, Orange **Accès :** D938 sortie sud de Malaucène. 30 m après l'église. 1er portail à droite et allée bordée de vieux tilleuls.

Dans un cadre de verdure, belle propriété de 2 ha avec arbres et prairie, au pied du Mont-Ventoux. Dans le château du XVIe siècle, 3 chambres et 1 suite vous sont réservées. Beau mobilier ancien d'époque XVIIIe et XIXe. Petit déjeuner servi sur la terrasse sous un platane centenaire.

Maubec - Vaucluse (84)

Au Bord du Temps
quartier Bouteiller - 84660 Maubec
Tél. 04 90 76 48 44
Marthe et Henry Deneits

2 pers. 75/82 € - p. sup. 20 €

Avignon Festival. La Roque d'Anthéron. Lacoste. The markets and listed villages of Provence. Wine cellars. Golf, tennis and horse-riding 6 km. Hiking locally.

*★ **How to get there:** A7, Avignon-Sud exit, and head for Apt and Castellet. At Coustellet, turn right for Cavaillon, and then left for "Camping Maubec".*

On a protected site at the foot of the Luberon, Au Bord du Temps, originally a sheepfold, has been lovingly restored using only natural materials. The highly original decoration, thoughtful hospitality and the owners' ready availability will make your stay at this spot where time stands still wholly memorable. Please call to book, as there is no website.

2 chambres avec sanitaires privés. Ouvert du 15.3 au 20.10. Petit déjeuner (produits bio) : confitures maison, salades de fruits, jus de fruits... Pétanque, jeux d'enfants. Piscine. Petite cuisine sur les terrasses privées. Terrain 8000 m² clôturé et paysager. Cour, jardin. Poss. pique-nique dans le parc. ★ Festival d'Avignon. La Roque d'Autheron. Lacoste. Tous les villages classés et les marchés provençaux. Toutes les caves. Golf, tennis et équitation 6 km. Randonnées sur place. **Accès :** A7, sortie Avignon sud, prendre ensuite dir. Apt puis Castellet. A Coustellet, à droite vers Cavaillon, et encore à gauche vers le "camping Maubec".

Au pied du Luberon, dans un site protégé, ancienne bergerie restaurée avec passion, unquement avec des matériaux naturels. La décoration toute particulière, l'accueil attentif et la grande disponibilité des maîtres des lieux feront que vous n'oublierez jamais cet endroit "hors du temps". Ne nous cherchez pas sur Internet, il faut téléphoner, nous préférons.

Mazan - Vaucluse (84)

NOUVEAUTÉ

Mont-Ventoux, Avignon Festival, Vaison-la-Romaine and Orange singing festivals, Dentelles de Montmirail... Horse-riding, fishing, bathing/swimming 8 km.

★ ***How to get there:*** *A7, exit le Pontet or Orange sud, direction Carpentras. Take the D942 in the direction of Mazan and then the D70, direction Caromb.*

Opposite Mont-Vantoux, in a stunning location, there are 2 tastefully decorated bedrooms available on a wonderful estate where you can relax in the peace and quiet of this beautiful region. Sylvie will prepare you delicious provençal dishes and Franck will share with you his passion for the vineyards. A haven of tranquility, this stop at the heart of the Vaucluse is not to be missed.

Le Repaire du Géant TH
952, chemin de Modène - 84380 Mazan
Tél./Fax 04 90 69 81 93
Email : contact@repairedugeant.com
www.repairedugeant.com
SCEA le Repaire du Géant

1 pers. 70 € - 2 pers. 80 € - repas 20 €

2 chambres avec sanitaires privés. Ouv. toute l''année. Petit déjeuner : brunch à la provençale, compositions salée et sucrée, fruits frais. T. d'hôtes : à base de produits du terroir (légumes, fromage de chèvre, fruits...). Salon avec bibliothèque. Cour, jardin, parc 10 ha. Bassin naturel. Vignoble en culture bio. ★ Mont-Ventoux, festival d'Avignon, choralies de Vaison-la-Romaine, chorégies d'Orange, Dentelles de Montmirail... Equitation, pêche, baignade 8 km. **Accès :** A7, sortie le Pontet ou Orange sud, dir. Carpentras, puis D942 dir. Mazan et D70 dir. Caromb.

Face au Mont-Ventoux, dans un site privilégié, nous vous proposons 2 chambres d'hôtes raffinées pour un séjour de charme au cœur de notre domaine. Sylvie vous régalera avec ses plats provençaux savoureux et Franck vous fera partager sa passion pour les vignes. Un havre de paix en plein cœur du Vaucluse.

Meolans-Revel - Alpes de Hautes Provence (04)

Barcelonnette: Valley Museum (Villa La Sapinière), House of Mexico. Roche la Croix, Tournoux, Saint-Ours fortifications. Freshwater sports and rock climbing 500 m. Fishing 2 km. Bathing and gliding 10 km.

★ ***How to get there:*** *From Le Lauzet, head for Barcelonnette. Drive through La Fresquière. As you leave the village, turn left for "Les Méans" hamlet.*

Les Méans is a handsome and imposing restored 16th-century farmhouse. The four, individually appointed bedrooms offer a matching palette of colours and furnishings. Your host, Frédéric, is a mountain guide and will be happy to share his love of the peaks with you. This enchanting residence is a tribute to an art of living.

Les Méans
04340 Meolans-Revel
Tél./Fax 04 92 81 03 91 ou 06 70 00 71 57
Email : elisabeth@les-means.com
www.les-means.com
Frédéric et Elisabeth Millet

1 pers. 50 € - 2 pers. 60/65 € - p. sup. 15 €

2 chambres et 2 suites avec sanitaires privés. (75 85 €/suite 2 pers. - 110 €/suite 4 pers.). Ouv. toute l'an née. Petit déjeuner : tartes au fruits selon saison, jus d fruits frais, fromages, yaourts... T. d'hôtes occasionnelle su résa. Jardin, parc 1 ha (verger). Restaurants 10 km. A 5 m à pied de Meolans. ★ Barcelonnette : musée de la vallée maison du Mexique. Les fortifications : Roche la Croix Tournoux, Saint-Ours. Sports d'eau vive et escalad 500 m. Pêche 2 km. Baignade et vol à voile 10 km **Accès :** du Lauzet prendre direction Barcelonnette, tra verser la Fresquière. A la sortie du village, tourner à gau che vers le hameau "Les Méans".

Une belle et imposante ferme restaurée du XV siècle vous propose 4 chambres d'hôtes personna lisées, toutes avec une parfaite harmonie des cou leurs et du mobilier. Frédéric, guide de haute mon tagne, vous fera partager sa passion pour l sommets. Demeure de charme qui témoigne d'u certain art de vivre.

Modène - Vaucluse (84)

★Mont Ventoux, Luberon, Avignon, Orange. Winetasting. Tennis, horseriding 3 km. Swimming/bathing 10 km. Golf 30 km.

★ ***How to get there:*** *At Carpentras, head for Bedoin-Le Mont-Ventoux on D974 and left for Modène at the intersection. The house is on the left-hand side, it is yellow with grey shutters.*

This handsome 18th-century residence, sheltered by the Mont-Ventoux, in the heart of Provence, has been tastefully restored to offer quiet relaxation in an elegant and inviting setting. An ideal place to stay for those exploring the Provence or for those who simply want to relax by the side of a stunning swimming pool.

La Villa Noria TH
84330 Modène
Tél. 04 90 62 50 66 - Fax 04 90 12 79 44
Email : post@villa-moria.com
www.villa-noria.com
Philippe Monti

1 pers. 50/150 € - 2 pers. 50/150 € - 3 pers. 180 € - repas 25 €

4 chambres et 1 suite avec sanitaires privés. Ouv. toute l'année. Petit déjeuner : confitures et pâtisserie maison, jus de fruits, yaourts, fruits de saison, céréales... Poss. table d'hôtes (déjeuners uniquement). Terrasse, jardin. Piscine à l'eau salée. Restaurant à 4 km. ★ Mont Ventoux, Luberon, Avignon, Orange. Dégustation de vins. Tennis, équitation 3 km. Baignade 10 km. Golf 30 km. **Accès :** à Carpentras, prendre dir. Bedoin-Le Mont Ventoux par D974 puis prendre dir. Modène, intersection sur votre gauche. Grande maison jaune au volets gris, faisant dos au lavoir.

Au cœur de la Provence, à l'abri du Mont-Ventoux, cette belle maison du XVIIIe siècle restaurée avec raffinement vous séduira par ses chambres. Chacune a son ambiance où se mêlent confort, charme et authenticité. Une adresse idéale pour découvrir les richesses provençales ou tout simplement se détendre et profiter de la piscine pour rafraîchir une journée.

Moissac Bellevue - Var (83)

NOUVEAUTÉ

★Ste-Croix lake and Verdon gorges 15 km. Aups 5 km. Tennis, horse-riding 5 km. Golf 40 km. Climbing 20 km. Beach 70 km. Lake 10 km.

★ ***How to get there:*** *Exit St-Maximin direction Gorges du Verdon (D560), then D30 to Aups, then D9 towards Regusse. The property is 3.6 km on, on the right. Michelin map 340.*

At the heart of the Var countryside, this beautiful 6th-century building used to be part of the Templars' commandery. You will fall in love with the interior which is comfortable and furnished in keeping with the countryside setting and you can relax in the shady and wooded grounds. Located near to the Verdon lake and gorges, this is a totally tranquil stop.

La Commanderie des Templiers TH
Service Réservation
37, av. Lazare Carnot - 83300 Draguignan
Tél. 04 94 50 93 93 ou Prop. : 04 94 70 51 65
Fax 04 94 50 93 90
www.gites-de-france.fr

1 pers. 67/82 € - 2 pers. 84/135 € - p. sup. 16 € - repas 32 €

3 chambres avec sanitaires privés et TV (dont 1 avec réfrigérateur, salon et terrasse). Ouv. de Pâques à mi-octobre. Petit déjeuner : viennoiseries, confitures maison, fromage, charcuterie, céréales... T. d'hôtes : poulet en crapaudine, cuisine provençale, pâtisseries maison... Biblio., jeux société. Parc 1 ha. Piscine. ★ Lac Ste-Croix et gorges du Verdon 15 km. Aups 5 km. Tennis, équitation 5 km. Golf 40 km. Escalade 20 km. Plage 70 km. Plan d'eau 10 km. **Accès :** sortie St-Maximin dir. Gorges du Verdon (D560), puis D30 jusqu'à Aups, ensuite D9 dir. Regusse. A 3,6 km à droite potence Commanderie des Templiers. CM340.

Au cœur de la campagne varoise, cette belle bâtisse du VIe siècle est une ancienne dépendance de la commanderie des Templiers. Vous serez séduits par un intérieur confortable avec un mobilier de style campagnard et pourrez vous reposer dans le parc boisé et ombragé. Une étape en toute quiétude à proximité du lac et des gorges du Verdon.

Monteux - Vaucluse (84)

La Capelo TH
1860, chemin des Deux Saules - 84170 Monteux
Tél. 04 90 61 02 38 ou 06 24 45 06 07
Email : lacapelo@wanadoo.fr
Jo et Roger Nallet

1 pers. 65/80 € - 2 pers. 75/90 € - repas 25 €

4 chambres avec sanitaires privés (literie 180 x 200). Ouvert toute l'année. Petit déjeuner : viennoiseries, confitures maison, miel, œufs, yaourts... T. d'"hôtes : caviar de légumes, agneau de Provence, court bouillon de poisson... Salle de jeux, biblio., salon. Vélos, pétanque. Piscine. Jardin, parc 0,45 ha. ★ Au milieu de vignobles réputés (Châteauneuf, Gigondas, Tavel...) et de grands sites de Provence (Mt-Ventoux, Avignon, Gordes, Isle-sur-la-Sorgue...). Tennis 3 km. Pêche et équitation 5 km. **Accès :** d'Avignon, prendre D942 sortie Monteux nord. Dir. Sarrians à droite, puis Avignon à gauche. A 10 m, prendre à droite "chemin des Champs Courts", à 500 m à droite "chemin des 2 Saules".

En campagne, au milieu d'un parc arboré et fleuri, cette bastide en pierres du XVIIIe, offre 4 belles chambres spacieuses et chaleureuses au 1er étage. Les terrasses ombragées invitent à la détente après la piscine. La cuisine provençale avec une pointe d'exotisme, proposée à la table d'hôtes vous régalera.

★Renowned vineyards all around: Châteauneuf, Gigondas, Tavel, etc. Provence's major places of interest: Mont-Ventoux, Avignon, Gordes, Isle-sur-la-Sorgue, etc. Tennis 3 km. Fishing and horse-riding 5 km.

★ ***How to get there:*** *From Avignon, D942, Monteux-Nord exit, right for Sarrians and left for Avignon. After 10 min., right into "Chemin des Champs Courts" and, 500 m on, right into "Chemin des 2 Saules".*

This 18th-century stone bastide is set in a wooded park brimming with flowers, in the heart of the countryside. La Capelo provides four handsome, spacious and cosy first-floor bedrooms. The shaded terraces are ideal for relaxing after a dip in the pool. The table d'hôtes is a chance to savour Provençal dishes with an exotic touch.

La Motte - Var (83)

Le Mas du Péré
280, chemin du Péré - 83920 La Motte
Tél./Fax 04 94 84 33 52 ou 06 13 22 09 45
Email : le.mas.du.pere@club-internet.fr
www.lemasdupere.com
Gérard et Catherine Hut

1 pers. 62 € - 2 pers. 70/100 € - 3 pers. 90/123 € - p. sup. 18 €

6 chambres avec TV et sanitaires privés. Ouvert toute l'année. Petit déjeuner : jus d'orange, pains variés, yaourts, confitures, pâtisseries, miel... Séjour avec cheminée. Parc avec piscine (alarme), table de ping-pong, hammac, parasols. Restaurants à proximité. ★ Gorges Pennafort 4 km. Les Arcs 6 km. St-Raphaël 17 km. Tennis 700 m. Equitation 5 km. Golf 3 km. Plage 17 km. Plan d'eau 20 km. **Accès :** A8, sortie Le Muy et suivre direction Draguignan. Au 2e rond-point suivre La Motte à droite. Dans le centre-ville, suivre les indications. CM340.

Face au rocher de Roquebrune, dans un environnement de verdure, Catherine et Gérard vous accueillent dans leur mas en pierre, non loin du petit village typiquement provençal de La Motte. Ils proposent 6 chambres agréablement aménagées et très confortables. Intérieur chaleureux et ambiance conviviale. Vaste jardin, piscine et cuisine d'été à disposition.

★Les Arcs, medieval village. Draguignan Olive Fair and Jazz Festival. Museum of the Liberation in La Motte. Provençal Language Festival in Lorgues. Hunting, hiking locally. Fishing, tennis 800 m. Horse-riding, golf 3 km.

★ ***How to get there:*** *A8, motorway, Le Muy exit and head for Draguignan. At the 2nd roundabout, head for La Motte on the right. In the town centre, follow signs. Michelin map 340.*

Catherine and Gérard welcome you to their stone mas, in a verdant setting, near typically Provençal La Motte village, facing Roquebrune rock. They offer six comfortable, beautifully appointed guest bedrooms. Inviting interior and gracious hospitality. Vast garden, swimming pool and summer kitchen available for guests' use. A delightful spot in the heart of Provence.

Nice (Crémat) - Alpes Maritimes (06)

★Château de Crémat. Bellet wine estates. Events, festivals, museums in Nice (7 km). Tennis court 150 m. Horse-riding 5 km. River, fishing 6 km. Sea 10 km. Mountains 20 km. Skiing 63 km.

★ ***How to get there:*** *A8 motorway, St-Isidore, Château-Crémat. In the village square, head for "Chemin de Crémat" (Bellet wine estates). Chambres d'Hôtes 2 km. Turn right by the tennis courts. Michelin map 341, fold E5.*

Peace and quiet are the watchwords at this handsome Mediterranean residence. The tastefully appointed bedrooms exude refinement, comfort and ingenuity. Your hostess, Michèle Gollé, offers a warm, hospitable and discreet welcome for a memorable stay. Not to be missed.

69, chemin de Crémat - Raccourci n°3 - TH
06200 Nice
Tél. 04 93 37 94 31 - Tél./Fax 04 92 15 11 25
Tél. 06 70 06 53 31
http://perso.wanadoo.fr/michele.golle
Michèle Gollé

1 pers. 77 € - 2 pers. 100/130 € - p. sup. 23 € - repas 31 €

4 ch. avec sanitaires privés, 1 familiale/3 ch. (250 €) avec s.d.b. et wc communs, air conditionné/TV chacune. Ouv. toute l'année. Petit déj. : brioches, confitures, céréales... T. d'hôtes : cuisine régionale et exotique. Billard, b-foot, salle muscul. Parc, piscine. Nécessaire bébé. - 6 ans 16 €, repas 8 €. ★ Château de Crémat. Route des vins de Bellet. Manifestations, festivals, musées à Nice (7 km). Tennis 150 m. Equitation 5 km. Rivière, pêche 6 km. Mer 10 km. Montagne 20 km. Ski 63 km. **Accès :** autoroute A8 sortie St.Isidore, château Crémat. Sur la place du village dir. "chemin de Crémat" (rte des vins de Bellet). Chambres d'hôtes à 2 km. Au niveau des tennis, à droite. CM341, pli E5.

Quiétude assurée dans cette belle demeure méditerranéenne. Les chambres raffinées sont meublées avec goût et la décoration est inventive et chaleureuse. Michèle Gollé, votre hôtesse, par sa disponibilité et ses attentions discrètes rendra votre séjour inoubliable. Une adresse à ne pas manquer.

Nice - Alpes Maritimes (06)

★Numerous museums, Nice Carnival, Monaco Grand-Prix, Cannes Film Festival, etc. Beach, water sports 2 km. Tennis court 1 km. Mini-train sightseeing tours of Provence 500 m. River 9 km.

★ ***How to get there:*** *Promenade des Anglais, then city centre via Magnan. Take Monaco/Menton motorway, St-Philippe exit for Avenue Estienne d'Orves. Carry on until you get to 61, Route St-Pierre-de-Féric. Michelin map 341, fold E5.*

Welcome to Le Castel Enchanté, an attractive 20th-century Italian-style property in the hills above Nice, just a few minutes from the city centre and the sea. The three bedrooms are spacious and extremely comfortable. Features include a 7,000 m² floral park, complete with swimming pool and shaded terrace for sunbathing with the sea in the distance.

Le Castel Enchanté

61, route St-Pierre de Féric - 06000 Nice
Tél. 04 93 97 02 08 - Fax 04 93 97 13 70
Email : contact@castel-enchante.com
http://www.castel-enchante.fr
Jacques et Martine Ferrary

1 pers. 90 € - 2 pers. 100 € - 3 pers. 140 €

3 chambres dont 1 familiale (180 €) avec sanitaires privés et TV. Ouvert toute l'année. Petit déjeuner : salade de fruits, fromages, laitages, confitures maison, céréales... Jardin, parc de 0,7 ha. Piscine. Parking pour 7 voitures. Station bus à 400 m (passage toutes les 1/2 heures). Restaurants à proximité. ★ Nombreux musées, carnaval de Nice, grand prix de Monaco, festival de Cannes... Plage, sports nautiques 2 km. Tennis 1 km. Petit train provençal 500 m. Rivière 9 km. **Accès :** promenade des Anglais, puis centre ville par Magnan. Prendre voie rapide Monaco/Menton, sortie St-Philippe et suivre avenue d'Estiennes d'Orves. Continuer jusqu'au 61 route St-Pierre-de-Féric. CM341, pli E5.

A quelques minutes du centre ville et du bord de la mer, sur les hauteurs de Nice, soyez les bienvenus dans une jolie propriété de pur style italien du siècle dernier. Les chambres sont spacieuses et confortables. Le parc fleuri de 7000 m² avec piscine et la terrasse ombragée vous offrent un coup d'oeil sur la mer !

Nice - Alpes Maritimes (06)

Villa La Lézardière TH
87, Bd. de l'Observatoire -
Ch. du Mont des Mignons - 06300 Nice
Tél./Fax 04 93 56 22 86 ou 06 75 97 33 91
www.villa-la-lezardiere.com
Rudolph et Pat Paauw

2 pers. 90/150 € - p. sup. 25 € - repas 32 €

4 chambres avec sanitaires privés (dont 1 avec sauna), TV sat., réfrigérateur et coffre-fort. Ouvert toute l'année. Petit déj. : viennoiseries, jus d'orange frais, fruits, charcuteries, fromage, œufs, yaourts. Table d'hôtes : cuisine française et thaïlandaise. Jardin, piscine, jacuzzi, ping-pong. (4 pers. 160/200 €). ★ Nice, carnaval, musées, vieux Nice, festival de jazz, rallye de Monte-Carlo, Eze-village, plages... Tennis 3,5 km. Equitation 4 km. Mer 5 km. Voile 7 km. Golf 15 km. Ski 90 km. **Accès :** A8 sortie n°50 (Nice-centre) et à gauche dir. autoroute Monaco-Menton par tunnel du Paillon sortie Acropolis. Après le feu à droite (av. Diables Bleus) et tout droit sur la grande corniche. CM341, pli E5.

La villa La Lézardière est une maison d'hôtes de style provençal située à l'est de Nice sur la grande corniche, adossée à la colline, avec vue sur la ville et la Méditerranée. Vous serez accueillis chaleureusement dans un cadre charmant et reposant. Savoureux petit déjeuner en terrasse ou à l'intérieur. Poss. table d'hôtes gastronomique le soir.

★Nice: carnival, museums, old town, Jazz Festival, Monte-Carlo Rally, Eze village, beaches. Tennis 3.5 km. Horse-riding 4 km. Sea 5 km. Sailing 7 km. Golf 15 km. Skiing 90 km.

★ ***How to get there:*** *A8, exit 50 (Nice-Centre) and left for Monaco-Menton motorway via Paillon Tunnel, Acropolis exit. After traffic lights on right (Av. des Diables Bleus), along upper cornice road. Michelin map 341, fold E5.*

Villa La Lézardière is a Provençal-style guesthouse situated east of Nice on the upper cornice road, nestling on a hillside, with a view of the Mediterranean. A warm welcome awaits you at this charmingly restful setting. Delicious breakfasts are served on the terrace or inside. Gourmet table d'hôtes evening meals can be arranged.

Les Omergues - Alpes de Hautes Provence (04)

Le Moulin de la Viorne TH
04200 Les Omergues
Tél. 04 92 62 01 65 - Fax 04 92 62 06 03
www.guideweb.com/provence/bb/viorne
Nanou Colonna-Boutterin

1 pers. 54 € - 2 pers. 58/68 € - p. sup. 20 € - repas 25 €

3 ch. (non fumeurs) avec bains et wc privés. Ouv. de Pâques à la Toussaint. Petit déj. : pâtisseries et confitures maison, miel de la vallée, yaourts, œufs coque, jus de pomme... T. d'hôtes : papeton d'aubergines, gigot d'agneau de Sisteron, pintade au miel, nougat glacé... Cour, jardin et parc 2 ha avec rivière, piscine. ★ Festival de Sisteron Musique à Simiane-la-Rotonde. Gorges de la Méouge Vol libre, pêche et randonnée à proximité. **Accès :** de Sisteron, prendre la direction Noyers-sur-Jabron, puis Les Omergues. La Viorne est située 1 km avant le village de Omergues.

En haut de la vallée du Jabron, entre montagne de Lure et Mt Ventoux, cet ancien moulin remanié au XVIIe a appartenu à la commanderie d'Avignon. Sur la route de la lavande, cette belle bastide avec piscine propose 3 vastes ch. superbement aménagées avec de beaux meubles anciens. T. d'hôtes gourmande avec de savoureuses spécialités provençales.

★Sisteron village. Music events at Simiane-la-Rotonde. Méouge Gorges. Hang-gliding, fishing and hiking nearby.

★ ***How to get there:*** *From Sisteron, head for Noyers-sur-Jabron and Les Omergues. La Viorne is 1 km before Les Omergues village.*

Moulin de la Viorne is situated at the top of the Jabron Valley, between the Lure Mountains and Mont Ventoux. This time-honoured mill, remodelled in the 17th century, once belonged to the Commanderie of Avignon. Three superbly appointed bedrooms with fine period furniture await your arrival at this handsome residence with swimming pool in the heart of lavender country. Gourmet table d'hôte meals with delicious Provençal specialities.

Orange - Vaucluse (84)

NOUVEAUTÉ

Villa Aurenjo
121, rue François Chambovet - BP 136 -
84104 Orange cédex
Tél. 04 90 11 10 00 ou 06 62 67 03 30
Fax 04 90 51 76 70 - www.villa-aurenjo.com
Chantal Feraud

2 pers. 80/200 € - 3 pers. 230 €

3 chambres et 2 suites (dont 1 climatisée et 3 avec terrasse) avec sanitaires privés, TV. Ouv. toute l'année. Petit déjeuner : confitures maison, viennoiseries, charcuterie sur dem., fruits... Cour, jardin, parc 1 ha. Piscine, sauna. Tennis, boules. Animaux sur dem. Poss. accueil séminaires et réceptions. ★ Chorégies d'Orange et choralies de Vaison-la-Romaine. Festivals d'Avignon et Carpentras. Route des vins. Equitation 5 km. Golf 25 km. Randonnées 20 km. **Accès :** sortie autoroute Orange centre (n°21), suivre centre ville. Au 2e rd point, prendre 3e sortie puis 1re à droite, après le centre commercial, la villa se trouve à 100 m sur votre droite.

Maison de maître du XVIIIe siècle, entièrement restaurée et située sur un parc clos de 1 ha dont 3 000 m² à la disposition des hôtes. Pour votre détente, une agréable piscine et une salle avec bibliothèque et TV. Vous êtes au cœur de la cité antique d'Orange, à 500 m du théâtre antique et de l'arc de triomphe.

★Orange and Vaison-la-Romaine singing festivals. Avignon and Carpentras Festivals. Wine-growing country. Horse riding 5 km. Golf 25 km. Hiking 20 km.

*★ **How to get there:** Take motorway exit Orange centre (n°21), head towards town centre. At the 2nd roundabout, take the 3rd exit and then the first right. 100 m after the shopping centre, the villa is on the right.*

This 18th-century family mansion, has recently been entirely restored and is set in 1 hectare of enclosed grounds - 200m² of which, is set aside for guests. While here you can relax by the private swimming pool or in the library and TV room. At the heart of the historical city of Orange, you are only 500 m from the arc de triomphe and the old theatre... A superb place to stay.

La Palud-sur-Verdon - Alpes de Hautes Provence (04)

L'Enchastre TH
Chateauneuf-les-Moustiers -
04190 La Palud-sur-Verdon
Tél. 04 92 83 76 12
Jean-Claude et Jocelyne Colombero

2 pers. 60 € - repas 18 € - 1/2 p. 92 €

6 chambres avec bains et wc privés. Ouv. du 1.04 au 15.10. Petit déj. : brioches, pain perdu, crêpes... T. d'hôtes : cuisine familiale et spécialités provençales (soupe au pistou, pâtisseries...). Billard, jeux. Domaine agricole 200 ha avec piscine, volley, pétanque. (1/2 pens. sur la base de 2 pers.). ★ Musée de la Faience à Moustiers. Musée de la Préhistoire. Musée géologique à Digne. Gorges du Verdon. Lac de Saint-Orcit (27 km). Escalade, VTT 11 km. Canyoning 30 km. Rand. Pédestres. Découverte nature. **Accès :** de La Palud, prendre la D123 direction Chateauneuf. Avant le village, prendre sur la droite "Les Subis", puis la D17 sur la gauche. A La Chapelle, continuer sur 1 km de piste.

Au bord des gorges du Verdon, à 1200 m d'altitude et 11 km de La Palud, cette demeure de caractère en pleine nature, sera une étape idéale pour les randonneurs et les amateurs de silence et d'espace. Chambres confortables et chaleureuses. Cuisine provençale et familiale servie dans une vaste salle à manger conviviale au mobilier ancien.

★Earthenware Museum at Moustiers. Prehistory Museum. Geology Museum at Digne. Verdon Gorges. Saint-Orcit Lake 27 km. Rock-climbing, cycling 11 km. Canyoning 30 km.

*★ **How to get there:** From La Palud, take D123 for Chateauneuf. Before you reach the village, turn right for "Les Subis" and left for D17. At La Chapelle, carry on down the path for 1 km.*

Close to the Verdon Gorges, at an altitude of 1,200 m and 11 km from La Palud, this appealing residence in the heart of the countryside is a must for walking enthusiasts and those seeking peace, quiet and wide open spaces. The guest bedrooms are extremely comfortable and cosy. Provençal and family dishes are served in a vast, inviting dining room with period furniture.

Pernes les Fontaines - Vaucluse (84)

La Nesquière
5419 route d'Althen -
84210 Pernes les Fontaines
Tél. 04 90 62 00 16 - Fax 04 90 62 02 10
www.lanesquiere.com
Isabelle de Maintenant

TH

1 pers. 57/73 € - 2 pers. 62/79 € - 3 pers. 83/95 € - p. sup. 15 € - repas 25 €

2 suites (ch. communiquantes) avec coin-salon et 2 ch., avec sanitaires privés, TV, mini-réfrig., nécessaire thé. Ouv. toute l'année. Petit déj. : jus raisin de la propriété, confitures maison... T. d'hôtes : épaule d'agneau confite, tarte aux asperges, clafoutis... Salon avec piano. ★ Festivals d'Avignon et d'Orange. Villages du Luberon et Mont-Ventoux. Antiquaires à Isle-sur-la-Sorgue. Piscine sur place. Tennis 6 km. Golf 15 km. Equitation 5 km. Randonnées 8 km. Ski 35 km. **Accès :** A7, sortie Avignon-nord vers Carpentras (D942) pendant 5 km et dir. Althen (D16) sur 1,5 km. A gauche vers Pernes-les-Fontaines (D38) sur 4,5 km. La Nesquière est à droite.

Près d'Avignon, la Nesquière est un grand mas du XVIIIe entouré de pommiers et de vigne. L'atmosphère calme et silencieuse de ce lieu n'est troublé que par le bruit de l'eau. Le charme des chambres vous rappellera l'ambiance d'une maison de famille. Aménagé dans le même esprit, le gîte de séjour peut accueillir des groupes.

★Avignon and Orange Festivals. Luberon and Mont-Ventoux villages. Isle-sur-la-Sorgue and antique dealers. Swimming pool locally. Tennis court 6 km. Golf course 15 km. Horse-riding 5 km. Hiking 8 km. Skiing 35 km.

*★ **How to get there:** A7, Avignon-Nord exit for Carpentras (D942) for 5 km and head for Althen on D16. 1.5 km on, turn left for Pernes-les-Fontaines on D31. La Nesquière is on the right, 4.5 km on.*

La Nesquière is a large 18th-century mas surrounded by apple trees and vines, near Avignon. The peace and quiet of the place is disturbed only by the gentle murmur of water. The charming bedrooms recreate the atmosphere of a family home. The holiday gîte, appointed in the same spirit, can accommodate groups.

Pernes-les-Fontaines - Vaucluse (84)

Le Mas Pichony
1454, rte de St-Didier - RD 28 -
84210 Pernes-les-Fontaines
Tél. 04 90 61 56 11 ou 06 99 16 98 58
www.maspichony.com
Laetitia et Laurent Desbordes

TH

1 pers. 70 € - 2 pers. 76 € - p. sup. 20 € - repas 25 €

5 chambres avec sanitaires privés. Ouvert 15.3 au 1.11 Table d'hôtes sur réservation : spécialités du terroir, produits du marché. Bibliothèque, jeux de société, petite maison d'enfants. Piscine avec solarium. Boules. VTT Table de ping-pong. Chevaux en pension. ★ Venasque 2 km. Isle-sur-la-Sorgue 9 km. Gordes, Avignon 20 km Roussillon, les Baux 30 km. Equitation 2 km. Tennis 3 km. Pêche 6 km. Golf 15 km. **Accès :** sortie autoroute Avignon nord, prendre Carpentras. A Carpentras dir. St Didier, dans le village prendre la 2e à droite dir. Pernes. A la sortie de St-Didier, 500 m sur la gauche (panneau en bordure de route).

Dans un authentique mas provençal du XVIIe siècle, au milieu des vignes, le mas Pichony est un lieu idéal pour un séjour de détente, calme et ensoleillé Les chambres décorées et personnalisées avec goût aux couleurs de la Provence ouvrent sur la terrasse à l'ombre d'un platane bicentenaire.

★Venasque 2 km. Isle-sur-la-Sorgue 9 km. Gordes, Avignon 20 km. Roussillon, Les Baux de Provence 30 km. Horse-riding 2 km. Tennis 3 km. Fishing 6 km. Golf 15 km.

*★ **How to get there:** Motorway, Avignon-Nord exit, and head for Carpentras. At Carpentras, dir. St-Didier, and in village take 2nd road on right for Pernes. As you leave St-Didier, 500 m up on left (signposted on roadside).*

Le Mas Pichony is a genuine 17th-century Provençal house, set amid vines, olive groves and cherry trees. An ideal destination for a relaxing break in peaceful, sun-drenched surroundings. The tastefully decorated bedrooms each have their own style, in the colours of Provence, and open out onto the terrace in the shade of a two-hundred-year-old plane tree.

Pernes-les-Fontaines - Vaucluse (84)

★Music Festivals. Flea markets. Markets of Provence. Picturesque villages. Hiking. Tennis court 1 km. Golf course 10 km.

*★ **How to get there:** Pernes-les-Fontaines-Centre and head for Avignon on RD28. Moulin de la Baume is approximately 1 km on.*

This fully restored 16th-century stone-built mill is situated near Mont Ventoux, in the heart of Provence. Charm abounds in this magnificent setting, complete with tree-lined park, terraces and a pool. The elegantly decorated bedrooms are extremely luxurious. Relax on the delightful terrace in the shade of a two-hundred-year-old plane tree.

Moulin de la Baume TH
182, route d'Avignon -
84210 Pernes-les-Fontaines
Tél. 04 90 66 58 36 ou 06 80 26 83 50
Fax 04 90 61 69 42 - www.moulindelabaume.com
Christelle Forte

1 pers. 90/98 € - 2 pers. 90/118 € - p. sup. 25 € - repas 25 €

4 chambres et 1 suite avec TV, sèche-cheveux et sanitaires privés. Ouvert du 1/05 au 30/09. Petit déjeuner : fruits, laitages, fromage, viennoiseries, confitures maison... Table d'hôtes : repas à partir de 25 € selon période (se renseigner). Terrasses. Parc clos de 5000 m², piscine. Parking privé. ★ Festivals de musique. Foires à la brocante. Marchés provençaux. Villages pittoresques. Randonnées pédestres. Tennis 1 km. Golf 10 km. **Accès :** centre de Pernes-les-Fontaines, puis direction Avignon sur 1 km environ (RD 28).

Près du Mont Ventoux, en pleine Provence, ce vieux moulin en pierres, du XVIe siècle a été entièrement restauré. Dans ce cadre magnifique, avec parc arboré, terrasses, piscine, vous ferez une étape de charme. Les chambres au décor élégant, sont d'un très grand confort. Belle terrasse à l'ombre d'un platane vieux de 200 ans.

Pernes-les-Fontaines - Vaucluse (84)

★Music and Theatre Festivals. Provence markets. Flea markets. Golf course 10 km. Hiking.

*★ **How to get there:** From the tourist office: 2 km on the Mazan road, then right for "Chemin de la Roque", Saint-Barthélémy is 100 m further on.*

This superb 18th-century Provençal mas is charming and authentic and is surrounded by large shaded grounds. All five bedrooms have been decorated with a personal touch and boast an ambience that reflects the olden days of la Provence. Not only is this property visually stunning, but there is also a lot to do here: tennis, table-tennis, badminton, cycling. With beautiful grounds, complete with fountain, this is an ideal destination for a short or long stay.

Saint-Barthélémy
Chemin de la Roque -
84210 Pernes-les-Fontaines
Tél./Fax 04 90 66 47 79
www.ville-pernes-les-fontaines.fr/st-barthelemy
Jacqueline Mangeard

1 pers. 55 € - 2 pers. 65 € - 3 pers. 85 € - p. sup. 20 €

5 chambres avec sanitaires privés. Petit déjeuner : jus de fruits, fruits, confitures et pâtisseries maison, viennoiseries. Buanderie, réfrigérateur à disposition. Parking clôturé, parc ombragé. Vélos, ping-pong, tennis (gratuits), badminton. Piscine privée. Restaurants à prox. Cabine tél. Cascade dans la propriété. ★ Festivals de musique et théâtre. Marchés provençaux. Foires à la brocante. Golf à 10 km. Randonnées pédestres. **Accès :** à partir de l'Office du Tourisme : 2 km sur la route de Mazan, à droite chemin de la Roque, à 100 m St.Barthélémy.

Superbe mas du XVIIIe, avec beaucoup de charme et d'authenticité, entouré d'un parc ombragé. Les 5 chambres ont une décoration personnelle et chacune d'entre elles évoquent la vraie Provence de nos grands-mères. A votre disposition, tennis, ping-pong, badminton, vélos, jolie cascade ainsi que de nombreuses autres commodités pour des vacances réussies.

Pontevès - Var (83)

Domaine de Saint-Ferréol

83670 Pontevès
Tél. 04 94 77 10 42 - Fax 04 94 77 19 04
Email : saint-ferreol@wanadoo.fr
www.domaine-de-saint-ferreol.fr
Guillaume et Armelle de Jerphanion

2 pers. 59/66 € - 3 pers. 71/78 € - p. sup. 12 €

★Villages of Provence, Thoronet Abbey. Verdon and Sainte-Croix Lake 40 min. Hiking, mountain bikes and swimming pool on site. Tennis court 3 km. Fishing and rock-climbing 15 min.

*★ **How to get there:** A8 exit Saint-Maximin, then head for Barjols (D560). From Barjols, D560 for Draguignan-Pontevès. Don't head for village on the right; keep going. The estate is 2.5km past Barjols on the left. Michelin map 340.*

Armelle and Guillaume are your hosts on this 100-hectare farming and wine-producing estate, built on a hillside. The rooms are in a restored wing of the main farmhouse (18th century) and appointed with period rustic-style furniture and pretty Provençal fabrics. Large shared lounge with kitchen area for guests' use.

2 grandes chambres et 1 suite avec douche et wc privés. Ouvert de mars à fin octobre. Grande salle commune avec coin-cuisine à la disposition des hôtes. Piscine sur place clôturée (12 x 6). Equipement pour bébé. Restaurants à 1,6 km et 3 km. 4 pers. 86 €. ★ Villages provençaux, abbaye du Thoronet. Verdon et lac de Sainte-Croix à 40 km. Barjols 3 km. Randonnées pédestres, VTT. Tennis 3 km. Pêche et varappe à 15 mn. Equitation, escalade 12 km. **Accès :** de Barjols, D560 vers Draguignan-Pontèves. Ne pas tourner vers le village signalé à droite, aller tout droit. Le chemin qui mène au domaine est à gauche (D560), 2,5 km après Barjols, Pontèves. CM340.

Armelle et Guillaume vous accueillent au sein d'un domaine (vignes et céréales) d'une centaine d'hectares, adossé à la colline. Les chambres sont situées dans une aile restaurée du corps de ferme (XVIIIe siècle) et disposent de mobilier ancien ainsi que de jolis tissus provençaux. Belle vue sur le château de Pontevès.

Puget-sur-Argens - Var (83)

Le Mas du Centaure

TH

2281 chemin de Bagnols -
83480 Puget-sur-Argens
Tél. 04 94 81 58 25 ou 06 24 75 86 93
Fax 04 94 45 66 91 - www.lemasducentaure.fr.st/
Florence Bret

1 pers. 53 € - 2 pers. 63/105 € - p. sup. 15 € - repas 30 €

★Fréjus and Saint-Raphaël 6 km. Roquebrune 11 km. Cannes 25 km. Saint-Tropez 30 km. Sea, horse-riding and lake 10 km.

*★ **How to get there:** Turn off at Puget-sur-Argens for Fréjus. Turn left at first set of traffic lights and keep going. After 3.5 km, turn left at "Le Mas du Centaure" sign. Michelin map 340.*

You will be enchanted by time-honoured Mas du Centaure, a genuine stone residence set amid olive, pine and oak trees, by a lake on a five-hectare estate with horses. Relax by the pool. A fine address for discovering the many charms of Provence.

3 chambres dont 1 familiale avec sanitaires privés et climatisation. Ouv. toute l'année. Petit déj. : confitures, jus de fruits, viennoiseries, œufs... T. d'hôtes occasionnelle (sur rés.). Equip. bébé. Service buanderie + repassage. Piscine (bâche rigide). P-pong, pétanque, salon de jardin. Poss. accueil chevaux. ★ Fréjus et Saint-Raphaël 6 km. Roquebrune 11 km. Cannes 25 km. Saint-Tropez 30 km. Tennis 3 km. Mer, equitation et plan d'eau 10 km. **Accès :** A8, sortie Puget-sur-Argens et prendre dir. Fréjus puis tourner à gauche au 1er feu et faire 3 km en restant sur cette route. Tourner à gauche au panneau indicateur "Le Mas de Centaure". CM340.

Sur un domaine de 5 ha, au milieu des oliviers, des pins et des chênes, au bord d'un étang et en compagnie des chevaux, le Mas du Centaure, vieille bâtisse en pierre, vous séduira par son caractère authentique. Détente au bord de la piscine. Une belle adresse pour découvrir les charmes de la Provence.

Ramatuelle - Var (83)

★Saint-Tropez: citadel, museums, La Bravade (May) and Fishermen (July) Festivals, Jazz Festival, Nioulargue Regatta. Ramatuelle Jazz & Theatre Festivals and concerts, etc. Port Cros 9 km. La Verne 20 km.

*★ **How to get there:** A7, Le Muy exit, for Saint-Tropez. As you enter Saint-Tropez, take D93, beach road, for Ramatuelle. 7 km on, behind the filling station. Michelin map 340.*

Leï Souco is a handsome Provençal country house, set in ten hectares of land with olive, mimosa, eucalyptus and mulberry trees, 4 km from Ramatuelle and 2 km from the sea. The spacious bedrooms are appointed with Provençal furniture, and each is decorated in shades of a different colour. Monsieur and Madame Giraud provide a warm welcome and will be happy to introduce you to Provençal rosé wine.

Leï Souco
Plaine de Camarat - 83350 Ramatuelle
Tél. 04 94 79 80 22 ou 06 10 09 73 76
Fax 04 94 79 88 27
www.leisouco.com
Nathalie Giraud

2 pers. 70/106 € - 3 pers. 124 € - p. sup. 18 €

5 chambres et 1 suite (dont 2 climatisées) avec terrasses et sanitaires privés. Ouv. de Pâques à mi-octobre. Petit déjeuner continental. TV satellite, téléphone, coffre-fort et réfrigérateur dans les chambres. Tennis privé, terrain de pétanque, p-pong. Restaurants à proximité. ★ St-Tropez : citadelle, musées, fêtes de la Bravade (mai), des Pêcheurs (juillet), festivals jazz et théâtre à Ramatuelle, concerts... Port Cros 9 km. La Verne 20 km. **Accès :** A8, sortie Le Muy, dir. St-Tropez. A l'entrée de St-Tropez, prendre la D93, route des plages dir. Ramatuelle. Après 7 km, chemin à gauche longeant la station service. CM340.

A 4 km de Ramatuelle, près des plages, Leï Souco est une bastide provençale sur 10 ha de vignes, d'oliviers, de mimosas, d'eucalyptus et de muriers. Chambres spacieuses avec mobilier provençal, et pour chacune, une couleur dominante déclinée dans la décoration. M. et Mme Giraud vous recevront chaleureusement et vous feront goûter le rosé de Provence.

Robion - Vaucluse (84)

★Luberon region. Isle-sur-la-Sorgue. Cavaillon. Fontaine de Vaucluse (reappearance of river). Cordes.

*★ **How to get there:** At Cavaillon, head for Robion. At 2nd traffic lights, take CD31 for Petit Palais/Isle-sur-la-Sorgue. Drive 1.2 km. At the end of the straight road, take the lane on the right-hand side and drive 200 m.*

Catherine and Michel Charvet provide a warm welcome at their time-honoured Provençal house (mas) which they have lovingly restored. The bedrooms are all decorated in a different style with great taste. Handsome 17th, 18th and 19th-century Provençal furniture. Relax in the residence's attractive swimming pool.

Domaine de Canfier TH
84440 Robion
Tél. 04 90 76 51 54 - Fax 04 90 76 67 99
Email : info@domainedecanfier.fr
www.domainedecanfier.fr
Michel et Catherine Charvet

1 pers. 62/83 € - 2 pers. 69/90 € -
3 pers. 99/109 € - repas 23 €

2 chambres avec douche (2e étage) et 2 chambres avec bains ou douche, wc privés (1er étage). (105/115 €/4 p.). Ouv. toute l'année. Petit déjeuner : pâtisseries/confitures maison, salade de fruits, compote de prunes... T. d'hôtes (3 soirs/semaine) : cuisine provençale. Piano. Cour, parc, jardin, piscine, cuisine d'été. ★ Région du Luberon. Isle-sur-Sorgue. Cavaillon. Fontaine-de-Vaucluse. Gordes. **Accès :** à Cavaillon dir. Robion. Aux 2e feux tricolores prendre CD31 dir. Petit Palais/Isle-sur-Sorgue. Faire 1,2 km. Au bout de la ligne droite, prendre chemin à dr. et faire 200 m.

Au milieu d'un domaine de 13 hectares d'oliviers, Catherine et Michel Charvet vous accueilleront chaleureusement dans leur vieux mas qu'ils ont restauré avec passion. Les chambres sont personnalisées et décorées avec goût. Beaux meubles provençaux d'époque XVIIe, XVIIIe et XIXe. Pour vous détendre, une agréable piscine.

Robion - Vaucluse (84)

NOUVEAUTÉ

★Isle-sur-la-Sourge and its antique dealers. Palais des Papes and Avignon festival. Gordes. Sénanque Abbey. Roussillon. Vaucluse Fountain. Tennis, horse-riding, hiking 3 km. Golf, fishing 5 km.

*★ **How to get there:** From Avignon, take Avignon south (towards airport) then take direction Cavaillon-Apt. At the Courtoise crossroads, go straight on, under the bridge, in direction D'Apt.*

This genuine 17th-century Provençal mas, built onto Luberon, is now a guest house that is bursting with character and charm. The property is located near to l'Isle-sur-la-Sorgue and the most beautiful of the Provence villages. The stone walls, the old beams, the furniture and the intriguing antique artefacts, make this a place a truly charming stop.

Mas la Pomarède
chemin de la Fourmilière - 84440 Robion
Tél. 04 90 20 21 81 - Fax 04 90 20 37 99
Email : maslapomarede@wanadoo.fr
www.maslapomarede.com
Nadine Pomarede

1 pers. 115 € - 2 pers. 115 € - 3 pers. 141 €

4 chambres et 1 suite avec sanitaires privés. Ouvert toute l'année. Petit déjeuner : jus de fruits bio, viennoiseries, fruits, confitures maison, miel... Cour, jardin parc de 3 ha. Piscine. Restaurants à proximité. ★ Isle-sur-la-Sorgue et ses antiquaires. Palais des Papes et festival à Avignon. Gordes. Abbaye de Sénanque. Roussillon et ses ocres. Fontaine de Vaucluse. Tennis, équit., rand. 3 km. Golf, pêche 5 km. **Accès :** d'Avignon, prendre Avignon sud (aéroport) puis prendre dir. Cavaillon-Apt. Au carrefour de la Courtoise, allez toujours tout droit (sous le pont) en dir. d'Apt.

Authentique mas provençal du XVIIe siècle devenu maison d'hôtes de charme et de caractère, adossé au Luberon. La demeure est située à proximité de l'Isle-sur-la-Sorgue et des plus beaux villages de Provence. Les murs de pierre et les vieilles poutres, les meubles et les objets insolites chinés chez les antiquaires font de ce lieu une charmante étape.

Rognes - Bouches du Rhône (13)

★Alpilles and the Luberon nearby. La Roque Music Festival. Coteaux d'Aix wine cellars. Sea 45 km. Golf course 15 km. Swimming pool 6 km. Horse-riding 9 km. Tennis court 1.5 km. Hiking locally.

*★ **How to get there:** N7 for Aix and, at Lambesc, turn left for Rognes and carry on for 6 km. Drive through the village for Aix (approx. 250 m). Turn left after the chapel and then take the 2nd left. Michelin map 340.*

Béatrice and Jean-Marc offer a warm welcome at their 18th-century mill, nestling in a valley at the gateway to the Luberon. Peaceful nights await you in the three attractive, tastefully decorated bedrooms. Enjoy gourmet breakfasts served at your convenience on a shaded terrace.

Le Moulin du Rossignol
13840 Rognes
Tél. 04 42 50 16 29 ou 06 87 11 52 77
http://www.moulindurossignol.com
Béatrice et Jean-Marc Paranque-Luna

1 pers. 53 € - 2 pers. 58 € - 3 pers. 74 € - p. sup. 15 €

3 chambres avec sanitaires privés. Ouvert toute l'année Petit déjeuner : jus de fruits, pains variés, viennoiseries yaourts, confitures et pâtisseries maison... Jardin. Terrass ombragée. 3 restaurants au village. ★ Proche des Alpille et du Luberon. Festival de musique à la Roque. Caves de coteaux d'Aix. Mer 45 km. Golf 15 km. Piscine 6 km Equitation 9 km. Tennis 1,5 km. Randonnées sur place **Accès :** N7 dir. Aix jusqu'à Lambesc, à gauche directio Rognes sur 6 km. Traverser le village vers Aix (enviro 250 m), à gauche après la chapelle puis 2e à gauch CM340.

Niché dans un vallon, aux portes du Luberon Béatrice et Jean-Marc vous accueillent chaleureu sement dans leur moulin du XVIIIe siècle. Vou passerez de douces nuits dans les 3 jolies chambr décorées avec goût. Au matin, à l'heure qu'il vou plaira, un petit déjeuner gourmand vous sera ser sur la terrasse ombragée.

Rognes - Bouches du Rhône (13)

NOUVEAUTÉ

l'Oustaou de l'Ase
1340, route de Lambesc - 13840 Rognes
Tél./Fax 04 42 50 13 26 ou 06 60 10 85 32
www.oustaou-ase.com
Aimée et Jean-Pierre Matteoli

2 pers. 72 € - p. sup. 15/25 €

1 chambre et 1 suite avec salon, chacune avec sanitaires privés, TV et mini-bar. Ouv. du 15/3 au 15/11. Petit déjeuner : confitures maison, fromage, fruits secs, viennoiseries, fruits frais, gâteau... Jardin, parc de 1 ha. Piscine. Vélos. Restaurants à proximité. ★ Festival d'Aix, festival de piano, foire à la brocante, marché aux truffes. Golf 15 km. Mer 55 km. Centre équestre 4 km. Randonnée Ste-Victoire 20 km. **Accès :** en venant d'Aix-en-Provence, sortie Sénas dir. Lambesc (N7) puis D15 sur 4 km dir. Rognes enfin à droite "l'Oustaou de l'Ase". CM340.

Entre Aix-en-Provence et le Luberon, Aimée et Jean-Pierre vous accueillent à l'Oustaou de l'Ase et vos proposent 1 chambre à l'étage et 1 suite au rez-de-chaussée joliment décorées. A votre arrivée, vous serez séduits par cette maison chaleureuse et raffinée, aux couleurs de la Provence. Confort avec beaucoups de petites attentions.

Festival d'Aix, piano festival, second-hand furniture fair, truffle market. Golf 15 km. Sea 55 km. Stables 4 km. Hiking at Ste-Victoire 20 km.

How to get there: *Coming from Aix-en-Provence, take the exit Sénas, direction Lambesc (N7). Then take D15 for 4km, direction Rongnes. L'Oustaou de l'Ase is on the right. Michelin map 340.*

Aimée and Jean-Pierre would like to welcome you to l'Oustaou de l'Ase which lies between Aix-en-Provence and le Luberon. They can offer you one upstairs bedroom and one ground-floor suite - both of which benefit from very pretty décor. As soon as you arrive, you will succumb to the charms of this warm and refined house, decorated in the colours of la Provence. A cosy place where even the smallest of details have been carefully thought about.

La Roquebrussanne - Var (83)

NOUVEAUTÉ

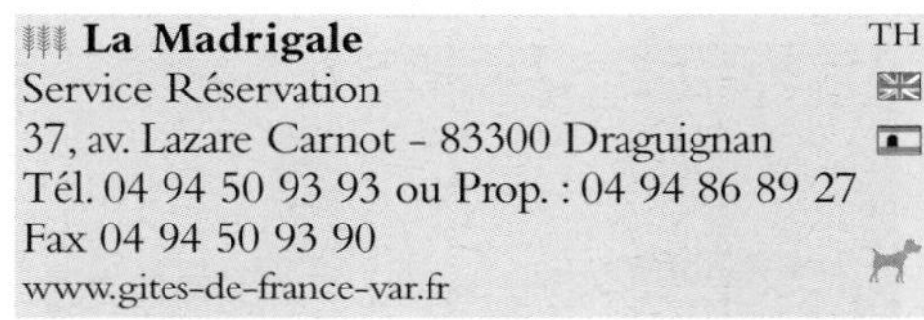

La Madrigale TH
Service Réservation
37, av. Lazare Carnot - 83300 Draguignan
Tél. 04 94 50 93 93 ou Prop. : 04 94 86 89 27
Fax 04 94 50 93 90
www.gites-de-france-var.fr

1 pers. 44/49 € - 2 pers. 48/55 € - p. sup. 13 € - repas 16 €

3 chambres avec sanitaires privés. Ouv. toute l'année. Petit déjeuner : viennoiseries, confitures, miel, fruits... T. d'hôtes : aïoli, lasagnes à la provençale, terrine de courgette... Salon de lecture avec TV et jeux de société. Jardin, terrasse, salon de jardin, chaises longues. Piscine hors-sol. Ping-pong, portique. ★ Brignoles/La Celle 10 km. St-Maximin 20 km. Hyères 30 km. Tennis 2 km. Equitation 6 km. Golf 20 km. Escalade, plage 30 km. Plan d'eau 4 km. **Accès :** A8, sortie St-Maximin puis dir. Tourves, suivre ensuite La Roquebrussanne et aller à la place de la poste. CM340.

La Madrigale, ancienne demeure de maître vigneron située au cœur du village, en lisère de la Sainte-Baume en Provence Verte, vous accueille dans ses trois chambres de caractère surplombant son jardin arboré. Sur les rives de l'Issole, coulez des jours heureux en toute quiétude.

Brignoles/La Celle 10 km. St-Maximin 20 km. Hyères 30 km. Tennis 2 km. Horse-riding 6 km. Golf 20 km. Rock-climbing, beach 30 km. Lake 4 km.

How to get there: *A8, St-Maximin exit then direction Tourves, head towards La Roquebrussanne and go to the "place de la poste". Michelin map 340.*

La Madrigale, a former wine-maker's residence set in the heart of the village on the edge of la Sainte-Baume in Provence Verte, invites you to come and stay in one of its three bedrooms that are full of character and overlook the wooded garden. On the banks of the Issole, enjoy happy moments here in complete peace and quiet.

Le Rouret - Alpes Maritimes (06)

**Hiking by the sea and in the mountains, cycling, canyoning. Festivals, concerts, museums, amusement parks (Marineland) 15 km. Horse-riding 8 km. Golf 5 km. Sea 13 km. Hang-gliding 13 km. Loup Gorges 7 km.*

★ ***How to get there:*** *A8, Villeneuve-Loubet village exit, head for Grasse on D2085. As you enter Le Rouret, turn right into "Passage des Moulins" then into "Chemin du Colombier". Follow "Chambres d'Hôtes Rose de Mai" signs.*

A warm welcome awaits you at this handsome Provençal residence. The bedrooms are tastefully appointed, each with its own individual style. The magnificent 3,000 m² garden with century-old olive trees beckons you to take in the charms of this verdant setting. An ideal spot for getting to know this sun-drenched region.

Villa Rose de Mai
20, chemin des Bourges - 06650 Le Rouret
Tél. 04 93 77 33 09
Email : gerard.fontaine19@wanadoo.fr
http://rmgfontaine.free.fr
Rose-Marie Fontaine

2 pers. 80/90 € - p. sup. 15 € - repas 24 €

1 chambre familiale comprenant 2 ch. (145 €/4pers.) e 1 suite avec salon, chacune avec sanitaires privés, T mini-réfrigérateur. Ouv. toute l'année. Petit déjeuner céréales, viennoiseries, confitures maison, jambon... d'hôtes sur résa. Biblio., TV satellite, magnétoscope, jeu société. Jardin, ping-pong. ★ Randonnées mer et monta gne, VTT, canyoning. Festivals, concerts, musées, parc d'attractions (Marineland) 15 km... Equitation 8 km. Me 13 km. Deltaplane 13 km. Gorges du Loup 7 km. Golfs proximité. **Accès :** A8, sortie Villeneuve-Loubet villag puis Grasse par D2085. A l'entrée du Rouret, à droi "Passage des Moulins" puis "Chemin du Colombier" fléchage "Chambres d'Hôtes Rose de Mai". CM34 pli D5.

Vous serez accueillis chaleureusement dans un belle demeure de style provençal. Les chambre sont personnalisées et décorées avec goût. U magnifique jardin de 3000 m² planté d'oliviers cen tenaires vous invite à goûter au charme de la ver dure environnante. Une étape idéale pour décou vrir notre belle région ensoleillée.

Roussillon - Vaucluse (84)

**Villages of Roussillon, Gordes, Provence's Colorado 10 km. Tennis, horse-riding, golf and bathing.*

★ ***How to get there:*** *On N100 from Avignon, take D2 below Gordes, for St-Saturnin. 500 m on, turn right after the D2 and D4 crossroads.*

This handsome country house, an 18th-century silk farm, stands amid vines and cherry trees, at the foot of the Roussillon's ochre cliffs. Five comfortable bedrooms with rustic and Provençal décor await you. Splendid landscape garden with swimming pool.

La Bastide des Grands Cyprès
Hameau des Yves - 84220 Roussillon
Tél. 04 90 05 62 10 ou 06 08 91 01 62
Fax 04 90 05 70 41
www.guideweb.com/provence/bb/grands-cypres
Mary-José Laval

1 pers. 100 € - 2 pers. 100/120 € - p. sup. 25 €

5 chambres avec douche et wc privés. Petit déjeuner : fro mages, laitage, viennoiseries, cake, confiture... Salon ave cheminée et TV, bibliothèque, jeux de société, mini-ba Terrasse. Parking. Cour, jardin, piscine, vtt, ping-pong boules. Envol en montgolfière à proximité de la pro priété. Stages de cuisine provençale ★ Villages d Roussillon, Gordes. Colorado provençal 10 km. Tenni équitation, golf, randonnées, baignade. **Accès :** par N100 en venant d'Avignon, prendre la D2 en bas d Gordes, direction St. Saturnin. 500 m à droite après carrefour de la D2 et de la D4.

Au milieu des vignes et des cerisiers, cette bell bastide est une ancienne magnanerie du XVII située au pied des falaises d'ocre de Roussillor 5 chambres confortables au décor rustique et pro vençal vous sont réservées. Superbe jardin paysage avec piscine.

Rustrel - Vaucluse (84)

La Forge
Notre-Dame-des-Anges - 84400 Rustrel
Tél. 04 90 04 92 22 - Fax 04 90 04 95 22
Email : info@laforge.com.fr
www.laforge.com.fr
Dominique et Claude Ceccaldi-Berger

2 pers. 94 €

3 chambres et 2 suites (4 pers. 150 €) avec sanitaires privés. Fermé du 15.11 au 30.12 et du 6.01 au 28.02. Vaste salle commune avec cheminée à feu ouvert. Bibliothèque. Cour, jardin, piscine. Panier pique-nique, plateau repas. ★ Promenades en forêt. Carrières d'ocre. Cheminées de fées. Chapelle classée du XIIe. Colorado provençal. Apt 7 km (plan d'eau). Bonnieux 19 km. Roussillon 21 km. Avignon 59 km. **Accès :** à la sortie d'Apt, prendre dir. St-Christol par la D22. A 7,5 km tourner à droite en dir. de la forêt et suivre le fléchage "La Forge".

Dans le parc du Luberon, cette maison d'artistes (Dominique et Claude sont peintre-sculpteur et photographe) est une ancienne fonderie du XIXe, classée monument historique. Superbe aménagement intérieur avec meubles anciens, tissus provençaux, peintures... Pour vous détendre, une magnifique piscine avec plage pavée et tonnelle.

Walks in the forest. Ochre quarries. Cheminées de Fées. Listed 12th-century chapel. Provence's Colorado. Apt 7 km (lake). Bonnieux 19 km. Roussillon 21 km. Avignon 59 km.

***How to get there:** As you leave Apt, head for St-Christol D22. 7.5 km on, turn right for the forest and follow signs "La Forge".*

This artists' house, in the Luberon Park, is the home of painter-sculptor Dominique and photographer Claude Ceccaldi-Berger. Their listed 19th-century residence was originally a foundry. The glorious interior décor boasts period furniture, paintings and Provençal fabrics. Relax in the superb swimming pool or sunbathe on the patio with arbour.

St-Didier - Vaucluse (84)

Le Mas des Abricotiers
193, chemin des Terres Mortes -
84210 Saint-Didier
Tél. 04 90 66 19 16 ou 06 83 19 11 26
Fax 04 90 66 19 22 - www.bleu-provence.com
Christine Dubuc

1 pers. 63/98 € - 2 pers. 63/98 € - p. sup. 25 €

5 chambres avec sanitaires privés. Ouvert du 1.04 au 20.10. Petit déjeuner : confitures et pâtisseries maison, fromage de chèvre, charcuterie, fruits... Cour, jardin, parc 7000 m². Parking clos. Piscine, cuisine d'été. Badminton. Terrain de boules. ★ Festival d'Avignon, palais des papes, Mont-Ventoux, dentelles de Montmirail, gorges de la Nesque, route des Vins. Randonnées sur place. Tennis 1 km. Equitation, pêche 2 km. Golf 10 km. **Accès :** A7, sortie Avignon-nord puis dir. Carpentras. Prendre ensuite les Valayans, dir. Pernes-les-Fontaines (D28) puis dir. Mazan.

Au cœur de la Provence, mas du XVIIIe restauré avec goût, situé au milieu des vignes et des abricotiers. Les chambres à la décoration provençale et raffinée vous séduiront. A proximité du Luberon avec une vue sur le Mont-Ventoux et les Dentelles de Montmirail, vous y trouverez le calme et la tranquillité, à l'ombre de l'amandier de la cour intérieure.

Avignon Theatre Festival, Popes' Palace, Mont-Ventoux, Dentelles de Montmirail limestone cliffs, La Nesque Gorges, wine estates. Hiking locally. Tennis 1 km. Horse-riding, fishing 2 km. Golf course 10 km.

***How to get there:** A7, Avignon-Nord exit for Carpentras. Head for Valayans, Pernes-les-Fontaines (D28) and Mazan.*

This tastefully restored 18th-century mas is set amid vines and apricot trees in the heart of sunny Provence. The bedrooms, elegantly decorated in the local style, are simply enchanting. This delightful spot, close to the Luberon, affords stunning views of Mont-Ventoux and the Dentelles de Montmirail. Peace and quiet are assured in the inner courtyard, in the shade of a regal almond tree.

St-Etienne-du-Grès - Bouches du Rhône (13)

Aux Deux Sœurs
Vieux Chemin d'Arles -
13103 Saint-Etienne-du-Grès
Tél. 04 90 49 10 18 - Fax 04 90 49 10 30
www.auxdeuxsœurs-provence.com
Carolyn Wood

2 pers. 125/180 € - 3 pers. 135/195 €

★Saint-Rémy-de-Provence, Les Baux-de-Provence. GR6 posted hiking trail. Golf course and horse-riding 5 km.

*★ **How to get there:** At St-Rémy, take the old road for Arles and drive 4km. Turn left at Vallon Raget. Follow "Aux Deux Sœurs" sign. Cross the small canal, turn right and drive to the end of the private road 500m. Michelin map 340.*

Superb 11-hectare estate, nestled in the heart of the Alpilles, along the GR6 hiking trail. The property is a set of 18th-century buildings, which include a Florentine-style private mansion. The bedrooms are decorated and furnished with great refinement and taste. Enjoy the farniente life with refreshing strolls through the grounds or unwind by the pool and on the private terraces.

1 chambre avec salle de bains privée et 1 suite de 2 c[h] avec 2 salles de bains, salon et coin-cuisine, toutes l[es] chambres avec TV, magnétoscope et tél. Ouvert tou[te] l'année. Bibliothèque, chaîne hi-fi. Piscine, badminto[n] vélos, p-pong, boules, randonnées. Tennis sur la propriét[é] 2 gîtes sur place. ★ Saint-Rémy-de-Provence, les Bau[x] de-Provence... Randonnées GR6. Golf et équitation 5 km. **Accès :** à St-Rémy, prendre le vieux chem[in] d'Arles sur 4 km. A gauche à Vallon Raget. Il y a un par[n]neau "Aux Deux Sœurs". Traverser le petit canal, et [à] droite et suivre le chemin privé sur 500 m. CM340.

Niché au cœur des Alpilles, superbe domaine d[e] 11 ha situé sur le parcours du GR6. La propriét[é] comporte plusieurs bâtisses du XVIII[e] siècle do[nt] la maison de maître dans un style florenti[n]. Chambres aménagées et décorées avec beaucou[p] de goût. Moments de détente et de farniente ent[re] le parc qui invite à la promenade, la piscine et l[es] terrasses privées.

St-Marc-Jaumegarde - Bouches du Rhône (13)

La Charlotte
Chemin de la Crête - Hameau des Bonfillons
13100 St.Marc-Jaumegarde
Tél. 04 42 24 91 63 ou 06 64 42 23 56
http://www.guideweb.com/provence/bb/charlotte
Gérard et Martine Grosdemange

2 pers. 100 € - p. sup. 20 €

★Sainte-Victoire Mountain. Bimont Lake. Museums and festivals. Picasso's château. Aix-en-Provence 5 km. Walks and bike rides locally. Swimming pool, tennis court 2 km.

*★ **How to get there:** On Aix-en-Provence orbital, turn right onto D10 for Vauvenargues. Approximately 6 km on, turn right at Bonfillons traffic lights and drive past the fountain. Chemin de la Crête. Michelin map 340.*

Facing the Sainte-Victoire Mountain, this old house, in picturesque Bonfillons hamlet, welcomes you in the heart of the countryside much admired by Cézanne. The delightful country suite decorated in the gentle tones of Provence is timeless. The friendliness of the place and the hospitality make it a must for true Provence and nature lovers.

1 suite 50 m² avec salon et sanitaires privés (libre acc[ès] cuisine avec réfrig., m-ondes, vaisselle). Ouv. toute l'an[née]. Petit déj. : pain cuit sur place, spécial. locales. Min[i-]bar, biblio. Jardin. Lave-linge et baby-sitter sur der[n]. Restaurants à prox. Réductions : 20 % à partir de 2 nui[ts] (10 % en juil./août/sept.). ★ Montagne Sainte-Victoir[e]. Lac de Bimont. Musées et Festivals. Château de Picass[o]. Aix-en-Provence 6 km. Randonnées et VTT. Piscin[e], tennis 2 km. **Accès :** sur le périphérique d'Aix-e[n-]Provence, à droite D10 en dir. de Vauvenargues. A 6 k[m] à droite au feux des Bonfillons passer devant la fontain[e]. Chemin de la Crête. CM340.

Face à la montagne Ste-Victoire, cette maiso[n] ancienne, dans le pittoresque hameau des Bonfillo[ns] vous accueille au cœur des paysages chers [à] Cézanne. Sa délicieuse suite campagnarde aux do[u]ces couleurs de la Provence, vous invite à suspend[re] le temps. Le charme des lieux et la chaleur de l'a[c]cueil en font une étape incontournable pour l[es] amateurs de nature.

St-Pierre-de-Vassols - Vaucluse (84)

Mont-Ventoux. Avignon. Luberon. Wine-tasting 1 km. athing, climbing 5 km. Tennis, horse-riding 6 km.

How to get there: *From Carpentras, take D974 for Bedoin. fter 8.5 km, take D85 on left for St-Pierre. At the top of e village: brown railings opposite the church.*

ont-Ventoux watches over this authentic, elegantly restored 7th-century Provençal residence, sheltered by its walls patinated the traditional manner. All year round, you will appreciate e ultimate in charm and comfort at this residence, where you ll instantly feel at home, in a peaceful, captivating atmosphere.

La Barjaquière
17 ancien chemin de Ronde -
84330 Saint-Pierre-de-Vassols
Tél. 04 90 62 48 00 - Fax 04 90 62 48 06
www.barjaquiere.com
Ghislaine André et Daniel Poncet

1 pers. 120/180 € - 2 pers. 120/180 € - 3 pers. 210 €

Non fumeur : 3 chambres (1 ou 2 pers.) et 2 suites (1 à 3 pers.) avec TV, tél. et sanitaires privés. Ouv. toute l'année. Petit déjeuner : jus de fruit, viennoiseries, confitures, yaourts, céréales, pâtisseries maison, fruits... Piscine extérieure et intérieure chauffée, sauna. Terrasses, jardin, patio, garage. ★ Mont-Ventoux. Avignon. Luberon. Dégustation de vin 1 km. Baignade, escalade 5 km. Tennis, équitation 6 km. **Accès :** de Carpentras prendre D974 (direction Bedoin). Après 8,5 km prendre D85 à gauche vers St Pierre. En haut au village : grille marron face à l'église.

Le Mont Ventoux veille sur cette authentique demeure provençale du XVIIe, restaurée avec raffinement, bien à l'abri de ses murs patinés à l'ancienne. En toute saison, vous apprécierez le charme et le confort extrême de cette belle demeure où l'on se sent chez soi, dans une atmosphère sereine et attachante.

St-Vallier-de-Thiey - Alpes Maritimes (06)

Grasse, perfume capital. Vence, Vallauris, Antibes, Nice useums and potteries), Cannes and islands, etc. Golf courses km. Saint-Cassien Lake 12 km. Sea 27 km. Tennis court km. Verdon Gorges 45 km.

How to get there: *A8, exit 42. At Grasse, head for Digne I85) and drive 1 km. Turn right, past the Col du Pilon, into hemin des Argeiras (the last house at the top). Nice-Côte Azur Airport 45 min. Michelin map 341, fold C5.*

his magnificent, fully restored 200-year-old sheepfold is set a private four-hectare park, surrounded by a nature reserve, the Grasse hills. There are two romantic suites, one superbly nny guest bedroom and, when the temperature starts to rise, overflow pool for a refreshing dip or swim. A delightful spot exploring the Côte d'Azur.

Le Grand Jas
456, chemin des Argeiras -
06460 Saint-Vallier-de-Thiey
Tél. 04 93 09 61 76 ou 06 62 49 40 94
Email : legrandjas06@aol.com
Christine de Savigny

2 pers. 70/80 € - p. sup. 22 €

1 chambre et 2 suites (90/100 €), chacune avec salle de bains, wc, terrasse (chaises longues) et mini-bar. Ouvert toute l'année. Petit déjeuner : cake et confitures maison, croissants, œufs coque, fruits frais, oranges pressées... Bibliothèque. Parc de 4 ha. Piscine à débordement, mobilier en teck. Chambres non fumeur. ★ Grasse (capitale des parfums), Vence, Vallauris, Antibes, Nice (musées, poteries), Cannes et ses îles... Golfs 5 km, lac de St-Cassien 12 km, Mer 27 km, tennis 1 km, gorges du Verdon 45 km. **Accès :** A8, sortie n°42. A Grasse dir. Digne (N85), 1 km à droite après le col du Pilon, c'est le chemin des Argeiras (dernière maison la plus haute). Aéroport Nice-Côte d'Azur à 45 mn. CM341, pli C5.

Magnifique bergerie de 200 ans rénovée, située sur les hauteurs de Grasse, dans un parc privé de 4 ha entouré par une réserve naturelle protégée. Vous disposerez de 2 suites romantiques et d'une chambre ensoleillée, et si la température est trop élevée, d'une piscine à débordement pour vous rafraîchir ! Une adresse de charme pour découvrir la Côte d'Azur.

Ste-Anne-d'Evenos - Var (83)

Le Mas du Poivre d'Ane
184, chemin de la Bérenguière -
83330 Ste-Anne-d'Evenos
Tél. 06 08 35 21 21
www.poivredane.com
Ange et Martine Siccardi et Veillet

1 pers. 70 € - 2 pers. 80 € - 3 pers. 100 € - p. sup. 15 €

4 chambres avec douche et wc. Ouvert du 1/11 a 31/03. Petit déjeuner : croissants, pains au chocolat, confi tures maison, yaourts... Piscine à débordement (barrière protection). Parc de 0,5 ha. Nombreux restaurants à pro ximité. 20 % de réduction pour un minimum d 3 nuits. ★ Evenos 3 km. Le Castellet 4 km Sanary/Bandol 10 km. Tennis 8 km. Equitation 1 km Golf, plage et plan d'eau 10 km. Escalade 3 km. **Accès** A50, sortie Le Beausset. Suivre Le Beausset puis Toulo (N8). A Ste-Anne-d'Evenos, au feu, tourner à gauche e de suite à gauche "chemin de la Reppe", à droite "che min de Lome", puis chemin de "la Bérenguière".

Au cœur du vignoble "Bandol", Martine et Ang seront heureux de vous accueillir dans leur joli ma de pierres du XVIIIe, typiquement provençal, situ entre les collines et au milieu d'un parc paysage Les 4 chambres sont décorées avec beaucoup d goût, et ont chacune un accès extérieur. Détente e calme assurés au bord de la piscine à débordement

★Evenos 3 km. Le Castellet 4 km. Sanary/Bandol 10 km. Tennis 8 km. Horse-riding 1 km. Golf course, beach and lake 10 km. Rock-climbing 3 km.

*★ **How to get there:** A50, Le Beausset exit. Head for Le Beausset and Toulon (N8). At Ste-Anne-d'Evenos, at the lights, left and left again into "Chemin de la Reppe", then right into "Chemin de Lome" and "Chemin de la Bérenguière".*

Martine and Ange will be delighted to welcome you to their pretty, traditional 18th-century Provençal stone mas, set amid landscape grounds in the hills. The four bedrooms are tastefully decorated, each with its own private entrance from the outside. Enjoy a restful, quiet time by the overflow pool.

La Salle-les-Alpes - Hautes Alpes (05)

NOUVEAUTÉ

Le Grand Area TH
2, rue de la Teinture -
05240 La Salle-les-Alpes
Tél. 04 92 24 74 78
www.grand-area.com
André et Ornella Arnaud

1 pers. 63 € - 2 pers. 86 € - 3 pers. 111 € - repas 19 €

5 chambres (2 à 4 pers.) dont 2 avec mezzanine, sanitai res privés. Ouv. toute l'année. Petit déjeuner copieux. T d'hôtes, cuisine régionale et familiale : saucisses au choux, ravioles de Villar d'Arène...Sauna. Cour, jardir Accueil de cyclistes : local, équip., matériel, services dispo. Terrasse et terrain aménagés. ★ Briançon, ville d'a et d'histoire fortifiée par Vauban, thermes de Monêtie les-Bains, cols du Lautaret et Galibier, patrimoine reli gieux... Ski piste et fond, baignade, tennis 800 m. Foré sur pl. Gare 6 km. **Accès :** RN94 Gap-Briançor Direction La Salle-les-Alpes, Serre Chevalier.. CM33 pli H3.

C'est dans un ancien corps de ferme du XVII siècle que vous accueillent André et Ornella. Vou serez séduits par les matériaux sains et tradition nels utilisés pour la restauration (mélèze, chaux... Vous pourrez vous détendre en profitant du saun et faire de belles balades dans les environs.

★Briançon, historic and artistic town fortified by Vauban, thermal baths of Monêtier-les-Bains, Lautaret and Galibier passes, religious heritage... Ski run and trail, bathing, tennis 800 m. Forest locally. Train station 6 km.

*★ **How to get there:** RN94 Gap-Briançon. Direction La Salle-les-Alpes, Serre Chevalier... Michelin map 334, fold H3.*

André and Ornella warmly welcome you to their 18th-century former farmhouse. The renovations on the house have been expertly carried out using the finest traditional materials (larch, lime...). The house also has its own sauna and is set in wonderful surroundings so whether inside or out, this is a perfect place to relax.

Sault - Vaucluse (84)

Lavender fields, places of historical interest, museums, tastings f dishes made with lavender, panoramic views, spa. Hiking cally. Swimming pool, tennis court 3 km. Horse-riding 5 km. kiing 20 km.

** **How to get there:** From Carpentras, head for Mazan, 'illes/Auzon and Sault. By the memorial, head for St-Christol (2.8 km).*

This large 17th-century, self-contained mas on the Piedmoure state overlooks the Croc Valley, amid woods and lavender fields. The bedrooms, furbished with great refinement, exude comfort nd relaxation. On sunny days, take strolls in the woods and xplore the many varieties of flowers or sit back and rest by the ountain.

Domaine de Piedmoure TH
route de St-Christol - 84390 Sault
Tél. 04 90 64 09 22 - Fax 04 90 64 17 19
Email : piedmoure@aol.com
Jean-Pierre et Marie-Jeanne Bonnard

1 pers. 76 € - 2 pers. 76 € - repas 23 €

4 chambres avec sanitaires privés. Ouvert toute l'année. Table d'hôtes : agneaux, cochons et épeautres AOC, pâtisseries maison. Cour, jardin, parc de 27 ha. Vélos, parcours sportif, chemins de promenade. ★ Champs de lavande, sites historiques, musées, dégustation culinaire à la lavande, panorama, station thermale. Randonnées sur place. Piscine, tennis 3 km. Equitation 5 km. Ski 20 km. **Accès :** de Carpentras prendre dir. Mazan puis Villes/Auzon puis Sault. Devant le monument aux morts, prendre dir. St-Christol (2,8 km).

Au milieu d'un domaine, grand mas indépendant du XVIIe siècle, dans les bois, dominant la vallée de la Croc, au milieu des champs de lavande. Les chambres décorées avec raffinement vous apporteront détente et grand confort. Aux beaux jours, flânerie dans les bois à la découverte des fleurs et détente autour de la fontaine.

Séguret - Vaucluse (84)

** Vaison-la-Romaine, Roman and medieval town. Village of Séguret. Walks (Ventoux, Dentelles de Montmirail Mountains). Swimming and hiking locally.*

** **How to get there:** Motorway A7, Orange exit, head for Vaison-la-Romaine on N977. At Séguret crossroads ("Chambres d'Hôtes" signs), right for CD88. Drive 800 metres, "Montvert l'Esclade" lane on left. 2nd house on left.*

Gisèle Augier will be delighted to welcome you to her Provençal home. The residence is full of charm, with cool, shaded parkland boasting romantic-style ponds. The bedrooms are fresh and prettily decorated. Enjoy the pool in the grounds.

Saint-Jean
84110 Séguret
Tél. 04 90 46 91 76 - Fax 04 90 46 83 88
Email : gisele.saintjean@libertysurf.fr
http://christophe.augier.free.fr
Gisèle Augier

1 pers. 85 € - 2 pers. 95/98 € - p. sup. 30 €

1 chambre et 2 suites avec salle d'eau et wc privés, TV, téléphone et réfrigérateur. Ouvert toute l'année. Petits déjeuners copieux, variés et raffinés. Piscine. Parc. Nombreux restaurants à proximité. ★ Ville romaine et moyennageuse de Vaison-la-Romaine. Village de Séguret. Promenades (Ventoux, Dentelles de Montmirail,...). Piscine et randonnées sur place. **Accès :** A7 sortie Orange dir. Vaison-la-Romaine N977. A Séguret panneaux chambres d'hôtes. A dr. CD88 faire 800 m. A gche chemin "Montvert l'Esclade" 2e maison à gche.

Gisèle Augier se fera un plaisir de vous accueillir dans sa maison provençale pleine de charme, disposant d'un parc frais et ombragé, agrémenté de bassins romantiques. Les chambres sont fraîches et joliment décorées. Dans le parc, une agréable piscine.

Tarascon - Bouches du Rhône (13)

NOUVEAUTÉ

★At the heart of la Provence: les Baux and Arles (15 km), Avignon and Nîmes (25 km), Uzès and la Camargue (30 km), the Pont du Gard (20 km). Sea 45 km. Golf 15 km. Tennis, hiking, Beaucaire canal 1 km.

*★ **How to get there:** Once in Avignon, at the 2nd roundabout head for Nîmes. 2 roundabouts later, take exit Centre Ville. Place de la Concorde by Ste-Marthe Church, then rue de l'Ancien Collège & the 1st left. Michelin map 340.*

This former private mansion dates back to the 17th and 18th centuries and is located on a small and quiet square in the centre of the historical town of Tarascon. Boasting fantastic architecture and decor, this beautiful property allows you to relax inside and out with a monumental staircase, stone balconies, stunning banisters and a cosy garden complete with fountain. A cultural stop in an traditional and prestigious setting.

Le Molières
7, rue du Progrès - 13150 Tarascon
Tél./Fax 04 90 43 52 52 ou 06 08 09 28 99
www.chambres-tarascon.com
Yvette et Yves Jumeau

1 pers. 85/120 € - 2 pers. 89/120 € - 3 pers. 129 €

1 ch., 1 ch. familiale (2 ch., coin-salon), 1 suite avec salon sanitaires privés. (144 €/4 pers.). Ouv. toute l'année. Peti déj. : jus d'orange, confitures artisanales, cake maison o canelé. Salle à manger, salon (cheminée). Biblio., chaîn hifi. Cour aménagée en jardin médiéval avec fontaine Poss. séjours à thème. ★ Au cœur de la Provence : le Baux et Arles (15 km), Avignon et Nîmes (25 km), Uzè et la Camargue (30 km), le Pont du Gard (20 km). Me 45 km. Golf 15 km. Tennis, rand., canal de Beaucair 1 km. **Accès :** en arrivant d'Avignon, au 2e rd point, dir Nîmes puis 2 rds point plus loin, dir. Centre Ville. Plac de la Concorde, devant l'église Ste-Marthe, puis rue d l'Ancien Collège et 1re à gauche. CM340.

Dans le centre historique de Tarascon, sur un petite place tranquille, se situe cet ancien hôtel particulier des XVII et XVIIIe siècles. Belle architecture intérieure, escalier monumental, balustres, balcons en pierre. Vous pourrez vous détendre dans l petit jardin moyennageux avec fontaine. Une étap culturelle dans un cadre authentique et prestigieux

Le Thor - Vaucluse (84)

★Avignon Theatre Festival. Fontaine de Vaucluse, Gordes, Roussillon, Baux de Provence. Wine-growing estates, Provence markets, wide choice of restaurants. Tennis court 1 km. Horse-riding 5 km. Golf courses 8 km.

*★ **How to get there:** A7, Avignon-Sud exit and D973. Head for Caumont and, as you leave Caumont village, take D1 for Le Thor. On D1, turn first left just past Le Thor fire station and follow signs.*

Nadine and Alain are your hosts during your stay at this handsome, 19th-century magnanerie, restored to pristine splendour, on a three-hectare estate. You will enjoy the gentle way of life here, by the overflow pool, in the pool house with bar and summer lounge, or in the spacious, comfortable and attractively decorated bedrooms.

Domaine des Coudelières TH
560 chemin des Coudelières - 84250 Le Thor
Tél. 04 90 02 12 72 ou 06 62 53 54 62
Fax 04 90 02 32 69
www.domainedescoudelieres.com
Nadine et Alain Marchal-Bustillo

2 pers. 95/125 € - p. sup. 25 € - repas 28 €

4 ch. dont 1 suite avec sanitaires privés. Ouv. du 15.03 au 15.11. Petit déjeuner : viennoiseries, fruits, confiture maison, miel de lavande... T.d'hôtes (lundi et vendredi er été sinon sur rés.) : produits terroir selon saison. Salor (TV), biblio. Piscine, pétanque, p-pong. Parking. Tarif mi-saison, consulter prop. ★ Festival d'Avignon, Fontain de Vaucluse, Gordes, Roussillon, les Baux de Provence.. La route des vins, marchés provençaux, nombreux restaurants... Tennis 1 km. Equitation 5 km. Golfs 8 km **Accès :** A7 sortie Avignon-sud puis D973. Prendre dir Caumont; à la sortie du village de Caumont, prendre D1 dir. Le Thor. Sur la D1 juste après la caserne des pompier du Thor, 1re à gauche (fléchage).

Nadine et Alain vous accueillent pour un séjour de qualité dans cette belle magnaneraie du XIXe, entièrement restaurée à l'authentique, sur un domaine de 3 ha. Vous y apprécierez la douceur de vivre, vous aimerez la grande piscine à débordement et son pool-house avec bar et salon d'été ains que les chambres spacieuses, confortables et joliment décorées.

Le Thor - Vaucluse (84)

NOUVEAUTÉ

Palais des Papes, Avignon theatre festival. Antique dealers' illage, Isle-sur-la-Sorgue. Farmers' market at Velleron. Golf ourses 5 km and 12 km. Horse-riding and tennis 4 km.

★ ***How to get there:*** *Motorway exit n°23 Avignon nord, irection Védène then St-Saturnin. Turn left down "rte de ernes". At the 2nd junction turn right in direction Le Thor D98). 800m later, La Garance, the first farm on the left.*

This former 17th-century post-house has been tastefully estored. The large bedrooms and the suite are south-facing and haded by 100-year-old plane trees while the bathrooms boast ntique tiles. Here you can relax in a peaceful setting and make he most of this beautiful house with its huge dining room, ireplaces, living rooms and library.

La Garance TH
4010, route de St-Saturnin - 84250 Le Thor
Tél./Fax 04 90 33 72 78 ou 06 07 56 06 23
Email : contact@garance-provence.com
www.garance-provence.com
Chantal et Régis Sanglier

2 pers. 90/100 € - 3 pers. 120 € - repas 20 €

4 chambres et 1 suite avec sanitaires privés. Ouv. toute l'année. Petit déjeuner : confitures et cake maison, miel, fruits de saison... T. d'hôtes : tapenade maison, cake aux olives, daube provençale, tarte à l'orange... Jeux, musique, biblio., ADSL. Parc 1,3 ha. Piscine à débordement. Vélos à disposition. ★ Le palais des Papes, festival de théâtre à Avignon. Village des antiquaires à Isle-sur-la-Sorgue. Marché paysan à Velleron. Golfs 5 et 12 km. Equitation et tennis 4 km. **Accès :** sortie autoroute n°23 Avignon nord, dir. Védène puis St-Saturnin. Tourner à gauche "rte de Pernes", et à la 2e intersection, à droite dir. Le Thor (D98) sur 800 m, c'est la 1re ferme à gauche.

Ancien relais de poste du XVIIe siècle restauré avec goût. Les grandes chambres et la suite sont toutes orientées plein sud à l'ombre de platanes centenaires, les salles de bains sont décorées de carreaux anciens. Une grande salle à manger, plusieurs cheminées, divers salons et la bibliothèque vous permettront de vous détendre sereinement.

Le Thor - Vaucluse (84)

Fontaine de Vaucluse, Mont-Ventoux. Côtes du Rhône, Ventoux and Luberon wines. Thouzon cave. Isle-sur-la-Sorgue or antique dealers and flea markets. Tennis and fishing 3 km. Golf course 15 km. Hiking 10 km.

★ ***How to get there:*** *A7, Avignon-Nord exit 23 for Vedène D942) and D6. Carry straight on for St-Saturnin-les-Avignon and left for Pernes/Le Thor on D28. 2.5 km on, urn right onto D98 for Le Thor and turn left 1.4 km on.*

This handsome 19th-century mas set in fields exudes the uthentic refinement of Provence. The residence provides five pacious bedrooms, appointed with furniture collected over the ears. The relaxed, restful atmosphere is enhanced by the wimming pool, shaded terrace, and leafy garden teeming with xotic plants. The table d'hôtes meals are pure pleasure.

Mas de la Martelière TH
888 ch. du Réal de Montclard -
84250 Le Thor
Tél. 04 90 02 37 90 - Fax 04 90 02 38 70
www.la-marteliere.com
Patrick Laget

1 pers. 60/80 € - 2 pers. 65/85 € - p. sup. 25 € - repas 27 €

5 chambres avec salle d'eau et wc privés. Ouvert toute l'année. Petit déjeuner : mini-viennoiseries, céréales, confitures maison... T. d'hôtes : cuisine aux notes provençales et bons vins de la région. Salon avec cheminée et bibliothèque. Piscine. Jardin. Parking fermé. Restaurants à proximité. ★ Avignon, Mont-Ventoux, Luberon, Fontaine-de-Vaucluse, Isle-sur-la-Sorgue (antiquaires, brocantes). St-Rémy et les Baux de Provence. Vins de la vallée du Rhône. Tennis 8 km. Golf 15 km. Randonnées 10 km. **Accès :** A7, sortie n°23 Avignon-nord, dir. Vedene (D942) puis D6. Tout droit jusqu'à St-Saturnin-les-Avignon. Puis D28 à gauche dir. Pernes/Le Thor. 2,5 km plus loin, à droite D98 dir. Le Thor, après 1,4 km, à gauche.

Beau mas du XIXe siècle au milieu des champs où vous trouverez authenticité et raffinement. Les chambres sont spacieuses et les meubles chinés. Avec le jardin arboré foisonnant de plantes rares, la large terrasse ombragée et l'espace piscine, tout concourt ici à une atmosphère paisible et détendue, sans oublier, bien sûr, les plaisirs de la table d'hôtes.

Tourrettes-sur-Loup - Alpes Maritimes (06)

★Tourrettes-sur-Loup: medieval village with character, famous for its violet-growing, close to leisure activities along the coast and in the mountains. Tennis, fishing 3 km. Horse-riding 8 km. Sea 17 km. Skiing 40 km.

*★ **How to get there:** A8, exit 48 (Cagnes/Mer), D236 to Vence and D2210 to Tourrettes. 2.7 km before village, head for Grasse and right for Chemin de St-Arnoux. Last property as you drive up the lane. Michelin map 341, fold D5.*

This peaceful villa, with garden and swimming pool, affords attractive views of the sea and offers two charming bedrooms in the sunny colours of Provence, private terraces and bathrooms. Breakfast is served on the patio by the pool. Ideally situated for visiting the Riviera, from Monaco to Saint-Tropez.

Cueille la Nuit
101, chemin de Saint-Arnoux -
06140 Tourrettes-sur-Loup
Tél./Fax 04 93 59 38 47 ou 06 61 43 63 36
www.cueillelanuit.com
Eric et Nancy Brasquer

2 pers. 100/112 € - p. sup. 35 €

2 chambres avec TV, tél., hifi, bains et wc privés. Ouv toute l'année. Petit déjeuner : viennoiseries, confiture maison, fruits... Cuisine d'été. Sauna, hammam, spa, jacuzi, salle de repos. Cour, jardin, piscine à débordement badminton, vélos, pétanque. Restaurants à Tourrettes-sur-Loup. Carte bancaire possible au SR. ★ Tourrettes-sur-Loup : village médiéval de caractère, célèbre pour ses cultures de violettes, proche des loisirs du littoral et de l montagne. Tennis, pêche 3 km. Equitation 8 km. Me 17 km. Ski 40 km. **Accès :** A8 sortie n°48 (Cagnes/Mer) D236 jusqu'à Vence, D2210 jusqu'à Tourrettes. A 2,7 kn du village, dir. Grasse, à droite chemin de St.Arnoux Dernière propriété en montant le chemin. CM341 pli D5.

Cette belle villa très calme, avec jardin et piscin offre une jolie vue sur la mer et propose 2 chambres de charme aux couleurs ensoleillées de la provence avec terrasses et salles de bains individuelles Petit déjeuner servi dans le patio au bord de la piscine. Une adresse idéalement située pour visiter l Côte d'Azur de Monaco à Saint-Tropez...

Tourrettes-sur-Loup - Alpes Maritimes (06)

★Historical places of interest, museums, concerts, art galleries, local produce and wine-tasting, farmer's markets, perfume factories. Tennis court 500 m. Beach, karting 12 km. Golf courses 15 km. Marineland 18 km. Mountaineering 30 km.

*★ **How to get there:** From Cannes, motorway exit 47; from Nice, exit 48, and head for Vence and Tourrettes-sur-Loup. Drive round four bends in the road after "Les Belles Terrasses" (hotel-restaurant). Michelin map 341, fold D5.*

This luxurious, traditional Provençal residence offers spacious, tastefully appointed accommodation in three bedrooms and a suite, three of which feature private terraces overlooking the sea, garden or swimming pool. Breakfasts with homemade produce to suit individual tastes and gourmet, dietetic table d'hôtes meals are served in the pool house. The vistas over the countryside and ocean create a true holiday atmosphere.

Demeure de Jeanne TH
907, route de Vence - 06140 Tourrettes-sur-Loup
Tél. 04 93 59 37 24 - Tél./Fax 04 93 24 39 95
Tél. 06 66 76 53 32
http://www.demeuredejeanne.com
Yolande Cohen-Dichtel

1 pers. 100/150 € - 2 pers. 100/150 € - p. sup. 35 €

3 chambres et 1 suite (2 ch.) avec TV, coin-salon (vidéo) sanitaires privés. Ouv. du 15.03 au 15.10. Petit déj. yaourts, viennoiseries, jambon, fromage... T.d'hôtes (tari selon menu et vin) : langoustines, agneau, veau, volaille.. Salon lecture, jeux société, vidéothèque. Jardin, piscine ★ Sites, musées, concerts, galeries d'art, dégustation d vins, marchés paysans, parfumeries... Tennis 0,5 km. Plage kart 12 km. Golfs 15 km. Marineland 18 km. Alpinism 30 km. **Accès :** de Cannes, autoroute sortie 47, de Nic sortie 48, puis Vence et Tourrettes-sur-Loup. Passer 4 virages après "Les Belles Terrasses" (hôtel-restaurant) CM341, pli D5.

Superbes chambres d'hôtes dans une luxueuse bastide provençale. 1 suite et 3 chambres spacieuses décorées avec goût (3 avec terrasse privée et vue su mer, jardin et piscine). Petits déjeuners personnalisés, dîners gastro-diététiques servis dans le pool house. La vue sur la campagne et la mer confèren à cette demeure une authentique atmosphère d vacances.

Tourrettes-sur-Loup - Alpes Maritimes (06)

NOUVEAUTÉ

Cannes Festival, F1 Monaco grand prix, Nice carnival, fête s Citrons at Menton, museums: Picasso, Renoir, Matisse... olf 10 km. Horse-riding 8 km. Tennis 5 km. Sea 15 km. shing 3 km.

How to get there: *A8, exit Cagnes/Mer and D236 to ence. Then take D2210 to Tourrettes. 1km outside the village, rn left (rte de l'ancienne gare), then right (rte du Pic Lombart) d 600m later, turn left.*

a Villa Florida is a vast residence set between the sea and the ountains. Its owners, Claudia and Jean-Claude, will greet you armly when you arrive at the property which is nestled nongst the flowers and palms of its leafy grounds. Each of the dependant bedrooms has been beautifully decorated, inspired the charm of La Provence and opens onto the sun-lounge d swimming pool.

La Villa Florida
73, route de Camassade -
06140 Tourrettes-sur-Loup
Tél. 04 93 59 27 26 ou 06 15 43 59 12
http://villa.florida.free.fr
Jean-Claude Ribaut

1 pers. 70/90 € - 2 pers. 70/90 € - 3 pers. 95/115 €

2 chambres (non fumeur) avec sanitaires privés, TV sat., mini-réfrig., plateau de courtoisie. Ouv. toute l'année. Petit déjeuner : fromages, yaourts, confitures maison, céréales, œufs, croissants...Salon TV et lecture. Cour, jardin, parc de 3,7 ha. Piscine. Solarium, bains de soleil. 14 restaurants à Tourrettes/Loup. ★ Festival de Cannes, grand prix F1 Monaco, carnaval de Nice, fête des Citrons à Menton, musées : Picasso, Renoir, Matisse... Golf 10 km. Equitation 8 km. Tennis 5 km. Mer 15 km. Pêche 3 km. **Accès :** A8, sortie Cagnes/Mer et D236 jusqu'à Vence puis D2210 jusqu'à Tourrettes. 1 km après la sortie du village, à gauche (rte de l'ancienne gare), à droite (rte du Pic Lombart) et enfin à droite à 600 m.

Entre mer et montagne, Claudia et Jean-Claude vous accueillent, au calme, dans leur vaste demeure nichée dans un parc verdoyant parmi les palmiers et les fleurs. Ils vous proposent des chambres à la décoration raffinée d'inspiration provençale bénéficiant chacune d'une entrée indépendanre ouvrant sur le solarium et la piscine.

Tourrettes-sur-Loup - Alpes Maritimes (06)

NOUVEAUTÉ

Medieval village, the Loup gorges (6 km), fête des Violettes, stivals, museums, sports, nature... Hiking. Hang-gliding and ables 6 km.

How to get there: *A8, exit Cagnes-sur-Mer. D36 to Vence en D2210 to Tourrettes/Loup. Follow signs to the right of e café du Midi and drive 1.6km down la route de St-Jean d le chemin des Quenières. "Camassade" locality.*

his pretty, Provençal mas is situated on old olive groves. There e five independant bedrooms available, decorated with all the yle of la Provence. Le Mas des Cigales is set in wonderful ounds complete with swimming pool, tennis court, jaccuzi and cling facilities - all of which are available to guests. This is an eal place for people looking for a relaxing holiday and a view the sea.

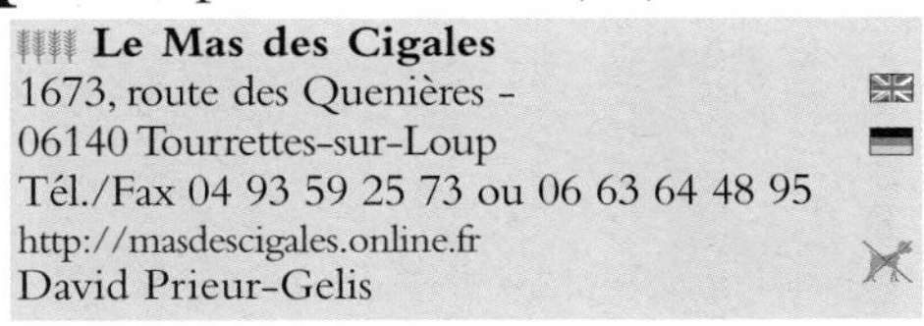

Le Mas des Cigales
1673, route des Quenières -
06140 Tourrettes-sur-Loup
Tél./Fax 04 93 59 25 73 ou 06 63 64 48 95
http://masdescigales.online.fr
David Prieur-Gelis

2 pers. 92/97 €

5 chambres (non fumeur) avec sanitaires privés, TV, minibar et bouilloire. Ouv. toute l'année. Petit déjeuner : jus d'orange, céréales, fromages, œufs, viennoiseries, fruits... Salon de jeux, bibliothèque, internet, wi-fi. Parc. Parking privé. Tennis, piscine, VTT, jaccuzi, pétanque. 11 restaurants dans le village. ★ Village médiéval, gorges du Loup (6 km), fête des Violettes, festivals, musées, sports nature... Randonnées sur place. Parapente et centre équestre 6 km. **Accès :** A8, sortie Cagnes-sur-Mer. D36 jusqu'à Vence puis D2210 jusqu'à Tourrettes/Loup. Suivre panneaux à droite du café du Midi et sur 1,6 km la route de St-Jean et le chemin des Quenières. Lieu-dit "Camassade".

Joli mas provençal situé sur une ancienne oliveraie. Le Mas des Cigales propose 5 belles chambres indépendantes avec de beaux meubles provençaux. Un agréable parc avec piscine, un tennis, un jaccuzi et des VTT sont à votre disposition. Pour vos moments de détente, terrasse avec vue sur la mer.

Trans-en-Provence - Var (83)

★Verdon Gorges 40 km. A8 motorway 6 min. Sainte-Maxime 20 min: sea, beach. Saint-Tropez 40 min. Cannes 35 min. Golf course 12 km.

*★ **How to get there:** In Trans, turn right by the church onto D47 for La Motte. 100 m after the village exit sign, another sign indicates "chute de pierres" (falling rocks); the entrance is 50 m along on the right. Michelin map 340.*

René and Marie-Camille provide a warm welcome at this haven of peace on a two-hectare property, with a lake, a river, a waterfall and swans. The luxuriously appointed ground-floor bedrooms all have private terraces with garden furniture. Enjoy a dip in the sumptuous swimming pool (18 m x 7 m).

Saint-Amour
986, route de la Motte -
83720 Trans-en-Provence
Tél./Fax 04 94 70 88 92
Email : saint.amour83@wanadoo.fr
Marie-Camille Wahl

2 pers. 77 € - p. sup. 19 €

1 chambre-bateau (1 lit 2 pers.) avec bains, wc, TV sat kitchenette et terrasse privés et dans une bastide indépendante du XVIIIe : 2 ch. (1 lit 2 pers. chacune), coin salon, s. d'eau, wc, TV sat. et terrasse privée. Ouv. tout l'année. Buanderie (l-linge/sèche-linge). Cuisine d'été Barbecue, abri voiture. Piscine. ★ Gorges du Verdon 40 km. Autoroute A8 à 6 mn. Ste-Maxime à 20 mn (me plage). St-Tropez à 40 mn. Cannes à 35 mn. Golf 12 km **Accès :** A8, sortie Le Muy, puis dir. Trans-Draguignan Dans le village de Trans, à l'église, prendre D47 vers La Motte. A 1 km, panneau fin d'agglomération, chambres 30 m à droite (flèche St-Amour). CM340.

René et Marie-Camille vous accueillent dans le havre de paix d'une splendide propriété privée de 20000 m², comportant un lac aménagé, rivière, cascade, cygnes, etc... Superbes chambres de grand confort, indépendantes et situées en rez-de-jardin avec terrasse privée. Somptueuse piscine (18 x 7).

Trigance - Var (83)

★Verdon Gorges 5 km. Castellane 20 km. Tennis 2 km. Horse-riding and golf 25 km. Rock-climbing 7 km. Beach 65 km. Lake 30 km.

*★ **How to get there:** A8, Le Muy exit for Draguignan (N555). At the Ste-Roseline roundabout, head for Comps/Artuby (D54) and Trigance (D955). 3 km past village, Le Priolat is the stone house on the right-hand side. Michelin map 340.*

This delightful stone bastide with landscape garden affords stunning vistas of the perched village of Trigance and the surrounding area, at the gateway to the Verdon Gorges and Regional Nature Park. Treat your palate to tantalising regional flavours at the table d'hôtes. Le Priolat des Anges is an ideal spot for discovering the flora and fauna of the Upper Var.

Le Priolat des Anges TH
83840 Trigance
Tél. 04 94 85 67 07 ou 06 07 68 08 06
Email : lepriolatdesanges@wanadoo.fr
Frank Duparant

2 pers. 65 € - p. sup. 20 € - repas 25 €

3 chambres avec douche et wc privés. Ouvert toute l'année. Petit déjeuner : confitures maison, fruits de saison croissants, œufs, pain bio... T. d'hôtes : légumes farcis daube, civet, sauté d'agneau, chèvre chaud, gratins, aïoli. ★ Gorges du Verdon 5 km. Castellane 20 km. Tennis 2 km. Equitation et golf 25 km. Escalade 7 km. Plage 65 km. Plan d'eau 30 km. **Accès :** A8, sortie Le Muy, dir. Draguignan (N555). Au rond point de Ste-Roseline, dir. Comps/Artuby (D54) puis D955 dir. Trigance. 3 km avant le village, grande bastide en pierre sur la droite CM340.

Aux portes des gorges du Verdon et dans le Parc Naturel Régional, jolie bastide en pierre avec jardin paysager et vue exceptionnelle sur le village perché de Trigance et ses environs. Vous pourrez déguster les saveurs de la région à la table d'hôtes Endroit idéal pour la découverte de la faune et de la flore du haut Var.

Uchaux - Vaucluse (84)

Orange and Avignon Festivals. Mont-Ventoux. Wine-growing gion. Dentelles de Montmirail. Hiking trails locally. Horse-ding 1 km. Tennis 4 km. Golf course 12 km.

***How to get there:** Bollène exit for Rochegude D994. After .5 km, turn right for Uchaux via D12, then head for Iondragon on D152. Lastly, after 2.5 km, follow signs for La Cabanole".*

. warm welcome awaits you at this traditional mas, set amid 'nes and olive trees in the heart of the countryside, and which as been restored to pristine splendour in keeping with the rovençal style. Each of the spacious, tastefully appointed edrooms has its own individual style. Relax by the pool. Conveniently situated for visiting this superb region.

Mas de la Cabanole TH
Beauchamp - 84100 Uchaux
Tél. 04 90 30 07 28 - Fax 04 90 30 08 75
Email : deblaere.cabanole@wanadoo.fr
www.lacabanole.com
Patrick et Leen Deblaere

1 pers. 75 € - 2 pers. 90/120 € - 3 pers. 130 € - p. sup. 30 € - repas 25 €

4 chambres et 1 suite avec sanitaires privés. Ouvert du 15.03 au 15.11. Petit déjeuner : céréales, fruits, confitures maison, laitages, jus de fruit frais... Table d'hôtes : cuisine typiquement provençale et italienne. Grand salon, bibliothèque, cheminée, salle à manger. Jardin, piscine, tennis de table, vélos, pétanque ★ Festivals d'Orange et d'Avignon. Mont-Ventoux. Route des vins. Dentelles de Montmirail. Départ de randonnées sur place. Equitation 1 km. Tennis 4 km. Golf 12 km. **Accès :** sortie Bollène dir. Rochegude D994. Après 1,5 km à droite prendre Uchaux par D12 puis dir. Mondragon D152. Enfin après 2,5 km suivre les signalisation "La Cabanole".

En pleine campagne, entouré de vignes et d'oliviers, ce vieux mas entièrement restauré dans le respect de son allure d'origine et du style provençal, vous ouvre ses portes. Les chambres spacieuses, sont personnalisées et décorées avec goût. Détente auprès de la piscine. Une étape idéale pour visiter cette superbe région.

Vaison-la-Romaine - Vaucluse (84)

Horse-riding, tennis, miniature golf. Archaeological digs and Roman theatre. Numerous galleries, festival, "Choralies", vimming pool.

***How to get there:** Medieval city of Vaison-la-Romaine. ake Rue de l'Evêché, opposite "Galeria des 3 Voûtes".*

Your hostess Aude Verdier has created a haven of peace and uiet at this residence, originally a bishop's palace, right in the eart of the medieval city. The paintings, books, antique furniture nd original features enhance the tranquillity and romanticism f the place. Breakfast is served on a flower-filled terrace, which fords breathtaking views of Vaison-la-Romaine.

L'Evêché
rue de l'Evêché - Cité Médiévale -
84110 Vaison-la-Romaine
Tél. 04 90 36 13 46 ou 06 03 03 21 42
Fax 04 90 36 32 43 - http://eveche.free.fr
Aude Verdier

1 pers. 65/95 € - 2 pers. 70/120 € - 3 pers. 105/140 €

1 chambre avec bains et wc, 2 chambres avec douche et wc. et 2 suites avec salons privés (90/115 € 2 pers.) dont 1 avec terrasse/solarium privé. Ouvert toute l'année. Salon-bibliothèque. Ping-pong. Mise à disposition de VTT sur place. Plusieurs restaurants à proximité. ★ Equitation, tennis, mini-golf. Fouilles et théatre romain. Nombreuses galeries, festival, choralies, piscine. **Accès :** ville médiévale de Vaison-la-Romaine et rue de l'Evêché, en face de la Galeria des 3 Voûtes..

De l'ancien Evêché, Aude a réussi à créer un havre de calme au cœur même de la cité médiévale. Les tableaux, les livres, les meubles anciens, les vieilles pierres contribuent, ici, à développer une ambiance empreinte de paix et de romantisme. La terrasse fleurie offrant une vue sur la ville est idéale pour la détente et le petit déjeuner.

Vaugines - Vaucluse (84)

l'Eléphant de Vaugines
Les Trailles - 84160 Vaugines
Tél. 04 90 77 15 85 ou 00 324 75 67 37 31
Fax 04 90 77 14 13
www.vaugines.com
Thierry Chome

2 pers. 75/105 €

4 chambres et 1 suite climatisées, toutes avec sanitair privés, TV et mini-bar dans la suite. (200 €/4per en suite). Ouvert toute l'année. Petit déjeuner : vienno series, confitures maison, œufs fermiers, plateau de froma ges, fruits... Piscine. P-pong, pétanque. Chaises longue Jardin, parc 1 ha. ★ Festival d'Avignon, art lyrique à Ai en-Provence, la Roque d'Anthéron, Gordes, Lourmari abbaye de Silvacane, le Luberon... Tennis 2 kn Equitation, baignade 10 km. Golf 35 km. Randonnées s pl. **Accès :** A7, sortie Sénas dir. Aix-en-Provence pu Lourmarin. Traverser Lauris puis Lourmarin. Place d Vaugines, monter la rue de l'épicerie et serrer à gauche

Sur le versant sud du Luberon, avec une vu superbe sur la vallée de la Durance, au milieu d pins et des plantes exotiques, une belle maison pro longe une grande piscine où se reflètent les palmie dans un oasis de fraîcheur et de calme. Les 5 cham bres, très lumineuses, sont meublées et décorées d manière originale et s'ouvrent sur le jardi ombragé.

★Avignon Festival, Aix-en-Provence Opera Festival. La Roque d'Anthéron (2,000 years of history, beauty and culture), Gordes, Lourmarin, Silvacane Abbey, the Luberon, etc. Tennis 2 km. Horse-riding, bathing 10 km. Golf course 35 km. Hiking locally.

★ ***How to get there:*** *A7, Sénas exit, for Aix-en-Provence and Lourmarin. Drive through Lauris and Lourmarin. When you get to Place des Vaugines, drive up the street with the greengrocer and pull over to the left.*

This handsome residence is surrounded by pine trees and exotic plants on the southern slope of the Luberon, affording superb views of the Durance Valley. Tall palms are reflected in the large swimming pool that stretches from the house, thus creating a refreshing, blissful oasis. The five bright bedrooms, decorated with great originality, open out onto the shaded garden.

Vaugines - Vaucluse (84)

Les Grandes Garrigues
Route de Cadenet - 84160 Vaugines
Tél./Fax 04 90 77 10 71
Email : lesgrandesgarrigues@francemarket.com
www.lesgrandesgarrigues.com
Evelyne et Christian Arnoux

1 pers. 65/75 € - 2 pers. 70/115 € -
3 pers. 95/105 € - p. sup. 15 €

5 chambres avec entrée indépendante, TV, sanitaires pr vés et terrasse privée (2 avec salon indépendant et 1 ave salon attenant). Ouvert toute l'année. Petit déjeuner viennoiseries... Cuisine d'été pour les hôtes. Bar, chem née. Jeux de boules. Parc, piscine. Animaux sous réserv ★ Les Baux de Provence. Le Mt Ventoux. La Camargu Rte des vins. Gorges du Verdon. Calanques de Cassis. L Ocres (Roussillon). Marchés de Provence. Equitatio tennis 3 km. Rivière 5 km. Golf 15 km. Mer 30 kn **Accès :** A7 sortie Cavaillon, puis D973 dir. Pertuis ju qu'à Cadenet. Prendre D943 jusqu'au Lourmarin, pu D27 sur 3 km et D45 dir. Vaugines sur 1 km.

Ce beau mas provençal, au pied du Luberon e situé sur 10 ha de vignes et de cerisiers. Vous sere reçus dans des chambres raffinées, aux tons chau de la Provence. Vous apprécierez la douceur d lieux sur votre terrasse privée ou au bord de superbe piscine. Une adresse de charme.

★Châteaux. Les Baux de Provence. Mont Ventoux. Camargue. Tours of wine-producing estates. Calanques de Cassis. Les Ocres (Roussillon). Markets of Provence. Horse-riding, tennis 3 km. Lake, river 5 km. Golf course 15 km. Sea 30 km.

★ ***How to get there:*** *A7, Cavaillon exit, and D973 dir. Pertuis to Cadenet. Take D943 to Lourmarin, then D27 for 3 km, and D45 to Vaugines (1 km).*

This handsome Provençal mas, at the foot of the Luberon, is set in ten hectares of vines and cherry trees. The refined bedrooms are decorated in the warm colours of Provence. You will savour this tranquil setting from your private terrace or by the magnificent swimming pool. A delightful spot for a break away from it all.

Vedène - Vaucluse (84)

★*Centrally located in the heart of the region's best-known sites: the Luberon, Roussillon, etc., and Côtes du Rhône country (Châteauneuf-du-Pape, etc.) and wine cellars. A stone's throw from a variety of festivals, including Avignon and Orange.*

★ ***How to get there:*** *A7, Avignon-Nord exit 23. At the roundabout, head for "Grand Golf d'Avignon" (avenue lined with plane trees). Drive 300 m and turn left. A detailed map is available on the website.*

Le Pavillon Vert is a restored old Provençal mazet, situated in a bosky bower with centuries-old oaks, just 5 km from Avignon. The four bedrooms are decorated with great taste and originality. Enjoy this natural, restful setting, complete with swimming pool, terrace and medieval-style garden.

Le Pavillon Vert TH
chemin de la Banastière -
84270 Védene/Avignon
Tél./Fax 04 90 31 13 83 ou 06 11 49 49 19
www.lepavillonvert.com
Anya Meran

1 pers. 65 € - 2 pers. 65/79 € - p. sup. 20 € - repas 22 €

4 chambres climatisées avec sanitaires privés, TV, prise internet (chambres indép. de la maison des prop.). Ouv. toute l'année. Petit déjeuner : viennoiseries, confitures maison, céréales... T. d'hôtes : cuisine provençale (daube, soupe au pistou...) et familiale. Salon avec biblio. Jardin. Pétanque. Piscine. ★ Situé au centre de la région historique des sites connus (Luberon, Roussillon...), et au cœur de la route des côtes du Rhône (Chateauneuf-du-Pape...) et de ses caves. Festivals à 2 pas (Avignon, Orange...). **Accès :** A7, sortie Avignon nord (n°23), puis au rond-point, dir. Grand golf d'Avignon, dans une allée de platanes à 300 m, puis tourner à gauche. Plan plus détaillé sur le site.

A 5 km d'Avignon, dans un écrin de verdure et de chênes centenaires, le Pavillon Vert est un ancien mazet restauré, qui vous propose 4 chambres décorées avec goût et originalité. La piscine, la terrasse et le jardin d'inspiration médiévale, vous permettront de profiter d'un environnement naturel et reposant.

Vence - Alpes Maritimes (06)

★*Vence, Saint-Paul-de-Vence. Horse-riding 3 km.*

★ ***How to get there:*** *A8, Cagnes-sur-Mer exit, D236 to Vence and D220 for Tourrettes-sur-Loup to La Sine roundabout. Head for La Bergerie campsite. The house is 300 m before the campsite on the right. Michelin map 341, fold D5.*

This handsome country house built in local stone is set in a magnificent 2.5-acre park, with swimming pool and tennis court. The four superbly appointed bedrooms are decorated in the Provençal style. You will enjoy the delicious gourmet breakfasts. A restful setting ideal for the farniente life.

La Bastide aux Oliviers
1260, chemin de la Sine - 06140 Vence
Tél. 04 93 24 20 33 ou 06 16 09 85 73
Fax 04 93 58 55 78
www.bastideauxoliviers.com/accueil.htm
Claude Ollivier

1 pers. 90/165 € - 2 pers. 100/175 € - p. sup. 25/35 €

3 chambres et 1 suite avec TV et sanitaires privés. Ouvert toute l'année. Petit déjeuner : pains variés, viennoiseries, charcuterie, fromages, yaourts, compotes, jus de fruits frais... Bibliothèque, baby-foot. Parc d'1 ha avec piscine, tennis, mountain-bike, tennis de table, pétanque. Restaurants à proximité. ★ Vence, Saint-Paul-de-Vence... Equitation 3 km. **Accès :** A8 sortie Cagnes/Mer puis D236 jusqu'à Vence et D2210 vers Tourrettes/Loup jusqu'au rd-point de la Sine. Suivre dir. camping de la Bergerie. La Bastide est située 300 m avant à droite. CM341, pli D5.

Cette belle bastide toute en pierre du pays est située dans un magnifique parc d'1 hectare, avec piscine et tennis privés. Les 4 chambres dont 1 suite sont toutes superbement aménagées et meublées en style provençal. Vous apprécierez le petit déjeuner gourmand. Une adresse reposante où détente et farniente seront au rendez-vous.

Vence - Alpes Maritimes (06)

*Matisse Chapel, Maeght Foundation, Château de Villeneuve, "Nuits du Sud" Festival (July/August). Horse-riding, sea 10 km. Golf course 15 km.

★ ***How to get there:*** *A8 motorway, Vence exit. In Vence, head for "Col de Vence" (D2). Turn left into "Chemin des Salles" 800 m on and drive up the hill for a further 800 m. Michelin map 341, fold D5.*

Set in peaceful, verdant surroundings, La Colline de Vence offers three luxurious, individually appointed bedrooms. This old Niçois mas stands in a superb garden that blends in harmoniously with the landscape, complete with terrace and swimming pool. Enjoy breathtaking views of the sea. A delightful address with outstanding scenery.

La Colline de Vence
808, chemin des Salles - 06140 Vence
Tél./Fax 04 93 24 03 66
Email : contact@colline-vence.com
www.colline-vence.com
Frédéric et Kristin Bronchard

2 pers. 74/135 € - p. sup. 25 €

4 chambres avec TV (chaînes internationales), mini-bar, salle d'eau et wc privés. Ouvert toute l'année. Petit déjeuner : fruits frais, viennoiseries, pains variés, charcuterie (sur demande)... Jardin et forêt sur place (chemins de randonnée). Piscine. Table d'hôtes et restaurants à proximité. ★ Chapelle Matisse, Fondation Maeght, château de Villeneuve, festival "Nuits du Sud" (juillet-août). Randonnée équestre, mer 10 km. Golf 15 km. **Accès :** autoroute A8 sortie Vence. A Vence suivre la direction "Col de Vence" (D2). Après 800 m, tourner à gauche "Chemin des Salles" puis monter encore sur 800 m. CM341, pli D5.

Dans un cadre verdoyant et très calme, la Colline de Vence vous accueille et propose 3 chambres luxueuses au décor personnalisé. Ce vieux mas niçois est entouré d'un magnifique jardin parfaitement intégré dans le paysage, avec terrasse et piscine. Il offre une superbe vue sur la mer. Une adresse de charme dans un cadre d'exception.

Villars-sur-Var - Alpes Maritimes (06)

NOUVEAUTÉ

*Close to the Mercantour National Park, the Merveilles valley. Nature activities: Via Ferrata 19km, rando-canyoning. 9-hole golf course 40km. Skiing 30km. Beach, sailing 50km. Tennis 200m. Nice 50km.

★ ***How to get there:*** *N202. 13km after le Pont de la Mescla, turn right onto D26 and drive 2km to Villers-sur-Var. From the village follow direction "puis la monteéé (impasse). Turn right by large carpark. Michelin map 341, fold D4.*

This beautiful stone residence overlooking the village, has 4 tastefully decorated rooms to offer. Each room has its own unique style: Louis-Philippe, Mauresque, Provençale and Rustique. Generous and delicious breakfasts are served in the dining room or on the terrace.

Le Château
4 le Château - 06710 Villars-sur-Var
Tél. 04 93 05 70 10 ou 06 61 92 90 06
Fax 04 93 05 78 86
www.chateau-d-esperon.com
Véronique et Michel Tapia

1 pers. 85/130 € - 2 pers. 100/160 € - 3 pers. 130/180 €

4 chambres avec sanitaires privés (baignoire à remous), TV, internet. Ouv. de fin janvier à fin oct. Petit déjeuner (buffet à volonté) : pâtisseries, viennoiseries, fruits, fromage, charcuterie, laitages... Salon, biblio., jeux, PC. Cour, jardin, parking. Piscine, pool-house, ping-pong, baby-foot. 2 restaurants à 150 m. ★ Proche du Parc National du Mercantour, vallée des Merveilles. Act. nature : Via Ferrata (19 km), rando-canyoning. Golf 9 trous 40 km. Ski 30 km. Plage, voile 50 km. Tennis 200 m. Nice 50 km. **Accès :** N202. 13 km après le Pont de la Mescla, prendre à droite (D26) jusqu'à Villars-sur-Var (2 km). Au village, suivre dir. "puis la montée (impasse) à droite du grand parking. CM341, pli D4.

Cette belle demeure en pierres dominant le village, vous propose 4 chambres décorées avec goût, chacune dans un style différent : Louis-Philippe, Mauresque, Provençale, Rustique. Des petits déjeuners copieux vous seront servis en terrasse ou dans la salle à manger.

Visan - Vaucluse (84)

★In the summer months: festivals, museums, places of interest, wine cellars, concerts, etc. Horse-riding 15 km. Posted cycling and hiking trails. Roman excavations 25 km.

★ **How to get there:** *A7, Montélimar-Sud exit, for Grignan, Valréas and Visan. Alternatively, Orange exit for Ste-Cécile, Tulette and Visan.*

Set in the heart of the countryside, Château Vert and its two crenellated towers bear witness to the period spanning the 13th and 18th centuries. The refined bedrooms are arranged in the 13th-century part of the building, which has been fully restored. Take pleasant strolls in the shade of pine trees and relax by the pool on sunny days.

Château Vert TH
84820 Visan
Tél. 04 90 41 91 21 - Fax 04 90 41 94 63
Email : contact@hebergement-chateau-vert.com
www.hebergement-chateau-vert.com
Josiane et Christian Tortel

1 pers. 50 € - 2 pers. 70 € - 3 pers. 85 € - repas 23 €

5 chambres avec sanitaires privés. Ouvert toute l'année. Petit déjeuner : confitures maison, croissants... T. d'hôtes : gratin d'aubergines, flan au courgettes, farcis provençaux... Bibliothèque. Cour, jardin, parc de 1 ha. Piscine. Circuits pédestres. Poss. week-end truffes en janvier et février. ★ En été : festivals, musées, sites, caves, concerts... Equitation 15 km. Golf 20 km. Circuits VTT et randonnées. Fouilles romaines 25 km. **Accès :** A7, sortie Montélimar sud puis dir. Grignan, Valréas, Visan ou sortie Orange puis dir. Ste-Cécile, Tulette, Visan.

Au cœur de la campagne, cette demeure de maître avec ses deux tours crênelées, marque l'évolution du temps du XIIIe au XVIIIe siècle. Les chambres finement décorées se trouvent dans le corps du bâtiment du XIIIe, entièrement restauré. Flâneries sous les pins, détente au bord de la piscine aux beaux jours.

Visan - Vaucluse (84)

★Vaison-la-Romaine, Orange and song festivals 15 and 25 km. Avignon and festival 45 km. Flying club 3 km. Tennis courts 1 km. Riding club 4 km. Rock-climbing 18 km. 9-hole golf course 20 km. Cycle trail 2 km.

★ **How to get there:** *From Lyon or Marseille on A7, Bollène exit. Head for Suze-la-Rousse on D94. At Tulette, head for Visan.*

Le Mas des Sources is a restored old farmhouse surrounded by vineyards and hills in the village of Visan. The residence offers four bedrooms, tastefully decorated in Provençal colours. You are right in the heart of the historic papal enclave is a treasure trove of France's national heritage. Discover the colours, fragrances and flavours of Provence.

Le Mas des Sources TH
quartier Lacoste - 84820 Visan
Tél./Fax 04 90 41 95 90 ou 06 98 10 13 00
Email : contact@mas-des-sources.com
www.mas-des-sources.com
Martine Barnouin

1 pers. 53 € - 2 pers. 70 € - 3 pers. 93 € - repas 25 € - pens. 170 €

3 ch. et 1 suite avec sanitaires privés, TV, balcon avec salon de jardin. Ouv. toute l'année. Petit déj. : confitures maison, miel artisanal... T. d'hôtes : soupe au pistou, civet de sanglier, julienne de truffes... Salon (TV), biblio., espace jeux enfants. Cour, jardin. Pétanque. Piscine. W.E à thème de sept. à février. ★ Vaison-la-Romaine/Orange et leurs choralies 15 et 25 km. Avignon et son festival 45 km. Aéroclub 3 km. Tennis 1 km. Club équestre 4 km. Escalade 18 km. Golf (9 trous) 20 km. Parcours VTT 2 km. **Accès :** en provenance de Lyon ou de Marseille par l'A7, sortir à Bollène, prendre ensuite la dir. Suze-la-Rousse (D94). A Tulette prendre dir. Visan.

A Visan, une ancienne ferme restaurée au milieu des vignes et des collines vous proposent 4 chambres décorées avec goût aux couleurs de la Provence. Vous vous trouverez dans l'enclacle des papes qui offre un riche patrimoine. Venez découvrir ici, les couleurs, les senteurs et les saveurs de la Provence.

RHÔNE-ALPES

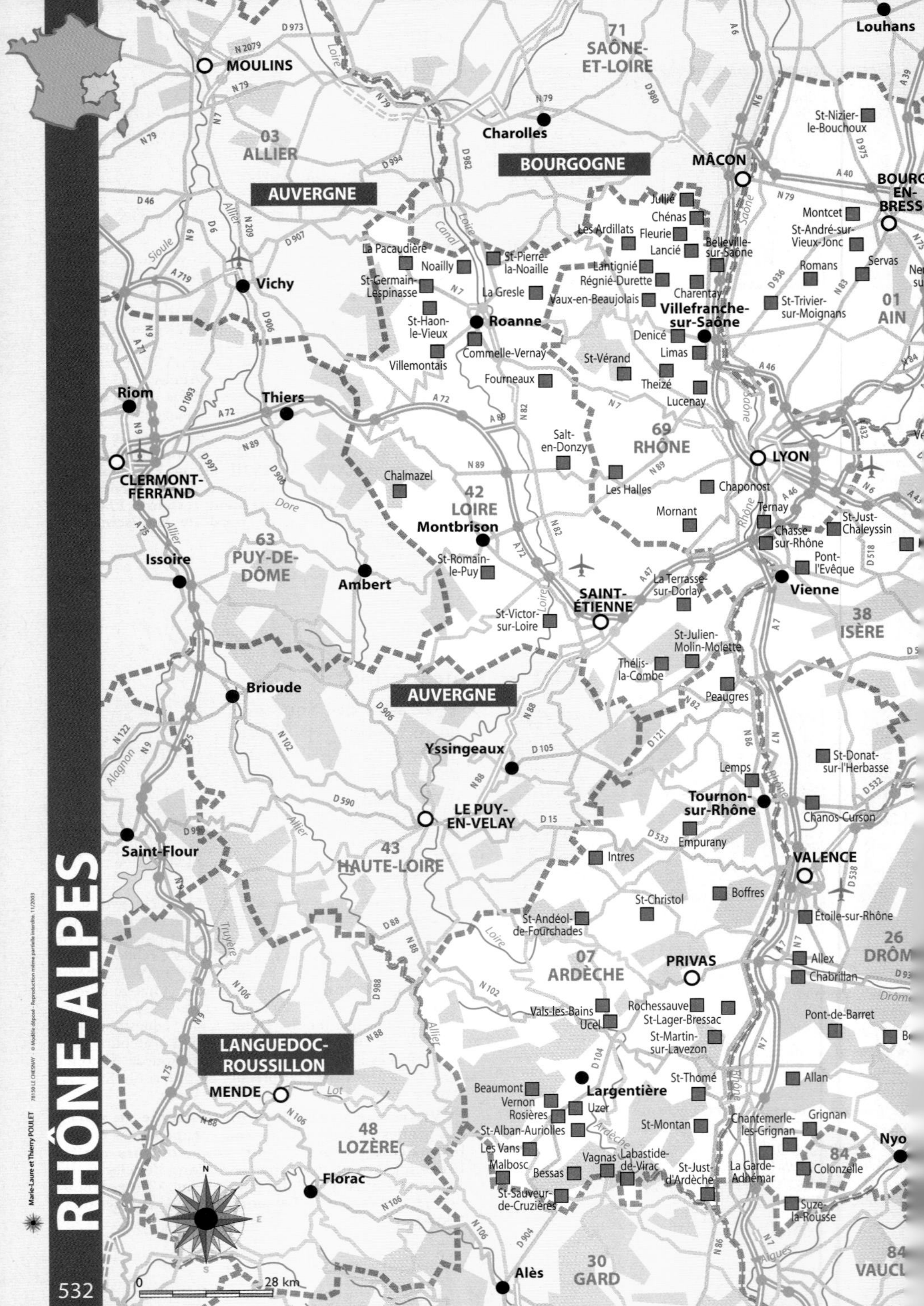

Louhans
71 SAÔNE-ET-LOIRE
MOULINS
Charolles
03 ALLIER
BOURGOGNE
MÂCON
BOURG-EN-BRESSE
AUVERGNE
St-Nizier-le-Bouchoux
Juliénas
Chénas
Les Ardillats
Fleurie
Lancié
Belleville-sur-Saône
Montcet
St-André-sur-Vieux-Jonc
La Pacaudière
Noailly
St-Pierre-la-Noaille
Lantignié
Régnié-Durette
Romans
Servas
Vichy
St-Germain-Lespinasse
La Gresle
Vaux-en-Beaujolais
Charentay
Villefranche-sur-Saône
St-Trivier-sur-Moignans
01 AIN
St-Haon-le-Vieux
Roanne
Denicé
Limas
Villemontais
Commelle-Vernay
St-Vérand
Riom
Thiers
Fourneaux
Theizé
Lucenay
Salt-en-Donzy
69 RHÔNE
LYON
CLERMONT-FERRAND
Chalmazel
Les Halles
Chaponost
42 LOIRE
Montbrison
Mornant
Ternay
St-Just-Chaleyssin
Chasse-sur-Rhône
63 PUY-DE-DÔME
Issoire
Ambert
St-Romain-le-Puy
Pont-l'Evêque
Vienne
La Terrasse-sur-Dorlay
SAINT-ÉTIENNE
St-Victor-sur-Loire
38 ISÈRE
St-Julien-Molin-Molette
Thélis-la-Combe
Brioude
Peaugres
AUVERGNE
Yssingeaux
St-Donat-sur-l'Herbasse
Lemps
Tournon-sur-Rhône
LE PUY-EN-VELAY
Chanos-Curson
Empurany
Saint-Flour
43 HAUTE-LOIRE
Intres
VALENCE
Boffres
St-Christol
St-Andéol-de-Fourchades
Étoile-sur-Rhône
26 DRÔME
07 ARDÈCHE
PRIVAS
Allex
Chabrillan
Vals-les-Bains
Rochessauve
Ucel
St-Lager-Bressac
St-Martin-sur-Lavezon
Pont-de-Barret
LANGUEDOC-ROUSSILLON
Largentière
St-Thomé
Allan
MENDE
Beaumont
Vernon
Uzer
Rosières
St-Alban-Auriolles
St-Montan
Chantemerle-les-Grignan
Grignan
48 LOZÈRE
Les Vans
Vagnas
Labastide-de-Virac
St-Just-d'Ardèche
La Garde-Adhémar
Colonzelle
Malbosc
Bessas
Florac
St-Sauveur-de-Cruzières
Suze-la-Rousse
30 GARD
84 VAUCLUSE
Alès
0
28 km
N
E
S

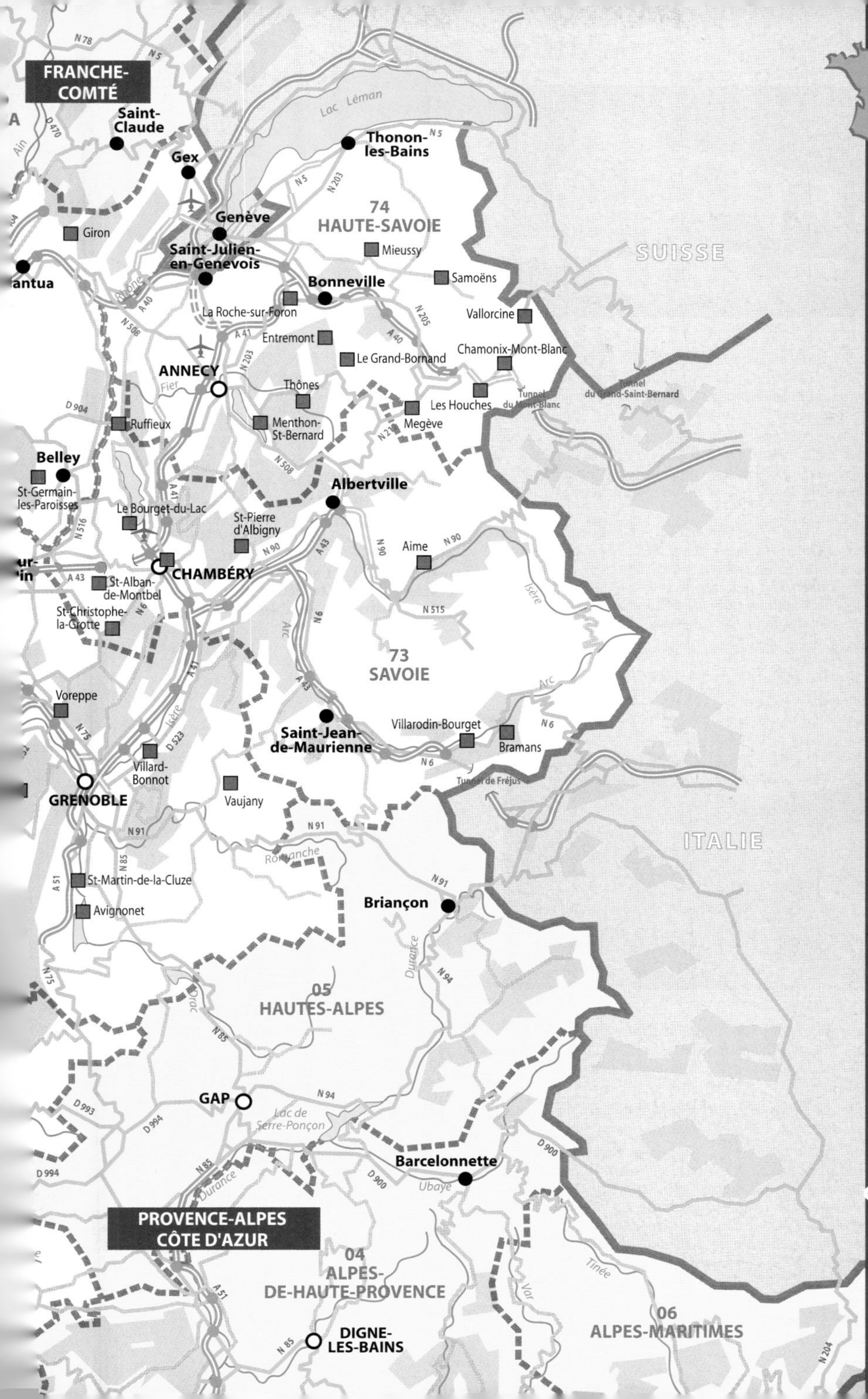

FRANCHE-COMTÉ

Saint-Claude
Gex
Genève
Giron
Saint-Julien-en-Genevois
Pantua
Thonon-les-Bains
Lac Léman
74
HAUTE-SAVOIE
Mieussy
Samoëns
Bonneville
SUISSE
La Roche-sur-Foron
Vallorcine
Entremont
Le Grand-Bornand
Chamonix-Mont-Blanc
ANNECY
Fier
Thônes
Les Houches
Tunnel du Mont-Blanc
Tunnel du Grand-Saint-Bernard
Ruffieux
Menthon-St-Bernard
Megève
Belley
St-Germain-les-Paroisses
Albertville
Le Bourget-du-Lac
St-Pierre d'Albigny
Aime
CHAMBÉRY
St-Alban-de-Montbel
St-Christophe-la-Grotte
Isère
Arc
73
SAVOIE
Voreppe
Saint-Jean-de-Maurienne
Villarodin-Bourget
Bramans
Villard-Bonnot
GRENOBLE
Vaujany
Tunnel de Fréjus
Romanche
ITALIE
St-Martin-de-la-Cluze
Avignonet
Briançon
Durance
Drac
05
HAUTES-ALPES
GAP
Lac de Serre-Ponçon
Barcelonnette
Ubaye
Durance
PROVENCE-ALPES CÔTE D'AZUR
04
ALPES-DE-HAUTE-PROVENCE
Var
Tinée
06
ALPES-MARITIMES
DIGNE-LES-BAINS

N 78, N 5, D 470, Ain, N 203, A 40, N 205, A 41, N 508, D 904, N 212, A 43, N 90, N 516, N 6, N 515, N 75, D 523, N 91, N 85, A 51, N 94, D 993, D 994, D 900, N 204, Rhône

Aime - Savoie (73)

★Baroque chapels and churches, Vanoise and Beaufortain parks. Skiing 4 km. Rafting and paragliding 5 km. Mountain-climbing 10 km. Canyoning 25 km. Via Ferrata climbing adventure experience 20 km.

★ ***How to get there:*** *Leave N90 at Aime. Drive through town and follow signs for La Plagne. 1 km on, head for Montalbert and, 2.5 km on, turn left into minor road for Montvilliers. The house is 2.5 km on. Michelin map 333, fold M4.*

This is the ideal base for hiking and mountain sports enthusiasts, right in the heart of the Alps. The accommodation is set in a fully renovated old school house in an authentic mountain hamlet. The spacious bedrooms are comfortable, and each is decorated with an individual touch. The accommodation is just five minutes from the La Plagne ski slopes.

Ancienne Ecole de Montvilliers TH
Hameau de Montvilliers -
Ancienne Ecole de Montvilliers - 73210 Aime
Tél. 04 79 09 75 43 - Fax 04 79 55 32 29
www.gite-de-montvilliers.com
Marie et Yves Bonneaud

1 pers. 49/54 € - 2 pers. 54/59 € - 3 pers. 64/69 € - repas 17 €

6 chambres avec sanitaires privés. Ouvert toute l'année. Petit déjeuner : croissants, confitures, œufs, fromage... T. d'hôtes : fondue au beaufort, raclette, pierrade, pintade au miel d'acacia. Salle pour repas. Terrasse, cour, jardin. Accueil possible à la gare SNCF d'Aime/La Plagne. ★ Chapelles et églises baroques, parcs de la Vanoise et du Beaufortain. Ski à 4 km. Rafting et parapente à 5 km. Escalade à 10 km. Canyoning à 25 km. Via Ferrata à 20 km. **Accès :** quitter la N90 à Aime. Traverser la ville et suivre dir. La Plagne. A 1 km, dir. Montalbert, puis 2,5 km plus loin, petite route à gauche dir. Montvilliers et faire encore 2,5 km. CM333, pli M4.

Au cœur des Alpes, c'est une base idéale pour les randonnées et tous types de sports associés à la montagne. Vous séjournerez dans l'ancienne école entièrement rénovée d'un authentique hameau montagnard. Les chambres sont spacieuses et confortables et la décoration personnalisée. Les pistes du domaine skiable de la Plagne sont à 5 mn.

Allan - Drôme (26)

★Nocturnes de Grignan Festival (July-August) 15 km. Grignan Château, Aiguebelle Abbey, Le Poet Laval, Dieulefit, Nyons. Côtes du Rhône and Châteauneuf vineyards. Two golf courses 10 min.

★ ***How to get there:*** *A7, Montélimar-Sud exit, for Allan. At the church, take the Aiguebelle road. The property is 1 km on. Michelin map 332, fold B7.*

Alain Vuillequez will be delighted to share with you the peaceful comfort of his Provençal mas, built in 1483 at the end of the Hundred Years' War, in the heart of the Drôme. The spacious bedrooms all have private bathrooms and entrances. Guests have use of the garden, swimming pool and bikes. Gourmet table d'hôtes meals with a Provençal touch.

Le Mas de Rabaste TH
route d'Aiguebelle - 26780 Allan
Tél. 04 75 46 60 23 ou 06 80 35 82 14
Email : alain@masderabaste.com
www.masderabaste.com
Alain Vuillequez

2 pers. 75 € - 3 pers. 90 € - p. sup. 15 € - repas 25 €

4 chambres avec sanitaires privés. Ouvert toute l'année. Table d'hôtes (minimum 4 convives) : tartare de poisson, flan de courgettes, daube provençale, tian, mousse au chocolat. Piscine (10 x 4). En saison, "week-end truffes". ★ Nocturnes de Grignan 15 km. Château de Grignan, abbaye d'Aiguebelle, Le Poet Laval, Dieulefit, Nyons. Vignobles Côtes du Rhône et Châteauneuf du Pape. 2 golfs à 10 mn. **Accès :** A7, sortie Montélimar-sud, dir. Allan. A l'église, prendre la route d'Aiguebelle. Le mas se trouve 1 km plus loin. CM332, pli B7.

Au cœur de la Drôme Provençale, Alain sera heureux de vous faire partager le calme et le confort de ce mas provençal bâti en 1483, à la fin de la guerre de Cent ans. Chambres spacieuses, toutes avec bains et accès indépendant. A disposition, le jardin, la piscine et les vélos pour vos promenades. Table d'hôtes gourmande aux accents provençaux.

Allex - Drôme (26)

★Arts and music evenings: Mozart in Saoû, Crest Jazz Festival. Perched villages, Shoe and Miniature Museums. Horse-riding 4 km. Golf course 6 km. Tennis court 2 km. Hiking and cycling locally.

*★ **How to get there:** From Valence, take D111 for Crest. Past Montoison, drive approximately 2 km and turn right at "La Petite Aiguebonne" sign. Michelin map 332, fold C5.*

This former priory was destroyed in the 14th century and over the years has had a number of incarnations: home to the Lord of Aiguebonne in the 17th century, a farm in the 18th century, and now a handsome residence full of character. Enjoy the fragrant roses and relax by the pool or in the spa. Your hosts extend a warm, hospitable welcome for a break to remember.

La Petite Aiguebonne TH
26400 Allex
Tél. 04 75 62 60 68 ou 06 10 11 19 32
Email : elisabeth.monsarrat@wanadoo.fr
http://www.petite-aiguebonne.com
Elisabeth Monsarrat

1 pers. 70/85 € - 2 pers. 75/90 € - 3 pers. 95/110 € - p. sup. 20 € - repas 25 €

5 chambres dont 2 suites avec salon, avec sanitaires privés et téléphone. Ouv. toute l'année(se renseigner). Petit déjeuner : confitures maison, croissants, céréales, jus d'orange, yaourts maison... Table d'hôtes sur résa. : cuisine traditionnelle. Salon (cheminée, billard). Cour, jardin. Restaurants 2 km. ★ Soirées culturelles et musicales : Mozart à Saoü, Festival de jazz à Crest...Villages perchés, musées de la chaussure et de la miniature. Equitation 4 km. Golf 6 km. Tennis 2 km. Randonnées, VTT sur place. **Accès :** de Valence prendre D111 direction Crest. Après Montoison, faire 2 km environ et panneau "La Petite Aiguebonne" à droite. CM332, pli C5.

Cet ancien prieuré détruit au XIVe devint tour à tour, la demeure du seigneur d'Aiguebonne (XVIIe), une ferme au XVIIIe et aujourd'hui une belle demeure de caractère. Vous pourrez profiter du parfum des roses, vous relaxer et vous détendre dans le spa. Vous serez reçu avec toute l'attention indispensable pour un séjour inoubliable.

RHÔNE-ALPES

Les Ardillats - Rhône (69)

NOUVEAUTÉ

★Le Beaujolais Rouge 10 km: tours of the caves, tastings, gastronomy, walks... Le Beaujolais Vert locally: forest walks, mountain bike trails... Horse-riding 12 km. Tennis 5 km. Wine-tasting 10 km.

*★ **How to get there:** A6, exit Belleville-sur-Saône. Head towards Beaujeu on the D37 until the Dépôts 2km after the village. Turn right for Col de Crie, Monsols. At the pass, turn left for Chénelette. La Verrière is on the right.*

La Verrière has been a family house for almost a century. It has recently become a guest-house with 5 stunning rooms available that are packed with charm and family memories. With a panoramic view over the Beaujolais Rouge and the Beaujolais Vert, this is a tranquil place with peaceful surroundings and a wonderful garden.

La Verrière TH
69430 Les Ardillats
Tél. 04 74 04 71 46
Email : christine.gesse@wanadoo.fr
www.beaujeu.com/hote_lamy.html
Christine Gesse et Grégoire Lamy

1 pers. 45 € - 2 pers. 60 € - 3 pers. 75 € - p. sup. 15 € - repas 20 €

5 chambres (2 avec douche et 3 avec bain) dont certaines avec coin-salon. Ouv. toute l'année. Petit déjeuner : gâteau et confitures maison, miel familial, jus de fruits...T. d'hôtes : saumon fumé maison, saucisson aux échalottes... Salon (jeux de société, biblio.). Parc 4000 m². Piscine. P-pong. Pétanque. ★ Le Beaujolais Rouge 10 km : visite caves, dégustation, gastronomie, balades... Le Beaujolais Vert sur pl. : balades en forêt, sentier VTT... Equitation 12 km. Tennis 5 km. Dégustation de vin 10 km. **Accès :** A6, sortie Belleville-sur-Saône. Dir. Beaujeu par D37, passer le village jusqu'aux Dépôts, 2 km après. A droite, dir. Col de Crie, Monsols. Au col, à gauche dir. Chénelette (D23). La Verrière est à droite.

La Verrière est une maison de famille depuis bientôt un siècle. Elle est devenue une maison d'hôtes auxquels nous proposons 5 chambres de charme, confortablement meublées de nos souvenirs de famille. Face à un panorama ouvert sur les Beaujolais Rouge et Vert, vous pourrez écouter les silences en profitant du jardin.

Autrans - Isère (38)

NOUVEAUTÉ

**Mountain film festival (December), Foulée Blanche and Internet congress (January). Nordic skiing, French cup... Alpine skiing 1 km. Cross-country skiing 500 m. Hiking locally. Skating rink. Swimming pool 2 km.*

★ ***How to get there:*** *From Grenoble, take D531 towards Villard-de-Lans then take D106. Coming into Autrans, at the roundabout, turn left towards Méaudre. House is on the right before the cheese dairy. Michelin map 333, fold G6.*

This former farm that is full of character is set at the heart of the Vercors Nature Park. The stable has been converted into a living room and dining room. Infront of the fireplace or, in the summer, under the pergola you will enjoy the local cuisine prepared by Roland, a professional chef. This property, that has won awards for its flower garden, is an excellent place to stay.

Belle Combe
Les Gaillards - 38880 Autrans
Tél./Fax 04 76 94 79 84
Email : belle.combe@free.fr
Laurence et Laurent Caillet

TH

1 pers. 39 € - 2 pers. 52 € - 3 pers. 72 € - p. sup. 20 € - repas 19 €

5 chambres avec sanitaires privés. Ouv. toute l'année. Peti déjeuner : viennoiseries, pain bio, jus de fruits frais, œufs yaourts, confitures maison... T. d'hôtes : caillettes dauphi noises, tourte au bleu de Sassenage, clafoutis à la fram boise... Salle à manger et salon à l'ambiance montagnarde Cour, jardin. ★ Festival du film de la montagne (décem bre), foulée blanche et congrès Internet (janvier), coup de France de ski nordique... Ski alpin 1 km. Ski de fon 500 m. Randonnée sur place. Patinoire. Piscine 2 km **Accès :** de Grenoble, prendre la D531 dir. Villard-de Lans puis la D106. A l'entrée d'Autrans, au rond point tourner à gauche dir. Méaudre. Maison à droite avant l fromagerie. CM333, pli G6.

Ancienne ferme de caractère située au cœur d Parc Naturel du Vercors. Dans l'ancienne étable on été aménégés la salle à manger et le salon. Près d la cheminée ou l'été, sous la pergola, vous savoure rez la table gourmande de Roland, cuisinie de métier et découvrirez sa cuisine du terroir Maison primée pour la qualité du fleurissement d son jardin.

Avignonet - Isère (38)

**La Mure scenic railway. Monteynard Lake 10 min. Between Grenoble and Sisteron. Variety of activities locally, including cycling, water sports and hiking.*

★ ***How to get there:*** *From Grenoble, take A51 for Sisteron. 5 km before Monestier (roundabout), turn left for Lac Monteynard and head for Avignonet. Turn left at the "Ecole-Mairie" sign. The château is at the end of the drive.*

Discover this charming spot at the gateway to Trièves, set to words and music by Jean Giono. Kim and Eric extend a warm welcome at their attractive 17th-century château, tastefully restored to original splendour. Two pretty bedrooms in the pigeon tower and the entrance tower await your arrival.

Château des Marceaux
38650 Avignonet
Tél./Fax 04 76 34 18 94
Email : eric.rocca@wanadoo.fr
http://monsite.wanadoo.fr/chateaudesmarceaux
Eric et Kim Rocca

1 pers. 55/60 € - 2 pers. 67/74 € - p. sup. 19 €

2 chambres avec sanitaires privés. Ouvert du 15 avril a 15 octobre. Petit déjeuner : confitures maison, viennoise ries... Salle à manger avec plafond décoré à la main. Par ombragé, jardins à la française. ★ Train touristique de l Mure. Lac de Monteynard 10 mn. Entre Grenoble e Sisteron. Nombreuses activités sur place : VTT, sport nautiques, randonnées... **Accès :** de Grenoble prendr A51 dir. Sisteron. 5 km avant Monestier (rond point prendre à gauche dir. Lac Monteynard, continuer jusqu' Avignonet. A gauche au panneau "Ecole-Mairie", châ teau au bout de l'allée.

Aux portes du Trièves, région chantée par Jea Giono, découvrez un lieu empreint de charme Kim et Eric vous accueilleront chaleureusemen dans leur très joli château du XVIIe renové ave goût, dans le respect de l'authentique. 2 coquette chambres aménagées dans le pigeonnier et la tou d'entrée vous sont réservées.

Beaumont - Ardèche (07)

★Cévennes area of the Ardèche: rivers, valleys and villages. Nearby: Pont d'Arc Valley, Ardèche Gorges. Bathing, fishing, walking, horse-riding, canoeing and biking.

*★ **How to get there:** Montélimar-Nord or Montélimar-Sud exit for Aubenas and Alès. At Joyeuse, head for Valgorge. Past Les 2 Aygues. Past Le Gua, bridge on left, and right at end of bridge. Drive 3 km. Michelin map 331, fold H6.*

Enjoy a break away from it all at this magnificent, beautifully renovated 16th-century country house, nestling in the Beaume Valley. An ideal natural setting for a quiet, leisurely break, far from the bustling crowd yet close to all destinations. Comfortable, tastefully appointed rooms and genuine hospitality in a charming setting. Not to be missed.

La Petite Cour Verte TH
La Roche - 07110 Beaumont
Tél. 04 75 39 58 88 - Fax 04 75 39 43 00
Email : henri.rouviere@wanadoo.fr
www.lapetitecourverte.com
Henri Rouvière

1 pers. 75/80 € - 2 pers. 75/80 € - p. sup. 30 € - repas 22 €

6 chambres avec sanitaires privés. Ouvert de Pâques au jour de l'an. Petit déjeuner : yaourts, fromages, confitures maison (15 à 20!)... Table d'hôtes. : gigot en croûte d'herbe, poulet à l'ail, fondant aux chataîgnes, sorbets maison. Salon, biblio. Sauna (+ suppl.). Piscine couv. Chauffée (3 x 4). Jardin, loc. VTT. ★ Ardèche cévenole : rivières, vallées, villages... A proximité :Vallon Pont d'Arc, gorges de l'Ardèche. Baignade, pêche, balades, équitation, canoë, VTT. **Accès :** Montélimar nord ou Montélimar sud dir. Aubenas puis dir. Alès. A Joyeuse, dir. Valgorge. Passer les 2 Aygues. Après le Gua, pont à gauche, au bout du pont à droite sur 3 km. CM331, pli H6.

Venez vous ressourcer dans cette superbe bastide du XVIe, remodelée en un mélange de vieilles pierres et de bois. Dominant la vallée, tout un espace naturel s'offre à vous. Loin des foules, près de tout, vous goûterez en toute tranquillité à mille plaisirs ! Charme et confort des chambres décorées avec goût, accueil chaleureux... A découvrir.

RHÔNE-ALPES

Belleville-sur-Saône - Rhône (69)

NOUVEAUTÉ

★Châteaux and chapels, Vineyard and Wine museum, wine-tasting caves, numerous wine-themed fêtes and fairs. Tennis, hiking 3 km. Pony rides and quad-biking 5 km. Mountain biking 4 km. "Voie Verte" 2 km.

*★ **How to get there:** A6, exit n°30 (Belleville). Drive into the town centre, take direction Beaujeu. At the roundabout (2km on), turn left onto "route de Charentay". Then follow signs for Le Clos Beaujolais - Gîtes de France.*

At this 16th-century residence, a favourite stop-off for King François I, there are four charming guest rooms available. Here you can make the most of the large private swimming pool and the typically french garden. Peace and quiet, tranquility and congeniality are the watchwords at this superb destination where the hosts will be more than happy to give you tips on the best ways to explore the region.

Le Clos Beaujolais TH
Les Poutoux - 69220 Belleville-sur-Saône
Tél. 04 74 66 54 73 ou 06 78 78 38 06
Fax 04 74 66 47 86
www.le-clos-beaujolais.com
Aline et Jacques Brunand

1 pers. 55/75 € - 2 pers. 65/80 € - 3 pers. 80/95 € - p. sup. 15 € - repas 20 €

4 chambres avec sanitaires privés. Ouv. toute l'année. Petit déjeuner : confitures maison, viennoiseries, yaourts, céréales... T. d'hôtes : saucisson chaud beaujolais, petit salé aux lentilles, pâtisseries maison... Lecture. Jeux d'enfants. Cour, jardin parc 2 ha. Parking fermé. Piscine. Restaurants 2 km. ★ Châteaux et chapelles, musée de la Vigne et du Vin, caveaux de dégustation, nombreuses fêtes sur le thème du vin. Tennis, randonnées 3 km. Poney et quad 5 km. VTT 4 km. Voie Verte 2 km. **Accès :** A6, sortie n°30 (Belleville). Aller dans le centre ville, prendre dir. Beaujeu. Au rond point (à 2 km), à gauche route de Charentay. Puis suivre "Le Clos Beaujolais - Gîtes de France". CM327, pli H3.

Nous aurons plaisir à vous accueillir dans nos 4 chambres de charme aménagées dans une demeure du XVIe où séjourna le roi François Ier. Vous pourrez profiter de la grande piscine et du jardin à la française. Calme, sérénité, charme, convivialité sont les atouts majeurs que vous trouverez ici. Vos hôtes vous conseilleront dans la découverte de la région.

Bessas - Ardèche (07)

★Variety of regional museums, caves, natural wells. Prehistoric centre. 30 min. from Uzès, Alès, Aubenas and 1 hr from Nîmes, Orange, Avignon. Gateway to the Cévennes, a variety of hikes, walks, bike and horseback rides.

*★ **How to get there:** A7 motorway, Bollène exit, then head for Pont-Saint-Esprit, Barjac and Bessas. Michelin map 331, fold H7.*

In the Lower Ardèche region, this renovated 10th-century castle is close to the Pont d'Arc Bridge and the Cèze Valley. The vast bedrooms feature handsome period furniture and are decorated in the colours of Provence. Relax on attractive sunny or shaded terraces. Swimming pool with massage jets. Special rate for 7 nights: 350/462 € for two.

Le Château
07150 Bessas
Tél. 04 75 38 64 34 ou 06 11 50 39 60
Fax 04 75 38 60 90
www.chateau-de-bessas.com
Claude Thoulouze et Brigitte Bonnefin

1 pers. 46/61 € - 2 pers. 50/61 € - 3 pers. 66/82 € - p. sup. 8/16 €

4 chambres avec sanitaires privés. Ouvert toute l'année. Copieux petit déjeuner : fruits, céréales, fromage blanc, pains, viennoiseries, confitures maison... Salon, bibliothèque régionale, jeux, mini-bar... 2 terrasses, cour, VTT, p-pong. Restaurants à proximité. (Forfait 7 nuits 2 pers. : 350/462 €). ★ Nombreux musées régionaux, grottes, avens. Centre préhistorique. A 1/2 h d'Uzès, Alès, Aubenas. 1 h de Nîmes, Orange, Avignon. A la porte des Cévennes, nombreuses randonnées à pied, en vélo, à cheval. **Accès :** A7, sortie Bolléne, puis dir. Pont Saint-Esprit, Barjac et Bessas. CM331, pli H7.

En basse-Ardèche, ce château du Xe siècle, rénové, est à proximité du Pont d'Arc et de la Vallée de la Cèze. Les chambres décorées aux couleurs de la Provence, sont garnies de mobilier ancien. Pour vous détendre, belles terrasses ensoleillées ou ombragées, piscine avec hydromassage.

Boffres - Ardèche (07)

★Ardelaine Living Museum, Ardèche miniature scale model park, Atelier de Mapy for dried flowers, Les Terrasses Local Traditions Museum, Le Monde Merveilleux des Lutins amusement park. Swimming pool 10 km. Horse-riding 8 km. Tennis court and lakes 7 km.

*★ **How to get there:** At Valence, take N533 for Le Puy. At Alboussière, take D219 for Boffres. As you leave Boffres, take D332 for Grozon and follow the "Deer" signs. Michelin map 331, fold K4.*

Lavenant is a handsome early-17th-century farmhouse, situated on the edge of a forest. Your hosts, Bernadette and Robert, extend a warm welcome to guests at their peaceful residence, in an imposing, harmonious setting affording breathtaking views of the Alps. The four spacious, comfortable bedrooms are a tribute to Bernadette's skill in blending period furniture with more contemporary appointments.

TH

Lavenant
07440 Boffres
Tél. 04 75 58 21 82 - Fax 04 75 58 31 11
Email : robert.demelin@wanadoo.fr
www.demelin.com
Bernadette Demelin

1 pers. 59 € - 2 pers. 68 € - 3 pers. 93 € - p. sup. 21 € - repas 25 €

4 chambres avec sanitaires privés. Ouv. du 15.04 au 15.11. Petit déj. : pains de campagne, gâteaux, confitures bio, jus de fruits, fromages... T. d'hôtes : cuisine créative avec plantes sauvages (selon saison), une tendance végétarienne. Salon avec biblio. et cheminée. Jardin, parc 20 ha (bois et prés). ★ Musée vivant d'Ardelaine, Ardèche miniature, Atelier de Mapy (fleurs séchées), écomusée des Terrasses, le monde merveilleux des Lutins... Piscine 10 km. Equitation 8 km. Tennis, lacs 7 km. **Accès :** à Valence prendre N533 dir. Le Puy. A Alboussière D219 dir. Boffres. A la sortie de Boffres D332 dir. Grozon et laissez vous guider par le panneau "Chevreuil". CM331, pli K4.

Belle ferme du début du XVIIe siècle, située en bordure de forêt. Bernadette et Robert accueillent vos envies de sérénité dans un site grandiose et harmonieux, avec une vue extraordinaire sur les Alpes. 4 chambres spacieuses et confortables, décorées par la propriétaire qui a su marier le présent avec des meubles d'époque.

Bourdeaux - Drôme (26)

★Perched villages, Saoû Forest, Dieulefit potteries, Grignan Château, Bourdeaux Storytelling Festival. Saoû Mozart Festival. Municipal pool 100 m. Rock-climbing 10 km. Paragliding 5 km. Horse-riding 3 km.

*★ **How to get there:** Bourdeaux is halfway between Crest and Dieulefit. La Calade is next to the Tourist Office, on the Dieulefit road. Michelin map 332, fold D6.*

This magnificent 18th-century mansion, with inner courtyard and towers, nestles in the heart of Bourdeaux village, opposite Les Trois Becs. The two extensive, peaceful gardens, by the River Roubion, beckon rest and relaxation both in the shade and in the sun.

La Calade TH
rue Droite - 26460 Bourdeaux
Tél. 04 75 53 38 51
Email : lacalade@wanadoo.fr
www.lacalade.fr
Marie-Paule Perrin

1 pers. 47/52 € - 2 pers. 52/65 € - 3 pers. 72/77 € - p. sup. 15 € - repas 23 €

5 chambres avec sanitaires privés. Ouv. du 29/12 au 6/01, fermé du 3/11 au 11/03. Petit déjeuner : céréales, yaourts, pâtisseries et confitures maison... T. d'hôtes : tarte courgettes et picodon, poulet ail et olives, lapin aux pruneaux, tarte aux groseilles méringuée... Cour intérieure, 2 jardins. Restaurants à proximité. ★ Villages perchés, forêt de Saoû, poteries de Dieulefit, château de Grignan, festival du conte à Bourdeaux, Saoû chante Mozart. Piscine municipale 100 m. Escalade 10 km. Parapente 5 km. Equitation 3 km. **Accès :** Bourdeaux se situe entre Crest et Dieulefit. La Calade est à côté de l'Office de Tourisme, sur la route de Dieulefit. CM332, pli D6.

Au cœur du village, cette magnifique maison de maître du XVIIIe siècle, lovée sur sa cour intérieure et structurée de tours et de coursives, fait face aux Trois Becs. Au bord du Roubion, deux jardins calmes et spacieux invitent au farniente, entre ombre et soleil.

Le Bourget du Lac - Savoie (73)

★Le Bourget Lake (18 km long) 2 km: hiking and cycling. Variety of concerts at Chambéry 12 km. Aix-les-Bains 10 km. Skiing 35 km. Paragliding and spa 12 km.

*★ **How to get there:** 12 km north of Chambéry. In Le Bourget-du-Lac town centre, follow "Restaurant Atmosphère" signs. Drive past and turn right into stony road 300 m on. Michelin map 333, fold I4.*

This peaceful, pretty house stands in a verdant country setting, overlooking Le Bourget Lake, which affords superb views of both the lake and the mountains. You will delight in the refined, beautifully appointed décor. Breakfast is served on the terrace facing the lake, weather permitting. There is also a garden, surrounded by vines, meadows and woods, for your enjoyment.

351 route des Tournelles -
73370 Le Bourget du Lac
Tél. 04 79 25 27 72 ou 06 30 51 86 02
Email : vanderhoeven.savoie@wanadoo.fr
www.gite-prop.com/73/51601
Annelies et Antonie Van der Hoeven

1 pers. 70 € - 2 pers. 80 € - 3 pers. 120 € - p. sup. 20 €

Non fumeur : 1 chambre et 1 suite de 2 ch. communicantes, chacune avec sanitaires privés, coin-salon. Ouvert toute l'année. Petit déjeuner : fromage, jambon, yaourts, miel, confitures, viennoiseries...Salon de lecture avec cheminée. Piscine avec toit télescopique, grand jardin. Restaurants à moins de 2 km. ★ Le lac du Bourget (18 km de long) à 2 km : randonnées pédestres et cyclistes. Nombreux concerts à Chambéry 12 km. Aix-les-Bains 10 km. Ski 35 km. Parapente et thermes 12 km. **Accès :** à 12 km au nord de Chambéry. Au centre du Bourget-du-Lac suivre les flèches "Restaurant Atmosphère", passer devant et après 300 m, à droite (route caillouteuse). CM333, pli I4.

Au calme, jolie maison située dans un cadre champêtre et verdoyant, dominant le lac du Bourget, avec une superbe vue sur celui-ci et sur les massifs montagneux. Vous serez séduits par le décor soigné et raffiné. Si le temps le permet, vous pourrez prendre votre petit déjeuner sur la terrasse face au lac. Grand jardin entouré de vigne, prés et bois.

Bramans - Savoie (73)

NOUVEAUTÉ

Superb mountain setting. Baroque Chapel. Dog sled racing in January: La Grande Odysée. Hiking, cross country skiing, snowshoeing and mountain biking locally.

★ ***How to get there:*** *A43, exit Modane then N6 direction Haute Maurienne until you reach Bramans. In the village take direction "Le Planay" and continue for 7km. Michelin map 333, fold N6.*

In the hamlet of Planay, 1650m above sea level and a stone's throw from the Vanoise Park, le Chalet Lavis Trafford invites you to sample wonderful mountain lifestyle. Florence and François are waiting to welcome you and show you the 5 beautiful rooms that they have available. Here you can enjoy the delicious Savoie cuisine, prepared with wild and home-grown produce.

Chalet Lavis Trafford TH
Le Planay - 73500 Bramans
Tél. 04 79 05 06 83 - Fax 04 79 05 08 82
Email : info@chalet-lavis-trafford.com
www.chalet-lavis-trafford.com
Florence et François De Grolée

1 pers. 45/55 € - 2 pers. 60/80 € - 3 pers. 120 € - repas 20 € - 1/2 p. 50/60 €

4 chambres et 1 suite avec sanitaires privés. Ouv. du 18.12 au 1.04 et du 1.05 au 15.10. Petit déjeuner : céréales, yaourts, confitures maison, pain panettonne... T. d'hôtes : lapin au serpolet, croûtes au beaufort...Salle de jeux, salons de lecture. Parc 1 ha, torrent. Transfert des clients en hiver (non acc. en voiture). ★ Site de pleine montagne exceptionnel. Chapelle du baroque. Course de chiens de traîneaux en janvier : La Grande Odysée. Rand., ski de fond, raquettes, VTT sur place. **Accès :** A43, sortie Modane puis N6 dir. Haute Maurienne jusqu'à Bramans. Dans le village, prendre dir "Le Planay" sur 7 km. CM333, pli N6.

Au hameau du Planay, à 1650 m d'altitude, à 2 pas du Parc de la Vanoise, le Chalet Lavis Trafford est une invitation à la douceur de vivre en montagne. Florence et François vous accueillent et vous proposent 5 belles chambres de charme. Vous savourerez la cuisine savoyarde avec les produits de la nature et du potager.

Chabrillan - Drôme (26)

Saoû Forest. Vercors. Perched villages. Tour de Crest (keep). Arts and crafts (pottery, glass-making). Crest Jazz and Saoû Mozart Festivals. Gastronomy: picodon goat's cheese, Clairette de Die sparkling wine, guinea fowl, ravioli. Hiking on site. Canoeing 6 km. Golf 20 km.

★ ***How to get there:*** *A7 motorway, Loriol exit and D104 for Crest-Die. 2.2 km after the Chabrillan junction, turn right onto D591 and head for La Vaumane-Autichamp. Domaine de la Vaumane is 3 km on. Michelin map 332, fold C5.*

You will appreciate the tranquillity of this genuine, restored golden-stone farmhouse, set in the heart of the countryside between Vercors and Provence, and affording views of stunning landscape. The fine antique furniture and paintings are a delight. Enjoy mouthwatering meals in the dining room, which features a vaulted ceiling, or in the flower garden.

Le Domaine de la Vaumane TH
La Vaumane - 26400 Chabrillan
Tél./Fax 04 75 76 89 46
Email : JACQUES.ROLLAND@wanadoo.fr
http://perso.wanadoo.fr/jjrolland
Jacques et Josette Rolland

1 pers. 45 € - 2 pers. 61/63 € - 3 pers. 92 € - p. sup. 17 € - repas 20 €

5 ch. avec sanitaires privés. Ouv. du 15.03 au 15.11. Petit déj. : jus d'abricot, pâtisserie, confitures maison, pain de la Drôme, fromage frais (sur dem.). T. d'hôtes (sauf jeudi et dimanche) : cuisine à partir des produits du terroir et du jardin. Biblio. Cour, jardin clos avec piscine. Animaux admis sous conditions. ★ Forêt Saou. Vercors. Tour de Crest. Artisanat (poteries, verrerie). Jazz vocal à Crest, Mozart à Saou. Gastronomie : picodon, clairette de Die, pintade, ravioles... Randonnées sur place. Canoë 6 km. Golf 20 km. **Accès :** A7 sortie Loriol puis D104 direction Crest-Die. 2,2 km après l'embranchement Chabrillan prendre à droite D591 vers La Vaumane-Autichamp. Au bout de 3 km, vous êtes au domaine de la Vaumane. CM332, pli C5.

Entre Vercors et Provence, face à un paysage superbe, vous apprécierez le calme et l'authenticité de cette ancienne ferme restaurée en belles pierres dorées. Vous apprécierez aussi le charme de ses meubles anciens et de ses tableaux. Vous savourerez les repas servis dans sous les voûtes de la salle à manger ou dans le jardin fleuri.

Chalmazel - Loire (42)

Couzon Château, Bastide d'Urfé and Renaissance art, museums, cheese dairies. Livradois-Forez Regional Nature Park. Ski resort, Accrobranche 4 km. Fishing, hiking, cycling and hiking locally.

*★ **How to get there:** 30 minutes from A72, Noirétable or Feurs exit. Michelin map 327.*

This magnificent, lofty 13th-century castle stands proudly in the village square, at an altitude of 900 m. Four attractive, tastefully decorated bedrooms await your arrival. The setting and décor pay tribute to the Château's glorious past.

Château de Marcilly Talaru TH
42920 Chalmazel
Tél. 04 77 24 88 09 - Fax 04 77 24 87 07
Email : chalmazel.chateau@wanadoo.fr
www.chateaudechalmazel.com
Isabelle Suguenot

1 pers. 84 € - 2 pers. 98/134 € - 3 pers. 123/159 € - p. sup. 25 € - repas 26 €

4 chambres et 1 suite avec sanitaires privés. Ouvert toutes vac. scolaires (sur résa. le reste de l'année, fermé en novembre). Petit déjeuner : viennoiseries ou pâtisseries maison, confitures maison, céréales, yaourts. Salon, biblio., jeux société, salon/fumoir. Jardins et terrasses. Restaurants sur pl. et à prox. ★ Château de Couzon, la bastide d'Urfé, musées, caves, fromageries, PNR du Livradois-Forez... Station de ski, accrobranches 4 km. Pêche, randonnées VTT et pédestres sur place. **Accès :** à 1/2 heure de l'A72, sortie Noirétable ou Feurs. CM327.

A 900 m d'altitude, sur la place du village, magnifique château du XIIIe siècle dans lequel sont aménagées 5 jolies chambres décorées avec goût et dotées d'un mobilier ancien. Le cadre et la décoration vous rappeleront les grandes heures du château.

Chambéry - Savoie (73)

★Château of the Dukes of Savoy, museum and conference centre, wine estates and wine-tasting. La Chartreuse, Bauges and hiking. Lake 13 km. Skiing 17 km. Horse-riding and tennis 3 km. Cycle path 2 km.

*★ **How to get there:** From the old town, head for Les Charmettes, past Jean-Jacques Rousseau's house and turn right into Chemin Jean-Jacques Rousseau. The house is at number 538. Michelin map 333, fold I4.*

This pretty, 19th-century farmhouse above Chambéry provides four comfortable, elegantly appointed bedrooms. In the summer months, you will appreciate the cool breeze that gently blows from Le Bourget Lake, the delicious breakfasts served in the garden, and relaxing walks down to the old town. In the winter, you will enjoy the cosy mountain-style comfort of the place and its proximity to the local skiing resorts.

La Ferme du Petit Bonheur
538 chemin Jean Jacques - 73000 Chambéry
Tél. 04 79 85 26 17 ou 06 10 28 84 13
Fax 04 79 60 41 40
http://www.chambresdhotes-chambery.net
Chantal et Eric Soulard

1 pers. 70 € - 2 pers. 80 € - 3 pers. 100 € - p. sup. 20 €

4 chambres avec sanitaires privés (TV sur demande). Ouvert toute l'année. Petit déjeuner : viennoiseries, confitures maison, tomme, céréales... Piano à disposition, poële à bois norvégien, coin-salon, TV. Cour, jardin de 3800 m². Restaurants 1,5 km et 2,5 km. ★ Château des Ducs de Savoie, musée et centre de congrès, route des vins et dégustation, Chartreuse et Bauges (randonneurs). Lac 13 km. Ski 17 km. Equitation, tennis 3 km. Piste cyclable 2 km. **Accès :** à partir de la vieille ville suivre direction les Charmettes, après la maison de Jean Jacques Rousseau, prendre à droite le chemin de Jean Jacques jusqu'au n°538. CM333, pli I4.

Cette jolie ferme du XIXe située au dessus de Chambéry offre 4 chambres confortables au décor raffiné. L'été, vous apprécierez la brise qui vient du lac du Bourget, les petits déjeuners servis dans le jardin et aussi descendre à pied vers la vieille ville. L'hiver, c'est la chaleur du confort montagnard et la proximité des stations qui vous retiendront.

Chamonix-Mont-Blanc - Haute Savoie (74)

★Medium and high mountains. Cable car excursions: Aiguille du Midi, Grands Montets, Brévent. "Mer de Glace" glacier railway. Mountain Museum 1.5 km. Skiing 500 m. Swimming pool, skating rink, casino 1.5 km. 18-hole golf course 2 km.

★ ***How to get there:*** *In Chamonix, head for Les Moussoux and follow "Chambres d'Hôtes" signs. Michelin map 328, fold O5.*

Pierre and Georgette are your hosts at their handsome chalet facing the Mont-Blanc mountain range, on the edge of a forest graced by the sun. Three cosy, garden-level bedrooms await your arrival. Breakfast is served in a superb dining room, which looks out onto the Mont-Blanc Massif. A warm, welcoming atmosphere in an exceptional setting close to Italy and Switzerland.

La Girandole
46, chemin de la Persévérance -
74400 Chamonix-Mont-Blanc
Tél. 04 50 53 37 58 - Fax 04 50 55 81 77
Email : la-girandole@wanadoo.fr
Pierre et Georgette Gazagnes

1 pers. 58 € - 2 pers. 64 €

3 chambres avec sanitaires privés. Ouvert du 15 janvier au 15 mai et du 15 juin au 15 octobre. Petit déjeuner : confitures maison, yaourts, fruits frais... Salle à manger panoramique avec cheminée. Parking, jardin. Nombreux restaurants à Chamonix (900 m). ★ Téléphériques (Aiguille du Midi, Grands Montets, Brévent). Mer de Glace (chemin de fer). Musée de la Montagne, piscine, patinoire, casino 1,5 km. Ski 500 m. Golf 2 km. A proximité de l'Italie et de la Suisse. **Accès :** dans Chamonix, suivre la direction Les Moussoux et fléchage Chambres d'Hôtes. CM328 pli O5.

Pierre et Georgette vous reçoivent dans leur beau chalet, face à chaîne du Mt-Blanc, en lisière de forêt sur versant du soleil. 3 chambres en rez-de jardin, au confort douillet vous sont réservées. Petits déjeuners servis dans une superbe salle à manger, qui s'ouvre entièrement sur le massif du Mt-Blanc. Atmosphère chaleureuse dans un cadre d'exception.

Chanos-Curson - Drôme (26)

★Shoe Museum at Romans. Bach Festival at Saint-Donat (July-August). Palais Idéal du Facteur Cheval monument in Hauterives. Horse-riding 3 km. Lake 15 km. Golf course 25 km.

★ ***How to get there:*** *A7 motorway, Tain-L'Hermitage exit and head for Romans. After 3 km, turn right for 7 Chemins, then first left and straight on: first house on the left. Michelin map 332, fold C3.*

Originally a silk farm, this traditional pebblestone property is set amid vineyards and orchards. The bedrooms, adorned and appointed in keeping with the past, are arranged in the fully restored outbuildings. Dinner is served by the pool in summer, or by the fireplace in winter. A welcoming spot for enjoying the good life.

La Farella TH
Les Champs Ratiers - 26600 Chanos-Curson
Tél. 04 75 07 35 44 - Fax 04 75 07 39 90
Email : accueil@lafarella.com
www.lafarella.com
Rose-Marie Roige

1 pers. 42/46 € - 2 pers. 53/57 € -
3 pers. 69/73 € - p. sup. 16 € - repas 21 €

5 chambres avec sanitaires privés. Ouv. toute l'année. Petit déj. : croissants, yaourts, fromages, fromage blanc, fruits de saison en été, pâtisseries en hiver, confitures, compotes, jus et nectar de fruits. T. d'hôtes : poulet à l'ail, gratin dauphinois, lapin moutarde, crème brûlée, tarte Tatin. Cour, jardin, piscine. ★ Musée de la Chaussure à Romans. Festival Bach en juillet-août à Saint-Donat. Palais idéal du facteur Cheval à Hauterives. Equitation 3 km. Lac 15 km. Golf 25 km. **Accès :** A7 sortie Tain-L'Hermitage puis direction Romans. A 3 km, prendre à droite le 7 Chemins puis 1re à gauche et tout droit : 1re maison à gauche. CM332, pli C3.

Au milieu des vignes et des vergers, cette propriété est une ancienne magnanerie à l'architecture traditionnelle en galets. Les chambres décorées et meublées à l'ancienne sont aménagées dans les dépendances totalement restaurées. Les dîners sont servis près de la piscine en été, ou près de la cheminée en hiver. Une étape chaleureuse où il fait bon vivre.

Chantemerle-lès-Grignan - Drôme (26)

★Vineyards. Lavender fields. Grignan (the Marquise de Sévigné's Château). Local gastronomy: truffles, asparagus, etc. Golf course 4 km.

*★ **How to get there:** A7 motorway, Montélimar-Sud exit. N7 for Grignan-Nyons. D133 for St-Paul-Trois-Châteaux, D549. Michelin map 332, fold C7.*

In the heart of the Drôme Provençale, in Grignan country, your Belgian-Flemish-born, Lucie and Guido Lamberts, have tastefully and lovingly restored this handsome stone residence. Your hosts provide a warm welcome and will be delighted to help you get to know this beautiful region of Provence. There is also a private pool for guests' use.

Le Parfum Bleu TH
26230 Chantemerle-lès-Grignan
Tél./Fax 04 75 98 54 21
Email : guido.lamberts@wanadoo.fr
www.parfum-bleu.com
Guido et Lucie Lamberts-Ringoet

1 pers. 89 € - 2 pers. 98 € - 3 pers. 122 € - repas 29 €

5 chambres avec sanitaires privés. Ouv. toute l'année. Petit déjeuner servi en buffet. Table d'hôtes sur résa. : cuisine savoureuse, naturelle et inventive. Séjours autour de la truffe. Terrasse, piscine, jeux de boules, parc. Parking fermé. Restaurants à proximité. Tarifs dégressifs hors juil./août. ★ Vignobles. Culture de la lavande. Grignan (château de la marquise de Sévigné). Gastronomie locale : truffes, asperges... Golf 4 km. **Accès :** autoroute A7, sortie Montélimar-sud. N7 dir. Grignan-Nyons. D133 dir. St-Paul-Trois-Châteaux, D549. CM332, pli C7.

Au cœur de la Drôme provençale, dans le pays de Grignan, Guido et Lucie Lamberts (d'origine belge-flamande) ont restauré avec goût et passion cette belle demeure en pierres. Ils vous recevront avec convivialité et vous aideront à découvrir cette belle région de Provence.

Chaponost - Rhône (69)

★Giers Aqueduct (2nd century) 300 m. Tennis court and swimming pool 5 km. Lyon city centre 12 km.

*★ **How to get there:** A7, "La Mulatière Oullins" exit, for Francheville and Chaponost, 300 m from the aqueduct.*

A warm welcome awaits you at Les Jardins Secrets, a tastefully restored 18th-century farmhouse with all the charm of old world residences. The décor is a perfect backdrop to the delightful period furniture. According to season, breakfast are served either by the hearth or in the garden complete with fountain. Rest and tranquillity are assured.

Les Jardins Secrets
90, avenue de Verdun - 69630 Chaponost
Tél. 04 78 45 14 27 ou 06 68 83 08 90
Email : francis.bury@chello.fr
Nicole Bury

1 pers. 70/90 € - 2 pers. 80/95 € - 3 pers. 110 €

2 chambres avec sanitaires privés. Ouvert toute l'année. Petit déjeuner : croissant, pain au chocolat, brioche, confitures, céréales... Cour, jardin. 3 restaurants à proximité. ★ Acqueduc du Giers (IIe siècle) à 300 m. Tennis et piscine à 5 km. Centre de Lyon 12 km. **Accès :** A7, sortie "La Mulatière Oullins", dir. Francheville puis Chaponost, à 300 m de l'acqueduc.

Vous serez accueillis dans une ferme du XVIIIe siècle restaurée avec goût, tout en conservant le charme des demeures d'antan. Le mobilier de style ancien s'harmonise parfaitement. Selon la saison, le petit déjeuner vous sera servi près de l'âtre ou dans le jardin égayé par une fontaine. Le calme et le repos sont assurés.

Charentay - Rhône (69)

★Beaujolais country: vineyards, gastronomy, culture. Variety of wine festivals. Beaujolais Nouveau, third Thursday in November, Les Sarmentelles at Beaujeu. Horse-riding 1 km. Tennis 1.5 km. Bike rides 5 km.

★ ***How to get there:*** *A6 motorway, Villefranche-sur-Saône or Belleville exit, and N6 for Charentay. In the village, head for "Les Combes".*

Christine and Denis are your hosts at their wine-growing estate dominated by the intriguing Tour de la Belle Mère. The accommodation, arranged in one of the outbuildings, comprises five bedrooms, an attractive day room with fireplace and a lounge. The inviting décor is a perfect union of old and new. Relax in the extensive park or by the pool. Amateur œnologists will enjoy wine-tasting in a superb vaulted cellar and learning about wine-making.

La Tour de la Belle Mère
Les Combes - 69220 Charentay
Tél./Fax 04 74 66 82 21
Email : celine.dutraive@worldonline.fr
www.dutraive.com
Denis et Christine Dutraive

1 pers. 54/56 € - 2 pers. 60/62 € - 3 pers. 74 € - p. sup. 12 €

5 chambres avec sanitaires privés. Ouv. du 04.01 au 15.12 Petit déjeuner : yaourts, pâtisseries maison, confitures miel, viennoiseries... Pièce de jour, salon (TV à dispo.) Parc, piscine. Randonnée. Domaine viticole (dégustation découverte vinification). Restaurants dans un rayon d 5 km. ★ Découverte du Beaujolais : vignoble, gastronomie, culture. Nombreuses fêtes liées au vin : Beaujolai nouveau le 3e jeudi de nov., les Sarmentelles à Beaujeu... Equitation 1 km. Tennis 1,5 km. VTT 5 km **Accès** autoroute A6 sortie Villefranche-sur-Saône ou Bellevill puis N6 direction Charentay. Dans le village, suivre l direction "Les Combes".

Christine et Denis vous accueillent sur leu domaine viticole dominé par la Tour de la Bell Mère (curiosité française). 5 chambres sont aménagées dans une dépendance comportant une bell pièce de jour avec cheminée, et un salon. Déco chaleureux qui allie avec harmonie ancien e contemporain. Détente dans le vaste parc o auprès de la piscine.

Chasse-sur-Rhône - Isère (38)

★Lyon 15 min. Vienne 5 min.: Gallo-Roman town at the foot of Pilat Regional Park and the Côtes Rôties vineyards.

★ ***How to get there:*** *Before Lyon, take A46 for Marseille, "Chasse-sur-Rhône" exit. Follow signs for shopping centre. Take narrow road between centre and stadium for Trembas (minor road). Michelin map 333, fold B4.*

A warm welcome awaits you at Gorneton, an imposing 17th-century fortified house with fireplaces, gardens, a pond, fountains and an inner courtyard. The property also offers a swimming pool, table tennis, pétanque and lawn-tennis facilities, in addition to the comfortable bedrooms. A pleasant stay is guaranteed. You will delight in host Jean's culinary talents.

Domaine de Gorneton TH
712 chemin de Violans -
38670 Chasse-sur-Rhône
Tél. 04 72 24 19 15 - Fax 04 78 07 93 62
Email : gorneton@wanadoo.fr
Jacqueline et Jean Fleitou

1 pers. 90 € - 2 pers. 95/140 € - p. sup. 20 € - repas 35 €

2 chambres 2 pers., 1 ch./duplex 4 pers. et 1 suite 2 pers. toutes avec bains et wc privés, accès indép. Ouvert tout l'année. Table d'hôtes : caille sur canapé, truite aux amandes, oeufs à la neige... Parking privé. Piscine, p-pong pétanque, tennis. ★ Lyon à 15 mn. Vienne à 5 mn (vill gallo-romaine au pied du parc régional du Pilat et d vignoble des Côtes Rôties). **Accès :** avant d'arriver Lyon prendre l'A46 en dir. de Marseille sortie "Chasse sur-Rhône". Suivre centre ccial tout droit. Passer entre l centre et le stade dir. Trembas (petite route). CM333 pli B4.

Gorneton, maison forte du XVIIe vous accueiller avec ses cheminées, ses jardins, son étang, ses fontaines et sa cour intérieure. Sur place, piscine, ping pong, pétanque et tennis s'ajouteront au confort d votre chambre pour vous offrir un agréable séjou ou une étape idéale. Vous vous régalerez de la cuisine gourmande de Jean.

Chénas - Rhône (69)

★Explore Beaujolais country. Hiking locally. Tennis, lake 5 km. Horse-riding 9 km. Swimming pool 15 km. Golf course 18 km.

★ *How to get there:* *From Paris: A6, Mâcon-Sud exit. From Geneva, A40, Replonges exit. Past Mâcon, N6 for Lyon. 12 km on, at La Chapelle-de-Guinchay, dir. Chénas: to the right of the church, follow signs.*

Château Lambert is a small wine-growing estate in Beaujolais country. Produced and bottled on the premises, Clos du Château Lambert is an appellation contrôlée Moulin à Vent. The late-17th-century residence is simple, elegant and light-filled, and affords magnificent views of Chénas village below, over the vineyards and the Alps beyond. In front of the château, a vast esplanade is bordered by a vine arbour and a formal parterre. Delightful.

Château Lambert TH
69840 Chénas
Tél. 04 74 06 77 74 - Fax 04 74 04 48 01
Email : contact@chateau-lambert.com
www.chateau-lambert.com
Marty Freriksen

1 pers. 82/129 € - 2 pers. 82/129 € - 3 pers. 147 € - p. sup. 18 € - repas 27 €

4 ch. et 2 suites (1 avec antichambre, biblio. et cheminée, l'autre avec antichambre-salon, poêle, et dressing) avec sanitaires privés. Ouv. toute l'année. Petit déj. : fruits frais, confitures, viennoiseries... T.d'hôtes sur rés. : produits terroir, du jardin, desserts maison. Salon (cheminée). Terrasse, bassin, jardin. ★ Pays Beaujolais. Randonnées. Tennis, plan d'eau 5 km. Equitation 9 km. Piscine 15 km. Golf 18 km. **Accès :** de Paris A6 sortie Mâcon-sud ou de Genève A40 sortie Replonges. Après Mâcon, N6 vers Lyon. A 12 km, à La Chapelle-de-Guinchay suivre Chénas, à droite de l'église suivre les panneaux.

Le Château Lambert (fin XVIIe) est un petit domaine viticole. Vinifié et mis en bouteille sur place, le Clos du Château Lambert est un moulin-à-vent (A.O.C.). La demeure est simple, élégante et lumineuse. Belle vue sur le village de Chénas, sur le vignoble et plus loin, sur les Alpes. Esplanade bordée d'une longue treille et d'un parterre à la française.

Colonzelle - Drôme (26)

★Grignan and Suze-la-Rousse Châteaux. Vaison-la-Romaine. Ardèche Gorges. Mont Ventoux. Dieulefit. Truffle market from November to March. Crocodile Park. Biking and hiking locally. Swimming and horse-riding 4 km. Golf course 10 km.

★ *How to get there:* *4 km from Grignan, heading for Valréas, then turn right for Colonzelle and Moulin de l'Aulière. Michelin map 332, fold C7.*

This handsome 19th-century edifice, set in a park along the Aulière, features five spacious and bright rooms. Depending on the season, breakfast is served on the terrace or by the fireplace. Enjoy your young hosts' generous hospitality at this enchanting, comfortable spot. A relaxing place to stay that should not be missed.

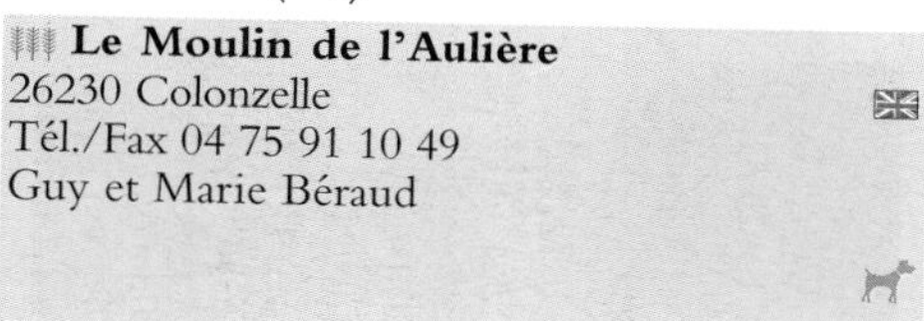

Le Moulin de l'Aulière
26230 Colonzelle
Tél./Fax 04 75 91 10 49
Guy et Marie Béraud

1 pers. 47 € - 2 pers. 58 € - 3 pers. 85 € - p. sup. 20 €

5 chambres avec TV, bibliothèque et sanitaires privés. Ouv. toute l'année sauf du 15/11 au 15/12. Petit-déjeuner : jus de fruits frais, confitures maison, viennoiseries, charcuteries, œufs biologiques... Bibliothèque. Coin-cuisine, TV. Cour, jardin, parc, rivière. Taxe de séjour comprise. ★ Châteaux : Grignan, Suze-la-Rousse. Vaison-la-Romaine. Gorges de l'Ardèche. Mt-Ventoux. Dieulefit. Marchés au truffes de nov. à mars. VTT et rand. sur place. Piscine, équitation 4 km. Golf 10 km. **Accès :** En Drôme provençale, à 4 km de Grignan, direction Valréas, puis à droite suivre Colonzelle et le Moulin de l'Aulière. CM332, pli C7.

Dans un parc en bordure de l'Aulière, belle bâtisse du XIXe où sont aménagées 5 chambres spacieuses et lumineuses. Au gré des saisons, les petits déjeuners sont servis sur la terrasse ou près de la cheminée. Le cadre est enchanteur, la demeure chaleureuse et l'accueil jeune et sympathique. Une étape reposante à ne pas manquer.

Commelle-Vernay - Loire (42)

*Côte Roannaise. Wine cellars. Historical sights. Variety of secondhand markets. Hiking, golfing and horse-riding nearby. Restaurants 5 min.

★ **How to get there:** *From Roanne, head for Commelle-Vernay. From Paris, Commelle-Vernay/Le Coteau exit. Five minutes from Roanne centre. Michelin map 327.*

This handsome 17th-century residence on the banks of the Loire is situated in a 17-hectare park with swimming pool and private pond. The outstanding setting provides five attractively decorated, extremely spacious bedrooms. The vast lounges with fireplace open out onto the park, and in the summer months breakfast and dinner are served on the terrace by the pool. Cosy décor and relaxed atmosphere.

Château de Bachelard TH
42120 Commelle-Vernay
Tél. 04 77 71 93 67
www.chateaubachelard.com
Hervé et Daniela Noirard

1 pers. 85 € - 2 pers. 93 € - p. sup. 23 € - repas 23 €

3 ch. et 1 suite familiale de 2 ch., avec bains et wc privés Ouv. toute l'année. Petit déj. gourmand : jus de fruit frais, gâteaux et confitures maison. T. d'hôtes sur rés Exceptionnellement le soir d'arrivée. Salon lecture (livres), cheminée. Jardin, piscine, parc 17 ha avec étang de pêche. ★ Côte roannaise. Caves. Sites historiques Nombreuses brocantes. Randonnées, golf et équitation à proximité. Restaurants à 5 mn. **Accès :** de Roanne, prendre la direction de Commelle-Vernay. De Paris, sortie Commelle-Vernay/Le Coteau. A 5 mn du centre de Roanne. CM327.

Belle demeure du XVIIe sur les bords de Loire entourée d'un parc de 17 ha avec piscine et étang privé. Dans ce cadre d'exception, 5 chambres spacieuses et joliment décorées vous accueillent. Les vastes salons avec cheminée ouvrent sur le parc. En été, petits déjeuners et dîners sont servis sur la terrasse près de la piscine. Ambiance chaleureuse

Denice - Rhône (69)

*Explore Beaujolais country, Lyon. Close to Burgundy. Horse-riding 3 km. Tennis 5 km. Swimming pool locally. Lake 8 km. Villefranche-sur-Saône 8 km.

★ **How to get there:** *A6 motorway, Villefranche exit in the direction of the l'Hôpital. At the 2nd roundabout, the Villefranche exit, take D44 direction Montmelas-Denicé for 4km and take the 2nd left direction Pouilly-le-Châtel.*

Sylvaine and Bruno are your hosts at this fine, charming residence that boasts a harmonious blend of past and present. One of the guest bedrooms opens out onto a terrace exuding the sun-blessed fragrances of the Mediterranean, the other two onto a charming small courtyard. The owners, Beaujolais producers, also offer guests a chance to taste their produce. Relaxing by the pool that overlooks the vineyards is an excellent way to wind down.

Domaine de Pouilly-le-Chatel TH
Pouilly-le-Chatel - 69640 Denice
Tél. 04 74 67 41 01 ou 06 70 36 55 77
Fax 04 74 67 37 86
www.pouillylechatel.com
Bruno et Sylvaine Chevalier

2 pers. 80 € - repas 25 €

3 ch. avec bains, douche et wc privés. Ouv. toute l'année Petit déj. : fruits de saison, pâtisseries/confitures maison œufs/fromages (sur dem.). T. d'hôtes sur rés. : spécialité régionales ou provençales. Terrasse, cour intérieure, jardin Piscine. Propriété viticole (visite de cave et dégustation) ★ Découverte du Beaujolais, visite de Lyon... Proximité de la Bourgogne. Equitation 3 km. Tennis 5 km. Plan d'eau 8 km. Villefranche-sur-Saône 8 km. Golf. **Accès** A6, sortie Villefranche, dir.de l'Hôpital. Au dernier rond point, à la sortie de Villefranche, prendre D44 dir Montmelas-Denicé sur 4 km et prendre 2e route à gauche dir. Pouilly-le-Châtel.

Sylvaine et Bruno vous reçoivent dans une belle demeure de caractère alliant contemporain et tradition. L'une des chambres ouvre sur une terrasse aux parfums méditerranéens, les 2 autres sur une cour intérieure pleine de charme. Les propriétaires seront heureux de vous faire découvrir leur production. Farniente au bord de la piscine dominant les vignes.

Dieulefit - Drôme (26)

NOUVEAUTÉ

Potiers and the Eclat de Voix festival at Dieulefit. Château and the Grignan nocturns. Mozart festival. Nyons. Tennis 200 m. Golf 15 km. Horse-riding 3 km. Cycling, hiking and walks locally.

★ ***How to get there:*** *25 km east of Montélimar. Follow the roadsigns for Dieulefit - D540 - Centre Ville. Michelin map 332, fold D6.*

Napoléon III's beautiful family mansion, la Villa Mary, is a charming and tranquil place set in 1.5 hectares of grounds and encircled by age-old trees. Not only will your welcome here be warm and friendly, but your rooms will be spacious, sunny and decorated with a very refined taste. You will also have the opportunity relax by the pool.

Villa Mary TH
16, allée des Promenades - 26220 Dieulefit
Tél. 04 75 46 89 19 - Fax 04 75 46 30 23
Tél. SR 04 75 83 09 23
www.villa-mary.com
Marie-José Mancel

2 pers. 80/95 € - 3 pers. 90/105 € - repas 27 €

5 chambres avec sanitaires privés. Ouv. toute l'année. Petit déjeuner : confitures artisanales, miel, céréales, croissants... T. d'hôtes : velouté de melon à la menthe, caillettes provençales... Salle à manger avec cheminée. Salon (jeux de société). Parc 1,5 ha. Piscine. Week-ends à thèmes : truffe, œnologie... ★ Potiers et son festival Eclat de Voix à Dieulefit. Château et nocturnes de Grignan. Festival Mozart. Nyons. Tennis 200 m. Golf 15 km. Equitation 3 km. Vélo/VTT sur place. Randonnées sur place. **Accès :** à 25 km à l'est de Montélimar. Suivre panneaux routiers Dieulefit - D540 - Centre Ville. CM332, pli D6.

Belle maison de maître Napoléon III, la Villa Mary est un lieu de charme et de tranquilité au cœur d'un parc clos d'1,5 ha aux arbres séculaires. Vous serez accueillis dans une ambiance chaleureuse, dans des chambres spacieuses et ensoleillées à la décoration raffinée. Excellents moments de détente au bord de la piscine.

Empurany - Ardèche (07)

Ardéchoise region and cycle race, Lamastre Festival. Postman Cheval's "Ideal Palace" 50 km. Oasis Lake and fishing, tennis 5 min. Devesset Lake and windsurfing 45 min. 18-hole golf course 1 hr.

★ ***How to get there:*** *A7, Tain l'Hermitage exit and head for Tournon. Drive through Tournon on N85 for Lamastre. 2 km before Lamastre, head for Annonay and Empurany. Follow Crouzat sign. Michelin map 331, fold J3.*

Hélène and Daniel are your hosts at Crouzat, a farmhouse nestling amid fruit trees, beeches and pines, and affording stunning views of the surrounding area. It is in this little-known corner of Ardèche, a paradise for nature lovers, anglers and hikers, that you will find the rest and relaxation you are looking for.

Crouzat TH
07270 Empurany
Tél. 04 75 06 56 03 - Fax 04 75 06 58 93
Email : d.vangeersdaele@libertysurf.fr
http://site.voila.fr/crouzat
Hélène Vangeersdaele

1 pers. 50 € - 2 pers. 50/65 € - 3 pers. 74 € - repas 18 €

3 chambres et 1 suite 4 pers., toutes avec sanitaires privés. Ouvert toute l'année. Petit déjeuner : œuf coque, yaourt fermier, confiture, cake... Table d'hôtes de novembre à mai, sur réservation. 2 terrasses. Jardin, parc de 0,1 ha boisé. Vélos, piscine, badminton, ping-pong. 4 restaurants à moins de 10 mn. ★ l'Ardéchoise (course cycliste). Facteur Cheval 50 km. Tennis et pêche au lac Oasis à 5 mn. Planche à voile au lac Devesset à 45 mn. Golf 18 trous à 1 heure. **Accès :** A7, sortie Tain l'Hermitage puis dir. Tournon. Traverser Tournon par la N85 et prendre dir. Lamastre. 2 km avant Lamastre prendre dir. Annonay, tourner à Empurany et suivre panneau Crouzat. CM331, pli J3.

Hélène et Daniel vous accueillent dans une ancienne ferme nichée au milieu de nombreux arbres fruitiers, hêtres et sapins, avec une vue exceptionnelle. C'est au cœur de l'Ardèche méconnue, paradis des amoureux de la nature, des pêcheurs et des randonneurs que vous trouverez le calme et le repos tant recherchés...

Entremont - Haute Savoie (74)

NOUVEAUTÉ

Kids' Festival at Grand Bornand (5 km), mountain walks, Annecy bell factory (30 km). La Clusaz 9 km. Chamonix 45 km. Geneva 45 km.

★ ***How to get there:*** *A41: Annecy - St-Jean-de-Sixt - Entremont. A40: Bonneville - Petit Bornand - Entremont. Michelin map 328, fold L5.*

Just a stone's throw from the Aravis ski stations and the Glières plateau, Hélène and Sylvain's chalet is perfect! There are two cosy and warmly decorated bedrooms available. Determined not to lose the pleasure she got from her old job, Hélène, a former chef, invites you to her table to taste the delicious meals she prepares. There is also a stunning garden, ideal for winding down.

Chalet le Marfanon TH
Le Chambaudian - 74130 Entremont
Tél. 04 50 25 03 05 ou 06 07 09 88 17
Email : sylvaindistribution@wanadoo.fr
Hélène Fessy

1 pers. 65 € - 2 pers. 85 € - repas 25 €

2 chambres avec sanitaires privés et TV. Ouv. toute l'année. Petit déjeuner : confitures maison, jambon, viennoiseries...T. d'hôtes : cuisine bourgeoise, poss. spécialités savoyardes... Salle de jeux. Jardin, parc 3000 m². Vélos, VTT, VTC. Possibilité stage cuisine (bonne réputation dans les guides !). 3ᵉ tél. : 06.07.63.77.15 ★ Festival des Mômes au Grand Bornand (5 km), balades en montagne, fabrique de cloches à Annecy (30 km). La Clusaz 9 km. Chamonix 45 km. Genève 45 km. **Accès :** A41 : Annecy - St-Jean-de-Sixt - Entremont. A40 : Bonneville - Petit Bornand - Entremont. CM328, pli L5.

A deux pas des stations des Aravis et du plateau des Glières, le chalet d'Hélène et Sylvain est fait pour vous ! Dans un décor chaleureux et douillet, 2 chambres confortables vous sont proposées. Pour conserver le plaisir de son ancien métier, Hélène vous recevra à sa table pour déguster des petits plats raffinés. Un jardin propice au repos vous attend.

Etoile-sur-Rhône - Drôme (26)

Etoile-sur-Rhône, Cliousclat and Mirmande villages. Drôme and Eyrieux valleys. Saoü Forest. Valence and cultural events. Variety of festivals in the surrounding area. Swimming pool, horse-riding 5 km. Aerial sports 4 km.

★ ***How to get there:*** *A7, Valence-Sud exit. Carry on along N7 for 12 km. Follow signs and turn right 100 m after the Charmes road. Drive 3 km. Michelin map 332, fold C4.*

Enjoy the bliss of this authentic 17th-century residence, set in the heart of a valley near the Rhône, whose natural, unspoilt beauty has stood the test of time. The accommodation, built from pebble stones from the river, offers splendid, elegantly appointed bedrooms exuding the charm of bygone days, where you will wake up to birdsong.

Le Vieux Chêne
26800 Etoile-sur-Rhône
Tél. 04 75 60 79 97 ou 06 15 99 90 77
Fax 04 75 60 79 65
www.levieuxchene.net
Jacques Farin

1 pers. 50 € - 2 pers. 72 €

3 chambres avec sanitaires privés (2 peuvent être combinées en suite). Ouv. toute l'année. Petit déj. : salade de fruits, cake, confitures et jus de fruits maison, produits bio et commerce équitable... Piano, jeux de société. Vélos. Cour, verger, parc 2 ha (arbres centenaires). Restaurants à proximité. Lit suppl. 25 €. ★ Villages : Etoile/Rhône, Cliousclat, Mirmande. Vallées de la Drôme et de l'Eyrieux. Forêt de Saoû. Vie culturelle de Valence. Nombreux festivals alentours. Piscine, équitation 5 km. Sports aériens 4 km. **Accès :** A7, sortie Valence sud. Continuer sur la N7 sur 12 km. Puis fléchage à droite 100 m après la route de Charmes et faire 3 km environ. CM332, pli C4.

Au cœur de la vallée, proche du Rhône sauvage qu'on imagine d'une beauté égale depuis la préhistoire, vous jouirez de la sérénité d'une authentique demeure du XVIIᵉ siècle, construite en galets du fleuve. De splendides chambres d'autrefois, au confort raffiné abriteront votre sommeil jusqu'au chant des oiseaux.

RHÔNE-ALPES

Fleurie - Rhône (69)

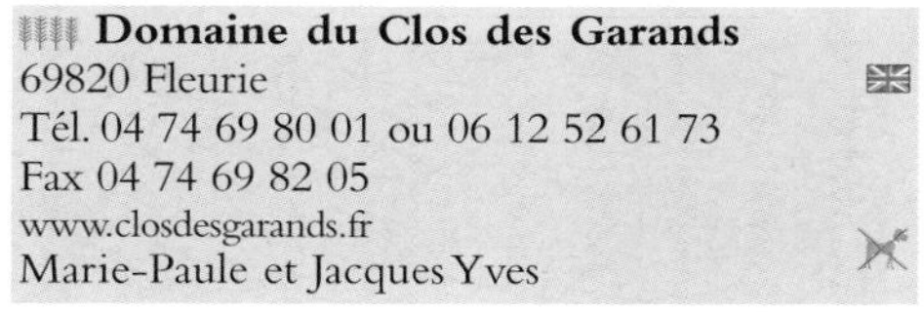

Domaine du Clos des Garands
69820 Fleurie
Tél. 04 74 69 80 01 ou 06 12 52 61 73
Fax 04 74 69 82 05
www.closdesgarands.fr
Marie-Paule et Jacques Yves

1 pers. 69 € - 2 pers. 79/99 € - p. sup. 15 €

★Beaujolais Festival in July and August, Wine Festival in spring. Avenas/Terrasse de Chiroubles vantage point. Walks in the Beaujolais. Tennis, cycling 1 km. Swimming pool 12 km. Bathing 15 km. Touroparc zoo 4 km.

*★ **How to get there:** Between Mâcon and Belleville-sur-Saône, 4 km from the N6. At Romanèche-Thorins, head for Fleurie. 12 km from A6 Mâcon Sud and Belleville-sur-Saône exits.*

This elegant 18th-century mansion, surrounded by vines, affords stupendous views of the Beaujolais hills, the Saône Plain and, on sunny days, Mont Blanc. You will sucumb to the charm of the restored period furnishings and the refined décor. The residence is ideally situated for exploring the delightful Dombs and Bresse regions.

4 chambres avec sanitaires privés. Ouvert toute l'année. Petit déjeuner : jus de fruits, fromage blanc, confitures maison, croissants, gâteau maison... Salon de détente, lecture. Ping-pong, jeux d'enfants. Parc de 1 ha. Caveau de dégustation. 3 restaurants dont 1 gastronomique 1 km. Promenades tout autour du vignoble. ★ Festival en Beaujolais (juillet-août), fête des crus (printemps). Avenas/Terrasse de Chiroubles. Nombreuses balades en Beaujolais. Tennis, VTT 1 km. Piscine 12 km. Baignade 15 km. Touroparc 4 km. **Accès :** entre Mâcon et Belleville-sur-Saône, à 4 km de la N6, prendre la direction de Fleurie à Romanèche-Thorins. A 12 km des sorties A6 : Mâcon sud et Belleville-sur-Saône.

Elégante maison de maître du XVIIIe siècle, située au milieu des vignes avec une magnifique vue sur les coteaux du Beaujolais, la plaine de la Saône, et par beau temps, sur le Mont Blanc. Vous serez séduits par le mobilier ancien rénové, et par la décoration raffinée. A proximité de la Dombes et de la Bresse, la région est très attractive.

Fourneaux - Loire (42)

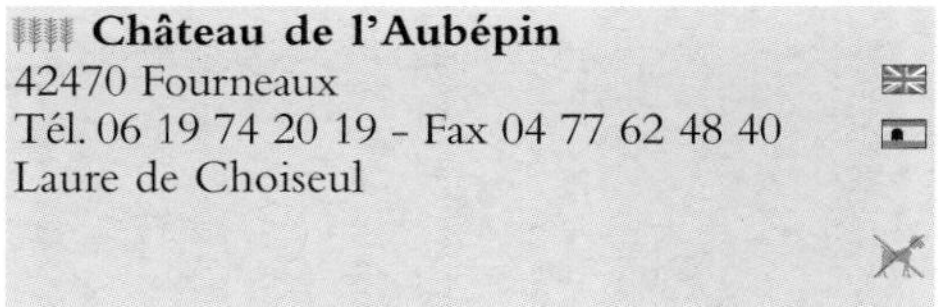

Château de l'Aubépin
42470 Fourneaux
Tél. 06 19 74 20 19 - Fax 04 77 62 48 40
Laure de Choiseul

1 pers. 68 € - 2 pers. 100/130 €

★Loire Music Festival. Ambierle. Charlieu. Museum of Modern Art. Gastronomy (Troisgros). Lake 8 km. Golf course (Roanne) and riding centre (Vaugy) 20 km.

*★ **How to get there:** A71, Balbigny exit for Roanne on A82. At N7 intersection, dir. Lyon, turn off at Fourneaux. Turn right as you leave village and follow signs for "Château de l'Aubépin". Michelin map 327.*

This listed 16th and 18th-century château, with Italianate inner courtyard, looks out onto a superb park designed by Le Nôtre. Two spacious, completely renovated bedrooms await your arrival. Both are superbly appointed with period furniture, canopied fourposter beds and fully equipped bathrooms. A special spot, ideal for holidaymakers looking for peace and quiet in refined surroundings. Scrumptious breakfasts are served on the terrace.

3 ch. avec bains et wc privés. Ouv. du 01.05 au 30.09. Petit déj. : jus d'orange frais, brioche nature et à la praline (origine familiale : Choiseul-Praslin), confitures maison, œufs... TV et tél. dans salle des gardes. Cour intérieure, parc 3 ha, piscine. Bois, étang de pêche. Poss. pique-nique. Carrière, box chevaux. ★ Festival musical de la Loire. Ambierle. Charlieu. Musée d'Art Moderne. Gastronomie (Troisgros...). Plan d'eau 8 km. Golf (Roanne). Centre équestre 20 km. **Accès :** A71 sortie Balbigny et dir. Roanne par l'A82. au croisement de la N7, dir. Lyon jusqu'à Fourneaux. A la sortie du village, à droite suivre "Château de l'Aubépin". CM327.

Ce château des XVI-XVIIe siècles, classé Monument Historique, avec cour intérieure ouvre sur un superbe parc dessiné par Le Notre. 2 chambres spacieuses vous sont réservées, entièrement rénovées, elles sont toutes équipées de mobilier d'époque, lits à baldaquin et salle de bains complète. Une étape privilégiée pour amateurs de calme et raffinement extrêmes.

La Garde Adhemar - Drôme (26)

★La Garde Adhemar and aromatic garden. St-Paul-Trois-Châteaux and Truffle Museum. Grignan and château. Dieulefit, famous for its pottery. Golf and tennis 2 km. Water sports centre, horse-riding, outdoor leisure centre 7 km. Cycling locally.

*★ **How to get there:** From North: A7, MontélimarSud exit, for Valréas, Grignan. Before Valaurie, head for St-Paul-3-Châteaux at golf course and Route de la Garde. From South: A7, Bollène exit for St-Paul, La Garde, Val des Nymphes.*

A warm welcome awaits you at this fine 18th-century Provençal country house, now fully restored in keeping with its origins. Have a rest in one of the many spots designed for that purpose, by the heated saltwater pool, on the shaded terraces, or in the reading and lounge areas. The emphasis is firmly on rest and relaxation here.

Mas Bella Cortis - rte du Val des Nymphes TH
26700 La Garde Adhemar
Tél. : 04.75.04.04.15 - 06.12.04.86.80
Fax : 04.75.04.04.16
www.masenprovence.com
Anne et Alexandre Buffard

1 pers. 70/100 € - 2 pers. 85/120 € - 3 pers. 120/160 € - repas 30 €

3 ch. et 2 suites/2 ch., chacune avec sanitaires privés. Ouv. toute l'année. Petit déj. : céréales, viennoiseries, confitures... T. d'hôtes : spécialités asperges sauvages, truffes, miel... Salon, salle à manger, 2 cheminées, salon lecture, jeux société. Internet. Cour, jardin. W.E thèmes : miel, truffes, asperges... ★ La Garde Adhemar : jardin aromatique. St-Paul-Trois-Châteaux : musée de la truffe. Grignan : château. Dieulefit : poterie. Golf et tennis 2 km. Centre nautique, équitation, base de loisirs 7 km.VTT sur place. **Accès :** du nord : A7, sortie Montélimar sud, puis Valréas, Grignan, avant Valaurie dir. St-Paul-3-Châteaux au golf et route de la Garde. Du sud : A7, sortie Bollène, dir. St-Paul puis la Garde et Val des Nymphes.

Vous serez reçus chaleureusement dans ce beau mas provençal du XVIIIe, entièrement restauré dans l'esprit. Vous pourrez vous détendre dans les nombreux endroits réalisés pour cela : au bord de la piscine chauffée (eau salée), sur les terrasses ombragées, dans les coins de repos et lecture... Une étape où la farniente est de rigueur.

Giron - Ain (01)

★Haut Jura Regional Nature Park. Tennis, cross-country skiing. Fishing 4.5 km. Horse-riding 6 km. Bathing 12 km. Skiing on piste 17 km. Swimming pool 20 km. Golf course 25 km.

*★ **How to get there:** A40 Geneva, St-Germain-de-Joux exit for Giron. In the village, near the church. Michelin map 328, fold H3.*

This vast property is set in a village in the Haut Jura Regional Nature Park. The delightful bedrooms, featuring wainscoting and parquet flooring, are inviting and superbly appointed. There is also a large dining room with visible beams, a library and a lounge. An attractive wooden terrace affords superb unhindered views. A fine residence with undeniable charm.

Le Bellevue TH
01130 Giron
Tél. 04 50 59 89 42
Email : bellevue.giron@wanadoo.fr
www.lebellevuegiron.com
Pierre et Martine Bouvard

1 pers. 54 € - 2 pers. 62 € - 3 pers. 88 € - p. sup. 20 € - repas 18 €

5 chambres 2 pers. (non fumeurs) avec bains ou douche et wc privés, dont 1 suite familiale de 2 chambres (4 pers.) avec bains à remous. T. d'hôtes le soir sur rés. Cuisine réservée aux hôtes à disposition. Salle à manger, bibliothèque, salon (cheminée). Terrasse. Jardin fleuri. Tarif degressif à partir de la 2e nuit. ★ Parc naturel régional du Haut Jura. Tennis, ski de fond sur place. Pêche 4,5 km. Equitation 6 km. Baignade 12 km. Ski de piste 17 km. Piscine 20 km. Golf 25 km. **Accès :** A40 Genève, sortie St-Germain-de-Joux puis dir. Giron. Dans le village, à proximité de l'église. CM328, pli H3.

Vaste maison, située dans le village, dans le parc naturel du Haut Jura. Décor de charme pour les chambres avec lambris et parquets, très chaleureuses et superbement équipées. Vaste salle à manger avec poutres apparentes, bibliothèque et salon. La belle terrasse en bois offre une belle vue dégagée. Jardin fleuri. Une jolie demeure au charme incontestable.

Le Grand Bornand - Haute Savoie (74)

Aravis mountain range. Festival des Mômes (Children's 'estival) in late August. Maison du Patrimoine (Local History Iuseum). Farm visits. Fête de l'alpage (Mountain Traditions 'estival). Annecy Lake. Hiking, snowshoeing locally. Skiing km. Swimming pool, tennis court 4 km.

How to get there: From Grand Bornand village, head for e Chinaillon. 4 km on, after negotiating the bends, take the arrow road on the right by "La Ferme de Vanille" sign. Iichelin map 328, fold L5.

erme de Vanille, a typical Grand Bornand Valley farmhouse, 'as built in 1708. It has been restored with all the creature mforts and has kept its authentic feel. The inviting décor is hanced with a plethora of attractive objects. Its location opposite e Aravis mountain range, in the heart of the countryside, fords magnificent panoramic views and good skiing facilities.

La Ferme de Vanille TH

Les Frasses - 74450 Le Grand Bornand

Tél./Fax 04 50 09 08 32 ou 06 86 58 08 56

Email : info@lafermedevanille.com

www.lafermedevanille.com

Alain et Dominique de Lajarte

2 pers. 63 € - 3 pers. 94.50 € - repas 18.50 € - 1/2 p. 50 €

Non fumeurs : 3 chambres avec sanitaires privés. Ouvert toute l'année. Petit déjeuner : jus d'orange, pains variés, confitures maison, sur demande : fromage et charcuterie. Table d'hôtes : raclette, fondue, tartiflette, reblochon en croûte, tomme blanche, berthouds, farcements... Coin-biblio., cheminée. Jardin. ★ Chaîne des Aravis. Le festival des Mômes (fin août). La Maison du Patrimoine. Visite à la ferme. Fête de l'alpage. A proximité du lac d'Annecy. Randonnées, raquettes sur place. Ski 2 km. Piscine, tennis 4 km. **Accès :** à partir du village du Grand Bornand, prendre dir. Le Chinaillon. A 4 km, après la fin des virages, prendre une petite route sur la droite au niveau du panneau "La Ferme de Vanille". CM328, pli L5.

La ferme de Vanille est une vieille ferme datant de 1708, typique de la vallée du Grand Bornand. Restaurée avec tout le confort, elle a su conserver son cachet et son authenticité. Chaleureux décor et jolis objets. En pleine nature, face à la chaîne des Aravis, elle offre à ses hôtes un panorama magnifique et la proximité du domaine skiable.

RHÔNE-ALPES

La Gresle - Loire (42)

Places of historical interest, lakes. Wine-tasting and astronomy. Arts and crafts, fairs, museums. Cycling locally. ishing, tennis 1 km. Swimming pool 3 km. Horse-riding km.

How to get there: From Roanne, head for Charlieu, 'outouvre and La Gresle 6 km. From Lyon, head for 'illefranche on N6 and Vallée d'Azergues-Thizy-La Gresle km. Michelin map 327.

his delightful residence is set in a vast park with centuries-d trees. The comfortable, elegant bedrooms, appointed with both eriod and contemporary furniture, are most inviting. The fresh r, unhindered view of the Massif Central and the peace and uiet of the place beckon relaxation. Enjoy the fine cuisine and cally produced wines.

Le Chalet TH

Les Quatre Croix - 42460 La Gresle

Tél. 04 74 64 47 27 - Fax 04 74 64 33 74

Email : chaponjb@aol.com

Jean-Bernard Chapon

1 pers. 70 € - 2 pers. 70 € - repas 20 €

4 chambres avec sanitaires privés (TV sur dem.). Ouv. toute l'année sur rés. Petit déjeuner : brioches, croissants, fruits, confitures, yaourts... T. d'hôtes sur rés. : spécialités régionales et orientales (1/2 pens. 2 pers. minimum 5 j : 90 €). Biblio. Cour, jardin parc 3 ha. Pétanque. Restaurants à moins de 10 km. ★ Sites historiques, lacs. Dégustations et gastronomie. Artisanat, foires, musées. Vélos sur place. Pêche, tennis 1 km. Piscine 3 km. Equitation 5 km. CM327. **Accès :** de Roanne prendre dir. Charlieu puis Coutouvre et La Gresle 6 km. De Lyon prendre Villafranche par la N6 puis Vallée d'Azergues-Thizy-La Gresle 7 km.

Ravissante demeure entourée d'un vaste parc aux arbres centenaires. Les chambres confortables au décor élégant vous séduiront (mobilier de style et contemporain). L'air pur, la vue dégagée sur le Massif Central, le calme et la sérénité des lieux seront propices au repos. Cuisine raffinée et dégustation des vins du terroir.

Grignan - Drôme (26)

★*Grignan Festivals and Château de Grignan "Fêtes Nocturne" season, wine-growing estates, perched villages. Horse-riding and tennis 3 km. 18-hole golf course 20 km. 9-hole golf course 5 km. Hiking and cycling locally.*

★ ***How to get there:*** *A7, Montélimar-Sud, and head for Nyons-Grignan. Before the village (3 km), turn into lane on left-hand side. Michelin map 332, fold C7.*

This 17th-century mill exudes all the charm of Provence in six hectares of fine truffle and lavender fields. The five self-contained bedrooms, each with its own style, are appointed with family heirlooms. Courses are available on a variety of subjects, including cookery, well-being and an introduction to the black diamond. Come and join us.

La Maison du Moulin TH
Le Petit Cordy - 26230 Grignan
Tél. 04 75 46 56 94 ou 06 23 26 23 60
Email : maisondumoulin@wanadoo.fr
www.maisondumoulin.com
Bénédicte et Philippe Appels

1 pers. 90/145 € - 2 pers. 100/160 € - 3 pers. 120/190 € - repas 27 €

3 chambres et 2 suites avec sanitaires privés, certaines ave TV et mini-bar. Ouvert toute l'année. Petit déj. : yaourt maison, crêpes, fromage, jambon, fruits frais... T. d'hôtes cuisine provençale, spéc. truffes noires... Bibliothèque piano. Cour, jardin, parc de 6 ha. Piscine, vélos. Poss. stag cuisine. ★ Nocturnes et festival de Grignan, route de vins, villages perchés... Equitation et tennis 3 km. Golf 1 trous 20 km. Golf 9 trous 5 km. Randonnée, VTT su place. **Accès :** A7, sortie Montélimar sud, puis dir Nyons-Grignan. Avant le village (3 km), prendre un chemin à gauche. CM332, pli C7.

Au cœur de 6 hectares de lavande, vignes et truffières, un moulin du XVIIe au charme provençal en bord de rivière, vous propose 5 chambres personnalisées, indépendantes et décorées avec de meubles de famille. Ici, il est possible de réalise divers stages : cuisine, découverte du diamant noir bien-être... N'hésitez plus, rejoignez-nous.

Les Halles - Rhône (69)

★*Near Lyon and St-Etienne. Animal park and museums inthe vicinity. Swimming pool 3 km. Quad push bikes 5 km. Tennis 1 km. Bowling alley 3 km.*

★ ***How to get there:*** *Take the D499, Ste-Foy-l'Argentière/Feurs. In Les Halles village, head for St-Laurent-de-Chamousset (D81E) and drive 800 m.*

Isabelle and François are your hosts at this manor house which dates back to the 14th century and is set in a charming and romantic park in the Lyonnais Mountains. The house offers 5 beautiful bedrooms and in the tower, a delightful suite. The delicious table d'hôtes meals are prepared with local produce and are served, depending on the season, in front of the fire or in the stunning grounds.

Manoir de Tourville TH
69610 Les Halles
Tél./Fax 04 74 26 66 57 ou 06 09 84 37 09
Email : tourville@manoirdetourville.com
www.manoirdetourville.com
Isabelle et François Goubier

1 pers. 55/100 € - 2 pers. 60/120 € - 3 pers. 75 € - p. sup. 15 € - repas 20/30 €

5 chambres et 1 suite avec sanitaires privés. Ouv. tout l'année. Petit déj. : confitures et gâteaux maison, viennoiseries, jus de fruits... T. d'hôtes : gratin dauphinois, gigo d'agneau, tarte au citron... Biblio. P-pong, baby-foot, animaux. Jardin, parc 20 ha. 1/2 pens. sur la base de 2 pers Poss. dîner aux chandelles. ★ Proche de Lyon et de St Etienne. Parc animalier et musées à proximité. Piscin 3 km. Quad et VTT 5 km. Tennis 1 km. Bowling 3 km **Accès :** prendre la D489 reliant Ste-Foy-l'Argentière Feurs. Dans le village "Les Halles", suivre dir. St-Laurent de-Chamousset (D81E) et faire 800 m.

Au cœur des Monts du Lyonnais, dans un manoi dont l'origine remonte au XIVe siècle, entour d'un parc au charme romantique. Isabelle e François vous reçoivent dans leurs 5 chambres o dans la suite de la tour. Le soir, vous aurez plaisir déguster les produits du terroir dans le parc ou a coin du feu selon la saison.

RHÔNE-ALPES

Les Houches - Haute Savoie (74)

NOUVEAUTÉ

**Chamonix 7km. La Mer de Glace (the largest glacier in France), l'Aiguille du Midi, Mt-Blanc tramway...Alpine skiing 150m. Hiking locally. Cross-country skiing 1km. Swimming pool 7km. Climbing centre 1.5km.*

★ ***How to get there:*** *From the Blanche motorway, exit Les Houches-Centre. Before the Belleville cable-car, go right & continue to the Prarion cable-car. Follow "route des Chavants" & signposts for 1.5km. Michelin map 328, fold N5.*

No matter what the purpose of your visit, a getaway, a winter sports trip, an overnight stop or even a mountain-climbing course, this warm and cosy farm is the place to be. Boasting open fires, comfortable rooms, delicious and friendly meals and direct access to the ski slopes in winter and to the hiking trails in summer, this is a truly wonderful place to stay.

La Ferme d'en Haut TH
152, route des Aillouds - 74310 Les Houches
Tél./Fax 04 50 54 74 87 ou 06 62 02 17 14
Email : mijoturc@aol.com
www.lafermedenhaut.fr
Marie-Joëlle Turc

2 pers. 69 € - 3 pers. 92/101 € - repas 20 € - 1/2 p. 55 €

4 chambres avec sanitaires privés. Ouv. de janv. à mai et de fin juin à mi-sept. Petit déjeuner : confitures, miel, jus de fruits, fromage de pays... T. d'hôtes : tartiflette, fondue, diots, tajines, curry... Jardin avec vue exceptionnelle. Restaurant 1,5 km. ★ Chamonix 7 km. Sites de la Mer de Glace, de l'Aiguille du Midi, tramway du Mt-Blanc... Ski alpin 150 m. Randonnées sur place. Ski de fond 1 km. Piscine 7 km. Salle d'escalade 1,5 km. **Accès :** depuis l'autoroute Blanche, sortie Les Houches-centre. Devant le téléphérique de Bellevue, à droite jusqu'au téléphérique de Prarion. Suivre route des Chavants puis fléchage sur 1,5 km. CM328, pli N5.

Pour un séjour de vacances, de sports d'hiver, pour faire une halte sur le sentier du Mt-Blanc ou après une course d'alpinisme, arrêtez-vous dans cette ferme chaleureuse qui propose un bon feu de cheminée, des chambres douillettes, une table gourmande et conviviale et un accès direct aux pistes de ski l'hiver et aux sentiers de randonnée l'été.

Intres - Ardèche (07)

**Medieval places of interest. Mont-Gerbier-de-Jonc (source of the Loire). Cycling, hiking and rodeo. Fishing 100 m. Golf 10 km. Horse-riding 11 km. Swimming pool 14 km.*

★ ***How to get there:*** *On D120 (St-Agrève/Cheylard). After 7 km, turn left for Intres and follow signs. Michelin map 331, fold I4.*

This gorgeous stone and glass residence is a restored old farmhouse looking out onto a park and landscaped garden. The décor and appointments recall the countries far and wide where hosts Pauline and Jean-François have lived. Spacious bedrooms decorated with refinement. Pleasant winter garden and vast lounge. Discover your hostess's mouthwatering specialities at the relaxing table d'hôtes.

La Jallat TH
07310 Intres
Tél. 04 75 30 60 13
Email : jfrancois-paulineboyer@wanadoo.fr
http://perso.wanadoo.fr/jf-boyer
Jean-François et Pauline Boyer

1 pers. 50 € - 2 pers. 50 € - 3 pers. 69 € - p. sup. 19 € - repas 19 €

2 chambres avec sanitaires privés. Ouver toute l'année. Petit déjeuner : confitures maison. T. d'hôtes : fin gras du Mézenc en saison (viande de bœuf AOC), volaille légumes du potager, fruits rouges. Patio végétal (jardin d'hiver), salle à manger, terrasse, salon. Parc 0,8 ha, potager. Initiation à la philatélie. ★ Sites médiévaux. Mont Gerbier de Joncs (sources de la Loire). Concerts. VTT, randonnées et rodéo. Pêche 100 m. Tennis 8 km. Golf 10 km. Equitation 11 km. Piscine 14 km. **Accès :** sur la D120 à 7 km (de St. Agrève vers le Cheylard) prendre à gauche direction Intres puis suivre le fléchage. CM331, pli I4.

Belle maison de pierre et de verre, ancienne ferme restaurée, ouverte sur un parc et un jardin paysager. L'aménagement et la décoration évoquent les pays lointains où Pauline et J-François ont vécu. Chambres spacieuses et raffinées. Agréable jardin d'hiver et vaste salon. A la table d'hôtes, vous découvrirez les spécialités de la maîtresse de maison.

Jullié - Rhône (69)

Wine cellars, wine-tasting. Fishing 2 km. Tennis court 10 km. Bike hire 15 km. Golf, rowing 20 km.

★ ***How to get there:*** *From Juliénas, take D17 for Tramayes. At Moulin-Aujas, turn left for Emeringes and turn right 1.4 km on.*

This vast estate, dominated by its 12th-century chapel, has preserved the gentle way of life of the great wine-growing estates. The interior appointments, in keeping with the original materials, afford great comfort for a break or a holiday. The garden, complete with heated overflow pool, is ideal for relaxing. Wine lovers will also appreciate the excellent Beaujolais Villages produced on the property.

Domaine La Chapelle de Vatre
Le Bourbon - 69840 Jullié
Tél. 04 74 04 43 57 ou 06 85 70 22 00
Fax 04 74 04 40 27
http://www.vatre.com
Dominique Capart

1 pers. 60/80 € - 2 pers. 70/95 € - 3 pers. 115 € - p. sup. 20 €

3 chambres avec sanitaires privés, poss. tél., fax. (1 avec accès indép. et terrasse). TV. Ouv. toute l'année. Petit déj. : viennoiseries, céréales, yaourts... Cour, jardin, parc, piscine chauffée, pétanque, practice de golf. Dégustation, vente de vins de la propriété. Réduct. à partir de 2 nuits. Gîte rural sur pl. ★ Caves, dégustations... Pêche 2 km. Equitation 5 km. Tennis 10 km. Location de VTT 15 km. Golf, aviron 20 km. **Accès :** en venant de Juliénas, prendre la D17 direction Tramayes. A Moulin-Aujas, tourner à gauche vers Emeringes et à droite après 1,4 km.

Dominé par sa chapelle dont l'origine remonte au XIIe, ce vaste domaine a su conserver la douceur de vivre des grandes demeures viticoles. En respectant les matériaux d'origine, les aménagements intérieurs assurent le confort pour de belles vacances. Côté jardin, la piscine chauffée à débordement, promet de bien agréables moments de détente !

RHÔNE-ALPES

Labastide-de-Virac - Ardèche (07)

Ardèche Gorges, Aven d'Orgnac, Chauvet Cave, Nîmes, Orange and Avignon. Cycling and hiking locally. Climbing and bathing 2 km. Canoeing and horse-riding 10 km.

★ ***How to get there:*** *A7, Bollène exit for Pont-St-Esprit, Orgnac-L'Aven and Labastide-de-Virac. 500 m before the village and right for "Les Crottes" hamlet. Michelin map 331, fold I7.*

Marie-Rose and Guido invite you to rediscover the good life in a 17th-century Provençal mas, once a wine-growing estate. The setting, in a nature reserve amid the Ardèche Gorges, makes this a unique spot full of charm. The tastefully appointed bedrooms offer an extremely high standard of comfort. Period wardrobes and fireplaces, Provençal and colonial furniture. Friendly atmosphere and gourmet table d'hôtes meals.

Le Mas Rêvé TH
07150 Labastide-de-Virac
Tél. 04 75 38 69 13
Email : info@lemasreve.com
www.lemasreve.com
Guido et Marie-Rose Goossens

1 pers. 90/110 € - 2 pers. 90/110 € - p. sup. 30 € - repas 29 €

4 chambres avec sanitaires privés, coin salon, terrasse et salon de jardin. Ouv. du 15.03 au 15.11. Petit déj. : viennoiseries, charcuterie, œufs... T. d'hôtes : civet de marcassin, pintade, pâtisseries. Salon, biblio., jeux société, réfrig./congél. Pétanque, patio, cour, jardin. Piscine (bain à remous), pool-house. ★ Gorges de l'Ardèche, Aven d'Orgnac, grotte Chauvet, Nîmes, Orange et Avignon. VTT et randonnées. Escalade et baignade à 2 km. Canoë-kayak et équitation à 10 km. **Accès :** A7 sortie Bollène vers Pont-St Esprit, Orgnac-L'Aven et labastide-de-Virac. 500 m avant le village, à droite hameau "les crottes". CM331, pli I7.

Marie-Rose et Guido vous invitent à découvrir la douceur de vivre dans un mas provençal du XVIIe autrefois propriété viticole. Vous ferez une étape de charme, unique en Ardèche, de par sa situation dans la réserve naturelle des gorges de l'Ardèche. Chambres de grand confort, décorées avec goût. Cheminées et placards d'époque, mobilier provençal et colonial.

Lancie - Rhône (69)

'n the heart of Beaujolais country, between Bresse and ırgundy. Wine village, 10 min from the motorway. Tennis ırt on site.

How to get there: *Between Mâcon-Sud and Belleville. N6, Romanèche, Lancie is 2 km on. The house is in Place des ısquiers.*

warm welcome is guaranteed at this family home, a vast cond Empire residence exuding character, set in attractive ɔunds full of flowers. Unwind with a game of tennis. An ideal ıce to stay in the heart of Beaujolais country.

Les Pasquiers TH
69220 Lancie
Tél. 04 74 69 86 33 - Fax 04 74 69 86 57
Email : GANPASQ@AOL.COM
www.LESPASQUIERS.com
Jacques et Laurence Gandilhon-Adelé

2 pers. 80 € - p. sup. 20 € - repas 25 €

4 ch. confortables avec sanitaires privés (dont 1 accessible aux pers. à mobilité réduite). Ouvert toute l'année. Beaux petits déjeuners. T. d'hôtes sur réservation : cuisine du marché et vins sélectionnés. Vaste salon avec cheminée, salon de musique, biblio. Terrasse, jardin, pool-house. ★ Au cœur du Beaujolais, entre Bresse et Bourgogne. Hameau du vin à 10 mn de l'autoroute. Tennis sur place. **Accès :** entre Macon sud et Belleville. De la N6, au niveau de Romanèche, Lancie est à 2 km. La maison est place des Pasquiers.

Accueil de qualité dans une vraie maison de famille, vaste demeure du Second Empire, située dans un beau parc fleuri avec tennis à disposition ; au cœur du Beaujolais.

Lantignié - Rhône (69)

Beaujeu Museum, peak district, traditional crafts, wineɔwing estates, hiking. Tennis court 1.5 km. Swimming pool, ke, horse-riding 15 km. Sailing, golf course 30 km.

How to get there: *At Beaujeu, head for Col de Truges and lienas. Approx. 1.5 km on, turn right and, at the fork in the ad with the statue of the Blessed Virgin, head for Château la Salle.*

u will be enchanted by this charming ancestral residence and two suites. One, decorated in soft tones, is a haven of rest d tranquillity; the other, featuring 18th-century medallions d woodpanelling, creates a world of unique elegance. Take axing strolls in the leafy park.

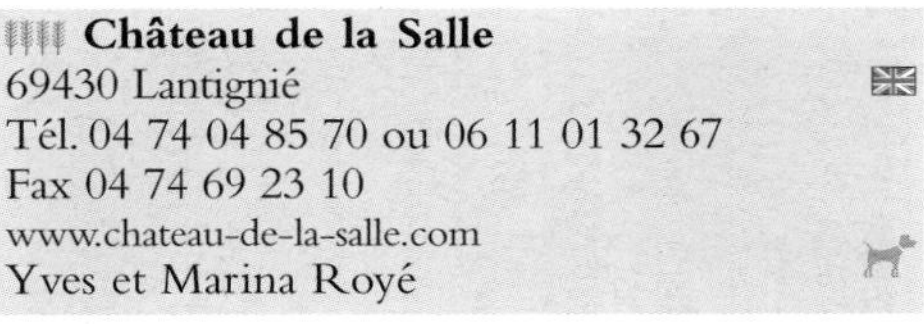

Château de la Salle
69430 Lantignié
Tél. 04 74 04 85 70 ou 06 11 01 32 67
Fax 04 74 69 23 10
www.chateau-de-la-salle.com
Yves et Marina Royé

2 pers. 115/135 € - p. sup. 28 €

2 suites avec sanitaires privés, mini-bar et climatisation. Ouvert toute l'année. Petit déjeuner : viennoiseries, confitures, jus d'orange, fruits, céréales... Bibliothèques, salons, fumoir. Ping-pong. Cour, parc de 2 ha. Une dégustation de nos produits vous fera partager nos traditions. ★ Musée de Beaujeu, route des crêtes, circuit des industries d'antan, pôle œnologique, route des vins, vignobles, randonnées... Tennis 1,5 km. Piscine, plan d'eau, équitation 15 km. Voile, golf 30 km. **Accès :** à Beaujeu, prendre dir. Col de Truges, Julienas à 1,5 km environ, prendre à droite et à l'embranchement avec la statue de la Ste Vierge, suivre dir. Château de la Salle.

En plein cœur du Beaujolais, vous serez séduit par le charme de cette demeure ancestrale et ses 2 suites. La première aux couleurs douces vous fera découvrir calme, détente et sérénité, la seconde aux boiseries et médaillons du XVIIIe vous transportera dans le monde de l'unique et du raffinement. Pour votre détente, vous pourrez flâner dans le parc arboré.

Lantignié - Rhône (69)

Discover Beaujolais country and vineyards. Lyon and heritage. Tennis court 1 km. Cycling and horse-riding 8 km. Swimming pool 15 km. Lake 30 km.

★ ***How to get there:*** *A6, Belleville-sur-Saône exit and Beaujeu on the D37 for Lantignié on the D78. In the village, follow signs for "La Bourdonnière".*

The Witrant family welcomes you to La Bourdonnière, a 19th-century manor house affording breathtaking views over the vineyards, the Saône Valley and the Alps in the distance. The house has been in the family for five generations. The attractively decorated bedrooms are comfortable and elegant, and there is a lounge-library for guests' use. Enjoy the pleasant park ablaze with flowers and trees, which exude an array of essences. An ideal place to stay in Beaujolais country.

La Bourdonnière
69430 Lantignié
Tél. 04 74 04 82 58 ou 06 24 10 25 84
Fax 04 74 69 52 63
Email : jerome.witrant@wanadoo.fr
Irène, Hélène et Jérôme Witrant

1 pers. 65 € - 2 pers. 80 € - p. sup. 20 €

2 chambres avec salle de bains et wc privés. Ouv. d 01/04 au 30/10. Petit déj. : viennoiseries, confiture fruits frais... Salon-bibliothèque réservé aux hôtes. Jardi très fleuri, Parc de 3 ha, terrasse ombragée. Caveau d dégustation (initiation), vente de vins. Nombreuses adres ses gourmandes aux alentours. ★ Découverte d Beaujolais et de son vignoble. Lyon et son patrimoin Tennis 1 km. VTT et équitation 8 km. Piscine 15 kn Plan d'eau 30 km. **Accès :** A6, sortie Belleville-sur-Saôn puis Beaujeu par la D37 et dir. Lantignié par la D78. Dar le village, suivre les panneaux "La Bourdonnière".

Avec une vue imprenable sur le vignoble, la vallé de la Saône et les Alpes lontaines, la famille Witran vous accueille dans un manoir du XIXe, maison d famille depuis 5 générations. Chambres très joli ment décorées, confortables et raffinées. Agréabl parc fleuri et arboré de nombreuses essences. Lie idéal pour une étape de charme en Beaujolais.

Lemps - Ardèche (07)

Music festivals, Tournon "Ciné-Théâtre", Valence and museums. GR42 footpath locally. Horse-riding, bathing 2 km. Safari Park 20 km. Steam train 8 km. Vineyards 4 km.

★ ***How to get there:*** *A7, exit 13. Head for Tain L'Hermitage/Tournon. At Tournon, take D532 for St-Félicien. Château Chavagnac is 500 m up on the right after you leave L'Ubac hamlet. Michelin map 331, fold K3.*

This handsome, tastefully restored Directoire château overlooks 11.5 hectares of meadows, woods and vineyards. Breakfast and dinner are served on the leafy terrace. The park, with shaded paths, is perfect for relaxing evening walks. An ideal staging post for exploring the unforgettable scenery of the Ardèche.

Château Chavagnac TI
07610 Lemps
Tél. 04 75 08 33 08 - Fax 04 75 06 88 31
Email : chateauchavagnac@wanadoo.fr
http://www.chateauchavagnac.com
Aubyn et Diana Howard

1 pers. 60/70 € - 2 pers. 70/85 € - 3 pers. 85/100 € - p. sup. 20 € - repas 28 €

1 chambre et 2 suites avec sanitaires privés. Ouv. de ma à décembre. Petit déjeuner : croissants, confitures maisor œufs... T. d'hôtes : produits régionaux et bio, vins bio d Chapoutier. Jeux, TV, musique, piano. Piscine (12 x 6 m Parc 4 ha, cour, jardin. Poss. 2 lits bébé. Restaurants 8 e 3 km. ★ Festivals de musique, théâtre de Tournon, musée à Valence... GR42 sur place. Equitation, baignade 2 kn Parc Safari 20 km. Train à vapeur 8 km. Vignobles 4 kn **Accès :** A7, sortie n°13. Direction Tai l'Hermitage/Tournon. A Tournon, suivre la D532 direc tion Félicien. Château Chavagnac est à 500 m à droi après avoir traversé le hameau de l'Ubac. CM331, pli K

Très beau château style Directoire rénové ave goût, surplombant 11,5 ha de prés, bois et vignes Vous prendrez vos petits déjeuners et vos dîners su la terrasse, en pleine verdure. Un parc aux allée ombragées vous permettra des petites balades noc turnes. Point de départ idéal pour découvrir l paysages inoubliables de l'Ardèche.

Limas - Rhône (69)

Le Clos de la Barre
14, rue de la Barre - 69400 Limas
Tél. 04 74 65 97 85 ou 06 77 81 50 97
Fax 04 74 09 13 28
www.leclosdelabarre.com
Alain et Monique Joffard

2 pers. 85/145 € - p. sup. 15 €

Visit Beaujolais and golden-stone villages (Oingt, Charnay, etc.). Paul Dini Museum at Villefranche-sur-Saône. Wine-tasting cellar 100 m. Tennis court 500 m. Horse-riding 3 km. Lake, golf course and swimming pool 5 km.

★ ***How to get there:*** *A6, Villefranche-sur-Saône/Limas exit for Roanne. Follow signs for Limas village. Lyon 25 km (north).*

This superb property is set in Limas village, near Villefranche-sur-Saône. The golden-stone outbuildings housing the suites and bedrooms have been extensively restored. Breakfast is served in the main house. The magnificent enclosed park features ponds, centuries-old trees and rare essences. A restful stopping place in Beaujolais country.

2 chambres et 4 suites avec TV et sanitaires privés. Ouv. d'avril à sept. Petit déjeuner : jus de fruits, viennoiseries, confitures, fromage, fruits. Séjour, salon. Parc clos de 7200 m², 3 bassins en pierre, agréable allée bordée de platanes. Restaurants à proximité. Animaux admis après accord. ★ Visite du Beaujolais et de ses villages en pierres dorées (Oingt, Charnay...). Villefranche-sur-Saône à proximité (musée Paul Dini). Caveau 100 m. Tennis 500 m. Equitation 3 km. Plan d'eau, golf et piscine 5 km. **Accès :** A6, sortie Villefranche-sur-Saône/Limas, puis prendre dir. Roanne et suivre Limas bourg. Lyon 25 km (nord).

Cette superbe propriété est située dans le village de Limas. Les dépendances en pierres dorées ont été entièrement restaurées pour l'aménagement des suites et chambres. Les petits déjeuners sont servis dans la maison de maître. Le magnifique parc clos avec bassins, planté d'arbres centenaires, recèle des essences rares. Une halte reposante en Beaujolais.

RHÔNE-ALPES

Lucenay - Rhône (69)

Les Tilleuls TH
31, route de Lachassagne - 69480 Lucenay
Tél./Fax 04 74 60 28 58 ou 06 07 63 41 89
Email : vermare@hotmail.com
www.lestilleuls.org
Michèle Vermare

1 pers. 75/95 € - 2 pers. 80/100 € - 3 pers. 95/115 € - repas 25 €

Lyon: museums, listed heritage. Beaujolais region, countryside, festivals and architecture. The Dombes and Villard-les-Dombes bird sanctuary 30 min. Lake 6 km. Golf course 1 km.

How to get there: *A6, Villefranche exit for Anse-Lucenay (D30). Turn right at the bakery and straight ahead until you reach the church. The entrance to "Les Tilleuls" is at the top of the staircase, opposite the church.*

Michèle extends a warm welcome at this fully renovated 17th-century house, where she will happily share her passion for cookery and gardening with you. From the first rays of sunshine, breakfast is served on the terrace or in the shade of lime trees. In the winter months, the lounges with fireplace are the ideal place to put your feet up.

3 chambres avec sanitaires privés et TV. Ouvert toute l'année. Petit déjeuner : confitures et gâteau maison, œufs de ferme, yaourts, jus d'orange frais... T. d'hôtes : andouillette beaujolaise, saucisson beaujolais, tartes aux herbes... 3 salons, jeux, lecture, TV. Cour, jardin, terrasse. Restaurants à proximité.. ★ Lyon : ses musées, son patrimoine classé, le Beaujolais, sa campagne, ses festivals, son architecture. Les Dombes, parc ornithologique Villard-les-Dombes 30 mn. Plan d'eau 6 km. Golf 1 km. **Accès :** A6, sortie Villefranche puis suivre Anse-Lucenay (D30). Boulangerie, prendre à droite jusqu'à l'église. "Les Tilleuls" en haut de l'escalier, face à l'église.

Dans sa maison du XVIIe siècle, entièrement rénovée, Michèle vous accueille chaleureusement et vous fera partager ses deux passions, la cuisine et le jardinage. Dès les premiers rayons de soleil, le petit déjeuner vous sera servi sur la terrasse ou à l'ombre des tilleuls. Les salons avec cheminée sont l'hiver, des lieux où il fait bon se prélasser.

Malbosc - Ardèche (07)

★Historical villages. Aujac Château. Cultural events at Bonnevaux, Les Vans and arts and crafts market. Tennis court 6 km. Golf course 35 km. Canyoning, kayaking 17 km. Rock climbing 16 km. Hiking locally. Horse-riding 8 km.

*★ **How to get there:** A7, Loriol exit and head for Privas, Aubenas, Les Vans and Malbosc. Alternatively, A7, Pont-St-Esprit exit and head for Barjac, St-Ambroix, Besseges, Villefort and Malbosc. Michelin map 331, fold G7.*

La Pauze stands on a Southern Cévennes hillside, 420 metres up, amid chestnut trees and green oaks. This authentic 18th-century schist mas, with local lauze stone roofs, awaits your arrival for a dream break full of surprises. In this haven of peace and quiet, you will delight in the exquisite table d'hôtes meals served in a festive atmosphere.

RHÔNE-ALPES

La Pauze
07140 Malbosc
Tél./Fax 04 75 36 00 47 ou 06 14 86 66 15
Email : lapauze@wanadoo.fr
www.lapauze.com
Marie-Louise De Roo

1 pers. 60 € - 2 pers. 70 € - p. sup. 25 € - repas 27 €

3 chambres avec sanitaires privés. Ouvert du 1/12 8/11. Petit déjeuner : confitures maison, jus de fruits fra céréales, crêpes... T. d'hôtes : cuisine originale avec produits du terroir. Bibliothèque. Cour, jardin, terrain 21 ha, rivière. Piscine. Restaurants : les Vans, Besség Aubriac, Aujac. ★ Villages historiques, château d'Auj activités culturelles de Bonnevaux, les Vans (marché ar sanal). Tennis 6 km. Golf 35 km. Canyoning, kay 17 km. Escalade 16 km. Randonnées sur pl. Equitati 8 km. **Accès :** A7, sortie Loriol, puis dir. Privas - Auber - les Vans - Malbosc ou A7, sortie Pont-St-Esprit, puis d Barjac - St-Ambroix - Besseges - Villefort - Malbo CM331, pli G7.

Accroché à un versant des Cévennes méridional à 420 m d'altitude, au milieu de 21 hectares de ch taîgniers et de chênes verts, un authentique mas XVIIIe en schiste aux toits de lauzes vous atte pour vous plonger dans une vie de rêve et d'éto nement ! La Pauze est un havre de paix où pass à table est fête et aventure!

Maubec - Isère (38)

★Textile Museum at Bourgoin-Jallieu, cob house country. Hiking locally. Swimming pool 6 km. Fishing, bathing 8 km. Golf 10 km. Horse-riding 12 km. Tennis, table-tennis 3km.

*★ **How to get there:** A43 from Grenoble or Lyon, exit 7 Ile d'Abeau/Bourgoin exit. Go over five roundabouts for Chambéry-Grenoble, and turn right at first lights. Take station underpass for Maubec-Chezeneuve and head for Chezeneuve.*

Time stands still at Château de Césarges, a charming spot in a park with centuries-old trees. You will be captivated by the attentive hospitality, the comfortable bedrooms and the gentle nostalgia exuded by this 16th-century residence. The four upstairs bedrooms afford stunning views of sunrise over the park. Breakfast is served in the dining room by the fireplace, or in the shadow of Sully, the 400-year-old lime tree.

Château de Césarges
38300 Maubec
Tél. 04 74 93 20 42 - Fax 04 74 28 61 49
Email : contact@chateau-cesarges.com
Jean et Angèle Popineau

1 pers. 60 € - 2 pers. 70 € - 3 pers. 88 € - p. sup. 18 €

4 chambres avec salles d'eau et wc privés. Ouvert 15/03 au 30/11. Petit déjeuner : jus de fruits, viennois ries, confitures et miel maison, yaourts... Salon. Pa Restaurants gastronomiques et auberges à proximi Tarifs dégressifs selon durée. ★ Musée du textile Bourgoin-Jallieu. Maubec, pays des maisons en pi Randonnée sur place. Piscine 6 km. Pêche, baigna 8 km. Golf 10 km. Equitation 12 km. Ping-pong, ten 3 km. **Accès :** A43 venant Grenoble ou Lyon, sortie 7 d'Abeau/Bourgoin. Passer 5 rd-points en suiva dir.Chambéry-Grenoble puis à dr. au 1er feu. Passer so la gare puis dir. Maubec-Chezeneuve. suivre Chezeneu

Dans un parc aux arbres séculaires, le château Césarges offre la délicatesse de l'accueil, le confo des chambres et la douce nostalgie qui émane cette demeure du XVIe. A l'étage, 4 belles ch. do les fenêtres ouvrent sur le parc au soleil levant. Pe déjeuner servi dans la salle à manger près de cheminée ou à l'ombre d'un tilleul de 4 siècles.

Megève - Haute Savoie (74)

Ski pistes locally, hiking in medium mountain ranges. Variety f events in the village, including festivals and fetes. Sports nenities. Lake 15 km. Swimming pool, skating rink, tennis nd golf 2 km.

How to get there: *From Megève, head for Rochebrune. At ue des Torrents, turn left for "Les Perchets-Rocher d'Escalade" nd right at the stop sign. Turn right at the small bridge into ady-les-Granges. Michelin map 328, fold M5.*

larie-Claude and Jean-Claude have lovingly restored this aditional time-honoured farmhouse in the heart of Mont-lanc country. They have successfully transformed Les Oyats to an extremely comfortable, typically "Savoyard" holiday ldress. You will savour the mouthwatering breakfasts served in e large sitting room.

Les Oyats
771, chemin de Lady - 74120 Megève
Tél. 04 50 21 11 56
Email : jean.claude-tissot@freesbee.fr
Jean-Claude et Claude-Marie Tissot

1 pers. 68 € - 2 pers. 75 € - 3 pers. 96 €

4 chambres avec sanitaires privés et TV. Ouvert toute l'année. Petit déjeuner : jus de fruits, confitures, miel, yaourts, confitures maison... Séjour avec bibliothèque, documentation et jeux de société. Cuisine équipée à disposition. Etable (2 ânesses). Jardin. Restaurants à 1 km. ★ Pistes de ski sur place, randonnée en moyenne montagne. Animations variées au village (festivals, fêtes...). Nombreux équipements sportifs. Plan d'eau 15 km. Piscine, patinoire, tennis, golf 2 km. **Accès :** depuis Megève, suivre dir. Rochebrune. A la rue des Torrents, tourner à gauche vers les Perchets-rocher d'escalade puis à droite au stop. Au petit pont, à droite, route Lady-les-Granges. CM328, pli M5.

Au pays du Mont-Blanc, à proximité des sites prestigieux, Claude-Marie et Jean-Claude viennent de restaurer avec passion une ancienne ferme de pays, afin de la transformer en un lieu de vacances confortable et très "savoyard". Dans le grand séjour, vous prendrez le temps de savourer le délicieux petit déjeuner.

RHÔNE-ALPES

Menthon-Saint-Bernard - Haute Savoie (74)

Annecy Lake, fishing and bathing 1.5 km. Château de lenthon, home to the Dukes of Savoy 500 m. Annecy and iternational Animated Film Festival (in June) 8 km. La lusaz 25 km. Talloires golf course 2 km. Adventure trail km.

How to get there: *From Annecy, head for Veyrier on D909 nd Menthon. Turn left in front of the church for the Château Route des Moulins) and right, into Route des Côtes (no. 520). lichelin map 328, fold K5.*

ylvie bids you welcome just a stone's throw from prestigious nnecy Lake and 20 minutes from the Aravis ski resorts. The vo mountain-style suites, in an outbuilding, are elegant and xurious, with magnificent views of Château de Menthon. reakfast is served in either the lounge or the garden. Relax n the delightful terrace.

des Alpes aux Lac TH
520, rte des Côtes - 74290 Menthon-St-Bernard
Tél. 04 50 60 25 93 ou 06 60 08 15 38
Fax 04 50 60 25 92
Email : alpesaulac@wanadoo.fr
Sylvie Beydoun

1 pers. 70 € - 2 pers. 80 € - 3 pers. 100 € - p. sup. 20 € - repas 17 €

2 suites avec sanitaires privés, TV. Ouv. toute l'année. Petit déjeuner : fromages, charcuterie, confitures maison, viennoiseries... T. d'hôtes sur résa. (9 €/enft). Salon. Terrasse. Parking privé. Sauna (avec suppl.). Cour, jardin clos. Restaurants à prox. : Auberge de l'Eridan (Marc Veyrat), Père Bise, Chalet du Port.... ★ Lac d'Annecy 1,5 km (pêche). Château de Menthon (Ducs de Savoie) 500 m. Festival International du Film d'Animation d'Annecy 8 km. La Clusaz 25 km. Golf de Talloires 2 km. Parcours Aventure 5 km. **Accès :** en venant d'Annecy, suivre Veyrier par la D909, puis Menthon. Devant l'église, à gauche vers le château (route des Moulins) puis à droite prendre la route des Côtes n°520. CM328, pli K5.

A quelques pas du prestigieux lac d'Annecy et à 20 mn des stations des Aravis, Sylvie vous ouvre les portes d'une dépendance proposant 2 suites au décor montagnard raffiné et luxueux, avec une magnifique vue sur le château de Menthon. Les petits déjeuners seront servis dans le salon ou au jardin. Belle terrasse propice à la détente.

Mieussy - Haute Savoie (74)

*Gothic charterhouse, Local Traditions Museum. Skiing and paragliding 10 km. Swimming pool 8 km. Horse-riding 12 km. Hiking locally. Fishing 1 km.

★ **How to get there:** A40, exit 15. Head for Thonon-Evian (D903) and turn right for Samoëns (D9). At "Pont de Fillinges", turn right (D907) for Mieussy. The house is opposite the church. Michelin map 328, fold M4.

La Maison des Sœurs has been superbly restored to provide cosy comfort and refined décor in Mieussy, a mountain village with authentic charm. Marie-Lise and Sylvain, for whom sharing is a way of life, will welcome you as old friends of the family. The gourmet table d'hôtes meals are a real treat.

La Maison des Sœurs TH

74440 Mieussy
Tél./Fax 04 50 43 15 74 ou 06 08 37 87 81
Email : mlm@mieussy.net
www.mieussy.net
Marie-Lise Maertchik

2 pers. 69/95 € - 3 pers. 113 € - repas 19 €

Non fumeurs : 2 chambres et 1 suite avec sanitaires pri vés. Ouvert toute l'année. Petit déj. : yaourts et confiture maison, pâtisseries, viennoiseries... T. d'hôtes sur résa. cuisine variée de toutes les régions. Salon de jardin, bar becue. Ping-pong, pétanque. Tarifs dégressifs selon durée Chèque vacances acceptés. ★ Chartreuse gothique, éco musée paysan, fruitière. Ski et parapente 10 km. Piscin 8 km. Equitation 12 km. Randonnée sur place. Pêch 1 km. **Accès :** A40, sortie n°15. Dir. Thonon-Evian (D903) puis à droite (D9) dir. Samoëns. A "Pont d Fillinges", à droite (D907) jusqu'à Mieussy. La maison es face à l'église. CM328, pli M4.

A Mieussy, village de montagne au charm authentique, la "Maison des Sœurs" a bénéfici d'une superbe restauration pour un confor douillet dans un décor raffiné. Marie-Lise e Sylvain, pour qui le partage est une philosophie vous donneront l'impression d'être accueillis che des amis de longue date. Ici, une vraie table d'hô tes gourmande !

Montcet - Ain (01)

*Roads of Bresse and Dombes to discover this many-faceted region. Numerous Romanesque churches. Bresse golf course 10 km.

★ **How to get there:** On A40 for 10 km, Bourg-Nord exit. Between Bourg-en-Bresse and Mâcon, between Moncet and Vandeins. Michelin map 328, fold D3.

Savour the peace and tranquillity of this fully restored time-honoured farmhouse, between Bresse and Dombes, and enjoy the friendly hospitality. Relax in a magnificent leafy park resplendent with flowers, and featuring a pond teeming with fish, or take a dip in the pool.

Les Vignes TH

01310 Montcet
Tél./Fax 04 74 24 23 13
Email : gayet-esperanto@wanadoo.fr
www.chambres-hotes-lesvignes.com
Jean-Louis et Eliane Gayet

1 pers. 41 € - 2 pers. 53 € - 3 pers. 66 € - p. sup. 13 € - repas 19 € - pens. 2006

Vous serez accueillis dans 4 chambres confortables, no fumeurs. Table d'hôtes sur réservation : nourriture sain et naturelle. 1/2 tarif pour repas enfant (entre 4 et 12 ans) Piscine privée. Nombreuses activités sur place. Taxe d séjour en supplément. ★ Route de la Bresse et de l Dombes pour découvrir une région aux multiples facet tes. Nombreuses églises romanes. Golf de la Bresse 10 km. **Accès :** A40 10 km sortie Bourg-nord. Entr Bourg-en-Bresse et Macon, entre Montcet et Vandeins CM328, pli D3.

Venez goûter à la quiétude de la campagne dan notre ancienne ferme entièrement restaurée, entr Bresse et Dombes, et partager des moments convi viaux. Vous pourrez vous reposer au cœur d'u magnifique parc arboré et fleuri avec un plan d'ea poissonneux, et profitez pleinement de la piscine.

Mornant - Rhône (69)

★Lyonnais Hills, Côtes Roties, Condrieu, Mont Pilat, etc. Tennis 2 km. Fishing 3 km. Horse-riding 8 km. Lyon 24 km. Mornant, medieval village offering a wide range of events and sports.

★ How to get there: *A7, A45 and D42 for Mornant-Le Rosséon-Chablenas.*

This superb stone residence with great character is situated a few kilometres from Mornant, in the Lyonnais Hills. The five luxurious bedrooms, expansive patio with fireplace and lounge-cum-library, and private pool are just some of this delightful houses many appealing features. A pleasant stay is assured.

La Ferme de Chablenas
69440 Mornant
Tél./Fax 04 78 48 78 03 ou 06 07 63 55 71
Email : lafermechablenas@wanadoo.fr
Véronique Zimmermann-Bastide

1 pers. 46/92 € - 2 pers. 56/103 € - 3 pers. 113 €

5 chambres avec sanitaires privés. Ouvert toute l'année. Petit déjeuner : pain maison, viennoiseries, céréales, fruits, confitures... Salon-bibliothèque, vaste pièce de jour, TV, cheminée. Piscine, terrasse. Jeux de boules. Parking fermé. Parc de 1,3 ha. Restaurants à Mornant. ★ Coteaux du Lyonnais, Côtes Roties, Condrieu, Mont Pilat... Tennis 2 km. Pêche 3 km. Equitation 8 km. Lyon 24 km. Mornant, cité médiévale animée : nombreuses activités sportives. **Accès :** A7, A45 puis D42 dir. Mornant-Le Rosséon-Chablenas.

Superbe maison de caractère, en pierres, à quelques kilomètres de Mornant, dans les coteaux du Lyonnais. 5 chambres d'hôtes de grand confort, un vaste patio avec cheminée et salon-bibliothèque, et enfin la piscine privée vous permettront de passer un agréable séjour.

Neuville-sur-Ain - Ain (01)

★Locally: fishing, bathing, direct access to municipal tennis courts. Revermont Tower. Pont d'Ain 6 km. Bourg-en-Bresse 23 km.

★ How to get there: *On the N84, as you leave Bosseron for Poncin. Last entrance on the left. The house is set back from the road, down a tree-lined drive. Michelin map 328, fold F4.*

A warm welcome awaits you at this handsome residence, set in a two-hectare park by the river Ain, and featuring four elegant, tastefully decorated bedrooms. A magnificent, beautifully appointed address.

Bosseron
325, route de Genève -
01160 Neuville-sur-Ain
Tél./Fax 04 74 37 77 06
Email : arivoire@free.fr - http://arivoire.free.fr
Annie et Claude Rivoire

1 pers. 50 € - 2 pers. 60 €

4 chambres au 2e étage avec sanitaires privés. Ouvert de mars à novembre. Copieux petit déjeuner servi face à la rivière. 2 grands salons avec cheminée, piano, bibliothèque. Kitchenette et cuisine d'été. Billard. Ping-pong. Parc de 2 ha, salons de jardin, barbecue. Restaurant 300 m. ★ Sur place : pêche, baignade, accès direct aux tennis municipaux. GR59 - GRP. Pont d'Ain 6 km. Bourg-en-Bresse 23 km. **Accès :** sur la N84, à la sortie de Bosseron en direction de Poncin, dernière entrée sur la gauche, maison en retrait accessible par une allée boisée. CM328, pli F4.

En bordure de la rivière "l'Ain", sur un parc de 2 ha, vous serez accueillis dans une demeure comprenant 4 chambres décorées avec goût et raffinement. Un lieu superbe au décor particulièrement soigné et à l'accueil délicieux.

Noailly - Loire (42)

★Burgundy's Romanesque churches. Charlieu, Ambierle, La Bénisson-Dieu (abbeys). Lespinasse Forest. Briennon Port on the canal. Music Festivals. Swimming, fishing, hiking, cycling locally. Tennis 3 km. Horse-riding 4 km.

★ ***How to get there:*** *N7, Roanne-Nord exit for St. Germain-Lespinasse via D4, or A72, St-Germain-Laval exit, then D8 and D4. Michelin map 327.*

Eighteenth and nineteenth-century Château de la Motte stands in a superb five-hectare park with rare essences, a swimming pool, lake and summerhouse, on the Brionnais and Roannais borders. The elegantly appointed bedrooms, with antique furniture and pieces, also feature fireplaces and mirrors. Enjoy rest, relaxation and hospitality in a romantic setting at this stately château.

Château de la Motte TH

42640 Noailly
Tél. 04 77 66 64 60 - Fax 04 77 66 68 10
Tél. SR 04 77 79 18 49
www.chateaudelamotte.net
Alain et Anny Froumajou

1 pers. 63/95 € - 2 pers. 72/103 € - p. sup. 17 € - repas 24 €

6 chambres, sanitaires privés, tél. et internet. (4 pers. 138 €). Ouv. toute l'année. Petit déj. : confitures, pâtisseries, viennoiserie... T. d'hôtes (produits régionaux). Biblio., salon, salon lecture, jeux. Parc 5 ha, piscine, étang. VTT, p-pong, volley. Espace fitness et sauna. Séjours à thème possibles. ★ Eglises romanes de Bourgogne. Charlieu, Ambierle, La Bénisson-Dieu (abbayes). Forêt de Lespinasse. Port de Briennon. Festivals de musique. Piscine, pêche, rand., VTT sur place. Tennis 3 km. Equitation 4 km. **Accès :** N7 Roanne-nord sortie St.Germain-Lespinasse par D4 ou A72 sortie St.Germain-Laval puis D8 et D4. CM327.

Aux confins du Roannais et du Brionnais, le château de la Motte des XVIIIe et XIXe est situé dans un superbe parc de 5 ha aux essences rares avec piscine, étang et kiosque. Décor raffiné pour les chambres réservées aux hôtes, avec mobilier et objets anciens, cheminées, miroirs. Vous trouverez ici, repos, détente et accueil chaleureux dans un cadre romantique.

La Pacaudière - Loire (42)

★Hiking paths locally. Tennis court, swimming pool and miniature golf course within a 300 m radius. Forest 3 km. Lakes, fishing 2 km. Mountains nearby. Golf course 25 min. Horse-riding 10 min. Medieval villages 2 and 10 km. Vichy 40 min.

★ ***How to get there:*** *N7, 200 m before La Pacaudière exit for Roanne (along pine-tree-lined avenue), or D35 (Vivans road), first turning on right (signposted at roundabout). Roanne 10 min. Michelin map 327.*

This fine 19th-century manor house is situated in a leafy park ablaze with flowers, between the Roannais hills (vineyards, gastronomy) and Charollais-Brionnais (Romanesque churches, Cluny). Two bedrooms, one "Art Deco", the other "Romantic", await your arrival. A truly relaxing holiday in an authentic, beautifully maintained setting, where the warm, hospitality will make you feel this is your home away from home.

Manoir Beausoleil

42310 La Pacaudière
Tél. 04 77 64 36 96 - Fax 04 77 64 30 12
Email : rcharasse@aol.com
Roger et Geneviève Charasse

1 pers. 50 € - 2 pers. 60 € - p. sup. 20 €

2 chambres avec sanitaires privés (poss. TV). Ouv. toute l'année. Petit déjeuner servi dans la salle à manger ou le patio suivant la saison : jus d'oranges, confitures et clafoutis maison, yaourts, viennoiseries... Parc 2 ha, verger, salons de jardin, terrasses. Parking fermé. Restaurants aux alentours. ★ Sentiers de randonnée sur pl. A 300 m : tennis, piscine, mini-golf. Forêt 3 km. Etangs de pêche 2 km. Montagne à proximité. Golf 25 mn. Equitation 10 mn. Villages médiévaux 2 et 10 km. Vichy 40 mn. **Accès :** N7 à 200 m avant la sortie de La Pacaudière vers Roanne (accès par une grande allée de sapins) ou D35 (route de Vivans) premier chemin à droite (fléchage au carrefour). Roanne 10 mn. CM327.

Entre Côte Roannaise (vignobles, gastronomie) et Charollais-Brionnais (églises romanes). Dans un beau manoir du XIXe, au parc fleuri et arboré, 2 chambres (rétro ou romantique) vous accueillent dans un cadre authentique et soigné. La convivialité et les attentions des propriétaires feront que cette demeure sera pour un temps la vôtre.

Peaugres - Ardèche (07)

NOUVEAUTÉ

**Peaugres Safari 1 km. Hot-air ballooning festival and championships at Annonay (August). Palais du Facteur Cheval 15 min. Water sports centre 10km. Golf 2 km. St-Joseph Caves 8 km. Distillery museum 8 km.*

★ ***How to get there:*** *A7, exit n°12 Annonay. Take N82 towards Annonay. Cross Sablons-X'rrières, drive 7km, leave Peaugres on your right. At the crossroads, head towards Château de Gourdan and follow the signs. Michelin map 331.*

15km from the Rhône valley, bordering the Peaugres Safari park and facing the Alps, there is a warm welcome waiting for you at this stunning, contemporary property that has 3 light and tranquil bedrooms available for your stay. The friendly greeting and the wonderful décor will instantly put you at ease and make your stay here extremely relaxing.

La Palisse
route de Cheval - 07340 Peaugres
Tél. 04 75 67 08 37 ou 06 03 34 97 19
Email : inforesa@lapalisse-peaugres.com
www.lapalisse-peaugres.com
Anne et Gérard Morel

1 pers. 49 € - 2 pers. 60 € - p. sup. 16 €

3 chambres avec sanitaires privés et mini-bar. Ouv. du 1.05 au 30.10, hors-sais. sur résa. Petit déjeuner : pâtisseries et confitures maison, miel local, fruits frais... Cour, jardin, parc 0,5 ha. Equip. bébé à dispo. (séjour offert jusqu'à 4 ans). Terrain avec multiples jeux pour enfants. Restaurants 4 et 8 km. ★ Safari de Peaugres 1 km. Festival et championnat de montgolfière à Annonay (août). Palais du Facteur Cheval 15 mn. Base nautique 10 km. Golf 2 km. Caves St-Joseph 8 km. Musée de l'alambic 8 km. **Accès :** A7, sortie n°12 Annonay. Prendre N82 dir. Annonay. Traverser Sablons-Serrières, faire 7 km, laisser Peaugres sur votre droite. Au carrefour, prendre Château de Gourdan et suivre fléchage. CM331, pli K2.

A 15 km de la Vallée du Rhône, en bordure du safari de Peaugres et face aux Alpes, nous vous accueillons dans notre très belle maison contemporaine où vous séjournerez dans 3 chambres lumineuses et calmes aux noms évocateurs. L'accueil chaleureux et la décoration vous invitent à la detente et aux voyages.

Pont-de-Barret - Drôme (26)

NOUVEAUTÉ

**The Cabaret du Printemps at St-Gervais-sur-Roubion. Concerts at the "Le Genouillet" theatre, from Mozart to Saou. Tennis, fishing and river 3 km. Horse-riding 2 km. Hang-gliding and golf 6 km.*

★ ***How to get there:*** *A7, Montélimar exit, north then direction Dieulefit-Sauzet-Lapaupie-Cléon d'Andran. Take direction and exit Charols on the left (D183). Access to Le Mas Eva is signposted. Michelin map 332, fold D6.*

After a "pantagruelian" breakfast, how about an outing to explore the beautiful region surrounding this glorious property? That is what the owners recommend. Their 50-year-old residence is set in 4 hectares of grounds and has a large private swimming pool. In the evenings you can relax over a friendly dinner before retiring to your enchanting room that boasts individual and unique decoration.

Le Mas Eva TH
quartier "Les Perrins sud - 26160 Pont-de-Barret
Tél./Fax 04 75 90 78 35
Tél. SR 04 75 83 09 23
www.mas-eva.qsdf.org
Madeleine Tisserand

2 pers. 77/100 € - 3 pers. 97/120 € - p. sup. 20 € - repas 20 €

3 chambres et 2 suites avec sanitaires privés. Ouv. toute l'année. Petit déj. : viennoiseries, confitures maison, céréales... T. d'hôtes : cuisine régionale et traditionnelle. Salle de jeux. Cour, jardin parc de 4 ha. Piscine. Vélos. Ping-pong, badminton, pétanque. Animaux admis avec suppl. de 5 €/jour. Restaurant 3 km. ★ Le Cabaret du Printemps à St-Gervais-sur-Roubion. Concert au théâtre "Le Genouillet", Mozart à Saou... Tennis, pêche et rivière 3 km. Equitation 2 km. Parapente et golf 6 km. **Accès :** A7, sortie Montélimar nord puis dir. Dieulefit-Sauzet-Lapaupie-Cléon d'Andran. Prendre ensuite dir. Et sortie Charols, à gauche (D183). Au céder le passage le "Mas Eva" est indiqué. CM332, pli D6.

Dans un parc de 4 ha, avec piscine aux dimensions généreuses, à l'intérieur d'une demeure bicentenaire, nous vous invitons à découvrir notre région après un petit-déjeuner "pantagruélique". Le soir, notre table conviviale vous apportera bien-être et détente avant de vous retirer dans vos chambres enchanteresses bien différentes par leur décoration.

Pont-Evêque - Isère (38)

**Nearby: Vienne, town steeped in art and history, Gallo-Roman monuments, Jazz Festival, archaeological site. Condrieu vinyards, St-Joseph, Le Pilat Regional Nature Park. Horse-riding 5 km.*

★ ***How to get there:*** *From Grenoble, A48 and A43 for Lyon. Bourgoin exit, D522 and D502 for Vienne and Saint-Jean-de-Bournay. In Pont-Evêque, the property is at no. 22, Rue Cartallier. Michelin map 333, fold C4.*

At the heart of the Rhône Alps, on the "route du soleil" (A7) and just 30 minutes south of Lyon, a listed world heritage site. This fully restored, attractively appointed 19th-century residence is set in a park dotted with centuries-old trees, a tennis court and a lake. The five extremely comfortable suites are spacious and bright.

Le Manoir des Forges TH
22, rue Cartallier - 38780 Pont-Evêque
Tél./Fax 04 74 16 05 68
Email : manoirdesforges@wanadoo.fr
www.manoirdesforges.com
Danielle et Michel Plas

1 pers. 60/90 € - 2 pers. 80/110 € - p. sup. 30 € - repas 25 €

5 suites avec salon et sanitaires privés. Ouvert toute l'année. Petit déjeuner : viennoiseries, fruits, confitures maison, yaourts... T. d'hôtes sur résa., cuisine inventive et gourmande. Bibliothèque (5 langues). P-pong, baby-foot. Billard. Parc 1,3 ha. Parking. Tennis, jeu de boules. Pièce d'eau. ★ Vienne, villa d'art et d'histoire 5 mn. 30 mn au sud de Lyon. Monuments gallo-romains, festival de jazz, site archéologique, vignobles de Condrieu, St-Joseph, Parc Naturel Régional du Pilat. Equitation 5 km. **Accès :** de Grenoble; A48 puis A43 dir. Lyon, sortie Bourgoin puis D522 et D502 dir. Vienne et St-Jean-de-Bournay. Dans Pont-Evêque, propriété au 22 rue Cartalier. CM333, pli C4.

Au cœur de Rhône Alpes, sur la route du soleil (A7), à 30 mn au sud de Lyon (patrimoine mondial de l'humanité). Belle demeure de charme du XIXe entièrement restaurée et joliment décorée, au cœur d'un parc calme, fleuri, aux arbres centenaires, avec tennis et pièce d'eau. 5 suites de grand confort, spacieuses et lumineuses.

Régnié-Durette - Rhône (69)

NOUVEAUTÉ

**At the heart of the Beaujolais wine-making region. Horse-riding 10 km. Tennis 2 km. Cycling locally.*

★ ***How to get there:*** *A6, exit Belleville. Follow D37 direction Beaujeu for 9km then head towards Régnié-Durette. Go through the village and follow "Vernus". Michelin map 327, fold G3.*

The tranquility and charm of La Clairmaison, a beautiful 19th-century residence, guarantee an exquisite stay at the heart of the Beaujolais vineyards. There are two rooms to choose from, each decorated with taste and elegance. You will also be able to make the most of the swimming pool and the enormous terrace that boasts a splendid view of the grounds.

La Clairmaison TH
Château Vernus - 69430 Régnié-Durette
Tél. 04 74 04 36 16 ou 06 03 22 84 82
Fax 04 74 04 31 93
www.alaclairmaison.fr
Claire et Jean Vallon-Hugueny

1 pers. 70 € - 2 pers. 80 € - 3 pers. 95 € - repas 23 €

2 chambres avec sanitaires privés. Ouv. toute l'année. Petit déjeuner : viennoiseries, gâteaux maison, jus de fruits, yaourts... T. d'hôtes : coq au Régnié, saucisson cuit, cuisson feu de bois... Salon TV et salon panoramique. Terrasse privée. Jardin, parc 2 ha. Parking fermé. Piscine. Dégustation dans cave voûtée. ★ En plein cœur du Beaujolais viticole. Equitation 10 km. Tennis 2 km. VTT sur place. **Accès :** A6, sortie Belleville. Suivre ensuite D37 dir. Beaujeu sur 9 km et prendre dir. Régnié-Durette. Traverser le village et suivre "Vernus". CM327, pli G3.

Le calme et le charme de La Clairmaison, belle demeure du XIXe siècle, vous assureront un séjour de grande qualité, au cœur des crus du Beaujolais. Vous pourrez séjourner dans l'une des deux chambres aménagées avec goût et raffinement. Une piscine et une vaste terrasse avec vue sur le parc, sont à votre disposition.

La Roche-sur-Foron - Haute Savoie (74)

La Dame de Haute-Savoie TH
Le Château de Chant - 605, rue des Chavannes
74800 La Roche-sur-Foron
Tél./Fax 04 50 25 99 44 ou 06 17 50 12 23
http://monsite.wanadoo.fr/ladamedehautesavoie
Laurent et Lorena Gruaz

1 pers. 75 € - 2 pers. 85 € - 3 pers. 105 € - p. sup. 10/20 € - repas 30 €

1 suite avec mini-bar, cheminée, salon et sanitaires privés. Ouv. toute l'année. Petit déj. : viennoiseries, tartes maison, confitures, fromage. T.d'hôtes sur rés. (en séjour uniquement) : tartiflette, tomme poëlée, fondue, gratin. Garde d'enfant, équip. bébé. Cour, jardin. 10 €/nuit/enft. Restaurant à Amancy. ★ Cité médiévale de la Roche-sur-Foron 2 km. Annecy 30 km. Genève (lac) 25 km. Village médiéval d'Yvoire 40 mn. Chamonix 45 mn. Piscine 2,5 km. Equit. 6 km. Ski 8 km. Golf 12 km. Thermes 40 km. **Accès :** A41, sortie La Roche la traverser puis dir. Thorens (D2). A gauche après 1er passage à niveau. Pont de chemin de fer puis à gauche. Au rd point, laisser la route de St-Sixt et à droite. CM328, pli K4.

Etape de charme entre Genève et Annecy, lieu unique pour un séjour d'exception, dans un cadre "d'autrefois". Au bord de la rivière, dans l'ancien bûcher, la suite Heidi est agencée d'un esprit montagnard, bardée de bois sentant bon le pin (la chambre surplombe le salon et sa cheminée). Le petit déjeuner est servi dans un décor authentique.

★La Roche-sur-Foron, medieval city 2 min. Annecy 30 km. Geneva and lake 25 km. Yvoire medieval village 40 min. Chamonix 45 min. Swimming pool 2.5 km. Horse-riding 6 km. Skiing 8 km. Golf course 12 km. Spa 40 km.

*★ **How to get there:** A41, La Roche exit. Drive through village for Thorens on D2. Left after 1st level-crossing. Cross small railway bridge and left. At roundabout, turn off St-Sixt road and right. Michelin map 328, fold K4.*

Welcome to this unique spot, halfway between Annecy and Geneva, for an outstanding break with all the charms of bygone days. The pine-fragrant "Heidi" suite, arranged in the old woodshed by the river, opposite the farmhouse, is decorated in the mountain style and overlooks the lounge and fireplace. Breakfast is served in an authentic setting. Not to be missed.

Rochessauve - Ardèche (07)

Château de Rochessauve TH
07210 Rochessauve
Tél. 04 75 65 07 06
Email : yannick.vialle@chateau-de-rochessauve.com
www.chateau-de-rochessauve.com
Yannick Vialle

2 pers. 100/110 € - 3 pers. 125 € - repas 35 €

3 chambres dont 1 suite avec sanitaires privés. Ouvert du 1/04 au 31/12. Petit déjeuner : viennoiseries, confitures et patisseries maison, jus de fruits, céréales... T. d'hôtes : tarte tapenade, volailles de la ferme... Cour, jardin. Piscine. Restaurants 10 km. ★ Tennis, escalade 10 km. Equitation 6 km. Baignade, pêche 2 km. **Accès :** A7, sortie Loriol, prendre N86 puis D2 dir. Privas. Traverser Chomerac puis prendre à gauche la D299 en dir. De Rochessauve. Avant le village, prendre à droite en direction du château. CM331, pli J5.

Rochessauve est un lieu magique... Le temps d'un week-end ou d'un séjour, vous aurez le sentiment de séjourner chez des amis. Tout est réuni ici pour que vous viviez un moment unique : l'ambiance décontractée, l'accueil exceptionnel et surtout la cuisine inventive et gourmande de Yannick. Superbe vue sur la vallée en vous reposant près de la piscine.

★Tennis, rock-climbing 10 km. Horse-riding 6 km. Bathing and fishing 2 km.

*★ **How to get there:** A7, Loriol exit, onto N86 and D2 for Privas. Drive through Chomerac and turn left onto D299 for Rochessauve. Before the village, turn right for the château. Michelin map 331, fold J5.*

Rochessauve is a magical spot, where you will be welcomed as friends of the family for a weekend break or a holiday. Everything about the place will ensure that your stay here is a unique experience: the relaxed atmosphere, the outstanding hospitality and, above all, Yannick's inventive gourmet cooking. Relax by the pool and enjoy magnificent views over the valley.

Romans - Ain (01)

★Dombes lake district. Chatillon, medieval garden city in bloom. Bathing 15 km. Fishing 1 km. Tennis court and horse-riding centre 4 km. Golf course 14 km. Hiking locally.

*★ **How to get there:** From Bourg, take D936 for Chatillon/Ch. Past Neuville-les-Dames, turn left for La Chassagne. Drive past the campsite: the farm is 1 km down, on the left-hand side. Michelin 328, fold D4.*

Your host Claude extends a warm welcome at La Fontaine, a tastefully restored traditional Ain farmhouse. Two comfortable bedrooms are arranged in the old bakehouse, close to the owner's residence. Enjoy a dip in the pool, or a breath of fresh air on a variety of walks and hikes in this delightful landscape cut by valleys.

La Fontaine
01400 Romans
Tél. 04 74 55 71 02 ou 06 63 07 67 65
Email : lafontaine.romans@free.fr
Claude Bachon

1 pers. 36/39 € - 2 pers. 42/45 € - 3 pers. 55/58 € - p. sup. 13 €

2 chambres avec sanitaires privés et accès indépendant, poss. lit supplémentaire dans 1 des chambres. Ouvert toute l'année. Copieux petit déjeuner. Kitchenette réservée aux hôtes. Salon de jardin, parking. Piscine. Réduction selon la saison et la durée du séjour. Restaurants 4 km. Produits fermiers à proximité. ★ Route des étangs de la Dombes. Chatillon, cité médiévale et fleurie. Baignade 15 km. Pêche 1 km. Tennis et centre équestre 4 km. Golf 14 km. Randonnées sur place. **Accès :** de Bourg, prendre D936 direction Chatillon/Ch.. Après Neuville-les-Dames, à gauche La Chassagne, passer devant le camping, faire environ 1 km et la ferme est sur la gauche. CM328, pli D4.

Chambres situées dans l'ancien four à pain annexe de la ferme traditionnelle rénovée avec goût. Vous serez accueillis chaleureusement par Claude, et pourrez profiter pleinement de la piscine. Si vous souhaitez prendre un bon bol d'air, c'est dans cet endroit vallonné et propice à la randonnée que nous vous attendons avec plaisir.

Rosières - Ardèche (07)

★"Labeaume en Musique" Festival, chestnut grove and Lavender Museum. Ardèche Gorges. Picturesque villages: Labeaume, Naves, Thines, etc. River, horse-riding 6 km. Hiking locally. Canoeing 15 km.

*★ **How to get there:** From Aubenas on D104, as you enter Rosières, right for Laurac (D212). Drive 2 km, 2nd turning on left for Augnac (L'Oustalou), drive 1.5 km. Second turning on left (tarmacked surface), to the end of the lane.*

The soul and history of this handsome mas, set in the heart of the Monts d'Ardèche Regional Nature Park, has been preserved by skilful renovation work. The visible stonework, and wax patina woodwork and terra cotta are enhanced by the warm lime colours. Five inviting bedrooms await you on this delightful two-hectare estate with swimming pool and drystone terraces.

l'Oustalou TH
Augnac - 07260 Rosières
Tél. 04 75 39 57 05 ou 06 79 83 45 97
Email : loustalou@wanadoo.fr
www.loustalou-ardeche.com
Philippe Alcalde

1 pers. 50/58 € - 2 pers. 50/58 € - 3 pers. 69/77 € - p. sup. 19 € - repas 19 € - 1/2 p. 88/96 €

5 chambres dont 1 suite avec salon attenant, toutes avec sanitaires privés. Ouvert toute l'année. Petit déjeuner : confitures et pâtisseries maison, fruits de saison, céréales, miel... T. d'hôtes : soupe d'orties, tians de légumes à l'agneau, cailles... Salon lecture (cheminée). Cour, jardin, parc 2 ha. Piscine. ★ Festival "Labeaume en Musique", musée de la châtaigneraie, de la lavande. Gorges de l'Ardèche, villages de caractère (Labeaume, Naves, Thines...). Rivière, équitation 6 km. Randonnée sur pl. Canoë 15 km. **Accès :** d'Aubenas par D104, à l'entrée de Rosières, à droite dir. Laurac (D212). Faire 2 km, 2e rte à gauche dir. Augnac (l'Oustalou), faire 1,5 km. 2e rte à gauche (chemin goudronné), c'est tout au bout de ce chemin.

Au cœur du Parc Naturel Régional des Monts d'Ardèche, notre mas a conservé son âme et son histoire à travers une rénovation qui a su marier pierres, bois et terres cuites, patinés à la cire et soulignés par les chaudes couleurs de la chaux. 5 chambres accueillantes, sur une propriété préservée de 2 ha en terrasses de pierres sèches et sa piscine.

Ruffieux - Savoie (73)

Hautecombe Abbey. Chanaz. Bourget Lake (6 km): water sports. Aix-les-Bains (22 km) and museums. Annecy (32 km). Country heritage, vineyards. Hiking and cycling locally. Bathing in lake, sailing 6 km. Spa 19 km.

★ **How to get there:** *A41, Aix-les-Bains-Nord exit, and A40, Eloise exit. On D991 (Aix-les-Bains/Seyssel), at Chindrieux-Viuz head for Ruffieux. Michelin map 333, fold I2.*

You will be enchanted by this delightful, lovingly restored 18th-century stone house, ideally located in the heart of Chautagne country, between Le Bourget Lake and the River Rhône. The two pretty bedrooms are spacious, featuring a mezzanine and lounge. Gourmet breakfasts are served on a patio brimming with flowers. Delightful garden.

Chessine - 73310 Ruffieux
Tél. 06 74 61 92 25 - Tél./Fax 04 79 54 52 35
Tél. 04 78 68 28 61
Email : chessine@chessine.com
www.chessine.com
Henry et Simone Collé

1 pers. 76 € - 2 pers. 82 €

2 chambres avec mezzanine, salon, bains et wc privés. Ouvert du 1/04 au 15/11. Petit déjeuner : confitures maison, miel et fromages du pays, viennoiseries... Salle de détente et de lecture. Cour, patio et jardin. Restaurants à 2 km. ★ Abbaye de Hautecombe. Chanaz. Lac du Bourget (6 km) : activités nautiques. Aix-les-Bains (22 km) : musées. Annecy (32 km). Visites du patrimoine rural, vignobles... Randonnée et VTT sur place. Baignade (lac), voile 6 km. Thermes 19 km. **Accès :** A41 sortie Aix-les-Bains nord et A40 sortie Eloise. Sur la D991 (Aix-les-Bains/Seyssel), à Chindrieux-Viuz prendre Ruffieux. CM333, pli I2.

Cette maison de caractère du XVIIIe en pierre, restaurée avec passion est idéalement située au cœur de la Chautagne, entre lac du Bourget et Rhône. 2 vastes chambres, joliment décorées avec mezzanine et salon sont réservées aux hôtes. Petit déjeuner gourmand servi dans le patio fleuri. Très agréable jardin.

RHÔNE-ALPES

St-Alban-Auriolles - Ardèche (07)

Magnificent scenery at the gateway to the Ardèche, Chassezac and Labeaume. Ardèche Gorges, picturesque villages, châteaux, museums and caves. Hiking locally. Rock-climbing 5 km. Canyoning 10 km.

★ **How to get there:** *A7, Montélimar-Nord, 60 km. Le Teil, heading for Aubenas, Ruoms, St-Alban-Auriolles. Michelin map 331, fold H7.*

Domaine de Champtressac is a magnificent 16th-century Ruoms-stone residence, situated in Southern Ardèche. Now fully restored in keeping with its original and unique architecture, this outstanding property is ideal for a relaxing break in great comfort. Enjoy breakfast either in the park or in the vault-ceilinged dining room.

Domaine de Champtressac
07120 St-Alban-Auriolles
Tél. 04 75 93 66 24 ou 06 78 30 37 64
Email : mazoyerdominique@hotmail.com
www.champtressac-ardeche.com
Dominique Mazoyer

1 pers. 80/120 € - 2 pers. 80/120 € - 3 pers. 120/150 €

3 chambres et 1 suite (avec salon) de 2 à 4 pers. et 1 chambre 2 pers., toutes avec sanitaires privés. (160 €/4 pers.). Ouvert du 1/04 au 15/10. Petit déjeuner : viennoiseries, gâteaux et confitures maison, miel d'Ardèche, pains spéciaux... Cour, jardin, parc de 4 ha. Tennis, piscine. Restaurant à 3 km. ★ Attrait géographique aux confluents de l'Ardèche, du Chassezac, de Labeaume. Gorges de l'Ardèche, villages de caractère, châteaux, musées, grottes... Randonnée sur pl. Escalade 5 km. Canyoning 10 km. **Accès :** A7 Montélimar nord 60 km - Le Teil - Direction Aubenas - Vogue - Ruoms - St-Alban-Auriolles. CM331, pli H7.

Au cœur de l'Ardèche méridionale, dans une superbe demeure de caractère du XVIe restaurée en pierre de Ruoms, respectant le charme de son architecture unique, nous vous proposons de venir vous ressourcer dans un cadre exceptionnel. Vous disposerez du confort des lieux, et pourrez prendre votre petit déjeuner dans le parc ou dans une salle voûtée.

St-Alban-Auriolles - Ardèche (07)

★"Labeaume en Musique" Classical Music Festival. Alphonse Daudet Museum, Pottery Museum. Permanent exhibition. Chauvet Cave. Hiking locally. Riding centre 500 m. Fishing 2 km. Tennis, canoeing 3 km.

★ ***How to get there:*** *3 km from Ruoms on the way to St-Alban-Auriolles. At Auriolles (before St-Alban), turn right as you leave village (200 m past the "Musée de la Vignasse"): cypress-lined driveway. Michelin map 331, fold H7.*

A warm welcome awaits you at this delightful restored Provençal mas on a three-hectare estate, complete with oak and olive trees in the heart of bucolic southern Ardèche. The décor, furnishings, objects and materials reflect Chantal's imagination and talent. Pleasant swimming pool for enjoying the good life. A peaceful, relaxing spot where you will savour copious breakfasts and delicious Ardèche cuisine at the table d'hôtes.

Mas de Chantressac TH
07120 Saint-Alban-Auriolles
Tél./Fax 04 75 39 79 05 ou 06 07 30 95 67
Email : patrick.altare@wanadoo.fr
www.chantressac.com
Chantal Altare

1 pers. 52/69 € - 2 pers. 56/79 € - p. sup. 12/16 € - repas 22 €

3 ch. dont 1 avec terrasse et 1 suite (2 ch. + terrasse) ave sanitaires privés. Réfrig. Ouv. toute l'année sauf janv Petits déj. : pâtisseries, salade de fruits, viennoiserie, confitures, crêpes, le tout fait maison. T. d'hôtes : volailles farcies aux herbes, marrons, gratins. Parc 3 ha, piscine, vélos ★ Festival de musique classique "Labeaume en musique" Musée Alphonse Daudet, musée de la poterie. Expos. permanente. Grotte Chauvet. Randonnée. Centre équestr 0,5 km. Pêche 2 km. Tennis, canoë-kayak 3 km. **Accès** à 3 km de Ruoms dir. St-Alban-Auriolles. A Aurioll (avt. St-Alban), à droite à la sortie du village (200 m aprè le musée de la Vignasse) : allée de cyprès. CM331, pli H7

Au cœur de l'Ardèche, sur un domaine de 3 ha de chênes et d'oliviers, vous serez accueillis chaleureusement dans ce beau mas provençal restauré. La décoration, le mobilier, les objets, les matières reflètent les envies de Chantal et suscitent l'imagination. Agréable piscine pour le farniente. En ce lieu paisible, vous ferez une étape reposante e gourmande.

St-Alban-Auriolles - Ardèche (07)

★Labeaume Music Festival, Alphonse Daudet and Vine and Wine Museums. Pont d'Arc, Chauvet Cave Museum. Hiking locally. Rock-climbing, horse-riding 500 m. Bathing 1.5 km. Tennis, canoeing 4 km.

★ ***How to get there:*** *Motorway, Montélimar-Nord exit for Aubenas and Ruoms/St-Alban-Auriolles. Michelin map 331, fold H7.*

This late-18th-century residence, of Florentine inspiration, in the heart of a Provençal village, is simply enchanting. You will be captivated by the tranquil 2,000 m² park bathed in light. The bedrooms are extremely spacious (ranging from 18 to 31m²) and each has its own style, ranging from Provençal to Mediterranean. A charming spot.

Villa Saint-Patrice
07120 Saint-Alban-Auriolles
Tél. 04 75 39 37 78 ou 06 73 50 50 92
Email : contact@villastpatrice.com
www.villastpatrice.com
Guillemette Tourre

2 pers. 70/130 € - p. sup. 15 €

3 chambres et 1 suite (169 €), toutes avec sanitaires privés (lits 160 cm). Ouv. toute l'année. Petit déj. : confitures et pâtisseries maison, pain frais, fruits frais... Parc ombragé de 2000 m². Chapelle, salon, salle de musculation. Restaurant à 500 m. ★ Festival de Musique de Labeaume, musées Alphonse Daudet et de la Vigne et du Vin, Le Pont d'Arc, musée de la grotte Chauvet. Rand sur place. Escalade, équitation 500 m. Baignade 1,5 km Tennis, canoë 4 km. **Accès :** de l'autoroute, sorti Montélimar nord direction Aubenas puis Ruoms/St Alban-Auriolles. CM331, pli H7.

Au cœur d'un village provençal, cette demeure d'inspiration florentine de la fin du XVIIIe siècle vous charmera par son calme et la lumière de son parc de 2000 m². Les chambres sont très spacieuses (18 à 31 m²) et sont toutes de style différent : provençal, méditerranéen... Une étape de charme qui vous séduira.

RHÔNE-ALPES

St-Alban-de-Montbel - Savoie (73)

Aiguebelette Lake, the warmest in Europe: conservation area with a wealth of flora and fauna, ideal for pollan fishing. Paragliding 3 km. Water sports 2 km. Tennis, horse-riding 3 km. Aix-les-Bains 20 km.

★ ***How to get there:*** *A43, Aiguebelette exit. Right at 1st roundabout, left at 2nd. St-Alban 3 km on. Turn left before the café-tobacconist, and 1st turning on right. Map available on website or on request. Michelin map 333, fold H4.*

This superb freestone manor house overlooks the emerald-green waters of Aiguebelette Lake. The elegant décor and antique furniture add to the genuine charm of the place, in perfect harmony with the outstanding panoramic views that the residence affords. Relax on the private beach, take romantic boat trips on the lake or stroll through the park.

La Chesneraie
73610 Saint-Alban-de-Montbel
Tél. 04 79 36 04 33 - Fax 04 79 44 10 54
Tél. SR 04 79 85 01 09
www.lachesneraie.com
Jean et Jeanne-Marie Teppaz

1 pers. 90 € - 2 pers. 105 € - p. sup. 20 €

4 chambres avec sanitaires privés. Ouv. toute l'année. Petit déjeuner à la française. Biblio., jeux de société, salon (cheminée). Accès Internet Wifi. Petite cuisine d'hôtes. Terrasse (salon de jardin). Parking. Abri matériel pêche. Parc 5 ha. Accès direct au lac. Baignade et port privés. Pétanque. Barques, pédalos. ★ Lac d'Aiguebelette (le plus chaud d'Europe), richesse écologique très protégée, site privilégié pour pêche au lavaret. Parapente, tennis et équitation 3 km. Aix-les-Bains 20 km. Parc de la Chartreuse 20 km. **Accès :** A43 sortie Aiguebelette, 1er rd point à droite, 2e rd point à gauche; St-Alban à 3 km, à gauche devant le café-tabac dir. Chef-lieu, puis 1er ch. à droite. Plan sur site Internet ou sur demande. CM333, pli H4.

Ce superbe manoir surplombe Aiguebelette et ses eaux vert émeraude. La décoration raffinée et les meubles anciens lui confèrent un charme authentique en harmonie avec le panorama exceptionnel qui l'entoure. Farniente sur la plage, promenade en barque, flânerie dans le parc : calme, repos et sérénité assurés.

St-Andéol-de-Fourchades - Ardèche (07)

In the vicinity: Mont-Gerbier-de-Jonc and Ray-Pic waterfall (19 km). GR420 posted footpath locally (Mezenc-Gerbier circuit). Saint-Martial Lake 3 km.

★ ***How to get there:*** *On D237 for Saint-Martial and D215 for Saint-Andéol-de-Fourchades. Michelin map 331, fold H4.*

Nadine and Sébastien welcome you to La Calmeraie, in the heart of Monts d'Ardèche Regional Nature Park, facing Mont-Gerbier-de-Jonc. This handsome, traditional 17th-century farmhouse has been restored to pristine splendour, with visible stonework, parquet flooring and beams. For your enjoyment, there is also a lounge with a monumental fireplace. Regional dishes are served under the linden tree. Painting courses can be arranged.

La Calmeraie TH
Longeagne - 07310 Saint-Martial
Tél. 04 75 29 19 38
Sébastien Liabeuf

1 pers. 45/50 € - 2 pers. 45/50 € - 3 pers. 60 € - p. sup. 15 € - repas 16 €

5 chambres avec bains ou douche et wc privés. Ouv. d'avril à oct. (groupe toute l'année sur résa.). Petit déjeuner : confitures maison (plus de 20 variétés), yaourts et viennoiseries maison, crêpes. T. d'hôtes : bombine, caillette aux choux, charcuterie maison. Salon lecture. Jardin, rivière, jeux d'enfants, p-pong. ★ Proche du Mt Gerbier de Jonc et de la cascade du Ray-Pic (19 km). GR420 sur place (tour Mezenc-Gerbier). Lac de Saint-Martial 3 km. **Accès :** par la D237 dir. Saint-Martial puis la D215 dir. Saint-Andéol-de-Fourchades. CM331, pli H4.

En pleine nature, au cœur du Parc Naturel des Monts d'Ardèche, face au Mt-Gerbier-de-Jonc, Nadine et Sébastien vous accueillent à la Calmeraie, belle ferme traditionnelle du XVIIe entièrement restaurée à l'ancienne, avec pierres, parquet et poutres. Salon avec cheminée monumentale. Cuisine du terroir servie sous le tilleul. Poss. de stage de peinture.

St-André-sur-Vieux-Jonc - Ain (01)

★*Brou historical site at Bourg-en-Bresse (church, monastery and museum) 12 km. Dombes ponds and lakes to discover the region's flora and fauna. La Bresse 18-hole golf course in the vicinity. Bird sanctuary 20 km. Romanesque churches.*

★ ***How to get there:*** *On A40, 1 hr from Geneva, Bourg-Sud exit. On A6, 4 hr from Paris, Mâcon-Nord exit. 45 km from Lyon on RN83. Head for Condeissiat - Golf de la Bresse. Bourg-en-Bresse train station. Michelin map 328, fold D4.*

Château de Marmont is a charming 19th-century romantic manor house set in five hectares of grounds, at the end of a stately plane tree-lined avenue (500 m). The bedrooms are on the first floor in one of the wings. Winter garden. A grand piano and billiard table are available for guests' use. Peace and quiet guaranteed.

Château de Marmont
01960 Saint-André-sur-Vieux-Jonc
Tél. 04 74 52 79 74
Geneviève Guido-Alhéritière

1 pers. 79 € - 2 pers. 85 €

2 chambres, l'une avec s. d'eau privée, l'autre avec s.d.b. privée. Ouv. toute l'année, l'hiver sur résa. Petit-déjeuner servi l'hiver près du feu de cheminée : jus de fruits, confitures et gâteaux maison, fromages, yaourts... Excellent restaurant à Condeissiat 3 km ou à Vonnas 12 km. Taxe de séjour en suppl. ★ Site de Brou à Bourg-en-Bresse 12 km (église, monastère, musée). Etangs de la Dombes (découvertes faune/flore de la région). Golf de la Bresse sur pl. (18 trous). Parc ornithologique 20 km. Circuit des églises. **Accès :** A40, 1 h de Genève sortie Bourg-sud. A6, 4 h de Paris sortie Macon-nord. 45 km de Lyon par la RN83. Dir. Condeissiat - golf de la Bresse. Gare TGV Bourg-en-Bresse. CM328, pli D4.

Manoir de charme romantique du XIXe siècle entouré d'un parc de 5 ha, avec accès par une grande allée de platanes privée (500 m). Les chambres sont aménagées au 1er étage d'une aile du château. Jardin d'hiver. Un piano à queue et un billard sont à votre disposition. Etape de charme dans la région des Dombes, calme et repos assurés.

St-Christol - Ardèche (07)

NOUVEAUTÉ

★*Cheylard 12km, craft town, puppet festival, Cheze château, mountain biking in the Monts d'Ardèche, sensory art path. Climbing 11 km. Hiking locally.*

★ ***How to get there:*** *From the Rhône valley, head towards Valence or Lavoute until l'Eyrieux valley then take D120. From Auvergne, direction Le Puy-en-Velay then St-Agreve and le Cheylard and finally St-Christol.*

You will be greeted with a warm welcome to this former mill that has been entirely restored and offers five luxurious guest rooms. If the weather is fine, you can eat your breakfast, or indeed your table d'hôtes dinner, in the courtyard. If, however, the weather does not permit al fresco dining, the wonderful dining room will have to do. This is a property that is not to be missed.

Le Moulinage de St-Christol TH
07160 St-Christol
Tél. 04 75 29 00 34 - Fax 04 75 29 96 39
Email : lemoulinage@free.fr
www.lemoulinage.fr.st
Bernard Jouannigot

2 pers. 45 € - 3 pers. 57 € - repas 15 €

4 chambres et 1 suite avec sanitaires privés. Ouv. toute l'année. Petit déjeuner : gâteau maison, confitures, miel, céréales... T. d'hôtes : filet mignon au coucouron (fromage ardechois), soupes diverses, charlotte... Salles jeux et gym. Billard. Cour, jardin parc 3 ha. Vélos. Pêche et baignade sur place. ★ Cheylard 12 km, cité des métiers, festival de la marionnette, château de la Cheze, raid VTT des Mts d'Ardèche, sentier d'art des 5 sens. Site escalade 11 km. Randonnées sur place. **Accès :** de la Vallée du Rhône, dir. Valence ou Lavoute jusqu'à Vallée de l'Eydieux puis D120. D'Auvergne dir. Le Puy-en-Velay puis St-Agreve et le Cheylard et enfin St-Christol. CM331, pli I4.

Nous vous accueillons dans notre ancien moulinage entièrement restauré et vous proposons 5 chambres d'hôtes de grand confort. Vous pourrez prendre les petits déjeuners et éventuellement goûter la table d'hôtes, soit dans la cour si le temps le permet soit dans notre salle à manger.

St-Christophe-la-Grotte - Savoie (73)

★Grande Chartreuse Monastery 9 km. Roman road, listed site. Aiguebelette Lake 18 km. Hiking locally. Fishing 300 m. Swimming 4 km. Cross-country skiing 9 km, on-piste skiing 19 km. Bathing 18 km. Chambéry 25 km.

*★ **How to get there:** A43, Chimilin exit 10. Take N6 at Pt. de Beauvoisin. 2 km past Les Echelles, turn right for St-Christophe-la-Grotte (D46). Drive past the village and head for the cliff. Michelin map 333, fold H5.*

This 13th-century residence, a testament to the Savoie heritage, is a genuine living museum. Nestling at the foot of an imposing cliff, it is the starting point for a variety of walks in the Chartreuse Regional Nature Park. The property has been magnificently restored using noble, traditional materials, with wood and stonework throughout. An enchanting address.

La Ferme Bonne de la Grotte TH
La Grotte - 73360 Saint-Christophe-la-Grotte
Tél. 04 79 36 59 05 - Fax 04 79 36 59 31
Email : info@ferme-bonne.com
www.gites-savoie.com
Astrid Amayenc

1 pers. 59/77 € - 2 pers. 66/89 € - 3 pers. 81 € - repas 18/27 €

5 chambres avec sanitaires privés dont 1 avec sanitaires privés attenants. (108 €/4 pers.). Ouvert toute l'année. Petit déjeuner : miel du village, fromages, confitures, cake maison... Table d'hôtes : diots, pintade à la mondeuse, île flottante aux pralines... TV satellite. Jardin. Vélos. ★ Monastère de la grande Chartreuse 9 km. Site historique (voie romaine) et randonnées sur place. Lac d'Aiguebelette. Pêche 300 m. Ski de fond 9 km, piste 19 km. Baignade 18 km. Chambéry 25 km. **Accès :** A43, sortie n°10 Chimilin. Rejoindre la N6 à Pt. De Beauvoisin. 2 km après les Echelles, à droite vers St-Christophe-la-Grotte (D46). Dépasser le village dir. de la falaise. CM333, pli H5.

Cette demeure du XIIIe siècle qui témoigne du patrimoine savoyard est un véritable musée à vivre. Blottie au pied d'une immense falaise, point de départ de nombreuses randonnées au sein du PNR de Chartreuse. Magnifiquement restaurée en conservant la noblesse des matériaux anciens, le bois et la pierre présents dans toute la maison. Etape pleine de charme.

St-Donat-sur-Herbasse - Drôme (26)

★Johann-Sebastian Bach Festival at St-Donat. Postman Ferdinand Cheval's 'Palais Idéal' listed building at Hauterives. Shoe Museum in Romans. Art and crafts. Rock-climbing 15 km. Cycling locally. Hiking 1 km.

*★ **How to get there:** A7, Tain l'Hermitage exit for Romans. At Chanos-Curson, head for St-Donat-sur-Herbasse. Michelin map 332, fold C3.*

La Veyradière offers guests a chance to experience those fond childhood memories of family holidays, with treats such as grated dark chocolate on bread and butter, the fragrant smell of wax, and peas in their pods. It's little wonder, then, that you feel at home as soon as you cross the threshold. Josiane is your hospitable hostess in this romantic, yesteryear setting.

La Veyrardière TH
Les Veyrats - 26260 St-Donnat-sur-Herbasse
Tél. 04 75 45 17 49 ou 06 81 01 36 92
Email : laveyrardiere@wanadoo.fr
www.laveyrardiere.com
Josiane Desse

1 pers. 65/70 € - 2 pers. 75/90 € - 3 pers. 100/110 € - repas 22 €

5 chambres avec sanitaires privés. Ouvert toute l'année sauf à la Toussaint. Petit déjeuner : confitures maison, fruits, jus de fruits artisanal, yaourts... T. d'hôtes : tourte aux ravioles et escargots, flan de courgettes au coulis de tomates... Billard. Piscine, ping-pong, vélos. Restaurants à proximité. ★ Festival Jean Sébastien Bach à St-Donat. Palais idéal du facteur Cheval à Hauterives. Musée de la chaussure à Romans. Circuit des métiers d'art. Escalade 15 km. VTT sur place. Randonnées 1 km. **Accès :** A7, sortie Tain l'Hermitage puis direction Romans. A Chanos-Curson prendre direction St-Donat-sur-Herbasse. CM332, pli C3.

Pour qui se rappelle ses vacances enfantines, la bâtisse renoue avec des souvenirs aussi tendres que le chocolat noir râpé sur une tartine beurrée, la bonne odeur de cire, les petits pois à écosser, aussi n'est-il pas étonnant que l'on se sente "chez soi" dès le portail franchi ! C'est dans cette ambiance romantique d'antan que Josiane vous accueillera.

St-Germain-les-Paroisses - Ain (01)

Le Moulin de Marchamp
Meyrieu - 01300 St. Germain-les-Paroisses
Tél. 04 79 81 14 94
Yvonne Berne

1 pers. 60 € - 2 pers. 70 € - p. sup. 11 €

1 chambre 2 pers. (1 lit 2 pers.) avec accès indépendai (par terrasse), bains et wc privés . Ouvert toute l'anné Séjour à disposition. Jardin paysager. Restaurant gastronc mique à 4 km. ★ Route du Bugey et sentiers balisés, prc menades VTT, fêtes des Fours. Baignade, pêche, tenn 4 km, équitation 6 km, ski de fond 10 km. **Accès :** d Chambéry, N504 dir. Belley puis D41 St-Germain-le Paroisses. Avant l'entrée du village, prendre le chemin droite. CM328, pli G6.

Cette belle bâtisse en pierre en bordure de ruis seau, est un ancien moulin du XVIIIe situé e pleine nature. 1 grande suite très confortable ave salle de bains et wc privés indépendants, est réser vée aux hôtes. Elle dispose d'un accès direct par l terrasse. Une étape reposante dans une nature pré servée.

★Bugey wine country and posted footpaths, cycling, Fête des Fours Traditional Breadmaking Festival. Bathing, fishing, tennis 4 km. Horse-riding 6 km. Cross-country skiing 10 km.

*★ **How to get there:** From Chambéry, N504 for Belley and D41 for St-Germain-les-Paroisses. Take the lane on the right before you enter the village. Michelin map 328, fold G6.*

This handsome stone edifice by a stream in the heart of the countryside is an 18th-century mill. A spacious, extremely comfortable suite featuring a private bathroom and toilet awaits your arrival. Access to the room is via the terrace. A restful staging post in an unspoilt natural setting.

RHÔNE-ALPES

St-Germain-Lespinasse - Loire (42)

Les Meneaux
42640 Saint-Germain-Lespinasse
Tél./Fax 04 77 66 30 29
Email : HDUVAUCHELLE@wanadoo.fr
Hervé et Anne Duvauchelle

1 pers. 55/74 € - 2 pers. 62/80 € - 3 pers. 95 € - p. sup. 15 €

2 ch. avec sanitaires privés (thé, café, bouilloire). Ouve toute l'année. Petit déj. : jus de fruits, viennoiserie yaourt, confitures/pâtisserie maison. Salon de jardi p-pong, jeux enfants. Parc 0,6 ha clos, jardin. Vélos/pan ier repas pour les randonneurs. Restaurants au villag ★ Eglise XIXe (fresques murales et tableaux classés Riottons (réseau de chemins piétonniers unique en cô roannaise). Rand., VTT, tennis sur pl. Equit. 9 km. Pêch plan d'eau 10 km. Piscine 12 km. Forêt 6 km. **Accès** N7 Roanne-nord, dir. Paris/Moulins, sortie St-Germai Lespinasse par la D4, puis 150 m en dir. De St-Romai la-Motte. CM327.

Belle demeure de maître fin XIXe, caractérisée pa ses nombreuses fenêtres à meneaux et son gran jardin à la française. Le charme de cette demeur avec son mobilier d'époque, le confort et la déco ration raffinée de ses chambres vous séduiron Accueil chaleureux garanti; une étape de charm pour découvrir la Côte Roannaise, son patrimoir et sa gastronomie.

★19th-century church with listed paintings and frescoes. Riottons (a network of footpaths through the heart of the village, unique in the Roannais hills). Hiking, cycling and tennis locally. Horse-riding 9 km. Fishing, lake 10 km. Swimming pool 12 km. Forest 6 km.

*★ **How to get there:** N7, Roanne-Nord, for Paris/Moulins, Saint-Germain-Lespinasse exit on D4. Drive 150 m, heading for Saint-Romain-la-Motte. Michelin map 327.*

This fine, late-19th-century family mansion features an array of mullioned windows and a superb formal garden. You will succumb to the irresistible charm of the residence with period furniture and the elegant décor. A warm welcome awaits you at this delightful address, ideal for exploring the Côte Roannaise and its cultural, artistic and gastronomic heritage.

St-Haon-le-Vieux - Loire (42)

La Marche
Caqueret - 42370 St-Haon-le-Vieux
Tél. 04 77 64 42 95
Marc et Jacqueline Pinoncely

1 pers. 50 € - 2 pers. 60/70 € - 3 pers. 90 € - p. sup. 15 €

1 chambre-studio avec kitchenette et 1 suite de 2 ch. avec sanitaires privés. Ouvert toute l'année. Petit déjeuner : jus de fruits, œufs, yaourts, confitures maison... Salon de TV, bibliothèque. Parc d'1 ha avec salon de jardin et piscine. Auberges et restaurants gastronomiques à proximité. ★ Musées art et traditions. Printemps musical en Pays roannais. Caveau dégustation. Villages médiévaux. Forêt 400 ha. Rand. VTT. Tennis 1 km. Equit. 6 km. Golf 15 km. Vol à voile, ULM 17 km. Lac Villerest 20 km. **Accès :** N7 Roanne-nord, sortie St.Germain-l'Espinasse (D4) puis D8 dir. St-Haon-le-Vieux ou A72 sortie St.Germain-Laval, D8 dir. Côte Roannaise. CM327.

Belle demeure de maître de la fin du XVIIIe, au cœur de la Côte Roannaise, entre vignes et montagnes, dans un parc très fleuri et arboré. Le charme de cette maison de famille avec son mobilier ancien, ses boiseries et plafonds à la française ainsi que le confort de ses chambres vous séduiront. Un lieu de séjour idéal pour découvrir la Côte Roannaise.

Art and Traditions Museums. Roannais Spring Music ·stival. Wine-tasting cellars. Medieval villages. 400-hectare ·est. Hiking. Biking. Tennis 1 km. Horse-riding 6 km. Golf 5 km. Gliding, microlite 17 km. Villerest Lake 20 km.

How to get there: *N7, Roanne-Nord, St-Germain-Espinasse exit on D4, then D8 for St-Haon-le-Vieux, or 72, St-Germain-Laval exit, and D8 for Côte Roannaise. ichelin map 327.*

his handsome late-18th-century family mansion stands in the art of the Côte Roannaise, amid vines and mountains, in a ooded, floral park. You will delight in this charming home, mplete with antique furniture, French-style wood panelling d ceilings, and comfortable ground-floor studio room and stairs suite. Relax in the TV room, library and park with ol and terrace. Ideal for exploring the local heritage.

RHÔNE-ALPES

St-Julien-Molin-Molette - Loire (42)

Castel-Guéret
Drevard - 42220 St-Julien-Molin-Molette
Tél. 04 77 51 56 04 - Fax 04 77 51 59 13
http://castel.gueret.free.fr/
Daniel Coulaud

1 pers. 59 € - 2 pers. 69/77 € - 3 pers. 92 € - p. sup. 23 €

3 ch. et 2 suites/2 ch. (125 €/4 pers.). avec entrée indép. et sanitaires privés. Ouv. toute l'année. Petit déj. : croissant, pâtisseries/confitures maison... Salon, biblio., TV, billard, jeux. Pièces récep. avec salle à manger (r.d.c.). Cuisine dispo. Parc, piscine, loc. VTT, p-pong, jeux enfts. Conditions pour séjours. ★ Découverte vignobles. Rand. pédestre/VTT sur pl. Base nautique (divers sports) 15 mn. Parc animalier de Peaugres 15 km. Montgolfière 10 mn. Golf 10 km. Equit. 3 mn. Ski 8 km. Divers musées 15 km. **Accès :** Lyon (70 km) A7 sortie Condrieu. St.Etienne (32 km) par le Bessat ou Bourg-Argental. Valence (65 km), Annonay (15 km). A7 sortie Chanas. CM327.

Au cœur du parc du Pilat, dans un village d'artistes, château du XIXe dans un parc d'1,8 ha avec piscine privée (transats, salon de jardin). Chambres et suites d'un grand confort, disposant toutes d'un coin-salon et de sanitaires privés. Cadre enchanteur, propice au calme et à la détente. Location possible d'un gîte rural 4 pers. sur place.

Paper Museum and Caesar Museum 15 km. Distillery useum 20 km. Peaugres Animal Park 15 km. Balloon trips) min. 18-hole golf course 10 km. Cross-country skiing 8 km. iking and biking. Riding centre 3 min. Skiing 8 km. Water orts centre 15 min.

How to get there: *Lyon (70 km), A7, then take the ondrieu exit. St-Etienne (32 km) via Le Bessat or Bourg-gental. Valence (65 km), Annonay (15 km). A7, Chanas it. Michelin map 327.*

ie heart of Pilat Park, in an artists' village, is the setting for s 19th-century château, which stands in a 1.8-hectare park th private pool (deck-chairs, garden furniture). The luxuriously pointed bedrooms and suites all feature a lounge area and ivate bathroom. An enchanting setting, ideal for a blissful, axing break.

St-Julien-Molin-Molette - Loire (42)

*Pilat Park posted trails. Nature reserves and sites, traditional villages, local producers and craftsmen, Arts & Crafts and Folk Museums. Song, Music and Theatre Festivals. Horse-riding 500 m. Bathing 5 km. Golfing, ballooning 10 km. Rock-climbing 15 km. Canoeing 20 km.

★ **How to get there:** *From St-Etienne, N82 for Annonay/Valence. From Rhône Valley, N82 for Annonay/St-Etienne. 500 m from N82 between Bourg-Argental and St-Marcel-les-Annonay. Michelin map 327.*

Denise and Robert extend a warm welcome at La Rivoire, on the southern slope of Pilat Nature Park. You will delight in the luxurious comfort this residence's bedrooms have to offer. Gourmet table d'hôtes meals. La Rivoire is an ideal staging post for getting to know the Pilat region.

La Rivoire
La Rivoire - 42220 St-Julien-Molin-Molette
Tél. 04 77 39 65 44 - Fax 04 77 39 67 86
Email : info@larivoire.net
www.larivoire.net
Denise Thiollière

1 pers. 45 € - 2 pers. 55 € - 3 pers. 70 € - p. sup. 15 € - repas 18 € - 1/2 p. 45/63 €

5 chambres avec tél. et sanitaires privés. Ouvert tou[te] l'année. Petit déjeuner : jus de fruit, confitures maiso[n] fruits de saison. Table d'hôtes : légumes du potager et pr[o]duits fermiers, tartes aux légumes, fromage locaux, tart[es] aux fruits. Salons lecture. Jardin. ★ Sentiers balisés du pa[rc] du Pilat. Espaces/réserves naturels, villages typiques, art[i]sans, product. locaux, musées artisanat et traditio[n] Fêtes/festivals (chanson, musique, théâtre). Equit. 500 m Golf 10 km. **Accès :** depuis St.Etienne suivre N82 di[r.] Annonay/Valence. Depuis la vallée du Rhône, suiv[re] N82 dir. Annonay/St.Etienne. A 500 m de la N82 ent[re] Bourg-Argental et St.Marcel-les-Annonay. CM327.

Sur le versant méridional du parc naturel du Pila[t] Denise et Robert vous accueillent chaleureus[e]ment. Vous apprécierez le confort des chambres [et] l'atmosphère conviviale de cette demeure. Tab[le] d'hôtes gourmande. La Rivoire sera une éta[pe] idéale pour découvrir la région du Pilat.

RHÔNE-ALPES

St-Just-Chaleyssin - Isère (38)

*Nearby: Vienne, Gallo-Roman town and Jazz Festival; Lyon, sports and cultural events; Côtes Rôties vineyards. Swimming and horse-riding 5 km. Hiking locally.

★ **How to get there:** *From Grenoble, A48 and A43 for Lyon. Vienne exit for Vienne, St-Just on D36. In St-Just centre, head for Valencin. 1st turning on right. The house is at the top of the hill on right. Michelin map 333, fold C4.*

Valérie and Pascal have lovingly restored this 17th-century tilery farmhouse, set in a leafy country setting on the Vienne hinterland. You will be enchanted by the delightful atmosphere of the place, with rustic furniture, beams and centuries-old fireplace. A charming stop.

La Tuilière
La Tuilière - 38540 St-Just-Chaleyssin
Tél. 04 78 96 32 82 ou 06 19 88 95 08
Fax 04 72 70 31 68
www.latuiliere.fr
Valérie et Pascal Duchêne

1 pers. 53 € - 2 pers. 66 € - p. sup. 20 €

3 chambres avec sanitaires privés. Ouvert toute l'anné[e] Petit déjeuner : gâteaux et brioches maison, confitures d[u] potager (pastèque, pissenlis, aubergines...). Salle à mang[er] avec cheminée. Parc de 4 ha. Magnifiques terrasses où l[es] petits déjeuners s'éterniseront. Restaurants gastron[o]miques à proximité. ★ A proximité : Vienne, ville gall[o]romaine (festival de jazz). A 20 mn de Lyon-Eurexp[o] Nombreuses activités sportives et culturelles. Vignobl[es] Côtes Roties. Randonnées, équitation. **Accès :** de Lyo[n] prendre A46 (rocade est) dir. Marseille, sortie n°15 di[r.] Moins puis Valencin. Traverser Valencin, au rd point apr[ès] l'église dir. St-Just-Chaleyssin sur 3 km puis chemin [à] gauche. CM333, pli C4.

Valérie et Pascal ont rénové avec passion cet[te] ferme Tuilière du XVIIe siècle, situé dans le cad[re] verdoyant et champêtre de l'arrière pays Viennoi[s] Vous serez séduits par l'ambiance chaleureuse, av[ec] meubles d'époque, poutre et cheminée séculaire.

St-Just-d'Ardèche - Ardèche (07)

★Avignon Festival, Aven d'Orgnac swallow hole, Chauvet Cave, etc. Tennis court 300 m. Quad bikes, cycling 5 km. Canoeing 4 km. Accrobranche tree climbing facilities 6 km. Caves 10 km.

*★ **How to get there:** A7, Bollène exit 19. D994 for Pont-St-Esprit and N86 for Bourg-St-Andéol. In St-Just centre, opposite the tobacconist's, follow signs for "La Mélinas". Michelin map 331, fold J8.*

Isabelle and Marc extend a warm welcome at their inviting, authentic 12th-century home. The vast, extremely comfortable suites boast period decoration. The table d'hôtes meals are served on the terrace overlooking the vineyards in the arch-ceilinged dining room with imposing fireplace. Delightfully peaceful vineyard setting.

La Mélinas TH

quartier Mélinas - 07700 St-Just-d'Ardèche
Tél. 04 75 04 61 36
Email : la-melinas@wanadoo.fr
www.la-melinas.com
Isabelle de Permentier

1 pers. 55 € - 2 pers. 65/79 € - p. sup. 25 € - repas 28 €

1 chambre et 4 suites 4 pers. dont 3 avec salon, toutes avec sanitaires privés. Ouvert toute l'année. Petit déjeuner : viennoiseries, céréales, yaourts, jambon... T. d'hôtes : produits ardéchois, gastronomie belge, provençale et régionale. Salle de jeux, ping-pong. Piscine. Tennis 300 m avec suppl. ★ Festival d'Avignon, l'Aven d'Orgnac, la grotte Chauvet... Quads, VTT 5 km. Canoë 4 km. Accrobranches 6 km. Grottes 10 km. **Accès :** A7, sortie n°19 Bollène. Puis D994 dir. Pont-St-Esprit, N86 dir. Bourg St-Andéol. Au centre de St-Just, en face du tabac suivre les panneaux "La Mélinas". CM331, pli J8.

Isabelle et Marc vous accueillent dans leur demeure chaleureuse et authentique datant du XIIe siècle. Ils vous proposent de vastes suites très confortables, décorées à l'ancienne. La table d'hôtes est servie sur la terrasse surplombant les vignobles ou dans la salle à manger voûtée à l'immense cheminée. Situation calme au milieu des vignobles.

RHÔNE-ALPES

St-Lager-Bressac - Ardèche (07)

★Just 10 km from A7, Fontblachère is ideally situated for exploring the Ardèche and Drôme départements. An hour's drive from Avignon. Riding centres, hiking paths (GR42), golf course, water sports centre, flying club.

*★ **How to get there:** A7, Loriol exit for Privas on D22, and turn left for Saint-Lager-Bressac. Follow signs. Michelin map 331, fold K5.*

Château de Fontblachère is set in the hills bordering the Rhône, in a conservation area. Dating from the 17th century, the residence features handsome ground-floor rooms with arched ceilings. The furniture and paintings are 18th and 19th century. Vast park with swimming pool, tennis court and spa.

Château de Fontblachère TH

07210 Saint-Lager-Bressac
Tél. 04 75 65 15 02 ou 06 07 62 74 23
Fax 04 75 65 18 56
http://chateau-fontblachere.com
Bernard Liaudois

1 pers. 100/130 € - 2 pers. 100/130 € - p. sup. 20 € - repas 30 €

3 chambres et 1 suite de 2 chambres avec sanitaires privés. Ouvert de mars à novembre et les week-ends en hors-saison. Table d'hôtes sur réservation. Cour et parc d'1 ha. Piscine, tennis et spa. Petits chiens acceptés. ★ Idéalement situé à 10 km de l'A7, Fontblachère vous permet de sillonner l'Ardèche et la Drôme. Avignon (1h de route). Centres équestres, randonnée (GR42), golf, base nautique, aéroclub. CM76, pli 18. **Accès :** A7 sortie Loriol dir. Privas par D22, puis touner à gauche dir. Saint-Lager-Bressac et suivre le fléchage. CM331, pli K5.

Dans un environnement protégé, en bordure de forêt, le château de Fontblachère est situé sur les collines qui bordent le Rhône. D'époque XVIIe, il possède de belles pièces voutées en rez-de-chaussée et une orangerie. Le mobilier et les tableaux sont d'époque XVIIIe et XIXe. Vaste parc avec piscine, tennis et spa.

St-Lager-Bressac - Ardèche (07)

Crest and Avignon Festivals, Saoü Forest, Grignan town. Gallo-Roman vestiges and archaeological sites. Arts and crafts. Horse-riding 3 km. Golf course 20 km. Rock-climbing 5 km. Tennis court 500 m. Hiking locally.

★ ***How to get there:*** *A7, Loriol exit, and head for Privas on D22. Turn left for St-Lager-Bressac and follow signs. Michelin map 331, fold K5.*

Le Moulinage is a late-18th-century mill, nestling by a little stream, in a haven of peace and quiet. This volcanic-stone residence provides four spacious, tastefully appointed bedrooms. Copious breakfasts are served on the terrace overlooking the swimming pool. Thibaud extends a warm, hospitable welcome to guests at this tranquil spot.

Le Moulinage TH
quartier Champesteve -
07210 St-Lager-Bressac
Tél./Fax 04 75 65 13 96
www.gite-chambre-ardeche.com
Thibaud Quere

2 pers. 75 € - p. sup. 20 € - repas 20 €

2 chambres et 2 suites avec salon, toutes avec sanitaire privés. Ouv. toute l'année. Petit déjeuner : viennoiseries confitures et patisseries maison, fruits... T. d'hôtes : agneau fermier, volaille aux champignons, gratins... Salon, jeux biblio. Cuisine à dispo. Piscine, vélos, p-pong. Jardin Chèques vac. acceptés. ★ Festivals de Crest et d'Avignon forêt de Saoü, ville de Grignan, sites archéologiques e vestiges gallo-romains, artisanat. Equitation 3 km. Gol 20 km. Escalade 5 km. Tennis 500 m. Randonnées su place. **Accès :** A7, sortie Loriol. Dir. Privas par D22 Tourner à gauche dir. St-Lager-Bressac puis suivre le fléchage. CM331, pli K5.

Cet ancien moulin de la fin du XVIIIe siècle, niché au bord d'un petit cours d'eau, vous offrira calme et détente. La bâtisse construite en pierres volcaniques dispose de 4 chambres spacieuses aménagées avec goût. Le copieux petit déjeuner est serv sur la terrasse surplombant la piscine. Thibaud vous accueillera chaleureusement dans ce havre de paix.

St-Martin-de-la-Cluze - Isère (38)

Hiking. Small scenic railway. Cruises on Monteynard Lake. Tours of listed buildings. Horse-farm 6 km. Lake 8 km. Tennis court, swimming pool 10 km. Skiing 20 km.

★ ***How to get there:*** *From Grenoble, A480 then N75 for Sisteron. 7 km past Vif, level crossing then left onto D110 for St-Martin-de-la-Cluze. Drive through village for "La Salle". Follow signs. Michelin map 333, fold G8.*

Hélène and Jacques Rossi are your hosts at this 17th-century château, which they have tastefully restored. The five attractive bedrooms offer comfort and refinement. Delicious breakfasts and dinners are served in a vast dining hall with mullioned windows that look out onto the Matheysin Plateau. Shaded flower garden with watchtower. A prestigious destination.

Château de Paquier TH
38650 Saint-Martin-de-la-Cluze
Tél./Fax 04 76 72 77 33
Email : hrossi@club-internet.fr
Jacques et Hélène Rossi

1 pers. 51 € - 2 pers. 62/80 € - p. sup. 18/27 € - repas 21 €

5 chambres avec bains et wc privés. Ouvert toute l'année Table d'hôtes : gigot et canard à la broche, gratin dauphinois, tarte aux noix... (repas enfant 9 €). VTT, jeux enfants, p-pong, tir à l'arc. Salle de détente (bibliothèque) Poney. L-linge, sèche-linge. ★ Randonnées. Petit train touristique. Bateau croisière sur le lac de Monteynard Circuit des monuments classés. Ferme-équestre 6 km. Lac 8 km. Tennis, piscine 10 km. Ski 20 km. **Accès :** de Grenoble A480 puis N75 dir. Sisteron. 7 km après Vif pass. à niveau prendre à gauche au rond point D110 dir St-Martin-de-la-Cluze. Trav. le village et dir. "La Salle" Suivre la signalisation. CM333, pli G8.

Jacques et Hélène Rossi vous reçoivent dans leur château du XVIIe qu'ils ont restauré avec goût 5 belles ch. au confort raffiné vous sont réservées Le savoureux petit déjeuner et le dîner sont servi dans la vaste salle à manger dont les fenêtres à meneaux ouvrent sur le plateau Matheysin. Parc fleuri et ombragé avec tour de guêt. Etape de grand confort...

St-Martin-sur-Lavezon - Ardèche (07)

★Ardèche Gorges 45 km. Wine country and Grignan Château 40 km. Montélimar 15 km. Avignon, Mont-Ventoux, etc.

*★ **How to get there:** From Montélimar-Sud, head for Privas via Meysse and D2. 35 km on, turn left (D213) for St-Martin-sur-Lavezon. Drive 4 km. Take the second turning on the left as you leave the village. Michelin map 331, fold K6.*

This delightful volcanic-rock residence, nestling by a river in the heart of the countryside, conceals a charming patio and four tastefully appointed bedrooms, including a suite. Charm and the good life are the watchwords for your stay at Ferme du Pic d'Allier. Enjoy pleasant walks or relax by the pool, in this enchanting setting.

La Ferme du Pic d'Allier TH

La Rivière - 07400 St-Martin-sur-Lavezon
Tél. 04 75 52 98 45 - Fax 04 75 52 98 96
Email : picdallier@wanadoo.fr
www.picdallier.com
Maryvonne Barraud

2 pers. 98/140 € - p. sup. 25 € - repas 28 €

3 chambres, 1 suite et 1 loft avec sanitaires privés. Ouvert du 1/03 au 15/11. Petit déjeuner : croissants, confitures, miel, céréales... T. d'hôtes : lapin aux olives, crème de courges aux chataîgnes... Piscine, sauna. Pétanque, ping-pong. Cour, jardin, parc de 1 ha. Restaurants à Montélimar et Privas. ★ Gorges de l'Ardèche 45 km. Route des vins et château de Grignan 40 km. Montélimar 15 km. Avignon, Mont Ventoux... **Accès :** Montélimar sud direction Privas par Meysse puis D2 sur 35 km. Ensuite à gauche (D213) dir. St-Martin-sur-Lavezon sur 4 km. A la sortie du village, c'est le 2e chemin à gauche. CM331, pli K6.

Nichée au bord d'une rivière, en pleine campagne, cette bâtisse en pierre volcanique cache un charmant patio et 4 chambres dont 1 suite décorées avec goût. Charme et douceur de vivre sont les maître mots de la ferme du Pic d'Allier. Dans ce lieu magique, vous pourrez faire de jolies balades et vous prélasser grâce à la magnifique piscine.

RHÔNE-ALPES

St-Montan - Ardèche (07)

★Ardèche Gorges and caves 20 km. Horse-riding 10 km. Hiking, mountain bikes, motorbikes, tennis 3 km. Guided tours of award-winning medieval village.

*★ **How to get there:** A7, Montélimar-Sud exit, head for Malataverne, Chateauneuf-sur-Rhône and Viviers (RN86). Head for Bourg Saint-Andeil, 5 km from Saint-Montan. Michelin map 331, fold J7.*

This traditional, 18th-century Ardèche farmhouse is ideally situated near the medieval village of Saint-Montan. Peace, quiet and rest are guaranteed at this residence which offers an attractive garden, three-hectare grounds and a swimming pool. The bedrooms are welcoming and boast matching painted furniture and décor. Superb views of the surrounding countryside.

La Pacha TH

Route de Viviers - 07220 Saint-Montan
Tél./Fax 04 75 52 57 41
Email : lapacha.lemoure@wanadoo.fr
Isabelle Million

2 pers. 63 € - p. sup. 16 € - repas 23 €

4 chambres avec sanitaires privés. Ouv. du 5.01 au 15.12. Petit déjeuner servi dans la salle à manger ou dans le jardin, suivant la saison. T. d'hôtes sauf mercredi et dimanche. Salon avec coin-lecture et TV. Parc de 3 ha. Piscine privée à l'écart. Restaurants à 5 mn.. ★ Gorges de l'Ardèche et grottes 20 mn. Château de Grignan 25 mn. Montélimar 15 mn. A prox. : golf, équit., escalade, VTT, rand., moto, tennis. Visite guidée du village médiéval classé "Village de Caractère". **Accès :** A7 sortie 18 Montélimar sud. dir. Malataverne, Châteauneuf-du-Rhône, Viviers puis N86 dir. Bourg-St-Andéol (8 km) et à droite (D262) dir. St-Montan. Traverser le village, suivre Viviers et panneaux "Gîtes".

Ferme typique ardéchoise du XVIIIe, située près du village médiéval. Un beau jardin, un parc de 3 ha et une piscine vous assureront calme et repos. Les chambres qui vous reçoivent sont chaleureuses et accueillantes, et bénéficient chacune d'une terrasse privative avec salon de jardin. Venez profiter de la douceur de vivre de cette campagne ardéchoise.

St-Nizier-le-Bouchoux - Ain (01)

NOUVEAUTÉ

Bresse route with its farms with sarrazine chimneys, Brou Royal Monastery, Tournus Abbey, local farm produce.

★ ***How to get there:*** *In the village of St-Nizier-le-Bouchoux, take direction Julien-sur-Reyssouze (D97). 800 m on, turn left (Jassans) and the farm is on the left. Michelin map 328, fold D2.*

At the heart of the Bressan farmland, this guest house has a colourful, refined ambience and is "protected" by lime and apple trees. François will warmly welcome you to his farm that has been decorated with comfortable family furniture and that has 5 carefully furbished bedrooms available, each boasting a different style. Enjoy the mixture of delightful flavours at the table d'hôtes.

La Closerie TH
Jassans - 01560 St-Nizier-le-Bouchoux
Tél./Fax 04 74 52 96 67
Email : francois.bongard@wanadoo.fr
François Bongard

1 pers. 40 € - 2 pers. 50 € - 3 pers. 72 € - p. sup. 22 € - repas 17 €

5 chambres de plain-pied avec accès indépendant et sanitaires privés. Ouv. toute l'année. Petit déjeuner copieux. T. d'hôtes sur résa. : cuisine savoureuse élaborée avec le produits du terroir. Vaste salon, salle à manger. Terrain 6000 m², salon d'été, salons de jardins, parking privé. Ne pas fumer dans la maison. ★ Le route de la Bresse avec se fermes à cheminées sarrazines, le Monastère Royal d Brou, l'Abbaye de Tournus, les producteurs fermier locaux. **Accès :** dans le village de St-Nizier-le Bouchoux, prendre dir. St-Julien-sur-Reyssouze (D97). A gauche, à 800 m (Jassans) puis ferme à gauche. CM328 pli D2.

Au cœur du bocage bressan, ambiance colorée e raffinement pour cette maison d'hôtes "protégée" par le tilleul et la haie de pommiers. François vou accueille chaleureusement dans sa ferme bressan aux meubles de famille, et vous propose 5 chambres décorées avec soin, chacune dans un style différent. Découvrez le mélange des saveurs de la table d'hôtes.

St-Pierre-d'Albigny - Savoie (73)

Miolans medieval château, Bauges Regional Nature Park, wine-growing estates and tastings. Carouges Lake and outdoor leisure centre 1 km. Dukes of Savoy Château 20 km. Paragliding 5 km.

★ ***How to get there:*** *A43, exit 23 for St-Pierre-d'Albigny. At the 3rd roundabout, turn left onto D201E. In Albigny hamlet, turn right. Turn left for the château 800 m on.*

Château des Allues, a genuine 17th-century Savoyard residence with outbuildings - barns, press-house, wash house and mill - is surrounded by vines in the Bauges Regional Nature Park. The superb bedrooms are appointed with antique furnishings. Enjoy gourmet breakfasts of local specialities. Peace and quiet, rest and relaxation assured.

Château des Allues TH
73250 St-Pierre-d'Albigny
Tél. 06 75 38 61 56 - Tél. SR 04 79 85 01 09
Email : info@chateaudesallues.com
www.chateaudesallues.com
Stéphane Vandeville

1 pers. 85/115 € - 2 pers. 95/125 € - 3 pers. 145 € - repas 35 €

2 ch. et 1 suite avec sanitaires privés. (165 €/4 pers.) Ouv. toute l'année. Petit déjeuner : viennoiseries et pain complet bio, confitures maison, charcuterie, fromages... T d'hôtes : quiche au reblochon, crème chocolat... Salon cheminée, salon TV, espace Internet. Vélos. Parc avec bassins, cours d'eau. Parc 3 ha. ★ Château médiéval de Miolans, découverte du Parc Naturel Régional des Bauges, route des vins et dégustation. Lac de Carouges (base de loisirs) 1 km. Château Ducs de Savoie 20 km Parapente 5 km. **Accès :** A43, sortie n°23 St-Pierre-d'Albigny. Au 3e rond point, prendre à gauche la D201E Dans le hameau d'Albigny, prendre à droite sur environ 800 m puis à gauche dir. le château.

Dans le Parc Naturel Régional des Bauges, au cœur des vignes, le château des Allues est une authentique demeure savoyarde du XVIIe siècle, avec toutes ses dépendances (granges, pressoir lavoir, moulin...). Superbes chambres meublées en ancien, petits déjeuners gourmands à base de spécialités locales. Calme, détente et sérénité assurés !

St-Pierre-la-Noaille - Loire (42)

Brionnais: Romanesque churches. Charlieu, medieval town 4.5 km. Saint-Christophe-en-Brionnais and famous cattle market 24 km. Troisgros restaurant 15 km. Loire and water sports 4 km. Posted hiking trails.

★ ***How to get there:** From Roanne, head for Autun on D482. From Charlieu, head for Fleury-la-Montagne. From Digoin, head for Roanne along D982. Michelin map 327.*

This splendid 18th-century property in the heart of the "Romanesque Brionnais" area is a haven of peace and tranquillity, offering superb views of the Loire. The tastefully appointed bedrooms are comfortable and boast regional-style furniture. An ideal destination for gourmets and nature lovers. Friendly welcome assured.

Domaine Château de Marchangy

42190 Saint-Pierre-la-Noaille
Tél. 04 77 69 96 76 - Fax 04 77 60 70 37
Email : contact@marchangy.com
www.marchangy.com
Marie-Colette Grandeau

1 pers. 77/90 € - 2 pers. 85/98 € - p. sup. 17/25 €

2 chambres et 1 suite, avec tél., TV, mini-bar, bains et wc privés. Ouvert toute l'année. Copieux petit déjeuner.. Brunch (avec suppl.). Piscine (17 x 8 m), p-pong et baby-foot sur place. Parc. Accueil chevaux (prés, boxes). ★ Eglises romanes du Brionnais. Charlieu, ville médiévale 4,5 km. St-Christophe-en-Brionnais et son marché aux bestiaux 24 km. Troisgros 15 km. Loire et activités nautiques 4 km. Sentiers balisés. **Accès :** de Roanne, prendre dir. Autun par D482. De Charlieu, prendre dir. Fleury-la-Montagne. De Digoin, prendre dir. Roanne par la D982. CM327.

Au cœur du Brionnais Roman, sur un domaine de 50 ha, très belle propriété du XVIIIe siècle, bénéficiant d'un calme absolu et d'une vue magnifique sur la Loire. Les chambres sont très confortables et meublées avec goût. Accueil très chaleureux. Une adresse qui ravira les amateurs de nature, de marche et de gastronomie.

St-Romain-le-Puy - Loire (42)

Plateau and authentic scenery: lakes, bird reserves, untamed landscapes of the Hautes Chaumes. Montbrison and it regional heritage. Golf course 400 m. Horse-riding 5 km. Casino and water cures 12 km. Lake 7 km.

★ ***How to get there:** A72, exit 7, and D496 for Montbrison. 4 km on, turn left onto D107 for Grézieux, Précieux and St-Romain-le-Puy. Michelin map 327, fold D6.*

This restored old farmhouse is situated below an 11th-century priory in the heart of the Forez, on the Lyonnais border, between Auvergne, Burgundy and Vivarais. Delight in the comfortable, elegantly appointed bedrooms and bathrooms. Scrumptious breakfasts are served on the terrace, in the shade of mulberry trees.

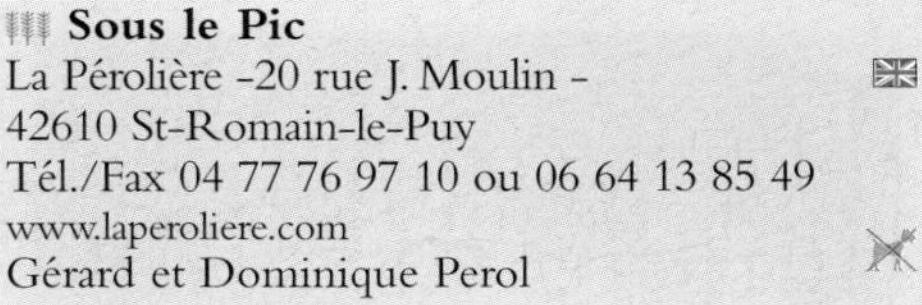

Sous le Pic

La Pérolière -20 rue J. Moulin -
42610 St-Romain-le-Puy
Tél./Fax 04 77 76 97 10 ou 06 64 13 85 49
www.laperoliere.com
Gérard et Dominique Perol

1 pers. 42/60 € - 2 pers. 50/68 € - p. sup. 15 €

3 chambres et 1 suite avec salon attenant, toutes avec sanitaires privés. Ouvert toute l'année sauf du 5.01 au 15.03. Petit déjeuner : confitures et pâtisserie maison, salade de fruits, viennoiseries... Bibliothèque, coin-salon. Parking. Jardin. Wifi. 1 chambre accessible aux pers. hand. Restaurant 500 m. ★ Paysages authentiques de la plaine (étangs, réserves d'oiseaux), paysages sauvages des Hautes Chaumes. Montbrison et son patrimoine historique. Golf 400 m. Equitation 5 km. Casino et thermalisme 12 km. **Accès :** A72, sortie n°7, D496 dir. Montbrison sur 4 km puis sur la gauche (D107) dir. Grézieux, Précieux, St-Romain-le-Puy. CM327, pli D6.

Entre Auvergne, Bourgogne et Vivarais, aux confins du Lyonnais, vous découvrirez en plein cœur du Forez, une ancienne ferme restaurée, située sous un prieuré du XIe siècle. Vous apprécierez le confort et la décoration raffinée des chambres et des salles de bains. De savoureux petits déjeuners sont servis en été sur la terrasse, à l'ombre des mûriers.

St-Sauveur-de-Cruzières - Ardèche (07)

★Ardèche Gorges, bamboo forest, caves, local markets, listed villages, museums, wine cellars. Riding centre and tennis court 5 km. Hiking 2 km. Canoeing 7 km.

★ ***How to get there:*** *A7, Bollène exit for Bagnols-sur-Ceze (D994). N86 before Bagnols, D980 Barjac, D901 St-Sauveur, and D256 Bessac. Turn right for "Les Molières", 800 m on. Michelin map 331, fold H8.*

This pretty, 16th-century farmhouse, overlooking the vineyards and the countryside, exudes the good life, serenaded by cicadas. The individually decorated bedrooms, peaceful pool and the flower garden beckon rest and relaxation. In the evening, discover the mouthwatering table d'hôtes dishes, delicately flavoured with olive oil and watch the sunset over the hills.

Mas des Molières TH
07460 St-Sauveur-de-Cruzières
Tél./Fax 04 75 39 08 75
Email : reservation@masdesmolieres.com
www.masdesmolieres.com
Richard et Danielle Reuther

1 pers. 54/61 € - 2 pers. 58/65 € - 3 pers. 74/81 € - p. sup. 16 € - repas 21 €

5 chambres dont 2 indépendantes avec sanitaires privés. Ouv. de février à nov. sur résa. Petit déjeuner : confitures et gateaux maison, jus d'orange... T. d'hôtes : spécialités provençales. Billard, salle de lecture et de détente. Piscine, pétanque, jardin, solarium. Hors juil./août : - 10 % à partir de 3 nuits. ★ Gorges de l'Ardèche, bambouseraie, grottes, marchés locaux, villages classés, musées, caves vinicoles. Centre équestre et tennis 5 km. Randonnées 2 km. Canoë 7 km. **Accès :** A7, sortie Bollene puis dir. Bagnols Ceze (D994). N86 avant Bagnols, D980 Barjac, D901 St-Sauveur puis D256 Bessac pendant 800 m et à droite "Les Molières". CM331, pli H8.

Dominant vignes et campagne, baigné par le chant des cigales, ce joli mas du XVIe siècle respire la douceur de vivre. La décoration personnalisée des chambres, le calme de la piscine et le jardin fleuri invitent au farniente. Le soir, découverte des plats parfumés aux senteurs d'huile d'olive, en admirant le coucher du soleil sur les collines.

St-Thomé - Ardèche (07)

★Ardèche Gorges, St-Thomé listed villages, Alba-la-Romaine and Theatre and Dance Festival, St-Montant, Viviers Cathedral. Fishing, hiking and cycling locally. Horse-riding and tennis 2 km.

★ ***How to get there:*** *A7, Montélimar-Sud. At roundabout, right for Montélimar, left for Malataverne. In village, right at 1st stop sign, right and left at 2nd stop. Drive through Viviers for Aubenas. Drive 1.8 km past Les Crottes.*

Enjoy the peace and quiet of this fully renovated, late-18th-century water mill in Southern Ardèche. The three lovingly decorated bedrooms afford great comfort. Enjoy a refreshing dip in the river that runs alongside the property, fed by natural springs all year round.

Le Moulinage de St-Thomé TH
chemin des Carmes - 07220 St-Thomé
Tél. 06 09 48 80 14 - Fax 04 75 52 60 62
Email : famille.julienne@wanadoo.fr
www.le-moulinage.com
Martine et Laurent Julienne

1 pers. 110 € - 2 pers. 110 € - 3 pers. 135 € - p. sup. 25 € - repas 25 €

3 chambres avec sanitaires privés. Ouvert toute l'année. Petit déjeuner : jus d'orange, confitures maison, fruits de saison, gâteau maison, œuf, yaourts... Bibliothèque. Cour, jardin, parc de 4 ha. Dans la propriété : baignade, marche à pied, vélo. 5 restaurants dans un rayon de 5 km. ★ Gorges de l'Ardèche, village classé de St-Thomé, Alba-la-Romaine (festival théâtre et danse), St-Montant, cathédrale de Viviers. Pêche, randonnée et VTT sur place. Equitation et tennis à 2 km. **Accès :** A7, Montélimar sud. Rd point à droite dir. Montélimar, Malataverne à gauche. Dans village, au stop tout droit, 2e stop à droite et à gauche. Traverser Viviers dir. Aubenas. Après Les Crottes faire 1,8 km.

Dans ce moulinage de la fin du XVIIIe, rénové, en Ardèche méridionale, vous pourrez profiter en toute quiétude des 3 chambres confortables, décorées avec soin qui vous sont proposées. Si vous le souhaitez, vous pourrez vous rafraîchir en vous baignant dans la rivière qui borde la propriété ou profiter de l'espace détente : piscine intérieure, sauna, hammam.

St-Trivier-sur-Moignans - Ain (01)

Near Villars-les-Dombes, Parc des Oiseaux bird sanctuary; Dombes, land of a thousand lakes, etc. Hiking locally. Fishing, golf course 10 km. Horse-riding 20 km.

★ ***How to get there:*** *A6 motorway, Belleville/Saône exit for Châtillon/Chalaronne. Head for St-Trivier/Moignans. Past the village, on the Villefranche road, 3rd lane on the right and 3rd house on the left. Michelin map 328, fold C4.*

This fine renovated farmhouse is set in an attractive flower garden with tennis court. Five comfortably appointed bedrooms have been arranged upstairs. Vast residence where charm prevails, with fireplace, library, piano and billiard table. The extensive garden contains a swimming pool and tennis court for guests' use. An ideal staging post for exploring the Dombes region.

Domaine de Paspierre TH

Pampra - 01990 Saint-Trivier-sur-Moignans

Tél. 04 74 55 90 29

Email : paspierre@free.fr

Pascale Juillac-Bernand

1 pers. 60 € - 2 pers. 70 € - 3 pers. 90 € - p. sup. 20 € - repas 20 €

2 ch. 2 pers. avec coin-salon, 2 ch. 3 pers. avec mezzanine et 1 ch. 4 pers. TV sat. et sanitaires privés dans chaque chambre. Ouv. toute l'année sauf Noël et vac. février. Copieux petit déj. T. d'hôtes : spécialités locales et cuisine familiale. Salon. Biblio. Billard. Piano. Parking. Parc. Tennis privé. ★ Villars-les-Dombes, Parc des Oiseaux, la Dombes aux mille Etangs... Randonnée. Pêche, golf 10 km. Equitation 20 km. **Accès :** A6, sortie Belleville/Saône puis dir. Châtillon/Chalaronne. Puis dir. St-Trivier/Moignans. Après le village, sur la route de Villefranche, 3ᵉ ch. à droite et 3ᵉ maison à gauche. CM328, pli C4.

Jolie ferme rénovée entourée d'un beau jardin fleuri avec tennis privé à la disposition des hôtes. 5 ch. au décor chaleureux sont aménagées à l'étage. Vaste demeure conviviale avec cheminée, bibliothèque, piano et billard où règne une atmosphère de charme. Une étape à ne pas manquer pour découvrir la région des Dombes.

St-Vérand - Rhône (69)

Explore Beaujolais country, wine-tasting cellars. Horse-riding centre, lake, hiking.

★ ***How to get there:*** *A6, Villefranche-sur-Saône exit (35 km from Lyon). Head for Tarare-Roanne. At St-Vérand, turn right for Bois-d'Oingt. Drive approx. 1 km. In "Aucherand", the house is on the right.*

In the heart of Beaujolais country, this vast family residence stands in a magnificent park with century-old trees. The five comfortable bedrooms and suite are full of charm and refinement (Joseph is an antique dealer and Joëlle an interior designer). The house exudes peace and quiet, and the good life. The owners extend a warm, yet unobtrusive welcome.

Aucherand TH

69620 Saint-Vérand

Tél./Fax 04 74 71 85 92 ou 06 08 48 47 37

Email : degottex@aol.com

Joseph et Joëlle Degottex

1 pers. 84/180 € - 2 pers. 92/180 € - 3 pers. 110/180 € - p. sup. 18 € - repas 25 €

5 chambres et 1 grande suite pour 2 ou 4 pers. (150 €/nuit), avec sanitaires privés. Ouv. toute l'année. Petit déjeuner gourmand : patisseries maison, salade de fruits, laitages... T. d'hôtes : cuisine familiale avec les "spécialités" de Joëlle. Salle de jeux : 2 billards, ping-pong. Parc, piscine, tennis, vélos. ★ Découverte du Beaujolais, caves de dégustation. Centre équestre, lac, randonnées pédestres. **Accès :** A6 sortie Villefranche/Saône (35 km de Lyon). Prendre dir. Tarare-Roanne. A St-Vérand, prendre à droite dir. Bois-d'Oingt. Faire 1 km environ. A Aucherand, la maison est à droite.

Au cœur du Beaujolais, maison familiale, dans un beau parc aux arbres centenaires. 6 chambres pleines de charme ont été aménagées avec raffinement (Joseph est antiquaire et Joëlle décoratrice). Empreinte de douceur et de quiétude, vous aimerez l'atmosphère de cette demeure où il fait bon vivre ainsi que l'accueil chaleureux de ses propriétaires.

St-Victor-sur-Loire - Loire (42)

Vienne Jazz Festival (July). La Chaise-Dieu Festival (August). Le Corbusier site at Firminy. St-Victor, medieval village. Museum of Mining and Museum of Modern Art in St-Etienne. Water sports centre, horse-riding, tennis, fishing 3 km.

★ ***How to get there:** From Lyon, St-Etienne on N88 for Le Puy. Take 4th exit after the tunnel and head for Roche-la-M./St-Victor. From Le Puy, N88, Firminy exit for Roche-la M./St-Victor. Michelin map 327.*

Just 6 km from St-Etienne, close to the medieval village of Saint-Victor, in a fully restored former barn, three comfortable, pretty bedrooms await your arrival. You will savour the copious, scrumptious breakfasts, served in the vast lounge with visible beams. You will be welcomed as friends of the family at this charmingly hospitable address.

Pracoin - 42230 St-Victor-sur-Loire
Tél. 04 77 90 37 95
Tél. SR 04 77 79 18 49
Email : colettegrimand@club-internet.fr
www.chambre-hotes-loire.com
Colette Grimand

1 pers. 36 € - 2 pers. 45 € - p. sup. 13 €

3 chambres avec sanitaires privés. Ouvert toute l'année. Petit déjeuner : jus de fruits frais, confitures et pâtisseries maison, salade de fruits de saison, yaourts... Vaste séjour. Cour, jardin et piscine. VTT et randonnées au départ de la propriété. Ping-pong. Restaurants à proximité. ★ Festival jazz à Vienne (juillet). Festival de La Chaise-Dieu (août). Site Le Corbusier à Firminy. Village médiéval St.Victor. Musées (mine et art moderne) à St.Etienne. Base nautique, équit., tennis, pêche 3 km **Accès :** (de Lyon) à St.Etienne sur la N88 dir. Le Puy puis 4ᵉ sortie après le tunnel et suivre Roche-la-M./St.Victor. (Du Puy) sur N88 sortie Firminy dir. Roche-la-M/St.Victor. CM327.

A 6 km de St-Etienne près du village médiéval de St-Victor, dans une ancienne grange restaurée, 3 chambres confortables et très joliment décorées, vous accueillent. Vous apprécierez le moment privilégié du petit déjeuner copieux qui vous sera servi dans le vaste séjour avec poutres apparentes. Un lieu charmant où vous serez reçus en amis.

Salt-en-Donzy - Loire (42)

Assier Museum (Feurs). Bâtie d'Urfé. St-Marcel-de-Féline Château. Museum of Modern Art and Industry (St-Etienne). Summer Music Festival. Tennis 1 km. Horse-riding 3 km. Swimming pool 5 km. Flying club, casino and spa 10 km.

★ ***How to get there:** 5 km from Feurs. Route signposted on D89 (Feurs-Lyon motorway). 1 km from Salt crossroads. Michelin map 327.*

Le Monceau, in the Salt-en-Donzy hills between the Forez Plain and the Lyonnais Mountains, is the ideal place for exploring the region. This fine residence enjoys an outstanding setting and natural light, which exude charm and conviviality. The luxurious bedrooms afford splendid views. Your hosts will be delighted to share their love of nature, horses, hunting and gastronomy with you. Refined table d'hôtes meals and candlelight dinners.

Domaine le Monceau TH
42110 Salt-en-Donzy
Tél./Fax 04 77 26 09 59
Email : dgiraudon@hotmail.com
www.domainelemonceau.com
Danièle Giraudon

1 pers. 75/80 € - 2 pers. 80/90 € - p. sup. 20 € - repas 28 €

1 ch. et 1 suite (m-bar et cheminée) avec sanitaires privés. Ouv. toute l'année. Petit déj. : brioche, marmelades et gelées maison, fruits... T.d'hôtes : terrines maison, grenadins aux morilles, fondant chocolat... Biblio. Billard Nicolas, b-foot, flipper. Parc 25 ha. Pétanque, vélos... Poss. cours de cuisine. ★ Musée d'Assier (Feurs). La Bâtie d'Urfé. Château St.Marcel-de-Féline. Musée d'Art Moderne et de l'Industrie (St.Etienne). Eté Musical. Tennis 1 km. Equit. 3 km. Piscine 5 km. Aéro-club, casino, thermes 10 km. **Accès :** à 5 km de Feurs. Chemin signalé sur la D89 (axe Feurs-Lyon). A 1 km du carrefour de Salt. CM327.

Aux confins des Mts du Lyonnais bénéficiant d'une vue exceptionnelle, cette élégante demeure située au cœur d'un parc, profite d'une luminosité et d'une situation qui lui confèrent charme et gaieté. En hiver, vous profiterez de l'orangerie. Vos hôtes vous feront partager leur passion pour la nature et la gastronomie, cuisine raffinée, dîner aux chandelles...

Samoëns - Haute Savoie (74)

★Samoëns, renowned for its art and historical interest. Close to Switzerland and Italy. Near Annecy, Geneva and lake. Outdoor leisure activities centre, swimming pool, tennis court and paragliding. Grand Massif ski resort.

*★ **How to get there:** From Lyon, A40 motorway to Cluses and Samoëns via the Chatillon Pass. Michelin map 328, fold N4.*

Maison de Fifine is a residence bursting with charm and character, just 400 m from the centre of Samoëns, facing some of the most outstanding scenery France has to offer. The four superb bedrooms, all recently renovated, feature individual décor harmoniously blended with beams and attractive fabrics. An incomparably blissful setting for a holiday.

La Maison de Fifine
Les Moulins - 74340 Samoëns
Tél./Fax 04 50 34 10 29 ou 06 13 27 61 77
Email : lamaisondefifine@wanadoo.fr
www.fifine.com
Jean-Yves et Liliane Bellenger

1 pers. 71 € - 2 pers. 85 € - 3 pers. 105 € - p. sup. 20 €

4 chambres avec sanitaires privés. Ouv. d'avril à déc. Petit déjeuner (jusqu'à 11 h) : lait et œufs de ferme, pâtisseries, compotes/confitures maison, fromages. TV. Poss. de cuisiner le soir. Sauna. Jardin paysager clos, terrasse, piscine chauffée à 400 m. Vélos. (tarif dégressif dès 3 nuits). Restaurant 400 m ★ Samoëns, pays d'Art et d'Histoire. A prox. de la Suisse et de l'Italie. Proche de Chamonix, d'Annecy, du lac Léman et de Genève. Base de loisirs, piscine, tennis, parapente. Domaine skiable du Grand Massif. **Accès :** en venant de Lyon, emprunter l'autoroute A40 jusqu'à Cluses puis rejoindre Samoëns par le col de Chatillon. CM328, pli N4.

A 400 m du centre de Samoëns, face à un paysage exceptionnel, la maison de Fifine est un habitat de charme et de caractère. 4 superbes chambres, fruit d'une rénovation alliant le bois ancien, les poutres et les tissus chaleureux, vous offrent, un cadre et une tranquillité incomparables. "Le Carnozet", agréable lieu où l'on se retrouve autour de la cheminée.

Servas - Ain (01)

★Numerous places of interest, including Brou Monastery and Church, Cluny and Ambronay Abbeys, medieval city of Pérouges. Fine restaurants. Horse-riding 15 km. Numerous golf courses.

*★ **How to get there:** Between Bourg-en-Bresse and Lent (D22 or D23) and follow signs for "Le Nid à Bibi". Michelin map 328, fold D4.*

A warm welcome awaits you at "Le Nid à Bibi", in peaceful, verdant countryside. Five individually decorated bedrooms, each with its own adjoining bathroom. Guests are made to feel at home, as they enjoy full access to the living quarters, heated indoor pool, sauna, fitness room, two tennis courts, table tennis and bikes. An ideal spot for enjoying sport and relaxation in a prestigious, tranquil setting.

Le Nid à Bibi TH
Lalleyriat - 01960 Servas
Tél. 04 74 21 11 47 - Fax 04 74 21 02 83
Elsie Bibus

1 pers. 80/105 € - 2 pers. 95/125 € - 3 pers. 145 € - p. sup. 29 € - repas 20/30 €

5 chambres avec sanitaires privés (1 avec bains à remous et 1 réservée aux hôtes avec animal). Ouv. toute l'année sur rés. Petit déjeuner riche : oranges pressées, confitures maison, pains variés, viennoiseries, charcuterie... T. d'hôtes gastronomique sur rés. Biblio., salon, salle à manger. Jardin. Parking clos. ★ Nombreux sites dont l'église et le monastère de Brou, abbayes de Cluny et Ambronay, cité médiévale de Pérouges. Découverte de la gastronomie. Equitation 15 km. Nombreux parcours de golf. **Accès :** entre Bourg-en-Bresse et Lent (D22 ou D23) puis fléchage "Le Nid à Bibi". CM328, pli D4.

En pleine campagne paisible et verdoyante, "Le Nid à Bibi" vous accueille chaleureusement. Toute la maison est à la disposition des hôtes, ainsi que la piscine intérieure chauffée (nage à contre-courant), l'espace musculation, le sauna, le ping-pong, les vélos et les 2 courts de tennis. Endroit idéal pour combiner sport et détente dans le luxe et le calme.

Suze-la-Rousse - Drôme (26)

★Suze Château, Avignon, Vaison-la-Romaine. Provence festivals and markets. Hiking, cycling locally. River 200 m. Tennis court 500 m. Golf course 10 km. Horse-riding 12 km.

★ ***How to get there:*** *Bollene" exit 19 for Nyons. Drive 7 km to Suze-la-Rousse. Take the second turning on the left, opposite the church. The house is 50 m up on the right. Michelin map 332, fold C8.*

You will appreciate the charm of this handsome, tastefully restored and appointed 18th-century residence, set in the heart of the Drôme Provençale. Sunseekers will enjoy relaxing by the pool, while the more adventurous can explore the countless treasures and resources this attractive region has to offer. Delicious dinners are served in the garden in the summer months and by the fireplace in winter.

Les Aiguières
rue de la Fontaine d'Argent -
26790 Suze-la-Rousse
Tél. 04 75 98 40 80
www.les-aiguieres.com
Brigitte Jacquemond

TH

1 pers. 70 € - 2 pers. 80 € - 3 pers. 110 € - p. sup. 35 € - repas 24 €

4 chambres dont 1 suite avec sanitaires privés. Ouvert toute l'année. Petit déjeuner : viennoiseries, confiture maison, miel, jus d'orange... T. d'hôtes : lapin barigoule soupe au pistou, volailles fermières... Grand salon à disposition avec TV et Hifi. Piscine. Cour, jardin. ★ Le château de Suze, Avignon, Vaison-la-Romaine... Festivals et marchés de Provence. Randonnées, vélos sur place. Rivière 200 m. Tennis 500 m. Golf 10 km. Equitation 12 km. **Accès :** sortie n°19 "Bollene" puis direction Nyons, 7 km Suze-la-Rousse. Face à l'église, 2e rue à droite, 50 m à droite. CM332, pli C8.

Au cœur de la Drôme Provençale, vous apprécierez le charme de cette belle demeure du XVIIIe restaurée et meublée avec goût. Vous pourrez vous détendre au bord de la piscine ou, si vous êtes explorateur, découvrir les innombrables richesses et ressources de cette jolie région. De savoureux dîners sont servis dans le jardin l'été, près de la cheminée l'hiver.

Ternay - Rhône (69)

★Lyon 15 min.: 12th and 15th-century Gothic cathedral, Renaissance residences, Gallo-Roman Civilisation Museum. Hiking 3 km. Golf course 7 km.

★ ***How to get there:*** *From Lyon: Solaize exit for St-Symphorien d'Ozon and Ternay. In the village, turn right at the main traffic lights and carry on to the roundabout. Rue de Chassagne is straight ahead; no. 8 is 50 m up on left.*

Manoir de la Pagerie looks like a Florentine villa. Enjoy the tranquillity of the walled park, dotted with centuries-old trees. The residence is ideal for a romantic weekend or a family holiday. Your hostess, Raphaëlle, provides a choice of two suites, Beauharnais and Longvilliers. An ideal spot for a break in the capital of the Gauls.

Manoir de la Pagerie
8, rue de Chassagne - 69360 Ternay
Tél. 06 62 47 67 48 ou 04 72 44 04 44
Fax 04 72 44 38 89
Email : manoirdelapagerie@yahoo.fr
Raphaëlle Roux

1 pers. 105 € - 2 pers. 105 € - 3 pers. 125 € - p. sup. 20 €

1 chambre et 1 suite avec sanitaires privés et mini-bar. Ouvert toute l'année.. Petit déjeuner : confitures, jus d'orange, viennoiseries, compote, yaourt... Salle à manger avec cheminée. Séjour réservé aux hôtes. Parc de 6000 m². Piscine. Restaurants à proximité. ★ Lyon 15 mn : cathédrale gothique (XIIe/XVe), demeures de la Renaissance, musée de la civilisation gallo-romaine... Randonnées à 3 km. Golf à 7 km. **Accès :** de Lyon, sortie Solaize, St-Symphorien d'Ozon puis Ternay. Au village, au feu tricolore, à droite et continuer jusqu'au rond point. Prendre en face "rue de Chassagne", le n°8 est à 50 m à gauche.

Le Manoir de la Pagerie a des allures de villa florentine. Dans son parc clos de murs, aux arbres centenaires, vous apprécierez la sérénité des lieux. Pour un week-end romantique ou un séjour en famille, Raphaëlle vous propose la suite Beauharnais et la suite Longvilliers. Une étape idéale pour un séjour dans la capitale des Gaules.

La Terrasse-sur-Dorlay - Loire (42)

Le Moulin Payre TH
42740 La Terrasse-sur-Dorlay
Tél. 04 77 20 91 46
Pierre et Myriam Marquet

1 pers. 38 € - 2 pers. 63 € - p. sup. 13 € - repas 20 €

5 chambres avec sanitaires privés. Ouvert du 15.3 au 15.10. Petit déjeuner : fruits, yaourts, confitures, pâtisseries, jus de fruits, pain. T. d'hôtes 3 fois/semaine (sur résa.) : tarte à l'oignon, saucisson brioché, coq au vin... Billard, baby-foot, jeux société. Jardin, parking. Piscine. P-pong, balançoire ★ Chartreuse de Ste-Croix-en-Jarez. Maison du parc à Pelussin. Sentiers balisés. Pêche 100 m. Equitation 3 km. Escalade 6 km. VTT 8 km. **Accès :** St-Etienne 20 km. St-Chamond 8 km. A47 Lyon-St-Etienne, sortie Grand Croix puis D62 dir. St-Paul-en-Jarez/Pilat. Après St-Paul, faire environ 1,5 km puis à gauche. CM327.

Dans le Parc Naturel du Pilat, Myriam et Pierre vous accueillent dans une ancienne maison de maître, sur un parc clos et ombragé avec piscine et étang privé, bordée par une rivière. 5 chambres au confort douillet sont réservées aux hôtes. Table d'hôtes savoureuses où la maîtresse de maison, fin cordon bleu, vous fera découvrir sa cuisine gourmande.

★Ste-Croix-en-Jarez Charterhouse. Maison du Park information centre and Pilat Regional Nature Park. Posted hiking trails. Fishing 100 m. Horse-riding 3 km. Rock-climbing 6 km. Cycling 8 km.

*★ **How to get there:** St-Etienne 20 km. St-Chamond 8 km. A47, Lyon-St-Etienne, Grand Croix exit and D62 for St-Paul-en-Jarez/Pilat. After St-Paul, drive approximately 1.5 km and turn left. Michelin map 327.*

Myriam and Pierre are your hosts at this time-honoured family mansion in the Pilat Regional Nature Park. The residence is set in enclosed shaded grounds by a river, and features a private lake and swimming pool. Five cosy, comfortable bedrooms await your arrival. Savour the delicious gourmet table d'hôtes meals prepared by the lady of the house, an accomplished cordon bleu cook.

RHÔNE-ALPES

Theizé - Rhône (69)

La Ferme du Saint
Le Sens - 69620 Theizé
Tél./Fax 04 74 71 15 48 ou 06 64 48 68 83
Email : lafermedusaint@wanadoo.fr
Annick Jammet

1 pers. 40/80 € - 2 pers. 50/90 € - p. sup. 15 €

3 chambres avec sanitaires privés (sur réservation). Petit déjeuner : viennoiseries, pâtisseries et confitures maison, fromage blanc de pays, jus de fruits... Solarium. Jardin avec piscine. VTT. Restaurants à proximité et dans le village médiéval de Oingt (5 km). ★ Patrimoine de Theizé. Découverte du Beaujolais (culture, patrimoine, gastronomie...). Visite de Lyon. Randonnées sur place. Tennis 3 km. Equitation 7 km. Plan d'eau 30 km. **Accès :** A6, sortie Villefranche-sur-Saône puis dir. Tarare-Roanne par la D38.

Couchée au pied du très pittoresque village de Theizé, la ferme du Saint date du XVe siècle. Chaque pierre de cette demeure fortifiée, bâtie autour d'une cour intérieure, témoigne d'un riche passé chargé d'histoire. Les propriétaires feront revivre pour vous, l'histoire de Manon Roland épouse du ministre de l'intérieur de Louis XVI et égérie des Girondins.

★Oingt medieval village 5 km. Theizé village heritage. Beaujolais country: culture, history and gastronomy. Lyon. Hiking locally. Tennis 3 km. Horse-riding 7 km. Lake 30 km.

*★ **How to get there:** A6 motorway, Villefranche-sur-Saône exit, and head for Tarare-Roanne on D38.*

Nestling at the foot of picturesque Theizé village, in the heart of "golden stones" country, is 15th-century Ferme du Saint. Every stone of this fortified residence, with inner courtyard, bears witness to its past steeped in history, which the owners will be delighted to share with you. You will be fascinated by their accounts of Manon Roland - the wife of Louis XVI's Minister of the Interior and instigator of the Girondins - who once owned the place. Blissful and simply astounding.

Thélis-la-Combe - Loire (42)

NOUVEAUTÉ

Annonzy 15 km (Canson and Mongolfier paper museums), St-Etienne 20 km (museums: mining, modern art, art and industry, planetarium). Swimming pool, tennis 7 km. Golf 15 km. Fishing 2 km.

★ ***How to get there:*** *From St-Etienne (Loire) or Annonzy (Ardèche), get off the N82 at la Versanne and go into the village. Cross the village in the direciton of Faubec. The house is 500 m further (farmhouse with green shutters).*

In the Pilat Regional Natural Park, Roselyne and François welcome you to their fully refurbished former farmhouse, a listed, character-filled residence. The old stones, the lime walls, the beams and the period furniture give the inside of this residence an impressive amount of charm.

La Comboursière
42220 Thélis-la-Combe
Tél./Fax 04 77 39 77 97 ou 06 86 30 06 04
Email : info@lacomboursiere.com
www.lacomboursiere.com
Roselyne et François Tourny

1 pers. 47 € - 2 pers. 60 € - 3 pers. 73 €

2 chambres avec sanitaires privés. Ouvert toute l'année. Petit déjeuner : jus de fruits, confitures maison, gâteaux, jus de fruits... Coin-lecture, grand écran + DVD. Sauna. Parc 12 ha, portique, transats, salon de jardin. Panier repas pour les randonneurs. Nombreux restaurants aux alentours. ★ Annonzy 15 km (musée des papeteries Canson et Mongolfier), St-Etienne 20 km (musées de la mine, d'Art Moderne, d'Art et d'Industrie, planétarium). Piscine, tennis 7 km. Golf 15 km. Pêche 2 km.. **Accès :** depuis St-Etienne (Loire) ou Annonzy (Ardèche), quitter la N82 à la Versanne et entrer dans le bourg. Le traverser en dir. de Faubec. Nous sommes 500 m plus loin (ferme de pays avec des volets verts). CM327.

Dans le Parc Naturel Régional du Pilat, Roselyne et François vous accueillent dans une ancienne ferme rénovée, classée hébergement de caractère.Les vieilles pierres, les murs à la chaux, les planchers et les meubles anciens confèrent à cet intérieur beaucoup de charme.

Thônes - Haute Savoie (74)

Annecy Lake 18 km. La Clusaz, Le Grand Bornand 10 km. Via Ferrata and Adventure Park 1 km. Resistance Museum 2 km. Mountain-climbing, horse-riding 1 km. Paragliding, skiing 10 km.

★ ***How to get there:*** *From Annecy, head for Thônes/Station des Aravis. In Thônes centre, turn right by the tourist office into Route de Bellossier. Drive approximately 1 km. Michelin map 328, fold K5.*

Le Clos Zénon is a large wood and stone chalet set in the mountains, between Lake Annecy and Aravis ski resort. This blissful spot offers six elegant, mountain-style bedrooms with balcony, and a swimming pool. Enjoy Michel and Joëlle's traditional local dishes at the table d'hôtes.

Le Clos Zénon TH
route de Bellossier - 74230 Thônes
Tél./Fax 04 50 02 10 86
www.thones-chalet-gite.com
Michel et Joëlle Colle

1 pers. 40/48 € - 2 pers. 60/75 € -
3 pers. 100 € - repas 25 € - 1/2 p. 52/60 €

6 chambres avec sanitaires privés, TV. Ouv.de mi-avril à fin déc. Petit déjeuner : jus de fruits, confitures, viennoiseries, fromages... T. d'hôtes : gratin savoyard, poissons (lacs Annecy et Léman)... Salle de repas. Espace forme sur résa. (spa, hammam,sauna). Piscine. Jardin. Accueil cavaliers. Restaurants 1,5 km. ★ Lac d'Annecy 18 km. La Clusaz, le Grand Bornand 10 km. Via Ferrata et Parc Aventure 1 km. Musée de la Résistance 2 km. Escalade, équitation 1 km. Pêche 200 m. Parapente, ski 10 km. **Accès :** depuis Annecy, suivre Thônes/Station des Aravis. Au centre de Thônes, prendre à droite devant l'office de tourisme la route de Bellossier et faire environ 1 km. CM328, pli K5.

Entre le lac d'Annecy et la station des Aravis, entouré de montagnes, le Clos Zénon est un grand chalet de bois et de pierres. Dans un site calme, vous pourrez profiter de la piscine et des 6 chambres avec balcon, au décor montagnard et raffiné. Autour de la table d'hôtes, Michel et Joëlle vous feront déguster une cuisine traditionnelle régionale.

Ucel - Ardèche (07)

★The region's historical and geological treasures: Ardèche Gorges and prehistoric swallow holes, untamed Ardèche mountains, volcanic sites, and excursions. Kayaking, tennis 4 km. Horse-riding 6 km.

*★ **How to get there:** From Aubenas, head for Privas. Drive through the Ardèche and, at roundabout, head for Ucel. 2.5 km on, past sign as you enter Ucel, turn right for the church and right again. The house is 500 m up on the left.*

Beyond the impressive porte-cochère, you will appreciate the cool shade under the arches of this 19th-century Ardèche residence. The family suite in the main house and the self-contained bedroom in the old magnanerie are tastefully and elegantly appointed. In sunny weather, breakfast and dinner are served by the pool.

La Bastide du Pastural TH
07200 Ucel
Tél. 04 75 37 61 81 - Fax 04 75 94 00 14
Email : g.cluzel@wanadoo.fr
www.bastide-pastural.com
Geneviève Cluzel

1 pers. 47 € - 2 pers. 56 € - 3 pers. 73 € - p. sup. 15 € - repas 19 €

1 chambre et 1 suite familiale (2 ch. séparées par un palier) avec sanitaires privés. Ouvert toute l'année. Petit déjeuner : brioches, gateaux et confitures maison, miel, jus d'orange... T. d'hôtes : cuisine méditerranéenne. Salle de jeux. Cour, jardin. Piscine. Nombreux animaux (chiens, chats, poules...). ★ Richesses historiques et géologiques de la région : gorges de l'Ardèche et ses avens préhistoriques, sauvage montagne ardéchoise, sites volcaniques (nombreuses excursions). Kayak, tennis 4 km. Equitation 6 km. **Accès :** d'Aubenas, prendre dir. Privas; après avoir traversé l'Ardèche, dir. Ucel au rond point. A 2,5 km, après le panneau d'entrée d'Ucel, à droite vers l'église, puis encore à droite. Maison à 500 m à gauche.

Poussez l'importante porte cochère, et appréciez la fraîcheur des voûtes de cette demeure ardéchoise du XIXe siècle. La suite familiale dans la maison principale et la chambre indépendante dans l'ancienne magnanerie, sont meublées et décorées avec goût et raffinement. Aux beaux jours, les dîners et petits déjeuners sont pris au bord de la piscine.

RHÔNE-ALPES

Uzer - Ardèche (07)

★Ardèche Gorges, charming villages, music festivals, Chauvet Cave (prehistory). Horse-riding 3 km. Bathing in the river, water sports, rock-climbing 4 km. Golf 70 km.

*★ **How to get there:** A7, Montélimar, 'Sud' or 'Nord' exit. Aubenas on D104 for Alès-Uzer. The château is in Uzer village. Michelin map 331, fold H6.*

This magnificent 13th and 14th-century château, in the heart of southern Ardèche, offers five bedrooms with great character, featuring contemporary furniture. Enjoy the good life in the 5,000 m² park, resplendent with tropical vegetation, and relax by the pool. Fine Provençal cuisine prepared with local produce.

Château d'Uzer TH
07110 Uzer
Tél. 04 75 36 89 21 - Fax 04 75 36 02 59
Email : chateau-uzer@wanadoo.fr
www.chateau-uzer.com
Muriel et Eric Chevalier

2 pers. 70/120 € - p. sup. 28 € - repas 30 €

3 chambres et 2 suites avec sanitaires privés. Ouv. toute l'année. Petit déj. : croissants, crêpes ou gaufres ou pain perdu, confitures maison, compote de fruits, yaourts... T. d'hôtes (spécialités ardéchoises) : velouté aux cèpes, aumonière de caillettes, sorbet maison... Cour, jardin, piscine privée. Parking clos. ★ Gorges de l'Ardèche, villages de charme, festivals de musique, la grotte Chauvet... Equitation 3 km. Baignade (rivière), sports nautiques, escalade 4 km. Golf 70 km. **Accès :** A7, sortie Montélimar sud ou nord, Aubenas D104 dir. Alès- Uzer dans le village. CM331, pli H6.

Au cœur de l'Ardèche méridionale, ce magnifique château des XIIIe et XIVe siècles propose 5 chambres de caractère, au mobilier contemporain. Douceur de vivre dans un parc de 5000 m² à la végétation tropicale et détente au bord de la piscine. Cuisine raffinée aux produits du terroir et aux parfums de Provence.

Vagnas - Ardèche (07)

★Ardèche Gorges. Museums. Caves 5 km. French Song Festival at Barjac. Visits to country wine cellars. Hiking and riding paths. River, canoeing, potholing 7 km.

*★ **How to get there:** Montélimar, Vallon-Pont-d'Arc, Vagnas (Bessas road, 2nd on right). Avignon-Sud, Bagnols-sur-Cèze, Barjac then Vagnas. Michelin map 331, fold I7.*

Near the Ardèche Gorges and Chauvet Cave, this seventeenth-century priory, overlooking a blissful landscape, is set in a vast garden with centuries-old trees enhanced by a large swimming pool. The spacious suites and bedrooms feature refined appointments with antique furniture. Each has a separate entrance and some a private terrace. You will find tranquillity and bliss at this charming residence. Restaurants 1 and 4 km.

RHÔNE-ALPES

Le Mas d'Alzon
07150 Vagnas
Tél./Fax 04 75 38 67 33 ou 06 86 20 37 54
Email : michele.deville@tiscali.fr
www.masdalzon.com
Michèle Deville

2 pers. 80/115 €

2 chambres et 1 suite en duplex, toutes avec salon, T mini-bar, terrasse et sanitaires privés et accès indép. Ou toute l'année. Petit déj. : confitures maison, pâtisseri viennoiserie, fruits, yaourt, œufs du poulailler... Coir détente, lecture, jeux société, piano. Cour, jardin, pa 5000 m², piscine (14 x 6 m).. ★ Gorges de l'Ardèch Musées. Grottes (5 km). Festival Chanson Française Barjac. Caves de vin de pays. Fête du livre à Vagna Sentiers pédestres et équestres. Rivière, canoë-kayak, spé léologie 7 km. **Accès :** Montélimar, Vallon-Pont-d'Ar Vagnas (rte de Bessas 2ᵉ à droite). Avignon-sud, Bagno sur Cèze, Barjac puis Vagnas. CM331, pli I7.

Proche des gorges de l'Ardèche et de la grott Chauvet, ce beau mas du XVIIᵉ domine un har monieux paysage. Un vaste jardin aux arbres cen tenaires est agrémenté d'une grande piscine. Suite et chambres spacieuses (mobilier ancien), toute disposent d'un accès indép. et certaines d'une ter rasse privée. Calme et sérénité assurés. Restauran 1 et 4 km.

Vallorcine - Haute Savoie (74)

NOUVEAUTÉ

★Chamonix Valley, Gianadda Foundation, Aiguilles Rouges Nature Reserve. Alpine skiing 1 km. Cross-country skiing 1.5 km. New ski lift from Vallorcine. Swimming pool 18 km. Golf course 16 km.

*★ **How to get there:** 15 km from Chamonix, heading for Martigny (N506). As you enter Vallorcine, take the first turning on the left-hand side and follow signs. Michelin map 328, fold 04.*

Anne and Patrick have lovingly restored this old traditional residence with all the charm of a bygone age, at the gateway to the Chamonix Valley and Switzerland. The three cosy bedrooms, in an inviting wood setting, afford panoramic views of the surrounding scenery. Relax on the delightful terrace and enjoy the tranquillity.

La Fontaine TI
Le Couteray - 74660 Vallorcine
Tél. 04 50 54 64 19
Email : adp@lafontaine-vallorcine.com
www.lafontaine-vallorcine.com
Anne de Plain-Meys

1 pers. 64 € - 2 pers. 74/84 € - 3 pers. 116 € - repas 18 €

3 chambres (non fumeur) dont 1 familiale, sanitaires pr vés. Ouv. du 15.12 au 30.09. Petit déj. : jus d'orang brioches, confitures maison, céréales, yaourts... T. d'hôtes tartiflette, tourte Beaufort, fondue, raclette... Terrasse, ja din clos (balançoire). Repas enft : 8 €, gratuit - 6 an Restaurant à Vallorcine. ★ Vallée de Chamonix, fondatio Gianadda, réserve des Aiguilles Rouges. Ski alpin 1 kn Ski fond 1,5 km. Nouvelle remontée mécanique depu Vallorcine (domaine le Tour Vallorcine). Piscine 18 kn Golf 14 km. **Accès :** à 15 km de Chamonix, di Martigny (N506). A l'entrée de Vallorcine, 1ʳᵉ route à gau che puis suivre panneaux. CM328, pli 04.

Aux portes de la vallée de Chamonix et de l Suisse, dans un hameau préservé, Anne et Patric ont restauré avec passion une ancienne maison d pays en y conservant l'âme d'autrefois. Dans un ambiance chaleureuse et boisée, 3 chambre douillettes avec vue panoramique s'offrent à vous Belle terrasse propice au repos, calme garanti !

Vals les Bains - Ardèche (07)

Thermal baths and fitness centre 400 m. Vals-les-Bains 500 m: casino, park and intermittent geyser, Maison Champhanet Museum, April Carnival. Aubenas 5 km.

★ ***How to get there:*** *A7, Montélimar-Sud exit and head for Viviers, Le Teil, Aubenas, Vals-les-Bains. Alternatively, from Lepuy, N102, heading for Aubenas and Vals-les-Bains. Michelin map 331, fold 16.*

Steeped in history, Château Clément stands in a leafy three-hectare enclosed park, overlooking the charming little town of Vals-les-Bains. The grounds are home to a flower garden, a forest with centuries-old trees and an array of rare essences. An exotic touch is also provided by palm and bamboo trees. Comfort and refinement are the watchwords for your stay.

Château Clément TH
La Châtaigneraie - 07600 Vals les Bains
Tél. 04 75 87 40 13 ou 06 72 75 03 36
Email : contact@chateauclement.com
www.chateauclement.com
Château Clément

2 pers. 90/190 € - 3 pers. 150/230 € - p. sup. 25 € - repas 38 €

4 ch. et 1 suite avec salon attenant, chacune avec sanitaires privés. Ouv. toute l'année. Petit déjeuner : viennoiseries maison, céréales, yaourts... T. d'hôtes : croustillant de gambas, julienne de légumes, coquilles St-Jacques... 2 salons. Jardin, parc 3 ha, 2 terrasses. Piscine. Poss. stage pâtisserie. Chèques vac. ★ Thermes 400 m (remise en forme). Vals-les-Bains (500 m) : casino, parc de la ville et sa source intermittente, la Maison Champhanet (musée), carnaval's en avril. Aubenas 5 km. **Accès :** A7, sortie Montélimar sud, puis direction Viviers, Le Teil, Aubenas, Vals-les-Bains ou par N102 depuis Le Puy, direction Aubenas, Vals-les-Bains. CM331, pli I6.

Marie-Antoinette et Eric seront heureux de vous accueillir et de vous faire vivre dans un lieu chargé d'histoire. Confort et élégance sont les mots clé avec toujours à l'esprit le souci de conserver le raffinement qui caractérise le château. Au milieu d'un parc arboré clos, vous pourrez profiter du jardin de fleurs et d' arbres centenaires et de la piscine.

RHÔNE-ALPES

Les Vans - Ardèche (07)

Bathing, fishing, rock-climbing and canoeing 4 km. Swimming, hiking and cycling locally. Tennis, pot-holing and paragliding 2.5 km.

★ ***How to get there:*** *From Vans, head for Alès, past "Gendarmerie" and, at roundabout, carry on for Alès. Straight after Durand pool supplies store, small pink house. Turn into side street by house, follow "Gîtes de France" signs.*

Enjoy a restful break away from it all in garrigue country, close to Paiolive Wood, where the air is redolent of the fragrances of southern France. The mas is set in an old magnanerie, on an 8,000 m² estate dotted with olive trees, blackberry bushes and fruit trees. Your hosts provide five attractive bedrooms, each with its own style. Dinner is served under the linden tree or by the fireplace, according to season.

Mas de la Garrigue TH
chemin de la Transhumance - 07140 Les Vans
Tél./Fax 04 75 88 52 02
Email : thebaultma@wanadoo.fr
www.masdelagarrigue.com
Mme Thébault

2 pers. 62/72 € - repas 25 €

5 chambres avec sanitaires privés dont 1 avec coin-nuit enfants (maison non fumeurs). Ouv. du 1/02 au 11/11. Petit déjeuner : confitures maison, patisseries... T. d'hôtes sur résa. en hors-saison et juil./août 2 fois/semaine. Salon avec TV réservé aux hôtes. Terrain 8000 m² arboré. Piscine à dispo. (107/117 €/4 pers.). ★ Baignade, pêche, escalade et canoë 4 km. Piscine, randonnées et VTT sur place. Tennis, spéléologie, canyonning et parapente 2,5 km. **Accès :** des Vans, dir. Alès, passer la gendarmerie, au rd point toujours Alès. De suite après le magasin de "Piscine", petite maison rose. Prendre petite route au pied de cette maison et suivre "Gîtes de France".

A proximité du bois de Paiolive, venez vous ressourcer dans la garrigue aux senteurs méridionales. Dans l'ancienne magnanerie d'un mas implanté sur 8000 m² de terrain arboré d'oliviers, mûriers et fruitiers, nous vous proposons 5 belles chambres de caractères différents. Dîner servi sous le tilleul ou au coin de la cheminée selon la saison.

Vaujany - Isère (38)

★Magic Festival in August. Lake and fishing, windsurfing, water sports 2.5 km. Shuttle service to Alpe d'Huez resort for Alpine and cross-country skiing 2.5 km. Swimming pool 2.5 km. Mountaineering 2 km. Hiking locally.

*★ **How to get there:** From Grenoble, take N91 for Bourg d'Oisans. At the Rochetaillé crossroads, head for Allemont and Vaujany. Solneige is the first house on the right after the "Pourchery" sign. Michelin map 333, fold J7.*

This tastefully renovated late-19th-century farmhouse, in charming Vaujany village, is the ideal start to a winter or summer holiday in the Alps. Scrumptious meals and generous breakfasts are served by the fireplace in the lounge, or in the summer garden.

Solneige
Pourchery - 38114 Vaujany
Tél. 04 76 79 88 18
Email : solneige@planet.nl
www.solneige.com
Jan et Mirjam Dekker

1 pers. 49 € - 2 pers. 59 € - 3 pers. 79 € - p. sup. 16 € - repas 23 €

6 chambres dont 1 suite familiale avec sanitaires privé Ouv. du 17.12 au 23.4 et du 21.5 au 15.9. Petit déjeune oeufs, fromage, céréales, confitures maison... T. d'hôte cuisines méditerranéenne, italienne, marocaine... Salc (DVD, Hifi). Jardin 2500 m² arboré et fleuri. Spa dans jardin. ★ Festival de magie en août. Plan d'eau 2,5 k (pêche, planche à voile, nautisme). Liaison avec domair skiable de l'Alpe d'Huez (ski alpin et fond 2,5 km Piscine 2,5 km. Escalade 2 km. Randonnée sur p **Accès :** de Grenoble, prendre la N91 dir. Bou d'Oisans. Au carrefour de Rochetaillée, prendre d Allemont, puis Vaujany. C'est la 1re maison à droite apr le panneau "Pourchery". CM333, pli J7.

Ferme de la fin du XIXe siècle rénovée avec goû près du charmant village de Vaujany, point d départ idéal pour des vacances hivernales ou d vacances estivales dans les Alpes. Les savoureu repas et les copieux petits déjeuners sont serv dans le séjour, près de la cheminée ou dans le ja din en été.

Vaux-en-Beaujolais - Rhône (69)

★Explore Beaujolais country and Lyon. Hiking and fishing on site. Wine-tasting cellars 1 km. Horse-riding 10 km. Lake 20 km.

*★ **How to get there:** In Vaux-en-Beaujolais village, head for St-Cyr-le-Chatoux, on D49E, then Montrichard hamlet for "Les Picorettes".*

Josette and Francis welcome you to their house dating from 1850 and originally a wine-grower's residence, just 1.5 km from Vaux-en-Beaujolais. Your hosts offer four bedrooms with separate entrances, decorated with pretty floral fabrics and English and country-style furniture. In the summer months, dinner is served under the arbour, in the garden with swimming pool. Hospitality in a magnificent setting, in the heart of the vineyards. (Self-catering gîte on site.)

Les Picorettes
Montrichard - 69460 Vaux-en-Beaujolais
Tél. 04 74 02 14 07 - Fax 04 74 02 14 21
Email : francis.blettner@picorettes.com
http://www.picorettes.com
Francis et Josette Blettner

1 pers. 57/85 € - 2 pers. 62/95 € - 3 pers. 110 € - p. sup. 15 € - repas 23 €

4 ch. avec sanitaires privés (dont 1 avec jacuzzi). Ouve toute l'année. Petit déj. : jus de fruits maison, compote confitures maison, viennoiseries... T. d'hôtes : spéc. beau jolaises, lyonnaises, bressanes (quenelles, poulet Bress saucisson beaujolais...). P-pong. Cour, verger, jardin, pis cine. Tarif enfant. ★ Découverte du Beaujolais, Lyon. Randonnées pédestres et pêche sur place. Caveaux d dégustation 1 km. Equitation 10 km. Plan d'eau 20 km **Accès :** Dans le village de Vaux-en-Beaujolais, suivre direction de St. Cyr-le-Chatoux par D49E, puis hamea Montrichard "Les Picorettes".

Josette et Francis vous reçoivent dans leu ancienne maison de vignerons de 1850, à 1,5 km d Vaux-en-Beaujolais. 4 chambres avec accès indé pendant sont décorées de jolis tissus fleuris avec u mobilier de style anglais et campagnard. En été, le dîners sont servis sous la tonnelle, dans le jardi avec piscine. Accueil chaleureux dans un cadr superbe.

Vernon - Ardèche (07)

**Pont d'Arc. Chauvet Cave. Beaume and Drobie Valleys. La Beaume Music Festival. River 4 km. Horse-riding 6 km. Bowling, rock climbing 15 km. Canoeing 20 km.*

★ ***How to get there:*** *Turn off at Montélimar-Nord or Sud for Aubenas. At Aubenas, head for Alès on CD104 and drive through Rosières. As you leave village, just before the bridge, for Vernon (CD303). Michelin map 331, fold H6.*

Enjoy breathtaking views from Mas de la Cigale, nestling halfway up a hill amid terraces planted with vines and olive trees. You will succumb to the comfort of the spacious bedrooms, which create a harmonious blend of Provençal and contemporary decoration. The vast balcony affords wonderful views of the Cévennes foothills. An enchanting spot in an outstanding setting.

Mas de la Cigale TH
EURL Les Cigales - La Croix - 07260 Vernon
Tél. 04 75 39 68 69 ou 06 80 05 89 75
Email : la.cigalle@wanadoo.fr
www.masdelacigale.com
Catherine Gohier

1 pers. 72 € - 2 pers. 78 € - 3 pers. 100 € - p. sup. 22 € - repas 26 €

4 chambres et 1 suite de 2 ch. (130 €), toutes avec prise TV, douche et wc privés. Ouv. toute l'année. Petit déjeuner : fruits de saison, yaourts, pâtisseries et confitures maison... T. d'hôtes : spécialités ardéchoises et méridionales. Vaste terrasse, jardin et piscine. Restaurants 8 km. (2 gîtes ruraux sur place). ★ Pont d'Arc. Grotte Chauvet. Vallées Beaume et Drobie. Festival de musique de La Beaume. Rivière 4 km. Equitation 6 km. Bowling, escalade 15 km. Canoë 20 km. **Accès :** sortir à Montélimar nord ou sud et prendre dir. Aubenas. A Aubenas dir. Alès par CD104 et traverser Rosières. A la sortie du village, juste avant le pont, prendre dir. Vernon (CD303). CM331, pli H6.

Avec sa vue imprenable, le Mas des Cigales est perché à mi-coteaux au milieu des faysses plantées de vignes et d'oliviers. Vous apprécierez le confort des chambres spacieuses qui allient harmonieusement décoration provençale et modernité ainsi que la très vaste terrasse qui offre une superbe vue sur les contreforts des Cévennes.

RHÔNE-ALPES

Vezeronce Curtin - Isère (38)

**Painting Museum, Brangues and Virieu Châteaux, Larina archaeological site. Hiking locally.*

★ ***How to get there:*** *A43, Lyon-bound, le Tour du Pin exit for Morestel. At Morestel, Sermerieu road, and drive past La Garenne estate. 800 m on at the 1st roundabout, "Route de Montin" on right. Michelin map 333, fold F4.*

Ferme de Montin displays its 14th-century architecture with pride. The two magnificent suites, with a yesteryear feel, provide luxurious decoration with the charm of authentic features, such as woodpanelling and period furniture, for a memorable holiday. A warm, hospitable welcome awaits you from the owners.

Ferme de Montin TH
38510 Morestel
Tél./Fax 04 74 80 52 15 ou 06 14 22 77 89
Email : vchomard@aol.com
Valérie et Thierry Chomard

2 pers. 149 € - 3 pers. 195 € - repas 30 €

2 suites avec salon et sanitaires privés. Ouv. toute l'année. Petit déjeuner : viennoiseries, œufs, charcuterie, fruits frais, miel... T. d'hôtes sur résa. Grand salon (vidéo-projecteur, hifi, TV). Propriété 40 ha. Piscine (12 x 6). Elevage purs sang-arabes, lamas. Restaurants gastronomiques ou traditionnels à prox. ★ Musée de peintures, châteaux de Brangues et de Virieu, site archéologique de Larina. Randonnée sur place. **Accès :** A43 dir. Lyon, sortie la Tour du Pin puis dir. Morestel. A Morestel, rte de Sermerieu, passer devant le domaine de la Garenne, continuer sur 800 m. Au 1er carrefour, "route de Montin" à droite. CM333, pli F4.

La Ferme de Montin, fière de son architecture du XIVe, vous promet un séjour inoubliable dans ses 2 magnifiques suites aux allures d'antan et à la décoration luxueuse alliée aux charmes de l'authentique (boiseries, meubles d'époque...). Les maîtres des lieux vous réservent un accueil privilégié et chaleureux.

Villard-Bonnot - Isère (38)

★15 min from Grenoble. Ideal starting-point for discovering the Belledonne Massif and the Chartreuse Regional Nature Park. Horse-riding 4 km.

*★ **How to get there:** A41, Brignoud exit and D523 for Grenoble. First road on right after football stadium (follow signs). Manor house is at the end of the road, on right-hand side (green gates). Michelin map 336, fold I6.*

This handsome 12th-century manor house near Grenoble is set in 1.5 hectares of relaxing wooded parkland, at the foot of the Belledonne mountain range. Enjoy the congenial country atmosphere. The attractive dining room is adorned with a large fireplace. Period and contemporary furniture. Gourmet table d'hôtes with specialities baked in the bread oven.

RHÔNE-ALPES

Domaine du Berlioz TH
rue du Berlioz - 38190 Villard-Bonnot
Tél./Fax 04 76 71 40 00
Email : domaineduberlioz@wanadoo.fr
http://perso.wanadoo.fr/domaineduberlioz
Marie-Thérèse et Robert Essa

1 pers. 80 € - 2 pers. 100 € - 3 pers. 130 € - p. sup. 30 € - repas 35 €

2 chambres et 1 suite (4 pers.) avec s. d'eau et wc privés. Ouvert du 1.03 au 1.11. Table d'hôtes : cochon de lait et agneau rôtis (repas enfant 10 €). Salle à manger avec vaste cheminée, salon, TV, vidéothèque, bibliothèque. Lave-linge à disposition. ★ A 15 mn de Grenoble. Point idéal de départ pour découvrir le massif de Belledonne et le Parc Naturel Régional de Chartreuse. Equitation 4 km. **Accès :** A41 sortie Brignoud puis D523 dir. Grenoble. 1re route à droite après le stade de football (suivre la signalisation). Le manoir est au bout de la route, à droite (portail vert). CM333, pli I6.

Au pied de la chaîne de Belledonne, près de Grenoble, ce beau manoir du XIIe est entouré d'un parc boisé d'1,5 ha, propice à la détente. L'atmosphère est campagnarde et chaleureuse. Belle salle à manger ornée d'une vaste cheminée. Mobilier ancien et contemporain. Table d'hôtes gourmande avec ses spécialités rôties dans le four à pain.

Villarodin-Bourget - Savoie (73)

★Vanoise National Park, Le Baroque paths, Savoie "Pierres Fortes", Alpine Museum, High Alps. Hiking and cycling locally. Cable car 2 km. Swimming pool 3 km.

*★ **How to get there:** A43 (or N6), Modane exit and N6 for Col du Mont Cenis. First village after Modane (2.5 km), opposite Villarodin church. Michelin map 333, fold N6.*

This handsome 16th-century building in the old village of Villarodin, originally a mountain farm with inner courtyard, has been restored to pristine splendour. The bedrooms offer a touch of the mountain tradition, with carved furniture and larchwood parquet flooring. Your hosts Christian and Catherine, a skiing instructor and a mountain guide, extend a warm welcome and will be delighted to introduce you to their mountain valley, at the foot of Vanoise National Park.

Ché Catrine TH
88, rue St-Antoine - 73500 Villarodin-Bourget
Tél. 04 79 20 49 32 - Fax 04 79 20 48 67
Tél. SR 04 79 85 01 09
www.che-catrine.com
Christian et Catherine Finas

1 pers. 48/91 € - 2 pers. 64/122 € - 3 pers. 109/156 € - repas 30 €

2 suites/3 ch., 1 suite/2 ch., DVD, salon, réfrig./bar, prise Internet et sanitaires privés. Ouv. toute l'année. Petit déj. : confitures maison, miel, jambons et fromages (sur dem.). T. d'hôtes sur rés. : menus du terroir, pain cuit au feu de bois... Salon, biblio., bar. Jeux enfants. Cour, jardin. Jacuzzi, sauna ★ Au pied du Parc National de la Vanoise. Chemins du Baroque, pierres fortes de Savoie, musée de la Traversée des Alpes, route des Grandes Alpes. Randonnée et circuits VTT. Télécabine 2 km. Piscine 3 km. **Accès :** A43 (ou N6) sortie Modane puis N6 dir. Col du Mt.Cenis. 1er village après Modane (2,5 km) face à l'église de Villarodin. CM333, pli N6.

Cette belle bâtisse du XVIe, dans le vieux village de Villarodin, est une ancienne ferme avec cour intérieure, restaurée dans les règles de l'art. Les chambres ont toutes une note montagnarde; mobilier sculpté et parquets en mélèze. Christian et Catherine, moniteurs et accompagnateurs vous accueilleront chaleureusement et vous feront découvrir leur vallée.

Villemontais - Loire (42)

★Cellars and wine-tasting, tour of private early-19th-century chapel on the premises. Picturesque villages. Hiking and cycling locally. Horse-riding 5 km. Golf and windsurfing 6 km. Swimming pool 10 km.

★ ***How to get there:*** *A72, St-Germain-Laval exit and D8 for Villemontais. Follow signs for Domaine du Fontenay. Michelin map 327.*

The estate, overlooking the Roannais Plain and vineyards, offers an outbuilding in which comfortable bedrooms have recently been arranged. Weather permitting, breakfast is served on a large terrace facing the rising sun. The outstanding views and spacious bedrooms will delight guests looking for a comfortable break in complete peace and quiet.

Domaine du Fontenay
42155 Villemontais
Tél. 04 77 63 12 22 ou 06 81 03 30 33
Fax 04 77 63 15 95
www.domainedufontenay.com
Isabelle et Simon Hawkins

1 pers. 55 € - 2 pers. 65 € - 3 pers. 75 €

4 chambres et 2 suites avec salon dont 1 en duplex, toutes avec sanitaires privés. Ouvert toute l'année. Petit déjeuner : jus de fruits, laitages, confitures maison, céréales... Coin-salon, grande salle pour petits déjeuners. Cour, jardin, terrasse avec magnifique vue. Nombreux restaurants gastronomiques à prox. ★ Cave avec dégustation, chapelle privée du début XIXe (à visiter) sur place. Villages pittoresques. Randonnées et VTT sur place. Equitation 5 km. Golf et planche à voile 6 km. Piscine 10 km. **Accès :** A72, sortie St-Germain-Laval puis suivre D8 direction Villemontais. Suivre ensuite les pancartes "Domaine du Fontenay". CM327.

Surplombant les vignes et la plaine du Roannais, ce domaine dispose d'une dépendance où de confortables chambres ont été récemment aménagées. Lorsque le temps le permet, le petit déjeuner est servi sur la vaste terrasse face au soleil levant. La vue exceptionnelle et les chambres spacieuses raviront les amateurs de calme et de confort.

RHÔNE-ALPES

Voreppe - Isère (38)

★Grande Chartreuse cellar and distillery at Voiron 15 km. Lake Paladru Museum and bathing approx. 25 km. Hiking locally. Climbing 3 km. Fishing, horse-riding 4 km. Skiing on piste 29 km.

★ ***How to get there:*** *A48 Lyon-Grenoble, Voreppe exit and N75 for Grenoble. After Chevalon de Voreppe turn-off, first turning on the left. Michelin map 333, fold G6.*

This 16th-century château near Grenoble is a charming combination of old and new. The five bedrooms with mullioned windows have great character and overlook the park. You will enjoy the peace and quiet of the place, originally the seat of the Berlioz family, by the pool or in the shade of majestic centuries-old trees. The delicious breakfasts are served on the terrace or by the monumental fireplace. Ideal for exploring Grenoble or the nearby mountains.

Château Saint-Vincent
Chemin Saint-Vincent - 38340 Voreppe
Tél. 04 76 50 67 87 - Fax 04 76 50 88 03
Email : chateau.stvincent@wanadoo.fr
Sylvia et Bruno Laffond

1 pers. 85/110 € - 2 pers. 105/145 € - p. sup. 37 €

5 chambres avec sanitaires privés. Ouvert du 1/09 au 18/12 et du 2/01 au 31/07. Petit déjeuner : jus de fruits, viennoiseries, thé, café, chocolat, confitures maison... Tél. et TV à disposition. Parc avec piscine. Restaurants à proximité. ★ Cave et distillerie de la Grande Chartreuse à Voiron (15 km). Musée du lac de Paladru et baignade (env. 25 km). Randonnée sur place. Escalade 3 km. Pêche, équitation 4 km. Ski de piste 29 km. **Accès :** A48 (Lyon-Grenoble), sortie Voreppe puis N75 dir. Grenoble. Après la sortie du Chevalon de Voreppe, 1re petite route à gauche. CM333, pli G6.

Aux portes de Grenoble, ce château du XVIe conjugue harmonieusement charme et modernité. Les 5 ch. aux fenêtres à meneaux ouvrent sur le parc aux arbres séculaires. Au bord de la piscine ou sous les ombrages vous apprécierez la tranquillité du lieu, berceau de la famille Berlioz. Les petits déjeuners sont servis sur la terrasse ou près de la cheminée.

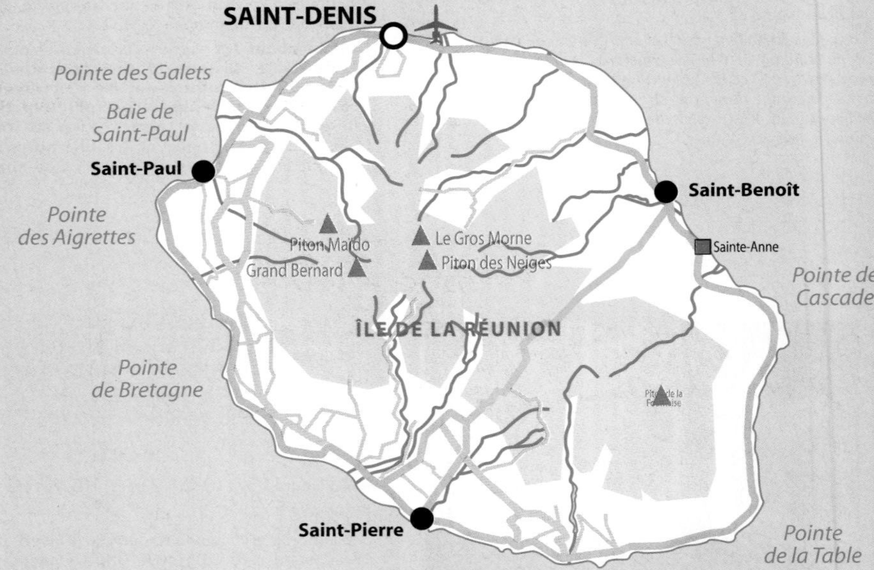
OCÉAN INDIEN
SAINT-DENIS
Pointe des Galets
Baie de Saint-Paul
Saint-Paul
Pointe des Aigrettes
Piton Maïdo
Grand Bernard
Le Gros Morne
Piton des Neiges
ÎLE DE LA RÉUNION
Saint-Benoît
Sainte-Anne
Pointe de Cascade
Pointe de Bretagne
Saint-Pierre
Pointe de la Table

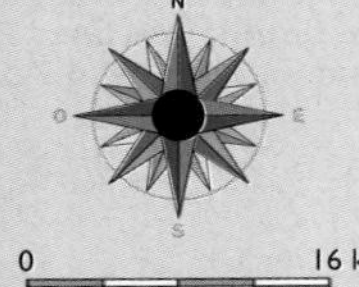
N
O
E
S
0
16 km

RÉUNION

★Tamil temples 7 km. Sainte-Anne Church 5 km. Takamaka 15 km. Riding centre 5 km.

*★ **How to get there:** From Saint-Benoît, head for Plaine des Palmistes and Cambourg on RD3. The house, a yellow Creole cabin with a red roof, is up on the right, 5 km on.*

La Topaze is a Creole cabin set in an oasis of greenery, affording stupendous views of the mountains and sea. Two comfortable, beautifully appointed guest bedrooms await your arrival. Enjoy the scrumptious breakfasts and traditional table d'hôtes dishes served by your hospitable host, Jérôme.

La Topaze TH

150 chemin Ceinture - 97437 Sainte-Anne

Tél. 0 262 51 06 31 - Tél./Fax 0 262 51 21 16

Tél. 06 92 66 78 18

Email : jerome-collet5@wanadoo.fr

Jérôme Collet

1 pers. 60 € - 2 pers. 60 € - repas 17 €

2 chambres avec sanitaires privés. Ouvert toute l'année. Petit déjeuner : fruits de saison, gâteaux et confitures maison... Table d'hôtes, repas typique créole : ti-jacques boucané, massalé cabris, gâteau ti-son... Séjour avec TV. Vélos. Visite du verger. Jardin. ★ Visite temples tamouls (7 km), église de Sainte-Anne (5 km), Takamaka (15 km). Centre équestre à 5 km. **Accès :** de Saint-Benoit, direction Plaine des Palmistes, puis direction Cambourg par RD3. 5 km à droite se trouve la maison (case créole jaune au toit rouge).

La Topaze est une case créole de caractère située dans un îlot de verdure, avec une vue magnifique sur la montagne et la mer. 2 chambres d'hôtes confortables sont décorées avec soin. Lors de votre escale, Jérôme vous proposera des succulents petits déjeuners, une table d'hôtes typique et un accueil chaleureux.

"Charmance bed & breakfast"

A new label for bed & breakfast accommodation from the Gîtes de France network

To help you identify Gîtes de France® bed and breakfast accommodation among all the tourist accommodation available and among our other accommodation options (self-catering gîtes, stopover gîtes, holiday gîtes etc.), we have introduced a new logo, "Charmance bed & breakfast".

You will see the logo begin to appear, together with the Gîtes de France® logo, on all our guides and documents, and also at the roadside and at the homes of the owners of the properties where you will be staying.

Bed & Breakfast Accommodation

Bed & Breakfast accommodation is set in privately-owned French homes (farms, manor houses or châteaux) and run by families, who will welcome you as old friends and be only too pleased to help you get to know their region. Each property reflects the owner's taste and personality. They may be decorated with period, contemporary or rustic country-style furniture. The services and leisure activities available are also very varied. Your stay could well be an opportunity to get to know the history of an interesting French family, make new friends or become acquainted with extremely different lifestyles. You can choose to stay for one or several nights in a warm, peaceful atmosphere, which can be relaxing and friendly, or refined and sophisticated, depending on your hosts and their lifestyle.

Breakfast

Breakfast is always included in the price of an overnight stay. It will give you the chance to taste the various local specialities. Depending on your host's culinary inspiration, there will be a choice of home-made jams, fresh farmhouse bread, Viennese or home-baked cakes, cheese and dairy products or local charcuterie.

The "Table d'Hôtes"

Certain hosts offer the possibility of sharing their - often gourmet - meals with the family. The table d'hôtes is a very flexible arrangement whereby you can opt for one meal only, or half- or full-board. If your hosts do not provide a table d'hôtes, they will be able to recommend the addresses of the best local inns and restaurants where you can taste regional or traditional French cooking.

How to use this guide

The bed and breakfast accommodations of the guide are classified within their département (administrative area) in alphabetical order.

Useful tips...

Never forget that you are staying in someone else's home.

Don't forget to warn you hosts if you are going to arrive later than the expected time.

Always warn your hosts if you intend to bring any pets with you.

The table d'hôtes is not a restaurant. Many hosts offer this service subject to advance bookings only, so do say if you intend to take meals on the premises.

Prices

Bed and breakfast rates are generally given for 2 people (per night, breakfast included). Ask for prices for other adults or children.

Information

The foreign languages spoken by your hosts are indicated by national flags.
Pictograms show whether establishments accept Credit card payments or welcome pets.
SR stands for Reservation Service.
Credit card accepted
CM, pli... means Michelin map, fold...
TH: meals with owners

How to book

Each description in the guide includes the telephone number of the owner or the reservation service so that you can either telephone in advance or apply in writing. Bed and breakfast rooms can be booked for one or several nights. It is always best to book in advance, as certain owners only have a few rooms available. For long stays, ask for a contract which will stipulate the deposit to be paid in advance.

Comfort / Komfort

'he Gîtes de France quality label is your uarantee of clearly-defined standards of omfort and compliance with a national uality charter. All the bed and breakfast ptions in this guide are regularly inspected y the local branches of Gîtes de France.

ıll the accommodation we have selected is ated with 3 or 4 ears of corn. Set in beautiıl locations, with flower gardens, landscaed grounds or parks, you will always find rivate parking and a relaxing atmosphere ıat will help you unwind. Each room has its wn sanitation facilities (shower or bath and VC), and you will appreciate the comfort nd the friendly, personal welcome.

rating of 4 ears of corn corresponds to an xceptional setting with décor and furnisings that are especially refined and desirale (greater number of reception rooms, ıore spacious bedrooms and bathrooms tc.).

ome owners also offer on-site activities tennis, pool table, sauna, horse riding etc.): sk them directly for further details. Where a wimming pool is available, access is free ut may be subject to rules, and holidaymaers must take responsibility for its use (if ou are thinking of staying in accommodation quipped with a swimming pool, you must ensure ıat the pool and anybody likely to use it, and parcularly young children, are actively supervised at l times).

Das Qualitätslabel Gîtes de France garantiert Ihnen genau festgelegte Komfortstandards sowie die Einhaltung einer landesweiten Charta. Alle Gästezimmer in diesem Führer werden regelmäßig durch die Department-Niederlassungen von Gîtes de France kontrolliert.

Alle von uns für Sie ausgewählten Gästehäuser entsprechen den Kategorien 3 bzw. 4 Ähren. Sie liegen in einer besonders ansprechenden Gegend und verfügen über Blumen- oder Landschaftsgärten bzw. Parkanlagen. Ein Privatparkplatz und eine Atmosphäre, die zur Entspannung einlädt, gehören ebenfalls immer dazu. Jedes Zimmer verfügt über eigene Sanitäranlagen (Waschraum oder Badezimmer und WC). Der Komfort sowie die freundliche und private Atmosphäre werden Ihnen mit Sicherheit zusagen.

Die Kategorie 4 Ähren entspricht einer außergewöhnlichen Wohnlage, und auch die gesamte Ausstattung sowie das Mobiliar (mehrere Aufenthaltsräume, geräumigere Zimmer und Sanitäreinrichtungen) wurden mit besonders großer Sorgfalt ausgewählt.

Einige Eigentümer bieten darüber hinaus Freizeitaktivitäten an (Tennis, Billard, Sauna, Reiten usw.): Erkundigen Sie sich am besten bei ihnen. Wenn ein Pool/Schwimmbad verfügbar ist, kann er gratis genutzt werden, für die Benutzung können jedoch bestimmte Vorschriften gelten. Außerdem liegt die Benutzung in der Verantwortung der Urlauber (ein Aufenthalt an einem Standort mit Schwimmbad bedeutet für den Mieter, dass er eine aktive und ständige Beaufsichtigung und Überwachung des Schwimmbads und sämtlicher Personen, die es benutzen könnten, sicherstellen muss. Dies gilt besonders für kleine Kinder).

Das Gästezimmer

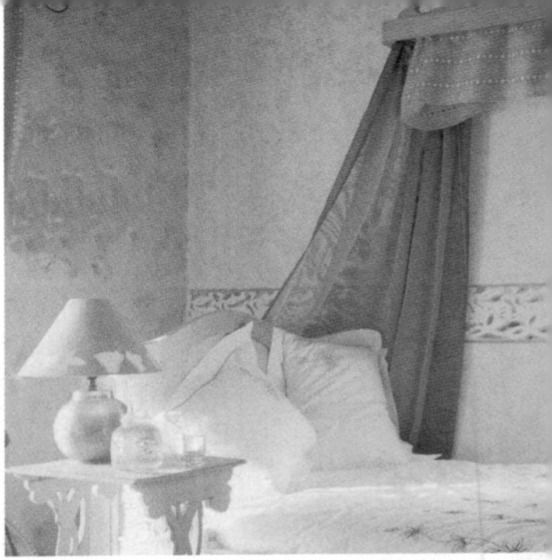

Privatleute stellen Ihnen ihr Haus (Landhaus, Herrenhaus, Schloß...) zur Verfügung, um Sie dort als Freunde aufzunehmen und Sie mit der Umgebung bekannt zu machen. Jeder Wohnsitz entspricht ganz dem Geschmack seines Besitzers und ist entweder mit ländlichen Möbeln, im antiken oder modernen Stil ausgestattet. Die Dekoration wird von der persönlichen Note des Gastgebers bestimmt: es werden zahlreiche Freizeitbeschäftigungen und Dienste angeboten. Ihr Aufenthalt kann zur geschichtlichen Ahnenforschung, zu abenteuerlichen Begegnungen und zum Kennenlernen neuer, anderer Lebensarten und weisen werden. In einer ruhigen Umgebung, einer schmeichelnden Atmosphäre, schick oder einfach, leutselig, je nach Wunsch, können Sie für eine oder mehrere Nächte aufgenommen werden.

Das Frühstück

Stets im Übernachtungspreis inbegriffen wird das Frühstück für Sie die Möglichkeit sein, die verschiedenen örtlichen Spezialitäten zu kosten. Von der Gastgeberin abhängig können Sie hausgemachte Marmeladen, selbstgebackenes frisches Brot oder Gebäck, aber auch Käse und Milchprodukte oder regionale Wurstwaren probieren.

Die Gästetafel

Mancher Gastgeber wir Ihnen die Möglichkei anbieten, an der häuslichen Tafel mitzuessen Diese sehr anpassungsfähige Lösung (einfache Mahl, Halbpension ode Vollpension) wird Ihne Gelegenheit geben, j nach Geschmack, ei häusliches oder gastronomisches Mahl einzunehmen. Sollte kein Gästetafel angebote werden, geben Ihnen Ihr Gastgeber gerne die besten in der Nähe liegende Adressen, die Ihnen erlauben werden, die reich traditionnelle und regionale Küche kennenzulernen.

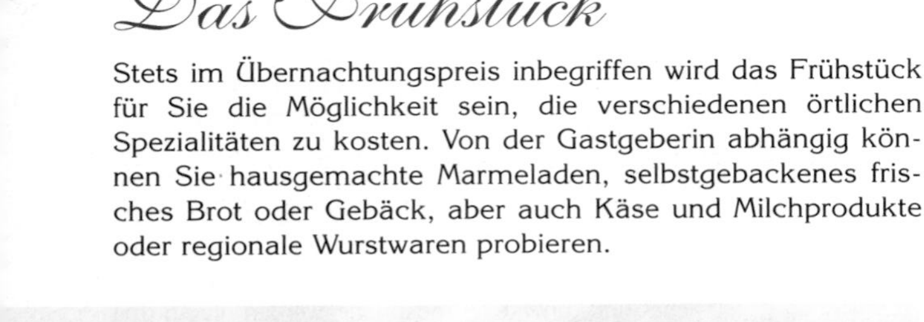

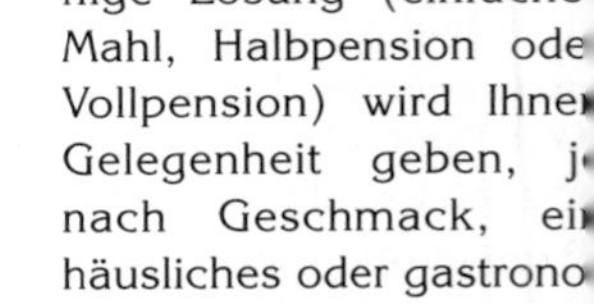

Gebrauchsanweisung des Führers

Die Gästezimmer aufgeteilt stehen in der alphabetischen Reihenfolge der Departements (sh. Inhaltsverzeichnis vor den Landkarten).

Einige Ratschläge

Bitte vergessen Sie nie, daß Sie bei Privatleuten aufgenommen werden, die Ihnen ihr Haus zur Verfügung stellen.

Sollten Sie am Anreisetag mit Verspätung rechnen müssen, benachrichtigen Sie bitte den Gastgeber.

Denken Sie immer daran anzugeben, wenn Sie Haustiere mitbringen möchten.

Die Gästetafel ist kein Restaurant. Viele Gastgeber bieten Ihnen diese Dienstleistung nur auf vorherige Reservierung hin an. Teilen Sie bitte bereits vorzeitig mit, wenn Sie diesen Dienst in Anspruch nehmen wollen.

Was müssen Sie bezahlen?

Die Preise werden generell für 2 Personen angegeben (Übernachtung mit Frühstück) in Gästezimmern. Preise für mehrere Personen oder spezielle Preise für Kinder sind bitte nachzufragen.

Informationen

Die von Ihren Gastgebern gesprochenen Fremdsprachen werden durch eine Flagge gekennzeichnet.
Ein Piktogramm bedeutet, Haustiere sind nicht zugelassen.
Service Réservation : Reservierungsdienste des Departements
CM, pli... Michelinkarte
CB Kreditkarten werden angenommen
TH : Gästetafel

Wie reservieren Sie Ihr Zimmer?

In jeder in diesem Führer befindlichen Beschreibung finden Sie die Adresse des Besitzers oder des Reservierungsdienstes, an den Sie sich per Telefon oder per Post wenden können. Die Gästezimmer werden für eine oder mehrere Nächte gebucht. Es ist auf jeden Fall immer vorteilhafter, rechtzeitig zu reservieren, da die Gastgeber zum Teil nur wenige Zimmer vermieten. Bei längeren Aufenthalten wird empfohlen, einen Vertrag mit Angabe des Anzahlungsbetrages anzufordern.

Index des chambres d'hôtes de charm

Nom de la Commune, "Nom de la Maison" **Descriptif pag**

ALSACE-LORRAINE - pages 16 à 27

55 Meuse

Ancemont, "Château de Labessière" 1
Charny-sur-Meuse, "Les Charmilles" 1

57 Meurthe et Moselle

Flavigny-sur-Moselle, "La Demeure du Breuil" 2
Ancy-sur-Moselle, "Haumalet" 1
Burtoncourt 1
Cuvry, "Ferme de Haute-Rive" 2
Landonvillers, "Le Moulin" 2
Niderviller, "La Noisetière" 2
Rahling 2
St-Hubert, "Ferme de Godchure" 2
Vigy 2

67 Bas Rhin

Diebolsheim 2
Eichhoffen, "Les Feuilles d'Or" 2
Huttenheim, "Le Jardin de l'Ill" 2

68 Haut Rhin

Murbach, "Le Schaeferhof" 2
Nambsheim, "Domaine Thierhurst" 2
Rixheim, "Le Clos du Mûrier" 2

88 Vosges

Saulxures-les-Bulgnéville, "Le Château de Saulxures" 2
Vaudoncourt, "Le Château" 2

AQUITAINE - pages 28 à 55

24 Dordogne

Bayac, "La Vergne" 3
Naussannes, "Le Chant des Oiseaux" 4

33 Gironde

Arbis, "Château le Vert" 3
Bossugan, "Domaine de Barrouil" 3
Coutras, "Château Le Baudou" 3
Créon-Sadirac, "Prieuré de Mouquet" 3
Néac, "Château Belles-Graves" 4

n de la Commune, "Nom de la Maison"	Descriptif page
illac, "La Tuilerie"	45
ls, "La Provenceta de Touron"	46
ls-sur-Dordogne, "Les Gués Rivières"	46
s, "Domaine des Salins"	47
ivière, "Château de la Rivière"	47
ermain-la-Rivière, "Château de l'Escarderie"	48
ichel-de-Fronsac, "Closerie Saint-Michel"	50
ève, "Domaine de la Charmaie"	51
.andes	
ezer d'Armagnac, "Domaine de Paguy"	33
nont, "Les Feuilles d'Or"	35
baste, "Capcazal de Pachiou"	41
izan, "Simjan"	42
se Suzan, "Domaine d'Agès"	45
ein, "La Meniguère"	48
aurice-sur-Adour, "Trouilh"	49
nosse, "l'Accalmie"	54
.ot et Garonne	
glon, "Le Mas de Campech"	34
con, "Chanteclair"	35
ayrac, "Le Rhodier"	37
et-Cavagnan, "Château de Malvirade"	37
ies, "Château Brichot"	38
gnan-Petit, "Dantounet"	41
éger, "Château de Grenier"	49
s, "La Balie"	52
réal, "Château de Ricard"	55
'yrénées Atlantiques	
os, "Château d'Agnos"	30
erre, "Moulin Urketa"	31
astide-Clairence, "Maison la Croisade"	31
astide-Clairence, "Le Clos Gaxen"	32
larros-Gan, "Maison Trille"	33
itz, "Urruti Zaharria"	38
eube, "Ferme Dagué"	39
eube, "Maison Rancesamy"	39
Lamidou, "l'Aubèle"	40
ossoa, "Domaine de Silencenia"	40
ein, "Maison Canterou"	42
ein, "Maison Sabat"	43
ségur, "Maison Cap Blanc"	43
alais, "Maison d'Arthezenea"	50
e-sur-Nivelle, "Bidachuna"	51
, "Ttakoinnenborda"	52
, "Larochoincoborda"	53

Nom de la Commune, "Nom de la Maison"	Descriptif pa
Sare, "Aretxola"	
Sauguis, "Biscayburu"	
Urcuit, "Relais Linague"	

AUVERGNE - pages 56 à 75

03 Allier

Charroux, "La Maison du Prince de Condé"
Coulandon, "La Grande Poterie"
Doyet, "La Chapelle de Bord"
Espinasse-Vozelle, "aux Jardins des Thévenets"
La Ferté Hauterive, "Demeure d'Hauterive"
Meaulne, "Manoir du Mortier"
St-Gérand-le-Puy, "Les Payratons"
Valignat, "L'Ormet"

15 Cantal

Le Falgoux
Oradour, "La Roseraie"
St-Etienne-de-Carlat, "Caizac"
Salers
Thiézac, "Maison de Muret"

43 Haute Loire

Monistrol-sur-Loire, "La Viguerie du Betz"
St-Julien-Molhésabate, "La Maison d'En Haut"
Saugues, "Les Gabales"
Tence, "Les Prairies"

63 Puy de Dôme

Arlanc, "Ma Cachette"
Beauregard-Vendon, "Chaptes"
Ceilloux, "Domaine de Gaudon"
Ceyssat-sur-Olby, "Le Cantou"
Combronde
Davayat, "Maison de la Treille"
Giat, "Le Vieux Pommier"
Le Mont-Dore, "La Closerie de Manou"
Montpeyroux
Montpeyroux, "Les Pradets"
Montpeyroux, "La Vigneronne"
Orcines, "Domaine de Ternant"
Royat, "Château de Charade"
St-Rémy-de-Chargnat, "Château de la Vernède"
St-Rémy-de-Chargnat, "Château de Pasredon"
Varennes-sur-Usson, "Les Baudarts"
Vensat, "Château de Lafont"
Veyre Monton, "Au fond de la Cour"

BOURGOGNE - pages 76 à 113

om de la Commune, "Nom de la Maison"	Descriptif page
Côte d'Or	
xey-Duresses, "Château de Melin"	79
une, "La Terre d'Or"	80
une, "La Maison des Bressandes"	81
sey-les-Citeaux, "Château de Bessey-les-Citeaux"	81
rey-les-Beaune, "Au Château"	83
tigny, "Château d'Ecutigny"	86
n, "La Grosse Maison"	87
gey-Echezeaux, "Le Petit Paris"	88
nmerans, "Château de Flammerans"	88
y-les-Cîteaux, "La Closerie de Gilly"	90
toillot, "Clos de Fougères"	95
mmard, "Clos du Colombier"	100
mmard, "Les Nuits de Saint-Jean"	101
s	101
Romain, "Domaine de la Corgette"	107
denesse-en-Auxois, "Péniche "Lady A""	112
rs Fontaine, "Le Pré aux Dames"	113
Nièvre	
ulgnes, "Beaumonde"	82
vol d'Embernard, "Le Colombier"	84
ne-sur-Loire, "L'Orée des Vignes"	84
ne-sur-Loire, "Beauvilliers"	85
-la-Ville, "Domaine des Perrières"	85
zy, "Les Jardins de Belle Rive"	86
ermeté, "Château de Prye"	87
s, "Château Latour"	89
ouille, "Château du Marais"	91
-le-Comte, "Les Frênes"	94
et Marré, "Manoir du Chagnot"	95
ins-Engilbert, "La Grande Sauve"	97
y, "La Cuvellerie"	97
n, "Le Vieux Château"	98
"Château de Villette"	99
au, "Le Bois Dieu"	102
oi, "Domaine de Trangy"	104
ean-aux-Amognes, "Château de Sury"	105
artin-du-Puy	106
igny-les-Bois, "Château de Marigny"	109
aône et Loire	
n, "Moulin Renaudiots"	79
rières, "La Chaumière"	80
ines, "La Griottière"	89
é, "Bergerie Fuissé"	90
ny, "Château des Poccards"	91

Nom de la Commune, "Nom de la Maison" | **Descriptif pa**

Igé, "Côté Vigne"
Marcigny, "La Tour du Moulin"
Mellecey, "Le Clos Saint-Martin"
Moroges, "L'Orangerie"
Moroges, "Moulin Brulé"
Poisson, "Château de Martigny" 1
Le Rousset, "La Fontaine du Grand Fussy" 1
St-Amour-Bellevue, "Le Paradis de Marie" 1
St-Aubin-sur-Loire, "Château de Lambeys" 1
St-Désert, "Maison Romaine" 1
St-Léger-sur-Dheune, "Cour des Lièvres" 1
St-Maurice-les-Chateauneuf, "La Violetterie" 1
St-Pierre-le-Vieux, "Les Colettes" 1
St-Usuge, "Les Chyses" 1
St-Vallerin, "Château de Collonge" 1
Sommant, "Château de Vareilles" 1
La Tagnière, "Le Jardin d'Aizy" 1
Tournus, "Chez Marie-Clémentine" 1
Verzé, "Château d'Escolles" 1
La Vineuse, "à la maîtresse" 1

89 Yonne

Ancy-le-Franc, "Le Moulin"
Appoigny, "Le Puits d'Athie"
Brosses, "La Colombière"
Chevannes, "Château de Ribourdin"
Lindry, "à la Métairie"
Massangis, "Carpe Diem"
Noyers-sur-Serein, "Château d'Archambault"
Poilly-sur-Tholon, "La Chartreuse"
Ste-Magnance, "Château Jaquot" 1
Vallery, "La Margottière" 1

BRETAGNE - pages 114 à 148

22 Côtes d'Armor

Créhen, "La Belle Noë" 1
Goméné, "La Hersonnière d'En Haut" 1
Hengoat, "Le Rumain" 1
Lannion-Servel, "Manoir de Launay" 1
Louannec, "Goas-Ar-Lan" 1
Louannec, "Le Colombier de Coat Gourhant" 1
Plélo, "Au Char à Bancs" 1
Pontrieux, "Les Korrigann'es" 1
Pordic, "Manoir de la Ville Eveque" 1
Quintin, "Le Clos du Prince" 1
Quintin, "Manoir de Roz Maria" 1

ɔm de la Commune, "Nom de la Maison"	Descriptif page
Finistère	
ɟnogan-Plage, "La Terre du Pont"	119
t, "Manoir de Tréouret"	120
ɔler, "Manoir de Kerliviry"	121
ɔler, "Coz-Milin"	121
nmana, "122"	
zon, "Ker-Maria"	124
ıarnenez, "Manoir de Kervent"	125
ıarnenez/Poullan-sur-Mer, "Manoir de Kerdanet"	125
Forêt Fouesnant	126
pavas, "La Châtaigneraie"	128
le Batz, "Ty Va Zadou"	130
az, "Lanévry"	130
-Brévalaire, "Pencréach"	132
ronan, "Kervellic"	133
ıescat, "Penkear"	137
ırin-les-Morlaix, "Lestrezec"	138
mper, "Le Logis du Stang"	141
hegonnec, "Ar Presbital Koz"	146
Ille et Vilaine	
anlis, "Les Cours Nicolles en Néron"	116
uer-Pican, "Le Grand Villouet"	117
herel, "La Ville Malet"	117
ɔon, "La Touche Aubrée"	118
n-sur-Vilaine, "La Grand' Maison"	118
smes, "Manoir du Plessix"	122
Couyère, "La Tremblais"	123
ɔhen, "Château de Bagatz"	128
ıdic, "Château du Pin"	129
al-sous-Bazouges, "Le Quartier"	135
npont, "La Corne de Cerf"	136
Petit Fougeray, "La Crimelière"	136
Rheu, "Château de la Freslonnière"	142
Richardais, "Le Berceul"	143
-sur-Couesnon, "La Bergerie - La Poultière"	144
Briac-sur-Mer, "Le Clos du Pont Martin"	144
Malo, "La Malounière du Mont Fleury"	145
Malo, "Les Cèdres"	145
Malo, "La Petite Ville Mallet"	146
Tronchet, "Le Baillage"	148
Morbihan	
an, "Logis de la Ville Ruaud"	116
ıac, "Ker Kristal"	119
ıac, "L'Alcyone"	120
Cours, "Le Moulin du Pont de Molac"	123

Nom de la Commune, "Nom de la Maison"	Descriptif pag
Grandchamp, "Bot Coët"	12
Guégon, "Manoir de Mongrenier"	12
Languidic, "Les Chaumières de Lézorgu"	13
Locmariaquer, "La Troque Toupie"	13
Malansac, "Manoir de St-Fiacre"	13
Nivillac, "La Genêtière"	13
Pluvigner, "Chaumière de Kérréo"	13
Pluvigner, "Melin Keraudran"	13
Pluvigner	13
Riantec, "Kervassal"	14
Ste-Hélène, "La Maison des Peintres"	14
Sulniac, "Quiban"	14

CENTRE - pages 150 à 208

18 Cher

Ardenais, "La Folie"	15
Berry-Bouy, "l'Ermitage"	15
Brinay, "Château de Brinay"	15
Brinon-sur-Sauldre, "Château des Bouffards"	15
Charenton-Laugère, "La Serre"	16
Civray, "La Maison de Philomène"	16
Clémont, "Domaine des Givrys"	16
Ennordres, "Les Châtelains"	17
Foecy, "Au Petit Prieuré"	17
Ivoy-le-Pré, "La Verrerie"	17
Marseilles-les-Aubigny, "Château Vert"	18
Montigny, "Domaine de la Reculée"	18
Montlouis, "Domaine des Varennes"	18
Nançay, "Les Crocus"	19
Nançay, "Les Meaulnes"	19
Quincy, "La Bergerie de Quincy"	19
Rians, "La Chaume"	19
St-Germain-du-Puy, "Jacquelin"	19
St-Satur, "La Chancelière"	20
Vignoux-sur-Barangeon, "Villemenard"	20

28 Eure et Loir

Le Boullay-Thierry, "La Musardière"	15
Cherisy	16
Cherisy, "La Bouquinière"	16
La Ferté-Vidame, "Manoir de la Motte"	17
Maintenon, "Le Vieux Logis"	18
Néron, "La Ferme au Colombier"	19
Oinville-sous-Auneau	19
St-Laurent-la-Gatine, "Clos St-Laurent"	20
St-Luperce, "Le Mousseau"	20
Ver-lés-Chartres, "La Varenne"	20

n de la Commune, "Nom de la Maison"	Descriptif page
ndre	
ges-le-Château, "Petit Château de Ste-Colombe"	157
illon-sur-Indre, "La Poignardière"	162
n, "Château de l'Epine"	165
-le-Poëlier, "Le Gué Rabot"	171
andes, "Le Château d'Ingrandes"	178
é, "Champ Rocher"	181
net Planches, "Château de Planches"	186
tipouret, "Maison Voilà"	188
llay-les-Bois, "Garambault"	192
iers, "Le Moulin de Palbas"	194
ray, "Logis de la Chêneraie"	202
ulant, "Moulin Vieux"	206
ndre et Loire	
oise, "Manoir de la Maison Blanche"	152
-sur-Cher, "Domaine du Coteau"	153
n-Miré, "Château du Vau"	154
n-Miré, "Château du Grand Bouchet"	155
umont-en-Véron, "Grézille"	155
is, "La Sourderie"	156
e-sur-Maulne, "La Bergerie"	158
nbray-les-Tours, "La Louveterie"	161
veignes, "La Varenne"	162
-Mars-la-Pile, "Moulin de Racault"	164
ay-de-Touraine, "La Marmittière"	166
iers, "Le Closet des Moustiers"	168
s le Sec, "La Cerisaie"	170
s-le-Sec, "Manoir du Puy"	170
es-sur-Indre, "Domaine de la Guillotière"	172
es-sur-Indre, "Les Moulins de Vontes"	173
lettes, "Le Grenadier"	175
cueil, "Le Moulin"	176
mes, "Le Vieux Château"	177
mes, "La Pilleterie"	177
mes, "La Chaussée"	178
ay, "Manoir de Clairbois"	180
é, "La Renaudière"	180
helan, "Le Vieux Tilleul"	182
résor, "Le Moulin"	189
s, "La Tourainière"	190
lles-Négron, "Château de Nazelles"	191
ay, "L'Hérissaudière"	194
elieu	196
auld, "Le Moulin du Coudray"	197
lly	203
ou-sur-Brenne, "La Ferme des Landes"	205
ray, "La Rochelière"	207

Nom de la Commune, “Nom de la Maison”	Descriptif pa

41 Loir et Cher

Azé, “Ferme de Gorgeat” 1
Bourré, “Manoir de la Salle” 1
Cellettes, “La Locature de Clénord” 1
Chitenay, “Le Clos Bigot” 1
Contres, “La Rabouillère” 1
Cour-Cheverny, “Le Béguinage” 1
Cour-sur-Loire, “Château de la Rue” 1
Crouy-sur-Cosson, “Le Moulin de Crouy” 1
Danzé, “La Borde” 1
Faverolles-sur-Cher, “La Ferme de la Bretesche” 1
Feings, “Le Petit Bois Martin” 1
Mareuil-sur-Cher, “Les Aulnaies” 1
Mazangé, “Moulin d'Echoiseau” 1
Mer, “Le Clos” 1
Monthou-sur-Bièvre, “Le Chêne Vert” 1
Les Montils, “Château de Frileuse” 1
St-Aignan-sur-Cher, “Le Sousmont” 1
St-Denis-sur-Loire, “La Villa Médicis” 1
St-Denis-sur-Loire, “La Malouinière” 1
St-Georges-sur-Cher, “Prieuré de La Chaise” 1
St-Marc-du-Cor, “La Chancellerie” 2
Santenay, “Ferme d'Herceux” 2
Suèvres, “Le Moulin de Choiseaux” 2
Villeny, “Château de la Giraudière” 2
Villiers-sur-Loir 2
Vouzon, “Château du Corvier” 2

45 Loiret

Aillant-sur-Milleron, “Les Beaupieds” 1
Cerdon, “Les Vieux Guays” 1
Donnery, “Cornella” 1
Gien, “Domaine les Grands Chênes” 1
Lailly-en-Val, “Domaine de Montizeau” 1
Lorcy, “La Petite Cour” 1
Marigny-les-Usages, “Les Usses” 1
Ménestreau-en-Villette, “Ferme des Foucault” 1
Montliard, “Château” 1
Nevoy, “Sainte-Barbe” 1
Vannes-sur-Cosson, “Domaine de Sainte-Hélène” 2

CHAMPAGNE ARDENNE - pages 210 à 219

08 Ardennes

Chatel-Chéhéry, “Le Château” 2

10 Aube

Moussey, “Domaine de la Creuse” 2
St-Germain, “Les Beauchots” 2

lom de la Commune, "Nom de la Maison"	Descriptif page
Marne	
uzy, "Les Barbotines"	212
ugny Vaudancourt, "Le Logis des Elfes"	213
angy, "La Loge Vigneronne"	214
ugny, "La Maison Bleue"	215
ıtigny, "Manoir de Montflambert"	217
ulon-la-Montagne, "Les Corettes"	219
Haute Marne	
y-sur-Aube, "La Maison Jaune"	212
amouilley, "Le Moulin"	213
andchamp, "La Vallée Verte"	215
ngeville-sur-la-Laines, "Domaine de Boulancourt"	216
authoy, "Château de Prauthoy"	217
essigny, "Maison Massin Perrette"	218
CORSE - pages 220 à 223	
rvione, "Casa Corsa"	221
jari, "l'Orca de San Gavino"	221
nza, "Casa Maria"	222
trimonio	222
trimonio, "Château Calvello"	223
n-Martino-di-Lota, "Château Cagninacci"	223
FRANCHE COMTE - pages 224 à 231	
Doubs	
rteau, "La Guron"	228
ns-sous-Ste-Anne	229
Jura	
archilla, "Le Clos d'Estelle"	226
atelay, "Le Chambres d'Aude"	226
ncine le Haut, "Les Biches et les Genévriers"	228
nt d'Héry, "Le Moulin Chantepierre"	229
talier, "Château Gréa"	230
-Amour, "L'Achapt"	231
iteur, "Château Saint-Martin"	231
Haute Saône	
lt, "Château de Cult"	227
moulins, "Au Hêtre Pourpre"	227
sy-Epenoux, "Château d'Epenoux"	230
ILE DE FRANCE - pages 232 à 248	
Seine et Marne	
s Chapelles-Bourbon, "Manoir de Beaumarchais"	235

Nom de la Commune, "Nom de la Maison"	Descriptif page
Chartrettes, "Château de Rouillon"	235
Châtres, "Le Portail Bleu"	236
Choisy-en-Brie, "La Marvalière"	236
Crécy-la-Chapelle, "La Hérissonière"	237
Egreville, "Les 2 Noyers"	237
Evry-Grégy, "Le Prieuré de Vernelle"	238
Montmachoux, "La Maréchale"	240
Noisement	241
Pommeuse, "Le Moulin de Pommeuse"	242
Provins, "Demeure des Vieux Bains"	242
St-Denis-les-Rebais, "Brie-Champagne"	244
St-Loup-de-Naud, "Ferme de la Haute Maison"	244
Thomery, "Propriété Auclair"	245
Thomery, "Les Cours de la Seine"	245
Trilbardou	246
Ury, "Les Glycines"	246
Vernou-la-Celle-sur-Seine, "Les 4 Saisons"	247
Villiers-sous-Grez, "La Cerisaie"	247

78 Yvelines

La Boissière Ecole, "La Gâtine"	234
Montainville, "La Fauconnerie"	239
Orgeval, "La Thuilerie"	241

91 Essonne

Chalo-Saint-Mars, "Chevrechou"	234
Mauchamps, "La Manounière"	238
Moigny-sur-Ecole, "Le Clos de la Croix Blanche"	239
Nainville-les-Roches, "Le Clos des Fontaines"	240
Saclas, "Ferme des Prés de la Cure"	243
St-Cyr-sous-Dourdan, "Le Logis d'Arnière"	243

95 Val d'Oise

Wy Dit Joli Village, "Château d'Hazeville"	248

LANGUEDOC ROUSSILLON - pages 250 à 279

11 Aude

Bages, "Les Palombières d'Estarac"	252
Bizanet, "Domaine Saint-Jean"	254
Bouisse, "Maison de la Loude"	254
Boutenac, "La Bastide des Corbières"	255
Boutenac, "Domaine du Griffon"	255
Cascastel, "Domaine Grand Guilhem"	258
Douzens, "Le Domaine du Parc"	261
Homps, "Le Jardin d'Homps"	263
Moussoulens, "La Rougeanne"	268
Ouveillan, "Grangette Haute"	269

om de la Commune, "Nom de la Maison"	Descriptif page
rtel-des-Corbières, "Relais de Tamaroque"	269
rtel-des-Corbières, "Domaine de la Pierre Chaude"	270
Redorte, "La Closerie"	271
·André-de-Roquelongue, "Demeure de Roquelongue"	273
·Martin-le-Vieil, "Abbaye de Villelongue"	274
·Pierre-des-Champs, "Le Roc sur l'Orbieu"	275
leneuve-Minervois, "Clos du Moulin"	279

Gard

rjac, "Domaine de la Sérénité"	253
Bruguière, "La Mas des Santolines"	256
rdet, "Le Mas Julian"	258
stillon-du-Gard, "Mas du Raffin"	260
veirac	260
salle, "Domaine St-Louis de Soulages"	264
val-Pradel, "Le Mas de la Cadenède"	265
grian, "Le Mas des Elfes"	266
ssan, "Les Buis de Lussan"	266
ntfaucon, "La Bastide de Flore"	268
moulins, "La Terre des Lauriers"	271
vens-Trèves, "Hermitage St-Pierre"	272
·Gilles, "Domaine de la Fosse"	273
·Sébastien-d'Aigrefeuille, "Le Mas des Sources"	276
·Siffret, "Le Clos des Ocres"	276
llabregues, "Mas de l'Ilon"	278

Hérault

gnac, "La Missare"	256
rrigues, "Château Roumanières"	262
gnac, "Mas Cambounet"	262
nquières, "Château de Jonquières"	264
ntaud, "Les Mazes"	267
·André-de-Buèges, "Mas de Bombequiols"	272

Lozère

val-Atger, "Mas de Bonnaude"	265
Malzieu Forain, "Le Petit Château du Villard"	267
·Martin-de-Lansuscle, "Château de Cauvel"	274
·Privat-de-Vallongue, "La Baume"	275

Pyrénées Orientales

boussols, "Les Fenêtres du Soleil"	252
ges, "Mas de la Prade"	253
bestany, "Domaine du Mas Boluix"	257
melas, "Mas del Roc"	257
stelnou, "La Figuera"	259
stelnou, "Domaine de Quérubi"	259
nt Romeu - Odeillo, "Les Roches"	261

Nom de la Commune, "Nom de la Maison"	Descriptif pag
Ille-sur-Têt, "Les Buis"	26
Prugnanes, "Domaine de Coussères"	27
Ste-Colombe-de-la-Commanderie, "Peu Del Causse"	277
Serralongue, "Case Guillamo"	277
Thuir, "Casa del Arte"	27

LIMOUSIN - pages 280 à 299

19 Corrèze

Beaulieu-sur-Dordogne, "La Maison"	28
Brignac-la-Plaine, "La Maison de la Plaine"	28
Brivezac, "Château de la Grèze"	28
Collonges-la-Rouge, "Jeanne"	28
Cornil, "La Lupronne"	28
Corrèze, "Le Parc des 4 Saisons"	286
Lissac-sur-Couze, "Château de Lissac"	289
Noailles, "Les Dépendances du Château"	290
Objat, "Stahlhana"	290
St-Cernin-de-Larche, "Le Moulin Vieux de Laroche"	29
Segonzac, "Pré Laminon"	296
Tudeils, "Château de la Salvanie"	297
Turenne, "La Croix de Bélonie"	297
Turenne, "Clos Marnis"	298
Vitrac-sur-Montane, "Domaine du Mons"	299

23 Creuse

Champsanglard, "La Villa des Cagnes"	284
La Chapelle-St-Martial	284
Gentioux, "La Commanderie"	288
Lussat, "Puy-Haut"	289
Parsac, "La Maison Bleue" - Montignat	29
St-Bard, "Château de Chazepaud"	292
St-Etienne-de-Fursac, "La Cure"	293
St-Hilaire-le-Château, "La Chassagne"	294
St-Pardoux-le-Neuf, "Les Vergnes"	295
St-Silvain-Bellegarde, "Les Trois Ponts"	296
Vallière, "La Ferme de la Lombrière"	298

87 Haute Vienne

Champagnac-la-Rivière, "Château de Brie"	283
Eymoutiers, "La Roche"	286
Feytiat, "Prieuré du Puy Marot"	287
Fromental, "Château de Montautre"	287
Isle, "Château de la Chabroulie"	288
Panazol	291
St-Auvent, "Château de Saint-Auvent"	292
St-Junien-les-Combes, "Château de Sannat"	294
St-Just-le-Martel	295
Veyrac, "La Grange Perçée"	299

MIDI PYRENEES - pages 300 à 349

riège

at, "Couvent de Bajou"	304
ès, "Château de Ludiès"	327
enac, "Les Volets Bleus"	331
aut, "Le Domaine du Pégulier"	333
cros, "Marlas"	337

veyron

ech, "La Violette"	302
uls, "Les Brunes"	309
aygues-sur-Truyère, "Le Clos Saint-Georges"	317
oix-Barrez, "Vilherols"	323
s la Source, "La Carnicousie"	345

laute Garonne

rive, "La Manufacture"	305
ières-de-Luchon, "Villa Florida"	306
ières-du-Luchon, "Pavillon Sévigné"	306
anac-Seguenville, "Château de Seguenville"	311
s, "Les Figuiers"	333
aul-d'Oueil, "Maison Jeanne"	342
homas, "Les Douves"	343
oy-d'Aigrefeuille, "Le Petit Roquette"	344
/arennes, "Château des Varennes"	349

iers

on-Gellenave, "Château du Bascou"	309
agne d'Armagnac, "Les Sapinettes"	310
elnau-d'Auzan, "Domaine de la Musquerie"	312
éra-Lectourois, "La Boulègue"	313
e, "Ferme de Mounet"	316
e, "Hourcazet"	316
oufielle, "Au Brana d'en Haut"	317
rance, "En Marsan"	319
ac, "Au Château"	321
rdens, "Mascara"	326
oux, "La Ferme des Etoiles"	329
doux, "Lou Casau"	332
esquiou, "Maison de la Porte Fortifiée"	334
lar, "La Garlande"	338
aur, "Domaine de Loran"	341
rens - Pouy-Petit, "Domaine le Tuco"	341
uy, "La Lumiane"	343
agachies, "La Buscasse"	346
urac et Floures, "Setzères"	347
aube, "Maison Ardure"	348

Nom de la Commune, "Nom de la Maison"	Descriptif pa
46 Lot	
Les Arques, "Domaine des Olmes"	3
Belaye, "Marliac"	3
Boissières	3
Castelnau-Montratier, "Lacombe"	3
Cazals, "La Caminade"	3
Escamps	3
Gramat, "Domaine du Cloucau"	3
Gramat, "Moulin de Fresquet"	3
Lalbenque, "La Vayssade"	3
Martel, "Les Hauts de Loupchat"	3
Mauroux, "Le Mas de Laure"	3
Mayrac, "Villa Touloumo"	3
Mercuès, "Le Mas Azemar"	3
St-Chamarand, "Les Cèdres de Lescaillé"	3
St-Géry, "Le Mas de la Pommeraie"	3
St-Martin-Labouval, "Le Clos de la Roseraie"	3
Thédirac, "Le Manoir de Surges"	3
Tour de Faure, "Maison Redon"	3
65 Hautes Pyrénées	
Ariès-Espenan, "Moulin d'Ariès"	3
Arrens Marsous, "Maison Sempé"	3
Asque, "La Ferme du Buret"	3
Beaucens, "Eth Berye Petit"	3
Juncalas, "Maison Monseigneur Laurence"	3
Labastide, "Les Granges du Col de Coupe"	3
Pinas, "Domaine de Jean-Pierre"	3
St-Lary, "Le Relais de l'Empereur"	3
St-Lary-Soulan, "La Ferme de Soulan"	3
St-Pé-de-Bigorre, "La Calèche"	3
Salles-Argelès, "Le Belvédère"	3
81 Tarn	
Ambialet (St-Cirgue), "Chambres d'Hôtes Regain"	3
Brassac, "La Lande"	3
Cahuzac-sur-Vere, "Château Larroze"	3
Castelnau-de-Montmiral, "Château de Mayragues"	3
Castres, "Le Castelet"	3
Cordes-sur-Ciel, "Aurifat"	3
Donnazac-Cordes-sur-Ciel, "Les Vents Bleus"	3
Escoussens, "Le Mouscaillou"	3
Gaillac	3
Labessière-Candeil, "Château de Serres"	3
Lempaut, "La Bousquétarié"	3
Lombers, "Le Moulin d'Ambrozy"	3
Marsal, "Maison Mambré"	3

Nom de la Commune, "Nom de la Maison"	Descriptif page
aurens-Scopont, "Domaine de Combe Ramond"	329
éalmont, "Le Pigeonnier du Rouyre"	336
ouairoux, "La Ranquière"	337
te-Gemme, "Le Peyrugal"	344
alvagnac, "Toscane-en-France"	346
énouillac, "Bastide de Servadou"	347

2 Tarn et Garonne

ioule, "Domaine de Canals"	308
scatalens, "La Maison des Chevaliers"	318
afrançaise, "Les Rives"	324
afrançaise, "Le Platane"	324
amothe-Capdeville, "La Maison de Manon"	325
eauzac, "Manoir des Chanterelles"	331
ontpezat de Quercy, "Pech de Lafon"	334
egrepelisse, "Les Brunis"	335
arisot, "Belvésé"	335

NORD - PAS DE CALAIS - pages 350 à 361

9 Nord

aives, "Les Prés de la Fagne"	352
anteux, "Ferme de Bonavis"	353
ourbourg, "Le Withof"	354
ouvines, "Ferme de la Place"	354
enlain, "Château d'En Haut"	355
ompret, "Ferme Blanche de Lassus"	356
oordpeene	357
stricourt, "La Sablière"	357
ibecourt-la-Tour, "Le Clos Xavianne"	358
t-Pierre-Brouck, "Le Château"	358
allon Cappel, "La Ferme des Longs Champs"	360
ambrechies, "Fantasia"	361

2 Pas de Calais

nzin-Saint-Aubin, "Les Volets Bleus"	352
eussent, "Le Ménage"	353
oison-sur-Créquoise, "La Commanderie"	355
arck, "Manoir du Meldick"	356
igny-Noyelle, "Le Prieuré"	359
erton, "La Chaumière"	359
ailly-Beaucamp, "La Prairière"	360

NORMANDIE - pages 362 à 411

4 Calvados

blon, "La Houssaye"	364
asly, "Le Manoir"	365
retteville-sur-Laize, "Château des Riffets"	369

Nom de la Commune, "Nom de la Maison"	Descriptif page

Bricqueville	369
Cambremer, "Manoir de Cantepie"	370
Cambremer, "Les Marronniers"	371
Clinchamps-sur-Orne, "Le Courtillage"	372
Colombières, "Manoir de Thionville"	373
Crépon, "Manoir de Crépon"	374
Le Home Varaville, "Manoir de la Marjolaine"	382
Honfleur, "Villa Haute Rive"	383
Honfleur, "Chez Oncle Alphonse"	383
Honfleur, "Moulin Saint-Nicol"	384
Honfleur, "Jane Laur"	384
Longueville, "Le Roulage"	386
Manvieux, "Les Jardins"	387
Monceaux-en-Bessin, "Manoir les Equerres"	388
Mosles, "Château d'Argouges"	389
Pertheville-Ners, "Le Chêne Sec"	391
Quetteville	392
St-Pierre-sur-Dives, "Château des Roches"	400
Subles, "Moulin de Hard"	404
Surville, "Clos Gamare"	405
Vieux Fumé, "Le Mesnil d'O"	410
Vouilly, "Le Château"	411

27 Eure

Les Andelys, "La Haye Gaillard"	364
Appeville-Annebault, "Les Aubépines"	365
Bezu-Saint-Eloi, "Domaine des Prés du Hom"	367
Bouafles, "Les Préaux"	368
Bourgtheroulde, "Château de Boscherville"	368
Cahaignes, "Château de Requiécourt"	370
Fleury-la-Forêt, "Château de Fleury-la-Forêt"	379
Fontaine-sous-Jouy, "L'Aulnaie"	380
Heudreville-sur-Eure, "La Ferme"	381
Heudreville-sur-Eure, "La Londe"	382
Reuilly, "Clair Matin"	393
St-Aubin-de-Scellon, "La Charterie"	394
St-Aubin-le-Guichard, "Manoir du Val"	395
St-Clair-d'Arcey, "Domaine du Plessis"	396
St-Denis-le-Ferment, "La Levrière"	396
St-Eloi-de-Fourques, "Manoir d'Hermos"	397
St-Etienne-l'Allier, "Le Bois Carré"	397
St-Sylvestre-de-Cormeilles, "La Maison Pommerose"	401
Verneuil-sur-Avre, "Château de la Puisaye"	409

50 Manche

Blainville-sur-Mer, "Le Clos des Pommiers"	367
Champeaux, "La Hoguelle"	371
La Chapelle Enjuger, "La Mietterie"	372

m de la Commune, "Nom de la Maison"	Descriptif page
utances, "Manoir de l'Ecoulanderie"	374
ueurdreville, "La Maison Duchevreuil"	377
sville, "Manoir de Grainville"	380
nberville, "Le Château"	385
gueville, "Manoir de Longueville"	387
greville, "Château de Pont Rilly"	390
néville-sur-Mer, "Le Clos Postel"	393
Martin-de-Varreville, "Manoir de Juganville"	399
-Geneviève, "Manoir de la Fèvrerie"	402
-Pience, "Le Manoir de la Porte"	403
rdeval, "Clérisson"	404
nerville, "Manoir de Bellauney"	406
queville, "Manoir "Les Quatre Etoiles""	407
ognes, "Hôtel Grandval Caligny"	408
ognes, "Manoir de Savigny"	408
goncey, "Château de Boucéel"	409
Orne	
lême, "Château de la Grand Maison"	366
ndé-sur-Huisne, "Le Musset"	373
uttes, "Le Prieuré Saint-Michel"	375
ay, "Château de Villiers"	377
ngs, "La Revardière"	378
Ferté-Macé, "La Péleras"	379
nages, "Le Moulin de Gémages"	381
ntgaudry, "Le Tertre"	388
ulicent, "Château de la Grande Noë"	389
utiers-au-Perche, "Domaine de la Louveterie"	390
Bômer-les-Forges, "Château de la Maigraire"	395
Germain-de-la-Coudre, "Le Haut Buat"	398
Léonard-des-Parcs, "Domaine de la Rue"	398
ans, "Château de Sérans"	403
vie, "Manoir de Sainte-Croix"	405
rouvre-Lignerolles, "Le Bois Gerboux"	406
Seine Maritime	
trimont, "Le Colombier"	366
ppe, "Villa Florida"	375
uvrend, "Le Farival"	376
ot l'Auber, "La Hêtraie"	376
"Manoir de Beaumont"	378
auville, "La Muette"	385
des Vieilles et Neuves, "Château des Landes"	386
ainville, "La Maison de Bardeville"	391
aux, "La Bichonnière"	392
Aubin-le-Cauf, "La Châtellenie"	394
Martin-de-Boscherville, "Le Brécy"	399
Saëns, "Le Logis d'Eawy"	400

Nom de la Commune, "Nom de la Maison"	Descriptif pag
St-Vaast-Dieppedalle, "Les Roses Trémières"	40
St-Vaast-du-Val, "Manoir de Fumechon"	40
Le Tréport, "Prieuré Sainte-Croix"	40
Villers-Ecalles, "Les Florimanes"	41

PAYS DE LA LOIRE - pages 412 à 436

44 Loire Atlantique

Basse-Goulaine, "l'Orangerie du Parc"	41
La Chapelle-sur-Erdre, "La Gandonnière"	41
Frossay, "Château de la Rousselière"	41
Herbignac, "Château de Coët Caret"	42
Legé, "La Mozardière"	42
Marsac-sur-Don, "La Mérais"	42
Mouzeil, "Château de Cop-Choux"	42
Pont Saint-Martin, "Château du Plessis-Atlantique"	42
St-Julien-de-Concelles, "Le Bois Adam"	43
St-Malo-de-Guersac, "25, Errand - Ty Gwenn"	43
St-Mars-du-Désert, "Longrais"	43
St-Mars-la-Jaille, "Ville Jolie"	43
St-Molf, "Kervenel"	43
Sucé-sur-Erdre	43

49 Maine et Loire

La Breille-les-Pins, "Relais des Lys	41
Charcé-St-Ellier, "Château de Plessis Blutière"	41
Corzé, "La Mabilière"	41
Drain, "Le Mésangeau"	41
Grez-Neuville, "La Croix d'Etain"	41
Grez-Neuville, "Manoir du Bois de Grez"	41
Grézillé, "La Cotinière"	42
Martigné-Briand, "Domaine de l'Etang"	42
Montjean-sur-Loire, "Les Cèdres"	42
Montreuil-sur-Loir, "Château de Montreuil"	42
Mouliherne, "Le Cédre de Monnaie"	42
Murs-Erigné, "Le Jau"	42
Neuillé, "Château de Goupillon"	42
La Possonnière, "La Rousselière"	42
Les Rosiers-sur-Loire, "Domaine de l'Oie Rouge"	42
Segré-St.Aubin-du-Pavoil, "La Grange du Plessis"	43
Thorigné d'Anjou, "Le Rideau Miné"	43
Thouarcé, "Le Clos des Trois Rois"	43
Vauchrétien, "Moulin de Clabeau"	43

53 Mayenne

Ernée, "La Rouaudière"	41
St-Brice, "Manoir des Forges"	42

lom de la Commune, "Nom de la Maison"	Descriptif page
: Sarthe	
ûlon, "Château de l'Enclos"	415
onhoudou, "Château de Monhoudou"	423
otre-Dame-du-Pé, "La Reboursière"	427
Vendée	
ussais-Payré, "La Vieille Treille"	418
s Lucs-sur-Boulogne, "Le Chef du Pont"	421
illezais	422
eul-sur-l'Autise, "Le Rosier Sauvage"	427
Mathurin, "Château de la Millière"	432
-Cécile, "Logis de l'Aublonnière"	433
Verrie, "La Cendrosière"	436

PICARDIE - pages 438 à 450

Aisne	
ıbleny, "Domaine de Montaigu"	440
nizy, "Domaine le Parc"	443
ouvelles, "Au Bon Accueil"	444
e-en-Tardenois, "Clairbois"	444
ns-en-Laonnois"	446
geval, "Le Vendangeoir d'Orgeval"	447
Oise	
serville, "Château d'Anserville"	440
neuil-sur-Aisne, "Rochefort"	442
snoy-en-Thelle, "Lamberval"	445
ts-la-Vallée, "La Faisanderie"	448
esmy, "Château de Quesmy"	448
Arnoult, "Le Prieuré"	449
ıciennes, "Manoir du Plessis au Bois"	450
Somme	
oules, "Domaine de la Vallée St-Pierre"	441
ıen, "Château de Béhen"	441
ıussoy-Epagny, "Le Moulin à Papier"	442
cat, "La Houssaye"	443
snes-Mazancourt	445
ıchy-Lagache, "Le Château"	446
t-le-Grand, "Le Bois de Bonance"	447
Fuscien, "Les Papillons"	449
onchaux, "Ferme de Mezoutre"	450

POITOU CHARENTES - pages 452 à 470

Nom de la Commune, “Nom de la Maison”	Descriptif pa
16 Charente	
Chassors, “Logis de Guîtres	45
Jarnac, “Château Saint-Martial”	45
Lachaise-sur-le-Né, “Domaine de Pladuc”	45
Lésignac-Durand, “Château de la Redortière”	46
Magnac-sur-Touvre, “Le Clos St-Georges”	46
Mérignac-Villars, “L'en haut des vignes”	46
Perignac, “Château de Lerse”	46
La Rochefoucauld, “Le Jardin St-Florent”	46
Vars, “Logis du Portal”	46
Verteuil-sur-Charente, “Le Couvent des Cordeliers”	46
17 Charente Maritime	
Antezant-la-Chapelle, “Les Moulins”	45
Archingeay, “Les Hortensias”	45
Cherac, “La Pantoufle”	45
Courson, “Le Quits Sainte-Claire”	45
Jarnac-Champagne, “Domaine des Tonneaux”	45
Marennes, “La Cayenne”	46
Puyravault, “Le Clos de la Garenne”	46
Puyrolland, “Pont Robert”	46
St-Christophe, “Le Château”	46
St-Georges-des-Agoûts, “Les Hauts de Font Moure”	46
St-Just-Luzac, “Château de Feusse”	46
St-Porchaire, “La Perthuiserie”	46
St-Sornin, “La Caussolière”	46
Ste-Soulle, “La Chavagnaise”	46
79 Deux Sèvres	
La Garette, “La Pibale”	45
Germond-Rouvre, “Manoir du Repéroux”	45
Mell	46
Niort/Saint-Liguaire, “La Magnolière”	46
Vallans, “Le Logis d'Antan”	46
86 Vienne	
Aslonnes, “Le Port Laverré”	45
Coulonges, “Domaine de la Porte”	45
Usseau, “Château de la Motte”	46
Vouneuil-sous-Biard, “Le Grand Mazais”	47

PROVENCE ALPES COTE D'AZUR - pages 472 à 531

04 Alpes de Haute Provence

Aiglun, "Le Vieil Aiglun" 474
Meolans-Revel, "Les Méans" 504
Les Omergues, "Le Moulin de la Viorne" 508
La Palud-sur-Verdon, "L'Enchastre" 509

05 Hautes Alpes

Aspres-sur-Buëch, "Le Château" 478
La Salle-les-Alpes, "Le Grand Area" 520

06 Alpes Maritimes

Andon-Thorenc, "Domaine de la Bécassière" 475
Aspremont, "Terra Avita" 477
Carros, "Au Mas des Selves" 486
Chateauneuf, "L'Oulivette" 487
Châteauneuf (Opio), "Bastide "La Rouveirado"" 487
Châteuneuf-Villevieille, "La Parare" 488
La Colle-sur-Loup, "La Bastide Saint-Donat" 489
La Colle-sur-Loup, "Un Ange Passe" 490
La Colle-sur-Loup, "l'Hacienda" 490
La Croix-sur-Roudoule 491
Eze, "Bastide aux Camélias" 493
Gattières, "Les Sources" 493
La Gaude, "l'Orangeraie" 494
Golfe-Juan Vallauris, "Le Mas Samarcande" 494
Nice, "Villa La Lézardière" 507
Nice, "Le Castel Enchanté" 507
Nice (Crémat) 508
Le Rouret, "Villa Rose de Mai" 516
St-Vallier-de-Thiey, "Le Grand Jas" 519
Tourrettes-sur-Loup, "Demeure de Jeanne" 524
Tourrettes-sur-Loup, "Cueille la Nuit" 524
Tourrettes-sur-Loup, "La Villa Florida" 525
Tourrettes-sur-Loup, "Le Mas des Cigales" 525
Vence, "La Colline de Vence" 529
Vence, "La Bastide aux Oliviers" 530
Villars-sur-Var, "Le Château" 530

13 Bouches du Rhône

Aix-en-Provence, "Pavillon de Beauregard" 474
Arles, "Mas du Petit Grava" 477
Aubagne, "La Massuguière" 478
Aurons-en-Provence, "Le Castelas" 479
Cabriès, "La Bastide de la Cluée" 483
Eyragues, "l'Oustou de Mistral" 492
Grans, "Domaine du Bois Vert" 496

Nom de la Commune, "Nom de la Maison"	Descriptif page
Grans, "Château de Couloubriers"	496
Graveson, "La Demeure Toscane"	497
Jouques, "Le Catalan"	499
Lambesc	501
Lambesc, "Le Gallatras"	501
Rognes, "Le Moulin du Rossignol"	514
Rognes, "l'Oustaou de l'Ase"	515
St-Etienne-du-Grès, "Aux Deux Sœurs"	518
St-Marc-Jaumegarde, "La Charlotte"	518
Tarascon, "Le Molières"	522

83 Var

Ampus, "La Bastide	475
Les Arcs-sur-Argens, "Lou Nieu"	476
Les Arcs-sur-Argens, "Le Mas des Amandiers"	476
Bargème, "Les Roses Tremières"	480
Le Beausset, "Le Vallon"	481
Besse-sur-Issole, "Maison Saint-Louis"	482
La Cadière d'Azur, "Château St-Côme"	484
Carcès, "La Maison des Arts"	485
Cotignac, "Domaine de Nestuby"	491
La Croix Valmer, "La Sultamine"	492
Grimaud, "La Paressanne"	497
Moissac Bellevue	505
La Motte, "Le Mas du Péré"	506
Pontevès, "Domaine de Saint-Ferréol"	512
Puget-sur-Argens, "Le Mas du Centaure"	512
Ramatuelle, "Leï Souco"	513
La Roquebrussanne, "La Madrigale"	515
Ste-Anne-d'Evenos, "Le Mas du Poivre d'Ane"	520
Trans-en-Provence, "Saint-Amour"	526
Trigance, "Le Priolat des Anges"	526

84 Vaucluse

Aubignan, "Le Mas d'Aubignan"	479
Avignon, "La Bastide des Papes"	480
Le Barroux, "l'Aube Safran"	481
Bonnieux, "Le Clos du Buis"	482
Buisson, "l'Ecole Buissonnière"	483
Cadenet, "La Tuilière"	484
Caromb	485
Carpentras, "Bastide Sainte-Agnès"	486
Châteuneuf-du-Pape, "La Muscardine"	488
Cheval Blanc, "La Malle Poste"	489
Gordes, "Mas de la Beaume"	495
Goult, "La Borie"	495
Isle-sur-la-Sorgue, "Mas Les Fontanelles"	498
Isle-sur-la-Sorgue, "Domaine de la Fontaine"	498

n de la Commune, "Nom de la Maison"	Descriptif page
oste, "Bonne-Terre"	499
arde-Paréol, "Domaine Les Serres"	500
nes, "La Pastorale"	500
is, "La Maison des Sources"	502
is, "Bastide du Piecaud"	502
aucène, "Le Château Cremessière"	503
bec, "Au Bord du Temps"	503
an, "Le Repaire du Géant"	504
ène, "La Villa Noria"	505
teux, "La Capelo"	506
nge, "Villa Aurenjo"	509
es les Fontaines, "La Nesquière"	510
es-les-Fontaines, "Moulin de la Baume"	510
es-les-Fontaines, "Saint-Barthélémy"	511
es-les-Fontaines, "Le Mas Pichony"	511
on, "Mas la Pomarède"	513
on, "Domaine de Canfier"	514
ssillon, "La Bastide des Grands Cyprès"	516
rel, "La Forge"	517
idier, "Le Mas des Abricotiers"	517
erre-de-Vassols, "La Barjaquière"	519
t, "Domaine de Piedmoure"	521
aret, "Saint-Jean"	521
hor, "La Garance"	522
hor, "Mas de la Martelière"	523
hor, "Domaine des Coudelières"	523
aux, "Mas de la Cabanole"	527
on-la-Romaine, "L'Evêché"	527
gines, "Les Grandes Garrigues"	528
gines, "l'Eléphant de Vaugines"	528
ne, "Le Pavillon Vert"	529
n, "Le Mas des Sources"	531
n, "Château Vert"	531

RHONE ALPES - pages 532 à 593

in

n, "Le Bellevue"	550
cet, "Les Vignes"	560
ville-sur-Ain, "Bosseron"	561
ans, "La Fontaine"	566
ndré-sur-Vieux-Jonc, "Château de Marmont"	570
ermain-les-Paroisses, "Le Moulin de Marchamp"	572
izier-le-Bouchoux, "La Closerie"	578
ivier-sur-Moignans, "Domaine de Paspierre"	581
as, "Le Nid à Bibi"	583

rdèche

mont, "La Petite Cour Verte"	537

Nom de la Commune, “Nom de la Maison”	Descriptif pa
Bessas, “Le Château”	53
Boffres, “Lavenant”	53
Empurany, “Crouzat”	54
Intres, “La Jallat”	55
Labastide-de-Virac, “Le Mas Rêvé”	55
Lemps, “Château Chavagnac”	55
Malbosc, “La Pauze”	55
Peaugres, “La Palisse”	56
Rochessauve, “Château de Rochessauve”	56
Rosières, “l'Oustalou”	56
St-Alban-Auriolles, “Mas de Chanteressac”	56
St-Alban-Auriolles, “Domaine de Champtressac”	56
St-Alban-Auriolles, “Villa Saint-Patrice”	56
St-Andéol-de-Fourchades, “La Calmeraie”	56
St-Christol, “Le Moulinage de St-Christol”	57
St-Just-d'Ardèche, “La Mélinas”	57
St-Lager-Bressac, “Château de Fontblachère”	57
St-Lager-Bressac, “Le Moulinage”	57
St-Martin-sur-Lavezon, “La Ferme du Pic d'Allier”	57
St-Montan, “La Pacha”	5
St-Sauveur-de-Cruzières, “Mas des Molières”	58
St-Thomé, “Le Moulinage de St-Thomé”	58
Ucel, “La Bastide du Pastural”	58
Uzer, “Château d'Uzer”	58
Vagnas, “Le Mas d'Alzon”	58
Vals les Bains, “Château Clément”	58
Les Vans, “Mas de la Garrigue”	58
Vernon, “Mas de la Cigale”	5

26 Drôme

Allan, “Le Mas de Rabaste”	5
Allex, “La Petite Aiguebonne”	5
Bourdeaux, “La Calade”	5
Chabrillan, “Le Domaine de la Vaumane”	5
Chanos-Curson, “La Farella”	5
Chantemerle-lès-Grignan, “Le Parfum Bleu”	5
Colonzelle, “Le Moulin de l'Aulière”	5
Dieulefit, “Villa Mary”	5
Etoile-sur-Rhône, “Le Vieux Chêne”	5
La Garde Adhemar, “Mas Bella Cortis”	5
Grignan, “La Maison du Moulin”	5
Pont-de-Barret, “Le Mas Eva”	5
St-Donat-sur-Herbasse, “La Veyrardière”	5
Suze-la-Rousse, “Les Aiguières”	5

38 Isère

Autrans, “Belle Combe”	5
Avignonet, “Château des Marceaux”	5

Nom de la Commune, "Nom de la Maison"	Descriptif page
hasse-sur-Rhône, "Domaine de Gorneton"	544
aubec, "Château de Césarges"	558
nt-Evêque, "Le Manoir des Forges"	564
-Just-Chaleyssin, "La Tuilière"	574
-Martin-de-la-Cluze, "Château de Paquier"	576
ujany, "Solneige"	590
zeronce Curtin, "Ferme de Montin"	591
lard-Bonnot, "Domaine du Berlioz"	592
reppe, "Château Saint-Vincent"	593
Loire	
almazel, "Château de Marcilly Talaru"	541
mmelle-Vernay, "Château de Bachelard"	546
urneaux, "Château de l'Aubépin"	549
Gresle, "Le Chalet"	551
ailly, "Château de la Motte"	562
Pacaudière, "Manoir Beausoleil"	562
-Germain-Lespinasse, "Les Meneaux"	572
-Haon-le-Vieux, "La Marche"	573
-Julien-Molin-Molette, "Castel-Guéret"	573
-Julien-Molin-Molette, "La Rivoire"	574
-Pierre-la-Noaille, "Domaine Château de Marchangy"	579
-Romain-le-Puy, "Sous le Pic"	579
-Victor-sur-Loire	582
lt-en-Donzy, "Domaine le Monceau"	582
Terrasse-sur-Dorlay, "Le Moulin Payre"	585
élis-la-Combe, "La Comboursière"	586
lemontais, "Domaine du Fontenay"	593
Rhône	
s Ardillats, "La Verrière"	535
lleville-sur-Saône, "Le Clos Beaujolais"	537
aponost, "Les Jardins Secrets"	543
arentay, "La Tour de la Belle Mère"	544
énas, "Château Lambert"	545
nice, "Domaine de Pouilly-le-Chatel"	546
urie, "Domaine du Clos des Garands"	549
s Halles, "Manoir de Tourville"	552
llié, "Domaine La Chapelle de Vatre"	554
ncie, "Les Pasquiers"	555
ntignié, "La Bourdonnière"	555
ntignié, "Château de la Salle"	556
nas, "Le Clos de la Barre"	557
cenay, "Les Tilleuls"	557
rnant, "La Ferme de Chablenas"	561
gnié-Durette, "La Clairmaison"	564
Vérand, "Aucherand"	581
rnay, "Manoir de la Pagerie"	584

Nom de la Commune, "Nom de la Maison"	Descriptif page
Theizé, "La Ferme du Saint"	585
Vaux-en-Beaujolais, "Les Picorettes"	590
73 Savoie	
Aime, "Ancienne Ecole de Montvilliers"	534
Le Bourget du Lac	539
Bramans, "Chalet Lavis Trafford"	540
Chambéry, "La Ferme du Petit Bonheur"	541
Ruffieux	567
St-Alban-de-Montbel, "La Chesneraie"	569
St-Christophe-la-Grotte, "La Ferme Bonne de la Grotte"	571
St-Pierre-d'Albigny, "Château des Allues"	578
Villarodin-Bourget, "Ché Catrine"	592
74 Haute Savoie	
Chamonix-Mont-Blanc, "La Girandole"	542
Entremont, "Chalet le Marfanon"	548
Le Grand Bornand, "La Ferme de Vanille"	551
Les Houches, "La Ferme d'en Haut"	553
Megève, "Les Oyats"	559
Menthon-Saint-Bernard, "des Alpes aux Lac"	559
Mieussy, "La Maison des Sœurs"	560
La Roche-sur-Foron, "La Dame de Haute-Savoie"	565
Samoëns, "La Maison de Fifine"	583
Thônes, "Le Clos Zénon"	586
Vallorcine, "La Fontaine"	588

DÉPARTEMENT D'OUTRE-MER - pages 594 à 595

974 La Réunion	
Ste-Anne, "La Topaze"	595

Les départements

Liste des départements		Région
01	Ain	Rhônes-Alpes
02	Aisne	Picardie
03	Allier	Auvergne
04	Alpes-Hte-Provence	Provence-Alpes-Côte d'Azur
05	Alpes (Hautes)	Provence-Alpes-Côte d'Azur
06	Alpes-Maritimes	Provence-Alpes-Côte d'Azur
07	Ardèche	Rhônes-Alpes
08	Ardennes	Champagne-Ardenne
09	Ariège	Midi-Pyrénées
10	Aube	Champagne-Ardenne
11	Aude	Languedoc-Roussillon
12	Aveyron	Midi-Pyrénées
13	Bouches-du-Rhône	Provence-Alpes-Côte d'Azur
14	Calvados	Normandie
15	Cantal	Auvergne
16	Charente	Poitou-Charentes
17	Charente-Maritime	Poitou-Charentes
18	Cher	Centre
19	Corrèze	Limousin
20	Corse	Corse
21	Côte-d'Or	Bourgogne
22	Côtes-d'Armor	Bretagne
23	Creuse	Limousin
24	Dordogne	Aquitaine
25	Doubs	Franche-Comté
26	Drôme	Rhônes-Alpes
27	Eure	Normandie
28	Eure-et-Loir	Centre
29	Finistère	Bretagne
30	Gard	Languedoc-Roussillon
31	Garonne (Haute)	Midi-Pyrénées
32	Gers	Midi-Pyrénées
33	Gironde	Aquitaine
34	Hérault	Languedoc-Roussillon
35	Ille-et-Vilaine	Bretagne
36	Indre	Centre
37	Indre-et-Loire	Centre
38	Isère	Rhônes-Alpes
39	Jura	Franche-Comté
40	Landes	Aquitaine
41	Loir-et-Cher	Centre
42	Loire	Rhônes-Alpes
43	Loire (Haute)	Auvergne
44	Loire-Atlantique	Pays de la Loire
45	Loiret	Centre
46	Lot	Midi-Pyrénées
47	Lot-et-Garonne	Aquitaine

Liste des départements		Région
48	Lozère	Languedoc-Roussillon
49	Maine-et-Loire	Pays de la Loire
50	Manche	Normandie
51	Marne	Champagne-Ardenne
52	Marne (Haute)	Champagne-Ardenne
53	Mayenne	Pays de la Loire
54	Meurthe-et-Moselle	Alsace-Lorraine
55	Meuse	Alsace-Lorraine
56	Morbihan	Bretagne
57	Moselle	Alsace-Lorraine
58	Nièvre	Bourgogne
59	Nord	Nord-Pas de Calais
60	Oise	Picardie
61	Orne	Normandie
62	Pas-de-Calais	Nord-Pas de Calais
63	Puy-de-Dôme	Auvergne
64	Pyrénées-Atlantiques	Aquitaine
65	Pyrénées (Hautes)	Midi-Pyrénées
66	Pyrénées-Orientales	Languedoc-Roussillon
67	Rhin (Bas)	Alsace-Lorraine
68	Rhin (Haut)	Alsace-Lorraine
69	Rhône	Rhônes-Alpes
70	Saône (Haute)	Franche-Comté
71	Saône-et-Loire	Bourgogne
72	Sarthe	Pays de la Loire
73	Savoie	Rhônes-Alpes
74	Savoie (Haute)	Rhônes-Alpes
76	Seine-Maritime	Normandie
77	Seine-et-Marne	Île de france
78	Yvelines	Île de france
79	Deux-Sèvres	Poitou-Charentes
80	Somme	Picardie
81	Tarn	Midi-Pyrénées
82	Tarn-et-Garonne	Midi-Pyrénées
83	Var	Provence-Alpes-Côte d'Azur
84	Vaucluse	Provence-Alpes-Côte d'Azur
85	Vendée	Pays de la Loire
86	Vienne	Poitou-Charentes
87	Vienne (Haute)	Limousin
88	Vosge	Alsace-Lorraine
89	Yonne	Bourgogne
91	Essonne	Île de france
95	Val-d'Oise	Île de france
974	Réunion	Département Outre-Mer

Les Centres départementau
d'information réservatio

01 • AIN
21, place Bernard - BP198
01005 BOURG-EN-BRESSE CEDEX
Tél. 04 74 23 82 69 - Rés. 04 74 23 82 66
Fax 04 74 22 65 86
e.mail : gites-de- france-ain@wanadoo.fr

02 • AISNE
Service Réservation du CDT
24/28 av. Charles de Gaulle
02007 LAON CEDEX
Tél. 03 23 27 76 76 - Rés. 03 23 27 76 80
Fax 03 23 27 76 89
e.mail : s.chamaux@cdt-aisne.com

03 • ALLIER
Pavillon des Marronniers
Parc de Bellevue - BP 65
03402 YZEURE CEDEX
Tél. 04 70 46 81 56 - Résa 04 70 46 81 60
Fax 04 70 46 00 22
e.mail : gitesdefrance@pays-allier.com

04 • ALPES-DE-HAUTE PROVENCE (B)
Maison du Tourisme
Rond-Point du 11 Novembre - BP 201
04001 DIGNE LES BAINS CEDEX
Tél. 04 92 31 30 40 - Fax 04 92 32 32 63
e.mail : infos@gites-de-france-04.fr

05 • HAUTES-ALPES
1, place du Champsaur - BP 55
05002 GAP CEDEX
Tél. 04 92 52 52 92 - Rés. 04 92 52 52 94
Fax 04 92 52 52 90
e.mail : gdf05@wanadoo.fr

06 • ALPES-MARITIMES
55 Promenade des Anglais - BP 1602
06011 NICE CEDEX 1
Tél. 04 92 15 21 30 - Fax 04 93 37 48 00
e.mail : info@gites-de-france-alpes-maritimes.com

07 • ARDECHE
4, Cours du Palais – BP 402
07004 PRIVAS CEDEX
Tél. 04 75 64 70 70 - Fax 04 75 64 75 40
e.mail : contact@gites-de-france-ardeche.com

08 • ARDENNES
29, rue du Petit Bois - BP 370
08106 CHARLEVILLE-MEZIERES CEDEX
Tél. 03 24 56 89 65 - Fax 03 24 56 89 66
e.mail : contact@gitardennes.com

09 • ARIEGE
31 bis, avenue du Général de Gaulle
BP143 - 09004 FOIX CEDEX
Tél. 05 61 02 30 89 - Fax 05 61 65 17 34
e.mail : gites-de-france.ariege@wanadoo.fr

10 • AUBE
Chambre d'Agriculture
2 bis, rue Jeanne-d'Arc - BP 4080
10018 TROYES CEDEX
Tél. 03 25 73 00 11 - Fax 03 25 73 94 85
e.mail : gites.aube@wanadoo.fr

11 • AUDE
78ter, rue Barbacane
11000 CARCASSONNE
Tél. 04 68 11 40 70 - Fax 04 68 11 40 72
e.mail : gitesdefrance.aude@wanadoo.fr

12 • AVEYRON
APATAR - Maison du Tourisme
17, rue Aristide Briand - BP 831
12008 RODEZ CEDEX
Tél. 05 65 75 55 60 - Rés. 05 65 75 55 55
Fax 05 65 75 55 61
e.mail : gites.de.france.aveyron@wanadoo.fr

13 • BOUCHES- DU-RHONE
Domaine du Vergon
13370 MALLEMORT
Tél. 04 90 59 49 39 - Fax 04 90 59 16 75
e.mail : gitesdefrance@visitprovence.com

14 • CALVADOS
6, promenade Madame-de-Sévigné
14050 CAEN CEDEX 4
Tél. 02 31 82 71 65 - Fax 02 31 83 57 64
e.mail : info@gites-de-france-calvados.fr

15 • CANTAL
34, avenue des Pupilles de la Nation - BP 631
15006 AURILLAC CEDEX
Tél. 04 71 48 64 20 - Fax 04 71 48 64 21
e.mail : reservation@gites-de-france-cantal.fr

16 • CHARENTE
23, Avenue des Maréchaux
16000 ANGOULEME CEDEX
Tél. 05 45 69 48 62 - Fax 05 45 69 73 32
e.mail : relais@gitescharente.com

17 • CHARENTE-MARITIME
Résidence Le Platin
1, perspective de l'Océan
Les Minimes - BP 32
17002 LA ROCHELLE CEDEX 1
Tél. 05 46 50 63 63 - Fax 05 46 50 54 46
e.mail : GITES.17@wanadoo.fr

18 • CHER
5, rue de Séraucourt
18000 BOURGES
Tél. 02 48 48 00 13 - Fax 02 48 48 00 20
e.mail : tourisme.berry@cdt18.tv

19 • CORREZE
Immeuble Consulaire Tulle Est
Puy Pinçon – BP 30
19001 TULLE CEDEX
Tél. 05 55 21 55 61 - Fax 05 55 21 55 88
e.mail : gites-de-france@correze.chambagri.fr

20 • CORSE
77, Cours Napoléon – BP 10
20181 AJACCIO CEDEX 01
Tél. 04 95 10 06 14 - Fax 04 95 10 54 39
e.mail : infos@gites-corsica.com

21 • COTE-D'OR (B)
5, rue de René Char - BP 17011
21070 DIJON CEDEX
Tél. 03 80 45 97 15 - Fax 03 80 45 97 16

22 • COTES-D'ARMOR
7, rue Saint-Benoît - BP 4536
22045 SAINT-BRIEUC CEDEX 2
Tél. 02 96 62 21 73 - Fax 02 96 61 20 16
e.mail : contact@gitesdarmor.com

23 • CREUSE
Maison de l'Agriculture
1, rue Martinet - BP 89
23011 GUERET CEDEX
Tél. 05 55 61 50 15 - Fax 05 55 41 02 73
e.mail : gites.de.france.creuse@wanadoo.fr

24 • DORDOGNE
25, rue Wilson – BP 2063
24002 PERIGUEUX CEDEX
Tél. 05 53 35 50 24 - Fax 05 53 09 51 41
e.mail : dordogne.perigord.tourisme@wanadoo.fr

(B) : Boutique avec vente de guides nationaux, régionaux et départementaux

25 • DOUBS
4 ter, Faubourg Rivotte
25000 BESANÇON
Tél. 03 81 82 80 48 - Fax 03 81 82 38 72
e.mail : gites-de-france-doubs@wanadoo.fr

26 • DROME
Plateau de Lautagne - 42, av. des Langories
Bât C - BP 169
26906 VALENCE CEDEX 9
Tél. 04 75 83 16 42 - Rés. 04 75 83 09 23
Fax 04 75 82 90 57
e.mail : contact@gites-de-france-drome.com

27 • EURE
9, rue de la Petite-Cité - BP 882
27008 EVREUX CEDEX
Tél. 02 32 39 53 38 - Fax 02 32 33 78 13
e.mail : info@gites-de-france-eure.com

28 • EURE-ET-LOIR
Maison de l'Agriculture
10, rue Dieudonné-Costes
28024 CHARTRES
Tél. 02 37 24 45 45 - Fax 02 37 24 45 90

29 • FINISTERE
5, allée Sully
29322 QUIMPER CEDEX
Tél. 02 98 64 20 20 - Fax 02 98 64 20 29
e.mail: info@gites-finistere.com

30 • GARD
3, rue Cité Foulc - BP 59
30007 NIMES CEDEX 4
Tél. 04 66 27 94 94 - Fax 04 66 27 94 95
e.mail : contacts@gites-de-france-gard.fr

31 • HAUTE-GARONNE
14, rue Bayard - BP 845
31015 TOULOUSE CEDEX 06
Tél. 05 61 99 70 60 - Fax 05 61 99 41 22
e.mail : info@gites-de-france-31.com

32 • GERS
Maison de l'Agriculture – BP 161
32003 AUCH CEDEX
Tél. 05 62 61 79 00 - Fax 05 62 61 79 09
e.mail : contact@gers-tourisme.com

33 • GIRONDE
21, cours de l'Intendance
33000 BORDEAUX
Tél. 05 56 81 54 23 - Fax 05 56 51 67 13
e.mail : gites33@wanadoo.fr

34 • HERAULT
Maison du Tourisme
34184 MONTPELLIER CEDEX 4
Tél. 04 67 67 62 62 - Fax 04 67 67 71 69
e.mail : contact@gites-de-france-herault.fr

35 • ILLE-ET-VILAINE (B)
107, av. Henri Fréville - BP 70336
35203 RENNES CEDEX 2
Tél. 02 99 22 68 68 - Fax 02 99 22 68 69
e.mail : gitesdefrance35@wanadoo.fr

36 • INDRE
7, bis rue Bourdillon
36000 CHATEAUROUX
Tél. 02 54 22 91 20
Relais : Tél. 02 54 22 91 20 - Fax 02 54 22 39 69
IBT résa : Tél. 02 54 57 58 61 - Fax 02 54 27 60 00
e.mail : gites36@wanadoo.fr

37 • TOURAINE
38, rue Augustin-Fresnel - BP 139
37171 CHAMBRAY-LES-TOURS CEDEX
Tél. 02 47 27 56 10 (tapez 1) - Fax 02 47 48 13 39
e.mail : reservation@gites-touraine.com

38 • ISERE
40 ave Marcelin Berthelot - BP 2641
38036 GRENOBLE CEDEX 2
Tél. 04 76 40 79 40 - Fax 04 76 40 79 99
e-mail : sirt38@wanadoo.fr

39 • JURA
8, rue Louis Rousseau
39000 LONS-LE-SAUNIER
Tél. 03 84 87 08 88 - Fax 03 84 24 88 70
e.mail : gites.france.jura@jura-tourism.com

40 • LANDES
Chambre d'Agriculture
Cité Galliane - BP 279
40005 MONT-DE-MARSAN CEDEX
Tél. 05 58 85 44 44 - Fax 05 58 85 44 45
e.mail : gites-de-france@landes.chambagri.fr

41 • LOIR-ET-CHER
Association Vacances Vertes
5, rue de la Voûte du Château - BP 249
41001 BLOIS CEDEX
Tél. 02 54 58 81 64 - Fax 02 54 56 04 13
e-mail : GITES41@wanadoo.fr

42 • LOIRE (B)
Cité de l'Agriculture
43, av. Albert Raimond – BP 20048
42272 SAINT-PRIEST-EN-JAREZ CEDEX
Tél. 04 77 79 18 49 - Fax 04 77 93 93 66
e.mail : contact@gites42.com

43 • HAUTE-LOIRE
1, place Monseigneur de Galard - BP 332
43012 LE-PUY-EN-VELAY CEDEX
Tél. 04 71 07 41 65 - Fax 04 71 07 41 66
e.mail : gitesdefrance43@free.fr

44 • LOIRE ATLANTIQUE (B)
3/5, rue Félibien - BP 93218
44032 NANTES CEDEX 1
Tél. 02 51 72 95 65 - Fax 02 40 35 17 05
e.mail : info@gites-de-france-44.fr

45 • LOIRET
8, rue d'Escures
45000 ORLEANS
Tél. 02 38 78 04 00 - Rés. 02 38 62 04 88
Fax 02 38 62 98 37
e.mail : gitesdefrance@loiret.chambagri.fr

46 • LOT
ADTRL - Maison du Tourisme
Place François Mitterrand
46000 CAHORS
Tél. 05 65 53 20 75 - Fax 05 65 53 20 79
e.mail : gites.de.france.lot@wanadoo.fr

47 • LOT-ET-GARONNE
11, rue des Droits de l'Homme
47000 AGEN
Tél. 05 53 47 80 87 - Fax 05 53 66 88 29
e.mail : gites-de-france.47@wanadoo.fr

48 • LOZERE
14, bd Henri-Bourillon
48001 MENDE CEDEX
Tél. 04 66 65 60 00 - Fax 04 66 49 27 96
SR : Tél. 04 66 48 48 48 - Fax 04 66 65 03 55
e.mail : sla@lozere-tourisme.com

49 • MAINE-ET-LOIRE
BP 52425
49024 ANGERS CEDEX 02
Tél. : 02 41 23 51 23 (résa) ou
02 41 88 00 00 (relais) - Fax 02 41 88 38 41
e.mail : gites-de-france-anjou@wanadoo.fr

Les Centres départementaux d'information réservation

50 • MANCHE
98, route de Candol
Maison du Département
50008 SAINT-LO CEDEX
Tél. 02 33 56 28 80 - Fax 02 33 56 07 03
e.mail : mancheresa@cg50.fr

51 • MARNE
Chambre d'Agriculture
Route de Suippes - BP 525
51009 CHALONS-EN-CHAMPAGNE CEDEX
Tél. 03 26 64 95 05 - Fax 03 26 64 95 06
e.mail : service-reservation-marne@wanadoo.fr

52 • HAUTE-MARNE
Cours Marcel Baron BP 2048
52902 CHAUMONT CEDEX 9
Tél. 03 25 30 39 03 - Fax 03 25 30 39 05
e.mail : gites@tourisme-hautemarne.com

53 • MAYENNE
84, av. Robert Buron - BP 0325
53003 LAVAL
Tél. 02 43 53 58 78 - Fax 02 43 53 58 79
e.mail : gites-de-france-53@wanadoo.fr

54 • MEURTHE-ET-MOSELLE
ZAC Ban La Dame
Square Herzog
54390 FROUARD
Tél. 03 83 23 49 50 - Fax 03 83 23 12 12
e.mail : gites-de-france54@wanadoo.fr

55 • MEUSE
Hotel du Département
55012 BAR LE DUC CEDEX
Tél. 03 29 45 79 76 - Fax 03 29 45 78 45
e.mail : contact@gites-de-meuse.fr

56 • MORBIHAN
42 avenue Wilson - BP 30318
56403 AURAY CEDEX
Tél. 02 97 56 48 12 - Fax 02 97 50 70 07
e.mail : gites-de-france.morbihan@wanadoo.fr

57 • MOSELLE
6, rue de l'Abattoir
57630 VIC-SUR-SEILLE
Tél. 03 87 01 18 50 - Fax 03 87 01 17 09
e.mail : gitesdefrance.moselle@wanadoo.fr

58 • NIEVRE
3, rue du Sort
58000NEVERS
Tél. 03 86 36 42 39 - Fax 03 86 59 44 63
e.mail : gites-de-france-nievre@wanadoo.fr

59 • NORD (B)
89, bd de la Liberté - BP 1210
59013 LILLE CEDEX
Tél. 03 20 14 93 93 ou 03 20 14 93 94
Fax 03 20 14 93 99
e.mail : gites.de.france.nord@wanadoo.fr

60 • OISE
8, bis rue Delaherche - BP 80822
60008 BEAUVAIS CEDEX
Tél. 03 44 06 25 85 - Fax 03 44 06 25 80
e.mail : gites@oisetourisme.com

61 • ORNE
A.R.G.F.O./CDT
BP 50
61002 ALENÇON CEDEX
Tél. 02 33 28 07 00 (SR) ou 02 33 28 88 71
Fax 02 33 29 01 01 (SR) ou 02 33 29 81 60
e.mail : info@ornetourisme.com

62 • PAS-DE-CALAIS
La Trésorerie - Wimille - BP 79
62930 WIMEREUX
Tél. 03 21 10 34 80 ou 03 21 10 34 40 (SR)
Fax 03 21 30 95 14
e.mail : gitesdefrance@pas-de-calais.com

63 • PUY-DE-DOME
Place de la Bourse
63038 CLERMONT-FERRAND CEDEX 1
Tél. 04 73 42 22 61
Fax 04 73 42 22 65
e mail : info@gites-de-france-puydedome.com

64 • PYRENEES ATLANTIQUES (B)
20, rue Gassion
64000 PAU
Tél. 05 59 11 20 64 - Fax 05 59 11 20 60
e.mail : resa@gites64.com

65 • HAUTES-PYRENEES
22, place du Foirail
65000 TARBES
Tél. 05 62 34 31 50 - Fax 05 62 34 37 95
e.mail : contact@gites-france-65.com

66 • PYRENEES ORIENTALES
3, Bd de Clairfont - Bât. D
66350 TOULOUGES
Tél. 04 68 68 42 88 - Fax 04 68 68 42 87
e.mail : contact@gites-de-france-66.com

67 • BAS-RHIN (B)
7, place des Meuniers
67000 STRASBOURG
Tél. 03 88 75 56 50 - Fax 03 88 23 00 97
e.mail : alsace@gites67.com

68 • HAUT-RHIN
1, rue Schlumberger - BP 50371
68007 COLMAR CEDEX
Tél. 03 89 20 10 68 - Fax 03 89 23 33 91
e.mail : gitesdefrance68@tourisme68.com

69 • RHONE A.D.T.R.
1, rue Général Plessier
69002 LYON CEDEX 2
Tél. 04 72 77 17 50 - Fax 04 72 41 66 30
e.mail : accueil.reservation@gites-de-france-rhone.com

70 • HAUTE-SAONE
Rue Max Devaux
ZA Technologia - BP 50077
70002 VESOUL CEDEX
Tél. 03 84 97 10 75 - Fax 03 84 76 69 63
e.mail : info@gites-de-france70.com

71 • SAONE-ET-LOIRE
Esplanade du Breuil - BP 522
71010 MACON
Tél. 03 85 29 55 60 - Fax 03 85 38 61 98
e.mail : gites71@sl.chambagri.fr

72 • SARTHE
78, avenue du Général Leclerc
72000 LE MANS
Tél. 02 43 23 84 61 - Fax 02 43 23 84 63
e.mail : gites-de-france-72@wanadoo.fr

73 • SAVOIE
24, bd de la Colonne
73024 CHAMBERY CEDEX
Tél. 04 79 33 22 56 - Fax 04 79 85 71 32
e.mail : info@gites-de-france-savoie.com

74 • HAUTE-SAVOIE
16, rue Guillaume Fichet
74000 ANNECY
Tél. 04 50 10 10 10 ou 04 50 10 10 11 (SR)
Fax 04 50 10 10 12
e.mail : accueil@gites-de-france-haute-savoie.com

(B) : Boutique avec vente de guides nationaux, régionaux et départementaux

76 • SEINE-MARITIME
Immeuble de la Chambre d'Agriculture
Chemin de la Bretèque - BP 59
76232 BOIS-GUILLAUME CEDEX
Tél. 02 35 60 73 34 - Fax 02 35 61 69 20
e.mail : info@gitesdefrance76.com

77 • SEINE-ET-MARNE
Maison Départementale du Tourisme
9/11 rue Royale
77300 FONTAINEBLEAU
Tél. 01 60 39 60 53 ou 54 - Fax 01 60 39 60 40
e.mail : mdt@tourisme77.net

78 • YVELINES
Hôtel du Département
2, place André Mignot
78012 VERSAILLES CEDEX
Tél. 01 30 21 36 73 - Fax 01 39 07 88 56
e.mail : gites@cg78.fr

79 • DEUX-SEVRES
15, rue Thiers - BP 8524
79025 NIORT CEDEX 9
Tél. 05 49 778 779 - Fax 05 49 77 15 93
e.mail : gites-de-france-deux-sevres@wanadoo.fr

80 • SOMME
21, rue Ernest Cauvin
80000 AMIENS
Tél. 03 22 71 22 71 - Fax 03 22 71 22 69
e.mail : accueil@somme-tourisme.com

81 • TARN
Maison des Agriculteurs
96, rue des Agriculteurs - BP 80332
81027 ALBI CEDEX 9
Tél. 05 63 48 84 38 ou 05 63 48 83 01 (SR)
Fax 05 63 48 83 12
e.mail : resa81@free.fr

82 • TARN-ET-GARONNE
C.D.T.
7, bd Midi-Pyrénées - BP 534
82005 MONTAUBAN CEDEX
Tél. 05 63 21 79 61 - Fax 05 63 66 80 36
e.mail : info@tourisme82.com

83 • VAR (B)
37 ave Lazare Carnot
83300 DRAGUIGNAN
Tél. 0820 822 828 (France)
Tél. 00 33 494509393 (étranger)
Fax 04 94 50 93 90
e.mail : reservation@gites-de-france-var.fr

84 • VAUCLUSE
BP 164
84008 AVIGNON CEDEX 1
Tél. 04 90 85 45 00 - Fax 04 90 85 88 49
e.mail : gites.vaucluse@wanadoo.fr

85 • VENDEE
124, bd Aristide Briand - BP 735
85018 LA ROCHE-SUR-YON CEDEX
Tél. 02 51 37 87 87 - Fax 02 51 62 15 19
e.mail : gites-de-france-vendee@wanadoo.fr

86 • VIENNE
33, place Charles de Gaulle – BP 287
86007 POITIERS CEDEX
Tél. 05 49 37 48 54 ou 05 49 37 19 77 (SR)
Fax 05 49 37 48 49 ou 05 49 37 19 79 (SR)
e.mail : info@gitesdefrance-vienne.com

87 • HAUTE-VIENNE
32, avenue du Général Leclerc
87065 LIMOGES CEDEX
Tél. 05 55 77 09 57 - Fax 05 55 10 92 29
e.mail : gites.de.france.87@wanadoo.fr

88 • VOSGES
31, rue François de Neufchâteau
88000 EPINAL
Tél. 03 29 35 50 34 - Fax 03 29 35 68 11
e.mail : gites-88@wanadoo.fr

89 • YONNE
Chambre d'Agriculture
14 bis, rue Guynemer
89015 AUXERRE CEDEX
Tél. 03 86 46 01 39 ou 03 86 72 92 15 (SR)
Fax 03 86 94 22 23 ou 03 86 72 92 14 (SR)
e.mail : gitesdefrance@yonne.chambagri.fr

90 • TERRITOIRE DE BELFORT
2 bis, rue Clémenceau
90000 BELFORT
Tél. 03 84 21 27 95 - Fax 03 84 55 90 70
e.mail : gitesdefrance@ot-belfort.fr

91 • ESSONNE
19, rue des Mazières
91000 EVRY
Tél. 01 64 97 23 81 - Fax 01 64 97 23 70
e.mail : info@gites-de-france-essonne.com

95 • VAL D'OISE
Château de la Motte
Rue François de Ganay
95270 LUZARCHES
Tél. 01 30 29 51 00 - Fax. 01 30 29 30 86
e.mail : gites@val-doise-tourisme.fr

97.1 • GUADELOUPE
BP 759
97171 POINTE-A-PITRE CEDEX
Tél. 0 590 91 64 33 - Fax 0 590 91 45 40

97.2 • MARTINIQUE
30 rue Ernest Deproge - BP 1122
97248 FORT-DE-FRANCE CEDEX
Tél. 0 596 73 74 74 - Fax 0 596 63 55 92
e.mail : gites-de-france-martinique@wanadoo.fr

97.3 • GUYANE
12, rue Lalouette - BP 801
97300 CAYENNE
Tél. 0 594 29 65 16 - Fax 0 594 29 65 01
e.mail : gites@tourisme-guyane.gf

97.4 • ILE DE LA REUNION
5, rue Rontaunay
97400 SAINT-DENIS
Tél. 0 262 90 78 90 - Fax 0 262 41 84 29

Maison des Gîtes de France et du Tourisme Vert
59, rue Saint-Lazare - 75439 PARIS Cedex 09 • Métro : Trinité
Tél : 01 49 70 75 75 - Fax : 01 42 81 28 53

Maison des Gîtes de France Rhône-Alpes
1, rue Général Plessier - 69002 LYON
Tél : 04 72 77 17 55 - Fax : 04 78 38 21 15
(Réservations et Chèques Cadeaux pour la région Rhône-Alpes)

Votre avis nous intéresse

Soucieux de la qualité de votre séjour, nous serons heureux de recevoir vos impressions par le biais de cette fiche d'appréciation. Nous serons également attentifs à toute suggestion quant à la présentation et l'utilisation de ce guide.

Cette fiche est à retourner à :

MAISON DES GÎTES DE FRANCE ET DU TOURISME VERT
59, rue Saint-Lazare - 75439 PARIS Cedex 09

Vos habitudes d'achat des guides "Gîtes de France"

❑ c'est la première fois que vous achetez ce guide

❑ vous l'achetez chaque année

❑ vous l'achetez tous les 2 ou 3 ans

Comptez-vous acheter d'autres guides "Gîtes de France"

❑ oui si oui, lesquels ....

❑ non pourquoi ? ....

Comment avez-vous connu ce guide ?

❑ par un ami ❑ par un article de presse

❑ par une émission radio/TV ❑ par une publicité

❑ dans une librairie ❑ dans une grande surface

❑ autre, précisez : ....

Utilisez-vous d'autres guides pour voyager ?

❑ oui ❑ non

si oui, lesquels : ....

suite .../...

Votre avis nous intéresse

Le prix de ce guide vous paraît-il ?

❑ élevé ❑ justifié

Quels sont, à votre avis, ses qualités et ses défauts ?

qualités ....

défauts ....

Votre séjour

Nom du propriétaire : ....

Type d'hébergement : ❑ chambre d'hôtes

Commune et département : ....

	Très bon	Bon	Moyen	Mauvais
Accueil	❑	❑	❑	❑
Confort	❑	❑	❑	❑
Service	❑	❑	❑	❑
Calme	❑	❑	❑	❑
Cadre	❑	❑	❑	❑
Ambiance	❑	❑	❑	❑
Rapport qualité/prix	❑	❑	❑	❑
Petit-déjeuner	❑	❑	❑	❑
Tables d'hôtes (le cas échéant)	❑	❑	❑	❑

Mieux vous connaître

Votre profession : ....

Votre âge : .... Avez-vous des enfants ? ❑ oui ❑ non

Votre département de résidence : ....

....

....

....

....

....

Edité par Gîtes de France Services

59, rue Saint-Lazare - 75439 Paris Cedex 09

Directrice Edition : Clotilde Mallard
Responsable fabrication : Marie-France Michon
Rédaction et suivi de fabrication :
Dominique Boileau
Photogravure et Mise en page :
Christelle Quénéhervé et Eléonore Corlin
Traduction : Andy Glynn, Barbara Strauss-Gaton, Anaxagore
Publicité : Guillaume Wiltz
Illustrations © : 1ère de couverture : Gîtes de France Seine-et-Marne (Prieuré de Vernelle)
4e de couverture : Gîtes de France Loiret, Vaucluse, Puy-de-Dôme
Pages intérieures : Gîtes de France, J.-P. Rainaut - N. Devillers.

Composition et photogravure : Compos Juliot
Cartographie : SGC Cartographie
Maquette : ColorPress Communication

N°ISBN : 2-913140-84-X

Imprimé en France par Pollina s.a., 85400 Luçon
N° d'impression : L20425